Wirtschaft – Moral – Strafrecht

# Institute for Law and Finance Series

Herausgegeben von
Theodor Baums
Andreas Cahn

## Band 26

# Wirtschaft – Moral – Strafrecht

Gedächtnisschrift für Klaus Lüderssen aus Anlass seines 90. Geburtstages

Herausgegeben von
Matthias Jahn
Eberhard Kempf
Cornelius Prittwitz
Charlotte Schmitt-Leonardy

DE GRUYTER

ISBN 978-3-11-105656-2
e-ISBN (PDF) 978-3-11-105712-5
e-ISBN (EPUB) 978-3-11-105742-2

**Library of Congress Control Number: 2022950204**

**Bibliografische Information der Deutschen Nationalbibliothek**
Die Deutsche Nationalbibliothek verzeichnet diese Publikation in der Deutschen Nationalbibliografie; detaillierte bibliografische Daten sind im Internet über http://dnb.dnb.de abrufbar.


Einbandabbildung: Medioimages/Photodisc
Druck und Bindung: CPI books GmbH, Leck

www.degruyter.com

Wir verdanken dieses Buch dem ECLE-Beirat, den Damen und Herren
**Dr. Matthias Dann**
**Dr. Margarete Gräfin von Galen**
**Prof. Dr. Björn Gercke**
**Prof. Dr. Ferdinand Gillmeister**
**Dr. Gina Greeve**
**Dr. Jörg Habetha**
**Prof. Dr. Rainer Hamm**
**Dr. Daniel Krause**
**Thomas Kurth**
**Prof. Dr. Werner Leitner**
**Jes Meyer-Lohkamp**
**Prof. Dr. Ali Norouzi**
**Dr. Hellen Schilling**
**Dr. h.c. Gerhard Strate**
**Prof. Dr. Jürgen Taschke**
**Prof. Dr. Gerson Trüg**
**Prof. Dr. Michael Tsambikakis**
**Renate Verjans**
**Prof. Dr. Dr. h.c. Klaus Volk**
**Andreas Wattenberg**
**Dr. Anne Wehnert**

# Vorwort

Im Jahr 2022 wäre *Klaus Lüderssen*, am 2.5.1932 in Germerode im nordöstlichsten Teil Hessens geboren, 90 Jahre alt geworden.

## I.

Er hätte eine Welt vorgefunden, die gewisse Ähnlichkeiten mit dem Jahr 2008 aufweist – dem Jahr, in dem er gemeinsam mit *Eberhard Kempf* und *Klaus Volk* die Tagungsreihe Economy, Criminal Law, Ethics (ECLE) begründete. Damals war es „die Finanzkrise", die Anstoß zu einem neuen wirtschaftsstrafrechtlichen Diskursformat gegeben hatte und eine dadurch gespeiste Sorge um die Zukunft des Strafrechts. Heute bestimmen Themen wie „Dieselgate", „Cum-Ex" oder „Wirecard" die Debatte. Geprägt scheint die aktuelle wie damalige Stimmung von einer ungewöhnlichen Empörung vor unmoralisch erscheinenden Gründen für „die Krise", die – damals wie heute – mit einer intensiven Diskussion über die Strafwürdigkeit ökonomischer Handlungen mit rechtsgutsschädlichen (Neben-)Effekten einhergeht.

*Klaus Lüderssen*, dessen Andenken wir den vorliegenden Band widmen, hätte, wäre er noch unter uns, versucht, diese Perspektive zu transzendieren. Er hätte womöglich daran erinnert, dass die strafrechtliche Suche nach „dem Verantwortlichen" nicht selten eine unterkomplexe Attribution des Versagens mit dem systemisch verzerrten Blick auf Einzelne ist, die individuell moralisch versagt haben sollen. Durch die Fokussierung auf „die schwarzen Schafe" werden aber nicht selten die entscheidenden Systemanteile übersehen.

Er hätte also vielleicht im Jahr 2022 erneut angesetzt, das Verhältnis von Ethik, Wirtschaftsordnung und staatlicher Organisation zu untersuchen und einmal mehr die Frage nach dem Spannungsverhältnis zwischen privater Autonomie und demokratischer Selbstbestimmung gestellt. Es wäre dabei freilich um mehr gegangen als nur um den kleinsten gemeinsamen Nenner. Es wäre ihm, nach allem, was wir wissen können, um die großen Fragen sozialer, ökonomischer und ökologischer Gerechtigkeit zu tun gewesen, die zunehmend die Funktionalität und Reputation der „Teilsysteme" Ökonomie und Recht bedrohen und daher den interdisziplinären Diskurs aus pragmatischen Gründen erfordern.

Kontroverse Themen wie die systemdestabilisierende oder gar kriminogene Wirkung kurzfristiger Profitmaximierung und die Rolle des Rechts und seiner Akteure bei Implementierung und Stabilisierung der „Macht des Kapitals" wären sicher nicht ausgespart worden. Gleichzeitig hätte er darauf hingewiesen, dass wir durch vermeintlich punktuelle Ereignisse wie „*die* Finanzkrise" oder „*die* Cum-Ex-Affäre" zwar daran erinnert werden, dass ethische Fragen normativ unzureichend adressiert sein könnten, aber die empörte Frage nach „der Ethik“ in „der Wirtschaft“ ebenso grandios wie simplizistisch ist. *Klaus Lüderssen*, so spekulieren wir, hätte nach konkreten Auswegen gesucht und sich mit differenzierenden Antworten der Frage gestellt, ob mächtige korporative Akteure die Individualfreiheit der Bürger auf eine Weise in Anspruch nehmen, die eine Einbeziehung als neue Strafrechtsadressaten *sui generis* – über ein Unternehmensstrafrecht – zu rechtfertigen vermöchten.

Besonders nachdrücklich hätte *Lüderssen* aber die Einhegung ökonomischer Effizienz über das Wirtschaftsstrafverfahren – nicht zuletzt aufgrund der Gefahr der subtilen Einführung moralischer Bewertungsmaßstäbe in das Strafrecht – kritisiert. Er hätte für einen rationalen Umgang mit Kriminalität mittels normativer Entscheidungen, die gesellschaftliche Realitäten reflektieren, strategisch verarbeiten und insbesondere das Strafrecht nicht als beliebig einsetzbares Steuerungsmittel einsetzen, plädiert.

## II.

Natürlich ist dies alles nur spekulativ – denn seit dem 4.6.2016 können wir nicht mehr als darauf vertrauen, dass seine Fingerzeige aus der Vergangenheit uns in den großen Fragen des Wirtschaftsstrafrechts die Richtung weisen, in die zu denken heute und in Zukunft sich lohnt.

Der vorliegende Band spannt einen großen Bogen. Als *best of* der auf den ECLE-Tagungen geführten wirtschaftsstrafrechtlichen Diskussionen der letzten zwölf Jahre vereint er zentrale Perspektiven *aus* und *auf* Wirtschaftsstrafrecht, Ethik, Ökonomie und Politik. Diese Essenz der vitalen ECLE-Tagungsreihe betrifft in vier großen Abteilungen das Verhältnis von Markt und Moral, die Einhegung der Wirtschaft durch Strafrecht. Sie fokussiert ebenso die blinden Flecke des Wirtschaftsstrafrechts wie die rechtspolitisch auch in dieser Legislaturperiode noch immer ungelöste Frage nach einer konsequenten und kohärenten Unternehmensverantwortung.

Jedem Kapitel ist der einschlägige Grundlagentext von *Lüderssen* vorangestellt, auf den die Autorinnen und Autoren antworten, auch wenn er ihnen nicht immer vor Augen gestanden haben mag. Auf diese Weise soll *post mortem* ein Dialog fortgesetzt werden, den unser Freund und Lehrer mit den Referenten, den Tagungsteilnehmern und seinen Lesern im Jahr 2008 begonnen hat.

Matthias Jahn
Eberhard Kempf
Cornelius Prittwitz
Charlotte Schmitt-Leonardy

# Inhalt

## Markt und Moral

## Die Einhegung der Wirtschaft durch Strafrecht



## Blinde Flecke des Wirtschaftsstrafrechts

## Strafrechtliche Unternehmensverantwortung

# Markt und Moral

Klaus Lüderssen

# Soziale Marktwirtschaft, Finanzmarktkrise und Wirtschaftsstrafrecht

Economy, Criminal Law, Ethics – das sind Stichworte. Ob sie am Ende ein System ergeben, für das die Begriffe *Wirtschaftskriminalität* und *Wirtschaftsstrafrecht* bereit stehen, bleibt wohlweislich offen. Mit der „Handlungsfreiheit des Unternehmers", dem eigentlichen Titel unseres Symposions, ist vielleicht ein *fester* Bezugspunkt gegeben; aber im Untertitel tauchen jene Stichworte wieder auf, etwas abgewandelt, jetzt als spezielle Aspekte eines größeren Themas, zu dem noch vieles *andere* gehört. Wenn dann in einzelnen Referaten die Begriffe *Wirtschaftskriminalität* und *Wirtschaftsstrafrecht* doch vorkommen, so sind das – sofern die Referenten uns nicht eines Besseren belehren – nur Konzessionen an einen eingeführten Sprachgebrauch, Definitionen stecken m. E. nicht dahinter. Diese sind nur als vorläufige Verabredungen zu haben. Denn gesetzliche Festlegungen, auf die man stößt – etwa in § 74c Gerichtsverfassungsgesetz (Zuständigkeiten der Wirtschaftsstrafkammern) – sind eher zufällig; unabhängig davon angebotene Formulierungen hingegen bleiben, wenn sie sich auf Tatsachen beschränken, unverbindlich. Ist die Wertung aber *mit* gemeint, so erheben sich Legitimationsprobleme. Denn die Suche nach einem natürlichen Verbrechen, oder wie man gelegentlich noch hört, nach einer Unterscheidung zwischen delicta per se und delicta mere prohibita gehört wissenschaftstheoretisch der Vergangenheit an.

*Wirtschaftsstrafrecht* und *Wirtschaftskriminalität* sind also gleichsam experimentelle Begriffe, die an den Phänomenen wie an den Normen ausprobiert werden. Die erste Assoziation, die sich dabei meldet, ist die eines extremen Dualismus. Auf der einen Seite stößt man auf Vorgänge, bei denen die Verurteilung zwangsläufig erscheint: Die Schwindelfirma, der betrügerische Bankrott. Auf der anderen Seite liegt das, was nach einem in der ökonomischen Theorie verwendeten Begriff allenfalls die Sphäre der Grenzmoral streift. Die Ausweitung und Intensivierung der Wirtschaftsstraf*gesetzgebung* im letzten Drittel des vergangenen Jahrhunderts galt zwar primär den eindeutig auf die Unrechtsseite gehörenden Fällen, doch die auf sie folgende *Praxis* der Strafjustiz erfasste – abgesehen von den großen Grauzonen – mit einer gewissen Automatik auch die entgegengesetzte Seite der Amplitude, neutrale Fälle, und mit dieser undifferenzierten Perspektive beginnt unser Problem.

**Erschienen in** ILFS Band 6: Die Handlungsfreiheit des Unternehmers: Wirtschaftliche Perspektiven, strafrechtliche und ethische Schranken, 2009

https://doi.org/10.1515/9783111057125-002

Es zeigt sich auf verschiedenen Ebenen, für die ich jeweils ein Beispiel gebe. Erstens: Die Ausreizung generalklauselartiger Straftatbestände. Hier nenne ich den Untreuetatbestand. Zweitens: Die Etablierung streckenweise neuer Rechtsgebiete. Das ist insbesondere das Kapitalmarktstrafrecht. Drittens: Die Expansion der Technik der Blankettstraftatbestände. Hier nenne ich als Beispiel den uferlosen § 34 Abs. 4 Außenwirtschaftsgesetz (Zuwiderhandlung gegen Embargos der UNO und der EU als Verbrechen).

Gemeinsam ist diesen Entwicklungen die Tendenz, dass die Strafverfolgungsbehörden ihr Interesse zunehmend auf die gesamte Geschäftstätigkeit eines Unternehmens richten. Damit kommt das Strafrecht auf einen ihm bisher unbekannten Prüfstand: Funktionalität oder Dysfunktionalität. Die Wettbewerbs*rechts*-Gesellschaft – ich sage das in Anlehnung an Franz Böhms berühmtes Diktum von der Privat*rechts*gesellschaft[1] – hat ihre eigenen Gesetze und womöglich auch eine implizite Unternehmensethik, die das Strafrecht verfehlen kann. Dieses Konkurrenzverhältnis ist zu klären, auch verfassungs- und europarechtlich. Dabei muss der Sachverstand vieler Fächer zusammen kommen. Er beginnt im Strafrecht, aber zugleich mit den außerhalb seiner genuinen Grenzen liegenden Fragen der Gesetzesfolgenabschätzung durch den Gesetzgeber und der ebenso motivierten, von außerstrafrechtlichen Kenntnissen abhängigen teleologischen Interpretation und Anwendung der Vorschriften. Das geht nicht ohne Kriminologie, deren empirische Forschungen sich auf dem hier interessierenden Gebiet allerdings noch in den Anfängen befinden, und die ihren – durchaus erwünschten – Anteil an kriminalpolitischen Ideen gern verbirgt, wenn man von wissenschaftlich nicht zählenden politischen Reizbarkeiten absieht. Wichtig sind dann das Gesellschaftsrecht, aber auch Teile des Verwaltungsrechts, immer auch in europäischer Perspektive, vor allem aber, das nun ganz sicher ohne nationale Beschränkung, Ökonomie, Betriebswirtschaft und der Teil der Philosophie, die sich mit Unternehmens- oder Wirtschaftsethik beschäftigt.

In erster Linie eine interdisziplinäre Aufgabe also. Eigentlich etwas altmodisches, denn die Jurisprudenz ist – unerachtet der (so genannten) reinen Rechtslehre – immer eine scientia omnium rerum gewesen. Auch die in den sechziger und siebziger Jahren viele Juristen provozierenden Appelle, interdisziplinär zu arbeiten, sind inzwischen fast verhallt. Aber jetzt wenigstens und hier sollten sie aktualisiert werden.

Die Abfolge der Themen der Tagesordnung ergibt sich daraus eigentlich von selbst, bedarf keiner zusätzlichen Erläuterung. *Die* heikle Frage indessen, die sich

1 *Franz Böhm*, Privatrechtsgesellschaft und Marktwirtschaft, in: Ordo 1066, S. 75 ff. (s. auch unten S. 272/273).

bei allen Referaten stellt, ist *nicht* expressis verbis formuliert: Hat das Strafrecht eine Steuerungsaufgabe? Wer vom Strafzweck der Prävention ausgeht, wird dabei zunächst vielleicht gar nicht zögern wollen. Aber die strafrechtliche Prävention lebt ja vor allem von der Zurechnung des Vergangenen und der *daraus* zu ziehenden Konsequenzen für zukünftiges Handeln. Außerdem ist sie auf ausgewählte Ereignisse konzentriert, während man bei Steuerung eher an Längerfristiges und Verallgemeinerndes denkt.

Im übrigen wird in jüngeren Untersuchungen – mit Recht, finde ich – darauf hingewiesen, dass „unter den Bedingungen einer in verschiedene selbstreferentielle Systeme (...) ausdifferenzierten Wirtschaft" das staatliche Strafrecht nicht durchgesetzt werden könne.[2] Jedenfalls müssen diese Sachverhalte erst einmal in größeren Zusammenhängen *sichtbar* gemacht werden. Zusammen mit Vertretern der Strafjustiz wäre dann in einem nächsten Schritt der Frage nachzugehen, welche Rolle die Strafjustiz in dem komplexen Geflecht von Interessen übernehmen kann und sollte. Die durch autonome obrigkeitliche Eingriffe geprägte Tradition der Strafjustiz wäre mit Bestrebungen zu konfrontieren, die im öffentlichen Recht, wozu Strafrecht und Strafprozessrecht ja auch gehören, längst zu Strukturen kooperativer und konsensualer Normsetzung und Anwendung geführt haben, zunehmend beeinflusst von der unaufhaltsamen Osmose zwischen Staat und Markt. Aktuell: Die Gesetzgebung zur Finanzmarktstabilisierung. Die „Bauhütte" des Justizministeriums, von der schon Radbruch seinerzeit gesprochen hat, ist längst ungezählten Runden von Experten aus der Wirtschaft gewichen.

Damit bin ich bei weiteren zukünftigen Aufgaben: Ich meine, man müsste in erster Linie ganz umfassend, vor allem rechtsvergleichend und rechtshistorisch und unternehmensethisch über Untreue sprechen, das wäre eine komplette Tagung. Dem könnten weitere Auseinandersetzungen etwa über das Wertpapierhandelsstrafrecht und über Korruption folgen. Was die Sanktionen angeht, so steht die *Strafe* zur *Disposition*, wenn man *Unternehmensstrafrecht* fordert; denn bestraft werden können nur Personen, denen man ein Unrecht individualisierend zurechnet. Dieser Maßstab könnte sich relativieren in einem reinen Interventionsrecht, das auf Strafe verzichtet und doch – im Namen des Gemeinwohls – hinausgeht über verwaltungsrechtlich oder zivilrechtlich bestimmte Ausgleichsmechanismen zwischen Schädiger und Geschädigtem. Was das für die rechtsstaatlichen Garantien des Strafrechts und des Strafprozessrechts (vor allem: Bestimmtheit der Tatbestände und Beschuldigtenschutz) bedeuten würde, wäre ebenfalls gesondert zu klären,

2 *Hans Theile*, Wirtschaftskriminalität und Strafverfahren. Systemtheoretische Überlegungen zum Regulierungspotenzial des Strafrechts, Münsteraner Habilitationsschrift [2009], S. 404.

nicht zuletzt unter dem Gesichtspunkt, dass es den Rechtsstaat nicht nur im Strafrecht und im Strafprozessrecht gibt.

Ferner wäre das Programm der rechtlichen Alternativen zum Strafrecht – vielleicht sogar in mehreren Anläufen – im Sinne der Forderung zu konkretisieren, die vor gut zehn Jahren schon Claus Roxin erhoben hat: Wir brauchen eine „interdisziplinäre Subsidiaritätswissenschaft“[3] zum Strafrecht – auch wenn durchaus mit der Meinung zu rechnen ist, dass das Strafrecht, bleibt es nur hinreichend exklusiv, im Vergleich mit weit reichenden und intensiven alternativen Sozialkontrollen das liberale sei. Dabei müsste es freilich der Versuchung widerstehen, die man inzwischen das *Kontrollparadoxon* nennt, dass nämlich Compliance und Corporate Governance, wiewohl mit dem Anspruch normativer Selbständigkeit auftretend, Pflichten formulieren, die wieder im Strafrecht landen.

Vor Jahren hat Klaus Hopt die Neigung der Justiz kritisiert, der „Bejahung der zivilrechtlichen Haftungsmöglichkeiten ...“ den „Griff zur Kriminalisierung voraus zu schicken“.[4] Jetzt ist es im Zeichen der Finanzkrise wieder ein Zivilrechtler, der vor dem voreiligen Ruf nach dem Strafrecht warnt. „Wer sind die Schuldigen?“ fragt Rolf Stürner, „Wirtschaftswissenschaftler, ... die ihren ... Modellen“ einen fragwürdigen Begriff vom „homo oeconomicus zugrunde“ legen? ... oder „der nationale Gesetzgeber mit seinen Parteien, die zur Förderung des Finanzplatzes Deutschland das Kapitalmarkt- und Gesellschaftsrecht dereguliert haben und für die Privatisierung ein Allheilmittel zu sein schien, und die Risiko-Kapitalanlagen des Bürgers steuerlich besonders förderungswürdig“. Oder: Weltbank und internationaler Währungsfond, die das Gesellschafts- und Wirtschaftsmodell der USA als Vorbild weltweit empfahlen, auch unter der Direktorenschaft des Bundespräsidenten beim IWF? Schließlich Europäischer Gerichtshof und Bundesverfassungsgericht, denen Teile des Berufsrechts nicht genügend dereguliert sein konnten?“ Stürner hat das gesagt in einem 2008 bei der Frankfurter Buchmesse gehaltenen Vortrag über das Thema „Marktwirtschaft – Verlust des gesellschaftlichen Gleichgewichts?“, auf dem Hintergrund seines großen Werkes über Markt und Wettbewerb.[5] Damit ist eine Diskussion berührt, von der man sagen muss, dass sie seit Jahrzehnten ruht und sich vielleicht jetzt erst – angesichts der Finanzmarktkrise – erneut entfaltet. Wirt-

---

3 „Die Strafrechtler müssten im Verein mit den Vertretern der anderen Wissenschaften vor Einführung neuer Strafvorschriften – und auch bei bereits bestehenden – unter Überprüfung des gesamten Repertoires präventiver Möglichkeiten nach Alternativen der Strafdrohung oder nach Möglichkeiten zur Einschränkung des strafbaren Verhaltens suchen“. In: *Neumann/Prittwitz* (Hrsg.), Kritik und Rechtfertigung des Strafrechts, 2005, S. 75 ff. (183 f.).

4 FS Ernst-Joachim Mestmäcker, 1996, S. 105 ff. (114).

5 *Rolf Stürner*, Markt und Wettbewerb überall? Gesellschaft und Recht im Fokus neoliberaler Marktideologie, München 2007.

schaftsverfassung und Grundgesetz war in den späten fünfziger Jahren ein viel erörtertes Thema, bei zunehmender Konzentration freilich auf das Problem der Mitbestimmung und der Kartelle. Die Wiederaufnahme der Marxismus-Diskussion an den westdeutschen Universitäten in den siebziger Jahren hat diese Debatte verdunkelt, und als das wieder vorbei war, hätte man sich vielleicht auf liberale Größen wie Wilhelm Röpke und Alexander Rüstow – und natürlich das Gegenmodell Keynes[6] – besinnen können,[7] doch dann kamen die Rezeption der Systemtheorie und die neue Institutionen-Ökonomik mit ganz anderen, eher technischen Problemen,[8] und im Gesellschaftsrecht stritt man über Stakeholder- oder Shareholder-Ansatz, nicht über Kapitalismus und Demokratie. Nur wenn man auch diese Frage aufgreift (für die Relativierung der in erster Linie auf den *Staat* setzenden Modelle ist sie lebenswichtig), wird man die Akzeptanzkrise meistern können, der die Konzeption einer sozialen Marktwirtschaft gegenwärtig ausgesetzt ist. Ökonomen und Verfassungsrechtler sollten hier zusammen wirken, und ich halte es nun nicht für ausgeschlossen, dass es sinnvoll sein könnte, den Beginn eines Programms über *spezielle* Fragen des Wirtschaftsstrafrechts und der Wirtschaftskriminalität mit dem Versuch einer Orientierung über die politischen Grundlagen des Finanzmarktsystems zu verknüpfen. Man kann gar nicht hoch genug greifen, um sich die verantwortungsschwere Rolle des Strafrechts bewusst zu machen, und für Grenzgebiete wie das Wirtschaftsstrafrecht gilt das erst recht. Darum sind wir hier zusammen gekommen.

---

6 Dazu jetzt *Johann Graf Lambsdorff/Christian Engelen*, Das Keynesianische Konsensmodell einer offenen Volkswirtschaft, in: Wirtschaftswissenschaftliches Studium 2008, S. 540 ff.

7 Das tun jetzt *Roland Vaubel*, Lehren aus der Finanzkrise: Rolle des Staates und internationale Dimension (vorgesehen für die Veröffentlichung im Ordo-Jahrbuch 2009), und *Erich Weede*, Die Finanzmarktkrise als Legitimationskrise des Kapitalismus: Überlegungen zum (allzu) menschlichen Handeln in Wirtschaft und Politik (ebenfalls vorgesehen zur Veröffentlichung im Ordo-Jahrbuch 2009).

8 Vgl. zur aktuellen Diskussion *Thomas Pfahler/Wolfgang Rieken*, Transaktionstheorie als Auswahlkriterium für ökonomische Koordinationsformen. In: Wirtschaftswissenschaftliches Studium 2008, S. 654 ff.

Anne van Aaken

# Die „Definitionsmacht“ über das Gemeinwohl in der Globalisierung: Markt, Staat und Institutionen

## Gliederung



## I. Einleitung

Gemeinwohl ist ein oft verwendeter und wenig definierter Begriff, aber aus guten Gründen: es ist ein offener und dynamischer Begriff.[1] Wie immer bei der Ausfüllung unbestimmter Begriffe, stellt sich sogleich die Anschlussfrage, wer diesen definiert, interpretiert und unter welchen Umständen. Wer hat also die Definitionsmacht über das Gemeinwohl? Gibt es überhaupt ein Gemeinwohl? Ist dies ein formaler Begriff oder kann material Gemeinwohl gefunden werden? Oder, so die These dieses Aufsatzes, müssen wir uns darauf beschränken, einen prozeduralen Gemeinwohlbegriff zu akzeptieren, bei dem die Bedingungen, unter denen Gemeinwohl gefunden wird im Vordergrund stehen?

**Erschienen in** ILFS Band 14: Gemeinwohl im Wirtschaftsstrafrecht, 2013

1 Vgl. nur *C. Engel*, Offene Gemeinwohldefinitionen, in: Rechtstheorie 32 (2001), S. 23. Umfassend zu Gemeinwohl, *M. Anderheiden* Gemeinwohl in Republik und Union, 2006, der allerdings einen materialen Gemeinwohlbegriff entwickelt.

https://doi.org/10.1515/9783111057125-003

Der Gemeinwohlbegriff ist konzeptionell nicht an den Staats- oder Rechtsbegriff gebunden, allerdings wird er sowohl in der Literatur als auch in der Praxis zumeist implizit mit diesen verbunden und zwar auf zweierlei Arten: inhaltlich wird das Gemeinwohl zumeist nationalstaatlich verstanden und es sind auch nationalstaatliche Akteure, die das Gemeinwohl definieren und zwar durch Rechtsnormen. Aber ist das so noch richtig in Zeiten der Globalisierung oder nicht eher konzeptionell wie auch faktisch verkürzt? Und kann Gemeinwohl nur hierarchisch durch den Staat definiert werden? Gibt es andere Gemeinwohlfindungsinstitutionen? Und inwieweit sind die institutionellen Bedingungen, unter denen Gemeinwohl gefunden wird, ausschlaggebend für die Legitimation des Gemeinwohls? Gibt es Gemeinwohlnormen, die nicht Rechtsnormen[2] sind? Denn wohl kaum ein Begriff wird mehr missbraucht als eben dieser. In Folge der Globalisierung ändern sich Akteure, Ebenen und Prozesse der Gemeinwohldefinition. Daher stellt sich die Frage, wie das Gemeinwohl ggf. neu und anders definiert wird und sich dieses am besten theoretisch erfassen lässt. Hierzu wird auf institutionenökonomische Erkenntnisse zurückgegriffen, die aber deliberativ und verhaltensökonomisch angereichert werden. Dabei wird ein adäquates Verhaltensmodell entwickelt, welches bei einer Gemeinwohlentwicklung nicht eine rein strategische Interessensdurchsetzung unterstellt, sondern vielmehr Legitimationsbedingungen prozesshafter Gemeinwohlfindung verhaltenstheoretisch rückbindet.

Zur Beantwortung der aufgeworfenen Fragen wird wie folgt vorgegangen. Zunächst erfolgt eine Bestandsaufnahme, wer wo wie Gemeinwohl definiert. Es wird hier nach der Veränderung der Akteure, der Ebenen der Gemeinwohldefinition sowie der Veränderung der Prozesse gesucht (II.). In einem weiteren Schritt wird eine theoretische Aufarbeitung dieser Veränderung versucht. Dabei wird zunächst ein Hintergrundmodell aufgezeigt, welches durch die verhaltensökonomische Forschung angereicht wird. Dies erlaubt es, das Zusammenwirken von Werten und Interessen bei der Gemeinwohlfindung theoretisch zu erfassen (III.), um sodann auf die Bedingungen einzugehen, unter denen Gemeinwohldefinitionen als solche normativ anerkannt werden können. Dies geschieht jeweils mit Blick auf das Wirtschaftsstrafrecht, insbesondere Korruptionsdelikte und Geldwäschebestimmungen (IV.). Der letzte Abschnitt gibt einen Ausblick (V.).

2 In dem rechtstheoretischen Sinne des Rechtspositivismus Hans Kelsens, siehe *H. Kelsen* Reine Rechtslehre (Pure Theory of Law), 1994, 2. Aufl. sowie zur Grundnorm verstanden als Konsens, *A. van Aaken/H. Hegmann* Konsens als Grundnorm? Chancen und Grenzen der Ordnungsökonomik in der normativen Theorie des Rechts, in: Archiv für Rechts- und Sozialphilosophie 88 (2002), S. 28.

# II. Bestandsaufnahme der Gemeinwohldefinitionsmacht: wer, wo, wie?

Je nach politscher und staatstheoretischem Hintergrund, wird Gemeinwohl ganz unterschiedlich definiert. Hier ist nicht die Stelle dies wiederzugeben.[3] Soviel sei aber hier gesagt: eine Grundunterscheidung liegt in der Frage, ob Gemeinwohl individuelle Interessen nur aggregiert oder ob es ein „Mehr“ gibt, welches durch das Gemeinwohl festgehalten wird. Ökonomen tendieren aufgrund des wohlfahrtstheoretischen und damit utilitaristischen Hintergrunds zu der ersten Auffassung. Dann wäre auch ein Markt allein ausreichend, um Gemeinwohl zu definieren, keine hierarchischen Strukturen wären notwendig. Allerdings ist ein klassisches Marktversagen die Existenz von Externalitäten oder/und öffentlichen Gütern:[4] Diese machen hierarchische Entscheidungen überhaupt erst notwendig. Darin treffen sich Rechtswissenschaft und Ökonomik: dass es die Demokratie ist, welche die Gemeinwohldefinition hervorbringt.[5] Im Rahmen der Globalisierung und überstaatlicher Probleme bedeutet dies, dass diesbezüglich nicht mehr nur auf nationaler Ebene hierarchisch entschieden wird, sondern auch auf europäischer bzw. internationaler Ebene. Damit ist der Markt aber als Gemeinwohlentdeckungsverfahren nicht per se ausgeschlossen. Aber sowohl bei Marktentscheidungen als auch bei hierarchischen Entscheidungen über das Gemeinwohl zeigen sich im Zuge der Globalisierung erhebliche Veränderungen. Dies wird im Folgenden aufgezeigt: im Hinblick auf die Veränderungen der Akteure, der Ebenen sowie der Prozesse.

## 1. Veränderung der Ebenen

Während in den Hochzeiten des Nationalstaates Gemeinwohl noch verstanden werden konnte in Bezug auf das nationalstaatliche Territorium, so hat sich dies grundlegend verändert im Rahmen der Europäisierung und Globalisierung. Grenzüberschreitende Externalitäten und globale öffentliche Güter oder Probleme, sind nur noch überstaatlich zu beherrschen und zu verstehen: ihre Lösung verlangt

3 Ausführlich *Anderheiden* Fn. 1, Kapitel 1 mit einem Überblick über die „Gemeinwohldenker“ in der Staatstheorie.

4 Vergleiche zu dem Rekurs auf Externalitäten und öffentliche Güter auch Wieland in ILFS Band 14: Gemeinwohl im Wirtschaftsstrafrecht, 2013, wie auch *Anderheiden* Fn. 1, S. 110 ff.

5 Die Sozialwahltheorie hat allerdings aufgezeigt, dass es gerade keine Möglichkeit gibt, hier konsistente Ergebnisse hervorzubringen, vgl. *K.J. Arrow* Social Choice and Individual Values, 1951.

nach überstaatlichen Gemeinwohldefinitionen.[6] Und diese sind in der Tat auch zu finden, sowohl im Europarecht als auch im Völkerrecht. Die Macht über die Gemeinwohldefinition wird daher auf allen Ebenen ausgeübt: auf nationaler, europäischer und internationaler Ebene. Nehmen wir Beispiele aus dem Wirtschaftsstrafrecht, etwa Geldwäsche und Korruption. Beide Straftatbestände betreffen Sachverhalte, die grenzüberschreitende Externalitäten betreffen. Sie sind zwar im nationalen Recht verankert, aber beide werden sowohl auf europäischer als auch auf völkerrechtrechtlicher Ebene vorgeprägt. Die Financial Action Task Force (FATF) zur Geldwäschebekämpfung wurde durch die Staatschefs der G7-Staaten und dem Präsidenten der Europäischen Kommission 1989 in Paris innerhalb der Organisation für wirtschaftliche Zusammenarbeit und Entwicklung (OECD) als eine Expertengruppe mit dem Auftrag eingesetzt, die Methoden der Geldwäsche zu analysieren und die Aufdeckung von Vermögenswerten aus illegaler Herkunft zu ermöglichen. Die Bekämpfung der Geldwäsche wird als wichtiges Element im Kampf gegen Organisierte Kriminalität betrachtet; dieser kann als öffentliches Gut betrachtet werden.

Die FATF arbeitet durch Empfehlungen an Staaten, die soft law darstellen, aber die bei Nichtumsetzung dazu führen, dass die Staaten auf eine schwarze Liste gesetzt werden, die es ihren Unternehmen (insbesondere Banken) durch Erhöhung der Transaktionskosten sehr schwer macht, weiterhin international Geschäfte zu tätigen.[7] Die EU hat diverse Richtlinien zur Geldwäschebekämpfung erlassen.[8]

Korruption ist nicht nur, aber auch ein transnationales Delikt. Völkerrecht setzt bei der Korruptionsbekämpfung im transnationalen Bereich an,[9] etwa bei der Bestechung ausländischer Amtsträger, aber auch mit Rechtshilfebestimmungen oder Bestimmungen zur Vermögensrückgabe. Es verpflichtet jedoch die Staaten weiterhin, nationale Regelungen einzuführen, die sich auf rein nationale Sachverhalte beziehen. Völkerrecht im Bereich Korruption entstand nicht nur aufgrund des geschärften Problembewusstseins der internationalen Gemeinschaft bezüglich der Schädlichkeit von Korruption. Es waren auch handfeste Interessen im Spiel; inwieweit diese theoretisch in den Prozess der Gemeinwohlfindung einfliessen (sollen), wird in Abschnitt II behandelt. Im Bereich der transnationalen Korruption hat ein Staat, der seine eigenen Unternehmen strafrechtlich verfolgt und diesen somit

---

6 So auch *Anderheiden* Fn. 1, S. 614 ff.

7 Im Detail dazu, siehe *A. van Aaken* Effectuating Public International Law through Market Mechanisms, in: Journal of Institutional and Theoretical Economics 165 (2009), S. 33.

8 Zuletzt die dritte Geldwäscherichtlinie (2005/60/EG vom 26. Oktober 2005, ABl. Nr. L 309 S. 15).

9 Im Detail zu den Völkerrechtlichen Instrumenten, *A. van Aaken* Die UN-Konvention gegen Korruption: Alter Wein in neuen Schläuchen?, in: Hofman/Pfaff (Hrsg.), Die Konvention der Vereinten Nationen zur Bekämpfung der Korruption (2006), S. 9.

einen Wettbewerbsnachteil auferlegt, ein Interesse daran, andere Staaten zu gleicher Strafbewehrung zu bewegen. Korruptionsbekämpfung lässt sich als klassisches Gefangenendilemma beschreiben: alle stellen sich besser, wenn sie kooperieren, aber für einzelne Staaten (und ihre Unternehmen) ist es ggf. vorteilhaft, weiterhin straffrei bestechen zu können (zu defektieren). In der Korruptionsbekämpfung sind sowohl Werte der internationalen Gemeinschaft als auch Interessen verbunden: dies erklärt die Proliferation von Instrumenten der Korruptionsbekämpfung.[10] Im Umweltrecht, unter anderem im Klimaschutz, ist die Internationalisierung und Europäisierung nicht mehr wegzudenken.

Tendenziell kann festgehalten werden, dass Gemeinwohl früher primär in nationalen demokratischen Prozessen gefunden wurde, geronnen in nationalen Rechtsnormen, während das Völkerrecht eher sporadisch und nur transformiert Einfluss fand. Heute hat sowohl das Europarecht als auch das Völkerrecht eine erheblich höhere Bedeutung.

## 2. Veränderung der Akteure

Auch bei der Frage, wer die Akteure sind, die das Gemeinwohl definieren, zeigen sich Veränderungen. Folke Schuppert bezeichnet in diesem Band bereits die gängigen Akteure: der Staat, der Bürger, die Interessenverbände.[11] Er fügt hinzu die „absichtsvoll installierte(n) Hüter von Gemeinwohlbelangen“, Institutionen wie das Bundesverfassungsgericht, die Zentralbank, den Rechnungshof, das Kartellamt, die Europäische Kommission. Betrachten wir diese funktional, dann sind hier Unterschiede zu machen. Denn die Institutionen betrachten Gemeinwohl immer nur partiell: Das Bundesverfassungsgericht betrachtet Gemeinwohlbelange, die in der Verfassung verankert sind bzw. die es darin erblickt,[12] das Kartellamt den freien Wettbewerb, die Zentralbank die Geldwertstabilität als Gemeinwohlaspekt. Die Kommission hat ebenfalls kein umfassendes Gemeinwohlmandat, sondern agiert nur im Rahmen der Verträge.

---

10 Ausführlich dazu *K.W. Abbott/D. Snidal* Values and Interests: International Legalization in the Fight Against Corruption, in: Journal of Legal Studies 31 (2002), S. 141.

11 Vgl. auch *F. Schuppert* Gemeinwohldefinition im kooperativen Staat, in: Herfried Münkler/Karsten Fischer (Hrsg.), Gemeinwohl und Gemeinsinn im Recht. Konkretisierung und Realisierung öffentlicher Interessen, Berlin 2002, S. 67 ff., 69 f.

12 M.w.N. zu der extensiven Verwendung des Begriffs durch das BVerfG, siehe *Anderheiden* Fn. 1, S. 49. Das Grundgesetz kennt keine allgemeine Norm, die das Konzept verfassungsrechtlich verankern würde: der Begriff taucht nicht auf. Anders die Schweizer Verfassung, in der in Art. 5 Abs. 2 das staatliche Handeln auf das öffentliche Interesse verpflichtet.

Wichtig hier ist aber, dass schon bei dieser Aufzählung klar wird, dass diese Gemeinwohlaspekte nun teilweise auf anderen Ebenen wahrgenommen werden und teilweise auch weniger über die Parlamente als über die Exekutiven. Die Exekutiven sind in Ausschüssen vertreten und generieren teilweise hartes Recht, aber auch soft law, welches sodann durch Parlamente umgesetzt wird. Auch beim Gemeinwohl steckt der Teufel im Detail und gerade hier sind die Exekutiven ausschlaggebend, sei es in den Komitologieverfahren der EU[13] oder in den soft law Ausschüssen zur Regulierung der Finanzmärkte.[14] Internationale Exekutivnetzwerke sind in der „neuen Weltordnung" dominant.[15]

Auch regionale und internationale Gerichte nehmen die Aufgabe wahr „Hüter des Gemeinwohls" zu sein. Dies betrifft etwa die Garantie von Menschenrechtsstandards (soweit man diese als Gemeinwohl bezeichnen möchte[16]) oder auch die Bereitstellung kollektiver Güter, wie Wettbewerb (Kommission) oder Geldwertstabilität (Europäische Zentralbank).[17] Aber auch andere internationale Organisationen müssen als Akteure in der Gemeinwohlfindung vermehrt einbezogen werden. Exemplarisch kann der Sicherheitsrat der Vereinten Nationen genannt werden, der zuständig ist für die Sicherung des Weltfriedens.

Nichtregierungsorganisationen bezeichnet Schuppert als „Wächter und Anwälte des Gemeinwohls",[18] die Interessen in den Gemeinwohlfindungsprozess einbringen, die sonst nicht vertreten werden (etwa im Umweltschutz). Nun sind auch diese Akteure nicht mehr nur auf nationalstaatlicher Ebene aktiv. Sie sind immer dort aktiv, wo Gemeinwohlfindung gebündelt wird: sei es in Brüssel bei der Kommission, sei es in Basel bei der Finanzmarkt-Standardsetzung, bei den Vereinten Nationen oder anderen internationalen Organisationen. Das Beispiel der Korruptionsbekämpfung zeigt dies exemplarisch auf: bei der Erarbeitung der UN Konvention gegen Korruption war die NGO Transparency International (TI) stark

---

13 *C. Joerges/J. Neyer* From Intergovernmental Bargaining to Deliberative Political Processes: The Constitutionalisation of Comitology, in: European Law Journal 3 (1997), S. 273.

14 *A. van Aaken* Transnationales Kooperationsrecht nationaler Aufsichtsbehörden als Antwort auf die Herausforderung globalisierter Finanzmärkte, in: Möllers/Voßkuhle/Walter (Hrsg.), Internationales Verwaltungsrecht (2007), S. 219.

15 *A.-M. Slaughter* A New World Order, 2004; *A.-M. Slaughter* Global Government Networks, Global Information Agencies, and Disaggregated Democracy, in: Michigan Journal of International Law 24 (2003), S. 1041.

16 So etwa *Anderheiden* Fn. 1, S. 67 ff. sowie 109 und *B. Fassbender* Der Schutz der Menschenrechte als zentraler Inhalt des völkerrechtlichen Gemeinwohls, in: EuGRZ 30 (2003), S. 1.

17 Art. 282 Abs. 2 AEUV.

18 *Schuppert* in ILFS Band 14: Gemeinwohl im Wirtschaftsstrafrecht, 2013.

engagiert und beteiligt.[19] Dies ist nicht einzigartig, sondern mittlerweile institutionalisiert. Der EUV sieht in Art. 11 Abs. 2 vor, dass „(d)ie Organe (…) einen offenen, transparenten und regelmäßigen Dialog mit den repräsentativen Verbänden und der Zivilgesellschaft (pflegen)." [20] Ähnlich verpflichten sich auch die World Trade Organisation (WTO), der Internationale Währungsfond (IMF) sowie die Organisation für Sicherheit und Zusammenarbeit in Europa in ihren Gründungsdokumenten.[21] Die WTO beispielsweise hat zwar keine formalen Beziehungen mit NGOs, aber es gibt Richtlinien für die Beziehungen mit der WTO, sodass NGOs an den Ministerkonferenzen und an dem WTO Public Forum teilnehmen können. Zudem sehen auch einige internationale Verträge den Einbezug von Nichtregierungsorganisationen vor, so etwa im Klimaschutz.[22] Noch andere Organisationen, die diesen Dialog nicht in ihren Gründungsdokumenten vorsehen, haben spezielle Konsultationsmechanismen entwickelt, etwa die Weltbank.[23]

Vermehrt sind aber auch hybride Gemeinwohlakteure zu finden, etwa indem sich internationale Organisationen mit NGOs und ggf. auch Unternehmen[24] zusammenschliessen, um Gemeinwohlziele zu erreichen, etwa im Umweltschutzbe-

---

19 *P. Eigen* Removing a Roadblock to Development: Transparency International Mobilizes Coalitions Against Corruption, in: Innovations 3 (2008), S. 19.

20 Siehe auch Kommission, White Paper of European Governance (2000), COM (2001) 428. Für eine Post-Lissabon Analyse, siehe *H. Hauser* European Union Lobbying Post-Lisbon: an Economic Analysis, in: Berkeley Journal of International Law 29 (2011), S. 680.

21 Art. V (2) des WTO Übereinkommens und die WTO General Council Decision WT/L/162; Art. X der Articles of Agreement des IMF; Helsinki Dokument 1992 der Konferenz für Sicherheit und Zusammenarbeit in Europa (Vorgängerorganisation).

22 Art. 4(1) (i) der Rahmenübereinkommen der Vereinten Nationen über Klimaänderungen (United Nations Framework Convention on Climate Change, UNFCCC (1992) verpflichtet die Vertragsstaaten öffentliches Bewusstsein zu fördern sowie „to encourage the widest participation in this process including that of [NGOs]."

23 Die International Bank for Reconstruction (IBRD) und die International Development Association (IDA) (zusammen Weltbank) haben ihre Politik diesbezüglich radikal geändert und festgehalten, dass es eine Beziehung mit NGOs erwünscht ist. World Bank, *Issues and Options for Improving Engagement between the World Bank and Civil Society Organizations* (March, 2005) 7 para. 17, <http://siteresources.worldbank.org/CSO/Resources/Issues_and_Options_PUBLISHED_VERSION.pdf> NGOs können auch akkreditiert werden für die jährlichen Treffen von Weltbank und IMF. Grundsätzlich bezieht sich dieses Engagement bei der Weltbank auf drei Ebenen: Dialog über die „policies", Einbezug bei der Implementierung von Projekten sowie Einbezug bei den Verfahren vor den World Bank Inspection Panel. Vgl auch das Buch Civil Society Team, World Bank, Consultations with Civil Society-A Sourcebook, 2007, http://siteresources.worldbank.org/CSO/Resources/ConsultationsSource book_Feb2007.pdf, zuletzt besucht am 5. April 2013.

24 *K.D. Wolf* Unternehmen als Normunternehmer. Global Governance und das Gemeinwohl, in: Kadelbach/Günther (Hrsg.), Recht ohne Staat? Zur Normativität nicht-staatlicher Rechtssetzung (2011), S. 101.

reich. Bekannt sind etwa der Forest Stewardship Council (FSC) sowie der Marine Stewardship Council, Zertifizierungsorganisationen, die durch NGOs und Unternehmen gegründet wurde. Diese Hybride gleichen tatsächliche oder vermeintliche Governance Lücken in Gemeinwohlbelangen aus.[25]

## 3. Veränderung der Prozesse

Verändert haben sich aber auch die Prozesse der Gemeinwohlfindung. Während selbstverständlich auf nationaler Ebene die demokratischen Prozesse bestehen bleiben, so werden sie auf europäischer Ebene simuliert. Konnte Tocqueville noch die lokalen Treffen der Bürger in den Vereinigten Staaten loben,[26] so haben sich auch diese internationalisiert und anonymisiert, denn Gemeinwohl wird nun auch über das Internet gemacht, eine globale Kommunikationsplatform par excellance. Dies ist weder Staat, noch Markt, es ist eine virtuelle Weltenbürgergesellschaft per crowd-sourcing.[27] Das Internet verdrängt die traditionellen Prozesse nicht, es ergänzt sie[28] und macht sie effektiver. Internet verringert, ökonomisch gesprochen, sowohl die politischen Informationskosten, die Meinungsäußerungskosten und auch die „Versammlungskosten" bzw. Petitionskosten. Websiten wie „www.change.org" geben zudem jedem Individuum die Gelegenheit ein politischer Unternehmer zu sein.[29]

Die Prozesse der institutionalisierten Anhörung auf internationale Ebene wurden bereits angesprochen. Weiterhin finden vermehrt sog. notice-and-comment Verfahren statt, in denen bestimmte Fragen der interessierten Öffentlichkeit gestellt

---

25 *K.W. Abbott/D. Snidal* Strengthening International Regulation Through Transnational New Governance: Overcoming the Orchestration Deficit, in: Vanderbilt Journal of Transnational Law 42 (2009), S. 501.

26 Alexis de Tocqueville, Über die Demokratie in Amerika, (1835/40). 1. Buch, II. Teil, Kapitel 6, S. 279.

27 *J. Howe* The Rise of Crowdsourcing, Wired Magazine 14.06 (2006), abgerufen unter <http://www.wired.com/wired/archive/14.06/crowds_pr.html>, zuletzt besucht am 05. April 2013. Auch wenn sich das crowd-sourcing von Outsourcing herleitet und primär auf Arbeitsaufgabenerledigung im Internet durch Gruppen bezieht, so kann es sich auch für die Gemeinwohlfindung durch Gruppen beziehen.

28 *M. Emmer/G. Vowe* Mobilisierung durch das Internet? Ergebnisse einer empirischen Längsschnittuntersuchung zum Einfluss des Internets auf die politische Kommunikation der Bürger, in: Politische Vierteljahresschrift 45 (2004), S. 191. Die Autoren finden auf Basis einer repräsentativen Befragung in einem Paneldesign, dass diejenigen, die neu ins Internet gehen, die herkömmlichen Formen politischer Kommunikation nicht weniger als vorher nutzen, sondern das Internet komplementär für politische Zwecke einsetzen.

29 Dazu im internationalen Recht, *M. Finnemore/K. Sikkink*, International Norm Dynamics and Political Change, in: International Organization 52 (1998), S. 887.

werden und diese in den Deliberationsprozess der jeweiligen Gremien eingehen. Es muss nicht betont werden, dass hier selbstverständlich auch Interessen formuliert werden und etwa im Baseler Bankenausschuss die Bankenverbände zu den aktivsten Beteiligten gehören.[30] Die EU Kommission verwendet regelmässig notice-and-comment Verfahren.[31]

Zusammenfassend lässt sich feststellen, dass Gemeinwohl vermehrt auch auf supranationaler und internationaler Ebene gefunden wird. Zudem ist der Einfluss ausserhalb des demokratischen Prozesses stärker geworden. Damit ist neben die staatlich gesetzte Gemeinwohlnormierung auch private Normgenerierung getreten, etwa transnationales Recht bzw. Selbstverpflichtungen von Marktteilnehmern; wir sehen uns mit „polyzentrischen Normenwelten"[32] konfrontiert, die nicht mehr nur hartes Recht im Sinne Kelsens beinhalten sondern auch ausserordentlich verhaltenswirksames Soft Law; beide Normenarten sind auf allen Ebenen zu finden. Während früher Gemeinwohl primär über den demokratischen Prozess durch nationale Parlamente definiert und sodann durch die nationale Verwaltung konkretisiert wurde, sehen wir heute vermehrt nicht-staatliche Akteure wie NGOs, Unternehmensverbände und „Crowds" auf dem Internet mit Petitionen und Aufrufen. Auf internationaler Ebene, aber auch auf nationaler Ebene beobachten wir zusätzlich die nationalen Exekutiven, die über Netzwerkstrukturen agieren, Internationale Organisationen sowie Hybride. Damit wird das Gemeinwohl nicht mehr allein „repräsentativ" (durch parlamentarische Delegation) definiert; vielmehr sind die Beteiligungsformen aller Akteure vielfältig, direkter. Auf internationaler und europäischer Ebene finden wir Verfahren des notice-and-comment für stakeholder, wir finden Beobachterstatus von stakeholdern mit Eingaberechten (NGOs und Unternehmen auf internationaler Ebene) und wir finden das Internet und Crowds (insbes. NGOs), welches immer auch grenzüberschreitend wirken kann über kommunikative spill-over Effekte (vergleiche die Ansteckungseffekte des arabischen Frühlings oder der Korruptionsbekämpfung) oder aber weil das Gemeinwohl (wie etwa Umweltschutz) gemeinsam wahrgenommen und definiert wird. Kurz: „Gemeinwohl" wird prozesshaft definiert, durch verschiedene Akteure auf verschiedenen Ebenen.

---

**30** *D.R. Wood* Governing Global Banking. The Basel Committee and the Politics of Financial Globalisation, 2005.

**31** Ausführlich dazu *A. van Aaken* Democracy in Times of Transnational Administrative Law: The Case of Financial Markets, in: Eberhard/Lachmayer/Ribarov/Thallinger (Hrsg.), Perspectives and Limits of Democracy (2008), S. 41.

**32** *S. Kadelbach/K. Günther* Recht ohne Staat?, in: Kadelbach/Günther (Hrsg.), Recht ohne Staat? Zur Normativität nicht-staatlicher Rechtssetzung (2011), S. 9, S. 40.

# III. Theoretischer Hintergrund: Deliberative Institutionenökonomik

Wie können diese Phänomene theoretisch und juristisch eingefangen werden? Es sind Fragen nach der Legitimation von Macht über die Gemeinwohldefinition und diese sind eng verbunden mit Gerechtigkeitstheorien. Wie bereits angedeutet, wird hier die These vertreten, dass die Bedingungen der Entscheidungsprozesse relevant sind für den Inhalt des Gemeinwohls; mithin wird ein prozedurales Gemeinwohlverständnis zugrunde gelegt. Die Legitimation des Ergebnisses hängt damit von der Legitimation der Prozesse der Gemeinwohlfindung ab. Wird, wie hier, die Grundentscheidung für den normativen Individualismus getroffen bzw. jegliche Gemeinwohldefinition individualistisch rückgeführt,[33] dann stellen sich dennoch erhebliche weitere Probleme. Denn die Ansätze variieren beträchtlich in der konkreten Umsetzung des normativen Individualismus und insbesondere in der Frage, ob die Präferenzen rein subjektivistisch erfasst und akzeptiert werden, oder ob „objektivistische Filter" eingebaut werden. Auch in Ethiktheorien findet man die Unterscheidung zwischen objektivistischen und subjektivistischen Ansätzen.[34] Insbesondere hängt davon ab, welche Präferenzen und welcher Nutzen (dieser drückt die Präferenzintensität aus) wie in die „gesellschaftliche Wohlfahrtsfunktion" eingehen und wie diese aggregiert werden kann.[35] Gehen alle Interessen ungefiltert in eine Gemeinwohldefinition ein (so manche Spielarten des Utilitarismus (individueller Nutzen)[36] und aggregiert in der alten Wohlfahrtsökonomie) oder wie werden „gute"

---

33 Der normative Individualismus „rests in the premise that the ultimate judges on the ‚goodness' of social transactions and arrangements are the individuals who are affected by the respective transactions or arrangements.", Vgl. zu der Definition, siehe *V. Vanberg* Rules and Choice in Economics, 1994, S. 209. Grundsätzlich wird von allen liberalen Theorien diese Basis verwendet.

34 Siehe zum folgenden insbesondere *F. v. Kutschera* Grundlagen der Ethik, 1999, S. 59 ff., an den sich diese Ausführungen anlehnen. Auch in der ökonomischen Analyse des Rechts wird diese Unterscheidung getroffen, siehe *J.L. Coleman* Markets, Morals, and the Law, 1988, S. 144. Die Probleme in der Wohlfahrtsökonomie (und des Utilitarismus) bezüglich der Nutzeninformation und ihrer moralischen Relevanz findet man zusammengefasst bei *A.K. Sen* (Hrsg.), Choice, Welfare and Measurement, Cambridge (Mass.), 1997.

35 In der Regel wird der Begriff „Nutzen" für individuelles Wohlergehen und der Begriff „Wohlfahrt" für das gesellschaftliche Wohlergehen verwendet.

36 *J.L. Coleman* Efficiency, Utility, and Wealth Maximization, in: Hofstra Law Review 8 (1980), S. 509; *J.C. Harsanyi* Cardinal welfare, individualistic ethics, and interpersonal comparisons of utility, in: Journal of Political Economy 63 (1955), S. 309; *J.C. Harsanyi* Rule Utilitarianism and Decision Theory, in: Gottinger/Leinfellner (Hrsg.), Decision Theory and Social Ethics (1978), S. 3; *A.K. Sen* Personal Utilities and Public Judgement: Or what's wrong with welfare economics?, in: Economic Journal 89 (1979), S. 537; *A.K. Sen* Utilitarianism and Welfarism, in: Journal of Philosophy 76 (1979), S. 463.

von „schlechten" Interessen geschieden? Die Versuche sind bekannt: Die Filterung von einmischenden Präferenzen,[37] die Neutralisierung der Individualinteressen durch den Schleier des Nichtwissens[38] oder die Auswahl zwischen „berechtigten" und „unberechtigten", erheblichen und unerheblichen Interessen und Präferenzen über Verfahren und Deliberation.[39]

Hier wird die These vertreten, dass eine verhaltenstheoretisch basierte „deliberative Institutionenökomomik"[40] in der Lage ist, Anhaltspunkte für Gemeinwohlfindung zu formulieren. Dazu wird zunächst die deliberative Institutionenökonomik skizziert, um sodann die verhaltenstheoretischen Grundlagen psychologisch abzusichern. Dies gibt Anhaltspunkte, wie Verfahren gestaltet sein könnten, um Gemeinwohlergebnisse auch in einer globalisierten Welt zu fördern. Die deliberative Institutionenökonomik ist ein Ansatz, der Institutionenökonomik und deliberative Theorien kombiniert. Es wird auf beide im Folgenden kurz eingegangen, um den Ansatz zu skizzieren.

## 1. Institutionenökonomischer Ansatz

Die Neue Institutionenökonomik und insbesondere die Verfassungsökonomik sind auf der Grundlage gegebener Präferenzen an der Effizienz und der Legitimation von Institutionen interessiert.[41] Vermittels einer zweckmäßigen Mischung der Ko-

---

37 *A.K. Sen* The Impossibility of a Paretian Liberal, in: Journal of Political Economy 78 (1970), S. 152.

38 *J. Rawls* Eine Theorie der Gerechtigkeit, 1990.

39 Im Detail, *A.van Aaken* Rational-Choice in der Rechtswissenschaft, 2003, S. 186 ff. und *J. Fishkin* The „Filter", the „Mirror" and the „Mob": Reflections on deliberative democracy. Paper presented at the conference „Deliberating about Deliberative Democracy" February 4–6, University of Texas at Austin, Austin, TX. Heruntergeladen am 2. September 2007, von http://www.svet.lu.se/links/Demokrati resurser/papers_deliberativ_demokrati/FilterMirrorMob.pdf.

40 Ausführlich dazu: *A. van Aaken* Deliberative Institutional Economics, or Does Homo Oeconomicus argue?, in: Aaken/List/Lütge (Hrsg.), Deliberation and Decision. Economics, Constitutional Theory and Deliberative Democracy (2004), S. 3.

41 Die Neue Institutionenökonomik ermangele wegen der Probleme mit der Allokationseffizienz überhaupt eines normativen Maßstabes, so *R. Richter/E. Furubotn* Neue Institutionenökonomik: eine Einführung und kritische Würdigung, 1996, S. 477, S. 493 ff.. *M. Erlei/M. Leschke/D. Sauerland* Neue Institutionenökonomik, 1999, S. 54 und insbesondere *K. Homann/C. Kirchner* Ordnungsethik, in: Herder-Dorneich/Schenk/Schmidtchen (Hrsg.), Jahrbuch für Neue Politische Ökonomie (1995), S. 189, S. 192 bemängeln das normative Defizit der Neuen Institutionenökonomik und schlagen hypothetischen Konsens vor. Der Konsensbegriff der Ordnungsökonomik und der Verfassungsökonomik differiert allerdings ebenfalls, vgl. S. 203, sowie *C. Kirchner*, Ökonomische Theorie des Rechts, 1997, S. 20: „Während das vertragstheoretische Paradigma (der Verfassungsökonomik, Anm. A.v.A.) auf den tatsächlichen Konsens der Regelungsadressaten abstellt und damit zwangsläufig auf das Ein-

ordinationsverfahren Staat und Markt sucht sie nach Institutionen, mit Hilfe derer sich Zustände hervorbringen lassen, die den gegebenen Präferenzen bestmöglich entsprechen (und damit gemeinwohlverträglich sind gemäß der ökonomischen Theorie). In der Neuen Institutionenökonomik finden wir in der Regel den Vorschlag, (hypothetischen) Konsens als Kriterium zur Beurteilung der Richtigkeit von Institutionen heranzuziehen. Jeglicher Konsens ist als gemeinwohlverträglich legitimiert, solange er ohne Zwang und Drohung zustande gekommen ist (*volenti non fit iniuria*); es gibt dann keine weiteren Beurteilungskriterien für die Gemeinwohlverträglichkeit. Diesem Konzept liegt ein prozedurales Rationalitätsverständnis[42] zugrunde. Bei der Konsensfindung folgen die Akteure einem *individuellen* Vorteil-Nachteil-Kalkül (Eigennutz, *interests*), sind aber dabei keineswegs auf monetäre oder materielle Vor- und Nachteile beschränkt. Vorteile sind alles, was die Akteure selbst als Vorteile ansehen. Es wird angenommen, dass Individuen einer Verschlechterung ihrer eigenen Lage durch Regeln nicht zustimmen würden. Regeln, die – aus individueller Sicht – Verbesserungen ermöglichen, werden als effizient betrachtet, *wenn und weil* sie in der Lage sind, *Einstimmigkeit* zu erreichen.[43] Es wird von einem Gleichklang zwischen individueller Nutzenmaximierung und überindividueller Richtigkeit ausgegangen. Das Augenmerk der Ökonomik liegt dabei bei dem rationalen Entscheidungsakt der Individuen; ein eventuell vorgeschalteter Prozess der Deliberation und die diesen Prozess fördernden oder sogar dazu eingerichteten Institutionen werden nicht betrachtet. Wenn Spieler kommunizieren und interagieren, dann nur im Sinne von *bargaining*[44] und nicht im Sinne von *arguing.*[45]

---

stimmigkeitskriterium als Legitimationskriterium abstellen muss, kann das konsenstheoretische Paradigma (der Ordnungsökonomik, Anm. A.v.A.) nach der Zustimmungsfähigkeit von Kollektiventscheidungen fragen und Ableitungszusammenhänge zwischen den aus einer Kollektiventscheidung zu erwartenden Kooperationsvorteilen und der Zustimmungsfähigkeit in Bezug auf die betreffende Kollektiventscheidung aufstellen."

42 Vgl. generell zu prozeduralen Rationalitätsbegriffen in der Sozialphilosophie *A. Tschentscher* Prozedurale Theorien der Gerechtigkeit: Rationales Entscheiden, Diskursethik und prozedurales Recht, 2000.

43 Siehe dazu grundlegend *J.M. Buchanan* Positive Economics, Welfare Economics, and Political Economy, in: Journal of Law and Economics 2 (1959), S. 124 mit der Diskussion über hypothetischen versus realen Konsens.

44 Das ökonomische Verhandlungsproblem wird von *A. Rubinstein* Perfect Equilibrium in a Bargaining Model, in: Econometrica 50 (1982), S. 97, S. 97 folgendermaßen definiert: „Two individuals have before them several possible contractual agreements. Both have interests in reaching agreement but their interests are not entirely identical. What will be the agreed contract, assuming that both parties behave rationally?" Die ökonomische Verhandlungstheorie als Teil der Spieltheorie sucht in kooperativen Spielen nach „uniquely rational solutions". Und „(g)iven that the participants are sufficiently rational and intelligent, they will

Allerdings gibt es Ansätze in der konstitutionellen Ökonomie, die auf *konstitutioneller* Ebene Präferenzen nicht mehr als gegeben annehmen.[46] Vanberg und Buchanan[47] unterscheiden bei den konstitutionellen Präferenzen (analytisch) zwei Komponenten: die „konstitutionellen Theorien" (*theories*) und die „konstitutionellen Interessen" (*interests*). Theorien sind die kognitiven Teile der Präferenzen, die sich auf Fakten beziehen, also auf die (subjektive) Prognose, wie sich die verschiedenen Regeln auf die Ergebnisse auswirken. Die Interessenkomponente dagegen bezieht sich auf die subjektive Beurteilung der erwarteten Ergebnisse der Regeln, ist mithin ein reines Werturteil.[48] Beide Komponenten können zu Meinungsverschiedenheiten führen und einen Konsens über Gemeinwohl verhindern. Ein Dissens der Individuen kann einmal vermieden werden, indem die Theorie-Komponente der Präferenzen durch vermehrte Information (mittels Experten) und/oder auch Diskurs[49] zu einer Annäherung gebracht wird. Die Interessenskomponente der Präferenzen wird allerdings weiterhin konstant gehalten, was bedeuten würde, dass *eine Änderung der Interessenskomponente durch Diskurs weiterhin ausgeschlossen wird.* Folglich wird auch nicht thematisiert, *weswegen* bzw. aufgrund welcher Pro-

---

*somehow* bring this solution about. In other words: Cooperative bargaining theory neglects the process, i.e., the individual acts by which a solution is brought about." So *S. Voigt* Positive Constitutional Economics, in: Rowley (Hrsg.), Constitutional Political Economy in a Public Choice Perspective (1997), S. 11, S. 114.

45 Vgl. zu dieser Unterscheidung *J. Elster* Introduction, in: Elster (Hrsg.), Deliberative Democracy (1998), S. 115.

46 Vgl. aber auch an anderer Stelle *Buchanan* Fn. 43, S. 136 f.: „The purpose of political discussion is precisely that of changing „tastes" among social alternatives. The economist ... must try to incorporate the predicted preferences of individuals, not as they exist at a given moment, but as they will be modified after responsible discussion." und *J.M. Buchanan* Kommentar, in: Koslowski (Hrsg.), Ethik des Kapitalismus (1986), S. 81, 89 f.: „Auf einer zweiten oder ‚konstitutionellen' Ebene des Diskurses müssen aber vorhandene Sets von Präferenzen nicht als gegeben akzeptiert werden, und eines der Ziele eines solche Diskurses ist ja in der Tat eine wirksame Kritik solcher Präferenzen, die auf eine Verbesserung durch angemessenen institutionellen Wandel abzielt. Präferenzen für Kitsch sind auf dieser Ebene nicht so gut wie Präferenzen für Dichtung, und eine der Hauptaufgaben des Sozialphilosophen und Wissenschaftlers ist die Gestaltung einer konstitutionell-institutionellen Struktur, welche die Hervorbringung ‚besserer' Präferenzen (z. B. Dichtung) fördert."

47 Siehe zu dem folgenden *V. Vanberg* Rules and Choice in Economics, 1994, Kap. 10 und 11.

48 Ebd., Kap. 10, insbes. S. 169.

49 Die Verknüpfung von Diskurstheorie und Verfassungsökonomik wird hier auf die Theorie-Komponente beschränkt. Einen anderen Weg der Verknüpfung gehen *B.S. Frey/G. Kirchgässner* Diskursethik, Politische Ökonomie und Volksabstimmungen, in: Analyse&Kritik 15 (1993), S. 129, die den Diskurs als der Entscheidung vorgelagert betrachten.

zesse die Menschen möglicherweise auch die Interessenskomponente ändern könnten.[50]

Allerdings bleibt ein von Vanberg thematisiertes Problem, nämlich dass es weder eine rein prozedurale noch eine prozedurunabhängige Auffindung des „Guten" in Demokratien als Lösung für die Legitimationsfrage gibt. Michelman nennt dies das Paradox der Demokratie.[51] Festzuhalten bleibt an dieser Stelle, dass daher materiale Mindestinhalte („substantive criteria") für die regelhervorbringenden Institutionen gefunden werden müssen, da sonst ein unendlicher Legitimationsregress entstünde.[52] Hier kann m. E. ein Blick zu den Diskurstheorien helfen, die sich ja gerade mit den Bedingungen und auch der Freiwilligkeit des Konsenses, die durch die (herrschaftsfreien) Diskursbedingungen sichergestellt werden soll, auseinandersetzen.

## 2. Deliberativer Ansatz

Deliberative Theorien, insbesondere die deliberative Demokratietheorie,[53] sehen sich in der Nachfolge der Diskurstheorien und der Gerechtigkeitstheorie von Rawls

50 Vgl. zu einem anschaulichen Überblick zu den verschiedenen Konsenskonzepten unter Berücksichtigung der Theorie- und der Interessenskomponente der Präferenzen *D. Aufderheide* Konstitutionelle Ökonomik versus Theorie der Wirtschaftspolitik: Herausforderung des Herausforderers?, in Pies/Leschke (Hrsg.), James Buchanans konstitutionelle Ökonomik, 1996, S. 184, S. 187.

51 *F.I. Michelman* Brennan and Democracy, 1999, S. 34.

52 Grundsätzlich so auch *G. Brennan/J.M. Buchanan* Die Begründung von Regeln: konstitutionelle politische Ökonomie, 1993, S. 60: „Endzustände können nur daran gemessen werden, dass man das Verfahren bewertet, durch das sie zustande kommen." Denn für die Legitimität eines verfassungsökonomischen Konsenses gilt dasselbe, wie es *J. Cohen* Deliberation and Democratic Legitimacy, in: Hamlin/Pettit (Hrsg.), The Good Polity (1991), S. 17, S. 26 für die deliberative Demokratie formuliert hat: „Neither the commitment nor the capacity for arriving at deliberative decisions is something we can simply assume to obtain independent from the proper ordering of institutions. The institutions themselves must provide the framework for the formation of the will; they determine whether there is equality, whether deliberation is free and reasoned, whether there is autonomy, and so on."

53 Zu den deliberativen Demokratietheorien, siehe *J.S. Dryzek* Deliberative Democracy and Beyond: Liberals, Critics, Contestations, 2000; *J.S. Dryzek*, Discursive Democracy: Politics, Policy, and Political Science, 1990 sowie *J. Elster*, Deliberation and Constitution Making, in: Elster (Hrsg.), Deliberative Democracy (1998), S. 97. Für eine Kurzübersicht, siehe *Cohen* Fn. 51, S. 17 mit folgender Definition: „By a deliberative democracy I shall mean, roughly, an association whose affairs are governed by the public deliberation of its members." Und weiter auf Seite 21: „The notion of a deliberative democracy is rooted in the intuitive ideal of a democratic association in which the justification of the terms and conditions of associations proceeds through public argument and reasoning among equals."

(Überlegensgleichgewicht).[54] Die Diskurstheorien betrachten menschliche Kommunikation nicht nur als anthropologische Eigenschaft der Menschen, sondern stellen die kommunikative bzw. diskursive Rationalität in den Mittelpunkt des Interesses ihrer Gesellschaftstheorie.[55] Im Gegensatz zur Ökonomik und, allgemeiner, der Theorie rationaler Wahlhandlungen, geht es deliberativen Theorien nicht um die *Aggregation von Präferenzen*, sondern um die *Transformation der Präferenzen* durch deliberative Prozesse. Die Individuen stellen also ihre Präferenzen bzw. Interessen prinzipiell zur Disposition.[56] Der Deliberationsprozess ist dabei durch einen Begründungszwang gekennzeichnet.

Die Definitionen von Deliberation variieren.[57] Unterschiede ergeben sich, je nachdem, ob sie eher ergebnisorientiert[58] oder verfahrensorientiert[59] sind, aber ein gemeinsamer Kern der deliberativen Theorien kann ausgemacht werden:[60] Alle

---

54 Vgl. *Rawls* Fn. 38, S. 38 ff. Siehe zu einer (kritischen) Auseinandersetzung mit Rawls auch *Cohen* Fn. 51, S. 18 ff. sowie *S. Benhabib* Deliberative Rationality and Models of Democratic Legitimacy, in: Constellations: An International Journal of Critical and Democratic Theory 1 (1994), S. 1, S. 35 ff. Zur (kritischen) Auseinandersetzung mit *J. Habermas*, Faktizität und Geltung. Beiträge zur Diskurstheorie des Rechts und des demokratischen Rechtsstaates, 1992, *Sabel, C.F./Cohen, J.* (2001): Directly Deliberative Polyarchy. <http://www.law.columbia.edu/sabel/papers/Design.html>, zuletzt besucht am 05. April 2013, S. 11 f.

55 Vgl. grundlegend *J. Habermas*, Theorie des Kommunikativen Handelns, 1988, bes. Bd. 1 sowie *Habermas* Fn. 54.

56 *J. Ferejohn/P. Pasquino* Deliberative Institutions, 2000, Working Paper erhältlich unter: < http://politics.as.nyu.edu/docs/IO/4758/ferejohn.pdf>, zuletzt besucht am 5. April 2013, S. 3 f.: „But whether goals or purposes change as a result of deliberation or whether they merely remain open to revision, the way that deliberation changes or reinforces goals or purposes is by giving reasons or arguments. Deliberation in this sense is participating in the process of reasoning about public action. This entails being open to reasons, being willing to alter your preferences, beliefs or actions if convincing reasons are offered to do so – and being willing to base attempts to persuade others in giving reasons rather than threatening coercion or duplicity.“

57 Vgl. dazu ausführlich die Beiträge in *J. Elster* (Hrsg.), Deliberative Democracy, Cambridge, 1998.

58 *S. Stokes* Pathologies of Deliberation, in: Elster (Hrsg.), Deliberative Democracy (1998), S. 123 gibt eine ergebnisorientierte Definition, nach der Deliberation „the endogenous change of preferences resulting from communication“ ist.

59 *Cohen* Fn. 51, S. 23, *S. Benhabib*, Fn. 53, Fn. 13 und *D. Gambetta* „Claro!“: An Essay on Discursive Machismo, in: Elster (Hrsg.), Deliberative Democracy (1998), S. 19 dagegen fokussieren auf den Prozess selbst; weshalb Deliberation schon bei einer „conversation whereby individuals speak and listen sequentially before making a collective decision“ gegeben ist.

60 Unter deliberativen Verfahren werden Verfahren verstanden, die zusammengefasst auf drei Postulaten beruhen: Beteiligung aller Betroffenen, Entscheidung durch Argumente von Teilnehmern und für Teilnehmer sowie Entscheidung anhand der Leitwerte der Unparteilichkeit und Vernunft. Vgl. dazu *Elster*, Fn. 44, S. 8 sowie *P. Feindt*, Regierung durch Diskussion? Diskurs- und Verhandlungsverfahren im Kontext von Demokratietheorie und Steuerungsdiskussion, 2001, S. 49.

Betroffenen sind – wie in der Verfassungsökonomik – an der kollektiven Entscheidung beteiligt (demokratischer Teil), die Entscheidungsfindung erfolgt durch Argumente, die von den Diskursteilnehmern offeriert und angenommen werden, die Diskursteilnehmer fühlen sich der Rationalität und der Unparteilichkeit (jedenfalls offiziell[61]) verpflichtet (deliberativer Teil). Der deliberative Teil unterscheidet die Diskurstheorien von der Verfassungsökonomik, da dort nicht nur auf die Theorie-Komponente, sondern auch auf die Interessens-Komponente der Präferenzen eingewirkt werden kann (nicht muss).

Dies geschieht durch Lernprozesse, die sowohl die Interessen als auch die Meinungen (Theorien) verändern können. Diese Lernprozesse ergeben sich aufgrund mehrerer Komponenten. Zum ersten kann durch das jeweilige deliberative Forum verstreute Information gesammelt und somit auch verteilte Intelligenz gebündelt werden.[62] Zum zweiten werden Begründungen gegeben, die für alle einleuchtend sein müssen. Selbst wenn über die Theorie-Komponente Einigkeit herrscht, so muss dennoch weiterhin abgewogen werden zwischen den betroffenen Interessen. Diese Abwägung kann strukturiert werden, indem manche Gründe mehr Gewicht erlangen als andere. Dies gilt insbesondere für verfassungsrechtliche, bzw. grundrechtlich relevante Argumente, die ein höheres Gewicht bekommen (können und sollten) als alle übrigen.[63]

Ausgegangen wird dabei von einer sich ergänzenden privaten Autonomie und einer öffentlichen Autonomie des Individuums. Die private Autonomie betrifft die individuell zu treffende Wahl sowie die Realisierung einer persönlichen Konzeption des Guten. Gegenstand der öffentlichen Autonomie ist die gemeinsam mit anderen zu treffende Wahl und die Realisierung einer politischen Konzeption des Gerechten

---

**61** Gemäß *R. Alexy* Diskurstheorie und Menschenrechte, in: Alexy (Hrsg.), Recht, Vernunft, Diskurs: Studien zur Rechtsphilosophie (1995), S. 127, S. 133, S. 142 ff. besteht ein individueller Nutzen, auch von Eliten und Tyrannen, Gesellschaftsordnungen zu legitimieren, da eine Legitimation langfristig billiger und stabiler ist als bloße Gewalt („offizielle Unparteilichkeit"). Legitimation ist dann gegeben, wenn den Interessen der Bevölkerung an Richtigkeit seitens der Eliten (wenn auch nur vorgeblich) Rechnung getragen wird. Die Diskursregeln können dann mit dem Interesse an Stabilität (langfristige Vorteilhaftigkeit) begründet werden. Selbst wenn kein subjektives Interesse an den Diskursregeln bestünde, bzw. dieses nur (machiavellistisch) geheuchelt wäre, so ändert das nichts an einer zumindest objektiven bzw. institutionellen Geltung der Regeln.

**62** Zu dieser Notwendigkeit der Informationssammlung insbesondere für (gute) staatliche Entscheidungen, seien sie legislativer oder exekutiver Natur, *D. Stark/L. Bruszt* Postsocialist Pathways: Transforming Politics and Property in East Central Europe, 1998, S. 123.

**63** Vgl. *Sabel/Cohen* Fn. 53, S. 6 f. Allerdings ist damit die Abwägung zwischen den widerstreitenden Interessen selbst noch nicht vorgegeben.

oder Guten.[64] Interessant ist Letzteres insbesondere für die Gemeinwohldefinitionen der Diskurstheorien. Diese sind grundsätzlich offen, legen also keine Gemeinwohldefinition *ex ante* fest, sondern überlassen die (immer reversible) Definition dem deliberativen Prozess.[65]

Problematisch an der Diskursethik ist allerdings, dass sie das Phänomen der Knappheit und daher auch der Opportunitätskosten nicht genügend berücksichtigt.[66] Das aber ist von eminenter Bedeutung. Der Einwand, dass es sich ja um einen idealen Diskurs handele, ist nur bedingt stichhaltig, wenn es darum geht, zu entscheiden, welche Diskursergebnisse legitimiert sind und welche nicht, da aufgrund der realen Knappheitsproblematik Diskurse nicht nur beschränkt, sondern auch abgebrochen werden müssen. Die Entscheidung, ob ein Diskurs legitim ist oder nicht, richtet sich dann danach, ob die Diskursteilnehmer ihn als legitim anerkennen. Damit muss die Frage dann letztlich empirisch (und psychologisch) entschieden werden.

## 3. Die psychologische Wende in der Gemeinwohldefinition

Die These hier lautet, dass Deliberation relevant ist sowohl für die Präferenzformung als auch für die Kognition der Individuen, die an Gemeinwohlentscheidungen beteiligt sind. Deliberation kann nicht nur „Theorien“ über das Gemeinwohl ändern, sondern auch „Interessen“. Die Neue Institutionenökonomik und die Ordnungsökonomik betrachten, wie die Ökonomik insgesamt, nur den *Ergebnisnutzen* von Entscheidungen.[67] Es gibt allerdings neuere Ansätze in der sogenannten Verhaltensökonomie,[68] die sich primär auf kognitive Psychologie stützen, und ihr Augen-

64 Diese Unterscheidung folgt *Alexy* Fn. 61,. Ebenso *Habermas* 1992, Fn. 54, S. 112 ff. mit einer Analyse der Begriffe in der Ideengeschichte.

65 Vgl. dazu auch ausführlich *Engel* Fn. 1. Vgl. auch *Sabel/Cohen* Fn. 53, S. 4: „(T)he deliberate conception of collective decision making extends the idea of treating people with respect from rights and procedures to justifications themselves.“

66 Vgl. *K.L. Avio* Habermasian Ethics and Institutional Law and Economics, in: Kyklos 52 (1999), S. 511, 528 f.

67 Vgl. ausführlich *D. Kahneman* New Challenges to the Rationality Assumption, in: Legal Theory 3 (1997), S. 105 und folgend *M. Rabin* Psychology and Economics, in: Journal of Economic Literature 36 (1998), S. 11, insbes. S. 33.

68 Siehe zu einem Überblick über die Forschungsergebnisse mit Nachweisen zu dem Experimenten und Hinweisen auf die Implikationen für institutionelle Gestaltung *C. Jolls/C.R. Sunstein* Debiasing Through Law, in: Journal of Legal Studies 35 (2006), S. 199; *C. Jolls/C.R. Sunstein/R.H. Thaler* A Behavioral Approach to Law and Economics, in: Stanford Law Review 50 (1998), S. 1471; *C.R. Sunstein (Hrsg.)* Behavioral Law and Economics, Cambridge, 2000 m.w.N.

merk auch auf die speziellen (insbesondere kognitiven) Bedingungen, unter denen Individuen ihre Entscheidungen fällen, lenken. Dies kann auch die Gemeinwohlentscheidung ändern. Interessant in unserem Zusammenhang sind dabei insbesondere die Erkenntnisse zu den Referenzpunkten. Im Standardmodell der Ökonomie wird angenommen, dass Präferenzen unabhängig sind von der Situation, in der sie offenbart werden und dass daher die Beschreibung und Darstellung der Entscheidungsalternativen keinen Einfluss auf die Entscheidung ausübt.[69] Aber nicht nur die Endvermögenszustände als absolute Größen beeinflussen den Nutzen der Individuen (wie das Standardmodell annimmt), sondern ebenso sogenannte *Referenzpunkte.*[70] Ein alltägliches Beispiel mag den Zusammenhang verdeutlichen: Je nachdem, ob man an warme oder kalte Temperaturen gewöhnt ist, fühlt sich dieselbe Temperatur anders an. Dieses Phänomen gilt nicht nur physisch, sondern auch psychisch und findet sich in allen denkbaren Lebensbereichen. Das bedeutet, dass die *primären Nutzenträger keine Zustände, sondern Ereignisse in einem dynamischen Prozess* sind. So wird Nutzen den Gewinnen oder Verlusten relativ zu einem Referenzpunkt zugewiesen. Der Referenzpunkt ist oft der *Status Quo*, aber er kann selbstverständlich auch beeinflusst werden mittels Darstellung durch interessierte Akteure. Insbesondere bei Verhandlungen hängen die Entscheidungen und der Konsens auch von der Wahl des Referenzpunktes ab. Menschen haben Fairnesspräferenzen und soziale Präferenzen.[71] Dennoch tendieren sie dazu, Dinge in einem für sie selbst günstigen Licht zu sehen,[72] d.h. Menschen sind geneigt, als „faire" Referenzpunkte solche zu wählen, die ihrem Interesse nahekommen. Selbst wenn ihnen „Fairness" wichtig ist, werden doch die Fakten in einem für sie günstigen Licht interpretiert. Es taucht natürlich die Frage auf, was „fair" bedeutet. Die Wahrnehmung von „unfairem" Verhalten oder „unfairen" Regeln hängt aber wiederum von einem Referenzpunkt ab.[73] Die Verzerrung des „fairen" Referenzpunktes ist interessant bei Gemeinwohlentscheiden, die Verteilungsaspekte beinhalten und

69 Vgl. ausführlich *van Aaken* Fn. 38, S. 82ff.

70 *D. Kahneman/A. Tversky* Prospect Theory: An Analysis of Decisions under Risk, in: Econometrica 47 (1979), S. 312.

71 *D.J. Cooper/J. H. Kagel* Other-Regarding Preferences: A Selective Survey of Experimental Results, in: Handbook of Experimental Economics Vol 2, (2013), erscheint demnächst, erhältlich unter http://www.econ.ohio-state.edu/kagel/Other%20Regarding_All_2_12_13.pdf, zuletzt besucht am 5. April 2013.

72 *G.B. Dahl/M.R. Ransom* Does Where You Stand Depend on Where You Sit? Thithing Donations and Self-Serving Bias, in: American Economic Review 89 (1999), S. 703, S. 703: „A self serving bias occurs when individuals subconsciously alter their fundamental views about what is fair or right in a way that benefits their interests."

73 Siehe dazu auch *E. Hoffmann/M.L. Spitzer* Willingness to Pay vs. Willingness to Accept: Legal and Economic Implications, in: Washington University Law Quarterly 71 (1993), S. 59.

verhindert oftmals eine Einigung der Parteien.[74] Auch hier findet sich ein Anknüpfungspunkt zu den deliberativen Ansätzen. Denn Referenzpunkte und die Fairness eines solchen Punktes können ebenso auch durch Deliberation geändert und festgelegt werden. In diese Richtung kann auch der „focal point“ von Schelling[75] gedeutet werden, wenn nämlich zum einen die Deliberation das Auffinden eines „focal points“ ermöglicht bzw. eventuell ein „focal point“ durch Deliberation auch festgelegt werden kann. Eine weitere bedeutsame Anomalie, die durch deliberative Prozesse gemildert werden kann, ist der „availability bias“, der die Tendenz von Individuen erfasst, sich zu stark auf augenfällige und hervorstechende Merkmale oder Ereignisse zur Schätzung der Wahrscheinlichkeiten zu verlassen und dabei die Grundwahrscheinlichkeit zu vernachlässigen, nur weil ein bestimmtes Ereignis frischer im Gedächtnis oder „sichtbarer“ ist. Es sei aber bemerkt, dass gerade dieser „bias“ auch missbraucht werden kann im politischen Diskurs. Augenfällige Vorkommnisse werden dann gebraucht, um Politik zu machen; sog. Anlassgesetzgebung. Diese ist nicht immer die beste.

## IV. Gemeinwohldefinitionsmacht in einer globalisierten Welt

Die Gemeinwohldefinition ist offen, reversibel und prozesshaft, solange die Bedingungen der Deliberation eingehalten werden. Dies wird jetzt, auch unter globalisierten Bedingungen, durch neue Kommunikationstechnologien befördert. Diese neuen Prozesse und Akteure der Gemeinwohlfindung erlauben vermehrte Stakeholder-Beteiligung und Deliberation. Ohne den real-existierenden Schleier des Nichtwissens als Filter (Rawls) und damit der Unparteilichkeit wird ein Begründungszwang umso wichtiger für die Legitimation der Gemeinwohldefinition. Denn dass Interessen immer auch in die Deliberation über Gemeinwohl eingehen, ist erstens unvermeidlich, zweitens aber auch notwendig. Die Deliberation, die aber durch das Internet zwanglos zustande kommt, ist zugleich ein „Entmachtungsinstrument“ über der Gemeinwohlmacht der klassischen Akteure.

Vernachlässigt wurde bei der Institutionenökonomik die eventuelle Veränderung auch der Interessenskomponente der Präferenzen im Deliberationsprozess. Diese Lücke füllen deliberative Theorien, indem sie auf den Diskurs verweisen, der durch Überlegungen und Austausch von Argumenten zu einem Konsens auch bei

74 Zu Beispielen und Experimenten, siehe oben Fußnote 65.

75 *T.C. Schelling*, The Strategy of Conflict, 1960, S. 57 ff.

der Interessenskomponente führen kann. Zudem ist denkbar, dass Menschen durch den öffentlichen Begründungszwang, der ihnen durch die Diskursregeln auferlegt wird, einen anderen Standpunkt einnehmen werden, nämlich dann, wenn sich ihr eigennütziger Standpunkt nicht gut öffentlich vertreten lässt.[76] Der Begründungszwang kann so strategisches oder opportunistisches Verhalten zumindest einschränken.[77] Das Internet und die Reputationsrisiken,[78] denen auch immer mehr Unternehmen unterliegen, zwingen so zu einem Diskurs, in dem nicht gemeinwohlfördernde Interessen gefiltert werden (schon aus Eigeninteresse). Dies gilt nicht nur rein national, sondern auch – für multinationale Unternehmen und NGOs wie auch für internationale Organisationen – global, denn Reputation wird in Zeiten des Internets global gewonnen, aber auch wieder verloren.

Kehren wir zu dem Beispiel der Korruption zurück. Wie oben bereits angedeutet, waren aufgrund der Wettbewerbsnachteile der Unternehmen, die im eigenen Recht der Korruptionsstrafbarkeit unterlagen und Bestechungsgelder nicht absetzen konnten, handfeste Interessen im Spiel bei dem Impetus für die völkerrechtlichen Konventionen gegen die Korruption. Die erste Maßnahme gegen Korruption mit internationaler Dimension war das US-amerikanische Gesetz zum Verbot transnationaler Bestechung von 1977[79] in der Nachfolge des Watergate-Skandals, dass den US Unternehmen im Ausland erhebliche Wettbewerbsnachteile brachte. Schon damals regten die Vereinigten Staaten an, dass der ECOSOC eine internationale Konvention entwerfen solle. Nach einer Unterbrechung von 15 Jahren existiert nun seit etwa 15 Jahren eine Proliferation von völkerrechtlich bindenden Instrumenten zur Korruptionsbekämpfung.[80] Politikwissenschaftliche Untersuchungen konnten aufzeigen, wie hier ein Zusammenspiel von Werten und

---

76 So auch *Benhabib* Fn. 53 und *Cohen* Fn. 51. Die Kehrseite der Medaille, Präferenzverfälschung durch öffentliche Diskurse, beschreibt *T. Kuran* Leben in Lüge: Präferenzverfälschungen und ihre gesellschaftlichen Folgen, 1997.

77 Vgl. *Elster* Fn. 53.

78 Siehe dazu auch Schuppert in ILFS Band 14: Gemeinwohl im Wirtschaftsstrafrecht, 2013.

79 Foreign Corrupt Practices Act (FCPA), 15 U.S.C. §§ 78dd-1 et seq. Ausführlich dazu *J. Serafini* Foreign Corrupt Practices Act, American Criminal Law Review 41 (2004), S. 721. Für eine Liste der Fälle, welche die Securities and Exchange Commission untersucht vgl.: www.sec.gov/spotlight/fcpa/fcpa-cases.shtml, zuletzt besucht am 05. April 2013.

80 Zuletzt und am umfassendsten VN-Konvention gegen Korruption (UN Convention Against Corruption, UNCAC) G.A. Res. 58/4, U.N. GAOR, 58th Sess., U.N. Doc. A/RES/58/4 (11. Dezember 2003), I.L.M 43 (2004), S. 37. Die Konvention trat am 14. Dezember 2005 in Kraft; sie hat 165 Vertragsstaaten und 140 Unterzeichnerstaaten (Stand 24. Dezember 2012).

Interessen zu einer Änderung der Gemeinwohldefinition führte.[81] Wurde Korruption lange noch als gar nicht so unschädlich wahrgenommen,[82] so führte sowohl der wissenschaftlichen Diskurs[83] als auch eine andere Wahrnehmung der eigenen Interessen zu einem Wertewandel. Dazu trug auch die Wahrnehmungsbeeinflussung etwa durch die Öffentlichkeitsarbeit von TI bei, die von der Weltbank aufgenommen wurde.[84] Der Corruption Perception Index etwa fliesst in die Länderrisikoeinschätzung von Ratings ein, was wiederum auch die Interessen der Staaten beeinflusst, welche aktiver in der Korruptionsbekämpfung wurden. Korruptionsbekämpfung ist nicht nur ein Resultat der Einsicht der Schädlichkeit der Korruption für Entwicklung als normatives Anliegen (*values*), sondern auch ein Resultat der Interessen der Unternehmen zur Herstellung der Wettbewerbsgleichheit (*interests*).[85] Um die starken Anreize der Korruption wirksam bekämpfen zu können, wird nicht allein auf die Veränderung des normativen Bewusstseins hingewirkt. Eine Vielzahl von Normen und eine Vielzahl von Akteuren streben eine Änderung der Anreize für korruptive Praktiken an, teilweise auch durch neuartige Prozesse.

Seit der VN-Konvention, die umfassend ist – wenn auch nicht in allen Teilen verbindlich – dient diese als Orientierung der internationalen Normen; sie kann als Hauptordnungsnorm bezeichnet werden. Die G20, die OECD und die Weltbank nehmen darauf Bezug und sie dient als Benchmark für die Selbstregulierung der Industrie. Die Korruptionsbekämpfung ist auch exemplarisch im Einbezug der be-

---

**81** Vgl. *Abbott/Snidal* Fn. 10, S. 141 und *M. Pieth*, Der Beitrag der UN Konvention zur Bekämpfung der transnationalen Korruption, in: Balmelli/Jaggy (Hg.), Les traités internationaux contre la corruption, 2004, S. 7, 8 m.w.N.

**82** „(T)he only thing worse than a society with a rigid, over-centralized and dishonest bureaucracy is one with a rigid, over-centralized and honest bureaucracy" – so noch *S. Huntington* Political Order in Changing Societies, 1968, S. 69; ähnlich auch *N.H. Leff* Economic Development through Bureaucratic Corruption, in: American Behavioral Scientist 8 (1964), S. 8.

**83** Statt vieler, *J. v. Lambsdorff* Causes and Consequences of Corruption: What do We Know from Cross-Section of Countries?, in: Rose-Ackerman (Hg.), International Handbook on the Economics of Corruption, 2006, S. 3.

**84** 1996 bekannte sich der damalige Präsident der Weltbank Wolfensohn klar zu einer Anti-Korruptionsstrategie: „We need to address transparency, accountability, and institutional capacity. And let's not mince words: we need to deal with the cancer of corruption.", Rede gehalten am 6. Oktober 1996. Die Weltbank arbeitet seither in Korruptionsbekämpfung engagiert, vgl. die Berichte Helping Countries Combat Corruption: The Role of the World Bank, 1997; den World Development Report 1997 sowie das Weltbank Strategiepapier Reforming Public Institutions and Strengthening Governance aus dem Jahr 2000. Die neueste Strategie ergibt sich aus Weltbank, Dealing with Governance and Corruption Risks in Project Lending: Emerging Good Practices. Erhältlich unter: http://siteresources.worldbank.org/EXTGOVANTICORR/Resources/3035863-1281627136986/EmergingGoodPracticesNote_8.11.09.pdf (zuletzt besucht am 30. März 2013).

**85** *Abbott/Snidal* Fn. 10.

troffenen Akteure: NGOs und auch Unternehmen. Beide treten nicht nur als Rechtsadressaten oder in Überwachungsfunktion auf, sondern sind maßgeblich auch an der Normengenerierung beteiligt, bspw. TI bei VN-Konvention und Unternehmen bei der OECD.

Die Durchsetzung der Völkerrechtsinstrumente mit ihren Überwachungsmechanismen greift wiederum auf die Zivilgesellschaft zurück, so ist etwa TI bei dem Monitoring der VN-Konvention beteiligt, aber die Zivilgesellschaft erfindet auch „Transparenzmittel" wie die Website „Ipaidabribe.com", die zwar in Indien „erfunden" wurde, aber mittlerweile nachgeahmt wird in einer Vielzahl von Staaten. Die NGOs haben auch eine Sprachrohrfunktion für die Zivilgesellschaft insgesamt. Wichtig ist aber nicht nur das Monitoring der an der Korruption beteiligten Akteure durch unbeteiligte Akteure, sondern zusätzlich der Einbezug und die Veränderung der Anreize der beteiligten Akteure. So sind nicht nur die Selbstverpflichtungen der Unternehmen als erster Schritt zu nennen, sondern auch die Veränderung der organisationsinternen Strukturen der Unternehmen, die dadurch in Gang gesetzt werden soll. Dieses Bestreben wird durch die Empfehlungen der OECD von 2009 überdies international unterstützt. Die Anreize für die andere Seite der Korruption, die Amtsträger, werden zumeist durch die internationalen Verträge angegangen, die Transparenz durch Offenlegung und Anti-Korruptionsbehörden fordern. Die Klagemöglichkeit der Wettbewerber, die durch Korruption geschädigt werden, die in manchen Instrumenten vorgesehen ist, schafft eine „private Staatsanwaltschaft im öffentlichen Interesse", hier werden die Anreize des Marktes gleich mitgenutzt. *Whistle-blower*-Vorschriften fördern die Aufdeckung von Korruption. Nicht zuletzt erhöhen Selbstverpflichtungen die Reputationskosten von Unternehmen, da sie gegen selbst auferlegte Normen verstossen.

Das Beispiel zeigt, wie Werte und Interessen die Entwicklung der Gemeinwohldefinition bestimmen; Werte- und Normspiralen können Interessen verändern und normative feedback-loops entstehen lassen. Hinzuweisen ist aber dennoch – auch hierfür liefert die Korruption ein gutes Beispiel – darauf, dass interkulturelle Differenzen die Entstehung eines Konsenses über Gemeinwohldefinitionen behindern können. Auch hier kann die Verhaltensökonomik beitragen: Experimente zeigen etwa unterschiedliche Fairnesspräferenzen in verschiedenen Kulturen.[86] Wie genau sich das auswirkt, bleibt (noch) unklar und wie auch, ob im Zeitalter globaler Kommunikation und globaler Probleme eine Konvergenz stattfinden kann.

---

**86** Vgl. *Abigail Barr et al.* Homo Æqualis: A Cross-Society Experimental Analysis of Three Bargaining Games, 2009, Documento CEDE No. 2009–09. Erhältlich unter: <http://ssrn.com/abstract=1485862> or http://dx.doi.org/10.2139/ssrn.1485862, zuletzt besucht am 5. April 2013.

# V. Ausblick

In einer globalisierten Welt ist auch das Gemeinwohl globalisiert zu definieren, zumindest immer dann, wenn es Sachverhalte betrifft, die über den Nationalstaat hinausgehen. Und genau wie sich die Wirtschaft globalisiert hat, so hat sich auch das Wirtschaftsstrafrecht internationalisiert durch internationale Normen. Wie genau das stattfinden kann, ist immer noch ein Problem der Demokratietheorien, die Debatte um das Demokratiedefizit in Europa allein ist zur Genüge bekannt. Dennoch gibt es Prozesse, die auch ausserhalb der klassischen Repräsentation Gemeinwohldefinitionen generieren. Die neuen Prozesse werden gerade auch durch die neuen Kommunikationstechnologien gefördert. Insbesondere die neuen Akteure – wie etwa die NGOs, die global agieren und kooperieren – können Gemeinwohl befördern. Der Einbezug aller betroffenen Stakeholder durch neue Verfahren und durch neue Kommunikations- und Kooperationsformen, wie etwa die hybriden Strukturen auf internationaler Ebene, in denen Unternehmen, internationale Organisationen und NGOs nicht nur ihre Interessen einbringen, sondern auch deliberieren, lässt für die Gemeinwohldefinitionsmacht auf eine Entmachtung der Einzelinteressen und auf einen legitimen, offenen und reversiblen[87] Gemeinwohlbegriff hoffen. Gesichert werden müssen nur die Verfahren der Gemeinwohlfindung. Die Macht über die Gemeinwohldefinition liegt bei einer Vielzahl von Akteuren; sie ist verstreut und soll dies auch sein. Die Gemeinwohldefinition ist nicht mehr rein national begrenzt; Gemeinwohl wird prozesshaft gefunden. Die Institutionen der Gemeinwohlformung verändern sich durch neue Technologien, in dem Masse der Zunahme der Kommunikationsmöglichkeiten nimmt die Definitionsmacht der Marktakteure und des Staat ab, welche nicht mehr die alleinige Definitionsmacht innehaben. Die Legitimation der Gemeinwohldefinition hängt maßgeblich von den Prozessbedingungen ab; prozedurale Rationalität muss beachtet und auch juristisch eingehegt werden: Dort muss die juristische Forschung ansetzen!

87 Denn ob die jeweils gefundenen Gemeinwohlkonsense „richtig“ sind, oder ggf. zu weit gehen (wie etwa im Rahmen bestimmter Wirtschaftsstraftaten argumentiert werden kann) und v. a. rein politisch motiviert sind und sich den „availability bias“ zunutze machen, kann zumindest gefragt werden.

Johannes Kaspar

# Gemeinwohl und Strafzwecke

## Gliederung



## I. Einleitung

Der Beitrag wird die Frage aufgreifen, inwiefern der Begriff des „Gemeinwohls" für die Diskussion über die Strafzwecke fruchtbar gemacht werden kann. Das versteht sich nicht von selbst. Schlägt man in den gängigen Abhandlungen über den Sinn und Zweck des staatlichen Strafens nach, finden sich die bekannten Verweise auf absolute Schuldvergeltung einerseits sowie die relativen Präventionstheorien mit den Spielarten von Spezial- und Generalprävention andererseits.

Vom „Gemeinwohl" ist hier weder bei der Erläuterung der Theorien die Rede, noch wird gar das „Gemeinwohl" selbst als Zweck der staatlichen Strafe erwogen. Das war nicht immer so. *Köstlin* etwa systematisiert die Straftheorien in seiner Abhandlung über das „System des deutschen Strafrechts" von 1855 anhand ihres Gemeinwohlbezugs.[1] Welche Chancen und Risiken mit einer möglichen Renaissance dieses Begriffs innerhalb der straftheoretischen Diskussion verbunden sind, wird der wesentliche Inhalt der folgenden Ausführungen sein.

**Erschienen in** ILFS Band 14: Gemeinwohl im Wirtschaftsstrafrecht, 2013

1 *Köstlin* System des deutschen Strafrechts, 1855, § 119.

https://doi.org/10.1515/9783111057125-004

## II. Gemeinwohlschutz als „Aufgabe des Strafrechts"?

Aber wäre es das überhaupt eine echte „Renaissance" – oder nur um eine neue Begrifflichkeit? Zwar kommt die straftheoretische Diskussion heute wie gesagt ohne ausdrückliche Thematisierung des „Gemeinwohls" aus. Aber es liegt nahe, dass es sich dabei eher um eine terminologische als eine inhaltliche Abweichung handelt. Denn wenn es richtig ist, dass der Staat die Aufgabe hat, ein (dann natürlich noch genauer zu definierendes) „Gemeinwohl" sicherzustellen, dann wäre es ein merkwürdiges Ergebnis, wenn ausgerechnet die Strafe als besonders symbolträchtige und zugleich eingriffsintensive staatliche Maßnahme an dieser Zielsetzung nicht teilhaben sollte.

Und in der Tat wird man schnell fündig, wenn man die Fragestellung der „Strafzwecke" im engen Sinn einmal verlässt und sich dem zuwendet, was *Roxin* als „Aufgabe" des Strafrechts bezeichnet.[2] Dies sei, so *Roxin*, der „Rechtsgüterschutz". Der Teufel steckt hier im Detail, denn welche dieser Interessen gerade so gewichtig sind, dass sie sogar per Strafandrohung geschützt werden dürfen, lässt sich eben nicht ohne weiteres aus dem Begriff des „Rechtsguts" ableiten. Das gilt übrigens auch für den schillernden und nicht einheitlichen gebrauchten Begriff der „Strafwürdigkeit"[3], der eigentlich nur die Fragestellung umschreibt, aber selbst keinen Ansatz zu ihrer Beantwortung erkennen lässt. Insofern wäre es denkbar, an dieser Stelle quasi synonym auf den zumindest nicht wesentlich unbestimmteren Begriff des „Gemeinwohlschutzes" als „Aufgabe des Strafrechts" abzustellen.

Tatsächlich lassen sich der Rechtsprechung des BVerfG durchaus Hinweise für eine solche „globale" oder „kollektive" Aufgabenbeschreibung des Strafrechts entnehmen. Das Gericht formuliert in seiner Entscheidung im 27. Band (BVerfGE 27, 18, 32): „Aufgabe des Strafrecht ist es, die elementaren Werte des Gemeinschaftslebens zu schützen". Das klingt zumindest stark nach „Gemeinwohl" und wird teilweise als Vorrang kollektiver Belange vor individuellen Gütern und Interessen interpretiert. Letzteres halte ich allerdings nicht für zutreffend. Vielmehr ergibt sich ein anderer Akzent schon dann, wenn man den nächsten Satz in der genannten Entscheidung des BVerfG liest. Denn dort heißt es: „Was zweifellos in den Kernbereich des Strafrechts gehört, läßt sich an Hand der grundgesetzlichen Wertordnung mit hinreichender Bestimmtheit ermitteln". Diese Wertordnung enthält aber nun mit

---

2 Zum Folgenden s. *Roxin* Strafrecht AT, 4. Aufl. (2006), § 2 Rn. 1ff.

3 S. dazu nur *Günther* JuS 1978, 8, 12; *Volk* ZStW 97 (1985), 871; aus jüngerer Zeit *Deckert* Strafwürdigkeit und Gesetzgebung, 2008.

dem bewusst an den Anfang des Grundgesetzes platzierten Grundrechtskatalog sowie mit der Menschenwürdegarantie in Art. 1 I GG ganz zentral ein klares Bekenntnis zu starken Rechtspositionen des Individuums, die entweder gar nicht oder nur mit gutem Grund eingeschränkt werden dürfen. Gerade die individuellen Rechtsgüter wie Leib oder Leben und erst recht die Menschenwürde sind daher, so wäre meine Folgerung, Prototypen von „elementaren Werten des Gemeinschaftslebens". Werden diese Güter des einzelnen geschützt, steht das pars pro toto für einen damit erzielten Schutz des „Gemeinwohls". Das kann und will ich hier aber nicht vertiefen, zumal die Bezüge von Gemeinwohl und Rechtsgüterschutz Gegenstand eines separaten Beitrags sind. Wichtig war mir nur, zu zeigen, dass wir bereits hier auf ein mögliches Risiko der Betonung des „Gemeinwohls" innerhalb der Straftheorie stoßen, auf das ich mehrfach zurückkommen werde, namentlich eine systematische Unterschätzung des Stellenwerts individueller Rechte, die im Begriff des „Gemeinwohls" nicht ausdrücklich zur Geltung kommen.

Erwähnt habe ich den Rechtsgüterschutz in meinem Beitrag aber auch deshalb, weil m. E. die Frage der „Aufgabe des Strafrechts" sehr eng mit der klassischen Frage der „Strafzwecke" zusammen hängt, ja, sich letztlich nach meiner Einschätzung sogar mit ihr stark überschneidet. Denn „Rechtsgüterschutz durch Strafrecht" kann doch nur bedeuten, dass durch die Existenz strafrechtlicher Verbote bestimmte für Rechtsgüter schädliche Handlungen unterbleiben sollen. Das ist aber nichts anderes als Prävention, also die Verhinderung von Straftaten. Die Entscheidung für den Rechtsgüterschutz respektive Gemeinwohlschutz als „Aufgabe des Strafrechts" impliziert also schon die Anerkennung der Prävention als Zweck – jedenfalls des strafbewehrten Verbots. Wenn aber die Androhung von Strafe diesem Zweck dient, wäre es stark begründungsbedürftig, wenn die Realisierung dieser Androhung, also die Verhängung der Sanktion, plötzlich von einem ganz anderen Gedanken, etwa demjenigen der „Schuldvergeltung" getragen, wäre.[4] Auch hier müsste es doch konsequenterweise darum gehen, wie präventiver Rechtsgüterschutz bewerkstelligt werden kann, der dann nicht nur „Aufgabe" sondern auch eigentlicher „Zweck" der

4 Dazu näher demnächst *Kaspar* Grundrechtsschutz und Verhältnismäßigkeit im Präventionsstrafrecht (erscheint 2013). Ausdrücklich a. A. *Hörnle* Straftheorien, 2011, 6 im Anschluss u. a. an Arbeiten von *Hart*. Selbst wenn man den Vorgang der Strafzumessung als Anwendung einer „Verteilungsregel" gegenüber dem von einer Institution Betroffenen versteht (so *Hörnle* a.a.O.), stellt sich doch die Frage, wie diese Verteilungsregel zustande kommt und warum sie vollständig vom Sinn und Zweck der Institution selbst abgekoppelt sein sollte; wer beispielsweise aus Gründen des „gerechten Schuldausgleichs" statt einer ebenfalls denkbaren Geld- eine Freiheitsstrafe verhängt, gibt damit doch unmissverständlich zu verstehen, dass aus seiner Sicht gerade diese Freiheitsstrafe benötigt wird, um „gerechten Schuldausgleich" zu bewirken. Damit wird aber exakt dies als Zweck der konkret verhängten Freiheitsstrafe apostrophiert, und es ist nicht zu sehen, warum dies nicht mit dem allgemeinen Zweck der „Institution" Strafe in Verbindung stehen sollte.

Strafe ist. Zu klären bleibt dann noch die Rolle der oben erwähnten Spezial- und Generalprävention: diese sind dann selbst genau genommen nicht „Zwecke“ der Strafe, sondern eher Funktionsweisen der Strafe auf dem Weg zur Erzielung ihres eigentlichen Zwecks, eben des präventiven Rechtsgüterschutzes.

## III. Gemeinwohl und Vergeltung

Damit sind wir sozusagen auf der „Habenseite“ angelangt, also bei einer möglichen Chance der Bezugnahme der straftheoretischen Diskussion auf das „Gemeinwohl“. Sie könnte, wie eben schon angedeutet, möglicherweise helfen, den angeblichen Strafzweck der Vergeltung, der heute bei unverändertem Inhalt eher als „Schuldausgleich“ firmiert, weiter zu delegitimieren. Denn wenn man einmal unterstellt, dass staatliches Strafen zum „Gemeinwohl“ beitragen muss, ist damit aus meiner Warte – unabhängig von der genauen begrifflichen Entfaltung von dem, was zum Gemeinwohl zählt – ein tatsächlicher gesellschaftlicher Zustand als Ziel formuliert, anhand dessen die Strafe zu messen ist. Sie kann dann eben nicht Selbstzweck sein, wie es ja auch vom BVerfG schon mehrfach formuliert wurde.[5] Dennoch ist das Vergeltungsdenken bis heute nicht etwa überwunden, im Gegenteil sind entsprechende theoretische Ansätze wieder en vogue, wie es scheint. Aber auch in der Rechtsprechung lässt sich das nachweisen. Denn wenn dort ausdrücklich gesagt wird, dass ganz unabhängig von präventiven Zielsetzungen das Maß der schuldangemessenen Strafe nicht unterschritten werden dürfe, ist das nichts anderes als die Anerkennung einer selbständigen Rechtfertigung der Strafe anhand des rein absoluten Vergeltungszwecks.

Aber noch ist die rechtliche Grundlage nicht benannt, aus der die Unzulässigkeit des Vergeltungszwecks folgt. Aus der Anerkennung von „Gemeinwohl“ als Staatsaufgabe allein lässt sich das nicht ableiten, denn dafür müsste man noch darlegen, warum es dem Staat nicht erlaubt ist, daneben noch ganz andere Aufgaben und Ziele zu verfolgen, hier eben „absolute Gerechtigkeit“ im Wege einer vergeltenden Strafe. Die rechtliche Begründung für dieses Ergebnis liegt im Verfassungsrecht. Wie ich in meiner demnächst erscheinenden Habilitationsschrift gezeigt habe, folgt aus der Struktur des verfassungsrechtlichen Verhältnismäßigkeitsgrundsatzes zwingend, dass als rechtfertigender Zweck einer staatlichen Maßnahme eine externe und prinzipiell empirisch überprüfbare Zielsetzung for-

5 BVerfGE 39, 46; 72, 114. S. dazu auch *Roxin* Festschrift für Volk, 2009, 601, 612 ff. In seiner Entscheidung zur Sicherungsverwahrung betont das BVerfG dagegen wieder zumindest implizit recht stark den Aspekt der Schuldvergeltung durch Kriminalstrafe, was straftheoretisch eine „Rolle rückwärts“ darstellt. S. dazu (kritisch) *Höffler/Kaspar* ZStW 123 (2012), 81 ff.

muliert werden kann. Denn nur dann ist eine Prüfung der „Geeignetheit“ und der „Erforderlichkeit“ überhaupt möglich. Der angebliche Zweck der „Vergeltung“ bzw. des „Schuldausgleichs“ erfüllt diese Kriterien evident nicht. Ob eine Freiheitsstrafe von fünf Jahren zum Schuldausgleich „geeignet“ ist, kann von vornherein nicht sinnvoll in rationaler Weise diskutiert werden.

Der Verhältnismäßigkeitsgrundsatz als wichtiges verfassungsrechtliches Kontrollinstrument würde also ausgerechnet hier, wo der Staat mit der vielzitierten „schärfsten“ seiner „Waffen“ hantiert, leerlaufen. Und es ist auch nicht etwa so, dass der Verhältnismäßigkeitsgrundsatz an dieser Stelle vom angeblich strengeren „Schuldprinzip“ ersetzt wird; denn bei diesem wird nur die Angemessenheit der Höhe der Strafe in Relation zur Tatschuld thematisiert, nicht aber die Vorfrage, welchen sinnvollen Zweck man mit dieser Maßnahme überhaupt verfolgt und ob dieser einen so gravierenden Grundrechtseingriff rechtfertigt[6]. Damit scheidet kraft Verfassungsrecht eine Rechtfertigung der Strafe anhand des Zweckes des „Schuldausgleich“ aus. Dass eine allein diesem absoluten Zweck dienende Strafe nicht zum Gemeinwohl beitragen kann, ist also nicht der eigentliche rechtliche Grund für die Unzulässigkeit dieses Strafzwecks, aber immerhin Teil der im Kern verfassungsrechtlichen Argumentation.

## IV. Gemeinwohl und Prävention

So bleibt schließlich noch zu untersuchen, welche Bezüge die präventiven Funktionen der Strafe zum Gemeinwohl aufweisen. Der unmittelbare Bezug liegt auf der Hand: Durch die (erhoffte) Verhinderung schädlicher Verhaltensweisen trägt erfolgreiche strafrechtliche Prävention natürlich zum Gemeinwohl bei. Damit droht hier aber zugleich die bereits erwähnte Überbetonung des Nutzens durch Strafe für die Allgemeinheit und eine zu starke Ausblendung der Belange des Individuums, hier: des bestraften Täters.

### 1. Generalprävention

Das wird besonders deutlich mit Blick auf die negativ-generalpräventive Straffunktion, also die Abschreckung der anderen durch Bestrafung des Täters. Wenn man einmal davon absieht, dass die Furcht (oder mit *Feuerbach:* der psychologische Zwang), der bei der Bevölkerung durch das Exempel der Strafe ausgelöst werden

6 Vgl. (in etwas anderem Zusammenhang) *Hörnle* (oben Fn. 4), 51.

soll, auch für diese ein (wenn auch kleines) Übel darstellt, so ist doch nicht zu übersehen, dass hier insgesamt ein kollektiver Nutzen auf dem Rücken eines einzeln angestrebt wird.

Dieser Vorgang lässt sich (mit *Köstlin*) nur dann uneingeschränkt als Förderung des „Gemeinwohls" auffassen, wenn man die oben aufgezeigte verfassungsrechtliche Bindung an individuelle Grundrechte ignoriert, die auch innerhalb einer Bestimmung des „Gemeinwohls" die Berücksichtigung des Wohls des einzelnen voraussetzt. Das Wohl des Bestraften, der als unmittelbar Betroffener das Strafübel erleidet, müsste also mit anderen Worten in die „Gemeinwohlbilanz" einfließen. Und auch das wird durch das geltende Verfassungsrecht gewährleistet. Insofern wird der negativen Generalprävention m. E. zu Unrecht der Vorwurf gemacht, sie verstoße gegen die Menschenwürde, weil der einzelne allein als Mittel zum Zweck behandelt werde.[7] Denn es geht ja nicht darum, an irgendjemanden, möglicherweise einem völlig Unbeteiligten ein Exempel zu statuieren. Vielmehr wird derjenige mit einer Sanktion belegt, der als zurechnungsfähige Person selbst durch das schlechte Beispiel der Tat die Gefahr von Nachahmung geschaffen hat, wenn man so will also im Sinne von *Welcker* einen „Normgeltungsschaden" hervorgerufen hat.[8] Wenn dies nun innerhalb der Grenzen der Verhältnismäßigkeit geschieht, liegt darin keine unzulässige Verobjektivierung des einzelnen zur Förderung eines kollektiven Nutzens.[9] Zugleich ist es auch nicht so, dass der Täter selbst von diesem kollektiven Nutzen nicht profitieren würde. Denn wenn man zunächst einmal unterstellt, dass die Bestrafung tatsächlich einen abschreckenden Effekt aufweist, dient das generell der Verhinderung von Straftaten, was allen potenziellen Opfern zugutekommt, also auch dem Bestraften selbst.[10]

Dennoch steht gegenüber der generalpräventiv bemessenen Strafe der Vorwurf im Raum, sie tendiere gleichsam automatisch zu übermäßiger Härte, zu „staatlichem Terror"[11], wie *Roxin* das formuliert hat. Das droht aber dann nicht, wenn man nicht nur die verfassungsrechtlichen Grenzen beachtet, sondern auch die empirischen Erkenntnisse über generalpräventive Wirkungszusammenhänge zur Kenntnis nimmt. Diese sind nicht ganz einheitlich, lassen sich aber so zusammen fassen, dass von einem moderaten Effekt der Existenz strafrechtlicher Normen ausgegangen werden kann, der aber mehr von der wahrgenommenen Entdeckungswahr-

---

7 S. nur *Badura* JZ 1964, 337.

8 Dazu näher *Müller-Dietz* GA 1983, 481.

9 Vgl. die Ausführungen bei *Hörnle* (oben Fn. 4), 45 ff., die entscheidend auf Fairnessargumente abstellt.

10 A. A. *Hörnle* (oben Fn. 4), 46, die einen Nutzen für den Bestraften selbst verneint.

11 *Roxin* (oben Fn. 2), § 2 Rn. 32. S. bereits *ders.* JuS 1966, 380.

scheinlichkeit abhängt und nicht von der erwarteten Strafhöhe.[12] Folgt man dem, wird deutlich, dass jedenfalls von der Erhöhung der Strafrahmen bzw. des Niveaus der tatsächlich verhängten Strafen im Vergleich zum status quo kein generalpräventiver Nutzen zu erwarten ist. Solche Maßnahmen vergrößern also die Einbuße beim Bestraften, erzielen aber keinen präventiven Gewinn. Die „Gemeinwohlbilanz" solcher kriminalpolitischer Maßnahmen fällt daher sogar negativ aus und spricht daher für ihre Unzulässigkeit. Auch dabei handelt es sich allerdings um ein Ergebnis, das sich in gleicher Weise, aber auf stabilem verfassungsrechtlichem Fundament aus dem Grundsatz der Verhältnismäßigkeit ableiten lässt. Auch hier scheint mir der Gedanke des Gemeinwohlbezugs daher nicht entscheidend zu sein.

Betrachtet man die sogenannte positive Generalprävention, werden die Dinge noch komplizierter. Denn auf welche Weise hier tatsächlich „Prävention", also die Verhinderung von Straftaten erzielt wird, ist alles andere als klar.[13] Wenn die Strafe der „Wiederherstellung des gestörten Vertrauens in die Rechtsordnung" dient oder auch der „Wiederherstellung des Rechtsfriedens"[14], dann ist damit oft eine als gerecht empfundene Strafe gemeint, die in der Allgemeinheit vorhandene Strafbedürfnisse befriedigen soll, private Racheakte und Selbstjustiz verhindern soll und daher insgesamt zur Stabilität von Staat und Gesellschaft beitragen soll. Auch das lässt sich natürlich, da langfristig auf diese Weise Straftaten verhindert werden, als Präventionstheorie formulieren. Ich bin durchaus ein Anhänger dieser Theorie, sofern man sie wie skizziert auf einen tatsächlichen und prinzipiell empirisch überprüfbaren Präventionseffekt bezieht.[15]

Ich glaube aber, dass man auch hier vor einer Vernachlässigung der Position des Bestraften warnen muss. Studiert man die verschiedenen Varianten der positiven Generalprävention einschließlich ihrer historischen Wurzeln, die bis zu *Durkheim* reichen[16], so drängt sich das Bild auf, dass es hier teilweise um eine Art Selbstbestätigung der „rechtstreuen Bevölkerung" geht (und gehen soll), die auch und gerade durch den stigmatisierenden Charakter der Bestrafung des Täters erzielt wird. Und auch dies könnte von einem ausschließlich kollektiv gedachten „Gemeinwohlprinzip" unbeanstandet bleiben, vielleicht sogar gefordert werden. Dem stehen nicht

---

12 S. *Schöch* Festschrift für Jescheck, 1985, 1085 ff.; *Dölling* ZStW 102 (1990) 1 ff.; *Streng* Strafrechtliche Sanktionen, 3. Aufl. (2012), Rn. 59.

13 Insofern ist es gut nachvollziehbar, dass *Hörnle* (oben Fn. 4), 30 ff. diesen Ansatz eher der Kategorie der „expressiven Straftheorien" zuordnet.

14 S. *Roxin* (oben Fn. 2) § 3 Rn. 27.

15 Zum empirischen Verständnis der „Wiederherstellung des Rechtsfriedens" s. näher im Zusammenhang mit der Erörterung der Varianten der positiven Generalprävention *Kaspar* Mediation und Wiedergutmachung im Strafrecht, 2004, 55 ff.

16 Vgl. *Gephart* Strafe und Verbrechen, 1990.

nur die bereits erwähnten verfassungsrechtlichen Erwägungen entgegen. Hinzu kommt, dass das simple Bild einer klaren Unterscheidbarkeit von „rechtstreuer Bevölkerung" einerseits und „Straftätern" andererseits nicht haltbar ist, wenn man sich die Ergebnisse der kriminologischen Dunkelfeldforschung vor Augen führt.[17] Man muss also darauf pochen, dass der Täter auch bei einer positiv-generalpräventiv begründeten Strafe nicht außen vor bleiben darf und letztlich auch ihm gegenüber die Strafe prinzipiell als gerecht und angemessen erklärbar sein muss. Dafür spricht auch, dass ansonsten der ohnehin prekäre Resozialisierungszweck noch zusätzlich gefährdet wird.

## 2. Spezialprävention

Damit sind wir beim letzten Punkt angelangt, der Spezialprävention. Hierzu nur noch einige kurze Bemerkungen. Geht es um individuelle Abschreckung, gilt das oben Gesagte: Auch hier sind von Strafschärfungen keine besseren Effekte zu erwarten, so dass sich dies schon aus Verhältnismäßigkeitsgründen verbietet.

Die Gefahr der Überbetonung der kollektiven Gemeinwohlaspekte scheint besonders bei der negativen Spezialprävention in der Form der Sicherung, virulent zu sein. Es handelt sich hier um einen sehr aktuellen und vielfach betonten Aspekt des „Gemeinwohls", gerade im Hinblick auf schwere Sexual- und Gewaltstraftaten. Das ist im Ansatz natürlich legitim, denn der Schutz der hiervon betroffenen Rechtsgüter ist verfassungsrechtlich verankert. Aber allzu oft (und auch in der aktuellen Entscheidung des BVerfG zur Sicherungsverwahrung[18]) wird dabei das Problem der „false positives" nicht ausreichend beachtet, also die empirisch belegte Tatsache, dass Prognosen in diesem Bereich nicht nur schwer gestellt werden können, sondern tendenziell zu einer drastischen Überschätzung der Gefährlichkeit der Betroffenen führen.[19] Dieser individuelle Aspekt muss im Rahmen der Verhältnismäßigkeitsprüfung ausreichend berücksichtigt werden und darf nicht vorschnell aus Gründen des „Gemeinwohls" überspielt werden.

Bei der Resozialisierungsfunktion der Strafe liegen die Dinge etwas anders. Gelungene Resozialisierung, darauf weist *Lüderssen* zu Recht hin, trägt dazu bei, Straftaten zu verhindern und ist ein Beitrag zum Opferschutz, so dass insoweit kein Widerspruch zwischen beiden Aspekten besteht.[20] Auch das Gemeinwohl wird so

---

17 Zur Normalität der Jugenddelinquenz vgl. nur *Meier* Kriminologie, 4. Aufl. (2010), § 5 Rn. 60 f.

18 BVerfG NJW 2011, 1931.

19 Vgl. nur *Schöch* NK 2012, 47, 53.

20 *Lüderssen* FAZ v. 15. 6. 2011, abrufbar unter http://www.faz.net/aktuell/politik/staat-und-recht/gastbeitrag-klaus-luederssen-im-zweifel-gegen-den-taeter-1650031.html (zuletzt abgerufen am 7. 1. 2013).

ganz offensichtlich gefördert. Ob die Strafe aber allein anhand des Resozialisierungszwecks gerechtfertigt werden kann, erscheint mir zweifelhaft[21] – das muss hier aber dahinstehen. Warnen würde ich jedenfalls davor, die positiv konnotierte Resozialisierung oder „Besserung“ des Täters zu stark als Förderung des Wohls des Straftäters zu verstehen, wie es *Köstlin* in Abgrenzung zu den rein kollektiv-gemeinwohlorientierten Ansätzen tut[22]. Denn eine Gefängnisstrafe ist und bleibt ein gravierender Grundrechtseingriff, der durch eine (verfassungsrechtlich zwingend gebotene) resozialisierungsfreundliche Ausgestaltung des Vollzugs zwar abgemildert und erträglicher gestaltet wird, aber ganz offensichtlich seinen freiheitsbeeinträchtigenden Kern behält.

## V. Fazit

Damit komme ich zum Fazit, das ambivalent ausfällt. Der Ertrag eines „gemeinwohlorientierten“ Blicks auf die Strafzwecklehren hält sich in Grenzen. Positiv zu verbuchen ist die Möglichkeit, den Vergeltungszweck als gerade nicht am Gemeinwohl orientierte Funktion der Strafe kritisch zu hinterfragen. Weiterhin zwingt die Frage des „Gemeinwohlbezugs“ der einzelnen Straffunktionen zu einer Vergewisserung, in welcher Balance die Interessen der Allgemeinheit zu den Interessen des Einzelnen, eben auch des zu Bestrafenden, jeweils stehen. Nennenswerte kritische Potenz gewinnt diese Perspektive aber meines Erachtens erst dann, wenn man anerkennt, dass unser geltendes Verfassungsrecht die individuellen Rechte des Einzelnen betont, so dass sein Wohl nicht gegen das (schwerer zu bestimmende und wie die Geschichte lehrt: missbrauchsanfällige) Wohl der Allgemeinheit ausgespielt werden darf. Genau hier liegt dann auch die Schwäche, vielleicht sogar Gefahr des Gemeinwohls als Maßstab für die Beurteilung der Straftheorien: Die individuelle Perspektive ist im Begriff nicht ausdrücklich enthalten, so dass hier stets eine Überbewertung kollektiver Belange droht. Nicht umsonst liest man oft Formulierungen, wonach die Interessen des „Gemeinwohls“ mit den Interessen des „Beschuldigten“ abzuwägen seien, als ob letzterer nicht zur Allgemeinheit gehörte. Insofern liegt es näher, den Verhältnismäßigkeitsgrundsatz heranzuziehen, dem als „Schranken-Schranke“ für Grundrechtseingriffe die individuelle Perspektive immanent ist. Die Legitimation des strafrechtlichen Verbots wie auch der Strafe selbst kann hier anhand der bekannten Prüfungsstufen des legitimen Zwecks, der Geeignetheit, der Erforderlichkeit sowie der Angemessenheit thematisiert werden. Als

21 Zur Kritik s. nur *Hörnle* (oben Fn. 4), 22 f.

22 Vgl. *Köstlin* (oben Fn. 1).

kritischer Maßstab ist der Verhältnismäßigkeitsgrundsatz einer reinen Bezugnahme auf das „Gemeinwohl“ daher deutlich überlegen – auch und gerade im Hinblick auf die von *Klaus Lüderssen* seit langem betonte Suche nach Alternativen zur Strafe[23].

23 S. nur *Lüderssen* Abschaffen des Strafens, 1995.

Bernd Müssig

# Rechtsgüter und Gemeinwohl

## Gliederung



## Einleitung

Der – gemeine – Strafrechtsdogmatiker betrachtet den Begriff des Gemeinwohls schon fast reflexartig mit einer gewissen Distanz und Skepsis. Dazu bedarf es gar nicht des Hinweises auf den Missbrauch, der mit diesem Begriff getrieben wurde. Schon die Verortung des Begriffs maßgeblich im politischen Diskurs[1] macht diesen Begriff – aus der Perspektive des (Straf-)Rechts – ideologieverdächtig. Und keineswegs beruhigt es den Strafrechtsdogmatiker, wenn ein großer Gesellschaftstheoretiker und Soziologe – *Niklas Luhmann* – den Gemeinwohlbegriff als „Kontingenzformel" des politischen Systems bezeichnet hat[2]. Bestätigt in seiner Skepsis sieht sich der Strafrechtsdogmatiker dann, wenn im rechtlichen Diskurs selbst wohlwollende Abhandlungen dem Gemeinwohlbegriff letztlich nur Phrasierungen eines

**Erschienen in** ILFS Band 14: Gemeinwohl im Wirtschaftsstrafrecht, 2013

1 Vergl. beispielsweise *Koller*, Das Konzept des Gemeinwohls, in: Brugger/Kirste/Anderheiden (Hrsg.), Gemeinwohl in Deutschland, Europa und der Welt, 2002, S. 41, 44 ff.
2 *Luhmann*, Die Politik der Gesellschaft, 2000, S. 120 ff.

https://doi.org/10.1515/9783111057125-005

kaum greifbaren Themas – abringen können[3]. Aus rechtlicher Perspektive scheint das Gemeinwohl mehr Irrlicht als Richtfeuer zu sein.

Da liegt es dann nahe, dem Gemeinwohlbegriff aus rechtlicher Perspektive mit dem Handwerkszeug bewährter strafrechtlicher Grundlagendogmatik, nämlich einem Rechtsgutskonzept gleichsam als (Interpretations-)Filter und Flaschenhals zwischen politischen und rechtlichen Diskurs gegenüberzutreten, um für das Strafrecht fruchtbare Orientierungsmuster und relevante Argumentationskriterien gewinnen zu können. Dabei gebietet es nicht nur die anlässlich der Tagung genossene Gastfreundschaft, dass für eine solches Konzept auf die „Frankfurter Fassung", d.h. auf die Kriterien einer sog. „personalen Rechtsgutslehre"[4] zurückgegriffen wird, sondern der explizit systemkritische Anspruch dieses Rechtsgutkonzepts[5], d.h. eines Ansatzes, der sich der Tradition der Aufklärung verpflichtet sieht und „dem Strafgesetzgeber ein plausibles und verwendungsfähiges Kriterium seiner Entscheidungen an die Hand (...) geben und zugleich einen externen Prüfungsmaßstab für die Gerechtigkeit dieser Entscheidung (...) entwickeln" will.[6] Hier richtet sich dann der Blick maßgeblich auf eine grundlegende Differenzierung zwischen Individual- und Kollektivrechtsgütern[7] bzw. – noch grundlegender – auf Konstitutionsprozesse und -kriterien für Rechtsgüter[8], um strafrechtlich Relevantes aus dem Gemeinwohlbegriff filtern zu können: das Irrlicht soll so in die Flasche der juristischen Dogmatik eingefangen, um für das Strafrecht wirken zu können, wie seinerzeit die Wunderlampe des Aladins.

An diesem Punkt allerdings ist Wasser in den Wein zu gießen. Die Differenzierung von Kollektiv- und Individualrechtsgütern und vor allem deren kritischer Ertrag ist noch nicht gesichert[9]: Grundsätzlich lässt sich jedes Kollektivrechtsgut auf einem entsprechenden Abstraktionsniveau. „funktional bezogen auf den Menschen" deuten; es lässt sich jedes Kollektivinteresse auf ein entsprechendes Individualinteresse herunterbrechen[10]. Personale Rechtsgutstheorien haben dieses

---

3 *Engel*, Offene Gemeinwohldefinition, Rechtstheorie 32 (2001), 23 ff.

4 *Hassemer*, Grundlinien einer personalen Rechtsgutslehre, FS-Arthur Kaufmann, 1989, S. 85 ff.; *Hassemer/Neumann* in: Nomos Kommentar zum Strafgesetzbuch, 3. Aufl. 2010 (NK-*Hassemer/Neumann*), Vor § 1 Rn. 131 ff.

5 Grundlegend *Hassemer*, Theorie und Soziologie des Verbrechens, Ansätze zu einer praxisorientierten Rechtsgutslehre, 1973, S. 20 ff, 76 ff, 98 ff.

6 NK-*Hassemer/Neumann*, Vor § 1 Rn. 115.

7 NK-*Hassemer/Neumann*, Vor §1 Rn. 126 ff.; aus der Perspektive der Gemeinwohldiskussion *Anderheiden*, Gemeinwohlförderung durch Bereitstellung kollektiver Güter, in: Brugger/Kirste/Anderheiden (Hrsg.), Gemeinwohl in Deutschland, Europa und der Welt, 2002, S. 391, 396 ff.

8 NK-*Hassemer/Neumann*, Vor § 1 Rn 139 ff.

9 *Müssig* Schutz abstrakter Rechtsgüter und abstrakter Rechtsgüterschutz, 1994, S. 46 ff, 173 ff, 188 ff.

10 Vergl. auch *Hefendehl*, Kollektive Rechtsgüter im Strafrecht, 2002, S. 61 ff.

eindrucksvoll für den Staat und seine Institutionen[11], aber auch etwa für die Umwelt[12] dargestellt und belegt. Und dass mit den Konstitutionsprozessen und -kriterien der Rechtsgutstheorien gerade spezifisch strafrechtliche Legitimationsanforderungen formuliert und gefunden sind, muss auch mit einem Fragezeichen versehen werden:[13] Rechtsgüter werden (selbstverständlich) auch im übrigen Recht gebildet und geschützt. Solche kritische Anmerkungen allerdings treffen die Rechtsgutstheorien zunächst nur an der Oberfläche und werden regelmäßig nur als ärgerlich wahrgenommen.

Kritisch aber für das Konzept wird es m. E. beim Blick auf die gesellschaftlich-praktische Dimension des Rechtsgüterschutzkonzepts: das rechtstheoretische Fundament der Rechtsgutslehre ist bisher nicht hinreichend aufgeklärt – und dies muss dann zu einer Reformulierung der Fragestellung führen. Will eine kritische Rechtsgutstheorie ihren eigenen Anforderungen gerecht werden, so muss sie nicht nur die materiellen Definitionskriterien bzw. die gesellschaftlichen Konstitutionsbedingungen von Rechtsgütern benennen können, sie muss vielmehr auch die Bedingungen und Möglichkeiten des – ich nenne es mal so – strafrechtlichen „Schutzbetriebs“ aufweisen können. Gerade dieses Fundament aber weist entscheidende Defizite auf, so dass die gesellschaftliche Verankerung der Rechtsgutslehren von dieser Seite her in Frage gestellt ist.

Ich werde im Folgenden zunächst kurz skizzieren, was mit der gesellschaftlich-praktischen Dimension des Rechtsgüterkonzeptes gemeint ist und wo das Defizit liegt. Im zweiten Schritt werde ich andeuten, in welche Richtung m. E. nach die Reformulierungen erfolgen müssten, um dann drittens dieses wenigstens ansatzweise auf den Gemeinwohlbegriff spiegeln zu können.

11 NK-*Hassemer/Neumann* Vor § 1 Rn 132 ff; *Marx*, Zur Definition des Begriffs „Rechtsgut“, 1972, S. 79; ausführlich von einer dualen Konzeption aus *Hefendehl*, Kollektive Rechtsgüter (Fn 10), S. 313 ff, 335 ff, 361 ff.

12 NK-*Hassemer/Neumann* Vor § 1 Rn 136; *Hohmann*, Das Rechtsgut der Umweltdelikte, 1991, S. 188 ff., 209; vergl. auch *Hefendehl*, Kollektive Rechtsgüter (Fn 10), S. 306 ff.

13 Vergl. *Frisch*, Rechtsgut, Recht, Deliktsstruktur und Zurechnung im Rahmen der Legitimation staatlichen Strafens, in: Hefendehl/Hirsch/Wohlers (Hrsg.), Die Rechtsgutstheorie, 2003, S. 215, 220 ff.

# 1. Rechtstheorie: Die Sollbruchstelle einer praktisch orientierten Rechtsgutslehre

## a) Überblick

Nimmt man den Rechtsgutsbegriff wörtlich, so könnte sich ein sehr bildhaftes und enges Verhältnis von Rechtsgutsbestimmung und Gemeinwohl ergeben: Es wäre – in Anknüpfung an die entsprechende Rechtsprechung des Bundesverfassungsgerichts[14] – die Frage zu stellen, welche (gesellschaftlichen und/oder persönlichen) Güter wegen Ihrer Bedeutung für das Gemeinwohl strafrechtlich zu schützen sind, um sie dann durch entsprechende Verbote und Gebote abzuschirmen und zu schützen. Gemeinwohl ginge so in den Rechtsgütern bzw. in der Rechtsgutsbestimmung auf. Dabei erhielte man – bildlich gesprochen – einen etwas tumultarischen Bestand an Gütern, der mit einem mehr oder weniger dichten Lattenzaun von Ver- und Geboten schützend umringt ist. Dass mit einem solchen Lagerbestand an Gütern Gesellschaft hinreichend beschrieben worden wäre – und um den Schutz der Gesellschaft soll es ja beim Rechtsgüterschutz gehen –, ist zweifelhaft: Die Gesellschaft würde in Lagerbestände verkürzt und verdinglicht.

Nicht sehr viel besser erschiene es, wenn man statt auf verdinglichte Güter auf immaterielle (gesellschaftliche und/oder menschliche) Interessen setzen wollte. Die Verdinglichung wäre umschifft; aber man handelte sich die Frage nach der Vergeistigung nicht nur der Rechtsgutsbestimmung[15] sondern auch der Rechtsgutsverletzung ein: Wie habe man sich das beispielsweise bei einer Verletzung von Kollektivinteressen vorzustellen? Gesellschaft wäre nach dieser Konzeption auf (ihre) Aggregatzustände schutzwürdiger Interessenlagen reduziert, die man wieder mit einem Wall von Verboten und Geboten schützend umgibt.

In beiden Konzeptionen wird die entscheidende kommunikative Konstitution von Gesellschaft jedoch nicht getroffen. Es ist aber gerade die kommunikative Konstitution von Gesellschaft, die uns Gesellschaftstheorien – egal welcher Couleur (sei es systemtheoretischer oder kommunikationstheoretischer Provenienz[16]) – als

---

**14** BVerfGE 53, 152, 158; 66 191, 195.

**15** Kritisch zu „immateriellen“ Rechtsgutslehren *Amelung*, Rechtsgüterschutz und Schutz der Gesellschaft, 1972, S. 155 ff, 175 ff; vergl. auch *Hefendehl*, Kollektive Rechtsgüter (Fn 10), S. 27 ff.; zusammenfassend *Müssig* Abstrakter Rechtsgüterschutz (Fn 9), S. S. 52 ff.

**16** Zur kommunikativen Konstitution von Normen *Luhmann*, Rechtssoziologie, 3. Aufl., 1987, S. 28 ff., 40 ff; *ders.*, Das Recht der Gesellschaft, 1993, S. 35 f., 46 ff, 49 f; *ders.*, Soziale Systeme,1987, S. 382 ff, 387 ff, 396 ff; sowie *Habermas*, Sprachspiel, Intention und Bedeutung, in Wiggershaus (Hrsg.)

maßgeblich für einen tragfähigen Zugang zu einem realistischen Gesellschaftsbegriff nahelegen und beschreiben.

Diese kommunikative Konstitution betrifft auch den Zusammenhang von Recht und Gesellschaft, d.h. die Funktion des Rechts in der Gesellschaft, – und damit ist die gesellschaftlich-praktische Dimension der Rechtsgutslehre, nämlich ihr rechtstheoretisches Fundament angesprochen. In ihrer Orientierung an Verbote und Gebote verkürzen die Rechtsgutstheorien die gesellschaftliche Gestalt der Norm und des Rechts auf die sprachliche Form von Imperativen; die Perspektive für die Bestimmung des gesellschaftlichen Sinns von Normativität reduziert sich auf die individuelle Verhaltensdetermination. Es ist ein altes (durchaus obrigkeitsstaatliches) Bild vom Recht, das Rechtsgutstheorien mit sich rumschleppen: *Engisch* hatte es in seiner Dissertation (1925) wie folgt umschrieben: „So ist der Rechtsunterworfene stets von einer Menge Imperative getroffen, die gleich Schwertern und Speeren ihm rechts und links im Wege stehen und die er beachten muss, will er nicht Wunden ernten“[17]. Es ist das Bild vom Ruf der Norm an den Einzelnen. Ein internalisierter Gott, der alles sieht, ruft demjenigen, der die Hand gegen ein Gut hebt, donnernd zu: „Du darfst nicht!“

Damit aber wird die besondere Bedeutung von Normen für die Ermöglichung des kommunikativen Prozesses sozialer Interaktionen verkürzt, ebenso wie auch die Bedeutung des Rechts als Struktur der Gesellschaft verkürzt wird. Gerade aber die Bedeutung des Rechts als Struktur der Gesellschaft ist Grundlage der Strafrechtstheorien d.h. der Frage nach dem „Warum“? von Strafrecht: die Theorie der positiven Generalprävention baut auf diesen Zusammenhang auf; – bei den Rechtsgutstheorien ist dieses noch nicht angekommen. [18]

## b) Rechtstheoretische Verankerung der Rechtsgutstheorien

Der Vorwurf der ungenügenden rechtstheoretischen Verankerung von Rechtsgutstheorien steht bisher nur als laute Behauptung im Raum und muss deshalb wenigstens in ein paar Grundzügen belegt werden. Dabei zeigt ein genauerer – theoriegeschichtlich orientierter – Blick, dass sich Rechtsgutstheorien in ihrem

Sprachanalyse und Soziologie,1975, S. 319, 333 ff; *ders.*, Theorie des kommunikativen Handelns, 1988, Bd. I, S. 127 f; *ders.*, Faktizität und Geltung, 1992, S. 32 ff, 41 ff, 44 f.

17 *Engisch*, Die Imperativentheorie, Diss 1925, S. 70.

18 Und so verwundert es dann kaum noch, dass – bekanntermaßen – Rechtsgutstheorien und strafrechtliche Zurechnungsprinzipien wenig zusammenpassen; dazu *Frisch*, Rechtsgut, Recht, Deliktsstruktur und Zurechnung im Rahmen der Legitimation staatlichen Strafens, in: Hefendehl/Hirsch/Wohlers (Hrsg.), Die Rechtsgutstheorie, 2003, S. 215, 228 ff.

rechtstheoretischen Verständnis auf ein Modell beziehen, das schon *Binding*[19] als Rechtstheorie für das Deutsche Kaiserreich zeichnete: Die Norm als Imperativ.

### aa) Finalistische Konzepte als Ausgangspunkt

Bei modernen, d. h. insbesondere bei jüngeren sozialwissenschaftlich inspirierten Reformulierungen der Rechtsgutslehre stand *Welzels* Bild von der gesellschaftlichen Wirkung des Strafrechts Pate bzw. wird dieses Bild zum historischen Ausgangspunkt eines modernen Rechtsgutsverständnisses genommen.[20]

Schon relativ früh bei der Entwicklung erster grundlegender finalistischer Positionen hatte *Welzel* die gesellschaftlich-praktische Dimension des Rechtsgüterschutzmodells thematisiert,[21] dieses allerdings vor dem Hintergrund eines wertphilosophisch geprägten Gesellschaftsbildes. Der für *Welzels* gesamten Ansatz charakteristische Perspektivenwechsel vom „Erfolgs- zum Aktunwert" trifft auch das Konzept eines strafrechtlichen Rechtsgüterschutzes. Rechtsgüterschutz als Zielperspektive des Strafrechts wird bei *Welzel* eingebunden in das übergreifende Ziel der Erhaltung der „Aktwerte" und verliert damit seine herausragende Stellung als primäre Legitimationspunkt.[22] Dies ist (teilweise) von Zeitgenossen als „Ethisierung des Strafrechts"[23] kritisiert worden. Rückblickend kann diese Relativierung bzw. ethisierende Aufladung des Rechtsgüterschutzkonzepts als Versuch verstanden werden, dieses Konzept in der sozialen Realität, d. h. der Realität handelnder Menschen, zu verankern.[24]

An zwei Stellen erweist sich der Ansatz jedoch als brüchig. Zum einen ist die Beziehung zwischen Aktwerten und Rechtsgütern bei *Welzel* kaum geklärt; zum anderen ist mittlerweile – wenigstens – zweifelhaft, ob die gesellschaftliche Realität adäquat in den Kategorien einer materiellen Wertphilosophie rekonstruiert werden kann, ob also die Gleichsetzung von sozialer Sinnhaftigkeit mit Werthaftigkeit, wie

---

**19** Zum Rechtsgutsbegriff, *Binding*, Die Normen und ihre Übertretung, 1. Band, 1872, S. 188 f.

**20** Vgl. *Hassemer*, Theorie (Fn 5), S. 210 ff; *ders.* in: Nomos-Kommentar (1. Auflage) Vor § 1 Rn. 251 f., 334; *Amelung*, Rechtsgüterschutz (Fn 15), S. 187 ff., 194 ff., 261, 273 ff.; zusammenfassend zu Welzel vgl. *Müssig* Abstrakter Rechtsgüterschutz (Fn 9), S. 27 ff.

**21** Vgl. *Welzel*, Studien zum System des Strafrechts, ZStW 58 (1939), 491; *ders.*, Über den substantiellen Begriff des Strafrechts, FS-Kohlrausch, 1944, S. 101, *ders.*, Das deutsche Strafrecht (Lehrbuch), 11. Auflage, 1969, S. 1 ff.

**22** Deutlich *Welzel.*, FS-Kohlrausch (Fn 21), S. 101, 106.

**23** *Lampe*, Das personale Unrecht, 1967, S. 93 f. Fn. 45; *Sax*, Grundsätze der Strafrechtspflege, in: Bettermann/Nipperday/Scheuner, Die Grundrechte III 2, 1959, S. 909, 918; *Würtenberger*, Die geistige Situation der deutschen Strafrechtswissenschaft, 1957, S. 59.

**24** So auch *Hassemer*, Theorie (Fn 5), S. 90 f.

sie *Welzels* Strafrechtslehre zugrunde liegt,[25] ein tragfähiges Fundament der Beschreibung von Gesellschaft sein kann.

Die erste Frage betrifft ein theorieimmanentes Problem. *Welzel* hat zwar betont, dass „Aktwerte“ die Achtung vor Rechtsgütern zum Gegenstand haben,[26] dass also Aktwerte auf Sachverhaltswerte bezogen seien;[27] doch bleibt die Struktur der Beziehung bei ihm undeutlich – wie auch die Konstitution der Aktwerte schlechthin. Aktwerte wie die von ihm beispielsweise benannte „Treue zum Staat“, „Persönlichkeitsachtung“, „Ehrlichkeit usf.“ beziehen sich auch nach seiner Aussage auf eine Fülle verschiedenster Rechtsgüter, ohne dass allerdings diese Beziehung bei *Welzel* genauer beschrieben würde.

Die zweite Frage weist über den theorieimmanenten Horizont hinaus. In seinen frühen, vor 1945 veröffentlichten Schriften hatte *Welzel* noch ein prägnantes, in Teilstrukturen allerdings deutlich dem damaligen deutschen Zeit(un)geist geschuldetes Bild der materiellen Wertordnung in Gesellschaften gezeichnet.[28] Dieses Bild verblasste nach 1945 erheblich; es blieb lediglich der Verweis auf die gesellschaftliche Relevanz einer grundlegenden Sozialethik und auf die Einbettung des Rechts in diese Sozialethik.[29] Gerade die inhaltliche Farblosigkeit der von *Welzel* nach 1945 gemachten Ausführungen zur materiellen Wertordnung der Gesellschaft zeigt jedoch, dass die Rekonstruktion der Gesellschaft in den Kategorien einer materiellen Wertethik einem traditionellen Denken verpflichtet ist, das Staat und Gesellschaft substanzhaft als eine vorgegebene höhere Einheit zu erfassen sucht.[30] Die strikte Anbindung des Rechts an eine materielle Wertordnung mag solch einem Denken plausibel erscheinen; sie ist es aber nicht vor einem Bild der Gesellschaft, die sich gerade durch eine Pluralität der Ordnungen auszeichnet, d. h. vor dem Bild

---

25 *Welzel*, Kausalität und Handlung, ZStW 51 (1931), 703, 714; vgl. auch die Nachweise in: *ders.*, Naturalismus und Wertphilosophie im Strafrecht, 1935, S. 65 und passim; Welzels spätere Kritik an der „materiellen Wertethik“ Hartmanns (*ders.*, Naturrecht und materielle Gerechtigkeit, 4. Auflage 1962, S. 221 ff.) wandte sich gegen deren inhaltliche Ausgestaltung und gesellschaftliche Fundierung, ließ aber die Kategorienanalyse unangetastet (vgl. a.a.O., S. 223, Fn. 22).

26 *Wezel*, Lehrbuch (Fn 21), § 1, S. 3.

27 *Wezel*, FS-Kohlrausch (Fn 21), S. 101, 106.

28 Vgl. die Polemik gegen den „Wertrelativismus als niedere Abart der Wertphilosophie“ und „Idelologie der parlamentarisch-demokratischen Nachkriegszeit“ (*Wezel*, Naturalismus [Fn 25], S. 52 Fn. 52), demgegenüber soll die Wertordnung als „konkrete Lebensordnungen“ in der „großen Einheit (...) der Volksgemeinschaft“ fundiert sein (a.a.O., S. 76).

29 *Wezel*, Recht und Sittlichkeit, FS-Schaffstein, 1975, S. 45, 46 f.

30 Vgl. dazu *Scheuner*, Konsens und Pluralismus als verfassungsrechtliches Problem, in: Jakobs (Hrsg.), Rechtsgeltung und Konsens, 1996, S. 33 sowie *E.A. Wolffs* Verweis auf den „väterlichen Staat“, Die Abgrenzung von Kriminalunrecht von anderen Unrechtsformen in: Hassemer (Hrsg.), Strafrechtspolitik: Bedingungen der Strafrechtsreform, 1987, S. 137, 152 f.

einer dezentrierten und funktional differenzierten Gesellschaft. Die Ausgestaltung der Strafrechtstheorie bei *Welzel* ist insoweit Zeugnis seiner Zeit; einer Zeit, die die Gestalt der gesellschaftlichen Moderne nur als geistige Zerfallserscheinung wahrnehmen konnte. In Anbetracht des rasanten Wertewandels und der Zersplitterung der Lebensstile in der modernen (Massen)Gesellschaft ist zu vermuten, dass die Aufgabe des Rechts weniger in einer sozialethischen Funktion zu suchen ist, sondern dass die Funktion des Rechts und die Konstitution von Werten auf verschiedenen Ebenen anzusiedeln ist: Auf Werte mag sich die juristische Argumentation als Entscheidungskriterium beziehen, Recht jedoch – so deutet es sich heute jedenfalls an – erschöpft sich nicht in der Erziehung zu Werten.[31]

#### bb) Normentheorie des Finalismus als Fundament der Rechtsgutslehre

Es war *Armin Kaufmann*, der die theorieimmanenten Lücken in *Welzels* Strafrechtskonzepten im Sinne des Finalismus schloss;[32] gleichzeitig legte *Armin Kaufmann* den Grundstein für das auch heute noch weitgehend übernommene Bild von der gesellschaftlichen Gestalt rechtlicher Normen, das die verschiedenen Rechtsgutslehren voraussetzen.

*Kaufmann* präzisierte die Beziehung zwischen Rechtsgütern, Aktwerten und Normen normentheoretisch als eine Stufenfolge von Wertungen. Diese von *Kaufmann* im Einzelnen skizzierte axiologische Stufenfolge[33] mündet schließlich in ein „teleologisches Moment“[34] der Norm als Ansatz einer empirischen Verankerung des Rechtsgüterschutzkonzepts. Dieses teleologische Moment, von *Kaufmann* auch als „Beziehung auf die Verwirklichung“ bezeichnet,[35] prägt die gesellschaftliche Gestalt der Norm in der „Welt des Wirkens“;[36] die Norm erhält die Form eines Befehls des Gesetzgebers an die „Untertanen“.[37] Mit dem „Übergang von der Bewertung zum Befehl“[38] vollzieht die Norm ihren Sprung in die Rechtswirklichkeit“.[39]

---

31 Vgl. dazu auch *Hassemer*, Theorie (Fn 5), S. 94 ff.

32 *Kaufmann*, Lebendiges und Totes in Bindings Normentheorie, 1954; vgl. dazu auch *Müssig* Abstrakter Rechtsgüterschutz (Fn 9), S. 34 ff.

33 *Kaufmann*, Lebendiges und Totes (Fn 32), S. 281.

34 *Kaufmann*, a.a.O. (Fn 32), S. 76.

35 *Kaufmann*, ebenda.

36 *Kaufmann*, ebenda.

37 *Kaufmann*, ebenda.

38 *Kaufmann*, a. a. O (Fn 32)., S. 74.

39 *Kaufmann*, a.a.O. (Fn 32), S. 76.

Soweit *Kaufmann* in diesem Zusammenhang den Befehl, die „Beziehung zwischen Pflicht und Verpflichteten" in seiner „psycho-soziale(n) Wirkung als Motiv"[40] konkretisiert, deutet er die Gestalt der Norm in der gesellschaftlichen Realität letztlich ganz psychologistisch als subjektive Widerspiegelung eines sprachlichen Befehls an einen instrumental begriffenen individuellen Willen.

Eine Kritik könnte zunächst leicht – parallel zu *Welzels* wertphilosophischer Verankerung des Strafrechts – auf den wertphilosophischen Hintergrund auch dieser Theorie verweisen und damit *Kaufmanns* Ansatz abzutun. Für solche – durchaus berechtigte, aber im Ergebnis verkürzte – Kritik würde jedoch die – nicht immer offensichtliche – Wirkmacht des Ansatzes unterschätzen: Mehr oder weniger ausdrücklich bildet *Kaufmanns* Normentheorie und das darin geprägte Verständnis von der gesellschaftlichen Gestalt der Norm und des Rechts die Grundlage nahezu jeglicher aktuellen Rechts(guts)theorie.

Auf der Grundlage von *Kaufmanns* Normentheorie kann jedoch die gesellschaftliche Dimension des Rechts, die konstitutive Bedeutung des Rechts für die Gestaltung von Gesellschaften nicht vermittelt werden, da die Deutung der Norm als Imperativ die Bedingungen der Möglichkeit sozialer Kontakte verfehlt: Jeder sozialer Kontakt – dieser zunächst unbeeinflusst von jeglicher Theorie im ersten Zugriff als der Bezug einer Handlung auf die Handlung anderer gedeutet – ist auf einen, und sei es noch so minimalen, Kontext verwiesen, der es ermöglicht, Handlungen anderer überhaupt zu verstehen. Eine Rechtstheorie, die die gesellschaftliche Verankerung des Rechts erfassen will, muss an diesem Punkt ansetzen; sie muss die Bedeutung des Rechts für die Konstitution dieser elementaren – gemeinsamen – Perspektiven der am Kontext Beteiligten verdeutlichen.[41] Die Deutung der Norm als Imperativ setzt allerdings schon diesen Kontext voraus und greift daher zu kurz.

Wird die gesellschaftliche Gestalt der Norm auf die Form eines Imperativs beschränkt, dann beschränkt sich die Perspektive für die Bestimmung des gesellschaftlichen Sinns von Normativität allein auf die unmittelbare individuale Verhaltensdetermination. Die originär gesellschaftliche Bedeutung des Rechts, d. h. der Bezug auf soziale Kontakte als von mehreren sinnhaft gestalteten sozialen Ereignissen kommt dabei nicht mehr in den Blick. Die sinnhafte Konstitution der gesellschaftlichen Realität verschwindet in *Kaufmanns* Durchgriff auf sog. „sachlogische Strukturen" bzw. der „ontologischen Struktur der Handlung" als dem Ansatz seiner Normentheorie.[42] Es bleibt eine psychologistisch gedeutete instrumentelle

---

40 *Kaufmann*, ebenda.

41 Dazu aus phänomenologischer Sicht *Waldenfels*, Die Herkunft der Normen aus der Lebenswelt, in: ders., In den Netzen der Lebenswelt, 2. Auflage, 1994, S. 129, 134 ff., 136.

42 *Kaufmann*, Lebendiges und Totes (Fn 32), S. 282.

Normenmechanik, die eben die Verfasstheit der Gesellschaft voraussetzen muss: Aus der Perspektive von *Kaufmanns* Normentheorie lässt sich Gesellschaft lediglich als eine sinn- und zusammenhangslose Zusammenfassung von Monaden rekonstruieren, die es – wie auch immer – miteinander zu tun bekommen, d. h. eher aneinandergeraten und wo eine Ordnungsmacht zur Verhütung schlimmeres qua Imperative regelnd eingreift.[43] Dies ist die gesellschaftliche Austrocknung des Rechtsbegriffs; ausgeblendet wird dabei die Multidimensionalität bzw. Multifunktionalität des Rechts.[44]

### cc) Sozialwissenschaftliche Reformulierung der Rechtsgutslehre?

Anfang der 70er Jahre begann in Deutschland eine intensivere Auseinandersetzung mit dem Rechtsgutsbegriff,[45] die insbesondere auch den sozialwissenschaftlichen und gesellschaftstheoretischen Grundlagen des Rechtsgüterschutzmodells gewidmet war[46] – die Auswirkungen dieser Auseinandersetzung sind bei den personalen Rechtsgutslehren noch deutlich zu spüren: Es war gerade die Arbeit *Hassemers*, die die Möglichkeiten einer modernen Reformulierung des Rechtsgutskonzepts erschloss.

*Hassemer* bettet, mit dem erklärten Anliegen, die Rechtsgutslehre in „einen konstitutiven Bezug zu der Wirklichkeit" zu „konzipieren",[47] diese insgesamt in eine Theorie der sozialen Kontrolle ein, wobei er allerdings die Mechanismen der sozialen Kontrolle im Sinne *Welzels* deutet, nämlich als „Stärkung und Sicherung der sozialethischen Handlungswerte.[48] Dabei verbindet *Hassemer* zunächst in einem ersten Schritt die Konstitution von Rechtsgütern mit den Bedingungen der gesellschaftlichen Verbrechensdefinition, den kommunikativen Prozessen der Kriminalisierung.[49] Letztendlich aus einer „Plausibilitätserwägung" leitet er dabei die Bedingungen der Kriminalisierung, die er im Ansatz ähnlich wie die Theorien des „labeling approach" als Interaktionsphänomene, als Stigmatisierung versteht, ab: „Welches Verhalten in einer Gesellschaft als so unerträglich angesehen wird, dass es

43 Dazu schon das von *Englisch* gezeichnete Bild.

44 Vgl. dazu auch *Paeffgen*, Anmerkungen zum Erlaubnistatbestandsirrtum, GS-Armin Kaufmann, 1989, S. 399, 415.

45 *Rudolphi*, Die verschiedenen Aspekte des Rechtsgutsbegriffs, FS-Honig, 1970, S. 151; *Marx*, Zur Definition des Begriffs „Rechtsgut", 1972.

46 *Amelung*, Rechtsgüterschutz (Fn 15); *Hassemer*, Theorie (Fn 5).

47 *Hassemer*, Theorie (Fn 5), S. 112.

48 *Hassemer* in: NK (1. Auflage), Vor § 1 Rn. 251 f., 334.

49 *Hassemer*, Theorie (Fn 5), S. 131 ff.

mit den schärfsten Mitteln der staatlichen Organisation zurückgewiesen werden muss, ist davon abhängig, welche Wertschätzung die Gesellschaft den Objekten zukommen lässt, die durch dieses Verhalten gefährdet oder verletzt werden".[50] Als entscheidende Momente dieser gesellschaftlichen Werterfahrung, von *Hassemer* im Weiteren als „normative Verständigung" bezeichnet,[51] werden die Häufigkeit der Interessenverletzung, die Bedarfsintensität hinsichtlich des verletzten Gutes und die gesellschaftlich wahrgenommene Bedrohungsintensität der Verletzung genannt.[52]

Die Prinzipien einer rationalen Kriminalpolitik formuliert *Hassemer* dann in einem zweiten Schritt als ein Konzept der „formalisierten Sozialkontrolle":[53] Formalisierung ermögliche Distanz bei der gesellschaftlichen Verarbeitung von Delinquenz[54] und die Verwirklichung von inhaltlichen Prinzipien, insbesondere zum Schutz der am Konflikt Beteiligten.[55]

Eine erste kritische Einschätzung zielt schon auf den Rechtsgutsbegriff selbst. Indem *Hassemer* dessen Gestalt an die Konstitutionsprozesse gesellschaftlicher Kriminalisierung bindet, droht der Rechtsgutsbegriff eher zu einer affirmativen Beschreibung der gesellschaftlichen Werterfahrung zu geraten. Der systemkritische Ansatz verlagert sich damit vom Rechtsgutsbegriff auf das Konzept der Formalisierung; der Rechtsgutsbegriff selbst erscheint so bei *Hassemer* eher als Abbild gesellschaftlicher Kriminalisierungsprozesse. Ob ein solch entmaterialisierter Rechtsgutsbegriff noch als Anleitung einer rationalen Kriminalpolitik, und sei es nur als „Argumentationstopos",[56] dienen kann, erscheint dann allerdings eher als fraglich. Es bleibt dann – aber immerhin – die Konzeption einer formalisierten Sozialkontrolle.[57]

Entscheidend für das hiesige Thema ist allerdings, dass *Hassemer* zwar den gesellschaftlich praktischen Kontextbezug der Rechtsgutslehre deutlich aufweist, indem er die Frage der Rechtsgutsbestimmung auf eine kommunikative Dimension bezieht; diesen Kontext aber in seinen rechtstheoretischen Fundamenten nicht vollständig aufklärt. Notwendig und konsequent wäre es in *Hassemers* Konzept

---

50 *Hassemer*, a.a.O., S. 147.

51 *Hassemer*, Theorie (Fn 5), S. 153 ff.

52 Vgl. auch *Hassemer*, FS-Arthur-Kaufmann (Fn 4), 1989, S. 85, 92.

53 *Hassemer*, Theorie (Fn 5), S. 194 ff.; NK-*Hassemer/Neumann*, Vor § 1 Rn. 159 ff.

54 *Hassemer*, Theorie (Fn 5), S. 195 f.

55 *Hassemer*, Theorie (Fn 5), S. 196 f.; NK-*Hassemer/Neumann*, Vor § 1 Rn. 161 ff.

56 NK-*Hassemer/Neumann*, Vor § 1 Rn. 146.

57 Falsch ist daher meine frühere Kritik, in *Müssig* Abstrakter Rechtsgüterschutz (Fn 9), S. 61 f. Dort ist die systemkritische Potenz des Konzepts der Formalisierung unterschätzt.

gewesen, den sozialen bzw. kommunikativen Sinn von Normativität überhaupt zu erhellen, damit die gesellschaftliche Gestalt und Funktion von Recht bzw. von Normen insgesamt bestimmt werden kann. Diesen Weg jedoch geht *Hassemer* nicht, sondern er wendet seinen Blick, insofern fast schon traditionell anmutend, den vom abweichenden Verhalten betroffenen bzw. bedrohten „Gütern" zu.[58] Damit blendet *Hassemer* die kommunikative Dimension, die er für die Rechtsgutsproblematik eben erst aufgewiesen hatte, wieder aus.

Diese kommunikative Dimension, insbesondere den kommunikativen Sinn von Normativität kann *Hassemer* auch nicht mehr in der zweiten Stufe seiner Rechtsgutslehre, dem Konzept der Formalisierung, entfalten. Er rekonstruiert Formalisierung zunächst als ein Konzept der inhaltlichen Ausgestaltung strafrechtlicher Schutztechnik.[59] Für das rechtstheoretische Fundament dieser Schutztechnik jedoch greift *Hassemer* – auch insoweit traditionell orientiert – dann auf die *Binding*sche Normentheorie zurück.[60] Es ist diese zwar das – schon von *Armin Kaufmann* zugrunde gelegte – strafrechtlich leitende Rechts- und Normenmodell; jedoch kann sie eine – auch für die Rechtsgutslehren notwendige – Verbindung von Rechts- und Gesellschaftstheorie – wie gezeigt – nicht leisten. Wenn *Hassemer* sein Konzept der strafrechtlichen Schutztechnik auf das *Binding*sche Normmodell zurückführt, so verkürzt er seine gesellschaftstheoretisch inspirierte Fragestellung in diesem Punkt auf die Perspektive der Strafrechtsdogmatik: Ohne Blick auf den sozialen Sinn von Normativität fällt die Rechtsgutslehre aus dem kommunikativen Zusammenhang, in die sie *Hassemer* mit seiner Theorie vom abweichenden Verhalten gerade einbetten wollte.

Es ist also festzuhalten, dass Rechtsgutstheorien einerseits hinsichtlich ihres Gegenstandsbereichs an der kommunikativen Konstitution der Gesellschaft vorbeigreifen zu drohen und andererseits in ihrem rechtstheoretischen Fundament die besondere Bedeutung des Rechts für das Kommunikationssystem Gesellschaft nicht abbilden, sondern dieses mehrheitlich dogmatisch auf das Bild individueller Verhaltensdetermination durch Normen verkürzen.

58 „Die Rechtsgutslehren (...) diskutieren strafrechtliche Schutzobjekte, deren Begriff und Funktion. Im Vordergrund der für sie relevanten Problematik steht also nicht die Norm und deren Bezug zur Wirklichkeit", *Hassemer*, Theorie (Fn 5), S. 105.

59 *Hassemer*, Theorie (Fn 5), S. 196 f.

60 *Hassemer*, Theorie (Fn 5), S. 210 ff.

## 2. Reformulierung der Legitimationsproblematik

M. E. nach sind die systemkritischen Fragen und Anliegen der Rechtsgutslehren – die hier keineswegs bagatellisiert oder limitiert sondern aufgegriffen werden sollen – mit Blick auf Rechtstheorien als Strukturtheorien der Gesellschaft zu reformulieren.

Dies kann hier nur in einer kurzen Skizze geschehen, um dann wieder auf Fragen des Gemeinwohls zurückzukommen.

Eine Strafrechtstheorie, die die soziale Bedeutung und Funktion des Strafrechts in der Gesellschaft klären will, muss sich – das haben wir oben gesehen – des sozialen Sinns von Normativität vergewissern; dies ist die Basis jeder Rechtstheorie, die eine Verankerung in der Wirklichkeit der Gesellschaft sucht. Das setzt einen Begriff von Gesellschaft voraus, in dem Rechtsbildung als gesamtgesellschaftlicher Prozess erfasst werden kann, nach dem also für Recht und Gesellschaft eine konstitutiv gemeinsame Ebene aufgewiesen werden kann.

Nach einer institutionellen[61] Strafrechtstheorie ist dieses die kommunikative Ebene. Vorausgesetzt ist damit ein Begriff der Gesellschaft als einem komplexen Kommunikationssystem; Kommunikation ist die Basis sozialer Interaktion und Handlungszuschreibung, sie ist der grundlegende gesellschaftliche Prozess, dieser verstanden als ein selbstreferentieller Differenzierungsprozess von Sinnvermittlung[62].

Vor dem Hintergrund eines auf Kommunikation bezogenen Gesellschaftsbegriffs sind Normen in ihrer sprachlichen Form Symbole für komplexe soziale

---

61 Der institutionelle Zugriff einer (Straf-)Rechtstheorie lässt sich abstrakt dahingehend charakterisieren, dass eine Strukturtheorie des Rechts als Strukturtheorie der Gesellschaft ausgewiesen wird. Zum Überblick über die Begriffsgeschichte *Dubiel*, Institution, in: Ritter/Gründer (Hrsg.), Historisches Wörterbuch der Philosophie (Band 4), 1976, S. 418 ff; bezogen auf den rechtstheoretischen Institutionenbegriff *Hofmann*, Institution, in: Görres-Gesellschaft (Hrsg.), Staatslexikon (Band 3), 7. Aufl. 1995, S. 102 ff; zur soziologischen Theorie *Schülein* Theorie der Institutionen, 1987, S. 31 ff, 171 ff; zusfass. zu den Perspektiven juristischer und soziologischer Institutionentheorien *Weinberger* Recht, Institution und Rechtspolitik, 1987, S. 30 ff, 143 ff (150 ff, 159 ff, 169 ff); *ders.* Struktur des Rechts, in: Weinberger/Mac Cormick, Grundlagen des Institutionalistischen Rechtspositivismus, 1985, S. 30 ff; *Mac Cormick* Recht als institutionelle Tatsache, a.a.O., S. 76 ff. – Zu Grundlagen und Strukturen einer institutionellen Strafrechtstheorie *Müssig* Abstrakter Rechtsgüterschutz (Fn 9), S. 85 ff, 140 ff, 156 ff.

62 Zu diesem Kommunikationsbegriff – Synthese von Differenzierungen: Information, Mitteilung und Verstehen – in Abgrenzung zu „Übertragungs-" und „Konsensmodellen" *Luhmann* Soziale Systeme (Fn 16), 1987, S. 191, 193 ff; *ders.* Die Gesellschaft der Gesellschaft, 1997, S. 78, 81 ff; zu einer „Epistemologie der Kommunikation" – Kommunikation als Begriff des Beobachters – *v. Foerster* Wissen und Gewissen, 1993, S. 269, 277 ff.

Strukturen: Als semantische Kürzel stehen sie für reflexive Erwartungsstrukturen, an deren sozialer Bedeutung und Maßgeblichkeit demonstrativ festgehalten wird, gerade auch wenn im Einzelfall Verhalten diesen Erwartungen widerspricht. Eine bestimmte Gestaltung sozialer Kontakte wird so „kontrafaktisch“ als erwartbar ausgezeichnet und damit garantiert. Je nach Blickwinkel hat dieses unterschiedliche Bedeutung.

Aus individueller Perspektive, aus der Sicht des handelnden Subjekts, vermitteln Normen – im Alltagsleben eher selten bewusst – Orientierungsmuster, die soziale Kontakte überhaupt ermöglichen. Diese Orientierungsmuster sind prägender Bestandteil eines sozialen Hintergrundwissens, vor dem das Verhalten anderer gedeutet und verstanden wird[63]. Normativität steht unter dieser individuellen Perspektive für die Erwartbarkeit in der Gestaltung sozialer Kontakte, sie ist das Symbol der Orientierungssicherheit als Voraussetzung sozialen Verhaltens. Es geht also nicht um individuelle Verhaltensdetermination, sondern in dieser individuellen Perspektive geht es um Orientierungssicherheit.

Blickt man auf Normen in ihrer Bedeutung für die Gesellschaft, wechselt man also von der individuellen zur gesellschaftlichen Perspektive, so steht nicht mehr die jeweils individuelle Handlungskoordination im Vordergrund, sondern Kommunikation als soziale Praxis bzw. der Kommunikationsprozess als soziales System. Unter dieser Perspektive sind Normen – als Bestandteil einer symbolischen Ordnung – grundlegende Selbstbeschreibungs- und Organisationsmuster der jeweiligen sozialen Systeme. Sie vermitteln ‚Sinnhorizonte‘, d.h. einen sozialen Kontext, auf den sich die situativen Interaktionen beziehen. Normen bilden die Struktur im Kommunikationsprozess und formen so – bildhaft gesprochen – die Gestalt der jeweiligen Kommunikationssysteme. Normativität ist in dieser Sichtweise das Symbol für die Struktur sozialer Systeme; es bezieht sich auf die Notwendigkeit der Strukturbildung überhaupt.

Diesen Sinn von Normativität teilen grundsätzlich auch Rechtsnormen. Von anderen sozialen Normen unterscheiden sie sich dahingehend, daß mit dem Begriff des Rechts jene Erwartungsstrukturen bezeichnet werden, die in formalisierten Verfahren mit gesamtgesellschaftlicher Geltung institutionalisiert sind. Durch die symbolische Generalisierung auf gesamtgesellschaftlicher Ebene – in der Form abstrakter Programmsätze – ist Recht als Struktur der Gesellschaft und damit auch

---

63 *Luhmann* Rechtssoziologie (Fn 16), S. 31ff, 38f, 40ff, 53ff, 57ff; *ders.* Soziale Systeme (Fn 16), S. 396ff, 411ff, 416f, 436ff; *Habermas* Sprachspiel, Intention und Bedeutung, in: Wiggershaus (Hrsg.), Sprachanalyse und Soziologie, 1975, S. 319, 333ff; auf der Basis kommunikativen Handelns *ders.* Theorie des kommunikativen Handelns, Band I (Fn 16), S. 127f; aus phänomenologischer Perspektive *Waldenfels* Die Herkunft der Normen aus der Lebenswelt, in. *ders.*, In den Netzen der Lebenswelt, 2. Aufl. 1994, S. 129, 134ff., 136.

als Vermittlung gesamtgesellschaftlicher (normativer) Rationalitätsstandards – in der Selbstbeschreibung der Gesellschaft – ausgezeichnet. Wiederum plakativ formuliert, definiert Recht die Gestalt der Gesellschaft[64].

An die Funktion des Rechts als – notwendige, wenn auch abstrakte – Struktur der Gesellschaft knüpft die gesellschaftliche Bedeutung und Funktion des Strafrechts an[65]: Mit den als sozial maßgeblich definierten Verhaltenserwartungen, die den Straftatbeständen als Typus zugrunde liegen, garantiert Strafrecht eine bestimmte Gesellschaftsgestalt. Strafe als formalisierte Reaktion auf abweichendes Verhalten demonstriert, dass an einer Rechtsnorm als Ausdruck der konkreten Gestalt der Gesellschaft festgehalten wird, genauer: Strafe disqualifiziert das Verhalten als relevantes Deutungsmuster gesellschaftlicher Praxis. Die Maßgeblichkeit des Verhaltens wird marginalisiert, indem es in seiner normativen Bedeutung individualisiert, als *Rechtsverletzung* in individuelle Verantwortung gestellt wird. Kurz: Es geht um Garantie der Rechtsgeltung durch demonstrative individuelle Zurechnung einer Rechtsverletzung. ‚Verbrechen' und Strafe stehen somit in einem rechtlich rekonstruierten kommunikativen (Herrschafts-)Zusammenhang von Rede und Gegenrede[66]: Die Rechtsverletzung, d.h. ein Verhalten, das den als gesellschaftlich relevant positivierten Erwartungen nicht entspricht, wird im Rechtssystem als Gegenentwurf zur konkreten Gesellschaftsgestalt gedeutet; die strafrechtliche Reaktion ist der Widerspruch zu dieser dem Verhalten beigemessenen Bedeutung und damit zugleich die symbolische Selbstbeschreibung und -verge-

---

64 *Luhmann* Rechtssoziologie (Fn 16), S. 94 ff, 99 ff; *ders.* Das Recht der Gesellschaft, 1993, S. 131 ff, 156 ff, 161 ff; im Ansatz als Strukturtheorie des Rechts vergleichbar *Habermas* Zur Rekonstruktion des Historischen Materialismus, 1976, S. 9, 35, 37 (Recht als Schrittmacher der sozialen Evolution und institutionelle Verkörperung von Rationalitätsstrukturen); *ders.* Theorie des kommunikativen Handelns, Band II (Fn 16), S. 257 ff, 261 ff, 536 (Recht als Medium bzw. Institution an der Schnittstelle von System und Lebenswelt); *ders.* Faktizität und Geltung, 1992, S. 58 f; 106 ff.

65 Dazu *Jakobs* Strafrecht, Allgemeiner Teil, 2. Aufl. 1991, 1/4 ff, 1/9 ff; *ders.*, Das Strafrecht zwischen Funktionalismus und „alteuropäischen" Prinzipiendenken, ZStW 107 (1995), 843, 844 ff, 847 ff; *Müssig* Abstrakter Rechtsgüterschutz (Fn 9), S. 140 ff.

66 Kritisch zu diesem Zusammenhang *Puppe* Strafrecht als Kommunikation, FS-Grünwald, S. 469 (475 f). *Puppe* unterscheidet einen „Sinnzusammenhang" von Verbrechen und Strafe „auf der kommunikativen Ebene" und die Rechtfertigung von Strafe „in ihrer realen Erscheinung, als Statusminderung, als Verlust von Rechten und Handlungsfreiheiten, kurz als Übel". Letzteres bleibt allerdings unklar: Was als Übelzufügung verstanden wird, ist selbst kommunikativ vermittelt, mithin auch die Strafe „in ihrer realen Erscheinung"; Verständnis und Rechtfertigung der Strafe in ihrer jeweils konkreten Gestalt sieht sich auf ein gesellschaftliches Selbstverständnis, einem kommunikativen Phänomen, verwiesen (vergl. etwa zum Gefängnis als Strafform der bürgerlichen Gesellschaft *Foucault* Überwachen und Strafen, 1994, S. 295 ff).

wisserung der gesellschaftlichen Gestalt als praktische Wirklichkeit der Gesellschaft – aus der Perspektive und mit den Mitteln des Rechts[67].

Mit diesen groben Zügen ist die Theorie der positiven Generalprävention[68] als Bestandteil einer institutionellen Strafrechtstheorie ausgewiesen: Strafrechtliche Haftung, Zurechnung i.w.S. ist Ausdruck der Garantie von Rechtsgeltung. Für das Weitere ist zunächst allerdings – im Vergleich zum Strafrechtsverständnis der traditionellen Rechtsgutstheorien – ein Perspektivenwechsel festzuhalten, der auch den Ansatz der – strafrechtlichen – Unrechtsbestimmung, den Begriff des „Verbrechens", prägt. Die gesellschaftliche Bedeutung des strafrechtlichen „Verbrechens" ist mit Blick allein auf eine (äußerliche oder vergeistigte) „Gutsverletzung" nicht (vollständig) zu erfassen[69], vielmehr ist es in seinem historisch ursprünglichen

67 Die Betonung der rechtlichen Perspektive zielt nicht nur auf das hohe Niveau der Abstraktion und Generalisierung, auf dem Rechtsverletzungen bestimmt und – unabhängig von individuellen psychischen Empfindungen – gewichtet werden, sondern – Konsequenz einer komplexen, differenzierten Gesellschaft – auf die relative Autonomie des (Straf)Rechtssystems insgesamt. Im 'gesellschaftlichen Umfeld' wird diese, die relative Autonomie, in Phänomenen wie der Formalisierung von konfliktverarbeitenden Prozessen und der Professionalität der daran Beteiligten wahrgenommen (dazu *Hassemer*, Theorie (Fn 5), S.194 ff; aus rechtssoziologischer Perspektive *F.-X. Kaufmann* Rechtsgefühl, Verrechtlichung und Wandel des Rechts, JbRSozRTh 10 [1985], S. 185; zur „Verrechtlichung" als „Kolonialisierung der Lebenswelt" *Habermas* Theorie II (Fn 16), S. 522 ff, 535 ff). Gerade diese Phänomene jedoch und die weitgehende Anonymität sozialer Kontakte sind wenig geeignet, eine *(sozial-)psychologische* Funktionsbestimmung des Strafrechts plausibel erscheinen zu lassen (dazu unter dem Stichwort der Integrationsprävention *Roxin* Zur jüngsten Diskussion über Schuld, Prävention und Verantwortlichkeit im Strafrecht, FS-Bockelmann, 1979, S. 279, 305 f; *Müller-Dietz* Integrationsprävention und Strafrecht, FS-Jescheck Bd. 2, 1985, S. 813, 822 ff; *Streng* Schuld, Vergeltung, Generalprävention, ZStW 92 [1980], S. 637, 674 ff; *ders.* Schuld ohne Freiheit? ZStW 101 [1989], S. 273, 286 ff.; kritisch von Seiten der Tiefenpsychologie *Böllinger* Generalprävention als Sozialisationsfaktor? KrimJ 1987, 32, 35 ff). Von dementsprechenden Effekten ist daher hier auch nicht die Rede; es geht vielmehr um die kommunikativ vermittelte gesellschaftliche Deutung des Strafrechts, und zwar auf der Grundlage einer Theorie, die gerade die komplexe Gestalt moderner Gesellschaften zu ihrem Ausgangspunkt genommen hat (zur Kritik eines sozialpsychologischen Ansatzes ebenfalls *Frisch* Theorie der positiven Generalprävention, in: Schünemann/v.Hirsch/Jareborg [Hrsg.], Positive Generalprävention, 1998, S. 125, 136 ff).

**68** Von 'Prävention' im klassischen Sinn einer unmittelbaren, allgemeinen Verhaltenssteuerung – positive Generalprävention als „kollektive Erziehungs- oder Sozialisationstheorie" (*Haffke* Tiefenpsychologie und Generalprävention, 1976, S. 60 f, 66 f) – kann allerdings im Rahmen einer institutionelle Straftheorie nicht mehr die Rede sein. Der im Präventionsbegriff mitformulierte prospektive Aspekt kann nur noch mittelbar ausgewiesen werden, insoweit nämlich als Normativität und damit Erwartungsstrukturen überhaupt auf die Zeitdimension – des sozialen Systems – bezogen sind, und strafrechtliche Garantie diesen Bezug symbolisch vermittelt – indem die strafrechtliche Reaktion die Maßgeblichkeit der rechtlich positivierten Gestalt der Gesellschaft auch für die Zukunft anzeigt.

**69** Dazu *Müssig* Abstrakter Rechtsgüterschutz (Fn 9), S. 152 ff.

(sozialen) Sinn, als *Rechtsverletzung*[70], zu verstehen. Nicht der (äußerliche, mehr oder weniger sinnenfällige) „Angriff" auf ein „Rechtsgut" (resp. „Rechtsgutsobjekt") ist entscheidend, sondern die kommunikative Bedeutung des Verhaltens, sein zugerechneter Sinnausdruck: Widerspruch gegen die rechtlich positivierte Selbstbeschreibung der Gesellschaft, und damit gegen die Gesellschaftsgestalt, dessen reaktionslose Hinnahme diese Selbstbeschreibung selbst widersprüchlich werden lassen würde. In den Worten des Rechts: strafrechtlich relevantes Unrecht, das „Verbrechen", ist der Bruch eines Rechts(-verhältnisses), das die Gestalt der Gesellschaft definiert. Die Perspektive wechselt so von der „Güterwelt" zur kommunikativen Ebene gesellschaftlich relevanten Sinns: Struktur und Inhalt des strafrechtlich relevanten Unrechts bestimmt sich allein von der kommunikativ vermittelten Gestalt der Gesellschaft her – aus der Perspektive des Rechtsystems.

Mit aufgenommen als konstitutiver Bestandteil eines solchermaßen strukturierten „Verbrechensbegriffs" sind die Bedingungen gesellschaftlicher Handlungszuschreibung, und damit die Kriterien der gesellschaftlichen Subjektdefinition als Grundlage auch rechtlicher Sinnvermittlung[71] – es geht um *Zurechnung* kommunikativ relevanter (Verhaltens-)Bedeutung als Rechtsverletzung. Der Blickwechsel von der „(Rechts-)Güterwelt" zur kommunikativen Ebene des Handlungssinns, vereinfacht: von der „Gutsverletzung" zur „Rechtsverletzung" führt so auch zu einem veränderten Blick auf den „Täter": nicht als individualisierte Gefahrenquelle für die Integrität des gesellschaftlichen Güterbestands, als ‚Sandkorn im Getriebe' der (strafrechtlichen) Welt des Rechtsgüterschutzes rückt der Täter in das Blickfeld, sondern als rechtlich konstituiertes Handlungssubjekt im Prozess gesellschaftlicher Sinnvermittlung, d.h. als Rechtssubjekt im Rechtsverhältnis. Kurz: Eine Strafrechtstheorie, die anknüpft an die Funktion des Rechts als Gestalt der Gesellschaft,

---

70 Zu diesem Begriff mit Blick auf das objektive Recht schon die hegelianisch inspirierte Strafrechtsdogmatik des 19. Jahrhunderts, vergl. *Hälschner* Das Preuß. Strafrecht, Theil 2, 1858, S. 218 ff (in Abgrenzung zu *Feuerbach*s subjektiven Ansatz [Lehrbuch, 2. Aufl. 1803, § 21, S. 22]). Unter der Schirmherrschaft der Rechtsgutsterminologie argumentiert im Ansatz vergleichbar *Kindhäuser* gegen eine „ontologische ('naturalistische') Betrachtung, die den Schutz von Gütern nicht im Geflecht von Normen, in denen diese Güter in der sozialen Interaktion verankert sind, sondern auf vorrechtliche (...) Phänomene bezieht." (*Kindhäuser*, Rationaler Rechtsgüterschutz, in: Lüderssen [Hrsg.] Aufgeklärte Kriminalpolitik oder Kampf gegen das Böse?, Bd. I., 1998, S. 263, 265). Zur Verletzung subjektiver Rechte als strafrechtlich relevanten 'Paradigma' – in Abgrenzung zur Rechtsguts- wie auch Pflichtverletzung – *K. Günther* Von der Rechts- zur Pflichtverletzung, in: Institut KrimWiss. Frankfurt a. M. (Hrsg.), Vom unmöglichen Zustand des Strafrechts, 1994, S. 445 ff.

71 Zum Zusammenhang von Handlungsbestimmung als zugeschriebener Kommunikation und Subjektdefinition *Luhmann* Soziale Systeme (Fn 16), S. 225 ff, 228 f; aus strafrechtlicher Perspektive *Jakobs* Der Handlungsbegriff, 1992, S. 16 f, 27 ff, 41 ff; vergl. auch bei *Hruschka* Strukturen der Zurechnung, 1976, S. 7, 14 ff.

muss den „Verbrechens"-Begriff, strafrechtlich relevantes Unrecht, als Rechtsverletzung ausweisen; die Zurechnungsperspektive wird damit bestimmt durch die Kriterien der Rechtssubjektivität[72].

Allerdings: Dieses Strafrechtskonzept ist zunächst ein rechtstheoretisches und damit positivistisches Konzept; es knüpft an die Gestalt der Gesellschaft an, ohne über diese zunächst hinaus greifen zu können. Die materielle Legitimation des konkreten Strafrechtssystems kann somit nur über die Legitimation der konkreten Gesellschaftsgestalt folgen.[73] Die strafrechtliche Legitimationsproblematik aber, die Rechtsgutslehren antreibt, weist jedoch über dieses formale Konzept hinaus: Es geht dort gerade um die materielle Frage, ob ein konkreter Straftatbestand berechtigt bzw. begründet ist – also: welche Verhaltenserwartungen in ihrer Geltung für die gesamte Gesellschaft – als Struktur der Gesellschaft – strafrechtlich garantiert werden soll und warum?

Auf diese Frage kann es in modernen Gesellschaften kein substantielles Konzept geben; lediglich Kriterien für die entsprechenden Diskurse können bezeichnet werden: Die materielle Legitimation einzelner Strafrechtsnormen ist eingebettet in einen Prozess der kritischen Hinterfragung des Strafrechts aus gesamtgesellschaftlicher Perspektive.[74] Eine Legitimationstheorie des Strafrechts ist damit – aus gesellschaftstheoretischer Perspektive – Teil einer Reflexionstheorie des Rechtssystems; es ist die Selbstbeschreibung des Rechtssystems in gesamtgesellschaftlicher Perspektive, als Struktur der Gesellschaft.

Drei Ansätze, die sich in den Diskussionen um die Rechtsgutstheorien schon herausgebildet haben, können hier als zur Zeit plausible Kriterien auch für diese Diskurse bestätigt werden:

- die soziale Funktion der (strafrechtlich garantierten) Norm,
- die normative Identitätskriterien der Gesellschaft,
- ein Konzept „formalisierter Sozialkontrolle".

72 Der Begriff des 'Rechtssubjekts' ist zunächst ein ebenso positivistischer wie es auch das Strafrechtskonzept ist, d. h. eine Materialisierung – etwa über den Begriff der Person – kann erst mit Blick auf eine konkrete Rechtsordnung (und deren Legitimation) erfolgen; vergl. *Hassemer* Person, Welt und Verantwortlichkeit, in: Lüderssen (Hrsg.), Aufgeklärte Kriminalpolitik I, 1998, S. 350, 354 f; *K. Günther* Die Zuschreibung strafrechtlicher Verantwortlichkeit auf der Grundlage des Verstehens, a.a.O., S. 319, 328 ff.

73 Vergl. dazu *Müssig* Abstrakter Rechtsgüterschutz (Fn 9), S. 142, 152 ff. Zu den Aporien jeglicher Legitimationstheorien – als Legitimation einer Ordnung – *Waldenfels* Der Stachel des Fremden, 2. Aufl. 1991, S. 103, 112 f.

74 Dazu *Müssig* Abstrakter Rechtsgüterschutz (Fn 9), S. 156 ff.

## a) Soziale Funktion der Norm

Ausgangspunkt ist zunächst ein sozialwissenschaftlicher bzw. soziologischer Ansatz, nämlich die soziale Funktion der Norm; genauer: die Bestimmung der sozialen Funktion garantierter Verhaltenserwartungen. Diese soziologische Funktionsbestimmung einer Norm ist zunächst ein schlichter Informationsprozess:[75] Die strafrechtlich garantierte Verhaltensnorm wird als ein veränderbarer, kontingenter Ausschnitt der Gesellschaftsgestalt erfasst und beschrieben und es werden Möglichkeiten und Gestaltung sozialer Kontakte unter diesem Sonderhorizont der Verhaltenserwartungen hinterfragt. Es handelt sich um die Rekonstruktion der sozialen Welt unter einem Sonderhorizont, nämlich der Norm als strafrechtlich garantierter Erwartungsstruktur.

Weil der Begriff der Funktion regelmäßig Allergien auslöst[76], ist zu betonen: es geht nicht um ‚instrumentelle Sozialtechnologie', es geht um Rekonstruktion. Funktionen sind nicht im Sinne von produzierten Leistungen eines Systems zu verstehen[77], es sind vielmehr Zuschreibungen aus der Beobachterperspektive, einschließlich der Selbstbeobachtung im Rechtssystem:[78] Hinterfragt wird also beispielsweise, ob Verhaltenserwartungen sich unmittelbar auf den Status und Organisationskreis der Person beziehen, etwa als Orientierungsmuster für die allgemeine Gestaltung direkter sozialer Kontakte und insoweit unter einer intuitiv „plausiblen", „selbstverständlichen" Konfliktperspektive stehen – dies ist regelmäßig der Bereich der sog. „Individualrechtsgüter"[79] – oder aber ob Verhaltenserwartungen auch auf die Etablierung von Institutionen bzw. auf die Gestalt komplexer Teilsysteme der Gesellschaft bezogen sind und insoweit unter einer vermittelten, gleichsam „positivistischen" Konfliktperspektive stehen – dies ist regelmäßig der Bereich der sog. „Kollektivrechtsgüter"[80]. Hinterfragt wird beispielsweise, ob Verhaltenserwartungen auf dezentrale Gestaltung individueller Organisationskreise bezogen sind oder aber auf zentral definierte Standards im Kontext

75 Dazu *Luhmann*, Soziale Systeme (Fn 16), S. 83 f. (Spezifische Form der Beobachtung sozialer Systeme).

76 Vergl. *Seher*, Prinzipiengesteuerte Strafnormlegitimation und der Rechtsgutsbegriff, in: Hefendehl/Hirsch/Wohlers (Hrsg.), Die Rechtsgutstheorie, 2003, S. 39, 41.

77 So wohl NK-*Hassemer/Neumann* Vor § 1 Rn. 106; ähnlich *Amelung*, Rechtsgüterschutz (Fn 15), S. 358 ff.

78 *Luhmann*, Soziale Systeme (Fn 16), S. 406.

79 Dazu *Müssig* Abstrakter Rechtsgüterschutz (Fn 9), S. 178 ff, 180 ff.; vergl. auch *Hefendehl*, Kollektive Rechtsgüter (Fn 10), S. 116 ff.

80 *Müssig* Abstrakter Rechtsgüterschutz (Fn 9), S. 184 ff.; *Hefendehl*, Kollektive Rechtsgüter (Fn 10), S. 123 ff. *ders.*, Das Rechtsgut als materialer Angelpunkt einer Strafnorm, in: Hefendehl/Hirsch/Wohlers (Hrsg.), Die Rechtsgutstheorie, 2003, S. 119, 126 ff.

ausdifferenzierter spezifischer Normkomplexe – letzteres ist regelmäßig die (Legitimations-)Problematik der sog. „abstrakten Gefährdungsdelikte“[81], beispielsweise im Kontext zentral garantierter, standardisierter Risikoverwaltung oder auch staatlicher Organisation. – Die funktionale Analyse einer Verhaltenserwartung kann daher als „Problemkonstruktion“ bzw. als sozialwissenschaftliches Modell verstanden werden; Funktionen sind abstrakte Synthesen einer Mehrzahl von Möglichkeiten.[82]

## b) Normative Identitätskriterien der Gesellschaft

Bezugsmuster der Analyse sind die normativen Identitätskriterien der konkreten Gesellschaft. Diese Kriterien der grundlegenden – jedoch nicht monolithischen – gesellschaftlichen Selbstbeschreibungen in den Prozessen der Öffentlichkeit bilden den Rahmen, in dem die Legitimationsproblematik zu verhandeln ist; – sie bestimmen gleichzeitig auch die Gestalt des Legitimationsprozesses selbst. Es sind die Rationalitätskriterien der Legitimationsfrage und der Kriminalpolitik; sie bilden damit das (normative) Grundmuster der strafrechtlich relevanten Legitimations- und Konfliktperspektive.

Die materiellen Identitätskriterien sind (natürlich) nicht schlicht vorgegeben; sie sind das Resultat der regelmäßig kontroversen gesellschaftlichen Selbstbeschreibungen in den jeweiligen ausdifferenzierten Systemen der Gesellschaft und in den verschiedenen (Hegemonial-)Diskursen der Öffentlichkeiten.[83] In diesem Zusammenhang sind auch die Prozesse der normativen gesellschaftlichen Verständigung, Prozesse der gesellschaftlichen Werterfahrung zu verorten, wie sie *Hassemer* schon für die „Herstellung der Rechtsgüter“ herausgearbeitet hat.[84]

Die strafrechtliche Legitimationsfrage nach den normativen Identitätskriterien steht dabei unter einer besonderen Perspektive: die Frage der materiellen Legiti-

---

81 *Müssig* Abstrakter Rechtsgüterschutz (Fn 9), S. 188 ff.; *Hefendehl*, Kollektive Rechtsgüter (Fn 10), S. 164 ff; *Wohlers*, Deliktstypen des Präventionsstrafrechts, 2000, S. 291.

82 Vergl. dazu *Luhmann* (Funktionen als „regulative Sinnschemata“) in: ders. Soziologische Aufklärung I, 1970, S. 9, 14.

83 Es gibt also nicht die eine Selbstbeschreibung der Gesellschaft, sondern verschiedene aus den jeweiligen Perspektiven der gesellschaftlichen Subsysteme: Die Gesellschaftsbeschreibung aus der Perspektive des Wirtschaftssystems wird eine andere sein (Gesellschaft als ein Zusammenhang verschiedener Märkte, Haushalte etc.) als etwa die des politischen Systems (Gesellschaft als eine bestimmte politische Befassung, Zusammenhang verschiedener Entscheidungszentren etc.); jedenfalls dann, wenn beide Systeme hinreichend differenziert sind. Zu Perspektiven des Wirtschaftssystems vergl. *Wieland*, in ILFS Band 14: Gemeinwohl im Wirtschaftsstrafrecht, 2013.

84 *Hassemer*, Theorie (Fn 5), S. 125 f, 151 ff, 221 ff.

mation von Straftatbeständen ist – wie oben schon erwähnt – Bestandteil der Reflexionstheorie des Rechtssystems; Legitimationskriterien werden aus der Perspektive des Rechtssystems rekonstruiert. Für das Strafrecht erhalten damit Verfassungsgrundsätze – seien es geschriebene oder ungeschriebene, seien es lediglich postulierte oder bereits institutionalisierte – als juridifizierte Selbstbeschreibung der Gesellschaft eine herausragende Bedeutung.[85] Die Verfassungsgrundsätze bilden ein entscheidendes Grundmuster, auf das sich die strafrechtlich relevante Konflikt- und Definitionsperspektive beziehen muss. Dieses ist auch für Rechtsgutstheorien mittlerweile herausgearbeitet worden.[86] Festzuhalten bleibt allerdings auch hier: Die Legitimation des Strafrechts kommt über die des Staates nicht hinaus; sie ist vielmehr ein Aspekt der Problematik.[87]

## c) Konzept „formalisierter Sozialkontrolle"

Als spezifisch strafrechtlicher Argumentationstopos ist schließlich das Konzept „formalisierter Sozialkontrolle" zu nennen. Auch dieses hat *Hassemer* für die Rechtsgutstheorien herausgearbeitet.[88] Strafrecht ist ein Teilbereich ‚sozialer Kontrolle' und damit eine Sonderform gesellschaftlicher Konfliktverarbeitung, die sich von anderen Formen ‚sozialer Kontrolle' durch Formalisierung unterscheidet.

Eine solche Formalisierung ermöglicht „eine Distanz zwischen Delinquenz und deren gesellschaftliche Verarbeitung" und damit eine Reflexion auf die angemessene Form des gesellschaftlichen Strukturschutzes unter Zweck- und Wertaspekten[89]. Die besondere Bedeutung des Konzepts der Formalisierung sozialer Kontrolle liegt nach *Hassemer* darin, „den Rechtsgüterschutz und damit die Bestimmung eines Verhaltens als ‚strafwürdig' normativ beschränken statt begründen" zu sollen.[90] Diese Deutung bezieht sich auf die inhaltlichen Prinzipien der Formalisierung, d.h.

---

**85** Vergl. *Hassemer*, Darf es Straftaten geben, die ein strafrechtliches Rechtsgut nicht in Mitleidenschaft ziehen? in: Hefendehl/Hirsch/Wohlers (Hrsg.), Die Rechtsgutstheorie, 2003, S. 57, 59 ff. Dass mit der Institutionalisierung eines Verfassungsgesetzes die Grenze der bloß symbolischen Identitätsstiftung, etwa im Sinne einer wenig konturierten „Werteordnung", überschritten wird hin zum Bereich der Rechtsprinzipien, darauf verweist *Habermas*, Faktizität (Fn 16), S. 303 ff., 312, 316

**86** *Appel*, Verfassung und Strafe, 1998, S. 381 ff, 390; *Lagodny*, Strafrecht vor den Schranken der Grundrechte, 1996, S. 145 ff, 162 f, *Stächelin*, Strafgesetzgebung im Verfassungsstaat, 1998, S. 164 f; *Hefendehl*, Kollektive Rechtsgüter (Fn 10), S. 23, 48 ff, 83 ff.

**87** Zu den Aporien einer Legitimationstheorie *Waldenfels*, Grenzen der Legitimierung und die Frage nach der Gewalt, in: ders., Der Stachel des Fremden, 2. Auflage 1991, S. 103, 112 f.

**88** *Hassemer*, Theorie (Fn 5), S. 194 ff; NK-*Hassemer/Neumann* Vor § 1, Rn. 149 ff., 160 ff

**89** *Hassemer*, Theorie (Fn 5), S. 196 f.

**90** NK-*Hassemer/Neumann*, Vor § 1 Rn. 69.

jenen „inhaltlichen Prinzipien der Reaktion, welche die strafrechtliche Verarbeitung von Delinquenzkonflikten von anderen Instrumenten sozialer Kontrolle wesentlich unterscheidet“.[91] Entscheidend für unseren Zusammenhang ist – und dies hat *Hassemer* herausgearbeitet –, dass Formalisierung die Verwirklichung inhaltlicher Prinzipien, insbesondere auch zum Schutz der am Konflikt Beteiligten ermöglicht.[92]

Die gesellschaftstheoretischen Wurzeln eines Konzepts der Formalisierung sozialer Kontrolle liegen in der Strukturbildung des sozialen Systems selbst begründet: In einem sozialen System lassen sich nicht vollkommen beliebige Formen der sozialen Kontrolle etablieren, ohne dass Gestalt und Identität des Systems konterkariert würden. Die Formen der sozialen Kontrolle bestimmen wie Prozesse der Strukturierung allgemein die Gestalt und Identität des sozialen Systems und werden durch diese Identität wiederum selbst geformt.

Zusammenfassend lässt sich also die Legitimation von Strafrechtsnormen als einen Prozess beschreiben, in dem die soziale Funktion der strafrechtlich garantierten Verhaltenserwartung vor dem Hintergrund der normativen Identitätskriterien einer Gesellschaft reflektiert und in ein Konzept formalisierter Sozialkontrolle integriert wird.

## d) Verluste?

Die hier vorgeschlagene institutionelle Reformulierung der strafrechtlichen Legitimationsfrage, insbesondere der Vorschlag, die soziale Funktion einer Verhaltensnorm als sozialwissenschaftliches Kriterium zu nehmen, mag schnell in den Verdacht geraten, den liberalen Anspruch einer humanen Kriminalpolitik systemischen Imperativen zu opfern. Dieser Verdacht stützte sich letztlich auf einer behaupteten, historisch jedoch nicht begründbaren exklusiven Liberalität des strafrechtlichen Rechtsgüterschutzmodells:[93] Gerade in der Auseinandersetzung um die Rechtsgutslehre in Deutschland in den 30er Jahren des letzten Jahrhunderts haben Vertreter der Rechtsgutslehre mit der Forderung nach einem „Gefährdungsstrafrecht“ darauf verwiesen, dass das Rechtsgutdogma der Umgestaltung des Strafrechts im Sinne des damaligen deutschen Zeit(un)geistes keineswegs im Wege

---

**91** *Hassemer*, Theorie (Fn 5), S. 196.

**92** NK-*Hassemer/Neumann*, Vor § 1 Rn. 168.

**93** Bekanntermaßen umfassend zur historischen und ideologischen Entwicklung der Rechtsgutslehren *Amelung*, Rechtsgüterschutz und Schutz der Gesellschaft, 1972; vgl. im obigen Sinne auch *K. Günther* Von der Rechts- zur Pflichtverletzung, in: Institut KrimWiss. Frankfurt a. M. (Hrsg.), Vom unmöglichen Zustand des Strafrechts, 1994, S. 445, 451 f.

stehe, dass vielmehr die konsequente Durchführung eines strafrechtlichen Güterschutzrechts im Willensstrafrecht der Nationalsozialisten münden müsse.[94] Dass effektiver Rechtsgüterschutz im Sinne eines konsequenten Rundumschutzes potentiell totalitäre Züge in sich trägt, sollte allerdings dieses Hinweises nicht bedürfen; es ist schlichtweg evident. Entscheidend ist, dass auch in der Auseinandersetzung um die aktuelle Kriminalpolitik regelmäßig die Gefahr besteht, dass die Anforderungen der Rechtsgutslehre zu einem liberalen Placebo verkommen; einem Placebo, das die entscheidende Dimension der strafrechtlichen Legitimationsproblematik verstellt: Es geht um die Gestalt der Gesellschaft und um die gesellschaftlich garantierten Sphären der Person

## 3. Allgemeinwohl vor den Kriterien einer strafrechtlichen Legitimationstheorie

Und damit kommen wir zum Ausblick auf das Gemeinwohl zurück. Mir wird hoffentlich meine Zurückhaltung verziehen, einen spezifisch strafrechtlichen Begriff des Gemeinwohls auszuweisen; insoweit bin ich weiterhin ein gemeiner Strafrechtsdogmatiker: Ein substantielles Konzept für einen strafrechtlichen Gemeinwohlbegriff ist für Gesellschaften der Moderne nicht angemessen. Anhand der aufgezeigten Kriterien einer strafrechtlichen Legitimationsfrage lässt sich aber Folgendes darstellen:

a) Formal lassen sich Gemeinwohlforderungen im Strafrecht als normative Projektionen zur Gesellschaftsgestalt beschreiben. Dieses sind Setzungen und die damit verbundenen Definitionsprozesse, Machtpositionen und Interessenlagen sind transparent zu machen, will man den notorischen Vorwurf der Ideologisierung vermeiden. M. E. bietet das Kriterium der ‚sozialen Funktion' einer Verhaltenserwartung einen solchen Ansatz für Transparenz: So ist beispielsweise für die – maßgeblich zur ‚Wahrung des Gemeinwohls' formulierte – Strafbarkeit des Insiderhandels und der Marktmanipulation angesichts der Begrenzung auf bestimmte Papiere und Börsen tatsächlich zu hinterfragen, ob individuelle Schutzwirkungen für Anlegerpositionen im Vordergrund bzw. überhaupt unter strafrechtlicher Garantieerklärung stehen – oder aber nicht doch allein die Funktionsfähigkeit und

94 Vgl. nur *Klee*, Zum kommenden deutschen Strafrecht, DJZ 1934, Spalte 1303 ff. Zum liberalen bzw. bloß formalen Gehalt des Rechtsgutsbegriffs in der Auseinandersetzung um die Verbrechensgrundlagen während der nationalsozialistischen Herrschaft *Amelung*, Rechtsgüterschutz (Fn 15), S. 235 ff., 240 ff., 246 ff., 257 f.

Gestalt bestimmter organisierter Kapitalmärkte[95]. Gleiches – die Schaffung praktischer Transparenz – gälte etwa für die Durchleuchtung von (Grund-)Rechts- bzw. Interessenpositionen Dritter, beispielweise die Heilungsinteressen Kranker bei einem strafbelegten Verbot embryonaler Stammzellforschung[96]

b) Seitdem holistische Gesellschaftsbilder zerbrochen sind, siedeln Gemeinwohlkonzepte – sei es als antagonistische oder immanente Positionen – an gesellschaftliche Freiheitsmodelle und –theorien an. Zur Materialisierung im Sinne einer Bestimmung ‚normativer Identitätskriterien' unter den Diskursen zur rechtlich begründeten Freiheit lässt sich vielleicht Folgendes sagen:

Wir haben gute Gründe, etwa in der Tradition der praktischen Philosophie des Idealismus, Recht als Freiheitspraxis und damit die Autonomie des Subjekts als Fundament des Rechts zu setzen.[97] Nur über diesen Ansatz ist die materielle Verbindlichkeit des Rechts und damit auch der rechtlichen Zurechnung begründbar. Vor den Szenarien einer Fragmentierung gesellschaftlicher Rationalität, dem Wegbruch der substantiellen Grundlagen einer idealistischen Philosophie, scheinen sich aber die Grundlagen für ein solch normativ anspruchsvolles materielles Legitimationskonzept insgesamt aufzulösen.

Ein kritischer, auch theoriegeschichtlicher Blick zeigt allerdings, dass das Konzept rechtlicher Freiheit von einem Prozess gesellschaftlicher Reflexivität[98] erfasst ist:[99] War es bei *Kant* noch in der monologischen Struktur der Selbstgesetzgebung verankert[100], so wurde es bei *Fichte* auf die – intersubjektive – Konstitution von Anerkennungsverhältnissen bezogen[101], um schließlich bei *Hegel* die Gestalt einer institutionellen Vermittlung subjektiver Autonomie anzunehmen[102]. Die Autonomie der Person verwandelt sich von einem vorgesellschaftlichen Vermögen des Vernunftsubjekts bei *Kant* zu einem objektiven Organisationsprinzip rechtlicher Verfasstheit bei *Hegel.* Die Gestaltungen des Legitimationsparadigmas rechtlicher Freiheit unterliegen damit in der philosophiegeschichtlichen Entwicklung einer Objektivierung, die zugleich als soziale ‚Prozeduralisierung' erscheint; als

95 Zur Diskussion *Koch*, Vermittlung und Verfolgung von strafbarem Insiderhandel, 2005, S.111, 146; *Popp*, Das Rätsel des § 38 Abs.5 WpHG – Transnationales Regelungsbedürfnis und Gesetzgebungstechnik im Nebenstrafrecht, wistra, 2011, S.169, 171; weitere Nachweise bei *Pananis*, in: Münchener Kommentar zum StGB, Bd. 6/1(Nebenstrafrecht II), 2010, § 38 WpHG Rn. 4 ff.

96 *Sternberg-Lieben*, Rechtsgut, Verhältnismäßigkeit und die Freiheit des Strafgesetzgebers, in: Hefendehl/Hirsch/Wohlers (Hrsg.), Die Rechtsgutstheorie, 2003, S. 65, 68 f.

97 Dazu *Müssig* Mord und Totschlag, 2005, S. 187 ff.

98 Zum Begriff *Luhmann* Soziale Systeme (Fn 16), S. 593 (600 f, 610 ff).

99 *Müssig* Zurechnungsformen als gesellschaftliche Praxis, FS-Jakobs, 2007, S. 405, 411 ff.

100 Dazu *Müssig* Mord und Totschlag (Fn 97), S. 188 ff.

101 *Müssig* Mord und Totschlag (Fn 97), S. 200 ff.

102 *Müssig* Mord und Totschlag (Fn 97), S. 206 ff.

Ausdruck einer strukturellen gesellschaftlichen Entwicklung, die immer deutlicher in das Licht einer reflexiven sozialen Gestaltung tritt, – und schließlich bei *Hegel* auch die Dimension der Geschichte mit umfasst.

Diese Beobachtung trifft sich mit Theorien des Gemeinwohls, die auch diesen Begriff nicht mehr auf statische Gesellschaftszustände bzw. holistische Gesellschaftsmodelle beziehen wollen, sondern einer ‚Prozeduralisierung' unterlegen[103]. Daran kann angeknüpft werden: Können – und sollen – die rechtlichen Identitätskriterien moderner komplexer Gesellschaften nicht auf die Verbindlichkeit von Weltbildern bzw. auf inhaltliche kollektive Identitäten gegründet werden, soll aber dennoch am normativen Gehalt des Autonomieprinzips als rechtlichen Legitimationsparadigma moderner Gesellschaften festgehalten werden, so bleibt nur, das Autonomieprinzip selbst unter die Perspektive einer‚Prozeduralisierung' zu stellen. Das Konzept rechtlicher Freiheit und Konzepte des Gemeinwohls wären unter den Bedingungen gesellschaftlicher (prozessualer) Reflexivität zu formulieren: Es ginge dann um die Entwicklung und Institutionalisierung von Organisationsprinzipien als Bedingung und Ausdruck privater und öffentlicher Autonomie im Recht. Organisationsprinzipien als Grundmuster rechtlicher Selbstbeschreibung wären daraufhin zu hinterfragen, inwieweit nach diesen Prinzipien die Bedingungen einer rechtlichen Selbstbestimmungspraxis begründbar und organisierbar sind. Aus der Perspektive des Strafrechts kann vor dem Hintergrund grundlegender Zurechnungsmuster dabei einerseits auf das personale und andererseits auf das institutionelle Organisationsprinzip verwiesen werden.[104]

Das personale Organisationsprinzip betrifft die Garantie von auf die Person bezogenen privaten und öffentlichen Freiheitssphären und Teilnahme- bzw. Mitgliedsrechten. Hier liegt eine freiheitstheoretische Fundierung offensichtlich nahe, weil schon der Begriff der Person auf entsprechende materielle Konzeption etwa der praktischen Philosophie des Idealismus verweist. Allerdings kann das personale Organisationsprinzip nicht auf einen vorrechtlichen Personenbegriff begründet werden, vielmehr ist Person als Struktur des Rechts, als gesellschaftliche Konstruktion und so erst als Struktur der Freiheit zu beschreiben. Im Strafrecht kennen wir dieses im Bild eines Organisationskreises als Freiheitsstatus mit der Konsequenz der Folgenverantwortung.

Eine solch freiheitstheoretische Fundierung des institutionellen Organisationsprinzips scheint allerdings weniger offensichtlich. Das institutionelle Organisationsprinzip betrifft die strukturellen Bedingungen der gesellschaftlichen Insti-

---

**103** Vergl. *Ladeur*, in: Brugger/Kirste/Anderheiden (Hrsg.), Gemeinwohl in Deutschland, Europa und der Welt, 2004, S. 257, 281 ff.

**104** *Müssig* Rechts- und gesellschaftstheoretische Aspekte der objektiven Zurechnung im Strafrecht, FS-Rudolphi, 2004, S. 165, 175 ff.

tutionalisierung von Recht; maßgeblich geht es um die Garantie einerseits der Voraussetzungen organisierter Rechtsgeltung und andererseits der elementaren Bedingungen personaler Existenz im Recht. Die freiheitstheoretische Begründung ist hier eine nur mittelbare: der Zusammenhang zu einem Autonomiekonzept ergibt sich aus einer funktional begründeten Notwendigkeit besonderer Organisationsstrukturen zur Etablierung eines Rechtszustandes, der mit der Form der Person die Bedingungen privater und öffentlicher Autonomie zu garantieren sucht. Dies ist ein Gedankengang, der personalen Rechtsgutstheorien nicht fremd ist. – Soweit zu den materiellen Kriterien. Es ist offensichtlich, dass die Perspektive auf die skizzierten Organisationsprinzipien ihre strafrechtsdogmatische Herkunft nicht verleugnen kann. Aber vielleicht können diese als Argumentationstopoi auf Strukturen aufmerksam machen, die dann eine ‚Prozeduralisierung' der Gemeinwohlbestimmung zu tragen vermögen.

c) Bringt man schließlich Gemeinwohlansätze mit dem Konzept „formalisierter Sozialkontrolle" in Zusammenhang, dann steht man schnell und konsequent vor den Fragen einer Entkriminalisierung:[105] Unter Verhältnismäßigkeitskriterien ist zu fragen, ob auf strafrechtliche Garantieerklärungen für bestimmter Verhaltenserwartungen verzichtet werden kann zugunsten von Selbstregulierungsprozessen[106] auf Grundlage sog. „sekundärer Rechtsquellen"[107], d. h. zugunsten von lokalen Regelungen auf untergesetzlicher Stufe. Der notorisch defizitäre demokratietheoretische Status dieser Regelungen wäre m. E. in diesen Zusammenhang kein (schwerwiegendes) Argument, da es um Entlastung geht und nicht um Belastung – das müsste man sich aber genauer anschauen.

All das sind nur Hinweise, und bei diesen Hinweisen kann es nur bleiben.

---

105 Dazu *Lüderssen*, Regulierung, Selbstregulierung und Wirtschaftsstrafrecht., in: Kempf/Lüderssen/ Volk (Hrsg.), Die Handlungsfreiheit des Unternehmers – Wirtschaftliche Perspektiven, strafrechtliche und ethische Schranken, 2009, S.241, 311 ff; *Becker*, Die Demokratisierung des Finanzsystems, in: Kempf/Lüderssen/Volk (Hrsg.), Ökonomie versus Recht im Finanzmarkt? 2011, S.195, 198 ff.

106 *Schiller*, Selbstregulierungskompetenz versus justizielle Auslegungskompetenz, in: Kempf/Lüderssen/Volk (Hrsg.), Die Handlungsfreiheit des Unternehmers – Wirtschaftliche Perspektiven, strafrechtliche und ethische Schranken, 2009, S.171, 172 f, 176.

107 Zum Begriff *Möllers/Hailer*, Möglichkeiten und Grenzen staatlicher und halbstaatlicher Eingriffe in die Unternehmensführung, JZ 2012, S.843, 849; zu den Grundlagen *Ladeur*, Kritik der Abwägung in der Grundrechtsdogmatik, 2004, S. 41 ff.; *Kadelbach/Günther*, Recht ohne Staat? in: dies. (Hrsg.), Recht ohne Staat? Zur Normativität nichtstaatlicher Rechtsetzung, 2011, S.9 ff, 32 f.

Michael Lindemann

# Das Gemeinwohl als ambivalente Zielvorgabe für ein funktionstüchtiges Verfahren in Wirtschaftsstrafsachen

## Gliederung



## I. Einleitung

Nach einer gebräuchlichen Definition liegt das Ziel des Strafverfahrens in der Findung einer materiell richtigen, prozessordnungsgemäß zustande kommenden und Rechtsfrieden schaffenden Entscheidung über die Strafbarkeit des Beschuldigten.[1] In dieser anspruchsvollen Aufgabenbestimmung, die deutliche Anklänge an die im Fokus der diesjährigen ECLE-Tagung stehenden Belange des Gemeinwohls aufweist, sind geradezu zwangsläufig Zielkonflikte angelegt, die der Auflösung anhand der einschlägigen verfassungs- und einfachrechtlichen Vorgaben bedürfen.[2]

**Erschienen in** ILFS Band 14: Gemeinwohl im Wirtschaftsstrafrecht, 2013

1 Vgl. *Roxin/Schünemann*, Strafverfahrensrecht, 27. Aufl. 2012, § 1 Rn. 3.
2 Dabei wird es selten gelingen, die einzelnen Facetten auch nur annähernd gleichmäßig umzusetzen; häufig wird sich ein Teilaspekt nur unter Hintanstellung eines anderen verwirklichen lassen; vgl. dazu im Einzelnen *Roxin/Schünemann*, a.a.O. (FN 1), § 1 Rn. 3ff.; des Weiteren *Beulke*, Strafprozessrecht, 12. Aufl. 2012, Rn. 3; *Volk*, Grundkurs StPO, 7. Aufl. 2010, § 3 Rn. 1ff.

https://doi.org/10.1515/9783111057125-006

Bei den Bemühungen, die darauf gerichtet sind, die angesprochenen Teilaspekte des Verfahrensziels zueinander ins Verhältnis zu setzen, ist auf der einen Seite zu berücksichtigen, dass eine Durchsetzung des materiellen Rechts ohne funktionstüchtige Strafrechtspflege nicht denkbar wäre; auf der anderen Seite ist jedoch stets auch die mit einer Überbetonung von Funktionalitätserwägungen verbundene Gefahr einer Marginalisierung von Beschuldigtenrechten zu gewärtigen. In der Herstellung eines möglichst schonenden Ausgleichs zwischen den in Rede stehenden konfligierenden Interessen im Sinne praktischer Konkordanz[3] liegt nach zutreffender Auffassung die ebenso bedeutsame wie schwierige Aufgabe des Strafverfahrensrechts.[4]

Zu beachten ist des Weiteren, dass sich im Rahmen der skizzierten Abwägungsentscheidung Individual- und Kollektivinteressen keineswegs als strikte Gegensätze gegenüberstehen. So ist etwa aus verfassungsrechtlicher Perspektive darauf hingewiesen worden, dass die Freiheit ebenso wie die ihre Beschränkung legitimierenden Gründe zu den Gemeinwohlbelangen zu zählen ist, was zu dem Befund führt, dass die Konfliktlinie nicht zwischen Partikular- und Gemeinwohl verläuft, sondern letztlich konkurrierende Belange des Gemeinwohls gegeneinander abzuwägen sind.[5] Mit Blick auf den Strafprozess ist zu konstatieren, dass die Pflicht zu einer justizförmigen Verfahrensgestaltung nicht lediglich einen individuellen, beschuldigtenschützenden Charakter hat, sondern auch Interessen der Allgemeinheit dient;[6] denn nur die unter Beachtung der Verfahrensförmlichkeiten und Wahrung der Beschuldigtenrechte zustande gekommene Entscheidung wird als gerecht wahrgenommen und vermag so zu einer Stabilisierung des durch die Straftat erschütterten Normvertrauens beizutragen.[7]

Das Vorstehende wird mit zu bedenken sein, wenn im Folgenden den in der Ausrichtung des Strafverfahrens an Gemeinwohlbelangen begründeten Ambivalenzen nachgegangen wird. Die Analyse erfolgt im Wesentlichen in zwei Schritten: Ein erster Abschnitt ist der Frage gewidmet, wie es um die Umsetzung der eingangs referierten, voraussetzungsvollen Aufgabenbeschreibung in der Praxis der Verfahren in Wirtschaftsstrafsachen bestellt ist (II). Die in diesem Zusammenhang feststellbaren strukturellen Probleme und krisenhaften Entwicklungen bilden den

---

3 Vgl. zur Bedeutung der mit diesem Schlagwort bezeichneten Optimierungsaufgabe im Straf- und Strafprozessrecht auch *Perron*, in: Ebert et al. (Hrsg.), FS für Ernst-Walter Hanack, 1999, S. 473, 481.

4 Vgl. *Roxin/Schünemann*, a.a.O. (FN 1), § 1 Rn. 3.

5 In diesem Sinne *Grimm*, in: Münkler/Fischer (Hrsg.), Gemeinwohl und Gemeinsinn im Recht, Band III, 2002, S. 125, 135.

6 Vgl. bereits *Riehle* KJ 1980, 316, 320.

7 Vgl. dazu bereits *Lindemann*, Voraussetzungen und Grenzen legitimen Wirtschaftsstrafrechts, 2012, S. 343 m.w.N.

Hintergrund für die Renaissance des Argumentationstopos der „Funktionstüchtigkeit der Strafrechtspflege", der in der neueren höchstrichterlichen Rechtsprechung eine bemerkenswerte Wiederbelebung erfahren hat. Der kritischen Auseinandersetzung mit dieser Entwicklung ist der zweite Hauptteil des Referates gewidmet (III).

## II. Die Krise des öffentlichen Strafanspruches im Bereich des Wirtschaftsstrafrechts

Wenn hier im Anschluss an *Lüderssen* von einer „Krise des öffentlichen Strafanspruches"[8] im Bereich des Wirtschaftsstrafrechts die Rede ist, so speist sich dieser Befund – ähnlich wie die Feststellung *Lüderssens* – aus einer Zusammenschau der verschiedenen Ebenen der Gesetzgebung und der Strafrechtspraxis, des materiellen Strafrechts und des Strafprozessrechts. Diese übergreifende Betrachtung fördert die Erkenntnis zutage, dass zwei scheinbar im Widerspruch zueinander stehende Entwicklungslinien in der Konzeption und Anwendung von Wirtschaftsstrafrecht – eine merkliche „punitive Aufladung" von Strafgesetzgebung und Strafverfolgungspraxis auf der einen Seite und die Dominanz verfahrensbeendender Absprachen (mit einer Tendenz zur Einbeziehung rechtswidriger Inhalte) auf der anderen Seite[9] – ihren gemeinsamen Ursprung in bestimmten strukturellen Besonderheiten des in Rede stehenden Deliktsfeldes und den hieraus resultierenden Hemmnissen für eine funktionstüchtige Strafrechtspflege haben.

---

8 Vgl. *Lüderssen,* Die Krise des öffentlichen Strafanspruches, 1989, S. 7 ff.

9 Dazu *Achenbach* Jura 2007, 342 (348); *Altenhain et al.*, Absprachen in Wirtschaftsstrafverfahren, 2007, S. 79; *Bussmann/Lüdemann*, Klassenjustiz oder Verfahrensökonomie? Aushandlungsprozesse in Wirtschafts- und allgemeinen Strafverfahren, 1995, S. 45; *Fezer* ZStW 106 (1994), 1, 5; *Heinz*, in: Korff (Hrsg.), Handbuch Wirtschaftsethik, 1999, S. 671, 693; *Hettinger*, in: Jung et al. (Hrsg.), FS für Egon Müller, 2008, S. 261, 271; *Krause*, Ordnungsgemäßes Wirtschaften und Erlaubtes Risiko, 1995, S. 431; *Lüdemann/Bussmann* KrimJ 1989, 54, 56; *Lüderssen*, in: Michalke et al. (Hrsg.), FS für Rainer Hamm, 2008, S. 419, 430; *Nehm* StV 2007, 549; *Park* NK 2005, 147, 150; *Ransiek/Hüls* ZGR 2009, 157, 182 ff.; *Sauer*, Konsensuale Verfahrensweisen im Wirtschafts- und Steuerstrafrecht, 2008, Rn. 109 et passim; *Tiedemann*, Wirtschaftsstrafrecht AT, 3. Aufl. 2010, Rn. 91.

## 1. Strukturelle Probleme der strafrechtlichen Aufarbeitung von Wirtschaftsdelikten

Beim Blick auf die theoretischen und praktischen Voraussetzungen der strafrechtlichen Aufarbeitung von Wirtschaftsstraftaten kristallisieren sich bestimmte grundlegende Probleme heraus,[10] die es gerechtfertigt erscheinen lassen, im adäquaten Umgang mit Wirtschaftskriminalität auch mehr als 30 Jahre nach dem Erscheinen der grundlegenden Beschreibung durch *Jung* einen bedeutsamen „Prüfstein des Strafrechtssystems"[11] zu sehen.

Zu nennen ist in diesem Zusammenhang zunächst die durch die Unübersichtlichkeit betrieblicher Abläufe und Hierarchien bedingte Komplexität vieler wirtschaftsstrafrechtlich relevanter Sachverhalte, welche die Ermittlungsarbeit der Strafverfolgungsbehörden sowie eine den Maximen der Strafprozessordnung genügende forensische Rekonstruktion im Rahmen der strafrechtlichen Hauptverhandlung nicht unwesentlich erschwert.[12] Als charakteristisch für Wirtschaftsstrafverfahren gilt eine im Vergleich zur Allgemeindelinquenz überdurchschnittliche Vielschichtigkeit der zu ermittelnden Sachverhalte; komplexe Deliktsbilder mit vielfältigen Tatbestandskombinationen erfordern oftmals langwierige und personalintensive Ermittlungen, an deren Ende vergleichsweise selten der für eine Anklageerhebung erforderliche justizförmige Nachweis einer strafbaren Handlung steht.[13] Angesichts dieser Problembeschreibung mag man zu dem Schluss gelangen, dass die Strafprozessordnung, die ein Sonderrecht für Umfangssachen nicht kennt, für eine angemessene Reduktion der Komplexität des Wirtschaftslebens nur unzureichend gerüstet ist;[14] hieran etwas zu ändern wäre allerdings primär Aufgabe des Gesetzgebers und nicht der Rechtsprechung, die sich zuletzt mehrfach zu – jeweils problematischen – Korrekturen (vermeintlicher) gesetzgeberischer Fehlleistungen und Versäumnisse aufgerufen sah.[15]

---

10 Ausführlich *Lindemann* Kriminalistik 2005, 506, 507ff. Zusammenfassend auch *Bussmann* MSchrKrim 2003, 89, 90f.; *Dannecker*, in: Wabnitz/Janovsky, Handbuch des Wirtschafts- und Steuerstrafrechts, 3. Aufl. 2007, 1. Kapitel Rn. 1ff.; *Heinz*, a.a.O. (FN 9), S. 671, 679ff.; *Mansdörfer*, Theorie des Wirtschaftsstrafrechts, 2011, Rn. 4ff.; *Meier*, Kriminologie, 4. Aufl. 2010, § 11 Rn. 1ff.

11 Vgl. *Jung*, Wirtschaftskriminalität als Prüfstein des Strafrechtssystems, 1979.

12 Vgl. BGHSt 50, 299, 308; *Albrecht*, Kriminologie, 4. Aufl. 2010, § 32 B III; *Arzt*, in: Bucher et al. (Hrsg.), FS für Wolfgang Wiegand, 2005, S. 739, 757; *Meier*, a.a.O. (FN 10), § 11 Rn. 22.

13 Vgl. *Lindemann*, a.a.O. (FN 7), S. 12 m.w.N.

14 Vgl. *Tiedemann*, a.a.O. (FN 9), Rn. 90; siehe auch *Park* NK 2005, 147, 149; *Schünemann* StraFo 2010, 90, 94.

15 Beispielhaft sei verwiesen auf die Rechtsprechung zur Verlesung umfangreicher Anklagesätze (BGHSt 56, 109; zur Kritik *Lindemann*, a.a.O. [FN 7], S. 279ff.) sowie auf die richterrechtliche Rechtsfortbildung im Bereich der Fristsetzung bei Beweisanträgen (BGHSt 52, 355; BVerfG, Beschluss

Ein weiterer, eine funktionstüchtige Strafrechtspflege in Wirtschaftsstrafsachen hemmender Faktor dürfte in der Anonymität und personalen Distanz zwischen Täter und Opfer liegen, die einen Großteil der in Rede stehenden Sachverhalte auszeichnet. Richtet sich die Straftat gegen eine juristische Person des öffentlichen Rechts oder des Privatrechts, so „verflüchtigt" sich die Täter-Opfer-Beziehung, was es nach verbreiteter Auffassung im kriminologischen Schrifttum nicht nur dem Täter erleichtert, den vom Strafrecht ausgehenden Normappell zu neutralisieren und die Taten subjektiv zu rechtfertigen, sondern zugleich auch das Interesse auf Seiten des Opfers mindert, durch Erstattung einer Strafanzeige einen Beitrag zur strafrechtlichen Verfolgung des Täters zu leisten.[16] Probleme bereitet darüber hinaus die Erfassung und dogmatische Verarbeitung von Schein- und Umgehungshandlungen, bei der insbesondere die durch das Bestimmtheitsgebot sowie das Verbot der analogen Anwendung von Strafgesetzen (Art. 103 Abs. 2 GG) gezogenen Grenzen zu beachten sind.[17]

Auf erhebliche Schwierigkeiten stößt schließlich eine den verfassungsrechtlichen Anforderungen genügende Abgrenzung legaler von illegaler Wirtschaftsbetätigung.[18] Führt man sich vor Augen, dass unternehmerisches Handeln geradezu zwangsläufig mit der Eingehung (möglichst kontrollierter) Wagnisse verbunden ist,[19] und dass Entscheidungen der Unternehmensleitung in der Regel unter den Bedingungen des Risikos oder der Ungewissheit (nicht zuletzt hinsichtlich des Verhaltens von Kunden und anderen Marktakteuren[20]) zustande kommen, wird deutlich, dass die aus der ex post-Perspektive des Strafverfahrens vorgenommene Zuschreibung von Verantwortung für schadensträchtige Entscheidungen problematisch und in hohem Maße anfällig für Attributionsfehler wie den auch empirisch

---

der 2. Kammer des Zweiten Senats vom 6. Oktober 2009 – 2 BvR 2580/08 –, NJW 2010, 592), auf die im Folgenden noch näher einzugehen sein wird.

**16** Zum Vorstehenden *Bannenberg*, in: Gutsche/Thiel (Hrsg.), Gesellschaft und Kriminalität im Wandel, 2001, S. 113, 129 f.; *Kube*, in: Kühne et al. (Hrsg.), FS für Klaus Rolinski, 2002, S. 391, 392; *Meier*, a.a.O. (FN 10), § 11 Rn. 14.

**17** Dazu *Tiedemann*, a.a.O. (FN 9), Rn. 137 ff.; exemplarisch am Beispiel der strafrechtlichen Verantwortlichkeit des sog. „faktischen Geschäftsführers" *Lindemann* Jura 2005, 305 ff.

**18** Vgl. *Arzt*, a.a.O. (FN 12), S. 739, 753; *Hefendehl* StV 2005, 156, 158; *Jung*, a.a.O. (FN 11), S. 3; *Perron*, a.a.O. (FN 3), S. 473, 478.

**19** Zum Wagnis als Charakteristikum unternehmerischer Betätigung vgl. etwa BGHZ 135, 244, 253; *Feddersen*, in: Kern et al. (Hrsg.), FS für Adolf Laufs, 2006, S. 1169, 1174 f.; *Fleischer*, in: Wank et al. (Hrsg.), FS für Herbert Wiedemann, 2002, S. 827, 830 f.; *Krause*, a.a.O. (FN 9), S. 389 ff.; *Lutter* NZG 2010, 601, 602; *Schmid*, in: Müller-Gugenberger/Bieneck (Hrsg.), Handbuch des Wirtschaftsstraf- und Ordnungswidrigkeitenrechts, 5. Aufl. 2011, § 31 Rn. 156; *Thomas*, in: Hanack et al. (Hrsg.), FS für Peter Rieß, 2002, S. 795, 801 f.; *Waßmer*, Untreue bei Risikogeschäften, 1997, S. 5.

**20** Dazu aus wirtschaftsethischer Perspektive *Homann/Lütge*, Einführung in die Wirtschaftsethik, 2005, S. 32 ff.; *Suchanek*, Ökonomische Ethik, 2007, S. 52 ff.

valide nachgewiesenen Rückschaufehler (sog. hindsight bias[21]) wird.[22] Mit der in dogmatischer Hinsicht zentralen Herausforderung, die Grenze zwischen erlaubtem Risiko und rechtlich missbilligter Gefahrschaffung im Wege der Abwägung konfligierender Interessen herauszuarbeiten, sieht sich das Strafrecht zwar auch in anderen, eher wirtschaftsfernen Lebensbereichen konfrontiert; die in Rede stehende Abgrenzungsaufgabe dürfte sich jedoch im Wirtschaftsstrafrecht in besonderer Schärfe stellen, da wirtschaftliche Entscheidungsvorgänge regelmäßig durch eine besonders komplexe Interessenlage geprägt sind und aufgrund der ihnen immanenten Prognoseunsicherheiten ein gegenüber Alltagssituationen gesteigertes Fehlurteilsrisiko aufweisen.[23] Als besonders praxisrelevant erweisen sich in diesem Zusammenhang etwa die Subsumtion von Risikogeschäften unter den Untreuetatbestand sowie die Bestimmung des Bereichs (insolvenz- und betrugsstrafrechtlich) erlaubt riskanten Wirtschaftens in der Unternehmenskrise.[24] Auf beiden Gebieten stellt sich im Übrigen auch das Problem der Ausfüllung konkretisierungsbedürftiger Tatbestandsmerkmale, für die häufig auf – den Strafverfolgungsorganen nicht immer bis in letzte Verästelungen hinein vertraute – zivil- und wirtschaftsrechtliche Vorwertungen zurückzugreifen ist.[25]

Materielles Recht und Prozessrecht stehen im Übrigen im hier erörterten Zusammenhang nicht unverbunden nebeneinander, sondern weisen vielfältige Interdependenzen auf.[26] So werden etwa Bemühungen um die Entwicklung tragfä-

---

21 Nach Ergebnissen der v. a. auf *Fischhoff* Journal of Experimental Psychology: Human Perception and Performance 1975, 288 ff. zurückgehenden Forschungsarbeiten wird die Vorhersehbarkeit eines tatsächlich eingetretenen Schadens auf der Grundlage des ex post verfügbaren Wissensstandes systematisch überschätzt. Zusammenfassend hierzu und zu weiteren Attributionsfehlern *Kuhlen*, in: Jung et al. (Hrsg.), Recht und Moral, 1991, S. 341, 354 ff.; *Prittwitz*, Strafrecht und Risiko, 1993, S. 107 ff.

22 Vgl. *Dinter*, Der Pflichtwidrigkeitsvorsatz bei der Untreue, 2012, Rn. 191; *Rönnau* ZStW 119 (2007), 887, 909; mit Blick auf Investitionsentscheidungen in der Finanzmarktkrise *Deiters*, in: Kempf/Lüderssen/Volk (Hrsg.), Die Finanzkrise, das Wirtschaftsstrafrecht und die Moral, 2010, S. 132, 137.

23 Dem letztgenannten Umstand ist durch die Anerkennung eines weiten unternehmerischen Ermessensspielraumes bei der Vornahme von Risikogeschäften Rechnung zu tragen; vgl. *Lindemann*, a.a.O. (FN 7), S. 147.

24 Ausführlich *Lindemann*, a.a.O. (FN 7), S. 29 ff.

25 Mit Blick auf den Untreuetatbestand wird bekanntlich vor allem die Reichweite der Zivilrechtsakzessorietät des Strafrechts diskutiert; vgl. dazu nur *Lüderssen*, in: Dölling (Hrsg.), FS für Ernst-Joachim Lampe, 2003, S. 727, 729; *ders.*, in: Arnold et al. (Hrsg.), FS für Albin Eser, 2005, S. 163, 170: „asymmetrische Akzessorietät". Zu praktischen Problemen bei der Konkretisierung unbestimmter Tatbestandsmerkmale im Insolvenzstrafrecht vgl. *Bora* et al., Polizeiliche Bearbeitung von Insolvenzkriminalität, 1992, S. 144 ff.

26 Ausführlich *Paulus*, in: Dreier et al. (Hrsg.), FS Würzburger Juristenfakultät, 2002, S. 683 ff.; *Perron*, a.a.O. (FN 3), S. 473 ff.

higer dogmatischer Strukturen zur Konturierung des Bereichs erlaubt riskanten Wirtschaftens lediglich begrenzten Erfolg zeitigen, wenn es nicht gleichzeitig gelingt, gangbare Wege der forensischen Rekonstruktion komplexer wirtschaftlicher Sachverhalte aufzuzeigen.[27] Nachhaltige Fortschritte bei der Lösung der vorstehend skizzierten Probleme werden sich daher nur mithilfe eines integrativen Ansatzes erzielen lassen, der den aufgezeigten Verbindungslinien Rechnung trägt.

## 2. Punitive Aufladung der Strafgesetzgebung und -verfolgungspraxis

Geht man der Frage nach, welche Spuren die geschilderten strukturellen Probleme in der Praxis des Wirtschaftsstrafverfahrens hinterlassen, so stößt man zunächst auf eine Tendenz, die sich als „punitive Aufladung“ der Strafgesetzgebung und -verfolgungspraxis charakterisieren lässt, und die ihren Ausdruck in Verschärfungen der Gesetzeslage sowie in einem gesteigert konfrontativen Stil der Verfahrensführung findet. Beispielhaft für diese Entwicklung stehen eine bis in die Benennung einschlägiger Gesetze hinein reichende Bekämpfungsrhetorik des Gesetzgebers[28] sowie die Schaffung von Vorfeldtatbeständen, deren primärer Nutzen in der Rechtswirklichkeit offenbar weniger in der Ermöglichung einschlägiger Verurteilungen als vielmehr in der erleichterten Generierung des zur Rechtfertigung weiterer Ermittlungsmaßnahmen dienenden Anfangsverdachts liegt.[29] Durch die auf dieser Grundlage angeordneten Zwangsmaßnahmen – zu nennen sind neben der Untersuchungshaft (§§ 112ff. StPO) vor allem die Sicherstellungsmaßnahmen nach den §§ 111b ff. StPO – drohen Beschuldigte und mit diesen assoziierte Unternehmen regelmäßig bereits weit im Vorfeld einer möglichen Verurteilung vom Marktgeschehen exkludiert zu werden; zu diesem Effekt, der die Sanktionswirkungen des Strafverfahrens gleichsam vorwegnimmt,[30] tritt der vor allem von Verteidigerseite, aber auch aus dem rechtswissenschaftlichen Schrifttum erhobene Vorwurf einer Instrumentalisierung strafprozessualer Eingriffsbefugnisse zu verfahrensfremden Zwecken (etwa bei der Zugrundelegung sog. „apokrypher Haft-

27 Vgl. *Lindemann*, a.a.O. (FN 7), S. 580.

28 Nachweise und Kritik bei *Hefendehl* StV 2005, 156, 157; *ders.* JZ 2006, 119.

29 Von „Masternormen“ spricht in diesem Zusammenhang treffend *Frehsee*, in: Frehsee et al. (Hrsg.), Konstruktion der Wirklichkeit, 1997, S. 14, 23ff.

30 Dazu *Achenbach* ZStW 119 (2007), 789, 814; *Beulke*, in: Müller et al. (Hrsg.), FS für Ulrich Eisenberg, 2009, S. 245, 247; *Ransiek/Hüls* ZGR 2009, 157, 159; *Techmeier*, in: Prittwitz et al. (Hrsg.), Kriminalität der Mächtigen, 2008, S. 61, 75: „Das Verfahren ist die Strafe“.

gründe“[31]). Die Rechtsprechung des Bundesverfassungsgerichts zur Anordnung, Aufrechterhaltung und zum Vollzug von Untersuchungshaft zeigt sich zwar bemüht, als verfehlt wahrgenommenen Entwicklungen der Praxis entgegenzuwirken,[32] vermag jedoch die von strukturell unterbestimmten Eingriffstatbeständen ausgehende Missbrauchsgefahr nicht vollständig zu bannen, zumal die verfassungsrechtlich determinierten Leitlinien regelmäßig auf einem erheblichem Abstraktionsniveau formuliert sind und erst noch der – streitanfälligen – Konkretisierung mit Blick auf den jeweiligen Einzelfall bedürfen. Noch ganz am Anfang steht im Übrigen die Diskussion darüber, welche Grenzen additiven, aus dem Zusammenwirken mehrerer Einzelmaßnahmen resultierenden Grundrechtseingriffen von Verfassungs wegen gezogen sind.[33]

## 3. Dominanz konsensualer Erledigungsformen

Nur auf den ersten Blick im Widerspruch zu der soeben konstatierten „punitiven Aufladung“ steht der Befund, dass Wirtschaftsstrafverfahren – beginnend mit dem Ermittlungsverfahren[34] – eine Domäne des konsensbedingt abgekürzten Verfahrens sind.[35] Sucht man nach einer Erklärung dafür, dass Verfahren mit wirtschaftsstrafrechtlichem Schwerpunkt überdurchschnittlich häufig durch Einstellungen unter Auflagen nach § 153a StPO, abgesprochene Strafbefehle i.S.d. §§ 407 ff. StPO oder die durch das Gesetz zur Regelung der Verständigung im Strafverfahren vom

---

31 Zu deren Prävalenz in der Praxis der Anordnung von Untersuchungshaft vgl. *Eidam* HRRS 2008, 241, 243; *Hamm*, in: Hassemer et al. (Hrsg.), FS für Klaus Volk, 2009, S. 193, 202 f.; *Krekeler* wistra 1983, 43, 44; *Münchhalffen* StraFo 1999, 332 ff.; *Schlothauer/Weider*, Untersuchungshaft, 2010, Rn. 661 ff.; *Schünemann* ZStW 114 (2002), 1, 16; *Theile*, Wirtschaftskriminalität und Strafverfahren, 2009, S. 246 ff.; *Volk* NJW 1996, 879, 882 ff. Beispiele für einen unzulässigen Einsatz von Untersuchungshaft als Druckmittel im Zusammenhang mit Verfahrensabsprachen finden sich in BGH, Beschlüsse vom 20. April 2004 – 5 StR 11/04 –, NJW 2004, 1885; und vom 9. Juni 2004 – 5 StR 579/03 –, StV 2004, 470, 471.

32 Ausführlich *Kazele*, Untersuchungshaft, 2008.

33 Die Rechtsprechung des Bundesverfassungsgerichts lässt immerhin eine gesteigerte Sensibilität für dieses Problem erkennen; vgl. BVerfGE 112, 304, 319 f.; 114, 196, 247; 123, 186, 265 f.; BVerfG, Beschluss vom 27. März 2012 – 2 BvR 2258/09 –, NJW 2012, 1784, 1785 f.; dazu *Broß* HFR 2009, 1, 18; *Lücke* DVBl 2001, 1469 ff.

34 Vgl. *Hamm*, in: Kempf et al. (Hrsg.), FS für Christian Richter II, 2006, S. 179 ff.; *Techmeier*, a.a.O. (FN 30), S. 61, 73 ff.; *Wehnert* StV 2002, 219 ff.; *Weigend*, in: Weigend et al. (Hrsg.), Strafverteidigung vor neuen Herausforderungen, 2008, S. 357, 390.

35 Monographisch *Sauer*, a.a.O. (FN 9); siehe des Weiteren *Altenhain* et al., a.a.O. (FN 9), S. 79 et passim sowie *Achenbach* Jura 2007, 342, 348; *Heinz*, a.a.O. (FN 9), S. 671, 693; *Hettinger*, a.a.O. (FN 9), S. 261, 271; *Lüderssen*, a.a.O. (FN 9), S. 419, 430; *Park* NK 2005, 147, 150; *Ransiek/Hüls* ZGR 2009, 157, 182 ff.

29. Juli 2009[36] kodifizierten Urteilsabsprachen beendet werden, so stößt man auf einen Interessengleichlauf der Verfahrensakteure,[37] der maßgeblich durch die bereits benannten Faktoren beeinflusst sein dürfte: Während das Interesse der professionellen Verfahrensakteure auf die mit der Abkürzung des Verfahrens verbundene Zeitersparnis, auf eine Reduktion der gesteigerten Komplexität sowie auf eine Entlastung der Dogmatik von intrikaten Abgrenzungsproblemen gerichtet sein dürfte, wird es dem Beschuldigten häufig darum gehen, eine Exposition in öffentlicher Hauptverhandlung zu vermeiden und die von den strafprozessualen Zwangsmaßnahmen ausgehende Exklusionswirkung möglichst rasch zu beenden oder zumindest abzumildern. Vor diesem Hintergrund oszilliert das Bild, welches literarische Analysen und empirische Studien von der Absprachepraxis in Wirtschaftsstrafsachen zeichnen, zwischen der Ausübung prozessordnungswidrigen Drucks durch Strafverfolgungsbehörden und Gerichte und der ungerechtfertigten Privilegierung statushoher Beschuldigter, die zur Mobilisierung erheblicher Verteidigungsressourcen und damit zum Aufbau eines die Aktivitäten der staatlichen Organe partiell neutralisierenden „Gegendrucks" in der Lage sind.[38] Eine rechtsstaatlichen Standards verpflichtete Strafrechtspflege darf weder das eine noch das andere hinnehmen; ob allerdings der zuletzt durch den Gesetzgeber unternommene Versuch, zumindest die Urteilsabsprachen – die gleichsam die sichtbare Spitze eines in seinen Dimensionen bislang nur unzureichend vermessenen Eisbergs bilden – in gesetzlich geordnete Bahnen zu lenken, zu einer nachhaltigen Domestizierung[39] und Zurückdrängung rechtswidriger Praktiken führen wird, muss nicht zuletzt in Anbetracht der von *Altenhain* in der mündlichen Verhandlung zu den Verfahren 2 BvR 2628/10 u.a. vor dem Bundesverfassungsgericht vorgetragenen Erkenntnisse zur Rechtswirklichkeit der Neuregelung bezweifelt werden.[40]

---

**36** BGBl. I, 2353.

**37** Vgl. BGHSt (GS) 50, 40, 60; *Altenhain/Haimerl* GA 2005, 281, 298; *Hamm*, in: Eser et al. (Hrsg.), FS für Lutz Meyer-Goßner, 2001, S. 33, 42; *Harms*, in: Griesbaum et al. (Hrsg.), FS für Kay Nehm, 2006, S. 289, 290 f.; *Park* NK 2005, 147, 150; *Weigend*, in: Roxin/Widmaier (Hrsg.), 50 Jahre Bundesgerichtshof. Festgabe aus der Wissenschaft. Band IV. Strafrecht, Strafprozessrecht, 2000, S. 1011 f.

**38** Eingehendere Darstellung bei *Lindemann*, a.a.O. (FN 7), S. 461 ff.

**39** Begriff bei *Richter II*, in: Hanack et al. (Hrsg.), FS für Peter Rieß, 2002, S. 439, 448.

**40** Vgl. zuvor bereits *Fischer* StraFo 2009, 177, 187; *ders.* StraFo 2010, 329, 331 FN 6; *Wohlers* NJW 2010, 2470, 2474; positivere Bewertung etwa bei *Kirsch* StraFo 2010, 96, 101; *Kudlich*, Erfordert das Beschleunigungsgebot eine Umgestaltung des Strafverfahrens? Gutachten C zum 68. Deutschen Juristentag, 2010, C 67.

## III. Renaissance des Funktionstüchtigkeits-Topos in der höchstrichterlichen Rechtsprechung

Die aufgezeigten Tendenzen erscheinen in der Gesamtschau geeignet, die Berechtigung der Erhebung des staatlichen Strafanspruches im Bereich des Wirtschaftsstrafrechts dauerhaft infrage zu stellen. In dieser Situation wirkt sich die in der Rechtsprechung insbesondere des Bundesverfassungsgerichts feststellbare Rückbesinnung auf die Formel von der „Funktionstüchtigkeit der Strafrechtspflege" besonders verhängnisvoll aus – steht dieser Argumentationstopos doch nicht zu Unrecht in dem Verdacht, aufgrund der ihm eigenen Inhaltsleere als eine Art „black box" Spielraum für nahezu beliebige Interpretationen zu eröffnen, im Ergebnis jedoch vor allem einer einseitigen Überbetonung des Strafverfolgungsinteresses Vorschub zu leisten und der Judikative eine „gegenreformatorische"[41] Einflussnahme auf das ohnehin fragile Kräfteverhältnis im Strafprozess zu ermöglichen. Auffällig ist, dass sich die Renaissance der Funktionstüchtigkeitsformel auf beide soeben erörterten Krisenherde erstreckt: Ihr Einsatz dient zum einen dazu, Eingriffe in die Rechte des Beschuldigten sowie den Verzicht auf Verfahrensförmlichkeiten zu legitimieren und verstärkt so die Tendenz einer „punitiven Aufladung"; zum anderen werden Funktionstüchtigkeitsüberlegungen angeführt, um die Notwendigkeit des Rückgriffs auf verfahrensbeendende Absprachen nachzuweisen.[42] Beiden Begründungssträngen soll im Folgenden nachgegangen werden, wobei der Schwerpunkt der Überlegungen mit Rücksicht auf das Referat von *Armin Engländer* auf dem erstgenannten liegen wird.

### 1. Legitimation der Beschränkung von Beschuldigtenrechten und des Verzichts auf Verfahrensförmlichkeiten durch Funktionstüchtigkeitsüberlegungen

Die Verwendung der Formel von der „Funktionstüchtigkeit der Strafrechtspflege" als Argumentationstopos geht zurück auf eine Senatsentscheidung des Bundesverfassungsgerichts aus dem Jahr 1972. Verfahrensgegenständlich war die Frage, ob Sozialarbeitern in Anlehnung an die in § 53 Abs. 1 Nr. 3 StPO getroffene Regelung ein generelles Zeugnisverweigerungsrecht im Strafverfahren zuzubilligen sei. Der *Zweite Senat* verneinte dies und führte zur Begründung unter anderem aus:

41 Vgl. *Hassemer* StV 1982, 275.

42 Vgl. *Wohlers* NJW 2010, 2470, 2472.

> „Soweit der Grundsatz der Rechtsstaatlichkeit die Idee der Gerechtigkeit als wesentlichen Bestandteil enthält (...), verlangt er auch die Aufrechterhaltung einer funktionstüchtigen Rechtspflege, ohne die der Gerechtigkeit nicht zum Durchbruch verholfen werden kann. Wiederholt hat das Bundesverfassungsgericht die unabweisbaren Bedürfnisse einer wirksamen Strafverfolgung anerkannt (...), das öffentliche Interesse an einer möglichst vollständigen Wahrheitsermittlung im Strafprozeß betont (...) und die Aufklärung schwerer Straftaten als wesentlichen Auftrag eines rechtsstaatlichen Gemeinwesens bezeichnet (...).“[43]

Wenngleich die durch den *Senat* in Bezug genommenen früheren Entscheidungen die vorstehend wiedergegebenen Erwägungen durchaus stützen, erfolgt die Einführung des in der Folgezeit vielfach replizierten Begründungsmusters seltsam apodiktisch;[44] die Häufung verfassungsrechtlicher Fundamentalbegriffe – neben der Verankerung im Rechtsstaatsprinzip werden auch die Gerechtigkeit (der – recht martialisch – „zum Durchbruch verholfen“ werden soll[45]) und die Pflicht zur Suche nach materieller Wahrheit erwähnt –, steht in einem geradezu umgekehrten Verhältnis zur Argumentationstiefe der Ausführungen. Zugleich liegt auf der Hand, dass es die Belange des mit einem strafrechtlichen Vorwurf konfrontierten Beschuldigten schwer haben werden, sich gegen eine derart eindrucksvolle rhetorische Phalanx durchzusetzen. Tatsächlich bereitete die Erwähnung der Funktionstüchtigkeitsformel später in der überwiegenden Zahl der Fälle den Boden für eine Hintanstellung der Grundrechte und grundrechtsgleichen Rechte der Beschwerdeführer.[46]

Dass es sich bei der Aufrechterhaltung einer funktionstüchtigen Strafrechtspflege um einen bedeutsamen Gemeinwohlbelang handelt, wird in der zitierten Passage nur gleichsam „zwischen den Zeilen“ erkennbar. Deutlicher fällt der Hinweis auf das allgemeine Wohl in zwei wenig später ergangenen Entscheidungen aus, deren Kernaussagen aus diesem Grunde kurz referiert werden sollen. So heißt es in einem Beschluss, mit dem der *Zweite Senat* des Bundesverfassungsgerichts die

---

**43** BVerfGE 33, 367, 383.

**44** Vgl. *Grünwald* JZ 1976, 767, 772 f.; *Hassemer* StV 1982, 275; *Riehle* KJ 1980, 316, 317.

**45** Krit. *Hassemer* StV 1982, 275, 276.

**46** Exemplarisch BVerfGE 39, 156, 163 – Beschränkung der Zahl der Wahlverteidiger und Verbot gemeinschaftlicher Verteidigung mehrerer Beschuldigter; BVerfGE 41, 246, 250 – Zulässigkeit der Hauptverhandlung in Abwesenheit des Angeklagten; BVerfGE 47, 239, 250 – Rechtfertigung der auf § 81a StPO gestützten zwangsweisen Veränderung des Aussehens; BVerfGE 64, 108, 116 und 77, 65, 76 – Rechtfertigung von Eingriffen in die Pressefreiheit; BVerfGE 80, 367, 375 – Verwertbarkeit von Tagebuchaufzeichnungen; BVerfG, Beschluss der 3. Kammer des Zweiten Senats vom 10. März 1987 – 2 BvR 186/87 –, NStZ 1987, 276 – Einsatz von Lockspitzeln; BVerfG, Beschluss der 2. Kammer des Zweiten Senats vom 27. Mai 1993 – 2 BvR 744/93 –, NJW 1994, 573 – gerichtliche Kontrolle der Versagung von Akteneinsicht; für eine Übertragung der Funktionstüchtigkeitsformel auf den Zivilprozess BVerfGE 106, 28, 49.

grundsätzliche Verfassungsmäßigkeit des Haftgrundes der Wiederholungsgefahr (§ 112a StPO) festgestellt hat:

> „Zu den **Belangen des Gemeinwohls**, gegenüber denen der Freiheitsanspruch des Beschuldigten unter Umständen zurücktreten muss, gehören – wie das Bundesverfassungsgericht wiederholt anerkannt hat (...) – die unabweisbaren Bedürfnisse einer wirksamen Strafverfolgung."[47]

Wenig später formulierte derselbe Senat in einer Entscheidung, mit welcher die Versagung eines Zeugnisverweigerungsrechtes für eine mit der Untersuchung von Lebensmitteln tierischer Herkunft befasste Tierärztin im Strafverfahren gebilligt wurde:

> „Außerhalb des unantastbaren Bereichs privater Lebensgestaltung muß jedermann als **gemeinschaftsbezogener** und **gemeinschaftsgebundener** Bürger staatliche Maßnahmen hinnehmen, die im überwiegenden Interesse der Allgemeinheit unter strikter Wahrung des Verhältnismäßigkeitsgebots getroffen werden (...). Das **Interesse der Allgemeinheit** an der Gewährleistung einer funktionstüchtigen Strafrechtspflege überwiegt etwaige Geheimhaltungsbelange der Auftraggeber des Tierarztes."[48]

Wenn in der jüngeren Vergangenheit eine zurückhaltendere Verwendung des Funktionstüchtigkeits-Topos in der höchstrichterlichen Rechtsprechung zu konstatieren war, so mag dies zumindest auch darauf zurückzuführen sein, dass mit *Winfried Hassemer* ein vehementer Kritiker[49] der vorstehend skizzierten Rechtsprechungsentwicklung als Berichterstatter für das Strafrecht und weite Teile des Strafverfahrensrechts im *Zweiten Senat* des Bundesverfassungsgerichts zuständig war.[50] Die von *Hassemer* und anderen Stimmen im Schrifttum gegen einen Einsatz als Abwägungstopos vorgebrachten Einwände lassen sich wie folgt zusammenfassen: Beanstandungen sieht sich zunächst bereits die durch das Bundesverfassungsgericht vorgenommene Herleitung aus dem Rechtsstaatsprinzip ausgesetzt. Von *Mahrenholz* stammt die Feststellung, die funktionstüchtige Strafrechtspflege sei „staatsspezifisch, nicht rechtsstaatsspezifisch"[51]; dahinter steht die bereits in der

47 BVerfGE 35, 185, 190; Hervorhebungen M.L.

48 BVerfGE 38, 312, 320 f.; Hervorhebungen M.L. Zur Verwendung des Begriffspaares der Gemeinschaftsbezogenheit und Gemeinschaftsgebundenheit in der Rechtsprechung des Bundesverfassungsgerichts vgl. *Gas*, Gemeinwohl und Individualfreiheit im nationalen Recht und Völkerrecht, 2012, S. 73 ff.

49 Vgl. *Hassemer* StV 1982, 275.

50 Ebenso *Dallmeyer* HRRS 2009, 429, 432. Zur Bedeutung des Berichterstatters für die Rechtsprechung des Bundesverfassungsgerichts vgl. *Kranenpohl* Zeitschrift für Rechtssoziologie 2009, 135.

51 Vgl. *Mahrenholz*, in: Schneider/Steinberg (Hrsg.), FS für Konrad Hesse, 1990, S. 53, 64.

Einleitung angesprochene Einsicht, dass jedes staatlich verfasste Gemeinwesen, welches das Gewaltmonopol für sich in Anspruch nimmt, auf das Funktionieren seines Strafjustizsystems angewiesen ist. Auch *Grünwald* hat sich wiederholt gegen eine Verankerung von Funktionstüchtigkeitsüberlegungen im Rechtsstaatsprinzip ausgesprochen, das nach tradiertem Verständnis ausschließlich als Hort der Beschuldigtenrechte bzw. als „Schutzwall" konzipiert sei, „an dem sich die Strafverfolgungsinteressen brechen".[52] Kritisiert wird darüber hinaus das Fehlen rational überprüfbarer Kriterien für die von der höchstrichterlichen Rechtsprechung ins Auge gefasste Abwägung.[53] So hat etwa *Limbach* darauf hingewiesen, dass sich im Problem der Maßstabslosigkeit, die den Rückgriff auf Zweckmäßigkeits- und Plausibilitätserwägungen erleichtert, letztlich eine Schwäche des Rechtsstaatsprinzips selbst spiegelt, das ebenfalls über wenig fassbare Konturen verfügt und die Ableitung gegenläufiger Interessen nicht zu tragen vermag.[54] Eng verbunden mit dem Vorwurf der Inhaltsleere und beliebigen Ausfüllbarkeit (der im Übrigen eine Entsprechung in der Debatte um die Bedeutung von Gemeinwohlerwägungen im modernen Verfassungsstaat findet[55]) ist die Befürchtung, dass der Einsatz des Funktionstüchtigkeitstopos zu Abwägungszwecken einer Marginalisierung von Beschuldigtenrechten den Weg bahnt. Angesichts der Überhöhung, welche das Strafverfolgungsinteresse durch die von der höchstrichterlichen Rechtsprechung vorgenommene Einbettung in die Trias aus Rechtsstaatlichkeit, Gerechtigkeit und Wahrheit erfährt, besteht in der Tat die Gefahr eines strukturellen Übergewichts über die Belange des von einem Tatverdacht betroffenen Bürgers; in der Folge droht

---

52 *Grünwald* JZ 1976, 767, 773. Krit. zur Herleitung aus dem Rechtsstaatsprinzip etwa auch *Albrecht* NJ 1994, 396, 397.

53 Vgl. *Grünwald* JZ 1976, 767, 773; *ders.* StV 1987, 453, 457 f.; *Kühne* GA 2008, 361, 368.

54 Vgl. *Limbach*, in: Strafverteidigervereinigungen (Hrsg.), 20. Strafverteidigertag, Aktuelles Verfassungsrecht und Strafverteidigung, 1996, S. 35, 41. Auch das Bundesverfassungsgericht weist in ständiger Rechtsprechung auf die Konkretisierungsbedürftigkeit des Rechtsstaatsprinzips hin; vgl. BVerfGE 65, 283, 290 m.w.N.

55 Auch dort wird die inhaltliche Unbestimmtheit des Gemeinwohlbegriffes beklagt: Es handele sich um einen „semantischen Container", in dem Beliebiges untergebracht werden könne; der Gemeinwohlbegriff werde als „rhetorische Floskel" gebraucht, die gegen Kritik immunisieren solle; vgl. *Münkler*, in: Dreier (Hrsg.), Wissenschaft und Politik, 2010, S. 245 u. 248. Von den Vertretern einer prozeduralen Gemeinwohlkonzeption wird vor diesem Hintergrund zu Recht die Bedeutung der Einhaltung von Verfahrens- und Kompetenznormen hervorgehoben (vgl. dazu *Schuppert* GewArch 2004, 441, 443 f., der allerdings auch darauf hinweist, dass dem Dilemma der Maßstabslosigkeit auf diesem Wege ebenfalls nur bedingt beizukommen ist).

die schrittweise Unterminierung bislang außer Streit stehender Rechtspositionen des Beschuldigten.[56]

Eine Renaissance des Rückgriffs auf Funktionstüchtigkeitsüberlegungen in der Rechtsprechung des Bundesverfassungsgerichts kündigte sich in der aus Anlass der Verleihung einer Honorarprofessur durch die Philipps-Universität Marburg gehaltenen Antrittsvorlesung des Richters am Bundesverfassungsgericht *Landau* an, in der dieser eine affirmative Rekonstruktion der skizzierten Rechtsprechungsleitlinien vornahm und sich ausdrücklich für eine „Wiedergeburt" des Funktionstüchtigkeitstopos aussprach.[57] Die Erhaltung einer funktionstüchtigen Strafrechtspflege stelle eine dem Rechtsstaatsprinzip „vorgelagerte Pflicht des Staates" dar; sie sei „nicht nur Ausfluss des Rechtsstaatsprinzips, sondern unabdingbare Voraussetzung für die Existenz und den Bestand des demokratischen Rechtsstaats selbst".[58] Diese Überlegungen weisen insofern über den akademischen Kontext hinaus, als *Landau* mit dem Ausscheiden *Hassemers* aus dem Amt des Bundesverfassungsrichters zu Beginn des Jahres 2008 die senatsinterne Zuständigkeit für straf- und strafverfahrensrechtliche Fragen übernommen hat.[59] In welchem Ausmaß der Wunsch nach einer „Wiederbelebung" schon nach kurzer Zeit Früchte getragen hat, verdeutlicht die nachfolgend referierte Passage aus dem Beschluss vom 15. Januar 2009, mit dem der *Zweite Senat* des Bundesverfassungsgerichts den von der fachgerichtlichen Rechtsprechung vollzogenen Abschied vom Verbot der Rügeverkümmerung[60] verfassungsrechtlich sanktioniert hat:

> „Der Rechtsstaat kann sich nur verwirklichen, wenn ausreichende Vorkehrungen dafür getroffen sind, dass Straftäter im Rahmen der geltenden Gesetze verfolgt, abgeurteilt und einer gerechten Bestrafung zugeführt werden (...). Verfahrensgestaltungen, die den Erfordernissen einer wirksamen Strafrechtspflege dienen, verletzen daher nicht schon dann den grundrechtlichen Anspruch auf ein faires Strafverfahren, wenn verfahrensrechtliche Positionen des Angeklagten oder Beschuldigten dabei, gemessen am früheren Zustand, eine Zurücksetzung zugunsten einer wirksameren Strafrechtspflege erfahren."[61]

56 Vgl. *Dallmeyer* HRRS 2009, 429, 433; *Grünwald* JZ 1976, 767, 772 f.; *ders.* JZ 1987, 453, 457 f.; *Hassemer* StV 1982, 275, 277; *Roxin/Schünemann*, a.a.O. (FN 1), § 1 Rn. 7. Auch in der öffentlich-rechtlichen Debatte um den Gemeinwohlbegriff wird auf die Gefahr der Präjudizierung von Abwägungsergebnissen durch den Einsatz von „Großgütern des Gemeinwohls" hingewiesen; vgl. *Grimm*, a.a.O. (FN 5), S. 125, 136.

57 Vgl. *Landau* NStZ 2007, 121 ff.; siehe auch noch *ders.* NStZ 2011, 537, 544 ff.

58 *Landau* NStZ 2007, 121, 126 f.; ähnlich *ders.* NStZ 2011, 537, 544.

59 Zur Bedeutung des Wechsels für die Renaissance des Funktionstüchtigkeitstopos auch *Dallmeyer* HRRS 2009, 429, 432.

60 BGHSt (GS) 51, 298.

61 BVerfGE 122, 248, 272 f.

In diesem Zitat wird auf den ersten Blick scheinbar Selbstverständliches benannt; die Schlusssequenz lässt sich jedoch auch als Ausblick auf ein Programm mit der bereits erwähnten „gegenreformatorischen“ Tendenz lesen, für dessen schrittweise Verwirklichung sich in weiteren aktuellen Entscheidungen des Bundesverfassungsgerichts Anhaltspunkte finden lassen. Zu nennen sind in diesem Zusammenhang neben einem Beschluss der 2. Kammer des *Zweiten Senats*, der die Fristsetzung für die Stellung von Beweisanträgen für verfassungsrechtlich unbedenklich erklärt,[62] auch diejenigen Kammerentscheidungen, in denen die vom Bundesgerichtshof für den Umgang mit rechtswidrig erhobenen Beweismitteln entwickelte Abwägungslösung gebilligt wurde.[63] Gestützt auf Funktionstüchtigkeitserwägungen erfolgt hier eine sehr weitgehende Zurückdrängung unselbständiger Beweisverwertungsverbote, die als einer besonderen Begründung bedürftige Ausnahme[64] eingeordnet werden. Dass die Annahme eines solchen Ausnahmefalles nach dem Willen der Verfassungsrichter an besonders hohe Anforderungen geknüpft sein soll, wird in dem Beschluss zur Verwertbarkeit bei einer rechtswidrigen Durchsuchung gewonnener Zufallsfunde deutlich, in dem es – insofern noch über die Formulierungen der fachgerichtlichen Rechtsprechung hinausgehend[65] – heißt:

> „Insbesondere die willkürliche Annahme von Gefahr im Verzug oder das Vorliegen eines besonders schwerwiegenden Fehlers können – müssen indes nicht in jedem Fall – danach ein Verwertungsverbot nach sich ziehen.“[66]

62 BVerfG, Beschluss der 2. Kammer des Zweiten Senats vom 23. September 2008 – 1 StR 484/08 –, NJW 2010, 592, 593; vorausgehend BGHSt 52, 355. Zur berechtigten Kritik an dieser Rechtsprechung *Lindemann*, a.a.O. (FN 7), S. 332 ff.

63 Vgl. BVerfG, Beschluss der 2. Kammer des Zweiten Senats vom 2. Juli 2009 – 2 BvR 2225/08 –, NJW 2009, 3225; siehe auch Beschluss der 1. Kammer des Zweiten Senats vom 9. November 2010 – 2 BvR 2101/09 –, NJW 2011, 2417, 2419; Beschluss des Zweiten Senats vom 7. Dezember 2011 – 2 BvR 2500/09 u. a. –, NJW 2012, 907, 909.

64 BVerfG, Beschluss des Zweiten Senats vom 7. Dezember 2011 – 2 BvR 2500/09 u. a. –, NJW 2012, 907, 910; Beschlüsse der 2. Kammer des Zweiten Senats vom 2. Juli 2009 – 2 BvR 2225/08 –, NJW 2009, 3225; vom 15. Oktober 2009 – 2 BvR 2438/08 –, NJW 2010, 287; und vom 20. Mai 2010 – 2 BvR 1413/09 –, NJW 2010, 2937, 2938; Beschluss der 1. Kammer des Zweiten Senats vom 9. November 2010 – 2 BvR 2101/09 –, NJW 2011, 2417, 2419.

65 Die in Parenthese eingefügte Einschränkung („müssen indes nicht in jedem Fall“) findet – worauf auch *Dallmeyer* HRRS 2009, 429, 431 bereits hingewiesen hat – in den durch die Kammer in Bezug genommenen Entscheidungen BGHSt 51, 285, 292; BGH, Beschluss vom 18. November 2003 – 1 StR 455/03 –, NStZ 2004, 449, 450 keine Stütze.

66 BVerfG, Beschluss der 2. Kammer des Zweiten Senats vom 2. Juli 2009 – 2 BvR 2225/08 –, NJW 2009, 3225.

Weitere Entscheidungen, in denen der Funktionstüchtigkeitstopos gegen Beschuldigtenrechte und Verfahrensförmlichkeiten in Stellung gebracht wurde, betrafen die Zurückstellung der Benachrichtigung über den Einsatz eines Verdeckten Ermittlers mit Rücksicht auf die Möglichkeit seiner weiteren Verwendung (§ 101 Abs. 5 Satz 1 StPO),[67] die Verwertung eines heimlich abgehörten, zwischen einem zeugnisverweigerungsberechtigten Verwandten des Angeklagten und einem Dritten in einem Pkw geführten Gesprächs,[68] die Beschlagnahme eines Verteidigerbriefes beim Mandanten in einem gegen den Verteidiger gerichteten Strafverfahren,[69] die Verwertung der auf einer „Steuer-CD" aus Liechtenstein enthaltenen Daten zur Begründung des Anfangsverdachts der Steuerhinterziehung,[70] die Eröffnung der strafprozessualen Hauptverhandlung trotz gesundheitlicher Risiken für den 88jährigen Beschuldigten,[71] die Verwertung der Aussagen von anonymen, nicht mit dem Beschuldigten konfrontierten Zeugen[72] sowie die Verwertbarkeit aus einer (rechtswidrigen) präventiv-polizeilichen Wohnraumüberwachung gewonnener personenbezogener Informationen.[73]

Parallel zu der beschriebenen Renaissance der Formel von der „Funktionstüchtigkeit der Strafrechtspflege" ist eine Tendenz der höchstrichterlichen Rechtsprechung zu konstatieren, auch das Beschleunigungsgebot mit überindividuellen Belangen aufzuladen und auf diese Weise eine Konfrontationsstellung zu den Rechten des Beschuldigten herzustellen.[74] Die Verpflichtung zu einer Verfahrens-

67 BVerfGE 129, 208, 256.

68 BVerfG, Beschluss der 2. Kammer des Zweiten Senats vom 15. Oktober 2009 – 2 BvR 2438/08 –, NJW 2010, 287.

69 BVerfG, Beschluss der 2. Kammer des Zweiten Senats vom 20. Mai 2010 – 2 BvR 1413/09 –, NJW 2010, 2937, 2938.

70 BVerfG, Beschluss der 1. Kammer des Zweiten Senats vom 9. November 2010 – 2 BvR 2101/09 –, NJW 2011, 2417, 2419.

71 BVerfG, Beschluss der 2. Kammer des Zweiten Senats vom 6. Oktober 2009 – 2 BvR 1724/09 –, Juris Rn. 9.

72 BVerfG, Beschluss der 2. Kammer des Zweiten Senats vom 8. Oktober 2009 – 2 BvR 547/08 –, NJW 2010, 925.

73 BVerfG, Beschluss des Zweiten Senats vom 7. Dezember 2011 – 2 BvR 2500/09 u. a. –, NJW 2012, 907, 909.

74 Zur Begründung wird auf das Interesse an einer Durchsetzung des staatlichen Strafanspruches „innerhalb so kurzer Zeit, dass die Rechtsgemeinschaft die Strafe noch als Reaktion auf geschehenes Unrecht wahrnehmen kann" sowie auf die Gefahr hingewiesen, dass „die Beweisgrundlage durch Zeitablauf verfälscht werden kann"; vgl. BVerfGE 122, 248, 273. Siehe auch BVerfG, Beschluss des Zweiten Senats vom 7. Dezember 2011 – 2 BvR 2500/09 u. a. –, NJW 2012, 907, 909; Beschlüsse der 2. Kammer des Zweiten Senats vom 18. März 2009 – 2 BvR 229/09 –, NJW 2009, 1734, 1735; vom 6. Oktober 2009 – 2 BvR 2580/08 –, NJW 2010, 592, 593; und vom 4. September 2009 – 2 BvR 1089/09 –, Juris Rn. 3;

führung ohne „unnötige“[75] Verzögerungen soll danach nicht mehr nur dem Schutz des Beschuldigten dienen, sondern auch den Verzicht auf die Einhaltung von Verfahrensförmlichkeiten oder den Eingriff in Beschuldigtenrechte legitimieren. Zur Begründung wird auch hier ein Arsenal an gewichtigen Verfassungsgütern angeführt; neben dem Interesse an einer möglichst geringen Eintrübung von Beweisquellen werden die Wahrung von Opferbelangen sowie die Vermeidung einer Gefährdung präventiver Strafzwecke durch Zeitablauf ins Feld geführt. Aus der verbreiteten Kritik, die diese Integration konfligierender Interessen in das Beschleunigungsgebot auf sich gezogen hat,[76] sei hier nur die treffende Äußerung von *Imme Roxin* herausgegriffen, nach der „die friedenssichernde und präventive Aufgabe des Strafverfahrens (...) nur erreicht (werden kann), wenn der Schuldspruch unter Einräumung der gesetzlich vorgesehenen Abwehr- und Verteidigungsrechte nachvollziehbar ist. (...) Die Wahrheitsermittlung“, so *Roxin* weiter, „braucht ihre Zeit“.[77] Tatsächlich lässt sich das Strafverfahren nur begrenzt beschleunigen; erst die Gelegenheit, unter Wahrnehmung (durchsetzbarer) Antrags-, Frage- und Erklärungsrechte in regelgeleiteter Auseinandersetzung[78] über den verfahrensgegenständlichen Vorwurf zu streiten, vermag das abschließende richterliche Erkenntnis mit einem hinreichend tragfähigen legitimatorischen Fundament zu versehen. Angesichts des Bedeutungsgewinns des Ermittlungsverfahrens,[79] in dem der überwiegende Anteil der leichten und mittleren Kriminalität abschließend bearbeitet wird, und dessen Ergebnissen auch bei schwereren Taten häufig eine den weiteren Verfahrensgang prägende Bedeutung zukommt, spricht viel für eine stärkere Akzentuierung partizipatorischer Elemente in diesem so bedeutsamen, frühen Verfahrensabschnitt.[80]

---

BGHSt (GS) 50, 40, 54; 51, 298, 310 f.; *Landau*, in: Herzog/Neumann (Hrsg.), FS für Winfried Hassemer, 2010, S. 1073 ff.; *ders.* NStZ 2011, 537, 545.

**75** BVerfGE 122, 248, 273, wobei unklar bleibt, welche Verfahrensverzögerung als „unnötig“ anzusehen sein soll.

**76** Krit. *Duttge/Neumann* HRRS 2010, 34, 37; SK-StPO-*Frister*, § 244 Rn. 179; *Wohlers* NJW 2010, 2470, 2471.

77 Beide Zitate aus *I. Roxin* GA 2010, 425, 435.

**78** Vgl. *Hassemer*, in: Hamm/Leipold (Hrsg.), Beck'sches Formularbuch für den Strafverteidiger, 5. Aufl. 2010, I B 4 a.

79 Dazu *König* AnwBl 2010, 382 f.; *Theile* NK 2005, 142, 144; *Vogel* JZ 2004, 827, 828; *Weigend* ZStW 104 (1992), 486, 504; *Wohlers* GA 2005, 11, 27

**80** Vgl. *Lindemann*, a.a.O. (FN 7), S. 320 ff.

## 2. Begründung der Notwendigkeit verfahrensbeendender Absprachen

Mit Rücksicht auf das nachfolgende Referat von *Armin Engländer* soll an dieser Stelle nur noch kurz auf die Heranziehung von Funktionstüchtigkeitserwägungen zur Begründung der Notwendigkeit verfahrensbeendender Absprachen eingegangen werden. Paradigmatisch für die in Rede stehende Legitimationsstrategie sind Ausführungen in der Entscheidung des Großen Senates für Strafsachen zum Verbot des Rechtsmittelverzichts nach vorausgegangener Verständigung, nach denen die Organe der Strafjustiz den aus dem Rechtsstaatsprinzip abzuleitenden Anforderungen

> „unter den gegebenen – rechtlichen wie tatsächlichen – Bedingungen der Strafrechtspflege ohne die Zulassung von Urteilsabsprachen durch richterrechtliche Rechtsfortbildung nicht mehr gerecht werden (können). Vor allem mit Blick auf die knappen Ressourcen der Justiz (...) könnte die Funktionstüchtigkeit der Strafjustiz nicht gewährleistet werden, wenn es den Gerichten generell untersagt wäre, sich über den Inhalt des zu verkündenden Urteils mit den Beteiligten abzusprechen.“[81]

Hier sind es nicht konkrete Rechtspositionen des Beschuldigten, sondern die (berechtigten[82]) Zweifel an der Legitimierbarkeit einer ubiquitär gewordenen Absprachepraxis, die durch die der Funktionstüchtigkeitsformel inhärente Überhöhung des staatlichen Strafverfolgungsauftrages beiseite gedrängt werden sollen.

# IV. Schlussbetrachtung

Nach alldem wird man den legitimen Kern der Formel von der „Funktionstüchtigkeit der Strafrechtspflege“ wie folgt zu bestimmen haben: Es ist als unbedenklich anzusehen, wenn mit der Bezugnahme auf Funktionstüchtigkeitserwägungen lediglich die Selbstverständlichkeit zum Ausdruck gebracht wird, dass die Erwartungsstabilisierung mit den Mitteln des Strafrechts zu den aus der allgemeinen Justizgewährleistungspflicht[83] abzuleitenden legitimen Aufgaben des Staates gehört – die Sicherung des Rechtsfriedens in Gestalt der Strafrechtspflege ist, wie das Bundesverfassungsgericht in seiner Entscheidung zum Vertrag von Lissabon zu

---

**81** BGHSt 50, 40, 54.

**82** Vgl. *Lindemann*, a.a.O. (FN 7), S. 493 ff.

**83** Ausführlich LR-*Kühne*, Einl. Abschn. H Rn. 15 ff.; grundlegend bereits *Eb. Schmidt*, Lehrkommentar zur StPO und zum GVG, Teil I, 1952, Nr. 7 ff.

Recht konstatiert hat, eine „zentrale Aufgabe staatlicher Gewalt".[84] Der verfassungsrechtlich fundierte Verfolgungsauftrag legitimiert mithin den erhöhten Aufwand, den die Klärung rechtlicher und tatsächlicher Zweifelsfragen in komplexen wirtschaftsstrafrechtlichen Verfahren mit sich bringt. Zu widersprechen ist hingegen dem Einsatz der Funktionstüchtigkeitsformel im Rahmen fallbezogener Abwägungsentscheidungen durch die Judikative; hier droht angesichts des Mangels eines belastbaren Maßstabs für die Gewichtung der widerstreitenden Interessen ein strukturelles Übergewicht des rhetorisch überhöhten Strafverfolgungsinteresses über die Belange des mit einem strafrechtlichen Vorwurf konfrontierten Beschuldigten.[85]

Mit Blick auf den in der Kompetenzordnung des Grundgesetzes angelegten Primat des Gesetzgebers erschiene überdies eine stärkere Selbstbeschränkung der höchstrichterlichen Rechtsprechung angezeigt: In einem nach dem Grundsatz der Gewaltenteilung gegliederten Staatswesen ist es zuvörderst Aufgabe des Gesetzgebers, die in der Verfahrenszielbestimmung des Strafverfahrens angelegten Zielkonflikte in einen möglichst schonenden Ausgleich zu bringen und einen interessenwahrenden, praktikablen Rechtsrahmen für das Handeln der Verfahrensakteure bereit zu stellen. Diesem Regelungsauftrag ist der Gesetzgeber in der Vergangenheit nicht immer gerecht geworden; hier bedürfte es konzeptioneller Überlegungen zu einer grundlegenden Strafprozessreform, die etwa dem bereits angesprochenen Bedeutungswandel der einzelnen Verfahrensabschnitte Rechnung trüge. Nicht akzeptabel ist es, wenn in der Rechtsprechung des Bundesverfassungsgerichts – wie etwa in den Entscheidungen zur Rügeverkümmerung und zur Fristsetzung bei Beweisanträgen[86] – den unter Missachtung eindeutiger (jedoch für unzweckmäßig erachteter) gesetzlicher Vorgaben (hier: §§ 274, 246 StPO) erfolgten Reformulierungen des handlungsleitenden Programmes durch die fachgerichtliche Rechtsprechung verfassungsrechtliche Unbedenklichkeitserklärungen ausgestellt und damit letztlich eigene Gemeinwohlüberlegungen der entscheidenden Richter an die Stelle derjenigen des Gesetzgebers gestellt werden.[87]

---

84 Vgl. BVerfGE 123, 267, 408.

85 Vgl. zum Vorstehenden bereits *Lindemann*, a.a.O. (FN 7), S. 236 f.

86 Vgl. BVerfGE 122, 248 ff.; BVerfG, Beschluss der 2. Kammer des Zweiten Senats vom 6. Oktober 2009 – 2 BvR 2580/08 –, NJW 2010, 592 ff.

87 Eine Warnung vor der Oktroyierung eigener Gemeinwohlerwägungen durch die Judikative findet sich auch bei *Grimm*, a.a.O. (FN 5), S. 125, 136.

# Literaturverzeichnis

*Achenbach, H.*, Das Strafrecht als Mittel der Wirtschaftslenkung, ZStW 119 (2007), 789–815

*Ders.*, Zur Entwicklung des Wirtschaftsstrafrechts in Deutschland seit dem späten 19. Jahrhundert, Jura 2007, 342–348

*Albrecht, P.-A.*, Ist das Strafverfahren noch zu beschleunigen?, NJ 1994, 396–400

*Ders.*, Kriminologie, 4. Aufl., München 2010

*Altenhain, K./Haimerl, M.*, Modelle konsensualer Erledigung des Hauptverfahrens (unter Berücksichtigung des Beschlusses des Großen Senats für Strafsachen vom 3. 3. 2005), GA 2005, 281–306

*Altenhain, K.* et al., Die Praxis der Absprachen in Wirtschaftsstrafverfahren, Baden-Baden 2007

*Arzt, G.*, Neue Wirtschaftsethik, neues Wirtschaftsstrafrecht, neue Korruption, in: Bucher, E. et al. (Hrsg.), Festschrift für Wolfgang Wiegand, Bern, München 2005, S. 739–765

*Bannenberg, B.*, Möglichkeiten der strafrechtlichen Verfolgung von Wirtschaftsstraftaten und Korruption, in: Gutsche, G./Thiel, K. (Hrsg.), Gesellschaft und Kriminalität im Wandel – Zur Funktionalität des Verbrechens, Mönchengladbach 2001, S. 113–137

*Beulke, W.*, Wirtschaftslenkung im Zeichen des Untreuetatbestands, in: Müller, H. E. et al. (Hrsg.), Festschrift für Ulrich Eisenberg, München 2009, S. 245–269

*Ders.*, Strafprozessrecht, 12. Aufl., Heidelberg u. a. 2012

*Bora, A.* et al., Polizeiliche Bearbeitung von Insolvenzkriminalität, Wiesbaden 1992

*Broß, S.*, Der Einfluss des Verfassungsrechts auf strafprozessuale Eingriffsmaßnahmen, HFR 2009, 1–18

*Bussmann, K.-D.*, Business Ethics und Wirtschaftsstrafrecht. Zu einer Kriminologie des Managements, MSchrKrim 2003, 89–104

*Ders./Lüdemann, C.*, Klassenjustiz oder Verfahrensökonomie? Aushandlungsprozesse in Wirtschafts- und allgemeinen Strafverfahren, Pfaffenweiler 1995

*Dallmeyer, J.*, Wiedergeburt der „Funktionstüchtigkeit der Strafrechtspflege"? Zugleich eine Anmerkung zu dem Beschluss des BVerfG vom 2. Juli 2009 (2 BvR 2225/08), HRRS 2009, 429–433

*Deiters, M.*, Untreue und Finanzmarktkrise, in: Kempf, E. et al. (Hrsg.), Die Finanzkrise, das Wirtschaftsstrafrecht und die Moral, Berlin 2010, S. 132–140

*Dinter, L.*, Der Pflichtwidrigkeitsvorsatz bei der Untreue. Zugleich ein Beitrag zur gesetzlichen Bestimmtheit des § 266 StGB, Heidelberg 2012

*Duttge, G./Neumann, S.*, „Wir übernehmen jeden Fall!" Anmerkung zum Urteil des BGH HRRS 2009 Nr. 717 unter Berücksichtigung von BVerfG HRRS 2009 Nr. 1116, HRRS 2010, 34–38

*Eidam, L.*, Zur Selbstverständlichkeit von Rechtsbrüchen beim Vollzug von Untersuchungshaft, HRRS 2008, 241–246

*Feddersen, D.*, Der Antagonismus zwischen der Business Judgement Rule des Gesellschaftsrechts und der Anwendung des § 266 StGB durch Strafverfolgungsbehörden und -gerichte, in: Kern, B.-R. et al. (Hrsg.), Humaniora. Medizin – Recht – Geschichte. Festschrift für Adolf Laufs, Berlin u. a. 2006, S. 1169–1192

*Fezer, G.*, Vereinfachte Verfahren im Strafprozeß, ZStW 106 (1994), 1–59

*Fischer, T.*, Absprache-Regelung: Problemlösung oder Problem?, StraFo 2009, 177–188

*Ders.*, Unternehmensstrafrecht in der Revision, StraFo 2010, 329–337

*Fischhoff, B.*, Hindsight is not equal to Foresight: The Effect of Outcome Knowledge on Judgment Under Uncertainty, Journal of Experimental Psychology: Human Perception and Performance 1975, 288–299

*Fleischer, H.*, Die „Business Judgment Rule" im Spiegel von Rechtsvergleichung und Rechtsökonomie, in: Wank, R. et al. (Hrsg.), Festschrift für Herbert Wiedemann, München 2002, S. 827–849

*Frehsee, D.*, Fehlfunktionen des Strafrechts und der Verfall rechtsstaatlichen Freiheitsschutzes, in: Frehsee, D. et al. (Hrsg.), Konstruktion der Wirklichkeit durch Kriminalität und Strafe, Baden-Baden 1997, S. 14–46

*Gas, T.*, Gemeinwohl und Individualfreiheit im nationalen Recht und Völkerrecht, Hamburg 2012

*Grimm, D.*, Gemeinwohl in der Rechtsprechung des Bundesverfassungsgerichts, in: Münkler, H./Fischer, K. (Hrsg.), Gemeinwohl und Gemeinsinn im Recht, Band III, 2002, S. 125–139

*Grünwald, G.*, Anmerkung zu BVerfG, Beschluss vom 21.1.1976–2 BvR 941/75, JZ 1976, 767–773

*Ders.*, Menschenrechte im Strafprozess, StV 1987, 453–457

*Hamm, R.*, Von der Unmöglichkeit, informelles zu formalisieren – das Dilemma der Urteilsabsprachen, in: Eser, A. et al. (Hrsg.), Strafverfahrensrecht in Theorie und Praxis. Festschrift für Lutz Meyer-Goßner, München 2001, S. 33–48

*Ders.*, Von Transparenzdelikten im neuen Strafrecht und transparenter Verteidigung. Ein Beitrag zur prozessualen Klimaforschung, in: Kempf, E. et al. (Hrsg.), Verstehen und Widerstehen. Festschrift für Christian Richter II, Baden-Baden 2006, S. 179–196

*Ders.*, Apokryphes Strafrecht – Unwahrhaftige Haftgründe sind in bester Gesellschaft, in: Hassemer, W. et al. (Hrsg.), In dubio pro libertate. Festschrift für Klaus Volk, München 2009, S. 193–206

Ders./Leipold, K. (Hrsg.), Beck'sches Formularbuch für den Strafverteidiger, 5. Aufl., München 2010

*Harms, M.*, Die konsensuale Verfahrensbeendigung, das Ende des herkömmlichen Strafprozesses? Ein weiterer Versuch einer Zwischenbilanz, in: Griesbaum, R. et al. (Hrsg.), Festschrift für Kay Nehm, Berlin 2006, S. 289–297

*Hassemer, W.*, Die „Funktionstüchtigkeit der Strafrechtspflege", ein neuer Rechtsbegriff?, StV 1982, 275–280

*Hefendehl, R.*, Organisierte Kriminalität als Begründung für ein Feind- oder Täterstrafrecht?, StV 2005, 156–161

*Ders.*, Corporate Governance und Business Ethics: Scheinberuhigung oder Alternativen bei der Bekämpfung von Wirtschaftskriminalität?, JZ 2006, 119–125

*Heinz, W.*, Wirtschaftskriminalität, in: Korff, W. (Hrsg.), Handbuch der Wirtschaftsethik. Band 4. Ausgewählte Handlungsfelder, Gütersloh 1999, S. 671–717

*Hettinger, M.*, Von der Gleichheit vor dem Gesetz zur Ungleichheit vor Gericht? Absprachen im Strafprozessrecht, in: Jung, H. et al. (Hrsg.), Festschrift für Egon Müller, Baden-Baden 2008, S. 261–282

*Homann, K./Lütge, C.*, Einführung in die Wirtschaftsethik, 2. Aufl., Münster 2005

*Jung, H.*, Die Bekämpfung der Wirtschaftskriminalität als Prüfstein des Strafrechtssystems, Berlin u. a. 1979

*Kazele, N.*, Untersuchungshaft. Ein verfassungsrechtlicher Leitfaden für die Praxis, Baden-Baden 2008

*Kirsch, S.*, Die gesetzliche Regelung der Verständigung im Strafverfahren, StraFo 2010, 96–100

*König, S.*, Die Hauptverhandlung – noch Kerngeschehen im Strafprozess? Der Wandel des Strafverfahrens und die Folgen für einen fairen Prozess, AnwBl 2010, 382–386

*Kranenpohl. U.*, Herr des Verfahrens oder nur einer unter Acht? Der Einfluss des Berichterstatters in der Rechtsprechungspraxis des Bundesverfassungsgerichts, Zeitschrift für Rechtssoziologie 2009, 135–163

*Krause, D. M.*, Ordnungsgemäßes Wirtschaften und Erlaubtes Risiko. Grund- und Einzelfragen des Bankrotts (§ 283 StGB) – zugleich ein Beitrag zur Dogmatik des Konkursstrafrechts, Berlin 1995

*Krekeler, W.*, Probleme der Verteidigung in Wirtschaftsstrafsachen, wistra 1983, 43–49

*Kube, E.*, Wirtschaftskriminalität. Zu Phänomen und Prävention, in: Kühne, H.-H. et al. (Hrsg.), Festschrift für Klaus Rolinski, Baden-Baden 2002, S. 391–400

*Kudlich, H.*, Erfordert das Beschleunigungsgebot eine Umgestaltung des Strafverfahrens? Gutachten C zum 68. Deutschen Juristentag, München 2010

*Kuhlen, L.*, Zur Problematik der nachträglichen ex ante-Beurteilung im Strafrecht und in der Moral, in: Jung, H. et al. (Hrsg.), Recht und Moral. Beiträge zu einer Standortbestimmung, Baden-Baden 1991, S. 341–372

*Kühne, H.-H.*, Die Instrumentalisierung der Wahrheitsfindung im Strafverfahren, GA 2008, 361–374

*Landau, H.*, Die Pflicht des Staates zum Erhalt einer funktionstüchtigen Strafrechtspflege, NStZ 2007, 121–129

*Ders.*, Die Ambivalenz des Beschleunigungsgebots, in: Herzog, F./Neumann, U. (Hrsg.), Festschrift für Winfried Hassemer, Heidelberg 2010, S. 1073–1087

*Ders.*, Strafrecht nach Lissabon, NStZ 2011, 537–546

*Limbach, J.*, Die Funktionstüchtigkeit der Strafrechtspflege im Rechtsstaat, in: Strafverteidigervereinigungen (Hrsg.), 20. Strafverteidigertag vom 22.–24. März 1996 in Essen. Aktuelles Verfassungsrecht und Strafverteidigung, Köln 1996, S. 35–43

*Lindemann, M.*, Strukturelle Probleme der strafrechtlichen Aufarbeitung von Wirtschaftskriminalität, Kriminalistik 2005, 506–513

*Ders.*, Die strafrechtliche Verantwortlichkeit des „faktischen Geschäftsführers", Jura 2005, 305–313

*Ders.*, Voraussetzungen und Grenzen legitimen Wirtschaftsstrafrechts. Eine Untersuchung zu den materiell- und prozessrechtlichen Problemen der strafrechtlichen Aufarbeitung von Wirtschaftskriminalität, Tübingen 2012

Löwe/Rosenberg, Die Strafprozeßordnung und das Gerichtsverfassungsgesetz, Großkommentar, Band 1, Einleitung, §§ 1–47, 26. Aufl., Berlin 2006

*Lücke, J.*, Der additive Grundrechtseingriff sowie das Verbot der übermäßigen Gesamtbelastung des Bürgers, DVBl 2001, 1469–1478

*Lüdemann, C./Bussmann, K.-D.*, Diversionschancen der Mächtigen? Eine empirische Studie über Absprachen im Strafprozess, KrimJ 1989, 54–72

*Lüderssen, K.*, Die Krise des öffentlichen Strafanspruches, Frankfurt am Main 1989

*Ders.*, Gesellschaftsrechtliche Grenzen der strafrechtlichen Haftung des Aufsichtsrats, in: Dölling, D. (Hrsg.), Ius humanum. Festschrift für Ernst-Joachim Lampe, Berlin 2003, S. 727–742

*Ders.*, Primäre oder sekundäre Zuständigkeit des Strafrechts?, in: Arnold, J. et al. (Hrsg.), Menschengerechtes Strafrecht. Festschrift für Albin Eser, München 2005, S. 163–180

*Ders.*, Verständigung im Strafverfahren. Das Modell und seine Implikationen, in: Michalke, R. et al. (Hrsg.), Festschrift für Rainer Hamm, Berlin 2008, S. 419–442

*Lutter, M.*, Zivilrechtlich korrekt und doch strafbar? Das kann nicht sein, NZG 2010, 601–603

*Mahrenholz, E. G.*, Verfassungsinterpretation aus praktischer Sicht, in: Schneider, H.-P./Häberle. P. (Hrsg.), Verfassungsrecht zwischen Wissenschaft und Richterkunst. Konrad Hesse zum 70. Geburtstag, Heidelberg 1990, S. 53–65

*Mansdörfer, M.*, Zur Theorie des Wirtschaftsstrafrechts. Zugleich eine Untersuchung zu funktionalen Steuerungs- und Verantwortlichkeitsstrukturen bei ökonomischem Handeln, Heidelberg 2011

*Meier, B.-D.*, Kriminologie, 4. Aufl. München 2010

Müller-Gugenberger, C./Bieneck, K. (Hrsg.), Wirtschaftsstrafrecht. Handbuch des Wirtschaftsstraf- und Ordnungswidrigkeitenrechts, 5. Aufl., Köln 2011

*Münchhalffen, G.*, Apokryphe Haftgründe in Wirtschaftsstrafverfahren, StraFo 1999, 332–337

*Münkler, H.*, Gemeinwohl als Aufgabe von Politik und als Reflexionsbegriff der Wissenschaft, in: Dreier, H. (Hrsg.), Wissenschaft und Politik, Stuttgart 2010S. 245–259

*Nehm, K.*, Die Verständigung im Strafverfahren auf der Zielgeraden?, StV 2007, 549–553

*Park, T.*, Wirtschaftsstrafverfahren in der Praxis. Eine beschreibende Analyse aus Sicht der Verteidigung, NK 2005, 147–150

*Paulus, R.*, Materielles Strafrecht im „prozessualen Raum“, in: Dreier, H. et al. (Hrsg.), Raum und Recht. Festschrift 600 Jahre Würzburger Juristenfakultät, Berlin 2002, S. 683–709

*Perron, W.*, Überlegungen zum Verhältnis von Strafrecht und Strafprozessrecht, in: Ebert, U. et al. (Hrsg.), Festschrift für Ernst-Walter Hanack, Berlin u. a. 1999, S. 473–485

*Prittwitz, C.*, Strafrecht und Risiko. Untersuchungen zur Krise von Strafrecht und Kriminalpolitik in der Risikogesellschaft, Frankfurt am Main 1993

*Ransiek, A./Hüls, S.*, Strafrecht zur Regulierung der Wirtschaft, ZGR 2009, 157–189

*Richter II, C.*, Schuld und Buße? Irrungen und Wirrungen um einen bekanntgewordenen Paragraphen, in: Hanack, E. W. et al. (Hrsg.), Festschrift für Peter Rieß, Berlin u. a. 2002, S. 439–450

*Riehle, E.*, Funktionstüchtige Strafrechtspflege contra strafprozessuale Garantien, KJ 1980, 316–324

*Rönnau, T.*, Untreue als Wirtschaftsdelikt, ZStW 119 (2007), 887–926

*Roxin, C./Schünemann, B.*, Strafverfahrensrecht, 27. Aufl., München 2012

*Roxin, I.*, Ambivalente Wirkungen des Beschleunigungsgebotes, GA 2010, 425–440

*Sauer, D.*, Konsensuale Verfahrensweisen im Wirtschafts- und Steuerstrafrecht, Heidelberg 2008

*Schlothauer, R./ Weider, H.-J.*, Untersuchungshaft, 4. Aufl., Heidelberg 2010

*Schmidt, E.*, Lehrkommentar zur Strafprozeßordnung und zum Gerichtsverfassungsgesetz. Teil I: Die rechtstheoretischen und die rechtspolitischen Grundlagen des Strafverfahrensrechts, Göttingen 1952

*Schünemann, B.*, Wohin treibt der deutsche Strafprozess?, ZStW 114 (2002), 1–62

*Ders.*, Die Hauptverhandlung im Strafverfahren – Was sie leistet, wo sie versagt und in welcher Form sie bewahrt werden muss, StraFo 2010, 90–96

*Schuppert, G. F.*, Gemeinwohldefinition im pluralistischen Verfassungsstaat, GewArch 2004, 441–447

*Suchanek, A.*, Ökonomische Ethik, 2. Aufl., Tübingen 2007

*Techmeier, I.*, Zur strafrechtlichen Immunisierung bei Wirtschaftsstrafsachen, in: Prittwitz, C. et al. (Hrsg.), Kriminalität der Mächtigen, Baden-Baden 2008, S. 61–82

*Theile, H.*, Wirtschaftsstrafverfahren: Entstehung eines neuartigen Verfahrenstyps?, NK 2005, 142–146

*Ders.*, Wirtschaftskriminalität und Strafverfahren. Systemtheoretische Überlegungen zum Regulierungspotential des Strafrechts, Tübingen 2009

*Thomas, S.*, Untreue in der Wirtschaft, in: Hanack, E. W. et al. (Hrsg.), Festschrift für Peter Rieß, Berlin u. a. 2002, S. 795–809

*Tiedemann, K.*, Wirtschaftsstrafrecht Allgemeiner Teil, 3. Aufl., Köln u. a. 2010

*Vogel, J.*, Chancen und Risiken einer Reform des strafrechtlichen Ermittlungsverfahrens, JZ 2004, 827–837

*Volk, K.*, Kronzeugen praeter legem? Vernehmungspraxis, Vorteilsversprechen, Verdunkelungsgefahr, NJW 1996, 879–883

*Ders.*, Grundkurs StPO, 7. Aufl., München 2010

Wabnitz, H. B./Janovsky, T. (Hrsg.), Handbuch des Wirtschafts- und Steuerstrafrechts, 3. Aufl. München 2007

*Waßmer, M. P.*, Untreue bei Risikogeschäften, Heidelberg 1997

*Wehnert, A.*, Die tatsächliche Ausgestaltung der Absprachepraxis in staatsanwaltschaftlichen Wirtschaftsermittlungsverfahren aus anwaltlicher Sicht, StV 2002, 219–222

*Weigend, T.*, Die Reform des Strafverfahrens. Europäische und deutsche Tendenzen und Probleme, ZStW 104 (1992), 486–512

*Ders.*, Der BGH vor der Herausforderung der Absprachepraxis, in: Roxin, C./Widmaier, G. (Hrsg.), 50 Jahre Bundesgerichtshof. Festgabe aus der Wissenschaft. Band IV. Strafrecht, Strafprozessrecht, München 2000, S. 1011–1042

*Ders.*, Strafverteidigung im Zeitalter abgesprochener Urteile, in: Weigend, T. et al. (Hrsg.), Strafverteidigung vor neuen Herausforderungen. Denkanstöße aus sieben Rechtsordnungen, Berlin 2008, S. 357–394

*Wohlers, W.*, Das partizipatorische Ermittlungsverfahren: kriminalpolitische Forderung oder „unverfügbarer" Bestandteil eines fairen Strafverfahrens?, GA 2005, 11–35

*Ders.*, Das Strafverfahren in den Zeiten der „Eilkrankheit", NJW 2010, 2470–2475

*Wolter, J.*, Systematischer Kommentar zur Strafprozessordnung, Band IV (§§ 198–246), 4. Aufl., Köln 2011

Klaus-Peter Müller

# Zwischen Wettbewerb und Ethik – Die deutsche Corporate Governance

## Gliederung



Der Beginn und die Basis für meine Ausführungen – ja die Basis für mein Denken – ist das Bekenntnis zur Sozialen Marktwirtschaft. Das bedeutet für mich ein Bekenntnis zu Gewinn ebenso wie zur sozialen Verantwortung. Beides gehört eng zusammen!

## I. Wo stehen wir?

Immer mehr Menschen – mehr in Ost- als in Westdeutschland – stellen unser Wirtschaftssystem, die Soziale Marktwirtschaft, in Frage. Und viele zweifeln an den Werten von Verantwortungsträgern, allen voran den Managern.

Beklagen wir damit aber nicht in Wirklichkeit einen Werteverfall in unserer Gesellschaft?

Die aktuellen Turbulenzen belegen: Wir brauchen mehr denn je eine intensive Diskussion über den Sinnhorizont in der Wirtschaft, eine Diskussion über Werte und Leitbilder in den Unternehmen!

Wenn Ihnen das noch zu unbestimmt ist, möchte ich das an konkreten Beispielen und Fragen festmachen: Beginnt Gier erst bei sechsstelligen Gehältern? Oder ist nicht jeder Sparer, der bei einer isländischen Bank ein Konto hatte, um 2 % mehr Rendite zu erzielen, nicht auch schon gierig zu nennen? Umso mehr, als er jetzt nach dem Staat ruft. Und wenn sich die Enkelin aus Versehen auf die Lesebrille

**Erschienen in** ILFS Band 6: Die Handlungsfreiheit des Unternehmers: Wirtschaftliche Perspektiven, strafrechtliche und ethische Schranken, 2009

https://doi.org/10.1515/9783111057125-007

setzt und der Opa das seiner Versicherung als Schaden meldet, dann beginnt schon dort der Werteverlust, über den wir klagen.

Eine kritische Betrachtung unserer Gesellschaft zeigt keine Verwahrlosung von Sitten, aber sicher eine spürbare Aufweichung von Werten.

Gleichzeitig rücken Manager in der öffentlichen Debatte schnell ganz pauschal auf die Anklagebank, wird der Ruf nach Haftung für Fehlentscheidungen oder sogar nach strafrechtlichen Konsequenzen immer öfter erhoben.

Gewinnstreben gerät dabei grundsätzlich in Misskredit – das Ende des Kapitalismus wird ausgerufen. Und wie selbstverständlich wird festgestellt, dass die „Dominanz“ freier, und damit ungezügelter Märkte – der „Turbokapitalismus“ – unsere Gesellschaft und den sozialen Frieden bedroht.

Geht es wirklich um solche Polarisierung? Um solche Schwarz-Weiß-Bilder? Oder geht es darum, wie sich Ethik und Wirtschaft zueinander verhalten?

## II. Zum Gewinnstreben

Ich halte es für wichtig, sich auf die Grundlagen wirtschaftlicher Tätigkeit zu besinnen.

Die Basis unserer marktwirtschaftlichen Ordnung aber ist der Anreiz, unternehmerisches Risiko einzugehen, um einen angemessenen Gewinn zu erwirtschaften. Und über das Wort „angemessen“ entscheidet in aller Regel die Qualität von Produkten und Dienstleistungen sowie der Wettbewerb.

Nur wenn Unternehmen in diesem Sinne erfolgreich sind, können sie ihre wichtigste volkswirtschaftliche und gesellschaftliche Aufgabe erfüllen, Güter und Dienstleistungen bereit zu stellen, die den Bedürfnissen der Menschen dienen. Gewinnstreben ist für Banken, ebenso wie für Unternehmen, ein notwendiger und auch, wie ich meine, gerechtfertigter Motor jeder wirtschaftlichen Entwicklung. Gewinnstreben an sich ist also keinesfalls unethisch, muss aber eingebettet sein in ein Gerüst anerkannter und gelebter Normen und Werte. Nur so wird sich die gesellschaftliche Akzeptanz für die Wirtschaft und ihre Akteure einstellen.

Es darf also nicht sein, dass Einzelne Vorteile aus unternehmerischen Entscheidungen ziehen, die sich zu Lasten Anderer auswirken. Dies könnte sich nicht nur destabilisierend auf das Geschäftsleben selbst auswirken, sondern ebenso auf andere Bereiche der Gesellschaft.

Daher braucht eine soziale Marktwirtschaft immer einen Ordnungsrahmen und feste ordnungspolitische Grundsätze. Dazu gehört auch eine transparente und verlässliche Rechtsordnung.

Denn natürlich gibt es immer wieder schwarze Schafe. Aber mitunter gibt es auch systematische Fehlentwicklungen, die korrigiert werden müssen.

# III. „Hard Law“ vs. „Soft Law“

„Hard Law“ – Gesetze und Strafen sind Sanktionen für kriminelles und vorsätzlich schädigendes Verhalten.

Strafen dienen allgemein der Abschreckung – Prävention – und haben im Anwendungsfall dann korrigierende und möglichst auch erzieherische Wirkung.

Unser Strafrecht dient aber nicht dazu, dem Rachebedürfnis der Öffentlichkeit nachzukommen – auch von überzogenen „punitive damages“, wie es sie vor allem in den USA gibt, halte ich wenig.

Wenn wirtschaftliches Fehlverhalten kriminell ist oder anderen vorsätzlich schadet, wird dies dank unserer Gesetze geahndet.

Das setzt voraus, dass es auch vor einen Richter kommt. Noch in den Neunziger Jahren sind in der Commerzbank Betrügereien – z. B. Unterschlagungen – meist nicht angezeigt worden. Grund war die Sorge um die Reputation des Hauses. Daher verzichtete man damals auf eine Anzeige.

Das haben wir 2001 geändert: Unsere Rechtsabteilung hat strikte Anweisung, in allen Fällen sofort Anzeige zu erstatten. Auch gibt es heute z. B. klare Regelungen, welche Einladungen Mitarbeiter aussprechen dürfen. Es gibt Regeln für Geschenke, für die, die man erhält – wie für die, die man überbringt.

Im Übrigen kann nachhaltig Gewinn nur der erwirtschaften, der auf die Bedürfnisse seiner Kunden eingeht und ihnen dient. Es gibt also neben den extrinsischen Anreizen von Law & Order – von Gesetzesvorschrift und Strafsanktion – auch eine Vielzahl an intrinsischen Anreizen zum richtigen Verhalten.

Selbstregulierung der Marktteilnehmer und die Wahrnehmung von Eigenverantwortung durch die Verbraucher sind oft wirksamer und effizienter als Gesetze, um einer einseitigen Vorteilsnahme entgegenzusteuern. Gesetze sind nicht das einzige und auch nicht immer das am Besten geeignete Instrument, die Anreize der am Wirtschaftsleben Beteiligten zu steuern.

Hier sind vielmehr Verhaltensregeln und Leitlinien gefordert: Corporate Governance, Corporate Social Responsibility und Code of Ethics sind Beispiele, die dazu beitragen können:
- dass Werte gelebt werden,
- dass richtiges Verhalten auch praktiziert wird
- und es damit auch nicht zu Gesetzesverstößen kommt.

Zum Leitgedanken des freien und mündigen Bürgers gehört auch eine freie Marktwirtschaft. Die Alternative wäre staatliche Reglementierung und Bevormundung. Und wenn die wirtschaftliche Handlungsfreiheit zu stark eingeengt wird, erstickt jedes unternehmerische Denken, und wir schaden uns allen.

Es macht ein erfolgreiches Wirtschaftssystem aus, dass es in der Lage ist, auf neue Entwicklungen und Herausforderungen zu reagieren und seinen Ordnungsrahmen anzupassen. Ein zu starres System ist eben auch nicht in der Lage, auf Krisen zu reagieren. In der Balance zwischen Freiheit und Ordnung liegt die Herausforderung unseres Systems – das ist grundsätzlich nichts Neues.

Aber momentan scheint dies aus dem Gleichgewicht geraten zu sein, durch die Entwicklungen an den Weltfinanzmärkten wurde Vertrauen tief und grundsätzlich erschüttert. Was ist also zu tun, wie können wir auf das Aufleben von Werten hinwirken und Vertrauen wieder herstellen?

## IV. Wo liegen die Aufgaben und Versäumnisse der Corporate Governance?

Insofern können wir das, was wir unter Sozialer Marktwirtschaft und ihrem Ordnungsrahmen verstehen, ausweiten auf Corporate Governance und Corporate Social Responsibility. Denn auch hier geht es um die ethische Richtschnur, die wir unserem Handeln zugrunde legen.

Der Corporate Governance Kodex dient mehreren Zielen. Er enthält zum Einen eine Beschreibung der deutschen Unternehmensverfassung. Damit kann z. B. bei internationalen Anlegern für unser duales System aus Vorstand und Aufsichtsrat geworben werden – ein System, das in den letzten Jahren auch international Nachahmung gefunden hat.

Neben diesen deskriptiven Teilen enthält der Kodex zum Anderen ein sorgfältig austariertes System von Anregungen und Empfehlungen.

Diese differenzierte Vorgehensweise und das Prinzip des „Comply or Explain“ schaffen die Voraussetzungen für weitreichende unternehmerische Handlungsfreiheit und gleichzeitig starke Verhaltensanreize.

Erfreulicherweise setzen viele deutsche Unternehmen den Gedanken guter Corporate Governance in der täglichen Praxis um. Das zeigen die „Entsprechenserklärungen“ der Unternehmen. Wenn manches in den Unternehmen nicht optimal geregelt war, liegt das weniger am hard law oder soft law.

So gibt es aber auch Dinge, die einfach zu regeln gewesen wären: Wo waren zum Beispiel die Aufsichtsräte und vor allem die Aufsichtsratsvorsitzenden der Manager, deren hohe Gehälter jetzt kritisiert wurden? Als Vertreter der Anteilseigner ist es ihre maßgebliche Aufgabe und ihre Pflicht darüber zu wachen, dass keine exzessiven Gehälter und Abfindungen vereinbart werden – respektive die Beträge zu rechtfertigen, die sie für angemessen halten.

Oft wird in der Diskussion so getan, als gäbe es das Organ Aufsichtsrat und den dazugehörigen Pflichtenkatalog gar nicht. Insbesondere hier sehe ich Versäumnisse! Allerdings dürfen wir auch nicht den Eindruck erwecken, dass die öffentlich diskutierten Extremfälle repräsentativ für deutsche Unternehmen wären. Das ist nicht der Fall! Mehr als 5 Mio. € verdienen nur eine Handvoll der DAX-Vorstände. Ich wünsche mir von führenden Persönlichkeiten auch deutlich mehr Mut zur Ehrlichkeit und offene Ansage unbequemer Wahrheiten.

## V. Haben wir eine Zeitenwende?

Viele werden sich allerdings immer noch die Frage stellen, ob das ausreicht. Denn die Titelseiten der Tages- und Wochenblätter der letzten Zeit suggerieren, dass wir mit unserem Wirtschaftssystem an eine Wegscheide gekommen seien. Das „Ende des Kapitalismus“ ist sicher eine griffige Schlagzeile, entspricht aber nicht einer nüchternen – wenn auch bisweilen ernüchternden – Zustandsanalyse.

Es ist keineswegs so, als müssten wir uns völlig neu aufstellen. Es bedarf keiner revolutionären Ansätze – auch wenn diese zur Zeit eine gewisse Konjunktur in den Diskussionsrunden und Feuilletons unserer Republik haben.

Hier kann man gar nicht oft genug den Gedanken von Alexander Rüstow – einen der geistigen Väter der „sozialen Marktwirtschaft“ in Erinnerung rufen, der gesagt hat: *„Gleichheit am Anfang kann man im Namen der Gerechtigkeit fordern, Gleichheit am Ende nur im Namen des Neides. ‚Jedem das Seine‘ fordert die Gerechtigkeit, ‚jedem dasselbe‘ der Neid!“*

Wenn wir also keine völlig neue Wirtschaftsordnung brauchen, was brauchen wir dann? Es reicht die Rückbesinnung auf Bewährtes! Die Grundregeln des ehrbaren Kaufmanns dienen dabei ebenso der Orientierung wie ein ordentliches Maß an sozialer Verantwortung.

Bei aller, zum Teil auch berechtigter, Kritik an den Führungskräften in der Wirtschaft sollten wir eines nicht vergessen: Wir dürfen Unternehmer, Manager und Angestellte nicht losgelöst von der Gesellschaft sehen.

Und gerade hier stelle ich fest, dass sich unsere Gesellschaft gewandelt hat und die Bindungen an allgemeine Werte nachgelassen haben. Zugleich haben sich auch die Bindungen des Einzelnen an Parteien, Verbände, Gewerkschaften – und ebenso Kirchen gelockert. Diese Neigung zu einer stärkeren Individualisierung verhindert allzu oft, dass der Einzelne sich dem Ganzen verpflichtet fühlt und Verantwortung für andere übernimmt.

Es hilft gewiss nicht, darüber zu jammern und den Kopf in den Sand zu stecken. Ich halte nur fest: Die Angehörigen der Wirtschaftselite sind Teil der Gesellschaft, und ihr Verhalten spiegelt in der Regel auch die Verhaltensmuster unserer Gesellschaft wider. Damit will ich Fehlverhalten keineswegs entschuldigen. Führungskräfte tragen eine besondere Verantwortung. Daran müssen wir sie vielleicht öfter als bisher erinnern.

Ich bin aber – mit vielen anderen – davon überzeugt, dass die überwältigende Mehrheit der Unternehmer und Spitzenmanager ein hohes Verantwortungsbewusstsein hat und Tag für Tag verantwortungsvoll handelt.

Aus zahlreichen Gesprächen weiß ich zudem, dass viele Führungspersönlichkeiten der Wirtschaft tief besorgt sind über das Meinungsbild in der Öffentlichkeit. Ich habe eben den „Ehrbaren Kaufmann" erwähnt, an dessen Ideale sich Manager und Unternehmer heute wieder erinnern.

Wie lauten diese Ideale?

In Hamburg – wo auch die Commerzbank gegründet wurde – lässt sich „Die Versammlung Eines Ehrbaren Kaufmanns zu Hamburg" bis in das Jahr 1517 zurückverfolgen. Ihre Grundsätze lauten:

- Die Mitglieder sollen im Rahmen der geltenden Gesetze die im Geschäftsverkehr anerkannten ethischen Grundsätze befolgen.
- Der Kaufmann soll ferner das Prinzip von Treu und Glauben beachten.
- Und er soll alle Handlungen unterlassen, die mit dem Anspruch auf kaufmännisches Vertrauen nicht vereinbar sind.

Dem ist eigentlich nichts mehr hinzuzufügen! Für mich als Praktiker heißt dies: Unternehmen müssen ihren Erfolg nachhaltig erwirtschaften. Sie müssen gewinnorientiert handeln, dies aber im Einklang mit den Interessen ihrer übrigen Stakeholder – darunter ihrer Kunden und ihre Mitarbeiter.

## VI. Fazit

Jeder Mensch benötigt für sein Handeln – egal, in welcher Position er tätig ist – eine Orientierung. Diese Funktion können Gesetze und Verordnungen allein nicht ausfüllen. Gerade für jene moralischen Entscheidungen, die Menschen täglich treffen müssen, sind ethische „Leitplanken" wichtig.

Daher ist meine feste Überzeugung: Jedes wirtschaftliche Handeln muss sich auch an Werten orientieren. Denn in der Wirtschaft gilt ebenso wie im täglichen Leben – frei nach Wilhelm Busch: „*Was beliebt, ist nicht immer auch erlaubt.*"

Wir alle in den Unternehmen – ob Manager, Eigentümer oder Angestellte – brauchen daher einen gemeinsamen Sinnhorizont, und diesen müssen wir auch leben. Nur mit einer gelebten Unternehmenskultur können wir glaubwürdig sein und Vertrauen schaffen!

Die Leitgedanken des Miteinanders in der Wirtschaft sind für mich Fairness, Transparenz und Verantwortlichkeit. Das heißt:

- Alle Akteure in der Wirtschaft sollten einen fairen Interessenausgleich anstreben – untereinander ebenso wie mit den Eigentümern, Kunden und Mitarbeitern.
- Wir sollten unser Handeln der Öffentlichkeit offen und transparent erklären.
- Wir müssen stärker bedenken, welche Folgen – vor allem welche unerwünschten „Nebenwirkungen" – unser Handeln haben könnte. Hier sind insbesondere die Führungskräfte gefordert. Gerade sie müssen „mit gutem Beispiel" vorangehen und verlässliche Vorbilder für andere sein.

Ich bin davon überzeugt und in voller Übereinstimmung mit der Bundeskanzlerin: Es gibt kein besseres System als die soziale Marktwirtschaft! Sie wird sich langfristig auch international als „Gewinner der Krise" behaupten.

Gerson Trüg

# Finanzkrise, Wirtschaftsstrafrecht und Moral – am Beispiel der Leerverkäufe

*„So richtig habe ich das auch jetzt nicht kapiert."*
Lehman-Kleinanleger, F.A.S. v. 8.1.2010, S. 10

## Gliederung



## I. Einleitung

Das Nachdenken über die Finanzkrise, das Wirtschaftsstrafrecht und die Moral – und erst recht gilt dies für die Verschränkungen dieser Bereiche – kann zum jetzigen Zeitpunkt nicht abschließend erfolgen, weil die Finanzkrise nicht überwun-

**Erschienen in** ILFS Band 7: Die Finanzkrise, das Wirtschaftsstrafrecht und die Moral, 2010

https://doi.org/10.1515/9783111057125-008

den ist, wie etwa aktuelle Meldungen der *Europäischen Zentralbank* (*EZB*) über weitere Abschreibungen im dreistelligen EUR-Milliardenbereich auf Verbriefungen und Kredite durch Kreditinstitute in den Mitgliedsstaaten zeigen.[1] Manches ist jedoch gesichert.

## 1. Das hermetische System „Finanzen"

Gesichert ist zunächst, dass die Finanzkrise (gemeint ist: der Zusammenbruch des selbständig agierenden weltweiten Finanzsystems) eine Krise der sog. Realwirtschaft ausgelöst hat. Dabei wird „*Real*wirtschaft" entsprechend der in der Volkswirtschaftslehre mehrheitlich[2] vertretenen Klassischen Dichotomie als Abgrenzung zum monetären Sektor, der Geldwirtschaft, verstanden, wobei unter Realwirtschaft der Teil der Gesamtwirtschaft zu verstehen ist, der *nicht* zum monetären Bereich zählt. Der Begriff Realwirtschaft wird also negativ definiert. Ob die Schöpfer dieses dichotomen Begriffspaares daran gedacht haben, welche Assoziationen ausgelöst werden, wenn von zwei gegensätzlichen Begriffen nur der *eine* als „real" bezeichnet wird, ist nicht bekannt. Jedenfalls zeigt allein die zahlenmäßige Größenordnung der Finanzkrise und die Wucht der von dieser ausgehenden Erschütterung der Realwirtschaft, dass letztere in viel stärkerem Maße abhängig ist von erstgenannter als umgekehrt. Es würde einer Monographie bedürfen, um zu untersuchen, seit wann bzw. wodurch sich der Finanzmarkt – bestehend aus Kapital-, Derivate-, Geld- und Devisenmärkten – von der eigentlichen (Real-) Wirtschaft emanzipiert hat und ein in sich weitgehend geschlossenes System „Finanzen" bilden konnte.

Weiter hat die Finanzkrise auch gezeigt, dass die durch Börsenfachleute formelhaft aufgestellte Behauptung, die Aktienkurse würden wichtige realwirtschaftliche Entwicklungen sechs Monate im voraus abbilden, unzutreffend ist. Im Juli 2007 kletterte der Dax auf 8151 Punkte und markierte damit ein bis heute gültiges Rekordhoch. Kurze Zeit später begann die Finanzkrise. Im Januar 2008 stand der Dax wieder auf mehr als 8100 Punkten und implizierte damit, dass die Auswirkungen der Finanzkrise eher harmlos ausfallen würden. Auch 7200 Dax-Punkte im Mai 2008 ließen glauben, folgte man der „Vorab-Abbildungsfunktion" der Börsenkurse, dass die Finanzkrise zwar Probleme für einzelne Branchen mit sich bringen würde, die Weltwirtschaft insgesamt aber weiter wachsen werde. Eigentlich erst als die Unternehmen der Realwirtschaft im dritten Quartal 2008 ihre Gewinnerwartungen

1 Verlustschätzung für Banken durch die *EZB*, freilich mit dem Hinweis, es handle sich um eine „verkraftbare Summe", F.A.Z. v. 19.12.2009, S. 12.

2 Abgelehnt freilich durch die keynesianische und auch durch die marxistische Wirtschaftstheorie.

deutlich senkten, verursachte dies einen gravierenden Kursrutsch an den Börsen.[3] Erst die Krisenindikatoren der Realwirtschaft also haben die eigentlichen Reaktionen auf „die“ Krise auf den Finanzmärkten ausgelöst. Es kann also keine Rede davon sein, dass die Aktienkurse hier etwas vorab abgebildet hätten. Auch dies verdeutlicht, wie hermetisch das System Finanzen operiert und funktioniert (oder eine „Parallelwelt“[4] gebildet hat). Die Finanzmärkte sind längst kein Abbild mehr der Realwirtschaft, sondern bilden eine selbständige, dynamische Realität, die auf die Realwirtschaft zurückwirkt (Reflexivität[5]).[6] Diese Funktionsweisen wurden unterstützt durch staatliche, d. h. aufsichtsrechtliche Deregulierung, welche ihrerseits auf den „Mythos des rationalen Marktes“[7] baute und damit die Notwendigkeit eines Ordnungsrahmens vernachlässigte. Dabei setzten diejenigen Finanzplätze mit der geringsten Regulierung die Standards („regulatorische Arbitrage“). In welchem Maße Finanzprodukte entkoppelt sind von der Realwirtschaft zeigte sich exemplarisch anhand der Kaskaden von *Credit Default Swaps* (*CDS*). Bei *CDS* handelt es sich bekanntermaßen um handelbare Kreditabsicherungen, welche Banken gegenseitig gewähren, um sich gegen Verluste aus Darlehensgeschäften abzusichern. Die nützliche volkswirtschaftliche Funktion eines solchen Instruments liegt auf der Hand, weil das Risiko derjenigen Realinvestition, welche der Schuldner mit seinem Darlehen tätigt, auf mehrere Schultern verteilt und damit beherrschbar gemacht wird. Die *CDS* sind aber im Laufe der Zeit zweckentfremdet worden.[8] Es können mittlerweile auch *CDS* abgeschlossen werden, auf Ereignisse, von denen der Betreffende in keiner Weise tangiert ist. Kaskaden von *CDS* haben ferner dazu geführt, dass ein Bezug zum Basiswert nicht mehr besteht. Im Übrigen erwirtschaften die einzelnen Glieder in einer *CDS*- (oder sonstigen Derivate-) Kette nur dann einen Gewinn, wenn das am Anfang stehende Darlehen ausfällt, wenn sich also die gegenteilige Situation dessen einstellt, was der Darlehensgeber erhofft (Rückzahlung bei entsprechender Verzinsung). Bei dieser Art von Geld-gegen-Geld-Geschäften wird auch durch die beteiligten Akteure kein Mehrwert geschaffen. Ein realwirt-

3 Vgl. auch *Mohr* F.A.Z. v. 9.9.2009. S. 14.

4 *Zielcke* Denn sie wissen nicht, was sie tun S. Z. v. 23./24.1.2010, S. 13.

5 Diese Bezeichnung geht auf *George Soros* zurück.

6 *Eckert/Zschäpitz* Vorwort: Meisterspekulant mit Mission, zu: Soros: Die Analyse der Finanzkrise… und was sie bedeutet – weltweit, 2009, S. 8.

7 Vgl. umfassend *Fox* The Myth of the Rational Market, 2009.

8 Im ersten Halbjahr 2008 umfassten die *CDS* 54,6 Billionen USD; das weltweite Bruttosozialprodukt für 2007 hingegen belief sich nach Daten der Weltbank auf ca. 55 Billionen USD, vgl. *Möschel* Die Finanzkrise – Wie soll es weitergehen? ZRP 2009, 129 (132).

schaftlicher Bezug ist nicht gegeben.[9] „Wettbwerb" wird dabei eher als „Wett"-Bewerb verstanden. Dass die Mehrzahl der (Finanz-) Ökonomen noch immer die Effizienztheorie der Märkte propagiert, muss überraschen.

Die fatale Rolle der Ratingagenturen kann hier nur am Rande gestreift werden. Klar ist jedoch, dass diese privatwirtschaftlichen Unternehmen einen entscheidenden Baustein im selbstreferentiellen Finanzsystem darstellen. Verbriefte Subprimekredite sind für die Kreditinstitute umso gewinnträchtiger, je besser die Bonitätseinstufung der Tranchen ausfällt. Wenn vor diesem Hintergrund die Ratingagenturen durch die Emittenten der Wertpapiere bezahlt werden, so liegt die Interessenkollision zwischen einer risikogemäßen Klassifizierung und dem Streben nach wirtschaftlichem Gewinn der Ratingagenturen auf der Hand.[10] Systembezogen haben die Ratingagenturen dazu beigetragen, den einzelnen Finanzinstrumenten den Anschein der Seriosität und den Finanzmärkten den Anschein der Transparenz zu vermitteln. Weiter haben eine zunehmende Verflechtung und Konzentrationsprozesse auf den Finanzmärkten die Zahl systemrelevanter Finanzinstitute erhöht und dadurch die Risiken für die Gesamtwirtschaft ersichtlich vergrößert. Erschwerend wirkt der massive Verstoß gegen das „konstituierende Prinzip der Haftung"[11], den die Finanzkrise und deren Folgen offenbart haben. Dass die handelnden Akteure selbst weitgehend ohne Gefahr eigener Haftungsinanspruchnahme agieren konnten, noch dazu für Institute tätig waren, die bei unzureichenden Kapital- und Liquiditätsanforderungen ebenfalls ein exorbitantes Risiko darstellten[12] und weiter bekanntlich höchste Anlagerisiken eingingen,[13] deckte ein Finanzsystem auf, welches die Gewinne vereinnahmte und die Risiken und Verluste „sozialisierte", d. h. systembezogen, auslagerte.

*Paul Kirchhof* formuliert das so:[14]

---

9 Die auf den österreichisch-amerikanischen Ökonomen *Joseph Schumpeter* zurückgehende Aussage „Die Realwirtschaft ist der Herr, die Finanzwirtschaft der Hund" jedenfalls gilt heute umgekehrt.

10 Vgl. auch *Hollnagel* Der Markt hat immer Recht. Die Finanzkrise und die Lehren daraus, 2009, S. 104 f.

11 Im Sinne von *Walter Eucken*.

12 Die Zahl der „Baustellen" ist groß, erörtert werden etwa Stärkung der Bankenaufsicht, Einlagengarantie, Anlegerschutz, Managervergütung, Selbstbehalt bei Verbriefungen, Eigenkapitalregeln, Rechnungslegung, Produktinformationsblatt für Finanzprodukte etc; zu dem Maßnahmen der *Obama*-Administration vgl. http://www.financialstability.gov.

13 Beispielhaft: Ca. 40 % der Hypothekendarlehen in den USA im Jahre 2006 waren Subprime oder mit einem sonstigen hohen Risiko behaftet. Das größte Risiko stellten sog. *„ninja"*-Darlehen dar (*„ninja"=no income, no job, no assets*).

14 *Kirchhof* Das Maß der Gerechtigkeit, 2009, S. 17.

> *„Aus dem Bankier des persönlichen Vertrauens werden Finanzinstitute, deren Transaktionen sich immer mehr von der wirtschaftlichen Realität der Produktion, der Arbeit, des Investierens und des Handels entfernen. Die Welt des Geldes und der Kredite steht fast unverbunden neben der Realwirtschaft und wird bald in einem allgemeinen Finanzmarkt unsichtbar. Keiner versteht mehr das Finanzgeschehen, nennt dieses – um die Künstlichkeit bewusst zu machen – eine Blase, die schließlich – das überrascht nun nicht mehr – platzt. Dieser Knall erschüttert die beteiligten Finanzinstitute – und das sind alle Institute dieser Welt."*

Kollektive Verantwortungslosigkeit also anstelle von individueller Verantwortung (damit ist freilich noch nicht gesagt, dass Boni-Zahlungen an Bankiers[15] krisenursächlich gewesen sind.[16]) Jedenfalls kann es nicht überraschen, dass angesichts fehlender spürbarer Folgen für die handelnden Akteure diejenigen Finanzinstrumente, die zu den Auslösern der Krise gezählt werden, etwa *Asset Backed Securities* (ABS), also Kreditverbriefungen, aktuell wieder hohe Renditen zeitigen.[17] Die genannten Ursachen und Wirkungen sind als Ergebnisse von unzureichend funktionierenden Märkten, d. h. von Marktversagen anzusehen. Deshalb ist der Hinweis auf eine besonders ausgeprägte Gier der auf den Finanzmärkten handelnden Akteure kaum geeignet, eine Erklärung für die Prozesse der Finanzkrise zu geben. Die Anreizstrukturen auf den Finanzmärkten, namentlich die Hebelwirkung der Finanzinstrumente, waren entschieden günstiger als auf den Feldern der Realwirtschaft. Vorwürfe gegen die handelnden Akteure bleiben gleichwohl. Selbstreflexion findet auf Seiten der Verantwortlichen offenkundig nicht statt.[18] Das ist umso bedenklicher, nimmt man in den Blick, dass der einzelne Bürger zunehmend gehalten ist, selbst finanziell für die Zeit nach seiner Berufstätigkeit vorzusorgen und diese Vorsorge häufig am Kapitalmarkt wahrnimmt. Der Kapitalmarkt hat auch so gese-

15 Der Begriff des „Bankiers" demjenigen des „Bankers" gegenübergestellt; erstgenannter als derjenige, der sich der maßgebenden, gesellschaftlich-rechtlichen Werte bewusst ist, vgl. *Heine* Die Verletzung des Bankgeheimnisses: neue Strafbarkeitsrisiken der Bank bei grenzüberschreitenden Sachverhalten, in: Emmenegger (Hrsg.), Cross-Border Banking, 2009, S. 159, 172, Bezug nehmend auf Bundespräsident *Horst Köhler.*

16 Dagegen etwa *Inderst/Pfeil* Is Making Deferred (Bonus) Pay Mandatory a Good Idea for Banking?, Arbeitspapier Universität Frankfurt, 2009, abrufbar unter http://www.faznet/-00lmer.

17 Der größte ABS-Fonds, *W&W Asset Backed Securities*, weist für die letzten sechs Monate des Jahres 2009 eine Rendite von 159,3 % aus.

18 Vgl. umfassend die Analyse der Finanzkrisen aus acht Jahrhunderten, *Reinhart/Rogoff* This Time is different, 2009; ferner auch *Thurow* Die Zukunft der Weltwirtschaft, 2004, S. 163 ff.; *Luttermann* Juristische Analyse von Ökonomie, Staat und Gesellschaft, ZRP 2010, 1 ff. (4): „Emanzipiert sich Geist von kurzatmiger Geld- und Finanzpolitik? – Ökonomie, Staat und Gesellschaft sich zu wichtig, um sie ökonomischer Doktrin zu überlassen. Es geht weltweit um Machtkontrolle, Wohlstandsteilhabe und Schöpfungsbewahrung"; übergeordnet *Jonas* Das Prinzip Verantwortung. Versuch einer Ethik für die technologische Zivilisation, 1979.

hen an volkswirtschaftlicher Bedeutung in den vergangenen Jahren stark zugenommen.[19]

Mit welcher Kraft dieses System Finanzen freilich auf die Gesamtwirtschaft einwirkt hat der Herbst 2008, als „Kernschmelze“ der Finanzkrise bzw. als „Herzstillstand“ bezeichnet, gezeigt. Nach der aus der ex post-Sicht verheerende Fehleinschätzung des US-amerikanischen Finanzministeriums und der Notenbank *Federal Reserve,* die 158 Jahre alte New Yorker Investmentbank *Lehman Brothers* nicht zu stützen, sondern in die Insolvenz gehen zu lassen,[20] entstand durch den sich anschließenden Zusammenbruch des Interbankenhandels ein Dominoeffekt, der hierzulande bekanntlich unter anderem in die „Verstaatlichung“ der *Hypo Real Estate Holding AG* und in die Gründung des mit einem Volumen von 480 Milliarden EUR ausgestatteten *Sonderfonds Finanzmarktstabilisierung* (SoFFin) bzw. um die internationale Dimension aufzuzeigen, in staatliche Rettungsprogramme von knapp 5000 Milliarden EUR[21] (18,8 % des durchschnittlichen BIP bzw. 8,3 % der Bankaktiva) bezogen auf elf untersuchte Industrienationen mündete.[22]

Die Folgen für die Realwirtschaft lassen sich derzeit nur erahnen. Ein Indikator ist die Anzahl der Unternehmensinsolvenzen. Gegenüber 29580 Insolvenzen von Unternehmen in 2008, stieg die Zahl um 16 % auf 34300 in 2009 (bei insolvenzbedingten Forderungsausfällen in Höhe von 49 Milliarden EUR); für 2010 erwartet der Verband der Vereine Creditreform e.V. einen weiteren Anstieg auf 38000 bis 40000 Unternehmensinsolvenzen.[23] Nicht zu verkennen ist bei alledem freilich, dass Finanz- und Wirtschaftskrise nur teilweise auf gemeinsame Ursachen zurückgehen. Weitgehend unabhängig von der gegenwärtigen Finanzkrise etwa ist die Strukturkrise der Realwirtschaft, namentlich in der Automobilindustrie.[24]

---

19 *Schröder* Handbuch Kapitalmarktstrafrecht, 2007, Einl. S. 1.

20 Wohl in Verkennung, dass der durch den englischen Bankexperten *Walter Bagehot* im 19. Jahrhundert aufgestellte Grundsatz, es sei Aufgabe der Notenbanken im Krisenfalle das gesamte Bankensystem zu stabilisieren, nicht aber einzelne Banken zu retten, angesichts der Systemrelevanz heutiger Kreditinstitute und vernetzter Finanzmärkte hinfällig ist.

21 F.A.Z. v. 4.9.2009, S. 18.

22 Vgl. *Bank für Internationalen Zahlungsausgleich* (*BIZ*) An assessment of financial sector rescue programme.

23 F.A.Z. v. 3.12.2009, S. 15; die Liste traditionsreicher nunmehr insolvenzreifer bzw. insolventer Unernehmen ist lang, Quelle, Karstadt, Woolworth, Schiesser, Escada, Wadan-Werften, Qimonda, Märklin, Schimmel.

24 *Möschel* (Fn. 8) 129 (129): Produktionskapazität von 80 Mio. Pkws/Jahr, bei einem Absatz von 50 Mio. Pkws/Jahr.

## 2. Der Staat als Problemlöser in der Krise und (Mit-) Verursacher der Krise

Ob Finanz- und Wirtschaftskrise zusammen genommen zu einer Krise des Staatswesens geführt haben oder führen werden, mag unterschiedlich beurteilt werden. Ein Vertrauensschwund in Bezug auf Demokratie und Soziale Marktwirtschaft, letztere verstanden als Wirtschafts- und *Gesellschafts*konzept,[25] scheint jedenfalls nicht von der Hand zu weisen zu sein.[26] Der Blick auf die Vereinigten Staaten lässt überdies die Frage aufkommen, welcher Zusammenhang zwischen einem schwach ausgebildeten Sozialstaat wie den USA und politisch gesetzten Anreizen wie der Unterstützung eines Subprime-Marktes mit vermehrter Kreditvergabe und dem damit verbundenen Prozess der Geldschöpfung bestehen.[27] Die Antwort dürfte wohl lauten, dass ein fehlender Ordnungsrahmen ungeeignete staatliche Reaktionen auf ein zu starkes Auseinanderdriften der betroffenen Gesellschaft hervorruft. Nimmt man dabei Deutschland und die Aktivitäten der einzelnen Landesbanken in den Blick, die wohl heute noch das größte systemische Risiko für den deutschen Finanzmarkt darstellen, ist es jedenfalls angemessen zu konstatieren, dass die öffentliche Hand zwar einerseits als Problemlöser *in* der Krise, andererseits aber auch als Problemverursacher *der* Krise anzusehen ist.[28] Anhaltspunkte dafür, dass der Staat der bessere und umsichtigere Wirtschaftsakteur ist, liegen jedenfalls nicht vor,[29] lässt man den Umstand beiseite, dass der Staat mit der unbegrenzten Möglichkeit, sich zu verschulden, ebenso unbegrenzte Geldmittel zur Verfügung stellen kann. Darüber hinaus ist mit Blick auf die Krise des Staatswesens darauf zu achten, dass hoheitliche Maßnahmen zur Eindämmung und Bewältigung der Krise nicht

---

25 Im Sinne einer ausgewogenen Balance zwischen Markt und Staat; vgl. umfassend *Kruip* In der Legitimationskrise. Neue Aufgaben für die Soziale Marktwirtschaft, Herder Korrespondenz 2009, 498 ff.; auch *R. Marx* Die Soziallehre als Kompass, F.A.Z. v. 18.12.2009, S. 12.

26 Weil mit *R. Marx* (Fn. 25) davon auszugehen ist, dass für die Soziale Marktwirtschaft wie für die Demokratie als Staatsform gilt, dass immer wieder neu unter Beweis gestellt werden muss, dass sie die Würde und Freiheit des Einzelnen und das Wohl aller unter heutigen Bedingungen besser und nachhaltiger verwirklichen können als alternative Systeme.

27 Vgl. auch *Die deutschen Bischöfe – Kommission für gesellschaftliche und soziale Fragen.* Stellungnahme einer von der Kommission für gesellschaftliche und soziale Fragen der Deutschen Bischofskonferenz berufenen Arbeitsgruppe zur Finanz- und Wirtschaftskrise, 2009, S. 18.

28 Bekanntlich ermittelt die Staatsanwaltschaft Stuttgart nunmehr gegen Verantwortliche der LBBW wegen des Verdachts der Untreue aufgrund „hochriskanter Finanzgeschäfte in dreistelliger Millionenhöhe seit Ende 2006, weil schon damals klar gewesen sei, dass der amerikanische Markt für Hypothekenanleihen unmittelbar vor dem Zusammenbruch stand", vgl. *Hank* Razzia im Bankenviertel, F.A.S. v. 13.12.2009, S. 38.

29 *Kommission der Bischofskonferenz* (Fn. 27) S. 19.

ihrerseits Schäden anrichten und Fehlanreize erzeugen. Die flächendeckende Liquiditätsversorgung von Kreditinstituten und das aktuelle Zinsniveau etwa sorgen für eine Überliquidität auf den Finanzmärkten, für einen Zustand also, der die Entstehung der Krise gerade begünstigt hat. Ferner könnte die weitgehende Übernahme von Verlustrisiken durch den Staat die Einschätzung bei den handelnden Akteuren vertiefen, bestimmte Finanzinstitute seien tatsächlich systemrelevant und daher vor einer Insolvenz faktisch geschützt („too big to fail"). Der ohnehin zu konstatierende Verstoß gegen das „konstitutive Prinzip der Haftung" wird also durch solche staatlichen Rettungsmaßnahmen mittel- und langfristig noch verstärkt.[30]

## 3. Zur Rolle des Strafrechts bei der Aufarbeitung der Finanzkrise

Schließlich ist abzuwarten, ob das Strafrecht auch hier als „Krisenverarbeitungsrecht" eingesetzt werden wird und sich dadurch möglicherweise eine Krise des Strafrechts entwickelt. Der (obligatorische) Ruf nach neuen Straftatbeständen jedenfalls wurde anlässlich des Diskurses zur Finanzkrise laut, wenn auch mit der Forderung des früheren Bundeskanzlers *Helmut Schmidt* von unerwarteter Seite.[31] Angesichts der Notwendigkeit des Nachweises individueller Schuld im Strafrecht ist freilich vor dem Hintergrund der oben gezeigten Wirkmechanismen des Finanzsystems als hermetisches Subsystem nicht überraschend, dass bislang strafrechtliche „Erfolge" aus Sicht der Strafverfolgungsbehörden weitgehend ausgeblieben sind.[32] Handelt es sich bei entsprechendem Fehlverhalten um systemimmanente Fehler, wäre zu überlegen, ob – jedenfalls mit Blick auf mögliche Untreuehandlungen von Bankmitarbeitern – das Riskieren und im Zweifel auch das Vernichten

30 *Kommission der Bischofskonferenz* (Fn. 27) S. 25.

31 Jedenfalls könne neue Straftatbestände nicht mit „gravierenden Schäden bei systemtragenden Banken" legitimiert werden, so aber offenbar der Spiegel-Redakteur *Hipp* anlässlich der *Podiumsdiskussion zur Bankenkrise* auf dem 60. Deutschen Anwaltstag, AnwBl. 2009, 519.

32 Das gilt hierzulande etwa auch für das IKB-Verfahren (*IKB Deutsche Industriebank AG*) und in den USA zuletzt für das Strafverfahren gegen zwei ehemalige Hedge-Fondsmanager von *Bear Stearns*, vgl. F.A.Z. v. 12.11.2009: Die Staatanwaltschaft hatte argumentiert, die beiden Fondsmanager hätte Anleger und Institutionen wie Pensionskassen oder Versicherer über die prekäre Lage ihrer im Jahre 2007 zusammengebrochenen Fonds getäuscht. Die Fonds hatten in mit zweitklassigen Hypotheken besicherte Wertpapiere investiert. Der Zusammenbruch dieser Hedge-Fonds von *Bear Stearns* gilt rückblickend als ursächlich für die Finanzkrise; vgl. zur Rolle des Strafrechts auch den *Bericht über die Podiumsdiskussion zur Bankenkrise* auf dem 60. Deutschen Anwaltstag, AnwBl. 2009, 519.

von Vermögen nicht branchenweit konsentiert wird.[33] Insbesondere dann, wenn die jeweiligen Wertpapiere mit einem guten Rating versehen waren, wird sich aus deren Kauf, wohl kaum ein strafrechtlicher Vorwurf (Untreue, § 266 StGB) herleiten lassen. Umgekehrt liegt – soweit ersichtlich – kein Fall vor, dass Bankiers der Kauf von Wertpapieren mit *schlechtem* Rating vorgeworfen wird. Die Frage, inwieweit „Marktkräfte" auf der einen bzw. Individuen auf der anderen Seite gewirkt haben, kann jedenfalls erst am Ende der Aufarbeitung der Finanzkrise stehen. Hinsichtlich der von einzelnen Strafverfahren ausgehenden Wirkung wird darüber hinaus zu beobachten sein, ob strafrechtliche Verfolgung von Handlungen im Zusammenhang mit der Finanzkrise deren strukturelle Aufarbeitung nicht gerade unmöglich macht, wenn sie Aufklärung und Aussagen der Betroffenen (wegen § 136 Abs. 1 S. 2 StPO) verhindert. Dann hätte, was als Aufklärung gedacht war, im Ergebnis eine gegenteilige Wirkung.[34] Strukturell betrachtet wäre auch die Frage zu klären, auf welcher Ebene die (nicht-strafrechtliche) „Schuld"-Zuweisung ansetzen soll: auf der Ebene der Bankiers („exzessive Boni"), der Ökonomen („unzureichende Modelle"), der Zentralbankiers („falsche Zinspolitik") oder der Politiker („falsche Anreize").

Gleichwohl dürfte die Sehnsucht, die Krise zu personalisieren, ihr also ein Gesicht zu geben, groß sein. Für den hier interessierenden Bereich des Kapitalmarktstrafrechts stellt sich jedenfalls die Frage, was Strafrecht – teleologisch – ist und was es regeln soll. Versteht man das Kapitalmarktstrafrecht als Summe der strafrechtlichen Normen, die unmittelbaren oder mittelbaren Bezug zum Kapitalmarkt bzw. kapitalmarkttypischen Geschäften haben,[35] so erfasst dieser Begriff die typischen strafrechtlichen Implikationen des kapitalmarktbezogenen Wirtschaftslebens und dürfte damit in der Aufarbeitung der Finanzkrise eine herausgehobene Position einnehmen. Dass diese Aufarbeitung mittels Strafrecht stattfindet und weiterhin stattfinden wird, mag man zwar als „erwartungsgemäß" bezeichnen, eine Selbstverständlichkeit ist es gleichwohl nicht. Der „Erwartungshorizont" aber orientiert sich daran, dass der deutsche Gesetzgeber bei der Regulierung der Kapitalmärkte verstärkt auf das Strafrecht setzt. Durch Europäisches Recht ist der Einsatz von Strafrecht freilich nicht vorgegeben.[36] Die Ausweitung des deutschen Kapitalmarktstrafrechts kann daher nicht unter Hinweis auf die Europäische

33 Vgl. dazu *Bernsmann* zitiert nach F.A.S. v. 5.7.2009, S. 31: „Das Strafrecht ist ungeeignet, kollektive Vorgänge wie die Finanzkrise abzuurteilen."

34 Dies sind die Bedenken von *Rainer Hamm* nach *Hank* Banker an die Laternen, F.A.S. v. 29.11.2009, S. 35.

35 *Schröder* (Fn. 19) S. 1; *Park/Sorgenfrei* in: Park (Hrsg.) Kapitalmarktstrafrecht, 2. Aufl. 2008, Einl. Rn. 1; *Park* NStZ 2007, 369 (369).

36 *Schmitz* ZStW 115 (2003), 501 (513 ff.); *Park* (Fn. 35), 369 (371).

Rechtsetzung begründet werden.[37] Ein „Effektivitäts"-Vergleich mit außerstrafrechtlichen Regelungsalternativen hat freilich vor Implementierung neuer Strafnormen auch hier nicht stattgefunden.[38]

## 4. Moral und Spekulation

Lenkt man nach alledem den Blick auf Fragen der Moral bzw. der Ethik der Finanzmärkte, und geht man zunächst davon aus, dass die ethischen Grundlagen der Sozialen Marktwirtschaft die Prinzipien Personalität, Solidarität und Subsidiarität sind,[39] dann zeigt sich, dass das hermetische Finanzsystem die beiden erstgenannten Prinzipien ausklammert. Es ist wohl zutreffend zu sagen, dass sich die Soziale Marktwirtschaft nur bezieht und beziehen kann auf die Realwirtschaft, nicht aber auch auf den monetären Sektor. Die Prinzipien der Sozialen Marktwirtschaft eignen sich zur Ordnung der Realwirtschaft, nicht aber der Finanzmärkte. Dort sind die „checks and balances" in Form der Prüfung der Angemessenheit von Austauschverhältnissen (bezogen auf die Realwirtschaft etwa: Kauf, Werkvertrag, Dienstleistung etc.) ausgehebelt, weil der Vertragspartner der Finanzinstitute seinen Blick richtet auf die Rendite bzw. auf Aktienkurse, nicht auf das eigentliche vertragliche Austauschverhältnis. Die Logik der „Finanz-Binnenwelt" zielt auf Kurs- und Währungsdifferenzen ab und muss dabei die Realitäten der Außenwelt nicht zur Kenntnis nehmen.[40] Erst recht kann sich die Soziale Marktwirtschaft nicht behaupten, wenn deren tragende Pfeiler wie Transparenz, Verursacherprinzip und fairer Wettbewerb flächendeckend missachtet werden und diese Missachtung nicht thematisiert wird, weil (zunächst) alle Verantwortlichen von dieser Missachtung profitieren. Die Transparenz ist ausgeschaltet, wenn Verbriefungskaskaden von Wertpapieren, also „Verbriefungen von Verbriefungen" (zunächst *Mortgage Backed Securities – MBS*), namentlich der *Collateralized Debt Obligations* (*CDOs*), eine Risikoabschätzung des eigentlichen, ursprünglichen Wertpapiers unmöglich machen. Das Verursacherprinzip ist ausgeschaltet, wenn lediglich kurzfristige Erfolge honoriert werden und die Haftung wie etwa bei den Immobilienkrediten in den USA auf die Immobilie beschränkt ist[41] und Kreditin-

---

37 *Park/Sorgenfrei* (Fn. 35), Einl. Rn. 12: „Sonderweg".

38 Umfassend *Lüderssen* Entkriminalisierung des Wirtschaftsstrafrechts I und II, 1998 und 2007.

39 Vgl. auch *Kommission der Bischofskonferenz* (Fn. 27), S. 16.

40 Vgl. auch *Zielcke* (Fn. 4), S. 13.

41 Sog. *non-recourse loans*, also quasi regressfreie Darlehen, die in den Vereinigten Staaten bei Immobilienkrediten die Regel sind, mit der Folge, dass der Schuldner höchstens die Immobilien

stitute gesetzlich veranlasst werden, auch Kunden mit schwacher Bonität Immobiliendarlehen auszureichen.[42] Ein fairer Wettbewerb findet nicht statt, wenn Unternehmen *too big to fail* – oder eben verschleiernd: systemrelevant – sind, also nicht insolvent gehen (dürfen), sondern staatlich unterstützt und damit aufgefangen werden.[43] Dies alles ermöglicht dann kollektive Verantwortungslosigkeit und damit das Gegenteil von Sozialer Marktwirtschaft bzw. von Moral. Der Handel mit Währungen, Aktien, Anleihen und anderen Wertpapieren findet im Wesentlichen außerhalb eines Ordnungsrahmens statt, also in ungeordneten Märkten.[44] In diesen ungeordneten Märkten geht es nicht (mehr) darum, Kapital effizient zu allozieren, sondern um Spekulation. Dabei ist „Spekulation", hier verstanden im Sinne von „Zocken", abzugrenzen von unternehmerischem Risiko. Gerade die Finanzkrise hat gezeigt, dass zwischen unternehmerischem Risiko oder Wagnis auf der einen Seite und Spekulation am Finanzmarkt andererseits ein entscheidender Unterschied besteht. Das unternehmerische Risiko kann minimiert werden durch die Kenntnis des eigenen Produkts, der Leistungsfähigkeit der Mitarbeiter, der Reaktion des Marktes sowie der Forschung und Entwicklung. Dann kann Risiko verantwortet werden. Vor allem hängt über einer unternehmerischen Entscheidung das Damoklesschwert der Haftung. Die Spekulationen an den Finanzmärkten hingegen, die im Zuge der Finanzkrise erörtert werden, setzten gerade hinsichtlich der Verbriefungen auf Unkenntnis und Intransparenz. Es liegt auf der Hand, dass eine so verstandene – und praktizierte – Spekulation dann marktschädlich ist, wenn sie sich auf treuhänderisch verwaltetes Kapital bezieht bzw. wenn Verluste sozialisiert, d. h. auf die Allgemeinheit abgewälzt werden.[45] Wenn Spekulation immer auch mögliche Haftung gerade des Spekulanten in Bezug auf den vollen kausalen Schaden bedeutete, wäre diese Form des Eingehens von blindem Risikos inexistent. Jedenfalls ist die Antwort auf die Frage nach Moral oder ethischem Handeln in diesem Kontext schnell gefunden.

---

verlieren kann, eine Zwangsvollstreckung in sein sonstiges Vermögen oder Arbeitseinkommen aber ausscheidet, vgl. vertiefend *Sinn* Kasino-Kapitalismus, 2009, S. 109 ff.

42 So geschehen durch den *Community Reinvestment Act* aus dem Jahre 1995, also während der *Clinton*-Administration.

43 Siehe auch *Hollnagel* (Fn. 10), S. 157 ff.

44 Diese Einschätzung ist keineswegs neu, vgl. bereits *Soros* Die Alchemie der Finanzen, 1987.

45 Umfassen zur Spekulation *Stäheli* Spektakuläre Spekulation. Das Populäre der Ökonomie, 2007; *P. Kirchhof* Sind Spekulanten gut für die Wirtschaft? F.A.S. v. 13.9.2009, S. 53.

### 5. Zur Untersuchung der Leerverkäufe

Auch an dieser Stelle kann die drängende Frage, wie nach der Finanzkrise weiter zu verfahren ist, nicht beantwortet werden. Vielmehr sollen die Leerverkäufe (*short sales*) von Wertpapieren untersucht werden, weil diesem Instrument im Zuge der Analyse der Finanzkrise von unterschiedlicher Seite eine krisenauslösende bzw. krisenverschärfende Rolle zugeschrieben wird.[46] Es soll also bei allen vorstehend aufgezeigten systembezogenen Missständen einmal mehr der Blick dafür geschärft werden, wie sehr es Not tut, *sine ira et studio* zu prüfen, ob gerade die Leerverkäufe einen entscheidenden Beitrag zur Entstehung bzw. zum Ausmaß der Finanzkrise geleistet haben. Denn die Gefahr verfehlter Kriminalisierung besteht jedenfalls dann, wenn man dem Gedanken näher treten wollte, das Strafrecht sei für die Bewältigung der Finanzkrise ein geeignetes Mittel. Auf „die Finanzkrise, das Wirtschaftsstrafrecht und die Moral" wird zurückzukommen sein.

## II. Erscheinungsformen von Leerverkäufen

Nach dem Zusammenbruch von *Lehman Brothers* schossen *Credit Default Swaps* (*CDS*) in die Höhe und das US-amerikanische Versicherungsunternehmen *American International Group Inc.* (*AIG*), welches Leerverkäufe von *CDS*[47] in großangelegter Form getätigt hatte, stand unmittelbar vor der Zahlungsunfähigkeit. Weiter wurden *short sales* für den Zusammenbruch von *Lehman Brothers* und weiteren Kreditinstituten mitverantwortlich gehalten.[48] Die Börsenaufsichtsbehörden zahlreicher Staaten reagierten mit einem Verbot von Leerverkäufen, zumeist zeitlich und sachlich begrenzt.[49] Ich möchte untersuchen, ob und ggf. welche Rolle Leerverkäufe

---

46 *Münchau* Flächenbrand. Krise im Finanzsystem, 2008, S. 52.

47 Dabei handelt es sich um Kreditderivate zum Handeln von Ausfallrisiken, namentlich von Krediten. Das Volumen der *CDS* ist enorm. Bis zum zweiten Halbjahr 2007 stieg das Gesamtvolumen auf 60 Billionen USD und überstieg damit das Weltsozialprodukt des Jahres 2007 (ca. 55 Billionen USD), *Sinn* (Fn. 41) S. 208.

48 *Soros* Die Analyse der Finanzkrise ... und was sie bedeutet – weltweit, 2009, S. 38; der ehemalige CEO von *Lehman Brothers Fuld* nannte in einer Anhörung vor dem US-Repräsentantenhaus *naked short sales* als einen der Gründe für den rapiden Kursverfall von *Lehman Brothers* und *Bear Stearns*, *United States House of Representatives, Statement of Richard S. Fuld Jr.* [. . .], 6.10.2008, abrufbar unter www.house.gov, zuletzt aufgerufen am 31.12.2009; Der frühere US-Präsident *George W. Bush* wird in Bezug auf Leerverkäufer mit den Worten zitiert „Sie werden gejagt und bestraft", *MM news* v. 19.9. 2008, abrufbar unter www.mmnews.de, zuletzt aufgerufen am 31.12.2009; *Sinn* (Fn. 41), S. 171 f., 311 f.

49 *Möschel* (Fn. 8), 131; kritisch *Hank* Der amerikanische Virus. Wie verhindern wir den nächsten Crash? 2009, S. 137; zu Maßnahmen einzelner Finanzaufsichtsbehörden BaFinJournal 09/2008, S. 7.

für die Finanzmärkte spielen sowie welches ihre strafrechtlichen Implikationen sind. An anderer Stelle habe ich mich bereits zu der strafrechtlichen Relevanz von Leerverkäufen geäußert.[50] Darauf wird hier teilweise Bezug genommen.

Über Leerverkäufe wird bereits seit mehr als 400 Jahren berichtet. Erstmals wurden sie in der ersten Hälfte des 17. Jahrhunderts in den Niederlanden im Zusammenhang mit dem Tulpenhandel als strukturelle Erscheinung beschrieben[51] und in Bezug auf Titel der Niederländischen Ostindien-Gesellschaft im Jahre 1609 verboten. Größere Bekanntheit erlangten *short sales*[52] für eine breitere Öffentlichkeit am 16.9.1992 als *Soros* über seinen Hedge-Fonds *Quantum Fund* mittels Leerverkäufen des britischen Pfund Sterling ca. eine Milliarde USD Gewinn machte und die *Bank of England* dazu brachte, das Pfund Sterling aus dem europäischen Wechselkursmechanismus herauszunehmen. Abgesehen von dem hier sog. Fall *Soros v. Bank of England* nahm die Öffentlichkeit bis zur aktuellen Finanzkrise nur wenig Notiz von Leerverkäufen.

Der Leerverkäufer (*short seller*, Baissier) von Wertpapieren, Waren, Devisen, Rohstoffen, Optionen oder Future-Kontrakten (im folgenden: Wertpapiere etc.) setzt darauf, bei fallenden Kursen einen Gewinn zu erzielen, indem er sich mit den durch ihn geschuldeten Wertpapieren erst später zu einem gesunkenen Tageskurs eindeckt. Der Leerverkauf erfolgt regelmäßig über ein Depot,[53] im Falle durchschnittlich aktiver Privatanleger über ein gewöhnliches Wertpapierdepot bei einem der großen deutschen Online-Broker, im Falle professioneller Anleger, die mit Instrumenten wie CFDs, Futures oder Devisen handeln, sind eigene Konten bei speziellen Brokern erforderlich. Leerverkäufer können sowohl auf sog. Bärenmärkten von großen, fallenden Trends profitieren als auch während starker Aufwärtstrends auf sog. Bullenmärkten, wenn die Aktienkurse zwischenzeitlich überhitzen. Leerverkäufe sind keine vorübergehende Modeerscheinung, wie bereits die knappen Ausführungen zu ihrem Erscheinen im 17. Jahrhundert zeigen. Es spricht manches dafür, dass die Volatilität der Finanzmärkte künftig weiter zunehmen wird.[54] Dann ist die klassische „buy and hold"-Strategie in Bezug auf Wertpapiere überholt.

Leerverkäufer erzielen einen Gewinn, wenn es ihnen gelingt, sich am Markt mit Wertpapieren einzudecken, die sie zuvor (Leerverkauf, *short sale*) teurer verkauft

---

50 *Trüg* Ist der Leerverkauf von Aktien strafbar? NJW 2009, 3202 ff.; *ders.* Zur strafrechtlichen Relevanz von Leerverkäufen, in: Hiebl/Kassebohm/Lilie (Hrsg.), Festschrift für Mehle, 2009, S. 637 ff.

51 *Suddath* A Brief History of Short Selling, abrufbar unter www.time.com/time/business/article/0,8599,1843255,00.html, zuletzt aufgerufen am 31.12.2009.

52 Hingegen wird mit *long sale* ein gewöhnlicher Kauf bezeichnet. Privatinvestoren sind grundsätzlich „*long*".

53 Übersichtlich dargelegt etwa durch *CortalConsors S. A.*, abrufbar unter www.cortalconsors.de.

54 *Weygand* Shortselling. Profitabel traden in fallenden Märkten, 2010, S. 12 f.

hatten. *Short sales* können als sog. Kassageschäft, d. h. als Sofort- oder Spotgeschäft (und dabei als *intraday* oder als *overnight* Leerverkauf), oder als Termingeschäft durchgeführt werden. Eine allgemeine kapitalmarktrechtliche Regelung von Leerverkäufen besteht nicht. Äußerlich ist ein *short sale* nicht von Wertpapierverkäufen ohne Notwendigkeit späterer Eindeckung zu unterscheiden. Während andere Kapitalmarktteilnehmer bei kurzfristigen Kurseinbrüchen bzw. bei einer länger andauernden Baisse Verluste hinnehmen müssen, profitieren Leerverkäufer hierdurch.[55] Gerade auch in Schwächephasen der Aktienmärkte stellen Leerverkäufe eine Möglichkeit dar, Gewinn zu erwirtschaften. *Short seller* gehen von fallenden Märkten aus und versuchen, durch ihre Transaktionen dann einen Gewinn zu erzielen, wenn sich aus dem Kauf Verluste ergeben würden. Die Reihenfolge der Transaktionen gegenüber einem Aktienkauf, in der Hoffnung auf steigende Märkte, ist gerade umgekehrt. Dergestalt ging auch *Soros* über seinen Fonds *Quantum Fund* gegen die *Bank of England* vor. *Quantum Fund* tätigte in großem Maßstab Leerverkäufe des britischen Pfund Sterling. Die Zentralbanken gingen zunächst darauf ein und kauften Pfund. Um seine *short sales* zu erfüllen, musste *Quantum Fund* zunächst die Pfund wieder zurückkaufen. Dabei wurden kleinere Verluste in Kauf genommen. *Soros* bzw. sein Hedge-Fonds verfügten über große Kreditlinien. Daher spekulierte *Quantum Fund* so lange, bis die jeweiligen Zentralbanken nicht mehr bereit waren, weiterhin das britische Pfund Sterling durch Stützungskäufe zu sichern.[56] Die Währung stürzte ab, die nunmehr erforderlichen Eindeckungskäufe durch *Quantum Fund* konnten auf der Grundlage des stark gefallenen Kurses erfolgen, die Differenz zwischen Verkaufs- und Kaufpreis (= Gewinn des Leerverkäufers) war also enorm.

Der Gewinn ist bei einem Leerverkauf auf den Kurswert der verkauften Anteile begrenzt. Steigt der Kurs entgegen den Erwartungen des Leerverkäufers, so droht ihm – zumindest theoretisch, weil der Aktienkurs bis ins Unendliche steigen

---

55 Die Frage, ob ein Privatanleger einen Leerverkauf tätigen kann, hängt von seinem Bankvertrag ab. Zumeist werden durch die Kreditinstitute sog. Sonderbedingungen für Wertpapiergeschäfte vereinbart, wonach *short sales* für private Anleger ausgeschlossen sind, vgl. auch *Schröder* (Fn. 19), 3. Kap. E. Rn. 499. In Deutschland bieten einzelne Broker Leerverkäufe an, auch gegenüber Privatpersonen, etwa *Cortal Consors S. A.*, *Interactive Brokers* und *sino AG*; vgl. dazu das im Internet kursierende (Warn-) Hinweisschreiben der *IngDiBa* (nicht datiert) mit dem Fazit: „Leerverkäufe sind Wetten auf künftige Börsenentwicklungen, die Anlegern mit viel Erfahrung und dem nötigen Spielgeld vorbehalten bleiben sollten"; in den USA ist *shortselling* durch Privatanleger deutlich häufiger.

56 *Münchau* (Fn. 46) S. 118 f.

könnte[57] – ein unbegrenzter Verlust.[58] Es besteht also eine Asymmetrie zwischen Long- und Short-Positionen. Bei einer Long-Position (etwa nach einem Kauf) ist die Kursentwicklung nach oben potentiell unbegrenzt, das Kursrisiko nach unten ist jedoch begrenzt. Bei einer Short-Position verhält es sich umgekehrt. Daher liegt folgende Asymmetrie zu Tage: Verluste bei einer Kaufposition verringern das verbleibende Verlustrisiko. Verluste bei einer Short-Position erhöhen das verbleibende Verlustrisiko.[59]

Um die möglichen Verluste zu minimieren bzw. um die Gewinne zu maximieren ist die wohl gängigste Strategie im Zusammenhang mit Leerverkäufen die sog. *long-short*-Strategie. Diese besteht bspw. im Kauf von Aktien („long" in Aktien) unter Ausnutzung der Hebelwirkung und dem Leerverkauf von Firmenanleihen („short" in bonds).[60] Bei einer *long-short*-Strategie werden diejenigen Wertpapiere, die eine größere Rendite versprechen, gekauft und diejenigen mit der geringeren Rendite leer verkauft.[61]

Nutzen Leerverkäufer hingegen den *CDS*-Markt, so kehrt sich die beschriebene Asymmetrie um. *Short sales* von Anleihen sind durch den Kauf eines *CDS* mit einem begrenzten Risiko verbunden und bieten eine unbegrenzte Gewinnmöglichkeit, wohingegen der Verkauf von *CDS* begrenzte Gewinnmöglichkeiten bei unbegrenzten Verlustrisiken darstellt.[62] *Soros* schlussfolgert daher, „dass *Lehman Brothers*, die *American International Group* (*AIG*) und andere Finanzinstitute durch sog. *Bear Raids* [Koordiniertes Vorgehen interessierter Investoren, um den Kurs eines Wertpapiers zu senken und so den Wert von Short-Positionen zu steigern, Anm. d. Verf.] vernichtet wurden, bei denen sich Leerverkäufe von Aktien und Käufe von *CDS* gegenseitig verstärkten."[63] Mit einem *bear raid* oder – neutraler – mit der Ankündigung eines größeren Marktangebots kann also der Markt durch ein Verhalten, das sich an der Annahme über die Marktentwicklung orientiert, beeinflusst werden.[64]

Auch mit den unterschiedlichen Tranchen der *CDOs* lässt sich die oben beschriebene *long-short*-Strategie gewinnbringend anwenden. Der Kauf von *CDOs* der

57 Zur Begrenzung von Verlusten bestehen für *short seller* unterschiedliche Möglichkeiten, insbesondere der Einsatz sog. *Stop-Ordes (Stopp-Loss)*, vgl. *Weygand* (Fn. 54), S. 15; vgl. weiter die Absicherungsmöglichkeiten etwa unter http://www.tradewire.de/tus/tus533.php3.

58 *Schäfer* in: Assmann/Schütze (Hrsg.) Handbuch des Kapitalanlagerechts, 3. Aufl. 2007, § 19 Finanztermingeschäfte, Rn. 26; *Kienle* in: Schimansky/Bunte/Lwowski (Hrsg.), Bankrechts-Handbuch, 3. Aufl. 2007, § 105 Wertpapierleihe und Wertpapierpensionsgeschäft Rn. 54.

59 *Soros* (Fn. 48) S. 36 f.

60 Vgl. auch *Weygand* (Fn. 54) S. 19 ff.

61 *Münchau* (Fn. 46) S. 118 ff.

62 *Soros* (Fn. 48) S. 37.

63 *Soros* (Fn. 48) S. 39.

64 *Hank* (Fn. 49) S. 128.

Equitiy-Tranche[65] (höchste Rendite) wird durch den Verkauf von *CDOs* der Mezzanine-Tranche abgesichert. Dieser Vorgehensweise liegt die Annahme zugrunde, dass im Falle auftretender Probleme für die *CDO*-Branche alle Tranchen betroffen sind (Korrelation der Tranchen).[66] Die Verluste mit den Wertpapieren auf der Equity-Tranche werden dann durch die Leerverkäufe auf der Mezzanine-Tranche (teilweise oder auch vollständig) aufgefangen, weil insoweit gerade auf fallende Kurse gesetzt wird.[67] Fallen also Kredite aus, dann trägt die Equity-Tranche das größte Risiko. Der *long-short*-Investor verliert zunächst (weil er *long* in Equities ist). Da er zugleich *short* in Mezzanines ist, gleicht er den Verlust wieder aus. Wenn bei diesem Engagement die Rendite mittels der Hebelwirkung durch den Einsatz von Fremdkapital vergrößert wird, sind insgesamt durchaus Renditen von 20 % und mehr möglich.

Daneben bestehen zahlreiche weitere *shortselling*-Strategien. In einem grundsätzlichen Aufwärtstrend einer Aktie können sich kurzfristige Überhitzungen zeigen. Solche Überhitzungen können dann über sog. Countertrend-Widerstandslinien geshortet werden, mit Hilfe derer zyklische Zwischenhochs abzusehen sind. Aus berufenem Munde wird ferner das Erkennen sog. Stopkerzen (*candlesticks*) und die damit verbundene Möglichkeit, „Hochs" leer zu verkaufen, als gängige Strategie des *shortselling* bezeichnet.[68] Mit dieser Technik werden Trendwenden am Kapitalmarkt erkannt (auf der grafischen Basis von Kerzencharts).[69] Ferner werden Leerverkäufe bei sog. Trendalternationen durchgeführt, wenn also ein nach einem vom vorhergehenden Kursgeschehen abgrenzbarer steiler Anstieg vorliegt und sich anschließend eine Konsolidierung des Kurses ausbildet.

Immerhin werden in den Vereinigten Staaten die Anzahl leer verkaufter Wertpapiere regelmäßig veröffentlicht (etwa durch die *Nasdaq*, *NYSE*, *Yahoo Finance*), sodass insoweit Transparenz besteht. Für an deutschen Börsen gehandelte

---

65 Equity-Tranchen unterliegen regelmäßig keiner Bewertung durch die Ratingagenturen und stellen die riskanteste Tranche einer *CDO* dar. Die mittlere Tranche wird als Mezzanine-Tranche bezeichnet (mit mittlerer Rendite), die oberste Tranche als Senior-Tranche.

66 Diese auf den ersten Blick überraschende Annahme beruht wohl auf dem durch Ratingagenturen verwandten mathematischen Modell *mark-to-model* (im Gegensatz zu *mark-to-market*), wonach die Preisdifferenz zwischen einzelnen Tranchen fest steht, bis die Ratingagenturen eine neue Bewertung vornehmen. Die Grundsätze der Marktwirtschaft spielen dabei eigentlich keine Rolle, vgl. auch *Münchau* (Fn. 46) S. 137.

67 *Münchau* (Fn. 46) S. 120.

68 *Weygand* (Fn. 54) S. 37 ff.

69 Im Börsenjargon werden unterschieden: „Shooting Star": bearishes reversal am Ende eines Aufwärtstrends; „Doji": plötzliche Pattsituation zwischen Bullen und Bären und „Hanging Man": bullishes reversal am Endeeines Aufwärtstrends als letzter Kraftakt der Bullen.

Aktien existieren solche Veröffentlichungen nicht, es gibt aber seitens einzelner Broker Listen mit leer zu verkaufenden Wertpapieren.

Nach gängiger Definition auch im hiesigen juristischen Schrifttum liegt ein Leerverkauf vor, wenn der Verkäufer Wertpapiere etc. im Kassa- oder im Termingeschäft verkauft, welche er nicht hat bzw. nicht besitzt,[70] in der Absicht, sie später billiger erwerben zu können (hier sog. sachenrechtlicher Ansatz). Dieser sachenrechtliche Ansatz zeigt jedoch die eigentliche Relevanz von Leerverkäufen nicht auf. Ein *short sale* bemisst sich nicht entscheidend anhand der Frage der Eigentümerstellung bzw. des Besitzes des (leer) verkauften Wertes zum Zeitpunkt des Vertragsschlusses. Richtigerweise liegt dann ein Leerverkauf vor, wenn unter Berücksichtigung der möglichen bisherigen Position in der Aktie aus dem Leerverkauf eine offene wertvariable Verbindlichkeit in der Aktie verbleibt (hier sog. schuldrechtlicher Ansatz).[71] Diese wertvariable Verbindlichkeit stellt die *short*-Position dar. Aus der *short*-Position folgt die Partizipation des Leerverkäufers an den Wertveränderungen des Wertpapiers.[72] Entscheidend ist also die schuldrechtliche Frage, ob der Verkäufer eines Wertpapiers für dieses mit seinem Verkäufer bereits einen festen Kaufpreis vereinbart hat (dann kein Leerverkauf) oder ob er sich nach getätigtem Verkauf erst noch am Markt mit einem Verkäufer auf einen Kaufpreis einigen muss (dann liegt ein Leerverkauf vor). Dieser für den Verkäufer selbst noch offene Kaufpreis, ist die für den Leerverkauf konstitutive wertvariable Verbindlichkeit. Die in § 433 Abs. 1 S. 1 BGB statuierte Pflicht des Verkäufers, dem Käufer die Sache zu übergeben und das Eigentum daran zu verschaffen, ist unabhängig von der zum Zeitpunkt des Vertragsschlusses bestehenden subjektiven Erfüllbarkeit.[73] Bei einem Kaufvertrag über ein Wertpapier geht der Käufer eine wertkonstante Verbindlichkeit ein (Geld in Höhe des vereinbarten Kaufpreises) und erhält dafür eine wertveränderliche bzw. wertvariable Forderung (Wertpapier). Für den Verkäufer entsteht eine variable Position in Gestalt einer wertveränderlichen Verbindlichkeit im Wertpapier und eine wertkonstante Forderung.[74] Der Verkäufer muss erst zum jeweiligen Erfüllungszeitpunkt zur Übereignung des Wertpapiers in der Lage sein. In der Zeit zwischen Kaufvertrag und Erfüllung deckt sich der Leerverkäufer am Markt ein:

---

70 Vgl. etwa *Ekkenga* in: Schmidt/Hadding (Hrsg.), Münchener Kommentar zum Handelsgesetzbuch, Bd. 5, 2. Aufl. 2009, Effektengeschäft Rn. 66; *Kienle* (Fn. 58), § 105 Wertpapierleihe und Wertpapierpensionsgeschäft Rn. 54; *Häuser/Welter* in: Assmann/Schütze (Fn. 58), § 16 Rn. 159.

71 Zutreffend *Laurer* Der Leerverkauf von Aktien: Abgrenzung, Formen und aufsichtsrechtliche Implikationen, Zeitschrift für das gesamte Kreditwesen, 2008, 980 (982).

72 *Laurer* (Fn. 71) 980 (982).

73 Die in praxi seltenen Fälle der objektiven Unmöglichkeit bleiben hier unberücksichtigt.

74 *Laurer* (Fn. 71) 980 (982).

## 1. Eindeckungsgeschäfte: Kauf oder Wertpapierleihe

### a. Eindeckung durch Kauf (*coverbuy*)

Der Verkäufer kann – als Alternative – nach Eingehung seiner wertveränderlichen Verbindlichkeit (*short sale*) einen Wertpapierkauf tätigen, um sich mit den durch ihn geschuldeten Wertpapieren einzudecken. Nach erfolgter Eindeckung ist der Leerverkäufer in der Lage, seine wertvariable Verbindlichkeit (*short*-Position) aus dem *short sale* zu erfüllen.[75]

### b. Eindeckung durch Wertpapierleihe (*security lending*)

Alternativ kann sich der Leerverkäufer mit einer Wertpapierleihe eindecken, d.h. mit einem Sachdarlehn (§§ 607 ff. BGB). Hierbei erfüllt er seinen *short sale* mittels der darlehensweise an ihn übereigneten Wertpapiere. Die Wertpapierleihe wird in der Praxis zumeist durch das wertpapierdepotführende Institut ausgeübt, die bei einem geeigneten Anbieter am Markt die betreffende Stückzahl der durch ihren Kunden leer verkauften Wertpapiere darlehensweise auf Rechnung des Kunden erlangt.[76] Erst zum Zeitpunkt der Fälligkeit des Darlehensrückgabeanspruchs muss sich der Leerverkäufer am Markt mittels eines Wertpapierkaufs eindecken (*short covering*).[77] Mit einer Wertpapierleihe verlängert der *short seller* den kassageschäftlichen Leerverkauf wirtschaftlich betrachtet zu einem Zeitgeschäft.[78] Gegenüber der Eindeckungsalternative durch Kauf ist hier ein längeres Kreditengagement möglich, soweit der Leerverkäufer eine entsprechende vertragliche

75 Vgl. auch *Laurer* (Fn. 71) 982.

76 Der Darlehnsgeber wird etwa sog. „Leih"gebühren vereinbaren. Im einzelnen ist üblich, dass der Darlehnsnehmer an den Geber – ggf. neben einem Darlehnszins – Ausgleichszahlungen leistet für ausgekehrte Wertpapiererträge – je nach Wertpapiergattung – Dividenden-, Zins- und Tilgungszahlungen, ferner auch Bezugsrechtserlöse, „Gratisaktien" bei Kapitalerhöhungen aus Gesellschaftsmitteln („Stockdividende"), Boni sowie Zahlungen aus sonstigen Nebenrechten, vgl. www.deifin.de/thema013b.html, zuletzt aufgerufen am 31.12.2009. Das Institut *CortalConsors S. A.* berechnet für eine Wertpapierleihe pro Gattung und Position bei Eröffnung der Position 0,35 % auf das Volumen der Wertpapierleihe, mindestens € 40,–, höchstens € 120,–, abrufbar unter www.cortalconsors.de. Ferner reduzieren sich durch eine Wertpapierleihe die Auslagen und Gebühren der Depotverwaltung, Versicherungen, Kupondienst etc., denn die darlehnsweise übereigneten Papiere sind auch buchhalterisch nicht mehr dem Darlehnsgeber zuzurechnen, verursachen künftig mithin auch keine weiteren Kosten.

77 Vgl. auch *Schröder* (Fn. 19) 3. Kap. E. Rn. 500.

78 Vgl. *Ekkenga* in: Schmidt/Hadding (Fn. 70) Effektengeschäft Rn. 66.

Vereinbarung mit Wertpapierdarlehnsgeber getroffen hat (auch wenn die Wertpapierleihe in der überwiegenden Mehrzahl der Fälle nur auf kurze Dauer erfolgt). Wertpapierleihsysteme werden von den Zentralverwahrern (DKV, Cedel, Euroclear, Clearstream Banking AG) im Rahmen des Effektengiros angeboten, aber auch von einzelnen Großbanken (etwa Poolsystem der Deutschen Bank AG).[79] *Short sale* und Unterlegung mittels Wertpapierleihe werden innerhalb kürzester Zeit abgewickelt („reflexartige Arbeitsabläufe“[80]).[81] Dies macht aus Anlegersicht gerade den Reiz der Leerverkäufe aus, weil so die Hebelwirkung über Fremdkapital ausgenutzt werden kann.[82]

## 2. *Naked short sales* und gedeckte Leerverkäufe

Es war zu sehen, dass die sachenrechtliche Position des Verkäufers eines Wertpapiers nicht konstitutiv für das Vorliegen eines *short sale* ist. Gleichwohl ist die Eigentümerstellung für die Unterscheidung der Erscheinungsformen von *short sales* signifikant:

---

**79** Hopt, in: Baumbach/Hopt, HGB 33. Aufl. 2008, V. Bankgeschäfte Rn. T/3.

**80** *Bernau* Milliardengewinne in Millisekunden, F.A.S. v. 9.8.2009, S. 41: „Manchmal entscheidet ein Meter Kabel über ein paar Milliarden“; *Pitzke* „US-Börsenaufsicht greift gegen Phantomhandel durch“, abrufbar unter www.spiegel.de/wirtschaft/0,1518,druck-566966,00.html, zuletzt aufgerufen am 31.12.2009.

**81** Der *short seller* wendet sich an seine Hausbank (Kommissionshandelshaus, Broker etc.), mit dem Auftrag, für ihn die betreffenden Aktien an der Börse zu verkaufen und die Wertpapierleihe durchzuführen („Zum Öffnen verkaufe ich“, „*open sell*“, „*short sale*“). Das jeweilige Handelshaus wird beide Rechtsgeschäfte (Verkauf und Wertpapierdarlehn) im weiteren für seinen Kunden, den Leerverkäufer, ausführen. Finanzinstitute, die ihren Kunden die Möglichkeit der Wertpapierleihe anbieten (etwa *DWS Investment GmbH, DeKaBank, Cominvest, Fidelity Investments, Citybank* etc.), führen Leerverkaufslisten (*short lists*), welche die Namen sämtlicher Wertpapiere umfassen, die sich zum jeweiligen Zeitpunkt in einem sog. Pool (etwa bei einer Wertpapiersammelbank) befinden und die damit für eine Wertpapierleihe (und anschließenden Leerverkauf) zur Verfügung stehen. In solche Pools werden Wertpapiere eingebracht durch „verleih“willige Kunden desselben Handelshauses aber auch von diesem verbundenen Investmentgesellschaften, Banken, Versicherungen, Brokerhäuser oder Maklerfirmen, die bei angegliederten Depositenanstalten (*central securities depository*) über disponible Depotbestände verfügen. Ist die betreffende Aktie auf den Leerverkaufslisten aufgeführt, so werden Wertpapierleihe und *short sale* unmittelbar ausgeführt.

**82** Vgl. auch *Laurer* (Fn. 71), 984.

### a. Naked short sale

Der Verkauf von Wertpapieren ohne dass der Verkäufer Eigentum an denselben hat, wird als *naked short sale* bezeichnet (*naked short selling* bzw. ungedeckter Leerverkauf). Der Leerverkäufer muss hierbei die an deutschen Wertpapierbörsen entsprechend den dortigen Geschäftsbedingungen zur Regulierung sowohl der Geldseite als auch der Stückelieferung (im Falle von Kassageschäften) geltende Frist von regelmäßig maximal zwei Werktagen nach dem Abschlusstag[83] (T+2) dazu nutzen, sich die geschuldeten Wertpapiere zu beschaffen. Diesen Zeitraum überschreitende *short sales* können nur in Verbindung mit einer Wertpapierleihe getätigt werden. Bei einem *naked short sale* wird der Gegenwert der leerverkauften Aktie regelmäßig mit einem negativen Betrag in dem Depotbestand des Leerverkäufers verzeichnet. Ebenso regelmäßig muss der Leerverkäufer an den jeweiligen Broker, welcher den *short sale* durchführt, eine Sicherheitsleistung, die sog. *Margin*, leisten. Die Sicherheitsleistung beläuft sich zumeist nur auf einen Teilbetrag des Leerverkaufs, sodass sich eine Hebelwirkung ausnutzen lässt, weil deutlich mehr Kapital bewegt werden kann, als eingesetzt wurde.

### b. Gedeckter Leerverkauf

Hat der Verkäufer zum Zeitpunkt des Vertragsschlusses Eigentum an den Wertpapieren aus einem Wertpapierdarlehn erlangt[84] (*covered short sale* bzw. gedeckter Leerverkauf) und übereignet diese Stücke zur Erfüllung des *short sale*, ist ein Verkauf „auf Kredit" gegeben. Der Leerverkäufer muss die offene Verbindlichkeit aus dem Darlehnsvertrag durch einen eigenen Kauf tilgen. Ein solcher Verkauf „auf Kredit" kann auch als *naked short sale* erfolgen, wenn die Eindeckung qua Wertpapierdarlehn erst nach Abschluss des *short sale* erfolgt.

---

83 *Park* in: Park (Fn. 35), §§ 26, 49 BörsG Rn. 15; *König* in: Ebenroth/Boujong/Joost (Hrsg.) HGB, Bd. 2001, VIII. Finanzderivate und Terminhandel, BankR VIII Rn. 183.

84 Vgl. *BaFin* „Häufige Fragen zu den Allgemeinverfügungen", dort Nr. 2, http://www.bafin.de/cln_109/nn_722552/SharedDocs/Veroeffentlichungen/DE/Service/Auslegungsentscheidungen/Wertpapieraufsicht/ae_080922_faq_leerv.html?_nnn=true, zuletzt aufgerufen am 25.1.2010.

# III. Risiken für die beteiligten Akteure bzw. für den Finanzmarkt?

## 1. Risiken

Bei einem *naked short sale* und einem gedecktem *short sale* bestehen für die beteiligten Vertragsparteien strukturell dieselben Gefahren bzw. Risiken, teilweise freilich für unterschiedliche Akteure:

- Bei einem *naked short sale* trägt der Leerverkäufer das Risiko eines steigenden Kurses und der Käufer das Risiko, dass es dem Leerverkäufer nicht gelingt, sich am Markt mit den geschuldeten Wertpapieren einzudecken.
- Auch bei einem gedeckten *short sale* trägt der Leerverkäufer das Risiko des steigenden Kurses. Hingegen trägt der Wertpapierdarlehnsgeber das Risiko, dass sich der Leerverkäufer nicht am Markt eindecken kann.

Im Zuge der aktuellen Finanzkrise wurde geltend gemacht, dass insbesondere *naked short sales* mit Blick auf das Finanz*system* gravierende Preisbewegungen[85] entfachten und die Stabilität des Finanzsystems insgesamt gefährdet haben. Hinsichtlich der gedeckten Leerverkäufe wird diese Gefahr nicht gesehen. Vielmehr könnten diese zu mehr Rationalität an den Finanzmärkten beitragen.[86] Jedenfalls hat die *Bundesanstalt für Finanzdienstleistungsaufsicht* (*BaFin*) als Reaktion auf die hohe Volatilität an den Finanzmärkten – koordiniert durch den Ausschuss der europäischen Wertpapierregulierungsbehörden (CESR) – mit Allgemeinverfügung v. 19.9. 2008[87] auf der Grundlage von § 4 Abs. 1 S. 2, 3 WpHG *naked short sales*[88] über Aktien von insgesamt elf Dax- bzw. M-Dax-notierten Kredit- und Finanzinstituten, Börsen-

---

85 Vgl. *Ziouvas* Das neue Recht gegen Kurs- und Marktpreismanipulation im 4. Finanzmarktförderungsgesetz, ZGR 2003, 113 (133).

86 Vgl. Nachweise bei *Pitzke* (Fn. 80), abrufbar unter www.spiegel.de/wirtschaft/0,1518,druck-566966,00.html, zuletzt aufgerufen am 31.12.2009.

87 Allgemeinverfügung der *BaFin* v. 19.9.2008, abrufbar unter http://www.bafin.de/cln_109/nn_722758/SharedDocs/Aufsichtsrecht/DE/Verfuegungen/vf__080919__leerverk.html, zuletzt aufgerufen am 25.1.2010.

88 Aus der Allgemeinverfügung v. 19.9.2008 geht nicht hervor, dass sich die Untersagung lediglich auf *ungedeckte short sales* bezieht; die *BaFin* hat dies jedoch im Nachgang klargestellt, vgl. etwa „Häufige Fragen zu den Allgemeinverfügungen", dort Nr. 1 et passim, abrufbar unter http://www.bafin.de/cln_109/nn_722552/SharedDocs/Veroeffentlichungen/DE/Service/Auslegungsentscheidungen/Wertpapieraufsicht/ae_080922_faq_leerv.html?_nnn=true, zuletzt aufgerufen am 25.1.2010, sowie *BaFinJournal* 09/2008, S. 7, und Jahresbericht der *BaFin* 2008, S. 148.

betreibern und Versicherungsunternehmen[89] verboten, die aufgrund ihrer gesamtwirtschaftlichen Bedeutung, ihres Systemrisikos, ihres Börsenwerts oder ihrer Streubesitzquote als besonders systemrelevant erscheinen.[90] In concreto befürchtet die *BaFin*, dass *naked short sales* mit Aktien der betroffenen Institute Liquiditätsengpässe hervorrufen oder verstärken können, wem die Kapitalaufnahme dieser Institute erschwert würde.[91] Überdies sollen Marktmanipulationen verhindert werden, etwa indem unter Verwendung von Medien Gerüchte[92] verbreitet oder belastende Hinweise gegeben werden, nachdem zuvor *short sales* getätigt wurden und die bestehende Interessenlage nicht offengelegt wird.

*Naked short sales* bergen für den Finanzmarkt offensichtlich ein größeres Risikopotential als gedeckte Leerverkäufe. Es können marktbezogen mehr Aktien verkauft werden als emittiert wurden bzw. als am Markt erhältlich sind.[93] Dadurch kann ein sog. *short squeeze* (Leerverkaufsblase) entstehen.[94] In Folge eines *short squeeze* wurde im Oktober 2008 die Volkswagen-Stammaktie – nach der Ankündigung der *Porsche Holding SE* vom 26.10.2008, weitere Volkswagen-Aktien erwerben zu wollen – zum 28.10.2008 (von ca. 240 auf 1005 € je Stammaktie) nach oben katapultiert.[95] Zu diesem Zeitpunkt waren an der Börse weniger als 5 % VW-Aktien im *free-float*, mit der Folge, dass sich um die erhältlichen Aktien ein Wettrennen zahlreicher Leerverkäufer entfachte (und aus deren Sicht entfachen musste), die sich bei steigenden Kursen einzudecken hatten. Weiter tritt *naked short selling* dann gehäuft auf, wenn die Unterlegung mittels einer Wertpapierleihe – aufgrund von Engpässen – auf Schwierigkeiten stößt, wenn also die intendierte Absicherung (*security lending*) des Leerverkaufs nicht realisiert werden kann oder wenn die Kosten für eine Wertpapierleihe eines bestimmten Wertpapiers besonders hoch sind.[96]

---

89 Erfasst sind Aktien der *Aareal Bank AG, Allianz SE, AMB Generali Holding AG, Commerzbank AG, Deutsche Bank AG, Deutsche Börse AG, Deutsche Postbank AG, Hannover Rückversicherung AG, Hypo Real Estate Holding AG, MLP AG* und *Münchener Rückversicherungs-Gesellschaft AG.*

90 *BaFinJournal* 09/2008, S. 7.

91 Derzeitige Verlängerung der Untersagung bis 31.1.2010.

92 So führte letztendlich das Gerücht, das Traditionshaus *Bear Stearns Cos.* habe Liquidationsprobleme, zu dessen wirtschaftlichen Untergang. Die *SEC* vermutet, dass dieses Gerücht durch professionelle Leerverkäufer gestreut wurde, vgl. Pitzke (Fn. 80), abrufbar unter www.spiegel.de/wirtschaft/0,1518,druck-566966,00.html, zuletzt aufgerufen am 31.12.2009.

93 Vgl. auch *Nestler* in: Kempf/Lüderssen/Volk (Hrsg.) Die Handlungsfreiheit des Unternehmers – wirtschaftliche Perspektiven, strafrechtliche und ethische Schranken, 2009, S. 80 ff. (91, Fn. 36).

94 Dazu auch *Soros* (Fn. 48) S. 27.

95 Womit die *Volkswagen AG* kurzfristig zum wertvollsten Unternehmen der Welt wurde.

96 Vgl. *SEC* Naked Short Selling Antifraud Rule 17 CFR Part 240, Federal Register Vol. 73, No 202, 2008, S. 61667.

Eine unter Manipulationsverdacht stehende Vorgehensweise, welche die Gefahren für den Finanzmarkt demonstriert, wird seitens der *SEC* in Bezug auf den Umgang mit hypothekenbesicherten Wertpapieren, den *CDOs*, Presseberichten zufolge derzeit namentlich in den Vereinigten Staaten verfolgt:[97] Betroffen seien demnach u. a. die Institute *Goldman Sachs, Deutsche Bank, Morgan Stanley* sowie *Tricadia Inc.* Der Vorwurf geht dahin, die Institute hätten einerseits ihren Kunden selbst konstruierte *CDOs* verkauft und andererseits mittels Leerverkäufen auf fallende Preise sowie auf Ausfälle dieser *CDOs* in großem Maßstab spekuliert. Dabei richten sie die Ermittlungen wohl auch darauf, die Institute hätten bei der Zusammensetzung der aus mehreren Tranchen bestehenden *CDOs* besonders risikoreiche Hypotheken ausgewählt, die im Falle eines Zusammenbruchs zu besonders hohen Verlusten der eigenen Kunden führen. Dementsprechend hätten einige der etwa von *Goldman Sachs* (namentlich das Wertpapier *Abacus*) und *Tricadia* kreierten Wertpapiere nur wenige Monate nach ihrer Emission einen erheblichen Wertverlust hinnehmen müssen. Sollten die Vorwürfe zutreffen, hätten die betroffenen Institute mit dieser Vorgehensweise einen zweifachen Gewinn gemacht: zum einen mittels des Verkaufs der hypothekenbesicherten Wertpapiere, zum anderen durch die Spekulation auf die fallenden Kurse gerade dieser Papiere. Mittlerweile wurden aus Kreisen des Management von *Goldman Sachs* insoweit Interessenkonflikte eingeräumt.[98] Es wird auch zu klären sein, ob den Leerverkäufen der *CDOs* Insiderinformationen zugrunde lagen, mithin eine Strafbarkeit wegen Insiderhandels in Betracht kommt. Systembezogen wird der Vorwurf geäußert, die geschilderte Vorgehensweise habe zur Ausweitung der Finanzkrise beigetragen, weil die Institute durch die Gewinne mittels Leerverkäufen zur Kreation neuer *CDOs* animiert worden seien.[99]

Weiter wird Unternehmen vorgeworfen, in systematischer Weise Leerverkäufe der Aktien von Konkurrenzunternehmen *ohne tatsächliche Verkaufsabsicht* auszuführen, um deren Aktienkurs zu senken, indem der Markt (scheinbar) mit Aktien geflutet wird, was bis zur Insolvenz des betroffenen Unternehmens führen kann (*abusive naked short selling*).[100] Dass diesen Vorgehensweise praktiziert wird, ist

---

97 *Morgenson/Story* Banks Bundled Bad Debt, Bet Against It and Won, The New York Times v. 23.12. 2009, abrufbar unter http://www.nytimes.com/2009/12/24/business/24trading.html?_r=1, zuletzt aufgerufen am 25.1.2010.

98 *Sorkin* Goldman Acknowledges Conflicts with Clients, The New York Times v. 12.1.2010, abrufbar unter http://dealbook.blogs.nytimes.com/2010/01/12/goldman-executive-discloses-conflicts-. . ., zuletzt aufgerufen am 25.1.2010.

99 *Morgenson/Story* (Fn. 97).

100 *SEC* v. 17.9.2008 zur Erläuterung der verhängten Maßnahmen gegen *naked short selling:* [. . .] Naked short selling can allow manipulators to force prices down far lower than would be possible in

unbestritten, kontrovers beurteilt wird lediglich das Ausmaß.[101] Die von dieser Praxis für den Finanzmarkt ausgehenden Gefahren sind offensichtlich. Investoren werden sich zurückhaltend geben, wenn am Markt eine Vielzahl von Wertpapieren dieses Unternehmens zum Verkauf anstehen[102] und umgekehrt kann durch massive Leerverkäufe erreicht werden, dass auch Dritte ihre Wertpapiere veräußern in der Annahme, hinter den nicht also solchen erkannten (Leer-) Verkäufen stehe die Einschätzung, das Wertpapier sei überbewertet.[103] Das Vertrauen in das betroffene Unternehmen schwindet. Die *SEC* sieht zudem ein systemisches Risiko für den Kapitalmarkt insgesamt.[104] Mit Implementierung der *„Naked" Short Selling Antifraud Rule* vom 14.10.2008 (§ 240.10b-21) sowie der *„Rule 204"* (§ 242.204) vom 27.7. 2009 hat die SEC auf *abusive naked short selling* reagiert. Die Leerverkäufer müssen nun vor dem Verkauf leihbare Aktien ausfindig machen und die Transaktionen innerhalb von vier Tagen abwickeln, damit Missbrauch und zu hoher Verkaufsdruck vermieden werden.

*Abusive naked short selling* unterscheidet sich von dem einfachen *naked short sales* in dem subjektiven Merkmal der fehlenden Erfüllungswilligkeit: „Although abusive „naked" short selling is not defined in the federal securities laws, it refers generally to selling short without having stock available for delivery [objektives Merkmal = einfacher naked short sale] and intentionally failing to deliver stock within the standard threeday settlement cycle [subjektives Merkmal = abusive naked short sale]."[105] Ersten Berichten zufolge wurde *naked short selling* insgesamt, d. h. über die Figur des *abusive naked short selling* hinaus, durch die Maßnahmen der *SEC* merklich reduziert.[106]

Um den mutmaßlichen Gefahren des *short selling* entgegenzuwirken galt in den Vereinigten Staaten lange Zeit die sog. *uptick-rule*, wonach *short sales* nur bei stei-

---

legitimate short-selling conditions", vgl. www.sec.gov/news/press/2008/2008-204.htm, zuletzt aufgerufen am 31.12.2009; vgl. auch *Vogel* in: Assmann/Schneider, Wertpapierhandelsgesetz, 5. Aufl. 2009, § 20a Rn. 221; *Schwark* in: Schwark (Hrsg.), Kapitalmarktrechts-Kommentar, 3. Aufl. 2004, § 88 BörsG Rn. 8.

**101** Vgl. auch Emshwiller/Scannell, Blame the Stock Vault?, The Wall Street Journal v. 5.7.2007, S. C1; Gordon, New SEC Rules target „naked" Short-Selling, The Washington Post v. 18.9.2008, S. D05 jew. m.w.N.

**102** *SEC* (Fn. 96), S. 61670.

**103** *Altenhain* Die Neuregelung der Markpreismanipulation durch das Vierte Finanzmarktförderungsgesetz, BB 2002, 1874 (1877).

**104** *SEC* (Fn. 96), S. 61669.

**105** 17 CFR § 240.1b-5: Naked Short Selling Antifraud Rule sowie 17 CFR § 242.204: Rule 204.

**106** Vgl. *Norris* Goodbye to Naked Shorting, The New York Times v. 1.5.2009, S. B1.

genden, nicht jedoch bei fallenden Kursen gestattet waren.[107] Die *uptick rule* [formal korrekt: *Rule 10 a-1*] wurde im Jahre 1938 durch die *SEC* eingeführt, interessanterweise in Folge einer Erhebung der Wirkungen konzertierten *short selling* in 1937. Die heute als *bear raid* bezeichnete Vorgehensweise war demnach bereits in den 1930er Jahren eine gängige Praxis:

> *„To correct inequities that occured on stock exchanges prior to 1934, the SEC implemented Rule 10 a-1 and 10 a-2. It was not unusal in those days to discover groups of speculators pooling their capital and selling short for the sole purpose of driving down the stock price of a particular security to a level where the stockholders would panic and unload their fully owned shares. This, in turn, caused even greater declines in value.“*[108]

*Rule 10 a-1*, die *uptick-rule*, wurde durch *Rule 201 Regulation SHO* im Jahre 2007 aufgehoben, nachdem empirische Untersuchungen zur Effektivität der *uptick rule* durchgeführt worden waren. Dabei argumentierte die *SEC*, die *uptick-rule* habe negative Auswirkungen auf die Liquidität von Börsen und sei ferner nicht notwendig, um Manipulationen zu verhindern:

> *„The general consensus from these analyses and the roundtable was that the Commission should remove price test restrictions because they modestly reduce liquidity and do not appear necessary to prevent manipulation. In addition, the empirical evidence did not provide strong support for extending a price test to either small or thinly-traded securities not currently subject to a price test.“*[109]

Seit ihrer Aufhebung und insbesondere seit 2008 wurde und wird die Wiedereinführung der *uptick rule* zwar kontrovers diskutiert,[110] ein abschließendes Meinungsbild liegt derzeit jedoch noch nicht vor. Auch wenn an dieser Stelle die Effektivität bzw. die konkrete Notwendigkeit der *uptick-rule* nicht verbindlich eingeschätzt werden können, ist doch jedenfalls gesichert, dass *bear raids* und *abusive naked short selling* durch eine solche Regelung ersichtlich erschwert würden.

---

**107** Die *SEC* definierte: „Rule 10a-1(a) (1) provided that, subject to certain exceptions, a listed security may be sold short (A) at a price above the price at which the immediately proceeding sale was effected (plus tick), or (B) at the last sale price if it is higher than the last different price (zero-plus tick). Short sales were not permitted on minus ticks or zero-minus ticks, subject to narrow exceptions“, *Amendments to Exchange Act Rule 10a-1 and Rules 201 and 200(g) of Regulations SHO.*
**108** *Byrne* Financial panic and short selling, NJVoices; http://blog.nj.com, zuletzt aufgerufen am 25.1. 2010.
**109** http://www.sec.gov/news/press/2007/2007-114.htm.
**110** Auch im Präsidentschaftswahlkampf wurde die Wiedereinführung der *uptick-rule* thematisiert und durch Senator *McCain* gefordert, *Meckler* The Wall Street Journal v. 18.9.2008, abrufbar unter http://online.wsj.com/article/SB122175692668652881.html, zuletzt aufgerufen am 25.1.2010.

## 2. Stabilisierende Wirkung für den Finanzmarkt

Trotz der aufgezeigten systemischen Risiken wird Leerverkäufen insgesamt, *naked short sales* eingeschlossen, auch eine *stabilisierende Wirkung* für den Finanzmarkt zugeschrieben. So können *short sales* Arbitragegeschäfte in der Zeit sein, weil sie Angebot und Nachfrage zusammenführen (etwa in Form des sog. *convertible bond arbitrage*, wo Anleger versuchen, aus Ungereimtheiten zwischen dem Marktpreis der Wandelanleihe und jenem der unterliegenden Aktien einen Gewinn zu erzielen. Sind die Aktien im Vergleich mit der Wandelanleihe zu teuer, kauft der Anleger die Wandelanleihen und verkauft die Aktien leer[111]). Die *short seller* teilen dem Markt überdies mittelbar ihre Erwartungen mit. Leerverkäufe können als Instrument zur Kurssicherung eingesetzt werden und dazu beitragen, einen preiseffizienten Kapitalmarkt zu bilden. Ferner können Leeverkäufe die Liquidität einer Börse erhöhen, sodass die Transaktionspreise sich dem realen Marktpreis annähern, weil davon auszugehen ist, dass der Transaktionspreis umso eher dem realen Marktpreis entspricht, je höher die Liquidität einer Börse ist.[112] Weiter können *short sales* korrigierend auf überbewertete Unternehmen wirken. Professionelle *short seller* entscheiden über Leerverkäufe anhand der Unternehmenskennzahlen, namentlich in Verbindung mit dem Marktwert und den erwarteten Gewinnen. Geht man davon aus, dass überbewertete Unternehmen schädlich für eine Volkswirtschaft sein können, so dient der fallende Kurs eines solchen Unternehmens dessen realem Bild.[113] Aus diesen Gründen wurde sogar bereits (oder noch) im Jahre 2001 gefordert, *shortselling* müsse sich zum „Volkssport" entwickeln.[114] Bei einem Verbot von Leerverkäufen besteht an den Börsen überdies eine starke Asymmetrie: jeder Investor kann Aktien kaufen (und somit darauf setzen, dass der Kurt steigt), aber nur ein kleiner Kreis, die Aktieninhaber, kann Verkäufe tätigen. Jedenfalls ist gesichert, dass Leerverkäufe eigentlich nur das Gegenstück zur allgemein akzeptierten Long-

---

111 *Stupp/Bahar* Leerverkäufe als Sündenböcke der Finanzkrise, NZZ v. 10.10.2008, www.nzz.ch/finanzen/webtv/leerverkaeufe_als_suendenbock_der_finanzkrise_1: „Es ist unter Ökonomen kaum bestritten, dass die Baisse-Spekulation zu einem funktionierenden Markt gehört", zuletzt aufgerufen am 25.1.2010.

112 Vgl. dazu *Möschel* (Fn. 8) 129 (131); Press Release: SEC Takes Steps to Curtail Abusive Naked Short Sales and Increase Market Transparency, abrufbar unter www.sec.gov/news/press/2009/2009-172.htm, zuletzt aufgerufen am 31.12.2009; eher skeptisch *Soros* (Fn. 48), S. 39 f.: „So wie die Dinge liegen, sind die Uptick-Regel und die Maßnahme, Leerverkäufe nur dann zu erlauben, wenn sie durch geborgte Aktien gedeckt sind, nützliche und pragmatische Vorkehrungen, die ohne eindeutige theoretische Rechtfertigung gut zu funktionieren scheinen."

113 Vgl. dazu ausführlich *Asenio* Sold Short. Uncovering Deception in the Markets, 2001.

114 *Leisinger* „Short-Selling" muss Volkssport werden, F.A.Z. v. 5.11.2001, abrufbar unter www.faz.net, zuletzt aufgerufen am 25.1.2010.

Strategie sind, bei der Wertpapiere gekauft werden in der Erwartung, man könne sie zu einem späteren Zeitpunkt zu einem höheren Preis verkaufen.

# IV. Sind Leerverkäufe strafbar?

Das vorstehend aufgezeigt Gefahrenpotential (sub III. 1.), welches von Leerverkäufen ausgehen kann, erfordert eine Beantwortung der Frage, ob bzw. unter welchen Umständen Leerverkäufe strafbar sein können. In den Blick zu nehmen sind die Straftatbestände Betrug, Verbot der Marktpreismanipulation und Verleiten zu Börsenspekulationsgeschäften.[115]

## 1. Betrug, § 263 StGB

*Short sales* stellen typischerweise kein Betrugsproblem dar. § 263 StGB scheidet hinsichtlich eines gedeckten Leerverkaufs wie auch eines *naked short sale* regelmäßig aus. Es fehlt bereits an einer Täuschung. Allgemein wird „jede beliebige Handlung“, der ein Erklärungswert hinsichtlich „Tatsachen“ zukommt, als ausreichend für eine Täuschung angesehen.[116] Das Verhalten muss geeignet sein, auf das intellektuelle Vorstellungsbild eines anderen einzuwirken.[117] Der Betrugstatbestand ist ein Kommunikationsdelikt.[118] Es bedarf dabei keiner ausdrücklichen Erklärung. „Unwahrheiten“ brauchen nicht expressis verbis zum Gegenstand mündlicher oder schriftlicher Erklärungen gemacht zu werden.[119] Auch ein schlüssiges Verhalten kann auf das Vorstellungsbild eines anderen manipulativ einwirken und dieses verändern.

Der Verkäufer auch eines Wertpapiers erklärt und verpflichtet sich, dem Käufer die Sache zu übergeben und zu übereignen. Damit erklärt der Verkäufer bei Vertragsschluss, er sei willens und in der Lage, seine kaufvertraglichen Pflichten zu erfüllen (Erfüllungswilligkeit und Erfüllungsfähigkeit).[120] Er erklärt nicht, er sei

**115** Ich orientiere mich hier an den Ausführungen meines Beitrags für die FS Mehle (Fn. 50).
**116** Schönke/Schröder-*Cramer/Perron* StGB, 27. Aufl. 2006, § 263 Rn. 6; LK-*Tiedemann* StGB, 11. Aufl. § 263 Rn. 7 m.w.N.
**117** SK-*Hoyer* Stand. 42. Lfg. § 263 Rn. 24; *Lackner/Kühl* StGB, 26. Aufl. § 263 Rn. 6; Sch/Sch-*Cramer/Perron* (Fn. 116), § 263 Rn. 6.
**118** LK-*Tiedmann* (Fn. 116), § 263 Rn. 4; MüKo-*Hefendehl*, StGB, Band IV, § 263 Rn. 76.
**119** BGHSt 47, 1, (3); Sch/Sch-*Cramer/Perron* (Fn. 116), § 263 Rn. 14/15.
**120** Sch/Sch-*Cramer/Perron* (Fn. 116), § 263 Rn. 16b.

Eigentümer einer Sache.[121] Daraus folgt, dass eine Täuschung bei einem gedeckten Leerverkauf a priori ausscheidet, weil der Leerverkäufer hier Eigentümer (qua Übereignung auf der Grundlage der Wertpapierleihe) der durch ihn veräußerten Wertpapiere ist. Eine Täuschung liegt auch nicht darin begründet, dass der *short seller* auf fallende Kurse hofft, weil der Verkäufer bei einem Kaufvertrag weder einen bestimmten Zweck noch ein bestimmtes Motiv erklärt.[122] Überdies scheidet eine Pflicht des Verkäufers zur Offenbarung seiner Motive aus. Auch in der Konstellation des einfachen *naked short sale* fehlt es an einer betrugsrelevanten Täuschung, weil mit Abschluss des Kaufvertrages nicht erklärt wird, zum Zeitpunkt des Vertragsschlusses Eigentümer der Wertpapiere zu sein. Eine derartige Erklärung kann auch nicht qua Auslegung über die Verkehrsauffassung normativ zugerechnet werden.[123] Wenn sich der Leerverkäufer nach Vertragsschluss am Markt eindeckt, ist er ersichtlich in der Lage, zu erfüllen. Eine Täuschung scheidet aus.

Anders ist dies bei der Konstellation des *abusive naked short selling*. Hier werden Leerverkäufe systematisch durchgeführt *ohne tatsächlichen Verkaufswillen* der *short seller*, mit dem Ziel, den jeweiligen Aktienkurs zu senken.[124] Eine Täuschung ist in der tatsächlich nicht gegebenen Erfüllungswilligkeit zu sehen. Dem korrespondiert ein Irrtum auf Seiten des Käufers. Eine Vermögensverfügung liegt darin, dass sich der Käufer durch den Kaufvertrag zur Zahlung des vereinbarten Kaufpreises verpflichtet. Regelmäßig fehlt es jedoch an einem Vermögensschaden, es sei denn, der Käufer wäre vertraglich zur Vorleistung verpflichtet. Ist dies nicht der Fall, wurde also Erfüllung Zug-um-Zug vereinbart, so liegt eine Vermögensschädigung nicht vor, auch keine Vermögensgefährdung, weil der Käufer die Zahlung zurückbehalten, d. h. Erfüllung Zug-um-Zug verlangen kann. Selbst dann, wenn im Wege des *abusive naked short selling* der Markt tatsächlich (nicht nur scheinbar, mangels Erfüllungswilligkeit) mit bestimmten Wertpapieren geflutet werden sollte, läge hierin kein Betrug, weil der Verkauf eines Wertpapiers nicht die Erklärung enthält, dass dessen Kurs konstant bleibt.

---

121 *Lenzen* Unerlaubte Eingriffe in die Börsenkursbildung, 2000, S. 209; *Tiedemann* Wirtschaftsstrafrecht Besonderer Teil, 2006, Rn. 350; *Hellmann/Beckemper* Wirtschaftsstrafrecht, 2004, Rn. 85; etwas anders gilt freilich offensichtlich dann, wenn der Verkäufer wahrheitswidrig behauptet, Eigentümer zu sein.

122 Zutreffend *Zieschang* in: Park (Fn. 35) § 263 StGB Rn. 132.

123 Dazu *Trüg/Habetha* Zur Rechtsfigur des Betrugs durch schlüssiges Verhalten, JZ 2007, 878 (880).

124 Diese Fallgruppe hatte die *SEC* mit der „Naked Short Selling Antifraud Rule v. 14.10.2008 (§ 240.10b-21) im Blick, vgl. (Fn. 96), S. 61669: „[W]e are concerned about persons that sell short securities and deceive specified persons about their intention or ability to deliver the securities in time for settlement, or deceive their broker-dealer about their locate source or ownership of shares."

Leerverkäufe stellen daher kein strukturelles Betrugsproblem dar.[125] Es ist aber zu sehen, dass die Beeinflussung des Finanzmarktes durch Leerverkäufe genauer zu untersuchen ist. Immerhin erwähnte auch der Gesetzgeber des 4. FFG u.a. Leerverkäufe in manipulativer Absicht im Zusammenhang mit dem Verbot der Marktpreismanipulation durch „effektive" Geschäfte, d.h. solche Transaktionen, die rechtlich verbindlich sind und wirtschaftlich zu einer Wertpapiertransaktion führen.[126]

## 2. Verbot der Markmanipulation, §§ 38, 39, 20a Abs. 1 WpHG

Das in § 20a WpHG geregelte Verbot der Marktmanipulation wird durch die Regelung des § 39 Abs. 1 Nr. 1, 2 WpHG bußgeldrechtlich und durch § 38 Abs. 2 WpHG strafrechtlich gestützt. Geschütztes Rechtsgut der Straf- und Ordnungswidrigkeitentatbestände ist das Vertrauen der Marktteilnehmer in die Zuverlässigkeit und Wahrheit der Preisbildung an den Börsen.[127] Eine Marktmanipulation im Sinne von § 20a WpHG wird zu einer Straftat gem. § 38 Abs. 2 WpHG, wenn der Betroffene mittels einer in § 39 Abs. 1 Nr. 1, 2 oder Abs. 2 Nr. 11 WpHG dargestellten Handlung (zunächst nur bußgeldbewehrt) zusätzlich auf den Börsen- oder Marktpreis eines Finanzinstrumentes tatsächlich einwirkt,[128] wenn sich also eine in § 20a WpHG umschriebene Handlung auch in der Kursbildung niederschlägt. Die Nr. 1 des § 20a Abs. 1 Satz 1 WpHG untersagt unrichtige oder irreführende Angaben des Betreffenden, mit dem Ziel, auf den Börsenkurs einzuwirken. Die Nr. 2 des Tatbestandes untersagt das irreführende Verhalten am Markt durch Geschäfte, Kauf- oder Verkaufsaufträge. Der Auffangtatbestand der Nr. 3 verbietet sonstige Täuschungshandlungen, die geeignet sind, auf die Börsen- oder Marktpreisbildung eines Finanzinstrumentes einzuwirken.

Der Leerverkäufer macht regelmäßig keine „unrichtigen oder irreführenden Angaben", welche bewertungserheblich sind, auch nicht bei der Figur des *abusive*

---

125 Auf Einzelkonstellationen, die fernab der *strukturellen* Erscheinungsform des *short sale* liegen, wird hier nicht näher eingegangen (vgl. zu einer solchen Konstellation etwa *Schröder* (Fn. 19), 3. Kap. M. Rn. 670.

126 *BT-Drucks.* 14/8017, S. 89.

127 *Schröder* in: Achenbach/Ransiek (Hrsg.), Handbuch Wirtschaftsstrafrecht, 3. Aufl. 2008, X 2 Rn. 3; *Möller* Die Neuregelung der Kurs- und Marktpreismanipulation im Vierten Finanzmarktförderungsgesetz, WM 2002, 309 (311); *Sorgenfrei* in: Park (Fn. 35) §§ 20a, 38 Abs. 1 Nr. 4, 39 WpHG Rn. 4.

128 LK-*Tiedemann* (Fn. 116) Rn. 353; *Schröder* (Fn. 19) 3. Kap. B. Rn. 374.

*naked short selling.*[129] § 20a Abs. 1 Nr. 1 WpHG scheidet daher aus. Leerverkäufe werden im Schrifttum teils unter Nr. 2 des § 20a Abs. 1 Satz 1 WpHG erörtert,[130] teils unter dessen Nr. 3.[131] Die Nr. 2 erfasst tatsächliche Handelsaktivitäten, also alle Transaktionen mit Finanzinstrumenten (vgl. § 2 Abs. 2b WpHG).[132] Ein „falsches Signal" ist gegeben, wenn es nicht den wahren Marktverhältnissen in Bezug auf das jeweilige Finanzinstrument entspricht. „Irreführend" ist das Signal, wenn es geeignet ist, einen verständigen, börsenkundigen und mit dem Markt des betroffenen Finanzinstrumentes vertrauten Anleger zu täuschen. Für die Vollendung des Straftatbestandes genügt die Eignung, falsche oder irreführende Signale für das Angebot, die Nachfrage oder den Börsen- oder Marktpreis von Finanzinstrumenten zu geben.[133]

Zu bedenken ist, dass Leerverkäufer eines gedeckten Leerverkaufs und eines einfachen (= *non-abusive*) *naked short sale* zwar auf sinkende Kurse hoffen, regelmäßig jedoch kein Geschäft vornehmen, welches auch nur geeignet wäre, „falsche oder irreführende" Signale gem. Nr. 2 zu geben. Das einzige durch den *short seller* in der gängigen Form des *short sale* ausgesandte Signal ist der Verkauf von Wertpapieren. Insoweit gilt das zum Betrugstatbestand Gesagte entsprechend.[134] Die Motivation des Verkäufers wird regelmäßig nicht Bestandteil seiner Erklärung. Sie kann daher weder ein „Signal" noch eine Täuschung sein. Ein manipulatives Marktverhalten ist auch nicht darin zu sehen, für Dritte sei nicht ersichtlich, dass sich der *short* gehende Verkäufer am Markt wieder eindecken muss und auf sinkende Kurse hofft.[135] Dabei handelt es sich lediglich um das Motiv des Verkäufers. Ferner trifft der Verkäufer keine Aussage über eine erwartete Kursentwicklung. Anders als bei dem strafbaren *Scalping*[136] werden bei bei Leerverkäufen grund-

---

129 Es sind Konstellationen von Leerverkäufen denkbar, in denen zu Zwecken der Kursmanipulation entsprechende Angaben durch den Leerverkäufer gemacht werden. Es handelt sich in solchen Fällen jedoch nicht um die typenspezifische Konstellation des Leerverkaufs bzw. nicht um dessen typische Folgen.

130 *Worms* in: Assmann/Schütze (Fn. 58) § 9 Rn. 132; *Schröder* (Fn. 19) 3. Kap. E. Rn. 499 ff.

131 *Vogel* in: Assmann/Schneider (Fn. 100) § 20a Rn. 221.

132 *Schröder* (Fn. 19) 3. Kap. B. Rn. 378.

133 *Vogel* in: Assmann/Schneider (Fn. 100) § 20a Rn. 119; *Schröder* (Fn. 19) 3. Kap. E. Rn. 483.

134 Zur Vergleichbarkeit der „Täuschung" gem. Nr. 3 des § 20a Abs. 1 Nr. 3 WpHG und § 263 StGB *Altenhain* (Fn. 103) BB 2002, 1874 (1877).

135 Vgl. dazu *Schröder* (Fn. 19) 3. Kap. E. Rn. 501.

136 Zum *Scalping* *Weber* Scalping – Erfindung und Folgen eines Insiderdelikts, NJW 2000, 562 ff.; *Fleischer* Scalping zwischen Insiderdelikt und Kurspreismanipulation, DB 2004, 51 ff.; *Vogel* Scalping als Kurs- und Marktpreismanipulation, NStZ 2004, 252 ff.; *Gaede/Mühlbauer* Wirtschaftsstrafrecht zwischen europäischem Primärrecht, Verfassungsrecht und der richtlinienkonformen Auslegung am Beispiel des Scalping, wistra 2005, 9 ff.; *Pananis* Kurs- und Marktpreismanipulation durch Scalping, NStZ 2004, 287 ff.

sätzlich keine täuschenden Anlageempfehlungen abgegeben.[137] Selbst wenn Leerverkäufe – abgesehen von der Erscheinungsform des *abusive naked short selling* (dazu sogleich) – „bei großem Volumen und gezieltem Einsatz" getätigt werden, liegt keine Marktmanipulation vor,[138] auch nicht mit dem Hinweis, dass groß dimensionierte *short sales* auf die Referenzkurse einwirken können.

Anders liegen die Dinge bei *abusive naked short selling.* Diese sind gekennzeichnet durch systematische Leerverkäufe *ohne tatsächlichen Verkaufswillen* der Leerverkäufer (fehlende Erfüllungswilligkeit). Weil der Verkäufer (auch eines Wertpapiers) seine Erfüllungsfähigkeit und Erfüllungswilligkeit zum Zeitpunkt der Fälligkeit erklärt, ist bei fehlendem tatsächlichem Verkaufswillen eine Täuschung gegeben. Hier gibt der Leerverkäufer ein „irreführendes" Signal ab.[139] Konstitutiv für *abusive naked short selling* ist weiter das Ziel, den jeweiligen Kurs zu manipulieren. Die Konstellation des *abusive naked short selling* fällt damit unter § 20a Abs. 1 Satz 1 Nr. 2 WpHG. Auf den Auffangtatbestand der Nr. 3 der Vorschrift ist nicht abzustellen. Eine Straftat gem. § 38 Abs. 2 iVm §§ 39 Abs. 1 Nr. 1, 20a WpHG liegt vor, wenn sich *abusive naked short selling* in der Kursbildung niederschlägt.

## 3. Verleitung zu Börsenspekulationsgeschäften, §§ 49, 26 BörsG

Die §§ 49, 26 BörsG stellen das Verleiten einer Person zu Börsenspekulationsgeschäften unter Strafe, soweit das Opfer hinsichtlich des in Rede stehenden Geschäfts unerfahren ist und der Täter dies ausnutzt. Diese Strafnorm schützt das Vermögen von Personen, die in Börsenspekulationsgeschäften unerfahren sind.[140] Weil dieser Tatbestand ein abstraktes Gefährdungsdelikt darstellt, liegt eine Strafbarkeit bereits vor, wenn der *Verleitete* mit dem Geschäft einen Gewinn erzielt. Zentrales Tatbestandsmerkmal des § 26 BörsG ist das *Börsenspekulationsgeschäft.* Voraussetzung

137 *Worms* in: Assmann/Schütze (Fn. 58) § 9 Rn. 132.

138 Zutreffend *Worms* in: Assmann/Schütze (Fn. 58), § 9 Rn. 132; *Schröder* (Fn. 19), 3. Kap. E. Rn. 502; skeptisch *Altenhain* (Fn. 103), BB 2002, 1874 (1877). Der Gesetzgeber des 4. FFG hatte im Entwurf einen § 4a WpHG-E vorgesehen, der die Möglichkeit enthielt, Leerverkäufe bei drohender erheblicher Marktbeeinträchtigung zu untersagen sowie ferner eine Kennzeichnungspflicht von Leerverkäufen in § 9 Abs. 9 WpHG-E statuierte, vgl. BT-Drucks. 14/8017, S. 89.

139 Im deutschen Schrifttum soweit ersichtlich nur erörtert von *Vogel* in: Assmann/Schneider (Fn. 100), § 20a Rn. 221 und auch Vor § 20a Rn. 36; in der Tendenz *Worms* in: Assmann/Schütze (Fn. 58) § 9 Rn. 132.

140 *Wehowsky* in: Erbs/Kohlhaas (Hrsg.) Strafrechtliche Nebengesetze, 172. ErgLfg. Stand: Oktober 2008, § 49 Rn. 2; *Schröder* (Fn. 19) 5. Kap. B. Rn. 771; *ders.* in: Achenbach/Ransiek (Fn. 127), X 2 Rn. 204; *Park*, in: Park (Fn. 35) §§ 26, 49 BörsG Rn. 3.

für die Strafbarkeit ist, dass der Handelnde bei dem Abschluss von Börsentermingeschäften[141] oder von Kassa-Geschäften[142] von Anfang darauf abzielt, aus dem Unterschied zwischen dem zum Zeitpunkt des Vertragsschlusses vereinbarten Preis und dem zur Lieferzeit vorhandenen Marktpreis einen Gewinn zu erzielen, und dadurch eine (zumindest abstrakte) Vermögensgefährdung des Verleiteten entsteht.

Die Legaldefinition des Börsenspekulationsgeschäfts in § 26 Abs. 2 BörsG macht deutlich, dass Leerverkäufe aufgrund ihrer Gewinnträchtigkeit bei fallenden Kursen den durch den Gesetzgeber intendierten Spekulationscharakter aufweisen *können.*[143] Im Falle von Leerverkäufen können sowohl gedeckte Verkäufe wie auch *naked short sales* – jeweils mit Blick auf das Risiko der Kurssteigerung bis zum Zeitpunkt der Eindeckung – als Börsenspekulationsgeschäft zu werten sein.[144] Dies muss jedoch nicht der Fall sein.[145] Namentlich bei dem Abschluss eines Leerverkaufs zu Zwecken der Absicherung, etwa im Rahmen einer Long-Short-Strategie, scheidet ein Spekulationscharakter aus.

Für die Frage der Strafbarkeit gem. §§ 49, 26 BörsG im Zusammenhang mit einem *short sale* ist generell danach zu unterscheiden, ob die unerfahrene Person auf der Verkäufer- oder auf der Käuferseite steht.

(1) Das Verleiten eines anderen zu einem Leer*ver*kauf (unerfahrene Person ist Verkäufer) kann wegen des im *short sale* selbst liegenden unbegrenzten Risikos – bei Vorliegen der weiteren tatbestandsmäßigen Voraussetzungen – eine Strafbarkeit gem. §§ 49, 26 BörsG begründen.

(2) Davon zu unterscheiden ist die Durchführung eines Leerverkaufs (etwa einer Option) an eine „unerfahrene" Person (unerfahrene Person ist Käufer). Hier scheitert eine Strafbarkeit gem. §§ 49, 26 BörsG häufig am Tatbestandsmerkmal der „Unerfahrenheit" des Verleiteten *„in* Börsenspekulationsgeschäften" bzw. am Schutzzweck der Norm: Voraussetzung für die Unerfahrenheit ist, dass die verleitete Person aufgrund fehlender Einsicht die Tragweite des konkreten Spekulationsge-

---

**141** Börsentermingeschäfte verstanden als Verträge über Wertpapiere, vertretbare Waren oder Devisen nach gleichartigen Bedingungen, die von beiden Parteien erst zu einem bestimmten späteren Zeitpunkt zu erfüllen sind und eine Beziehung zu einem Terminmarkt haben, der es ermöglicht, jederzeit ein Gegengeschäft abzuschließen, BGHZ 92, 317 (320); zum Streitstand, ob ein *short sale* in Verbindung mit einer Wertpapierleihe ein Finanztermingeschäft oder ein Festgeschäft darstellt, näher *Schäfer* in: Assmann/Schütze (Fn. 58) § 19 Finanztermingeschäfte Rn. 24 ff. m.w.N.; dafür etwa *König* in: Ebenroth/Boujong/Joost (Fn. 83) BankR VIII Rn. 184 f.; dagegen etwa *Ekkenga* in: Schmidt/Hadding (Fn. 70) Effektengeschäft Rn. 66 jeweils m.w.N.

**142** BGHZ 149, 294 ff. – Devisentrading; *Hellmann/Beckemper* (Fn. 121) Rn. 97; *Wehowsky* in: Erbs/Kohlhaas (Fn. 140), § 49 Rn. 4; *Schröder* (Fn. 19) 5. Kap. C. Rn. 813.

**143** *Wehowsky* in: Erbs/Kohlhaas (Fn. 140) § 49 Rn. 4; *Schröder* (Fn. 19) 5. Kap. C. Rn. 784.

**144** *Schröder* (Fn. 19) 5. Kap. D. Rn. 832 f.; *ders.* in: Achenbach/Ransiek (Fn. 127) X 2 Rn. 244, 266.

**145** So auch *Wehowsky* in: Erbs/Kohlhaas (Fn. 140), § 49 Rn. 4.

schäfts in seiner ganzen Bedeutung nicht verlässlich überblicken kann.[146] Ob bei einem Leerverkauf die Voraussetzungen für die Unerfahrenheit auf Käuferseite gegeben sind, hängt nicht vom Umstand des *short sale* selbst ab, auch wenn man mit der herrschenden Meinung beim durchschnittlichen Privatanleger allgemein von mangelnden Kenntnissen, mithin von Unerfahrenheit ausgeht.[147] Hinsichtlich der Frage der Unerfahrenheit ist aber *nicht* darauf abzustellen, ob der Käufer erkennt oder erkennen kann, dass der Verkäufer einen *short sale* tätigt. Denn für den Käufer birgt der *short sale* keine *markt*spezifischen bzw. geschäfts*typen*spezifischen Risiken. Das Risiko des Käufers, dass der Verkäufer nicht erfüllen kann, weil er sich am Markt nicht eindecken konnte oder wollte, stellt lediglich dann eine Vermögensgefährdung dar, wenn der Käufer zur Vorleistung verpflichtet ist. Andernfalls kann er Erfüllung Zug-um-Zug verlangen, sodass eine Vermögensgefährdung ausscheidet, weil der Käufer die Zahlung des Kaufpreises verweigern wird. Hat der Käufer vorgeleistet, so besteht jedenfalls in der Konstellation des *abusive naked short selling* zwar eine Vermögensgefährdung *konkreter* Natur. Der *abusive naked short seller* hat aber nicht „unter Ausnutzung" der „Unerfahrenheit" des Käufers gehandelt. Vielmehr hat der *abusive naked short seller* beim Käufer Irrtum erregt, der sich nicht auf die Unerfahrenheit in Börsenspekulationsgeschäften bezieht, sondern auf die täuschungsbedingte Unkenntnis von der tatsächlich fehlenden Erfüllungswilligkeit des Verkäufers. Ein solcher Irrtum ist richtigerweise nicht vom Schutzzweck der Norm der Verleitung zu Börsenspekulationsgeschäften (§§ 49, 26 BörsG) umfasst.

## V. Zusammenfassung

Die Finanzkrise erfordert – über die kurzfristigen staatlichen Unterstützungsmaßnahmen hinaus – hoheitliche Reaktionen. Die auf den Finanzmärkten tätigen Akteure konnten weitgehend ohne Ordnungsrahmen agieren. Dies hat zu einem mannigfachen Wildwuchs geführt, der am Ende die Allgemeinheit belastete. Die Finanzmärkte sind gekennzeichnet durch zu wenig Regulierung und zu wenig staatliche Kontrolle. Hält man also – zu Recht – mehr Regulierung und mehr staatliche Kontrolle für erforderlich, wird der Ruf nach einer Kriminalisierung problematische Verhaltensweisen schnell laut. Auch wenn dieser Ruf ernst ge-

146 *BGH* wistra 2002, 22 f.; vgl. auch BGH NStZ 2000, 36.

147 *Wehowsky* in: Erbs/Kohlhaas (Fn. 140) § 49 Rn. 7; *Schröder* in: Achenbach/Ransiek (Fn. 127) X 2 Rn. 254; *Worms* in: Assmann/Schütze (Fn. 58) § 9 Rn. 37, jeweils m.w.N.; differenzierend *Park* in: Park (Fn. 35) §§ 26, 49 BörsG Rn. 22 ff.

nommen werden sollte,[148] ist zu bedenken, dass die Frage nach weiterer Kriminalisierung, d.h. konkret die Schaffung neuer bzw. die Ausweitung bestehender Straftatbestände erst am Ende der genauen Analyse der Finanzkrise stehen kann. Zum jetzigen Zeitpunkt jedenfalls, da die Finanzkrise noch nicht einmal überwunden, geschweige denn analysiert ist, gleicht dieser Ruf nach einer Ausweitung des Kapitalmarktstrafrechts einem „Stochern im Nebel". Ob die „Finanzkrise" mithin „das Wirtschaftsstrafrecht" – in Form des Kapitalmarktstrafrechts – auf den Plan ruft bzw. rufen muss, ist eine noch offene Frage.

Die vorstehende Untersuchung der Leerverkäufe sollte gezeigt haben, dass Leerverkäufe als komplexes Finanzinstrument auf für sich gesehen komplexen Finanzmärkten zu verstehen sind. Dies hatte bereits eine Betrachtung der Erscheinungsformen von Leerverkäufen, erst Recht aber die Darstellung der von *short sales* möglicherweise ausgehenden Risiken gezeigt. Hier war zu sehen, dass eigentlich alle Aspekte, die zu der Zuschreibung eines hohen Risikopotentials von *short sales* führen, von anderer Seite gerade als stabilisierende Funktion der Leerverkäufe für den Finanzmarkt verstanden werden. Solange diese Fragen derart offen sind und kontrovers beurteilt werden, erscheint der richtige Weg einer staatlichen Reaktion derjenige, den die BaFin *mit ihrer Allgemeinverfügung vom 19.9.2008* beschritten hat, in dem die Aufsichtsbehörde zeitlich befristet nur eine bestimmte Erscheinungsform von Leerverkäufen, die *naked short sales*, und auch nur in Bezug auf bestimmte Institute untersagt hat, ohne dass dieses Verbot bußgeldrechtlich bzw. strafrechtlich flankiert wäre. Diese auf § 4 Abs. 1 WpHG gestützten Eingriffs- und Regulierungskompetenzen der *BaFin* sind als vergleichsweise schnell zu implementierende Reaktionen auf – wie gezeigt – unsicherem Terrain dem Strafrecht überlegen, zumal die von der Regulierung durch die *BaFin* abweichenden Reaktionen und Maßnahmen der Aufsichtsbehörden anderer durch die Finanzkrise betroffener Staaten zeigen, dass es, auch hier, den „Königsweg" nicht zu geben scheint, die einzelnen Reaktionen daher zumindest teilweise Versuchscharakter haben.[149]

Soweit schließlich Fragen der „Moral" in Rede stehen, war zunächst zu sehen, dass die Frage nach Moral oder ethischem Handeln an den Akteuren auf den Fi-

---

148 Zu Gefahren der Ausnutzung der Komplexität durch Kriminalität vgl. *Schröder* Die Komplexität internationaler Finanzmärkte – Einfallstor für Kriminalität, Kriminalistik 2009, 12 ff. (12).

149 Vgl. *Lüderssen* ILFS Band 7: Die Finanzkrise, das Wirtschaftsstrafrecht und die Moral, 2010, S. 211 ff. (235). „So lange die strafrechtsrelevanten normativen und empirischen ökonomischen Zusammenhänge, in denen sich die virtuellen Täter und Taten im Risikomanagement des Wirtschaftslebens bewegen, und die Wirkungen, die in den anvisierten Fällen von – im Namen des Gemeinwohls angedrohten und verhängten – Sanktionen ausgehen können, nicht einmal annähernd erforscht sind, bleibt die Anwendung des Strafrechts experimentell [. . .]".

nanzmärkten vorbei geht. Moral bzw. Ethik sind keine dort angestrebten Bezugsgrößen. Gleichwohl sollten auch die erforderlichen staatlichen Reaktionen nicht von der Fehlvorstellung geleitet sein, man könne Moral auf den Finanzmärkten mittels Strafrecht implementieren. Für die Leerverkäufe, auch für deren besonders kritische Erscheinungsform der *abusive naked short sales*, erscheint das bestehende strafrechtliche Instrumentarium insbesondere durch den Straftatbestand des Verbots der Marktmanipulation nach heutigem Kenntnisstand als ausreichend.

Gerald Spindler

# Gemeinwohlorientierte Unternehmensinteressen und Kapitalgesellschaften

## Gliederung



**Erschienen in** ILFS Band 7: Die Finanzkrise, das Wirtschaftsstrafrecht und die Moral, 2010

https://doi.org/10.1515/9783111057125-009

# I. Einleitung

Die Frage, welchen Leitbildern und Handlungsmaximen der Vorstand einer Aktiengesellschaft zu folgen hat, ist fast so alt wie die AG selbst. So lassen sich entsprechende Diskussionen bis zu den Ursprüngen der AG zurück verfolgen, etwa der staatlichen Genehmigung für Aktiengesellschaften („Octroi"-, später Konzessionssystem).[1] Aber auch in den Hochzeiten des Liberalismus galt etwa die Einrichtung des obligatorischen Aufsichtsrats durch die 1. Aktienrechtsnovelle vom 11. Juni 1870 als Institution, die die, durch den Wegfall des Konzessionssystems, entstandene Lücke im Schutzsystem der Aktionäre und der Gesellschaftsgläubiger beseitigen sollte.[2] Die Berücksichtigung von Arbeitnehmerinteressen war zu dieser Zeit allerdings noch nebenrangig; das Bild sollte sich jedoch mit dem Ersten Weltkrieg und dem Erstarken der Arbeiterbewegung sowie den ersten Anfängen einer betrieblichen und unternehmerischen Mitbestimmung in den zwanziger Jahren ändern (II.1.a)).

Im folgenden werden kurz die Entwicklungslinien nachgezeichnet, die für die Leitmaximen des Vorstandshandelns prägend sind, und die bis heute die aktuelle rechtswissenschaftliche Diskussion beeinflussen, insbesondere die Verlagerung des Schwerpunkts vom allgemeinen pluralistisch geformten Unternehmensinteresse hin zum Shareholder Value als der maßgeblichen Richtschnur des Vorstandshandelns (II.5.). Ferner ist die bislang nur stiefmütterlich behandelte Situation in anderen Rechtsformen zu beleuchten (IV.). Stets ist dabei die strafrechtliche Perspektive, insbesondere der Querbeziehungen zum Untreuetatbestand, im Blick zu behalten. Abschließend ist rechtspolitisch nach einer gesetzlichen Verankerung der Leitlinien für das Handeln der Geschäftsleitung zu fragen (VI.).

---

1 Vgl. zur Diskussion um die Berücksichtigung von Schutzinteressen von Aktionären, Gläubigern und dem Schutz des Gemeinwohls im Rahmen der Einführung eines Konzessionssystems: Bayer/Habersack/*Pahlow* Aktienrecht im Wandel Bd. I 8. Kap. Rn. 72 ff.

2 Aus dem fakultativen Aufsichtsrat des ADHGB von 1861 wurde ein obligatorischer, dessen Einrichtung nachweispflichtig und dessen Beschlussunfähigkeit strafbewehrt war: vgl. Bayer/Habersack/*Lieder* Aktienrecht im Wandel Bd. I 10. Kap. Rn. 69.

# II. Die Entwicklung der Leitlinien für das Vorstandshandeln

## 1. Gemeinwohl- und Arbeitnehmerinteressen in der Weimarer Republik

Nachdem lange Zeit nach Überführung der AG aus dem Octroi-System in das bürgerlich liberale System der Gründungsfreiheit die Interessen der Anteilseigner die einzige Leitlinie für das Handeln der Verwaltungsorgane darstellten, änderte sich das Bild mit dem ersten Weltkrieg und der gesellschafts-politischen Anerkennung der Arbeiterbewegung:[3]

### a) Erste Ansätze für eine unternehmensbezogene Mitbestimmung und zur Gemeinwirtschaft

Mit der Einführung der Arbeitnehmerbeteiligung im Aufsichtsrat aufgrund des BetriebsräteG 1920 in Verbindung mit dem Gesetz über die Entsendung von Betriebsratsmitgliedern (1922)[4] wurde der Grundstein für die unternehmerische Mitbestimmung in Deutschland gelegt, nachdem schon zuvor während des Ersten Weltkriegs Arbeiter- bzw. Angestelltenausschüsse eingerichtet worden waren.[5] Im Gegensatz zur späteren Einführung der fast-paritätischen Mitbestimmung in den siebziger Jahren beschäftigte das BetriebsräteG die Gerichte hinsichtlich der Arbeitnehmervertreter im Aufsichtsrat offenbar kaum,[6] was dafür spricht, dass sich

3 Ausführlicher zum Folgenden Bayer/Habersack/*Spindler* Aktienrecht im Wandel Bd. I 13. Kap. Rn. 8.

4 § 70 Betriebsrätegesetz vom 4.2.1920, RGBl. I, S. 147; Gesetz über die Entsendung von Betriebsratsmitgliedern in den Aufsichtsrat vom 15.2.1922, RGBl. I, S. 209; s. dazu Flatow/*Kahn-Freund*[13] Betriebsrätegesetz S. 355 ff., 673 ff.: beide Gesetze aufgehoben durch § 65 Nr. 1 Gesetz zur Ordnung der nationalen Arbeit v. 20.1.1934, RGBl. I, S. 45.

5 Eingeführt durch §§ 11, 12 Gesetz über den vaterländischen Hilfsdienst v. 5.12.1916, RGBl. I, S. 1333.

6 So finden sich in dem maßgeblichen Kommentar von Flatow/*Kahn-Freund*[13] Betriebsrätegesetz § 70, nur vereinzelte Rechtsprechungsnachweise zur Verschwiegenheitspflicht; die gelungene Eingliederung der nach dem BetriebsräteG entsandten Aufsichtsratsmitglieder hob auch der Ausschuss zur Untersuchung der Erzeugungs- und Absatzbedingungen der deutschen Wirtschaft, Verhandlungen und Berichte des Unterausschusses für allgemeine Wirtschaftsstruktur, 3. Arbeitsgruppe: Wandlungen in den wirtschaftlichen Organisationsformen, 3. Teil: Wandlungen in der aktienrechtlichen Gestaltung der Einzelunternehmen und Konzerne, Generalbericht (1930) S. 42 ff., einstimmig hervor.

die Praxis mit den Arbeitnehmervertretern arrangieren konnte. Diskutiert wurden allerdings mögliche Interessenkollisionen von Aufsichtsratsmitgliedern, für die bereits zu jener Zeit das Unternehmensinteresse als entscheidendes Kriterium der Sorgfaltspflichtkonkretisierung entwickelt wurde,[7] ohne dass jedoch genaue Konturen ersichtlich wurden.

Mit dem Ende des Ersten Weltkriegs setzte in Deutschland eine umfassende Debatte über die Einführung einer Gemeinwirtschaft[8] ein, die eng mit der Stärkung der Gemeinwohlinteressen bei der Ausrichtung der AG zusammenhängt, ohne dass allerdings dieser Begriff einheitlich verstanden wurde. Für den als „Vater der Gemeinwirtschaft"[9] bezeichneten *Walter Rathenau* (1867–1922) war Wirtschaft „nicht Privatsache, sondern Gemeinschaftssache, nicht Selbstzweck, sondern Mittel zum Absoluten, nicht Anspruch, sondern Verantwortung".[10] Dementsprechend sei der Volkswirtschaft ein einheitlicher, zentraler Wille, ein so genannter „Gemeinschaftswille",[11] zugrunde zu legen. Nach Ansicht *Rathenaus* war das Großunternehmen nicht mehr lediglich ein Gebilde privatrechtlicher Interessen, sondern vielmehr ein nationalwirtschaftlicher, der Gesamtheit angehöriger Faktor. Im Schlusssatz seiner Schrift „Vom Aktienwesen" forderte *Rathenau* die bewusste Einordnung des Unternehmens in die Wirtschaft der Gesamtheit, die Durchdringung mit dem Geiste der Gemeinverantwortlichkeit und des Staatswohls.[12] Unter Lösung vom überkommenen Begriff des Privateigentums trat *Rathenau* daher ein für eine *Autonomie des Unternehmens*, die er als zwischen Staatsverwaltung und Privatwirtschaft einzuordnende „Objektivierung" bezeichnete.[13] Die bisherigen Aktionäre sollten nach den Reformvorstellungen *Rathenaus* die Stellung von Gläubigern einnehmen und eine feste Rente sowie eine Tilgungsquote erhalten, während die Arbeiter und Angestellten unter staatlicher Aufsicht in die Rechte und Pflichten der vormaligen Aktionäre einrücken sollten, ohne ihrerseits zu Aktionären zu werden; der Jahresüberschuss des Unternehmens sollte ausschließlich an die Arbeiter und Angestellten verteilt werden.[14] Hierzu schlug *Rathenau* die Selbstverwaltung der Wirtschaft durch staatlich beaufsichtigte Berufs- und Gewerbever-

7 Vgl. Staub/*Pinner* HGB § 243 Anm. 2e zur Interessenkollision m.w.N.; *Friedländer* Konzernrecht (1927) S. 282f.

8 S. allgemein zur Entwicklung der Gemeinwirtschaft *Hesselbach* Die gemeinwirtschaftlichen Unternehmen (1971) S. 13f.; v. *Loesch* Die gemeinwirtschaftliche Unternehmung (1977) S. 56ff.

9 So v. *Loesch* Die gemeinwirtschaftliche Unternehmung (1977) S. 56ff.

10 *Rathenau* Von kommenden Dingen (1917) S. 95.

11 *Rathenau* Die neue Wirtschaft (1918) S. 27.

12 *Rathenau* Vom Aktienwesen (1922) S. 62.

13 *Rathenau* Von kommenden Dingen (1917) S. 142–145.

14 *Rathenau* Autonome Wirtschaft (1919) S. 23.

bände vor.[15] Deutlich sprach sich *Rathenau* indes gegen Staatseigentum und Planwirtschaft aus.[16]

Auf diesen ideengeschichtlichen Fundamenten wurde intensiv die Beteiligung der Arbeitnehmer am Kapital und am Gewinn der AG diskutiert, ohne dass hierzu ein konkretes Ergebnis erzielt worden wäre. Gemeinwirtschaftliche Ansätze zeigte etwa die vom 32. Deutschen Juristentag 1921 angestoßene Debatte um die *Beteiligung der Arbeitnehmer am Kapital und Gewinn* des Unternehmens bzw. der Wirtschaft.[17] Doch scheiterten diese Anläufe, wie z. B. die von *Kaskel* und *Ehrenzweig* auf dem Deutschen Juristentag 1921 vorgeschlagene Arbeiteraktie,[18] ebenso wie zuvor der 1920 vom Reichstag vorgeschlagene Gesetzentwurf über den Aktienerwerb durch Arbeitnehmer.[19] Eine Beteiligung der Arbeiter und Angestellten wurde nicht nur am Einzelunternehmen, sondern auch an sämtlichen Unternehmen eines Erwerbszweigs oder an der Gesamtwirtschaft erwogen.[20] Gegenstand der Diskussion waren sowohl die Beteiligung des einzelnen Arbeitnehmers als auch der Gesamtarbeitnehmerschaft des Unternehmens in der Form einer Werksgenossenschaft.[21] Der radikalsten Form der Arbeitnehmerbeteiligung, der so genannten *Arbeitsaktie*, lag unverkennbar eine gemeinwirtschaftliche Konzeption zugrunde. Die kapitallose Arbeitsaktie ging von dem Grundgedanken aus, dass Kapital und Arbeitskraft wirtschaftlich gleich zu bewerten seien und demnach als gleichwertige Einlagen eingebracht werden könnten.[22]

Diese unmittelbar nach dem Ende des Ersten Weltkriegs entbrannte Debatte um eine Gemeinwirtschaft wirkte sich erheblich auf die in der zweiten Hälfte der zwanziger Jahre aufkommende Lehre vom *„Unternehmen an sich“* aus[23] – und strahlt damit fast bis in die heutige Zeit aus, wenn das Unternehmensinteresse als Leitlinie für Pflichten der Organe herangezogen wird.

---

**15** *Rathenau* Die neue Wirtschaft (1918) S. 56–67.

**16** *Rathenau* Autonome Wirtschaft (1919) S. 5, 7, 20.

**17** Verhandlungen des 32. DJT (1921) S. 263 ff.

**18** *Kaskel* Verhandlungen des 32. DJT (1921) S. 263 ff.; *Ehrenzweig* ebd. S. 282 ff.; s. dazu auch *Klausing* AktG nebst Einführungsgesetz und „Amtlicher Begründung“ (1937) Einl. Rn. 16.

**19** Verhandlungen der Verfassunggebenden Deutschen Nationalversammlung, Bd. 322 S. 4423 B auf Antrag des Ausschusses für soziale Angelegenheiten, Bd. 340, Drucksache Nr. 1838.

**20** Übersicht bei *Kaskel* Verhandlungen des 32. DJT (1921) S. 263, 268 f.

**21** *Kaskel* Verhandlungen des 32. DJT (1921) S. 270, der im Ergebnis für die Beteiligung des einzelnen Arbeitnehmers plädiert.

**22** *Kaskel* Verhandlungen des 32. DJT (1921) S. 274; *Ehrenzweig* ebd. S. 282, 287, die sich indes gegen die Arbeitsaktie aussprechen.

**23** S. dazu unten II.1.b).

### b) Die Diskussion um das „Unternehmen an sich"

In die Zeit der Stabilisierung fällt ferner die wiederaufgeflammte Diskussion über die Stellung und Regulierung der AG im Wirtschaftsrechtssystem. Der moderne *Begriff des Unternehmensinteresses* als Sammelbecken für alle Interessen, die Anteilseigner, Arbeitnehmer, Verbraucher und Staat gegenüber der AG haben, und die durch den Vorstand zum Ausgleich gebracht werden sollen,[24] taucht hier bereits in Gestalt der Wirtschaftsrechtstheorie auf, die *Karl Geiler* 1927 in der Abhandlung „Die wirtschaftsrechtliche Methode im Gesellschaftsrecht" begründete.[25] Der Wirtschaftsbetrieb, insbesondere der industrielle, werde immer mehr zu einer eigenen sozialen Ordnung, in der sich der Organschaftsgedanke, der in der Unternehmungsleitung nur einen Treuhänder der Allgemeinheit erblicke, zunehmend durchsetze.[26] An die Stelle der früheren, von den Eigentümern und Gesellschaften selbst geleiteten und einzig auf hohe Kapitalgewinne gerichteten Einzelwirtschaften, träten verstärkt große Wirtschaftsgebilde, bei denen sich das Kapital auf breite Volkskreise verteile; die in fremden Händen liegende Unternehmensleitung werde immer stärker zu Treuhändern nicht nur des anvertrauten Kapitals, sondern auch der anderen am Produktionsprozess beteiligten Personenkreise, insbesondere der Arbeiter und Verbraucher.[27] *Geiler* griff damit in Deutschland eine aktuelle, auch in den USA in Gestalt des berühmten Werks von *Berle/Means*[28] geführte Debatte auf.

Eng damit verwandt ist die Diskussion um das sog. *„Unternehmen an sich"*. Dieser Begriff geht zwar auf die Überlegungen von *Walter Rathenau* noch während des Ersten Weltkriegs zurück,[29] wurde aber erst Ende der zwanziger Jahre von *Fritz Haußmann* geprägt.[30] Letztlich wurde die Lehre vom „Unternehmen an sich" durch die Beiträge von *Nußbaum* und *Netter* richtig bekannt, wenngleich sich beide äu-

---

24 Der Begriff „Unternehmensinteresse" wird von BGHZ 64, 325, 331 explizit gebraucht; ausführlich dazu m.w.N.: MünchKommAktG-*Spindler* § 76 Rn. 69ff.

25 *Geiler* Gruchots Beiträge 68 (1927) 593, 612.

26 *Geiler* Gruchots Beiträge 68 (1927) 593, 611.

27 *Geiler* Gruchots Beiträge 68 (1927) 593, 612.

28 *Berle/Means* The Modern Corporation and Private Property (1932).

29 *Rathenau* Vom Aktienwesen (1922) S. 38f.; zu den Überlegungen *Rathenaus* siehe auch den Überblick über die Entstehung der Gemeinwirtschaft Bayer/Habersack/*Spindler* Aktienrecht im Wandel Bd. I 13. Kap. Rn. 9ff.; ebenso spricht *Lehmann* Gutachten zum 34. DJT (1926) S. 258, 314 von „Interessen des Unternehmens als eines eigenen wirtschaftlichen Organismus"; s. auch zur historischen Herausbildung der Lehre vom „Unternehmen an sich" *Riechers* Das „Unternehmen an sich" (1996) S. 7ff.

30 Darauf, dass *Rathenau* den Begriff des „Unternehmens an sich" nicht verwendete, dieser vielmehr von *Haußmann* geprägt wurde, verweisen *Netter* FS Pinner (1932) S. 507, 546 und *Nußbaum* FS Heymann (1931) Bd. II S. 492, 500; auch *Haußmann* selbst Bankarchiv 30 (1930/31) 57, 58.

ßerst kritisch mit der Theorie auseinandersetzten, soweit sie auf die Anerkennung einer Bestandsgarantie des Unternehmens hinauslief.[31] Allerdings wandte sich *Haußmann* gegen die von *Rathenau* vorgenommene Beschreibung des Großunternehmens als autonomes Gebilde zwischen Staat und Privatwirtschaft.[32] Die AG, so *Haußmann*, existiere nicht um ihrer selbst willen, sondern diene der Erwirtschaftung von Erträgen.[33] Die Autonomie des Unternehmens verstand *Haußmann* in dem Sinne, dass die divergierenden Interessen von Aktionärsgruppen, Gläubigern, Arbeitnehmern etc. am Unternehmen im Einzelfall, nicht durch generelle Normen, auszugleichen seien.[34] Das „Unternehmen an sich" sei der Rahmen der im Unternehmen miteinander verbundenen verschiedenen Interessen, den man als Gesamtinteresse bezeichnen könne.[35] Es gebe keinen Grundsatz, wonach gesellschaftsfremde Interessen nicht vertreten werden dürften; allerdings müssten die Partikularinteressen im Kollisionsfall hinter dem Gesamtinteresse zurückstehen.[36]

In der Diskussion der Weimarer Republik diente dieser schillernde Begriff überwiegend zum einen der Stärkung der gemeinwirtschaftlich orientierten Überlegungen,[37] indem die Bedeutung der AG und des (Groß-) Unternehmens in einer Volkswirtschaft der Herrschaft der Anteilseigner gegenüber gestellt wurde, zum anderen aber auch der Bewältigung von Mehrheits- und Minderheitskonflikten und dem Schutz der Kleinaktionäre.[38] Wiederum schlug sich die in der Weimarer Republik immer deutlicher zu Tage tretende Entkoppelung von Leitung und Ei-

---

31 *Netter* FS Pinner (1932) S. 507, 545 ff.; *Nußbaum* FS Heymann (1931) Bd. II S. 492, 499 ff.; kritisch auch *Schmölder* JW 1929, 2090.

32 *Haußmann* Vom Aktienwesen und vom Aktienrecht (1928) S. 43; *ders.* Bankarchiv 30 (1930/31) 57, 58, 62 f.

33 *Haußmann* Vom Aktienwesen und vom Aktienrecht (1928) S. 54; *ders.* Bankarchiv 30 (1930/31) 57, 58, 60 f.

34 *Haußmann* Vom Aktienwesen und vom Aktienrecht (1928) S. 52; *ders.*, Bankarchiv 30 (1930/31), 57, 63 f.

35 *Haußmann* Bankarchiv 30 (1930/31) 57, 64; zust. *Passow* Strukturwandel der Aktiengesellschaft (1930) S. 5; *Netter* FS Pinner (1932) S. 507, 568, der sich allerdings gegen die Verwendung der Begriffe „Autonomie" und „Gesamtinteresse" aussprach (S. 574 ff.) und stattdessen den Begriff des „Gemeinschaftsinteresses" verwandte (S. 579 f.).

36 *Haußmann* Bankarchiv 30 (1930/31) 57, 63 f.

37 Darauf wies bereits *Haußmann* Vom Aktienwesen und vom Aktienrecht (1928) S. 14 hin; s. dagegen aber *Netter* FS Pinner (1932) S. 507, 545 ff., der den Begriff des „Unternehmens an sich" von der Gemeinwirtschaftsentwicklung trennte.

38 Deutlich die erläuternden Bemerkungen zum Entwurf eines Gesetzes über Aktiengesellschaften und Kommanditgesellschaften auf Aktien sowie Entwurf eines Einführungsgesetzes nebst erläuternden Bemerkungen (AktG-E 1930), abgedruckt bei *Schubert* Quellen zur Aktienrechtsreform der Weimarer Republik 1926–1931 (1991) S. 936; darauf macht zu Recht *Nörr* ZHR 150 (1986) 155, 159 aufmerksam.

gentum nieder, des ohne erkennbaren Familien- oder Unternehmereinfluss stetig wachsenden Unternehmens, wie etwa der I.G. Farben AG als eine der spektakulären Großfusionen der zwanziger Jahre. Einher damit ging eine sich emanzipierende Betriebswirtschaftslehre als Wissenschaft der Unternehmensführung und -leitung. Die Kritik an einer derartigen schwammigen Formel lag allerdings auch schon damals auf der Hand: So betonten schon *Nußbaum* und *Passow*, dass das Unternehmensinteresse ein bloßer Vorwand für die Festigung einer unbotmäßigen Verwaltungsherrschaft sein könne.[39] Teilweise fasste man das Unternehmens- und das Aktionärsinteresse immerhin – entgegen der Auffassung *Haußmanns* – deutlich als Gegensatzpaar auf. So hatte das Reichsgericht in einer – allerdings vor dem Aufkommen der Lehre vom „Unternehmen an sich" ergangenen und vereinzelt gebliebenen – Entscheidung festgehalten, dass sich der Gesellschafter grundsätzlich von den Interessen der Gesellschaft und nicht von seinen eigenen Interessen leiten zu lassen habe.[40] In ähnlicher Weise hatte das Reichgericht den bereits beschriebenen Grundsatz entwickelt, dass eine Ausbeutung der Mehrheitsrechte gegenüber der Minderheit und die Verfolgung eigensüchtiger Interessen unter bewusster Hintansetzung des Wohls der Gesellschaft einen Verstoß gegen die guten Sitten enthalten können.[41] Die im Sinne *Haußmanns* verstandene Theorie des „Unternehmens an sich" griff hingegen der Deutsche Anwaltsverein anlässlich der Antworten zur Umfrage des Reichsjustizministeriums auf, indem er feststellte, dass das Unternehmen als solches in seiner Objektivierung und Versachlichung zu einem den Aktionärsindividualismus einschränkenden Moment geworden sei.[42] Die Individualinteressen würden lediglich zurückgedrängt, wohingegen eine Ablösung durch das Unternehmensinteresse nicht in Frage komme; beide Interessen seien miteinander in Einklang zu bringen.[43] Die Reformkommission des 34. Deutschen Juristentags schlug schließlich die Schaffung einer Generalklausel vor, wonach die Ausübung des Stimmrechts unzulässig sein sollte, wenn der Aktionär unter Verletzung der offenbaren Interessen der Gesellschaft gesellschaftsfremde Sondervorteile

---

**39** *Nußbaum* FS Heymann (1931) Bd. II S. 492, 501 ff.; *Passow* Strukturwandel der Aktiengesellschaft (1930) S. 5.

**40** RGZ 107, 202, 204 für die Übertragung des Vermögens einer Gewerkschaft im Ganzen; dagegen Schreiber/*A. Hueck* Reichsgerichtspraxis im deutschen Rechtsleben (1929) Bd. IV S. 167, 174, wonach es eine Überspannung bedeute, wenn der Aktionär sich bei der Abstimmung lediglich von den Gesellschaftsinteressen leiten und alle sonstigen persönlichen Interessen ganz zurücktreten lassen müsse.

**41** RGZ 107, 72, 75; RGZ 107, 202, 204; RGZ 113, 188, 193; s. auch bereits RGZ 68, 314, 317: Vorsätzliches Handeln zum Nachteil der AG und der Minderheit.

**42** DAV Druckschriften Nr. 22 (1929) S. 14.

**43** DAV Druckschriften Nr. 22 (1929) S. 14.

für sich oder einen Dritten verfolgte.[44] Eine entsprechende *Generalklausel* sahen auch die Reformentwürfe der Jahre 1930 und 1931 vor (s. § 137 Abs. 1 S. 2 AktG-E 1931). Die Verfasser des AktG-E 1930 erkannten damit an, dass die Interessen des „Unternehmens an sich" ebenso schutzbedürftig seien, wie die Interessen der Einzelaktionäre.[45]

## 2. Die Bindung an das Allgemeinwohl im AktG 1937

Die erste gesetzliche Festlegung von Leitlinien für das Vorstandshandeln enthält das AktG 1937. Der maßgebliche § 70 Abs. 1 AktG 1937 bestimmte wie folgt: „Der Vorstand hat unter eigener Verantwortung die Gesellschaft so zu leiten, wie das Wohl des Betriebes und seiner Gefolgschaft und der gemeine Nutzen von Volk und Reich es fordern." Das neue Aktiengesetz sollte eine grundsätzliche Neuordnung des Unternehmensrechts unter Berücksichtigung nationalsozialistischer Vorstellungen einläuten.[46] Dem entsprach die Vorstellung, dass die Aktiengesellschaft nicht „das privatwirtschaftliche Erwerbsziel lediglich um seiner selbst willen"[47] verfolgen sollte, sondern auch und insbesondere gesamtwirtschaftliche und soziale Aufgaben zu erfüllen hat. Aus Gründen der Gesetzestechnik wurden diese, als allgemeingültig angesehenen Aspekte, nicht in einem „Allgemeinen Teil" zum Aktiengesetz, sondern in den Bestimmungen zum Vorstand, als dem für die Leitung des Unternehmens allein Verantwortlichen, verankert.[48] Entkleidet man die Norm der NS-Ideologie offenbaren sich die Wurzeln bereits im Aktienrechtsentwurf des Reichsjustizministeriums 1930, der seinerseits auf die Lehre des Unternehmens an sich zurückgeht.[49]

---

**44** DJT-Kommission, Generalbericht, 1928, S. 27.

**45** Erläuternde Bemerkungen zum Entwurf eines Gesetzes über Aktiengesellschaften und Kommanditgesellschaften auf Aktien sowie Entwurf eines Einführungsgesetzes nebst erläuternden Bemerkungen (AktG-E 1930), abgedruckt bei *Schubert* Quellen zur Aktienrechtsreform der Weimarer Republik 1926–1931 (1991) S. 936.

**46** S. Einleitung zur Amtlichen Begründung, abgedruckt bei *Klausing* Aktien-Gesetz (1937) S. 2; *Kißkalt* ZAkDR 1934, 20, 34.

**47** *Klausing* Aktien-Gesetz (1937) S. 59, 73.

**48** S. dazu *Klausing* Aktien-Gesetz (1937) S. 73.

**49** S. dazu *Haussmann* JW 1927, 2953 ff., der diesen Begriff prägte; näher dazu Bayer/Habersack/*Spindler* Aktienrecht im Wandel Bd. I 13. Kap. Rn. 83 ff.; eingehend *Riechers* Das „Unternehmen an sich" (1996) passim m.w.N.

## 3. Leitlinien des Vorstands im Rahmen der Diskussion des AktG 1965

Der Gesetzgeber des AktG 1965 hingegen änderte § 70 Abs. 1 AktG 1937 im Zuge der Diskussionen dahingehend, dass er die im AktG 1937 verankerten Leitlinien für das Vorstandshandeln aus dem Gesetz strich. Ausweislich der Gesetzgebungsmaterialien sah er deren Geltung als selbstverständlich an. So heißt es in der Begründung des Regierungsentwurfs zu § 76 Abs. 1 AktG 1965 (§ 70 Abs. 1 AktG 1937):

> „Daß der Vorstand bei seinen Maßnahmen die Belange der Aktionäre und der Arbeitnehmer zu berücksichtigen hat, versteht sich von selbst und braucht nicht ausdrücklich im Gesetz bestimmt zu werden. Gleiches gilt für die Belange der Allgemeinheit.“[50]

Weitergehend heißt es im Bericht des Rechtsausschusses zu einem Antrag auf Ergänzung[51] des Regierungsentwurfs um Leitlinien für das Vorstandshandeln:

> „Die Mehrheit im Rechtsausschuß und Wirtschaftsausschuß des Bundestages sprach sich jedoch gegen die beantragte Ergänzung aus. Sie teilt zwar die Auffassung, daß jede Aktiengesellschaft, auch wenn ihre Tätigkeit auf Gewinn gerichtet sei, sich in die Gesamtwirtschaft und in die Interessen der Allgemeinheit einfügen müsse. Das ergebe sich aus § 396. Daß die Gesellschaften auch das Wohl ihrer Arbeitnehmer zu beachten hätten, sei in einem sozialen Rechtsstaat selbstverständlich und ergebe sich im Übrigen aus einer Vielzahl von Rechtsvorschriften, die die Ausgestaltung dieses Grundsatzes im einzelnen näher regelten (Kündigungsschutzgesetz, Schwerbehindertengesetz, Betriebsverfassungsgesetz. Unfallverhütungsvorschriften). Schließlich verstehe es sich von selbst, dass die Gesellschaft sich auch nicht über die Interessen ihrer Arbeitnehmer hinwegsetzen dürfe. Bei dieser Sachlage sei es überflüssig, das Gesetz wie beantragt zu ergänzen. Die beantragte Vorschrift habe keine rechtliche Substanz und keine selbständige Bedeutung. Bei ihrer Aufnahme in das Gesetz bestehe die Gefahr, dass ihr gleichwohl eine weitergehende Bedeutung beigemessen werde. Diese Gefahr bestehe um so mehr, wenn aus der Reihenfolge der Aufzählung der Schluss gezogen werden würde, das zuerst genannte Wohl der Arbeitnehmer habe im Zweifel Vorrang vor dem Wohl der Aktionäre und diese beiden wiederum vor dem Wohl der Allgemeinheit. Auch dies spreche gegen die beantragte Ergänzung.“[52]

Der Gesetzgeber brachte damit deutlich zum Ausdruck, dass die Leitlinien des § 70 AktG 1937 auch im neuen AktG 1965 fortgelten sollten, allerdings kein Primat des

---

50 *Kropff* Textausgabe des Aktiengesetzes vom 6.9.1965, Begründung RegE zu § 76 S. 97.

51 Der Antrag richtete sich auf die Einfügung eines § 75a AktG 1965. Nach dieser Vorschrift sollte die Gesellschaft das Unternehmen unter Berücksichtigung des Wohl seiner Arbeitnehmer, der Aktionäre und der Allgemeinheit betreiben (s. *Kropff* Textausgabe des Aktiengesetzes vom 6.9.1965, Ausschußbericht zu § 76 S. 98).

52 *Kropff* Textausgabe des Aktiengesetzes von 6.9.1965, Ausschußbericht zu § 76 S. 98.

einen oder anderen Interesses bestehen sollte. Gerade die Berücksichtigung des Wohls der Arbeitnehmer wurde als selbstverständlich unterstellt, wenngleich der Vorstand ihnen nicht den Vorrang einzuräumen hat.[53]

## 4. Das Unternehmensinteresse als zentrale Leitlinie in der Rechtsprechung und in der rechtswissenschaftlichen Diskussion

Die Figur des Unternehmensinteresses findet sich nach langer Zeit, in der die Rechtsprechung diesen Terminus nicht mehr verwandte, zum ersten Mal wieder in den siebziger Jahren in einem Urteil des BGHs zur Verschwiegenheit der Aufsichtsratsmitglieder.[54] Der BGH führte dabei aus, dass sowohl für die Aufsichtsratsmitglieder der Aktionäre als auch für die der Arbeitnehmer das Interesse des Unternehmens maßgebend sei, welches „sich vielfach, aber nicht immer, mit den Interessen der im Aufsichtsrat repräsentierten Gruppen decken wird."[55] Hinsichtlich einer möglichen Interessenpluralität im Aufsichtsrat (und damit einer möglichen Interessenpluralität von Aktionären und Arbeitnehmen) nahm der BGH jedoch ausdrücklich nicht Stellung. Auch das BVerfG nahm den Begriff des Unternehmensinteresses später in der Entscheidung[56] zur verfassungsrechtlichen Vereinbarkeit des MitbestG auf und führte eher beiläufig und ohne weitere Begründung aus, dass dem Vorstand die Wahrung von Interessen aufgegeben sei, „die nicht notwendig diejenigen der Anteilseigener sein müssen."

Darüber, wie diese Figur des Unternehmensinteresses rechtlich einzuordnen und inhaltlich zu konkretisieren ist, herrschte (und herrscht) allerdings lange Zeit Streit. Da das „Unternehmensinteresse" nicht an den Verband der Anteilseigner anknüpft, sondern an dem „Unternehmen" als Zentrum zahlreicher Interessen, konnte (und kann) es nicht eindimensional im Sinne der Interessen der Anteilseigner verstanden werden. Im Wesentlichen herrscht daher darüber Einigkeit, dass der Vorstand die konfligierenden Interessen von Arbeitnehmern, Gläubigern, Aktionären und anderen an dem „Unternehmen" interessierten Gruppen zu einem Ausgleich führen soll, ohne dass eine Gruppe das Präjudiz hätte. Dabei steht dem

53 Unverständlich daher (und unter erheblich verkürzter Darstellung der Gesetzgebungsmaterialien) die insinuierte Behauptung *Mülberts* AG 2009, 766, 770, dass § 70 AktG 1937 nicht fortgelte. Niemand behauptet die unmittelbare Fortgeltung; doch es geht um den Fortbestand der entsprechend dahinter stehenden Rechtsgedanken.

54 BGHZ 64, 325, 329 = NJW 1975, 1412 – Bayer.

55 BGHZ 64, 325, 331 = NJW 1975, 1412 – Bayer.

56 BVerfGE 50, 290 = NJW 1979, 833.

Vorstand ein breiter Spielraum zur praktischen Konkordanz dieser Interessen zu.[57] Über diese dem Vorstand praktisch zugewiesene Kompetenz zur Konkretisierung eines unbestimmten Rechtsbegriffs hinaus werden zahlreiche Konstruktionen vertreten, die von der Verabsolutierung des Unternehmens als (fast) eigenständiger juristischer Person[58] über ein Konglomerat verschiedenster Interessen[59] bis hin zu einer auf systemtheoretischen Überlegungen fußenden Konzeption zur prozeduralen Findung des Unternehmensinteresses zwischen Vorstand und beteiligten Interessengruppen[60] reichen[61] und die hier nicht im einzelnen nachzuzeichnen sind, da sie zum einen bislang kaum Resonanz gefunden haben, zum anderen keine praktischen Auswirkungen zeitigen. Dementsprechend hat sich nach den intensiven, teilweise auch ideologisch geführten Debatten eine gewisse Ernüchterung eingestellt.[62] Nach mehr als dreißig Jahren Diskussion hat sich bis heute kein Maßstab herausgebildet, der auch nur annähernd eine Leitlinie für die Beurteilung des Handelns des Vorstands bilden könnte.[63] Eine zu pluralistische Interessenberücksichtigung und eine größtmögliche Konkretisierungsbefugnis durch den Vorstand kann die Verantwortung des Vorstands auflösen[64] – wie dies schon Ende der zwanziger Jahre erkannt wurde. Aussagen über die materiellen Ziele „des Unternehmens" lassen sich daher aus dem Unternehmensinteresse kaum ableiten,[65] das Unternehmensinteresse wird zum „juristischen Ei des Kolumbus".[66]

---

57 *Hopt* ZGR 1993, 534, 536 f.; *Hüffer*[9] § 76 Rn. 12; krit. GroßkommAktG-*Kort* § 76 Rn. 46; *Schön* ZGR 1996, 429, 439 f.

58 So *Raiser* Das Unternehmen als Organisation (1969) S. 166 ff.; *ders.* FS R. Schmidt (1976) S. 101 ff.; s. aber auch Kölner KommAktG-*Mertens/Cahn* § 76 Rn 6 ff., der ähnlich wie *Schilling* FS R. Fischer (1979) S. 679, 680 ff. sowie *ders.* ZHR 144 (1980) 136 ff. eine Integration von Gesellschaft und Unternehmen vertritt.

59 So etwa *Jürgenmeyer* Das Unternehmensinteresse (1984) S. 236 f.; *Junge* FS v. Caemmerer (1978) S. 547, 549 ff; *Raisch* FS Hefermehl (1976) S. 347 ff.; *Semler* Leitung und Überwachung (1996) Rn. 51 ff. m.w.N.

60 So etwa *Brinkmann* Das Unternehmensinteresse (1983) S. 230 ff.; *ders.* AG 1982, 122, 127 ff.; *Teubner* ZHR 148 (1984) 470, 479 ff.; *ders.* ZGR 1983, 34; ähnlich *Reuter* AcP 179 (1979) 509, 519.

61 Überblick über die Theorienbildung auch bei *Schmidt-Leithoff* Die Verantwortung der Unternehmensleitung (1989) S. 62 ff.; *Zöllner* AG 2003, 2, 3 ff.; *Kuhner* ZGR 2004, 244, 247 ff.

62 Ausführlich zur Kritik *Kuhner* ZGR 2004, 244, 252 ff.; Spindler/Stilz/*Fleischer* § 76 AktG Rn. 27.

63 S. auch die Kritik von *Mülbert* ZGR 1997, 129, 156 ff. (wiederholt in *ders.* AG 2009, 766, 771 f.); *Zöllner* AG 2003, 2, 7 f.; GroßkommAktG-*Kort* § 76 Rn. 39 f.; *Birke* Das Formalziel der Aktiengesellschaft (2005) S. 198.

64 *Hüffer*[9] § 76 AktG Rn. 15; s. auch *Wiedemann* FS R. Fischer (1979) S. 883 ff.; krit. auch GroßkommAktG-*Kort* § 76 Rn. 46; *Zöllner* AG 2003, 2, 7 f.

65 Im Ergebnis ähnlich *Laske* ZGR 1979, 173, 196 ff.; auf systemtheoretischer Grundlage *Brinkmann* Das Unternehmensinteresse (1983) S. 268 ff.; *Teubner* ZHR 148 (1984) 470, 479 ff.; *ders.* ZGR 1983, 34;

## 5. Der Shareholder Value als Maxime für die Führungsorgane der AG

Die vor allem durch die Berücksichtigung von Arbeitnehmerinteressen gekennzeichnete Diskussion in den siebziger Jahren wurde im Zuge der Globalisierung der Kapitalmärkte und der Rezeption der Ansätze der Chicago School (Ökonomische Analyse des Rechts) durch eine Konzentration auf verschiedene marktmäßige Kontrollmechanismen des Vorstands, allen voran eine kapitalmarktorientierte Sichtweise abgelöst, während rechtliche Kontrollen sich auf grobe Verstöße und Konflikte beschränken sollten,[67] um die Flexibilität unternehmerischen Handelns nicht zu gefährden. Ausdruck dieses Verständnisses ist der Shareholder Value als Leitlinie für die Führungsorgane,[68] verstanden als Maximierung des Marktwerts der AG.[69] Das Shareholder Value-Konzept basiert auf der finanzökonomischen Vorstellung, dass jeder Kapitalgeber bzw. Aktionär als rationaler Anleger im Sinne der Portfoliotheorie daran interessiert ist, möglichst die Rendite und den Marktwert seines Anteils, verstanden als abdiskontierter Ertragswert aller zukünftigen Einnahmen im Sinne der Investitionstheorie, zu maximieren.[70] Im Vordergrund stehen damit die Interessen des Kapitalmarktes bzw. der Aktionäre an der AG, die einen absoluten Vorrang vor den Interessen anderer sog. Stakeholder (Arbeitnehmer, Management, Gläubiger, Kunden, die Öffentlichkeit etc.) beanspruchen;[71] denn diese werden durch ihre jeweiligen Märkte oder durch entsprechende (exogene) rechtliche Rahmenbedingungen (z. B. Umweltrecht) sichergestellt.

Vor allem mit der Verabschiedung des KonTraG[72] 1998 scheint sich dieses Konzept im AktG niedergeschlagen zu haben.[73] Das KonTraG sollte die Ausrichtung

---

*Dalchow* Zur Bedeutung des Shareholder Value bei der Konkretisierung von Organpflichten in börsennotierten AGs (2005) S. 83 f.

**66** So *Mertens* AG 1990, 49, 54; vorsichtiger Kölner KommAktG-*Mertens/Cahn* § 76 Rn. 10, 22.

**67** S. aber *Schwarz/Holland* ZIP 2002, 1661, 1672 die aufgrund einer Auflistung US-amerikanischer Unternehmenskrisen offenbar für eine Rückkehr zu einer verbandsrechtlichen Sichtweise (interne Corporate Governance) und Abkehr von der Marktkontrolle plädieren.

**68** Einen geschichtlichen Überblick über den Einzug des Shareholder Value -Konzepts in das Aktienrecht gibt *Groh* DB 2000, 2152; zur Herkunft des Shareholder Value – Konzepts s. *Mülbert* ZGR 1997, 129, 134 f.

**69** Optimistischer aber *Ulmer* AcP 202 (2002) 143, 158 f.; *Schilling* BB 1997, 373, 375 f.; ausführlich *Mülbert* ZGR 1997, 129, 158 ff.; *ders.* FS Röhricht (2005) S. 421, 440 f.; wohl auch *Zöllner* AG 2003, 2, 11 f.

**70** *Unzeitig/Köthner* Shareholder Value Analyse (1995) S. 55 ff.; *Mülbert* ZGR 1997, 129, 156.

**71** *Ulmer* AcP 202 (2002) 143, 155; *Kuhner* ZGR 2004, 244, 259 ff.

**72** Gesetz zur Kontrolle und Transparenz im Unternehmensbereich vom 27.4.1998, BGBl. I, S. 786.

**73** *Ulmer* AcP 202 (2002) 143, 158; *Mülbert* FS Röhricht (2005) S. 421, 434 f.; *v. Bonin* Die Leitung der Aktiengesellschaft zwischen Shareholder Value und Stakeholder-Interessen (2004) S. 131, 149 f.; *Groh* DB 2000, 2153, 2158.

der Publikumsgesellschaften auf die Bedürfnisse und Erwartungen der internationalen Finanzmärkte im Sinne einer stärkeren Orientierung an einer langfristigen Wertsteigerung für die Anteilseigner aktiv begleiten,[74] insbesondere durch die erleichterte Gewährung von Aktienoptionen.[75] Dies bedingt aber, dass sich der Vorstand bei seiner Tätigkeit auch an der Marktwertmaximierung orientieren darf, da ansonsten etwa bei Aktienoptionen als Vergütungsbestandteil eine Verfolgung von Aktionärsinteressen gar nicht möglich wäre.[76] Eine deutliche Aussage indes, wie zu Zeiten des AktG 1965, sucht man vergeblich. Ebenso wenig wird der Leser bei den darauf folgenden Gesetzgebungsakten zur Reform des Aktienrechts fündig, sei es des NaStraG,[77] des UMAG,[78] des ARUG[79] oder erst recht jüngst des VorstAG.[80] Trotz der Betonung der zunehmenden Kapitalmarktorientierung hat der Gesetzgeber des KonTraG selbst festgehalten, dass das bisherige System ausgewogen sei und sich bewährt habe;[81] eine völlige Neuorientierung der Ziele kann daher daraus nicht abgeleitet werden.

Vereinzelt wird auch versucht der Rechtsprechung eine Orientierung auf den Shareholder Value zu entlocken:[82] Dies soll sich vor allem aus den einschlägigen Entscheidungen des BVerfG zur prinzipiell erforderlichen Abfindung orientiert am Verkehrswert ergeben, der sich seinerseits am Börsenkurs orientiert.[83] Indes resultiert aus der Maßgeblichkeit des Verkehrswerts für die Berechnung der Abfindung noch lange nicht, dass auch die Führungsorgane den Verkehrs- bzw. Marktwert des Unternehmens zu maximieren hätten; das BVerfG statuiert in der Entscheidung lediglich, wie der Wert im Lichte von Art. 14 GG zu berechnen ist, wodurch also auch das Eigentum in seinem Wert und seinem Inhalt geprägt ist.

---

**74** Begr. RegE eines Gesetzes zur Kontrolle und Transparenz im Unternehmensbereich (KonTraG) BT-Drucks. 13/9712 S. 11; *Mülbert* FS Röhricht (2005) S. 421, 434; *Wollburg* ZIP 2004, 646, 647 f.

**75** Spindler/Stilz/*Fleischer* § 76 AktG Rn. 32; *Ulmer* AcP 202 (2002) 143, 158 f.; *Birke* Das Formalziel der Aktiengesellschaft (2005) S. 209.

**76** *Mülbert* FS Röhricht (2005) S. 421, 434.

**77** Gesetz zur Namensaktie und zur Erleichterung der Stimmrechtsausübung (Namensaktiengesetz) vom 18.1.2001, BGBl. I, S. 123.

**78** Gesetz zur Unternehmensintegrität und Modernisierung des Anfechtungsrechts vom 22.9.2005, BGBl. I, S. 2802.

**79** Gesetz zur Umsetzung der Aktionärsrechterichtlinie vom 30.7.2009, BGBl. I, S. 2479.

**80** Gesetz zur Angemessenheit der Vorstandsvergütung vom 31.7.2009, BGBl. I, S. 2509.

**81** Begr RegE eines Gesetzes zur Kontrolle und Transparenz im Unternehmensbereich (KontraG) BT-Drs. 13/9712 S. 11.

**82** So – allerdings im Ergebnis moderat – *Mülbert* FS Röhricht (2005) S. 421, 435 ff.

**83** Leitentscheidung BVerfGE 100, 289 – DAT/Altana; BVerfG Nichtannahmebeschluss v. 23.8.2000 NJW 2001, 279 – Moto Meter; BVerfG Nichtannahmebeschluss v. 25.7.2003 ZIP 2003, 2114; s. noch jüngst BVerfG NJW 2007, 3266; zum Ganzen *Padberg* Die Bedeutung des Börsenkurses für die Höhe von Barabfindungen (2007).

Fragen der inhaltlichen Ausgestaltung des Anteilseigentums und erst recht seiner Sozialbindung (Art. 14 II GG) werden durch die Entscheidung nicht berührt, was im Hinblick auf den Streitgegenstand auch nicht verwunderlich ist.

Dies gilt auch hinsichtlich der in diesem Zusammenhang herangezogenen Macrotron- bzw. Delisting-Entscheidung des BGH:[84] Zwar hat sich der BGH maßgeblich auf die Beeinträchtigung des Anteilseigentums und dessen Verkehrsfähigkeit gestützt, um die Zuständigkeit des Organs Hauptversammlung für die Entscheidung über ein Delisting zu begründen. Doch kann aus der Kompetenz der Hauptversammlung nicht der Rückschluss gezogen werden, dass der Vorstand stets die Aktionärsinteressen verfolgen müsste. Der Schlüssel zur Kompetenzzuweisung bei Delisting liegt nicht im Shareholder Value, sondern in der Frage, wer grundlegende Strukturentscheidungen in der AG zu treffen hat – dies muss aber nicht dazu führen, dass der Vorstand stets und immer den Shareholder Value zu berücksichtigen oder gar zu maximieren hätte.[85]

## III. Die Zieldiskussion: Pluralismus oder Monismus? Unternehmensinteresse oder Shareholder Value?

Diese *alleinige* Ausrichtung des Vorstandshandelns am Shareholder Value begegnet abgesehen von der dogmatischen Herleitung weiteren Bedenken in größerem Zusammenhang: zunächst kann der Shareholder Value nicht mit dem Gesellschaftsinteresse als Verbandsinteresse gleichgesetzt werden (III.1.), sodann impliziert der Shareholder Value nicht die Ausblendung anderer Interessen (III.1.b)), schließlich enthält auch die Orientierung am Shareholder Value ein nicht unerhebliches Maß an unternehmerischen Ermessen (III.1.c)). Diese Bedenken werden schließlich bekräftigt durch das jüngst verabschiedete VorstAG zur Neuausrichtung der Vorstandsvergütung (III.5.).

---

**84** BGHZ 153, 47, 55 – Macrotron.

**85** So aber *Mülbert* FS Röhricht (2005) S. 421, 436 ff, der jedenfalls die Marktwertmaximierung der Aktien als gleichrangiges Formalziel neben dem verbandsrechtlichen Ziel der Mehrung des Gesellschaftsvermögens anerkennt.

## 1. Shareholder Value als monistische Interessenleitlinie

### a) Shareholder Value und Verbandsinteresse

Das Shareholder Value Konzept orientiert sich grundsätzlich an der Maximierung des Marktwerts des einzelnen Anteils eines Aktionärs, getreu den Grundsätzen der Investitions- und Finanzierungstheorie,[86] was hinsichtlich sozialer Aktivitäten schließlich in einer (scheinbare mathematische Exaktheit gewährende) Art Investitionsrechnung münden soll.[87] Dem steht jedoch die Bindung des Vorstands an den Verband „AG" gegenüber; denn er ist Organ der juristischen Person „Aktiengesellschaft" und dieser verpflichtet, nicht den Anteilseignern selbst, was sich in seiner Rückbindung an das Gesellschaftsinteresse niederschlägt, wenn man dieses als ein von den einzelnen Aktionärsinteressen losgelöstes Rentabilitätsziel versteht.[88] Der Vorrang des Verbandsinteresses und die unzulässige Gleichsetzung mit „dem" Shareholder Value zeigt sich schließlich bei Gesellschaften mit Aktionären unterschiedlich hoher Beteiligungspakete und gegebenenfalls unternehmerischen Interessen, bei denen eine gleichmäßige Shareholder Value Orientierung schon aufgrund ihrer andersartigen Diversifikation ausscheidet, sofern das Unternehmen nicht einen späteren Börsengang plant.[89]

### b) Shareholder Value und Interessen anderer Stakeholder

Auch aus ökonomischer Sicht ist das Konzept des Shareholder Value keineswegs einseitig als Rückbindung an kurzfristige Anteilseignerinteressen zu verstehen; vielmehr ergeben sich auch hier durchaus Übereinstimmungen mit den Interessen anderer Gruppen, wie etwa Arbeitnehmern oder Gläubigern (sog. moderates Shareholder-Value-Konzept).[90] So kann es sehr wohl einer Shareholder Value Maximierung entsprechen, langfristige, unvollständig spezifizierte Verträge[91] – wie

---

86 So *Mülbert* ZGR 1997, 129 ff.

87 So *Mülbert* AG 2009, 766, 773.

88 Deutlich *Mülbert* FS Röhricht (2005) S. 421, 431 f.; zu den Bedenken dagegen und zur potentiellen Identität zwischen langfristiger Gewinnmaximierung und Shareholder Value s. *Schmidt/Spindler* FG Kübler (1997) S. 537 ff., 540.

89 *Hu* UCLA L. Rev. 38 (1990) 277, 361 ff.

90 Dazu *Mülbert* ZGR 1997, 129, 139 f.

91 Zur juristischen Bedeutung der ökonomischen Theorie der langfristigen Verträge *Jickeli* Der langfristige Vertrag (1996); grundlegend dazu die Arbeiten von *Oliver E. Williamson*, etwa Markets and Hierarchies (1975).

z. B. Arbeitsverträge[92] – nicht zu Lasten der anderen Vertragspartei auszunützen. Denn dadurch wird anderen Vertragsparteien glaubhaft versichert, dass sie nicht „ausgebeutet" werden im Rahmen ihrer (unvollständigen) Verträge, sonst anfallende Risikozuschläge und -prämien werden nicht erhoben, was letztlich wieder den Anteilseignern als Kapitalgeber zugute kommt. Nichts anderes ist auch im Rahmen anderer Konzepte gemeint, wenn betont wird, dass in langer Sicht weder der Gewinn noch der Marktwert einseitig auf Kosten anderer Stakeholder bzw. gegen deren Widerstand gemehrt werden könnte.[93]

In einer idealen Welt werden daher Anteilseigner, die die Verträge mit dem Management abschließen, sich mit einem Ermessensspielraum für das Management einverstanden erklären, um nicht etwaiger Vorteile aus der Ausnützung gemeinsamer Kooperation bei langfristigen Verträgen und damit Steigerungen des Marktwerts verlustig zu gehen. Daraus kann für den Handlungsspielraum des Managements und des Ausmaßes der Berücksichtigung von Interessen anderer Gruppen als derjenigen der Aktionäre Rückschlüsse gezogen werden: Je langfristiger und komplexer Verträge gestaltet sind, vor allem etwa bei Arbeitnehmern, umso eher kann der Vorstand hier deren Interessen berücksichtigen. Je spezifizierter und kurzfristiger die Verträge dagegen ausfallen, umso geringerer Anlass besteht, dem Vorstand einen Spielraum zur Benachteiligung von Aktionärsinteressen einzuräumen. Hier besteht keine Notwendigkeit, dem Vorstand einen Freiraum zu geben, um sich für die Zukunft einen good will des Verhandlungspartners zu sichern. Vielmehr rückt hier bei entsprechenden Freiräumen die Gefahr des opportunistischen Verhaltens des Managements bzw. Vorstands in den Vordergrund.[94]

Der Vorstand ist daher berechtigt, in diesem Rahmen auch die Interessen anderer am Unternehmen beteiligter Gruppen zu berücksichtigen, gerade auch auf dem Boden eines Shareholder Value-Konzepts. Er kann hierzu sogar verpflichtet sein, wenn der Marktwert des Unternehmens mittel- und langfristig sinkt, wenn etwa Gegenmaßnahmen von Arbeitnehmern zu erwarten sind, z. B. Streiks, oder erhöhte Gehaltsforderungen durch Risikoprämien aufgrund zuvor gezeigten opportunistischen Verhaltens. Umgekehrt darf der Vorstand sich im Rahmen seines Ermessens vorrangig am Shareholder Value-Konzept orientieren,[95] er muss es je-

92 Dazu ausführlich *Schmidt/Spindler* FG Kübler (1997) S. 528 ff.

93 Zutr. *Mülbert* ZGR 1997, 129, 139 f.; *v. Colbe* ZGR 1997, 217, 289.

94 Zum Ganzen eingehend *Schmidt/Spindler* FG Kübler (1997) S. 547 f.

95 Dafür *Hüffer* ZHR 161 (1997) 214, 217 f.; *ders.* § 76 AktG Rn. 12; Spindler/Stilz/*Fleischer* § 76 AktG Rn. 32; *Birke* Das Formalziel der Aktiengesellschaft (2005) S. 199 ff.; *v. Bonin* Die Leitung der Aktiengesellschaft (2004) S. 118 ff., 133 ff.; *Groh* DB 2000, 2153, 2158; *Ulmer* AcP 202 (2002) 143, 159; krit. aus betriebswirtschaftlicher Sicht *v. Werder* ZGR 1998, 69, 77 ff.; Ringleb/Kremer/Lutter/*v. Werder*[4] Deutscher Corporate Governance Kodex Rn. 355.

doch nur, wenn es sich um spezifizierte Verträge der dargestellten Art handelt. Auch bei einer vorrangigen Orientierung am Shareholder Value darf der Vorstand aber nicht die Interessen anderer Gruppen außer Acht lassen, wenn gerade bei langfristigen Vertragsbeziehungen die Glaubwürdigkeit des Unternehmens leidet und daher selbst bei Zugrundelegung des Shareholder Value Konzepts Beeinträchtigungen in mittelfristiger Hinsicht drohen.

#### c) Shareholder Value und Unternehmerisches Ermessen

Auch das Shareholder Value-Konzept muss demnach „weiche" Faktoren, wie Reputation des Unternehmens, Stabilität in den Vertragsbeziehungen und die Motivation von Arbeitnehmern, berücksichtigen, die sich im Rahmen von Investitionsrechnungen nur bedingt operationalisieren lassen, dennoch unstreitig Einfluss auf den Marktwert haben.[96] Damit verlagert sich die Frage nach der materiellen Richtigkeit der Entscheidung aber zunehmend in eine solche nach ihrer Vertretbarkeit.[97] Auch lässt sich – abgesehen von Extremfällen – die Shareholder Value Maximierung in Gestalt der „richtigen" Kooperation mit den Stakeholdern nicht messen oder gar einklagen, so dass ein unmittelbar rechtlich *verbindliches* Pflichtenprogramm ausscheidet.

### 2. Unternehmensinteresse, Shareholder Value und prozedurale Regeln

Damit wird deutlich, dass sowohl unter dem Regime der langfristigen Gewinnmaximierung als auch unter demjenigen des Shareholder Value letztlich dieselben prozeduralen Regeln dominieren, wie auch bei den verschiedenen Konzepten des Unternehmensinteresses, indem im Wesentlichen das richtige Maß an eingeholter Information und Abwägung im Zentrum der rechtlichen Überlegungen steht.[98] Das

---

**96** Vgl. *Ballwieser* FS Moxter (1994) S. 1377, 1389 f.; *Mülbert* ZGR 1997, 129, 156 ff.; *Janisch* Das strategische Anspruchsgruppenmanagement (1993) S. 102, 109 f.

**97** Zust. Spindler/Stilz/*Fleischer* § 76 AktG Rn. 38; *v. Colbe* ZGR 1997, 271, 290 sieht in dem Shareholder Value-Konzept auch eher einer Unternehmensphilosophie.

**98** Vgl. Kölner KommAktG-*Mertens/Cahn* § 93 Rn. 83, 91; deutlich auch *Semler* Leitung und Überwachung Rn. 76 ff. m.w.N.; s. auch die Erwägungen des OLG Düsseldorf im ARAG/Garmbeck-Fall, diesmal auf der Aufsichtsratsebene, OLG Düsseldorf AG 1995, 416, 418 f.; dazu *Dreher* ZHR 158 (1994) 614; *ders.* ZIP 1995, 628; *Raiser* NJW 1996, 552; *Lutter* ZIP 1995, 441; *Boujong* AG 1995, 203, 206; *Jaeger/Trölitzsch* ZIP 1995, 1157; *Fischer* BB 1996, 225.

Unternehmensinteresse als Berücksichtigung von Belangen anderer Gruppen, als derjenige der Anteilseigner, findet daher seine Rechtfertigung auch in der notwendigen Ausgestaltung von langfristigen Vertragsbeziehungen.[99] Das „moderate" Shareholder Value-Konzept widerspricht daher nicht einem – wie auch immer zu begründenden – Unternehmensinteresse. Umgekehrt sind die Organe der AG zur Verantwortung zu ziehen, wenn es sich um spezifizierte Verträge handelt und der Vorstand nicht im Interesse der Marktwertmaximierung handelt, z. B. im Bereich von Finanzierungstransaktionen. Denn in diesen Fällen besteht auch nach der Konzeption des Unternehmensinteresses kein Bedarf, die Anteilseignerziele hintanzustellen, da die übrigen Interessengruppen bereits ausreichend geschützt sind.

## 3. Interessenpluralismus in der mitbestimmten AG

Abgesehen davon, dass der Shareholder Value und auch das Ziel der Rentabilitätssicherung bereits die Berücksichtigung anderer Interessengruppen am Unternehmen umfasst, ist auf jeden Fall bei mitbestimmten Unternehmen die grundsätzliche Entscheidung des Gesetzgebers zu berücksichtigen, dass Arbeitnehmerinteressen im Aufsichtsorgan der AG fast paritätisch oder mit einem Drittel vertreten sind. Gerade in mitbestimmten Unternehmen kann daher ein Primat der Anteilseignerinteressen nicht angenommen werden:[100] Zwar lassen das MitbestG und das DrittelbG – abgesehen von den ausdrücklichen Abweichungen – die aktienrechtlichen Bestimmungen unberührt; doch kann andererseits nicht verkannt werden, dass die Arbeitnehmervertreter kaum als Interessenvertreter der Anteilseigner und rückgekoppelt an deren Interessen verstanden werden können.

Der Vorstand kann daher für gute Arbeitsbedingungen sorgen, das Betriebsklima fördern und bei seinen Geschäftsführungsmaßnahmen darauf achten, dass die Lage der Arbeitnehmer nicht ohne zwingenden Grund beeinträchtigt wird. Auch freiwillige soziale Leistungen, wie z. B. Gratifikationen, Altersversorgung, Überlassung von Wohnungen, Anbieten von Belegschaftsaktien gem. § 71 Abs. 1 Nr. 2 AktG, oder durch betriebliche Einrichtungen, welche die Möglichkeit für eine Fort- und Weiterbildung bieten, können ergriffen werden. Solche Sozialleistungen mögen dem Grundsatz einer kurzfristigen Gewinnmaximierung widersprechen, kommen aber dem Unternehmensganzen und damit auch der nachhaltigen Unternehmensentwicklung sowie einer langfristigen Marktwertsteigerung wieder zugute.[101]

---

**99** Im Ergebnis ähnlich Kölner KommAktG-*Mertens/Cahn* § 76 Rn. 19.

**100** So aber nach wie vor *Mülbert* AG 2009, 766, 772.

**101** Im Ergebnis ebenso GroßkommAktG-*Kort* § 76 Rn. 58 f.; *Hüffer*[9] § 76 AktG Rn. 14; *Fleischer* Handbuch des Vorstandsrecht § 1 Rn. 35; GroßkommAktG-*Hopt* § 93 Rn. 120.

## 4. Berücksichtigung von Gemeinwohlinteressen

Aber auch das Gemeinwohl darf vom Vorstand berücksichtigt werden, ohne deshalb der Gesellschaft, wenn dadurch ihre Vermögensinteressen beeinträchtigt werden, zum Schadenersatz verpflichtet zu sein.[102] Dies folgt zum einen aus der Gesetzgebungsgeschichte zum AktG 1965,[103] insbesondere zur Aufhebung der Vorgängervorschrift des § 70 AktG 1937, zum anderen schon aus der Sozialbindung des Eigentums nach Art. 14 Abs. 2 GG, die das BVerfG gerade für große Aktiengesellschaften in der Mitbestimmungsentscheidung hervorgehoben hat.[104] Dies kann auch nicht unter Hinweis auf einen vermeintlich bloßen Regelungsauftrag für den Gesetzgeber geleugnet werden,[105] da gerade die Ausstrahlungswirkung von Art. 14 Abs. 2 GG auf die Auslegung von Generalklauseln Wirkung zeitigt. Auch hat die Diskussion über die gesellschaftliche Verantwortung von Unternehmen (Corporate Social Responsibility) weltweit immer mehr an Bedeutung gewonnen.[106] Unternehmen werden zunehmend daran gemessen und messen sich selbst daran, wie sie ihrer sozialen und ökologischen Verantwortung gerecht werden. Bezeichnend für diese Bestrebungen war die Gründung des Forums „Nachhaltige Entwicklung der Deutschen Wirtschaft (econsense)“ auf Initiative des BDI, dem mittlerweile 25 global agierende deutsche Unternehmen angehören.[107]

Unzulässig wäre es aber, wenn ein Vorstand die Leitung des Unternehmens einseitig auf die Verfolgung öffentlicher Interessen ausrichtet, ohne dabei zugleich die Interessen der am Unternehmen Beteiligten ausreichend zu wahren. Ein ordentlicher und gewissenhafter Geschäftsleiter, der fremde Vermögenswerte verwaltet, muss darauf achten, dass die Zuwendungen im Einklang mit der Lage der Gesellschaft stehen und das verkehrsübliche Maß nicht willkürlich überschrei-

---

**102** *Rittner* FS Geßler (1970) S. 139, 149 ff.

**103** S. oben II.1.

**104** BVerfGE 50, 290 ff.

**105** So aber *Mülbert* AG 2009, 766, 770, der allerdings selbst (und insoweit zirkulär) später unter Hinweis auf Art. 14 GG meint, dass keine Gemeinwohlklausel erforderlich sei.

**106** S. dazu die besondere Seite der OECD zur Corporate Responsibility unter www.oecd.ovg/department/0,3355,en_2649_33765_1_1_1_1,00.html; *Habisch*/Jonker/*Wegner*/Schmidpeter Corporate Social Responsibility Across Europe S. 116 f. m.w.N.; *Mullerat* Corporate Governance Responsibility (2005); *Scherer*/*Picot* Unternehmensethik und Corporate Social Responsibility zfbf Sonderheft 58/08; *Schwalbach* Corporate Social Responsibility ZfB Sonderheft 3/2008; krit. aber auch *Schreyögg* AG 2009, 758 ff.

**107** Internetseite www.econsense.de; siehe dort insbesondere „Corporate Social Responsibility – A Memorandum for Creativity and Innovations“ (abrufbar unter: http://www.econsense.de/PUBLIKATIONEN/ECONSENSE_PUBLIK/images/CSR-Memorandum_dt.PDF).

ten.[108] Auch darf nicht verkannt werden, dass das Unternehmen bereits in einem dicht regulierten Umfeld steht, das die öffentlichen Interessen kodifiziert und zwingende rechtliche Rahmenbedingungen für das Unternehmen setzt. Nur soweit diese als Mindestbedingungen begriffen werden können, z.B. im Umweltschutz, über die das Unternehmen mit einem Imagegewinn hinausgehen kann, kann der Vorstand die Gemeinwohlinteressen über das bereits zwingend gesetzte Maß hinaus überschreiten.[109] Konfliktfelder betreffen etwa das Ausmaß des Sponsoring für gemeinnützige Zwecke, insbesondere von Sportveranstaltungen oder von Spenden für Parteien.[110]

## 5. Neuausrichtung der Vorstandsvergütung durch das VorstAG

Dass jedenfalls keine kurzfristige Marktwertmaximierung zu den Pflichten des Vorstands gehört, hat sich erst jüngst im neuen Gesetz zur Angemessenheit der Vorstandsvergütung niedergeschlagen. Schon zuvor hatte der Corporate Governance Kodex in Ziff. 4.1.1 die Steigerung eines „nachhaltigen" Unternehmenswerts betont und dürfte so als Absage an zumindest einen sich in kurzfristigen Kursausschlägen manifestierenden Shareholder-Value-Ansatz zu verstehen sein.[111] Für börsennotierte Gesellschaften legt der Gesetzgeber jetzt in § 87 Abs. 2 AktG zwingend die Orientierung auf eine „nachhaltige Unternehmensentwicklung" fest – was auch schon zuvor h.M. war.[112] Allerdings ist es keineswegs eine triviale Aufgabe, den Begriff der nachhaltigen Unternehmensentwicklung zu konkretisieren; denn die Zeithorizonte und die Prognosen, die hier zu Grunde zu legen sind,[113] werden stets subjektiv sein und können nur bedingt überprüft werden. Ebenso wenig besteht eine Fixierung auf eine bestimmte Kennziffer, wie etwa die Maximierung des Unternehmenswerts, wie auch immer dieser definiert sein mag; vielmehr ist der Aufsichtsrat frei, im Rahmen des – allerdings ebenfalls diffusen Unternehmensin-

108 BGHSt 47, 187 – SSV Reutlingen; GroßkommAktG-*Kort* § 76 Rn. 67, 69; *Mertens* FS Goerdeler (1987) S. 349, 360; *Fleischer* AG 2001, 171, 177 f.

109 Weitergehender *Schreyögg* AG 2009, 758, 763 ff.: überall dort, wo Marktversagen hinsichtlich externer Effekte besteht, ist unternehmensethisches Handeln vertretbar und auch zu fordern, um die nötigen Lücken zu schließen.

110 NäherMünchKommAktG-*Spindler* § 76 Rn. 87 f. m.w.N.

111 *Ringleb*/Kremer/Lutter/v. Werder[4] Deutscher Corporate Governance Kodex Rn. 608.

112 Spindler/Stilz/*Fleischer* § 87 Rn. 5; LG Düsseldorf NJW 2004, 3275, 3278; *Ringleb*/Kremer/Lutter/v. Werder[4] Corporate Governance Kodex Rn. 709 f.; MünchKommAktG-*Spindler* § 87 Rn. 27, 31; *Hohaus*/*Weber* DB 2009, 1515, 1517; *Thüsing* AG 2009, 517, 519 hält dies allerdings für eine Verstärkung.

113 Allgemein zum Problem der Prognosen im Gesellschaftsrecht *Spindler* AG 2006, 677 m.w.N.

teresses – Prioritäten zu setzen.[114] Ob dem Aufsichtsrat hier ein Beurteilungsspielraum hinsichtlich des unbestimmten Rechtsbegriffs eingeräumt werden kann (in Analogie zu § 93 Abs. 1 S. 2 AktG), ist bislang wenig diskutiert, aber anzunehmen.[115] Als „systemwidrig" wird man eine derartige Fokussierung aber kaum bezeichnen können, da die Aktionäre zwar jederzeit die AG liquidieren können, die Interessenausrichtung des Vorstands aber die AG insgesamt und damit deren Erhaltung betrifft, wie auch § 91 Abs. 2 AktG zeigt.[116]

Das Gesetz schränkt das Ermessen des Aufsichtsrats bei börsennotierten Gesellschaften aber auch hinsichtlich der variablen Vergütungsbestandteile ein, indem die nachhaltige Unternehmensentwicklung Leitbild des Systems und der Anreize sein soll; reine Fixvergütungen werden damit nicht untersagt.[117] Dabei werden alle Vergütungsformen erfasst, die nicht von vornherein in einer festen Geldsumme fixiert sind, etwa Stock Options, Gewinnbeteiligungen oder sonstige von Indikatoren abhängige Vergütungen. Aber auch Bonizahlungen, die der Aufsichtsrat nach seinem Ermessen zusätzlich zur Vergütung beschließt, zählen dazu, so dass bei der Bemessung des Bonus eine mehrjährige Bemessungsgrundlage zugrunde zu legen ist. Ein völlig freies Ermessen wird es hier nicht geben können – und gab es auch zuvor nicht.[118] Die Vergütung kann aber aus einer Mischung kurz- und langfristiger Anreize bestehen, solange die langfristige Komponente überwiegt.[119] Das Bemühen, die Anreize auf den tatsächlichen langfristigen Beitrag der Vorstandstätigkeit für das Unternehmen auszurichten, zeigt sich schließlich darin, dass der Aufsichtsrat bei außerordentlichen Entwicklungen eine Begrenzung vornehmen soll, so dass der Vorstand durch bedeutsame, aber seltenere Maßnahmen, wie Unternehmensüber-

---

114 Zutr. *Thüsing* AG 2009, 517,520. Allerdings entsteht hier ein bislang kaum wahrgenommener Konflikt zwischen der gemeinhin dem Vorstand eingeräumten Priorität bei der Definition des Unternehmensinteresses und dem Aufsichtsrat.

115 MünchKommAktG-*Spindler* § 87 Rn. 20; Spindler/Stilz/*Fleischer* § 87 Rn. 15; allgemein dazu *Spindler* FS Canaris (2007) S. 403; im Ergebnis ähnlich *Hohenstat,* ZIP 2009, 1349, 1354 f.; *van Kann/Keiluweit* DStR 2009, 1587, 1588; *Nikolay* NJW 2009, 2640, 2642.

116 Anders *Wagner/Wittgens* BB 2009, 906, 908; wie hier *Thüsing* AG 2009, 517, 520.

117 *Hohenstatt* ZIP 2009, 1349, 1350; *Fleischer* NZG 2009, 801, 803; *Thüsing* AG 2009, 517, 519; s. schon die Kritik in der Stellungnahme des Handelsrechtsausschusses DAV NZG 2009, 612, 613 Tz. 7 zum FrakE.

118 MünchKommAktG-*Spindler* § 87 Rn. 37 f; GroßkommAktG-*Kort* § 87 Rn. 48.

119 Bericht des Rechtsausschusses BT-Drucks. 16/13433 S. 16, der damit der Kritik der Praxis Rechnung trägt; Stellungnahme des Handelsrechtsausschusses DAV NZG 2009, 612, 613 Tz. 5, 8; im Ergebnis auch *Hohenstatt* ZIP 2009, 1349, 1351; *Fleischer* NZG 2009, 801, 803; *Hohaus/Weber* DB 2009, 1515, 1517; *van Kann/Keiluweit* DStR 2009, 1587, 1588; *Lingemann* BB 2009, 1918, 1919 nennt ein Verhältnis von 40 % fix, 20 % variabel langfristig und 20 % variabel kurzfristig für nicht zu beanstanden.

nahmen oder Verkauf von Unternehmensteilen, sein eigenes Gehalt nicht kurzfristig erheblich steigern kann.[120]

## IV. Interessenausrichtung bei anderen Rechtsformen, insbesondere der GmbH

Für kleinere Gesellschaften, etwa GmbHs, sowie erst recht für Personengesellschaften, wie KGs oder OHGs, trifft man dagegen eher selten die Diskussion an, ob die Geschäftsführung noch andere Interessen als diejenigen der Gesellschafter zu verfolgen hat, was angesichts der Abhängigkeit der Geschäftsführer vom Willen der Gesellschafter auch nicht weiter verwundert.[121] Allerdings können auch GmbHs einer Mitbestimmung unterfallen, sei es des DrittelbG oder des MitbestG. Auch wenn daher ohne Zweifel die Gesellschaftsinteressen eine wesentlich größere Rolle als bei der AG spielen, bei der die Organe nicht in einem Über-/Unterordnungsverhältnis stehen, kann zumindest für das Organ Aufsichtsrat nicht geleugnet werden, dass die Arbeitnehmervertreter kaum auf die einseitige Berücksichtigung der Interessen der Gesellschafter verpflichtet wären. Jenseits der Mitbestimmung und des Aufsichtsrats jedoch schlägt die strikte Ausrichtung an den Weisungen bzw. Interessen der Gesellschafter durch, so dass nur bei Missachtung des Eigeninteresses der GmbH, der Sicherung ihrer Existenz, eine Grenze zu ziehen ist. Gemeinwohlbelange spielen hier naturgemäß eine wesentlich geringere Rolle, da die Gesellschafter stets entsprechende Weisungen erteilen können und die Frage der Rechtfertigung des Geschäftsführerhandelns, etwa im Bereich der Corporate Social Responsibility, keine Rolle spielt. Allenfalls im Hinblick auf Mehrheitsentscheidungen im Verhältnis zur Minderheit könnte dieser Aspekt daher größere Bedeutung erlangen.

---

**120** Bericht des Rechtsausschusses BT-Drucks. 16/13433 S. 16 in Übernahme der Empfehlung Ziff. 4.2.3 des Corporate Governance Kodex.

**121** Im Gegensatz zur AG unterliegt der Geschäftsführer der GmbH bei der Berücksichtigung anderer Interessen als solcher der Gesellschafter aufgrund des starken Einflusses der Gesellschafter auf die Unternehmensführung engen Grenzen, s. dazu Scholz/*U. H. Schneider*[10] GmbHG § 43 Rn. 65 ff.; Lutter/Hommelhoff/*Kleindiek*[17] GmbHG § 43 Rn. 15; Baumbach/Hueck/*Zöllner*/*Noack*[19] § 43 Rn. 21; dies gilt grundsätzlich auch für die GmbH im Anwendungsbereich des MitbestG: dazu Scholz/*U. H. Schneider*[10] GmbHG § 37 Rn. 42.

## V. Rückwirkungen auf die strafrechtliche Bewertung

Der hier dargelegte Streit um die Ausrichtung des Vorstands- (und auch Aufsichtsrats-) handelns schlägt sich schließlich – und insoweit mit erheblichen persönlichen Konsequenzen für die Organmitglieder – in deren strafrechtlicher Würdigung nieder, allen voran der Untreue gem. § 266 StGB, die quasi als strafrechtliche Kehrseite der gesellschaftsrechtlichen Pflichten inzwischen gelten kann. Das größte Problem dürfte sowohl in Theorie als auch in Praxis – wie beim Missbrauchsverbot – die Konkretisierung der Treuepflichten darstellen. Denn dem Untreuetatbestand liegt das Modell eines Vermögensverwalters zugrunde, der im Wesentlichen nur die Interessen des zu betreuenden Vermögens wahrzunehmen hat und nicht den typischen Interessenkonflikten des Gesellschaftsrechts unterliegt[122] – von daher ist bereits das gern benutzte Bild des treuen Gutsverwalters, der das Vermögen für seinen Gutsherrn verwaltet,[123] schief. Grundsätzlich wird der Untreuetatbestand als zivilrechts- bzw. gesellschaftsrechtsakzessorisch betrachtet.[124] Entscheidend ist daher für das Vorstandsmitglied die nähere Ausformung der in §§ 76 ff., insbesondere § 93 AktG, statuierten Pflichten zur ordnungsgemäßen Geschäftsführung. Doch muss dabei die Funktion des Strafrechts als ultima ratio Berücksichtigung finden. So darf nicht jeder Verstoß gegen diese Pflichten unbesehen mit der Pflichtwidrigkeit des § 266 StGB gleichgesetzt werden.[125] Vielmehr ist der Beurteilung der Pflichtwidrigkeit ein Verständnis des Strafrechts als ultima ratio und somit als sekundäres, das Gesellschaftsrecht flankierendes Sanktionsmittel zugrunde zu legen. Als äußerstes Mittel[126] findet es nach Vorgabe des BVerfG dann Anwendung, „wenn ein bestimmtes Verhalten über sein Verbotensein hinaus in besonderer Weise sozialschädlich und für das geordnete Zusammenleben der Menschen unerträglich, seine

---

122 *Hopt* ZGR 2004, 1, 50; *Tiedemann* FS Tröndle (1989) S. 319, 320.

123 So der damalige Vorsitzende des 3. Strafsenats in der mündlichen Urteilsbegründung zu der Mannesmann-Entscheidung (s. BGHSt 50, 331 ff. = NJW 2006, 522 = ZIP 2006, 72), vgl. *FAZ.* Bericht „Manager im Raumschiff" vom 23.12.2005 S. 3.

124 Dazu *Rönnau* ZStW 119 (2007) 888, 906; *Rönnau/Hohn* NStZ 2004, 113, 114; ausführlich *Busch* Konzernuntreue (2004) S. 31 ff.; *Günther* FS Weber (2004) S. 311, 314; *Tiedemann* FS Weber (2004) S. 319, 322.

125 So auch *Günther* FS Weber (2004) S. 311, 314; *Tiedemann* FS Weber (2004) S. 319, 322 f.; ausführlich *Kubiciel* NStZ 2005, 353 ff.; *Tiedemann* JZ 2005, 45; *Brüning/Samson* ZIP 2009, 1089, 1091 f.; *Ransiek/Hüls* ZGR 2009, 157, 170.

126 BVerfGE 6, 389, 433: „schärfste Sanktion, über die die Gesellschaft verfügt"; BVerfGE 98, 109; BVerfGE 39, 1, 45: „schärfste der Gesellschaft zur Verfügung stehende Waffe"; vgl. auch *Jahn* ZRP 2004, 179, 182 f.; *Günther* FS Weber (2004) S. 311, 314; *Kubiciel* NStZ 2005, 353, 360.

Verhinderung daher besonders dringlich ist.“[127] Im Umkehrschluss ist eine strafrechtliche Haftung unverhältnismäßig, wenn andere geeignete und ausreichende Ahndungsinstrumentarien, etwa im Gesellschaftsrecht, zur Verfügung stehen. Vor diesem Hintergrund gilt es, den unbestimmten Tatbestand der Untreue zu straffen und unter Berücksichtigung der dargestellten Aspekte in den Sanktionskanon einzufügen.

Während nach der früheren Auffassung des BGH nicht jede gesellschaftsrechtliche Pflichtverletzung für die Annahme einer Pflichtwidrigkeit im Sinne des § 266 StGB genügen sollte, diese vielmehr „gravierend“ sein müsse,[128] hat die Rechtsprechung offenbar jetzt eine Wende in der „Mannesmann“-Entscheidung vollzogen.[129] Demnach differenziert der 3. Strafsenat jetzt nur noch danach, ob eine risikobehaftete unternehmerische Entscheidung vorliegt. Entsprechend den gesellschaftsrechtlichen Vorgaben nach § 93 Abs. 1 S. 2 AktG sind daher vertretbare, auf hinreichender Informationsgrundlage getroffene, unternehmerische Entscheidungen auch i.S.d. § 266 Abs. 1 StGB als pflichtgemäß anzusehen; unvertretbare Entscheidungen dagegen als tatbestandsmäßiges Verhalten.[130] Zwar hat der BGH das Kriterium der gravierenden Pflichtverletzung nicht ausdrücklich verworfen,[131] doch dürfte die strafrechtliche Rechtsprechung an der in der Mannesmann-Entscheidung eingeschlagenen Linie festhalten, zumal auch in der „Kinowelt“-Entscheidung des 1. Strafrechtssenats noch von der gravierenden Verletzung einer gesellschaftsrechtlichen Pflicht die Rede ist, beim Ausfüllen dieses ungreifbaren Begriffs aber allein auf das Überschreiten der Grenzen des Ermessensspielraums abgestellt wird.[132] Letztlich ist es unerheblich, ob die Entscheidung eines Vor-

---

**127** BVerfGE 88, 203, 258; so auch BVerfGE 96, 10, 25; BVerfGE 96, 245, 249; zur ultima ratio bereits auch BVerfGE 39, 1, 47; ausführlicher dazu *Ransiek* Unternehmensstrafrecht (1996) S. 237 ff.; *Höffner* Zivilrechtliche Haftung und strafrechtliche Verantwortung des GmbH-Geschäftsführers bei Insolvenzverschleppung (2003) S. 77 ff.

**128** BGHSt 47, 187 (SSV Reutlingen) = NJW 2002, 1585 = NZG 2002, 471; soweit ersichtlich erstmals auf „gravierende“ Pflichtverletzungen abstellend BGHSt 46, 30 = NJW 2000, 2364; sowie BGHSt 47, 148 = NJW 2002, 1211. Zuletzt LG Düsseldorf NZG 2004, 1057, 1062; zust. statt vieler: *Günther* FS Weber (2004) S. 311, 314; *Brüning/Samson* ZIP 2009, 1089, 1091; s. auch Achenbach/Ransiek/*Seier* Handbuch Wirtschaftsstrafrecht Kapitel V Abschnitt 2 Rn. 219; krit. bereits *Schünemann* NStZ 2005, 473, der in dem Merkmal der gravierenden Pflichtverletzung ein Problem der objektiven Zurechnung zwischen Pflichtwidrigkeit und Schaden erblickt.

**129** BGHSt 50, 331, 343. = NJW 2006, 522, 526 = ZIP 2006, 72, 76 f., wonach das Verständnis, „nur gravierende Verletzungen“ kämen als tatbestandsmäßige Untreuehandlungen in Betracht, auch nicht der vorherigen Rechtspr. entnommen werden könne; zust. *Ransiek/Hüls* ZGR 2009, 157, 170; *Rönnau* ZStW 119 (2007) 887, 911; kritisch aber *Volk* FS Hamm (2008) S. 803, 804.

**130** BGHSt 50, 331, 344 = NJW 2006, 522, 526 = ZIP 2006, 72, 76; *Ransiek/Hüls* ZGR 2009, 15, 171.

**131** BGHSt 50, 331, 345 = NJW 2006, 522, 526 f. = ZIP 2006, 72, 76 f.

**132** BGH NJW 2006, 453, 454 f. = ZIP 2005, 2317, 2319; so auch *Rönnau* ZStW 116 (2007) 887, 911.

standsmitglieds im Lichte seines Ermessens- und Beurteilungsspielraums auf dem strafrechtlichen Prüfstand des § 266 Abs. 1 StGB steht oder dies unter dem Anstrich der Voraussetzung einer gravierenden Pflichtverletzung geschieht, wenn nur das Ziel nicht aus den Augen gelassen wird, die strafrechtliche Sanktion als ultima ratio hinter den gesellschaftsrechtlich abgesteckten Rahmen treten zu lassen.

Festzuhalten bleibt, dass zuvörderst das Gesellschaftsrecht berufen ist, Probleme in seinem Anwendungsbereich zu steuern und zu lösen. Dabei muss stets die Rolle des Strafrechts als ultima ratio bedacht werden: Selbst wenn eine Pflichtverletzung wegen Unter- oder Überschreitung von § 93 Abs. 1 S. 2 AktG in Betracht kommen sollte, kann doch daraus – entgegen der neueren Rechtsprechung – kein strafrechtlicher Automatismus erwachsen, der stets den Anwendungsbereich des § 266 StGB eröffnete. Die Anwendung des Strafrechts wird man als ultima ratio nur dort legitimieren können, wo es über die zivilrechtliche Haftung hinaus zur Ahndung erforderlich ist oder das Gesellschaftsrecht keine ausreichende Lösung zu bieten vermag. Nur herausgehoben vorwerfbares Verhalten qualifiziert mithin eine Pflichtverletzung zur untreuerelevanten Pflichtwidrigkeit.[133] Somit bedarf es im Einzelfall stets der genauen Analyse, ob die Schwelle des § 266 StGB durch einen Verstoß gegen eine gesellschaftrechtliche Pflicht in gravierender Weise überschritten wurde.

In der Tendenz kann dabei davon ausgegangen werden, dass die derart qualifizierte Verletzung einer gesellschaftsrechtlichen Pflicht durch § 266 Abs. 1, 2. Alt. BGB – bei Vorsatz – strafrechtlich bewehrt ist, so dass der Bestimmung des Ermessenspielraums durch die Anwendung der Business Judgement Rule besondere Bedeutung zukommt,[134] ebenso wie der Eingrenzung und Rechtfertigung durch das Unternehmensinteresse, wie etwa in den Spendenfällen. So liegt eine Verletzung der

133 Eindringlich *Lüderssen* FS Volk (2009) S. 345 ff., 354 ff., der die Lösung allerdings in einer spezifischen Risikoerhöhung sieht; wie hier im Grundsatz auch *Brammsen* wistra 2009, 85, 87 f., der aber (S. 88) wohl jede Handlung außerhalb von § 93 Abs. 1 S. 2 AktG als strafrechtlich sanktionierte Pflichtverletzung ansieht; *Dahs* NJW 2002, 272 f.; *Achenbach* NStZ 2002,523, 525; *Gehrlein* NZG 2002, 463; *Dierlamm/Links* NStZ 2000, 656; *Otto* JR 2000, 517 ff.; *Rönnau/Hohn* NStZ 2004, 113, 118; *Matt* NJW 2005, 389, 390; *Jahn* ZRP 2004, 179, 183; *Tiedemann* FS Weber (2004) S. 319, 326; *Kubiciel* NStZ 2005, 353, 358 ff.: Differenzierung zwischen konkreten Vorgaben und lediglich in Generalklauseln niedergelegten Pflichten; nach formellen und materiellen Pflichten differenzierend *Rönnau/Hohn* NStZ 2004, 113, 114 ff.; ähnlich *Knauer* NStZ 2002, 399, 400; siehe auch *Höffner* Zivilrechtliche Haftung und strafrechtliche Verantwortung des GmbH-Geschäftsführers bei Insolvenzverschleppung (2003) S. 149; aA *Bosch/Lange* JZ 2009, 225, 235.

134 BGH ZIP 2009, 1854, 1857 – WestLB; ausführlich jüngst in Zusammenfassung der bisherigen Grundsätze *Bosch/Lange* JZ 2009, 225, 232 ff.; zuvor *Semler* FS Ulmer (2003) S. 627 ff.; MünchKomm-AktG-*Spindler* § 93 Rn. 36 f.; Großkomm AktG-*Hopt* § 93 Rn. 81 ff.; *Rönnau/Hohn* NStZ 2004, 113, 118; Achenbach/Ransiek/*Seier* Handbuch Wirtschaftsstrafrecht Kapitel V Abschnitt 2 Rn. 218.

Treuepflicht vor, wenn das Vorstandsmitglied gesetzliche Bestimmungen verletzt oder nicht befolgt,[135] etwa bei unordentlicher Buchführung,[136] aber auch bei nicht mehr vom Gesellschaftsinteresse gedeckten Spenden.[137]

Ob allerdings angesichts der ungenauen Konkretisierung des Unternehmensinteresses tatsächlich stets das scharfe Schwert des Strafrechts geschwungen werden sollte, zumal bislang traditionell die Business Judgement Rule nicht als Einschätzungsprärogative des Unternehmens- oder Gesellschaftsinteresses verstanden wird, bleibt zweifelhaft. Gerade die fließenden Grenzen des Unternehmensinteresses, selbst eines Shareholder Value, lassen es ratsam erscheinen, das Strafrecht hier nur auf evidente Missbrauchsfälle anzuwenden, ganz im Sinne der früheren Rechtsprechung hinsichtlich gravierender Pflichtverletzungen.

## VI. Gesetzliche Verankerung einer pluralistischen Unternehmensleitlinie?

De lege lata ergibt sich insgesamt ein komplexes und schillerndes Bild, von einer völlig einseitigen Shareholder Value-Orientierung als oberste Prämisse bis hin zur weitgehend freien Einschätzung der zu verfolgenden Unternehmensziele durch den Vorstand. Angesichts dieser widerstreitenden Strömungen und vor allem im Hinblick auf die zunehmende Kapitalmarktorientierung der Unternehmensleitung, die sie sich im KonTraG niedergeschlagen hat, kann daher heute nicht mehr mit Sicherheit davon gesprochen werden, dass der Vorstand (und auch der Aufsichtsrat) Arbeitnehmerbelange oder Interessen der Öffentlichkeit vor diejenigen einer Marktwertmaximierung der Anteile der Aktionäre stellen darf. Vielmehr herrscht selbst bei mitbestimmten Aktiengesellschaften Unsicherheit darüber, ob und wie weit Arbeitnehmerbelange in die Interessenabwägung und in die unternehmerische Entscheidung eingestellt werden dürfen oder gar müssen. Mittelbar sind hiervon auch andere Entscheidungen betroffen, etwa das Ausmaß an variabler Vergütung des Vorstands, insbesondere des Anteils von Aktienoptionen, die den Vorstand mittelbar an das Interesse der Anteilseigner rückkoppeln sollen. Aber

---

**135** Vgl. (allg.) BGH NStZ 1984, 549, 550; BGH wistra 1992, 266 (Bildung schwarzer Kassen); RGSt 71, 155, 157; 75, 227; aus der Lit. s. *Kubiciel* NStZ 2005, 353, 359.

**136** BGHSt 20, 304 f.; BGH NJW 2001, 3638; BGHSt 52, 323, 334 = ZIP 2008, 2315, 2318 – Siemens: „Unterlassen der Offenbarung durch ordnungsgemäße Verbuchung" („schwarze Kassen").

**137** Dazu näher BGHSt 47, 187 ff. = NJW 2002, 1585 ff.; *Fleischer* AG 2001, 171 ff.; *Kubiciel* NStZ 2005, 353, 361; *Schünemann* Organuntreue (2004) S. 21 ff.; *Otto* FS Kohlmann (2003) S. 187 ff.; Achenbach/Ransiek/*Seier* Handbuch Wirtschaftsstrafrecht Kapital V Abschnitt 2 Rn. 219.

auch die Rechtsstellung der Arbeitnehmervertreter ist hiervon betroffen, etwa wenn es um das Abstimmungsverhalten im Aufsichtsrat geht, das durch die Haftungsmaßstäbe des § 116 AktG berührt und damit ebenfalls von der Frage mitbestimmt wird, welche Leitlinien für das Organhandeln bestehen.

Hält man sich diesen Befund vor Augen, stellt sich die Frage, ob die Leitlinien für das Vorstandshandeln – und damit auch für die Tätigkeit des Aufsichtsrats – nicht gesetzlich verankert werden sollten, vergleichbar dem Zustand, wie er vor dem AktG 1965 in Gestalt des § 70 AktG 1937 herrschte. Will man eine klare Rechtfertigungsgrundlage für die Berücksichtigung von Arbeitnehmerbelangen – und ohne Rücksicht auf den oben dargestellten Streit um die Deutung des Shareholder Value –, so wird man nicht umhin können, angesichts der jüngsten Novellierungen im AktG, eine solche gesetzliche Grundlage (wieder) neu aufzunehmen. Denn allein die Tatsache, dass eine AG den Mitbestimmungsgesetzen unterliegt, verändert nach dieser Lesart nicht die Zielsetzungen, die der Vorstand (und mittelbar auch der Aufsichtsrat) zu verfolgen hat, da die Mitbestimmungsgesetze das AktG (und auch das GmbHG) im Prinzip unberührt belassen.

Will man daher explizit, dass der Vorstand berechtigt ist, Arbeitnehmerbelange in die Abwägung einzubeziehen, käme sowohl eine Kodifikation im Rahmen des AktG als auch des MitbestG in Betracht. Für eine Verankerung im MitbestG spräche, dass damit der integrierte Ansatz der Berücksichtigung von Arbeitnehmerinteressen in Gestalt der unternehmensbezogenen Mitbestimmung klarer zum Ausdruck käme. Andererseits würden die schon bestehenden Probleme der Abstimmung zwischen Gesellschafts- und Mitbestimmungsrecht nicht behoben; insbesondere wären – wie schon zuvor – erhebliche Diskussionen zu erwarten, ob und inwieweit mitbestimmungsrechtlich festgelegte Ziele die gesellschaftsrechtlichen überlagern und modifizieren können. Schließlich und entscheidend gegen eine mitbestimmungsrechtliche Verankerung spräche schließlich, dass Vorstände von Gesellschaften, die nicht den Mitbestimmungsgesetzen unterliegen, von vornherein in einer solchen Festlegung einen Freibrief erblicken könnten, Arbeitnehmerbelange von vornherein unberücksichtigt zu lassen, auch entgegen den obigen Darlegungen hinsichtlich langfristiger Verträge und der Wahrung der Reputation der Gesellschaft. Zu guter Letzt wäre das Gemeinwohl nicht in derartigen Festlegungen berücksichtigt – was aber kaum auf nur mitbestimmte Gesellschaften beschränkt wäre.

Eine gesetzliche Verankerung sollte daher gesellschaftsrechtlich erfolgen, wenn man das Ziel der Berücksichtigung der Arbeitnehmerinteressen im Rahmen der Vorstandsentscheidungen verfolgt – hier ist dann allerdings zu überlegen, ob die Festlegung sich auf börsennotierte Gesellschaften beschränken sollte, um gerade der sonst drohenden kapitalmarktbezogenen Orientierung eine Klarstellung entgegenzusetzen, oder sich auf alle Gesellschaften beziehen sollte. Für die Erstreckung auf alle Gesellschaften spricht, dass die Gemeinwohlorientierung und die Berücksichtigung der Arbeitnehmerbelange keineswegs davon abhängig ist, ob die Gesellschaft an der Börse notiert ist – vielmehr ergibt sich die Notwendigkeit der Berücksichtigung dieser Belange zum einen aus Art. 14 Abs. 2 GG, zum anderen aus der allgemeinen Gemeinwohlkomponente, wie sie in den Diskussionen zum AktG 1965 zum Ausdruck gekommen sind. Eine unterschiedliche Behandlung von kapitalmarktorientierten Gesellschaften und nicht-börsennotierten Gesellschaften erscheint daher nicht angebracht.[138]

Demgemäß scheidet auch eine Verankerung allein in einem Corporate Governance Kodex aus, da dieser entsprechend § 161 AktG nur auf börsennotierte Gesellschaften zugeschnitten ist. Allerdings ist damit auch die grundlegende Frage aufgeworfen, ob und inwieweit die Organe der Gesellschaft sich in einer Comply-or-Explain-Erklärung gegen eine entsprechende Berücksichtigung von Arbeitnehmerbelangen wenden könnten; anders gewendet stellt sich die Frage, ob eine solche mögliche Berücksichtigung zwingend sein sollte oder gegebenenfalls durch Satzungsbestimmung oder Comply-or-Explain-Erklärung quasi abbedungen werden können sollte. Hinter dieser Frage steht eine der grundlegenden rechtspolitischen Entscheidungen, die sich letztlich der wissenschaftlichen Analyse entziehen, nämlich ob ein integrativer unternehmensbezogener Mitbestimmungsansatz verfolgt werden sollte, wie er zur Zeit in Deutschland praktiziert wird und der sich in der Interessenrepräsentanz der Arbeitnehmervertreter im Aufsichtsrat niederschlägt, oder ein eher „externer" Interessenvertretungsansatz, der an den Dualismus von Arbeitgeber/Anteilseigner- und Arbeitnehmerinteressen anknüpft und die nähere Ausgestaltung einer unternehmenspolitischen Mitbestimmung der Verhandlung und Vereinbarung zwischen beiden Interessengruppen überlässt. Letzteres würde allerdings implizieren, dass beide Vertragsparteien tatsächlich über entsprechende Begrenzungen des Vorstandshandelns Vereinbarungen treffen könnten, was bislang kaum ausgelotet ist und hier daher auch nicht näher vertieft werden kann.[139] Ob der bislang tradierte deutsche Ansatz einer gesetzlich fundierten unternehmensbezogenen Mitbestimmung nicht zugunsten einer wesentlich offeneren Verhandlungslösung, die allerdings auch entsprechende Arbeitskampfmaßnahmen implizieren

---

**138** Das Gutachten von *Bayer* DJT 2008 zur Differenzierung zwischen börsennotierten und nicht-börsennotierten Gesellschaften äußerst sich zu dieser Frage etwa überhaupt nicht; s. dazu auch allgemein *Spindler* AG 2008, 598 ff.; *Windbichler* JZ 2008, 840 ff.

**139** Näher dazu *Arbeitskreis „Unternehmerische Mitbestimmung"* ZIP 2009, 885 ff., der einen konkreten Reformvorschlag für das MitbestG ausgearbeitet hat; dazu *Habersack* ZIP 2009 Beil. Heft 48, 1 ff.; *Hanau* ZIP 2009 Beil. Heft 48, 6 ff.; *Teichmann* ZIP 2009 Beil. Heft 48, 10 ff.; *Jacobs* ZIP 2009 Beil. Heft 48, 18 ff.; *Veil* ZIP 2009 Beil. Heft 48, 26 ff.; s. zur Diskussion auch *Henssler* FS Westermann (2008) S. 1019, 1035 ff; *Raiser* FS Westermann (2008) S. 1295, 1304.

würde, vorzuziehen wäre, kann hier nicht näher beleuchtet werden. Behält man jedenfalls den tradierten unternehmensbezogenen Ansatz bei, sind Konflikte mit entsprechenden gesellschaftsvertraglichen bzw. satzungsautonomen Regelungen, in denen das Unternehmensziel festgelegt werden könnte, nicht auszuschließen.

## Literatur

*Achenbach/Ransiek:* Handbuch Wirtschaftsstrafrecht (2004).

*Achenbach:* Aus der 2001/2002 veröffentlichten Rechtsprechung zum Wirtschaftsstrafrecht, NStZ 2002, 523.

*Arbeitskreis „Unternehmerische Mitbestimmung":* Entwurf einer Regelung zur Mitbestimmungsvereinbarung sowie zur Größe des mitbestimmten Aufsichtsrats, ZIP 2009, 885.

*Ballwieser:* Adolf Moxter und der Shareholder Value-Ansatz, Ballwieser u. a. (Hrsg.), Festschrift Moxter (1994) S. 1377.

*Baumbach/Hueck:* GmbH-Gesetz Kommentar, 19. Aufl. (2010).

*Bayer/Habersack:* Aktienrecht im Wandel Band I (2007).

*Berle/Means:* The Modern Corporation and Private Property (1932).

*Birke:* Das Formalziel der Aktiengesellschaft, Diss. Berlin (2005).

*v. Bonin:* Die Leitung der Aktiengesellschaft zwischen Shareholder value und und Stakeholder-Interessen, Diss. Konstanz (2004).

*Bosch/Lange:* Unternehmerischer Handlungsspielraum des Vorstandes zwischen zivilrechtlicher Verantwortung und strafrechtlicher Sanktion, JZ 2009, 225.

*Boujong:* Rechtliche Mindestanforderung an eine ordnungsgemäße Vorstandskontrolle und -beratung, AG 1995, 203.

*Brammsen:* Vorstandsuntreue, wistra 2009, 85.

*Brinkmann:* Das Unternehmensinteresse (1984).

*ders.:* Unternehmensziele im Aktienrecht, AG 1982, 122.

*Brüning/Samson:* Bankenkrise und strafrechtliche Haftung wegen Untreue gem. § 266 StGB, ZIP 2009, 1089.

*Busch:* Konzernuntreue, Diss. Marburg (2004).

*v. Colbe:* Was ist und was bedeutet Shareholder Value aus betriebswirtschaftlicher Sicht?, ZGR 1997, 271.

*Dahs:* § 266 StGB – allzu oft missverstanden, NJW 2002, 272.

*Dalchow:* Zur Bedeutung des Shareholder Value bei der Konkretisierung von Organpflichten in börsennotierten Aktiengesellschaften (2005).

*Dreher:* Das Ermessen des Aufsichtsrats, ZHR 158 (1994), 614.

*ders.:* Nochmals- das unternehmerische Ermessen des Aufsichtsrats, ZIP 1995, 628.

*Ehrenzweig:* Verhandlungen des 32. Deutschen Juristentages (1921) S. 282.

*Fischer:* Der Entscheidungsspielraum des Aufsichtsrats bei der Geltendmachung von Regressansprüchen gegen Vorstandsmitglieder, BB 1996, 225.

*Flatow:* Betriebsrätegesetz, 13. Aufl. (1931).

*Fleischer:* Handbuch des Vorstandsrechts (2006).

*ders.:* Das Gesetz zur Angemessenheit der Vorstandsvergütung, NZG 2009, 801.

*ders.:* Unternehmensspenden und Leitungsermessen des Vorstands im Aktienrecht, AG 2001, 171.

*Friedländer:* Konzernrecht (1927).

*Gehrlein:* Strafbarkeit von Vorständen wegen leichtfertiger Vergabe von Unternehmensspenden, NZG 2002, 463.

*Geiler:* Die wirtschaftsrechtliche Methode im Gesellschaftsrecht, Gruchots Beiträge 68 (1927) 593.

*Goette* (Hrsg.): Münchener Kommentar zum Aktiengesetz Band 3, 3. Aufl. (2008).

*Groh:* Shareholder Value und Aktienrecht, DB 2000, 2153.

*Günther:* Die Untreue im Wirtschaftsrecht, Jescheck/Vogler (Hrsg.), Festschrift Weber (2004) S. 311.

*Habersack:* Reformbedarf im deutschen Mitbestimmungsrecht, ZIP 2009, Beil. Heft 48, 1.

*Habisch/Jonker/Wegner/Schmidpeter:* Corporate Social Responsibility across Europe (2004).

*Hanau:* Abschluss und Inhalt von Mitbestimmungsvereinbarungen, ZIP 2009, Beil. Heft 48, 6.

*Haußmann:* Gesellschaftsinteresse und Interessenpolitik in der Aktiengesellschaft, Bankarchiv 30 (1930/31) 57.

*Henssler:* Freiwillige Vereinbarungen über die Unternehmensmitbestimmung, Aderhold (Hrsg.), Festschrift Westermann (2008) S. 1019.

*Hesselbach:* Die gemeinwirtschaftlichen Unternehmen (1971).

*Höffner:* Zivilrechtliche Haftung und strafrechtliche Verantwortung des GmbH-Geschäftsführers bei Insolvenzverschleppung: zugleich ein Beitrag zum ultima-ratio-Prinzip (2003).

*Hohaus/Weber:* Die Angemessenheit der Vorstandsvergütung gem. § 87 AktG nach dem VorstAG, DB 2009, 1515.

*Hohenstatt:* Das Gesetz zur Angemessenheit der Vorstandsvergütung, ZIP 2009, 1349.

*Hopt/Wiedemann* (Hrsg.): Großkommentar zum Aktiengesetz Band 3, 4. Aufl. (2008).

*Hopt:* Aktionärskreis und Vorstandsneutralität, ZGR 1993, 534.

*ders.:* ECLR Interessenwahrung und Interessenkonflikte im Aktien-, Bank- und Berufsrecht, NZG 2004, 1.

*Hüffer:* Aktiengesetz Kommentar, 9. Aufl. (2010).

*Jacobs:* Das besondere Verhandlungsgremium: Bildung und Verfahren, ZIP 2009, Beil. Heft 48, 18.

*Jaeger/Trölitzsch:* Unternehmerisches Ermessen des Aufsichtsrats bei der Geltendmachung von Schadensersatzansprüchen gegenüber Vorstandsmitgliedern, ZIP 1995, 1157.

*Jahn:* Lehren aus dem Fall Mannesmann, ZRP 2004, 179.

*Janisch:* Das strategische Anspruchsgruppenmanagement, Diss. St. Gallen (1993).

*Jickeli:* Der langfristige Vertrag (1996).

*Junge:* Das Unternehmensinteresse, Ficker (Hrsg.), Festschrift v. Caemmerer (1978) S. 547.

*Jürgenmeyer:* Das Unternehmensinteresse, Diss. Freiburg (1984).

*van Kann/Keiluweit:* Das neue Gesetz zur Angemessenheit der Vorstandsvergütung, DStR 2009, 1587.

*Kaskel:* Verhandlungen des 32. Deutschen Juristentages (1921) S. 263.

*Klausing:* Aktiengesetz nebst Einführungsgesetz und „Amtlicher Begründung“ (1937).

*Knauer:* Die Strafbarkeit der Bankvorstände für missbräuchliche Kreditgewährung, NStZ 2002, 399.

*Kubiciel:* Gesellschaftsrechtliche Pflichtwidrigkeit und Untreuestrafbarkeit, NStZ 2005, 353.

*Kuhner:* Unternehmensinteresse vs. Shareholder Value als Leitmaxime kapitalmarktorientierter Aktiengesellschaften, ZGR 2004, 244.

*Kropff:* Textausgabe des Aktiengesetzes vom 6.9.1965 und des Einführungstextes zum Aktiengesetz vom 6.9.1965 (2005).

*Laske:* Unternehmensinteresse und Mitbestimmung, ZGR 179, 173.

*Lehmann:* Gutachten zum 34. Deutschen Juristentag (1926) 258.

*Lingemann:* Angemessenheit der Vorstandsvergütung- das VorstAG ist in Kraft, BB 2009, 1918.

*v. Loesch:* Die gemeinwirtschaftliche Unternehmung (1977).

*Lüderssen:* Risikomanagement und „Risikoerhöhungstheorie"- auf der Suche nach Alternativen zu § 266 StGB.

*Lutter:* Zum unternehmerischen Ermessen des Aufsichtsrats, ZIP 1995, 441.

*Lutter/Hommelhoff:* Kommentar zum GmbH-Gesetz, 17. Aufl. (2009).

*Matt:* Missverständnisse zur Untreue- eine Betrachtung auch zum Verhältnis von (Straf-)Recht und Moral, NJW 2005, 389.

*Mertens:* Der Aktionär als Wahrer des Rechts?, AG 1990, 49.

*ders.:* Zur Auslegung und zum Verhältnis von § 76 Abs. I und § 58 AktG im Hinblick auf uneigennützige soziale Aktivitäten der Aktiengesellschaft, Havermann (Hrsg.), Festschrift Goerdeler (1987) S. 349.

*Mullerat:* Corporate Social Responsibility: The Corporate Governance of the 21st Century (2005).

*Mülbert:* Soziale Verantwortung von Unternehmen im Gesellschaftsrecht, AG 2009, 766;

*ders.:* Shareholder Value aus rechtlicher Sicht, ZGR 1997, 129.

*ders.:* Marktwertmaximierung als Unternehmensziel der Aktiengesellschaft, Crezelius (Hrsg.), Festschrift Röhricht (2005) S. 421.

*Netter:* Zur aktienrechtlichen Theorie des „Unternehmens an sich", Festschrift Pinner (1932) S. 507.

*Nikolay:* Die neuen Vorschriften zur Vorstandsvergütung- Detaillierte Regelungen und offene Fragen, NJW 2009, 2640.

*Nörr:* Zur Entwicklung des Aktien- und Konzernrechts während der Weimarer Republik, ZHR 150 (1986) 155.

*Nußbaum:* Zur neueren Entwicklung der Lehre vom Unternehmen,
Festschrift Heymann Band II (1931) S. 492.

*Otto:* Riskante Kreditvergabe durch Banken, JR 2000, 517.

*ders.:* Untreue der Vertretungsorgane von Kapitalgesellschaften durch Vergabe von Spenden, Hirsch u. a. (Hrsg.), Festschrift Kohlmann (2003) S. 187.

*Padberg:* Die Bedeutung des Börsenkurses für die Höhe von Barabfindungen, Diss. Göttingen (2008).

*Passow:* Der Strukturwandel der Aktiengesellschaft im Lichte der Wirtschaftsenquete (1931).

*Raisch:* Zum Begriff und zur Bedeutung des Unternehmensinteresses als Verhaltensmaxime von Vorstands- und Aufsichtsratsmitgliedern, Fischer (Hrsg.), Festschrift Hefermehl (1976) S. 347.

*Raiser:* Das Unternehmen als Organisation: Kritik und Erneuerung der juristischen Unternehmenslehre (1969).

*ders.:* Das Unternehmensinteresse, Reichert-Facilides (Hrsg.), Festschrift R. Schmidt (1976) S. 101.

*ders.:* Pflicht und Ermessen von Aufsichtsratsmitgliedern, NJW 1996, 552.

*ders.:* Gestaltungsfreiheit im Mitbestimmungsrecht, Aderhold u. a. (Hrsg.), Festschrift Westermann (2008) S. 1295.

*Ransiek/Hüls:* Strafrecht zur Regulierung der Wirtschaft, ZGR 2009, 157.

*Ransiek:* Unternehmensstrafrecht (1996).

*Rathenau:* Von kommenden Dingen, 56.–65. Aufl. (1917).

*ders.:* Die neue Wirtschaft (1918).

*ders.:* Autonome Wirtschaft (1919).

*ders.:* Vom Aktienwesen (1922).

*Reuter:* Der Einfluss der Mitbestimmung auf das Gesellschaftsrecht und das Arbeitsrecht, AcP 179 (1979) 509.

*Riechers:* Das „Unternehmen an sich", Diss. Tübingen (1996).

*Ringleb/Kremer/Lutter:* Kommentar zum deutschen Corporate Governance Kodex, 4. Aufl. (2010).

*Rittner:* Zur Verantwortung des Vorstands nach § 76 Abs. 1 AktG, Ballerstedt u. a. (Hrsg.), Festschrift Geßler (1971) S. 139.

*Rönnau:* Untreue als Wirtschaftsdelikt, ZStW 119 (2007) 887.
*Rönnau/Hohn:* Die Festsetzung (zu) hoher Vorstandsvergütungen durch den Aufsichtsrat- ein Fall für den Staatsanwalt?, NStZ 2004, 113.
*Scherer/Picot:* Unternehmensethik und Corporate Social Responsibility, Zfbf Sonderheft 58/08.
*Schilling:* Die Rechtsstellung des Aufsichtsratsmitglieds in unternehmensrechtlicher Sicht, Lutter (Hrsg.), Festschrift R. Fischer (1979) S. 679.
*ders.:* Das Aktienunternehmen, ZHR 144 (1980), 136.
*ders.:* Shareholder Value und Aktiengesetz, BB 1997, 373.
*Schmidt-Leithoff:* Die Verantwortung der Unternehmensleitung (1989).
*Schmidt/Spindler:* Shareholder-Value zwischen Ökonomie und Recht, Assmann (Hrsg.), Freundesgabe für F. Kübler (1997) S. 537.
*Schmölder:* Die amtliche Enquete, JW 1929, 2090.
*Schön:* Der Einfluss öffentlich-rechtlicher Zielsetzungen auf das Statut privatrechtlicher Eigengesellschaften der öffentlichen Hand – Gesellschaftsrechtliche Analyse, ZGR 1996, 429.
*Scholz:* GmbH-Gesetz Kommentar Band II, 10. Aufl. (2007).
*Schreiber:* Die Reichsgerichtspraxis im deutschen Rechtsleben Band IV (1929).
*Schreyögg:* Ökonische Fragen der sozialen Verantwortung von Unternehmen, AG 2009, 758.
*Schubert:* Quellen zur Aktienrechtsreform der Weimarer Republik 1926–1931 (1991).
*Schünemann:* Die gravierende Pflichtverletzung bei der Untreue: dogmatischer Zauberhut oder taube Nuss, NStZ 2005, 473.
*ders.:* Organuntreue: das Mannesmann-Verfahren als Exempel? (2004).
*Schwalbach:* Corporate Social Responsibility Zfbf Sonderheft 3/2008.
*Schwarz/Holland:* Enron WorldCom – und die Corporate-Governance-Diskussion, ZIP 2002, 1661.
*Semler:* Leitung und Überwachung der Aktiengesellschaft, Diss. Bochum, 2. Aufl. (1996).
*ders.:* Entscheidungen und Ermessen im Aktienrecht, Bierich (Hrsg.), Festschrift Semler (1993) S. 627.
*Spindler:* Prognosen im Gesellschaftsrecht, AG 2006, 677.
*ders.:* Regeln für börsennotierte vs. Regeln für geschlossenen Gesellschaften – Vollendung des Begonnenen?, AG 2008, 598.
*ders.:* Die Haftung von Vorstand und Aufsichtsrat für fehlerhafte Auslegung von Rechtsbegriffen, Heldrich (Hrsg.), Festschrift Canaris Band I (2007) S. 403.
*Spindler/Stilz* (Hrsg.): Kommentar zum Aktiengesetz Band I (2007).
*Staub:* Handelsgesetzbuch Kommentar, 12./13. Aufl. (1926–1931).
*Teichmann:* Europäisierung der deutschen Mitbestimmung, ZIP 2009, Beil. Heft 48, 10.
*Teubner:* Unternehmensinteresse- das gesellschaftliche Interesse des Unternehmens „an sich", ZHR 148 (1884) 470.
*ders.:* „Corporate Responsability" als Problem der Unternehmensverfassung, ZGR 1983, 34.
*Tiedemann:* Der Untreuetatbestand- ein Mittel zur Begrenzung von Managerbezügen?, Heinrich u. a. (Hrsg.), Festschrift Weber (2004) S. 319.
*ders.:* Untreue bei Interessenkonflikten, Jescheck/Vogler (Hrsg.), Festschrift Tröndle (1989) S. 319.
*ders.:* Vermögensbetreuungspflicht des beherrschenden Alleingesellschafters bei der Konzernuntreue, JZ 2005, 45.
*Thüsing:* Das Gesetz zur Angemessenheit der Vorstandsvergütung, AG 2009, 517.
*Ulmer:* Aktienrecht im Wandel, AcP 202 (2002) 143.
*Unzeitig/Köthner:* Shareholder Value Analyse (1995).
*Veil:* Mitbestimmungsvereinbarungen im Konzern, ZIP 2009, Beil. Heft 48, 26.
*Volk:* Untreue im Gesellschaftsrecht, Michalke u. a. (Hrsg.), Festschrift Hamm (2008) S. 803.

*Wagner/Wittgens:* Corporate Governance als dauernde Reformanstrengung: Der Entwurf des Gesetzes zur Angemessenheit der Vorstandsvergütung, BB 2009, 906.
*v. Werder:* Shareholder Value-Ansatz als (einzige) Richtschnur des Vorstandshandelns? ZGR 1998, 69.
*Wiedemann:* Die Zukunft des Gesellschaftsrechts, Lutter (Hrsg.), Festschrift R. Fischer (1979) S. 883.
*Williamson:* Markets and Hierarchies (1975).
*Windbichler:* Empfehlen sich besondere Regeln für börsennotierte und für geschlossene Gesellschaften?, JZ 2008, 840.
*Wollburg:* Unternehmensinteresse bei Vergütungsentscheidungen, ZIP 2004, 646.
*Zöllner:* u. a. (Hrsg.), Kölner Kommentar zum Aktiengesetz Band 2, 3. Aufl. (2010).
*ders.:* Unternehmensinnenrecht – Gibt es das?, AG 2003, 2.

Thomas Rönnau

# Die politische Wirtschaftsstraftat – gibt es sie?

## Gliederung



## I. Einführung

Die Veranstalter der 8. ECLE-Tagung werfen mit dem von ihnen formulierten Thema des Einführungsreferats die Frage auf, ob es eine politische Wirtschaftsstraftat gibt – und haben mich gebeten, dazu einiges Erhellendes zu sagen. Ich habe die Einladung gerne angenommen, wohl wissend, dass die Aufgabe heikel und anspruchsvoll ist. Denn *erstens* rührt das Thema an der klassischen Position der sog. Frankfurter Schule, dem Konzept einer aufgeklärten Strafrechtskritik[1]. Seine Anhänger pochen bekanntlich auf äußerste Zurückhaltung im Umgang mit dem Strafrecht. Eine etwaige Neukriminalisierung, wie sie mit der Einführung oder Bekräftigung politischer Wirtschaftsdelikte einherginge, passt da nicht ins Bild.[2] Hier in der Frankfurter Höhle des Löwen über diese Fragestellung kontrovers zu diskutieren, hat also einen besonderen Reiz. *Zweitens* ist das Vortragsformat mit maximal 15 Minuten

**Erschienen in** ILFS Band 19: Unbestimmtes Wirtschaftsstrafrecht und gesamtwirtschaftliche Perspektiven, 2017

1 Versuch einer Zwischenbilanz zur Frankfurter Schule bei *Jahn/Ziemann*, JZ 2014, 943 ff. (auf S. 947 zum Zentrum des Konzepts einer aufgeklärten Strafrechtskritik).
2 Knapp zur Kritik an einer Neukriminalisierung durch Vertreter oder Anhänger der Frankfurter Schule sowie eigene Bewertung der Kritik bei *Rönnau*, in: Schiedek/Rönnau (Hrsg.), Wirtschaftsstrafrecht: Plage oder Gewinn für den Standort Deutschland, Schriften der Bucerius Law School, Bd. I/12, 2013, S. 9, 11 ff.

https://doi.org/10.1515/9783111057125-010

Rededauer sportlich ambitioniert. Ich werde 20 Minuten benötigen. Selbst dann kann vieles nur gestreift werden.

Auslöser der Debatte über die Existenz bzw. Notwendigkeit der Einführung politischer Wirtschaftsstraftaten war – pikanterweise – der Frankfurter Strafrechtslehrer und Rechtsphilosoph *Wolfgang Naucke*, der 2012 seine 101 Seiten starke Schrift „Der Begriff der politischen Wirtschaftsstraftat – Eine Annährung“ vorgelegt hat;[3] sie ist mittlerweile auch ins Spanische übersetzt worden.[4] Bevor ich die Kernelemente der Arbeit vorstelle und kritisch würdige, erlauben Sie mir zwei kurze Vorbemerkungen:

Erstens: *Nauckes* Buch war schon Anstoß für ein interdisziplinär angelegtes Symposium zum Thema „Perspektiven eines Wirtschaftsvölkerstrafrechts“, das im Oktober 2014 unter der Leitung von *Florian Jeßberger* in Berlin stattfand. Kollege *Bung*, der heute unter uns ist, war dabei und hat – wenn ich recht sehe – die schärfste Kritik an *Nauckes* Thesen formuliert. Der Tagungsband ist mittlerweile erschienen;[5] ich hatte dank Herrn Kollegen *Jeßberger* schon im Vorfeld Gelegenheit, ihn einzusehen.

Zweitens: Zur Vorbereitung dieses kleinen Vortrags konnte ich zwei längere Telefongespräche mit *Wolfgang Naucke* führen und habe nun zumindest eine ungefähre Vorstellung davon, worum es ihm mit seiner Schrift, an der er nach der Materialsammlung zwei Jahre lang gearbeitet hat, geht.

## II. Nauckes Grundthesen und Hintergrund

1. *Naucke* erzählt in seinem Buch eine Geschichte. Sie beginnt bei den Nürnberger Kriegsverbrecherprozessen nach 1945 und hält inne beim Mannesmann-Verfahren der Jahre 2003–2006; danach wendet er sich den verzweifelten Bemühungen der rechtlichen (auch strafrechtlichen) Aufarbeitung der Finanzkrise zu. Gegenstand der Erzählung ist die Annäherung an den Begriff der „politischen Wirtschaftsstraftat“, den es so, wie *Naucke* ihn versteht, de lege lata wohl noch nicht gibt. Ob es ihn geben sollte, darüber müssen wir sprechen! Der Text ist nicht irgendein Beitrag

3 *Wolfgang Naucke*, Der Begriff der politischen Wirtschaftsstraftat – Eine Annährung, Rechtsgeschichte und Rechtsgeschehen – Kleine Schriften Bd. 33, Berlin u. a. [LIT-Verlag] 2012, 101 S.

4 *Wolfgang Naucke*, El concepto de delito económico-político – Una aproximación, Traducción y estudio preliminar de Eugenio Sarrabayrouse, Colección Derecho penal y Criminología, Madrid u. a. [Marcial Pons] 2015, 137 S.

5 Jeßberger/Kaleck/Singelnstein (Hrsg.), Wirtschaftsvölkerstrafrecht – Ursprünge/Begriff/Praxis/Perspektiven, Schriften zum Internationalen und Europäischen Strafrecht, 2015 (nachfolgend: Tagungsband). Einen Bericht zur Tagung liefert *Vormbaum*, ZIS 2014, 742 ff.

zu einem beliebigen dogmatischen Thema des positiven Rechts. Nein – es handelt sich hier um einen „Aufbruchstext“[6] mit einer klaren kriminalpolitischen Botschaft. *Naucke* ist sich sicher, eine Lücke bzw. einen blinden Fleck im geltenden nationalen wie internationalen Strafrecht entdeckt zu haben – und mahnt Schließung bzw. Ausfüllung an. In der Sache geht es um die Identifikation eines zu behebenden Kontrollvakuums gegenüber wirtschaftlich Mächtigen! Die Mischung aus Zeitgeschichte, soziologischen Befunden, staatsphilosophischen und strafrechtlichen Einsichten gibt dem Buch eine große Dynamik; es ist kraftvoll, ja kämpferisch geschrieben, wenngleich ich *Naucke* in einer Reihe von Punkten nicht zustimmen kann. Dennoch: Von anregenden Debattenbeiträgen dieser Art gibt es im strafrechtlichen Kontext viel zu wenig. Worum handelt es sich aber nun im Einzelnen?

2. Schon in der Einleitung macht *Naucke* sein Grundanliegen deutlich: Es geht ihm um „die strafrechtliche Reaktion auf politisch mächtige, den einzelnen Bürger schädigende Wirtschaftsverläufe“[7] – jüngstes Anschauungsmaterial hierzu bieten die nicht enden wollenden Finanz-, Banken- und (Staats-)Schuldenkrisen. Um das Strafrecht zur Aufarbeitung solcher Szenarien besser zu rüsten, möchte *Naucke* es in Richtung von politischen Wirtschaftsstraftaten – mit angepassten Regeln – weiterentwickeln.[8] Dabei ist eine Wirtschaftsstraftat seiner Ansicht nach „politisch“, wenn sie als „staatlich geförderte oder staatlich unkontrollierte Macht auftritt und durch ihre Stärke Freiheit überwältigen kann.“[9] Mit dem Begriff und dem Bild der „Überwältigung der persönlichen Freiheit des Einzelnen“, die *Naucke* ganz im kantischen Sinne als „ursprüngliches, jedem Menschen kraft seiner Menschheit zustehendes, unverlierbares Recht“ versteht,[10] ist ein zentrales Motiv angegeben, das ihn zur Abfassung der Schrift inspiriert hat. Denn er will zeigen, „dass das Nutzen von Wirtschaftsmacht zu Lasten der Freiheit des Einzelnen ein strafrechtliches Problem“,[11] ja grundsätzlich strafwürdig ist. „Politisch“ ist der Einsatz von

6 *Marxen*, in: Tagungsband (Fn. 5), S. 153 (Diskussionsbeitrag) spricht von einem „Aufforderungsbuch“.

7 *Naucke* (Fn. 3), S. 3.

8 Nach *Naucke* ist eine „Straftat (...) die zurechenbare Überwältigung der persönlichen Freiheit“ und Wirtschaftsstraftat „jene Straftat, die mithilfe einer Wirtschaftsorganisation Freiheit zerstört“ (Fn. 3, S. 4). Näher zu seinem von der Strafrechtsphilosophie der Freiheit getragenen Grundverständnis von Strafrecht *Naucke*, KritV 1993, 135, 137 ff. Das Bild der „Freiheitsüberwältigung“ wird auch hier (S. 139) gebraucht.

9 *Naucke* (Fn. 3), S. 4. Die erste Annäherung an den Begriff der „politischen Wirtschaftsstraftat“ findet sich bei ihm bereits auf Seite 1 („Straftat [...], deren Strafwürdigkeit in der Vernichtung der Lebensgrundlage vieler Bürger als Folge zu verantwortender wirtschaftlicher Entscheidungen“ liegt); die Konturen werden im folgenden Text immer feiner gezeichnet.

10 *Naucke* (Fn. 3), S. 4.

11 *Naucke* (Fn. 3), S. 10.

wirtschaftlicher Macht für ihn natürlich erst recht, wenn er „viele Menschen um ihre Freiheit bringt" oder „das verfasste gesellschaftliche System selbst, das der Freiheit dienen soll, ganz oder teilweise beschädigt bzw. zerstört.[12]

*Naucke* sieht sich zur Entwicklung einer modernen Lehre von der politischen Wirtschaftsstraftat ermuntert durch die Beobachtung einer Strukturgleichheit von (politischer) Wirtschaftskriminalität und Staatskriminalität.[13] Aber allein die Bekämpfung der Staatskriminalität habe sich folgerichtig aus dem „Projekt der europäischen Aufklärung" heraus ergeben: die Kontrolle organisierter Macht! Dabei dürfe man jedoch nicht stehen bleiben. Denn mittlerweile greife auch das jeweilige Wirtschaftssystem mit seiner Unterform, dem Finanzsystem, tief und unwiderstehlich in unseren Alltag ein, ohne dabei wie die staatliche Regulierung, die Verwaltung, Polizei und Justiz einer argwöhnischen, genauen Kontrolle zu unterliegen. Modernes Recht will aber „die Kontrolle jeder Macht über den Bürger" gewährleisten.[14]

Die von *Naucke* im Wege der Annäherung an den Begriff der politischen Wirtschaftsstraftat auf einer Zeitachse unternommene Vorstellung spektakulärer (Wirtschafts-)Strafprozesse muss hier aus Zeitgründen unterbleiben. Für das Verständnis wichtig ist es, aus der ausgebreiteten Rechtsgeschichte an dieser Stelle aber zumindest Folgendes zu erwähnen:

– Der erste Schritt, politische Wirtschaftsstraftaten zu benennen, ist nach *Naucke* durch die Nürnberger Kriegsverbrecherprozesse 1947/1948 gemacht worden.[15] Es entsteht hier ein Strafrecht gegen die machtvolle Kriminalität wider die Freiheit des Einzelnen, unabhängig davon, ob diese Macht staatlich oder privat organisiert ist. Dafür mussten die Gerichte allerdings das Rückwirkungsverbot anpassen – Verbrechen gegen die Menschlichkeit, Kriegsverbrechen usw. waren im Handlungszeitpunkt noch nicht positiv-rechtlich verankert – und akzeptieren, dass auch Privatleute durch das Völkerrecht gebunden sind. Nach *Jeßberger* wurde hier der Grundstein des heutigen Völkerstrafrechts gelegt.[16]

---

**12** *Naucke* (Fn. 3), S. 61

**13** Dazu *Naucke* (Fn. 3), S. 7–11.

**14** *Naucke* (Fn. 3), S. 9, 101.

**15** *Naucke* (Fn. 3), S. 13 ff.

**16** *Jeßberger*, JZ 2009, 924, 930; auch *ders.*, in: Tagungsband (Fn. 5), S. 13, 18. Der I.G. Farben-Prozess hätte nach *Jeßberger* (JZ 2009, 924, 931) auch das Zeug dazu gehabt, als Grundstein für ein „Wirtschaftsvölkerstrafrecht" zu wirken, ist aber zu den wirtschaftsstrafrechtlich interessanten Fragen (etwa die Würdigung von Kollegialentscheidungen oder sog. „neutralen Handlungen") nicht durchgedrungen. Inwieweit die Nürnberger Prozesse Exempel oder Modell eines Wirtschaftsvölkerstrafrechts sind, behandeln *Priemel*, in: Tagungsband (Fn. 5), S. 25 ff. sowie *Asholt*, in: Tagungsband (Fn. 5), S. 61 ff.

- Im *Honecker*-Verfahren 1989/1990, das auch wegen (wirtschaftlichen) Hochverrats geführt wurde, sieht *Naucke* vor allem eine verpasste Chance, die Entwicklung des Begriffs der politischen Wirtschaftsstraftat voranzutreiben.[17] Stattdessen gab es einen strafrechtlichen Rückschritt dergestalt, dass – anders als in Nürnberg und in Verfahren wegen der Tötung von Flüchtenden an der Berliner Mauer – im Hochverratsverfahren die Berufung auf „systemkonformes" Verhalten zur Straffreiheit führte. Verurteilt wurde Honecker allerdings wegen „politischer Wirtschaftsuntreue", die im DDR-Strafrecht streng von der privaten Vermögensuntreue unterschieden wurde. Dass die deutsche Untreuevorschrift diese Differenzierung zwar mitführt, aber nicht offen formuliert, hält *Naucke* für einen Konstruktionsfehler.[18]
- Das im Jahre 2010 in Reaktion auf die Finanzkrise angestoßene Strafverfahren gegen den früheren isländischen Ministerpräsidenten wegen fahrlässiger Amtsführung – 2012 diesbezüglich durch Freispruch beendet – nimmt *Naucke* als Beleg dafür, dass politische Wirtschaftsstraftaten auch in demokratisch marktwirtschaftlichen Systemen begangen werden können und nicht nur in der Planwirtschaft, wo sie dogmatische Normalität seien.[19]

Weitere Spuren des Begriffs einer politischen Wirtschaftsstraftat findet er in neueren deutschen Gerichtsentscheidungen.[20] Am Beispiel der Strafverfahren in Sachen *Kanther*, *Kohl* und *Mannesmann* führt *Naucke* vor, dass das Konzept einer politischen Wirtschaftsstraftat längst eine positiv-rechtliche Heimat hat: die Untreue gem. § 266 StGB, die allerdings nur als notdürftiger Unterschlupf für den fehlenden Begriff der politischen Wirtschaftsstraftat fungieren kann.

Bestätigt sieht sich *Naucke* in seiner Forderung nach Einführung politischer Wirtschaftsstraftaten auch in den Geschehnissen rund um die Finanzkrise, insbesondere nach der *Lehmann Brothers* Pleite im September 2008.[21] So dürfe die Strafbarkeit wegen eines Bankrottdelikts nicht einfach daran scheitern, dass infolge einer aus Steuermitteln finanzierten Rettungsaktion die objektive Strafbarkeitsbedingung gem. § 283 Abs. 6 StGB nicht eintritt. „Das eigentlich Strafwürdige in der (...) Situation" liegt seiner Meinung nach in einer unseligen Allianz von machtvollen Geldorganisationen und finanziell abhängiger Politik, für die eine verfassungsrechtliche Grundlage nicht ersichtlich ist.[22] Mit Blick auf die Entstehungsgeschichte

17 Zu diesem Komplex *Naucke* (Fn. 3), S. 27 ff.
18 *Naucke* (Fn. 3), S. 46.
19 Dazu *Naucke* (Fn. 3), S. 39 ff.
20 *Naucke* (Fn. 3), S. 45 ff.
21 Dazu *Naucke* (Fn. 3), S. 63 ff.
22 *Naucke* (Fn. 3), S. 66.

des Finanzmarktstabilisierungsgesetzes beobachtet er weiter, dass hier von Seiten der Privaten auf die Regierung und auf die Gesetzgebungsorgane außergewöhnlicher Druck ausgeübt wurde. Hier zeigten sich Teile eines Musters, das im Staatsschutzstrafrecht in den §§ 105 und 106 StGB unter Strafe gestellt sei. Allerdings seien diese Vorschriften hoffnungslos veraltet, könnten also das skizzierte Verhalten nicht erfassen.

Sein Zwischenresümee zum Begriff der politischen Wirtschaftsstraftat lautet wie folgt: „Der Grundgedanke aller strafrechtlichen Zugriffe auf Wirtschafts- und Finanzverläufe von Nürnberg über *Honecker*, den isländischen Ministerpräsidenten und die Versuche, § 266 StGB zu politisieren, haben – bei allen unterschiedenen Begehungsformen – die gleiche Tendenz: einen bisher ungeschützten Teil der Freiheit des Einzelnen gegen die nötigende Willkür eines Anderen doch zu sichern, nämlich die Freiheit, durch eine von bestimmten Personen ausgeübte Wirtschafts- oder Finanzmacht nicht überwältigt zu werden". Darin liege die „Vervollständigung der strafrechtlichen Garantie eines vorpositiven Menschenrechts".[23]

In einem wichtigen letzten Abschnitt seines Buches arbeitet *Naucke* dann den Unterschied zwischen einem funktionstüchtigen marktbestätigenden und einem freiheitssichernden marktkritischen Wirtschaftsstrafrecht heraus.[24] Der Freiheitsbegriff der Marktwirtschaft ziele vor allem auf die Freiheit vor staatlicher Regulierung, brauche dagegen „von vornherein auf die Freiheit eines anderen Einzelnen keine Rücksicht zu nehmen." Dadurch werden der Begriff und das Nutzen von Wirtschaftsfreiheit an den Begriff und das Nutzen von Macht angenähert. Tatsächlich sei aber „die Freiheit der einzelnen Person (...) etwas völlig anderes als die Freiheit eines Unternehmers, der über eine Organisation verfügt, die Macht über andere hat". Ein machtkritisches, diese Wirtschaftsmacht begrenzendes freiheitssicherndes Wirtschaftsstrafrecht sei im geltenden Wirtschaftsstrafrecht dagegen nur ansatzweise vorhanden, etwa dort, wo der Handel mit bestimmten Gütern oder die Erbringung bestimmter Dienstleistungen verboten werde. Hier hat sich seit Erscheinen von *Nauckes* Buch auch im Finanzmarktstrafrecht Einiges getan.[25] Nicht hinzunehmen ist es nach *Naucke* jedenfalls, wenn schadenstiftendes Handeln auf deregulierten Finanzmärkten unter Berufung auf die „Logik des Finanzmarktes" für straflos erklärt werde.[26] Signale der Schaffung eines freiheitssichernden Wirt-

---

23 *Naucke* (Fn. 3), S. 79.

24 *Naucke* (Fn. 3), S. 80 ff.

25 Vgl. nur das im Kern Anfang Juli 2016 in Kraft getretene Sanktionsregime (insbes. die §§ 38, 39, 40d WpHG) nach dem *Ersten Gesetz zur Novellierung von Finanzmarktvorschriften auf Grund europäischer Rechtsakte* (1. FiMaNoG) v. 30.6.2016, BGBl. I S. 1514; dazu BT-Drs. 18/7482 (v. 8.2.2016). Mittlerweile liegt der RegE des 2. FiMaNoG v. 21.12.2016 auf dem Tisch (BT-Drs. 18/10936).

26 *Naucke* (Fn. 3), S. 90 f.

schaftsstrafrechts (etwa gegenüber einem starken Markt wie dem Finanzmarkt) seien allerdings erkennbar und zwar in Form von Diskussionen über Compliance, Corporate Governance, Wirtschaftsethik und UN Global Compact.[27]

So viel zu *Nauckes* Grundansatz. Was ist nun von seinen Annäherungsversuchen an den Begriff der politischen Wirtschaftsstraftat zu halten?

## III. Kritische Würdigung

Erste Rezensionen des Textes zeigen – wen wundert es bei dieser Stoßrichtung – ein unterschiedliches Echo. Die Reaktionen reichen von Ablehnung über Skepsis bis hin zur euphorischen Aufnahme dieses „mutigen" Textes.[28] Ich will zunächst das jedenfalls mich überaus Anregende des Buches behandeln.

### 1. Vorzüge

Ein großer Verdienst der Arbeit liegt sicher darin, dass *Naucke* soziologische Hintergründe von Rechtsstrukturen aufzeigt, die normalerweise in Strafrechtstexten, jedenfalls dogmatischen, nicht aufscheinen – er stellt die Machtfrage!

*Naucke* steht in seiner Monographie auf der Seite der Schwachen, des machtlosen Bürgers, den er vor Freiheitsüberwältigungen schützen will. Am Beispiel der Genese der Bekämpfung von Staatskriminalität erläutert er, welche faktischen und rechtlichen Hindernisse zu überwinden waren, um Staatsführer strafrechtlich zur Verantwortung ziehen zu können – und wie das Völkerstrafrecht diese Entwicklung schließlich aufgenommen hat.[29] Da muss die Frage erlaubt sein, ob im Bereich der

---

27 Näher *Naucke* (Fn. 3), S. 95 ff.

28 Scharfe Kritik von *Bung*, in: Tagungsband (Fn. 5), S. 129 ff., 153 ff. (Diskussionsbeitrag); zustimmend *Wittig*, in: Tagungsband (Fn. 5), S. 154 (Diskussionsbeitrag), 241, 243 ff.; *Priemel*, in: Tagungsband (Fn. 5), S. 155 (Diskussionsbeitrag); krit. Analyse von *Kubiciel*, ZiS 2013, 53 ff.; allgemeines Unbehagen bei *Jahn*, wistra 2013, 41 f.; skeptisch *Demetrio*, in: FS Beulke, 2015, S. 369, 376 f. Viel Lob für den Mut und den Anstoß zur Diskussion des Themas durch *P.-A. Albrecht*, Rezension, abrufbar unter http://www.deutschlandradiokultur.de/wege-zu-einem-staerkeren-wirtschaftsrecht.1270.de.html?dram:article_id=222676 (Stand: 22.2.2017) („Sternstunde für Wahrheitssuchende"); die Schrift verteidigend *Marxen*, in: Tagungsband (Fn. 5), S. 153 (Diskussionsbeitrag); *Werle*, in: Tagungsband (Fn. 5), S. 154 (Diskussionsbeitrag); *Singelnstein*, in: Tagungsband (Fn. 5), S. 145 f.; grundsätzlich positive Aufnahme des Textes (wenngleich mit Kritik in zentralen Punkten) *Becker*, StV 2013, 347 ff.; auch *Rönnau*, in: Schiedek/Rönnau (Fn. 2), S. 9, 15; ohne tiefere Auseinandersetzung auch *Bermel*, Banken und Pflichten, 2014, S. 7 ff.

29 *Naucke* (Fn. 3), S. 7–11.

Wirtschaftskriminalität ähnliche Hemmnisse bestehen und wie sie ggf. abgebaut werden können. *Nauckes* Annahme, dass Mächtige in jedem der angesprochenen Bereiche versuchen werden, gegen sie gerichtetes Strafrecht möglichst zu verhindern, liegt da nicht ganz fern. Die grundsätzliche Gleichbehandlung von politisch oder wirtschaftlich Mächtigen einerseits und Machtunterworfenen andererseits ist dabei in einem demokratischen Rechtsstaat nicht verhandelbar; für abweichende Regelungen müssten sehr gute, belastbare Gründe sprechen.

Fast unbestreitbar scheint mir auch *Nauckes* Feststellung, dass sich die heutigen Machtstrukturen gegenüber der Zeit der Aufklärung, als sich wesentliche, bis heute geltende strafrechtliche und strafprozessuale Grundsätze ausprägten, verschoben haben. War es früher allein die vom Staat (und der Religion) ausgehende Macht, die im Freiheitsinteresse des Einzelnen beschränkt werden musste, sammelt sich heute in den Unternehmen große wirtschaftliche Macht an, die im Fall ihrer unbegrenzten Ausübung für die Bürger bedrohlich werden kann. In einer globalisierten (entgrenzten) Welt gerät der Staat zunehmend in die Defensive. Eine Reformulierung des aufklärerischen Freiheitsgedankens könnte es daher notwendig machen, den Staat (bzw. supranationale Einheiten) mit ausreichend Macht auszustatten, um konzentrierte private Macht einzudämmen; nur so lässt sich der Großteil der Bevölkerung angemessen schützen. Man frage sich nur einmal, bei wem die persönlichen Daten eigentlich besser aufgehoben sind – beim Staat oder bei Google?[30] Diese Umverteilung von Macht kann bei Überlegungen zum Einsatz von Strafrecht unmöglich ausgeblendet werden. Bisher genügt es dem Gesetzgeber für die Schaffung von Strafrechtsnormen, ein ausreichend wertvolles Rechtsgut zu identifizieren, das durch bestimmtes Täterverhalten gefährdet oder verletzt werden kann.

---

30 Zutreffend kritische Stellungnahme in diesem Zusammenhang von *Hoffmann-Riem*, in: VVDStRL 75 (2016), S. 386 (Diskussionsbeitrag zum Referat von *B. Wegener*): „Wer kann denn die Freiheit gefährden? Natürlich (...) der Staat. Für mich ist der Staat gegenwärtig aber nicht mehr der größte Gefährder der Freiheit im Feld der digitalen Kommunikation. Wenn ich daran denke, welche Datenberge bei den IT-Oligopolen global verfügbar sind, ohne wirksame rechtliche Grenzen der Datenerhebung und -speicherung, ohne Transparenz und ohne Möglichkeit demokratischer Kontrolle, auch ohne Grenzen der Nutzung und ohne wirksamen Schutz vor Cyberspionage und -sabotage, dann wird ein immenses Gefährdungspotenzial erkennbar. Niemals würden wir es in einem demokratischen Rechtsstaat erlauben, dass staatliche Stellen auch nur einen Anteil dessen erheben, aufbewahren und das auch noch fast nach Belieben nutzen, was diese Unternehmen verfügbar haben."; zuvor schon *ders.*, JZ 2014, 53 ff., der aufgrund der „oligopolistischen Vermachtung weiter Teile der globalen IT-Kommunikation" (63) die Notwendigkeit einer Neukonzeption von Freiheitsschutz (durch Aktivierung des objektiv-rechtlichen Schutzgehalts der Grundrechte bzw. der Schutzpflichtenlehre) fordert; auch *ders.*, AöR 137 (2012), 509 ff.; diesbezüglich Bedenken zudem bei *Bung*, in: Tagungsband (Fn. 5), S. 129, 142.

Kommt – wie hier – noch eine strukturelle Machtasymmetrie hinzu, muss das Nachdenken über eine Kriminalisierung – gerade wenn das Verhalten ein immenses Risikopotenzial birgt – wenigstens erlaubt sein.

Teile des strafrechtlichen Schrifttums stehen – wie angedeutet – der Schaffung von Strafrecht gerade im wirtschaftlichen Bereich äußerst skeptisch gegenüber. „Was richtig ist und was falsch, was sachangemessen ist und plausibel, was toleriert werden kann und was sanktioniert werden muss, das hat das Recht – so *Hassemer* – der Wirtschaft nicht vorzugeben; das weiß sie selber."[31] Vor dem Hintergrund des Ausgeführten ist diese These zumindest mit einem Fragezeichen zu versehen. Auch und gerade die zerstörerischen Folgen der Finanzkrise haben gezeigt, dass die Eigengrenzziehung das Gemeinwohl nicht immer ausreichend im Blick hat; hier bedarf es der Kontrolle von außen, nötigendenfalls auch durch das Strafrecht.[32] Dass einer Neukriminalisierung in Form der politischen Wirtschaftsstraftat – jedenfalls nach derzeitigem Forschungsstand – aber andere Gründe entgegenstehen können, wird sogleich auszuführen sein.

Auf diese wichtigen Zusammenhänge hingewiesen und entsprechende Fragen gestellt zu haben, ist *Naucke* hoch anzurechnen.

## 2. Schwächen des Ansatzes

*Naucke* malt zur Begründung seines machtkritischen bzw. -verneinenden Strafrechts ein imposantes Bild: Ein mächtiger Täter überwältigt die persönliche Freiheit des machtlosen Opfers! Das ist eingängig, aber das Bild ist zu grob gezeichnet. Damit leite ich über zum kritischen Teil meiner Ausführungen.

Freiheitsüberwältigung meint bei *Naucke* Freiheitsschaden, wie er im Grundsatz bei jeder Straftat auf Opferseite auftritt, bei Wirtschaftsstraftaten in seiner Deutung allerdings herbeigeführt durch eine wirtschaftlich mächtige Organisation. Dadurch ist der *Erfolg* des Verhaltens – im Falle einer Krise etwa große Vermögensschäden – beschrieben. Aber entscheidend für die Strafbarkeit ist die Handlungsseite: Die Frage, ob „Unglück" oder „Unrecht" vorliegt, hängt allein davon ab, ob dem Akteur *Handlungsunrecht* vorgeworfen werden kann oder nicht. „Radikalfinalisten" wie *Zielinski*, *Lüderssen u. a.* kennen überhaupt nur Handlungsunrecht, während der Erfolg in ihrem Konzept als objektive Strafbarkeitsbedingung

31 *Hassemer*, wistra 2009, 169, 171; zust. *Lüderssen*, in: Kempf/Lüderssen/Volk (Hrsg.) Die Finanzkrise, das Wirtschaftsstrafrecht und die Moral, 2010, S. 211, 232 (m. Fn. 75).

32 Gleichsinnig *Becker*, StV 2013, 347, 349 f.; auch *Rönnau*, in: Schiedek/Rönnau (Fn. 2), S. 9, 15 ff.

eingestuft wird.[33] Genau hier, beim Handlungsunrecht, liegt das Problem bei der strafrechtlichen Bewertung von Großereignissen wie etwa der jüngsten Finanzkrise. Derartige Situationen entstehen als Ergebnis komplexer Prozesse, in denen unterschiedlichste Faktoren auf nicht ohne weiteres überschaubare Weise zusammenwirken. Deshalb muss geklärt werden, wann die Schwelle vom strafbaren Einzelversagen zum vom Strafrecht nicht mehr erreichbaren Systemversagen überschritten ist, wobei allerdings die Entstehung rechtsfreier Räume nicht voreilig hingenommen werden darf. Es stellt sich mit anderen Worten die für die Begründung von Strafbarkeit seit jeher zentrale Frage *individueller Verantwortungszurechnung.*[34] Hier muss sorgfältig geprüft werden, wie stark die Anforderungen an das Täterverhalten abgeschmolzen werden können, um noch die Qualität *strafbaren* Verhaltens aufzuweisen. Konkret geht es um die Bestimmung der Untergrenze strafrechtlicher Haftung. Bekannte gesetzgeberische Schutzstrategien im Grenzbereich sind da etwa die Vorverlagerung des Strafrechts, die Verflüssigung des Rechtsguts, das Ausweichen auf abstrakte Gefährdungsdelikte oder die Anknüpfung der Strafbarkeit an ein Unterlassen (der Kontrolle) statt an ein aktives Tun.[35] Der strafrechtliche Instrumentenkasten ist allerdings nicht beliebig zu erweitern, will er

---

33 Näher zur Bedeutung des Handlungsunrechts *Roxin*, Strafrecht AT I, 4. Aufl. 2006, § 10 Rn. 88 ff. (zur Konstruktion der monistisch-subjektiven Richtung s. Rn. 94 f.; Kritik daran in Rn. 96 ff.).

34 Zur Unmöglichkeit, Systemprobleme dem Individuum zuzurechnen, s. grds. *P.-A. Albrecht*, in: Institut für Kriminalwissenschaften Frankfurt a. M. (Hrsg.), Vom unmöglichen Zustand des Strafrechts, 1995, S. 429, 433 ff.; vgl. auch *ders.*, in: FS Hamm, 2008, S. 1, 10 und *ders.* Kriminologie, 4. Aufl. 2010, S. 407 u. vor. Allgemein zum Problem individueller (strafrechtlicher) Verantwortlichkeit bei „systemischen" Krisen und Großschäden *Prittwitz*, in: Lüderssen (Hrsg.), Aufgeklärte Kriminalpolitik oder Kampf gegen das Böse?, Bd. III, 1998, S. 7, 19 f.; skeptisch mit Blick auf die Finanzkrise auch *Lüderssen*, in: Kempf/Lüderssen/Volk (Hrsg.), Die Handlungsfreiheit des Unternehmers – wirtschaftliche Perspektiven, strafrechtliche und ethische Schranken, 2009, S. 241, 316 f. und *ders.*, in: Kempf/Lüderssen/Volk (Fn. 31), S. 211 ff.; (= *ders.*, StV 2009, 486 ff.); dazu auch *Wohlers*, ZStW 123 (2011), 791, 793 ff.; jüngst aber *Schünemann*, wistra 2015, 161, 162: „Ein prinzipielles Problem für die Anwendung des Strafrechts auf individuelles menschliches Handeln im Rahmen von Wirtschaftsunternehmen existiert [...] nicht"; *ders.* schon in: GA 1995, 201, 210 ff. und in: Kühne/Miyazawa (Hrsg.), Alte Strukturen und neue gesellschaftliche Herausforderungen in Japan und Deutschland 2000, S. 15, 22 ff., 29.

35 Vgl. – jew. *passim* – zur Verflüssigung des Rechtsguts *Krüger*, Die Entmaterialisierungstendenz beim Rechtsgutsbegriff, 2000; zur Vorverlagerungstendenz und Häufung von abstrakten Gefährdungsdelikten *Herzog*, Gesellschaftliche Unsicherheit und strafrechtliche Daseinsvorsorge: Studien zur Vorverlegung des Strafrechtsschutzes in den Gefährdungsbereich, 1991; zum Ganzen ferner *Prittwitz*, Strafrecht und Risiko: Untersuchungen zur Krise von Strafrecht und Kriminalpolitik in der Risikogesellschaft, 1993.

rechtsstaatlichen Anforderungen an die Bestimmtheit, die Subsidiarität usw. noch genügen.[36]

Fest im Blick zu behalten ist bei diesem Thema das Kernproblem des Wirtschaftsstrafrechts – die Bestimmung des erlaubten Risikos![37] Hier kann sich das Strafrecht in einer Welt, die sich – im übertragenen Sinne – immer schneller dreht und immer riskantere Manöver fährt, um noch Wohlstandsgewinne zu erzielen, nicht von gesamtgesellschaftlichen Abwägungen – etwa Mobilität gegen Verkehrsunfalltote und -verletzte – abkoppeln. Wir tanzen auf dem Vulkan und berauschen uns dabei – das hat seinen Preis![38]

Die gesellschaftliche Akzeptanz jedenfalls bestimmter riskanter Investitionen muss auch das Strafrecht als Ultima Ratio der Sozialpolitik verarbeiten; verwirklicht sich das Risiko und tritt ein Schaden ein, ist er als Kehrseite einer bewussten Entscheidung hinzunehmen. Diese Entscheidungen werden regelmäßig in der Wirtschaft getroffen. Die Wirtschaftsverläufe sind aber häufig auch durchzogen oder zumindest Folge von politischen Handlungen (und Unterlassungen). Die Deregulierung des Finanzmarktes etwa ist mit Vorsatz der politischen Akteure entstanden. Dies berücksichtigend fällt es schwer, mit *Naucke* eine gerade Linie von Nürnberg über *Mannesmann* zur Finanzkrise zu ziehen. Das Verhalten totalitärer Regime hat – in den Worten *Christian Beckers* – einfach eine „fundamental andere Qualität" als die Gesellschaftssteuerung durch (abwählbare) Parlamente und Regierungen in demokratisch verfassten Gesellschaften.[39]

*Naucke* misstraut der Autorität und Rechtfertigungskraft politischer Entscheidungen, mögen sie auch formal ordnungsgemäß zustande gekommen und *legal* sein – und das nicht nur in Situationen, in denen wie bei der Finanzkrise die Regierung

**36** Zu den Grenzen rechtsstaatlichen Strafrechts nur *Roxin*, Strafrecht AT I, § 5 Rn. 67 ff. (Bestimmtheit), § 2 Rn. 97 ff. (Subsidiarität, Ultima ratio, Fragmentarität). Die Gefahren, die sich aus einer Flexibilisierung, Ökonomisierung und Entformalisierung des strafrechtlichen Zugriffs ergeben, skizziert *Naucke*, KritV 1999, 336, 340 f.; zum Erosionsprozess rechtsstaatlichen Strafrechts *P.-A. Albrecht*, Kriminologie, S. 63 ff., 145 ff., 401 ff.

**37** Eingehend zum erlaubten Risiko als wirtschaftsstrafrechtlicher Kategorie *Krause*, Ordnungsgemäßes Wirtschaften und erlaubtes Risiko, 1995, *passim* (im Kontext des Insolvenzstrafrechts); zur Problematik des Risikogeschäfts bei der Untreue *Hillenkamp*, NStZ 1981, 163 ff.; *Waßmer*, Untreue bei Risikogeschäften, 1997; im Zusammenhang mit dem „Mannesmann-Verfahren" *Hohn*, wistra 2006, 161 ff.; zur Rolle betriebswirtschaftlicher Risikomodelle bei der Untreuestrafbarkeit im Wertpapiergeschäft *Becker/Walla/Endert*, WM 2010, 875 ff.

**37a** S. auch *Stratenwerth*, ZStW 105 (1993), 679, 681: „Es sind ja primär nicht die spektakulären Untaten einzelner Schurken, die die Menschheit bedrohen, sondern die Mechanismen eines sich vorerst noch einigermaßen ungehemmt fortentwickelnden ökonomischen Systems, zu dessen zerstörerischen Auswirkungen heute praktisch jeder sein mehr oder minder großes Scherflein beiträgt."

**38** *Becker*, StV 2013, 347, 348.

und das Parlament massiv unter Druck gesetzt wurden.[40] Und so fragt er weiter nach der *Legitimität* der Entscheidung. Hier schlägt der Naturrechtler *Naucke* durch, für den sich richtiges Recht nicht mit dem positiven Recht decken muss.[41] Das verschiebt die Bewertungsperspektive deutlich und verlangt nach einem Anker und Maßstab, der über dem positiven Recht und dem jeweiligen Gesellschafts- und Wirtschaftssystem angesiedelt ist. Ich sehe nicht, dass hier das Bild von der „Freiheitsüberwältigung durch die Ausübung staatlich geförderter oder privater Macht" ausreichend Differenzierungskraft für die Annahme von Strafwürdigkeit hat.

Eines ist mir bei der Lektüre seiner Schrift aber ganz klar geworden: Es gibt einen Freiheitsbereich des Einzelnen, der vor massiven Bedrohungen durch mächtige Akteure aus der Wirtschaft abgeschirmt werden muss und bisher – angesichts einer verengten Perspektive – noch nicht ausreichend gesichert ist. Diesen in sich ständig wandelnden Gesellschaften zu identifizieren und gefährliches Verhalten in Tatbeständen so einzufangen, dass es rechtsstaatlichen Anforderungen genügt, wird dabei zukünftig die große Herausforderung sein. Sicher braucht man hier einen „regulativen Mix" unter Einbeziehung von Zivilrecht, Aufsichtsrecht usw., bei dem das Strafrecht nicht an vorderster Front stehen muss und sollte; geltendes Recht – auch das (Wirtschafts-)Völkerstrafrecht – muss befragt werden, ob es ausreichend Schutz bietet.[42] Von Tatbestandsformaten wie dem durch das sog. Trennbankengesetz neu geschaffenen § 54a KWG sollte man allerdings Abstand nehmen; die Vorschrift weist zu viele Mängel auf und wird ein zahnloser Tiger bleiben.[43] Das Strafrecht bei einer etwaigen Regulierung aber von vornherein als

---

39 Vgl. *Naucke* (Fn. 3), S. 63.

40 Kritik am „Überspringen" der Wortlautgrenze (bezogen auf § 283 Abs. 6 StGB) daher von *Kubiciel*, ZiS 2013, 53, 57 und *Goeckenjan*, wistra 2014, 201 m. Fn. 6. Das hatte *Naucke* (Fn. 3), S. 64 natürlich vorhergesehen und versucht auf den Folgeseiten eine nicht ganz überzeugende Entkräftung des Arguments.

41 Mit diesem Fokus auch viele im Tagungsband (Fn. 5) abgedruckte Referate, etwa die von *Singelnstein* (S. 145 ff.), *Zerbes* (S. 205 ff.) und *Wittig* (S. 241 ff.). Die Erfassung von (multinationalen) Unternehmen durch das Völkerstrafrecht untersucht weiterhin *F. Meyer*, stellt dabei zwar „schmerzhafte" Verantwortungslücken fest, plädiert letztlich aber doch für Regelungen jenseits des Strafrechts, u. a. für ein „präventionsorientiertes transnationales Wirtschaftsaufsichtsrecht" (ZStR 131 [2013], 56 ff., 86; ZStW 126 [2014], 122 ff., 126).

42 Aus der Schar der Kritiker nur *Kasiske*, ZiS 2013, 257, 264 („legislativer Totalschaden"); *Albrecht*, BKR 2014, 98, 105 („durchgreifende rechtliche und dogmatische Bedenken"); *Hamm/Richter*, WM 2013, 865, 870 („schwerwiegende verfassungsrechtliche Bedenken"); positiver *Chr. Schröder*, WM 2014, 100, 106 („§ 54a KWG bewegt sich maßvoll im Rahmen des gesetzgeberischen Entscheidungsspielraums"); *Kubiciel*, ZiS 2013, 53, 59 f.; *Goeckenjan*, wistra 2014, 201 ff.

Handlungsinstrument auszublenden, halte ich angesichts zum Teil immenser Risikopotenziale für unangemessen.[44]

# IV. Schluss

*Naucke* hat mit seinem Buch für diese Fragestellung, also die Notwendigkeit eines erweiterten Strafrechts gegenüber wirtschaftlich Mächtigen, einen wichtigen Anstoß gegeben. Seine Überlegungen müssen fortentwickelt werden. Ob man das Thema weiterhin unter dem Begriff „politische Wirtschaftsstraftaten" diskutieren oder eher von „wirtschaftsverstärkten Straftaten" oder ähnlichem sprechen sollte, ist meines Erachtens zweitrangig.

Dass hier jedenfalls ein Problem liegt, um das sich die Wissenschaft in Zukunft kümmern muss, steht für mich fest. Über die saubere Abgrenzung von Betrug und Diebstahl ist genug geschrieben worden. *Naucke* weiß selbst, dass die eigentliche Ausarbeitung seines Ansatzes noch bevorsteht. Den großen rechtlichen Ernst, mit dem er das Thema diskutiert und vorbringt, habe ich bei unseren Gesprächen immer gespürt. Man sollte ihm daher nicht – wie das auf dem Berliner Herbstsymposium 2014 in einem Vortrag geschehen ist – vorwerfen, er trete als „Populist" auf und „pervertiere das Völkerstrafrecht."[45] Dafür ist sein berechtigtes Anliegen einfach von zu großer Bedeutung. Selbst wenn es also die politische Wirtschaftsstraftat im geltenden Strafrecht wohl noch nicht gibt, haben wir allen Anlass darüber nachzudenken, ob das von *Naucke* identifizierte Kontrollvakuum bisher rechtlich angemessen verarbeitet wurde.

**43** Ebenso *Becker*, StV 2013, 347, 349f.; *Kubiciel*, ZiS 2013, 53, 59f. (mit Blick auf die strafrechtliche Aufarbeitung der Finanzkrise); *Pieth*, Wirtschaftsstrafrecht, 2016, S. 22; *Rönnau*, in: Schiedek/Rönnau (Fn. 2), S. 9, 16 – gegen *Lüderssen*, der allein aus der Komplexität eines Regelungsbereichs auf die Unzulässigkeit des Einsatzes von Strafrecht schließt (in: Kempf/Lüderssen/Volk [Hrsg.], Die Handlungsfreiheit des Unternehmens – Wirtschaftliche Perspektiven, strafrechtliche und ethische Schranken, 2009, S. 241, 316; ähnlich *ders.*, StV 2009, 486, 494).

**44** So *Bung*, in: Tagungsband (Fn. 5), S. 129, 139, 141.

# Die Einhegung der Wirtschaft durch Strafrecht

Klaus Lüderssen

# Regulierung, Selbstregulierung und Wirtschaftsstrafrecht. Versuch einer interdisziplinären Systematisierung

## Gliederung



---

**Erschienen in** ILFS Band 6: Die Handlungsfreiheit des Unternehmers: Wirtschaftliche Perspektiven, strafrechtliche und ethische Schranken, 2009

https://doi.org/10.1515/9783111057125-011

# Einleitung

„Gewinnmaximierung oder soziale Verantwortung?“ ist der Titel eines Aufsatzes, in dem der in Zürich lehrende Wirtschaftsrechtler *Peter Forstmoser* – gleichzeitig Mitglied von gesellschaftsrechtlichen Verwaltungsräten und als Wirtschaftsanwalt tätig – eindrucksvoll auf die Konvergenzen hinweist, die sich bei börsennotierten Unternehmen zwischen *Share*holder- und *Stake*holderansatz ergeben, sobald man registriert, „dass mehr Wert für die Aktionäre letztlich nur dann geschaffen werden kann, wenn die Gesellschaft gute Mitarbeitende gewinnen kann, wenn sie bei ihren Kunden und Lieferanten anerkannt ist und es ihr – jedenfalls bei Großunternehmen – gelingt, ein unternehmensfreundliches politisches und gesellschaftliches Umfeld zu sichern", und – umgekehrt – festhält, dass „der Stakeholder-Value-Ansatz nicht [. . .] ignoriert, dass Gewinne der Nährboden einer jeden unternehmerischen Tätigkeit und dadurch auch die Basis für eine Förderung aller am Unternehmen Interessierten sind".[1]

Diese überlegene Perspektive erledigt natürlich nicht die weit reichenden und intensiven Kontroversen, die gegenwärtig über – gesellschaftsrechtlich-ökonomisch wichtige Teile berührende – Grundfragen der staatlichen Wirtschaftsverfassung geführt werden. Aber es wird deutlich, in welche Richtungen die Anstrengungen gehen müssen, um der Akzeptanzkrise entgegen zu wirken, der die soziale Marktwirtschaft der Bundesrepublik in dem Maße ausgesetzt sein wird, wie Staat und Gesellschaft die Aufgabe verfehlen, aus den Bankzusammenbrüchen im Zusammenhang mit der Finanzmarktkrise[2] die angemessenen Konsequenzen zu ziehen. Zur ",Global Governance' weltgesellschaftlicher Lernprozesse„[3] wird es gehören, den Stellenwert staatlicher Regulierungen neu zu bestimmen. In Deutschland wird man sich dabei – *wirtschaftspolitisch* – an den Traditionen des Ordoliberalismus ebenso orientieren wie an der "Neuen Institutionen-Ökonomie". *Rechtlich* geht es um – weitere – Reformen des Gesellschaftsrechts, Fortschreibung der Regeln der „Corporate Governance" und vielleicht auch um neue Interpretationen einschlägiger verfassungsrechtlicher Normen. *Organisatorisch* sind Wirtschaftsaufsicht durch die Behörden und die Einrichtung bzw. Fortentwicklung von Compliance-Abteilungen in den Unternehmungen das Arbeitsfeld.

Natürlich werden auch Appelle an wirtschafts*straf*rechtliche Gesetzgebung und Strafverfolgung ergehen.[4] Soweit der Verdacht eigennützigen treuwidrigen Miss-

---

**1** In Summa, Dieter Simon zum 70. Geburtstag, 2005, S. 207, 219.

**1a** S. genauer unten mit ausführlichen Literaturangaben Fn. 127a.

**2** Ingo Pies Marktwert des Staates? Über Denk- und Handlungsblockaden im Zeichen der Globalisierung, Diskussionspapier Nr. 06–4, S. III.

**2a** Wie bereits geschehen durch Helmut Schmidt, Die Zeit v. 15.1.2009 (dazu kritisch *Lüderssen*, Frankfurter Allgemeine Zeitung v. 19.1.2009); s. ferner *Christian Schröder*, Die Komplexität internationaler Finanzmärkte – Einfallstor für Kriminalität, Kriminalistik 2009, S. 12 ff. (12); vorsichtige Erwägungen bei *Nikolaus Bosch/Knut Werner Lange*, Unternehmerischer Handlungsspielraum des Vorstandes zwischen zivilrechtlicher Verantwortung und strafrechtlicher Sanktion, JZ 2009, S. 225 ff.; weniger bedenklich: *Volker Gallandi*, Strafrechtliche Aspekte der Asset Backed Securities, in Wistra 2009, S. 41 ff.; *Thomas Fischer*, Prognosen, Schäden, Schwarze Kassen, in: NStZ Sonderheft zum Eintritt in den Ruhestand für Dr. Klaus Miebach, 2009, S. 8 ff. (15); äußerst kritisch die Stellungnahme von *Axel* v. *Werder* in Stefan Grundmann, S. 99 f.; zu den zivilistischen Ausgangspunkten für virtuell

bräuchen und betrügerischen Handlungen gilt, wird der kritische Diskussionsbedarf allerdings wohl ebenso gering sein, wie etwa bei gezielter Gläubigerschädigung im Bankrott, Wirtschaftsspionage oder Terrorismusfinanzierung.

Wohl aber bleiben Vorschläge problematisch, die darauf hinaus laufen, dass (straflose) Versuche als vollendete Delikte, (straflose) Gefährdungen als effektive Schädigungen begriffen und (straflose) fahrlässige Handlungen zu vorsätzlichen hinaufstilisiert werden. Auf diese Phänomene der Strafverfolgung stößt man vor allem im Bereich der Risikogeschäfte, die durch das relativ neue „Kapitalmarktstrafrecht" und den Tatbestand der „Untreue" erfasst werden. Bei der zunehmenden Kapitalmarktabhängigkeit des Managements großer Gesellschaften mag es nahe liegen, dass man nach diesen Regelungsinstrumenten greift. Aber die rechtsstaatlichen Traditionen eines vor allem dem Bestimmtheitsgrundsatz verpflichteten Strafrechts und die Sorge, es könne dabei zu disfunktionalen kontraproduktiven Einsätzen kommen, mahnen zur Vorsicht.

Das sind allgemeine Annahmen. Für ihre Konkretisierung bedarf es zunächst einiger Analysen (A). An sie schließen sich allgemeine Bemerkungen über die Aufgaben, bei deren Erfüllung das Wirtschaftsstrafrecht oder alternative rechtliche Kontrollen Funktionen übernehmen könnten (B). Es folgt ein spezieller Teil über die Kriminalisierung des Risiko-Managements (C).

## A. Analysen

### I. Zur Entwicklung des Wirtschaftsstrafrechts, der Wirtschaftskriminalität und der einschlägigen Strafverfolgung in Deutschland

*Inhaltlich* könnte man sich an der Zuständigkeitsnorm des § 74c GVG orientieren. Das ist eine Aufzählung, die nicht ganz ohne Generalklauseln auskommt.[5]

Ein zusammenfassender *juristischer* Begriff ist schwer zu finden. Teils wird an das überindividuelle Rechtsgut der wirtschaftlichen Ordnung angeknüpft, teils an spezifische, „aus der Fortentwicklung von Wirtschaft und Technik erwachsende

---

auch strafrechtliche Haftung in speziellen Fällen vgl. *Marcus Lutter*, Zur Rechtmäßigkeit von internationalen Risikogeschäften der Banken der öffentlichen Hand, BB 2009, S. 786 ff.

3 Vgl. § 74c Abs. 1 S. 1 Nr. 6 GVG: „Soweit zur Beurteilung des Falles besondere Kenntnisse des Wirtschaftslebens erforderlich sind" (dazu konkretisierend OLG Saarbrücken wistra 2007, 360); allgemein zur Anknüpfung an § 74c GVG *Rönnau* ZStW 119 (2007) 887, 895.

Erscheinungs- oder Angriffsformen klassischer Delikte", teils auch daran, ob die Zuordnung des Delikts bei einer Institution stattfindet (Corporate Crime[6]).[7]

Zu registrieren sind aber auch „kriminologische Definitionsversuche".[8] Dabei ist inzwischen die sich nach Tätertypen richtende Einteilung im Anschluss an Sutherland sicher ganz unbrauchbar geworden.[9]

Man weiß inzwischen, dass viele Definitionen von „‚Wirtschaftskriminalität' (...) latente kriminalpolitische Programme" sind.[10] Eine abschließende Festlegung ist allerdings entbehrlich, wenn man sich über die Straftatbestände e i n i g e n kann, die in die Analyse einbezogen werden sollen.[11] Insofern ist die Diskussion abzuwarten.

## 1) Entdeckung des Problems in den frühen sechziger Jahren des vergangenen Jahrhunderts

Nach vielen internen Diskussionen und Vorstößen in den Medien gingen wichtige Impulse vom 49. Deutschen Juristentag 1972 aus, der in seiner strafrechtlichen Abteilung das Thema behandelte: „Welche strafrechtlichen Mittel empfehlen sich für eine wirksamere Bekämpfung der Wirtschaftskriminalität"? Es folgte (1972–1976) die Tätigkeit der „Sachverständigen-Kommission zur Bekämpfung der Wirtschaftskriminalität – Reform des Wirtschaftsstrafrechts".[12] „Umkriminalisierung" (Entkriminalisierungen im Mikrobereich, Neu-Kriminalisierung im Makrobereich) war die Parole. Äußerlichen Niederschlag fand sie zunächst in den beiden Gesetzen zur Bekämpfung der Wirtschaftskriminalität 1976 und 1986. Ferner gab es das

4 Speziell zu *diesem* Begriff: *Hefendehl* ZStW 199 (2007) S. 816, 819; *Theile*, Wirtschaftskriminalität und Strafverfahren – Systemtheoretische Überlegungen zum Regulierungspotential des Strafrechts, Münsteraner Habilitationsschrift, 2007 (noch unveröffentlicht), S. 45 ff.

5 Einen Überblick gibt *Achenbach* in FS Hans-Dieter Schwind, 2006, S. 177 ff. Ausführlich und mit vielen Belegen ferner *Grunst/Volk* in *Volk* (Hrsg.), Verteidigung in Wirtschafts- und Steuerstrafsachen, § 1 Rn. 4–26; s. ferner *Tiedemann* Wirtschaftsstrafrecht, Einführung und allgemeiner Teil, 2. Aufl., 2007, Rn. 39–77.

6 *Rönnau* ZStW 119 (2007) S. 887, 895.

7 *Sutherland* American Sociological Review 5 (1940) S. 1 ff.

8 *Volk* in Bundeskriminalamt (Hrsg.), Polizei und Kriminalpolitik, BKA-Vortragsreihe, Band 26, 1981, S. 51.

9 Ausführlich über die „Probleme eines definitorischen Zugangs" *Theile* aaO, S. 28 ff.; *Rönnau* ZStW 119 (2007) S. 887, 900 (Fn. 50).

10 Zu diesen Stationen *Grunst/Volk* aaO, Rn. 43–45.

18. Strafrechtsänderungsgesetz 1980 mit dem Gesetz zur Bekämpfung der Umweltkriminalität.[13] Eine weitere bedeutende Station ist der AE aus dem Jahre 1977.[14]

Parallel dazu lief die Einrichtung von Schwerpunkt-Staatsanwaltschaften und Wirtschaftsstrafkammern, sowie Spezialdienststellen bei der Polizei,[15] begleitet von einer entsprechenden Mobilisierung der Öffentlichkeit durch die Medien. Hohe Dunkelziffern wurden registriert. Die Schlussfolgerung daraus war aber nicht: Obsoleszenz (wie bei der Strafvorschrift gegen Abtreibung), sondern Intensivierung der Strafverfolgung.[16]

## 2) Undifferenzierte Expansion seit den späten achtziger Jahren des vergangenen Jahrhunderts

Sie scheint in unseren Tagen, häufig ausgelöst durch „Skandale",[17] mehr und mehr unter dem Einfluss europarechtlicher Entwicklungen[18] an ihren Höhepunkt zu gelangen;[19] Investment Banking, anonyme Finanzmärkte, Schneeballsysteme sind die Reizworte.[20]

### a) Allgemeine Tendenzen

Sie werden begünstigt durch das Fehlen alternativer Konzepte.[21]

---

**11** Ausführliche Darstellung mit weiteren Einzelheiten bei *Grunst/Volk* aaO, Rn. 46–57.

**12** Alternativ-Entwurf eines Strafgesetzbuches (AE) – Besonderer Teil: Wirtschaftsstraftaten, 1977; dazu *Tiedemann* aaO Rn. 68.

**13** Einzelheiten bei *Grunst/Volk* aaO Rn. 89–91.

**14** Zu der Ambivalenz dieser rechtspolitischen Konsequenzen aus Dunkelziffern: *Lüderssen* Strafrecht und „Dunkelziffer", 1972.

**15** Über deren Wahrnehmung im allgemeinen politisch-wirtschaftlichen Schrifttum vgl. etwa *Valentin N.J. Landsmann* Verbrechen als Markt, Zürich, 2. Aufl. 2006, S. 151 ff.; *Benjamin R. Barber* Consumed!, 2007, S. 10 ff., 254 ff.; *Harald Schumann/Christiane Grefe* Der globale Countdown, 2008, S. 81 ff.

**16** Dazu allgemein *Tiedemann* aaO, Rn. 82–94a; ferner Tiedemann (Hrsg.), Wirtschaftsstrafrecht in der europäischen Union, 2002, vor allem S. 199–403; *Lüderssen* GA Europäisierung des Strafrechts und gubernative Rechtssetzung, GA 2003, S. 71 ff.; *Ulrich Sieber*, Grenzen des Strafrechts, ZStW 119 (2007) S. 1, 8 ff., 19 ff.; *Javier Valls Prieto* Die juristische Natur der Sanktionen der europäischen Union, ZStW 120 (2008) S. 403 ff.

**17** Dazu *Hans Achenbach* Zur aktuellen Lage des Wirtschaftsstrafrechts in Deutschland, GA 2004, S. 559, 564 f.; *ders.* Das Strafrecht als Mittel der Wirtschaftslenkung, ZStW 119 (2007) S. 489 ff.

**18** Zur besonderen Diskussion über die Hedge-Fonds vgl. schon die kritische Analyse von *Helmut Schmidt* in „Die Zeit" vom 1.2.2007, S. 21 ff.

**19** *Kai-D. Bussmann* Business Ethics und Strafrecht; Zu einer Kriminologie des Managements, MSchrKrim 2003, S. 89 ff.

### aa) Einmischung des Strafrechts in andere Ordnungssysteme

Zwei signifikante Beispiele:

#### (1) Medizinprodukte-Industrie und universitäre Forschung

Hier handelt es sich um Bestechungs- und Untreuevorwürfe im Zusammenhang damit, dass die Finanzierung der Realisierung von Forschungsaufgaben durch die Medizinprodukte-Industrie über die (dementsprechend erhöhten) Preise zu Belastungen der öffentlichen Krankenkassen geführt und den Forschungsleitern Vorteile bei der Berufsausübung eingebracht haben. Diese Kriminalisierung geht in ihrer Struktur an den ökonomisch und haushaltspolitisch bedingten Verflechtungen zwischen Markt und Staat, für deren Ordnung und Gewichtung originär öffentlich-rechtlicher Regelungsbedarf besteht, vorbei.[22]

#### (2) Investitionen und Kreditvergabe

Die im zweiten Abschnitt des Gesetzes über das Kreditwesen für das Kreditgeschäft aufgestellten Regelungen (§§ 13–22) bilden seit einem guten Jahrzehnt – mit Schwerpunkt auf § 18, konkretisiert durch die „Mindestanforderungen an das Kreditgeschäft der Kreditinstitute (MAK)“ im Rahmen der von der BaFin unter dem Datum vom 19.12.2002 herausgegebenen Sammlung von Mindestanforderungen für das Risikomanagement (MARisk)“ – den Anknüpfungspunkt für Anklagen und Verurteilungen nach § 266 StGB. Aber man kann die strafrechtlich relevanten Pflichtverletzungen im Netzwerk dieser Verhaltensrichtlinien kaum fixieren,[23] auch dann nicht, wenn man die Zusammenstellungen von Pflichtverletzungen heranzieht, die – zunächst mit Blick auf andere Sachverhalte – für das zusätzliche Kriterium, dass die Pflichtverletzung gravierend gewesen sein muss, vorgenommen worden sind.[24]

Die typisch strafrechtliche Qualifikation – in dem Sinne, dass es sich um Pflichtverletzungen handeln muss, deren Ahndung (nach der in Rechtsprechung und Literatur herrschenden Auffassung über die präventive Funktion der Strafe) eine im Interesse des Gemeinwohls liegende Sicherung, Resozialisierung oder Ab-

---

20 *Lüderssen* Die Zusammenarbeit von Medizinprodukte-Industrie, Krankenhäusern und Ärzten – Strafbare Kollusion oder sinnvolle Kooperation, Stuttgart, 1998; *Lüderssen* Entkriminalisierung des Wirtschaftsrechts II, 2007, S. 139 ff., S. 145 ff. mit Nachweisen aus der Rechtsprechung und weiteren Literaturangaben; s. ferner: *Hendrik Schneider*, Unberechenbares Strafrecht – Vermeidbare Bestimmtheitsdefizite im Tatbestand der Vorteilsannahme und ihre Auswirkungen auf die Praxis des Gesundheitswesens, in: FS Seebode, Berlin 2008, S. 331 ff.

21 Vgl. etwa die ganz unspezifische Aufzählung in BGHSt 46, S. 30, 34.

22 S. BGHSt 47, S. 187 f. (Leitsatz).

schreckung bewirken soll, wird nicht vorgenommen, von anderen Voraussetzungen der objektiven Zurechenbarkeit – Steigerung des Risikos für den Eintritt des (getrennt festzustellenden) Vermögensnachteils – ganz abgesehen.[25] Die Argumentationslast wird mit den Aktivitäten wachsen, welche die Strafverfolgungsbehörden dem Markt für problematische Kredite, dessen Liquidität ins Schwanken gekommen ist, zuwenden werden.[26]

### bb) Hypokrisie der Moralisierungen durch das Wirtschaftsstrafrecht

Hinweise auf dieses Problem finden sich in der unternehmensethischen Literatur: „Vordergründige Zuschreibungen von gut und böse können sogar kontraproduktiv sein. Insofern kann Wirtschaftsethik nur davor warnen, einer unbedachten Moralisierung das Wort zu reden".[27]

Dem korrespondieren auch Hinweise in Essays, die expressis verbis den moralischen Problemen der Ökonomie gewidmet sind: „Institutionelles Denken – das Nachdenken darüber, ob jemand die Rahmenbedingungen so gestalten kann, dass Menschen sich aus eigenem Interesse verhalten, wie sie sich im Interesse der Allgemeinheit verhalten sollen – ist in der ökonomischen Wissenschaft zu Hause. In der deutschen Alltagskultur und auch in der deutschen politischen Kultur scheint es hingegen bis heute nicht wirklich angekommen zu sein."[28]

Auffällige Beispiele aus den letzten Jahren sind:

- Heraufstilisierung von politisch missbilligten Verstößen gegen das Parteiengesetz zur Wirtschaftskriminalität.[29]
- Angebliche Suchtbekämpfung durch Kriminalisierung von Lotterie-Veranstaltungen – trotz wissenschaftlich belegter Geringfügigkeit des Suchtpotentials in diesem Bereich des Glücksspiels.

  Aktuell ist dabei der Versuch, die von den Tatbeständen des Strafgesetzbuchs

---

**22a** Dazu *Lüderssen*, Risikomanagement und „Risikoerhöhungstheorie" – Auf der Suche nach Alternativen zu § 266 StGB in: FS Volk, München 2009, S. 345 ff.

**23** Über die Ursprünge und Grundlagen dieser Entwicklung vgl. *Thomas Laskos* Die Strafbarkeit wegen Untreue bei der Kreditvergabe, 2001.

**24** *Ingo Pies* Wie bekämpfen wir Korruption? 2008, S. 139.

**25** *Gertrude Lübbe-Wolff* Die Durchsetzung moralischer Standards in einer globalisierten Wirtschaft, in Heinrich v. Pierer u. a., Zwischen Profit und Moral – für eine menschliche Wirtschaft 2003, S. 73, 75.

**26** Klare Diagnose bei *Rüdiger Volhard* Die Untreuemode. Ist die Abgabe eines unvollständigen Rechenschaftsberichts einer politischen Partei wegen Untreue strafbar?, in FS Klaus Lüderssen, 2002, S. 672 ff. Zur neuesten Entwicklungen vgl. BGHSt 51, S. 100 ff. (Fall Kanther und Weihrauch); dazu *Andreas Ransiek* „Verstecktes" Parteivermögen und Untreue, NJW 2007, S. 4727 ff. mit weiteren Hinweisen.

nicht erfassten gewerblichen Spielvermittler – unter Missachtung kartellrechtlicher Monopolverbote – einer landesrechtlichen strafrechtlichen Kontrolle zugänglich zu machen.[30]

### cc) Instrumentalisierung des Strafrechts

Eine Anzeige wird von angeblich Geschädigten häufig nur erstattet, um mit Hilfe der strafprozessualen Vorschriften über die Befugnisse des Verletzten Einsichten in die Strafakten und damit Material für den geplanten Zivilprozess zu bekommen.

- Darüber hinaus gibt es Fälle, in denen im Rahmen eines schon laufenden Zivilprozesses diese Akteneinsicht verlangt wird.[31]
- Oft geht es darum, „auch ohne einen strafrechtlichen Hintergrund den Konkurrenten mit den Mitteln des Strafrechts anzugreifen“.[32]
- Entsprechendes gibt es auf dem Gebiet politischer Auseinandersetzungen. Gemeint sind Strafanzeigen gegen „verantwortliche Kriminalpolitiker [...] wegen riskanter oder auf eine Fehlinvestition hinauslaufender Haushaltsbeschlüsse [...]“. Mit diesem Vorwurf der „Haushaltsuntreue“ werden „Aufgaben, die den Rechnungshöfen (mit guten Gründen ohne Sanktionsbefugnis) übertragen sind“, den Strafverfolgungsbehörden zugeschoben.[33]
- Relativ aktuell ist: Die Instrumentalisierung der Ermittlungsbehörden durch private Dritte.[34]

### b) Einzelne Entwicklungen

Sie sind geprägt durch die Suggestivität behaupteter Kriminalitätssteigerung und die Tendenz zur Überreaktion – jeweils qualitativ und quantitativ.

---

27 Dazu *Klaus Lüderssen* Entkriminalisierung des Wirtschaftsrechts II, 2007, S. 169 ff.; *ders.* Desavouierung kartellrechtlicher Monopolverbote durch Strafvorschriften? Am Beispiel des neuen Hessischen Glücksspielgesetzes, in FS Manfred Seebode, 2008, S. 219 ff.; jeweils mit Nachweisen weiterer Literatur.

28 Ausführlich dazu *Harro Otto* Die Verfolgung zivilrechtlicher Ansprüche als „berechtigtes Interesse“ des Verletzten auf Akteneinsicht im Sinne des § 406e Abs. 1 StPO, GA 1989, S. 289 ff.

29 *Jürgen Wessing* Die Beratung des Unternehmens in der Krise; Klaus Volk (Hrsg.), Verteidigung in Wirtschafts- und Steuerstrafsachen, 2006, S. 400.

30 *Peter-Alexis Albrecht* Kriminologie, 3. Aufl., 2005, S. 302.

31 Dazu *Anne Wehnert* JR 2007, S. 82 ff.

### aa) Gesetzgebung[35]

**(1)** Kritisch zu betrachten sind insbesondere Entwicklungen auf dem Gebiet des Kapitalmarktstrafrechts.[36]

Dabei ist folgendes pars pro toto hervorzuheben:

- Das Gesetz zur Verbesserung des Anlegerschutzes (AnSVG) vom 28.10.2004 (nicht zwingende strafrechtliche Umsetzung der Richtlinie des Europäischen Parlaments und des Rats vom 28.1.2003 über Insider-Geschäfte und Marktmanipulation); problematisch vor allem die Erstreckung auch auf die im Freiverkehr gehandelten Wertpapiere.[37]
- Die Erfassung von Sekundär-Insidern. („Die in Art. 4 EG-Insider-Richtlinien vorgesehene Beschränkung auf Informationen, die aus der Sicht des Sekundär-Insiders unmittelbar oder mittelbar von einem Primär-Insider abstammen, wurde im Rahmen der deutschen Gesetzgebung nicht übernommen".)[38]
- Die Erfassung des leichtfertigen Insider-Handels und des Versuchs (§ 38 Abs. 3 und 4 Wertpapierhandelsgesetz).
- Die Probleme, die sich bei der Konkretisierung der Erheblichkeit im Sinne des § 13 Wertpapierhandelsgesetz ergeben. Die Neigung, dafür eine weniger rechtliche, als eher wirtschaftliche Bestimmung" zu suchen, ist zwar sachlich berechtigt, rechtsstaatlich aber bedenklich.[39]
  „Weder die Versuche, durch einen fixen Schwellenwert Rechtssicherheit herbeizuführen, noch die Ansätze, die eine Lösung ohne fixe Schwellenwerte bevorzugen, entsprechen den Anforderungen eines rechtsstaatlichen Strafrechts".[40]
- Ähnlich problematisch ist der Begriff der hinreichenden Wahrscheinlichkeit in § 13 Abs. 1 S. 3 Wertpapierhandelsgesetz. Hier geht es um die Prognose zukünftiger Entwicklungen.[41]

---

**32** Überblick bei *Grunst/Volk* aaO, Rn. 46–78.

**33** Überblick bei Tido Park (Hrsg.), Kapitalmarktstrafrecht, Handkommentar, 2. Aufl. 2007; *Christian Schroeder* Handbuch Kapitalmarktstrafrecht, Köln, 2006; *Klaus Dieter Benner* in Volk, aaO, S. 1074 ff.

**34** Dazu *Hild* Grenzen einer strafrechtlichen Regulierung des Kapitalmarktes, 2004, S. 64.

**35** *Hild* aaO, S. 155.

**36** *Hild* aaO, S. 156.

**37** *Hild* aaO, S. 159; dort auch weitere Hinweise auf die „Unangemessenheit des Einsatzes von strafrechtlichen Vorschriften zur Regulierung des Kapitalmarkts", aaO, S. 185 ff. zur Rechtsprechung vgl. LG Stuttgart, wistra 2003, S. 153.

**38** Instruktiv BGH BB 2008, S. 855.

- Ganz unübersichtlich ist die gesetzgeberische Expansion auf dem so genannten grauen Kapitalmarkt,[42] der sich im Rahmen der traditionellen Kapitalmärkte für jenseits von Aktien und festverzinslichen Wertpapieren sich bewegende Kapitalanlagen etabliert hat.[43]
  Das Wertpapierhandelsgesetz erfasst diese Vermögenswerte (das sind in erster Linie Beteiligungen an geschlossenen Immobilien-Fonds) nicht.[44]
  Trotzdem gibt es vielfältige Versuche, sie mit Hilfe des Wirtschaftsstrafrechts zu schützen,[45] zumal auch in der Regel die Aufsicht der BaFin nicht zuständig ist.[46]
- Weitere Verschärfungen des Kapitalmarktstrafrechts haben sich aus der Verabschiedung des Sarbanes Oxley Act ergeben. Er stellt – benannt nach Senator Paul S. Sarbanes und dem Kongressabgeordneten Michael G. Oxley – „die tiefgreifendste Reform des US-amerikanischen Kapitalmarktrechts seit der Verabschiedung des Security Act von 1933 und des Security Exchange Act 1934 dar“.[47]
  Es geht vor allem um die Verbesserung der Finanzberichterstattung börsenorientierter Unternehmen, wobei es auch darauf ankommt, im Ergebnis sicherzustellen, „dass die als Abschlussprüfer beauftragte Wirtschaftsprüfungsgesellschaft unternehmensweit keine prüfungsfremden Leistungen erbringt, ohne dass diese Leistungen bzgl. ihrer Zulässigkeit beurteilt und vom Finanzprüfungsausschuss genehmigt wurden“.[48]

Das Transparenzrichtlinie-Umsetzungsgesetz (TUG) hat demgemäß – der Richtlinie 2004/109/EG des Europäischen Parlaments und des Rats vom 15.12.2004 folgend – den § 331 HGB um eine Nr. 3a ergänzt und damit die Strafbarkeit des „Bilanzeides“ im deutschen Recht begründet. Dass hier „ohne Not das Strafrecht“ bemüht werde, wird inzwischen vielfach registriert.[49]

---

39 Zur – schwierigen – Definition s. *Michael Hagemann* „Grauer Kapitalmarkt“ und Strafrecht 2005, S. 23, S. 63 ff., abschließend S. 146.

40 *Tido Park* in Tido Park, aaO, S. 99.

41 Dazu *Ulrich Sorgenfrei* in Park, aaO, S. 227.

42 S. dazu den Überblick bei *Hagemann* aaO, S. 548 mit weiteren Referenzen; dort (S. 549 f.) auch eine Zusammenstellung der kritischen Äußerungen mit vielfältigen Belegen.

43 *Hagemann* aaO, S. 147.

44 *Martin Glaum u. a.* Auswirkungen des Sarbanes Oxley Acts auf deutsche Unternehmen: Kosten, Nutzen, Folgen für US-Börsenorientierungen, Studien des Deutschen Aktien-Instituts, Heft 33, 2006, S. 11.

45 Dazu *Christoph Hütten/Hilke Stromann* Umsetzung des Sarbanes Oxley Act in die Unternehmenspraxis, BB 2003, S. 2223, 2224.

46 Vgl. *Ulrich Sorgenfrei* Zweifelsfragen zum „Bilanzeid“ (§ 331 Nr. 3a HGB, wistra 2008, S. 329, 330; ebenfalls kritisch *Sascha Ziemann* Der strafbare „Bilanzeid“ nach § 331 Nr. 3a HGB, wistra 2007,

Empirische Erkenntnisse (im Hinblick auf Rechtsgut und Strafzweck) bestätigen nicht, dass es sich hier um eine sinnvolle Kriminalisierung handelt.[50]

**(2)** Problematisch ist sowohl mit Blick auf das Rechtsgut wie die entfernten Angriffswege die Überführung von bisher kartellrechtlich begründeten Sanktionstatbeständen in strafrechtliche – in Gestalt des neuen § 298 StGB.

Das ist die äußerste Strapazierung des abstrakten Gefährdungsdelikts: Gefahr der Gefährdung des Wettbewerbs, dessen Störung seinerseits eine Gefährdung der gesamten Wirtschaft ist.[51]

**(3)** Tendenzen der Gesetzgebung, Straftatbestände – auf der Basis der Bestrebung, möglichst viele Straftatbestände im Hauptstrafrecht, also im Strafgesetzbuch, zu versammeln – zu verschärfen, finden sich auf dem Gebiet, für das sich allmählich der Ausdruck „Wirtschaftskorruption" einbürgert. Der den § 12 UWG ersetzende neue § 299 StGB hat den Wettbewerbszug seines nebenstrafrechtlichen Vorgängers übernommen. Das soll jetzt mit der geplanten Strafvorschrift des § 299 Abs. 1 Ziff. 2 StGB anders werden.

Damit wird im Grunde ein – versteckter – Tatbestand versuchter Untreue eingeführt, mit der Besonderheit, dass jenseits aller konkreten Gefährdung die bloße Absicht des Angestellten, seine Pflichten gegenüber dem Unternehmen zu verletzen, genügt. Ähnlich wie bei § 298 geht es also darum, abstrakte Gefährdungen zu verhindern. An dieser „Vorverlegung" des Strafrechtschutzes würde sich auch nichts ändern, wenn man nicht nur die Gefährdung des Unternehmens, sondern

---

S. 492 f.; etwas vorsichtiger *Holger Fleischer* Der deutsche „Bilanzeid" nach § 264 Abs. 2 S. 3 HGB, ZIP 2007, S. 97 ff.; Zusammenstellung der handelsrechtlichen Bezüge (§ 264 Abs. 2 S. 3 HGB im Jahresabschluss, § 289 Abs. 1 S. 5 HGB im Lagebericht, § 297 Abs. 2 S. 4 HGB im Konzernabschluss, § 319 Abs. 1 S. 6 im Konzernlagebericht) mit entsprechender Kommentierung bei *Roland Hefendehl* Der Bilanzeid: Erst empört zurückgewiesen, dann bereitwillig aus den USA importiert, in FS Klaus Tiedemann, 2008, S. 1065, 1067 f.

47 *Hefendehl* aaO, S. 1077 ff.; wichtiges Material auch bei *Glaum u. a.* aaO, S. 43 ff.; s. ferner *Karsten Altenhain*, Der strafbare falsche Bilanzeid, in: Wertpapiermitteilungen 2008, S. 1141 ff.; s. ferner *Christiane Abendroth*, Der Bilanzeid, sinnvolle Neuerung oder systematischer Fremdkörper, in: Wertpapiermitteilungen 2008, S. 1747.

48 Dazu *Klaus Lüderssen* Entkriminalisierung des Wirtschaftsrechts (I), 1998, S. 163 ff. Über die Bedenken der wirtschaftsrechtlichen Literatur gegen die Transformation der ursprünglichen Kartellrechtsverstöße in das Strafrecht vgl. auch die Hinweise bei *Gerhard Dannecker* Der strafrechtliche Schutz des Wettbewerbs: Notwendigkeit und Grenzen einer Kriminalisierung von Kartellrechtsverstößen, in FS Klaus Tiedemann, Köln/München, 2008, S. 789, 802 f. mit Belegen. Dort auch der Hinweis auf die grundsätzlich zurückhaltende Position der Europäischen Kommission, die bewusst auf eine „Harmonisierung der strafrechtlichen Kartellsanktionen" verzichtet und es für ausreichend gehalten habe, „die Mitgliedsstaaten zu verpflichten, das eigene Sanktionssystem auch auf Rechtsverstöße gegen das EG-Kartellrecht zu erstrecken" (aaO, S. 791).

auch des Wettbewerbs mit der Begründung annehmen würde, jede Art unlauteren Handelns schade ihm.

Im übrigen hat der Gesetzgeber hier auch die Erfahrung zivilrechtlicher Fachleute gegen sich, dass die zivilrechtlichen Verbotstatbestände inzwischen wesentlich ausgebaut sind und daher bereits in solchen Fällen eingreifen, die noch lange nicht die hohe Schwelle des strafrechtlichen Unrechts erreichen.[52]

Zwar existieren Vorgaben der Criminal Law Convention for Corruption des Europarats vom 27.1.1999 (EUR Best ÜBK), des Rahmenbeschlusses des Rats der Union zur Bekämpfung der Bestechung im privaten Sektor vom 22.7.2003 (EU-RBBESt) und der United Nations Convention against Corruption (VN-Best ÜBK), wonach es durchweg auf Schadens- oder Wettbewerbsbeeinträchtigung nicht ankommen soll; vielmehr steht die Pflichtverletzung des Bestochenen (breach of duties) im Mittelpunkt. Der EU-RBBESt sieht aber in Art. 2 Abs. 3 ausdrücklich vor, dass ein Mitgliedsstaat erklären kann, er beschränke den Geltungsbereich von Abs. 1 auf Handlungen, [...] die in Zusammenhang mit der Beschaffung von Waren oder gewerblichen Leistungen eine Wettbewerbsverzerrung zur Folge haben oder haben können. Für den Gesetzgeber bestand also auch kein formaler Grund, sich über die grundsätzlichen Bedenken, die der neuen Strafvorschrift des § 299 Abs. 1 Ziff. 2 entgegen stehen, hinweg zu setzen.[53]

**(4)** Mit ausdrücklichen Verschärfungen bestehender Kriminalisierungen oder der Schaffung neuer Kriminalisierungen gehen häufig larvierte oder clandestine Kriminalisierungen einher.

Dafür nur ein Beispiel:

In § 34 Abs. 4 S. 2 Außenwirtschaftsgesetz war ein minderschwerer Fall mit einer Mindeststrafe von drei Monaten vorgesehen. Nachdem die generelle Einstufung von Verstößen gegen UN-Embargos zu Vergehen herabgestuft sind, ist dieser minderschwere Fall entfallen, und sechs Monate Freiheitsstrafe sind nun die grundsätzliche Mindeststrafe für Verstöße gegen § 34 Abs. 4 AWG neuer Fassung.[54]

---

**49** *Beater* Unlauterer Wettbewerb, 2002, S. 287 f.

**50** So auch *Rönnau/Golombek* Die Aufnahme des „Geschäftsherrenmodells" in den Tatbestand des § 299 – Ein Systembruch im deutschen StGB? ZRP 2007, S. 192, 194; zum ganzen ferner *Joachim Vogel* Wirtschaftskorruption und Strafrecht – Ein Beitrag zu Regelungsmodellen im Wirtschaftsstrafrecht, FS Ulrich Weber, 2004, S. 395, 404; *Klaus Lüderssen* Der Angestellte im Unternehmen – Quasi ein Amtsträger? Der Verzicht auf die Gefährdung des Wettbewerbs in der geplanten Strafvorschrift des § 299 Abs. 1 Ziff. 2 StGB, in FS Klaus Tiedemann, 2008, S. 889 ff., mit weiteren Nachweisen; s. ferner *Mark A. Zöller,* Abschied vom Wettbewerbsmodell bei der Verfolgung der Wirtschaftskorruption, Überlegungen zur Reform des § 299 StGB, in: GA 2009, S. 137 ff.; *Thomas Rönnau*, Alte und neue Probleme bei § 299 StGB, StV 2009, S. 302 ff.

**51** Dazu *Ahlbrecht* § 34 Abs. 4 AWG – vom Verbrechenstatbestand zum Vergehen, auch rückwirkend, wistra 2007, S. 85 ff.

### bb) Strafverfolgungspraxis

### (1) *Rechtsfragen* zwischen Norminterpretation, aspektabhängiger Definition und Zuschreibung

### (a) Materielles Recht – Allgemeiner Teil des Strafgesetzbuchs

Beispiele:

- Die Ersetzung (bei der Produkthaftung) des Merkmals der Kausalität durch das der Korrelation: Das Gericht stellt darauf ab, dass andere in Betracht kommende Schadensursachen auszuschließen sind, auch wenn die zugrunde liegenden wissenschaftlichen Überlegungen umstritten bleiben. Auf die Frage, welcher Stoff auf welche Weise die Schäden hervorgerufen hat, soll es dann nicht mehr ankommen.
  Diese Kriterien sind vor allem in zwei berühmten Fällen entwickelt worden: BGHSt 37, 106 (Lederspray) und BGHSt 41, S. 206 (Holzschutzmittel).[55]
- Die Übernahme des gesellschaftsrechtlichen Grundsatzes der „Generalverantwortung und Allzuständigkeit der Geschäftsführung“[56] in die Täterschaftsregeln des Strafrechts.[57]
- In der Rechtsprechung geht es dabei um die Anwendung der Figur der Tatherrschaft kraft organisatorischen Machtapparates auf Verhaltensweisen im Unternehmen.[58] Die Begründungen beschränken sich allerdings in der Bezugnahme auf die „Leitungsmacht im Konzern“ und die Installation eines zentralen Cash-Managements.[59] In einem lapidaren obiter dictum werden die Strukturen staatlicher Machtapparate[60] und der „betriebswirtschaftlichen Unternehmen“ kommentarlos nebeneinander gestellt.[61]

---

52 Die kommentierende Literatur ist unübersehbar; hier sei nur hingewiesen auf *Klaus Volk* Kausalität im Strafrecht, NStZ 1995, S. 590 und 1996, S. 105, und auf *Rainer Hamm,* Der strafprozessuale Beweis und seine revisionsrechtliche Überprüfung, StV 1997, S. 159 ff.

53 Zusammenfassung der Ausgangspunkte bei *Holger Fleischer* Zur Verantwortlichkeit der einzelnen Vorstandsmitglieder bei Kollegialentscheidungen im Aktienrecht, BB 2004, S. 2645 ff.

54 *Thomas Rotsch* Der ökonomische Täterbegriff, in Zeitschrift für internationale Strafrechtsdogmatik, 2007, S. 260 ff.; gute Zusammenfassung der Problematik auch bei *Klaus Tiedemann* Wirtschaftsstrafrecht, Einführung und Allgemeiner Teil, 2. Aufl. 2007, S. 133 f.

55 BGHSt 49, S. 147, 163 f. (Bremer Vulkan).

56 Dazu *Daniel M. Krause* Konzerninternes Cash-Management – Der Fall Bremer Vulkan – Neue Ansätze bei der Untreue (§ 266) und ihre Konsequenzen für die Praxis, JR 2006, S. 51 ff.

57 Unter Bezugnahme auf BGHSt 40, S. 218 ff. (strafrechtliche Verantwortlichkeit von Mitgliedern des Nationalen Verteidigungsrats für Todesschüsse an der innerdeutschen Grenze).

58 Vgl. BGH StV 1998, S. 416 f.; JR 2004, S. 245 ff.; BGHSt 48, S. 331 ff.; 49, S. 147 ff.; kritisch gegenüber dieser Gleichstellung: der Urheber der Idee der Tatherrschaft kraft organisatorischen Machtapparates, *Claus Roxin* Probleme von Täterschaft und Teilnahme bei der organisierten Kriminalität, in FS Gerald Grünwald, 1999, S. 549, 558 f.; mit Nachdruck auch in Strafrecht, Allgemeiner Teil, Band 2,

- Heimliche Aufwertung des Unterlassens im Falle von Beweisschwierigkeiten wegen positiven Tuns.[62]

  Das ist vor allem dann problematisch, wenn die Pflichtwidrigkeit eines Verhaltens an die Stelle der Verursachung einer Rechtsgutsverletzung treten soll.[63]
- Versuche, über den kriminologischen Begriff der Neutralisationsmechanismen Tatherrschaft zu begründen.[64]
- Zur Täterschaft verselbständigte Beihilfe.[65]
- Das Problem der Beihilfe durch berufsbedingtes Verhalten.[66]
- Funktion des bedingten Vorsatzes als Auffangkonstruktion für nicht beweisbaren direkten Vorsatz.[67]

  Die Zurücknahme dieser Expansion durch die Forderung, im Falle eines Gefährdungsschadens müsse der bedingte Vorsatz darüber hinaus gehen und „eine Billigung der Realisierung dieser Gefahr" vorliegen,[68] ist so eklatant

---

2003, S. 55 f.; s. auch *Rotsch* JR 2004 (Anmerkung zur Entscheidung des BGH vom 3.7.2003), S. 248 ff.; Grundlegung dieser Kritik schon in seinem Buch „Individuelle Haftung in Großunternehmen", 1998, mit weitgehenden Bezugnahmen auf *Cornelius Prittwitz* Strafrecht und Risiko, 1993; gegen diese „Neutralisierungen" der Eigendynamik eines Systems *Christoph Knauer* Die Kollegialentscheidung im Strafrecht, 2001, S. 35. Zu den soziologisch-ökonomischen Anregungen, die hier die „Systemtheorie" gibt, s. *Klaus Lüderssen* „Systemtheorie" und Wirtschaftsstrafrecht, in FS Knut Amelung 2009, S. 67 ff.; weitere Kritik bei *Jan Schlösser* Organisationsherrschaft durch Tun und Unterlassen, GA 2007, S. 161, 162, 166 f. mit weiteren Literaturhinweisen; Aufarbeitung der gesamten Problematik bei *Thomas Rotsch* Tatherrschaft kraft Organisationsherrschaft? ZStW 112 (2000) S. 518 ff.

**59** Dazu *Schlösser* aaO, S. 170, der auch insoweit eine Übertragung der Rechtsprechung über staatliche Machtapparate befürchtet.

**60** Kritisch dazu mit vielen Belegen *Schlösser* aaO, S. 170.

**61** Dazu *Roland Hefendehl* Tatherrschaft in Unternehmen aus kriminologischer Perspektive, GA 2004, S. 575 ff.

**62** *Klaus Volk* Der allgemeine Teil des Wirtschaftsstrafrechts, in Klaus Volk (Hrsg.), aaO, S. 39; *Klaus Tiedemann* Wirtschaftsstrafrecht, Besonderer Teil, 2006, S. 43 ff., unter Hinweis auf OLG Oldenburg NJW 1994, S. 2908.

**63** Dazu *Klaus Lüderssen* Entkriminalisierung des Wirtschaftsrechts II, 2007, S. 65 ff., mit Nachweisen weiterer Literatur; hervorzuheben sind insbesondere die Arbeiten von *Kudlich* Die Unterstützung fremder Straftaten durch berufsbedingtes Verhalten, 2004, und *Peter Rackow* Neutrale Handlungen als Problem des Strafrechts, , 2007 (dazu die Rezension von *Harro Otto* ZStW 120 (2008) S. 480 ff.).

**64** *Klaus Volk*, Der allgemeine Teil des Wirtschaftsstrafrechts, in Klaus Volk (Hrsg.), aaO, S. 35 ff., 44; *ders.* Begriff und Beweis subjektiver Merkmale, in Fünfzig Jahre Bundesgerichtshof, Festgabe aus der Wissenschaft, 2000, S. 739 ff. Speziell mit Blick auf den bedingten Gefährdungsvorsatz *ders.* Der allgemeine Teil des Wirtschaftsstrafrechts, in Volk (Hrsg.), aaO, S. 46.

**65** BGHSt 51, S. 100, 121, bestätigt in BGH NJW 2008, S. 827, 830.

systemwidrig,[69] dass man sie nicht ernst nehmen kann (Konstruktion des § 266 als kupiertes Erfolgsdelikt, dem – ganz anders formulierten – Diebstahlstatbestand gleichsam nachgebildet), zumal wenn man den willkürlichen Umgang des BGH mit dieser Rechtsfigur registrieren muss.[70]

– Etablierung und missbräuchliche Annahme „gesamttatbewertender" Deliktsmerkmale als Vehikel für die Vermehrung der Fälle, in denen ein vermeidbarer Irrtum die Haftung für vorsätzliches Handeln nicht ausschließt.[71]

**(b) Materielles Recht – Besonderer Teil des Strafgesetzbuchs**

**(aa)** Hier findet die Expansion vor allem auf dem Gebiete der strafrechtlichen Verfolgung wegen Untreue (§ 266 StGB) statt.

Die Ausdehnung des Anwendungsbereichs dieser (historisch anfechtbaren) Vorschrift rührt an die allgemeinen Fragen der Auslegung und richterlichen Konkretisierung von Straftatbeständen und müsste daher strafrechts-methodologisch reflektiert werden. Das kann hier nicht einmal andeutungsweise geschehen.

Zu beginnen wäre mit Mitteilungen über „die dunkle Entstehungsgeschichte".[72] Dem müsste eine ausführliche rechtsvergleichende Analyse folgen.[73]

Hier soll zunächst nur auf einige wenige, dogmatisch besonders problematische Entwicklungslinien der Rechtsprechung hingewiesen werden.

– Reduktion des Tatbestandes des § 266 StGB „auf ein einziges Tatbestandsmerkmal [...]. Die Rechtsprechung schließt nämlich entweder aus dem Schaden

---

66 *Klaus Bernsmann* Alles Untreue? Skizzen zu Problemen der Untreue nach § 266 StGB, GA 2007, S. 219, 230: „Ein dogmatisches Unikum".

67 BGH NStZ 2008, S. 457 ff., 2. und 3. Leitsatz: Der Entscheidung des BGHSt 51, 100 könne „nicht entnommen werden, dass sich der Vorsatz bei der Verwirklichung von Vermögensrisiken stets auf die Billigung des endgültigen Vermögensnachteils erstrecken" müsse. Diese These beruht offenbar auf der Überlegung, dass „sich die bei pflichtwidrigen Risikogeschäften so genannte Vermögensgefährdung in Wirklichkeit als ein bereits unmittelbar mit der Tathandlung eingetretener Vermögensnachteil" darstelle (aaO, S. 457). Die Unterscheidung zwischen (schlichtem) Vermögensnachteil und „*endgültigem*" Vermögensnachteil ist dem Tatbestand des § 266 StGB aber nicht zu entnehmen.

68 Dazu *Klaus Volk* Der allgemeine Teil des Wirtschaftsstrafrechts, in Volk (Hrsg.), aaO, S. 47; *Lüderssen* Entkriminalisierung des Wirtschaftsrechts II, 2007, S. 109 ff., mit Nachweisen weiterer Literatur.

69 *Edward Schramm* Untreue und Konsens, 2005, S. 42 ff. Zur Einführung und Entwicklung gesellschaftsrechtlicher Untreuetatbestände in der Zeit von 1876–1933 *Ursula Nelles* Untreue zum Nachteil von Gesellschaften, 1991, S. 40 ff.

70 Vgl. vorerst *Luigi Foffani* Die Untreue im rechtsvergleichenden Überblick, in FS Klaus Tiedemann, 2008, S. 767 ff.

auf die Verletzung der Vermögensbetreuungspflicht zurück, oder aus der Pflichtverletzung auf den Schaden".[74]

- Das Ausweichen auf „schadensgleiche Vermögensgefährdung", wenn der effektive Vermögensnachteil nicht nachweisbar ist.[75]
- Im Zweifel indiziert die Apostrophierung der Vermögensgefährdung bei § 266 StGB die Umgehung der Straflosigkeit des Versuchs.
  Mangelnde, zur Ausdehnung der Strafbarkeit führende Präzision bei der Definition des Vorsatzes.[76]
- Ungenügende Berücksichtigung der wirtschaftlichen Kompensation zunächst eingetretener Vermögensnachteile.[77]
- Letztlich ist der leichtfertige Umgang mit § 266 StGB darauf zurückzuführen, dass die kausale Verknüpfung der Verletzung einer Vermögensbetreuungspflicht mit dem Vermögensnachteil – wenn sie überhaupt stattfindet – nicht ausreicht, um eine überzeugende objektive Zurechnung in der Weise herzustellen, wie das bei anderen Delikten längst der Fall ist.[78]

---

71 *Klaus Volk* Untreue und Gesellschaftsrecht. Ein Dschungelbuch, in FS Klaus Tiedemann, 2008, S. 803, 805.

72 Dagegen jetzt freilich mit scharfsinnigen und überzeugenden Argumenten *Thomas Fischer* Der Gefährdungsschaden bei § 266 StGB in der Rechtsprechung des BGH, StraFo 2008, S. 269, 271; allerdings ist nicht sicher, ob sich *Fischer*, Richter am zweiten Strafsenat des Bundesgerichtshofs, nicht am Ende doch mit seinem Kollegen *Armin Nack*, Vorsitzender des ersten Strafsenats des BGH, über eine Vorverlagerung des effektiven Eintritts des Vermögensnachteils bei Risikogeschäften (*Armin Nack* Bedingter Vorsatz beim Gefährdungsschaden – Ein ‚doppelter Konjunktiv'? StraFo 2008, S. 277, 278), so einigt, dass sein Verdikt über die Gefährdung in sich zusammen fällt.

73 Problematisch daher die jüngsten Entscheidungen des 2. Senats des BGH (BGHSt 51, S. 100 ff.; BGHSt 52, S. 323 ff.) und des 5. Senats (BGHSt 52, S. 182 ff.). Kritisch dazu *Jan Schlösser* Die schadensgleiche Vermögensgefährdung im Rahmen der Strafzumessung, StV 2008, S. 548 ff.; s. auch seine Anmerkung in NStZ 2008, S. 397 ff.

74 *Klaus Lüderssen* Entkriminalisierung des Wirtschaftsrechts II, 2007, S. 85 ff., unter Hinweis auf die Notwendigkeit, die zivilrechtliche Wirksamkeit der kompensierenden Geschäfte festzustellen; s. ferner *Eberhard Kempf* Bestechende Untreue? in FS Rainer Hamm, 2008, S. 255, 257, 260 f.; *Frank Saliger/Karsten Gaede* Rückwirkende Ächtung der Auslandskorruption und Untreue als Korruptionsdelikt – Der Fall Siemens als Startschuss in ein entgrenztes internationalisiertes Wirtschaftsstrafrecht? HRRS 2008, S. 57, 74; *Ulrich Weber*, Untreue durch Verursachung straf- und bußgeldrechtlicher Sanktionen gegen den Vermögensinhaber, in: FS Horst Seebode, 2008, S. 437 ff.

75 Darauf weisen bereits hin: *Klaus Volk* in FS Hamm, aaO, S. 809; *Claus Roxin* Strafrecht, Allgemeiner Teil, Band 1, 2. Aufl., 2006, S. 375; *Bernd Schünemann* Die ‚gravierende Pflichtverletzung' bei Untreue: Dogmatischer Zauberhut oder taube Nuss? NStZ 2005, S. 473, 476; interessante Ansätze schon bei *Rudolf Rengier*, Gedanken zur Problematik der objektiven Zurechnung im Besonderen Teil des Strafrechts, in FS Claus Roxin, 2001, S. 811 ff.; vgl. auch *Frank Saliger* Gibt es eine Untreuemode? Die neue Untreuedebatte und Möglichkeiten einer rezeptiven Auslegung, HRRS 2006, S. 10 ff (21); *ders.* Rechtsprobleme des Untreue-Tatbestands, JA 2007, S. 326, 333; *Thomas Rönnau* Untreue als

– Ein weiteres Einfallstor für unkontrollierbare Ausweitung der Anwendbarkeit des § 266 StGB ist die nicht endende Missachtung des Prinzips der gesellschaftsrechtlichen Akzessorietät bei der Prüfung der relevanten Vermögensbetreuungspflichten. Das ist vor allem deutlich geworden im Mannesmann-Fall.[79] Die dazu Stellung nehmende Literatur ist sehr umfangreich.[80]

Die hier ausgewählten – gleichsam vor die Klammer gezogenen – Probleme der Untreue tauchen mehr oder weniger in vielen anderen spektakulär gewordenen Fällen auf, etwa bei der Unterhaltung schwarzer Kassen, sei es für Parteigelder,[81] sei es zur Absonderung von Geldern für „nützliche Aufwendungen" zur Erlangung von Aufträgen.[82] Des weiteren bei haushaltsrechtlichen Entscheidungen,[83] bei der Ge-

---

Wirtschaftsdelikt, ZStW 119 (2007) S. 887, 893 mit weiteren Literaturnachweisen; s. jetzt auch *Lüderssen,* FS Volk, aaO.

76 BGHSt 50, S. 331.

77 Wichtige Anknüpfungspunkte bei: *Elisabeth Dietrich* Die Untreuestrafbarkeit von Aufsichtsratsmitgliedern bei der Festsetzung überhöhter Vorstandsvergütungen, 2007; *Heinrich Götz* Strafprozessuale und aktienrechtliche Anmerkungen zum Mannesmann-Prozess, Neue Juristische Wochenschrift, 2007, S. 419 ff.; *Klaus-Peter Martens* Die Vorstandsvergütung auf dem Prüfstand, ZHR 169 (2005), S. 124 ff.; *Oliver Lange* Die Belohnung von Vorstandsmitgliedern auf Veranlassung des Aufsichtsrats, AöR 2004, S. 83 ff.; *Hans-Joachim Liebers/Christian Hoefs* Anerkennungs- und Abfindungszahlungen an ausscheidende Vorstandsmitglieder, ZIP 2004, S. 97 ff.; *Hans-Joachim Fonk* Die Zulässigkeit von Vorstandsbezügen dem Grunde nach. Aktienrechtliche Anmerkungen zum Urteil des Landgerichts Düsseldorf, NZG 2004, S. 1057 – Mannesmann, NZG 2005, S. 248 ff.; *Ralph Wolburg* Unternehmensinteresse bei Vergütungsentscheidungen, ZIP 2004, S. 646 ff.; *Klaus Tiedemann* Der Untreuetatbestand – Ein Mittel zur Begrenzung von Managerbezügen – Bemerkungen zum „Fall Mannesmann", in FS Ulrich Weber, Gießen, 2004, S. 219 ff.; *Markus Geschwandtner* Josef Ackermann im Visier der Bundesanstalt für Finanzdienstleistungspflicht, NJW 2006, S. 1571 ff.; *Franz-Jürgen Säcker/Sonja Stenze* Das zivilrechtliche Schicksal von gegen § 87 Abs. 1 AktG verstoßenden Vergütungsvereinbarungen, JZ 2006, S. 151 ff.; *Klaus Lüderssen* Entkriminalisierung des Wirtschaftsrechts II, 2007, S. 48 ff., 100 ff., 109 ff.; *Daniel M. Krause* StV 2006, S. 307.

78 BGH NJW 2007, S. 1760, Fall Kanther und Weyrauch; dazu *Andreas Ransiek* „Verstecktes" Parteivermögen und Untreue, NJW 2007, S. 1727 ff.

79 Prominentester Fall jetzt LG Darmstadt, Urteil vom 14.5.2007 (BeckRS 2007, 16611); JS 5213/04 und BGH v. 29.8.2008 Bd. 52, 323 ff. (Fall Siemens); dazu *Frank Saliger/Karsten Gaede* Rückwirkende Ächtung der Auslandskorruption und Untreue als Korruptionsdelikt – Der Fall Siemens als Startschuss in ein entgrenztes internationalisiertes Wirtschaftsstrafrecht? HRRS 2008, S. 57 ff.; *Thomas Rönnau* Einrichtung ‚schwarzer' Schmiergeld-Kassen in der Privatwirtschaft, eine strafbare Untreue? in FS Klaus Tiedemann, 2008, S. 713 ff.; *Eberhard Kempf,* Bestechende Untreue? In: FS Rainer Hamm, Berlin 2008, S. 255 ff.; *ders.*, „Schwarze Kassen": Effektiver Schaden? In: FS Klaus Volk, München 2009, S. 231 ff.; *Andreas Ransiek,* Untreue durch Vermögenseinsatz zu Bestechungszwecken, in: StV 2009, S. 321 ff.

80 BGHSt 43, 293, 297 ff., vielfach kommentiert, besonders interessant aus der Perspektive des öffentlichen Rechts, wo kritisch von einem „Beispiel eines instrumentellen Strafrechtsverständnisses"

währung problematischer Provisionen,[84] bei Unternehmenssanierungen durch Banken[85] oder bei der Auslösung von Schadensersatzpflichten.[86]

**(bb)** Aber nicht nur bei der Untreue sind Expandierungstendenzen der Rechtsprechung in Wirtschaftsstrafsachen zu registrieren; sie verteilen sich vielmehr auch noch auf eine Reihe anderer Tatbestände. Hierfür sollen aber nur zwei signifikante Beispiele gegeben werden.

– Die Missachtung der Sperrwirkung des § 266 StGB und die Annahme von Aufklärungspflichten im Rahmen der Anwendbarkeit des § 263 StGB.[87]
– Im Insolvenzverfahren geht es darum, „eine niedrige Schwelle zur Verfahrenseröffnung bereit zu stellen“, damit der Schuldner „schon frühzeitig in den Genuss des Insolvenzverfahrens mit seinen immanenten Vorteilen“, z. B. der Möglichkeit der Eigenverwaltung (§ 270 ff. Insolvenzordnung) kommt.[88]
  Ist das Insolvenzverfahren aber erst einmal eröffnet, dann ist – das ist die Folge der Regelung des § 283 Abs. 6 StGB – der Weg in die Strafverfolgung frei. Zwar ist bei der Feststellung der Überschuldung gemäß § 19 Abs. 2 S. 2 der Insolvenzordnung für die Bewertung des Vermögens der Fortsetzungswert zugrundezulegen, wenn diese nach den Umständen überwiegend wahrscheinlich ist;[89] diese Akzessorietät ist unbestritten.[90] Aber die Schwierigkeiten der Fortführungsprognose führen im Strafrecht zu großen Problemen. Allgemein wird

---

gesprochen wird (*Dirk von Selle* Parlamentarisches Budgetrecht und Haushaltsuntreue in Zeiten „neuer Steuerungsmodelle“, JZ 2008, S. 178 ff. 183).

81 BGHSt 47, S. 83 ff.; dazu *Klaus Bernsmann* „Kick-back“ zu wettbewerbswidrigen Zwecken – keine Untreue, StV 2005, S. 576 ff.

82 BGH in NJW 2000, S. 2364; dazu *Hans Hermann Aldenhoff/Sascha Kuhn* § 266 StGB – Strafrechtliches Risiko bei der Unternehmenssanierung durch Banken? ZIP, 2004, S. 103 ff.

83 Bericht über die Ansätze in der Rechtsprechung bei *Christian Jäger* Untreue durch Auslösung von Schadensersatzpflichten und Sanktionen – zugleich ein Beitrag zu den strafrechtlichen Folgerungen aus dem Urteil des 11. Zivilsenats des BGH v. 24.1.2006 im Fall Leo Kirch gegen Deutsche Bank/Breuer, in FS Harro Otto, Köln/München, S. 593, 595 ff.

84 BGHSt 33, S. 244; allgemein dazu *Klaus Lüderssen* Entkriminalisierung des Wirtschaftsrechts II, 2007, S. 93 ff.

85 *Siegfried Beck* in Heinz-Bernd Wabnitz/Thomas Janovsky, Handbuch des Wirtschafts- und Steuerstrafrechts, 3. Aufl. 2007, S. 319. Über die Entwicklungen nach der Neufassung des § 19 Abs. 2 Insolvenzordnung vgl. *Andreas Grube/Peter M. Röhm*, Überschuldung nach dem Finanzmarktstabilisierungsgesetz, Wistra 2009, S. 81 ff.; ferner *Folker Bittmann*, Neufassung des § 19 Nr. 2 Insolvenzordnung, in: Wistra 2009, S. 138 ff.

86 Noch einmal ausdrücklich klargestellt in der Neufassung des § 19 Abs. 2 der Insolvenzordnung durch Art. 6 Abs. 2 des FMStG v. 17.10.2008 (BGBl. Teil I, S. 1982 ff.).

87 *Beck* aaO, S. 325: „Eine Fortführungsprognose ist (...) auch für die strafrechtliche Prüfung unentbehrlich“.

die Ansicht vertreten, dass die Überschuldung nur angenommen werden kann, „wenn alle ernsthaft vertretenen Feststellungsmethoden zu dem gemeinsamen Ergebnis der Überschuldung führen".[91] Daher ist es für die Strafverfolgungsbehörden einfacher, auf die drohende Zahlungsunfähigkeit abzustellen. Rücksichten darauf, dass das Insolvenzverfahren die drohende Zahlungsunfähigkeit gerade kompensieren möchte, braucht das Strafverfahren nach dem Wortlaut des § 283 StGB nicht zu nehmen, und dementsprechend verfährt die Praxis.[92] Die Reform des Insolvenzverfahrens[93] hat an diesem Rechtszustand nichts geändert.[94]

### (c) Nebenstrafrecht und Blanketttatbestände

– Verbraucherschutz durch strafbewehrte Verbote der Werbung.

Hier ergeben sich bei § 16 Abs. 1 UWG „bedenkliche Abgrenzungsprobleme zwischen tatbestandlich ohnehin nahe beieinander liegendem strafbarem und straflosem Verhalten [...], sowie die Verschärfung und Ausweitung der strafrechtlichen Haftung in einem Bereich, der in zivilrechtlicher Hinsicht von erheblichen Liberalisierungstendenzen geprägt ist".[95]

– Ferner gehört hierher auch die auf Druck der Praxis – die Zahl der „später nicht zur Verurteilung führenden Entscheidungen" habe sich gehäuft – eingeführte Strafbarkeit der progressiven Werbung gemäß § 16 Abs. 2 UWG.[96]
– Ähnlich schwierig wird es sein, die Tendenz der Strafverfolgungsbehörden mit Blick auf ein Insider-Verhalten auszumachen, wenn die eigenen Absichten als Insider-Tatsachen erscheinen. Relativ früh ist das schon von Staatsanwalt-

88 *Beck* aaO
89 Zutreffend daher die Feststellung von *Beck* aaO, dass Strafgesetzbuch und Insolvenzordnung sich in Bezug auf die „verwendeten Begriffe und Zielrichtungen der drohenden Zahlungsunfähigkeit erheblich voneinander" unterscheiden.
90 Vgl. dazu *Werner Sternal* Das Gesetz der Vereinbarung des Insolvenzverfahrens, NJW 2007, S. 1909 ff.
91 Vgl. schon *Klaus Leipold* Insolvenzdelikte, in Volk (Hrsg.), aaO, S. 769, 774, und *Uhlenbruck* Strafrechtliche Aspekte der Insolvenzreform, wistra 1996, S. 1, 4. Zivilrechtliche und betriebswirtschaftliche Hintergründe bei *Horst Eidenmüller*, Unternehmenssanierung zwischen Markt und Gesetz, Köln 1999.
92 *Eberhard Kempf/Hellen Schilling* Nepper, Schlepper, Bauernfänger – Zum Tatbestand strafbarer Werbung (§ 16 Abs. 1 UWG), wistra 2007, S. 41, unter Hinweis auf BGH NJW 2002, S. 3415.
93 *Ralf Krack* Legitimationsdefizite des § 16 Abs. 2 UWG in FS Harro Otto, Köln/München, 2007, S. 609, 610.

schaften gefordert worden.[97]

Später gab es einige landgerichtliche Verurteilungen.[98]

Wie sich die Praxis in weiteren Fällen verhalten wird, hängt davon ab, in welchem Maße sie sich auf die spezifisch strafrechtlichen Probleme, die auf diesem Gebiet auftauchen, ernsthaft einlässt. Die Anknüpfungspunkte wären „sowohl im Kernbereich des Allgemeinen Teils"[99] zu suchen, wie mit Blick auf „neu akzentuierte Strafrechtszwecke".[100]

- Zu intensive Verfolgungen des Insider-Handels am Wertpapiermarkt führen – auf der Basis der Erfahrung, „dass durch Insider-Handel eine bessere Allokation des Investitionskapitals entsteht als in einem Marktgeschehen, in dem keine Insider-Informationen in den Wertpapierkurs einfließen" – zu ökonomisch schwer vertretbaren Informationsdefiziten.[101]
- Problematisch ist die Strafverfolgung schließlich auch mit Blick auf den „Insider-Handel als Mitarbeiter-Motivation". Von „provisionsabhängigen Mitarbeitern" seien „wesentliche Informationen und Impulse für die Entwicklung eines

---

**94** Vgl. die Hinweise bei *Klaus Volk* Die Strafbarkeit von Absichten im Insiderhandelsrecht, BB 1999, S. 66 ff. (Fn. 1).

**95** LG Frankfurt am Main NJW 2000, S. 301; LG Stuttgart ZIP 2003, S. 156. In dem letzten Fall hat der BGH dann allerdings das Vorliegen eines Insider-Delikts verneint, BGHSt 48, S. 373. Das entspricht auch der überwiegenden Ansicht in der Literatur, vgl. *Volk* aaO; *Klaus Hopt* in FS Karl Beusch, 1993, S. 393, 406 (niemand könne sein eigener Insider sein). Diese Ansicht beruht auf „einer richtlinienkonformen Auslegung" (s. dazu auch *Schröder* aaO, S. 60 f.). Wichtig in dem Zusammenhang auch BGHSt 48, S. 373, mit Anmerkungen von *Joachim Vogel* in NStZ 2004, 2052; *Ronald Schmitz*, JZ 2004, 526; *Holger Fleischer*, DB 2004, S. 51; *Hans Kudlich*, JR 2004, S. 191.

**96** *Joachim Vogel* Wertpapierhandelsstrafrecht – Vorschein eines neuen Strafrechtsmodells? In FS Günther Jakobs, Köln/Berlin/München, 2007, S. 731, 740; zu den vernachlässigten Fragen der objektiven Zurechnung vgl. *Andreas Ransiek* Die Verwendung von Insider-Informationen, in FS Harro Otto, aaO, S. 1615 ff.

**97** *Vogel* aaO, S. 735 ff., unter Hinweis darauf, dass die einschlägigen Diskussionen bisher eher in der Kriminologie geführt werden, weil dort die „ökonomischen Kriminalitätstheorien" auftauchen. Hierzu generell *Klaus Lüderssen* Entkriminalisierung des Wirtschaftsrechts II, aaO, S. 17 ff.; in den älteren Untersuchungen zum Insider-Strafrecht wird insoweit nur die ökonomische Kalkulation der Generalprävention erörtert: *Thomas Dingeldey* Insider-Handel und Strafrecht, Köln u. a., 1983, S. 154 ff.; *Petra R. Mennicke* Sanktionen gegen Insider-Handel, 1996, S. 574 ff.; in der neueren Monographie von *Philip Koch* Ermittlung und Verfolgung von strafbarem Insider-Handel, Göttingen, 2005, fehlt diese Perspektive ganz.

**98** *Hild* aaO, S. 161.

> Unternehmens“ zu erwarten, „da sie naturgemäß ein erhebliches Eigeninteresse an guten Geschäftsverkäufen hätten“.[102]

Was die Blankett-Tatbestände angeht, so sind es wiederum die Vorschriften des Wertpapierhandelsgesetzes, dessen Struktur die Prognose ihrer Handhabung durch die Justizpraxis erschwert.

– Explizite Bezugnahmen.

Problematisch ist beispielsweise § 38 Wertpapierhandelsgesetz. Über § 39 Abs. 1 Nr. 1 und 2, der seinerseits über § 20 Abs. 2 S. 1 Nr. 1 auf Bewertungen verweist, die das Bundesministerium der Finanzen durch Rechtsverordnung bestimmen kann, wird ein Unsicherheitsmoment in die Strafvorschrift getragen, das dem rechtsstaatlichen Bestimmtheitserfordernis widerspricht; darüber hinaus ist hier auch ein Verstoß gegen die Gesetzgebungskompetenznorm des Art. 74 GG und gegen Art. 104 Abs. 1 S. 1 GG zu registrieren, weil ja für die Freiheitsbeschränkung nicht durchweg ein förmliches Gesetz vorgesehen ist: „Das Finanzministerium hat [...] keine Befugnis, die Auslegung eines Straftatbestandsmerkmals verbindlich vorzuschreiben“.[103]

Ein weiteres Beispiel ist § 34 Abs. 4 Außenwirtschaftsgesetz: Die „Technik des Blanketts, mit der die erfassten Fälle zum Zeitpunkt der Tat schier unübersehbar werden“.[104]

– Implizite Bezugnahmen.

Sie treten zum Beispiel auf bei der Inkorporation des § 87 Abs. 1 Aktiengesetz in § 266 StGB. Besondere Fragen ergeben sich mit Blick auf die Interpretationsherrschaft.[105]

Ferner gehört hierher die Frage nach der – für den Umfang der Vermögensbetreuungspflicht in § 266 StGB relevanten – Reichweite des § 93 Abs. 1 S. 2 Aktiengesetz, die das Risiko einer Inanspruchnahme reduziert, obwohl andererseits die Geltendmachung von Ersatzansprüchen gegen Organmitglieder durch die §§ 148, 149 Aktiengesetz, n.F., erleichtert wird.[106]

---

**99** *Hild* aaO, S. 162, mit kritischen Einwänden.

**100** *Hild* aaO, S. 182.

**101** Im einzelnen dazu *Lorenz Schulz* Das neue Außenwirtschaftsrecht (§ 34 AWG n.F. von 2006), in Institut für Kriminalwissenschaft und Rechtsphilosophie, (Hrsg.), Jenseits des rechtsstaatlichen Strafrechts, 2007, S. 619, 632 f.

**102** Dazu *Lüderssen* Entkriminalisierung des Wirtschaftsrechts II, 2007, S. 100 ff.

**103** Dazu *Hirte* aaO, S. 817.

Weiter: Die Einführung der International Financial Reporting Standards (IFRS)[107] für am Kapitalmarkt orientierte Unternehmen modifiziert die Konzernabschlusspflichten nach §§ 292ff. HGB und wirkt sich demgemäß auf die Strafbarkeit nach § 331 Ziff. 4 HGB aus. Was das im einzelnen bedeutet, ist noch nicht genau abzusehen. Unter anderem wird es darauf ankommen, was insoweit die Anwendung des Bilanzmodernisierungsgesetzes bringen wird.[108]

Weitere Probleme schafft das Geldwäschegesetz. Vor dem Leichtfertigkeitsvorwurf gemäß § 261 Abs. 5 StGB ist man durch die bloße Einhaltung der Pflichten aus dem Geldwäschegesetz keinesfalls sicher.[109]

### (d) Prozessrecht

Ausgangspunkt für die Überlegungen ist die Einheit von materiellem Strafrecht und Strafprozessrecht unter dem Gesichtspunkt des Eingriffs in die Rechtssphäre des Beschuldigten.[110]

#### (aa) Unselbständige Funktionen

Die Stichworte sind:

– Einfluss von Beweisproblemen auf die Interpretation von Straftatbeständen. Erklärtermaßen ist das der Fall gewesen bei den Normen des 1. und 2. Gesetzes zur Bekämpfung der Wirtschaftskriminalität.[111]

  Problematisch sind hier jetzt vor allem die Einflüsse außerstrafrechtlicher Beweislastregeln. Wenn sie als solche erkennbar sind, ist die Anknüpfung ausgeschlossen. Eine Akzessorietät besteht nur in Bezug auf entlastende Funktionen (was im Gesellschaftsrecht erlaubt ist, kann nicht im Strafrecht verboten sein).

  So verhält es sich beispielsweise bei der Regelung des § 342 Abs. 2. HGB. Hier

---

**104** Dazu *Dettmeier/Pöschke* Einführung in das Internationale Bilanzrecht, JuS 2007, S. 313, 314f.

**105** Vgl. die vorbereitenden Überlegungen des Arbeitskreises Bilanzrecht der Hochschullehrer Rechtswissenschaft, Stellungnahme zu dem Entwurf eines BilMoG: Grundkonzept und Aktivierungsfragen, BB 2008, S. 152ff. Nach Inkrafttreten des Gesetzes am 30.5.2009 sind viele konkretisierende Abhandlungen erschienen. Hier sei nur hingewiesen auf *Tobias Hüttche*, Modernisierte Finanzpolitik: Weichenstellungen mit Blick auf das BilMoG, in: BB 2009, 1346ff.

**106** Vgl. *Cornelius Nestler* Der Straftatbestand der Geldwäsche (§ 261 StGB), in Herzog/Mühlhausen (Hrsg.), Geldwäschebekämpfung und Gewinnabschöpfung, Handbuch der straf- und wirtschaftsrechtlichen Regelungen, 2006, S. 97ff., § 17 Rn. 64.

**107** Dazu *Lüderssen/Jahn* in Löwe-Rosenberg, Kommentar zur Strafprozessordnung, 26. Aufl., 2007, Einleitung, Abschnitt M, Rn. 12ff.; *Volk*, Strafprozessrecht, 6. Aufl., 2008, S. 2f.

**108** Vgl. *Peter-Alexis Albrecht* Kriminologie, 3. Aufl., S. 305.

liegt keine Beweislastregelung vor, sondern „eine Rechtvermutung des Inhalts, dass wenn die gesetzlich aufgestellten Vermutungsgrundlagen (= Beachtung der vom Bundesministerium der Justiz bekannt gemachten Empfehlungen des DRSC) gegeben sind, auf den Inhalt der Vermutung, nämlich die Beachtung der die Konzernrechnungslegung betreffenden Grundsätze ordnungsgemäßer Buchführung zu schließen ist".[112]

Berichte aus der Praxis zeigen, dass die Versuchung, Beweislastverteilungen des Zivilrechts in die Strafprozesse zu transformieren, gelegentlich groß ist. So, wenn die ein Vorstandsmitglied treffende Last, zu belegen, dass eine Pflichtverletzung gemäß § 93 Abs. 1 S. 1 Aktiengesetz nicht vorliegt (Argument aus § 93 Abs. 2 S. 2), die Ermittlungen wegen des Verdachts einer Untreue (§ 266 StGB) beeinflusst.[113]

– Nichtstaatliche Aufklärung von Wirtschaftsdelikten – problematische Zuarbeit für die Strafverfolgungsbehörden?[114]
– Das Problem spitzt sich in dem Maße zu, wie sich „aufsichtsrechtliche Vorermittlungen in der Grauzone zwischen Strafverfolgung und Gefahrenabwehr" bewegen.[115]

Dabei kann es leicht zu strafprozessualen „Vorermittlungen unter dem Deckmantel der Gefahrenabwehr" kommen.[116]

Manchmal wird aber auch ganz offen von „Initiativermittlungen" zur Verdachtsgewinnung gesprochen. Hier sind die Grenzen des Strafprozessrechts erreicht. Denn der einfache Tatverdacht markiert ja gerade den Beginn einer zulässigen staatsanwaltschaftlichen Ermittlungsmaßnahme.[117]

---

**109** *Ringleb* in Kommentar zum Deutschen Corporate Governance Kodex, 2003, S. 23 f. Zu kritischen Fällen vgl. *Gerhard Dannecker* Bedeutung von außerstrafrechtlichen Beweisregeln im Wirtschaftsrecht, Vortrag auf der sechsten NStZ-Jahrestagung 2007: Strafrechtliche Grenzen wirtschaftlicher Betätigung.

**110** Grundsätzliche Erörterungen bei *Tonio Walter* Die Beweislast im Strafprozess, JZ 2006, S. 340 ff.

**111** Dazu *Achenbach* GA, aaO, S. 572 ff. unter Hinweis auf einschlägige Untersuchungen bei KPMG und Price Waterhouse Coopers; *Janique Brüning* Privatisierungstendenzen im Strafprozess – Chancen und Risiken der Mitwirkung sachverständiger Privatpersonen im strafrechtlichen Ermittlungsverfahren, StV 2008, S. 100 ff.; *Matthias Jahn,* Ermittlungen in Sachen Siemens SEC, in: StV 2009, S. 41 ff.; *Thomas C. Knierim,* Das Verhältnis von strafrechtlichen und internen Ermittlungen, StV 2009, S. 321 ff.; *ders.*, Detektivspiele – vom Sinn und Unsinn privater Ermittlungen, in: FS Klaus Volk, 2009, S. 247 ff.; *Tim Wybitul,* Interne Ermittlungen auf Aufforderungen von US-Behörden – ein Erfahrungsbericht, in: BB 2009, S. 606 ff.

**112** Unter diesem Titel hat *Martin Böse* auf der Strafrechtslehrer-Tagung in Osnabrück 2007 die sich stellenden Fragen zusammengefasst. Vgl. jetzt ZStW 119 (2007) S. 848 ff.

**113** *Böse* aaO, S. 851.

**114** Dazu *Böse* aaO, S. 855 f.

Es ist nicht ausgeschlossen, dass diese Praxis zunehmend unter den politisch-psychologischen Einfluss der US-Börsenaufsicht Securities and Exchange Commission (SEC) gerät, die seit langem auf der Basis des Foreign Corrupt Practices Act (FCPA) tätig ist. Der FCPA beschäftigt sich mit Korruption und mit Buchführungspflichten. Die SEC arbeitet eng mit dem Department of Justice (DoJ) zusammen. „Beide Institutionen sind befugt, Maßnahmen bei aktuellen und künftigen Verstößen zu ergreifen und durchzusetzen".[118]

Einen Überblick über „recent trends and patterns in FCPA enforcement" gibt die umfangreiche Fallsammlung, die eine große amerikanische Anwaltskanzlei herausgegeben hat.[119]

– Reaktion auf problematische Strafanzeigen.

Sie sind problematisch, weil sie sich auf Pflichten stützen, die primär – nach dem Sinn der einschlägigen Vorschriften – auf Gefahrenabwehr zielen. Praktisch leiten sie aber Strafverfolgungen ein, weshalb sich „weniger aus dem staatlichen Gewaltmonopol, als vielmehr aus den Grundrechten der Betroffenen" Bedenken ergeben: „Eine allgemeine Verpflichtung, durch Anzeige begangener Straftaten deren Verfolgung zu ermöglichen, war in der Vergangenheit nur aus vormodernen bzw. totalitären Strafrechtssystemen bekannt, während der liberale Rechtsstaat darauf verzichtet, den Einzelnen auf diese Weise für Belange der Strafverfolgung in die Pflicht zu nehmen".[120]

Bedenken gegen diese neuen gesetzlichen Anzeigepflichten (etwa in § 11 Geldwäschegesetz oder § 10 Wertpapierhandelsgesetz) ergeben sich auch mit Blick darauf, dass spätere Aussagefreiheiten blockiert werden. Die Anzeige einer verdächtigen Transaktion kann sehr wohl dazu führen, dass der Anzeigende selbst dann wegen seiner möglichen Teilnahme daran Ziel der Ermittlungen wird.[121]

Neuerdings sind „Private Enforcement" und „Whistle Blowing" die diskussionswürdigen Phänomene.[122]

---

115 *Christoph Partsch* Foreign Corrupt Practices Act (FCPA) der USA. Das amerikanische Bestechungsverbot und seine Auswirkungen auf Deutschland, 2007, S. 3 f.

116 Shearman & Sterling, FCPA Digest of Cases and Revue Releases relating to Bribes to Foreign Officials under the Foreign Corrupt Practices Act of 1977, New York, 2007.

117 *Böse* aaO, S. 871.

118 *Böse* aaO, S. 873, mit Hinweisen auf die gefestigte Tradition einer kritischen Beurteilung zu weit gehender Anzeigepflichten.

119 Informativ darüber *Roland Hefendehl* Außerstrafrechtliche und strafrechtliche Instrumentarien zur Eindämmung der Wirtschaftskriminalität, ZStW 119 (2007) S. 816, 839; ferner *Ralf Kölbel*, Zur wirtschaftsstrafrechtlichen Institutionalisierung des Whistle Blowing, JZ 2008, S. 1134 ff. Erneut und jetzt äußerst kritisch *Roland Hefendehl*, Alle lieben Whistle Blowing, in: FS Knut Amelung, Berlin

Inzwischen gibt es kommerzielle Unternehmen, die spezielle Systeme der Erfassung anonymer Anzeigen entwickeln, beispielsweise das „Business Keeper Monitoring System“ (BKMS) des Potsdamer Unternehmens „Business Keeper AG“. Darüber gibt es schon eine Untersuchung, die empirisches Material zusammen trägt, aus dem sich ernste rechtsstaatliche Einwände ergeben:

Viele Fälle, in denen nicht einmal ein Anfangsverdacht besteht und trotzdem ermittelt wird, führen – trotz baldiger Einstellung – zu einer Eintragung in das staatsanwaltschaftliche Verfahrensregister für die Dauer von mindestens zehn Jahren.

Die Fälle sind zahlreich, in denen anonyme Anzeigen trotz Kenntnis der Falschheit der erhobenen Vorwürfe erstattet werden.

Diese Anzeigen haben häufig zu Durchsuchungen und Finanzermittlungen geführt, deren Ziel es war, zunächst Tatsachen zu finden, die den „Anlass für die Annahme eines Anfangsverdachts hätten bilden können“.[123]

Die sicher erforderliche Vertiefung dieser Fragen führt auf das traditionelle Gebiet der Kriminologie der Anzeigen und Anzeigebereitschaft.[124]

### (bb) Selbständige Funktionen

Hier sind vor allem die das Urteil vorwegnehmenden Fixierungen im Ermittlungsverfahren zu registrieren.

– Das Problem des erweiterten Verfalls nach § 73d StGB (in Verbindung mit § 111d StPO). Sowohl Unschuldsvermutung wie Anklagegrundsatz sind verletzt.[125]

Der Strafzweck der positiven Generalprävention, der hier angeführt wird, würde voraussetzen, dass es sich beim erweiterten Verfall um eine Strafe handelt. Das ist aber nicht der Fall.

---

2009, S. 617 ff., unter besonderer Einbeziehung der Erkenntnisse aus dem Anzeigeverhalten (630 f.) und den Erkenntnissen aus der Denunziationsforschung (631 f.).

**120** *Otto Backes/Michael Lindemann* Staatlich organisierte Anonymität als Ermittlungsmethode bei Korruptions- und Wirtschaftsdelikten, 2006.

**121** Vgl. Hanack/Pilgram (Hrsg.), Phänomen Strafanzeige, 2004; historisch: *Arnd Koch* Denunciatio. Zur Geschichte eines strafprozessualen Rechtsinstituts, 2006.

**122** *Felix Herzog* Gewinnabschöpfung/Vermögenszugriff durch Verfall und Einziehung, in Herzog/Mühlhausen, aaO, S. 157; *Helmut Satzger* Die Berücksichtigung von Opferinteressen bei der Verfallsanordnung aus materiellrechtlicher wie prozessrechtlicher Sicht, wistra 2003, S. 401 ff.; *Eberhard Kempf*, Verfall von Taterlösen versus Verfall von Grundrechten im Ermittlungsverfahren, in: FS Egon Müller, 2008, S. 329 ff.

- Vorverurteilungen durch Gewinnabschöpfung und Rückgewinnungshilfe.[126]
- Defizitäre Verwertungsverbote, etwa § 97 Insolvenzordnung.

Darin liegt keine wirksame Barriere gegen die Folgen, der „uneingeschränkten Mitteilungspflichten der Zivilgerichte gegenüber Strafbehörden [...] Die Herkunft einer Information kann sich durch indirekte Wege derart verändern, dass sich die Voraussetzungen der Unverwertbarkeit nicht mehr darlegen lassen", zumal in den gewerberechtlichen Vorschriften, die bestimmte Außenpflichten festlegen, „Bestimmungen über die Unverwertbarkeit gänzlich" fehlen.[127]

### (2) Fakten zwischen Definitionsabhängigkeit, Zuschreibung und Feststellung

#### (a) Reale und scheinbare Zunahme der Kriminalität in Bereichen traditionellen wirtschaftlichen Handelns

Schwierigkeiten tauchen auf beim Dunkelfeld. Man spricht vom „Kontroll-Paradox. Die Anzeigen nehmen zu, auch gibt es verstärkte Kontrollmaßnahmen im Unternehmen. „Das Dunkelfeld wird zwar hierdurch zunehmend aufgehellt, aber Aussagen über die Entwicklung im Dunkelfeld sind dann nur noch eingeschränkt möglich".[128]

---

123 Für die Strafverfolgung wegen Geldwäsche insofern instruktiv *Pauly*, Rechtsmittel gegen Zwangsmaßnahmen bei Finanzermittlungen, in Herzog/Mühlhausen, aaO, S. 196. Über die Rechtslage nach dem Gesetz zur Stärkung der Rückgewinnungshilfe und Vermögensabschöpfung vom 24.10.2006 vgl. *Gina Greeve* Verstärkte Rückgewinnungshilfe und Vermögensabschöpfung seit dem 1.1.2007, NJW 2007, S. 14 ff.; zu speziellen Fragen *Uwe Frommhold* Strafprozessuale Rückgewinnungshilfe und privatrechtliche Anspruchsdurchsetzung, in Neue Juristische Wochenschrift, 2004, S. 1083 ff.; *Kristian Hohn* Abschöpfung der Steigerung des Firmenwerts als Bruttowertersatzverfall? wistra 2006, S. 321 ff.; *Anne Wehnert/Marcus Mosiek* Untiefen der Vermögensabschöpfung in Wirtschaftsstrafsachen aus Sicht des Strafverteidigers, StV 2005, S. 568 ff.; *Regina Michalke* Unternehmensverfall, *Marina Thode* Die Rückgewinnungshilfe in der staatsanwaltlichen Praxis, *Martina Brunner* Praktische Aspekte der Vermögensabschöpfung im Spannungsfeld zwischen staatlichem Wiedergutmachungsanspruch/Rückgewinnungshilfe und dem Vorwurf der Vorverurteilung, in Ursula Nelles (Hrsg.), Money, Money, Money – Geldwäsche, Gewinnabschöpfung und Rückgewinnungshilfe, 2004, S. 97 ff., 65 ff., 52 ff.

124 *Thomas C. Knierim* Verteidigungspraxis – Mandatsführung und -organisation, in Volk (Hrsg.), Verteidigung in Wirtschafts- und Steuerstrafsachen, aaO, S. 194 ff. (264).

125 *Bussmann/Salvenmoser* Internationale Studien zur Wirtschaftskriminalität, NStZ 2006, S. 203, 204; zur Methodologie der Dunkelfeldforschung jetzt: *Karl-Ludwig Kunz* Die wissenschaftliche Zugänglichkeit von Kriminalität, Wiesbaden, 2008, S. 17 ff.

### (b) Neue kriminogene oder kriminalisierte Wirtschaftsformen

– Aktivitäten der Banken

Das Schicksal des Hedge Fonds Long-term Capital Management, zunächst einer der attraktivsten Spekulations-Fonds in den USA mit Renditen bis zu 40 %. Dann aber kamen kostenintensive Rettungsaktionen der Banken, weil das Finanzsystem durch den Zusammenbruch schwere Schäden erlitten hätte.[129]

Seit langem weiß man, dass bei den Hedge-Fonds „wegen der hohen Mindesteinlagen und dem Verbot des öffentlichen Vertriebs [...] weniger der Anlegerschutz und mehr der Schutz der Funktionsfähigkeit des Marktes zu besorgen" ist.[130]

Das sind die seit längerer Zeit erkennbaren Entwicklungen, die sich gegenwärtig – in Kettenreaktionen – überstürzen. Insbesondere die strafrechtlichen Folgen der Engagements der Banken in den so genannten Subprime Kreditprodukten[131] beginnen Konturen anzunehmen.[132]

Im Rahmen der von der „Regierung angekündigten Prüfung der Managerhaftung"[133] ist man auch schon dabei, darüber nachzudenken, ob es möglich ist, strafrechtliche Verfolgungen zu forcieren.[134] Inwieweit das über die auf der Basis des geltenden Rechts (§ 266 StGB) bereits eingeleiteten Ermittlungsverfahren hinaus gehen könnte, bleibt abzuwarten.

---

126 *Roger Lowenstein* When Genius failed, The Rise and Fall of Long-Term-Capital Management, 2000.

127 *Leyens* aaO, S. 1070, unter Bezugnahme auf Kapitel 4, Sondervermögen mit zusätzlichen Risiken (Hedge Fonds) des Investment-Gesetzes vom 15.12.2003. Grundlegende Orientierungen bei *Reinhard H. Schmidt/Gerald Spindler* Finanzinvestoren aus ökonomischen und juristischen Perspektiven. Eine Betrachtung der Risiken, der Notwendigkeiten und Möglichkeiten einer Regulierung von Private Equity und aktivistischen Hedge-Fonds aus ökonomischer und gesellschafts-, kapitalmarkt- und arbeitsrechtlicher Sicht, 2008.

127a Ausführlich dazu und mit betriebswirtschaftlichen Nachweisen *Lüderssen*, Finanzmarktkrise, Risikomanagement und Strafrecht, in: StV 2009, S. 486 ff. (489, Fn. 39); vgl. auch *Dirk Baeckers* Bericht über wirtschaftliche Voraussagen (S. III) (in seinem Buch: Womit handeln Banken? Neuaufl. 2008). Vgl. ferner *Peter Bofinger*, Ist der Markt noch zu retten? Berlin 2009, S. 13 ff.; *Jakob Arnoldi*, Alles Geld verdampft. Finanzkrise in der Weltrisikogesellschaft, Frankfurt am Main 2009; *Stefan Grundmann*, u. a. (Hrsg.), Finanzkrise und Wirtschaftsordnung, Berlin 2009, S. 41 ff., 106 ff.; *Friedrich Kübler*, Die Krise der amerikanischen Hypothekenverbriefungen. Ursachen und Herausforderungen. In: FS Eberhard Schwark, München 2009, S. 499 ff.

127b Vgl. dazu *Christian Schröder*, Kriminalistik, 2009, aaO; s. auch oben Fn. 2a.

128 Vgl. Frankfurter Allgemeine Zeitung vom 9.10.2008, S. 15. Konkreter *Nils Krause*, Managerhaftung und Strategien zur Haftungsvermeidung, BB 2009, S. 1370 ff.

128a Kritisch-warnend *Rainer Hamm*, Frankfurter Allgemeine Zeitung, 6.11.2008.

In greifbare Nähe rücken könnte bereits die Kriminalisierung von Leerverkäufen.[135]

Schon vorhandene Vorschriften des Wertpapierhandelsgesetzes sind gelegentlich bereits für die strafrechtliche Erfassung der Leerverkäufe bemüht worden. Es handelt sich um die §§ 20a, 38, wonach Kurs- und Marktpreismanipulationen verboten und strafbar sind. An eine Manipulation wird bei Leerkäufen deshalb gedacht, weil Dritte nicht erkennen, „dass sich der *short* gehende Verkäufer alsbald (bei Verkäufen im täglichen Kassa-Geschäft) oder später (bei Verkäufen mittels geliehenen Aktien) wieder eindecken muss und nur deshalb verkauft, weil er auf günstigere Einstiegspreise hofft".[136]

Vereinzelt wird deshalb in der Literatur bereits die Auffassung vertreten, in diesen Fällen werde „gegen das Insider-Handelsverbot verstoßen".[137]

Welche Folgen eine Untersagung von Leerverkäufen durch die BaFin in strafrechtlicher Hinsicht haben könnte, ist noch nicht abzusehen. Die Norm, auf die das Verbot durch die BaFin gestützt ist (§ 4 Abs. 1 Ziff. 3 Wertpapierhandelsgesetz) taucht jedenfalls nicht einmal in der Aufzählung der Anordnungen auf, deren Nichtbeachtung gemäß § 39 Abs. 3 Ziff. 1 Wertpapierhandelsgesetz eine Ordnungswidrigkeit darstellt.

- Kaum begrenzte Risikobereitschaft der Anleger.[138]
- Verhängnisvolle Kollusionen zwischen Anlegern, Firmengründern und Wirtschaftsprüfungsgesellschaften „als eine Folge der synchronisierten Erwartun-

---

129 Gute Definition bei *Hild* aaO, S. 139: „unter einem Leerverkauf versteht man den Kauf von Wertpapieren, die weder im Eigentum des Verkäufers stehen, noch von diesem in Kommission veräußert werden. Der Aktienverkäufer verkauft also Wertpapiere, ohne dass diese in seinem Eigentum stehen. Um die geschuldeten Wertpapiere später liefern zu können, muss der Leerverkäufer nach den Geschäftsbedingungen der deutschen Börse spätestens am zweiten Werktag nach dem Verkaufstag die Wertpapiere auf dem Markt nachgekauft haben, um sie liefern zu können. Der Verkäufer verlässt sich dabei auf fallende Kurse, um die Wertpapiere später zu einem günstigeren Kurs kaufen zu können. Im Zuge der verstärkten Akzeptanz von Hedge-Fonds sind Leerverkäufe eine gängige Praxis am Kapitalmarkt". Vgl. dazu auch schon oben Fn. 2a.

130 *Christian Schröder* Handbuch Kapitalmarktstrafrecht, Köln/Berlin/München, 2007, S. 182.

131 *Klaus-Dieter Benner* in Volk, aaO, S. 1191; auch in der Begründung zum 4. Finanzmarktförderungsgesetz, das den § 20a Wertpapierhandelsgesetz an die Stelle des § 88 Börsengesetz hat treten lassen, wird die Strafwürdigkeit im Prinzip bejaht (dazu *Ulrich Sorgenfrei* Zum Verbot der Kurs- und Marktpreismanipulation nach dem 4. Finanzmarktförderungsgesetz, wistra 2002, S. 321 ff. [Fn. 140 in Verb. mit Fn. 2]); anderer Meinung *Klaus Tiedemann* Wirtschaftsstrafrecht, Besonderer Teil, Köln/Berlin/München, 2006, S. 160; *Schröder* aaO, S. 182.

132 Entsprechende Interview-Belege bei *Legnaro* Börsenkriminalität in Hausse und Baisse, Kollusionen, Kollisionen und die Regeln der Anomie in Kriminologisches Journal, 2003, S. 111, 118. Das Problem der rechtlichen Rahmenbedingungen ausführlich jetzt bei *Schmidt/Spindler* aaO, S. 240 ff.

gen aller Marktteilnehmer [...], die sich in der Erwartung steigender Kurse einig sind".[139]

## II. Ökonomische Folgen der durch problematische Kriminalisierungen erhöhten Haftungsbedrohung

Vorläufige Hypothesen:

- Unproduktive „Kontrollgewinne", etwa durch unangemessene Aufwendungen nach dem Geldwäschegesetz.
- Effizienzdefizite, beispielsweise Schwächung des investiven Kreditgeschäfts durch ungerechtfertigte Ermittlungen wegen Untreue.
- Rückgang von der Industrie geförderter Drittmittelforschungen unter dem Eindruck leichtfertiger Ermittlungen wegen Verdachts der Korruption.
- Behinderung von Schuldner-Sanierungen durch zu schnelle Insolvenz-Strafverfahren.
- Irreparable voreilige Rückgewinnungshilfe- und Verfalls- bzw. Einziehungssicherungen.
- Geschäftliche Einbußen durch mediale Vorverurteilungen.
- Überkomplexe Compliance-Systeme.
- Kosten für unproportional aufwendige prophylaktische Beratungen.

# B. Aufgaben des Strafrechts im Wirtschaftsleben

## I. Erwartungen an die Steuerungsfunktion des Rechts

Die moderne Rechtskultur lebt unter dem Paradoxon wachsender Verrechtlichung und Rechtsferne. Die Verrechtlichung – das ist die sogenannte Gesetzes- und Verordnungsflut im nationalen Recht, aber noch mehr sind es die Richtlinien im europäischen Recht und die Auswirkungen weltumspannender internationaler oder völkerrechtlicher Normsysteme. Dieser Verrechtlichung im Großen und Kleinen entspricht ein wachsendes Bedürfnis der Menschen nach rechtlichen Regelungen dort, wo früher soziale Moral oder Überlieferung oder auch familiär-private Regelungen ausreichend schienen.[140]

133 *Legnaro* aaO, S. 112, 120.

134 Vgl. auch *Michael Stolleis* Erwartungen an das Recht, in Jahrbuch der Akademie der Wissenschaften, Göttingen, 2003.

Auf der anderen Seite steht der Eindruck wachsender Rechtlosigkeit, selbst wenn man davon absieht, dass dieses Gefühl natürlich auch das Spiegelbild eines steigenden Verrechtlichungsbedürfnisses ist: Rechtlosigkeit kann nur dort empfunden werden, wo die Idee, es könne überhaupt Recht herrschen, erst einmal entstanden ist. Was man früher als Schicksal und Unglück hingenommen hat, erscheint jetzt als Rechtlosigkeit. Aber damit ist die Wahrnehmung der Rechtlosigkeit nicht erschöpft. Sie erstreckt sich auch darauf, dass man durch die weltumspannenden Medien mehr erfährt über die großen Differenzen in den Stufen der rechtlichen Durchdringung einer Gesellschaft.[141]

Gegenwärtig geht es darum, „wie unter den Bedingungen einer liberalisierten und sich globalisierenden Weltwirtschaft ein internationaler Ordnungsrahmen entstehen kann, und zwar vor dem Hintergrund regional geprägter kulturgeschichtlicher Entwicklungen [...]. Wie ist das Verhältnis von freien, auf dem Weltmarkt agierenden Individuen und einem normativen Ordnungsrahmen?“[142]

Der lange – wenn auch nur im Verborgenen – gültige Begriff der „Privatrechtsgesellschaft“[143] war vor knapp zwei Jahren das Thema einer Tagung, die deutlich machte, dass auch in der gegenwärtigen europäischen Diskussion dieser Ausgangspunkt nicht verlassen ist.[144]

Man spricht jetzt aber eher von „Selbstregulierung“, und *sie* gewinnt in dem Maße, wie „der Staat [...] als übergeordnete Steuerungsinstanz“ Funktionen verliert und an seine Stelle ein „politisches System“ tritt, das innerhalb des umfassenden Sozialsystems ‚Gesellschaft‘ nur eines neben vielen Teilsystemen darstellt“,[145] eine Dimension, die sie vor dem Vorwurf zu großer Staatsferne, dem die „Privatrechts“gesellschaft noch ausgesetzt war, schützt. Denn die liberale Ablehnung stattlicher Einmischung galt einem „vorkonstitionellen Regulierungsmuster“. Es beruhte „auf der Überzeugung von Existenz und Erkennbarkeit des objektiven Gemeinwohls, das sowohl für die soziale Ordnung als auch für die individuelle Lebensführung bestimmend war, und nicht nur das irdische Zusammenleben der

---

135 S. *Klaus Lüderssen* Recht und Verrechtlichung im Blick der Kulturwissenschaften, in Friedrich Jaeger/Jörn Rüsen (Hrsg.), Handbuch der Kulturwissenschaften, Band 3, Stuttgart/Weimar, 2004, S. 426 ff.

136 *Gerold Blümle* Wirtschaftsgeschichte und ökonomisches Denken, Marburg, 2007, S. 284.

137 *Franz Böhm* Privatrechtsgesellschaft und Marktwirtschaft, Ordo 17 (1966), S. 75 ff.

138 Vgl. den Tagungsbericht von *Alexander Jüchser* und *Frank Rosenkranz* Juristenzeitung 2007, S. 991 f.

139 *Gunnar Folke Schuppert* Governance im Spiegel der Wissenschaftsdisziplinen, in Gunnar Folke Schuppert (Hrsg.), Governance-Forschung, 2. Aufl., 2006, S. 371 ff. (unter Bezugnahme auf *Florian Becker* Kooperative und konsensuale Strukturen in der Normsetzung, Tübingen, 2005, S. 17 ff.).

Menschen betraf, sondern auf ihr ewiges Heil zielte. Mit diesem Gemeinwohlkonzept verband sich ein als naturgegeben betrachteter hierarchischer Aufbau der Gesellschaft".[146]

Das heißt, indem der Staat „mit der jahrhundertelangen maßgeblichen Vorstellung eines material-definierten Gemeinwohls brach, das der Staat mit seiner überlegenen Einsicht zu formulieren, ohne Rücksicht auf individuelle Lebensentwürfe durchzusetzen hatte", setzte sich ein Begriff des Gemeinwohls durch, das man „gerade umgekehrt aus der Freisetzung der Individuen zur Verfolgung ihrer eigenen Vorstellungen und Interessen, freilich im Rahmen der gleichen Freiheit jedes anderen erwartete".[147]

Wer jetzt für das Wirtschaftsleben nach Regulierung ruft, beschwört also nicht den obrigkeitlichen Staat herauf. Was an seine Stelle getreten ist, wird gegenwärtig besonders anschaulich gemacht durch die „Governance-Forschung".[148]

„Die governance-bezogene Perspektive", schreibt *Wolfgang Hoffmann-Riem* – ehemaliger Richter am Bundesverfassungsgericht –, „erlaubt insbesondere Neuvermessungen der Arbeits-, Funktionen- und Verantwortungsteilung zwischen staatlichen, staatlich-privaten und privaten Akteuren".[149]

Auf einer höheren Abstraktionsebene gleichsam geht es darum, „dass Regieren heute nicht mehr in einem durch das Paradigma der strikten Trennung von Staat und Gesellschaft [...] geprägten Verhältnis des Umgangs mit sozialen Problemen und Konflikten erfolgt". Das bedeutet, dass „für die Lösung sozialer Probleme [...] sich das Modell hierarchischer Über- und Unterordnung auf dem Rückzug" befindet.[150]

Substanziell ist das eine praktische Folge der „in der Politik und staatsrechtlichen Diskussion [...]" schon seit längerer Zeit registrierten Entwicklung, „dass verständigungsorientierte Kommunikationen faktische Bedeutung im Prozess der Politikformulierung gewinnen".[151]

Diese Situationsbeschreibung findet ihre Bestätigung in einer breiten rechtstheoretischen und staatsrechtlichen Diskussion über das Vordringen „kooperativer und konsensualer Strukturen in der Normsetzung". Dies ist der Titel der bereits erwähnten Arbeit von *Florian Becker*, die in größeren Arbeitszusammenhängen des Max Planck-Instituts für die Erforschung der Gemeinschaftsgüter in Bonn entstanden ist. „Das Interesse gilt dabei" „der Vielfalt der real existierenden Steue-

---

**140** *Dieter Grimm* Regulierte Selbstregulierung als Steuerungskonzept des Gewährleistungsstaats, Die Verwaltung 4 (2001), S. 9 ff.

**141** *Grimm* aaO, S. 10.

**142** Vgl. den schon erwähnten, von *Schuppert* unter diesem Titel herausgegebenen Sammelband.

**143** Governance im Gewährleistungsstaat, in Schuppert, aaO, S. 195 f.

**144** *Hoffmann-Riem* aaO, S. 198, 201.

**144a** *Schuppert* aaO, S. 449.

rungsmodi. Aus der Perspektive des Staates geht es in neo-kooperativen Arrangements darum, organisierte soziale Gruppen dazu zu bewegen, sich aus eigenem Interesse heraus gemeinwohlverträglich selbst zu regulieren".[152]

„Dabei sind „informelle und dezentrale interorganisatorische Beziehungen von Bedeutung".[153] Mit anderen Worten, es geht darum, „ein enges Zusammenspiel zwischen privaten und öffentlichen Akteuren zu ermöglichen und durch diese Integration die Steuerungsressourcen auf eine größere Zahl von Akteuren zu verteilen".[154]

Ökonomische Analyse des Rechts und soziale Marktwirtschaft werden sich daher in Zukunft jedenfalls nicht mehr durch ihre etatistischen Konzepte unterscheiden:[155]

Jenseits der Nationalstaaten vollzieht sich „Regierungstätigkeit in zunehmendem Maße [...] in komplexen weltweiten Zusammenhängen".[156]

Das findet seine einfache Erklärung darin, dass die supernationale Ebene durch die Abwesenheit einer zentralen Organisationsgewalt gekennzeichnet ist. Daraus folgt, dass die „unterschiedlichen Machtpotentiale" sorgfältig zu untersuchen sind, mit denen die jeweiligen Akteure in Kontakt treten. „Am Beispiel der Mehrebenen-Struktur der Europäischen Union ist bereits deutlich geworden, wie hoch komplex und interdependent die Beziehungen der Akteure sind, auch wenn die Nationalstaaten bzw. ihre jeweiligen Regierungen noch immer eine wichtige Rolle inne haben. Aufgrund der engen Verflechtung und der teilweise schon staatsähnlichen Struktur der EU stellt sie jedoch einen Sonderfall des Zusammenspiels privater und öffentlicher Akteure in der Mehrebenen-Politik dar. Die übrigen festgeschriebenen supernationalen Interaktionsformen sind weniger komplex als die der EU, wirken aber auch auf die nationale Handlungskapazität zurück und beeinflussen die Autorität nationalstaatlicher Politik".[157]

Dies sind die Rahmenbedingungen für den modernen „Strukturierungsauftrag des Rechts".[158] Das klingt komplizierter, als es ist. Praktisch laufen diese Analysen

145 *Sebastian Botzem* Governance Ansätze in der Steuerungsdiskussion; Steuerung und Selbstregulierung unter den Bedingungen fortschreitender Internationalisierung. Discussion paper des Wissenschaftszentrums Berlin für Sozialforschung, 2002, S. 12; ihm folgend *Schuppert* in Governance-Forschung, aaO, S. 379.

146 *Botzem* aaO, S. 13:

147 *Schuppert* aaO, S. 379.

148 Überbrückende Tendenzen bereits bei *Ernst Joachim Mestmäcker* A Legal Theory without Law; Posner/von Hayek, An Economic Analysis of Law, 2007.

149 *Botzem* aaO, S. 24.

150 *Botzem* aaO, S. 24.

151 *Eberhard Schmidt-Aßmann* Verwaltungskontrolle, einleitende Problemskizze, in Eberhard Schmidt-Aßmann/Wolfgang Hoffmann-Riem (Hrsg.), Verwaltungskontrolle, 2001, S. 9 ff.

und Prognosen darauf hinaus, dass die Aufgaben, die man traditionell mit dem Begriff „Wirtschaftslenkung“[159] verbindet, sich dezentralisieren. Die Vorschläge aus dem öffentlichen Recht liegen auf dem Tisch. Das bekannte Modell „Public Private Partnership“ könnte im Rahmen einer modernisierten „Wahrnehmung der staatlichen Infrastruktur-Verantwortung“ verfeinert werden. Der beim Bundesministerium des Innern eingerichtete Beirat „Verwaltungsverfahrensrecht“ empfiehlt bereits, „den eigenständigen Typus eines Kooperationsvertrages“.[160]

Aus der Feder des Vizepräsidenten des Bundesverfassungsgerichts, *Andreas Voßkuhle*, stammt das Konzept eines „Gewährleistungsverwaltungsrechts“:[161] Für Regulierungen im Kapitalmarktrecht, auf die es gegenwärtig ja besonders ankommt, wäre es wichtig, entsprechende (neue) Zuständigkeiten zu schaffen.[162] Einschlägige Initiativen der Finanzmarktstabilisierungsanstalt, die gemäß Art. 1 § 3a des Finanzmarktstabilisierungsgesetzes (FMStG) vom 17.10.2008 (BGBl. Teil I, S. 1982 ff.) errichtet worden ist (Sonderfond für Finanzmarktstabilisierung – SOFFIN), stehen noch aus.

Auf diesem Wege könnte beispielsweise bestimmt werden, dass Investmentbanken nicht mehr selbst entscheiden dürfen, mit wie viel Eigenkapital sie auf dem Finanzmarkt arbeiten.[163]

Denn über die kooperativen und konsensualen Strukturen einer so organisierten Normsetzung würde sich unter den Beteiligten und Betroffenen die Einsicht in die geschäftliche Nützlichkeit der einschlägigen Normbindungen entwickeln und damit die für eine garantiefähige Rechtsgeltung erforderliche Akzeptanz zustande kommen.

---

**151a** Vgl. dazu die Belege in *Lüderssen*, Finanzmarktkrise, Risikomanagement und Strafrecht, StV 2009, S. 489, Fn. 44.

**152** Nachweise bei *Schuppert* Governance-Forschung, aaO, S. 391.

**153** *Andreas Voßkuhle* Beteiligung Privater an der Wahrnehmung öffentlicher Aufgaben und staatlicher Verantwortung. in Veröffentlichung der Vereinigung der deutschen Staatsrechtslehrer, Band 62, 2003, S. 266 ff.

**154** Vgl. die sorgfältig ausdifferenzierten, detailreichen Vorschläge auf der Basis des Konzepts „Acting in Concert“ bei *Schmidt/Spindler* aaO, S. 316 ff.

**155** Vgl. die kritischen Hinweise in dem Interview, das *Hans-Werner Sinn* (Präsident des Ifo-Instituts für Wirtschaftsforschung) schon Ende des vergangenen Jahres gegeben hat, Frankfurter Allgemeine Sonntagszeitung vom 12.10.2008, S. 27; vgl. im übrigen die entsprechenden Partien in seinem inzwischen erschienenen Buch, Kasino Kapitalismus, Berlin 2009, S. 151 ff.; wichtige Differenzierungen mit Blick auf zwingenden Gläubigerschutz einerseits, informationsbedingten parteiautonomen Gläubigerschutz andererseits bei *Rolf Stürner* Markt und Wettbewerb über alles? Gesellschaft und Recht im Fokus neoliberaler Marktideologie, 2007, S. 264 f. Ein erster Regelungsversuch jetzt im Gesetz zur Stärkung der Finanzmarkt- und der Versicherungsaufsicht, Art. 1 Nr. 10 (zur Ergänzung des § 45 Abs. 1 Kreditwesengesetz).

Diese Thesen bedürfen der Konkretisierung, sowohl in organisatorischer Hinsicht wie in substanzieller. Dies geschieht am besten, indem man sich auf die Institution konzentriert, die im Mittelpunkt des Interesses steht:

## II. Das Unternehmen in der sozialen Marktwirtschaft

### 1) Das „Unternehmen" als Rechtsbegriff

Eine übergreifende gesetzliche Definition gibt es nicht.[164] Anknüpfungen gibt es in § 2 HGB, §§ 1, 15, 22, 26 GWB und Art. 85 EGV. Der am Zweck des Wettbewerbsrechts orientierte Unternehmensbegriff ist zu ergänzen durch das Konzept der wirtschaftlichen Selbständigkeit und der Aufgabe der Fremdbedarfsdeckung. Eine besondere Bedeutung hat die Organisationsform des verbundenen Unternehmens (§ 15 ff Aktiengesetz) erlangt.

Die Rechtsordnung geht also nicht von einem einheitlichen Unternehmensbegriff aus. Das ist bei den stark differenzierenden Definitionen des Unternehmensinteresses zu beachten.

Bezogen auf den aktienrechtlichen Unternehmensbegriff geht es um die Probleme von Shareholder- und Stakeholder-Orientierung. Zu den wichtigen Gruppen für Stakeholder gehören Fremdkapitalgeber und Mitarbeiter, Kunden und Gläubiger.[165]

Bei den Fremdkapitalgebern sind es Banken, die sich auf langfristige Finanzierung einlassen. Die Interessenkonflikte sind klar: „Die Stakeholder haben eher als die Shareholder ein Interesse daran, dass sich Unternehmen stetig entwickeln und wachsen, ohne allzu große Risiken einzugehen. Dies kann zu Lasten der Shareholder-Value gehen."[166]

Gelegentlich wird zugunsten des Shareholder-Ansatzes geltend gemacht, dass einem Konzept *langfristiger Gewinnmaximierung* „ein hohes Maß an Unbestimmtheit" inne wohne; eine „brauchbare Operationalisierung dieser Vorstellung" müsse ja „die einzelnen für die Zukunft erwarteten Periodengewinne in einem Gesamtkalkül erfassen".[167]

---

**156** *Matthias Schüppen* Transaction-Boni für Vorstandsmitglieder der Zielgesellschaft: Business Judgement oder strafbare Untreue? In FS Klaus Tiedemann, Köln/München, 2008. S. 749, 756.

**157** *Schüppen* aaO, S. 757.

**158** *Schmidt/Weiß* Shareholder vs. Stakeholder, Ökonomische Fragestellungen, in Hommelhoff/Hopt/v. Werder, Handbuch Corporate Governance, 2003, S. 118.

**159** Vgl. die Mitteilung bei *Christoph Kuhner* Unternehmensinteresse vs. Shareholder Value als Leitmaxime kapital- und marktorientierter Aktiengesellschaften, ZGR 2004, S. 244, 261; vgl. dazu

Dem entspricht es, dass eine „‚moderate' Shareholder Value-Orientierung [...] durchaus vereinbar" erscheint, „mit einer Orientierung am Gesellschaftsinteresse, gewürzt mit einer‚Prise Unternehmens-Interesse' im Sinne prozeduraler Regeln für die Einbindung verschiedener Interessen".[168]

„Der Schutz der Interessen der anderen, nicht zu den Eigentümern zählenden Stakeholder [...]" erfolge nicht nur, heißt es weiter, „durch das Gesellschaftsrecht, sondern ergibt sich aus dem Zusammenwirken vielfältiger Mechanismen, einschließlich der Wirkung anderer Rechtsgebiete des Arbeitsrechts, des Kapitalmarktrechts und des Insolvenzrechts".[169]

Man kann diese Anknüpfungen freilich auch zu einem gesamten Konzept interessenpluralistischer Orientierung herauf stilisieren. Jedenfalls muss man bei der nach wie vor sehr streitigen Diskussion darauf achten, rein terminologische Differenzen auszuklammern.

Auf dieser Basis ist es daher richtig, auch den im deutschen Corporate Governance Codex verwendeten Begriff des Unternehmensinteresses nicht zu eng auszulegen.[170]

Festzuhalten ist im übrigen, dass auch ein reines Shareholder-Modell die alte Frage nach der Legitimität der „Herrschaft der kapitallosen Funktionäre" nicht beantwortet.[171]

---

auch die Erhebungen des Deutschen Aktieninstituts über „Nachhaltigkeit und Shareholder Value aus Sicht börsennotierter Unternehmen", 2003.

**160** *Reinhard H. Schmidt/Gerald Spindler*, Shareholder-Value zwischen Ökonomie und Recht, in Wirtschafts- und Medienrecht in der offenen Demokratie (Freundesgabe für Friedrich Kübler zum 65. Geburtstag), 1997, S. 515, 549; s. ferner *Peter O. Mülbert*, Shareholder-Value aus rechtlicher Sicht, ZGR 1997, S. 129 ff.; *ders.*, Marktwertmaximierung als Unternehmensziel der Aktiengesellschaft, in: FS Röhricht, 2005, S. 421 ff.; s. auch die Analysen bei Fredmund Malik, Die richtige Corporate Governance, 3. Aufl., Frankfurt am Main 2008, S. 30 ff.

**161** *Schmidt/Spindler* aaO, S. 555.

**162** *Klaus Bernsmann* GA, aaO, S. 226; eine interessante Kasuistik, aus der sich die Grenzen der verschiedenen Ansätze ergeben freilich bei *Kuhner* aaO, S. 264, über die größeren Zusammenhänge *Horst Eidenmüller* Forschungsperspektiven im Unternehmensrecht, Juristenzeitung, 2007, S. 487 ff.

**163** Über die Ausgangspunkte der modernen Diskussion immer noch instruktiv *Friedrich Kübler* Aktiengesellschaft und Privateigentum, ZHR 1968, S. 245, 250. (Auch durch die Regelungen der Corporate Governance nicht überholt). Grundlegende Orientierung insofern auch bei *Tomas Brinkmann* Unternehmensinteresse und Unternehmensrechtsstruktur, 1983; s. ferner *Franz Böhm* Demokratie und ökonomische Macht, in Kartelle und Monopole im modernen Recht, Band 1 (hrsg. vom Institut für ausländisches und internationales Wirtschaftsrecht, Karlsruhe, 1961), S. 3 ff. Über die Ausgangspunkte für die Mitbestimmung immer noch verbindlich: *Friedrich Kübler/Walter Schmidt/Spiros Simitis* Mitbestimmung als Gesetzgebung politischer Aufgaben. Zur Verfassungsmäßigkeit des Mitbestimmungsgesetzes 1976, 1978. Welche Bedeutung in diesem Zusammenhang die Diskussion

## 2) Das Unternehmensinteresse und die Unternehmensethik

Der nächste Schritt geht in die Richtung einer Neubewertung von ‚Eigeninteressen' des Unternehmens und seiner öffentlichen Verantwortung durch die moderne Wirtschaftsethik.

Diese kann freilich weitgehend nur eine Art analytischer Vorarbeit leisten. Sie kann „nicht in der Suche nach einem allgemein überzeugenden Wertesystem und dessen Empfehlung für die Praxis liegen. Vielmehr geht es um die „explizite Analyse von Wertkonflikten „als eine Basis für den Inhalt ethischer Diskurse".[172]

Mit anderen Worten, Aufgabe der Wirtschaftsethik ist es, „moralische Dilemma-Situationen aufzudecken, zu analysieren, Lösungen zu ihrer Bewendung zu erarbeiten". Der konkrete Anknüpfungspunkt ist, dass „in der Unternehmensethik die Stakeholder-Orientierung in den Vordergrund" tritt, „ohne dass die empirischen Konsequenzen der aufgestellten Forderungen untersucht würden".[173]

Dabei geht es darum, Zwecke zu definieren und die für ihre Realisierung geeigneten und erforderlichen Mittel zu finden. Erst am Ende der entsprechenden empirischen Vergleiche steht die eigentliche Wertfrage. Dass Prozesse dieser Art nicht nur ethische, sondern auch juristische Bewertungen vorbereiten, wird in der Unternehmensethik fast immer übersehen; indessen bereiten die erforderlichen Transformationen keine Schwierigkeiten.[174]

Substanziell geht es um folgende Fragen:

Unternehmens*ethik* sollte sich orientieren am „Dualismus in der Wirtschaftsethik, der „eine ‚Durchbrechung' der ökonomischen Logik" fordert.[175]

Mittelpunkt des Programms einer modernen Wirtschaftsethik ist „eine normative Neubewertung des ‚Eigeninteresses' – s.c. unter Bedingung einer geeigneten Rahmenordnung".[176]

„Moral lässt sich nicht g e g e n die Funktionserfordernisse der modernen Wirtschaft zur Geltung bringen, sondern *nur* i n ihnen und d u r c h sie". Dass sich Wettbewerb und Moral „im Handlungsvollzug auszuschließen" scheinen, „darin besteht das Grundproblem der Wirtschaftsethik".[177]

---

über die Kriterien der Unternehmens*bewertung* hat, scheint noch ungeklärt zu sein, vgl. jetzt *Jens Wüstemann* WB-Rechtsbildungsreport, Unternehmensbewertung, 2007/08, BB 2008, S. 1499 ff.

**164** *Hans-Ulrich Küpper* Unternehmensethik, Stuttgart, 2006, S. 140 f.

**165** *Küpper* aaO, S. 128, 124.

**166** *Klaus Lüderssen* Erfahrung als Rechtsquelle. Abduktion und Falsifikation von Hypothesen im juristischen Entscheidungsprozess. Eine Fallstudie aus dem Kartellrecht, 1972, S. 109 ff.

**167** *Karl Homann* Vorteile und Anreize, Tübingen 2002, S. 177 ff.

**168** *Homann* Vorteile und Anreize, aaO, S. 184.

**169** AaO, S. 3, 4.

Was das bedeutet etwa für unter Dilemma-Bedingungen spontan unlösbare „Kontrollprobleme“, erschließt sich durch die „Abkoppelung der Moral von unmittelbaren moralischen Handlungsmotiven“. Sie ist „die Voraussetzung dafür, *die Solidaritätsmoral weit über Solidaritätsgefühle hinaus auf anonyme Kontexte moderner Großgesellschaften auszudehnen.* Sie ist ein evolutionärer Fortschritt, demgegenüber die Kantische Konzeptualisierung, die die Sittlichkeit an unmittelbar moralische Motive bindet, genau diese Ausweitung konzeptionell nicht einholen kann. Kommunikatives Handeln muss modern in strategisches Handeln transformiert werden, sonst bleibt es entweder auf den überschaubaren Kreis unmittelbarer Solidaritätsgefühle, also die kleine, unmittelbar kontrollierbare Gruppe beschränkt, oder es ruiniert die Wirtschaft, wenn es per Gesetz und Planung – statt durch Anreize – durchgesetzt werden soll“.[178]

Auf dieser Basis sind „Binnensicht“ und „Systemperspektive“ der Moral zu unterscheiden. Bei der Systemperspektive (auch „Inversionsparadigma“ genannt) geht es zunächst „um eine funktionale Bestimmung der Moral im Rahmen einer Gesellschaftstheorie, um Äquivalenz- und Substitutionsbeziehungen zwischen Moral, Recht und Vorteils- bzw. Gewinnstreben. Es geht dann zweitens um die positive Folgenkalkulation von institutionellen Arrangements. Es geht drittens um die Etablierung geeigneter Anreize durch entsprechende ähnliche institutionelle Vorkehrungen, damit moralisch erwünschte Gesamtergebnisse aus eigeninteressiertem Handeln, also als nicht-intendierte Folgen intentionaler Handlungen, resultieren. Es geht viertens um die Frage, welche moralischen Normen verbindlich gemacht werden können und sollen. Es geht damit nicht um die Klärung, sondern um die Zuweisung von Geltungsansprüchen und Verantwortung aufgrund von Folgenkalkulationen. Geltung und Verbindlichkeit hängen damit grundlegend davon ab, ob institutionell sichergestellt werden kann, dass Normen allgemein befolgt werden“.[179]

Die Transformation dieser Maximen in *Rechts*regeln ist substantiell kein Problem, wenn man sich in der *Moral*philosophie von der Vorstellung löst, die Frage der Gerechtigkeit sei primär philosophisch, und in der *Rechts*philosophie von einem formalen Begriff des Rechts Abschied nimmt, das seine Erzwingbarkeit zum essentiale erklärt. Beide Entwicklungen sind auf gutem Wege.

Natürlich kann es sich auch rechtsethisch nur um Verantwortungsethik handeln Das ist seit Max Weber ein geläufiger Begriff. Das Stichwort ist „Folgenorientierung“, und damit ist auch zugleich das gemeinsame Segment von Ethik und Recht bezeichnet. Im Grunde sind die meisten unternehmensethischen Fragen in Wahr-

---

**170** AaO, S .51.

**171** AaO, S. 189, 192 f.

heit Rechtsfragen. Umso wichtiger ist es deshalb, die Abgrenzung zur Gesinnungsethik klar herauszuarbeiten.

Dort, wo das Wort Gesinnung nur darauf verweist, dass der Akteur Bescheid gewusst, auch die Folgen eingeschätzt hat, gibt es keine Abweichung von der Verantwortungsethik. Bei irrigen Annahmen darüber, was passieren könne und einem dementsprechenden guten Gewissen, könnte es schon anders aussehen, wenn dieses gute Gewissen verabsolutiert, nach Vermeidbarkeit des Irrtums gar nicht gefragt wird. Manchmal wird von Gesinnungsethik auch in dem Sinne gesprochen, dass das Gefühl, einer Pflicht zu genügen, entscheidend sei. Wenn diese Pflicht aber auf die Erreichung „guter" Folgen gerichtet ist, relativiert sich der Unterschied, und wieder wird es so sein, dass erst das gleichsam ungeprüfte Pflichtgefühl die Rubrik der Gesinnungsethik eröffnet.

Die entscheidende Abgrenzung ist also erreicht, wenn man, gleichviel, was der Gegenstand der Pflicht ist, das Gefühl, pflichtgemäß zu handeln, für ausschlaggebend erklärt. Es ist wichtig, die Fälle reiner Gesinnungsethik in diesem Sinne auf ihr Minimum zu reduzieren, weil mit dem Ausdruck „Gesinnung" oft leichtfertig umgegangen wird. Dort, wo im Wirtschaftsleben von *Integrity* die Rede ist, kommt es – sieht man genauer hin – auch fast immer auf Folgenorientierung an. Man will nur sicher stellen, dass die auf die Vermeidung unguter Folgen und die Erreichung guter Folgen gerichtete Intention das Relevante ist, als Garant gleichsam gegen den Zufall. Am leichtesten kann man sich das klar machen anhand der Unterscheidung von Vorsatz und Gesinnung im Strafrecht: Der Vorsatz ist immer erfolgsbezogen und damit bereits ein Element der Verantwortungsethik. So und nicht anders dürfte *Integrity* gemeint sein.[180]

Problematischer ist das Verhältnis zwischen externen und internen Faktoren der Unternehmensethik. Diese Aufteilung ergibt sich dann, wenn das Unternehmensinteresse so eng definiert wird, dass schon ein gewissermaßen normaler Altruismus nicht mehr dazu gehört. Dann erhebt sich die Frage, ob etwas, wiewohl es nicht im Unternehmensinteresse liegt, doch geboten sein könnte.

Man kann sich Unternehmen vorstellen, die sich auch einer nicht direkt auf ihre Aufgaben bezogenen Moral unterwerfen wollen. Das wären dann die externen Faktoren.[181] Man kann das Unternehmensinteresse aber auch so umfassend be-

---

**172** Dass „falsche" Orientierungen – psychologisch gesehen – klassische Anwendungsfälle der von der Kriminologie apostrophierten Neutralisationstechnik sind, hat *Theile* Unternehmensrichtlinien aaO, sehr schön herausgearbeitet (S. 6, 9) mit interessanten Beispielen aus der Bestechungskriminalität.

**172a** Das ist in etwa das Problem von Corporate Social Responsibility (CSR); allgemein zu dem damit assoziierten Begriff der Verantwortung im Wirtschaftsleben *Lüderssen* StV 2009, aaO, S. 486 ff. (487 ff.) mit weiterführenden Literaturhinweisen; s. ferner *Klaus Günther*, Aufgaben- und Zurech-

greifen, dass vielleicht sogar das private moralische Verhalten seiner Repräsentanten insoweit eine Funktion hat. Wäre das eine gleitende Skala von mehr oder weniger Moral, könnte man für die prinzipielle Erörterung die Frage offen lassen und den Einzelfall abwarten. Vergegenwärtigt man sich, dass es eine Unternehmensethik gibt, die in der wechselseitigen Nutzenmaximierung ein Prinzip der – wettbewerbsorientierten – Interessenabgrenzung und damit vernünftigen Güterverteilung sieht, ist hingegen ein qualitativer Sprung zu vermuten, und dies wohl auch dann noch, wenn die Bindung des Nutzenmaximierers an Normen die wechselseitige Erwartungssicherheit erhöht und damit auch im Unternehmensinteresse liegt.[182]

Wenn umgekehrt die externen Faktoren ihrerseits nun so definiert werden, dass auch ökonomische Effekte damit gemeint sind, vermischen sich die externen mit den internen Faktoren. Die Grenze dafür ist sicher dort erreicht, wo die Vereinnahmung eines ethischen Interesses als Unternehmensinteresse als bare Ideologie oder Hypokrisie erscheint, als Anmaßung gewissermaßen, als künstliche Integration, um jenen impliziten Ethik-Effekt zu erreichen. Zugespitzt formuliert: Entweder das Unternehmensinteresse oder das Moralkriterium wird strapaziert. Den archimedischen Punkt in der Mitte zu finden, ist das Problem.

Wie auch immer die Theorie der Zusammenführung von ökonomischen und ethischen Regeln aussehen mag – das Resultat bleibt unsicher. Keineswegs wäre bei einer überwiegend ökonomischen Orientierung ohne weiteres anzunehmen, dass damit ein Konflikt mit dem Strafrecht vorprogrammiert wäre, noch wäre bei einer überwiegend extern motivierten Ethik von vornherein die Vereinbarkeit mit dem Strafrecht zu vermuten. Das Strafrecht hat eine soziale Funktion, bezogen auf wirtschaftliche Sachverhalte sogar auch eine ökonomische. Es ist daher sehr gut denkbar, dass es vor einer gleichsam höheren Vernunftökonomie zurückweicht. Moralische Impulse hingegen können weit über das hinaus gehen, was das Strafrecht sich zum Ziel setzen darf, können vielleicht sogar aus strafrechtlicher Sicht kontraindiziert sein, weil sie verantwortungsferne reine Gesinnungen mobilisieren, *Integrity* um jeden Preis, sozusagen. In diesem Punkt sehr weit zu gehen, kann durchaus als ökonomisch erscheinen, etwa unter dem Aspekt eines langfristigen *good will.* Dann freilich – wenn diese Kalkulation wirklich besteht – ist wieder das Unternehmensinteresse erreicht[183] und die Frage an dessen Definition zurück gegeben.[184]

---

nungsverantwortung, in: *Ludger Heidbrink/Alfred Hirsch* (Hrsg.), Verantwortung in der Zivilgesellschaft, Frankfurt/New York 2006, S. 295 ff.

**172b** Grundlegend *Michael Baurmann,* Der Markt der Tugend aaO.

**172c** Genauer zu dem Problem der Lokalisierung des unternehmerisch zu verantwortenden Gemeinwohls *Lüderssen* StV 2009, aaO, S. 486 ff. (496); vgl. ferner *Peter O. Mülbert,* Soziale Verant-

## III. Die speziellen Aufgaben des Strafrechts

### 1) Steuerung?

Dass dies die Aufgabe des Strafrechts im Wirtschaftsleben sei, wird häufig und mit Nachdruck behauptet.

a) Die Diskussion ist belastet durch eine starke Polemik im öffentlichen Recht gegen den Sicherheitsstaat, und dann fällt auch das Wort Präventionsstaat. Wer als Strafrechtler aus berechtigter Sorge über rechtsstaatlich bedenkliche Entwicklungen im strafprozessualen Ermittlungsverfahren, etwa auch mit Blick auf seine Abgrenzung von polizeilichen und geheimdienstlichen Aufgaben der Gefahrenverhütung, in die allgemeine Klage über zuviel Prävention einstimmt, scheint in Legitimationsnöte zu geraten, wenn er gleichzeitig die Prävention als Strafzweck verteidigt.

b) Man könnte innerhalb des Begriffs der Steuerung Abstufungen machen, intensivere und weiter ausgreifende Steuerung von vorsichtigerer und begrenzter Einflussnahme unterscheiden. Aber das sind schwimmende Grenzen. Eine überzeugende Abklärung der Differenz scheint sich vielmehr nur hinsichtlich der verschiedenen Ziele anzubieten.

aa) Bei Generalprävention durch Androhung kann man noch nicht von Steuerung sprechen. Diese geht nur ad incertas personas, definiert Rahmenbedingungen. Wohl aber bei Generalprävention durch Verurteilung und Vollzug; beides ist nun aber verfassungsrechtlich so bedenklich und vielfach kritisiert, dass man diese Seite der Generalprävention beiseite lassen kann.

Spätestens an diesen normativen Grenzen scheitert der aus der Ökonomie kommende Rational-Choice-Ansatz einer Steuerung durch Strafrecht.[185]

Soweit die „Steuerungsfunktion im Sinne der negativen Generalprävention" von den Ökonomen auch auf die Strafdrohung bezogen wird (meistens fehlen diese

---

wortung von Unternehmen im Gesellschaftsrecht, Vortrag beim Symposion des industrierechtlichen Seminars der Rheinischen Friedrich-Wilhelms-Universität Bonn v. 30.6.2009.

173 Scharfsinnige Analysen des Verhältnisses von Eigeninteresse und Moral bei *Ingo Pies/Markus Sardison* Wirtschaftsethik, Diskussionspapier Nr. 05/2, Wittenberg-Zentrum für globale Ethik; *Ingo Pies* Markt und Organisation: Programmatische Überlegungen zur Wirtschafts- und Unternehmensethik, Diskussionspapier Nr. 2008–2 des Lehrstuhls für Wirtschaftsethik an der Martin-Luther-Universität Halle-Wittenberg, Halle, 2008; s. ferner *Peter Ulrich* Unternehmensethik und „Gewinnprinzip", in Wirtschaftsethische Perspektiven, Band 3, 1996, S. 137 ff.; s. weitere Literatur bei *Lüderssen*, StV 2009, aaO, S. 491 (Fn. 50).

174 Vgl. dazu mit Belegen *Roland Hefendehl* Außerstrafrechtliche und strafrechtliche Instrumentarien zur Eindämmung der Wirtschaftskriminalität, ZStW 119 (2007) S. 816, 820 ff.

Differenzierungen) muss man sich mit der in der Ökonomie noch herrschenden „Grundannahme des voll steuerbaren Akteurs" auseinandersetzen.[186]

Dabei werden die traditionellen Zweifel der Juristen und der Kriminologen an der Rationalität der Delinquenz[187] durch die Soziologie autopoetischer Systeme gestützt.[188]

bb) Es bleibt also die Spezialprävention. Sie müsste ein Stück Unternehmenspolitik werden, wenn man einmal unterstellt, dass sie eines der Ziele ist, auf das sich strafrechtliche Steuerung in der Wirtschaft richten könnte.

**(1)** Bei dem spezialpräventiven Zweck, der darin besteht, dass der Täter von weiteren Straftaten abgeschreckt werden soll, wird dieses Ziel nicht sichtbar. Das gleiche gilt für den spezialpräventiven Zweck, der in der Sicherung der Gesellschaft vor dem Täter liegt, etwa indem man ihn eine Weile einsperrt.

**(2)** Anders könnte es bei der Resozialisierung liegen. Der Täter soll durch die Strafe motiviert werden, sein Verhalten so einzurichten, dass er keine Straftaten mehr begeht. Dafür werden spezielle Maßnahmen aufgeboten – jedenfalls ist das das Konzept. Wer wegen Untreue verurteilt worden ist, soll also lernen, in Zukunft ein geschäftliches Verhalten an den Tag zu legen, das nicht diesen Vorwurf wieder auf sich zieht. Täter, die diese Erwartungen erfüllen, nehmen – das könnte man schon sagen – in diesem Sinne auf die Unternehmenspolitik, also auf die Art und Weise, wie Geschäfte in Angriff genommen und durchgeführt werden, Einfluss. Insoweit könnte man von einer Steuerungsfunktion der resozialisierenden Strafe sprechen.

c) Aber ist das gemeint, wenn man allgemein von der Funktion des Strafrechts, das Wirtschaftsleben zu steuern, spricht? Sind die Ziele nicht doch genereller, und vor allem nicht auf die Einwirkung auf einzelne Personen beschränkt? Eine starke Vermutung geht dahin, dass vor allem an die Einflüsse gedacht wird, die – unabhängig von dessen Ergebnis – vom Strafverfahren ausgehen.[189] Staatsanwälte, die in speziellen Dezernaten für Umweltstrafrecht tätig gewesen sind, sollen gelegentlich gesagt haben: Zu einer Verurteilung hat es nicht gereicht, aber wir haben die Vor-

---

175 *Hefendehl,* aaO, S. 821.

176 *Lüderssen* Entkriminalisierung des Wirtschaftsrechts, Band 2, S. 24ff.; Berichte über die Relativierung dieser Rationalitätsannahmen bei *Hefendehl* aaO, S. 821.

177 Auch dazu *Hefendehl,* aaO Die Erforschung dieser Phänomene steht erst in den Anfängen; wichtige Hinweise und weiterführende Literaturangaben bei *Hefendehl,* aaO, S. 839ff und in der Fallstudie von *Klaus Boers, Hans Theile und Kari-Maria Karliczek* Wirtschaft und Strafrecht – Wer reguliert wen? In Oberwittler/Karstedt (Hrsg.), Soziologie der Kriminalität, Kölner Zeitschrift für Soziologie und Sozialpsychologie, Sonderheft 43 aus 2003, S. 469ff.

**177a** Für die Anwendung des Untreuetatbestandes (§ 266 StGB) hat das kürzlich *Werner Beulke,* Wirtschaftslenkung im Zeichen des Untreuetatbestandes, in: FS Ulrich Eisenberg, 2009, S. 245ff., deutlich gemacht.

standsetagen ausgewechselt. Von den Staatsanwälten, die gegen leitende Angestellte der Medizinprodukte-Industrie ermittelt haben (wegen Bestechung und Untreue), heißt es, sie seien mit dem Plan angetreten, das Gesundheitswesen in Ordnung zu bringen. Wenn so etwas mit strafrechtlicher Steuerung gemeint ist, ist die Antwort leicht: sie ist unzulässig, und am Ende erledigt sich das Problem auf diese Weise. Steuerungszwecke, die über die restriktive Welt auch des präventiven Strafrechts, hinaus gehen, können nicht gemeint sein. Was an Steuerung dann noch übrig bleibt, ist nicht anstößig.

d) Selbst wenn man dann doch wenigstens eine begrenzte Steuerung des Wirtschaftslebens durch die Realisierung des Strafzwecks der Resozialisierung verfolgen möchte, ergeben sich unter dem Gesichtspunkt einer begrenzten Leistungsfähigkeit des *Strafprozesses* in den einschlägigen Fällen Bedenken. In einer neueren Untersuchung wird ausgeführt, dass „konsensuale Selektionsmechanismen [...] der Ausdruck dafür" seien, „dass das Strafrecht [...] sich auf eine Ebene der Gleichordnung begeben muss, wenn es um die strafprozessuale Regelung der Wirtschaft geht".[190]

Weiter heißt es: „Dass eine strafprozessuale Regulierung zunehmend auf der Basis eines Verhältnisses der Gleichordnung erfolgt, zeigt sich vor allem an dem im Wirtschaftsstrafverfahren anzutreffenden dialogisierenden Verfahrensstil, den eine deutliche Affinität zu konsensualen Selektionsmechanismen auszeichnet. Demgegenüber stellen sich strafprozessuale Maßnahmen mit Eingriffscharakter wie Durchsuchungen und Festnahmen zwar noch als Ausdruck eines traditionell hierarchischen Verhältnisses zur Über-/Unterordnung im Verhältnis zur Wirtschaft dar; sie belegen aber gleichzeitig, dass das Strafrecht offenbar an Grenzen stößt, wenn es um eine strafprozessuale Regulierung von Wirtschaftskriminalität geht. Empirische Befunde deuten insoweit darauf hin, dass die innerstrafprozessuale vorgängige oder nachgängige Kontrollmöglichkeiten ignorierende Praxis bei diesen Maßnahmen insgesamt unterkomplex operiert und eine dysfunktionale Diskrepanz

---

178 *Hans Theile* Wirtschaftskriminalität und Strafverfahren – Systemtheoretische Überlegungen zum Regulierungspotential des Strafverfahrens, Münsteraner Habilitationsschrift, 2008 (noch unveröffentlicht), S. 382; informativ insofern jetzt *Dirk Sauer,* Konsensuale Verfahrensweisen im Wirtschafts- und Steuerstrafrecht, Heidelberg 2008 (dazu die Rezension von *Hans Kudlich,* StV 2009, S. 286 f.) ferner zur rechtstheoretischen und strafprozessgeschichtlichen Interpretation *Lüderssen,* Verständigung im Strafverfahren, Das Modell und seine Implikationen, in: FS Rainer Hamm, Berlin 2008, S. 419 ff.; *ders.*, Regulierte Selbstregulierung in der Strafjustiz? – Ein unorthodoxer Beitrag zur Frage der Legitimation der „Absprachen", in: FS Gerhard Fezer, Berlin 2008, S. 531 ff.; vgl. im übrigen die Ansätze im Gesetz zur Regelung der Verständigung im Strafverfahren v. 28.5.2009 (BR Drucksache 582/09); umfassende Würdigung dieser Regelung bei *Eberhard Kempf,* Gesetzliche Regelung von Absprachen im Strafverfahren? Oder: Soll Informelles formalisiert werden? StV 2009, S. 269 ff. mit Nachweisen weiterer Literatur.

zwischen den Vorgaben des formellen prozessualen Programms und des Verfahrens auszumachen ist".[191]

Der neue Verfahrensstil ermögliche „eine Intensivierung" der „intersystemischen Beziehungen, in dem die jeweiligen kommunikativen Selektionen von vornherein an den prozessualen und systemischen Interessen der anderen am Verfahren Beteiligten ausgerichtet werden". Diese „Rücknahme des strafrechtlichen Regulierungsanspruchs" müsse „keineswegs auf einen Verzicht jeglicher Regulierung hinauslaufen [...], da andere Rechtsgebiete wie das außerstrafrechtliche öffentliche Recht oder das Zivilrecht prinzipiell an die Stelle des Strafrechts treten, und hierbei besser als das Strafrecht an die Systemrationalität der Wirtschaft anknüpfen könnten [...]. Dementsprechend wird immer wieder und mit Recht darauf hingewiesen, dass wirtschaftliche Fehlentwicklungen mit genuin wirtschaftlichen und eben nicht strafrechtlichen Mitteln korrigiert werden sollen, zumal die zu außerstrafrechtlichen Rechtsgebieten gehörigen Verfahrensgänge einen geringeren Grad an Formalisierung aufweisen, ohne dass hiermit zwingend ein Verlust an Rechtsstaatlichkeit verbunden wäre".[192]

Allgemeiner formuliert bedeutet das, „dass Strafverfolgungsbehörden und Gerichte unter den Bedingungen einer in verschiedene selbstreferenzielle und autopoetische Systeme ausdifferenzierten Wirtschaft den staatlichen Strafanspruch nicht kausal durchsetzen können".[193]

Es ist die „Systemtheorie", die diesen Aufklärungsprozess auch für das Strafrecht leistet. Demgemäß behauptet „die autopoetische Systemtheorie die Unzugänglichkeit gesellschaftlicher Teilsysteme für gezielte und unmittelbare staatliche Steuerung".[194]

„Steuerung durch Recht als Eingriff in das zu steuernde System" sei daher „überholt, das Recht soll nur noch Rahmenbedingungen für die Selbständigkeit des Systems schaffen".[195]

Dabei liegt es doch eigentlich auf der Hand, dass gerade auf der Basis dieser Annahme die „selbständige Anpassungs-, Reaktions- und Problemlösungsfähigkeit gesellschaftlicher Akteure" gefragt ist.[196]

---

**179** AaO, S. 384.
**180** AaO, S. 422.
**181** AaO, S. 404.
**182** Nachweise bei Becker aaO, S. 634.
**183** AaO, S. 22.
**184** AaO, S. 22.

Deshalb hat sich inzwischen vor allem im Umkreis des schon erwähnten Max-Planck-Instituts für die Erforschung von Gemeinschaftsgütern eine „akteurszentrierte Steuerungstheorie“ herausgebildet.[197]

Sie unterscheidet sich von der autopoetischen Systemtheorie, „die binäre systeminterne Kommunikation als Basis ihres theoretischen Konzepts wählt“, indem sie nicht die Selbstorganisation der gesellschaftlichen Teilsysteme favorisiert,[198] sondern von vornherein von real handelnden, individuellen oder kooperativen Akteuren ausgeht. Sie konzipiert Steuerung „in den zwei idealtypischen Interaktionsmechanismen, Hierarchie und Verhandlung“.[199]

Der Konfliktlösungsmodus Verhandlung aber beruht auf dem Prinzip der Einigung. „Nicht die Mehrheit, sondern die Gesamtheit aller Beteiligten an der Verhandlung entscheidet im allseitigen Einverständnis. Verhandlungen sind in zwei Konstellationen möglich: zum einen zwischen staatlichen und gesellschaftlichen Akteuren; zum anderen nur zwischen gesellschaftlichen Akteuren. Im letztgenannten Fall wird eine Problemlösung vom staatlichen in den gesellschaftlichen Bereich ausgelagert“.[200]

Längst wählt der Staat „in der Realität [...] Interventions- und Interaktionsformen, die sich als Mischverhältnis von Hierarchie und Verhandlung beschreiben lassen“. Und das „wird in dem Konzept der regulierten Selbstregulierung abgebildet, das eine Brücke zwischen privaten Entscheidungen und hoheitlich wahrgenommenen Tätigkeiten des Staates schlägt. Es respektiert die Eigendynamik gesellschaftlicher Teilbereiche und nutzt sie zugleich. Ihre rechtstheoretische Entsprechung findet die regulierte Selbstregulierung in dem Konzept des prozeduralen Rechts“.[201]

Diese Situationsbeschreibung findet ihre Bestätigung in einer breiten rechtstheoretischen und staatsrechtlichen Diskussion über das Vordringen „kooperativer und konsensualer Strukturen in der Normsetzung“.[202]

„Das Interesse gilt der Vielfalt der real existierenden Steuerungsmodi. Aus der Perspektive des Staates geht es in neo-kooperativen Arrangements darum, organisierte soziale Gruppen dazu zu bewegen, sich aus eigenem Interesse heraus gemeinwohlverträglich selbst zu regulieren“.[203] „Dabei sind informelle und dezentrale interorganisatorische Beziehungen von Bedeutung“.[204]

---

**185** AaO, S. 744.

**186** AaO, S. 29.

**187** AaO, S. 744.

**188** AaO, S. 744.

**189** AaO, S. 745.

**190** Vgl. den Titel des bereits zitierten Buches von *Becker.*

**191** *Schuppert* aaO, S. 379.

Mit anderen Worten, es geht darum, „ein enges Zusammenspiel zwischen privaten und öffentlichen Akteuren zu ermöglichen und durch diese Integration die Steuerungsressourcen auf eine größere Zahl von Akteuren zu verteilen".[205]

An dieser Entwicklung müsste das Strafprozessrecht, weil es auch zum öffentlichen Recht gehört, eigentlich Anteil haben, es sei denn, es gibt besondere Gründe für die Aufrechterhaltung hierarchisch-obrigkeitlicher Strukturen in diesem Bereich. Dass dieser Teil der dritten Gewalt in einem so entscheidenden Punkte nicht von den beiden anderen Gewalten – Gesetzgebung und Regierung/ Verwaltung – abweichen sollte, zeigen die Diskurse im Wirtschaftsstrafrecht, indiziert durch die Wahrnehmung, dass „an die Stelle einer bislang mit strafrechtlicher Kriminalprävention verbundenen Fremdregulierung [...] die Selbststeuerung von Unternehmen" trete.[206]

Systemtheoretisch bedeutet das, dass das Strafrecht hierbei „zwingend" die „Eigengesetzlichkeit" der vertraglichen Umwelt, in der die Unternehmenstätigkeit (von der vermutet wird, dass sie strafbar ist) stattfindet, in Rechnung stellt. Bewegt man sich dabei auf einer etwas allgemeineren Ebene, so heißt das: „Stets muss das Strafrecht in einem sozialen System Wirkungen entfalten, das einem gänzlich anderen Operationscode gehorcht und durch eine ganz andere Erwartungsstruktur gekennzeichnet ist".[207]

Dieser andere Operationscode findet inzwischen längst in den so genannten Unternehmensrichtlinien vielfachen Ausdruck.

Hier stößt man nun wieder auf den Einfluss der ökonomisch-philosophischen Unternehmensethik, deren Konzeptionen durchaus von systemtheoretischen Erwägungen bestimmt sind, dabei aber die Akteure nicht ausklammern, so dass eine große Nähe zur akteursorientierten Steuerungstheorie registriert werden kann.

Ob die Unternehmensethik affirmative oder alternative Wege zum Wirtschaftsstrafrecht beschreitet, ist also derzeit noch ganz offen. Die Muster der bereits existierenden Unternehmensrichtlinien sind insoweit auch nicht aussagekräftig; sie sind unternehmensethisch nicht ausgereizt, sondern unter dem Druck entstanden, *political correctness* vorzuführen, und da ist die Versuchung groß, einfach einen vorauseilenden, vielleicht sogar übereifrigen strafrechtlichen Gehorsam zu produzieren. Die Ergebnisse der Analyse der Unternehmensrichtlinien sind denn auch

---

**192** AaO.

**193** AaO.

**194** *Hans Theile*, Unternehmensrichtlinien – Ein Beitrag zur Prävention von Wirtschaftskriminalität? – ZIS 2008, S. 234ff.

**195** *Theile* Unternehmensrichtlinien, aaO, S. 15.

mindestens ambivalent: In den Anfängen seien die Unternehmensrichtlinien allerdings als „viel versprechende Alternative zum Strafrecht" angesehen worden.[208]

Aber in den letzten Jahren ist diese Einschätzung offenbar revidiert worden.[209]

Andererseits wird doch ein ‚normativer *Overkill*' für möglich gehalten, dann nämlich, „wenn die in den Richtlinien formulierten strafrechtlichen Elemente mit wirtschaftlicher Systemrationalität schlechthin unvereinbar wären", und dafür wird ausdrücklich Bezug genommen auf Forschungen „der neuen Institutionenökonomie".[210]

Die strafrechtliche „normative Erwartungsstruktur" stelle sich dann „(betriebs) wirtschaftlich als dysfunktional" dar.[211]

Die Lösung, „wirtschaftliche Verluste als ‚Sonderposten Strafrecht' in den Bilanzen abzuschreiben", wird als unwahrscheinlich bezeichnet.[212]

Noch interessanter ist die Formulierung, dass es sich bei den Unternehmensrichtlinien um wirtschaftliche Programme handele und damit um „wirtschaftliche Kommunikationen, bei denen die zentrale Frage darin besteht, ob und inwieweit ein im Code ‚gewinn-/verlustorientierte Kommunikation' sich ‚strafrechtlich aufladen' lasse".[213]

Soviel kann man danach jedenfalls schon sehen: Im W i r t s c h a f t s strafrecht kann es offenbar in der Tat passieren, dass das klassische, sich an Handlungen knüpfende Strafrecht die Gestalt einer regulierten Selbstregulierung annimmt.

Was dabei der Selbstregulierung überlassen wird, ist einerseits das *Soft Law:* Corporate Governance, Ethik-Codes bestimmter Branchen, beides in „Unternehmensrichtlinien" wiederkehrend, oder das *Hard Law:* die Präventions- und Kontrollwirkung des zivilen Vertrags- und Deliktsrechts, die Akzeptanz der Wirtschaftsaufsicht. Das Strafrecht tritt erst bei der *Regulierung* dieser – strafrechtsfreien – Selbstregulierungen auf.

---

**196** *Theile* aaO, S. 10, unter Bezugnahme auf *Winfried Hassemer* StV 1994, S. 36 ff.; StV 1995, S. 489 f.; *Klaus Sessar* MschrKrim 1997, S. 14 ff.

**197** *Kai D. Bussmann* MSchrKrim 2003, S. 101; dazu *Theile* aaO, S. 11.

**198** *Theile* aaO, S. 17 mit Belegen.

**199** AaO.

**200** AaO, S. 17.

**201** AaO, S. 18; das erinnert an die Formulierung von *Mark Pieth* Selbstregulierung zum Schutz vor strafrechtlicher Kommunikationshaftung: Die Bank und das Geldwäscherisiko, in FS Heike Jung, 2007, S. 717 ff., dass die Moral zum Verkaufsargument wird im Rahmen „einer Strategie zur längerfristigen Gewinnmaximierung" (S. 717).

## 2) Individualisierende Zurechnung

Das Strafrecht versieht die Herbeiführung von Rechtsgutsverletzungen, deren Rechtswidrigkeit bereits an anderen Stellen der Rechtsordnung fixiert ist, mit einer besonderen Note: Der Staat reagiert darauf nicht nur mit der Hilfe einer Auseinandersetzung zwischen Geschädigtem und Schädiger (auch eine öffentlich-rechtliche Aufgabe), sondern macht sie zu seiner Sache. Das kann im demokratischen Zeitalter nicht mehr die Staatsräson sein, sondern nur das Gemeinwohl. Dieses Gemeinwohl verlangt, dass der Schädiger nicht nur den Schaden ausgleichen soll, sondern darüber hinaus auf ihn mit der Strafe Einfluss genommen wird. Das müsste man für jeden Tatbestand begründen.

Das geschieht aber nicht. Vielmehr wird hier durchgehend mit stillschweigenden Annahmen gearbeitet bzw. die Normsituation einfach akzeptiert. Das geht so lange gut, wie keine Interpretationsprobleme auftauchen. Steht aber die Reichweite eines Tatbestandes zur Diskussion und wird daher zweifelhaft, ob er einen bestimmten Sachverhalt erfasst oder nicht, muss man die Zielsetzung des Tatbestandes und damit seine Legitimation überprüfen. Eine Strafe wird dem Schädiger auferlegt – entweder im Sinne der Vergeltung oder der Prävention. Da die Vergeltung nur religiös oder metaphysisch zu begründen ist, muss sie im modernen säkularisierten Staat ausscheiden. Die Prävention konzentriert sich auf Sicherung, Abschreckung oder Resozialisierung. Man muss wissen, ob man das will. Gibt es Gründe dafür, so sind die weiteren Voraussetzungen zu untersuchen.

Die Realisierung der genannten Strafzwecke ist so intensiv für die betroffene Person, dass die ganz besonderen Voraussetzungen der persönlichen Schuld vorliegen müssen. Beim Strafzweck der Resozialisierung ist sie darüber hinaus die Voraussetzung für deren Realisierbarkeit: Wem nicht klar gemacht werden kann, dass er für das von ihm begangene die persönliche Verantwortung trägt, der wird nicht einsehen, weshalb es bei ihm um Resozialisierung gehen soll.

Auf diese – durch retrospektive persönliche Zurechnung von Schadensfolgen ausgelöste – Präventionsaufgabe beschränkt sich die Funktion des modernen öffentlichen Strafrechts.

Was das für das gesamte Wirtschaftsstrafrecht und die virtuell betroffenen Personenkreise in ihrem jeweiligen normativen Umfeld bedeutet, muss für die einschlägigen Sachverhalte und Tatbestände im Detail geprüft werden. Die folgenden Ausführungen konzentrieren sich dabei auf spezielle Probleme:

# C. Zur Kriminalisierung des Risikomanagements

Die Frage, wie es hier zu strafrechtlich relevanter Zurechnung rechtswidrigen Verhaltens kommen kann, ist nicht nur von der Strafrechtsdogmatik zu beantworten. Vielmehr geht es um eine zugleich interdisziplinäre und politisch-praktische Problematik. Das sei in Stichworten angedeutet.

## I. Kriminalpolitische und kriminologische Ausgangspunkte

### 1) Kriminologie der Zuschreibung. Allgemeine Gesichtspunkte

Kriminalsoziologisch muss hier die ganze „Konstruktivismus-Debatte" abgerufen werden unter dem traditionellen Stichwort der Aspektabhängigkeit aller Erkenntnis (Karl Mannheim), wobei mittlere (pragmatische) und radikale Ansätze unterschieden werden. Vorläufiger (deutscher) Höhepunkt der internationalen Diskussion die Kontroverse zwischen *Hess/Scheerer* und *Sack/Steinert.*[214] Danach sind die folgenden Fragestellungen zu unterscheiden:

- Zuschreibung versus Feststellung
- Generalisierende Zuschreibung (Gesetzgebung und Dogmatik) und Zuschreibung im Prozess
- Vollzogene und unterlassene Zuschreibung

### 2) Zuschreibung im Wirtschaftsstrafrecht

Dieser Mechanismus wird nicht reflektiert. Der Grund dafür ist, dass das Zuschreibungs-Paradigma als ein kritisches Instrument zur Überprüfung unangemesse-

---

202 Nachweise bei *Klaus Lüderssen* Das Elend der kritischen Kriminologie, KJ 1997, S. 442 ff.; hervorragende Darstellung der Probleme bei *John Searle* Die Konstruktion der gesellschaftlichen Wirklichkeit Reinbek 1997; zusammenfassende und kritisch-analytische Darstellung der „Kriminalitäts- und Kriminalisierungstheorien", in deren Kontext die Theorie einer „Kriminalität im Zusammenhang mit sozialer Interaktion" gesehen werden muss, bei *Kunz* Kriminologie, 4. Aufl., S. 201–224; *ders.* Die wissenschaftliche Zugänglichkeit von Kriminalität. Ein Beitrag zur Erkenntnistheorie der Sozialwissenschaften, Wiesbaden, 2008, S. 77 ff. Ferner *Klaus Sessar* Verbrechen als soziale Konstruktion, in Kari-Maria Karliczek (Hrsg.), Kriminologische Erkundungen. Wissenschaftliches Symposium aus Anlass des 65. Geburtstags von Klaus Sessar, 2004, S. 32 ff.; *Hans-Joachim Schneider* Die deutschsprachige Kriminologie der Gegenwart, GA 2004, S. 503, 504 ff.

ner oder gerechter Fixierung von Kriminalität oder Kriminalisierungen entwickelt worden ist. Das hatte politische Gründe, weshalb das Zuschreibungs-Paradigma in der kriminologischen Literatur auch gelegentlich unter der Rubrik „Entlarvung von Herrschaft und Disziplinierung" firmiert.[215]

Diese „ökologisch-materialistische Position habe, „das distanzierend-kritische Potential [...] weitgehend aufgezehrt und durch ein naives Selbstverständnis ersetzt, das sich im Besitz der objektiven historischen Wahrheit glaubte".[216]

Auch die zunehmende Verfolgung von Wirtschaftskriminalität hat die politische Reserve, die mit dem – wie man auch sagt – interaktionistischen Ansatz in der Kriminologie verbunden war, nicht beseitigen können, so dass aus kritisch betrachteten Zuschreibungsmechanismen im „Elendsstrafrecht" dort, wo es um „white collars" ging, zustimmend registrierte Vorgänge wurden, deren Beurteilung politisch motiviert, aber nicht wissenschaftstheoretisch abgesichert war und die auch nicht inzwischen empirisch bestätigt worden sind.

Dieser Mangel an Konsequenz mag auch damit etwas zu tun haben, dass im gesellschaftlich-wirtschaftlichen Leben unterschiedliche Perspektiven auf das eingenommen werden, was traditionell immer noch das „Böse" genannt wird. Das Böse ist entweder bei den ganz einfachen Gewalttaten, oder es ist in der „Kriminalität der Mächtigen". Wer weder auf dem einen, noch auf dem anderen – ohnehin nur idealtypisch abtrennbaren – Sektor (von Übergängen also ganz zu schweigen) mit einer derartigen Vorgabe arbeiten möchte, sondern eine durchgehende Abhängigkeit dessen, was schließlich *kriminell* genannt wird, von sozialstrukturell bedingten interaktiven Prozessen bestimmt sieht, muss für das Wirtschaftsstrafrecht und für Wirtschaftskriminologie die Aufgaben, die sich einer kritischen Kriminologie hier stellen, erst einmal formulieren.[217]

Im einzelnen geht es um

### a) Zuschreibungsdeterminanten des Gesetzgebers

Der Mangel an Eindeutigkeit dessen, was im Rahmen des Wirtschaftslebens strafbar sein soll, hätte dem Gesetzgeber eigentlich rechtzeitig nahe legen können, die de-

203 *Kunz* Kriminologie, aaO, S. 49 ff., S. 88.

204 *Kunz* aaO, S. 63.

205 Ausgangspunkte bei *Klaus Boers* Wirtschaftskriminologie, MSchrKrim 2001, S. 335 ff.; *Liebl* „Bekämpfung der Wirtschaftskriminalität", MSchrKrim 2004, S. 1 ff.; aus systemtheoretischer Perspektive: *Boers/Theile/Karliczek* Wirtschaft und Strafrecht – Wer reguliert wen? In. Oberwittler/Karstedt (Hrsg.), Soziologie der Kriminalität, S. 469 ff.; mit internationalem Bezug: *Bussmann/Werle* Addressing Crime in Companies, in British Journal of Criminology, 2006, p. 1 ff.

finitorischen Anteile der Wirtschaftskriminalität zu fixieren. Vorgaben der Verfassung (Grundgesetz) wären zu prüfen. Allerdings wird inzwischen mit Recht gefragt, ob der deutsche Gesetzgeber überhaupt noch in relativer Autonomie entscheiden kann, inwieweit er Wirtschaftsstrafrecht schaffen und beibehalten will, oder ob ihm das nicht künftig in erheblich größerem Maße als bisher durch europäische Richtlinien vorgegeben wird.[218]

Der EuGH hat zum Schutz der Umwelt „eine strafrechtliche Anweisungskompetenz der Europäischen Gemeinschaft als Annex zu Art. 175 EGV zugelassen".[219]

Jetzt erstreckt „die EG-Kommission diese Annexkompetenz in einem Arbeitspapier auf eine ganze Reihe weiterer Materien, die zum Wirtschaftsstrafrecht gehören. Die Kommission nennt im Einzelnen: den Schutz gegen Geldfälschung, Betrug und Fälschung im Zusammenhang mit unbaren Zahlungsmitteln, Geldwäsche, Bestechung im privaten Sektor, Angriffe auf Informationssysteme, die Meeresverschmutzung durch Schiffe, den Schutz der finanziellen Interessen der Gemeinschaft und die Ahndung der Verletzung geistigen Eigentums.[220]

Selbst wenn man, die Position eines radikalen Konstruktivismus zurückweisend, gewissermaßen selbstverständliche Fälle von Wirtschaftskriminalität von vornherein der Diskussion entzieht, gibt es Kriminalisierungen, die sich auf ein Gebiet erstrecken, für das Soziologen die Vokabel „Grenzmoral" bereit halten, bis hin zu Formen wirtschaftsethisch unanfechtbaren Verhaltens. Der Gesetzgeber übersieht diese Differenzierung durchweg, kann sich allerdings insofern auch nicht auf wissenschaftliche Vorarbeiten stützen. Allerdings fehlt – wie man den Begründungen für die Gesetzentwürfe entnehmen kann – auch durchweg der Versuch einer Gesetzesfolgenabschätzung.[221]

### b) Zuschreibungsdeterminanten der Strafverfolgungsbehörden

Strukturell tauchen hier die gleichen Schwierigkeiten auf, begrenzt nur durch einen gewissen, von der Gesetzgebung vorgegebenen Rahmen.

– Übernahme „populärer" Orientierungen.

---

206 *Hans Achenbach* Das Strafrecht als Mittel der Wirtschaftslenkung, ZStW 119 (2007) S. 789 ff., 814 f.; *Jens Horn*, Einfluss der EU-Vorgaben bei Anwendung des Finanzmarktstabilisierungsgesetzes, in: BB 2009, 450 ff.

207 *Achenbach* aaO mit Belegen.

208 *Achenbach* aaO, S. 815.

208a Ein politisches Problem – wohl immer noch. Wissenschaftstheoretisch dazu grundlegend *Anne van Aaken*, Gesetzesfolgenabschätzung und Politikevaluation im nationalen und europäischen Diskurs und Praxis (Manuskript: Modul GFA3 BOC).

Weitgehend erklärbar mit der über die Zeit des Nationalsozialismus hinweg postulierten „Befreiung des Strafrechts vom zivilistischen Denken", das als zu kompliziert, zu „liberalistisch" wahrgenommen wird.[222]

– Usurpation gesellschaftlicher Steuerungsaufgaben.

Im nachmetaphysischen Strafrecht kann es nicht mehr um absolute Vergeltung von Unrecht und Schuld gehen; für die danach verbleibenden präventiven Orientierung ist ein Strafrecht, das sich von gesellschaftlichen Zwecken abkoppelt, nicht mehr legitim.

Die Aufgaben, zu denen sich die Strafverfolgungsbehörden hier aufgerufen fühlen, werden von der Kriminologie jedoch nicht kritisch reflektiert; hier gibt es – abgesehen von der grundsätzlich zurückhaltenden Position eines sich absolut verstehenden – Kernstrafrechts nur eine Variante der „nothing works"-These,[223] welche die Strafgerichte allerdings nicht erreicht.

#### c) Die Kritik an unterlassener Zuschreibung

Wirtschaftsstrafrecht ist nicht effektiv genug.[224]

## II. Strafrechtliche Folgerungen

### 1) Straftatbestände und Strafandrohungen[225]

a) Schaffung und Auslegung strafrechtlicher Tatbestände müssen sich legitimieren zunächst mit Blick auf die angestrebten Ziele. Das ist der Schutz vor Verletzungen von Rechtsgütern, deren Relevanz für das Gemeinwohl (nicht für die Staatsräson) verfassungsrechtlich abgesichert sein muss. Zu den Verletzungen gehören auch Gefährdungen, die – nur wenn die Angriffswege sehr lang sind – schon über ab-

---

209 Kritische Auseinandersetzung mit dieser Tendenz und ihren Wurzeln bei *Lüderssen* Die Wiederkehr der Befreiung des Strafrechts vom zivilistischen Denken, FS Hanack, 1999, S. 487 ff.; Primäre oder sekundäre Zuständigkeiten des Strafrechts? FS Eser, 2005, S. 163 ff.

210 Dazu *Hefendehl* JZ 2006, aaO, S. 120.

211 Bitte zum wissenschaftstheoretischen Ausgangspunkt: *Lüderssen* Gebotene Zuschreibung, in: Klaus Lüderssen (Hrsg.), Aufgeklärte Kriminalpolitik oder Kampf gegen das Böse, Band 1, 1998, S. 307 ff.; *Kunz* Die wissenschaftliche Zugänglichkeit von Kriminologie, S. 88.

212 Umfassende Orientierung bei *Ulrich Sieber* Grenzen des Strafrechts – Grundlagen und Herausforderungen des neuen strafrechtlichen Forschungsprogramms am Max Planck-Institut für ausländisches und internationales Strafrecht, ZStW 119 (2007) S. 1 ff.

strakt bleibende Vorkehrungen (abstrakte Gefährdungsdelikte) verhindert werden sollen.

Das Konzept der Orientierung an Rechtsgutsverletzungen ist in Theorie und Praxis inzwischen herrschend.[226]

Dagegen stehen Konzeptionen, nach denen die Rechtsgutsverletzung zu vernachlässigen ist, es vielmehr nur darauf ankommt, Pflichten zu fixieren. Gegen diese Richtung spricht schon ihre Nähe zur nationalsozialistischen Tradition des Verbrechens als Pflichtverletzung.[227] Die Entwicklung des Treuebruchs-Tatbestandes im Rahmen des § 266 StGB ist das überzeugende Beispiel.[228]

Dennoch neigen die Darstellungen des Wirtschaftsstrafrechts durchaus zu einer Einteilung der Delikte nach Pflichten – etwa Pflichtverstöße bei Gründung des Unternehmens, Pflichtverstöße bei Betrieb des Unternehmens, Pflichtverstöße bei Beendigung und Sanierung des Unternehmens.

Die Einwände gegen die Rechtsgutsorientierung unter dem Gesichtspunkt seiner Beliebigkeit sind im Prinzip berechtigt, verlieren aber an Relevanz angesichts der gefestigten Tradition des empirisch Fixierbaren; wo das nicht möglich ist, spricht niemand mehr vom Rechtsgut.[229]

Eine zusätzliche Qualifikation ist mit der Forderung nach dem Schutz individueller Rechtsgüter verbunden. Diese Zuspitzung ist – ebenfalls im Rahmen einer kontinuierlichen Tradition – leicht zu verteidigen, wenn man in der Fixierung überindividueller Rechtsgüter eine Abbreviatur für die Blockierung auch längerer auf die Verletzung individueller Rechtsgüter gerichteter Angriffswege sieht. Alles, was etwa über den Schutz der Sicherheit des Finanzverkehrs gesagt wird, verdeckt die Tatsache, dass eben, wie bei allen abstrakten Gefährdungsdelikten, der Schutz des Einzelnen sehr früh einsetzt.[230]

---

**213** Gute Orientierung bei: Hefendehl/v. Hirsch/Wohlers (Hrsg.), Die Rechtsgutstheorie, , 2003; *Hefendehl* Mit langem Atem: Der Begriff des Rechtsguts, GA 2007, S. 1 ff.; *Lüderssen* Der „Erfolgsunwert", in Strafrecht zwischen System und Telos (FS Rolf Dietrich Herzberg), Tübingen, 2008, S. 109 ff.; *Winfried Hassemer/Ulfrid Neumann* in Nomos Kommentar Strafgesetzbuch, 2. Aufl., 2005, vor § 1, Rn. 108 ff.; *Thomas Weigend* in Strafgesetzbuch, Leipziger Kommentar, Großkommentar, 12. Aufl., 1. Band, 2007, Einleitung, Rn. 1 ff., 7 ff.

**214** *Klaus Lüderssen* Die Wiederkehr der Befreiung des Strafrechts vom zivilrechtlichen Denken, in FS Hanack, 1999, S. 487 ff. Dazu jetzt *Thomas Rönnau*, Untreue als Wirtschaftsdelikt ZStW 119 (2007) S. 887, 910; sehr überzeugend gegen die Konzeption, „nur der Schutz der Geltung der jeweils in einem Staat bestehenden Rechtsnormen" sei der Zweck des Strafrechts: *Weigend* aaO, Rn. 6.

**215** S. schon oben S. 257 ff.

**216** Überzeugend *Weigend* aaO, Rn. 7 ff.; *Hassemer/Neumann* aaO, Rn. 122 ff.

**217** Dazu exemplarisch *Cornelius Nestler* Der Tatbestand der Geldwäsche, in Herzog/Mühlhausen, aaO, S. 105 ff.

Ein weiteres Beispiel ist die Umdefinition der Blockierung von Angriffswegen in sogenannte „Zwischenrechtsgüter".[231]

Die Schwierigkeiten einer konsequenten Etablierung des Konzepts der Rechtsgutsverletzung im Wirtschaftsstrafrecht offenbaren sich vor allem bei der Handhabung des § 261 StGB. Das, was dort kriminalisiert ist, kann anscheinend durch den Pflichtenkatalog im Geldwäsche-Gesetz nicht aufgefangen werden. Dann wäre freilich denkbar, dass man Sanktionen nur an die Verletzung von Pflichten nach dem Geldwäsche-Gesetz knüpft. Dazu hat sich der Gesetzgeber aber nicht entschlossen, er lässt es hier bei Ordnungswidrigkeiten bewenden. Das Problem, diese Pflichtverletzungen auf die Höhe strafrecht relevanten Unrechts zu heben, wird so lange nicht ernst genommen, wie die Strafverfolgungsbehörden sich unangefochten auf generelle Begriffe stützen können. Hier müsste eine auf die Rechtsgutsverletzung bezogene strafrechtliche Norm präzise Merkmale, die zwischen Pflichtverletzung und Erfolgseintritt vermitteln,[232] aufweisen. So wenig dieses Problem gelöst ist, so beruhigend ist es, dass die im § 261 StGB immanente Orientierung an der Rechtsgutsverletzung es verhindert, dass die bloße Pflichtverletzung bereits für die Strafbarkeit genügt.[233]

Gesetzgebung und Dogmatik des Strafrechts beziehen ihre Orientierungen nicht nur aus der Verfassung, sondern auch mit Blick darauf, dass sie akzessorisch sind zu den Regeln anderer Rechtsgebiete.

Was im Zivil- oder Gesellschaftsrecht erlaubt ist, darf im Strafrecht kein Verbot auslösen. Umgekehrt gilt das nicht: Was im Gesellschaftsrecht oder Zivilrecht verboten ist, darf nicht automatisch zu einem Verbot auch im Strafrecht führen; vielmehr sind zusätzliche Qualifikationen erforderlich (Prinzip der asymmetrischen Akzessorietät).[234]

---

**218** Dazu *Lüderssen* Entkriminalisierung des Wirtschaftsrechts (I), 1998, S. 181, 203 f.; *Klaus Tiedemann* Wirtschaftsstrafrecht, Einführung und Allgemeiner Teil, 2. Aufl., Köln/München, 2007, S. 31. Dass der Bereich der „Zwischenrechtsgüter" durch neue Gemeinwohlorientierungen der Unternehmen vergrößert werden und es dadurch zu einer neuen – problematischen – Kriminalisierung kommen könnte, ist näher dargetan bei *Lüderssen*, StV 2009 aaO, S. 486 ff. (494).

**219** Vgl. dazu schon oben S. 259.

**220** Zur teleologischen Reduktion des § 261 StGB s. auch *Matthias Jahn* in Helmut Satzger/Bertram Schmitt/Gunter Widmaier, Kommentar zum Strafgesetzbuch, Köln/München, 2008, § 264 S. 49 ff.

**221** *Lüderssen* Entkriminalisierung des Wirtschaftsrechts, Band 2, 2007, S. 48 ff.; *Andreas Ransiek* Risiko, Pflichtwidrigkeiten und Vermögensnachteil bei der Untreue, ZStW 116 (2004) S. 634, 644. Zu den Problemen, die auftreten, wenn bei der Auslegung der außerstrafrechtlichen Normen Kontroversen bestehen: *Lüderssen* Entkriminalisierung des Wirtschaftsrechts, Band 2, aaO, S. 100 ff.; *Kölbel* GA 2003, S. 403; s. ferner *Harro Otto*, Die Bedeutung des Bestimmtheitsgrundsatzes für die Auslegung nicht strafrechtlicher Bezugsnormen, in: FS Horst Seebode, Berlin 2008, S. 81 ff.

b) Die Strafe (Androhung, Ausspruch der Strafbarkeit, Vollzug der Bestrafung) ist ein so schwerer Eingriff, dass sie an besondere Voraussetzungen gebunden ist.

aa) Das ist vor allem die objektive und subjektive Zurechenbarkeit der Rechtsgutsverletzung.

Die Kategorie der Zurechenbarkeit ist kriminologisch nicht untersucht. Im Wirtschaftsstrafrecht gibt es jetzt aus der Praxis kommende Ansätze, etwa bei den Risiko-Analysen, mit Blick auf Korruptionen.[235]

Reine Erfolgshaftungen sind ausgeschlossen; der Erfolg muss zurechenbar sein, gleichviel, ob er in einer Verletzung oder in einer Gefährdung besteht. Die spezielle Dogmatik der Rechtswidrigkeit bzw. der Rechtfertigungsgründe und der Schuld bzw. Entschuldigungsgründe beruht auf diesem zusätzlichen Postulat. Die allgemeinen Begriffe der objektiven Zurechnung, wie objektiv-persönliche Voraussetzungen, Kausalität, Haftung für Unterlassen, Haftung für täterschaftliche oder teilnehmerschaftliche tatbestandsmäßige Handlungen sind indessen nur mit erheblichen Modifikationen in das Wirtschaftsstrafrecht zu überführen.[236]

Ein ganz besonderer zusätzlicher strafrechtlicher Zurechnungsaspekt ist die haftungsbegrenzende Selbstverantwortung des womöglich Geschädigten. Dogmatisch ist ein großer Forschungsbedarf, speziell im Wirtschaftsstrafrecht, anzumelden. Erst recht sind Defizite der Kriminologie festzuhalten, die über politische Appelle nicht hinaus kommt, sondern sich mit Impressionen begnügt. Unter anderem wird hingewiesen auf die „Kollusivität der Erwartungsstrukturen, die kriminelle Handlungen geradezu herausfordern".[237]

bb) Die Strafe muss geeignet sein für die Realisierung des Ziels. Hier fehlt es durchgehend an kriminologischer Überprüfung.[238]

---

222 Vgl. dazu *Hauschka/Greeve* Compliance in der Korruptionsprävention, BB 2007, S. 166 ff.

223 Dazu *Tiedemann* Wirtschaftsstrafrecht, Einführung und Allgemeiner Teil, 2. Aufl. 2007, S. 59 ff.

224 *Legnaro* aaO, S. 114.

225 Für das Wirtschaftsstrafrecht wird dieses Defizit ausdrücklich nachgewiesen bei *Hefendehl* Kriminalitätstheorien und empirisch nachweisbare Funktion der Strafe: Argumente wider die Etablierung einer Unternehmensstrafbarkeit, MSchrKrim 2003, S. 27 ff.; s. ferner *Bussmann* Zeitschrift für Unternehmensethik, S. 38; *Lüderssen* Europäisierung des Strafrechts und gubernative Rechtssetzung, GA 2003, S. 71, 81 f. Anregungen bei *Hans Achenbach*, der von der Notwendigkeit einer Prüfung der Präventionseffizienz spricht, für die es allerdings keine wirklich validen Maßstäbe gebe, ZStW 119 (2007) S. 112.; interessant die Anregungen, die insoweit aus dem Zivilrecht kommen, vgl. *Gerhard Wagner* Neue Perspektiven im Schadensersatzrecht: Kommerzialisierung, Strafschadensersatz, Kollektivschaden, Gutachten für den 66. Deutschen Juristentag 2006, wo sowohl generelle Zweifel an der Fähigkeit des Strafrechts, gesellschaftliche Feinsteuerungen vorzunehmen, geäußert wie Hinweise darauf gegeben werden, dass gerade im Wirtschaftsstrafrecht Sanktionen „nur insoweit präventiv" wirken könnten, „wie der potentielle Täter mit seiner Entdeckung und Bestrafung rechnen" müsse, S. 54; ausführlicher dazu *ders.* Prävention und Verhaltenssteuerung durch Privatrecht – Anmaßung oder legitime Aufgabe? AcP 206 (2006) S. 352, 442 ff.

cc) Außer der Eignung muss auch die Erforderlichkeit der Strafe erwiesen sein. Diese Erforderlichkeit fehlt, wenn es weniger intensiv eingreifende Mittel gibt. An dieser Stelle kommt die Subsidiarität des Strafrechts bzw. sein Charakter als ultima ratio erneut zur Geltung. Unter dem Gesichtspunkt der Einheit der Rechtsordnung ist festzuhalten, dass Zivilrecht, speziell Gesellschaftsrecht und andere Rechtsgebiete, etwa Verwaltungsrecht primär zuständig sind, dafür Sorge zu tragen, dass es im Wirtschaftsverkehr nicht zu Rechtsgutsverletzungen kommt. Wenn diese Regelungsmaterien geeignete Schutzmechanismen enthalten, ist für die Etablierung bzw. dogmatische Ausreizung pönalisierender Tatbestände im Wirtschaftsstrafrecht kein Raum.

Mit dieser Feststellung verwirklicht sich sowohl ein empirisches wie normatives Programm: Was geschieht effektiv in diesen primären Rechtsgebieten und unter welchen Voraussetzungen können diese Vorgänge so bewertet werden, dass sie für den Schutz ausreichen oder nicht ausreichen? Dabei wird es am Ende auch auf die Abwägung von Verhältnismäßigkeiten ankommen. Wann ist die vielleicht relative Schutzvorkehrung so unbefriedigend, dass man bei der Abwägung zwischen einem Sanktionenverzicht und einem schwereren Eingriff, nämlich der Bestrafung, sich für die Bestrafung entscheidet? In der Rechtssoziologie, streckenweise aber auch schon in der Praxis der Gesetzgebung, sind diese Fragen unter dem Begriff Zielkonflikte zusammen gefasst.

## 2) (Re)aktivierung oder Etablierung alternativer rechtlicher Kontrollen

Der Akzent liegt auf *rechtlichen* Kontrollen; es geht nicht um die Alternativen, die sich mit Blick auf rein ökonomische oder sozialpolitische Programme ergeben.

### a) Bereits abrufbare Regelungen

Zwei Beispiele:

– Termin-Optionsgeschäfte.

„Die Präventionsfunktionen des Privatrechts" ergibt sich hier aus der Pflicht des Kapitalanlagevermittlers, den Kunden „über das besondere Risiko solcher Transaktionen" aufzuklären. Diese Pflicht fällt wegen ihrer „Intensität aus dem Rahmen [...]. Der Kapitalvermittler ist nämlich nicht nur dazu verpflichtet, die Börsenoptionsprämie und die eigenen Prämien, Gebühren und Auslagenpauschalen offen zu legen, sondern er muss den Kunden unmissverständlich schriftlich und in auffälliger Form darauf hinweisen, dass diese Aufschläge das Chancen/Risiko-Verhältnis derart aus dem Gleichgewicht bringen, dass die Erzielung eines Gewinns sehr unwahrscheinlich wird. Schließlich darf dem Kunden nicht verschwiegen werden, dass die ohnehin bescheidenen Gewinnchancen noch mit jedem zusätzlichen Optionsgeschäft weiter abnehmen [...]. Angesichts der Schärfe dieser Verpflichtung" vermutet die Rechtsprechung im Falle ihrer Verletzung „ohne weiteres [...], der Kunde hätte von dem Geschäft Abstand genommen, wenn er in der gebotenen Weise aufgeklärt worden wäre".[239]

Wenn dies ernst genommen wird, verlieren Strafanzeigen zweifellos an Relevanz.

- Unter Hinweis auf den „Enron-Fall", der „das amerikanische Manko zu enger Verpflichtungen von Prüfunternehmen schonungslos aufgedeckt" habe, wird darauf aufmerksam gemacht, dass „das zivilrechtliche System der Abschlussprüfung [...] gerade dafür geschaffen worden" sei, „strafrechtlich relevante Sachverhalte durch das Einfordern von Berichtigungen im vorhinein zu verhindern".[240]

Auch hier ist eine ausbaufähige Basis gegeben für Alternativen zum Strafrecht.

**b) Bereits entwickelte, aber noch der Konkretisierung bedürftige Vorschläge**

Schon die Sachverständigenkommission[241] hat, wie jetzt wieder in Erinnerung gerufen wird,[242] „eine eindrucksvolle Reihe von Vorschlägen für außerstrafrechtliche Maßnahmen, so etwa bei der sog. Haushalts- und Amtsuntreue, der Regelung des Subventionsvergaberechts [...], Maßnahmen des Anlegerschutzes [...] beim Insiderhandel [...], bei Bilanzierungs- und Buchführungsvorschriften" gemacht.[243]

Bei weitem nicht alle diese Vorstellungen sind in die „[...] legislatorische Tätigkeit" übernommen worden. Dafür hätte es „auch besserer empirischer Grundlagen bedurft, „deren Erforschung aber" nach wie vor „nicht ernstlich betrieben wird".[244]

Im einzelnen geht es beispielsweise um:

- Strafschadensersatz.

---

**226** *Wagner* AcP 206 (2006) S. 352, 371 f.

**227** *Roland Hefendehl* Enron, World Com und die Folgen: Das Wirtschaftsstrafrecht zwischen kriminalpolitischen Erwartungen und dogmatischen Erfordernissen, JZ 2004, S. 18, 23.

**228** S. oben S. 9.

**229** *Hans Achenbach* Die wirtschaftsstrafrechtliche Reformbewegung – Ein Rückblick, in FS Klaus Tiedemann, Köln/München 2008, S. 47, 48.

**230** Belege bei *Achenbach* aaO, Fn. 77.

**231** *Achenbach* aaO.

Das ist die deutsche Übersetzung für „punitive damages“, die in den USA „zusätzlich zum kompensatorischen Schadensersatz“ verhängt werden.[245]

Die Entwicklung dieses Instituts in Europa ist ambivalent, vielleicht sogar widersprüchlich.[246] In Deutschland wird die Frage eher ablehnend behandelt.[247]

- Institutionalisierung von Massenklagen.[248]
- Versicherungsrechtliche Lösungen?
- Verbesserte Möglichkeiten des Schadensersatzes für „Deliktsopfer“.

Die Beteiligung des Opfers am Strafverfahren wird überwiegend für eine zusätzliche Belastung des Beschuldigten gehalten. Der in den letzten Jahrzehnten wieder erhobene Anspruch des Opfers auf Genugtuung durch Bestrafung des Täters ist mit dem System unseres Strafrechts nicht vereinbar. Er widerspricht ganz der kontinuierlichen Tradition der Entwicklung des öffentlichen Strafanspruchs und ist streckenweise auch nur damit zu erklären, dass andere berechtigte Interessen des Opfers in unserer Rechtsordnung nicht genügend berücksichtigt sind und über die Wiederbelebung eines Anspruchs des Opfers auf Bestrafung in ganz falsche Kanäle geleitet werden.

In Wahrheit geht es darum, dass die besondere Schadenslage, in die ein Deliktsopfer gerät – nicht vergleichbar einer „normalen“ aus Vertragsverletzung oder Delikt – nach speziellen Aufwendungen verlangt. Sie könnten in der Verbesserung der Voraussetzungen für die Durchsetzung des zivilrechtlichen Schadenersatzanspruchs liegen. Dafür müsste ein bisher nicht existierender Verfahrenstyp entwickelt werden. Denn die Amtsmaxime des Strafprozesses gibt dem Richter zwar mehr Mittel an die Hand als dem Richter, der im Zivilprozess nach Beweislastregeln entscheidet. Auf der anderen Seite gilt im Zivilprozess aber als zugestanden, was nicht bestritten wird, das Schweigerecht des Beschuldigten im Strafprozess nützt ihm hier nichts. Die Verbindung der Vorteile aus beiden Verfahren ist wahrscheinlich nur zu erreichen durch eine den § 97 Insolvenzordnung nachgebildete

232 *Gerhard Wagner* Neue Perspektiven im Schadensersatzrecht, aaO, S. 45.

233 Vgl. dazu den Bericht bei *Wagner* aaO, S. 46 f.

234 Ausführliche Wiedergabe und kritische Auseinandersetzung mit der Diskussion bei *Wagner* aaO, S. 48 ff.; vgl. ferner *Jens M. Schubert* Punitive Damages – Das englische Recht als Vorbild für das deutsche Schadensrecht? JR 2008, S. 138 ff.

235 Dazu anregend und materialreich *Anne van Aaken* Massenklagen im öffentlichen Recht aus institutionenökonomischer Sicht, KritV 2003, S. 44 ff.; *Wagner* Neue Perspektiven im Schadensersatzrecht, aaO, S. 74 ff.

Vorschrift, die es dem Strafrichter verbietet, im Insolvenzverfahren gemachte Angaben zu verwerten.[249]

### c) Neue Konzepte

#### aa) Allgemeine Anregungen aus der „ökonomischen Analyse des Rechts"

Sie laufen darauf hinaus, den Strafrechtlern die Orientierung am homo oeconomicus zu empfehlen, dessen Kosten-/Nutzen-Rechnung – sorgt man nur dafür, dass er hinreichende Veranlassung hat, die Angebote der Privatrechtsgesellschaft auszuschöpfen – die Delinquenz minimiere.

Dabei geht es einmal darum, im Rahmen dieser Kalkulation kriminogene Situationen gar nicht erst entstehen zu lassen, sei es durch Schaffung psychologisch sinnvoller Freiräume, sei es durch mit dem Optimum der Nutzenmaximierung operierende normative Programme. Einen gewissen Konkretisierungsgrad haben diese Überlegungen erreicht im Rahmen der ökonomischen Analyse der Verschuldens- und Gefährdungshaftung auf der Basis grundlegender Forschungen von *Calabresi* und *Posner*.[250]

Zweifel daran, dass man den Straftäter mit ökonomischen Anreizen präventiv erreicht, sind den Ökonomen von Vertretern der Strafrechtswissenschaft immer wieder vorgetragen worden.[251]

Die Vorbehalte lassen sich dahingehend zusammen fassen, dass die Konzeption des Straftäters als homo oeconomicus die emotionalen und affektiven Seiten der

---

**236** Ausführlich zur Beteiligung des Opfers am Strafprozess *Lüderssen* Viktimologie. Ursache und Wirkung der Entdeckung des Opfers auf die Kriminologie und die Kriminalpolitik, in Brägger u. a. (Hrsg.), Kriminologie – Wissenschaftliche und praktische Entwicklungen: gestern, heute, morgen, 2004, S. 171, 183 ff.; zu der jüngsten Reformgesetzgebung (2. Opferrechtsreformgesetz v. 2.7.2009 – BR Drucksache 641/09) *Jochen Bung*, Zweites Opferrechtsreformgesetz: Vom Opferschutz zur Opferermächtigung, StV 2009, S. 430 ff.

**237** Gute Orientierung darüber schon bei *Friedrich Kübler* Vergleichende Überlegungen zur rechtspraktischen Bedeutung der ökonomischen Analyse, in Ott/Schäfer (Hrsg.), Allokations-Effizienz in der Rechtsordnung, 1989, S. 293 ff.; s. auch *Michael Adams* Ökonomische Theorie des Rechts, 2002, S. 137 ff.; grundlegend *Eidenmüller* Effizienz als Rechtsprinzip, Tübingen, 1995; s. aber auch schon *Peter Behrens* Die ökonomischen Grundlagen des Rechts, Tübingen, 1986; neuere, am Problem der Kriminalität orientierte Darstellung bei *Roland Kirstein* Ökonomische Analyse des Rechts, in Eric Minthe (Hrsg.), Neues in der Kriminalpolitik – Konzepte, Modelle, Evaluationen (Schriftenreihe der kriminologischen Zentralstelle e.V., Band 42), Wiesbaden, 2003, S. 49 ff.

**238** Vgl. *Lüderssen* Ökonomische Analyse des Strafrechts und Alternativen zum Strafrecht, in Ott/Schäfer (Hrsg.), Die Präventivwirkung zivil- und strafrechtlicher Sanktionen, 1999, S. 25 ff.; dazu – kritisch – aus ökonomischer Sicht *Schmidtchen* aaO, S. 42 ff.; s. ferner *ders.* Wozu Strafrecht? Einige Anmerkungen aus ökonomischer Sicht, aaO, S. 49 ff.; *ders.* Privatisierung der Kriminalitätskontrolle und innere Sicherheit – darf alles zur Ware werden? In FS Heike Jung, 2007, S. 843 ff.

Delinquenz ganz außer Acht lässt, obwohl sie – auf allen Gebieten – von wahrscheinlich sogar ausschlaggebender Bedeutung sind.[252]

Diese Einwände gelten aber nicht einer Konzeption, die durch mit dem Modell des homo oeconomicus arbeitende Regelungsstrukturen bereits die *Entstehung* kriminogener Konstellationen zu vermeiden suchen. Teils ist das eine am positiven Strafrecht orientiert Prophylaxe, teils geht es aber auch darum, ökonomische Verhaltensmodelle zu präsentieren, die Kriminalisierungen überflüssig machen. Insoweit sind neuere Forschungen zum homo oeconomicus heran zu ziehen, die sich kritisch mit der Vorstellung auseinandersetzen, dass „die Ökonomik mit dem homo oeconomicus ein atomisiertes, isoliertes Individuum mit eigenen Werten und Zielen" unterstelle, die Einbindung des Einzelnen in sozialen Beziehungen ignoriere und geltend mache, „dass das nutzen- und gewinnorientierte Verhalten der Menschen das moralische Fundament in Form von Gemeinschaftsgeist, Bürgersinn und Tugend untergrabe, auf dessen Grundlage Markt und Wettbewerb allein funktionieren könnten", mit anderen Worten, dass es sich beim homo oeconomicus „empirisch um ein verkürztes und normativ um ein gefährliches, die Grundlagen der Gesellschaft bedrohendes ‚Menschenbild' der Ökonomik" handele.[253]

Dem gegenüber wird darauf hingewiesen, dass „in Dilemmastrukturen, bzw. in asymmetrischen Interaktionsstrukturen [...] der homo oeconomicus das geeignete Konstrukt für die positive Analyse der aggregierten Folgen individueller Handlungen" darstelle.[254]

Der homo oeconomicus sei, heißt es weiter, „ein Modell vom Menschen, [. . .] das auf die positive (Folgen)Analyse ganz bestimmter, für die Ökonomik zentraler Situation zugeschnitten" sei. „Gegenwärtig wird daran gearbeitet, den homo oeconomicus von der oft verstellten Einzelfall-Kalkulation zu lösen, um auch Routinen, Normenbefolgung, Traditionen, Reputation und Tugend in das Grundmuster einzuarbeiten: Vom situativen zum dispositionellen, oder ‚konstitutionellen' homo oeconomicus lautet das Programm".[255]

---

**239** Zusammenfassung der über viele Jahrzehnte sich erstreckenden einschlägigen Forschungen bei *Petra Wittig* Der rationale Verbrecher. Der ökonomische Ansatz zur Erklärung kriminellen Verhaltens, 1993; s. auch *Kunz* Kriminologie, aaO, S. 194 ff.; à jour gebracht sind diese Erkenntnisse bei Hendrik Schneider, Person und Situation; Über die Bedeutung personaler und situativer Risikofaktoren bei wirtschaftskriminellem Handeln, in: Burkatzki (Hrsg.), Wirtschaftskriminalität, München/Mehring 2008, S. 135 ff.; weitere Hinweise auf die moderne Literaturentwicklung zu diesem Thema bei *Roland Hefendehl*, Instrumentarien zur Eindämmung der Wirtschaftskriminalität, aaO, S. 821 f.

**240** *Homann* in Vorteile und Anreize, aaO, S. 70.

**241** *Homann* aaO, S. 81.

**242** *Homann* aaO, S. 83.

Einwände gegen diese Lesarten des homo oeconomicus kommen aus einer kartellrechtlich orientierten ökonomischen Wettbewertungstheorie und aus der Perspektive einer kommunitaristischen Ethik.[256]

Es scheint aber nicht ausgeschlossen, dass diese Differenzen überbrückt werden können, jedenfalls dürfte das für die kommunitaristische Kritik gelten, für die *Homann* sich auf *Michael Baurmann* beruft,[257] der vor gut zehn Jahren unter dem bezeichnenden Titel „Der Markt der Tugend" ein Werk vorgelegt hat, dessen Quintessenz auf die Theorie eines Liberalismus hinaus läuft, der eine „Harmonie zwischen Aufklärung, Wohlstand, Freiheit und Moral" zulässt.[258]

Er entwickelt die Theorie des „Nutzenmaximierers", der sich vom herkömmlich situativ motivierten Nutzenmaximierer durch die Integration der Normbindung in seine Nutzenmaximierung unterscheide. Der Anknüpfungspunkt dafür ist die Wahrnehmung, dass es eine „neue ökonomische Welt, mit Nutzenmaximierern" gibt, „die sowohl in einem folgenorientierten als auch in einem normgebundenen Modus handeln können".[259]

Auch für *Homann* gilt, dass „durch beharrliche theoretische und politisch-ökonomische Arbeit [...] es jedoch gelungen" sei, die Utopien der Menschenrechte, soziale Sicherungen und Demokratie „so in homo oeconomicus-geprüfte Institutionen umzusetzen, dass sich die Leistungsfähigkeit demokratisch verfasster Marktwirtschaften westlichen Typs 1989 so eindrucksvoll erweisen konnte".[260]

---

**243** Nachweise bei *Homann* aaO, S. 87 f.

**244** AaO, S. 70.

**245** Vgl. *Michael Baurmann* Der Markt der Tugend, 1996, S. 638 ff.; s. dazu die Rezension von *Erich Weede* in der Kölner Zeitschrift für Soziologie und Sozialpsychologie, 1997, S. 258 ff.

**246** Vgl. dazu *Klaus Lüderssen*, in Ott/Schäfer, aaO, S. 30 ff und *Michael Baurmann* Recht und intrinsische Motivation, in FS Klaus Lüderssen, 2002, S. 17 ff.; *Baurmann* aaO, S. 328 ff.; *ders.* Lokale und globale Verantwortung von Unternehmen: Drei Thesen zum Verhältnis von Markt und Moral, in Ludger Heidbrink/Alfred Hirsch (Hrsg.), Verantwortung als marktwirtschaftliches Prinzip. Zum Verhältnis von Moral und Ökonomie, 2008, S. 117 ff.; weitere Orientierungen bei *Ingo Pies/Markus Sardison* Wirtschaftsethik, Diskussionspapier 05/2 Wittenbergzentrum für globale Ethik; *Markus Beckmann/Ingo Pies* Ordnungsverantwortung – Konzeptionelle Überlegungen zugunsten einer semantischen Innovation, Diskussionspapier Nr. 2006–10 des Lehrstuhls für Wirtschaftsethik an der Martin Luther-Universität Halle-Wittenberg, Halle, 2006; *Ingo Pies* Markt und Organisation: Programmatische Überlegungen zur Wirtschaftsunternehmensethik, Diskussionspapier Nr. 2008–2 des Lehrstuhls für Wirtschaftsethik an der Martin Luther-Universität Halle-Wittenberg, Halle, 2008; *Ingo Pies/Stephan Hielscher* Nachhaltigkeit in Forschung und Lehre – Die „Principles for responsible Management Education" des UN Global Compact, Diskussionspapier Nr. 2007–20 des Lehrstuhls für Wirtschaftsethik an der Martin Luther-Universität Halle-Wittenberg, Halle, 2007.

**247** AaO, S. 9.

Die gesamte Diskussion über Unternehmensethik und, wie man auch – in nicht immer scharfer Abgrenzung – sagt, Business Ethics, ist inzwischen sehr ausgedehnt und sowohl in den Grundlagen wie in den Details kontrovers.[261]

Nur erwähnt sei schließlich das Konzept des homo oeconomicus, das auch die Grundlagen für die Spekulation auf eine Art ökonomischer Generalprävention liefert. Hier allerdings sind die bereits diskutierten Einwände berechtigt: In Bezug auf die Kalkulation der Rechtsfolge der Bestrafung handelt der Mensch nicht rational.

### bb) Spezielle Vorschläge

#### (1) Ausbau des Wirtschaftsverwaltungsrechts.

Diese Diskussion hat durch das Gesetz zur Umsetzung eines Maßnahmenpakets zur Stabilisierung des Finanzmarktes[262] vielseitige neue Impulse bekommen.[263]

---

248 Einen guten Überblick bekommt man bei Hans-Ulrich Küpper, Unternehmensethik – Hintergründe, Konzepte, Anwendungsbereiche, Stuttgart, 2006; s. auch *Andreas Suchanek* Ökonomische Ethik, 2. Aufl., Tübingen, 2007; *ders.*, Ethik der sozialen Marktwirtschaft – Diskussionspapier Nr. 2008–5 Wittenberg-Zentrum für globale Ethik; aus spezifisch diskursethischer Sicht *Peter Ulrich* Integrative Wirtschaftsethik – Grundlagen einer lebensdienlichen Ökonomie, 4. Aufl., 2008; s. auch schon *Peter Ulrich* Unternehmensethik und „Gewinnprinzip". Versuchte Erklärung eines unerledigten wirtschaftsethischen Problems, in Wirtschaftsethische Perspektiven, Band 3, 1996, S. 137 ff.; *Peter Ulrich*, Integrative Wirtschaftsethik, 4. Aufl., Bern u. a. 2008; eher systemtheoretisch orientiert: *Josef Wieland* Die Ethik der Governance, 5. Aufl., Marburg, 2007; aus theologischer Sicht: Unternehmerisches Handeln in evangelischer Perspektive – Eine Denkschrift des Rates der evangelischen Kirche in Deutschland, 2. Aufl., 2008; *Volker Arnold* Altruismus und Effizienz, Wirtschaftsethische Perspektiven, Band 1, 1994, S. 53 ff.; zur ökonomischen Funktion moralischer Normen im Rahmen einer „subjektivistischen Vertragstheorie" *Anne van Aaken/Horst Hegmann* Konsens als Grundbau? Chancen und Grenzen der Ordnungsökonomik in der normativen Theorie des Rechts, ARSP 88 (2002), S. 28 ff. Weitere Literatur bei *Lüderssen*, StV 2009, aaO, S. 491, Fn. 50.

249 Finanzmarktstabilisierungsgesetz – FMStG vom 10.10.2008, Bundesgesetzblatt, Teil I, 2008, S. 1, S. 1982 ff.; dazu die Verordnung zur Durchführung des Finanzmarktstabilisierungsfondgesetzes (Finanzmarktstabilisierungsfonds-Verordnung-FMStFV) vom 20.10.2008, veröffentlicht am 20.10. 2008. Die Folge-Gesetzgebung ist freilich nicht gerade zügig; vgl. jetzt aber immerhin den umfassenden Maßnahmenkatalog des Gesetzes zur Stärkung der Finanzmarkt- und Versicherungsaufsicht (dazu *Anne Fischer/Barbara Lepper*, Krisenbedingte Verschärfung der Befugnisse der BAFin – Entwurf des Gesetzes zur Stärkung der Finanzmarkt- und Versicherungsaufsicht, in BB 2009, S. 962 ff.) und das Gesetz zur Fortentwicklung der Finanzmarktstabilisierung (beide v. 2.7.2009; dazu *Lüderssen*, StV 2009, aaO, S. 492). Zur Situation spezieller Institute vgl. *Michael Brück/Christoph Schalast*, Das 1. Finanzmarktstabilisierungsgesetz: Lex Hypo Real oder doch mehr? BB 2009, S. 1306 ff.

250 Zurückliegende Initiativen: Die EU-Richtlinien über Märkte für Finanzinstrumente (MiFID) vgl. Finanzplatz – Informationen und Analysen zum Finanzplatz Deutschland, 2007, Nr. 2, S. 4; weitere Überblicke bei *Martin Böse* Aufsichtsrechtliche Vorermittlungen der Grauzone zwischen Strafverfolgung und Gefahrenabwehr, ZStW 199 (2007) S. 848 ff. Über die weiteren europäischen Entwick-

### (2) Interventionsrecht

Wie viel man durch Erweiterung und Intensivierung der bereits vorhandenen zivilrechtlichen und öffentlichrechtlichen Regulierungen erreichen könnte, soll jetzt einmal dahin stehen, und auch die – modernere – Frage, ob zusätzliche unternehmens- oder verbandsinterne Regulierungen, mit besonderer Umsicht und vielfacher Vernetzung eingerichtet, das Strafrecht ersetzen können. So lange es noch da ist, werden diese alternativen Möglichkeiten nicht ausgereizt. Auf das Experiment, das Strafrecht in diesen Bereichen wirtschaftlicher Grenzmoral einmal „auszusetzen", werden sich die Strafverfolgungsbehörden natürlich nicht einlassen. Die im Jugendstrafrecht in diese Richtungen gehenden, gelegentlich sichtbar werdenden Ansätze, etwa mit Blick auf überfüllte Vollzugsanstalten, bleiben sogar im eigenen Rahmen isoliert, können erst recht also keine Vorreiter-Funktion für andere Rechtsgebiete übernehmen. Dass diese Unbeweglichkeit einer ungetrübten Tradition geschuldet ist, ist für das Wirtschaftsstrafrecht eigentlich nicht zu vermuten, denn es ist ja relativ neu. Was jetzt als Untreue verfolgt wird, war vor einigen Jahrzehnten noch nicht strafrechtlich bedeutsam, und das gilt auch für andere Tatbestände, etwa das Insider-Strafrecht. Der Grund ist vielmehr, dass die Strafverfolgungsbehörden das nach vielen Anläufen Erreichte nicht wieder aufgeben möchten, auch keine Surrogate wünschen, sondern allenfalls funktionale Äquivalente akzeptieren. Könnte man sie anbieten, würde das Wirtschaftsstrafrecht auf weite Strecken verhandelbar.

**(a)** Was seit langem angeboten wird, ist das Unternehmensstrafrecht. Aber so lange das Wort „Strafe" in dieser Konzeption vorkommt, bleiben die alten Einwände wirksam: Nur persönliche Verantwortung kann Strafe auslösen.[264]

Die gewissermaßen semantische Besetzung des Wortes „Strafe" mag nicht zwingend sein. Aber diese Einsicht besagt wenig; denn wenn man, um Unternehmen mit Sanktionen, die über normale Schadensersatzleistungen hinaus gehen, belegen zu können, dem Wort „Strafe" einen neuen Inhalt gibt, wird man über diesen neuen Inhalt diskutieren müssen und nicht über den Wandel des Strafbegriffs.

---

lungen vgl. die Mitteilungen bei *Lüderssen*, StV 2009, aaO, S. 486 ff. (492); speziell zur Entwicklung der Eigenkapitalmarktlinien vgl. Frankfurter Allgemeine Zeitung v. 14.7.2009.

**251** *Klaus Volk* Zur Bestrafung von Unternehmen, JZ 1993, S. 429 ff.; die Literatur ist inzwischen unübersehbar. Die wichtigsten Grundlagen sind die großen Monographien von *Hans-Jürgen Schroth* Unternehmen als Normadressaten und Sanktionssubjekte, Gießen, 1993; *Günter Heine* Die strafrechtliche Verantwortlichkeit für Unternehmen. Von individuellem Fehlverhalten zur kollektiven Fehlentwicklung, insbesondere Großrisiken, 1995; *Andreas Ransiek* Unternehmensstrafrecht, 1996; in größeren Zusammenhängen wird das Problem erörtert bei *Günther Jakobs* Strafbarkeit juristischer Personen? In FS Klaus Lüderssen, 2002, S. 559 ff.

**(b)** Es müsste sich vielmehr um ein neues Rechtsgebiet handeln, für das schon seit längerer Zeit der Ausdruck „Interventionsrecht" bereit steht. Mit Recht sind die Hinweise auf diese mögliche Alternative zum Strafrecht insofern skeptisch aufgenommen worden, als es noch an Konkretisierungen fehlt. Sie können auch an dieser Stelle nicht geleistet werden. Aber zu den ebenfalls noch nicht vollständig geklärten Grundlagen kann vielleicht einiges gesagt werden.

**(aa)** Auszuscheiden sind Konzeptionen, die sich ohne Einschränkung an die soziologische Systemtheorie anschließen, denn danach sind handelnde Personen als Adressaten nicht vorgesehen. Zwar soll es sich in einem Interventionsrecht, das sich vom Strafrecht signifikant unterscheidet, nicht darum handeln, Schuldige zu finden, die der Strafe bedürfen; wohl aber geht es – ebenfalls im Namen des Gemeinwohls – um die Fixierung persönlicher Verantwortung. Die Erforschung der Kommunikation in Systemen hat inzwischen mit der akteurszentrierten Steuerungstheorie die Grundlage für ein Interventionsrecht, das mit Personen rechnet, geschaffen. Freilich verkennt auch diese Theorie nicht, dass das System eigene Wege geht, am Menschen vorbei. Wer bei Sachlagen dieser Art deshalb jedenfalls keine strafrechtliche Verantwortlichkeit aussprechen möchte, kann sich darauf berufen, dass an den tatsächlichen Grundlagen für die strafrechtliche Zuschreibung von Verantwortung kein Zweifel bestehen darf; die Prüfung, ob – sieht man genauer hin – am Ende doch Verantwortlichkeit ausgemacht werden kann, darf insofern relativ schnell abgebrochen werden. Die systemtheoretischen Einwände haben also mit Blick auf den in dubio pro reo-Grundsatz leichtes Spiel.

**(bb)** Das Interventionsrecht hingegen könnte die Regeln für die Feststellung der tatsächlichen Grundlagen einer Verantwortungszuschreibung vielleicht lockern. Dass mit einem Interventionsrecht die rechtsstaatliche Sicherungen, die das Strafprozessrecht vorsieht, nicht umgangen werden dürfen, ist freilich eine sehr ernst zu nehmende Forderung. Andererseits kann man natürlich nicht sagen, dass das ganze Zivilprozessrecht oder das Verwaltungsprozessrecht nicht rechtsstaatlich sei, weil das Strafprozessrecht strengere Maßstäbe setzt. Rechtsstaatlichkeit ist keine Domäne des Strafprozessrechts.

Das Interventionsrecht könnte sich mit der Fixierung von persönlicher Verantwortung auch weiter vorwagen als das Strafrecht, etwa Zuschreibungen vornehmen auf der Basis von Generalisierungen, die im Strafrecht unzulässig wären. An dieser Stelle wäre die Rechtsstaatlichkeit des materiellen Zivilrechts gefragt und damit die Ebene einer Erörterung betreten, die in der gegenwärtigen Rechtsstaatdiskussion keine große Rolle spielt. Sie existiert aber und muss zusammen mit der Rechtsstaatdiskussion im materiellen öffentlichen Recht zu einem Corpus verdichtet werden, das ein Interventionsrecht so ausstattet, dass es gegenüber dem Strafrecht bestehen kann. Dabei muss man sich vielleicht in Erinnerung rufen, dass es schon immer paradox gewesen ist, die zweifelhafteste aller Rechtsmaterien – das

Strafrecht – gerade um ihrer Rechtsstaatlichkeit willen aufrecht erhalten zu wollen – als ob man den Rechtsstaat nur bekommen könne, wenn es um Eingriffe in elementare Rechte geht.

Wenn die Wahrscheinlichkeitsrechnungen, die für die Konkretisierung der im Allgemeinen Teil des Strafrechts als Zurechnungsvoraussetzung fest etablierten Risikoerhöhung angestellt werden, den Bestimmtheitsanforderungen des *Strafrechts* nicht genügen, so könnten sie doch in den Verantwortlichkeitsbereichen, für die sich ein Interventionsrecht zuständig fühlen würde, effektiv werden.

Mit anderen Worten: Was die Risikoerhöhungstheorie für das Strafrecht nicht leisten kann, kann sie vielleicht für das Interventionsrecht leisten, das heißt, an die Stelle der Strafe könnten – an deren Effektivitätsbedingungen nicht geknüpfte – andere Maßnahmen treten. Diese würden sich von der im Wirtschaftsverwaltungsrecht geregelten Wirtschaftsaufsicht durch ihre klare Personenbezogenheit unterscheiden und dem strafrechtlichen und zivilrechtlichen Haftungsrecht also näher stehen als dem öffentlichen Aufsichtsrecht.

**(cc)** Der vorläufige Entwurf eines entsprechenden Gesetzes wäre jetzt der nächste, hier nicht zu leistende Schritt. Für Anleihen bei vergleichbaren Institutionen, etwa der SEC (Stock Exchange Commission) in den USA[265] wäre zu prüfen, ob sie rechtsstaatlichen Maßstäben gerecht werden.[266]

Materiell würde es sich um die Erfassung von typisierten Situationen durch das Management veranlasster, schadensgeneigter Risikosteigerung handeln – unter Fixierung persönlicher Verantwortungen. Formell wären die zu schaffenden Regeln den im öffentlichen Recht bereits mannigfach etablierten Instrumentarien regulierter Selbstregulierung nachzubilden. Damit würden die im geltenden Wirtschaftsstrafrecht bereits zur Norm gewordenen verständigungsorientierten Abwicklungen in eine Rechtswelt überführt, für die die Enthierarchisierung öffentlichrechtlicher Vorgänge kein Tabu mehr ist. Gleichzeitig würde ein besserer Platz gefunden für die – nicht in den Strafprozess passende, dort nur aus Verlegenheit lokalisierte – Konzeption, dass in den einschlägigen Fällen nur die Feststellung von Verantwortlichkeit erforderlich sei und nicht die Realisierung eines Strafbedürfnisses.

---

**252** Überblick bei *Christoph Partsch* The Foreign Corrupt Practices Act (FCPA) der USA. Das amerikanische Bestechungsverbot und seine Auswirkungen auf Deutschland, 2007, S. 87 ff

**253** Besorgniserregendes Material bei *Stephan J. Senderovitz u. a.* Die Durchsetzung US-amerikanischer Wertpapiergesetze auf internationaler Ebene – Ausweitung auf deutsche Unternehmen, wistra 2008, S. 281 ff.

### (3) Ausbau von Selbstregulierungen

#### (a) Compliance

Über ein Compliance-Programm verfügen inzwischen „83 % der US-Unternehmen in den USA und 75 % ihrer Tochterunternehmen in Deutschland […], während es bei den deutschen Unternehmen nur bei 54 % der Fall ist (weltweit 68 % der befragten Unternehmen)".[267]

Die Befolgung bestimmter Gebote ist „für Unternehmen, deren Umwelt mit dem Ordnungsmechanismus des Rechts ausgestattet ist und die nicht zuletzt selbst rechtlich verfasst sind, eine Selbstverständlichkeit".[268]

Indessen „ist zwischen der Perspektive externer Regelsetzungsbefugter und deren Ziele und der internen Perspektive des Unternehmens zu unterscheiden […]. Aus der Mehrdimensionalität der Interessenziele resultiert zwangsläufig auch ein mehrdimensionales Funktionsspektrum".[269]

Die Intervention des Strafrechts wird durch sorgfältige Compliance-Programme sicher eher vermieden. Dieser Effekt ist offensichtlich. Wünschenswert wäre aber auch noch ein anderer: Die Entwicklung von Konzepten täglichen betriebswirtschaftlichen Handelns, die deutlich macht, in welchen Konstellationen die Aktivitäten der Strafverfolgungsbehörden nach Maßgabe eines wohlverstandenen Unternehmensinteresses dysfunktional sind. Diese Vergleichsposition ist natürlich hoch interpretations- und legitimationsbedürftig, darf aber deshalb nicht einfach unbeachtet bleiben.[270]

#### (b) Corporate Governance im Aktienrecht

„Die Frage nach der Alternativität von einerseits der gesetzgeberischen und aufsichtsbehördlichen Regulierung und andererseits der Kontrollleistung des Marktes und seinen selbstregulativen Kräften stellt sich in allen Einzelbereichen der Corporate Governance. Dabei stehen Deregulierung und der Rückzug des Staates durch

---

254 Mitteilungen bei *Kai-D. Bussmann/Sebastian Matschke* Der Einfluss nationalen Rechts auf Kontroll- und Präventionsmaßnahmen von Unternehmen – Ein Vergleich zwischen den USA und Deutschland, wistra 2008, S. 88, 91.

255 *Ingo Theusinger/Klaus-Peter Gushust* Corporate Compliance – Grundlagen und Umsetzung, in Betriebs-Berater – BB-Special Compliance, 2008, S. 1 ff.

256 *Theusinger/Gushust* aaO.

257 Weitere Informationen über den Stand der gegenwärtigen Diskussionen und der Entwicklung der Praxis außer in dem bereits erwähnten Artikel von *Theusinger/Gushust* bei *Uta Itzen* Richtungswechsel, Bestandsaufnahme, Prävention: Das Gerüst einer erfolgreichern Compliance-Strategie, BB, aaO, S. 12 ff.; *Lars Röh* Compliance nach der MiFIE zwischen höherer Effizienz und mehr Bürokratie, BB 2008, S. 398 ff.

seine Kernfunktionen ganz im Zeichen verfassungsrechtlicher Freiheitsgewährleistungen und der Vermeidung überflüssiger Regelungskosten“.[271]

Die häufig zu hörende Äußerung, Corporate Governance sei einseitig Shareholder-orientiert, entspricht – jedenfalls – nicht dem ursprünglichen Konzept, auch wenn das vielleicht im Alltag nicht immer erkennbar ist und keineswegs alle Details zufriedenstellend geregelt sind.[272]

Auch der Corporate Governance Kodex gibt keine Veranlassung, die Diskreditierung (sie ist im Begriffe, eine Mode zu werden) von Selbstregulationsmechanismen zu vertiefen. Dies vor allem dann nicht, wenn man die verschiedenen „Ziele und Verfahren der Unternehmenssteuerung“ im Zusammenhang betrachtet. „Compliance Programs“, „Risk Management“, „Value Management“ und „Corporate Governance“, „Business Ethics“, „Integrity Codes“, „Codes of Conduct“ und „Corporate Social Responsibility“[273] gehören zu einer Wirtschaftsverfassung, in der die „Verwirklichung sozialer Aufgaben“ einen festen Platz einnimmt.[274]

Das wird deutlich bei der Unterscheidung zwischen interner und externer Governance-Perspektive. Bei der internen Perspektive geht es um die jeweiligen Rollenkompetenzen und Funktionsweisen, sowie das Zusammenwirken der Unternehmensorgane, wie Vorstand und Aufsichtsrat. Die Außenperspektive der Corporate Governance „hingegen richtet sich auf das Verhältnis der Träger der Unternehmensführung zu den wesentlichen Bezugsgruppen des Unternehmens (Stakeholder), wobei den Anteilseignern (Shareholder) im Kreise der Stakeholder besondere Bedeutung zukommt“.[275]

Dies gilt auch mit Blick darauf, dass die „global operierenden, einflussreichen Kapitalmarktakteure, wie namentlich die großen industriellen Investoren (z. B. Pensions-Fonds) den Governance-Modalitäten der Unternehmung zunehmend Beachtung schenken“. Das ist für die deutschen Unternehmen deshalb von Bedeutung,

---

**258** *Patrick C. Leyens* Corporate Governance: Grundsatzfragen und Forschungsperspektiven, JZ 2007, S. 1061, 1063.

**259** Gründliche Diskussion der problematischen „Bezugsgruppen: Aktionärsdemokratie, Arbeitnehmermitbestimmung und Einflussnahme des Staates“ bei *Leyens* aaO, S. 1066 f. mit vielen Belegen; kritisch-reformerisch: *Fredmund Malik,* Die richtige Corporate Governance, Frankfurt am Main, 3. Aufl. 2008, dort vor allem das erste Kapitel: Neue Einführung 2008: Radikalkur für funktionierende Corporate Governance, S. 15 ff.

**259a** S. schon oben Anm. 172a.

**260** *Ulrich Sieber* Compliance-Programme im Unternehmensstrafrecht. Ein neues Konzept zur Kontrolle von Wirtschaftskriminalität. In FS Klaus Tiedemann, Köln/München, 2008, S. 449, 451; zum neusten Stand der Diskussion *Wolfgang Bernhard* Sechs Jahre deutscher Corporate Governance Kodex – eine Erfolgsgeschichte? BB, 2008, S. 1686 ff.

**261** *V. Werder* Ökonomische Grundfragen der Corporate Governance, in Hommelhoff u. a., Handbuch Corporate Governance, 2003, S. 2, 4.

weil schon längst „die Finanzmärkte in wachsendem Maß internationale Finanzierungsquellen in Anspruch nehmen".[276]

In diesem Zusammenhang wird darauf hingewiesen, dass die Stakeholder mit ihren Belangen vertraglich abgesichert sind, während die Shareholder „das Risiko unvollständiger Verträge tragen, da sich für ihre Ansprüche (Kurssteigerungen und Gewinnausschüttungen) aufgrund des unternehmerischen Risikos keine bindenden Vereinbarungen treffen lassen". Die Corporate Governance Regeln müssen also sicherstellen, „dass die Aktionäre nicht vom Management übervorteilt werden".[277]

Freilich gebe es Unvollständigkeit von Verträgen auch bei anderen Bezugsgruppen als den Shareholdern, z. B. den Fremdkapitalgebern, die „eingeräumte Kreditlinien ‚zur Unzeit' zurückfahren und damit das Unternehmen überhaupt erst ernsthaft in Schwierigkeiten bringen", daher seien auch diese Bezugsgruppen in die Fürsorge von Corporate Governance einzubeziehen.[278]

Noch einmal ist hervorzuheben, dass es nicht nur darum geht, mit diesen Instrumenten etwas, das virtuell kriminell ist, auf andere Weise abzufangen, weil es gleichsam vor dem Strafrecht definiert ist, sondern (auch) darum, dass in diesen Codes eine Geschäftsmoral formuliert wird, die womöglich alternativ ist zu der des vordergründige Bedürfnisse befriedigenden Wirtschaftsstrafrechts. Es geht also keineswegs nur um eine Art vorauseilenden Gehorsams.[279]

Entkriminalisierung im Sinne der Entwicklung von Alternativen heißt also auch, dass bestimmte Verhaltensformen eben deshalb nicht als strafbar eingestuft werden, weil andere Regulierungen besser und wirksamer sind.

### (c) Ethik Codes in bestimmten Wirtschaftsbereichen

Übergreifende Regelungsvorschläge sind inzwischen vom Institute of International Finance erarbeitet worden.[280] Herausragende Beispiele in Deutschland sind die Codices der Medizinprodukte-Industrie.[281]

---

262 *V. Werder* aaO, S. 5.

263 *V. Werder* aaO, S. 8.

264 *V. Werder* aaO, S. 8. (Zur uferlosen Literatur über dieses Thema vgl. die Zusammenstellung bei *Hefendehl* Corporate Governance und Business Ethics: Scheinberuhigung oder Alternativen bei der Bekämpfung der Wirtschaftskriminalität, JZ 2006, S. 119, 123 in Fn. 48, ferner *Peltzer* Deutsche Corporate Governance, 2. Aufl., 2004. Über das Zusammenspiel von Business Ethics, Corporate Governance und Compliance ebenfalls *Hefendehl* aaO).

265 So aber offenbar *Kai-D. Bussmann* MSchrKrim 2003, aaO, S. 48, s. aber auch S. 53.

266 Vgl. Final Report of the IIF Comittee on Market Best Practices: Principles of Conduct and Best Practice Recommendations, July 2008.

267 Hierzu *Peter Dieners* Zusammenarbeit der Pharma-Industrie mit Ärzten, rechtliches Umfeld, Steuern und Compliance Governance, 2. Aufl., 2007, S. 72 ff., 191 ff., 439 ff.

### 3) Das Problem der Kontrolldichte

Der Verzicht auf das – starke Freiheitsgarantien enthaltende – Strafrecht und Strafprozessrecht wird eventuell erkauft durch zu große alternative Kontrolldichte.[282]

Ein paradoxer Zustand der Kontrolldichte könnte erreicht sein, wenn die Verstöße gegen interne Kontrollvorschriften ihrerseits nun mit Strafvorschriften belegt werden.[283]

Gelegentlich wird von einer „Doppel-Kontroll-Paradoxie" gesprochen. „Zum einen erhöhen Kontrollen die Sichtbarkeit von unternehmensinterner Kriminalität [...]. Zum anderen bergen verstärkte Kontrollen und Schutzmaßnahmen ihrerseits kriminogene Risiken, oft führen sie sogar nur zu einer Verlagerung der Begehensmuster".[284]

Diesen Wahrnehmungen entspricht die salomonische Formlierung: „Freiheit und Kontrolle müssen vielmehr in ein Verhältnis gegenseitig ausbalancierter Stabilität gebracht werden".[285]

## Abschließende Bemerkung

Das Wort „Wirtschaftskriminalität" weckt zunächst die Assoziation großer Schwindeleien, oder doch des leichtfertigen Umgangs mit anvertrauten Vermö-

---

**268** Vgl. *Wessing II* Die Beratung des Unternehmens in der Krise, in Volk (Hrsg.), aaO, S. 433. Zum Problem der abgestuften Kontrolldichte vgl. *Hauschka/Greeve* Compliance in der Korruptionsprävention – Was müssen, was können, was sollen die Unternehmen tun? In Betriebs-Berater 2007, S. 165 ff.; gründliche Erörterung des Problems bei *Joachim Vogel* Wertpapierhandelsstrafrecht – Vorschein eines neuen Strafrechtsmodells? In FS Günther Jakobs, Köln/München, 2007, S. 731 ff (vor allem 739, 744). Zur Priorität nicht-strafrechtlicher Regelungen vgl. die gründliche Erörterung bei *Cornelius Prittwitz,* Perfektionierte Kontrolldichte und rechtsstaatliches Strafrecht, Vortrag gehalten bei einem Symposion aus Anlass des 65. Geburtstages von Bernhard Haffke in Passau am 29. 3. 2009.

**269** Zur – dieser Logik folgenden – möglichen Strafbarkeit von Betriebsprüfern wegen des Verdachts der Strafvereitelung im Amt, vgl. *Hauschka/Greeve* aaO, S. 169; Gefahren sieht hier auch *Achenbach,* Rostocker Statement, aaO, S. 7 und 8; zur „Korruptionsprävention als Aufgabe von Wirtschaftsunternehmen" vgl. *Benz u. a.* in Döllinger (Hrsg.), Handbuch der Korruptionsprävention, 2007, S. 44 f.; ferner *Schlösser u. a.* wistra 2007, 326.

**270** *Kai-D. Bussmann* Kriminalprävention durch Business Ethics, in Zeitschrift für Unternehmensethik, 2004, S. 41/42; internationale Aspekte: *Bussmann* The Control Paradox and the Impact of Business Ethics, MSchrKrim 2007; *ders.* Business Ethics und Wirtschaftsstrafrecht, Materialheft Strafverteidigertag Rostock 2007, S. 46 ff.

**271** *Achenbach* Zur aktuellen Lage des Wirtschaftsstrafrechts in Deutschland, Goltdammer's Archiv, 2004, S. 562.

gensmassen; mit schwingt aber auch der Gedanke an Berichte über raffinierte Betrügereien im eher unauffälligen, wenn auch keineswegs marginalen ökonomischen Milieu.

In dieses Bild schiebt sich die „Kriminalität der Mächtigen"[286] mit einer geteilten Wahrnehmung: Man denkt an „Machtmissbrauch", aber auch an „Grenzmoral". Beide Begriffe deuten an, dass das Gebiet sicherer Unterscheidungen verlassen ist. „Machtmissbrauch", das geht schon ins Politische und ist viel schlimmer als das „gewöhnliche" Verbrechen; „Grenzmoral" aber bleibt darunter, öffnet nach der anderen Seite hin ein Feld, wohin das Strafrecht nicht mehr reicht.

Diese – eine weite Amplitude erfassende – Dichotomie entfernt sich aus der Welt des Strafrechts, verfehlt aber auch die normale Welt des wirtschaftlichen Lebens. Sie ist dem Recht keineswegs entzogen. Im Gegenteil, sie lebt davon; die soziale Marktwirtschaft *braucht* den Rechtsstaat. Aber eben nicht gemessen am Zusammenleben einfacher Menschen in unkomplizierten Gesellschaften. Dies ist nun aber gerade das Modell, das dem *Straf*recht zugrunde liegt. Man kann das bis in seine Ursprünge zurückverfolgen.

Dort, wo nur hoch differenzierte Steuerungsinstrumente greifen, muss das *Strafrecht* als Instanz für die Unterscheidung von Recht und Unrecht versagen. Das verkennt, wer die Forderung nach „Befreiung des Strafrechts vom zivilistischen Denken" erhebt. Sie war – in der Zeit des Nationalsozialismus – eine antikapitalistische Kampfansage an „liberalistische" Wirtschaftsformen. Natürlich kann es sich gegenwärtig nicht darum handeln, überall dort, wo auf der eigenständigen Begrifflichkeit des Strafrechts bestanden wird, eine entsprechende Provenienz zu vermuten. Zu registrieren ist vielmehr eine mangelnde Aufklärung über jene latenten Einflüsse.

Sie kann geleistet werden, wenn man auf die streckenweise sogar *kontraproduktiven* Wirkungen einer undifferenzierten Verfolgungsaktivität in Wirtschaftsstrafsachen aufmerksam macht und gleichzeitig den Nachweis führt, dass rechtliche *Alternativen* zum Strafrecht entwickelt werden müssen, die diese Wirkung vermeiden – sei es, weil *gar kein* Unrecht vorliegt oder *nur* ein außerstrafrechtliches, sei es, weil diese außerstrafrechtlichen Instrumente jedenfalls das mildere Mittel darstellen und damit auch den Automatismus blockieren, der auf eine strafrechtliche Verurteilung die Stattgabe der Zivilklage folgen lässt. Die Diskussion ist längst im Gang, noch einmal sei die Äußerung *Claus Roxins* zitiert, es sei an der Zeit, gewissermaßen parallel zum Strafrecht eine interdisziplinäre Subsidiaritätswissenschaft zu entwickeln.[287]

---

272 Eine politische Kategorie; kritisch dazu *Lüderssen,* StV 2009, aaO, S. 493.

273 S. oben S. 24.

# Literatur

*Aaken, Anne van:* Massenklagen im öffentlichen Recht aus institutionenökonomischer Sicht, Kritische Vierteljahresschrift für Gesetzgebung und Rechtswissenschaft 2003, S. 44 ff.

*Aaken, Anne van:* Gesetzesfolgenabschätzung und Politikevaluation im nationalen und europäischen Diskurs und Praxis (Manuskript: Modul GF A3 BOC).

*Abendroth, Christiane:* Der Bilanzeid, sinnvolle Neuerung oder systematischer Fremdkörper, Wertpapiermitteilungen 2008, S. 1747.

*Achenbach, Hans/ Ransiek, Andreas:* Handbuch Wirtschaftsstrafrecht, Heidelberg 2004.

*Achenbach, Hans:* Wirtschaftskriminalität und Wirtschaftsstrafrecht – Gedanken zu einer terminologischen Bereinigung, in: Festschrift Hans-Dieter Schwind, Heidelberg (2006) S. 177 ff.

*Achenbach, Hans:* Zur aktuellen Lage des Wirtschaftsrechts in Deutschland, Goltdammer's Archiv, 2004, 259 ff.

*Achenbach, Hans:* Statement zur Wirtschaftskriminalität beim Strafverteidigertag in Rostock (2007)

*Achenbach, Hans:* Das Strafrecht als Mittel der Wirtschaftslenkung, Zeitschrift für die gesamte Strafrechtswissenschaft, 119. Band (2007) 789 ff.

*Achenbach, Hans:* Die wirtschaftsstrafrechtliche Reformbewegung – Ein Rückblick, Festschrift Klaus Tiedemann, Köln/München (2008) S. 47 ff.

*Adams, Michael:* Ökonomische Theorie des Rechts. Konzepte und Anwendungen, Frankfurt am Main (2002)

*Ahlbrecht, Heiko:* § 34 Abs. 4 AWG – vom Verbrechenstatbestand zum Vergehen, auch rückwirkend, in: wistra 2007, 85 ff.

*Albrecht, Peter-Alexis:* Kriminologie, 3. Aufl. München (2005)

*Aldenhoff, Hermann/Kuhn, Sascha:* § 266 StGB – Strafrechtliches Risiko bei der Unternehmenssanierung durch Banken? Zeitschrift für Wirtschaftsrecht, 2004, 103 ff.

*Altenhain, Karsten:* Der strafbare falsche Finanzeid, Wertpapiermitteilungen 2008, 1141 ff.

*Arbeitskreis Bilanzrecht der Hochschullehrer Rechtswissenschaft:* Stellungnahme zu dem Entwurf eines BilMoG: Grundkonzept und Aktivierungsfragen, Betriebs-Berater 2008, 152 ff.

*Arnoldi, Jakob:* Alles Geld verdampft. Finanzkrise in der Weltrisikogesellschaft. Frankfurt am Main (2009).

*Backes, Otto/Lindemann, Michael:* Staatlich organisierte Anonymität als Ermittlungsmethode bei Korruptions- und Wirtschaftsdelikten, Heidelberg u. a. (2006).

*Baecker, Dirk:* Womit handeln Banken? Frankfurt am Main (2008).

*Barber, Benjamin R.:* Consumed! München (2007).

*Baurmann, Michael:* Der Markt der Tugend Recht und Moral in der liberalen Gesellschaft. Eine soziologische Untersuchung, Tübingen (1996).

*Baurmann, Michael:* Recht und intrinsische Motivation, in: Festschrift Klaus Lüderssen, Baden-Baden (2002) S. 17 ff.

*Baurmann, Michael:* Lokale und globale Verantwortung von Unternehmen: Drei Thesen zum Verhältnis von Markt und Moral. Ludger Heidbrink/Alfred Hirsch (Hrsg.), Verantwortung als marktwirtschaftliches Prinzip. Zum Verhältnis von Moral und Ökonomie, Frankfurt am Main (2008).

*Beck, Siegfried/Köhler, Helmuth:* Insolvenz. In: Bernd Wabnitz/Thomas Janovsky,
Handbuch des Wirtschafts- und Steuerstrafrechts, 3. Aufl., München (2007) S. 56 ff.

*Beckmann, Markus/ Pies, Ingo:* Ordnungsverantwortung – Konzeptionelle

Überlegungen zugunsten einer semantischen Innovation. Diskussionspapier Nr. 2006–10 des Lehrstuhls für Wirtschaftsethik an der Martin-Luther-Universität Halle-Wittenberg, Halle (2006).

*Becker, Florian:* Kooperation und konsensuale Strukturen in der Normsetzung, Tübingen (2005).

*Behrens, Peter:* Die ökonomischen Grundlagen des Rechts. Politische Ökonomie als Jurisprudenz, Tübingen (1986).

*Benner, Klaus Dieter:* Kapitalmarktrecht. In: Klaus Volk (Hrsg.), Münchener Anwaltshandbuch Verteidigung in Wirtschafts- und Steuerstrafsachen, München (2006) S. 1074 ff.

*Bernsmann, Klaus:* „Kick-back“ zu wettbewerbswidrigen Zwecken – keine Untreue, Strafverteidiger 2005, 576 ff.

*Beulke, Werner:* Wirtschaftslenkung im Zeichen des Untreuetatbestandes. Festschrift Ulrich Eisenberg (2009) S. 245 ff.

*Bittmann. Folker:* Neufassung des § 19 Nr. 2 Insolvenzordnung, wistra 2009, 138 ff.

*Blümle, Gerold:* Wirtschaftsgeschichte und ökonomisches Denken, Marburg (2007).

*Böhm, Franz:* Demokratie und ökonomische Macht. Kartelle und Monopole im modernen Recht, Band 1 (hrsg. vom Institut für ausländisches und internationales Wirtschaftsrecht, Karlsruhe) (1961).

*Böhm, Franz:* Privatrechtsgesellschaft und Marktwirtschaft, Ordo 17 (1966 wistra S. 75 ff.).

*Boers, Klaus:* Wirtschaftskriminologie. Vom Versuch, mit einem blinden Fleck umzugehen, Monatsschrift für Kriminologie und Strafrechtsreform, 2001, 335 ff.

*Boers, Klaus/Theile, Hans/Karliczek, Kari-Maria:* Wirtschaft und Strafrecht – Wer reguliert wen?In: Oberwittler, D./Karstedt, S. (Hrsg.), Soziologie der Kriminalität. Kölner Zeitschrift für Soziologie und Sozialpsychologie, Sonderheft 43, Wiesbaden (2003) S. 469 ff.

*Böse, Martin:* Aufsichtsrechtliche Vorermittlungen in der Grauzone zwischen Strafverfolgung und Gefahrenabwehr, Zeitschrift für die gesamte Strafrechtswissenschaft, 119. Band (2007 wistra 848 ff.)

*Bofinger, Peter:* Ist der Markt noch zu retten? Berlin (2009).

*Bosch, Nikolaus/Lange, Knut Werner:* Unternehmerischer Handlungsspielraum des Vorstandes zwischen zivilrechtlicher Verantwortung und strafrechtlicher Sanktion, JZ 2009, 225 ff.

*Botzem, Sebastian:* Governance Ansätze in der Steuerungsdiskussion; Steuerung und Selbstregulierung unter den Bedingungen fortschreitender Internationalisierung. Discussion paper des Wissenschaftszentrums Berlin für Sozialforschung (2002).

*Brinkmann, Tomas:* Unternehmensinteresse und Unternehmensstruktur, Frankfurt am Main (1983).

*Brück, Michael/Schalast, Christoph:* Das 1. Finanzmarktstabilisierungsgesetz: Lex Hypo Real oder doch mehr? Betriebs-Berater 2009, 1306 ff.

*Brüning, Janique:* Privatisierungstendenzen im Strafprozess – Chancen und Risiken der Mitwirkung sachverständiger Privatpersonen im strafrechtlichen Ermittlungsverfahren, Strafverteidiger 2008, 100 ff.

*Bung, Jochen:* Zweites Opferrechtsreformgesetz: Vom Opferschutz zur Opferermächtigung, Strafverteidiger 2009, 430 ff.

*Bussmann, Kai-D.:* Business Ethics und Strafrecht; Zu einer Kriminologie des Managements, Monatsschrift für Kriminologie und Strafrechtsreform, 2003, 89 ff.

*Bussmann, Kai-D.:* Kriminalprävention durch Business Ethics.
Ursachen von Wirtschaftskriminalität und die besondere Bedeutung von Werten, in: Zeitschrift für Unternehmensethik, 2004, 35 ff.

*Bussmann, Kai-D.:* The Control Paradox and the Impact of Business Ethics. A comparison of US and German Companies, Monatsschrift für Kriminologie und Strafrechtsreform 2007, 260 ff.

*Bussmann, Kai D./Werle, Markus M.:* Addressing Crime in Companies. First Findings from a global Survey of Economic Crime, British Journal of Crimonology, 2006, 1 ff.

*Bussmann, Kai-D./Salvenmoser, Steffen:*Internationale Studie zur Wirtschaftskriminalität in: NStZ 2006, 203 ff.

*Bussmann, Kai-D./Matschke, Sebastian:* Der Einfluss nationalen Rechts auf Kontroll- undPräventionsmaßnahmen von Unternehmen – Ein Vergleich zwischen den USA und Deutschland, Zeitschrift für Wirtschafts- und Steuerstrafrecht, wistra 2008, S. 88 ff.

*Dannecker, Gerhard:* Bedeutung von außerstrafrechtlichen Beweislastregeln im Wirtschaftsstrafrecht, Vortrag beim NStZ-Symposium, 22./23. 7. 2007 in Frankfurt am Main (2007).

*Dannecker, Gerhard:* Der strafrechtliche Schutz des Wettbewerbs: Notwendigkeit und Grenzen einer Kriminalisierung von Kartellrechtsverstößen. Festschrift Klaus Tiedemann, Köln/München (2008) S. 789 ff.

*Dettmeier, Michael/ Pötschke, Moritz:* Einführung in das internationale „Bilanzrecht“, Juristische Schulung 2007, 313 ff.

*Dieners, Peter:* Zusammenarbeit der Pharma-Industrie mit Ärzten, rechtliches Umfeld, Steuern und Compliance Governance, 2. Aufl. (2007).

*Dietrich, Elisabeth:* Die Untreuestrafbarkeit von Aufsichtsratsmitgliedern bei der Festsetzung überhöhter Vorstandsvergütungen, Berlin (2007).

*Dingeldey, Thomas:* Insider-Handel und Strafrecht, Köln u. a. (1983).

*Dölling, Heinz* (Hrsg.): Handbuch der Korruptionsprävention, München. (2007).

*Eidenmüller, Horst:* Effizienz als Rechtsprinzip, Möglichkeiten und Grenzen der ökonomischen Analyse des Rechts, Tübingen (1995).

*Eidenmüller, Horst:* Forschungsperspektiven im Unternehmensrecht, Juristenzeitung 2007, 487 ff.

*Eidenmüller, Horst:* Unternehmenssanierung zwischen Markt und Gesetz, Köln (1999).

*Fischer, Anne/Lepper, Barbara:* Krisenbedingte Verschärfung der Befugnisse der BAFin – Entwurf des Gesetzes zur Stärkung der Finanzmarkt- und Versicherungsaufsicht, Betriebs-Berater 2009, 962 ff.

*Fischer, Thomas:* Der Gefährdungsschaden bei § 266 StGB in der Rechtsprechung des BGH. StraFo 2008, 269 ff.

*Fischer, Thomas:* Prognosen, Schäden, Schwarze Kassen. NStZ Sonderheft zum Eintritt in den Ruhestand von Dr. Klaus Miebach (2009) S. 8 ff.

*Fleischer, Holger:* Zur Verantwortlichkeit der einzelnen Vorstandsmitglieder bei Kollegialentscheidungen im Aktienrecht, Betriebs-Berater 2004, 264 ff.

*Fleischer, Holger:* Der deutsche „Bilanzeid“ nach § 264 Abs. 2 S. 3 HGB, Zeitschrift für Wirtschaftsrecht 2007, 97 ff.

*Foffani, Luigi:* Die Untreue im rechtsvergleichenden Überblick. Festschrift Klaus Tiedemann, Köln/München (2008) S. 707 ff.

*Fonk, Hans-Joachim:* Die Zulässigkeit von Vorstandsbezügen dem Grunde nach. Aktienrechtliche Anmerkungen zum Urteil des Landgerichts Düsseldorf, Neue Zeitschrift für Gesellschaftsrecht 2004, 1057.

*Fonk, Hans-Joachim:* Mannesmann, Neue Zeitschrift für Gesellschaftsrecht 2005, 348 ff.

*Forstmoser, Peter:* Gewinnmaximierung oder soziale Verantwortung? Zum Auftrag börsennotierter Unternehmen. Summa, Dieter Simon zum 70. Geburtstag, Frankfurt am Main (2005) S. 207.

*Frommhold, Uwe:* Strafprozessuale Rückgewinnungshilfe und privatrechtliche Anspruchsdurchsetzung, Neue Juristische Wochenschrift 2004, 1983 ff.

*Gallandi, Volker:* Strafrechtliche Aspekte der Asset Backed Securities, wistra 2009, 41 ff.

*Geschwandtner, Markus:* Josef Ackermann im Visier der Bundesanstalt für Finanzdienstleistungspflicht, Neue Juristische Wochenschrift 2006, 1571 ff.

*Glaum, Martin u. a.:* Auswirkungen des Sarbanes Oxley Acts auf deutsche Unternehmen: Kosten, Nutzen, Folgen für US-Börsennotierungen, Studien des Deutschen Aktien-Instituts, Heft 33, Frankfurt am Main 2006.

*Götz, Heinrich:* Strafprozessuale und aktienrechtliche Anmerkungen zum Mannesmann-Prozess, Neue Juristische Wochenschrift 2007, 419 ff.

*Greeve, Gina:* Verstärkte Rückgewinnungshilfe und Vermögensabschöpfung seit dem 1.1.2007, Neue Juristische Wochenschrift 2007, S. 14 ff.

*Grimm, Dieter* :Regulierte Selbstregulierung als Steuerungskonzept des Gewährleistungsstaats. Die Verwaltung, Band 4 (2001).

*Grube, Andreas/Röhm, Peter M.:* Überfüllung nach dem Finanzmarktstabilisierungsgesetz, wistra 2009, 81 ff.

*Grundmann, Stefan u. a. (Hrsg.):* Finanzkrise und Wirtschaftsordnung. Berlin (2009).

*Grunst, Bettina/Volk, Klaus:* Grundlagen des Wirtschafts- und Steuerstrafrechts, Einleitung. In: Klaus Volk (Hrsg.), Münchener Anwaltshandbuch Verteidigung in Wirtschafts- und Steuerstrafsachen, München 2006, S. 1 ff.

*Günther, Klaus:* Aufgaben- und Zurechnungsverantwortung. In: Ludger Heidbrink/Alfred Hirsch (Hrsg.), Verantwortung in der Zivilgesellschaft, Frankfurt/New York (2006) S. 295 ff.

*Hagemann, Michael A.:* „Grauer Kapitalmarkt“ und Strafrecht, Osnabrück (2005).

*Hamm, Rainer:* Der strafprozessuale Beweis und seine revisionsrechtliche Überprüfung, Strafverteidiger 1997, 159 ff.

*Hanack, Gerhard/Pilgram, Arno:* Phänomen Strafanzeige, Baden-Baden (2004).

*Hassemer, Winfried:* Produktverantwortung im modernen Strafrecht, 2. Aufl. (1996).

*Hauschka/Greeve, Gina:* Compliance in der Korruptionsprävention – Was müssen, was können, was sollen die Unternehmen tun? In: Betriebs-Berater 2007, S. 165 ff.

*Hefendehl, Roland:* Kriminalitätstheorien und empirisch nachweisbare Funktion der Strafe: Argumente wider die Etablierung einer Unternehmensstrafbarkeit, Monatsschrift für Kriminologie und Strafrechtsreform (2003) S. 27 ff.

*Hefendehl, Roland/v. Hirsch, Andrew/Wohlers, Wolfgang* (Hrsg.): Die Rechtsgutstheorie, Baden (2003).

*Hefendehl, Roland:* Tatherrschaft in Unternehmen aus kriminologischer Perspektive, in: Goltdammer's Archiv 2004, 575 ff.

*Hefendehl, Roland:* Corporate Governance und Business Ethics: Scheinberuhigung oder Alternativen bei der Bekämpfung der Wirtschaftskriminalität, JZ 2006, 119 ff.

*Hefendehl, Roland:* Mit langem Atem: Der Begriff des Rechtsguts, Goltdammer's Archiv 2007, 1 ff.

*Hefendehl, Roland:* Außerstrafrechtliche und strafrechtliche Instrumentarien zur Eindämmung der Wirtschaftskriminalität, Zeitschrift für die gesamte Strafrechtswissenschaft, 199. Band (2007) 816 ff.

*Hefendehl, Roland:* Der Bilanzeid: Erst empört zurückgewiesen, dann bereitwillig aus den USA importiert. Festschrift Klaus Tiedemann (2008) S. 1065 ff.

*Hefendehl, Roland:* Alle lieben Whistle Blowing. Festschrift Knut Amelung, Berlin (2008) S. 617 ff.

*Heine, Günter:* Die strafrechtliche Verantwortlichkeit für Unternehmen. Von individuellem Fehlverhalten zur kollektiven Fehlentwicklung, insbesondere Großrisiken. Baden-Baden (1995).

*Heldt, Cordula/ Ziemann, Sascha:* Sarbanes Oxley Act in Deutschland? Neue Zeitschrift für Gesellschaftsrecht, 2006, 652 ff.

*Herzog, Felix* (**XL**): Gewinnabschöpfung/Vermögenszugriff durch Verfall und Einziehung, in: Herzog/Mühlhausen (2006) aaO, S. 144 ff.

*Herzog, Felix/Mühlhausen, Dieter* (Hrsg.): Geldwäsche und Gewinnabschöpfung, Handbuch der straf- und wirtschaftsrechtlichen Regelungen, München (2006).

*Hild, Thilo Lars* (2004): Grenzen einer strafrechtlichen Regulierung des Kapitalmarktes, Frankfurt am Main u. a.

*Hirte, Heribert:* Die Entwicklung des Unternehmens- und Gesellschaftsrechts in Deutschland, Neue Juristische Wochenschrift 2007, 817 ff.

*Hohn, Kristian:* Abschöpfung der Steigerung des Firmenwerts als Bruttowertersatzverfall? Zeitschrift für Wirtschafts- und Steuerstrafrecht, wistra 2006, 321 ff.

*Homann, Karl:* Vorteile und Anreize, Tübingen (2002).

*Homann, Karl/Suchanek, Andreas:* Ökonomik, Eine Einführung, 2. Aufl., Tübingen (2005).

*Homann, Karl/Meyer, Matthias:* Wirtschaftswissenschaftliche Theoriebildung, Braunschweig (2005).

*Hommelhoff, Peter/Hopf, Klaus J./v. Werder, Axel:*Handbuch Corporate Governance, Köln (2003).

*Hüttche, Tobias:* Modernisierte Finanzpolitik: Weichenstellungen mit Blick auf das BilMoG, Betriebs-Berater 2009, 1346 ff.

*Hütten, Christoph/Stromann, Hilke:* Umsetzung des Sarbanes Oxley Act in die Unternehmenspraxis, Betriebs-Berater 2003, 2223 ff.

*Hutter, Stephan/Kaulamo, Katja:* Transparenzrichtlinie-Umsetzungsgesetz. Änderungen der Regelpublizität und das neue Veröffentlichungsregime für Kapitalmarktinformationen, Neue Juristische Wochenschrift 2007, S. 550 ff.

*Jäger, Christian:* Untreue durch Auslösung von Schadensersatzpflichten und Sanktionen – zugleich ein Beitrag zu den strafrechtlichen Folgerungen aus dem Urteil des 11. Zivilsenats des BGH v. 24.1.2006 im Fall Leo Kirch gegen Deutsche Bank/Breuer. Festschrift Harro Otto, Köln/München (2007) S. 593 ff.

*Jahn, Matthias:* Ermittlungen in Sachen Siemens SEC, Strafverteidiger 2009, 41 ff.

*Jüchser, Alexander/Rosenkranz, Frank:* Tagungsbericht Juristenzeitung 2007, 991 f.

*Kempf, Eberhard/Schilling, Hellen:* Nepper, Schlepper, Bauernfänger – Zum Tatbestand strafbarer Werbung (§ 16 Abs. 1 UWG) Zeitschrift für Wirtschafts- und Steuerstrafrecht, wistra 2007, 41 ff.

*Kempf, Eberhard:* Bestechende Untreue? Festschrift Rainer Hamm, Berlin (2008) S. 255 ff.

*Kempf, Eberhard:* Bestechende Untreue? Festschrift Rainer Hamm, Berlin (2008) S. 255 ff.

*Kempf, Eberhard:* „Schwarze Kassen“: Effektiver Schaden? Festschrift Klaus Volk, München (2009) S. 32 ff.

*Kempf, Eberhard:* Verfall von Taterlösen versus Verfall von Grundrechten im Ermittlungsverfahren. Festschrift Egon Müller (2008) S. 329 ff.

*Kempf, Eberhard:* Gesetzliche Regelung von Absprachen im Strafverfahren? Oder: Soll Informelles formalisiert werden? Strafverteidiger 2009, 269 ff.

*Kirstein, Roland:* Ökonomische Analyse des Rechts. In: Eric Minthe (Hrsg.), Neues in der Kriminalpolitik – Konzepte, Modelle, Evaluationen (Schriftenreihe der kriminologischen Zentralstelle e.V., Band 42, Wiesbaden (2003) S. 99 ff.

*Knauer, Christoph:* Die Kollegialentscheidung im Strafrecht, München (2001).

*Knierim, Thomas C.:* Banken und Kreditwesen. In: Klaus Volk (Hrsg.), Münchener Anwaltshandbuch Verteidigung in Wirtschafts- und Steuerstrafsachen, München (2006) S. 999 ff.

*Knierim, Thomas C.:* Verteidigungspraxis – Mandatsführung und -organisation, in: Volk (Hrsg.), aaO, S. 264 ff.

*Knierim, Thomas C.:* Das Verhältnis von strafrechtlichen und internen Ermittlungen, Strafverteidiger 2009, 321 ff.
*Knierim, Thomas C.:* Detektivspiele – vom Sinn und Unsinn privatzer Ermittlungen. Festschrift Klaus Volk (2009) S. 247 ff.
*Koch, Arnd:* Denunciatio. Zur Geschichte eines strafprozessualen Rechtsinstituts, Frankfurt am Main (2006).
*Koch, Philip:* Ermittlung und Verfolgung von strafbarem Insider-Handel, Göttingen (2005).
*Kölbel, Ralf:* Zur wirtschaftsstrafrechtlichen Institutionalisierung des Whistle Blowing. JZ 2008, 1134 ff.
*Krack, Ralph:* Legitimationsdefizite des § 16 Abs. 2 UWG. Festschrift Harro Otto, Köln/München (2007) S. 609 ff.
*Krause, Daniel M:.* Konzerninternes Cash-Management – Der Fall Bremer Vulkan – Neue Ansätze bei der Untreue (§ 266) und ihre Konsequenzen für die Praxis, Juristische Rundschau 2006, 51 ff.
*Krause, Nils:* Managerhaftung und Strategien zur Haftungsvermeidung, Betriebs-Berater 2009, 1370 ff.
*Kudlich, Hans:* Die Unterstützung fremder Straftaten durch berufsbedingtes Verhalten (2004).
*Kübler, Friedrich:* Aktiengesellschaft und Privateigentum, Zeitschrift für das gesamte Handelsrecht und Wirtschaftsrecht 1968, 245 ff.
*Kübler, Friedrich/ Schmidt, Walter/Simitis, Spiros:* Mitbestimmung als Gesetzgebung politischer Aufgaben. Zur Verfassungsmäßigkeit des Mitbestimmungsgesetzes, 1976, Baden-Baden.
*Kübler, Friedrich:* Vergleichende Überlegungen zur rechtspraktischen Bedeutung der ökonomischen Analyse, in: Ott, Claus/Schäfer, Bernd (Hrsg.), Allokations-Effizienz in der Rechtsordnung (1989) S. 293 ff.
*Kübler, Friedrich:* Die Krise der amerikanischen Hypothekenverbriefungen. Ursachen und Herausforderungen. Festschrift Eberhard Schwark, München (2009) S. 499 ff.
*Küpper,Hans-Ulrich:* Unternehmensethik, Stuttgart (2006).
*Kuhlen, Lothar:* Strafrechtliche Produkthaftung, in: Achenbach/Ransiek, Handbuch Wirtschaftsstrafrecht (2004) S. 41 ff.
*Kuhlen, Lothar:* Die verfassungskonforme Auslegung von Straftatbeständen, Heidelberg (2006).
*Kuhner, Christoph:* Unternehmensinteresse vs. Shareholder Value als Leitmaxime kapital- und marktorientierter Aktiengesellschaften, Zeitschrift für Gesellschaftsrecht 2004, S. 244 ff.
*Kunz, Karl-Ludwig:* Kriminologie, 4. Aufl., Bern u. a. (2004).
*Kunz, Karl-Ludwig:* Die wissenschaftliche Zugänglichkeit von Kriminalität, Wiesbaden (2008).
*Landsmann Valentin N. J.:* Verbrechen als Markt, Zürich, 2. Aufl. (2006).
*Lange, Oliver:* Die Belohnung von Vorstandsamitgliedern auf Veranlassung des Aufsichtsrats. AoR 2004, 83 ff.
*Laskos, Thomas:* Die Strafbarkeit wegen Untreue bei der Kreditvergabe, Baden-Baden (2001).
*Legnaro, Aldo:* Börsenkriminalität in Hausse und Baisse, Kollusionen, Kollisionen und die Regeln der Anomie in: Kriminologisches Journal, 2003, 111 ff.
*Leipold, Michael A.:* Insolvenzdelikte. In: Klaus Volk (Hrsg.), Münchener Anwaltshandbuch Verteidigung in Wirtschafts- und Steuerstrafsachen (2006) S. 769 ff.
*Leyens, Patrick C.:* Corporate Governance: Grundsatzfragen und Forschungsperspektiven, in: Juristenzeitung 2007, 1061 ff.
*Liebers, Hans-Joachim:* Anerkennungs- und Abfindungszahlungen an ausscheidende Vorstandsmitglieder, Zeitschrift für Wirtschaftsrecht 2004, 97 ff.
*Liebl, Karlhans:* „Bekämpfung der Wirtschaftskriminalität". Ein Programm und seine Auswirkungen auf die kriminologische Forschung, Monatsschrift für Kriminologie und Strafrechtsreform 2004, 1 ff.
*Lowenstein, Roger:* When Genius failed. The Rise and Fall of long-term Capital Management (2000).

*Lübbe-Wolff, Gertrude:* Die Durchsetzung moralischer Standards in einer globalisierten Wirtschaft, in: Heinrich v. Pierer u. a., Zwischen Profit und Moral – für eine menschliche Wirtschaft, München/Wien (2003) S. 73 ff.

*Lüderssen, Klaus:* Gebotene Zuschreibung? Klaus Lüderssen (Hrsg.), Aufgeklärte Kriminalpolitik oder Kampf gegen das Böse? Band I, Baden-Baden (1998) S. 307 ff.

*Lüderssen, Klaus:* Strafrecht und „Dunkelziffer", Tübingen (1972).

*Lüderssen, Klaus:* Erfahrung als Rechtsquelle. Abduktion und Falsifikation von Hypothesen im juristischen Entscheidungsprozess. Eine Fallstudie aus dem Kartellrecht, Frankfurt am Main (1972).

*Lüderssen, Klaus* : Missbräuchliche Anfechtungsklagen und Strafrecht, in: Festschrift Theodor Heinsius, Berlin (1991) S. 457 ff.

*Lüderssen, Klaus:* Genesis und Geltung in der Jurisprudenz, Frankfurt am Main (1996).

*Lüderssen, Klaus:* Das Elend der Kritischen Kriminologie, Kritische Justiz 1997, 442 ff.

*Lüderssen, Klaus:* Entkriminalisierung des Wirtschaftsrechts (I), Baden-Baden (1998). Band II, Baden-Baden (2007).

*Lüderssen, Klaus* : Ökonomische Analyse des Strafrechts und Alternativen zum Strafrecht, in: Ott, Claus/Schäfer, Bernd (Hrsg.), Die Präventivwirkung zivil- und strafrechtlicher Sanktionen, Tübingen (1999) S. 25 ff.

*Lüderssen, Klaus:* Die Wiederkehr der Befreiung des Strafrechts vom zivilistischen Denken, Eine Warnung, in: Festschrift Ernst Walter Hanack, Berlin (1999) S. 487 ff.

*Lüderssen, Klaus:* „Nützliche Aufwendungen" und strafrechtliche Untreue, in: Festschrift Heinz Müller-Dietz, München (2001) S. 467 ff.

*Lüderssen, Klaus* : Die Missachtung der Sperrwirkung des § 266 StGB für die Anwendung des § 263. Festschrift Kohlmann, Köln (2003) S. 177 ff.

*Lüderssen, Klaus:* Europäisierung des Strafrechts und gubernative Rechtsetzung, Goltdammer's Archiv (2003) S. 71 ff.

*Lüderssen, Klaus:* Viktimologie: Ursache und Wirkung der Entdeckung des Opfers auf die Kriminologie und die Kriminalpolitik, in: Brägger, Benjamin F., u. a. (Hrsg.), Kriminologie – Wissenschaftliche und praktische Entwicklungen: gestern, heute, morgen, Chur/Zürich (2004) S. 171 ff.

*Lüderssen, Klaus:* Recht und Verrechtlichung im Blick der Kulturwissenschaften. Friedrich Jaeger/Jörn Rüsen (Hrsg.), Handbuch der Kulturwissenschaften, Band 3, Stuttgart/Weimar (2004) S. 426 ff.

*Lüderssen, Klaus:* Primäre oder sekundäre Zuständigkeit des Strafrechts? Festschrift Albin Eser, München (2005) S. 163 ff.

*Lüderssen, Klaus:* Keine Strafdrohungen für gewerbliche Spielvermittler, Berlin (2006).

*Lüderssen, Klaus:* Aufhebung der Straflosigkeit gewerblicher Spielvermittler durch den neuen Staatsvertrag zum Glücksspiel in Deutschland? Neue Zeitschrift für Strafrecht 2007, 15 ff.

*Lüderssen, Klaus:* Die Zusammenarbeit von Medizinprodukte-Industrie, Krankenhäusern und Ärzten – Strafbare Kollusion oder sinnvolle Kooperation, Stuttgart (1998).

*Lüderssen, Klaus:* „Systemtheorie" und Wirtschaftsstrafrecht. Festschrift Knut Amelung, Berlin (2009). S. 445 ff.

*Lüderssen, Klaus:* Desavouierung kartellrechtlicher Monopolverbote durch Strafvorschriften? Am Beispiel des neuen Hessischen Glücksspielgesetzes, in: Festschrift Manfred Seebode, Berlin (2008) S. 219 ff.

*Lüderssen, Klaus:* Der Angestellte im Unternehmen – Quasi ein Amtsträger? Der Verzicht auf die Gefährdung des Wettbewerbs in der geplanten Strafvorschrift des § 299 Abs. 1 Ziff. 2 StGB. Festschrift Klaus Tiedemann, Köln/München (2008) S. 889 ff.

*Lüderssen, Klaus:* Der „Erfolgsunwert". Strafrecht zwischen System und Telos, Festschrift Rolf Dietrich Herzberg, Tübingen (2008) S. 109 ff.

*Lüderssen, Klaus/ Jahn, Matthias* : Löwe-Rosenberg, Kommentar zur Strafprozessordnung und zum Gerichtsverfassungsgesetz, Einleitung Abschnitt M, 26. Aufl. (2007).

*Lüderssen*, Klaus: Risikomanagement und „Risikoerhöhungstheorie" – Auf der Suche nach Alternativen zu § 266 StGB in: Festschrift Volk, München (2009) S. 345 ff.

*Lüderssen, Klaus:* Finanzmarktkrise, Risikomanagement und Strafrecht, Strafverteidiger 2009, 486 ff.

*Lüderssen, Klaus:* Verständigung im Strafverfahren. Das Modell und seine Implikationen. Festschrift Rainer Hamm, Berlin (2008) S. 419 ff.

*Lüderssen, Klaus:* Regulierte Selbstregulierung in der Strafjustiz? – Ein unorthodoxer Beitrag zur Frage der Legitimation der „Absprachen". Festschrift Gerhard Fezer, Berlin (2008) S. 531 ff.

*Lüderssen, Klaus (Hrsg.):* Aufgeklärte Kriminalpolitik oder Kampf gegen das Böse? Band 1, Baden-Baden (1998).

*Lutter, Marcus:* Zur Rechtmäßigkeit von internationalen Risikogeschäften der Banken der öffentliche Hand, Betriebs-Berater 2009, 786 ff.

*Malik, Fredmund:* Die richtige Corporate Governance. 3. Aufl., Frankfurt am Main (2008).

*Mennicke, Petra R.:* Sanktionen gegen Insider-Handel, Berlin (1996).

*Mestmäcker, Ernst Joachim:* A Legal Theory without Law, Tübingen (2007)..

*Michalke, Regina:* Rezension: Thomas Rotsch, Individuelle Haftung in Großunternehmen, 1998, Zeitschrift für Wirtschafts- und Steuerstrafrecht, wistra 2000, 415 f.

*Mülbert, Peter O.:* Shareholder-Value aus rechtlicher Sicht. ZGR 1997, 129 ff.

*Mülbert, Peter O.:* Marktwertmaximierung als Unternehmensziel der Aktiengesellschaft. Festschrift Röhricht (2005) S. 421 ff.

*Mülbert, Peter O.:* Soziale Verantwortung von Unternehmen im Gesellschaftsrecht, Vortrag beim Symposion des industrierechtlichen Seminars der Rheinischen Friedrich-Wilhelms-Universität Bonn v. 30. 6. 2009.

*Nack, Armin:* Bedingter Vorsatz beim Gefährdungsschaden – Ein ‚doppelter Konjunktiv'? StraFo 2006, 277 ff.

*Nelles, Ursula:* Untreue zum Nachteil von Gesellschaften, Berlin (1991).

*Nelles, Ursula:* (Hrsg.) Money, Money, Money – Geldwäsche, Gewinnabschöpfung und Rückgewinnungshilfe, Baden-Baden (2004).

*Nestler, Cornelius:* Der Straftatbestand der Geldwäsche (§ 261 StGB), in: Herzog/Mühlhausen (Hrsg.), aaO, S. 99 ff.

*Otto, Harro:* Die Verfolgung zivilrechtlicher Ansprüche als „berechtigtes Interesse" des Verletzten auf Akteneinsicht im Sinne des § 406e Abs. 1 StPO, Goltdammer's Archiv 1989, 289 ff. (1989).

*Otto, Harro:* Die Bedeutung des Bestimmtheitsgrundsatzes für die Auslegung nichtstrafrechtlicher Bezugsnormen. Festschrift Horst Seebode, Berlin (2008) S. 81 ff.

*Park, Tido:* Kapitalmarktstrafrecht, Handkommentar, Baden-Baden (2004).

*Partsch, Christoph:* Foreign Corrupt Practices Act (FCPA) der USA. Das amerikanische Bestechungsverbot und seine Auswirkungen auf Deutschland, Berlin (2007).

*Pauly, Jürgen:* Rechtsmittel gegen Zwangsmaßnahmen bei Finanzermittlungen, in: Herzog/Mühlhausen (Hrsg.), aaO, S. 194 ff.

*Peltzer, Martin:* Deutsche Corporate Governance, 2. Aufl., München (2004).

*Pfordten, Dieter von der:* Rechtsethik, München (2001).

*Pies, Ingo:* Marktwert des Staates? Über Denk- und Handlungsblockaden im Zeichen der Globalisierung, Diskussionspapier Nr. 06–4.

*Pies, Ingo/Hielscher, Stephan:* Nachhaltigkeit in Forschung und Lehre – Die „Principles for responsible Management Education" des UN Global Compact. Diskussionspapier Nr. 2007–20 des Lehrstuhls für Wirtschaftsethik an der Martin-Luther-Universität Halle-Wittenberg, Halle (2007).

*Pies, Ingo:* Wie bekämpfen wir Korruption? Berlin (2008).

*Pies, Ingo/ Sardison, Markus:* Wirtschaftsethik. Diskussionspapier Nr. 05–2, Wittenbergzentrum für globale Ethik.

*Pies, Ingo:* Markt und Organisation: Programmatische Überlegungen zur Wirtschafts- und Unternehmensethik. Diskussionspapier Nr. 2008–2 des Lehrstuhls für Wirtschaftsethik an der Martin-Luther-Universität Halle-Wittenberg, Halle (2008).

*Pieth, Mark:* Selbstregulierung zum Schutz vor strafrechtlicher Kommunikationshaftung: Die Bank und das Geldwäscherisiko. Festschrift Heike Jung, Baden-Baden (2007) S. 717 ff.

*Prittwitz, Cornelius:* Strafrecht und Risiko, Frankfurt am Main (1994).

*Prittwitz, Cornelius:* Perfektionierte Kontrolldichte und rechtsstaatliches Strafrecht, Vortrag, gehalten bei einem Symposion aus Anlass des 65. Geburtstages von Bernhard Haffke in Passau am 29. 3. 2009

*Richter, Rudolf/Furobotn, Eirik:* .Neue Institutionen-Ökonomik, 3. Aufl., Tübingen (2002).

*Ransiek, Andreas:* Unternehmensstrafrecht, Heidelberg (1996).

*Ransiek, Andreas:* Risiko, Pflichtwidrigkeiten und Vermögensnachteil bei der Untreue, Zeitschrift für die gesamte Strafrechtswissenschaft, 116. Band (2004) S. 634 ff

*Ransiek, Andreas:* „Verstecktes" Parteivermögen und Untreue, Neue Juristische Wochenschrift 2007, 4727 ff.

*Ransiek, Andreas:* Die Verwendung von Insider-Informationen. Festschrift Harro Otto, Köln/München (2007) S. 715 ff.

*Ransiek, Andreas:* Untreue durch Vermögenseinsatz zu Bestechungszwecken, Strafverteidiger 2009, 321 ff.

*Ringleb, Henrik u. a.:* Kommentar zum deutschen Corporate Governance Kodex, München (2003).

*Rönnau, Thomas:* Vermögensabschöpfung und Zurückgewinnungshilfe, in Volk (Hrsg.), aaO, S. 450 ff.

*Rönnau, Thomas:* Untreue als Wirtschaftsdelikt, Zeitschrift für die gesamte Strafrechtswissenschaft, 119. Band (2007) S. 807 ff.

*Rönnau, Thomas/Golombek,:* Die Aufnahme des „Geschäftsherrenmodells" in den Tatbestand des § 299 – Ein Systembruch im deutschen StGB? Zeitschrift für Rechtspolitik 2007, 192 ff.

*Rönnau, Thomas:* Einrichtung ‚schwarzer' (Schmiergeld)-Kassen in der Privatwirtschaft, eine strafbare Untreue? Festschrift Klaus Tiedemann, Köln/München (2008), S. 713 ff.

*Rönnau, Thomas:* Akte und neue Probleme bei § 299 StGB, Strafverteidiger 2009, 302 ff.

*Rotsch, Thomas:* Individuelle Haftung in Großunternehmen, Baden-Baden (1998).

*Rotsch, Thomas:* Tatherrschaft kraft Organisationsherrschaft? Zeitschrift für die gesamte Strafrechtswissenschaft, 112. Band (2000) S. 518 ff.

*Rotsch, Thomas:* Anmerkung zur Entscheidung des BGH vom 3. 7. 2003, Juristische Rundschau 2004, 248 ff.

*Rotsch, Thomas:* Der ökonomische Täterbegriff, Zeitschrift für internationale Strafrechtsdogmatik 2007, 260 ff.

*Roxin, Claus:* Probleme von Täterschaft und Teilnahme bei der organisierten Kriminalität. Festschrift Gerald Grünwald, Baden-Baden (1999) S. 549 ff.

*Roxin, Claus:* Strafrecht, Allgemeiner Teil, Band 1, 2. Aufl., München (2006).

*Säcker, Franz-Jürgen:* Das zivilrechtliche Schicksal von gegen § 87 Abs. 1 AktG verstoßenden Vergütungsvereinbarungen, Juristenzeitung 2006, 151 ff.

*Saliger, Frank:* Gibt es eine Untreuemode? Die neue Untreuedebatte und Möglichkeiten einer rezeptiven Auslegung. HRRS 2006, 10 ff.

*Saliger, Frank:* Rechtsprobleme des Untreue-Tatbestands, Juristische Arbeitsblätter 2007, 326 ff.

*Saliger, Frank/Gaede, Karsten:* Rückwirkende Ächtung der Auslandskorruption und Untreue als Korruptionsdelikt – Der Fall Siemens als Startschuss in ein entgrenztes internationales Wirtschaftsstrafrecht? HRRS 2008, 57 ff.

*Satzger, Helmut:* Die Berücksichtigung von Opferinteressen bei der Verfallsanordnung aus materiellrechtlicher wie prozessrechtlicher Sicht, Zeitschrift für Wirtschafts- und Steuerstrafrecht, wistra 2003, 401 ff.

*Sauer, Dirk:* Konsensuale Verfahrensweisen im Wirtschafts- und Steuerstrafrecht. Heidelberg (2008).

*Schlösser, Jan:* Organisationsherrschaft durch Tun und Unterlassen, in: Goltdammer's Archiv 2007, 161 ff.

*Schlösser, Jan:* Die schadensgleiche Vermögensgefährdung im Rahmen der Strafzumessung, Strafverteidiger 2008, 548 ff.

*Schmidt, Reinhard H./Weiß, Marcus* Shareholder vs. Stakeholder, in: Hommelhoff, Peter/Hopt, Klaus J./v. Werder, Axel, Handbuch Corporate Governance, aaO, S. 107 ff.

*Schmidt, Reinhard H./Spindler; Gerald:* Shareholder-Value zwischen Ökonomie und Recht, in: Wirtschafts- und Medienrecht in der offenen Demokratie (Freundesgabe für Friedrich Kübler zum 65. Geburtstag) (1997) S. 515 ff.

*Schmidt, Reinhard H./Spindler, Gerald:* Finanzinvestoren aus ökonomischen und juristischen Perspektiven. Eine Betrachtung der Risiken, der Notwendigkeiten und Möglichkeiten einer Regulierung von Private Equity und aktivistischen Hedge-Fonds aus ökonomischer und gesellschaftlicher kapitalmarkt- und arbeitsrechtlicher Sicht. Baden-Baden (2008).

*Schmidtchen, Dieter:* Wozu Strafrecht? Einige Anmerkungen aus ökonomischer Sicht, in: Ott, Claus/Schäfer, Bernd, Die Präventivwirkung zivil- und strafrechtlicher Sanktion, Tübingen (1999) S. 49 ff.

*Schmidtchen, Dieter:* Privatisierung der Kriminalitätskontrolle und innere Sicherheit – darf alles zur Ware werden? Festschrift Heike Jung, Baden-Baden (2007), S. 843 ff.

*Schneider, Hendrik:* Person und Situation. Über die Bedeutung personaler und situativer Risikofaktoren bei wirtschaftskriminellem Handeln. (Manuskript).

*Schneider, Hendrik:* Unberechenbares Strafrecht * Vermeidbare Bestimmtheitsdefizite im Tatbestand der Vorteilsannahme und ihre Auswirkungen auf die Praxis des Gesundheitswesens. Festschrift Horst Seebode, Berlin (2008) S. 331 ff.

*Schneider, Hendrik:* Person und Situation. Über die Bedeutung personaler und situativer Risikofaktoren bei wirtschaftskriminellem Handeln. In: Burgatzki (Hrsg.), Wirtschaftskriminalität, München/Mehring (2008) S. 135 ff.

*Schneider, Joachim:* Die deutschsprachige Kriminologie der Gegenwart. Goltdammer's Archiv für Strafrecht 2004, 503 ff.

*Schramm, Edward:* Untreue und Konsens, Berlin (2005).

*Schroeder, Christian:* Handbuch Kapitalmarktstrafrecht, Köln (2006).

*Schroeder, Christian:* Die Komplexität internationaler Finanzmärkte – Einfallstor für Kriminalität, Kriminalistik 2009, 12 ff

*Schünemann, Bernd:* Die ‚gravierende Pflichtverletzung' bei Untreue: Dogmatischer Zauberhut oder taube Nuss? Neue Zeitschrift für Strafrecht 2005, 473 ff.

*Schulz, Lorenz:* Das neue Außenwirtschaftsrecht (§ 34 AWG n.F. von 2006) in: Institut für Kriminalwissenschaft und Rechtsphilosophie, Frankfurt am Main (Hrsg.), Jenseits des rechtsstaatlichen Strafrechts (2007) S. 619 ff.

*Schumann, Harald/Christiane Grefe:* Der globale Countdown, Köln (2008).

*Schüppen, Matthias:* Transaction-Boni für Vorstandsmitglieder der Zielgesellschaft: Business Judgement oder strafbare Untreue? Festschrift Klaus Tiedemann, Köln/München (2008) S. 749 ff.

*Schuppert, Gunnar Folke:* Governance im Spiegel der Wissenschaftsdisziplinen. Gunnar Folke Schuppert (Hrsg.), Governance-Forschung, Baden-Baden (2006) 2. Aufl.

*Searle, J. R.:* Die Konstruktion der gesellschaftlichen Wirklichkeit, Reinbek (1997).

*Senderovitz, Stephan J u. a.:*. Die Durchsetzung US-amerikanischer Wertpapiergesetze auf internationaler Ebene – Ausweitung auf deutsche Unternehmen, Zeitschrift für Wirtschafts- und Steuerstrafrecht, wistra 2008, 281 ff.

*Sessar, Klaus:* Verbrechen als soziale Konstruktion. Kari-Maria Karliczek (Hrsg.), Kriminologische Erkundungen. Wissenschaftliches Symposium aus Anlass des 65. Geburtstags von Klaus Sessar (2004).

*Shearman & Sterling:* FCPA Digest of Casies and Revue Releases relating to Bribes to Foreign Officials under the Foreign Corrupt Practices Act of 1977, New York (2007).

*Sieber, Ulrich:* Grenzen des Strafrechts, Zeitschrift für die gesamte Strafrechtswissenschaft, 119. Band (2007) S. 1 ff.

*Sieber, Ulrich:* Compliance-Programme im Unternehmensstrafrecht. Ein neues Konzept zur Kontrolle von Wirtschaftskriminalität. Festschrift Klaus Tiedemann, Köln/München (2008) S. 449 ff.

*Schmidt-Aßmann, Eberhard:* Verwaltungskontrolle, einleitende Problemskizze. Eberhard Schmidt-Aßmann/Wolfgang Hoffmann-Riem (Hrsg.), Verwaltungskontrolle, Baden-Baden (2001).

*Schroth, Hans-Jürgen:* Unternehmen als Normadressaten und Sanktionssubjekte, Gießen (1993).

*Schubert, Jens M.:* Punitive Damages – Das englische Recht als Vorbild für das deutsche Schadensrecht? Juristische Rundschau 2008, 138 ff

*Sorgenfrei, Ulrich:* Zum Verbot der Kurs- und Marktpreismanipulation nach dem 4. Finanzmarktförderungsgesetz, Zeitschrift für Wirtschaft und Steuern, wistra 2002, 321 ff.

*Sorgenfrei, Ulrich:* Zweifelsfragen zum „Bilanzeid“ (§ 331 Nr. 3a HGB), Zeitschrift für Wirtschafts- und Steuerstrafrecht, wistra 2008, 329.

*Sternal, Werner:* Das Gesetz der Vereinbarung des Insolvenzverfahrens, Neue Juristische Wochenschau 2007, 1909 ff.

*Stolleis, Michael:* Erwartungen an das Recht. Jahrbuch der Akademie der Wissenschaften, Göttingen (2003).

*Strate, Gerhard:* Die zunehmende Bedeutung der Verteidigung im Ermittlungsverfahren – Wider die Fiskalisierung des Strafverfahrens, Strafverteidiger 2006, 82 ff.

*Stürner, Rolf:* Markt und Wettbewerb über alles? Gesellschaft und Recht im Fokus neoliberaler Marktideologie, München (2007).

*Taschke, Jürgen:* Verteidigung von Unternehmen – Die wirtschaftsstrafrechtliche Unternehmensberatung, Strafverteidiger 2007, 495 ff.

*Theile, Hans:* Wirtschaftskriminalität und Strafverfahren – Systemtheoretische Überlegungen zum Regulierungspotential des Strafrechts, Münsteraner Habilitationsschrift (2007) (noch unveröffentlicht).

*Theusinger, Ingo/Gushust, Klaus-Peter:*Corporate Compliance – Grundlagen und Umsetzung, Betriebs-Berater – Betriebs-Berater-Special Compliance (2008) S. 1 ff

*Tiedemann, Klaus* (Hrsg.): Wirtschaftsstrafrecht in der europäischen Union, Rechtsdogmatik – Rechtsvergleich – Rechtspolitik; Freiburg-Symposium, Köln u. a. (2002).
*Tiedemann, Klaus:* Der Untreuetatbestand – Ein Mittel zur Begrenzung von Managerbezügen – Bemerkungen zum „Fall Mannesmann". Festschrift Ulrich Weber, Gießen (2004) S. 319 ff.
*Tiedemann, Klaus:* Wirtschaftsstrafrecht, Besonderer Teil, Köln u. a. (2006).
*Tiedemann, Klaus:* Wirtschaftsstrafrecht, Einführung und Allgemeiner Teil, 2. Aufl., Köln u. a. (2007).
*Uhlenbruck, Wilhelm:* Strafrechtliche Aspekte der Insolvenzrechtsreform, wistra 1996, 1 ff.
*Ulrich, Peter:* Unternehmensethik und „Gewinnprinzip". Wirtschaftsethische Perspektiven, Band 3 (1996).
*Ulrich, Peter:* Integrative Wirtschaftsethik, 4. Aufl. Bern u. a. (2008).
*Valls Prieto, Javier:* Die juristische Natur der Sanktionen der europäischen Union, Zeitschrift für die gesamte Strafrechtswissenschaft, 120. Bands (2008) S. 403 ff.
*Vogel, Joachim:* Wirtschaftskorruption und Strafrecht – Ein Beitrag zu Regelungsmodellen im Wirtschaftsstrafrecht. Festschrift Ulrich Weber, (2004) S. 395 ff.
*Vogel, Joachim:* Wertpapierhandelsstrafrecht – Vorschein eines neuen Strafrechtsmodells? Festschrift Günther Jakobs, Köln/Berlin/München (2007) S. 731 ff.
*Volhard, Rüdiger:* Die Untreuemode. Ist die Abgabe eines unvollständigen Rechenschaftsberichts einer politischen Partei wegen Untreue strafbar? In: Festschrift Klaus Lüderssen, Baden-Baden (2002) S. 673 ff.
*Volk, Klaus:* Zur Strafbarkeit von Unternehmen? Juristenzeitung 1993, 429 ff.
*Volk, Klaus:* Begriff und Beweis subjektiver Merkmale. Fünfzig Jahre Bundesgerichtshof, Festgabe aus der Wissenschaft, Berlin (2000) S. 739 ff.
*Volk, Klaus:* Kausalität im Strafrecht, Neue Zeitschrift für Strafrecht 1995, 96 ff., 1996, 105 ff.
*Volk, Klaus:* Scalping strafbar? in: Zeitschrift für Wirtschaftsrecht 1999, 787 ff.
*Volk, Klaus:* Die Strafbarkeit von Absichten im Insiderhandelsrecht, Betriebs-Berater 1999, 66 ff.
*Volk, Klaus* (Hrsg.): Verteidigung in Wirtschafts- und Steuerstrafsachen, München (2006).
*Volk, Klaus:* Der Allgemeine Teil des Wirtschaftsstrafrechts, in: Volk (Hrsg.), S. 35 ff.
*Volk, Klaus:* Untreue und Gesellschaftsrecht. Ein Dschungelbuch. Festschrift Rainer Hamm, Köln/München (2008) S. 803 ff.
*Wagner, Gerhard:* Neue Perspektiven im Schadensersatzrecht: Kommerzialisierung, Strafschadensersatz, Kollektivschaden, Gutachten für den 66. Deutschen Juristentag (2006).
*Wagner, Gerhard:* Prävention und Verhaltenssteuerung durch Privatrecht – Anmaßung oder legitime Aufgabe? Archiv für civilistische Praxis 2006, 352 ff.
*Walter, Tonio:* Die Beweislast im Strafprozess, Juristenzeitung 2006, 340 ff.
*Weber, Ulrich:* Untreue durch Verursachung straf- und bußgeldrechtlicher Sanktionen gegen den Vermögensinhaber. Festschrift Horst Seebode (2008) S. 437 ff.
*Wehnert, Anne/Mosiek, Marcus:*Untiefen der Vermögensabschöpfung in Wirtschaftsstrafsachen aus Sicht des Strafverteidigers, Strafverteidiger 2005, 568 ff.
*Wehnert, Anne:* Anmerkung zum Beschluss des Landgerichts Kiel vom 22. 6. 2006–37 Qs 54/06 – Juristische Rundschau 2007, 82 ff.
*Weigend, Thomas:* Strafgesetzbuch, Leipziger Kommentar, Großkommentar, 12. Aufl., Berlin (2007) Einleitung, Rn. 1 ff.
*von Werder, Axel:* Ökonomische Grundfragen der Corporate Governance, in: Hommelhoff/Hopf/v. Werder, aaO, S. 3 ff.
*Wessing II, Jürgen:* Die Beratung des Unternehmens in der Krise, in: Volk (Hrsg.) (2006) S. 389 ff.
*Wieland, Josef* : Die Ethik der Governance, 5. Aufl., Marburg (2007).

*Wittig, Petra:* Der rationale Verbrecher. Der ökonomische Ansatz zur Erklärung kriminellen Verhaltens (1993).

*Wolburg, Ralph:* Unternehmensinteresse bei Vergütungsentscheidungen, Zeitschrift für Wirtschaftsrecht 2004, 646 ff.

*Wüstenmann, Jens:* WB-Rechtsbildungsreport, Unternehmensbewertung 2007/2008, Betriebs-Berater 2008, 1499 ff.

*Wytibul, Tim:* Interne Ermittlungen auf Aufforderung von US-Behörden – ein Erfahrungsbericht, Betriebs-Berater 2009, 606 ff.

*Ziemann, Sascha:* Der strafbare „Bilanzeid" nach § 331 Nr. 3a HGB, Zeitschrift für Wirtschafts- und Steuerstrafrecht, wistra 2007, 492 f.

*Zöller, Mark A.:* Abschied vom Wettbewerbsmodell bei der Verfolgung der Wirtschaftskorruption, Überlegungen zur Reform des § 299 StGB, Goldammer's Archiv 2009, 137 ff.

Winfried Hassemer

# Die Basis des Wirtschaftsstrafrechts

## Gliederung



Was immer man am Ende über dieses Symposion sagen wird: Man wird die Veranstalter schon zu seinem Beginn ob ihrer thematischen Punktlandung rühmen dürfen. Wo doch Prognosen im Bereich der Wirtschaft so schwierig und gefährlich sind: Hier ist es gelungen, die Probleme, die wissenschaftlich traktiert werden sollen, an unserer aktuellen Alltagswelt sichtbar zu machen. Was die Beziehungen von Ökonomie, Politik, Recht und Moral angeht, befinden wir uns, mit Händen greifbar, in einer tiefen Orientierungskrise – nicht erst seit heute, aber heute mit besonderer Verzweiflung. Wie auch immer die Antworten ausfallen mögen: die Fragen sind gestellt.

## A. Das Bild der Wirtschaft

Wie die Antworten ausfallen werden, dürfte beim Verhältnis von Wirtschaft und Strafrecht vor allem davon abhängen, aus welcher Ecke sie kommen, und das ist

**Erschienen in** ILFS Band 6: Die Handlungsfreiheit des Unternehmers: Wirtschaftliche Perspektiven, strafrechtliche und ethische Schranken, 2009

https://doi.org/10.1515/9783111057125-012

schon das erste Dilemma. Die Menschen, die Ökonomie nicht gelernt haben – die allermeisten Juristen eingeschlossen –, haben von „der Wirtschaft“ ein bestenfalls schiefes und verdunkeltes Bild. Dieses Bild hat sich in den letzten Wochen keineswegs zurechtgerückt und aufgehellt, im Gegenteil. Von diesem Bild aber hängt viel ab: für die allgemeine Politik, für Gesetzgebung und Rechtsprechung – und am Ende natürlich auch für die Wirtschaft selbst.

## I. Vertrauen

Solche wie mich gibt es in diesem Saal vermutlich nicht wenige: Interessierte Bürger/-innen, geübte Zeitungsleser, Fachleute des Strafrechts und eingeschworene, aber zunehmend verschreckte Bewunderer der Ökonomie und ihrer Wissenschaften. Dass unser Leben von der Ökonomie vielfältig abhängt, haben wir verstanden – nicht aber das Gewirr der Fäden, an denen diese Abhängigkeit ihrerseits hängt. Ob andere dieses Gewirr verstehen, wie sie heißen und wo sie wohnen, wissen wir nicht. Staunend und nichts Gutes ahnend werden wir immer wieder vor Geheimnisse gestellt, die uns aus dem dunklen Land der Ökonomie erreichen, werden getroffen und verletzt von fremden Entscheidungen, die wir noch nicht einmal im Ansatz nachvollziehen können – von ihrer Verhinderung oder gar Korrektur ganz zu schweigen.

Dass die Deutsche Börse in absehbarer Zeit zwischen die Kiefer von Heuschrecken geraten kann, dass dunkle Herren irgendwo auf den Abschwung wetten und den damit auch, auf fremde Kosten, beflügeln: Wer eigentlich stellt ernsthaft und öffentlich die Frage, was solche Nachrichten in den Köpfen und den Herzen der Bürger anrichten, was sie für eine Zivilgesellschaft und eine Demokratie bedeuten? Die armselige Diskussion über die Rolle der Moral in der Wirtschaft ist mir in ihrer Mischung von Verkürzung und Entschiedenheit ein Beleg für das Maß an Desorientierung, die sich mittlerweile breit macht. Die Moral ist das Einzige und Letzte, von dem die Leute glauben, sie verstünden sie wirklich, und nach ihr greifen sie wie nach einem Strohhalm. Der Angriff, die Wirtschaft und die, die sie betreiben, unterlägen den Regeln der Moral, ist ebenso falsch wie die Verteidigung, Wirtschaften habe mit Moral nichts zu tun, kurzsichtig ist. Eine Wirtschaft, welcher die in einer Gesellschaft geltenden normativen Regeln egal sind und die das auch noch mit einem – wenn auch in sich richtigen – bloß analytischen Argument belegt, statt sich in der Sache mit dem Problem auseinanderzusetzen, könnte à la longue ihr blaues Wunder erleben. Ich komme darauf zurück (unter B.II.3.).

Vertrauen, so hören wir aus der Finanzwirtschaft, ist die Basis der Ökonomie; normative Desorientierung, so hören wir aus dem Strafrecht, ist der Zerstörer einer vernünftigen Kriminalpolitik. Beides ist vermutlich richtig. Richtig aber ist dann auch, dass das Bild, das uns von der Wirtschaft vermittelt wird, der Zerstörer von Vertrauen und Orientierung ist.

## II. Krise

Die aktuelle Bankenkrise war und ist dafür ein sprechendes Beispiel. Die Frankfurter Allgemeine Sonntagszeitung hat dazu in ihrer Ausgabe vom 21. September 2008 in einer einzigen Abteilung „Geld & Mehr" etwa Folgendes getitelt: „Untergang oder Rettung? Zwei Szenarien. Alles wird schlimmer. Alles wird gut." „Krisen werden immer nach dem gleichen Muster gelöst: Der Staat übernimmt das Risiko." „Der amerikanische Staat ist schuld." „Trotz allem: Mit Aktien fürs Alter vorsorgen." „Jetzt geht es den Spekulanten an den Kragen". Als ich diesen bunten Strauß gesehen hatte, habe ich den letzten Artikel mit der Überschrift „Alles, was Anleger jetzt wissen müssen" flugs beiseite gelegt: Was hätte denn da noch Verlässliches drinstehen können? Man stelle sich vor, so sähen Schlagzeilen und Berichte aus, hinter denen andere empirische Wissenschaften stehen als die Wirtschaftswissenschaft, etwa Psychologie, Historiographie, Biologie, Meteorologie oder, Gott behüte, Flugzeugbau oder Pharmakologie. Nicht auszudenken.

Ich will der Ökonomie und ihren Wissenschaften wissenschaftstheoretisch nicht zu nahe treten; dazu bin ich weder befugt noch imstande. Dort liegt vermutlich auch nicht das Problem. Es liegt in meinen Augen eher nicht in dem, was geschieht, sondern im öffentlich verbreiteten Bild dessen, was geschieht – wobei ich natürlich offen lassen muss, wie weit das Bild „stimmt" und wie weit nicht. Denn jeder, der den öffentlichen Diskurs beobachtet und dabei nicht nur sein Portemonnaie, sondern auch das allgemeine Wohl im Auge hat, muss einen Blick entwickeln für die Folgen, die ein bestimmtes Bild der Wirtschaft für unsere Gesellschaft, für unsere Politik und für das Überleben eines civis activus haben wird.

Und überdies hat, wer über Wirtschaftsstrafrecht ernsthaft nachdenkt oder verbindlich redet, ein Bild von „Wirtschaft" – ob er das weiß und will oder nicht. Denn was „Wirtschaft" ist, ist ja der Gegenstand von Wirtschaftsstrafrecht. Und wie die von ihm vorgeschlagenen rechtlichen Strategien und Instrumente aussehen und ob sie passen, hängt vor allem von seinem Bild von „Wirtschaft" ab. Also ist es nicht ganz falsch, in einer Debatte auch darüber nachzudenken und zu streiten, was das für ein Bild ist.

# B. Der Gegenstand eines Wirtschaftsstrafrechts

Auf der Folie des Bildes der Wirtschaft beginne und entwickle ich meine Überlegungen zur Basis des Wirtschaftsstrafrechts.

## I. Konstitution des Gegenstands

Diese Folie soll verständlich machen oder auch nur daran erinnern, dass dem Strafrecht und deshalb auch einem möglichen Wirtschaftsstrafrecht „die Wirtschaft" als sein Gegenstand nicht schlicht zur Hand ist. Dasselbe gilt für Handlungsbereiche und deren Gegenstände, die mit der Wirtschaft in Kontakt sind und deshalb gegen sie abgegrenzt werden müssen, wie etwa die Moral oder auch das Recht und seine Politik. Die Vernünftigkeit, die Gerechtigkeit und die Angemessenheit von Wirtschaftsstrafrecht sind keine Funktionen einer unvermittelten Beobachtung von Wirklichkeit, sondern Ergebnis von deren Konstitution. Sie werden nicht abgelesen, sondern hergestellt.

Diese traditionsreichen Pfeiler einer kritischen Erkenntnistheorie und einer pragmatischen Hermeneutik brauchen hier nicht noch einmal hergeleitet, an sie soll nur erinnert werden. Diese Erinnerung verhilft zu einem umsichtigen und der Sache angemessenen Umgang mit „der Wirtschaft" als Gegenstand eines Wirtschaftsstrafrechts. Sie soll uns daran hindern, frohgemut unterkomplexe und methodisch ungesicherte Aussagen über den Sachbereich eines Wirtschaftsstrafrechts zu treffen und diesen Aussagen sodann die kriminalpolitisch gebotenen Schlüsse zu entnehmen oder besser: zu unterlegen.

Es ist in Wirklichkeit um eine ganze Stufe komplizierter: Kriminalpolitische Entscheidungen müssen nicht nur ihre Gerechtigkeit überlegen und begründen; sie müssen auch zur Diskussion stellen und rechtfertigen, dass sie ihrem Gegenstand angemessen sind, dass sie ihn zur Kenntnis genommen und verstanden haben. Sie haben nicht nur eine normative, sondern auch eine empirische Aufgabe zu erfüllen, wenn man sie ernst nehmen soll. Wird die empirische Aufgabe verfehlt, so ist die normative nicht mehr zu erfüllen; ein gerechtes Wirtschaftsstrafrecht ohne tragfähigen Bezug zur Wirklichkeit der Wirtschaft wäre der pure Zufall. Das kann man getrost vergessen (obwohl die Juristen zu solchen Kurzschlüssen durchaus neigen).

Und schließlich: Die Anforderungen an die Erledigung der empirischen Aufgabe wachsen mit der Komplexität des Gegenstands, um dessen rechtliche Regelung es geht: Komplexität macht jegliche Praxis, auch die juristische und die rechtspolitische, schwierig und fehleranfällig. Diese Selbstverständlichkeit steht uns Juristen nicht immer vor Augen, weil nicht alle unsere Regelungsbereiche in besonderer

Weise komplex sind. Bei der Wirtschaft aber betrifft sie unsere Arbeit unmittelbar: In meinen Augen gibt es derzeit nicht viele Gegenstandsbereiche rechtlicher Regelung, die es in ihrer Komplexität mit „der Wirtschaft" aufnehmen könnten. Das Bild, das „die Wirtschaft" bei uns abgibt und das wir gerade (unter A.) etwas angeschaut haben, spricht für sich.

Also kann die Basis eines Wirtschaftsstrafrechts nur gelegt werden, wenn man den Gegenstandsbereich der rechtlichen Regelung mit Umsicht und Vorsicht auch in seiner empirischen Dimension rekonstruiert.

## II. System des Gegenstands

Eine weitere Komplikation eines Wirtschaftsstrafrechts tritt hinzu. Sie ist für die Praxis der Gesetzgebung und den Alltag der Justiz ungleich differenzierter und zugleich folgenreicher als die gerade besprochenen erkenntnistheoretischen Anforderungen an die Konstitution des Gegenstands. Sie verdankt sich dem Umstand, dass der Gegenstand eines jeglichen Wirtschaftsstrafrechts ein „System" ist: ein teilautonomer Handlungsbereich unseres Gesamtsystems mit nicht nur empirischen, sondern auch normativen Besonderheiten, mit einer eigenen Struktur, mit eigener Kraft und eigenem Recht auf Existenz.

### 1. Teilsysteme

Auch hier sollen Einzelheiten der Systemtheorie, der sich diese Überlegungen verdanken, nur in Erinnerung gebracht und nicht hergeleitet werden. Deshalb werde ich kurz diejenigen Kennzeichen des Systems „Wirtschaft" vor Ihnen ausbreiten, auf die es für ein Wirtschaftsstrafrecht in besonderer Weise ankommt.

Der Wirtschaft kommt – gleich anderen Teilsystemen der Gesellschaft wie etwa Wissenschaft, Religion, Sport, Familie, Massenmedien, aber auch dem Recht – eine eigene Systemvernunft zu; sie handelt nach ihren Regeln, mit ihren Methoden, Instrumenten, Instanzen und Funktionen in ihrem Teilbereich der Gesellschaft, sie definiert und erfüllt spezifische Aufgaben, verfügt über eigene Kriterien von Erfolg und Scheitern, führt ihre eigenen sachbezogenen Diskurse und fällt ihre Urteile. Sie ist – schon vor und außerhalb aller rechtlichen Regelung – selber normativ strukturiert. Die Frage, ob man heute oder morgen auf dieses Teilsystem unserer Gesellschaft verzichten sollte oder könnte, ist nicht sinnlos, aber abwegig; sie wäre eine ebenso wirklichkeitsferne Spekulation wie die Frage nach dem Existenzrecht von Wissenschaft oder Religion.

Diese systemtheoretisch angeregten Bestimmungen des gesellschaftlichen Teilbereichs Wirtschaft sind von greifbarer Relevanz für jegliche rechtliche Regulierung dieses Teilbereichs und gehören deshalb auch zur Basis eines jeglichen Wirtschaftsstrafrechts. Unterschiede begründen sich nur aus der unterschiedlichen Funktion und Struktur der rechtlichen Regulierung – vom Aktienrecht über das Außenwirtschaftrecht bis hin zum Strafrecht. Gleichsinnig aber – und darauf kommt es hier an – sind die systemisch begründeten Anforderungen, denen jegliche rechtliche Regulierung der Wirtschaft als eines teilautonomen Subsystems der Gesellschaft zu genügen hat:

## 2. Respekt, Umsicht, Festigkeit

Respekt, Umsicht und Festigkeit – so könnte man die Haltungen grob beschreiben, die das Recht und auch ein Wirtschaftsstrafrecht aufbringen muss, wenn es ein anderes gesellschaftliches Subsystem wie die Wirtschaft in seinem Sinne ordnen will.

Respekt trägt der Tatsache Rechnung, dass das Subsystem Wirtschaft kein chaotisches Feld von Zufälligkeiten oder Sinnlosigkeiten ist, sondern selber eine normative Ordnung und eine funktionale Struktur hat – freilich eine andere als die des Rechts. Die Wirtschaft verfügt darüber hinaus über Vorkehrungen und Einrichtungen, die ihrerseits die Funktion haben, normative Ordnung herzustellen und zu überwachen. Was richtig ist und was falsch, was sachangemessen ist und plausibel, was toleriert werden kann und was sanktioniert werden muss, das hat das Recht der Wirtschaft nicht vorzugeben; das weiß sie selber.

Das Recht tritt erst auf den Plan, wenn eine Linie überschritten ist, welche die Systemvernunft des Rechts zu ziehen hat: wenn durch wirtschaftliches Handeln etwa schützenswerte Interessen ohne Rechtfertigung beschädigt werden. Wenn man zu solchen Vergleichen neigt, kann man das Subsystem Recht im Verhältnis zum Subsystem Wirtschaft für einen Linienrichter halten. Ein Schiedsrichter ist es nicht; dessen Aufgaben „auf dem Platz" erledigt die Wirtschaft selbst. Respekt ist eine positive Form der Abgrenzung; er belässt dem anderen Teilsystem die Rechte und die Zuständigkeiten, die ihm gebühren. Auch darauf möchte ich noch einmal zurückkommen (unter C.II.).

Umsicht ist die Tugend der vernünftigen, systemschonenden und funktionswahrenden Annäherung. Gerade bei einem komplexen Teilsystem wie der Wirtschaft, das dem Teilsystem Recht in vielerlei Hinsicht ähnlich ist und sich mit ihm berührt – von der Normativität seiner Struktur über seine Abhängigkeit von der Politik bis hin zu den vielfältigen konkreten Ausbildungen von „Wirtschaftsrecht" –, ist die Gefahr groß, dass das Recht auf seine Weise auch dort regelt, wo es nichts zu suchen hat. Umsicht soll davor bewahren, Grenzen zwischen Teilsystemen zu übersehen und Regelungen zu produzieren, die für das zu ordnende System dysfunktional sind, die ihm nicht passen. Umsicht fragt deshalb nach den Inhalten und Grenzen von Systemvernunft und funktionaler Zuständigkeit; dazu gehören beispielsweise die subsidiäre Vernünftigkeit von Selbstregulierung im Bereich der Wirtschaft, die Tauglichkeit der jeweiligen Regelungsinstrumente des Strafrechts für diesen Bereich oder die Bestimmung von Anlässen des strafrechtlichen Ein- und Übergreifens.

Festigkeit endlich schafft die Garantie, dass das Recht sich dort auch durchsetzt, wohin seine Regulierungsfunktion reicht. Festigkeit des Rechts, seiner Grundsätze und seiner Befehle ist schon als solche ein rechtlicher Wert; Gesellschaften mit unklaren oder bloß symbolischen Anordnungen, wie wir sie etwa aus dem früheren Ostblock kennen, oder Gesellschaften mit markanten Lücken der Implementation, wie sie uns immer noch in Latein-Amerika begegnen, sind defizitär schon wegen ihrer mangelnden Festigkeit, sie enttäuschen die Menschen und nehmen sie nicht für voll, sie stiften mehr Schaden als Nutzen.

In einem rechtlichen System wie dem Wirtschaftstrafrecht, das dem System Wirtschaft mit Respekt und Umsicht entgegentritt, ist Festigkeit eine unverzichtbare Haltung. Sie ist die Antwort des Rechts auf die Komplexität der Wirtschaft und deren eigene Normativität; sie realisiert, dass das Strafrecht eine normative Struktur, die mit der rechtlichen konkurriert, nicht akzeptiert oder sie auch nur passieren lässt, sie hält fest, dass das Strafrecht auch gegenüber der Wirtschaft eine Botschaft hat und dass diese Botschaft nicht nur im Interesse der Bürger, der Politik oder des Kriminalsystems durchgesetzt werden muss, sondern am Ende auch im Interesse der Wirtschaft. Festigkeit darf ein Wirtschaftsstrafrecht üben, wenn es zuvor seinem Regelungsbereich mit Respekt und Umsicht begegnet ist.

### 3. Wirtschaft und Moral

Die Konzepte von Systemvernunft und von Subsystem verhelfen nicht nur zu einer basalen Grenzziehung zwischen Wirtschaft und Recht (oben B.II.2.), sondern auch zu einer einleuchtenden Abgrenzung von Wirtschaft und Moral (dazu schon oben A.I.).

Natürlich gehört Moral nicht zur Systemvernunft von Wirtschaft, natürlich wäre das Erwirtschaften von sinkenden Einkommen zur Vermeidung einer Neiddebatte kein vernünftiges Ziel ökonomischen Handelns, und natürlich ist deshalb beispielsweise der Verweis auf Moral als Stoppschild für Managergehälter zuerst einmal fehl am Platze. Innerhalb des Subsystems Wirtschaft ist der Versuch, einer Situation das ökonomisch Maximale zu entnehmen, nicht Gier, sondern Geschäftssinn. Diese Art von Moral gehört nicht zum instrumentellen Arsenal des Subsystems Wirtschaft, und wer sich unvermittelt auf sie beruft, zieht ein Kaninchen aus dem Zylinder. Er verschleiert überdies die grundlegenden und für uns alle notwendigen systemischen Abgrenzungen zwischen Wirtschaft und Moral und verschmutzt damit die öffentlichen Diskurse darüber, was bei uns gelten soll – vielleicht nicht immer ohne Hintergedanken.

Die Berufung auf die systemischen Grenzen der Wirtschaft aber ist strategisch kurzsichtig, sie ist bloß analytisch und trägt nicht weit. Denn genauso natürlich ist die Debatte um Moral in der Wirtschaft mit dieser systemtheoretischen Argumentation nicht zu Ende. Die Wirtschaft ist bloß ein Teil-, sie ist ein Subsystem der Gesellschaft, sie steht mit anderen Teilsystemen in Kontakt und Konkurrenz, und deshalb ist ihre Vernunft nur eine Teil-Vernunft. Wie sie mit dem Recht zu rechnen hat, mit Verboten, Sanktionen und gesetzlich angeordneten Folgen ihres Handelns, so hat sie auch mit Politik zu rechnen, mit öffentlichem Diskurs und Massenmedien.

Das darf sie auf die Dauer nicht übersehen, weil Wirkungen in anderen Teilsystemen auf sie zurückwirken können. Und sie darf nicht vernachlässigen, dass die Systemvernunft etwa der Massenmedien sowie deren Waffenarsenale nicht dieselben sind wie ihre eigenen, weil sie sonst böse Überraschungen erleben wird. Und das Wichtigste: Wie man auch einzelnen Zeichen der aktuellen Finanzkrise entnehmen kann, sind Grenzen und Gewicht der Subsysteme durchaus in Bewegung; die verbreitete – und weithin unbestrittene – Kritik an unmoralischen Managern weist darauf hin, dass es um die Autonomie des Subsystems Wirtschaft derzeit nicht gut bestellt ist. Seine Überzeugungskraft ist schwächer geworden, sein Glanz ist verdunkelt.

## C. Grundzüge eines Wirtschaftstrafrechts

Damit ist die Basis eines Wirtschaftstrafrechts vorbereitet, nämlich die Antwort auf die Frage, welche Grundzüge rechtlicher Regelung ein Wirtschaftsstrafrecht bestimmen sollen. Drei Stichwörter habe ich, um Ihnen den Weg zu erläutern, den ich für den richtigen halte: Rechtsgüterschutz, Umhegung und Prozeduralisierung. Die Konzepte, die hinter diesen Stichwörtern stehen, nehmen die Besonderheiten des Regelungsbereichs Wirtschaft auf, die wir gerade herausgearbeitet haben, und tragen ihnen Rechnung.

## I. Rechtsgüterschutz

Ob das Strafrecht seine Aufgabe im Schutz von Rechtsgütern findet, ob es zusätzlich zu Rechtsgütern oder anstelle von Rechtsgütern irgendetwas anderes schützen soll, ja ob es Rechtsgüter überhaupt gibt – wer es noch nicht wusste, versteht spätestens an dieser Stelle zweierlei: was eine akademische Diskussion unter Strafrechtlern auszeichnet und warum ich hier alles andere tun werde als sie zu führen. Statt mich in Argumenten zu ergehen, flüchte ich in Lobpreisungen und beschränke mich darauf, Ihnen vorzuführen, welchen massiven Vorteil ein Denken aus dem Rechtsgut gerade in einem Wirtschaftsstrafrecht hätte.

Die mir im Untertitel meines Referats angediente alternative Vorstellung, das Verbrechen sei Pflichtverletzung, kann dem Konzept des Rechtsguts das Wasser nicht reichen. Diese Vorstellung ist nicht etwa der Versuch, auf die Frage, was das Strafrecht soll, eine Antwort zu geben, sondern geradewegs der Versuch, diese Antwort zu vermeiden:

Das Konzept des Verbrechens als Rechtsgutsverletzung unternimmt es, dem Strafgesetzgeber zu sagen, welches Ziel er mit seinem Gesetz verfolgen soll, um ihn sodann daran festzuhalten: Er soll Rechtsgüter schützen wie Leben, Freiheit oder das Funktionieren des Kapitalmarkts. Das Konzept des Verbrechens als Pflichtverletzung hingegen belästigt den Gesetzgeber mit solchen Zumutungen nicht; es akzeptiert jeweils das, was der Gesetzgeber als Pflicht des Rechtsunterworfenen statuiert. Es ist ein reduziertes, ein positivistisches Konzept und muss uns seine Beliebtheit in eher autoritär gestimmten Strafrechtsordnungen nicht erst mühsam erklären.

Dieses Konzept ist also heutzutage kein ernsthafter Konkurrent des Rechtsguts – anders als die These, gerade in einem Wirtschaftsstrafrecht habe das Rechtsgutskonzept nichts zu suchen; dieses Recht sei viel zu komplex für den vorgestrigen Winzling Rechtsgut; der könne die globalen Aufgaben der Moderne nicht stemmen.

Es ist offensichtlich, dass das Konzept des Rechtsguts seine Heimat im Vorgestern hat: im klassischen Kernstrafrecht, bei Diebstahl, Vergewaltigung und Brunnenvergiftung; dort hat es uns etwas zu sagen, beispielsweise dass der Hochverrat (§§ 81 ff. StGB) oder die öffentliche Aufforderung zu Straftaten (§ 111 StGB) bloß im Vorfeld einer Rechtsgutsverletzung wirken und in den Voraussetzungen der Strafbarkeit entsprechend behandelt werden müssen. Im Nebenstrafrecht hingegen tut sich das Rechtsgutskonzept schwer und auch im Wirtschaftsstrafrecht, wo es um großflächige und zumeist überindividuelle Interessen geht wie Volksgesundheit, Subventionssystem, Energiesicherung oder Ernährungsvorsorge. Wie will man dem Strafgesetzgeber mit Aussicht auf Erfolg einwenden, eine bestimmte Vorschrift des Gesetzes über den Verkehr mit Betäubungsmitteln sei, bei Licht betrachtet, zum Schutz des Rechtsguts Volksgesundheit eigentlich nicht geeignet?

Ich gestehe das zu und halte dagegen: Wenn man mit diesem, in sich richtigen, Argument das Denken aus dem Rechtsgut von einem Wirtschaftsstrafrecht fernhält, schüttet man das Kind mit dem Bade aus. Dass es in diesem Bereich strafrechtlicher Regulierung um großflächige, komplexe, überindividuelle und überdies schnell wechselnde Interessen geht, ist kein Grund, das Rechtsgutskonzept zu verabschieden, sondern ein Anlass, es zu verbessern und zuzuschärfen.

Dass die Wirtschaft als teilautonomes Subsystem der Gesellschaft ihre eigene Systemvernunft hat und dass sie diese Vernunft auch lebt, dass sie selber normativ strukturiert ist und Kriterien von richtig und falsch ausbildet (oben B.II.1.) und dass sie deshalb von einer strafrechtlichen Regulierung Respekt und Umsicht erwarten darf (oben B.II.2.) – all das fordert von einem Wirtschaftsstrafrecht eindeutig und nachdrücklich zweierlei: Prinzipienbindung und Zurückhaltung. Eine angemessene Strafbarkeit der Ehrverletzung oder der Geldfälschung ist schon nicht einfach auszustatten – um wie viel komplizierter, gefahrenträchtiger und eingriffsfreundlicher ist sie auf dem komplexen, unübersichtlichen und von Prognosen bestimmten Gebiet der Wirtschaft zu finden. Um wie viel sorgsamer müssen die Strafrechtler sich um Kriterien kümmern, die dysfunktionale Eingriffe und Übergriffe möglichst ausschließen, die handfest sind, klar konturiert und gut kontrollierbar. Dieses Geschenk machen uns nur Rechtsgüter.

Die Orientierung der Strafbarkeit am Schutz von konkreten Interessen, an Rechtsgütern ist der einzige Anker, an dem strafrechtliche Zurückhaltung und Prinzipienbindung befestigt werden können. Das Rechtsgutskonzept verlangt, anders als andere Vorstellungen guter Strafgesetzgebung, vom Gesetzgeber eine Rechtfertigung seiner Strafdrohungen. Diese Rechtfertigung besteht auch in einem Stück Empirie; sie muss aufweisen, dass es ein konkretes Problem in dem zu regulierenden Feld gibt, wie es aussieht und warum es mit welchen strafrechtlichen Instrumenten gelöst oder jedenfalls bearbeitet werden kann – und nicht besser mit Mitteln außerhalb des Strafrechts. Jedes Stück Empirie im normativen strafrechtlichen Diskurs verbessert, so behaupte ich, dessen Transparenz und Kontrollierbarkeit; denn empirische Behauptungen lassen sich, anders oder doch jedenfalls leichter als normative, falsifizieren und damit langfristig bestätigen.

Was aber viel wichtiger ist: Ein dem Niveau der Probleme angemessener Diskurs über den Schutz von Rechtsgütern durch Wirtschaftsstrafrecht lässt sich, wie die Dinge liegen, ohne Beteiligung wirtschaftlichen Sachverstands schwerlich führen. Das Strafrecht braucht diesen Sachverstand in einem komplexen und unübersichtlichen Gelände, ohne dass dadurch seine Festigkeit (oben B.II.2.) ins Rutschen geriete – warum auch? Die Rechtsgüter, die schützenswerten konkreten Interessen, ihre Verletzlichkeit und die ihnen gemäße strafrechtliche Schutztechnik liefern diesem Diskurs seinen Gegenstand.

Und vielleicht darf man überdies hoffen, dass eine am Rechtsgut orientierte Grundhaltung zur Politik des Wirtschaftstrafrechts ein feineres Gespür dafür entwickelt, ab welchem Punkt der Strafrechtler gegenüber dem Ökonomen mit dem Reden aufhören und mit dem Hören anfangen sollte – wie etwa beim zentralen Begriff des Vermögensschadens, den der strafrechtliche Sachverstand leichthin auf die Vermögensgefährdung ausdehnt, ohne zu realisieren, dass er sich damit gefährliche prognostische Elemente einhandelt, die in der Erfahrung des Ökonomen einen ganz anderen Stellenwert haben als im Urteil des Kriminalisten.

Das Denken aus dem Rechtsgut ist strafrechtliches, nicht ökonomisches Denken. Aber im Diskurs über strafrechtliche Rechtsgüter, ihre Verletzlichkeit und ihren Schutz können Ökonomen und Kriminalisten einander verstehen und belehren.

## II. Umhegung

Eine seltsame Bezeichnung für ein den Juristen und selbst den Rechtstheoretikern weithin unbekanntes Gelände. Zu Unrecht unbekannt. Denn die Umhegung eines Lebens- und Entscheidungsbereichs durch Recht ist ein kluger Lösungsweg in denjenigen Konstellationen, in denen das Teilsystem Recht auf ein anderes Teilsystem trifft, wie etwa die Wirtschaft eines ist: mit normativer Struktur, eigener Systemvernunft, eigener Methode und eigenen Instrumenten (oben B.II.1.). Überdies bedient sich unser Rechtssystem dieser Technik schon in mannigfachen Zusammenhängen; man muss nur durch die richtige Brille genau hinschauen.

Umhegung meint die Absicherung autonomen Lebens durch Recht innerhalb rechtlich definierter Grenzen. Ihr Konzept passt mit der Vorstellung zusammen, das Wirtschaftsstrafrecht lasse sich gegenüber dem Teilsystem Wirtschaft als Linienrichter denken, der nicht die Dinge „auf dem Platz“ bestimmt, sondern zum Eingreifen erst aufgefordert ist, wenn eine bestimmte Linie überschritten wird (oben B.II.2.). Die Logik dieses Konzepts liegt in der Teil-Autonomie von Teil-Systemen. Das Recht lässt diese Teilsysteme gewähren (ja begrüßt und unterstützt sie gar bisweilen), solange sie die Grenzen ihrer Autonomie achten, solange ihr autonomes Handeln nicht zu Schäden führt, die von der Systemvernunft nicht getragen werden. Dass die Grenzen nicht ein für allemal festgeschrieben sind, versteht sich ebenso wie der Umstand, dass die rechtliche Definition des Grenzverlaufs kein Naturrecht, sondern Ergebnis politischer Abstimmung ist.

Das Regelungskonzept der Umhegung lässt sich überall dort nachweisen, wo das Recht ein Teilsystem in dem Sinne reguliert, wie er hier ausgeführt worden ist (oben B.II.1.). Drei Typen von Beispielen trage ich Ihnen vor:

So umhegt Art. 6 II GG die Familie, indem er die Pflege und Erziehung der Kinder als „das natürliche (!) Recht der Eltern und die zuvörderst (!) ihnen obliegende Pflicht“ statuiert und anfügt, die staatliche Gemeinschaft wache „über ihre Betätigung“. Was in der Familie geschieht, ist nicht des Staates; er wacht still über die „Betätigung“ der Eltern (und schreitet erst ab einer Grenze ein, die er in Art. 6 III GG als Versagen der Erziehungsberechtigten oder drohende Verwahrlosung der Kinder beschreibt). Das Verhältnis von Arzt und Patient, das Verhältnis von Eheleuten liegt in der autonomen Entscheidung der Beteiligten und geht den Staat erst bei definierten Übergriffen etwas an; für diese Übergriffe hat er vorgesorgt und Instrumente bereit gelegt im Recht der unerlaubten Handlung, im Schadensersatz- und im Scheidungsrecht. Religionsgemeinschaften, Universitäten oder Sportverbände schaffen sich eigene Ordnungen gegenüber dem aufmerksamen, aber neutralen Staat, solange sie ihren funktionalen Bereich nicht verlassen. Nichts anderes hat auch die Wirtschaft verdient.

Machen wir die Gegenprobe am Gegenkonzept von Umhegung – an einem Konzept, für das Theoretiker des Wirtschaftsstrafrechts immer wieder Sympathie bekunden: am Konzept der Steuerung durch Recht, hier also der Wirtschaftslenkung durch Wirtschaftsstrafrecht. Dazu hat das Konzept der Umhegung etwas Hörenswertes, weil Differenzierendes zu sagen.

Natürlich wird ein intelligentes Teilsystem wie die Wirtschaft die Informationen und Impulse, die von einem Teilsystem Wirtschaftsstrafrecht ausgehen, registrieren und verarbeiten. Es wird sein Verhalten nach gesetzlichen Strafdrohungen und nach geschehenen Verurteilungen ausrichten, um Sanktionen zu entgehen, und insofern kann man von einer mittelbar lenkenden Wirkung von Wirtschaftsstrafrecht sprechen. Das ist trivial richtig, denn darin besteht schließlich der Sinn des Teilsystems Strafrecht – überall.

Das schöpft unser Problem aber nicht aus. Es übersieht die Differenz von Wirtschaft und ihrer Politik auf der einen und Strafrecht auf der anderen Seite: Wirtschaftslenkung in einem unmittelbaren Verständnis der Zielvorgabe und Zielerreichung kann niemals Aufgabe eines Strafrechts sein, es ist Sache der Wirtschaft selbst und ihrer Politik. Das Strafrecht ist zu inhaltlichen, zu lenkenden Vorgaben weder systemisch befugt noch professionell imstande; es wacht über die Grenze, jenseits derer die Verletzung eines seiner Rechtsgüter beginnt. Das ist alles.

## III. Prozeduralisierung

Prozeduralisierung ist für die Ausgestaltung eines Wirtschaftsstrafrechts nicht das Mittel der Wahl; sie ist aber eine Form der Regulierung, die dem prekären Verhältnis von Wirtschaft und Recht (oben B.II.) entgegenkommt und Chancen eröffnet, die sich einer substantiellen Regelung des Wirtschaftsstrafrechts nicht auftun.

Deshalb will ich zum Schluss noch ein kleines Licht auf diesen Typ rechtlicher Anordnung werfen.

Wer, wie ich, für eine Ausrichtung von Wirtschaftsstrafrecht am Konzept des Rechtsguts wirbt (oben C.I.), macht sich, jedenfalls auf den ersten Blick, einer Inkonsistenz verdächtig, wenn er sich sodann für Prozeduralisierung stark macht. Denn ein am Schutz konkreter Rechtsgüter orientiertes Strafrecht sollte wohl ein substantielles Strafrecht sein, das bestimmte Handlungen ohne Wenn und Aber verbietet, mit Strafe bedroht und dann verurteilt. Auch die Festigkeit, die ich als Haltung des Rechts gegenüber einem komplexen, teil-autonomen und selber normativ strukturierten Teilsystem wie der Wirtschaft empfehle (oben B.II.2.), scheint sich mit klarer, entschiedener und abschließender Regulierung besser zu vertragen als mit Prozeduralisierung, die ja Entscheidungen in der Sache offenhält und im Verfahren typischerweise verzögert.

All dem widerspreche ich nicht. Ich gebe aber zu bedenken, ob eine ausschließlich substantielle wirtschaftsstrafrechtliche Regelungsstruktur den Besonderheiten gerecht werden kann, welche das System Wirtschaft und sein Verhältnis zum Recht kennzeichnen. Mein Plädoyer ist es, diese Regelungsstruktur als Regelfall anzusehen, Prozeduralisierungen aber nicht von vorneherein beiseitezulassen und ihre Eignung von Konstellation zu Konstellation zu prüfen.

Prozeduralisierung hilft, wenn Rechtsfragen zur Entscheidung anstehen, deren angemessene Antwort man derzeit nicht kennt. Das kann an der Notwendigkeit von Prognosen liegen, die sich nicht verantworten lassen, an der Komplexität des zu entscheidenden Sachverhalts, an der Unsicherheit einer Bewertung, an dem Bedarf an fremdem Wissen – oder an allem zusammen. Dann kann es sich anraten, die Entscheidung in der Sache nicht sofort oder nicht endgültig zu fällen, Erfahrungen zu sammeln und die Situation zwischenzeitlich prozedural abzusichern. Einstweilige Anordnungen mit Auflagen sind ein Beispiel, die Beauftragung von Sachverständigen oder die Einrichtung von Behörden zu Aufklärung und Beurteilung ein anderes. Prozeduralisierung kann auch helfen, wenn zu besorgen ist, dass ein schwerer Rechtsgüterschaden nur deshalb eintritt, weil die Entwicklung, die zu ihm geführt hat, nicht rechtzeitig beobachtet worden ist, obwohl das möglich gewesen wäre und den Schaden hätte hindern oder mindern können. Beispiele dafür sind „Vorfeldregelungen“ wie die Kriminalisierung vorbereitender Handlungen oder die strafrechtlich flankierte Pflicht zu Rechnungslegung, Versicherung oder Zulassung von Kontrollen.

Auch flankierendes Strafrecht ist Strafrecht. Je komplexer die Entscheidungsgegenstände in der Zukunft werden – empirisch wie normativ –, desto eher ist es Mittel der Wahl. Strafrecht, das Prozeduralisierung flankierend absichert, indem es beispielsweise zur Einrichtung eines Fonds als Sicherheit späterer Entschädigung zwingt oder Falschinformationen kriminalisiert, muss auch nicht soft law sein. Die

Rechtsgüter, deren Beschädigung durch Sicherung im Vorfeld verhindert werden soll, werden typischerweise – auch und gerade im Bereich der Wirtschaft – von erheblichem Gewicht sein, sie können im Überleben eines ökonomischen Systems bestehen, und das wird sich in der Ernsthaftigkeit der Strafdrohungen niederschlagen. Rechtsstaatliche Voraussetzung all dessen ist freilich, dass der Eingriff in Grundrechte, der auch ein flankierendes Strafrecht kennzeichnet, durch angemessene Sicherungen des Verfahrens aufgefangen wird, so wie dies das strafrechtliche Verfassungsrecht schon immer vorschreibt.

## D. Zusammenfassung

Die Wirtschaft ist für das Strafrecht ein schwieriger Regelungsbereich. Er hat seine eigene Vernunft, seine eigenen Plausibilitäten, Instrumente und Methoden. Er hat auch seine eigenen Normen und seine Wege, diese Normen durchzusetzen. Deshalb muss sich das Strafrecht der Wirtschaft – bei aller Festigkeit seiner eigenen Überzeugungen und der Verbindlichkeit seines Regelungsauftrags – mit Respekt und Umsicht nähern. Das bedeutet für ein Wirtschaftsstrafrecht dreierlei: die Konzentration der Strafbarkeit auf handfeste Rechtsgutsverletzungen, das Freihalten und Sichern eines Kernbereichs, in dem die Wirtschaft ihrer eigenen Vernunft folgt, und die Einrichtung von Prozeduren, die im Vorfeld einer Rechtsgutsverletzung Transparenz und Kontrolle ermöglichen und vom Strafrecht flankierend gesichert werden.

Martin Böse

# Der Preis: Zu breite, intensive und schlecht überprüfbare Kontrolle? Das Strafrecht die liberalere Lösung?

## Gliederung



Die Subsidiarität des strafrechtlichen Rechtsgüterschutzes und der ultima-ratio-Gedanke werden gemeinhin als gesicherte Grundsätze eines rechtsstaatlichen Strafrechts angesehen, denen die Suche nach privatrechtlichen und öffentlich-rechtlichen Instrumenten zur Prävention von Wirtschaftsstraftaten als Alternativen zur Einführung neuer Strafvorschriften geschuldet ist.[1] In Bezug auf das Wirtschaftsstrafrecht werden jedoch Zweifel an der uneingeschränkten Geltung dieser Grundsätze geäußert. So hat *Klaus Tiedemann* bereits vor mehr als drei Jahrzehnten darauf hingewiesen, dass das Strafrecht in bestimmten Konstellationen als das mildere (und damit nicht als das letzte) Mittel in Betracht kommen kann, um Wirtschaftsstraftaten zu verhindern.[2] Nach Ansicht von *Tiedemann* greift das Strafrecht in der Form der abstrakten Androhungsprävention – d.h. durch die abschreckende Wirkung der Strafandrohung – weniger als alle sonstigen Maßnahmen in die Freiheit des Unternehmers ein, denn strafrechtlichen Tatbeständen könnten die Betroffenen durch normkonformes Verhalten ausweichen, während öffentlich-rechtliche Regulierungsmaßnahmen, insbesondere präventive verwaltungsrechtli-

**Erschienen in** ILFS Band 6: Die Handlungsfreiheit des Unternehmers: Wirtschaftliche Perspektiven, strafrechtliche und ethische Schranken, 2009

1 S. aus der Rechtsprechung BVerfGE 88, 203, 258; 96, 10, 25; 96, 245, 249; NJW 2008, 1137, 1138; aus dem Schrifttum s. statt vieler *Roxin* Strafrecht AT, Bd. I, 4. Aufl. 2006, § 2 Rn. 97 ff. m.w.N.

2 *Tiedemann* Tatbestandsfunktionen im Nebenstrafrecht 1969, S. 145 (in Fn. 22); *ders.* ZStW 87 (1975) 253, 266 f.; *ders.* Wirtschaftsstrafrecht – Einführung und Allgemeiner Teil, 2. Aufl. 2007, Rn. 63a.

https://doi.org/10.1515/9783111057125-013

che Verbote mit Erlaubnisvorbehalt notwendigerweise jeden, d.h. auch den „rechtstreuen“ Unternehmer träfen.[3]

Gegen diese Sichtweise sind zunächst zwei Einwände zu erheben: Zum Einen ist die Androhungsprävention nicht zum „Nulltarif“ zu haben; auch die strafbewehrte Verhaltensnorm greift, zumal wenn ein neues Verbot geschaffen wird, in die Grundrechte *aller* Wirtschaftsteilnehmer ein. Mit der Androhung von Strafe für ein bestimmtes Verhalten wird überdies schwerer in die allgemeine Handlungsfreiheit eingegriffen, als wenn dem Normadressaten im Fall eines Verstoßes öffentlich-rechtliche oder privatrechtliche Sanktionen i.w.S. drohen.[4] Zum Anderen stellt sich die grundsätzliche Frage, ob die von einer Kriminalisierung bzw. behördlichen Überwachung ausgehenden Eingriffe in die Grundrecht verschiedener Normadressaten gegeneinander „verrechnet“ werden können; insofern ist zweifelhaft, ob der im Einzelfall intensivere Eingriff gegenüber dem Einzelnen (Strafe) mit der Entlastung Vieler hinreichend begründet ist.[5]

Gerade der letzte Einwand schließt es aus meiner Sicht aus, in der strafrechtlichen Intervention das „mildere“ Mittel zu sehen; andererseits kann es dem Gesetzgeber nicht von vornherein verwehrt sein, die in der behördlichen Überwachung liegende zusätzliche Belastung *sämtlicher* Unternehmen im Rahmen der Verhältnismäßigkeit i.e.S. zu berücksichtigen und dabei die betroffenen Grundrechtspositionen gegeneinander abzuwägen. In bestimmten Konstellationen kann daher eine Durchbrechung des ultima-ratio-Prinzips wenn nicht geboten, so doch zumindest zulässig sein. Die verfassungsrechtliche und kriminalpolitische Bewertung hängt also letzten Endes von der konkreten Ausgestaltung der Alternativen ab.[6]

Ungeachtet der dem Gesetzgeber zustehenden Beurteilungsspielräume möchte ich im Folgenden auf einige Gesichtspunkte eingehen, die gegen einen vorschnellen Rückgriff auf das Strafrecht als vorgeblich „liberalere“ Lösung sprechen, und dabei zugleich die in der Überschrift anklingenden Einwände gegen die unternehmerische Eigenüberwachung zur Prävention von Wirtschaftskriminalität aufgreifen.

3 *Tiedemann* ZStW 87 (1975) 253, 266 f., mit dem Beispiel der Einführung einer Strafvorschrift zur Erstattung falscher Wertgutachten als Alternative zur Begründung einer gewerberechtlichen Erlaubnispflicht für eine solche Tätigkeit.

4 S. dazu näher *Böse* in Hefendehl/von Hirsch/Wohlers (Hrsg.) Die Rechtsgutstheorie – Legitimationsbasis des Strafrechts oder dogmatisches Glasperlenspiel? 2003, S. 89, 91 ff., 95.

5 *Hefendehl* Kollektive Rechtsgüter im Strafrecht, 2002, S. 235; vgl. auch *Tiedemann* Wirtschaftsstrafrecht (o. Fn. 2) Rn. 63a.

6 *Hefendehl* aaO; s. auch *Achenbach* ZStW 119 (2007) 789, 813; grundsätzlich kritisch zur Leistungsfähigkeit des ultima-ratio-Gedankens: *Schmidt-Jortzig* in FS BVerfG, Bd. II, 2001, S. 505, 509.

# 1. Zum Verhältnis von Wirtschaftsaufsicht und Strafverfolgung – „zu breite" Kontrolle?

Die oben referierte Kritik öffentlich-rechtlicher Regelungen wendet sich in der Hauptsache gegen die Unterwerfung sämtlicher Unternehmer unter ein behördliches Überwachungsregime. Gleichwohl erscheint die Wahrnehmung der Wirtschaftsaufsicht als ein gegenüber dem Wirtschaftsstrafrecht zu breit angelegtes Kontrollsystem verkürzt:

Die behördliche Überwachung hat in der Regel eine sehr viel umfassendere Funktion als das Wirtschaftsstrafrecht, denn sie soll Gefahren (und nicht nur Straftaten) abwenden. Wie die gegenwärtige Finanzkrise und der Ruf nach einer Regulierung der Finanzmärkte zeigt, geht es nicht allein um die Prävention von Wirtschaftskriminalität, sondern darum, die Funktionsfähigkeit des Kapitalmarktes insgesamt und umfassend zu gewährleisten. Dies gilt ebenso für die privatrechtliche Selbstregulierung bzw. Selbststeuerung: Soweit diese allgemein darauf gerichtet ist, den „Fortbestand der Gesellschaft" zu sichern (§ 91 Abs. 2 AktG) bzw. „ethische" Grundsätze für das Verhalten der Mitarbeiter niederzulegen,[7] geht sie in ihrer Zielrichtung weit über die Prävention von Wirtschaftsstraftaten hinaus.

Die „breite" Kontrolle ist dann nicht der Preis für den Verzicht auf das Strafrecht, sondern für eine umfassende Abwehr von Gefahren bzw. Haftungsrisiken, unter Umständen sogar weitergehender der Einhaltung ethischer Gebote. Da die öffentlich-rechtliche und die privat-rechtliche Regulierung insoweit mehr leistet als das Strafrecht, wird ihre Legitimation durch das Strafrecht als (vermeintlich) schonenderes Mittel nicht in Frage gestellt. Aufgrund der (zum Teil) abweichenden Ziele scheidet das Strafrecht damit in der Regel als Alternative zur öffentlich-rechtlichen Überwachung aus; dementsprechend wird im Schrifttum mit Recht konstatiert, dass der Gesetzgeber in der Regel (z. B. im Subventionswesen) beide Instrumente miteinander kombiniert.[8] So wäre es beispielsweise unsinnig, angesichts der Strafbarkeit des Subventionsbetruges (§ 264 StGB) auf behördliche Kontrollen zu verzichten, die u. a. auch auf die Aufdeckung von zu Unrecht gewährten Leistungen abzielen, die nicht auf betrügerische Weise erlangt worden sind.[9]

Soweit der Gesetzgeber bereits zur allgemeinen Gefahrenabwehr ein öffentlich-rechtliches Überwachungsregime errichtet hat, stellt sich daher regelmäßig nur

---

7 S. insoweit *Sieber* in FS Tiedemann, 2008, S. 449, 451, 455 und passim.

8 *Hefendehl* (o. Fn. 5) S. 234 f.; *Schünemann* in GS Armin Kaufmann, 1989, S. 629, 632 f.; *Volk* JZ 1982, 85, 88.

9 Vgl. das Beispiel von *Volk* JZ 1982, 85, 88.

noch die Frage, ob es zur Ergänzung bzw. Flankierung dieses Überwachungsregimes darüber hinaus einer Einführung von Strafvorschriften bedarf; insoweit ist und bleibt das Strafrecht das „letzte Mittel“, das auf den bereits bestehenden Regelungen des öffentlichen Rechts und des Zivilrechts aufbaut: Es stellt sich regelmäßig nur noch die Frage, ob das Strafrecht zusätzlich zu den bereits vorgesehenen präventiven oder restitutiven Maßnahmen eingesetzt werden soll.[10]

Dennoch zeigt ein Blick auf das öffentliche Wirtschaftsrecht, dass die behördliche Überwachung unterschiedlich stark ausgeprägt sein und dem Straf- bzw. Ordnungswidrigkeitenrecht im Verhältnis zum Verwaltungsrecht durchaus eine komplementäre Funktion zukommen kann. So hat der Gesetzgeber im Lebensmittelrecht auf ein behördliches Verfahren zur Konkretisierung der dem Hersteller obliegenden Pflichten (z. B. zur Kennzeichnung) verzichtet, um dessen wirtschaftliche Betätigung nicht unnötig zu behindern, und statt dessen auf die „Präventionswirkung“ des Straf- und Ordnungswidrigkeitenrechts gesetzt.[11]

Ein solcher Verzicht auf staatliche Regulierung erweist sich jedoch nur bedingt als milderer Eingriff, wenn die strafbewehrte Verhaltensnorm aufgrund ihrer Unbestimmtheit ein solches Maß an Rechtsunsicherheit erzeugt, dass der Adressat einen hohen Aufwand betreiben muss, um den Verbotsinhalt zu ermitteln, und bzw. oder in Grenzfällen im Hinblick auf das Strafbarkeitsrisiko von (möglicherweise erlaubten) Handlungen Abstand nimmt. Unternehmerische Handlungsspielräume werden auf diese Weise durch die „überschießende“ Wirkung der Androhungsprävention beschnitten oder können erst mit erheblichem Beratungsaufwand (wieder) erschlossen werden.[12] Besonders deutlich zeigt sich die freiheitsbeschränkende Wirkung bei Verboten, die vom Gesetzgeber mehr oder weniger bewusst (zu) weit gezogen und mit einem „Korrekturvorbehalt“ versehen werden; als Beispiel sei § 20a Abs. 2 WpHG genannt, der Handlungen von dem strafbewehrten Verbot der Kurs- und Marktpreismanipulation ausnimmt, die – gegebenenfalls auch

10 *Böse* in Hefendehl/von Hirsch/Wohlers (o. Fn. 4) S. 89, 94; *Lagodny* Strafrecht vor den Schranken der Grundrechte, 1996, S. 348; *Wohlers* Deliktstypen des Präventionsstrafrechts, 2000, S. 77.

11 S. BT-Drucks. 7/255, S. 23; 11/4309, S. 7; s. insoweit auch BVerwG DÖV 1992, 790, 792; *Hammerl* ZLR 1995, 15, 17; vgl. auch die entsprechenden Erwägungen zum 2. Gesetz zur Bekämpfung der Wirtschaftskriminalität, BT-Drucks. 10/318, S. 11.

12 Vgl. zur freiheitsbeschränkenden Wirkung fehlender Normenklarheit: *Neumann* in NK-StGB, 2. Aufl. 2005, § 17 Rn. 72. Dass das Bestimmtheitsgebot keine materiellen Vorgaben zu den Grenzen verfassungsrechtlich zulässiger Freiheitsbeschränkungen enthält (s. zur entsprechenden Kritik an einer „freiheitsschützenden“ Funktion des Art. 103 Abs. 2 GG: *Ransiek* Gesetz und Lebenswirklichkeit, 1989, S. 38 f.), steht dem nicht entgegen, da es insoweit um überschießende (d. h. materiell nicht mehr legitimierbare) Präventionswirkungen der nicht hinreichend bestimmten Strafnorm geht.

nachträglich (!) – von der Bundesanstalt für Finanzdienstleistungsaufsicht (BAFin) als zulässige Marktpraxis anerkannt werden.[13]

In den angeführten Konstellationen kann sich daher ein Mehr an Regulierung als die „liberalere" Lösung erweisen, weil sie den Adressaten von dem Risiko der falschen Normorientierung entlastet. Der den Verbotsinhalt konkretisierende Verwaltungsakt bestimmt dann die Grenze der Strafbarkeit und wird damit zur „Magna Charta" des Unternehmers.[14] Soweit die jeweilige Verhaltensnorm einer Konkretisierung bedarf, ist diese nicht erst nachträglich durch den Strafrichter vorzunehmen, sondern sollte – auch im Hinblick auf eine effektive Steuerung unternehmerischen Verhaltens[15] – *vorher* durch den Rückgriff auf die einschlägigen Instrumente des Verwaltungsrechts (Erlaubnis, Untersagung etc.) erfolgen.[16] Auf diese Weise wird der Unternehmer auch in die Lage versetzt, eine gerichtliche Klärung von Streitfragen über den Umfang seiner wirtschaftsrechtlichen Pflichten herbeizuführen. Demgegenüber wird es der Unternehmer in der Regel nicht auf sich nehmen wollen, den Inhalt eines strafbewehrten Verbotes in einem Strafprozess klären zu lassen, und verwaltungsrechtlicher Rechtsschutz ist – wie wiederum das Beispiel des Lebensmittelrechts gezeigt hat[17] – insoweit nicht zu erlangen.

Zur Klarstellung: Die „klassische" Wirtschaftsaufsicht ist kein Allheilmittel, und die Einführung präventiver Verbote mit Erlaubnisvorbehalt stellt natürlich ebenfalls einen erheblichen Grundrechtseingriff dar, der insbesondere dann nicht zu rechtfertigen ist, wenn die Aufsichtsbehörde nicht in der Lage ist, über entsprechende Anträge zeitnah zu entscheiden. Mit dem Vorstehenden ging es mir nur darum zu zeigen, dass mit einer Rücknahme öffentlich-rechtlicher Regulierung nicht nur ein Zugewinn an Freiheit verbunden ist.

---

**13** Zur konstitutiven Wirkung der Zulassungsentscheidung: *Schröder* Handbuch Kapitalmarktstrafrecht, 2007, S. 194 f.; zu verfassungsrechtlichen Bedenken gegen diese Regelung (Art. 103 Abs. 2 GG): *Raabe* Der Bestimmtheitsgrundsatz bei Blankettstrafgesetzen am Beispiel der unzulässigen Marktmanipulation, 2007, S. 173.

**14** S. die – wenngleich in dem dortigen Zusammenhang kritische – Formulierung von *Schünemann* in GS Armin Kaufmann, 1989, S. 629, 642.

**15** S. zum Zusammenhang von Bestimmtheitsgebot und generalpräventiver Wirkung der Strafnorm: *Ransiek* (o. Fn. 12) S. 13 ff.; *Schünemann* Nulla poena sine lege? 1978, S. 29.

**16** *Hufen* ZLR 1989, 563, 572 f.; s. auch *Dannecker* Entsanktionierung der Straf- und Bußgeldvorschriften des Lebensmittelrechts, 1996, S. 49 f.

**17** S. zur Unzulässigkeit einer Feststellungsklage (§ 43 VwGO): BVerwG DÖV 1992, 790 ff.: Die Reichweite der lebensmittelrechtlichen Untersuchungs- und Verkehrspflichten begründet kein feststellungsfähiges Rechtsverhältnis; s. insoweit auch *Hammerl* ZLR 1995, 15, 16 ff.; s. dagegen *Hufen* ZLR 1989, 563, 564, 573 ff.

## 2. Die Eigenüberwachung als Alternative zum Strafrecht – zu „intensive" Kontrolle?

Was ergibt sich nun aus den vorstehenden Überlegungen für die Bewertung der unternehmerischen Eigenüberwachung? Das Konzept der Eigenüberwachung beruht auf der Erwägung, dass das Unternehmen die Aufgabe der Gefahrenabwehr zum Teil selbständig wahrnimmt und die behördliche Fremdüberwachung dementsprechend zurückgenommen wird.[18] Es knüpft damit an die gleiche Erwägung wie die These *Tiedemanns* an: Die Verhütung von Straftaten und entsprechende Kontrollmaßnahmen werden dem Unternehmen überantwortet und eine behördliche Überwachung damit – zumindest zum Teil – entbehrlich.

Diese Parallele kann jedoch nicht darüber hinwegtäuschen, dass sich die unternehmerische „Eigenüberwachung" in weiten Teilen (auch) als Fremdüberwachung darstellt; dies gilt insbesondere, soweit Straftaten unternehmensexterner Dritter verhindert werden sollen. Sofern derartige Pflichten zur Eigenüberwachung ihrerseits sanktionsbewehrt sind bzw. sein müssen, kann es auch hier zu überschießenden Präventionseffekten kommen. So wird etwa darauf hingewiesen, dass die von Internetprovidern übernommene Selbstverpflichtung zur Sperrung illegaler Inhalte und die Angst vor Sanktionen zu einer praktisch unkontrollierten privaten Zensur des Internet führen können.[19] In derartigen Konstellationen geht es nicht nur um unternehmerische Freiheit, sondern auch um Grundrechte Dritter: Die Abwägung widerstreitender Grundrechtspositionen erfolgt durch einen Privaten, der im Zweifel nicht bereit sein wird, zur Wahrung der Meinungsfreiheit des Nutzers ein Strafbarkeitsrisiko auf sich zu nehmen.

In der Sanktionsbewehrung der Pflichten zur Eigenüberwachung zeigt sich eine weitere Parallele zu der These vom Strafrecht als der liberaleren Lösung. Sie macht deutlich, dass das Konzept der Eigenüberwachung als Alternative zum Strafrecht nur begrenzt taugt, da es seinerseits zu einer erheblichen Ausdehnung der Strafbarkeit von Unternehmensangehörigen führt: Wer innerhalb des Unternehmens im öffentlichen Interesse dazu bestellt wird, Straftaten zu verhindern, wird damit zum Garanten i.S.d. § 13 StGB; als Beispiel sei insoweit nur die Institution des Betriebsbeauftragten genannt.[20]

---

18 S. dazu (am Beispiel der Geldwäscheprävention): *Böse* Wirtschaftsaufsicht und Strafverfolgung, 2005, S. 237 ff. m.w.N.; zu den Vorteilen der unternehmerischen Selbststeuerung aus staatlicher Sicht: *Sieber* in FS Tiedemann, 2008, S. 449, 475 ff.

19 *Sieber* ZStW 119 (2007) 1, 42; *ders.* in Waltermann/Machill (Hrsg.) Verantwortung im Internet, 2000, S. 345, 411 f.

20 S. dazu näher *Böse* NStZ 2003, 636 ff. m.w.N.

Der Haupteinwand, den die neuen Steuerungsinstrumente der öffentlich-rechtlichen und der privatrechtlichen Eigenüberwachung auf sich ziehen, besteht jedoch in der damit zunehmenden Kontrolldichte: Die „Freiheit" des Unternehmens, innerhalb der gesetzten Grenzen selbst zu entscheiden, welche Maßnahmen zur Kriminalprävention und zur Abwendung sonstiger Gefahren oder Haftungsrisiken zweckmäßig sind, darf nicht den Blick darauf verstellen, dass sich der Staat mit der Inpflichtnahme privater Unternehmen insbesondere im Bereich der Datenverarbeitung ein neues und nahezu unbegrenztes Überwachungspotential erschließt.[21]

Dabei ist allerdings zu berücksichtigen, dass die Eigenüberwachung darauf gerichtet ist, Straftaten (und Gefahren) unmittelbar zu verhindern und nicht nur mittelbar durch eine strafrechtliche Reaktion auf bereits begangene Taten der Begehung weiterer Straftaten vorzubeugen. Gefahrenabwehr darf daher mehr als Strafverfolgung, so dass die Begrenztheit strafprozessualer Ermittlungsbefugnisse keine zwingenden Rückschlüsse auf die Zulässigkeit präventiver Sicherungssysteme zulässt.[22] Eine Ausnahme gilt allerdings für Überwachungsmaßnahmen, deren Ziel allein in der Vorbereitung eines strafrechtlichen Ermittlungsverfahrens besteht: Die Überwachung des Wertpapierhandels und die Auswertung der gemeldeten Transaktionen auf mögliche Insidergeschäfte ist ein Beispiel für eine Flucht in das Verwaltungsrecht, die verschleiern soll, dass es sich um strafprozessuale Vorermittlungen handelt.[23]

„Echte" verwaltungsrechtliche, d.h. auf die Abwehr von Gefahren bezogene Überwachungspflichten können jedoch gegenüber dem jeweiligen Unternehmen gerechtfertigt werden, sofern ein hinreichender Zusammenhang der abzuwendenden Straftaten und der unternehmerischen Tätigkeit besteht, d.h. wenn diese Taten entweder von eigenen Mitarbeitern begangen werden oder – wie im Fall der Geldwäsche – die vom Unternehmen zur Verfügung gestellte Infrastruktur zur Begehung von Straftaten missbraucht wird.[24] Gerade das Beispiel der Geldwäscheprävention zeigt jedoch auch die Grenzen einer solchen Legitimation über den Aspekt der Mitverantwortung für ein bestimmtes Risiko auf: Während die Tätigkeit von Kredit- und Finanzdienstleistungsinstituten ein spezifisches Geldwäscherisiko mit sich bringt, lässt sich dies im Hinblick auf sämtliche „Personen, die gewerblich mit Gütern handeln" (§ 2 Abs. 1 Nr. 12 GwG[25]) nicht ernsthaft behaupten. Deren

---

21 Vgl. *Sieber* in FS Tiedemann, 2008, S. 449, 478 (zur Überwachung von Unternehmensmitarbeitern).

22 S. zu aufsichtsbehördlichen Ermittlungen zur Gefahrenabwehr: *Böse* ZStW 119 (2007) 848, 857 ff.

23 S. dazu *Böse* aaO 851 ff.

24 S. dazu *Böse* aaO 858 ff., 868 f. m.w.N.

25 I.d.F. vom 13.8.2008 (BGBl. I S. 1690).

Einbeziehung in das Pflichtenregime des Geldwäschegesetzes lässt sich daher – trotz der vorgesehenen Ausnahmen – kaum begründen.[26]

Das eigentliche Problem bei der Legitimation derartiger Überwachungsregime ist jedoch, dass es sich bei diesen Maßnahmen allenfalls gegenüber dem jeweiligen Unternehmen, aber nicht gegenüber den von den internen Sicherungsmaßnahmen betroffenen Dritten um eine weniger eingriffsintensive Form der Überwachung handelt, denn aus der Sicht des Kunden stellt sich die behördliche wie die von dem Unternehmen durchgeführte Überwachung als „Fremdüberwachung" dar (s. o.). Mit der Flucht ins Privatrecht wird verschleiert, dass die Verpflichtung von Unternehmen zu internen Sicherungsmaßnahmen massive Auswirkungen auf das informationelle Selbstbestimmungsrecht der von diesen Maßnahmen Betroffenen hat. Auf die allgemeinen Verarbeitungsbefugnisse Privater im Bundesdatenschutzgesetz lassen sich derartige Maßnahmen jedoch nicht stützen, insbesondere weil die Datenverarbeitung primär im öffentlichen Interesse (Verhütung von Straftaten) erfolgt. Mit der ausdrücklichen Einführung einer entsprechenden Befugnis in der neuen Fassung des § 25c Abs. 2 S. 3 KWG[27] hat der Gesetzgeber das bislang bestehende Defizit anerkannt; das Grundproblem, dass privaten Unternehmen zur Verhütung von Straftaten mit der Übertragung von Pflichten zugleich Rechte gegenüber Dritten eingeräumt werden (müssen), die unter Umständen weit über staatliche Eingriffsbefugnisse hinausgehen bzw. weniger präzise begrenzt sind, bleibt damit jedoch bestehen.[28]

Sofern es sich um legitime Sicherungsmaßnahmen zur Verhinderung von Straftaten handelt, sind des Weiteren die Auswirkungen auf ein späteres Strafverfahren in den Blick zu nehmen. So steht etwa die beim Verdacht einer Straftat bestehende Anzeigepflicht in keinem Zusammenhang mit der (präventiven) Eigenüberwachung, sondern nimmt den Unternehmer bzw. seine Angestellten für Zwecke der Strafverfolgung in die Pflicht. Mit derartigen Anzeigepflichten wird nicht nur die Bindung an den ursprünglichen Erhebungs- und Verarbeitungszweck durchbrochen, sondern sie führt in vielen Fällen auch zu Konflikten mit der Aussagefreiheit (Nemo tenetur se ipsum accusare), nämlich dann, wenn sich der Anzeigeerstatter selbst dem Verdacht der Beteiligung an der jeweiligen Straftat aussetzt, weil er die anzuzeigende Transaktion zuvor ausgeführt hat.[29]

---

26 S. dazu *Böse* aaO 876 m.w.N.

27 I.d.F. vom 13.8.2008 (BGBl. I S. 1690).

28 Kritisch insoweit *Hefendehl* ZStW 119 (2007) 816, 843.

29 S. dazu *Böse* ZStW 119 (2007) 848, 873 f. (zu § 10 WpHG); in Bezug auf die Anzeigepflicht nach § 11 GwG besteht diese Gefahr nicht, da der Beteiligte i.d.R. durch die Anzeige nach § 261 Abs. 9 StGB Straffreiheit erlangen kann.

Schließlich führt eine Anzeigepflicht dazu, dass der Verpflichtete in Zweifelsfällen eher geneigt sein wird, eine Anzeige zu erstatten, um selbst einer Sanktionierung zu entgehen. So ist nach dem neuen Geldwäschegesetz bereits die leichtfertige Verletzung der Anzeigepflicht als Ordnungswidrigkeit ausgestaltet (§ 17 Abs. 1 Nr. 4 GwG), von einer möglichen Strafbarkeit wegen Beteiligung an einer Tat nach § 261 StGB ganz zu schweigen. Es können sich also durchaus ähnliche Effekte einstellen wie bei der Selbstregulierung im Internet: Die Interessen der betroffenen Kunden treten aufgrund der (einseitigen) Sanktionsbewehrung in den Hintergrund.[30]

## 3. Resümee

Das Ausmaß und die Intensität der Eigenüberwachung erscheinen damit in Teilen als zu hoher Preis für die von diesen Maßnahmen erhoffte Wirkung im Hinblick auf die Verhütung von Straftaten. Diese Bedenken setzen zum Teil bei der Inpflichtnahme der Unternehmen selbst, vor allem aber bei den damit verbundenen Belastungen Dritter an; dies gilt insbesondere für den über die Anzeigepflicht geschaffenen „Informationsverbund“ mit den Strafverfolgungsbehörden.

Die Frage, ob das Strafrecht als liberalere Lösung bzw. Alternative vorzuziehen ist, stellt sich aus meiner Sicht in diesem Zusammenhang nicht: Wird ganz oder zum Teil auf die unternehmerische Selbst- bzw. Fremdkontrolle verzichtet, bleiben die allgemeinen Straftatbestände anwendbar; die Einführung neuer Straftatbestände für ein Verhalten des Unternehmers im Vorfeld der Deliktsbegehung unterscheidet sich nicht wesentlich von der Begründung öffentlich-rechtlicher Kontrollpflichten und deren Sanktionsbewehrung (ggf. über § 13 StGB). Die mit derartigen Pflichten verbundene Ausweitung der Strafbarkeit ist vielmehr ein weiterer Grund, bei der Einführung von öffentlich-rechtlichen Pflichten der Unternehmen, Straftaten Dritter zu verhindern, Zurückhaltung walten zu lassen.

**30** S. zu ähnlichen Bedenken gegen das „whistle blowing“: *Hefendehl* ZStW 119 (2007) 816, 841 f.

Rainer Hamm

# Begrenzung des Wirtschaftsstrafrechts durch die Grundsätze der ultima ratio, der Bestimmtheit der Tatbestände, des Schuldgrundsatzes, der Akzessorietät und der Subsidiarität

## Gliederung



Über ultima ratio, die Bestimmtheit der Straftatbestände, den Schuldgrundsatz, die Akzessorietät und die Subsidiarität des Strafrechts in 15 Minuten zu sprechen, um dabei auch noch die Eignung dieser Prinzipien zur Begrenzung des Wirtschaftsstrafrechts zu prüfen, ist nicht möglich. Ich habe mich deshalb entschlossen, die Praxis der Verfolgung so genannter Wirtschaftsstraftaten schlaglichtartig und zwar gleichsam von der Rückseite her zu beleuchten. Was ich hier „Rückseite" nenne, ist das, was bei Strafverfahren herauskommt, wenn die fünf im Titel meines Kurzreferats genannten Grundsätze **nicht** beachtet werden.

**Erschienen in** ILFS Band 6: Die Handlungsfreiheit des Unternehmers: Wirtschaftliche Perspektiven, strafrechtliche und ethische Schranken, 2009

https://doi.org/10.1515/9783111057125-014

# 1. Die prozessrechtliche Dimension des Themas

Wer sich über den Zustand des materiellen Strafrechts in seiner gegenwärtigen praktischen Anwendung ein Bild machen will, muss zuerst einen Blick in das Strafverfahrensrecht werfen.

## 1.1. Verkürzung der Verteidigungschancen durch Reduktion der Strafbarkeitsvoraussetzungen im materiellen Recht

Nur wer den Zusammenhang zwischen der Tatbestandsgestaltung des materiellen Strafrechts und dem Beweisrecht kennt, durchschaut manche Entscheidung des Gesetzgebers, die Strafbarkeitsvoraussetzungen so herabzusetzen, dass den Beschuldigten sonst naheliegende Einlassungen abgeschnitten werden.

Ein Beispiel dafür ist die Einführung des Paragraphen 264 StGB, die erklärtermaßen allein den Zweck verfolgte, der Justiz die Schwierigkeiten beim Nachweis der (durch Täuschung verursachten) Schädigung zu ersparen, wenn das (angebliche) Tatopfer der wirtschaftslenkende Leistungsstaat ist.[1] In der Vorschrift sagt der Gesetzgeber wortreich, dass es beim Subventionsbetrug zur Verurteilung des Täters nicht mehr des Nachweises von vier Tatbestandsmerkmalen (wie beim Betrug), sondern nur noch von einem bedarf: Die Täuschungshandlung, während es auf den Irrtum, die Vermögensverfügung und den Vermögensschaden nicht mehr ankommt. Damit ist dem Beschuldigten, der inhaltlich unrichtige Unterlagen zwecks Erlangung einer staatlichen Förderung eingereicht hat, sowohl die Einlassung abgeschnitten, der Adressat habe den wahren Sachverhalt gekannt, als auch die Verteidigungslinie, die darauf bauen würde, dass der volkswirtschaftliche Subventionszweck gleichwohl erfüllt und damit dem Staat kein Schaden entstanden sei. Und durch den Verzicht des Gesetzgebers auf das Tatbestandsmerkmal der Vermögensverfügung ist kurzerhand das Versuchsstadium zum vollendeten Delikt hoch gestuft worden. Schließlich lässt auch noch § 264 Abs. 4 StGB im subjektiven Tatbestand die Leichfertigkeit ausreichen, so dass nicht einmal das Bestreiten des für sonstige Vermögensdelikte notwendigen Vorsatzes zum Scheitern der Verurteilung führen muss.

So ist „modernes" Strafrecht: Abstrakte Gefährdungsdelikte ohne Rechtsgutsbezug, Straftatbestände mit einem auf Beweiserleichterung hin zugeschnittenen Design.

---

1 Vgl. NK-Hellmann § 264 StGB Rn. 7; Fischer, StGB, 56. Aufl. § 264 Rn. 2 jeweils m.w.N.

## 1.2. Strafverfolgung nach Opportunität

Ein noch sehr viel interessanteres prozedurales Beobachtungsfeld ist die materiellrechtliche Funktion der wohl inzwischen für die Praxis wichtigsten Verfahrensvorschrift überhaupt: § 153a StPO. Etwa ein Viertel aller Strafverfahren, die nicht bereits im Ermittlungsstadium wegen fehlenden oder entfallenen Tatverdachts eingestellt werden, beendet die Justiz statt mit einem Urteil nach dieser Opportunitätsregelung. Sie erlaubt Ausnahmen vom Legalitätsprinzip und von der Aufklärungs- und Kognitionspflicht der Strafgerichte, indem das Verfahren gegen Zahlungsauflagen eingestellt wird. Der Sache nach sind diese Auflagen Strafsanktionen, sie werden aber aufgrund einer gesetzlichen Legitimationsnorm „verhängt", bei der kaum jemand die Frage nach der Beachtung der hier behandelten Verfassungsprinzipien aufwirft. Nur weil die Sanktionsdrohung im Gewande einer Verfahrensnorm daherkommt?

Es wäre ein lohnendes rechtstatsächliches Forschungsvorhaben, einmal herauszufinden, inwieweit die Vorschrift letztlich nur als Ausweg aus der Sackgasse überflüssiger Strafverfolgung dient. Das Wissen um das Vorhandensein dieses Notausgangs wirkt vielfach als Anreiz, den Anfangsverdacht auch dann zu bejahen, wenn die rechtliche Schlüssigkeitsprüfung zu einem (z. B. von zivilrechtliche Zwecke verfolgenden Anzeigeerstattern oder von den Medien erhobenen) Vorwurf noch längst nicht abgeschlossen ist. Dann ermittelt man erst einmal „drauf los", in der Gewissheit, dass man ja immer noch die Rechts- und Beweisfragen irgendwann dahingestellt sein lassen kann, weil die meisten Beschuldigten ihre Zustimmung zur §-153a-Erledigung erteilen, um die Bedrohung des über ihnen schwebenden Verfahrens loszuwerden. So entsteht das, was ich an anderer Stelle schon einmal „experimentelle Strafverfolgung" genannt habe. Sie ist vielfach so etwas wie Menschenversuche an lebenden Objekten. Die Betroffenen werden mitunter Jahre lang im Status des Beschuldigten öffentlich stigmatisiert und in ihrem beruflichen Fortkommen behindert.

## 1.3. Fallbeispiele

Die folgenden Beispiele aus der Praxis sollen zeigen, dass die weit verbreitete Vorstellung falsch ist, wonach die Einstellung nach den Opportunitätsvorschriften immer nur einen Vorteil für die Beschuldigten bedeuten. Dabei kann niemand quantifizieren, wie hoch der Anteil derjenigen Einstellungen ist, die mit überwiegender Wahrscheinlichkeit der Vermeidung eines Schuldspruchs oder umgekehrt der Vermeidung eines Freispruchs dienten.

### 1.3.1. Der Holzschutzmittelprozess

Ein viel beachtetes Beispiel aus den achtziger Jahren des vorigen Jahrhunderts war der so genannte Holzschutzmittelprozess. Zur Erinnerung: Ein Staatsanwalt hatte 12 Jahre seines Berufslebens fast ausschließlich auf den Versuch verwendet, von den 42 deutschen Herstellerfirmen für Holzschutzmittel die beiden Geschäftsführer eines einzigen Unternehmens (Marktführer) wegen gefährlicher Körperverletzung bestrafen zu lassen – begangen durch Produktion und Vertrieb einer Handelsware, die für ihren bestimmungsgemäßen Gebrauch toxische Inhaltsstoffe enthielt. Zu Beginn der Ermittlungen holte dieser Staatsanwalt für 15.000 DM ein strafrechtliches Rechtsgutachten ein, das zu dem erhofften Ergebnis kam, beim Nachweis einer Kausalität im Einzelfall komme eine Strafbarkeit der Geschäftsführer des Herstellerunternehmens wegen Körperverletzung durchaus in Betracht. Es folgten jahrelange Ermittlungen mit hunderten von Zeugenvernehmungen, eine Anklage vor der Strafkammer, die Nichtzulassung der Anklage, dann doch Eröffnung des Hauptverfahrens durch das Beschwerdegericht, erste Hauptverhandlung durch eine Strafkammer (Dauer der Hauptverhandlung: viele Monate), Verurteilung zu Bewährungsstrafen, Aufhebung durch den Bundesgerichtshof (BGHSt 41, 206), Neubefassung durch eine andere Strafkammer und schließlich Einstellung nach § 153a StPO.

### 1.3.2. Der „Glykolskandal"

Vor dem Landgericht Bad Kreuznach fand in den Zeiten des so genannten Glykolskandals ein mindestens ebenso aufwändiges und mindestens ebenso von Anfang an mit rechtlichen Unsicherheiten behaftetes Verfahren gegen die Manager eines großen Weinhandelsunternehmens statt. Es ging nicht darum, dass die Firma Pieroth etwa das Frostschutzmittel Glykol in den Wein gepanscht hätte, sondern darum, ob es zu Verschnitten zwischen deutschem und österreichischem Wein gekommen sein sollte. Dies war nach damaligem EU-gesteuerten deutschem Weinrecht ein schweres Vergehen. Nicht weil der österreichische Wein weniger qualitätvoll wäre als der deutsche, sonder allein deshalb, weil Österreich (damals noch) nicht Mitglied der EU war und Verschnitte mit „Drittlandsweinen" bei Strafe verboten waren. Da bekannt war, dass es in Österreich zu Glykolbeigaben gekommen war, um eine Spätlese zu simulieren, diente der Nachweis von geringenSpuren von Glykol in einem italienisch-spanisch-französisch-deutschen Verschnitt gleichsam als Fingerabdruck des österreichischen Weins. Da die Fa. Pieroth auch ganz legal österreichischen Wein abfüllte und in die ganze Welt vertrieb, stritt man in der langen Hauptverhandlung erster Instanz über allerlei Möglichkeiten, wie ungewollt,

d. h. ohne bewusste Vermischung, eine produktionstechnisch bedingte Verschleppung stattgefunden haben könnte, was die Strafbarkeit ausschloss. Es kam dann auch zum Freispruch. Die Staatsanwaltschaft wollte aber keine Ruhe geben und legte Revision ein. Der BGH hob das Urteil auf und verwies die Sache an das Landgericht zurück. Danach hatte aber niemand mehr große Lust, die Hauptverhandlung zu wiederholen. Ergebnis: Einstellung nach § 153a StPO.

### 1.3.3. Telekom-Immobilienbewertung

Die letzten fünf Jahre seines Berufslebens verbrachte ein Bonner Staatsanwalt damit, Managern der Deutschen Telekom AG vorzuwerfen, in der Eröffnungsbilanz 1995 das Immobilienvermögen überhöht angesetzt und gebucht zu haben. Das Ermittlungsverfahren begann im Jahre 2000 und drohte im Jahre 2005 noch lange nicht zu Ende zu sein. Der Staatsanwalt war schon drauf und dran, ein Gutachten in Auftrag zu geben, um zehn Jahre nach dem Stichtag eine nachträgliche Neubewertung aller 36.000 Immobilienobjekte vornehmen zu lassen. Der erste Kostenvoranschlag für dieses Gutachten belief sich auf 23 Mio. €. (Das ist nicht der Immobilienwert, sondern der Preis für das Gutachten). Nachdem ein Strafrichter den Staatsanwalt dezent darauf hingewiesen hatte, er möge doch aufpassen, dass er sich nicht seinerseits durch einen solchen Gutachtenauftrag den Vorwurf einer Untreue zuziehe, einigte er sich mit dem Sachverständigenteam auf eine Art „Light-Version" für die Neubewertung, die mit „nur" 2,5 Mio. € zwar wesentlich preiswerter für den Justizfiskus war, aber dafür genau den methodischen Einwänden ausgesetzt war, die derselbe Staatsanwalt gegenüber der Ursprungsbewertung geltend machte: Hochgerechnete Clusterbewertung statt vollständiger Erfassung aller Einzelfaktoren. Danach zog er die „Notbremse" und stellte das Verfahren nach § 153a StPO ein.

### 1.3.4. Mannesmann-Prozess

Dann wäre eine Vielzahl weiterer Verfahren um den Untreue-Paragraphen aufzulisten, von denen der berühmte Mannesmann-Prozess nur der spektakulärste, aber keineswegs singulär in seiner Symptomatik ist. Das Verfahren hatte bekanntlich damit begonnen, dass ein Staatsanwalt schon aus Rechtsgründen den Anfangsverdacht verneinte und die Einleitung von Ermittlungen abgelehnt hatte. Der weitere Verlauf ist bekannt: Beschwerde des Anzeigeerstatters, ein Jahr später Anordnung des Generalstaatsanwalts, die Ermittlungen doch aufzunehmen, eine 12-köpfige

Sonderkommission des Landeskriminalamtes, fünf Staatsanwälte, eine über mindestens ein Jahr hinweg für andere Zwecke blockierte Strafkammer,[2] eine weitere Strafkammer und auch der Bundesgerichtshof.[3] Der BGH hat mit seiner den Freispruch aufhebenden Entscheidung der neu mit der Sache befassten Strafkammer Beweisfragen mit auf den Weg gegeben, die von der Verteidigung natürlich aufgegriffen werden mussten. Wie das Verfahren danach weiter gelaufen wäre, weiß niemand. Wahrscheinlich würden wir noch heute zwei Mal in der Woche im Schwurgerichtssaal in Düsseldorf sitzen, wenn man sich nicht darauf verständigt hätte, den von der Staatsanwaltschaft und dem BGH gründlich vertüderten Knoten durchzuhauen und das Verfahren nach Paragraph 153a StPO einzustellen.

### 1.3.5. Internationale Korruption und die Bagatellgrenze von 50 Euro

Wenn ich die Zeit dafür hätte, würde ich jetzt noch ein letztes Beispiel aus dem Gebiet der Korruptionsbekämpfung ausführlich und mit allen seinen die Haltung der Justiz zur Wirtschaft kennzeichnenden Facetten schildern. Es würde von der Gattin eines pakistanischen Generals handeln, die einfach mitgekommen war, als er zusammen mit einer Delegation von Technikern für 4 Tage nach Darmstadt gereist war, um sich von der Qualität des mittelständischen Unternehmens zu überzeugen, das sich um einen Großauftrag am Hindukusch über 50 Mio. € beworben hatte. Dass das Unternehmen die Unterkunft und Verpflegung der Gäste bezahlte, fand die Staatsanwaltschaft noch in Ordnung. Dass der Doppelzimmerzuschlag der Generalsgattin und die Eintrittskarte für den „Tigerpalast" nicht ihr oder dem General privat in Rechnung gestellt wurden, und dass das Unternehmen ihr auch noch eine Kuckucksuhr als Gastgeschenk überreicht hatte, brachte dem Geschäftsführer eine Anklage wegen Bestechung nach dem IntBestG ein. Ergebnis: Einstellung nach § 153a StPO, nachdem auch der Amtsrichter partout auch für solche Fälle an der Bagatellgrenze für Sozialadäquanz von 50 € festhalten wollte, die natürlich überschritten war. Der Auftrag über 50 Mio. wurde übrigens trotz der Kuckucksuhr und des Erdnüsschens aus der Minibar des Hotelzimmers nicht erteilt.

2 Nach Auskunft der Vorsitzenden hatte die Kammer gleichwohl noch eine Reihe weiterer Verfahren parallel zu bearbeiten.

3 BGHSt 50, 331.

## 2. Symptomatik der Einzelfälle für den Zustand des materiellen Strafrechts

Ausgangspunkt dieser inzwischen für Wirtschaftsstrafverfahren typischen Szenarien sind regelmäßig Straftatbestände, die entweder alt sind und früher enger ausgelegt wurden, jetzt aber ausgeweitet werden, oder die Tatbestände sind neu und unbestimmt genug, um den Anfangsverdacht beliebig aus der Zeitungslektüre oder den allfälligen Strafanzeigen unzufriedener Aktionäre, Kunden, Patienten und ihren jeweiligen Interessenverbänden zu begründen.

Ein Motor für die geschilderten Verfahrensabläufe ist eine Kriminalpolitik, bei der völlig in Vergessenheit geraten ist, dass das Strafrecht um seiner Bestimmtheit und Subsidiarität willen „von seinen Lücken lebt". *Karl Peters* drückte es 1965 so aus: „Die Lückenhaftigkeit und Unvollständigkeit gehören zur Natur des Strafrechts".[4]

Stattdessen halten die Rechtspolitiker bei der Produktion immer neuer Strafgesetze als Begründung den Hinweis für ausreichend, es bestehe eine Strafbarkeitslücke, die geschlossen werden müsse. Dieses Verständnis vom möglichst flächendeckenden Einsatz des Strafrechts beseelt dann eben auch Staatsanwälte und Strafrichter, wenn sie sich besonders gern mit solchen Tatbeständen befassen, die mit ihrem knetbaren Wortlaut in jede noch offene Ritze hineinpassen.

Von der besonderen „Eignung" des § 266 StGB für diese Zwecke wird noch in anderen Referaten die Rede sein. Dass die Vorschrift der gegenwärtigen Verfolgungs- und Rechtsprechungspraxis so verstanden wird, als sei der § 242 BGB (Treu und Glauben) strafbewehrt, habe ich an anderer Stelle angemerkt.[5]

Auch innerhalb des BGH scheint das Problem dieser viel zu weiten Vorschrift erkannt zu werden, wie der Beitrag von *Fischer* auf dem Frühjahrssymposium des DAV in Karlsruhe 2008 zeigt.[6]

Aber dann kam mit literarischer Ankündigung von *Nack*[7] jene Entscheidung des 1. Strafsenats, die in einer Art Parallelwertung des Bilanzrechts in der Laiensphäre von Strafrichtern die prognostische Vermögensgefährdung wegen des angeblich schon im Zeitpunkt der Risikoübernahme bestehenden Wertberichtigungsbedarfs in einen vollendeten Schaden und die darauf bezogene subjektive

4 *Peters* ZStZ 77 (1965) 470.

5 *Hamm* NJW 2005, 1993. Siehe dazu auch die Beiträge von *Albrecht, Fischer, Greeve, Kempf, Krause, Volk* in FS R. Hamm, 2008.

6 *Fischer* StraFo 2008, 269.

7 *Nack* StraFo 2008, 277.

Komponente gleich in einen direkten Vorsatz umdeutet.[8] Dies wird und darf sich auch nicht durchsetzen. Mit dieser Denkfigur würde nämlich für alle prognostischen Zweifelsfälle das im Bilanzrecht vorherrschende Vorsichtsprinzip umgedeutet werden in die Berechtigung, den Satz in dubio pro reo auf den Kopf zu stellen.

## 2.1. Bilanzielles Vorsichtsprinzip als Einfallstor für in dubio contra reum?

Und schon sind wir wieder bei der beweisrechtlichen und somit verfahrensrechtlichen Dimension des materiellen Strafrechts: Wenn die Grundsätze der Rechnungslegung ein Unternehmen dazu zwingen, ein Prozessrisiko oder auch eine eingetretene Unsicherheit in einer Darlehensforderung „in dubio" zum Anlass für eine Wertberichtigung nach unten zu nehmen, darf dies den Strafrichter noch lange nicht in die Lage versetzen, schon deshalb die Gefahr des Schadenseintritts einem bereits entstandenen Vermögensnachteil gleichzusetzen. Und allein aus dem Umstand, dass z. B. vor der Ausgabe eines Darlehens oder dem Erwerb granulierter verbriefter Forderungspakete vielleicht ein unzureichender Aufwand zur Einschätzung der Ausfall- oder sogar der Marktrisiken betrieben wurde, ist doch wohl auch noch nicht herzuleiten, man habe mit direktem Vorsatz das eigene Unternehmen schädigen wollen!

Da war der 2. Strafsenat des Bundesgerichtshofs in der sogenannten Kanther-Entscheidung schon näher an der Lösung und an dem Anliegen, dem § 266 engere Konturen zu verleihen, als er verlangte, dass, wenn es nur um eine Vermögensgefährdung geht, an das sog. voluntative Element des bedingten Vorsatzes besonders hohe Anforderungen zu stellen sind.

## 2.2. Einschränkung des § 266 StGB durch den Gesetzgeber?

Da dies aber immer noch nach Generalklausel klingt, hätte man sich lieber eine Lösung gewünscht, die den potentiellen Tätern in der Wirtschaft das gäbe, was sich die Richter selbst seit Jahrzehnten zubilligen:

Bei dem einzigen Straftatbestand, der mit seiner Generalverweisung auf die gesamte übrige Rechtsordnung dem § 266 StGB vergleichbar ist, der Rechtsbeugung, sagt die Rechtsprechung seit je her, dass die Rechtspflege nicht mehr funktionieren

8 BGH NJW 2008, 2451; in die gleiche Richtung weist jetzt auch die Entscheidung des 2. Strafsenats vom 29. 8. 2008 – 2 StR 587/07 – BGHSt 52, 323 = NJW 2009, 89.

könnte, wenn man hier nicht die Strafbarkeit auf den „bewussten elementaren Verstoß gegen die Rechtspflege“ durch „schwerwiegende Entfernung von geltenden Rechtsnormen“ beschränkte.[9]

Da die Justiz dies aber nun einmal nur für ihre eigene Funktionstüchtigkeit und nicht auch für die Funktionstüchtigkeit des Wirtschaftslebens anerkennt, wäre es rechtspolitisch angebracht, Überlegungen zu einer gesetzlichen Einschränkung des § 266 StGB an dieser Stelle anzusetzen.

Und wenn man dann schon dabei ist, sollte man auch darüber nachdenken, im objektiven Tatbestand ein einschränkendes Merkmal z. B. eine ungerechtfertigte Bereicherung als Voraussetzung der Strafbarkeit wegen Untreue einzuführen. Denn die Fälle der nicht eigennützigen Untreue sind in der Praxis am häufigsten so angelegt, dass die Strafwürdigkeit schwer zu erkennen ist.

Damit könnte erst einmal dieser Tatbestand den im Titel meines Kurzvortrags genannten Grundsätzen näher gebracht werden. Und wenn man so weit wäre, würden uns wahrscheinlich auch noch andere „moderne“ oder durch Rechtsprechung „modernisierte“ Strafnormen einfallen, deren Reduktion auf die Erforderlichkeit und Geeignetheit der Kriminalstrafe zum Rechtsgüterschutz dazu führen würde, dass die Rechtssicherheit in der Wirtschaft ebenso gestärkt wäre wie die Leistungsfähigkeit der Strafjustiz.

---

9 Nachw. bei *Fischer* § 339 StGB Rn. 14; kritisch allerdings im Zusammenhang mit der Beschränkung auf den direkten Vorsatz als Folge dieser Rechtsprechung Fischer aaO Rn. 19.

Cornelius Prittwitz

# Begrenzung des Wirtschaftsstrafrechts durch die Rechtsgutslehre, sowie die Grundsätze der ultima ratio, der Bestimmtheit der Tatbestände, des Schuldgrundsatzes, der Akzessorietät und der Subsidiarität

## Gliederung



## I.

Rechtliche Regelungen schränken Handlungsfreiheit ein. Das ist trivial. Im *liberalen* Rechtsstaat schränken sie – und das ist nicht selbstverständlich – Handlungsfreiheit ein, um Handlungsfreiheit zu ermöglichen. Strafrechtliche Regelungen tun dies auf drastische Weise: denn wer sein Verhalten entgegen einer strafrechtlichen Regelung organisiert, verhält sich nicht nur regel- oder ordnungswidrig, sondern *unerträglich.* Wer sich so verhält, handelt sich daher ein sozialethisches Unwerturteil ein und muss grundsätzlich mit Sanktionen rechnen, die nicht nur das Vermögen und die allgemeine Handlungsfreiheit betreffen, sondern die persönliche Fortbewegungsfreiheit, die Freiheit, den Ort und die Ausgestaltung des eigenen Lebens u.U. für Jahre selbst zu bestimmen, um mit diesen Worten das Leben in einer Justizvollzugsanstalt mit diskreten Begriffen anzudeuten.

**Erschienen in** ILFS Band 6: Die Handlungsfreiheit des Unternehmers: Wirtschaftliche Perspektiven, strafrechtliche und ethische Schranken, 2009

https://doi.org/10.1515/9783111057125-015

Es erscheint mir keineswegs überflüssig, in der stattfindenden Diskussion über die technischen Vor- und Nachteile von mehr oder weniger Wirtschaftsstrafrecht, in einer Situation also, in der in jüngster Zeit aus gegebenem Anlass (Banken- und Finanzkrise) von vielen verschiedenen Seiten und aus ganz unterschiedlichen Gründen nach einer Verschärfung des Wirtschaftsstrafrechts gerufen wird, gleich zu Beginn dieser Tagung auf den überaus ernsten, drastischen Hintergrund und die spezifischen einschneidenden Rechtsfolgen des *Straf*rechts für den einzelnen Strafrechtsbetroffenen hinzuweisen.[1]

Über Grenzen des *Wirtschafts*strafrechts zu sprechen, bedeutet notwendig, über die Grenzen des *Straf*rechts zu sprechen.[2] Und wer ernsthaft über strafrechtliche Lösungen und ihre Alternativen spricht, wer gar strafrechtliche Lösungen als „liberale Lösungen"[3] oder als „milder(es) Mittel"[4] in Betracht zieht,[5] tut gut daran, sich zu fragen, wer warum die Rechnung für diese „liberale Lösung" in der Währung persönlicher Lebensmonate und Lebensjahre zahlt und nach unseren Gerechtigkeitsvorstellungen auch zu zahlen verpflichtet ist.[6]

## II.

Im folgenden sollen die im Titel genannten fünf Prinzipien kurz vorgestellt werden, dabei ist stets ein Blick auf den – durchaus markanten – Gegensatz zwischen der Idee dieser Begrenzungsprinzipien und ihrer Wirklichkeit zu werfen und die spezifisch wirtschaftsstrafrechtliche Relevanz der unterschiedlichen Begrenzungsprinzipien anzusprechen.

---

1 Vgl. dazu schon meine Diskussionsanmerkung auf der Osnabrücker Strafrechtslehrertagung, in: *Beckemper* ZStW 119 (2007) S. 959 ff., 966.

2 Vgl. jetzt zu den verschiedenen Strafrechtsbegrenzungsprinzipien die Beiträge in *v. Hirsch/Seelmann/Wohlers* (Hrsg.) Mediating Principles, 2006; sowie *Prittwitz* Das deutsche Strafrecht: fragmentarisch? subsidiär? ultimo ratio? Gedanken zu Grund und Grenzen gängiger Strafrechtsbeschränkungspostulate, in Institut für Kriminalwissenschaften (Hrsg.), Vom unmöglichen Zustand des Strafrechts, 1995, S. 387–405.

3 Dazu: *Lüderssen* Einleitung, in ders. (Hrsg.) Aufgeklärte Kriminalpolitik oder Kampf gegen das Böse? Band I: Legitimationen, S. 70 f.

4 So *Tiedemann* Wirtschaftsstrafrecht, Einführung und Allgemeiner Teil, 2004, S. 32.

5 So ausdrücklich (und problembewusst) *Haffke* in Roxin FS, 1991, 955, 966 f.; vgl. ausführlicher zu dieser Problematik den Beitrag von *Böse* in diesem Band, S. 285 ff.

6 Es bleibt ein ungutes Gefühl, wenn (z. B. von *Haffke* aaO S. 967) der gesellschaftliche Freiheitsgewinn betont wird, bei der Frage nach der Legitimation dem Einzelnen gegenüber aber plötzlich hervorgehoben wird, „das klassische liberale Strafrecht wähl(e) bewußt den Weg über den Täter als moralische Persönlichkeit, als verantwortliches Subjekt und respektier(e), indem es so verfährt, seine Freiheit zum abweichenden Verhalten."

## 1. Rechtsgüterschutz

Nach verbreiteter Ansicht sollen nur solche Strafrechtsnormen legitim sein, die nachweisen können, dass sie ein konkret benennbares *Rechtsgut* schützen wollen.[7] Die jüngere Strafrechtsgeschichte zeigt einerseits, wenn man z. B. an die Entkriminalisierung lediglich moralschützenden Strafrechts denkt, das kritische Potential dieser Lehre.[8] Die Grenzen dieses Konzepts sind aber in noch jüngerer Strafrechtsgeschichte ebenfalls schmerzhaft deutlich geworden – ich denke an die Entscheidung des Bundesverfassungsgerichts zum strafrechtlichen Inzestverbot, und – vor allem – an die an der Rechtsgutslehre befremdlich desinteressierte Begründung der Richtermehrheit.[9] Dass diese Lehre keine trennscharfe Unterscheidung zwischen legitimen und illegitimen Strafrecht anbieten kann, überrascht auch ihre Anhänger nicht.[10] Denn die Debatten der vergangenen Jahrzehnte lassen sich in zwei Ergebnissen zusammenfassen: Erstens hat sich gezeigt, dass die Nützlichkeit dieser Lehre für die Strafrechtsbegrenzung an einen engen, d. h. einheitlichen *und* personalen Rechtsgutsbegriff gebunden ist, der sich nicht durchgesetzt hat.[11] Und zweitens wurde deutlich, dass sogar die personale Rechtsgutslehre auch ein strafrechtserweiterndes Potential hat.[12] Was bleibt ist der ursprüngliche – und nicht zu unterschätzende – Anspruch der Rechtsgutslehre: mit dem Rechtsgut, namentlich dem personalen Rechtsgut, der kriminalpolitischen Diskussion einen Topos zur Verfügung zu stellen, mit dem man den Zustand des jeweiligen Strafrechts und neu entstandene Kriminalisierungstendenzen als mehr oder weniger liberal charakterisieren kann.[13]

---

7 Vgl. nur *Roxin* Strafrecht AT I, 4. Aufl., 2006, S. 14 ff.; zur Perspektive eines strafrechtsbegrenzungsfreundlichen Rechtsgutsskeptikers vgl. *Wohlers* in Hefendehl/v. Hirsch/Wohlers (Hrsg.) Die Rechtsgutstheorie 2003, S. 281 ff. Zur Verteidigung der Rechtsgutheorie vgl. ebenda *Hassemer* S. 57 ff. und *Neumann* „Alternativen: keine“ – Zur neueren Kritik an der personalen Rechtsgutslehre in Neumann/Prittwitz (Hrsg.) Personale Rechtsgutslehre und Opferorientierung im Strafrecht, 2007, S. 85 ff.

8 Bahnbrechend und eindrucksvoll: *Jäger* Strafgesetzgebung und Rechtsgüterschutz bei Sittlichkeitsdelikten, 1957; *Jägers* Anstöße wurden im AE zum StGB (AE zum StGB, BT, Sexualdelikte, 1968) und darauf basierend im reformierten StGB aufgegriffen.

9 BVerfG Beschl. v. 26.2.2008 – 2 BvR 392/07; kritisch dazu: *Greco* Was lässt das Bundesverfassungsgericht von der Rechtsgutslehre übrig? Abrufbar unter: http://www.zis-online.com/dat/artikel/2008_5_235.pdf

10 Vgl. die Beiträge in Neumann/Prittwitz (Hrsg.) „Personale Rechtsgutslehre“ und „Opferorientierung im Strafrecht“, 2007.

11 Vgl. zusammenfassend *Roxin* Strafrecht AT I, 4. Aufl., 2006, S. 14 ff.

12 Vgl. dazu z. B. *Frisch* An den Grenzen des Strafrechts, in FS W. Stree/J. Wessels zum 70. Geburtstag, 1993, S. 72 ff.

13 Vgl. NK/*Hassemer/Neumann* vor § 1 Rn 146.

Speziell auf das Wirtschaftsstrafrecht bezogen kann man zweierlei konstatieren: Zum einen hat sich gerade in diesem Kriminalisierungsbereich die Phantasie derjenigen bewiesen, die die restriktiv-kriminalpolitische Richtung der Rechtsgutslehre in ihr strafrechtserweiterndes Gegenteil verkehren;[14] zum anderen aber kann man ungeachtet dieser Bemühungen, besser gesagt: gerade unter Verweis auf diese Legitimationsversuche, die zu immer weiter verdünnten, jedenfalls in ihrem personalen Bezug kaum noch erkennbaren, Rechtsgütern geführt haben, die tendenziell illiberale straffrechtsexpansive Tendenz des Wirtschaftsstrafrechts zeigen.[15]

## 2. Ultima ratio, Akzessorietät und Subsidiarität

Das Verständnis des Strafrechts als *ultima ratio*, die Behauptung, legitimes Strafrecht sei an seinen *akzessorischen*, seinen *subsidiären* Charakter gebunden – das sind die Namen von drei Strafrechtsbegrenzungsprinzipien, die z.T. synonym verwendet werden, die aber jedenfalls gemeinsame Elemente verbinden.

*Akzessorisch* bezeichnet eines dieser Elemente vielleicht am klarsten, die Behauptung nämlich, dass das Strafrecht mit seinen spezifisch sanktionierten Verboten stets anknüpfen muss an andere als strafrechtliche Regelungen,[16] in der Privatrechtsgesellschaft namentlich an privatrechtliche Regelungen. Mag bezüglich des klassischen Kanons der althergebrachten Straftatbestände in dem einen oder anderen Fall die Akzessorietät nicht ganz so eindeutig einleuchten, aber auch, eben weil es sich um unangefochten legitime Straftatbestände handelt, von geringerer Bedeutung sein, so sollte man meinen, dass dieses Begrenzungsprinzip bei neu erhobenen Kriminalisierungen als selbstverständlich akzeptiert wird. Dem ist nicht so und das ist besorgniserregend. Dass im antiliberalen nationalsozialistischen Rechtsdenken, wenn man es denn so nennen will, die „Befreiung des Strafrechts vom zivilistischen Denken"[17] gefeiert wurde, sich diese Lehre der Politik explizit

---

14 Vgl. etwa die Arbeiten von *Fürhoff* Kapitalmarktrechtliche Ad hoc-Publizität zur Vermeidung von Insiderkriminalität: die Notwendigkeit einer kapitalmarktrechtlich orientierten Ad hoc-Publizitätsnorm zur Legitimation eines strafrechtlichen Insiderhandelsverbotes, 2000 und *Soester* Die Insiderhandelsverbote des Wertpapierhandelsgesetzes – Wirtschaftsstrafrecht europäischen Ursprungs, 2002, in denen unter Bezug auf das geschützte Rechtsgut die Strafwürdigkeit des Insiderhandels bejaht wird.

15 Vgl. zahlreiche Nachweise dafür im Literaturbericht „Wirtschaftsstrafrecht" von *Wohlers/Kudlich* in ZStW 118 (2006), 717 ff.

15a Grundlegend: *Lüderssen* Eser FS, 2005, 163 ff.

16 *Hans-Jürgen Bruns* Die Befreiung des Strafrechts vom zivilistischen Denken, 1938.

angedient hat[18] und, wo es passte, von ihr gerne aufgenommen wurde, lässt sich gut nachvollziehen; dass Strafrichter und Strafrechtswissenschaftler *heute* meinen, einen Strafrechtsfall z. B. im aktienrechtlichen Kontext befreit von den „Fesseln" des Aktienrechts, also mit strafrechtsspezifischen Begriffen und Maßstäben angemessen beurteilen zu können,[19] erschüttert:[20] „Volkstümliches Rechtsdenken" vergangen geglaubter Art und heute populäres populistisches Rechtsdenken liegen schon begrifflich nahe beieinander. Und beiden widersprechen dem zentralen Gedanken der Einheit der Rechtsordnung und damit den Grundannahmen nicht nur des *liberalen* Rechtsstaats. Nicht nur beim Straftatbestand der Untreue, bei dem der Verzicht auf Akzessorietät besonders prominent eingefordert wurde, sondern überall dort, wo im Wirtschaftsstrafrecht die Akzessorietät nicht ernst genommen wird, sind spezifische und gewichtige Zweifel an der Legitimität dieses expansiven Strafrechts anzumelden.

Mit der Behauptung der notwendigen *Subsidiarität* des Strafrechts wird eine dazu gehörige aber zusätzliche Grenzlinie eingezogen. Die Wertungen des Strafrechts sollen nicht nur akzessorisch denen des sachlich vorrangig zuständigen Rechtsgebiets folgen, sondern das Strafrecht soll nur dort einen legitimen Platz einnehmen, wo – aus welchen Gründen auch immer – das Regelungs- oder auch Sanktionspotential dieses Rechtsgebiets nicht ausreichend erscheint. Analog dazu, aber noch grundsätzlicher den Ausnahmecharakter betonend verlangt das *ultima ratio* Prinzip, dass das Strafrecht überhaupt nur als letztes Mittel im äußersten Fall zur Anwendung geraten dürfe.

Diese Formel, die zum festen Bestand strafrechtlich-kriminalpolitischer Reden gehört,[21] aber kaum noch Bezug zur kriminalpolitischen Wirklichkeit aufweisen kann,[22] wird man als das zentrale, aber auch als das umstrittenste[23] Strafrechtsbegrenzungsprinzip ansehen müssen.

---

**16a** *Vormbaum* ZStW 107 (1995), 734 ff., 757, Fn. 83.

**17** Tendenziell: BGHSt 50, 331 ff., 338: „Die in der aktienrechtlichen Literatur demgegenüber vertretene Meinung … vermag nicht zu überzeugen." Die Ansicht des *BGH*, die im Mannesmann-Verfahren Angeklagten hätten ihre Vermögensbetreuungspflicht i.S. des § 266 StGB verletzt, wird nicht unter Bezug auf aktienrechtliche Vorgaben begründet, sondern damit, dass die BGH (Straf-)Richter feststellten, dass „die Sonderzahlungen … für die Mannesmann AG ohne jeden Nutzen" waren (aaO 340 f.).

**17a** Vor einer Wiederkehr dieses Denkens warnt nachdrücklich: *Lüderssen*, in: Hanack FS, 1999, 487 ff.

**18** Vgl. die Nachweise bei *Prittwitz* (o. Fn. 2).

**19** Für viele, die dem Gesetzgeber attestieren, Strafrecht oft als *prima ratio* einzusetzen: *Rzepka* Zur Fairness im deutschen Strafverfahren, 2000 S. 458 Fn. 22; den Strafrechtseinsatz als *prima* oder auch *sola ratio* kritisiert auch: *Hassemer* Erscheinungsformen des modernen Rechts, 2007, S. 193.

**19a** Vgl. in neuerer Zeit v. a. *Wohlers*, in: v. Hirsch/Seelman/Wohlers (Hrsg.) (o. Fn. 2), 54 ff.

Umstritten ist dieses Prinzip gerade im Wirtschaftsstrafrecht insofern, als zunehmend behauptet wird, aus der Sicht der wirtschaftlich tätigen Normadressaten stelle das Strafrecht mit seinen Sanktionen gar nicht mehr das sprichwörtlich *schärfste Schwert* dar.[24] Längst sei der schmerzende Schadensersatz, die Entscheidung, in eine „schwarze Liste" aufgenommen zu werden einschneidender und gefürchteter als die strafrechtliche Sanktion.[25] Diese Argumentation übersieht, mögen auch die Beobachtungen zutreffend sein, zweierlei: Sie misst dem das Strafrecht auszeichnenden eingangs erwähnten sozialethischen Tadel kaum Bedeutung bei, und sie übersieht, dass man mit guten Gründen nur dort von „Strafrecht" sprechen sollte, wo zumindest theoretisch die Freiheitsstrafe im Hintergrund droht.[26]

Eng mit dieser Argumentation hängt ein Diskussionsstrang zusammen, der im weiteren Verlauf der Tagung noch ausdrücklich thematisiert wird. Die Behauptung nämlich, jedenfalls bezogen auf die Summe der Normadressaten, sei Strafrecht die liberalere Lösung, weil unter seinem Schutzschild den Bürgern, im Wirtschaftsstrafrecht also den Marktteilnehmern, ein Maximum an Deregulierung, also Freiheit geboten werden könne. Das muss man nicht bestreiten, wird man vielleicht kaum bestreiten können; [27] aber man muss auf zweierlei hinweisen dürfen: Erstens dürfte – wenn man so will unter Effektivitätsgesichtspunkten – nicht per se feststehen, dass die nur durch das Strafrecht begrenzte Freiheit der Akteure stets zum gesellschaftlich wünschenswerten Ergebnis führt;[28] und zweitens dürfte unter Gerechtigkeitsgesichtspunkten feststehen, dass die von der radikalen Strafrechtskritik behauptete Sündenbockfunktion des Strafrechts[29] zum legitimen Programm zu mutieren droht.

---

**20** So explizit vor allem *Tiedemann* Tatbestandsfunktionen im Nebenstrafrecht, 1969, S. 145; *ders.* Wirtschaftsstrafrecht, Einführung und Allgemeiner Teil, 2004, Rn 63; aber auch: *Ransiek* Unternehmensstrafrecht, 1996, S. 249; *Schünemann* in Armin Kaufmann-GS, 1989, 632;

**21** Vgl. dazu den Diskussionsbeitrag von *Pieth* auf der Osnabrücker Strafrechtslehrertagung, in *Beckemper* ZStW 119 (2007), 959 ff., 964 f.

**22** Vgl. dazu nochmals *Prittwitz* (o. Fn. 1).

**23** *Tiedemann* Wirtschaftsstrafrecht AT, 2004, Rn 63 erwähnt ausdrücklich, die „deutsche EDV-Industrie (sei) eher bereit (gewesen), einzelne Straftatbestände als ein ganzes Netzwerk von Kontroll-, Mitteilungspflichten usw. hinzunehmen".

**24** Nicht unrealistisch ist die Vermutung, der Einsatz des Strafrecht diene, gerade weil es gemeinhin immer noch als *ulitma ratio* gelte, der Politik als Handlungsnachweis, obwohl man in Wirklichkeit – und zur Freude der von Kontrolle freien Subjekte – allenfalls (und im negativen Sinn) symbolisch (dazu: *Prittwitz* Strafrecht und Risiko, 1993, S. 253 ff.) gehandelt hat. *Ulrich Beck* Gegengifte, 1988, S. 99 hat das treffend als „symbolische Entgiftung" bezeichnet.

**25** Vgl. dazu grundlegend *Alexander/Staub* Der Verbrecher und seine Richter, in Moser (Hrsg.) Psychoanalyse und Justiz, 1974, S. 410. Vgl. zum trotzig-resignativen Versuch der Umsetzung solcher „Entdeckungen" in ein Strafzweckkonzept *Haffke* Tiefenpsychologie und Generalprävention, 1976.

Insbesondere das *ultima ratio* Prinzip muss als Strafrechtsbegrenzungsprinzip allgemein, und als Wirtschaftsstrafrechtsbegrenzungsprinzip speziell betont werden. Denn dieses Prinzip hebt als einziges die Notwehrelemente des Strafrechts hervor,[30] und dieses Prinzip beruht – anders als die Mehrzahl der konkurrierenden Begrenzungsprinzipien nicht nur auf – stets bestreitbaren – Gerechtigkeitserwägungen, sondern auf nüchternen, wenn auch nachhaltigen Effektivitätserwägungen.[31]

Kurz zum Notwehrcharakter: „Wenn nichts anderes mehr hilft, dann darf der Staat zum Strafrecht greifen!" Das impliziert weise – aber weitgehend verloren gegangene – Einsicht in die alles andere als nachgewiesene und bei rechtem Nachdenken überaus fragliche Geeignetheit des Strafrechts, alle möglichen Konflikte, die – zumeist zu recht – als gewichtig wahrgenommen werden, strafrechtlich zu lösen.

Und ebenso kurz zum Effektivitätsargument: Wenn das Strafrecht aufgrund des mit ihm verbundenen sozialethischen Unwerturteils und aufgrund seiner stets im Hintergrund stehenden drastischen Sanktionen das schärfste Schwert ist, dann leuchtet unmittelbar ein, dass das expansive Strafrecht auch ein inflationäres Strafrecht ist: es verliert, wenn man bereit ist, wenigstens eine mittelfristige Perspektive einzunehmen, notwendig an Wert.[32]

## 3. Bestimmtheitsgrundsatz und Schuldgrundsatz

Was haben der *Bestimmtheitsgrundsatz* und der *Schuldgrundsatz* den bisher genannten Begrenzungsprinzipien hinzuzufügen? Entscheidendes – und gerade für das Wirtschaftsstrafrecht Entscheidendes.

Nicht von ungefähr gehört der Satz *nullum crimen, nulla poena sine lege certa* zum tradierten Bestand der Strafrechtsprinzipien, die *eo ipso* Strafrechtsbegrenzungsprinzipien sind. Nur das bestimmte Gesetz ist dem Bürger, der im Rechtsstaat nicht in die von Rechtssoziologen heute diagnostizierte Normenfalle tappen darf, gerechtfertigt. Und nur das bestimmte Gesetz verspricht ansatzweise Effektivität, weil die Normenfalle, wenn sie nicht nur eine symbolische und in Wirklichkeit niemanden schreckende Attrappe ist, nicht nur ungerecht ist, sondern dysfunktional lähmt. Dies dürfte im Wirtschaftsleben und bezüglich wirtschaftsstrafrechtlicher Normenfallen in besonderem Maße sichtbar und auch einsichtig sein, was

26 Vgl. dazu *Lüderssen* Notwehrelemente in der Strafe – Strafelemente in der Notwehr, in ders. (Hrsg.) Aufgeklärte Kriminalpolitik oder Kampf gegen das Böse? Band I, S. 468 ff.

27 Ausführlicher *Prittwitz* (o. Fn. 2), S. 400 ff.

28 Vgl. *Prittwitz* (o. Fn. 2), S. 402 f. zum „stumpf werdenden Schwert".

den Gesetzgeber, so manchen Lobbyisten und auch manchen Strafrechtswissenschaftler nicht daran hindert, auf ein unbestimmtes Gesetz zu setzen. Es mag durchaus sein, vieles spricht sogar dafür, dass sich die systemischen Problemlagen des Wirtschaftslebens nicht in Strafrechtsverbote umsetzen lassen, die dem Bestimmtheitsgrundsatz genügen. Das kann aber kein Argument für unbestimmtes Wirtschaftsstrafrecht sein, sondern muss mahnen, dem Strafrecht im Wirtschaftsleben nur dort einen legitimen und erfolgversprechenden Platz zuzuweisen, wo den Bestimmtheitserfordernissen Genüge getan werden kann.

Gleiches gilt *mutatis mutandis* für den Schuldgrundsatz. Auch hier suggeriert die lateinische Version *nulla poena sine culpa* weise Beschränkung. Sowohl unter Gerechtigkeitsgesichtspunkten, aber auch unter Effektivitätsgesichtspunkten lässt sich an strafrechtliche Unwerturteile und Sanktionen nur sinnvoll denken, wenn feststeht, dass sie Verantwortliche treffen.

# III.

Ich breche ab und fasse zusammen: Wirtschaftsstrafrecht ist Strafrecht und muss sich schon daher auf den Prüfstand der Strafrechtsbegrenzungsprinzipien stellen lassen. Und ein Wirtschaftsstrafrecht, das nicht nur ein Mäntelchen für ein weitgehend schranken- und ordnungsloses Wirtschaftsleben darstellen soll, muss erst Recht dem Verhältnismäßigkeitsgrundsatz genügen, d. h. zunächst seine Geeignetheit nachweisen. Das ist ohne weiteres denkbar, wenn und soweit Wirtschaftsstrafrecht die zu schützenden Rechtsgüter im Auge behält und nicht zum modernen Schurkenparagraph „Pflichtverletzungsdelikt" mutiert, wenn und soweit der Bezug des Wirtschaftsstrafrechts zu den zuständigen Rechtsgebieten und die Vorrangigkeit der primär zuständigen Regeln beachtet wird, und wenn die aus gutem Grund unbequemen Stolpersteine *Bestimmtheits-* und *Schuldgrundsatz* bei Wirtschaftsstrafgesetzgeber und den Wirtschaftsstrafrichtern wieder stärkere Beachtung finden.

Jochen Hörisch

# Die *invisible hand* des Marktes und der lange Arm des Gesetzes. Medienanalytische Beobachtungen zum Wirtschaftsstrafrecht

## Gliederung



Wenn ein von Sachkenntnis ungetrübter Laie sich vor erlesenem und hochkompetentem Publikum über komplizierteste juristische Probleme äußern darf, so ist das Risikopotential einer solchen Konstellation groß. Weniger für mich als Vortragenden, denn ich habe ja in Juridices keinen Ruf, den ich verlieren könnte, als vielmehr für den Einladenden, für *Klaus Lüderssen*, dem ich umso herzlicher für seine enorme freundschaftliche Risikobereitschaft danke. *Klaus Lüderssens* Arbeiten nicht nur zu Law and Literature (im Zeichen dieser Konstellation haben wir uns kennengelernt – der elegant schreibende Jurist mit enormen Belletristikkompetenzen, und ich, ein Literatur- und Medienwissenschaftler ohne Rechtsschutzversicherung, der in seinem nicht mehr ganz jungen Leben nie geklagt hat bzw. angeklagt wurde, der es nicht einmal zu einem Scheidungsprozess gebracht hat), sondern auch zur Entkriminalisierung des Wirtschaftsrechts[1] habe ich gewissermaßen mit roten Ohren gelesen. Geht es darin doch um den Stoff, aus dem die große Literatur und weite Teile dessen gemacht sind, was zurzeit Medienaufmerksamkeit über enge Fachgrenzen hinaus erregt. Es gibt wissenschaftliche Disziplinen, zu deren Problemen es u. a. gehört, dass alle, auch die von vertiefter Sachkompetenz

**Erschienen in** ILFS Band 18: Strafverfolgung in Wirtschaftsstrafsachen – Strukturen und Motive, 2015

1 *Lüderssen* Entkriminalisierung des Wirtschaftsrechts I–III (3 Bände). Baden-Baden 1998–2014.

https://doi.org/10.1515/9783111057125-016

Ungetrübten, munter mitreden. Die Erziehungswissenschaft gehört dazu, denn wir alle sind schlecht oder recht erzogen worden und mussten weite Strecken unserer Kinder- und Jugendzeit opfern, um der Schulpflicht zu genügen; Kulturwissenschaftler aller Provenienzen wissen ein Lied vom Problem des munteren Mitdiskutierens aller zu singen, denn es gibt schlechterdings niemanden, der sein Tun und Lassen nicht einem erweiterten Kulturbegriff zurechnen lassen kann; Wirtschaftswissenschaftler sind irritiert, wenn Köpfe, die in Mathematik schwach sind, darauf bestehen, dass auch und gerade sie mit Geld umgehen müssen, dass sie tauschen, konsumieren und produzieren, also Vorstellungen darüber haben, wie Wirtschaft funktioniert – und besser = gerechter funktionieren sollte; und Juristen wissen, dass sie sich systematisch mit Parallelwertungen in der Laiensphäre herumschlagen müssen. Physiker, Chemiker, Nanotechnologen und Biogenetiker, um nur sie zu benennen, sind deshalb zu beneiden. Sie bleiben vom *noise* der Inkompetenz zumeist unberührt. Was nicht ausschließt, dass auch Köpfe (wie der meine), die nicht ansatzweise wissen, wie ein Atomkraftwerk funktioniert, gegen den mit einem Nobelpreis gesegneten Atomphysiker die richtige Intuition hatten, dass GAUs (größte anzunehmende Unfälle) wie die in Tschernobyl oder Fukushima signifikant häufiger sind als es der Schulweisheit alpträumte. Auch die Banken- und Finanzkrise der letzten Jahre hat mich so wenig überrascht wie die triviale Entdeckung, dass Geheimdienste das Internet und den E-Mailverkehr systematisch abtasten. Und ich scheue bei aller Sach-Inkompetenz den Hinweis nicht, dass mich weitere, etwa terroristisch ausgelöste GAUs noch in meiner Lebenszeit nicht überraschen würden – und weitere Mega-Finanz- und Wirtschaftskrisen auch nicht.

Ein wenig, aber nicht viel besser als dem munteren Laien, der sich das Recht aufs Dreinreden nicht ausreden lässt, geht es dem Wissenschaftler, der aus anderen, z. T. fernen Disziplinen einen Blick auf die Disziplinen wirft, die er nicht studiert hat. Wenn er die frohgemuten Festreden-Aufforderungen, doch bitte inter-, multi- und transdisziplinär zu arbeiten, allzu ernst nimmt, sind die fremdbeobachteten Disziplinen zumeist *not amused* – und die direkten Fachkollegen auch nicht. Dennoch möchte ich drei eng miteinander verwandte Aspekte in die Diskussion um die Angemessenheit einer Kriminalisierung bzw. Entkriminalisierung des Wirtschaftsrechts einbringen, die, dem Etikett meines Lehrstuhls entsprechend, aus den medien- bzw. literaturwissenschaftlichen Sphären stammen, in denen ich mich ein wenig auszukennen glaube: Erstens geht es um die Effekte der intensivierten Beobachtung der Wirtschaft durch Medien, zweitens um das sog. Adressatenproblem und drittens um eine metaphernanalytische Erörterung der juristischen Belangbarkeit und Zurechnung eines Tuns, das von einer *invisible hand* gesteuert wird.

Der erste medienwissenschaftliche Hinweis streift die Trivialitätsgrenze, ist aber dennoch oder eben deshalb wert, intensiv bedacht zu werden. Die mediale Dauerbeobachtung des wirtschaftlichen Geschehens hat in den letzten zwei Jahrzehnten einen Intensitätsgrad angenommen, dem zuvor nur die Politik ausgesetzt war und weiterhin ist (wohl ein gewichtiger Grund dafür, dass es eine zunehmende bis dramatische Weigerung der Eliten gibt, politische Karrieren anzustreben). *Brechts* geflügeltes Wort aus der *Dreigroschenoper* „man sieht nur die im Lichte, die im Dunkeln sieht man nicht" zielte noch gut sozialkritisch auf die Ausblendung des Elends aus der öffentlichen Wahrnehmung. Heute lässt es sich auch auf die helle bis grelle Ausleuchtung des Wirtschaftsgeschehens beziehen. Selbst die engagiertesten und enragiertesten Kapitalismuskritiker der 68-er Bewegung wussten nur selten namentlich, wer mit welcher Verantwortung, welchen fixen und variablen Bezügen, welcher Vergangenheit, welcher Adresse und welcher Vorliebe für diese oder jene Urlaubsregion oder Uhren- bzw. Automarke in welchem Vorstand saß. Das hat sich gründlich geändert. Denn Zeitschriften wie *Capital* und *Manager-Magazin, Fortune* und *Harvard Business* sowie zahlreiche TV-Wirtschaftssendungen und Internetblogs sorgen dafür, dass alle auch nur halbwegs Interessierten wissen können, welchen Schätzpreis die gepfändete Uhr von *Thomas Middelhoff* hatte, welchen Auktionspreis sie erzielte, welche Liquiditätsprobleme der von seiner Frau mit dieser Uhr Beschenkte hat, welche alten Freunde er nicht mehr grüßt und durch welches Fenster der von Medien verfolgte Ex-Spitzenmanager gesprungen ist, um sich Gläubigern, vor allem aber der Medienbeobachtung zu entziehen.

An Beispielen für die mediale Dauerbeobachtung des Wirtschaftsgeschehens ist kein Mangel. Es genügt, Fotos zu evozieren, die schnell und gründlich ins kollektive Gedächtnis eingegangen sind. Etwa das, auf dem *Josef Ackermann* am 21. Januar 2004 auf dem Flur des Düsseldorfer Oberlandesgerichts sein Victory-Zeichen macht. Ob Ackermanns PR-Berater eine Konventions-Strafe für die unfassbar dämliche Empfehlung zahlen mussten, sich am Victory-Zeichen des international geächteten Pädophilen *Michael Jackson* zu orientieren, ist mir nicht bekannt.

Nicht minder prominent als dieses Bild sind die Fotos, die die Verhaftung des Vorstandsvorsitzenden *Klaus Zumwinkel* wegen des berechtigten Verdachts auf Steuerbetrug am Valentinstag 2008 zeigen.

Ikonologisch besonders aufschlussreich ist das Foto, das *Zumwinkel* zusammen mit der Staatsanwältin *Margrit Lichtenhagen* zeigt, die ihn von oben aus betrachtet und vor sich her treibt.

Bekanntlich hat *Zumwinkel* eine radikale Weise gewählt, sich medialer Aufmerksamkeit zu entziehen: er verschwand buchstäblich von der Bildfläche und verschanzte sich in einer Burg in den Alpen.

Erst im Sommer 2014 kehrte er zögernd in die Öffentlichkeit zurück, als er zusammen mit dem berühmten Bergsteiger *Reinhold Messner* auf einem Symposion über „Leadership im Alpinismus – Leadership in der Wirtschaft" sprach. Die *FAZ* vom 6. Juli 2014 und nicht etwa die taz titelte dazu: „Steuerbetrüger Zumwinkel belehrt Manager." Der Fall Zumwinkel macht (wie die Fälle Schrempp, Middelhoff,

Esch, Oppenheimer, Breuer, Schickedanz, Notheis, Mappus, Nonnenmacher etc.) schlagend deutlich, was mediale Beobachtung der Wirtschaft bedeutet: Personalisierung. Das belegt noch das Foto von einer Protestdemo gegen Zumwinkel, das der Parallelwertung über Wirtschaftskriminalität in der Laiensphäre drastisch zum Ausdruck verhilft – und ersichtlich dafür sorgt, dass die Distanz zwischen der laienhaften Parallelwertung und der juridischen Urteilskraft zumindest im Bereich des Wirtschaftsrechts kleiner wird.

Medien personalisieren – das wissen nicht nur Erstsemester der Medienwissenschaft. Die proto- und idealtypische Differenz von wirtschaftskritischen Einstellungen und Kommentaren, wie sie vor etwa einem halben Jahrhundert üblich waren und wie sie heute vorgetragen werden, lässt sich unschwer bestimmen. Wirtschafts- und Gesellschaftskritik in den Jahren 1968 ff. galt in aller Regel dem System, dem Kapitalismus, der Entfremdung, der Bürokratie oder der Macht des Geldes. Heute müssen sich medial exponierte und also namentlich bekannte Individuen konkrete Kritik und eben auch juristische Anklagen aller Art gefallen lassen. Interessanter Weise machen auch große Teile der Leitungsebene der Wirtschaft selbst diese Wendung mit. Konkret gesprochen: *Leo Kirch* prozessiert gegen die Deutsche Bank und genauer gegen Rolf Breuer; er ist mit seiner Klage, wenn auch post mortem, erfolgreich. Und die Deutsche Bank verklagt ihrerseits ihren ehemaligen Chef auf persönliche Haftung, auch wenn sie weiß, dass dessen sicherlich komfortables Privatvermögen nicht ausreichen dürfte, um den entstandenen Prozessschaden in Höhe von einer runden Milliarde Euro auszugleichen. Wirtschaftsjuristen und zumal angesehene Wirtschaftskanzleien haben Konjunktur, sie können klagen und haben deshalb keinen Grund zu klagen.

Eine Nebenbemerkung lässt sich in diesen Kontexten kaum unterdrücken. Medien, traditionelle Printmedien wie neue elektronische Medien, machen, wenn auch zeitverzögert, eine strukturell ähnliche Erfahrung. Selbst ihre exponierten Vertreter müssen sich ihrerseits öffentliche und namentlich adressierte Kritik gefallen lassen – gerade auch in Wirtschafts- und Steuerfragen. Auch hier setzt sich eine Tendenz zur personalen Zuspitzung durch. Kritisiert werden nicht mehr so sehr „die bürgerliche Presse", die manipulierte öffentliche Meinung („enteignet Springer") oder die Bewusstseinsindustrie, sondern namentlich genannte Medienmacher, die zuvor nicht nur in ihren Kreisen hochangesehen waren. Den langjährigen Chefredakteur der renommiertesten unter den Wochenblättern, *Theo Sommer*, darf man ungestraft, weil sachlich korrekt, einen hartnäckigen Steuerbetrüger und vorbestraften Wirtschaftskriminellen nennen. Er muss wie die Steuerbetrügerin, Feministin und kritikfreudige Teilnehmerin zahlloser Talkshowrunden *Alice Schwarzer* mit der unangenehmen Erfahrung umgehen lernen, dass Medienmacher/innen nicht nur austeilen können und dürfen, sondern eben auch einstecken müssen – eine Erfahrung, auf die beide sehr gereizt und eigentümlich hilflos reagiert haben. Die vierte Gewalt wird sich daran gewöhnen müssen, so konkret und das heißt eben auch: so persönlich kritisiert zu werden wie die Legislative und die Exekutive – auch wenn ein Medienwissenschaftler wie *Bernhard Pörksen* in der *ZEIT* vom 23. Oktober 2014 vor den zersetzenden Folgen einer solcher Kritik warnt. Es gehört nicht viel prophetische Kraft dazu, die Prognose zu wagen, dass das noch halbwegs gehegte Tabu der Richterschelte auch bald erodiert. Moderne Medien, das Internet voran, dringen nonchalant auf eine Symmetrisierung der Kritikverhältnisse – und auf die Personalisierung von Kritik. *Shitstorm*-Kampagnen konnte es vor der Implementierung des Internet so nicht geben.

Womit wir beim zweiten Aspekt sind, der mit dem ersten eng verwandt ist: beim Adressatenproblem.[2] Der Begriff bezeichnet so etwas wie den zähen Bodensatz alter Kritiküblichkeiten, der auch in Zeiten personalisierter Kritik weiterhin Bestand hat. Kritik braucht Adressaten. Apersonale, ontologische und tiefenstrukturale Mächte kann man anklagen, man muss aber wissen, dass aus dieser Klage nur dann sinnvolle Kritik erwachsen kann, wenn sie sich konkret adressieren lässt. Wer vor einem Seniorenheim gegen Zeit, Krankheit und Tod demonstriert, riskiert, angesichts ernstester Themen zur lächerlichen Figur zu werden. Sein und Zeit taugen einfach nicht als Adressaten von Kritik; sie stehen nicht zur Disposition. Klagen und daraus erwachsende Kritik an Missständen bei der Betreuung von Alten und Kranken sind hingegen hochplausibel. Die Frage, ob Gebete ihren göttlichen Adressaten erreichen, mögen Gläubige und Ungläubige unterschiedlich entscheiden. Einig dürften sie sich aber darin sein, dass der Papst und der Vorsitzende der EKD anders als Gott eine postalisch auffindbare Adresse haben. Seltsam ist es, dass trotz der hohen Evidenz des Adressatenproblems Formen schwerlich zu adressierender Kritik eine kulturkritische Üblichkeit mit langer Tradition sind. Die Zahl derer, die Neuzeit und Moderne, Entfremdung und Bürokratie, Kapitalismus und Technik, Ausbeutung und Globalisierung beklagen und kritisieren, ist recht groß. Ja, man gilt als unsensibel, kalt und herzlos, wenn man in solche Kritik nicht einstimmt. Dabei ist das Problem eines solchen Kritik-Designs unübersehbar: Neuzeit und Moderne, Kapitalismus und Globalisierung haben keine Adresse. Wer mir die Telefonnummer und die Email-Adresse der Globalisierung mitteilen kann, muss zu den besser informierten Kreisen zählen. Zu den Kreisen also, die in der Regel dazu herhalten müssen, für anonyme Kräfte und Mächte haftbar gemacht zu werden. Der Preis für eine solche Adressierung ist allerdings hoch. Denn solche Adressen sind zumeist die der üblichen Verdächtigen. Je nach Sozialisation, Prägung und Pathologie erklärt man dann in riskanter Nähe zu psychotischen Mechanismen, Ver-

2 Zur juristischen Relevanz dieses Problems vgl. *Hoerster* Das Adressatenproblem im Strafrecht und die Sozialmoral; in: Juristen Zeitung, 44. Jg., 1989, S. 10–12.

antwortung und Schuld an den Kalamitäten der Neuzeit und Moderne, der Entfremdung und der Globalisierung trügen die Protestanten oder die Jesuiten, die Wallstreet oder die Bolschewiken, die Freimaurer oder (ein besonders beliebtes und gespenstisches Beispiel) die Juden, das Patriarchat oder die Techniker. NB: dass es sich in Neuzeit und Moderne nicht nur materiell, sondern auch emotional gründlich besser, individueller und romantischer leben lässt als in den gar nicht so guten alten Zeiten, gerät dann schnell aus dem Blickfeld.

Der Bezug dieser Überlegung zu wirtschaftsrechtlichen Problemen liegt auf der Hand. Man kann etwa angesichts der Banken- und Finanzkrise in Folge der *Lehman Brothers*-Pleite alle Banker zu Bankstern erklären und damit altneue übliche Verdächtige benennen. Und man kann alternativ dazu entweder mit dem Hinweis auf allzu hohe Funktionskomplexität so gut wie alle Beteiligten exkulpieren und weitgehend anonymisieren oder aber Zurechnungen für evidente Fehlentwicklungen individualisieren. Das Medien- und mit ihm das (deutsche, viel stärker noch das US-) Justizsystem hat sich in den letzten Jahren offenbar für die letztgenannte Option entschieden. Besonders deutlich (jedenfalls für Laien wie mich) wird dieser Paradigmenwechsel bei der Ahndung von Steuerhinterziehung. Man macht wohl keinen Fehler, wenn man so pointiert: an die Stelle eines bis vor wenigen Jahren gültigen weitgehenden Amnestieangebots und – was mindestens ebenso wichtig ist – eines Amnesie- und Anonymisierungsangebots beim Eingeständnis von Steuerdelikten ist die verschärfte und öffentlich personalisierte Verfolgung von Steuerhinterziehung getreten. Unabhängig davon, wie man diese Entwicklung bewertet – es gibt sie in aller Deutlichkeit, sie scheint zumindest auf mittlere Frist unumkehrbar. Nicht nur Uli Hoeneß weiß ein Lied davon zu singen. Auch in dieser Hinsicht bewährt sich *Georg Jellineks* Formel von der normativen Kraft des Faktischen. Die öffentlich wie binnenjuristisch vieldiskutierte Frage, ob der Staat Sammlungen mit Steuerhinterziehungsdaten ankaufen und auswerten dürfe, ist entschieden. Vox populi und höchste Bundesverfassungsgerichtsentscheidung korrelieren in diesem Fall. Am 9.11.2010, ausgerechnet an einem 9. November, also am Tag der Novemberrevolution von 1919, des Hitler-Ludendorff-Putsches von 1923, der sog. Reichskristallnacht von 1938 und des Falls der Berliner Mauer 1989, am 9.11.2010 billigte das Bundesverfassungsgericht (2 BvR 2101/09) den Ankauf und die Auswertung von Steuersünderdaten durch deutsche Behörden. Bekanntlich eine unter Juristen (und unter Steuersündern sowieso) heftig umstrittene Entscheidung, die aber von der öffentlichen Meinung weitgehend mitgetragen wurde. Das von mir in Laiensprache übersetzte Argument hat auch eine schwer auszuhebelnde Überzeugungskraft: der Staat erwirbt mit den Steuersünder-CDs ja Daten, die ihm zustehen, ihm aber vorenthalten wurden. Er treibt mit unangenehmen, stilistisch wie menschlich nicht unproblematischen Mitteln seine Forderungen ein, so wie dies ein Gerichtsvollzieher tut.

Womit wir beim dritten, beim metaphernanalytischen Aspekt wirtschaftsrechtlicher Überlegungen sind. Sie kreisen um die starke Metapher der Hand,[3] so wie die bislang vorgetragenen Überlegungen um die nicht minder wirkungsmächtige Metapher vom Auge des Gesetzes kreisten.[4] Die öffentliche Hand und die vielen privaten Hände liegen vielfach im Widerstreit, können aber auch kooperieren. Die *invisible hand* des Marktes ist in der Wirtschaftssphäre der dritte starke Mitspieler. In *Ackermanns* fatalem Handzeichen inkarniert sich diese Konstellation. Sein Grundargument war ja: die Bonizahlungen waren rechtmäßig, weil die unsichtbare Hand des Marktes marktgerechte Honorierung von Spitzenmanagern verlangt, ja geradezu vorschreibt. Es ist auffällig und wird doch nur selten thematisiert, dass sich im Kern wirtschaftsliberaler Theoriebildung ein Paradox einstellt, das engstens mit der Fragestellung unseres Symposions zu tun hat. Der Liberalismus ist dort am überzeugendsten und wirkungsmächtigsten, wo er emphatisch die Freiheit und Eigenverantwortung der Akteure behauptet und will. Er misstraut voraufklärerischen Berufungen auf die allmächtige Hand Gottes ebenso wie einer zentralstaatlich gelenkten öffentlichen Hand, die alles richten soll. Sein wunderbar nüchternes Pathos ist das Pathos der Verantwortung aus Freiheit – du kannst etwas so oder anders entscheiden, vereinbaren und machen, du hast es in der Hand, etwas so oder anders zu gestalten. Die institutionellen, vor allem rechtlichen Umstände sollen dabei so sein, dass wir uns jeweils frei entscheiden und entfalten können. Vertragsfreiheit gehört deshalb zu den essentiellen Forderungen liberalen Wirtschaftens und Handelns.

Zugleich aber und wie ein gespenstischer Komplementärbegleiter hält der ökonomische Liberalismus eine sehr starke Metapher waltender Unfreiheit bereit: die Metapher von der unsichtbaren Hand des Marktes. Sie pflegt eine irritierende Nähe zur Hand Gottes. Wer fromm ist, glaubt zu wissen, dass wir alle in Gottes Hand sind. Auch wenn wir kleinen Erdenmenschen Gottes Willen nicht immer nachvollziehen können und uns fragen, warum es Krankheit, Gewalt, Krieg und das Erdbeben von Lissabon oder das Beben an den Finanzmärkten gibt, müssen wir doch akzeptieren, dass Gott uns herrlich regiert. Parallele Theoreme, die ersichtlich nicht liberal-pragmatisch, sondern metaphysisch aufgeladen sind, hält auch die neoklassisch liberale Lehre bereit. Mit der unsichtbaren Hand des Marktes sollte man sich nicht anlegen. Der Markt weiß alles, kleine individuelle Intelligenzen, ja selbst Supercomputer können nie sein Wissens-Niveau erreichen. Dem Philologen fällt auf, dass der Markt von den meisten liberalen Marktteilnehmern als eine Art Supersubjekt konzipiert wird. Das wird schon an den gängigen Redewendungen

3 Vgl. dazu *Hörisch* Man muss dran glauben – Die Theologie der Märkte. München 2013.

4 Vgl. dazu *Stolleis* Das Auge des Gesetzes: Geschichte einer Metapher. München 2004.

deutlich, die den Markt eben nicht anthropomorphisieren, sondern deifizieren. Der Markt will dies oder jenes: die Parität von Dollar und Euro, niedrige Lohnabschlüsse, sinkende Zinsen, Gratifikationen für erfolgreiche Manager, Privatisierung von Infrastruktur, Vergebung von Steuersünden und dergleichen mehr. Gegen Gottes Willen und den Willen des Marktes sollte man nicht rebellieren.

Beide Theoreme, das von der Macht des eigenverantwortlichen Individuums, das seine Angelegenheiten selbst in die Hand nimmt, und das von der übermächtigen unsichtbaren Hand des Marktes, lassen sich nicht recht zur Deckung bringen. Beide aber lassen sich leicht juristisch funktionalisieren. Es leuchtet sofort ein, dass viele Spitzenmanager ökonomische Erfolge sich selbst zurechnen – ihrem Weitblick, ihrer Entscheidungskraft, ihrem Durchsetzungsvermögen, ihrer Risikobereitschaft etc. Dass sie dafür gut bis glänzend bezahlt und mit Boni eingedeckt werden wollen, ist gleichermaßen nachvollziehbar. Psychologisch verständlich bis trivial ist es auch, dass die Neigung weniger ausgeprägt ist, Fehlentwicklungen und Verluste ebenso den eigenen Entscheidungen zuzurechnen. Dafür wird dann ein nicht-vorhersehbares Marktgeschehen verantwortlich gemacht. Je nach Lage der Dinge stilisiert man sich als Master of the Universe oder aber als tragisches Opfer überkomplexer Funktionsketten. Im zweiten Fall wäre es dann nach Einschätzung der Betroffenen absurd, für unerfreuliche Entwicklungen persönlich verantwortlich gemacht zu werden.

Bleibt ein wahrscheinlich laienhafter bis naiver Vorschlag zur Güte. Es ließen sich Musterverträge für Verantwortungsträger in der Wirtschaft ausarbeiten, die auf je eines der beiden einander widerstreitenden wirtschaftsliberalen Grundmodelle abstellen. Entweder bekennen sich die Firma und ihre Spitzenmanager zum Modell der persönlichen Verantwortung und Zurechenbarkeit sowohl positiver wie negativer Entwicklungen und vereinbaren demgemäß die Möglichkeit von Boni-, aber eben auch von Mali-Zahlungen bis zum Durchgriff auf Teile des Privatvermögens. Oder beide Seiten verzichten unter Verweis auf die Unvorhersehbarkeit und Überkomplexität des Marktgeschehens auf solche Vereinbarungen und einigen sich auf vergleichsweise moderate Bezüge ohne Bonus- und Malus-Zahlungen bei Verzicht auf Klärung persönlicher Verantwortlichkeiten für Gewinn wie Verlust. Der Informationswert eines solchen Arrangements wäre hoch. Man wüsste, welche Firma und welche Spitzenkräfte an die unsichtbare Hand und ihr undurchsichtiges Wirken glauben (also eher risikoavers sind) und welche glauben, die Dinge in ihrer Hand zu haben (also risikoaffin sind). Unberührt von einer solchen Regelung bleibt es dabei, dass Steuerhinterziehung und Manipulation von Libor-Sätzen, Bilanzfälschung und Bestechung, Betrug und Erpressung verboten sind – und dass hinter juristischen Personen natürliche Personen stehen.

# Materialien

Überraschendes Urteil im Prozess gegen sechs ehemalige Vorstandsmitglieder der HSH Nordbank: Der frühere Finanzchef Dirk *Jens Nonnenmacher* – Spitzname *„Dr. No"* – und fünf seiner Kollegen wurden vom Vorwurf der Untreue und Bilanzfälschung freigesprochen. Fehlentscheidungen der Angeklagten hätten nicht die „Grauzone in Richtung Strafbarkeit" überschritten, erklärte der Vorsitzende Richter *Marc Tully*. Nach den Freisprüchen will die Staatsanwaltschaft prüfen, ob sie in Revision geht. Dann würde der Fall beim Bundesgerichtshof landen, schreibt das Handelsblatt. Der enttäuschende Freispruch für die Pleitebanker der HSH Nordbank zeigt: Unfähigkeit ist zwar teuer – aber nicht strafbar, kommentiert die Wirtschaftswoche. Das Signal an Banker und Bankeigentümer ist klar: Fehlentscheidungen im Top-Management kommen vor, auch und gerade Bankvorstände sind nicht unfehlbar. Wenn das passiert, ist es aber nicht in erster Linie die Aufgabe von Gerichten, für die nötigen Konsequenzen zu sorgen. Der Versuch, am Geschäft „Omega 55" ein Exempel zu statuieren, musste scheitern, findet das *Manager Magazin*. Mit den Mitteln der Justiz sei die Finanzkrise nicht aufzuarbeiten. Auch der *Spiegel* meint: Das Urteil zeige: Die Verfehlungen der Finanzbranche lassen sich strafrechtlich kaum ahnden – im Zweifel für die Geldverbrenner. Unternehmerisches Versagen sei kein Fall für den Staatsanwalt, sondern für den Insolvenzverwalter, kommentiert die Welt und fordert: Banken müssen endlich pleitegehen können. Werden die Verluste nicht mehr auf die Allgemeinheit abgewälzt, bedarf es keiner Schauprozesse wie in Hamburg mehr, um das Gerechtigkeitsgefühl der Bevölkerung wiederherzustellen. Die HSH Nordbank will trotz der Freisprüche nicht aufgeben: Sie will weiterhin Schadenersatz von drei Ex-Vorstandsmitgliedern erstreiten, meldet das *Hamburger Abendblatt*.

Der Hirnforscher *Wolf Singer* im *Spiegel*-Interview 29/2014 vom 14.7.2014, S. 40: „Natürlich ist das Wirtschafts- und Finanzsystem um ein Vielfaches komplizierter (als ein Bienenstaat, d. *Verf.*), weil Menschen über weit mehr Freiheitsgrade verfügen. Menschen sind janusgesichtig, können altruistisch, friedfertig und ehrlich sein, aber auch selbstsüchtig, neidisch und raffgierig – und sie können täuschen. Diese negativen Verhaltensdispositionen sind natürlich Gift für Systeme, die sich über Kooperativität und Selbstorganisation stabilisieren sollen. Ich vermute, dass die Finanzkrise unter anderem die Folge von fehlerhafter Systemarchitektur ist, die Verantwortlichkeiten verwischt, unkooperatives Verhalten belohnt, anstatt zu bestrafen, und wenigen zu viele Einflussmöglichkeiten gibt, ohne dass diese durch entsprechende Kompetenz abgedeckt sind. Letzteres ist auch der Grund, warum Diktaturen instabil sind."

Der Mannesmann-Prozess war ein aufsehenerregendes deutsches Wirtschaftsstrafverfahren in den Jahren 2004 bis 2006 vor dem Landgericht Düsseldorf. Gegenstand des Verfahrens waren Prämienzahlungen im Zusammenhang mit der Übernahme von Mannesmann durch Vodafone im Jahre 2000. Insbesondere die Höhe der gezahlten Prämien, die Prominenz einiger Angeklagter und die zu entscheidende, damals ungeklärte, Rechtsfrage, ob es zulässig ist, Angestellten Prämien zu gewähren, auf die sie nach ihrem Dienstvertrag keinen Anspruch haben, verschafften dem Prozess große Aufmerksamkeit in Medien und Öffentlichkeit.

## Tatvorwurf

Den Angeklagten *Joachim Funk* (ehemals Vorstandsvorsitzender und Aufsichtsratschef der Mannesmann AG), *Josef Ackermann* (ehemals Vorsitzender des Vorstands der Deutschen Bank), *Klaus Zwickel* (ehemals Vorsitzender der IG Metall) und *Jürgen Ladberg* (ehemals Betriebsratsvorsitzender der Mannesmann AG) wurde vorgeworfen, als Mitglieder des Aufsichtsratsausschusses für Vorstandsangelegenheiten (Präsidium) der früheren Mannesmann AG im engen zeitlichen Zusammenhang mit dessen Übernahme durch das britische Telekommunikationsunternehmen Vodafone Airtouch plc durch Zuerkennung freiwilliger Sonderzahlungen und Abgeltung von Pensionsansprüchen Untreue im Sinne des § 266 StGB zum Nachteil der Mannesmann AG begangen zu haben. Die Angeklagten *Klaus Esser* (damals Vorstandsvorsitzender der Mannesmann AG) und *Dietmar Droste* (damals Leiter der für die Betreuung der aktiven Vorstandsmitglieder zuständigen Abteilung) sollen mehrere Taten durch die Vorbereitung von Beschlüssen und deren Umsetzung unterstützt haben (Beihilfe zur Untreue gemäß § 27 StGB). Den an den Entscheidungen beteiligten Präsidiumsmitgliedern soll bewusst gewesen sein, dass die Sonderzahlungen, die als Anerkennungsprämien für die in der Vergangenheit erbrachten besonderen Leistungen bezeichnet wurden, tatsächlich für die Mannesmann AG nutzlos waren und die Empfänger unrechtmäßig bereicherten.

## Chronologie

- 28. Mai 1999: Klaus Esser wird Vorstandsvorsitzender bei Mannesmann
- 23. Dezember 1999: Feindliches Übernahmeangebot
- 1999–2000: Die Übernahmeschlacht zwischen Vodafone und Mannesmann begann Ende Oktober 1999 und endete Anfang Februar 2000 mit der feindlichen Übernahme des Düsseldorfer Traditionsunternehmens
- 7. März 2000: Anzeige gegen Esser

- 12. März 2001: Neues Ermittlungsverfahren
- 20. August 2001 Ermittlungen gegen Klaus Zwickel und Josef Ackermann
- Am 19. September 2003 lässt das Landgericht Düsseldorf die Anklage gegen die oben genannten Personen zu

## Erster Prozess vor dem Landgericht Düsseldorf

Im Laufe des Verfahrens wurden zahlreiche prominente Zeugen vernommen, unter anderem *Chris Gent* (Ex-CEO Vodafone), *Julian Horn-Smith* (COO Vodafone), *Canning Fok* (Managing Director Hutchison Whampoa), *Alexander Dibelius* (Deutschlandchef Goldman Sachs) und *Henning Schulte-Noelle* (Aufsichtsratschef Allianz).

Am 23. Juni 2004 beantragte die Staatsanwaltschaft für Joachim Funk eine Freiheitsstrafe von drei Jahren und für Klaus Esser eine Freiheitsstrafe von zwei Jahren und sechs Monaten. Josef Ackermann sollte wegen Untreue in einem besonders schweren Fall eine Freiheitsstrafe von zwei Jahren, Klaus Zwickel eine Freiheitsstrafe von einem Jahr und zehn Monaten bekommen. Ebenfalls eine Freiheitsstrafe wurde für Jürgen Ladberg gefordert. Der Mannesmann-Mitarbeiter Dietmar Droste sollte eine Freiheitsstrafe von einem Jahr erhalten. Bei den Angeklagten Ackermann, Zwickel, Ladberg und Droste sollte die Vollstreckung der Strafe zur Bewährung ausgesetzt werden.

Am 22. Juli 2004 ging der Prozess nach 24 Wochen, 37 Verhandlungstagen und 55 Zeugenvernehmungen zu Ende. Alle Angeklagten wurden freigesprochen.

Das Landgericht stellte fest, dass bei der Gewährung der Anerkennungsprämie für den Vorstandsvorsitzenden Esser und vier weitere Vorstandsmitglieder die Angeklagten Funk, Ackermann und Zwickel aktienrechtlich pflichtwidrig gehandelt und ihre gegenüber der Mannesmann AG obliegende Vermögensbetreuungspflicht verletzt hätten. Jedoch sei bei risikoreichen unternehmerischen Entscheidungen Voraussetzung für die Strafbarkeit wegen Untreue eine „gravierende" Pflichtverletzung, die bei den Angeklagten zu verneinen sei. Deshalb hätten die Angeklagten Esser und Droste hierzu auch nicht Beihilfe leisten können. Hinsichtlich der Gewährung einer Anerkennungsprämie für den Angeklagten Funk hätten die Angeklagten Ackermann und Zwickel zwar den Tatbestand der Untreue erfüllt, da hier eine gravierende Verletzung der Vermögensbetreuungspflicht vorliege. Jedoch hätten sie sich insoweit in einem schuldausschließenden unvermeidbaren Verbotsirrtum (§ 17 StGB) befunden. (AZ: XIV 5/03 – Urteil vom 22. Juli 2004 – Landgericht Düsseldorf – NJW 2004, 3275).

Im Rahmen der Urteilsverkündung sparte die Vorsitzende auch nicht mit Kritik an der Öffentlichkeit: Insbesondere Politiker hätten versucht, sie zu beeinflussen und eine Verurteilung zu erreichen. Die Staatsanwälte hätten die Presse instrumentalisiert; Diskussionen seien oft auf Stammtisch-Niveau geführt worden.

## Revisionsurteil des Bundesgerichtshofs

Die Staatsanwaltschaft Düsseldorf legte gegen das freisprechende Urteil des Landgerichts Revision ein. Die Revision wurde von dem Generalbundesanwalt vertreten. Am 20. und 21. Oktober 2005 fand vor dem Bundesgerichtshof eine mündliche Verhandlung statt.

Mit Urteil vom 21. Dezember 2005 stellte der Bundesgerichtshof (BGH) das Verfahren hinsichtlich eines Anklagepunktes ein, da es insoweit an der Verfahrensvoraussetzung einer zugelassenen Anklage fehle. Im Übrigen hob der BGH das Urteil des Landgerichts Düsseldorf mit den Feststellungen auf und verwies die Sache zu neuer Verhandlung und Entscheidung an eine andere Strafkammer des Landgerichts Düsseldorf zurück. (AZ: 3 StR 470/04)

Der BGH entschied, dass sich die Angeklagten nach den Feststellungen des Landgerichts der Untreue bzw. der Beihilfe hierzu schuldig gemacht haben und dass das Landgericht keine ausreichenden Feststellungen dazu getroffen habe, dass sich die Angeklagten in einem unvermeidbaren Verbotsirrtum befunden hätten.

Der BGH fasste die maßgeblichen, auch über den konkreten Fall hinaus bedeutsamen Aussagen des Urteils in folgenden Leitsätzen zusammen:

1. Bewilligt der Aufsichtsrat einer Aktiengesellschaft für eine erbrachte dienstvertraglich geschuldete Leistung einem Vorstandsmitglied nachträglich eine zuvor im Dienstvertrag nicht vorgesehene Sonderzahlung, die ausschließlich belohnenden Charakter hat und dem Unternehmen keinen zukunftsbezogenen Nutzen bringt (kompensationslose Anerkennungsprämie), liegt hierin eine treupflichtwidrige Schädigung des anvertrauten Gesellschaftsvermögens.
2. Die zur Erfüllung des Tatbestandes der Untreue erforderliche Verletzung der Vermögensbetreuungspflicht muss auch bei unternehmerischen Entscheidungen eines Gesellschaftsorgans nicht zusätzlich „gravierend“ sein.

## Zweiter Prozess vor dem Landgericht Düsseldorf

Am 26. Oktober 2006 begann die erneute Verhandlung vor der X. großen Strafkammer des Düsseldorfer Landgerichts unter dem Vorsitz des Richters Stefan Drees. Ursprünglich waren zunächst 25 Verhandlungstage bis Ende Februar angesetzt. Am 24. November 2006 wurde nun die Möglichkeit einer Einstellung des Mannesmann-Prozesses bekannt gegeben. Bei dem Prozess ging es ursprünglich um einen Schaden von 58 Millionen Euro. Ackermann gab zum Prozessauftakt Ende Oktober bekannt, dass er jährlich 15 bis 20 Millionen Euro brutto verdient. Das Verfahren wurde am 29. November 2006 gegen eine Geldauflage (§ 153a Abs. 2 StPO) in Höhe von 5,8 Millionen Euro auf Grund eines Antrags der Verteidiger, dem die Staatsanwaltschaft zustimmte, vorläufig eingestellt.Dabei soll Ackermann 3,2 und Esser 1,5 Millionen Euro zahlen. Der ehemalige Aufsichtsratsvorsitzende Joachim Funk soll eine Million Euro und Ex-IG-Metall-Chef Klaus Zwickel 60.000 € zahlen. Für Betriebsratschef Jürgen Ladberg legte das Gericht eine Geldauflage in Höhe von 12.500 € und für den Manager Dietmar Droste 30.000 € fest. Nach Erfüllung der Auflagen wurde das Verfahren durch die Strafkammer mit Beschluss vom 5. Februar 2007 endgültig gemäß § 153a StPO eingestellt. Gleichzeitig wurden 40 % der Auflagen – insgesamt 2.321.000 € – an über 350 gemeinnützige Einrichtungen verteilt. Die restlichen 60 % wurden der Staatskasse zugewiesen. Die Angeklagten sind mit der Einstellung des Verfahrens nicht vorbestraft. Josef Ackermann bleibt Deutsche-Bank-Manager.

## Reaktionen auf die Einstellung des Verfahrens

Im Zusammenhang mit dieser Verfahrenseinstellung wurde von Klassenjustiz gesprochen. Der rechtspolitische Sprecher der Fraktion Bündnis 90/Die Grünen, *Jerzy Montag*, sagte, jeder Otto-Normalbürger bekomme bei Straftaten mit einigen Tausend Euro Schaden die volle Härte des Gesetzes zu spüren. *„Nicht so aber Ackermann & Co. Das öffentliche Interesse an der Aufklärung dieses bislang größten deutschen Wirtschaftsstrafverfahrens mit einem Schaden von über 60 Millionen Euro ist immens und nicht wegzudiskutieren. Es ist ein Skandal, dass sich die Staatsanwaltschaft dieses öffentliche Interesse gegen Zahlung von weniger als drei Monatsgehältern, zahlbar also aus der Portokasse, hat abkaufen lassen“*. Demgegenüber wies das Landgericht Düsseldorf darauf hin, dass im Jahr 2003 von deutschen Gerichten insgesamt 126.174 Verfahren gemäß § 153a StPO gegen Auflagen eingestellt worden sind, wobei die in diesen Fällen Angeklagten ganz überwiegend nicht über besonders hohe Einkünfte oder Vermögen verfügten.

*SPON* vom 9.7.2014

## Kommentar zu Nordbank-Prozess: Fairness für Dr. No

Ein Kommentar von *Stefan Kaiser*

Das Landgericht Hamburg urteilt über Dirk Jens Nonnenmacher und weitere Ex-Vorstände der HSH-Nordbank. Ein harter Schuldspruch würde Rachegelüste befriedigen. Doch das Verfahren hat gezeigt, wie dünn die Vorwürfe sind.

*Ex-HSH-Vorstand Nonnenmacher: Die Ankläger wollen ein Exempel statuieren*
Muss man Mitgefühl haben mit jemandem wie Dirk Jens Nonnenmacher? Das hagere, fahle Gesicht des ehemaligen HSH-Nordbank-Vorstands gilt vielen Menschen als Deutschlands böse Fratze des Finanzkapitalismus. Eiskalt und arrogant. Die streng zurückgekämmten Haare tun ein Übriges.

Für alle jene, die Nonnenmacher aus der Ferne hassen, könnte dieser Mittwoch Genugtuung bringen. Seit fast einem Jahr stand der Banker zusammen mit fünf ehemaligen Vorstandskollegen vor dem Hamburger Landgericht. Nun werden die Richter voraussichtlich ihr Urteil fällen. Im schlimmsten Fall müssen Dr. No und Kollegen dorthin, wo viele Bürger sie gerne sähen: ins Gefängnis.

Doch wäre das gerechtfertigt? Der Prozess gegen die ehemaligen HSH-Vorstände zeigt, wie schwer es ist, die Schuld der Banker an der Finanzkrise juristisch aufzuarbeiten. Denn vieles, was uns heute empört, war damals in der Finanzbranche nicht nur üblich, sondern auch legal. Das trifft im Kern auch auf das Geschäft zu, das sich die Hamburger Staatsanwaltschaft rausgesucht hat, um daran eine Art Exempel zu statuieren: Omega55.

Dabei ging es um einen Doppel-Deal mit der französischen Großbank BNP Paribas, der die Bilanz der HSH entlasten sollte – im Rückblick ein extrem schlechtes Geschäft für die Landesbank. Doch hätten die Vorstände das schon vorher wissen können? Oder sogar wissen müssen?

*Selbst die Staatsanwälte fordern nur noch Bewährungsstrafen*
Genau darum drehte sich das Verfahren. An mehr als 60 Verhandlungstagen wurde jedes Detail des Geschäfts mit Zeugen durchgekaut. Dabei kam viel Fürchterliches zu Tage: Die Kontrollstrukturen in der Bank waren katastrophal, das fragliche Geschäft schlampig vorbereitet und nur für wenige Experten überhaupt durchschaubar. Die Vorstände, so scheint es, wollten den Deal unbedingt schnell durchziehen.

Und trotzdem bleibt die entscheidende Frage unbeantwortet: Haben sie ihre Pflichten verletzt und vorsätzlich nicht genauer hingesehen, welchen Mist ihre Mitarbeiter ihnen da vorlegten? Nur dann könnten sie nämlich verurteilt werden. Nur dann wäre ihnen Untreue nachzuweisen.

Und da wird auch die Argumentation der Staatsanwälte zumindest wackelig. Das haben sie offenbar selbst gemerkt. So geriet ihr Schlussplädoyer deutlich zahmer als die Anklageschrift. Die Schadenssumme wurde gewaltig nach unten korrigiert, eine persönliche Bereicherung der Vorstände konnten die Ankläger nicht feststellen. Und überraschend forderten sie nur Bewährungsstrafen.

Das Omega-Geschäft der HSH-Nordbank war eine schlechte Entscheidung des Vorstands und wohl auch eine zu leichtfertig getroffene. Sie trug dazu bei, dass die Steuerzahler in Hamburg und Schleswig-Holstein das ländereigene Institut mit mehreren Milliarden Euro retten mussten. Doch wenn alle Banker hinter Gitter müssten, die ihren Unternehmen mit waghalsigen Deals geschadet haben, wären viele Vorstandsetagen leergefegt.

Man mag die diffuse Wut der Steuerzahler auf diejenigen verstehen, die ihnen Milliarden-Kosten eingebrockt und dennoch selbst Millionen-Abfindungen eingestrichen haben. Aber eine unsymphatische Erscheinung und schlechte Geschäfte alleine dürfen nicht ausreichen, um einen Menschen ins Gefängnis zu bringen.

# Blinde Flecke des Wirtschaftsstrafrechts

Klaus Lüderssen

# Finanzmarktkrise, Risikomanagement und Strafrecht

## Gliederung



Weltweit und „systemisch" sind die Regeln, oft spricht man auch von Reregulierung, die als jetzt schon unübersichtliche Masse von Ankündigungen auf Staat und Wirtschaft zurollen, und so wartet der Strafrechtler förmlich auf die neuen Straftatbestände. Aber sie kommen nicht. Schreckt die Rechtspolitik hier wirklich davor zurück, Verantwortlichkeit einzelner Personen zu fixieren?[1] Denn das müsste es in erster Linie sein; „Unternehmensstrafrecht" steht nach wie vor im weiten Felde, findet substanziell auch weitgehend im Ordnungswidrigkeitenrecht statt. Auf anderen Gebieten indessen, etwa der Terrorismusbekämpfung, ist der Staat schnell bei der Hand mit Strafvorschriften – wohl, weil hier von vornherein an Personen, nicht an Institutionen gedacht wird.

**Erschienen in** ILFS Band 7: Die Finanzkrise, das Wirtschaftsstrafrecht und die Moral, 2010

1 Offenbar ungehört verhallt sind die Vorschläge von *Helmut Schmidt* Strafbarkeit von Geschäften außerhalb der eigenen Bilanzen, Strafbarkeit des Handelns mit nicht an den Wertpapierbörsen zugelassenen Finanzderivaten und Zertifikaten, Strafbarkeit des Verkaufs von Finanzinstrumenten, die dem Verkäufer nicht gehören (Shortselling), Strafbarkeit bei Finanzanlagen und Finanzkrediten in Steueraufsichtsoasen einzuführen, in: Die ZEIT v. 11.1.2009; kritisch dazu *Lüderssen* Frankfurter Allgemeine Zeitung, 15.1.2009. Inzwischen mehren sich aber die Rufe nach Strafbarkeit, s. die weiteren Hinweise bei *Lüderssen* Regulierung, Selbstregulierung und Wirtschaftsstrafrecht, in Kempf/Lüderssen/Volk (Hrsg.) Die Handlungsfreiheit des Unternehmers – wirtschaftliche Perspektiven, strafrechtliche und ethische Schranken, Berlin 2009, S. 241ff. (244); ferner *Schünemann* Die sogenannte Finanzkrise – Systemversagen oder global organisierte Kriminalität, in: Bernd Schünemann (Hrsg.) Die sogenannte Finanzkrise – Systemversagen oder global organisierte Kriminalität? Berlin 2010, S. 71ff. und *Schröder* Handbuch Kapitalmarktstrafrecht, 2. Aufl., Köln 2010, S. 403ff.

https://doi.org/10.1515/9783111057125-017

Wie berechtigt diese Abstinenz vom Persönlichen auf dem Gebiet der Ökonomie sein mag, wird sich noch zeigen. Wo aber das Wirtschaftsleben steuernde Eingriffe der Strafgesetzgebung nicht gefragt sind, sondern die retributiven Funktionen der Justiz, da regt es sich. Diverse Ermittlungsverfahren laufen, besonders prominent werden wird die Strafanzeige gegen Mitglieder des Vorstandes und des Aufsichtsrats einer Landesbank, bezogen auf den Erwerb problematischer „Verbriefungen" – Geschäfte, die in Zusammenhang gebracht werden mit milliardenschweren Wertberichtigungen. Wenn der Chefredakteur des STERN in einer Talkshow empört ausruft: „Weshalb ist bisher noch kein Banker vor Gericht gestellt worden" – ist das nun der Ausdruck einer persönlich bleibenden Entrüstung oder bahnt sich ein neues Strafverfolgungsklima an? Schwer zu sagen, denn man weiß ja auf der anderen Seite, dass die Anzeigeerstatter häufig aus Verlegenheit zum Strafrecht greifen, weil sie nicht recht sehen, wie mit Hilfe anderer Rechtsinstrumente die von ihnen für nötig gehaltene Remedur geschaffen werden könnte. Es ist in der Tat nicht leicht, Geschädigte zu identifizieren und eine Anspruchsgrundlage zu finden,[2] zumal Popularklagen nach wie vor nicht funktionieren. Gelegentlich kommt es zu elegisch getönten Gedankenspielen, dass es merkwürdig sei, wenn man in dem Geflecht der Finanzkrise keine Stelle finden könne, wo sich eine persönliche Verantwortung etablieren lasse. Es sei doch ungerecht, dass dort, wo solche Beziehungen hergestellt werden können, weil die Verhältnisse überschaubarer seien, sich im Kleinen abspielen, dann doch eine Haftung begründet werde, und sogar eine strafrechtliche.[3] Aus dem Schatten derartiger indistinkt bleibender Deliberationen heraus tritt allerdings die in der Zeitschrift Kriminalistik angestellte Vermutung, „dass ein fehlendes Verständnis für komplexe Finanzgeschäfte und für die damit einhergehende Gefahrenlage zu einer entsprechenden Kriminalität führen kann, durch welche die Komplexität ausgenutzt wird".[4] Bezogen auf die Tätigkeit von Rating-Agenturen wird das konkretisiert mit dem Hinweis, es sei irrig, „nur ein Marktversagen zu vermuten und zu meinen, das Ganze habe mit dem Strafrecht nichts zu tun. Vieles spricht dafür, dass das Vertrauen in Ratings missbraucht wurde. Der Umstand, dass AAA-Ratings im freien Fall sämtliche Rating-Stufen herabstürzen konnten, verlangt nach Aufklärung, weil die Ratings für sich beansprucht haben, Risikoszenarien abzubilden".[5]

---

2 Dazu *Lutter* Bankenkrise und Organhaftung, in: Zeitschrift für Wirtschaftsrecht 2009, 197 ff.

3 *Bernsmann*, Untreue und Korruption – der BGH auf Abwegen, Goltdammer's Archiv 2009, 290 ff. (298).

4 *Schröder*, Die Komplexität internationaler Finanzmärkte – Einfallstor für Kriminalität, Kriminalistik 2009, 12 ff. (12).

5 AaO. S. 13.

So unterschiedlich im Anlass, im Gewicht und in der Formulierung diese Anstöße, beim Umgang mit der Finanzmarktkrise doch auch das Strafrecht zu fragen, noch sind, sie bieten Grund genug für einen ersten systematisierenden Versuch.

# A. Schnelles Strafrecht?

Das Interesse konzentriert sich auf den Handel mit dubiosen Papieren. Was damit gemeint ist, hat sich inzwischen herumgesprochen; es bedarf hier deshalb nur einiger weniger Hervorhebungen.

Die amerikanische Praxis, „anspruchsgesicherte Wertpapiere" (Asset Backed Securities [ABS]) zu schaffen, unter denen die hypothekengedeckten Wertpapiere (Mortgaged Backed Securities [MBS]) die größte Rolle spielten, erweiterte „die ohnehin schon bestehende Haftungsbeschränkung der Kapitalgesellschaften" noch einmal. „In den meisten Fällen hielt die emittierende Bank selbst keinen Anteil an den risikobehafteten Wertpapieren."[6] Die bereits verbrieften Ansprüche wurden anschließend erneut verbrieft, so entstanden Portfolios mit Papieren, für die sich der Name „Collaterized Debt Obligations (CDO)" eingebürgert hat – nach Art einer Kaskade. Hinzu traten die aus Absicherungsgeschäften entstandenen Papiere, die „Credit Default Swaps [CDS]". Es war üblich, „dass der Gläubiger einen CDS zur Absicherung seiner Forderung von einer anderen Bank kauft, und dass diese andere Bank sich dann ebenfalls gegen die mögliche Zahlung versicherte, indem sie selbst einen CDS von einer dritten Bank kaufte". So entstand „eine lange Kette von gegenseitigen Verpflichtungen, die wie die Kaskade der CDO-Papiere (...) nur schwer zu durchschauen" war.[7] Wichtig sind sicher noch ein paar Zahlen: Es wird berichtet, dass die „Sicherungssumme" der Credit Default Swaps bis zum zweiten halben Jahr 2007 auf über 60 Billionen Dollar„ angewachsen sei, "was mehr ist, als das Weltsozialprodukt des Jahres 2007 (etwa 55 Billionen Dollar).[8] Dass dieses Volumen seit 2008 „stark im Fallen begriffen"[9] ist, nimmt der Frage nach der Haftbarkeit einzelner Personen für diese Vorgänge nicht ihre Bedeutung.

Sieht man sich die Begründungen an, die im Einzelnen gegeben werden (in erster Linie mit Blick auf § 266 StGB), so findet man allerdings zunächst nichts als die auf Presseberichte und andere Medienverlautbarungen gestützte Behauptung,

6 *Sinn* Kasino-Kapitalismus, Berlin 2009, S. 129.

7 *Sinn* aaO. S. 204; s. auch *Münchau* Kernschmelze im Finanzsystem, München 2008, S. 182 f.

8 *Sinn* aaO. S. 204.

9 *Sinn* aaO.

dass diese Risiken eben unübersehbar geworden seien.[10] Der Schluss von der Tatsache, dass jemand ein unübersehbares Risiko eingehe, auf den Anfangsverdacht einer Verletzung der Vermögensbetreuungspflicht im Sinne des § 266 StGB und eines dadurch herbei geführten Vermögensnachteils, scheint aber nicht ohne weiteres den Bestimmtheitserfordernissen zu genügen, die man an die Subsumtion eines Sachverhaltes unter § 266 StGB stellen muss, vor allem dann, wenn man sämtliche die Anwendbarkeit des § 266 StGB einschränkenden Gesichtspunkte beachtet. Die Pflicht zur Vermögensbetreuung, die § 266 StGB voraussetzt, muss über die seit langem anerkannten Standards (Hauptpflicht, Geschäfte von einiger Bedeutung) hinaus besonders schwer wiegen. Man könnte auch sagen, dass die Verletzung dieser Pflicht besonders schwerwiegend sein muss, „gravierend", ist der inzwischen eingebürgerte Terminus. Wie sich dieses Merkmal auf die Pflicht selbst und auf deren Verletzung verteilt, bleibt merkwürdig dunkel. Aber darauf kommt es hier

---

10 Das muss leider auch mit Bezug auf die Begründungen gesagt werden, die *Schünemann* aaO. für die Strafbarkeit von Unternehmern anführt, die mit schwer überblickbaren Finanzprodukten gehandelt haben. Zwar geht *Schünemann* mit bewunderungswürdiger Genauigkeit auf die technischen Einzelheiten der Derivate ein, gelangt aber nicht zu überzeugenden Subsumtionen; das für ihn Ausschlag gebende Kriterium der „Bestandsgefährdung" (S. 92) wird nicht expliziert. Vor allem aber fordert seine Auffassung zur Kritik heraus, dass hier ein Anwendungsfall für Strafrecht als sola oder prima ratio vorliege. Das ist nicht bewiesen, und nicht einmal schlüssig dargetan. Über Behauptungen kommt auch *Kasiske* Aufarbeitung der Finanzkrise durch das Strafrecht? Zur Untreuestrafbarkeit durch Portfolioinvestments in Collateral Debt Organisation via Zweckgesellschaft, in: Schünemann aaO. S. 13 ff., nicht hinaus – trotz subtiler Ausbreitung der ökonomischen Fakten. Ebenfalls nicht überzeugend der Versuch Schröders, aaO., der den Schwerpunkt seiner Erörterungen auf die Auslegung des ungeschriebenen Tatbestandsmerkmals der Unvertretbarkeit geschäftlichen Handelns legt. Auch dieser Text ist in den ökonomischen Details ausführlich und äußerst sachkundig (S. 404–421) und verspricht auch unter dem Zwischentitel „Komplexität als Ursache von Kapitalmarktkriminalität" interessante Aufschlüsse (S. 422 ff.). Aber dogmatisch bleibt dann doch das Entscheidende offen. So ist der Zeitpunkt, zu dem das den Ankauf von ABS-Anleihen durch die Zweckgesellschaften deckende Garantieversprechen durch die Banken (wobei einmal dahingestellt sein soll, ob dies dem Kredit wirklich verwandt ist, S. 427) in das Stadium der Unvertretbarkeit tritt, nicht fixierbar. Vielmehr handelt es sich um eine gleitende Skala immer unsicherer werdender Situationen. Immerhin räumt Schröder ein, dass es „in diesem Sinne keinen Einzelakt, der unmittelbar zur Insolvenzreife führte, gibt (S. 430). Untreue als Kumulationsdelikt wäre insofern etwas Neues. Auch zur Existenzgefährdung als quantitativen Kriterium sagt Schröder nichts, was die Subsumtion im Einzelfall erleichtern könnte. „Bei der Risikoübernahme durch Banken für die exzessive Fristentransformation in Conduit" sei der Bestand des Unternehmens gefährdet gewesen, „weil die Zweckgesellschaften angesichts der bewegten Volumina hoffnungslos unterkapitalisiert und die garantierenden Banken dadurch existenziell Risiken ausgesetzt waren" (S. 437). Aber das ist immer noch nur eine Behauptung, zumal es sich ja auch bei der nachträglichen Betrachtung um die Imagination einer Prognose ex ante handeln muss, woran Schröder übrigens keinen Zweifel lässt (S. 438). Da *Schröder*, wie es scheint, auf Unterlassungen des Abbruchs dieser Geschäfte abstellen möchte, hat er auch noch das Problem der Erfolgsabwendungspflicht zu lösen, sagt dazu aber nichts.

jetzt nicht an. Vielmehr wird man sich darauf einigen können, dass mit der Verletzung der Vermögensbetreuungspflicht eine besondere Steigerung des Risikos für den Erfolgseintritt (Vermögensnachteil) gegeben sein muss. Dieses im allgemeinen Teil des Strafrechts entwickelte Kriterium für Delikte, die keine besondere Tatbeschreibung aufweisen, muss auch dort zur Geltung kommen, wo die Tatmodalitäten zwar ausgesprochen sind, die Beschreibung aber kaum über den Grad einer Generalklausel hinaus kommt.[11] Womöglich muss man noch weiter gehen und das allgemeine Tätermerkmal der Tatherrschaft einfordern. Wenn sich eine solche Konstellation nicht nachweisen lässt, sondern insoweit die selbständigen Mechanismen der betriebswirtschaftlichen Systeme,[12] die hier aufeinander stoßen, den Hauptpart übernehmen, dann hätte man bei den Personen, die man für ihre Mitwirkung haftbar machen wollte, gewissermaßen nur eine (straflose) Teilnahme ohne Haupttat.[13]

Vergleichbare Probleme tauchen auf, wenn man versucht, mit dem Tatbestand des Betrugs zu arbeiten. Die Operation ins Ungewisse mit Produkten, die „kein Menschen mehr verstehen" konnte,[14] als Täuschung zu deklarieren, ist problematisch, weil das ja noch keine falschen Tatsachen sind.[15] Betriebswirtschaftlich sieht das so aus: „Durch die Verbriefungskaskade konnte ein Ursprungsportfolio von Hypotheken-Krediten mit mittlerer Qualität in ein Portfolio mit einem relativ hohen Anteil von Aktiva mit einem AAA-Rating und einem kleinen von Aktiva mit einer sehr hohen Ausfallwahrscheinlichkeit umgewandelt werden. Das war kein offener Betrug, denn die mathematischen Rechnungen dahinter waren nachvollziehbar und in sich logisch. Nur waren die Rechnungen leider empirisch falsch, weil die zugrunde liegende Annahme der unabhängigen Risiken nicht erfüllt war".[16] Spätestens bei der Irrtumserregung scheitert die Konstruktion endgültig, denn wer mit Ungewissem konfrontiert wird, kann sich ja gar keine exakte Vorstellung von dem,

---

11 Darüber *Verf.* ausführlich: Risikomanagement und „Risikoerhöhungstheorie" – auf der Suche nach Alternativen zu § 266 StGB, in: FS für Klaus Volk, München 2009, S. 345 ff.; im Ergebnis skeptisch auch *Brüning/Samson* Bankenkrise und strafrechtliche Haftung wegen Untreue gem. § 266 StGB, in: Zeitschrift für Wirtschaftsrecht, 2009, 1089 ff. (1091, 1093). Leider machen *Schünemann* und *Schröder* aaO. nicht den Versuch, die allgemeinen Zurechnungskriterien auf die spezifische Tatbestandsstruktur des § 266 StGB auszudehnen.

12 Genauer dazu *Lüderssen* Systemtheorie und Wirtschaftsstrafrecht, in FS für Knut Amelung, Berlin 2009, S. 67 ff.

13 Zu dieser möglichen Konstruktion *Lüderssen* Der Beitrag der Kriminologie zur Strafrechtsdogmatik – Eine Konkretisierung mit Blick auf die Probleme von Täterschaft und Teilnahme, in: *Lahti/Nuotio* (Hrsg.) Straftheorie im Umbruch, Helsinki 1992, S. 465 ff.

14 *Sinn* aaO. S. 135.

15 Über die logische Anfechtbarkeit des Begriffs falscher Tatsachen sei hier einmal hinweg gesehen.

16 *Sinn* aaO. S. 135, mit einem in der Anm. 7 ausführlich durchgerechneten Fall.

was richtig sein könnte oder falsch, machen – vom Vorsatz schließlich ganz zu schweigen.

Das sind vorläufige Überlegungen, die aber vielleicht doch zu technisch sind, zu sehr an die hergebrachte Dogmatik der Strafrechts anknüpfen und an dem Wunsch, ja der Forderung vorbeigehen, es müsse doch jemand verantwortlich sein.

## B. Verantwortung im Wirtschaftsleben

**I.** Mit dem Wort „Verantwortung" verbindet sich offenbar mehr als das, was die Rechtswelt zu bieten scheint. Im Zivilrecht ist es die Haftung, wonach gefragt wird. Im Strafrecht geht es um höchstpersönliche Schuld – aber im öffentlichen Recht, werden da nicht wenigstens weiter reichende Verantwortungen aufgesucht? In der Tat wird von „Verwaltungsverantwortung als dogmatischer Begriff" gesprochen,[17] oder von „Verantwortung im demokratischen Verwaltungsstaat".[18] Doch die auch für andere Rechtsgebiete sich damit öffnenden Fragen werden weniger beantwortet als zugespitzt. „Verantwortung (...) trägt für die einen Hoffnungen auf dogmatische Evolutionen, wie sie für die anderen Inbegriff des Unbeherrschbaren ist, das von außen in das System dringt und Verwirrung stiftet".[19] Soll man, auf diese Weise entmutigt, sich doch auf Traditionen und Konventionen besinnen und nicht weiter anstrengen? Andererseits ist ja nicht zu übersehen, dass im Schuldbegriff jedenfalls des Strafrechts die Vokabel „Verantwortung" vorkommt und von dort aus vielleicht doch ein Bogen gespannt werden muss zu einem allgemeinen Prinzip von Verantwortung in Staat und Gesellschaft, mit der Folge, dass sogar die Aufgaben des Strafrechts neu und umfassender definiert werden müssen. Die ewige Klage, dass das Strafrecht nur das gewissermaßen kleine und eng Umschriebene erfassen könne, bei schwierigeren gesellschaftlichen Vorgängen aber immer wieder versage, kann ja nicht einfach abgestellt werden. Vom Elendsstrafrecht ist die Rede, das übrig bleibe, wenn man im Großen mit dem Strafrecht nichts anfangen könne.[20] Anders ist es im Politischen. Dort hat sich – im modernen Völkerstrafrecht – einiges getan bis hin zu einer Wiederbelebung eines emphatischen Begriffs vom Strafen, auf der Basis der unbeirrbaren Annahme, dass der Verkehr der Herrschenden mit den Bürgern, der Verkehr der Völker untereinander, der Krieg schließlich nichts sei, was

17 *Röhl* in: Die Verwaltung, Beiheft 2, 1999, 33 ff.

18 *Dreier* in: *Neumann/ Schulz* (Hrsg.) Verantwortung in Recht und Moral, ARSP, Beiheft 74, 2000, 9 ff.

19 *Klement* Verantwortung, Tübingen 2006, S. 4.

20 Dazu *Lüderssen* Elendsstrafrecht, in: Hefendehl (Hrsg.), Empirie und dogmatische Fundamente kriminalpolitischer Impetus, Symposion für *Bernd Schünemann* zum 60. Geburtstag, München 2005, S. 281 ff.

von selbst geschehe, sondern immer Personen dahinter stünden.[21] Vielleicht lohnt es sich also, auch für das Wirtschaftsleben im Arsenal der Verantwortungsbegriffe neue Anknüpfungen zu suchen für ein modernen Erwartungen entsprechendes Wirtschaftsstrafrecht.

**II.** „Verantwortung ist kulturübergreifend, interkulturell und transkulturell, die Folie jeder Gesellschaft".[22] Demgemäß wird in der Risikogesellschaft „Verantwortung systematisch ausgeweitet".[23] Den großen Bezugsrahmen hat *Hans Jonas* geliefert.[24] Damals war das ein Versuch, auf ökologische Herausforderungen zur reagieren. „Sein Prinzip, mit dem die Menschheit selbst als Subjekt der Verantwortung inthronisiert wird, dehnt die Zurechenbarkeit potentiell grenzenlos aus auf sämtliche, auch nicht-intendierte und gar nicht bewusste Folgen des Handelns, ob es nun von Individuen oder Kollektiven ausgeht".[25] Es sollte „die Eröffnung gravierender Gefahren (Risiken), die ‚organisierte Unverantwortlichkeit' verhindert werden".[26] Das hat viel Widerspruch hervor gerufen, und *Cornelius Prittwitz* hat die Zumutungen, die von dieser Basis aus auch an die Adresse des Strafrechts gerichtet worden sind, seinerzeit zurückgewiesen.[27] Seine tour d'horizon ist eine gleichsam antizipierte Warnung sein, es jetzt angesichts der Phänomene der Finanzmarktkrise erneut mit einer Expansion des Strafrechts zu versuchen.

**III.** Ehe man sich endgültig entscheidet, müsste aber erst einmal geklärt werden, ob die Minimalanforderung für eine solche Entwicklung, dass überhaupt persönliche Verantwortungen fixiert werden können, erfüllbar ist. Die Literatur, die sich diesem Thema nähert, wächst gegenwärtig ins Unermessliche. Vor allem ist es die „Governance-Forschung", die das deutlich macht. „Die governancebezogene Perspektive (...) erlaubt insbesondere Neuvermessungen der Arbeits-, Funktionen- und Verantwortungsteilung zwischen staatlichen, staatlich-privaten (...) und

21 *Jäger* Ist Politik kriminalisierbar? in: *Lüderssen* (Hrsg.) Aufgeklärte Kriminalpolitik oder Kampf gegen das Böse? Band III, Makrodelinquenz, Baden-Baden 1998, kS. 121 ff.: *Prittwitz* Einleitung, in: Lüderssen (Hrsg.), aaO. S. 7 ff.

22 *Schulz* Strukturen von Verantwortung von Recht und Moral, in: Lorenz Schulz (Hrsg.) Verantwortung zwischen materialer und prozeduraler Zurechnung, ARSP, Beiheft 75, Stuttgart 2000, 175 ff. (178).

23 *Schulz* aaO. S. 182.

24 *Jonas* Das Prinzip Verantwortung. Versuch einer Ethik für die technologische Zivilisation. Frankfurt am Main 1979.

25 *Schulz* aaO.

26 *Schulz* aaO.

27 *Prittwitz* Strafrecht in der Risikogesellschaft, Frankfurt am Main 1993.

privaten Akteuren“.[28] Auf einer höheren Abstraktionsebene geht es darum, „dass Regieren heute nicht mehr in einem durch das Paradigma der strikten Trennung von Staat und Gesellschaft (...) geprägten Verhältnis des Umgangs mit sozialen Problemen und Konflikten erfolgt“.[29] Das bedeutet, dass „für die Lösung sozialer Probleme sich das Modell hierarchischer Über- und Unterordnung auf dem Rückzug“ befindet.[30] Substanziell ist das eine praktische Folge der „in der Politik und staatrechtlichen Diskussion“ schon seit längerer Zeit in Gang gekommenen Entwicklung, „dass verständigungsorientierte Kommunikationen faktische Bedeutung im Prozess der Politikformulierung gewinnen“.[31] Diese Situationsbeschreibung findet ihre Bestätigung in einer breiten rechtstheoretischen und staatsrechtlichen Diskussion über das Vordringen „kooperativer und konsensualer Strukturen in der Normsetzung“.[32] Das Interesse gilt der „Vielfalt der real existierenden Steuerungsmodi. Aus der Perspektive des Staates geht es in neo-kooperativen Arrangements darum, organisierte soziale Gruppen dazu zu bewegen, sich aus eigenem Interesse heraus gemeinwohlverträglich selbst zu regulieren“.[33] Mit anderen Worten, es kommt darauf an, „ein enges Zusammenspiel zwischen privaten und öffentlichen Akteuren zu ermöglichen und durch diese Integration die Steuerungsressourcen auf eine größere Zahl von Akteuren zu verteilen“.[34]

**IV.** Handelt es sich um spezielle Wirtschaftszweige, stößt man aber sehr bald auf eine große Zurückhaltung bei der Aufnahme dieser Assoziationen der Öffentlichrechtler. Es gibt keine „Verfahren, wonach die Geschäftsführung einer Bank hinsichtlich ihrer volkswirtschaftlichen Verantwortung zur Rechenschaft gezogen werden könnte“.[35] Dabei wird freilich auf Theoretiker Bezug genommen, die noch diesseits von *Keynes* die Autopoiese, wie man heute sagen würde, des wirtschaftlichen Systems betonen, denn das „Fehlen von ‚cheques and balances‘ in der Wahrnehmung übergeordneter‚Verantwortung‘ – und damit die Umwälzung des Begriffs ‚Verantwortung‘ selbst“, gehöre „zu den konstruktiven Elementen der Machtkon-

28 *Hoffmann-Riem* Governance im Gewährleistungsstaat – vom Nutzen der Governance Perspektive für die Rechtswissenschaft, in: Schuppert (Hrsg.) Governance-Forschung, 2. Aufl., 2006, S. 195 ff. (196).

29 *Hoffmann-Riem* aaO.

30 *Hoffmann-Riem* aaO.

31 *Schuppert* in Schuppert aaO. S. 371 ff. (449).

32 *Becker* Kooperative und konsensuale Strukturen in der Normsetzung, 2005.

33 *Schuppert* aaO. S. 379.

34 AaO.; was das für die strafrechtsdogmatische Beurteilung der Beteiligung des Staats am Wirtschaftsleben durch privat organisierte Gesellschaften und Amtsträger bedeutet, ist jetzt übersichtlich geschildert bei *Noltensmeier* Public Private Partnership und Korruption, 2008.

35 *Hellwig* Zur volkswirtschaftlichen Verantwortung der Banken, unveröffentlichtes Manuskript.

zentration in solchen Systemen“.[36] Die Feststellung, dass „Verfügungsgewalt über Vermögenswerte in einer Volkswirtschaft bei den Leitungen der großen Publikums-Aktiengesellschaften konzentriert ist, und die damit verbundene Macht der Kontrolle von außen praktisch entzogen ist“, ist die nüchterne Folgerung. Letztlich gehe es um „Verteilungskonflikte“, und die fallen – und nun wird ein Begriff aus dem Aktienrecht eingeführt – unter das Thema „Stakeholder Value versus Shareholder Value“. Gleichwohl wird beklagt, dass die Frage nach der Verantwortlichkeit „so selten thematisiert werde“. „Das politische System begnügt sich weitgehend damit, die Immunisierung der Unternehmensleitungen gegenüber etwaigen unangenehmen Überraschungen von Seiten des Aktionariats zu unterstützen, ohne im Gegenzug eine Verantwortlichkeit anderer Art festzulegen. Die deutsche Mitbestimmung ist eine Ausnahme, die die Regel bestätigt; denn merkwürdigerweise haben in anderen Ländern nicht nur die politischen Instanzen, sondern auch die Arbeitnehmerorganisationen deutliche Vorbehalte gegenüber dieser Form von Stakeholder-Interessen durch die institutionalisierten Mitspracherechte“.[37] Es folgen Beispiele sehr wirksamer informeller Mechanismen, die „den Vorzug haben, dass sie erheblich mehr Flexibilität zulassen und dass sie weniger Aufwand erfordern.[38]

Diese Leseproben zeigen, dass man auch mit dem Peilstab (sit venia verbo) der „Verantwortung“ aus dem Meer des Unsichtbaren lediglich – und dann auch noch mehr oder weniger verzweifelt nach verschiedenen Richtungen blickend – auftauchen, es aber nicht durchdringen kann. Am Ende gelingt das mit keiner Methode. Aber ehe man in dieser Weise resigniert, lohnt doch vielleicht noch ein weiterer Anlauf.

## C. Ökonomie und Unternehmensethik

Nach dem – freilich sehr umstrittenen – Prinzip eines Zusammenhangs zwischen Genesis und Geltung[39] kann vielleicht die Analyse der *Entwicklung* der Finanzkrise Erklärungsmuster produzieren, bis hin zu den streckenweise noch virtuellen Haftungssystemen einschließlich des Strafrechts.

**I.** Die äußeren Daten der Entstehung der Finanzmarktkrise sind inzwischen so bekannt, dass nicht erneut im einzelnen dargetan werden[40]muss, wie die Masse der

**36** AaO. S. 3.

**37** AaO. S. 6.

**38** AaO. S. 9.

**39** Dazu *Lüderssen* Genesis und Geltung, Frankfurt am Main 1996.

**40** Gute Orientierung bei *Vaubel* Lehren aus der Finanzkrise: Rolle des Staates und internationale Dimension (in Ordo, Jahrbuch für die Ordnung von Wirtschaft und Gesellschaft 2009, S. 247 ff.);

amerikanischen Bürger in am Ende unbezahlbare Kredite hinein gelockt worden ist, welche Schuld daran die amerikanische Regierung trifft und die amerikanischen Banken, „weltweit eine Spielart des Kapitalismus durchzusetzen (...) der Geld aus Geld machte statt aus nützlichen Produkten“.[41] Das Mittel ist eigentlich bewährt, das Stichwort heißt „Fristentransformation“. Das heißt, langfristig ausgeliehene Gelder werden kurzfristig refinanziert. In der Zinsdifferenz zwischen verliehenem und geliehenem Kapital liegt der Gewinn. Wenn aber die günstigere Finanzierung erkauft ist durch Risiken, die nur eine kurze Zeit überbrückt werden, danach aber andere umso schwerer treffen, dann stellt sich die Frage, ob selbst bei wirklich produktiv investitiver Verwendung des schnell verdienten Geldes, das, was danach passiert ist, ein zu hoher Preis war. Ex post betrachtet sicher, aber auch ex ante? Wenn die große Geldschöpfung aus Geld gelingt und dieses Geld „arbeitet“, werden Güter geschaffen, und die Erfolgsgeschichte der Steigerung des Lebensstandards in der zweiten Hälfte des vergangenen Jahrhunderts ist der Beleg dafür. Aber was Anfang des 21. Jahrhunderts passiert ist, scheint das Gegenteil zu belegen.

Und so sieht es aus: „Der amerikanische Hauspreisverfall erschütterte nicht nur die Finanz-, sondern auch die Realwirtschaft. Der unmittelbarste Effekt auf die Realwirtschaft, der von den fallenden Hauspreisen ausgeht, zeigt sich am Rückgang der Bautätigkeit. Denn wenn die Preise unter das Niveau der Baukosten fallen, lohnt es sich nicht, neue Häuser zu bauen. Wenn die Neubautätigkeit zusammenbricht, entsteht in der Baubranche sowie bei den Herstellern der Baumaterialien Arbeitslosigkeit. Parallel dazu schränkt die Bauindustrie ihre Investitionstätigkeit ein

---

*Weede* Die Finanzmarktkrise als Legitimitätskrise des Kapitalismus: Überlegungen zur (allzu) menschlichem Handeln in Wirtschaft und Politik (in Ordo aaO., S. 67 ff.; *Michler/Thieme* Finanzmarktkrise: Marktversagen oder Staatsversagen, Ordo aaO., S. 185 ff.); *Schüller* Krisenprävention als ordnungspolitische Aufgabe, in Ordo aaO., S. 355 ff.; *Rudolph* Lehren aus den Ursachen und dem Verkauf der internationalen Finanzkrise, Zeitschrift für betriebswirtschaftliche Forschung, Band 60, 2008, S. 713 ff.; *Kempa* Finanzmarktglobalisierung und Finanzmarktkrise, in: „Das wirtschaftswissenschaftliche Studium“, 2009, S. 139 ff.; *Beckert* Die Anspruchsinflation des Wirtschaftssystems (Westend 2010, S. 140 ff.). S. ferner *Hartmann-Wendels* Die Suprime-Krise: Die Rolle von Forderungsverbriefungen. In: Finanzierung, Leasing, Fackering, 2008, S. 253 ff.; *Jäger/Voigtländer* Hintergründe und Lehren aus der Suprime-Krise, in: Trends, 2008, 1 ff.; *Gerdes/ Wolz* Mangelnde Risikotransparenz als Ursache vor der Finanzmarktkrise – Hat das externe Rechnungswesen versagt? In: Finanz Betrieb 2009, 274 ff.; Ralf *Fendel*/Michael *Frenkel*, Die Suprime-Krise 2007/2008: Ursachen, Auswirkungen und Lehren, in: Das Wirtschaftswissenschaftliche Studium 2009, 78 ff.; *Beise* Die Ausplünderung der Mittelschicht, München 2009, S. 69 ff.; *Skidelsky* Die Rückkehr des Meisters, Keynes für das 21. Jahrhundert, München 2010, S. 25 ff.; *Herzog* Marktwirtschaft in der Zwickmühle, Stuttgart/Leipzig 2009, S. 94 ff.; *Hellwig* Systemic Risk in the Financial Sector: An Analysis of suprime-mortgage Financial Crisis, in: De Economist 2009, S. 129 ff. Weitere Literaturhinweise bei *Lüderssen* in Kempf/Lüderssen/Volk (Hrsg.) aaO., S. 270.

**41** *Streeck* in: FAZ 21.6.2009, S. 32.

und kauft weniger Baumaschinen und weniger Dienstleistungen anderer Branchen ein, so dass auch dort die Arbeitslosigkeit wächst. (...) Die betroffenen Arbeitnehmer schränken ihren Konsum ein mit der Folge, dass die Konsumgüterbranchen, die die betroffenen Arbeitnehmer beliefern, weniger zu tun haben und auch Leute entlassen. Davon sind heimische Produkte wie Importe betroffen. Es entsteht ein negativer Multiplikationsprozess, der sich erst auf die amerikanische Wirtschaft und dann sukzessive auf die ganze Welt ausweitet. Im Endeffekt spüren alle Länder, die am internationalen Güterhandel beteiligt sind, die Flaute. (...) Hinzu kommen andere Bremseffekte auf den Konsum. So wie die Hauseigentümer und Aktienbesitzer mehr Konsum wagen, wenn sie reicher werden, schränken sie sich ein, wenn der Wert ihrer Immobilien sinkt. Viele sehen ihre Altersvorsorge gefährdet und versuchen, gegen die Vermögensverluste anzusparen. Andere müssen ihren Konsum einschränken, weil die Banken bei fallenden Hauspreisen auslaufende Hypothekenkredite nicht mehr verlängern. In jedem Fall schrumpft der Konsum, was wiederum negative Multiplikatoreneffekte für die Weltwirtschaft in Gang setzt. Die von den USA ausgehenden Bremseffekte sind riesengroß, weil Amerika wirtschaftlich groß ist und weil in den Immobilien und Aktien der Löwenanteil des Vermögens steckt. Das Platzen der Hauspreisblase mit einem Wertverlust der Immobilien von über 7 Billionen Dollar in nur zweieinhalb Jahren kommt einer Atomexplosion im Herzen Amerikas gleich, und leider löst diese Explosion wiederum weltweite Kettenreaktionen aus“.[42]

Zwischen Glück und Abgrund, nur weil „ein anonymer Systemfehler vorliegt“?[43]

**II.** Wer endgültig diese Perspektive einnehmen möchte, mit der Folge, dass „die Suche nach Schuldigen, die man vor Gericht oder moralisch zur Rechenschaft ziehen könnte, wenig Sinn mache, “weil das Fehlverhalten zum Normalfall geworden ist und sich bei tausenden Entscheidungsträgern zeigt, ohne dass man einzelne Individuen zu Hauptverantwortlichen machen könnte (...),“[44] der sollte, ehe er das tut, doch vielleicht mehr wissen über die makroökonomischen Hintergründe. Dabei handelt es sich um Fakten und Normen.

**1)** Am nächsten liegt es, die erste Orientierung in der Verfassung zu suchen. Wirtschaftsverfassung und Grundgesetz“ ist ein Thema, das vor allem in den fünfziger Jahren des vergangenen Jahrhunderts viel erörtert worden ist, bei zunehmender Konzentration freilich auf das Problem der Mitbestimmung und der

---

**42** *Sinn* aaO. S. 49–51.
**43** *Sinn* aaO. S. 97.
**44** *Sinn* aaO.

Kartelle.[45] Die Wiederaufnahme der Marxismus-Diskussion an den westdeutschen Universitäten in den siebziger Jahren hat diese Thematik verdunkelt, und als das vorbei war, hätte man sich auf den in Theorie und Praxis der sozialen Marktwirtschaft zugrunde liegenden Ordoliberalismus von *Franz Böhm*, *Wilhelm Röpke* und *Alexander Rüstow* wieder besinnen können. Doch dann kam die Rezeption der „Systemtheorie" (*Luhmann*), und die neue Institutionenökonomik mit ganz anderen, eher technischen Problemen. Man diskutierte über die Entdeckung der Relevanz der „Transaktionskosten", nicht aber über „Kapitalismus und Demokratie". Doch nur wenn man auch diese Frage wieder aufgreift (die Relativierung der in erster Linie auf den Staat setzenden Modelle ist lebenswichtig), und die älteren Theorien zum neuen Phänomen der Finanzmärkte in Beziehung setzt, wird man die Akzeptanzkrise meistern können, der die Konzeption einer sozialen Marktwirtschaft gegenwärtig ausgesetzt ist.[46]

**2)** Ob die Entwicklungen des Finanzmarktes die Diagnose zulassen, dass das Konzept der sozialen Marktwirtschaft noch passt, ist eine offene Frage, die auch die Großen der ökonomischen Theorie nur mit wechselseitigen Prophetien beantworten. So wendet sich Richard *Posner*, bekannt als führender Theoretiker von Law and Economics, gleichzeitig hoher Richter in den USA: „against the new New Deal that liberal economists like Paul *Krugman* and Joseph *Stiglitz* are dreaming of".[47] In der großen Koalition der Bundesregierung ist von sozialdemokratischer Seite eher ein neuer Keynesialismus zu spüren, während die CDU bei der Regulierung der Selbstregulierung bleiben möchte, direkte staatliche Intervention für kontraindiziert hält. Über eines sind sich allerdings alle Beteiligten einig. Die Welt des Kredites durch Banken ist auch ein Stück Demokratie, ein heimlicher Verteilungsprozess, der die Machtverhältnisse zwischen Eigentum und Nichteigentum auszugleichen versucht. „Eine Welt, in der jede Investition und aller Konsum ausschließlich mit Eigenkapital bezahlt werden müsste, wäre nicht nur eine ärmere Welt als unsere; sie wäre vor allem auch eine Welt der festen Klassenunterschiede, eine Welt ohne

45 Zum Verlauf und aktuellen Stand der Diskussion: *Zacher* Aufgaben einer Theorie der Wirtschaftsverfassung, in: FS Böhm, 1970, S. 63 ff.; *Papier* Wirtschaftsverfassung in der Wirtschaftsordnung der Gegenwart, in: FS Sellmer, 2004, S. 459 ff.; *Schmidt* Staatliche Verantwortung für die Wirtschaft, in: *Isensee/Kirchhoff* Handbuch des Staatsrechts der Bundesrepublik, Band IV, 3. Aufl., 2006, § 92; *Badura* Wirtschaftsverfassung und Wirtschaftsverwaltung, 3. Aufl., 2008, Tübingen.

46 In diese Richtung gehende Versuche sind vor allen Dingen den Arbeiten von *Ingo Pies* zu verdanken: Ich hebe hervor: Ordnungspolitik in der Demokratie, Tübingen 2000; *Eucken* und *von Hayek* im Vergleich, Tübingen 2001; Theoretische Grundlagen einer Konzeption der ‚sozialen Marktwirtschaft': Normative Institutionenökonomik als Renaissance der klassischen Ordnungstheorie, in: Cassel (Hrsg.), Fünfzig Jahre soziale Marktwirtschaft, Schriften zu Ordnungsfragen der Wirtschaft, Band 57, Stuttgart 1998, S. 98 ff.

47 *Posner* A Failure of Capitalism, Cambridge, Massachusetts und London/England, 2009. S. 235.

soziale Mobilität. Denn nur die reichen Erben hätten genügend Geld, um ihre Ideen zu finanzieren und im Luxus zu leben. Die Armen müssten immer arm bleiben. (...) Die Erfindung des Kredits dagegen gibt den Armen ein Entmachtungsinstrument in die Hand, mit sie mit den Reichen und Etablierten im Markt konkurrieren können".[48]

**3)** Das materielle Substrat für diese Deutungen ist die Gemeinwohlorientierung vor allem großer und mittlerer privater Unternehmen. Sie ist unbestritten, streitig ist nur, wie sie funktioniert. Pars pro toto könnte man das demonstrieren mit der schon erwähnten Diskussion über Shareholder Value oder Stakeholder Value als Leitlinien des Aktienrechts. Das ist die Frage, ob in der Geschäftspolitik nicht nur das Interesse der Anteilseigner, sondern auch das Interesse der Mitarbeiter, der Gläubiger und der Kunden, aber auch sonstige ökonomische Interessen der Allgemeinheit zu berücksichtigen sind. Die Auseinandersetzung gewinnt jetzt an Schärfe, weil der sachliche Gegensatz sich widerspiegelt in einem politischen: Angelsächsisch-amerikanische Welt – Kultivierung der Shareholder Value; kontinentaleuropäische Welt – Ausbau des Stakeholder Value Ansatzes. Diese Debatte entfaltet sich nach beiden Seiten: Perfektionierung der Shareholderorientierung durch Mobilisierung der Gestaltungsmöglichkeiten der Aktionäre und ihrer Einwilligungskompetenz einerseits, Übertragung des aktienrechtlichen Stakeholder-Ansatzes auf die allgemeine Unternehmenskultur im Sinne des interessenpluralistischen Konzepts des deutschen Corporate Governance Codex andererseits.[49]

Wie weit dieses Modell tragen wird, hängt davon ab, wie es sich in die Logik impliziter und externer Gemeinwohlorientierung einfügt.

**a)** Was damit gemeint ist, wird deutlich in der Entwicklung der Unternehmensethik. Darüber informiert die in diesem Bande abgedruckte Arbeit von *Andreas Suchanek*.[50] Die Fragestellungen unterscheiden sich je nach dem, ob man der Ökonomie implizite oder explizite Orientierung zugrunde legt.[51]

---

48 *Hank* Der amerikanische Virus, München 2009, S. 95; über die expressive Ausreizung dieses Prinzips im Namen der Armutsbekämpfung vgl. das Projekt des Nobelpreisträgers *Yunus* (darüber *Schmidt* Microfinance, Kommerzialisierung und Ethik, Sitzungsberichte der Wissenschaftlichen Gesellschaft an der Goethe-Universität Frankfurt am Main, Stuttgart 2008).

49 Zum Ganzen jetzt *Spindler* Unternehmensinteresse als Leitlinie des Vorstandshandelns – Berücksichtigung von Arbeitnehmerinteressen und Shareholder Value, Kurzgutachten im Auftrag der Hans Böckler Stiftung, Oktober 2008, und in diesem Band, S. 137 ff.; zur allgemeinen Orientierung hier vor allem *Kuhner* Unternehmensinteresse vs. Shareholder Value als Leitmaxime kapitalmarktorientierter Kapitalmarktgesellschaften, in: ZGR 2004, 244 ff.

50 Vgl. ferner *Homann* Was bringt die Wirtschaftsethik für die Ethik, Wittenberg-Zentrum für globale Ethik, Diskussionspapier Nr. 2008–4, 2008; Andreas *Suchanek*, Verantwortung, Selbstbindung und die Funktion von Leitbildern; Nik *Lynn-Li-Ai*/Andreas *Suchanek*, Eine wirtschaftsethische

**b)** Der Prüfstein dafür, in welchem Maße implizite, in welchem Maße externe Gesichtspunkte die Gemeinwohlorientierung des Unternehmens bestimmen, könnte in der Antwort auf die Frage liegen, an welcher Stelle die Situation und die Dynamik der modernen Finanzmärkte wettbewerbsfördernd und an welcher Stelle sie wettbewerbshindernd ist. Die kartellpolitische Diskussion in der Theorie der sozialen Marktwirtschaft kreiste seinerzeit um den Begriff der optimalen Wettbewerbsintensität. Sie ist ebenso gefährdet durch das enge Oligopol, wie durch die ruinöse Konkurrenz, und so ergibt sich die folgende Hypothese.

So wie unter dem Gesichtspunkt der Abwehrung des Monopols es am Ende doch nicht effektiv ist, vollständige Konkurrenz anzustreben, muss man bei der Suche nach der optimalen Wettbewerbsintensität im Funktionieren der Finanzmärkte auch den goldenen Schnitt finden zwischen vollständiger Risikofreiheit und unendlicher Risikogefahr. Praktisch bedeutet das ein System von Regulierungen auf einer mittleren Ebene. Das ist inzwischen längst der pragmatische Kompromiss, aber es fehlt das theoretische Konzept. Was entspricht den optimalen weiten Oligopolen auf der Ebene der Finanzmarktrisiken? Der verbindende Topos könnte sein: „Ein staatliches Offenhalten der Märkte, eine auf wettbewerbliche Leistungsanreize kalkulierte Kombination von Vertragsfreiheit, privatem Eigentumsrecht und entsprechenden Haftungspflichten, sowie eine den Geldwert und die Erwartungsbildung stabilisierende Währung und Wirtschaftspolitik".[52]

Besinnen wir uns auf die zentrale Funktion des Kredits. Er muss zu Investitionen führen können. Diese Eignung müsste eigentlich über Qualität und Seriosität eines Finanzmarktgeschäftes entscheiden. Wenn man das mit dem im Kartellrecht ausgebildeten Begriff der Wettbewerbsintensität parallel schaltet, könnte so etwas wie eine im Kartellrecht vergleichbare Formel herauskommen. Der Wettbewerbsintensität entspräche dann die optimale Investitionstendenz. Das heißt, man müsste nach der Leistung suchen, die im Wandel des Verkaufs der Papiere zu niedrigen und dann wieder zu höheren Kurswerten liegt. Die betriebswirtschaftliche Aufgabe würde dann darin bestehen, zu prognostizieren, ob die Bewertungen von Verbriefungen das Spiegelbild produkterzeugender Prozesse sind. Dabei wäre dann allerdings noch das Problem zu lösen, bei den Wettbewerbsbeschränkungen zu unterscheiden, ob sie von den Adressaten der Wettbewerbspolitik, oder von der staatlichen Intervention ausgehen.[53]

---

Kommentierung der Finanzkrise, Wittenberg-Zentrum für globale Ethik, Diskussionspapier Nr. 2009–2; *Koslowski* Ethik der Banken. Folgerungen aus der Finanzkrise, München 2009.

**51** Darüber im Einzelnen *Lüderssen* in Kempf/Lüderssen/Volk (Hrsg.) aaO., S. 282 ff.

**52** Das ist *Eucken*; dazu *Pies* Eucken im Vergleich mit Hayek, Tübingen 2001, S. 66.

**53** *Hellwig* Effizienz oder Wettbewerbsfreiheit? Zur normativen Grundlegung der Wettbewerbspolitik, in: FS Mestmäcker, 2006, S. 231–268.

# D. Der Regelungsbedarf

In der Tat lassen sich also aus der Analyse der Entwicklung der Finanzmarktkrise die Leitlinien für die Handhabung bereits vorhandener und die Schaffung neuer Regelungen in großen Zügen ableiten. Doch erst wenn man das genauer weiß, kann erneut und abschließend dazu übergegangen werden, die strafrechtlichen Konsequenzen (real und virtuell) zu kalkulieren.

**I.** Viele Vorschläge sind inzwischen in der Literatur gemacht worden.

**1)** Am häufigsten wird gefordert, dass Regeln geschaffen werden, die eine entschiedene Steigerung der Transparenz der Verbriefungen garantieren. Dann die Priorität nachhaltiger Wertschöpfung; die damit verbundene Gefahr feindlicher Übernahme wegen Ausbleibens kurzfristiger Gewinnsteigerungen[54] müsste balanciert werden durch entsprechende restringierende Vorkehrungen auf dem Gebiet des Übernahmerechts.

**2)** Vorgeschlagen werden ferner neue Risikoabschätzungsverfahren. Denn „als gravierendes Problem im Risikomanagement erweist sich (...) nicht nur die Messbarkeit der Risikointerdependenz in der Krise, also die Veränderung der Rückflüsse, der Ausfallkorrelationen und der Veränderungen der angenommenen Ausfallszeitpunkte, sondern ganz generell die Interdependenz verschiedener Risikoarten. (...) Quantitative Methoden zur Messung der Interdependenz dieser Risiken mit den Markt- und Kreditrisiken fehlen vollkommen. Mit der im Zuge der Entwicklung der Finanzmärkte immer weiter gehenden Vervollkommnung und Vervollständigung der Kapitalmärkte konnte man darauf vertrauen, dass die Liquiditätsrisiken vergleichsweise in den Hintergrund getreten sind. (...) Jenseits der technischen Mängel bei der Einschätzung der Risiken wird auch auf eine mangelnde Risikokultur hingewiesen."[55] Das wird auch psychologisch begründet: „Die hier formulierte Überzeugung ähnelt den Überlegungen der psychologischen Ökonomik, dass unter bestimmten Voraussetzungen ein Verdrehungseffekt der intrinsischen Motivation durch den Einsatz extrensischer Anreize beobachtet werden kann. Es liegt nahe zu vermuten, dass die Konzentration auf das quantitative Management die rechenbaren Anteile überbetont und nicht nur viele Ressourcen im quantitativen Bereich bindet, sondern auch aus psychologischer Perspektive die qualitativen weichen Elemente des Risikomanagements zurückdrängt oder beeinträchtigt."[56] Das Mittel ist die „Zerlegung der Wertschöpfungsketten im Finanzbereich".[57] Im Übrigen rührt

---

54 Dazu *Sinn* aaO. S. 93 ff.

55 *Rudolph* aaO. S. 728.

56 *Rudolph* aaO.

57 *Rudolph* aaO., S. 733.

„die Frage, welche Rolle Wissen im prognostischen Betrieb der Finanzmärkte spielt (...), an allgemeine Fragen der Wissensvermittlung und Aufnahme und auch Funktion in der modernen Gesellschaft.“[58]

**3)** Die Forderung nach größerer Eigenkapitalbeteiligung ist inzwischen notorisch. Ob es dabei realistisch ist, dass man von den Banken verlangt, auch für „the worst case“ von Ausfällen die nötige Rückendeckung im Eigenkapital zu haben, erscheint zweifelhaft.[59]

**4)** Erwogen wird das Verbot von Leerverkäufen: „Man verkauft Aktien, die man gar nicht hat, treibt dadurch den Kurs der Aktien nach unten und kauft anschließend ganz rasch, bevor man die bereits verkauften Aktien wirklich liefert, die entwerteten Aktien am Markt, um seiner Lieferverpflichtung in letzter Sekunde nachkommen zu können.“[60] Darin werden „extreme spekulative riskante Transaktionen“ gesehen.[61] Andererseits wird auch betont, dass sie die „Liquidität“ erhöhe und den Anlegern das Risikomanagement erleichtere, sie seien also eine wertvolle Ergänzung der traditionellen Finanzinstrumente.[62]

**5)** Entschiedene Einschnitte werden für die Reform des „Rating“ gefordert, weil die Agenturen „ihren Kunden im Rahmen des so genannten dictative rating gegen Gebühr dabei geholfen“ haben, „die Wertpapiere, die sie besaßen, zu strukturieren und somit den verschiedenen Tranchen zuzuweisen. Die Kunst bestand dann darin, die Tranchen so zu gestalten, dass ein möglichst großes Volumen an AAA-Tranchen entstand, denn damit konnten die Unternehmen wegen der niedrigen Zinsen, die sie für diese Tranchen entrichten mussten, die besten Geschäfte machen“.[63] Das Problem war, dass man beispielsweise „einen Großkunden wie Lehman Brothers bei Meryll Lynch durch eine restriktive Bewertung verärgerte und dann möglicher-

---

58 *Rudolph* aaO.; genaueres dazu bei *Strulik* Beobachtungen im Kontext der Risikosteuerung des globalen Finanzsystems, in Schuppert/Vosskuhle (Hrsg.), Governance von und durch Wissen, Baden-Baden 2008, S. 87 ff.

59 Darüber ausführlich *Knebel/ Schmidt* Gestaltungen zur Eigenkapital-Optimierung vor dem Hintergrund der Finanzkrise, in: Betriebsberater 2009, 430 ff.

60 So die kurze Charakterisierung bei *Sinn* aaO. S. 168.

61 *Sinn* aaO.; das BaFin hat ja dann auch für eine begrenzte Zeit ein Verbot ausgesprochen. Welche Folgen das in strafrechtlicher Hinsicht haben könnte, ist noch nicht abzusehen. Die Norm, auf die das Verbot durch das BaFin gestützt ist (§ 4 Abs. 1 Ziff. 3 Wertpapierhandelsgesetz) taucht jedenfalls nicht einmal in der Aufzählung der Anordnungen auf, deren Nichtbeachtung gemäß § 39 Abs. 3 Ziff. 1 Wertpapierhandelsgesetz eine Ordnungswidrigkeit darstellt. Inzwischen ist das BaFin-Verbot wieder aufgehoben worden. Stattdessen gibt es jetzt das gesetzliche Verbot „ungedeckter Leerverkäufe“ (vgl. Bundestagsdrucksache 17/1952 v. 8. 6. 2010). Vgl. im übrigen *Trüg* in diesem Band, S. 101 ff.

62 Studie der Deutschen Bank, zitiert nach dem Bericht in der FAZ v. 7. 4. 2010 (S. 17).

63 *Sinn* aaO.; äußerst instruktiv der Artikel von *Möllers* Von Standards zum Recht, Auf dem Weg zu einer Rating-Agentur in Europa und in USA, in: Zeitschrift für das juristische Studium, 2009, 227 ff.

weise verlor. Da fiel es ihnen schon leichter, ein paar kleinere europäische Banken korrekt zu bewerten und damit ihre Objektivität unter Beweis zu stellen".[64]

**6)** Ganz sicher werden die Reformen auch die Existenz der außerhalb der Bilanz der Banken sich bewegenden so genannten Zweckgesellschaften (conduits) einbeziehen.

**7)** Das größte Problem sind die Haftungsregeln. Die auf das eingebrachte Kapital begrenzte Haftung ist die Grundlage unserer Marktwirtschaft. „Die Kapitalgesellschaft mit beschränkter Haftung ist das zentrale Erfolgsmodell des Kapitalismus". Sie sei, heißt es Anfang des vergangenen Jahrhunderts, „die größte Einzelentdeckung der Neuzeit. (...) Selbst Dampf und Elektrizität sind weit weniger wichtig als die Gesellschaft mit beschränkter Haftung".[65] Diese Struktur kann, so suggestiv auch in dieser Hinsicht im Insolvenzfall Arcandor auf die Eigentümer eingewirkt worden ist, durch den Verfassungssatz, „Eigentum verpflichtet", nicht ausgehebelt werden. Das ist auch niemals ernsthaft diskutiert worden, wohl aber das andere Haftungsproblem, das auf die Formel „Principal/Agent" gebracht wird. Die Trennung von Eigentum und Management führt zu einer asymmetrischen Risikowahrnehmung: „Falls es schief geht, kann das Management ohnehin den Schaden nicht voll tragen. Falls es gut geht, sind Reputationsgewinn, Eigentumszuwächse oder Bonuszahlungen drin, also Gewinnbeteiligung, die das Ausmaß der denkbaren Verlustbeteiligung übertrifft."[66]

**II.** Was auf diesen Gebieten von den nationalen und europäischen Institutionen an Regelungsvorschlägen zu erwarten ist, kann man schwer überblicken.

Basis sind nach wie vor die 29 Punkte des „Global Plan für Recovery and Reform" vom 2.4.2009. Was auf europäischer Ebene dazu inzwischen vorliegt, ergibt sich aus einer Mitteilung der Kommission über die europäische Finanzaufsicht vom 27.5.2009 und in dem, wenn ich recht sehe, nicht übersetzten „Accompanying Document for the Communication of the Commission European Financial Supervision" unter der Überschrift „Impact Assessment". Dazu tritt ein wiederum übersetztes Begleitdokument zur Mitteilung der Kommission unter der Überschrift „Zusammenfassung der Folgenabschätzung", auch vom 27.5.2009. Das ist ein hochkarätiges Papier mit einer Vielfalt von Zuständigkeitsverteilungen, aber ohne inhaltliche Vorgaben, wenn man davon absieht, dass das Problem vor allem im Missverhältnis zwischen dem Niveau der europäischen Integration der EU-Finanzmärkte und der nationalen Organisation der Aufsichtspflichten gesehen wird und dass eine nicht uninteressante Differenzierung zwischen Mikro-Ebene und

64 *Sinn* aaO. S. 147.
65 Belege bei *Sinn* S. 85.
66 *Weede* aaO. S. 9f.

Makro-Ebene angeboten wird. Weitere Fortschritte sind nicht zu verzeichnen. Auch der Gipfel von Toronto (26./27.6.2010) hat nicht viel gebracht. Ob die neue Gesetzgebung der USA etwas bewirken wird, bleibt abzuwarten.

# E. Ein neues Strafrecht?

**I.** Das Strafrecht, das nicht frei schwebend unter der Devise seiner sittenbildenden Aufgabe (so hat man tatsächlich einmal gesprochen) in dieses komplexe ökonomische Gebiet einmarschieren und Plus und Minus verteilen darf (darüber ist man sich einig, insofern hat sich doch allmählich durchgesetzt, dass das Strafrecht nur eine sekundäre Ordnung ist[67]), hat es gleichwohl nicht leicht, den *Grad* seiner Abhängigkeit abzuschätzen, die Stelle zu finden, an der die zusätzlichen, dann doch autonomen strafrechtlichen Kriterien beginnen.

**1)** Gibt es eindeutige vorgegebene *rechtliche* Regeln, so ist die Entscheidung leicht.

**2)** Sind diese rechtlichen Regeln auslegungsbedürftig, so entsteht indessen sofort ein Problem: Wer entscheidet über die richtige Auslegung? Gilt die akzessorische Natur des Strafrechts auch insofern, als es sich den Auslegungen der Vertreter der primär zuständigen Rechtsgebiete anschließen muss? Das wird man nicht sagen können. Im Zweifel gilt eine Auslegung, die den speziellen Erfordernissen des Strafrechts in Bezug auf Bestimmtheit, ultima ratio-Funktion und die übergreifenden prozessrechtlichen Grundsätze, wie nemo tenetur se ipse accusare, in dubio pro reo, etc. gerecht wird.[68]

**3)** Noch schwieriger ist es, wenn gar nicht andere Rechtsgebiete, sondern andere Wissenschaften – in Theorie und Praxis – (nicht selten streitige) Vorgaben machen könnten. Eine formelle Bindung besteht hier überhaupt nicht, und im Prozess entscheidet sich die Frage danach, ob der Richter die eigene Sachkunde hat (§ 244 Abs. 4 Satz 1 StPO). Diese Entscheidung trifft er freilich selbst, und damit steht er dann doch vor dem substanziellen Problem, eine zweite Zuständigkeit herstellen zu müssen. Mehr nicht. Denn dem Sachverständigen, der dann spricht, braucht er

---

67 Dazu *Lüderssen* Primäre oder sekundäre Zuständigkeit des Strafrechts, in FS Eser, München 2005, S. 167 ff.; auch *Schröder* aaO., wie dargelegt, zum Strafen durchaus bereit, gesteht dies – jedenfalls für das Verhältnis von Strafrecht und Gesellschaftsrecht – zu, aaO. S. 15; ebenfalls in diesem Sinne *Ransiek*/ *Hüls* Strafrecht zur Regulierung der Wirtschaft, in: Zeitschrift für Unternehmens- und Gesellschaftsrecht, 2009, 157 ff. (161 ff.).

**68** Dazu im einzelnen *Lüderssen* Zur Konkretisierung der Vermögensbetreuungspflicht in § 266 StGB, § 87 Abs. 1 Satz 1 Aktiengesetz, in: FS Schroeder Heidelberg 2007, S. 569 ff.; so auch *Ransiek/Hüls* aaO. S. 174.

auch nicht zu folgen, Grenzen gibt es da nur mit Blick auf Denkgesetze und unüberschreitbare naturwissenschaftliche Fakten. Selbst diese Bereiche sind streitig. Sind alle neuen Erkenntnisse der Neuro-Wissenschaften, die zu einer veränderten Anwendung der §§ 20, 21 StGB führen könnten, in dieser Weise verbindlich? Gegenwärtig erleben wir, dass die Strafrechtswissenschaft sich aufbäumt gegen ihr vorgehaltene Positionen der Neuro-Wissenschaften. Die einfache Rechnung, dass vieles, was diese Wissenschaftler behaupten, doch so rudimentär ist, dass für das Strafrecht praktisch nichts daraus folgen kann, wird gar nicht angestellt. Vielmehr überwiegt die Erregung darüber, dass hier jemand in das normative Reich des Strafrechts hineinregieren könnte; deshalb werden auch nahe liegende wissenschaftstheoretische Einwände gegen die Schlussfolgerungen der Neuwissenschaftler gar nicht ausgereizt, sondern sofort mit einem dualistischen Gegenprogramm übertrumpft. Dass das am Ende vernünftiger und freiheitsorientierter ist, als die von den Neurowissenschaftlern vorgeschlagenen Konditionierungsprogramme, steht auf einem anderen Blatt, könnte vielleicht sogar selbst dann, wenn die Neurowissenschaftler über die menschliche Motivation im Besitz der Wahrheit wären, zu einem normativ begründeten fiktiven Konzept führen.[69] Doch an der Frage, aus welchen Gründen die Neurowissenschaft Daten anbieten könnte, die für die Strafrechtswissenschaft verbindlich sein können, geht das vorbei.

**4)** Ganz hoffnungslos ist es, wenn nicht Naturwissenschaft, sondern Sozialwissenschaft angeboten wird als Rechtsquelle. Wird etwa die Unzweckmäßigkeit der Abschaffung von Hedge-Fonds dargetan und geschieht das auf der Basis eines Konzeptes des Marktes und seiner Aufgaben für die gegenwärtige Volkswirtschaft und für den Einzelnen, das diskutierbar ist, über das man verschiedener Meinung sein kann – haben die Ökonomen dann doch das Prävenir, oder ist der Jurist ganz frei? Bei Handelsbräuchen z. B. hat sich eine Art von Verbindlichkeit für das Recht durchgesetzt, und für manche strafrechtsdogmatische Begriffe, die stark auf sozialen Normen aufbauen, gilt das auch, so für den Gewahrsamsbegriff. Hier genügt nicht die jederzeitige Zugriffsmöglichkeit und der Wille dazu, vielmehr muss nach den Anschauungen des alltäglichen sozialen Lebens von Gewahrsam die Rede sein können. Das ist ein primitives Beispiel, niemand streitet darüber, und es ist auch nicht so wichtig.

Aber wenn die makro- und mikro-ökonomischen Spezialisten sprechen, verkörpern sie die ökonomische Vernunft, vertreten gewissermaßen einen hochstilisierten Alltag, der – wäre er ein einfacher Alltag – von den Juristen ohne weiteres

---

69 Darüber *Lüderssen* Das Subjekt zwischen Metaphysik und Empirie. Einfluss der modernen Hirnforschung auf das Strafrecht? In: Duncker (Hrsg.), Beiträge zu einer aktuellen Anthropologie, 2006, S. 189 ff.

akzeptiert würde. Dies freilich nur unter der Voraussetzung einer vorausgehenden *sozialen* Bewertung, die dann ihrerseits im speziellen Bewertungshorizont der *Juristen* untergebracht werden muss.

Der Einfluss der Sozialwissenschaften auf das Strafrecht war in den methodologischen Diskussionen der zweiten Hälfte des vergangenen Jahrhunderts jahrzehntelang *das* Thema. Greifbare Ergebnisse sind nicht dabei herausgekommen. Ähnlich steht es mit der für wirtschaftliche Sachverhalte eher zuständigen Bewegung von „Law and Economics". Man erinnert sich an endlose Travemünder Symposien zu diesem Thema.[70]

**5)** Eine weitere Aufklärung könnte von der Kriminologie kommen. Aber sie hat sich dieser Methodenfrage immer versagt. Entweder hat sie sich als dem Strafrecht zuarbeitende Hilfswissenschaft verstanden oder das Strafrecht abgelehnt; die Zuschreibungskritik, die unter dem Namen „Labeling Approach" bekannt geworden ist, stand ganz in diesem Zeichen. Als es sich dann darum handelte zu entdecken, dass auch aus der Sicht der Vertreter dieser Kriminologie „Strafwürdiges" passiere, beginnend mit den Taten Rechtsradikaler, wurde tatsächlich die Frage gestellt, ob es nicht unterlassene Zuschreibung geben könne. Aber ernste Versuche von Strafrechtlern, diese Frage zu beantworten,[71] blieben ohne jede Resonanz. Es gibt lediglich – erst kürzlich erschienen – einen traurigen Abgesang unter dem Titel „Die Kontroverse um das ‚repressive Verbrechen' und die Folgen für die Theorie",[72] ohne jeden sachlichen Gehalt. Die interaktionistische Kriminologie ist eine wissenschaftliche Antwort auf das Wirtschaftsstrafrecht bisher schuldig geblieben.[73]

**6)** Wissenschaftstheoretisch verlässliche Kriterien dafür, wo man angesichts der Vielfalt von Wissbarem, die Selbständigkeit des Strafrechts anfangen bzw. aufhören lassen sollte, gibt es also nicht, so schwer mir das zuzugeben fällt, denn ich habe die Belehrung durch die Sozialwissenschaften immer gesucht.

**II.** Es kommt daher doch vor allem auf rechtspolitische Entscheidungen an.

**1)** Wenn man sich, wofür viel spricht, für jenen Typus sozialverantwortlichen Wirtschaftens entscheidet, der strenge Regulierungen des Marktes nur als Regu-

---

70 Vgl. statt vieler *Schäfer/Ott* Die Präventivwirkung zivil- und strafrechtlicher Sanktionen, Tübingen 1999; *Lüderssen* Entkriminalisierung des Wirtschaftsrechts, Band 2, Baden-Baden 2007, S. 1 ff.

71 *Lüderssen* Unterlassene Zuschreibung, FS Sack, Baden-Baden 1996, S. 113 ff.

72 *Hess* in: Prittwitz u. a. (Hrsg.), Kriminalität der Mächtigen, Baden-Baden 2008, S. 306 ff.

73 Vgl. *Techmeier* Zur strafrechtlichen Immunisierung bei Wirtschaftsstrafsachen, in: Prittwitz u. a. aaO. S. 62 ff.; sorgfältige Aufarbeitung des Dilemmas, in das sich die kritischen Kriminologen begeben haben, jetzt bei *Schneider* Wirtschaftskriminalität, Wirtschaftsstrafrecht und Wirtschaftskriminologie – Über die Erstarrung der deutschen Kriminologie zwischen atypischem Moralunternehmertum und Bedarfswissenschaft, in: Kempf/Lüderssen/Volk (Hrsg.), Die Handlungsfreiheit des Unternehmers – wirtschaftliche Perspektiven, strafrechtliche Schranken, 2009, S. 61 ff.

lierung von Selbstregulierung und nicht als staatliche Intervention wünscht – und das wäre ein wettbewerbstheoretisch und unternehmensethisch modernisierter Liberalismus, dessen Ursprünge in die zwanziger und dreißiger Jahre des vergangenen Jahrhunderts zurückgehen[74] – dann ergibt sich für das Strafrecht ziemlich zwingend der Verzicht auf eine Teilnahme an direkter Steuerung des Wirtschaftslebens.[75]

Wenn das Strafrecht aber nicht steuern soll, was soll es dann? Soll es sich darauf beschränken, rückwirkend zu vergelten? Nicht wenige Kritiker des strafrechtlichen Steuerungsanspruches sehen diese Konsequenz und finden nichts dabei, obwohl man sie keineswegs alle auf der Seite der absoluten Straftheorien verbuchen kann, einige vielmehr in anderen Kontexten durchaus von Resozialisierung und weiteren relativen Strafzwecken sprechen. Diese Literaturlage philologisch zu untersuchen ist hier nicht der Ort. Aber dass Prävention als Aufgabe des Strafrechts nicht gleichgesetzt werden muss mit einem allgemeinen entsprechenden Steuerungsanspruch des Staates, sollte doch vielleicht etwas deutlicher gemacht werden. In ECLE 1, S. 285/286 ist das in Umrissen geschehen.

**2)** Es bleibt die rechtspolitische Entscheidung, die man guten Gewissens treffen kann: Je mehr gute wirtschaftsverwaltungsrechtliche Kontrollen des Finanzmarkts wir bekommen, umso weniger strafrechtliche werden wir brauchen.[76]

**a)** Diese Überlegung ist freilich dem Einwand ausgesetzt, dass die Verbindung von modernen Compliance-Systemen und „good corporate citizen" die Schutzwürdigkeit von Interessen deutlich macht, die bisher als strafrechtliche Rechtsgüter noch nicht definiert sind. Es könnte ja durchaus in der Entwicklungslinie einer Mixtur von Staat und Markt liegen, dass in dem Maße, wie der Markt auch öffentliche Aufgaben übernimmt, neue kollektive Rechtsgüter entstehen, und dass es nur konsequent wäre, auf deren Verletzung auch mit dem Strafrecht zu reagieren.

Strafrechtliche Relevanz dürfen, sollen nicht wichtige liberale Traditionen verlassen werden, solche kollektiven Rechtsgüter nur erhalten, wenn als Bezugsgröße an irgendeiner Stelle doch die einzelne Person eingesetzt werden kann. Der konstruktive Weg dafür wäre, das kollektive Rechtsgut als die Abbreviatur eines bestimmten Stadiums des Weges anzusehen, auf dem das Rechtsgut eines Einzelnen angegriffen wird. Der Gesetzgeber interveniert eben schon früh und relativ umfassend und wartet nicht erst ab, bis beim Einzelnen der Schaden angekommen ist.

---

74 „Ordoliberalismus" – ein damals zeitgemäßer Begriff.

75 So mit großer Entschiedenheit und Klarheit jetzt auch *Hassemer* Die Basis des Wirtschaftsstrafrechts. In: Kempf/Lüderssen/Volk (Hrsg.) aaO., S. 29 ff.

76 Zu dieser Priorität ausführlich und gründlich *Prittwitz* Perfektionierte Kontrolldichte und rechtstaatliches Strafrecht, in: Beulke/Lüderssen/Popp/Wittig (Hrsg.), Das Dilemma des rechtsstaatlichen Strafrechts, Berlin 2009, S. 185 ff.

Im Grunde ist das die – freilich anfechtbare – Konstruktion der abstrakten Gefährdungsdelikte.

Wenn allerdings der Ursprung des Angriffswegs sich zu weit verliert in die unübersehbaren Strukturen des Finanzmarktes, ist bei einem Tatbestand, der diese Strukturen – in der Gestalt von Zwischenrechtsgütern, wie man auch sagen könnte – bezogen auf die Schutzwürdigkeit des Einzelnen fixieren will, eine vom Verfassungsrecht garantierte Bestimmtheit nicht mehr gegeben.

**b)** Wie soll das Strafrecht auf den gleichwohl zu erwartenden Kriminalisierungsdruck reagieren?

**aa)** Ausgangspunkt ist, dass der im Namen der Staatsräson erhobene öffentliche Strafanspruch abgelöst worden ist durch den öffentlichen Strafanspruch im Namen des Gemeinwohls.[77]

Das Gemeinwohl muss für das Strafrecht – zusätzlich – aus der Perspektive der Strafzwecke definiert werden. Das heißt, die Frage etwa nach der Einbeziehung der Funktionsfähigkeit des Kapitalmarkts in die Begründung für die Etablierung neuer strafrechtlich zu schützender Rechtsgüter beschränkt sich nicht darauf, die Verbindungslinien herzustellen zwischen dem Funktionieren des Marktes und der Wohlfahrt des Einzelnen, sondern muss auch in den Blick nehmen, ob es zur Blockierung dieses weitläufigen Angriffsweges im Namen des Gemeinwohls wirklich erforderlich ist, die Akteure über die Schadensersatz- oder Wiedergutmachungspflichten hinaus, die sie treffen können, zu disziplinieren.

**bb)** Diese Ankündigungen sollten aber nicht nur auf dem Papier stehen, sondern sich im Einzelfall realisieren, und das heißt, unter Umständen: Einsperren mit dem Zweck der Resozialisierung (oder – etwas petrefakt – Vergeltung). Das muss vor Augen haben, wer Strafbarkeit fordert, und zwar auch schon bei der abstrakten Androhung der Strafe im Strafgesetz. Denn die damit angestrebte Generalprävention ist nur realistisch, wenn ihre Adressaten – die Bürger – damit rechnen müssen, dass im Einzelfall die Strafe auch ausgesprochen und vollzogen wird, gleichviel ob das geschieht, um die Bürger von zukünftigen Taten abzuschrecken (negative Generalprävention), oder um ihnen zu demonstrieren, dass die strafrechtlichen Verbote wirklich gelten (positive Generalprävention).

**cc)** Deshalb muss jetzt eine neue Forschung über die Rolle eines bestimmten, bisher noch nicht definierten Typus des homo oeconomicus beginnen: Nicht der Bankrotteur, oder die Gründer von Schwindelfirmen, die Urheber von betrügerischen Schneeballsystemen interessieren, sondern *die* am Wirtschaftsleben teilnehmenden Personen, die große Risiken eingehen nach Regeln, deren Umfang und

77 Zum folgenden, mit weiteren Belegen, Lüderssen, Muss Strafe sein? Das Strafrecht auf dem Weg in die Zivilgesellschaft, in Festschrift für Winfried Hassemer, Heidelberg u. a. 2010. S. 467 ff. (475 ff.).

Verbindlichkeit gegenwärtig weitgehend ungeklärt sind. Wie sehen in einem von ökonomischer Eigendynamik geprägten System Risiken aus, die so unbeherrschbar sind, dass *die* Personen, die sich vorsätzlich und dominant über diese Risiken hinweg setzen, resozialisiert werden müssen oder Vergeltung verdienen? Die Regeln, die hier verbindlich werden sollen, müssen eine Überzeugungskraft von großer Allgemeinheit besitzen, ehe sie als Grundlage für die Konstituierung strafrechtlich geschützter Rechtsgüter und die persönliche Zurechnung ihrer Verletzung in Betracht kommen. Von der Strafgesetzgebung ist deshalb zu fordern, nicht nur ihrer ohnehin bestehenden Pflicht nach Folgenabschätzung nachzukommen, sondern erst einmal die Grundlagen für diese Folgenabschätzung zu erforschen – unter Heranziehung aller beteiligten wissenschaftlichen Disziplinen und verfügbaren wirtschaftlichen Erfahrungen.

## F. Ergebnis

So lange die strafrechtsrelevanten normativen und empirischen ökonomischen Zusammenhänge, in denen sich die virtuellen Täter und Taten im Risikomanagement des Wirtschaftslebens bewegen, und die Wirkungen, die in den anvisierten Fällen von – im Namen des Gemeinwohls angedrohten und verhängten – Sanktionen ausgehen können, nicht einmal annähernd erforscht sind, bleibt die Anwendung des Strafrechts experimentell; die Strafrechtsprechung muss sich also zurückhalten, und dem Gesetzgeber fehlt vorerst die Legitimation, auf diesem Gebiet neue Straftatbestände zu schaffen.[78]

**78** So auch *Gillmeister* in diesem Band. S. auch Lüderssen, Frankfurter Allgemeine Zeitung v. 30.6. 2010, S. 18.

Lothar Kuhlen

# Die Unbestimmtheit der Korruptionsdelikte und heterogene ökonomische Konzepte

## Gliederung



Dem Thema meines kurzen Referats[1] entsprechend werde ich zunächst – unter I. – etwas zur Unbestimmtheit des Korruptionsstrafrechts sagen, anschließend dann – unter II. – einige Überlegungen zur Verknüpfung dieser Unbestimmtheit mit heterogenen ökonomischen Konzepten vortragen.

## I. Unbestimmtheit

Den klassischen Kern des Korruptionsstrafrechts bilden die Bestechungsdelikte der §§ 331 ff.[2], die den öffentlichen Sektor betreffen und auf deren Erörterung ich mich in der Folge beschränken werde. Ich klammere also die Bestechlichkeit und Bestechung im geschäftlichen Verkehr (§ 299) ebenso aus wie spezielle Vorschriften, etwa den Tatbestand der Bestechlichkeit und Bestechung von Mandatsträgern (§ 108e). Außerdem beschränke ich mich auf das derzeit noch geltende Recht, obwohl die Neuregelung durch das 2. Korruptionsbekämpfungsgesetz sicherlich auch neue Bestimmtheitsprobleme aufwerfen wird.

**1.** Bei §§ 331 ff. geht es um unzulässige Zuwendungen an *Amtsträger.* Dieser Begriff hat einen klaren Kern, nämlich – nach seiner Legaldefinition in § 11 Abs. 1 Nr. 2a und b – diejenigen, die nach deutschem Recht Beamte oder Richter sind oder in einem sonstigen öffentlich-rechtlichen Amtsverhältnis stehen. Schwierigkeiten

**Erschienen in** ILFS Band 19: Unbestimmtes Wirtschaftsstrafrecht und gesamtwirtschaftliche Perspektiven, 2017

1 Vortrag vom 21.11.2015. Die Vortragsfassung wurde beibehalten, zur Änderung der Rechtslage durch das am 26.11.2015 in Kraft getretene 2. Korruptionsbekämpfungsgesetz (BGBl. I, S. 2015) finden sich nur vereinzelte Hinweise.
2 Paragraphen ohne Gesetzesangabe sind solche des StGB.

https://doi.org/10.1515/9783111057125-018

bereitet dagegen die Frage, wer „sonst dazu bestellt ist, bei einer Behörde oder bei einer sonstigen Stelle oder in deren Auftrag Aufgaben der öffentlichen Verwaltung ... wahrzunehmen", und damit nach § 11 Abs. 1 Nr. 2c ebenfalls Amtsträger ist. Mit diesem Problem hat die Rechtsprechung in einer Vielzahl umstrittener Fälle zu tun gehabt.

So hat man beispielsweise für Mitarbeiter öffentlicher Sparkassen, Landesbanken, der DB Netz AG als Tochterunternehmen der Deutschen Bahn AG, einer in städtischem Alleinbesitz stehenden GmbH, die sich der Versorgung der Einwohner mit Fernwärme widmete, sowie einer von einem Landkreis gegründeten GmbH, die sich mit der Müllentsorgung befasste, die Amtsträgereigenschaft gemäß § 11 Abs. 1 Nr. 2c bejaht.[3] Anders beurteilt wurden demgegenüber Mitarbeiter der der öffentlichen Hand gehörenden Flughafen AG Frankfurt, der Deutschen Bahn AG selbst sowie einer kommunalen Wohnungsbaugesellschaft.[4] Die zwischenzeitlich behauptete Amtsträgereigenschaft von *Vertragsärzten* hat der BGH ebenfalls verneint,[5] was nicht nur in der Literatur teilweise anders gesehen wurde, sondern auch den Gesetzgeber zum Tätigwerden veranlasst hat.[6] Hier, also beim Amtsträgerbegriff, liegt sicherlich ein *erstes* erhebliches Bestimmtheitsproblem nicht nur, aber *auch* der heutigen Bestechungstatbestände.[7]

**2.** Die Art und Weise, wie sich die Bestimmtheitsfrage *gerade* bei diesen Tatbeständen stellt, ist wesentlich durch das *1. Korruptionsbekämpfungsgesetz* von 1997 geprägt.

**a)** Es hat die Bestechungsdelikte neu gefasst und dabei erheblich erweitert. Die wichtigsten Beiträge des *Gesetzgebers* zu dieser Expansion des Korruptionsstrafrechts waren die Einbeziehung von *Drittvorteilen* sowie die Erstreckung von Vorteilsannahme und Vorteilsgewährung auf Zuwendungen, die als Gegenleistung für eine bloße *Dienstausübung* angenommen oder gewährt werden.

Auch ein Amtsträger, der als Gegenleistung für ein dienstliches Handeln die Gewährung eines Vorteils nicht an sich selbst, sondern an einen *Dritten* – beispielsweise das Rote Kreuz oder den DFB – fordert, vereinbart oder annimmt, kann sich heute – anders als nach damals h.M. bis 1997 – wegen Vorteilsannahme oder Bestechlichkeit strafbar machen; entsprechend der die Drittzuwendung Leistende

3 Vgl. die Hinweise bei *Fischer*, StGB, 63. Aufl. 2016, § 11 Rn. 22b.

4 *Fischer* § 11 Rn. 22c.

5 BGH NJW 2012, 2530. Dazu m.w.H. *Fischer* § 11 Rn. 22e–g.

6 Dazu zuletzt *Taschke/Zapf* medstra 2015, 332 ff.; *Pragal/Handel* medstra 2015, 337 ff. m.w.H.

7 Erhebliche Bestimmtheitsfragen wirft nunmehr auch der (freilich nicht mehr der gesetzlichen Terminologie entsprechende) Begriff des *ausländischen Amtsträgers* gemäß § 335a Abs. 1 auf. Siehe dazu BT-Drs. 18/4350, S. 24 f. sowie *Kubiciel/Spörl*, KPKp 4/2014, S. 22 ff.; *Gaede*, Gutachten zum Entwurf eines Gesetzes zur Bekämpfung der Korruption (BT-Drs. 18/4350), 5.6.2015, S. 22 f.

wegen Vorteilsgewährung oder Bestechung. Und auch ein Amtsträger, der Zuwendungen nicht als Gegenleistung für *konkrete* dienstliche Entscheidungen annimmt, sondern lediglich dafür, dass er sich ganz allgemein den Interessen des Zuwendenden dienstlich gewogen zeige, kann sich heute – anders als bis 1997 – wegen Vorteilsannahme strafbar machen; entsprechend der Zuwendende wegen Vorteilsgewährung.

**b)** Diese Ausweitung des Korruptionsstrafrechts hat nach verbreiteter Auffassung zu einer erheblichen Unbestimmtheit der Bestechungstatbestände geführt. Schon im Jahr 2005, also vor genau zehn Jahren, haben etwa *Knauer* und *Kaspar* von der „uferlosen Weite" dieser Tatbestände gesprochen.[8] Und *Kargl* hat im gleichen Jahr mit Blick auf eine Entscheidung des BGH zur Annahme von Wahlkampfspenden durch einen Oberbürgermeister die Ansicht vertreten, die Entscheidung zeige „in frappierender Weise, dass das Gesetzlichkeitsprinzip praktisch nicht mehr existiert".[9] Der BGH selbst schließlich hat in seinem 2008 ergangenen Urteil im Fall EnBW, wo es um das Angebot von WM-Tickets an Minister der Baden-Württembergischen Landesregierung ging, der durch den Gesetzgeber *gelockerten Unrechtsvereinbarung* bei Vorteilsannahme und -gewährung attestiert, dieses Tatbestandsmerkmal weise „im Randbereich kaum trennscharfe Konturen auf", was „zu Beweisschwierigkeiten führen und ... dem Tatrichter eine beträchtliche Entscheidungsmacht ein[räumen]" könne.[10]

Diese Formulierung des 1. Strafsenats ist in der Literatur naheliegenderweise kritisch aufgenommen worden, sei es, dass man die fehlende *gerichtliche* Präzisierung,[11] sei es, dass man die Unbestimmtheit der *gesetzlichen* Vorschriften beanstandet. Letzteres tut etwa *Hettinger*, demzufolge die Tatbestände der Vorteilsannahme und der Vorteilsgewährung „die prozessualen Opportunitätsregeln in kongenialer Weise [ergänzen]: man kann jederzeit zupacken, aber man muss nicht ‚müssen'."[12]

---

8 *Knauer/Kaspar* GA 2005, 385 (391).

9 *Kargl* JZ 2005, 503 (508). Näher dazu *Kuhlen*, Die verfassungskonforme Auslegung von Strafgesetzen, 2006, S. 70 ff.

10 BGHSt 53, 6 Rn. 34.

11 So etwa *Deiters* ZJS 2009, 578 (581); *Hamacher/Roback* DB 2008, 2747; *Schlösser* wistra 2009, 155 (156); *Noltensheimer* HRRS 2009, 151 (153); *Nestler*, Ökonomische Folgen verfehlter Kriminalisierung, in: Kempf/Lüderssen/Volk (Hrsg.), Die Handlungsfreiheit des Unternehmers – wirtschaftliche Perspektiven, strafrechtliche und ethische Schranken, 2009, S. 80 ff. (90) Fn. 33.

12 *Hettinger* JZ 2009, 370 (372).

**c)** Sind Straftatbestände wirklich von „uferloser Weite“, scheint es zwingend, sie wegen fehlender Bestimmtheit als Verstoß gegen das Gesetzlichkeitsprinzip des Art. 103 Abs. 2 GG und damit als verfassungswidrig einzustufen. Diese Auffassung wird in der Literatur denn auch vertreten.[13] Aber sie ist praktisch nicht anschlussfähig, und das aus guten Gründen.

**d)** In der gerichtlichen Praxis, und d.h., soweit es um die Auslegung des materiellen Rechts geht, vor allem: in der Rechtsprechung des BGH, hat sich eine andere Strategie herausgebildet. Sie findet sich auch bei anderen Tatbeständen und hat mittlerweile – Stichwort: Präzisierungsgebot[14] – das Verständnis des Gesetzlichkeitsprinzips erheblich verändert. Dass Tatbestände nach ihrem *Wortlaut* zu weit gefasst sind und deshalb auch auf nicht strafwürdige, ja „höchst erwünschte“ Verhaltensweisen passen, bei den Bestechungsdelikten also z.B. viele private Zuwendungen für die Erfüllung öffentlicher Aufgaben erfassen, wird *nicht* zum Anlass genommen, diese Tatbestände als unbestimmt im verfassungsrechtlichen Sinne und damit als verfassungswidrig einzustufen. Vielmehr versucht man, „die sachlich gebotene Zurückschneidung der Strafbarkeit“ durch restriktive Auslegung bzw. teleologische Reduktion des zu weit geratenen Gesetzeswortlauts zu erreichen.[15]

Diese Vorgehensweise macht die Herstellung eines ausreichend bestimmten, d.h. für die Bürger orientierungsfähigen Strafrechts zu einer Aufgabe, die in arbeitsteiligem Zusammenwirken von Gesetzgeber und Gerichten zu bewältigen ist. Es liegt auf der Hand, dass damit den Strafgerichten eine Verantwortung zuwächst, die sie nach dem klassischen Modell der Gewaltenteilung, auf dem das Gesetzlichkeitsprinzip beruht, nicht zu tragen hatten.

**e)** Bei den Korruptionsdelikten gab es nach deren Erweiterung im Jahr 1997 *zwei unterschiedliche Wege* einer Tatbestandsrestriktion. Der erste bestand darin, zentrale Tatbestandsmerkmale auf einer *abstrakt begrifflichen* Ebene einschränkend zu interpretieren. So hat *Lüderssen* vorgeschlagen, vertraglich *vereinbarte* Zuwendungen vom *Vorteilsbegriff* auszunehmen und dafür Zustimmung in der Literatur gefunden.[16] M.E. zu Recht ist die h.M. dem jedoch nicht gefolgt und hält unverändert daran fest, dass die *Vereinbarung* der Zuwendung *selbst* einen Vorteil bilden kann, und dies auch bei durchaus ausgewogen gestalteten Vertragsbeziehungen. So wird die Erteilung eines angemessen dotierten Gutachtenauftrags an

---

13 So für § 331 von *Kaiser*, Drittmittel, Sponsoring und Fundraising – rechtskonforme Finanzierung öffentlicher Aufgaben oder Einstieg in die Korruption?, 2008, S. 136 ff.; *Friedhoff*, Die straflose Vorteilsannahme, 2012, S. 81 ff.

14 So BVerfG NJW 2010, 3209 Rn. 81. Dazu *Kuhlen* JR 2011, 246 (248 ff.).

15 LK-*Sowada*, 12. Aufl. 2010, § 331 Rn. 76; *Kuhlen*, Ausdehnung und Einschränkung der Bestechungstatbestände: Das Beispiel der Schulfotografie, FS-Frisch, 2013, S. 949 ff.

16 *Lüderssen* JZ 1997, 112 (114 f.); dazu NK-*Kuhlen*, 4. Aufl. 2013, § 331 Rn. 53 f. m.w.H.

einen Juraprofessor in der Regel einen nennenswerten und damit als Handlungsanreiz tauglichen Vorteil für diesen Amtsträger bilden.

Ein weiterer Vorschlag der Literatur zielte darauf ab, den Begriff des *Drittvorteils* einzuschränken, indem man entweder unverändert einen *eigenen* Vorteil des Amtsträgers verlangte oder aber nur Vorteile für *private* Dritte genügen ließ, nicht aber Zuwendungen an staatliche Stellen, insbesondere an die Anstellungskörperschaft des Amtsträgers.[17] Auch dieser Vorschlag hatte keinen Erfolg, wiederum m. E. zu Recht, weil er der Absicht des Gesetzgebers widerspricht und auch sachlich nicht überzeugt.[18]

**f)** Stattdessen hat sich eine, dogmatisch bei der Unrechtsvereinbarung lokalisierte, *fallgruppenspezifische* Tatbestandseinschränkung etabliert, die durch wichtige Leitentscheidungen des BGH vorangetrieben wurde, ich nenne nur die Stichworte: Drittmittel, Wahlkampfspenden und WM-Tickets.[19] Diesem Ansatz, mit der Unbestimmtheit der Bestechungsdelikte zu Rande zu kommen, folgen auch Kritiker, die – wie ich z. B. – beanstanden, dass die Rechtsprechung in bestimmten Fällen die sachlich gebotene Tatbestandsrestriktion *nicht* vorgenommen hat, Stichwort: Schulfotografie.[20]

**3.** Damit ist die spezifische Form der Unbestimmtheit, mit der wir es heute bei den Bestechungsdelikten zu tun haben, so weit bestimmt, wie das an dieser Stelle möglich ist. Die Tatbestände vor allem der Vorteilsannahme und Vorteilsgewährung sind zu weit gefasst, sie erstrecken sich nach ihrem Wortlaut auf eine Vielzahl nicht strafwürdiger Verhaltensweisen. Daher wird es zur Aufgabe der Gerichte, folglich auch der Strafrechtsdogmatik, durch vom Strafgesetz selbst kaum angeleitete Wertungen über die Strafwürdigkeit dieser Verhaltensweisen zu entscheiden und dafür zu sorgen, dass sie möglichst nicht nur prozessual (Stichwort: § 153a StPO), sondern materiell-rechtlich aus dem Bereich der strafbaren Korruption herausgenommen werden. Hier liegt sicherlich ein *Einfallstor* für divergierende Ordnungsvorstellungen, eventuell auch heterogene ökonomische Konzepte, die die Auslegung der Bestechungstatbestände beeinflussen könnten.

## II. Heterogene ökonomische Konzepte

Damit sind wir beim zweiten Teil meines Referats, also bei den heterogenen ökonomischen Konzepten, die eventuell für das Korruptionsstrafrecht bedeutsam sind.

---

**17** Dazu NK-*Kuhlen*, 3. Aufl. 2010, § 331 Rn. 43 ff.

**18** Vgl. NK-*Kuhlen*, 4. Aufl. 2013, § 331 Rn. 50 f. m.w.H.

**19** Dazu NK-*Kuhlen*, 4. Aufl. 2013, § 331 Rn. 103 ff.; 106 ff.; 87.

**20** Dazu *Kuhlen* FS-Frisch, S. 949 ff.

Von diesen Konzepten verstehe ich als Nicht-Ökonom wenig. Ich will aber immerhin versuchen, im Wege der Parallelwertung in der Laiensphäre, die uns als Bürgern ja auch sonst zugemutet wird, einige Thesen zum Zusammenhang zwischen verschiedenen ökonomischen Konzepten oder Wirtschaftsmodellen und den Bestechungsdelikten zu formulieren.

**1.** Eine erste Form dieses Zusammenhangs besteht darin, dass Änderungen des tatsächlich praktizierten, real existierenden Wirtschaftsmodells zu Anpassungsproblemen des Rechts führen. Für das Korruptionsstrafrecht scheinen mir insofern zwei Änderungsprozesse bedeutsam zu sein.

**a)** Erstens ist dies der Übergang vom Konzept einer nationalstaatlich begrenzten zu dem einer global entgrenzten Ökonomie. Die *Globalisierung* der Wirtschaft hat seit knapp 20 Jahren zu einer wachsenden Internationalisierung der Bestechungsdelikte geführt. Bis 1998 war das deutsche Korruptionsstrafrecht eine strikt nationale Angelegenheit, es ging dabei ausschließlich um den Schutz der Integrität der deutschen Staatstätigkeit, insbesondere also der deutschen Verwaltung. Der zunehmenden *europäischen* Einigung trägt seit 1998 das Europäische Bestechungsgesetz Rechnung, das den Schutzzweck des Bestechungs- und des Bestechlichkeitstatbestandes auf die anderen EU-Staaten sowie auf die neu entstandenen europäischen Institutionen ausdehnt.

Noch deutlicher lässt sich der Einfluss gerade des geänderten *Wirtschaftsmodells* auf das Korruptionsstrafrecht am ebenfalls 1998 in Kraft getretenen Internationalen Bestechungsgesetz erkennen. Zwar erweitert auch dieses Gesetz, vordergründig betrachtet, lediglich den Anwendungsbereich des hergebrachten Tatbestandes der Bestechung (§ 334). Aber der Sache nach ist dadurch ein neuer Tatbestand der internationalen Wirtschaftsbestechung entstanden, der dem globalen Schutz des internationalen Wettbewerbs dient und damit eigentlich ins Wettbewerbsstrafrecht und nicht in das klassische Korruptionsstrafrecht gehört, das die Integrität des öffentlichen Dienstes schützen soll.[21]

Durch das 2. Korruptionsbekämpfungsgesetz wurde dieser Tatbestand freilich einer erneuten Metamorphose unterzogen. Denn § 335a Abs. 1 erweitert nunmehr, soweit es um künftige Diensthandlungen geht, die Tatbestände der Bestechung und der Bestechlichkeit auf alle ausländischen und internationalen öffentlichen Bediensteten, ohne dass es auf ein Handeln im Wettbewerb ankäme. Die hierdurch geschaffenen Tatbestände der internationalen Bestechung und Bestechlichkeit dienen dem Schutz der Integrität ausländischer Staaten sowie ausländischer und internationaler öffentlicher Institutionen weltweit und betreten damit – jedenfalls

21 Vgl. NK-*Kuhlen*, 4. Aufl. 2013, § 334 Rn. 3aff.

in der Sphäre des rechtlichen Sollens – eine neue Stufe der Internationalisierung des deutschen Korruptionsstrafrechts.

**b)** Zweitens gibt es nach meiner, notgedrungen aus der Laienperspektive erfolgenden, Wahrnehmung in Deutschland seit einigen Jahrzehnten die Entwicklung, dass sich der Staat nicht darauf beschränkt, die Rahmenbedingungen für den Wettbewerb Privater zu garantieren, sondern selbst als Wettbewerber auftritt und konsequenterweise sich und seine Staatsdiener auf ein wettbewerblich effizientes Verhalten verpflichtet. Das führt zum einen zu Verschränkungen von Staat und Gesellschaft, beispielsweise zu den unterschiedlich weitgehenden Privatisierungen von Post und Bahn, in deren Gefolge die Abgrenzung zwischen öffentlicher und privater Tätigkeit verschwimmt und damit die Unbestimmtheit des *Amtsträgerbegriffs* wächst. Diese Unbestimmtheit ist also primär kein begriffliches Problem, das auf fehlender Präzision der Definitionsarbeit von Rechtsprechung oder Rechtsdogmatik beruhte, sondern das, was man als die *Porosität* von Begriffen bezeichnet hat (so *Friedrich Waismann*), also eine Unbestimmtheit, die der Sprache aus der Veränderung der Realität erwächst.

Zum anderen gerät die Verpflichtung von Amtsträgern zu *wettbewerblich effizientem* Verhalten in Konflikt mit der klassischen Funktion der Korruptionstatbestände, eine Verquickung des öffentlichen Handelns mit privaten Tauschbeziehungen zu verhindern. Wenn das Recht z. B. die Besoldung von Hochschullehrern von deren Erfolg bei der Einwerbung von Drittmitteln abhängig macht, setzt es einen Anreiz für diese Amtsträger, in Konkurrenz zu anderen und damit in Wettbewerb um Drittmittel, damit auch: um private Zuwendungen, zu treten. Haben sie dabei Erfolg, so wird das jedenfalls für ihre Universität, also einen Dritten, typischerweise auch für sie selbst *vorteilhaft* sein. Und wird dieser Vorteil nicht um einen Gotteslohn gewährt, sondern naheliegenderweise als Gegenleistung für ein dienstliches Verhalten oder doch Wohlwollen, so ist man nach deren Wortlaut bereits im Anwendungsbereich der Bestechungstatbestände und steht vor dem zuvor geschilderten Problem, diese irgendwie zurückzuschneiden, um absurde Bestrafungen zu vermeiden.

**2.** Bei den bisher genannten Zusammenhängen geht es um *Erklärungen* für Unbestimmtheiten des Korruptionsstrafrechts. Mit der mir vorgegebenen Themenstellung ist möglicherweise eine weitere Erwartung verbunden, nämlich die These, dass divergierende ökonomische Konzepte zu unterschiedlichen *Lösungen* der Probleme führen, die das Korruptionsstrafrecht und insbesondere seine Unbestimmtheit de lege lata aufwerfen. Diese These könnte man deskriptiv oder normativ auffassen.

Deskriptiv gedeutet besagt sie, dass unterschiedliche Auslegungen der Bestechungstatbestände, die in Rechtsprechung oder Literatur vertreten werden, auf unterschiedlichen ökonomischen Konzepten beruhen. Normativ interpretiert behauptet sie, dass man das geltende Korruptionsstrafrecht so auslegen bzw. praktizieren sollte, wie das einem bestimmten, vorzugswürdigen ökonomischen Konzept entspricht.

Zu beiden Versionen dieser These ist mir nicht viel Weiterführendes eingefallen. Um mit der deskriptiven Variante zu beginnen, so sehe ich *nicht*, dass sich unterschiedliche Vorschläge zur Auslegung des geltenden Korruptionsstrafrechts auf divergierende ökonomische Konzepte zurückführen ließen. Allenfalls könnte man vielleicht sagen, dass der *Verzicht* auf klare, die Unbestimmtheit der Bestechungstatbestände deutlich reduzierende Lösungen, den man, wie dargelegt, der heute herrschenden Auffassung und vielleicht auch manchen Einzelentscheidungen wie dem EnBW-Urteil des BGH attestieren mag, eine *„Ökonomisierung“* der Strafrechtspflege selbst begünstigt. Denn die Unbestimmtheit des Korruptionsstrafrechts eröffnet ein wechselseitiges Drohpotential, das eine *tauschförmige*, nach Opportunitätsgesichtspunkten erfolgende Erledigung von Korruptionsstrafverfahren für alle Beteiligten attraktiv macht. Diese „Ökonomisierungsthese“, die sicherlich weiter konkretisiert werden könnte und müsste, hat einen gewissen ideologiekritischen Appeal. Ich sehe allerdings nicht recht, wie man eine so verstandene Ökonomisierung der Strafrechtspflege mit divergierenden ökonomischen Konzepten in fruchtbarer Weise in Verbindung bringen könnte.

Was die normative These angeht, so wäre es sicherlich besonders interessant, wenn man sich strafrechtsextern auf eine vorzugswürdige ökonomische Konzeption einigen könnte und dann „nur noch“ zu untersuchen hätte, welche strafrechtlichen Konsequenzen aus dieser Konzeption richtigerweise zu ziehen sind. Insofern muss ich jedoch passen, da ich zu dieser strafrechtsexternen Frage kein eigenes Urteil habe.

Einen gewissen normativen Ertrag hat allerdings die Einsicht in die reale Veränderung ökonomischer Konzepte, wenn man sie mit dem Postulat der *Folgerichtigkeit* verknüpft. *Wenn* man de facto wie rechtlich von Amtsträgern zunehmend *wettbewerbliches* Verhalten verlangt, so darf ein solches Verhalten natürlich nicht durch die Anwendung der Bestechungstatbestände kriminalisiert werden. Ohne Rekurs auf ökonomische Konzepte hat das die Rechtsprechung seit geraumer Zeit erkannt und durch Restriktion der Bestechungstatbestände etwa für die Drittmitteleinwerbung umzusetzen versucht. Dieser Kurs könnte und sollte m. E. noch bewusster und konsequenter verfolgt werden.

Als Beleg für beides sei abschließend noch einmal das Beispiel der Schulfotografie genannt. Der für Wettbewerbssachen zuständige 6. Zivilsenat hat im Jahr 2005 Schulfotografie-Aktionen als wettbewerbsrechtlich unbedenklich und straflos eingestuft.[22] Die daran von Strafrechtspraktikern geübte Kritik, die schließlich zu dem Strafverfahren führte, in dem 2011 der BGH urteilte, macht m. E. deutlich, dass die unterschiedlichen Auffassungen zu diesem Fall wesentlich von unterschiedlichen Vorstellungen über das wettbewerblich angemessene Verhalten der Beteiligten abhängen. Und sie zeigt, dass manche Strafrechtler doch erhebliche Probleme mit der Beurteilung eines Verhaltens als wettbewerblich angemessen oder unlauter haben.[23]

**22** BGH NJW 2006, 225.
**23** Dazu *Kuhlen*, FS-Frisch, S. 957 Fn. 48.

Katja Langenbucher

# Regulierungsstrategien im Wirtschaftsrecht

## Gliederung



Über die Einführung von *Cornelius Prittwitz* heute morgen habe ich mich besonders gefreut, weil seine Bemerkung von der wachsenden Unbestimmtheit außerordentlich gut zu dem passt, was ich Ihnen vorstellen möchte. Dabei soll es um Fragen des „Zusammenbindens" zweier Formen von Unbestimmtheit gehen, nämlich auf der einen Seite der Vorstellungen vom ordentlichen Wirtschaften und auf der anderen Seite der Auslegung vager und deshalb unbestimmter Normen.

## I. Die Fallstudie: Insiderhandel

Zu Ihnen spreche ich heute sozusagen als Fremdling. Meine letzte ernsthafte Beschäftigung mit klassischem Strafrecht liegt lange zurück. Vertraut geblieben ist mir aus der Welt des Strafrechts aber die Schnittstelle zu meinem eigenen Kerngebiet, dem Kapitalmarktrecht. Von Interesse für das Auditorium dürfte deshalb vielleicht eine Fallstudie aus dem Kapitalmarktstrafrecht sein. Hier verfolgt der europäische Gesetzgeber eine Regulierungsstrategie, die wir im Privatrecht schon seit einiger Zeit kennen und deren Auswirkungen auf das Strafrecht nun deutlicher hervortreten. Verdeutlichen möchte ich die Problematik am Insidertrading, aber sie lässt sich auf viele weitere kapitalmarktstrafrechtliche Tatbestände übertragen.

Kurz gefasst: Worum geht es beim Insiderhandel? Insiderhandel war lange Zeit in Deutschland nicht strafbar, er ist erst im Jahr 1989 durch die erste Marktmiss-

**Erschienen in** ILFS Band 19: Unbestimmtes Wirtschaftsstrafrecht und gesamtwirtschaftliche Perspektiven, 2017
Es handelt sich um die Transkription des frei gehaltenen mündlichen Vortrags, die zur Verdeutlichung mit einigen Fußnoten versehen wurde.

https://doi.org/10.1515/9783111057125-019

brauchsrichtlinie[1] erfasst worden, 2003 durch die zweite[2] und ab kommendem Jahr[3] handelt es sich um eine Verordnung, die Marktmissbrauchsverordnung[4]. Dabei ist es ist den Mitgliedstaaten nicht nur vorgegeben, welche Tatbestände einer Regulierung zuzuführen sind. Für bestimmte Verstöße ist eine strafrechtliche Sanktionierung sogar ausdrücklich vorgeschrieben, dies allerdings nicht in der genannten Verordnung, sondern in einer begleitenden Richtlinie[5].

Der Tatbestand des Insidergeschäfts wird sich in Artikel 8 der Verordnung finden. In Art. 7 wird definiert, worum es sich bei einer „Insiderinformation" handelt, nämlich

> „nicht öffentlich bekannte präzise Informationen, die direkt oder indirekt einen oder mehrere Emittenten oder ein oder mehrere Finanzinstrumente betreffen und die, wenn sie öffentlich bekannt würden, geeignet wären, den Kurs dieser Finanzinstrumente oder den Kurs damit verbundener derivativer Finanzinstrumente erheblich zu beeinflussen; […]".[6]

Es geht folglich um *bestimmte* Informationen, die einem begrenzten Personenkreis bekannt sind, die außerdem *präzise* genug sind. Ausgegrenzt werden dabei insbesondere Gerüchte. Von einer Insiderinformation lässt sich nur dann sprechen, wenn ein Stück Information vorliegt, über welches man mit einiger Sicherheit einen Rückschluss auf dessen Bedeutung für den Kapitalmarkt ziehen kann. Wie es der Normtext ausdrückt: Die Information muss geeignet sein, „den Kurs dieser Finanzinstrumente oder den Kurs damit verbundener derivativer Finanzinstrumente erheblich zu beeinflussen", die sogenannte Kurserheblichkeit.

Zur Bestimmung der Kurserheblichkeit möge folgendes Beispiel dienen: Eine der großen *causes célèbres* des EuGH zum Insiderhandel betrifft den Rücktritt des

---

1 Richtlinie 89/592/EWG des Rates zur Koordinierung der Vorschriften betreffend Insider-Geschäfte v. 13.11.1989, ABl. EG Nr. L 334, 30.

2 Richtlinie 2003/6/EG des Europäischen Parlaments und des Rates über Insider-Geschäfte und Marktmanipulation (Marktmissbrauch) v. 28.1.2003, ABl. EU Nr. L 96, 16.

3 Ab dem 3. Juli 2016, siehe Art. 37 der Verordnung Nr. 596/2014 des Europäischen Parlaments und des Rates v. 16.4.2014 über Marktmissbrauch (Marktmissbrauchsverordnung) und zur Aufhebung der Richtlinie 2003/6/EG des Europäischen Parlaments und des Rates und der Richtlinien 2003/124/EG, 2003/125/EG und 2004/72/EG der Kommission, ABl. EU Nr. L 173, 1.

4 Verordnung Nr. 596/2014 des Europäischen Parlaments und des Rates über Marktmissbrauch (Marktmissbrauchsverordnung) v. 16.4.2014, ABl. EU Nr. L 173, 1 (im Folgenden Marktmissbrauchsverordnung).

5 Richtlinie 2014/57/EU des Europäischen Parlaments und des Rates über strafrechtliche Sanktionen bei Marktmanipulation (Marktmissbrauchsrichtlinie) v. 16.4.2014, ABl. EU 2014 Nr. L 173, 179.

6 Art. 7 Abs. 1 lit. a) Marktmissbrauchsverordnung.

Vorstandsvorsitzenden der DaimlerChrysler AG.[7] Dieser hatte im Frühjahr des Jahres 2005 begonnen, ernsthafte Überlegungen zu seinem Rücktritt vom Amt des Vorstandsvorsitzenden anzustellen. Hierüber diskutierte er zunächst mit seiner Ehefrau, die zugleich Unternehmensangestellte war. Später zog er einzelne Kollegen aus dem Aufsichtsrat und Vorstand ins Vertrauen, noch später auch Mitarbeiter der Abteilung für Außenkommunikation. Zu keinem Zeitpunkt gab das Unternehmen eine ad-hoc-Meldung gemäß § 15 Abs. 1 S. 1 WpHG a.F. heraus. In der Fassung der Marktmissbrauchsverordnung findet sich dies in Art. 17 Abs. 1 UAbs. 1:

> „Emittenten geben der Öffentlichkeit Insiderinformationen, die unmittelbar den diesen Emittenten betreffen, so bald wie möglich bekannt."

Informiert wurde der Kapitalmarkt erst im Sommer und zwar unmittelbar im Anschluss an die Sitzung des Aufsichtsrats, in welcher endgültig über den Rücktritt des Vorstandsvorsitzenden entschieden wurde. Handelt es sich auch bei den vorangegangenen Gesprächen, den sogenannten „Zwischenschritten", um relevante Insiderinformationen?[8] Große Teile des gesellschaftsrechtlichen Schrifttums verneinten diese Frage damals.[9] Man betrachtete die Vorgespräche nicht nur als gleichsam unternehmensinterne Tatsachen, die dem Zugriff des Kapitalmarktrechts entzogen sein sollten. Auch handele es sich um bloße Überlegungen, Vorgespräche und Pläne, die sich naturgemäß auch wieder zerschlagen hätten können. Eine derart „unsichere Sache" sei schon keine Information, jedenfalls fehle ihr die Kurserheblichkeit. In der Folge, also bei der Veröffentlichung des vom Aufsichtsrat akzeptierten Rücktritts, stieg freilich der Kurs deutlich. Was ist nun kurserheblich?

Damals war § 13 Abs. 1 S. 2 WpHG a.F. einschlägig, demnächst formuliert Art. 7 Abs. 4 UAbs. 1 der Marktmissbrauchsverordnung ähnlich und erfasst Informationen,

> „[...] die ein verständiger Anleger wahrscheinlich als Teil der Grundlage seiner Anlageentscheidungen nutzen würde."

Es geht mithin um Informationen, die ein *verständiger Anleger* (dieser wird uns noch interessieren) wahrscheinlich als Teil der Grundlage seiner Anlageentschei-

---

7 EuGH Rs. C-19/11, NZG 2012, 784 – Geltl/Daimler AG; BGH NZG 2013, 708; NZG 2011, 1109; NZG 2008, 300.

8 Hierzu u. a. *Klöhn*, NZG 2011, 166 (170); Baumbach/Hopt/*Kumpan*, HGB, 36. Aufl. 2014, § 13 WpHG Rn. 1; auch Erwägungsgrund 16 der ab dem 3.7.2016 geltenden Marktmissbrauchsverordnung; *Gellings*, Der gestreckte Geschehensablauf im Insiderrecht, 2015, S. 85 ff.

9 U. a. *Assmann*, in: Assmann/Uwe H. Schneider, WpHG, 5. Aufl. 2009, § 13 Rn. 25; ähnl. *Zimmer/Kruse*, in: Schwark/Zimmer, KMRK, 4. Aufl. 2010, § 13 WpHG Rn. 12; ein etwas weiteres Verständnis bei *Gellings*, S. 114, 191 f.

dung nutzen würde. Wer ist dieser verständige Anleger? Wenn man sich ein wenig durch die Gesetzestexte arbeitet – ich hatte Ihnen ja bereits gesagt, dass die Anfänge der Verordnung bis ins Jahr 1989 reichen – stößt man dort auf ökonomisches Gedankengut. Und damit berührt sich das hier vorzustellende Thema mit den *Prittwitz'schen* Vorstellungen vom „ordentlichen Wirtschaften".

## II. Die Effizienzhypothese als „economic transplant"

Das ökonomische Gedankengut, das hinter dieser kapitalmarktrechtlichen Sanktionsdrohung steht,[10] ist durchaus schon etwas betagt, jedenfalls aus der Sicht eines Ökonomen.[11] Es handelt sich um die *„efficient capital market hypothesis"* (Effizienzhypothese). Sie kennen diese spätestens nach der Finanzkrise aus der Zeitung, gemeinsam mit der gängigen Kritik am mangelnden Vermögen der Ökonomen, diese Krise vorherzusagen. Die Effizienzhypothese legt als modellvereinfachende Annahme zugrunde, dass auf Kapitalmärkten rationale, präferenzmaximierende Akteure, (im extremen Fall) alle verfügbaren Informationen sammeln. Auf der Basis dieser Informationen treffen diese Akteure eine Anlageentscheidung. Natürlich gibt es diese Hypothese in vielen verschiedenen Abwandlungen, die eben präsentierte ist die strengste Version.[12] Evident, aber in der Rezeption nicht stets betont, ist, dass Ökonomen mit dieser Annahme nicht die Wirklichkeit beschreiben möchten, sondern Annahmen treffen, welche dann in theoretische Modelle eingesetzt werden. Anhand derer sollen freilich immerhin bestimmte Vorhersagen getroffen werden können, so dass jedenfalls auf diesem Umweg doch ein Anspruch erhoben wird, mittelbar Aussagen über die Wirklichkeit zu treffen.

Mir steht es als Fachfremde nicht an, ökonomische Denkmuster zu beurteilen. Aus der Sicht des Juristen erscheint die Frage viel spannender, warum diese Denkrichtung so bereitwillig im wissenschaftlich-juristischen Diskurs aufgegriffen und im Falle des Insiderhandels sogar auf europäischer Ebene kodifiziert wurde.

---

10 Die Nichtveröffentlichung einer ad-hoc-Meldung führt zu einer Ordnungswidrigkeit, § 39 Abs. 2 Nr. 1 WpHG; Art. 17, Art. 30 Abs. 2 UAbs. 1 lit. a), Abs. 2 Marktmissbrauchsverordnung; der Handel in Kenntnis einer Insiderinformation führt zu einer Strafdrohung gemäß § 38 Abs. 1 WpHG.

11 *Zingales*, (79) The Journal of Finance (2015) 1327, 1343 (unter Bezugnahme auf diese Hypothese): „today it is hard to find any financial economist under 40 with such a sanguine position".

12 Für einen Überblick über die verschiedenen Versionen: *Langenbucher*, Aktien- und Kapitalmarktrecht, 3. Aufl. 2015, § 1 Rn. 28.

Lassen Sie uns diesen Splitter ökonomischen Gedankenguts, den ich in anderem Zusammenhang als *„economic transplants“*[13] bezeichnet habe, etwas näher betrachten. Über den Umweg des „verständigen Investors“ sowie der „Kurserheblichkeit“ erscheinen derartige „transplants“ aus der Ökonomie in einer Richtlinie. Der Interpretationsauftrag richtet sich nun freilich nicht an einen Ökonomen, sondern an den Rechtsunterworfenen. Das scheint für einen Strafrechtler angesichts des Grundsatzes nulla poena sine lege und des verfassungsrechtlich zementierten Bestimmtheitsgrundsatzes fast noch drängender als für einen Kapitalmarktrechtler. Wie soll die juristische Rezeption dieser ökonomischen Figur erfolgen?

Die Interpretation durch den EuGH erfolgte zunächst im Wesentlichen auf der Basis der Erwägungsgründe.[14] Der verständige Anleger berücksichtigt verfügbare Informationen ex ante, heute findet sich das in Erwägungsgrund (14):

> „Verständige Investoren stützen ihre Anlageentscheidungen auf Informationen, die ihnen vorab zur Verfügung stehen (Ex-ante-Informationen).“

Das Gericht ging freilich noch einen Schritt weiter, wenn ausgeführt wird, dass *alle* verfügbaren Informationen ex ante beurteilt werden,[15] vergleichbar der strengen ökonomischen These. Ganz ähnlich hat ein englisches Gericht entschieden.[16] Auch dort wurde gesagt: Der Kapitalmarkt funktioniert durch die Verarbeitung von Informationen. Wer eine Anlageentscheidung trifft, schaut sich sämtliche verfügbaren Informationen an und zwar sogar diejenigen, die *nicht* kursrelevant sind. Die deutschen Gerichte waren etwas zurückhaltender. Zu berücksichtigen seien auch irrationale Handlungen einzelner Marktteilnehmer.[17] Unabhängig von der eingenommenen Haltung wird deutlich, dass sämtliche Gerichte versucht haben, sich an einem Begriff abzuarbeiten, der einen ökonomische Hintergrund hat. Man versucht mithin im rechtlichen Kontext eines Gerichtes, Annahmen darüber zu treffen, wie sich ein ökonomischer Akteur verhalten würde. Wie kam es dazu und was ist zu tun?

---

**13** *Langenbucher*, Household Finance and the Law – a Case Study in Economic Transplants, in: Faia/Hackethal/Haliassos/Langenbucher (Hrsg.), Financial Regulation: A Transatlantic Perspective, 2015, 313 (313 f.).

**14** EuGH Rs. C-19/11, NZG 2012, 784 (786, Rn. 55) – Geltl/Daimler AG.

**15** EuGH Rs. C-19/11, NZG 2012, 784 (786, Rn. 55) – Geltl/Daimler AG.

**16** FSA v. Massey [2011] UKUT 49 (TCC) Rn. 38, 41.

**17** BGH, Urt. v. 13.12.2011 XI ZR 51/10, NJW 2012 1800 (1805, Rn. 44) – IKB.

# III. „Economic transplants“: erste Überlegungen zum „woher“

## 1. Ökonomischer Imperialismus?

Wie kommt es zur Rezeption, zur Transplantation, dieser Splitter ökonomischen Gedankenguts? Die Gründe hierfür sind vielfältig und für die heutige Diskussion darf ich einen einzelnen Aspekt herausgreifen. Wir wollen uns knapp die Geschichte der Ökonomie vergegenwärtigen. Diese war lange Zeit ein Teil der Politikwissenschaften, der *économie politique.* Im 20. Jahrhundert hat sich die Ökonomie von diesen politikwissenschaftlichen Wurzeln emanzipiert und die Nähe zu den Methoden der Mathematik und der Physik gesucht. Diese Annäherung ging so weit, dass manche Autoren meinen, Ökonomen litten unter „physics envy“.[18]

Warum war diese Annäherung wissenschaftlich außerordentlich fruchtbar? Weil Ökonomen eine Erfahrung machten, die auch die Physiker gemacht hatten: Eine Wissenschaft definiert sich nicht notwendigerweise nur durch das Sachgebiet, das sie behandelt, sondern auch durch die Methode. So mögen Physiker beispielsweise Ähnlichkeiten nicht nur in Asteroidenbewegungen gemessen, sondern vergleichbare Muster auch in Bakterien im menschlichen Körper und bei Investoren auf Kapitalmärkten festgestellt haben. Dem verwandt stellten viele Ökonomen fest, dass eine bestimmte Herangehensweise, eine ökonomische Methode, sich nicht nur auf Märkte unter Gleichgewichtsannahmen, sondern auch auf allerlei anderes beziehen lässt.[19] Einer der „Väter“ dieser Methode ist *Gary Becker,* der mit seiner Herangehensweise Fragen berührt, die von jeder Art sozialer Interaktion, bis hin zu Testamenten und Strafdrohungen reichen.[20] Wenig überraschend hat man das vielerorts als „ökonomischen Imperialismus“ gebrandmarkt, dennoch ist für uns die Aufgabe aufgeworfen, wie damit umzugehen ist.

18 *Mirowsky,* More heat than light, 1989, S. 354.

19 Siehe *Buchanan,* Forecast, What Physics, Meteorology and the Natural Sciences Can Teach us about Economics, 2014, S. 15.

20 *Becker/Becker,* The Economics of Life: From Baseball to Affirmative Action to Immigration, How Real-World Issues Affect Our Everyday Life, 1998.

### 2. Komplexitätsreduktion?

Warum ist die ökonomische Methode für viele attraktiv? Ein Schlüssel hierzu mag in der hiermit einhergehenden Komplexitätsreduktion liegen. Die ökonomische Sprache ist technisch. Sie kombiniert zwei Vorteile: Zum einen lässt sie sich sprachlich vereinfachen, zum anderen ist sie dem rein verbalen Diskurs des ökonomischen Außenseiters oft nur begrenzt zugänglich.

Dies mag man zusammendenken mit den Besonderheiten des EU-Rechtssetzungsprozesses. Eine Vielzahl verschiedener Länder haben sich vor dem Hintergrund ganz unterschiedlicher Rechtsordnungen auf eine Rechtsharmonisierung oder zumindest auf eine einheitliche, genuin europäische Regelungsstrategie zu einigen. Das *„stripping away of complexity“*,[21] welches die Ökonomie verspricht, bietet hier möglicherweise eine griffige Lösung. An die Stelle aufwendiger rechtsvergleichender Arbeit tritt eine ökonomische Antwort, die den Vorteil wissenschaftlich abgesicherter Beweisbarkeit hat und somit geradezu eine „Metasprache“ bietet.

Möglicherweise lässt sich dieser Gedanke sogar mit einem Charakteristikum der EU-Rechtssetzung verknüpfen, nämlich deren sehr mittelbarer demokratischer Legitimation. Beides könnten Wegbereiter für die vorher angesprochene Unbestimmtheit gewesen sein, eines der Themen dieses Symposions. Durch einen Griff in die Trickkiste der Ökonomen lässt sich Unbestimmtheit reduzieren. In unserem Bereich, dem privatrechtlichen Kapitalmarktrecht, ist dies bereits Realität. Für das hieran häufig anknüpfende Strafrecht ergeben sich wichtige Folgewirkungen, wenn Bußgeld oder sogar eine Strafdrohung an wirtschaftsrechtliche Tatbestände anknüpfen, die *„economic transplants“* beinhalten.

## IV. „Economic transplants“: Erste Überlegungen zum „wohin“

Lassen Sie mich nun zu den Vorschlägen kommen, wie man mit derartigen „transplants“ umgehen sollte. Diese Aufgabe richtet sich vornehmlich an Juristen. Die Nachbarwissenschaft der Ökonomie bietet in der Mehrzahl robuste Rechenmodelle und verbal zumindest transportable Lösungen. Den Juristen fällt die Aufgabe der Beurteilung zu, ob es sich um Antworten auf Fragen handelt, welche für das Rechtssystem überhaupt relevant sind. Das kann dazu führen, dass Komplexität

21 *Lazear*, Economic Imperialism, in: The Quarterly Journal of Economics 115, 99.

zu sehr reduziert wurde und nur scheinbare Lösungen in der „Metasprache" angeboten werden.

Hilfestellung mag man in dieser Situation bei einem Methodenvergleich suchen. Inwieweit gleichen sich die Erkenntnisinteressen und die Erkenntnismethoden beider Disziplinen? Falls sie überhaupt eine gemeinsame Sprache teilen, bedeuten die Begriffe dasselbe? Verbirgt sich hinter den Beschreibungen und Vorhersagen der Ökonomie, wenn Juristen hieraus normative Folgerungen ableiten, eine Variante des naturalistischen Fehlschlusses? Feststehen dürfte, dass wir von einer Rezeptionstheorie für ökonomisches Gedankengut noch weit entfernt sind, häufig nicht einmal deren Notwendigkeit wahrgenommen wird.

Schließen möchte ich vor diesem Hintergrund mit einem Plädoyer für die Öffnung der Juristen gegenüber der Rechtspolitik. Die juristische Methodik sollte sich nicht auf das Durchdringen des geltenden Rechts beschränken. Das gilt umso mehr, soweit wir es mit Rechtsgebieten zu tun haben, die sich mit hoher Taktzahl inhaltlich ändern, sodass die klassischen Tugenden des Juristen, Auslegung und Fortbildung von Kodifikationen, nur ein sehr begrenztes Anwendungsfeld haben. Für den sich hierauf bescheidenden Juristen bleibt sonst nur die Rolle eines Technikers des Rechts.

Franz Salditt

# Gewollte Unbestimmtheit und Gefahrenzonen? – Zum Strafrecht der Wirtschaft

## Gliederung



## I.

Im Jahre 1982 hat *Schulze-Osterloh* vor der Deutschen Steuerjuristischen Gesellschaft e.V. einen fundamentalen Vortrag gehalten. Er handelte vom Konflikt zwischen dem notorisch oft unbestimmten Steuerrecht einerseits und dem strafrechtlichen Bestimmtheitsgrundsatz andererseits.[1] Im Blick auf Art. 103 Abs. 2 GG hat sich *Schulze-Osterloh* für eine gespaltene Rechtspraxis ausgesprochen, die den strafrechtlichen Schutz auf solche Normen „verengt" und damit beschränkt, die im Kernbereich des Steuerrechts mit dem gebotenen Maß an Bestimmtheit ausgestattet sind. Die damit vorgeschlagene Trennung von Steuerrecht und Strafrecht verdient immer noch Aufmerksamkeit, zumal einflußreiche Stimmen sich dafür aussprechen, im Interesse fiskalischer Gerechtigkeit steuerschärfende Analogien zugunsten der öffentlichen Kassen zuzulassen.[2] Im Jahre 2011 hat sich der 1. Strafsenat des Bundesgerichtshofs jedoch, ohne daß *Schulze-Osterloh* überhaupt erwähnt wird, zu

**Erschienen in** ILFS Band 19: Unbestimmtes Wirtschaftsstrafrecht und gesamtwirtschaftliche Perspektiven, 2017

1 J. Schulze-Osterloh, Unbestimmtes Steuerrecht und strafrechtlicher Bestimmtheitsgrundsatz, in: Kohlmann (Hrsg.), Strafverfolgung und Strafverteidigung im Steuerstrafrecht, Köln 1983, S. 43 ff.
2 Tipke, Steuerrecht in Theorie und Praxis, Köln 1981, S. 126 ff., 128 ff.; *Drüen* in: Tipke/Kruse, AO (2012) RdN 361 zu § 4. Dieser Meinung folgt BFH BStBl 84, 221 (224); dagegen aber BVerfG NJW 1996, 3146, wonach ein hoheitlicher finanzieller Eingriff auf einer gesetzlichen Grundlage beruhen muß, die nicht durch Analogie geschaffen werden kann.

https://doi.org/10.1515/9783111057125-020

dem apodiktischen Hinweis veranlaßt gesehen, es gebe „keinen Steueranspruch des Staates, der nach dem Willen des Gesetzes nicht gegen eine rechtswidrige und schuldhafte Verkürzung strafrechtlich geschützt sein soll."[3] Trifft das zu, dann hilft dem Bürger, wenn es um unbestimmtes Steuerrecht geht, nur noch die alte Rechtsprechung, nach der ein Irrtum über den Steueranspruch den Vorsatz ausschließt und deshalb straflos macht (§ 16 StGB).[4]

Manche befürchten, der 1. Strafsenat, der den Ruf hat, das Steuerstrafrecht von Grund auf zu erneuern, werde Fehlvorstellungen über die Steuerpflicht fortan als Verbotsirrtum (§ 17 StGB) behandeln. In diesem Fall käme es auf den weichen Begriff der Vermeidbarkeit von Irrtum und Unkenntnis an. Soll aber aus der fehlenden Bestimmtheit steuerlicher Normen für den Bürger ein prinzipieller Anlaß abgeleitet werden, sich im Zweifelsfall fachlich qualifiziert beraten zu lassen, gäbe es keinen unvermeidbaren Verbotsirrtum mehr, wenn der Bürger auf die Konsultation eines Experten verzichtet. Selbst steuerliche Berater müssen den Mandanten gegenüber zum eigenen Schutz dazu neigen, auf Unbestimmtheiten hinzuweisen und Risiken zu thematisieren, die sie selbst nicht einschätzen können. Das unterstreicht die Ungewißheit, anstatt sie aufzuheben, und zwingt den Steuerpflichtigen dazu, sich aus Vorsicht im Zweifel für den Fiskus zu entscheiden.

Mit seinem Urteil vom 8. September 2011 befürwortet der Bundesgerichtshof die Annahme des bedingten Vorsatzes, soweit der Bürger „die für sein Gewerbe bestehenden steuerlichen Erkundigungspflichten ... gleichgültig ignoriert hat."[5] Dieser Maßstab erleichtert den Schuldspruch, wenn ein Irrtum naheliegt, aber nach Meinung der Richter durch fachlichen Rat ausgeräumt worden wäre. In unsicherer Lage soll der Steuerpflichtige nach dieser Auffassung des 1. Strafsenats allgemein gehalten sein, Rechtsrat einzuholen: „Informiert sich ein Kaufmann über die in seinem Gewerbe bestehenden steuerrechtlichen Pflichten nicht, kann dies auf seine Gleichgültigkeit hinsichtlich der Erfüllung dieser Pflichten hindeuten. Dasselbe gilt, wenn es ein Steuerpflichtiger unterläßt, in Zweifelsfragen Rechtsrat einzuholen."

---

3 Beschl. v. 8.2.2011 1 StR 24/10 wistra 2011, 264, 266 (27).

4 BGHSt 5, 90, 92. Dazu grundsätzlich und aus heutiger Sicht *L. Kuhlen* in: Mellinghoff (Hrsg.), Steuerstrafrecht an der Schnittstelle zum Steuerrecht, DStJG Bd. 38 (2015), Vorsatz und Irrtum im Steuerstrafrecht, S. 117 ff. Dort heißt es auf S. 136, „daß es sich bei der Steueranspruchstheorie um eine liberale, für den Bürger günstige Lösung der Irrtumsproblematik handelt, die mit der enormen Zunahme und Komplizierung des Steuerrechts verbunden ist. Diese liberale Position paßt rechtspolitisch nicht in den Trend einer ständigen Verschärfung des Steuerstrafrechts, der in Deutschland seit einigen Jahren mit Händen zu greifen ist ..." Und auf S. 141 schließt *Kuhlen* seine Abhandlung mit dem Satz ab: „In Wahrheit geht es darum, ob wir weiterhin bereit sind, zu akzeptieren, daß § 370 AO nur die vorsätzliche, nicht aber die fahrlässige Steuerhinterziehung unter Strafe stellt."

5 BGH 1 StR 38/11 v. 8.9.2011 wistra 2011, 465.

Solche Formulierungen vernachlässigen das voluntative Element des Vorsatzes; sie verwischen den Unterschied zwischen dem Irrtum über Tatumstände und dem Verbotsirrtum. Dies kann dazu führen, daß Tatrichter die fließenden Grenzen zwischen strafbarem Vorsatz und strafloser Fahrlässigkeit retrospektiv nach eigenen Maßstäben bestimmen. So schlägt unbestimmtes Recht in Strafbarkeit um. Die Hoffnung, Art. 103 Abs. 2 GG werde dagegen schützen, wäre trügerisch.[6] Unbestimmtes Recht macht unberechenbare Richter. Unbestimmte, aber strafbewehrte, Gesetze machen den Menschen zum ängstlichen statt zum selbstbewußten Bürger, der er von Rechts wegen sein sollte.

Komplexität wird durch Bilder reduziert. Was Metapher bewirken können, zeigt sich am Beispiel sogenannter „*Cum Ex*"-Transaktionen, bei denen Aktien vor dem Tag der Hauptversammlung „cum Dividende" erworben und kurze Zeit später „ex Dividende" veräußert wurden. Hier wird endlos darüber gestritten, ob auch die Erstattung oder Verrechnung einer nicht einbehaltenen Kapitalertragsteuer beansprucht werden durfte. Der Gesetzgeber hatte eine auffällige Lücke, die das bei wörtlicher Anwendung zuzulassen schien, erst spät geschlossen. Klaus Ott hat in der SZ vom 2. November 2015 formuliert, die *Cum-Ex*-Akteure hätten dem Fiskus einen Milliardenbetrag „gestohlen." Er hat dies nicht zufällig so ausgedrückt. Ein Metapher – der „Griff in die Steuerkasse des Staates" – ist schon länger zum Synonym für Steuerhinterziehung geworden. Die „Kasse des Staates" steht für das Opfer, der „Griff" für die Tat. Mit solchen Assoziationen werden, wenn es darauf ankommt, normative Unvollkommenheiten überwunden.[7] Aus der rechtlichen Perspektive geht es aber nicht um die „Kasse des Staates", sondern um das gesetzliche Konstrukt des Steueranspruchs, der verkürzt wird. Geschützt sind auch wertlose Steueransprüche gegen insolvente Bürger. Strafrechtlich wird nach § 370 AO nicht „in die Kasse gegriffen", sondern etwas gesetzlich Gebotenes nicht oder falsch erklärt. Das suggestive Bild (eines Diebes) verdunkelt die Rechtsfindung und lenkt den Blick ab von den Anforderungen des Art. 103 Abs. 2 GG an die gesetzliche Bestimmtheit des Steuerstrafrechts.[8]

---

6 Zuletzt (und enttäuschend) BVerfG 16.6.2011 wistra 2011, 458; dazu *Kempf/Schilling*, Revisionsrichterliche Rechtsfortbildung im Strafrecht, NJW 2012, 1849.

7 Zur Problematik der Cum Ex-Transaktionen *F. Podewils*, Steuerrechts-„Exegese" durch den Staatsanwalt?, wistra 2015 S. 257. Die Lücke wird in der Gesetzesbegründung zum JStG 2007 angesprochen, BT-Drucks. 16/2712 v. 25.9.2006, S. 46 ff. und *Podewils* a.a.O. S. 259 f. Vom „Griff in die Kasse des Staates" spricht in einem ähnlichen Zusammenhang die Entscheidung des BGH 1 StR 579/11 NJW 2012, 1015 = wistra 2012, 191, 192.

8 Ein interessantes Beispiel, das nicht § 370 AO, sondern § 266a StGB betrifft, für die Problematik von Unbestimmtheit findet sich im Entwurf eines Gesetzes zur Änderung des Arbeitnehmerüberlassungsgesetzes und anderer Gesetze des Bundesministeriums für Arbeit und Soziales (Stand 16.11. 2015). Danach ist die Einfügung eines neuen § 611a in das BGB geplant, worin die Abgrenzung des

Auch Symbole signalisieren normative Unbestimmtheit. Das von den großen Kapitalgesellschaften propagierte Selbstverständnis des *„Good-Corporate-Citizen“* ist ein symbolisches Leitbild.[9] Man kann es als eine überhöhende Umschreibung des „ordentlichen und gewissenhaften Geschäftsleiters“ (§ 93 Abs. 1 S. 1 AktG) verstehen. Ähnliche Überhöhungen finden sich im *„True-and-fair-view-*Prinzip“ als Motto (Deutscher Corporate Governance Kodex Nr. 1, § 161 AktG). Auch gibt es sie seit einigen Jahren bei der allseits beschworenen *Compliance.* Diese erschöpft sich nicht in dem, was früher Gesetzestreue hieß. *Compliance* gleicht, wenn man die werbende Sprache des „Good-Corporate-Citizen“ auf sich wirken läßt, dem öffentlichen Versprechen, einem moralischen Zeitgeist treu zu sein. Je stärker die Reputation des Unternehmens davon abhängt, daß die Symbole geachtet werden, desto schneller schlagen mutmaßliche Zuwiderhandlungen in eine Schädigung dieses unsichtbaren geldwerten Rechtsguts um.

Symbole im Recht gelten als folgenlos. Dabei handelt es sich aber um einen Irrtum. Sie sind Zeichen und stehen für einen diffusen Inhalt. Fahnen zum Beispiel symbolisieren Macht oder Gemeinschaft[10] und zielen auf Gefühle.[11] Im Recht sind Symbole Zeichen für die intendierte Herrschaft des Gesetzes, aber ohne bestimmte Konturen. Soweit sich die staatlichen Gewalten auf Symbole stützen, wird der Mensch als Untertan behandelt, dem auferlegt ist, der Fahne zu folgen, ohne zu wissen, wo genau die Grenze der Freiheit verläuft. Leitbilder appellieren an Moral- oder Gerechtigkeitsvorstellungen, die in der Gesellschaft entstehen, nicht aber in den Parlamenten. Das läßt die Garantien des Rechtsstaats erodieren.[12]

---

Arbeitsvertrages vom Werkvertrag erstmals geregelt werden soll. In der Begründung heißt es dazu (auf S. 30) wörtlich: „Die Kriterien werden damit für die Praxis, insbesondere für die Prüftätigkeit der Behörden, transparent in einer subsumtionsfähigen Rechtsnorm wiedergegeben.“ Dieser Formulierung kann man im Umkehrschluß entnehmen, daß es bisher an einer „transparenten“ und „subsumtionsfähigen“ Rechtsnorm gefehlt hat. Dennoch gibt es eine seit Jahren florierende Praxis der Staatsanwaltschaften und der Strafjustiz, wonach Werkverträge in faktische Arbeitsverträge umgedeutet werden, ohne daß § 611a BGB existiert hat.

9 Dazu d. *Verf.,* Das Unternehmensinteresse zwischen Recht, Ökonomie und Ethik, in: Kempf/Lüderssen/Volk (Hrsg.), Die Handlungsfreiheit des Unternehmers – Perspektive, strafrechtliche und ethische Schranken, Berlin 2009, S. 106 ff.

10 Über Symbole und Rituale in der Hauptverhandlung im Strafverfahren: *M. Stehmeyer,* Diss. Münster 1990 (S. 12, Symbole als Mittel der Darstellung von Herrschaft).

11 *Stehmeyer,* wie vor, S. 18.

12 *Peter M. Huber,* In der Sinnkrise (25 Jahre nach der Wiedervereinigung schwächelt die Demokratie, der Rechtsstaat neigt zur Erosion und das Gefüge der Gewaltenteilung hat sich verschoben), FAZ 1.10.2015, S. 7. *Friedrich Schaffstein* hat in seiner berüchtigten Abhandlung des Jahres 1934 (Politische Strafrechtswissenschaft, S. 6) ausdrücklich bemerkt, der Glaube, wissenschaftliche Erkenntnis sei ihrer Natur nach wertfrei und deshalb an irrationale Voraussetzungen nicht gebunden, habe sich als Irrtum erwiesen. Er hat als eigentliche Aufgabe der wissenschaftlichen Erforschung

# II.

Unbestimmtes Strafrecht galt denen als opportun, nach deren Meinung die Richter nicht mehr von dem Gesetz abhängig sein sollten, sondern von einer autoritären Staatsideologie. Diese Zeiten sind vorbei, doch gibt es Gründe, die alten Texte nicht zu vergessen. *Heinrich Henkel* hat im Jahre 1934 über das Verhältnis von „Strafrichter und Gesetz im neuen Staat" geschrieben.[13] „Wir lösen", so führte er aus, „uns von der Vorstellung des vergangenen Rechtszeitalters, daß das Gesetz Maßstab und Richtlinie des Verhaltens in strafrechtlicher Hinsicht sei, daß der Staatsbürger sein Tun und Lassen aufgrund der Kenntnis des Strafgesetzes einrichte ..." Die neue Lösung führe weg „von der Vorstellung eines Anspruchs auf Berechenbarkeit."

Das war ein ausdrückliches Bekenntnis „zu der Ansicht, daß das Strafrecht ... nicht abgestellt werden darf auf die Erwartungen derjenigen, die ein Interesse an der Grenzziehung des Gesetzes haben, weil sie sich auf dem schlüpfrigen und schmalen Gebiet zwischen sittlich mißbilligtem, aber strafrechtlich nicht erfaßten Tun bewegen wollen."[14] Adressat der neuen Botschaft war der Richter. Ihm oblag die Sorge dafür, „daß jedes nach seinem materiellen Unrechts- und Schuldgehalt strafwürdige Verhalten die angemessene Strafe nach sich zieht."[15] Programmiert werden sollte der Richter nicht mehr durch das Gesetz, sondern durch die autoritäre Staatsführung.

Mit diesem Ziel, aber schlauer, hat *Carl Schmitt* das Ende des „juristischen Positivismus" insbesondere auch für Strafrecht (und Steuerrecht!) ausgerufen.[16] Der Positivismus, so *Schmitt*, mache den Steuerstaat in gleicher Weise zum Gespött, „wie er das dem verwegenen und fantasiebegabten Verbrecher mit Hilfe des Satzes

---

des Rechts die „Suche nach den mannigfaltigen irrationalen Voraussetzungen und den Ideologien" bezeichnet, „die als innere Triebkräfte die Entwicklung des wirklichen Rechts über das Gesetz hinaus bestimmten." Da Symbole das Irrationale ansprechen, muß man die Ausführungen des Jahres 1934 heute als Warnung verstehen.

**13** *Heinrich Henkel*, Strafrichter und Gesetz im neuen Staat, Hamburg 1934.

**14** *Heinrich Henkel* a.a.O. S. 67 f.. Der Text nimmt ausdrücklich auf den NS-Staat Bezug. *Heinrich Henkel* wurde im Jahre 1974 durch eine Festschrift („Grundfragen der gesamten Strafrechtswissenschaft") geehrt.

**15** *Heinrich Henkel*, wie vor S. 69. *Friedrich Schaffstein* hat in seiner Abhandlung des Jahres 1934 über „Politische Strafrechtswissenschaft" als Kennzeichen der politischen Strafrechtsreform die Zurücksetzung „des obersten liberalen Rechtswertes der Rechtssicherheit und Rechtsberechenbarkeit" bezeichnet (S. 11). Er hat den Richter so gesehen, daß dieser „innerhalb des ihm überlassenen Wertungsspielraums bei der Gesetzesanwendung die politische Tätigkeit des Gesetzgebers fortsetzt" (S. 20).

**16** *Carl Schmitt*, Über die drei Arten des rechtswissenschaftlichen Denkens, Hamburg 1934, S. 58 ff., 60.

*nulla poena sine lege* auf strafrechtlichem Gebiet ermöglichte.“[17] Schon 1932 hat *Carl Schmitt* die Wendung des Staates zum „Plan“ statt zur „Freiheit“ beschrieben, der als „Wirtschaftsstaat“ nicht mehr als „parlamentarischer Gesetzgebungsstaat arbeiten kann und zum Verwaltungsstaat werden muß.“[18] *Carl Schmitt* wollte dies mit der „Not der Zeit“ und dem Bedürfnis nach lenkenden Vorgaben rechtfertigen.[19] Der neue Staat finde „sein Daseinsprinzip in der Zweckmäßigkeit, Nützlichkeit und, im Gegensatz zur Normgemäßheit des auf Normierungen beruhenden Gesetzgebungsstaates, in der unmittelbar konkreten Sachgemäßheit seiner Maßnahmen, Anordnungen und Befehle.“[20] Da der Richter unbestimmtes Recht nicht nach eigenem Belieben anwenden sollte, bedeutet dies, daß die „Befehle“ ihn erreichen mußten. Dabei ging es beileibe nicht nur um das Steuerrecht, sondern eben auch um das Strafrecht.

In diesem Zusammenhang spielte die Untreue eine bemerkenswerte Rolle. Das läßt ein Beitrag *Georg Dahms* aus dem Jahre 1935 in der Zeitschrift für die gesamte Strafrechtswissenschaft erkennen.[21] Darin bezeichnete *Dahm* die Untreue (§ 266 StGB) als das „verkleinerte Spiegelbild des echten Verrats.“ Der Vorzug der herrschenden liberalen Auffassung, nämlich der Mißbrauchstheorie, habe in Sicherheit und Berechenbarkeit der Rechtsfolgen gelegen. Dieser Vorteil aber sei „teuer erkauft“ gewesen. Er habe „eine Fülle offensichtlich strafwürdiger Fälle der Bestrafung entzogen.“[22] Zukünftig gehe es um eine „weitgehende Auflockerung“, ja fast eine „Auflösung des Tatbestandes.“

Auf diesem Weg wurde die „neue Funktion des Tatbestandes als Leitsatz und Richtlinie für die Rechtsprechung, nicht als Mittel zur Begrenzung der Strafgewalt“ verstanden.[23] Nach *Dahm* sollte es bei der Untreue auf das „Gewicht der Gesinnung beim Verrat“ ankommen. Die Gesinnung, nicht die „objektive“ Tat, begründe das Unrecht.[24] Mit dem bürgerlichen Rechtsstaat war, wie *Heinrich Henkel* offen einräumte, der „Begriff der Berechenbarkeit als oberster Wertbegriff verschwunden.“[25] An die Stelle sicherer gesetzlicher Grenzen trat eine „gewisse Gefahrenzo-

---

17 *Carl Schmitt* wie vor S. 62.

18 *Carl Schmitt,* Legalität und Legitimität, München und Leipzig 1932, S. 11.

19 *Carl Schmitt* wie vor S. 13.

20 *Carl Schmitt* wie vor S. 13.

21 *Georg Dahm,* Verrat und Verbrechen, Zeitschrift für die gesamte Strafrechtswissenschaft 1935, S. 283 ff., 290 f.

22 *Dahm,* a.a.O. S. 290, nimmt auch auf die neuere Gesetzgebung (Gesetz vom 26.5.1933; RGBl. I, 295) Bezug, die den Treubruch neben der Mißbrauchsuntreue besonders hervorgehoben habe.

23 *Dahm* wie vor S. 290. In seinem Text ist der Begriff des Tatbestandes in Anführungszeichen gesetzt.

24 *Dahm* wie vor S. 290 f.

25 *Heinrich Henkel* a.a.O. FN 13 S. 66.

ne", die sich um die Tatbestände herumlegen sollte.[26] Dies verwandelte das Amt des Strafrichters.[27] Dessen alte Bindung an das Gesetz wurde von einer neuen Bindung abgelöst.[28] Bei dieser Bindung konnte es sich nur um die Ideologie der Staatsführung handeln.[29]

*Freisler*, Staatssekretär im Reichsjustizministerium, hat im Jahre 1936 das Wort von der „Gefahrenzone" beifällig aufgenommen.[30] In diesem Zusammenhang hat er sich ausdrücklich auf *Dahm* bezogen, der sich für eine neue Funktion des „Tatbestandes" „als Leitsatz und Richtlinie für die Rechtsprechung, nicht als Mittel zur Begrenzung der Strafgewalt" ausgesprochen hatte.[31] *Freisler* hat, um die „Gefahrenzone" zu schaffen, den „Einbau sittlich ausfüllungsbedürftiger Tatbestandselemente" für erforderlich gehalten.[32] In derselben Festschrift wie Freisler hat *Hedemann* das „Antlitz des Gesetzgebers" geradezu hymnisch gepriesen, der „mitten unter uns ... selber im Menschlichen und Völkischen verwurzelt ist, daß „Wir" zu ihm gehören, aber auch „Er" zu uns."[33] Damit verschwammen alle Grenzen und war der Gesetzeswille am Ende das, was der von *Hedemann* in der Festschrift Schlegelberger genannte „Sprecher des Volkes in unvergleichlicher Schönheit und Höhe der Gestalt Adolf Hitlers" verkörperte.[34] Zu diesem Bild paßte der alles umgreifende „Treue- und Gemeinschaftsgedanke im Aktienrecht", dem Klausing damals immerhin noch 50 keineswegs unkritische Seiten widmete.[35]

---

26 *Heinrich Henkel* wie vor S. 68.

27 *Heinrich Henkel* wie vor S. 69.

28 *Heinrich Henkel* wie vor S. 69.

29 Übrigens ist mein Exemplar der Schrift von *Henkel* aus dem Jahre 1934 mit dem Besitzstempel der Deutschen Akademie für Staats- und Rechtswissenschaft „Walter Ulbricht" in Potsdam-Babelsberg II versehen. Dies zeigt, daß die Betrachtung des Richters im NS-Staat durchaus auch als beispielhaft für den sozialistischen Staat sowjetischer Prägung gelten konnte.

30 *R. Freisler*, Der Heimweg des Rechts in die völkische Sittenordnung, in: FS Schlegelberger, S. 28 ff., 41.

31 *Dahm* wie vor S. 290 f.

32 *Freisler*, wie vor, S. 34. *Carl Schmitt*, Über die drei Arten des rechtswissenschaftlichen Denkens, Hamburg 1934, S. 60, hat für Strafrecht und Steuerrecht davon gesprochen, daß sich die Methode „der scheinbar festen, tatbestandsmäßig beschreibenden Begriffsbildung und das Ideal ihrer ‚Tatbestandsmäßigkeit'" auflöse. Er hat in diesem Zusammenhang den „unbestimmten" Tatbestand der Untreue ausdrücklich erwähnt, ebenfalls das „Vordringen sog. normativer statt deskriptiver Tatbestandselemente."

33 *J. W. Hedemann*, Das Antlitz des Gesetzgebers, FS Schlegelberger wie vor, S. 1 ff.

34 *Hedemann*, wie vor, S. 11.

35 *F. Klausing*, Treupflicht des Aktionärs? – Gedanken über „Aktienrechtsreform" und „Wirtschaftsethos", FS Schlegelberger, wie vor, S. 405 ff., 450. „Wirtschaftsethos" als Rechtskategorie war ein Vorläufer des „Good Corporate Citizen."

# III.

Angesichts dieser Vergangenheit hat sich der deutsche Verfassungsgeber für einen anderen Weg entscheiden müssen. Strafrechtliche Eingriffe als Ultima Ratio bedürfen einer bestimmten rechtlichen Grundlage. Als Antwort auf unsere jüngere Zeitgeschichte nimmt Art. 103 Abs. 2 GG eine zentrale Stellung im Rechtsstaat ein. Dies wird zur Untreue eindrucksvoll belegt durch die fundamentale Entscheidung des Bundesverfassungsgerichts des Jahres 2010.[36] Mehr als ein halbes Jahrhundert nach Überwindung der Diktatur unterliegt die Moderne aber anderen Versuchungen. Man hat sie im Begriff des „ökonomisierten Richters" gebündelt.[37] *Carsten Schütz* beschreibt die Methode der normativen Programmierung, die darin besteht, Richter zu befreien und Verfahrensgestaltung in deren Ermessen zu stellen.[38] Der Zuwachs an richterlicher Freiheit stärke die Exekutive, deren Erwartungshorizont sich in statistischen Vorgaben niederschlägt.[39] Mit solchen Erwartungen nimmt die Bürokratie den Richter in Anspruch. Die Erwartung zielt auf den prozessualen Umgang mit materiellem Recht. Im Jahre 2001 hat *Wolfgang Hoffmann-Riem* gefragt, ob die „von den Gerichten verwaltete Gerechtigkeit nicht so umdefiniert werden" müsse, „daß es um das Ziel geht, ein gerechtes Ergebnis mit dem geringstmöglichen Einsatz von Mitteln zu erreichen."[40] Er ist der Frage nicht ausgewichen, „ob die Zielwerte Wahrheit und Gerechtigkeit einer Relativierung durch ökonomische Erwägungen unterworfen sein können."[41]

Die Öffentlichkeit hat auf ein von „ökonomisierten" Erwägungen geleitetes richterliches Ermessen geschlossen, als die Hauptverhandlung gegen Ecclestone vor dem Landgericht München I nach § 153a StPO gegen Zahlung einer Auflage in Höhe von 100 Millionen US-Dollar abgebrochen wurde. Mit dem bekannten Gesetz des Jahres 2009 über die Verständigung im Strafverfahren sind, wie die Bundesregierung es formuliert hat, kommunikative Elemente gefördert worden, durch deren Einsatz eine Verständigung erwirkt werden kann.[42] Soweit ein Strafgesetz unbestimmt ist, müssen die Beschuldigten daran interessiert sein, Gewißheit dadurch zu erlangen, daß ein sicheres Ergebnis mit Richtern und Staatsanwälten ausgehandelt wird. Die Betroffenen fangen damit richterliche Freiheit, die Kehrseite unbestimmten Rechts, ein. Kann aber der Zugang zur Verständigung, wie der Bundes-

---

36 BVerfG Beschl. v. 23.6.2010 NStZ 2010, 626.

37 *Carsten Schütz*, Der ökonomisierte Richter, Berlin 2005, S. 278 ff.

38 *Carsten Schütz* wie vor S. 301.

39 *Carsten Schütz* wie vor S. 306.

40 *W. Hoffmann-Riem*, Modernisierung von Recht und Justiz, Frankfurt a. M. 2001 S. 217.

41 *W. Hoffmann-Riem* wie vor S. 218.

42 Gesetzesentwurf der Bundesregierung Stand 18.03.2009 BT-Drucks. 16/12310.

gerichtshof meint, vom Richter als Türhüter nach Ermessen aufgedrängt, gewährt oder versagt werden[43], „hebelt" dies die richterliche Macht, die mit materiellrechtlichen Spielräumen verbunden ist, zum Beispiel zur freien Beweiswürdigung oder zum Strafmaß.

Die Beteiligung der Beschuldigten an der Herstellung eines gerechten Ergebnisses wird als herrschaftsfreier Diskurs verklärt. Das geschieht in Anlehnung an *Jürgen Habermas* und dessen Theorie kommunikativen Handelns.[44] Doch empfiehlt es sich, bei *Habermas* nachzulesen, was er zur „Unbestimmtheit des Rechts" zu sagen hat.[45] Die juristische Hermeneutik als Methode, Rechtssicherheit und Richtigkeit im Umgang mit Normen zu garantieren, leide in einer pluralistischen Gesellschaft daran, daß nicht auf ein herrschendes und durch Interpretation fortgebildetes Ethos der Richter zurückgegriffen werden kann. „Was dem einen als ein historisch bewährter Topos gilt, ist für den anderen Ideologie oder schieres Vorurteil."[46] Und weiter: „In dem Maße, wie sich der Ausgang eines Gerichtsverfahrens aus Interessenlage, Sozialisationsprozeß, Schichtzugehörigkeit, politischer Einstellung und Persönlichkeitsstruktur der Richter oder aus ideologischen Traditionen, Machtkonstellationen, wirtschaftlichen und anderen Faktoren innerhalb und außerhalb des Rechtssystems erklären läßt, ist die Entscheidungspraxis nicht mehr intern durch die Selektivität von Verfahren, Fall und Rechtsgrundlage bestimmt."[47]

Das klingt skeptisch – aus gutem Grund. Unbestimmtes Recht hält die Richter dazu an, zu eigenen Wertungen zu greifen, um Entscheidungen zu rationalisieren und Vorurteile zu kaschieren, mit denen sie die Unbestimmtheit des Rechts kompensieren.[48] In homogenen Gesellschaften mit einer homogenen Richterelite war dieser Prozeß berechenbar. Diversifizierte Gesellschaften müssen sich aber auch in der Zusammensetzung der Richterschaft spiegeln. In ihnen müssen deshalb die das Strafrecht bestimmenden Wertungen durch das Parlament vorgegeben werden. *Habermas* selbst zweifelt daran, ob seine Theorie auf gerichtliche Verfahren an-

43 Aus Sicht des Bundesgerichtshofs I StR 391/12 Beschl. v. 21.11.2012 ermächtigen die neuen Vorschriften die Berufsrichter dazu, auch „ungefragt" initiativ zu werden und bereits im Zwischenverfahren (§ 202a StPO nach ihrem Ermessen eine Strafober- sowie Strafuntergrenze mitzuteilen, um eine Absprache vorzubereiten. In der Hauptverhandlung besteht eine entsprechende Ermächtigung nach § 257b StPO.

44 *Stefan Müller-Dohm*, Jürgen Habermas, Frankfurt a. M. 2008, S. 7; *Jürgen Habermas*, Theorie des kommunikativen Handelns, Frankfurt a. M. 1981.

45 *Jürgen Habermas*, Faktizität und Geltung, Beiträge zur Diskurstheorie des Rechts und des demokratischen Rechtsstaats, Frankfurt a. M. 1992, S. 238 ff.

46 *Habermas* wie vor S. 245.

47 *Habermas* wie vor S. 246.

48 So *Habermas* wie vor S. 262 unter Hinweis auf *A. Altman*.

wendbar sei.[49] Seine Bedenken treffen insbesondere auf die Lage des Beschuldigten im Strafverfahren zu, der nicht zur kooperativen Wahrheitssuche verpflichtet werden kann und deshalb sein Interesse an einem günstigen Ausgang strategisch verfolgen darf.[50] Kommunizieren alle Beteiligten strategisch, die Richter, um den Prozeß ökonomisierend zu verkürzen und Ressourcen zu ersparen, die Beschuldigten, um sich ein berechenbares Ergebnis zu sichern, dann wird das, was im Idealfall durch kommunikative Vernunft als Mittel und Ziel erreicht werden könnte, zumeist von vornherein verfehlt.[51] Die Perspektive bleibt düster – Drohung wird zum Instrument von Verhandlungsmacht.[52]

Ähnliches gilt für die Untreue, bei der das Bundesverfassungsgericht sich um eine konkretisierende Auslegung des Nachteilsbegriffs bemüht hat.[53] Auch hier aber erfordert aus der Sicht der Justizpraxis Vorsatz längst nicht mehr Wissen und Wollen, sondern reicht heute die jedem gewünschten Ergebnis zugängliche Feststellung von Ahnen und Laufenlassen aus, wenn es darauf ankommt, wie sich der Bürger die künftigen Folgen riskanten wirtschaftlichen Verhaltens vorgestellt haben mag.[54] Verteidiger werden in diesem dunklen Grenzbereich zur straflosen bewußten Fahrlässigkeit lieber über eine schonungsvolle konsensuale Vorsatzstrafe verhandeln, als eine harte Sanktion bei Schuldspruch nach „uneinsichtigem“ Bestreiten in Kauf zu nehmen. Die Angeklagten in Wirtschaftsstrafverfahren, meist *homines oeconomici*, können kalkulieren; sie erkennen Drohungen auch dann, wenn diese nicht ausgesprochen werden.[55]

---

**49** *Habermas* wie vor S. 283.

**50** So, freilich ohne Hinweis auf den Strafprozeß, *Habermas* wie vor S. 283 mit Nachweisen.

**51** Zur kommunikativen Vernunft *Habermas* wie vor S. 17 ff.

**52** So *Günter Hager*, Konflikt und Konsens, Tübingen 2001, S. 74.

**53** BVerfG a.a.O. FN 36.

**54** Eine ausdrückliche Anerkennung findet das voluntative Element des bedingten Vorsatzes neuerlich im Urteil des 5. Strafsenats des BGH vom 28. 5. 2013 5 StR 551/11 NStZ 2013, 715. Danach läßt sich das voluntative Elemente nicht bereits weitgehend aus dem Gefährdungspotential der Handlung ableiten, auch nicht aus dem Grad der Wahrscheinlichkeit eines Erfolgseintritts. Vielmehr kommt es „immer auch auf die Umstände des Einzelfalles an, bei denen insbesondere die Motive und die Interessenlage des Angeklagten zu beachten sind …“ Billigend in Kauf genommen werden darf nicht nur die konkrete Gefahr; vielmehr muß sich die billigende Inkaufnahme auch auf die Realisierung dieser Gefahr erstrecken.

**55** In dem Maße, in dem es gelingt, drohende Strafe durch § 153a StPO abzuwenden, geht die Kalkulation – trotz hoher Geldauflagen – auf. Im Wirtschaftsstrafrecht kann das den Grundkonflikt einer punitiven Rechtspolitik neutralisieren und die gesetzlichen Instrumente auf expressive Symbolik reduzieren. Dazu d. *Verf.*, § 153a StPO und die Unschuldsvermutung, in FS Egon Müller, Baden-Baden 2008, S. 610 ff., 620 mit Hinweis auf *U. Volkmann*, Demokratisches Schamanentum, FAZ 16. 3. 2007.

# IV.

Während das konsensual genannte Verfahren das Richteramt, gemessen an der Zahl schneller rechtskräftiger Erledigungen, stärkt, wird dieses Amt, gemessen an der Gesetzesbindung, die seine legitimierende Grundlage ist, beschädigt. Der Richter nämlich teilt seine Rolle beim „Deal" mit dem Beschuldigten, ohne dessen Zustimmung die angestrebte Lösung scheitern müßte, und mit dem Verteidiger, der sich kommunikativ „verständigt." Inzwischen hat die hohe Wertschätzung von Kommunikation auch schon Eingang in die Straftheorie gefunden. Dort wird vorgeschlagen, Strafe als einen an den Täter adressierten Tadel[56] und damit als „kommunikativen Akt" zu verstehen.[57] Die Sanktion („Übelzufügung") sei „Verstärkung und Ausdifferenzierung des kommunikativen Aktes".[58] Strafzumessung dient dann der „Differenzierung des Grades an Tadel"[59], indem sie den Ernst der kommunikativen Aussage „symbolisch" unterstützt.[60] Wird die Kommunikationstheorie auf das „Wesen der Strafe" angewendet, bleibt das nicht ohne Folgen. Kommunikation nämlich findet pendelnd zwischen „Sender" und „Empfänger" statt; aus der Sicht der Vertreter dieser Theorie zielt Kommunikation auf „Verständigung über Normen als Essenz von Gesellschaften" ab.[61] Eine Theorie der Strafe, die sich darauf einläßt, wird daher den „ Konsens" im Strafverfahren als Vollendung des kommunikativen Vorgangs in den Vordergrund stellen müssen und als Bestätigung verstehen.

Vor diesem Hintergrund wird Schweigen und werden kontradiktorische Verteidigungen geringgeschätzt. Dann haben Absprachen Konjunktur, zu denen das Geständnis gehört (§ 257c Abs. 2 S. 2 StPO). Die Angeklagten aus der Wirtschaft sind oft auch dazu bereit; sie ziehen es vor, das Urteil aktiv mitzugestalten, anstatt dessen Härte passiv zu erleiden. Die Wirkung ist paradox. Dazu soll *Gunther Arzt* zitiert werden: „Ohne weiteres verkraftbar ist die Maximalisierung von *in dubio pro reo* in einer Rechtskultur, in der fast alle Verdächtigen durch Geständnis die Zweifel an ihrer Schuld ausräumen."[62] Ein solcher Zustand aber, so *Thomas Weigend*, wäre typisch für autoritäre Staatssysteme.[63] Die Faszination des Geständnisses hat ihre Anhänger auch im Rechtsstaat gefunden, der den Richter auf „Ökonomisierung"

56 *T. Hörnle,* Straftheorien, Tübingen 2011, S. 36.

57 *T. Hörnle* wie vor S. 45.

58 *T. Hörnle* wie vor S. 45.

59 *T. Hörnle* wie vor S. 42.

60 *T. Hörnle* wie vor S. 42.

61 *T. Hörnle* wie vor S. 31 unter Hinweis auf *Günther Jakobs,* Norm, Person, Gesellschaft, 3. Aufl. Berlin 2008, S. 61 ff.

62 *Gunther Arzt,* Ketzerische Bemerkungen zum Prinzip in dubio pro reo, Berlin 1977, S. 21.

63 *Th. Weigend,* Strukturelle Probleme im deutschen Strafprozeß, StraFo 2013, 45 ff., 48.

festlegen will und umständliche forensische Konflikte verabscheut. Vor dem für Wirtschaftsstrafsachen zuständigen Richter verteidigen sich die Starken. Wenn schon sie dem Druck nachgeben und ein verabredetes Geständnis „liefern", werden die Schwachen vor ihren Strafrichtern erst recht nicht mehr widerstehen können. Im Strafprozeß beschleunigt die Dialektik der Kommunikation deshalb eine Entwicklung, der in der Gesellschaft durch Kommunikation entgegengewirkt werden soll: Sie entfesselt Macht, anstatt diese zu bändigen.

Gunther Arzt

# Risikomanagement und objektive Zurechnung

## Gliederung



## I. Finanzmarktkrise und der Korruptionsfall Siemens

Ich freue mich, vor einem so sachverständigen Publikum über Untreue, insbesondere Zurechnungsfragen, sprechen zu können. In tatsächlicher Hinsicht lehne ich mich im Folgenden mehr oder weniger eng an den Fall *Siemens*[1] an, also durch

**Erschienen in** ILFS Band 7: Die Finanzkrise, das Wirtschaftsstrafrecht und die Moral, 2010

1 Eingehend (auch zu den USA-Verfahren) *Arzt* Siemens: Vom größten zum lukrativsten Kriminalfall der deutschen Geschichte, in FS Stöckel 2010 S. 15 ff.; vgl. auch *Pohlmann* in ILFS Band 7: Die Finanzkrise, das Wirtschaftsstrafrecht und die Moral, 2010. Zur Einordnung der US-Verfahren gegen Siemens in andere amerikanische Fälle *Pilchen,* The Risks and Rewards of International Transactions Involving US Assets and Funds. . . in Ackermann/Wohlers (Hrsg.), Finanzmarkt ausser Kontrolle? Selbstregulierung – Aufsichtsrecht – Strafrecht, Zürich etc. 2009 S. 93 ff. (speziell zur Korruption S. 136 ff.); vgl. auch *Wessing* (wie Fn. 25). Da ich mich im folgenden Vortrag an den Sachverhalt „Siemens" nur anlehne, verweise ich zu BGHSt 52, 323 (schwarze Kasse bei Siemens als Untreue) nur auf *Fischer* (in diesem Band); *Kempf* „Schwarze Kassen": Effektiver Schaden FS Volk 2009 S. 231 ff. (vgl. auch *Kempf,* Bestechende Untreue? FS Hamm 2008, S. 255 ff.) und die Kontroverse in Strafo 2008 (*Fischer* S. 269/*Nack* S. 277). Angesichts der Diskussion nach den Vorträgen von *Fischer* und *mir* merke ich auch hier an, dass ich weder in den Fall Siemens noch in andere § 266-Verfahren involviert war.

https://doi.org/10.1515/9783111057125-021

schwarze Kassen (oder sonst!) verdeckte Zahlungen von Schmiergeld, Bestechungsgeld oder die kaschierte Erfüllung von erpresserischen Forderungen, z. B. nach Schutzgeld oder Beraterhonorar für dubiose Mittelsmänner.

Auf den ersten Blick hat die Korruptionsaffäre Siemens mit dem Thema der Finanzmarktkrise, das im Zentrum dieser Tagung steht, wenig gemeinsam. Mit § 266 StGB ist zwar der „Aufhänger" gleich, doch scheint dies mehr oder weniger zufällig zu sein. Bei genauerem Zusehen wird rasch deutlich, dass es kein Spezifikum des Finanzsektors ist, wenn problematische Risiken eingegangen werden, weil die Konkurrenten es auch tun und die Firma mitsamt ihrer Manager eine Zeit lang profitiert. Auch in der „Realwirtschaft" gibt es Firmen „too big to fail". Mit Siemens stand fast über Nacht ein solches Großunternehmen vor einem Kollaps mit unübersehbaren Folgen. Auf weitere Parallelen zwischen Finanzmarktkrise und Siemens komme ich am Ende meines Beitrags zurück, insbesondere auf die Rolle der staatlichen Aufsichtsbehörden und der innerbetrieblichen Compliance-Bürokratie.

## II. Untreue und AT

### 1. Treue als unbestimmtes Konzept

Treue ist tendenziell ein umfassendes und zugleich unbestimmtes Konzept, nicht zuletzt wegen des impliziten Appells an moralische Wertungen. Diesen Geburtsfehler des § 266 hat *Hellmuth Mayer* 1954 auf die Formel gebracht: „Das totale Vermögensstrafrecht liegt also auf dem Wege zum totalen Staat".[2] In der weiteren Entwicklung hat das (meiner Ansicht nach wesentlich dem BGH anzulastende) Einreißen der Barriere zwischen Missbrauchs- und Treubruchstatbestand[3] zur Verschlimmerung der Unschärfe beigetragen. Heute wird die durch „Kontrolldichte" gegenüber unternehmerischen Entscheidungen entstandene Kasuistik zu § 266 als „Dschungelbuch" *(Volk)*[4] bezeichnet. „Ist ein Risikogeschäft Gegenstand der Anklage, so wird die Anklage selbst zum Risikogeschäft" (*Nack*).[5] Werde gegen einen

---

2 *H. Mayer* Materialien zur Strafrechtsreform, Bd. 1, Bonn 1954, S. 339.

3 BGHSt 24, 386 (1972); Details bei *Arzt* Zur Untreue durch befugtes Handeln, FS Bruns 1978 S. 365. Nach meiner extrem bitteren Rezension (JZ 1981, 413) der Lieferung des LK (10. Aufl.) mit der Kommentierung des § 266 durch den Präsidenten des zuständigen Senats (*Hübner*) habe ich mich fast 30 Jahre nicht mehr zu diesem Thema geäußert. Der Kontext zwischen der damaligen Kontroverse und dem heutigen Streitstand wird in LK (11. Aufl.)-*Schünemann* § 266 N 32 ff. deutlich; vgl. auch *Arzt/Weber-Weber* Strafrecht BT, 2. Aufl. 2009 § 22 N 68, 79.

4 *Volk* FS Hamm 2008, S. 803.

5 *Nack* in Müller-Gugenberger/Bieneck (Hrsg.), Wirtschaftsstrafrecht, 4. Aufl. 2006, § 66 N 4.

Entscheidungsträger aus der Wirtschaft wegen einer unternehmerischen Entscheidung Anklage nach § 266 erhoben, liege sein „Schicksal im Schoß der Götter... Rechtssicherheit als Illusion" (*Beulke*).[6] Bei aller Sympathie für Kritik an dieser Rechtsunsicherheit ist daran zu erinnern, dass kaum je die Restriktion eines Tatbestandes mit einem gleichzeitigen Gewinn an Bestimmtheit erreichbar ist und dass die allein in den letzten 2–3 Jahren zu registrierende bemerkenswerte Fülle an Äußerungen zu § 266 die Rechtsunsicherheit noch gesteigert hat. Für meinen heutigen Beitrag habe ich mir auch deshalb eine radikale Beschränkung auf einen schmalen Ausschnitt vorgenommen.

## 2. Konzentration auf den AT (Pflicht zum Risiko; Einwilligung ins Risiko; vielleicht verbotenes Risiko)

§ 266 ist über den Gefährdungsschaden, also über das Risiko, in ganz eigentümlicher Weise mit dem AT verknüpft. Das betrifft zunächst das *Einverständnis* des (angeblichen) Opfers. Hier liegt einer der ganz seltenen Fälle vor, in denen sich eine von mir befürwortete Vereinfachung durchgesetzt hat, nämlich Lösung statt via Risikogeschäft simpel über den subjektiven „Einschlag" beim Vermögens- und Schadensbegriff.[7] Vereinfachungsideen stoßen in unserem Wissenschaftsbetrieb so selten auf Sympathie, dass man versucht ist, sie sich abzugewöhnen. Der *Zusammenhang mit Vorsatzfragen* ist denn auch komplexer. Wer fremdes Vermögen zu betreuen hat, handelt selbstverständlich pflichtwidrig, wenn er es *absichtlich* schädigt. Ebenso selbstverständlich fällt das Eingehen eines Risikos für das betreute Vermögen nicht mit Pflichtwidrigkeit zusammen, auch wenn das Risiko sich zu einer definitiven Schädigung auswächst.[8] *Riskantes Handeln gehört zu den zentralen Pflichten eines Managers.* Bei der strafrechtlichen Erfassung des Risikos stehen wir deshalb bei § 266 vor ganz anderen Herausforderungen als sonst bei Vermögensdelikten, z.B. beim Betrug. Zwar wird auch bei § 263 die Vermögensgefährdung thematisiert, doch geht es dabei meist nur um die Schwelle zwischen Versuch und

6 *Beulke* FS Eisenberg 2009, S. 245ff., 247, ebenda S. 262 „der inflationäre Rückgriff der Rspr. auf die Rechtsfigur der schadensgleichen Vermögensgefährdung ist die wohl bedauernswerteste Fehlentwicklung der Rspr. in den letzten Jahrzehnten".

7 *Arzt* FS Bruns (wie Fn. 2) 376f.; weiterführend *Hillenkamp* NStZ 1981, 161, seitdem h.L., vgl. z.B. *Feigen* Untreue durch Kreditvergabe, FS Rudolphi 2004, S. 445, 447. – Zum Einverständnis einer juristischen Person in ein Geschäft, dessen Risiko in Unmoral oder Illegalität liegt, unten V.

8 Ob Klagen über die Gleichsetzung der Schädigung mit Pflichtwidrigkeit (oder umgekehrt!) in diesem oder jenem Urteil begründet sind, ist eine andere Frage, vgl. *Volk* (wie Fn. 4) 805, 807 (*Volk* bezweifelt auch bei wissentlicher Schädigung die Gleichsetzung mit Pflichtwidrigkeit).

Vollendung oder zwischen bewusster Fahrlässigkeit und dolus eventualis.[9] Würde man bei § 266 den auf die Schädigung bezogenen dolus aus der bewussten Inkaufnahme der Verwirklichung des eingegangenen Risikos folgern (wie es beim Betrug die Regel ist und zudem durch die AT-Definitionen des dolus eventualis suggeriert wird), hätte man die schon für die Fahrlässigkeit zentrale *Frage nach dem erlaubten Risiko* übersprungen. Es ist der Fluch der vielen Theorien zum dolus eventualis, dass sie am Übergang von Fahrlässigkeit zu Vorsatz orientiert sind. Wo, wie bei § 266, ein Fahrlässigkeitstatbestand fehlt, ist die vorsätzliche Herbeiführung eines Risikos und die damit verbundene Inkaufnahme der Verwirklichung dieses Risikos irrelevant, so lange die (sonst schon im Rahmen der Fahrlässigkeit aufgeworfene und dort vorentschiedene) Frage der Angemessenheit des Risikos nicht geklärt ist.[10] Es mag sein, dass die Leserinnen und Leser angesichts solcher Selbstverständlichkeiten ungeduldig werden (im mündlichen Vortrag habe ich Abschnitt II. ganz übersprungen). Die praktische Relevanz solcher theoretischer Grundsatzfragen sollte freilich nicht unterschätzt werden. Liegt keine bewusste Fahrlässigkeit vor, wenn der Täter ein von ihm als erlaubt eingeschätztes Risiko eingeht, bedeutet das für § 266, dass bei als erlaubt angesehenen Risiken erst recht kein Schädigungsvorsatz gegeben sein kann. Bei einem entsprechenden Irrtum entfällt der Vorsatz,[11] ohne dass es auf die Vermeidbarkeit dieses Irrtums ankommt (wie es der Fall wäre, wenn der Irrtum das Unrechtsbewusstsein betreffen würde). Ich vermute, dass etliche Untersuchungen gegen leichtsinnige Akteure im Finanzsektor schon im Frühstadium an dieser Hürde scheitern werden. Schließlich steckt im „Risiko" (und der wirtschaftlichen Betrachtung des Vermögens) das Potential für eine Abkehr von (zulässiger!) Grenzmoral[12] bis zur Umkehr des Grundsatzes in dubio pro reo.[13] Die Wirtschaftsaufsicht erwartet, dass Unternehmen ihre Zuverlässigkeit gewährleisten. So wird die Unschuldsvermutung in eine Unschuldsgewährleistungspflicht verkehrt.[14]

Geht man von einer *Pflicht zum Risiko* aus, wird die Ambivalenz zwischen Erhöhung und Reduktion deutlich. Wo Risiken eingegangen werden müssen, kann

---

**9** Das Verbot ist bei § 263 schon in der Arglist angelegt.

**10** Zum Zusammenhang zwischen Unrechtsbewusstsein und bewusster Fahrlässigkeit *Arzt* Zum Verbotsirrtum beim Fahrlässigkeitsdelikt ZStW 91 (1979) 857ff., 864ff. Zum Risiko in Gestalt der Vornahme einer *vielleicht* verbotenen Handlung *Arzt* Dolus eventualis und Verzicht, FS Rudolphi 2004, S. 3ff.

**11** *Arzt/Weber-Weber* BT (wie Fn. 3) § 22 N 69.

**12** *Lüderssen* in Kempf/Lüderssen/Volk (Hrsg.), Die Handlungsfreiheit des Unternehmers – wirtschaftliche Perspektiven, strafrechtliche und ethische Schranken, Berlin 2009, S. 241ff., 296.

**13** *Hamm* (wie Fn. 12) S. 44ff., 51.

**14** *Arzt* (wie Fn. 1) S. 24ff.

man sich fast unendlich viele Detailpflichten zur Minimierung solcher Risiken ausdenken. Hier dürfte die Wurzel für die verbreiteten Klagen über die Unbestimmtheit des § 266 zu suchen sein.[15] Schon das Zivilrecht bemüht sich um eine vernünftige Limitierung der Verantwortung der Entscheidungsträger, insbesondere durch objektive Maßstäbe („Unvertretbarkeit" des Resultats; Verletzung einer „wichtigen" Pflicht). Darin steckt ein Stück Wahrheit (zur nicht erreichten Rechtssicherheit oben II.1.). Der objektive Maßstab darf jedoch nicht erst (und nur) an das Ergebnis einer Entscheidung angelegt werden, sondern ist (wie bei Ermessensentscheidungen von Amtsträgern!) auch und schon an den Entscheidungsprozess anzulegen. Das Strafrecht ist frei, mit seiner Risikoanalyse über Stellvertretungsregeln des Zivilrechts hinaus zu gehen. Der Manager soll ein guter Netzwerker sein, aber vielleicht ist die Objektivität seiner Entscheidung schon gefährdet, wenn sein Vetter profitiert. Sicher fehlt diese Objektivität, wenn für den Entscheidungsträger ein Sondervorteil abfällt. Es ist bequem, den Kickback als solchen strafrechtlich zum „Aufhänger" für § 266 zu machen. In Wahrheit geht es jedoch um die von der Aussicht auf diesen Sondervorteil getroffene Entscheidung.[16] Ich habe den Eindruck, dass die vom persönlichen Bereich des Entscheidungsträgers ausgehenden Untreuerisiken derzeit noch unterschätzt werden. Bei einer fahrlässigen Tötung im Straßenverkehr gehen wir vom Schadenseintritt aus (Terminologie bei § 222 und § 266 identisch) und fragen nicht nur nach einem Fahrfehler, sondern auch – in objektivierter Form – nach den subjektiven Qualitäten des Fahrers. Nicht nur als Teilnehmer am Straßenverkehr, sondern auch bei Entscheidungen im Finanzverkehr sollte der Manager in persönlicher Hinsicht verkehrstüchtig sein, also nicht angetrunken, nicht übermüdet, etc. Wie Trunkenheit beim Chauffeur im Straßenverkehr ist Euphorie im Geldverkehr hoch riskant. Im Straßenverkehr kann dem vom betrunkenen Autofahrer verletzten Fußgänger nicht entgegengehalten werden, in der fraglichen Nacht seien alle Autofahrer betrunken unterwegs gewesen. Ich will die Parallelen zum Finanzverkehr, wo zeitweilig alle Akteure mit irrational exuberance (*Greenspan*) unterwegs waren, nicht weiter verfolgen. Was die Risiken bei der Untreue angeht, werden die an Sonderfällen bei reinen Erfolgsdelikten entwickelten dogmatischen Figuren – vom hypothetischen Alternativverhalten bis zur Risikoerhöhungstheorie – für Normalfälle des § 266 relevant. Die „Operationalisierung" der objektiven Zurechnung halte ich bei § 266 für schwierig. *Lüders-*

15 Über die wenigen Nachweise oben Fn. 4–6 hinaus vgl. (alle in FS Hamm 2008) *Albrecht* (S. 1); *Ignov/Sättele* (S. 211); *Thomas* (S. 767).

16 Nachdem der Manager im Korruptionsstrafrecht quasi wie ein Amtsträger behandelt worden ist (vgl. *Lüderssen* FS Tiedemann 2008 S. 889), liegt es nahe, eine von ihm ermessensfehlerhaft getroffene Entscheidung als unangemessenes Risiko im Sinne auch des § 266 einzuordnen. Erfreulich ist diese Entwicklung nicht.

*sen*[17] hat im Zeichen der objektiven Zurechnung im Kontext der Untreue nach dem *spezifischen* Zusammenhang zwischen Risikoschaffung und Schaden gefragt, unter Hinweis auf den alten Radfahrerfall BGHSt 11, 1. Zur objektiven Zurechnung gehört nach der herrschend gewordenen Ansicht die Trennlinie zwischen *Opferverantwortung* und *Täterverantwortung*.[18] Diesem Teilbereich möchte ich mich zuwenden: Ist es nicht geradezu ein Charakteristikum der Finanzmarktkrise, dass weder Bank A die Bank B geschädigt hat, noch Bank A und/oder Bank B die Kreditausfallversicherung C, sondern A, B, C für ihre Verluste selbst verantwortlich sind? Kann diese Selbstverantwortung der juristischen Person wieder so in Fremdverantwortung aufgelöst werden, dass die juristische Person sich als Opfer eines ihrer Vertreter definiert?

## III. Für oder gegen – Zurechnung bei juristischen Personen

Wir sind uns wohl darin einig, dass Strafrechtsdogmatik zu den einfachen Wissenschaftsbereichen gehört – freilich sollte man am Eingang ins System die Weichen richtig stellen und potentielle Täter sauber von potentiellen Opfern scheiden. Damit richtet sich der Blick auf die Besonderheit, dass eine juristische Person zwar völlig unproblematisch wie eine natürliche Person im Strafrechtssystem die Opferrolle bekleiden kann. Die *Täterrolle* ist dagegen *für eine juristische Person strafrechtlich nicht vorgesehen*,[19] außer in peripherer Form im OWiG. Dass diese periphere Form

---

17 *Lüderssen* in Kempf/Lüderssen/Volk (wie Fn. 12) 259 ff.; *ders.*, FS Volk 2009 S. 346 ff., 357 ff. Auch was die Systemverantwortung betrifft (*Lüderssen*, StV 2009, 486), sehe ich zwischen Wirtschaft und Straßenverkehr Parallelen (Massendelinquenz kann nur mit billigen Mitteln untersucht und mit milden Sanktionen eingegrenzt werden).

18 Die neuere Judikatur befasst sich mit diesem „Topos" meist nicht im Kontext von Sachwerten sondern von Personwerten, etwa wenn eine Frau einen Mann anweist, sie in besonderer (lebensgefährlicher) Weise zu würgen (sexuelles Motiv). Ob die Lebensgefahr der Frau mit Hilfe des Mannes von ihr selbst quasi-täterschaftlich herbeigeführt wird – oder ob der Mann als Täter anzusehen ist und die Frau als Opfer, das vom Mann in Lebensgefahr gebracht wird, hängt davon ab, wem das Geschehen objektiv zuzurechnen ist, vgl. BGHSt 49, 166 mit Anm. *Arzt* JZ 2005, 103. Bei Sachwerten wird vor allem bei § 263 (und dort besonders bei der „Arglist") mit Opferverantwortung argumentiert.

19 Nicht äußern möchte ich mich über die Schaffung einer mehr oder weniger echten Strafbarkeit der juristischen Person. Die Schweiz hat einen Anlauf dazu unternommen und die juristische Person als Täterin fingiert – auch dort, wo sie Opfer ihrer Vertreter oder Mitarbeiter geworden ist. Daran ranken sich querelles Helvetiques, aus denen man immerhin lernen kann, dass man keine mate-

– wie Siemens lehrt – teuer werden kann, ist schon eine andere Geschichte. Siemens ist im amerikanischen System, wo juristische Personen unproblematisch in die Täterrolle versetzt werden können, als Täter abgeurteilt worden. Für die USA war nie zweifelhaft, dass Siemens als beschuldigte juristische Person über das System schwarzer Kassen so informiert war, dass Siemens dieses System zugerechnet werden konnte. Derselbe Lebenssachverhalt ist in Deutschland mit Siemens in der Opferrolle abgeurteilt worden.

Bei einer juristischen Person entsteht ein besonderes Zurechnungsproblem, wenn natürliche Personen in der Sphäre der juristischen Person für – und womöglich zugleich gegen – die Interessen der juristischen Person handeln. Diese elementare Schwierigkeit ist darauf zurück zu führen, dass einer juristischen Person – anders als einer natürlichen Person – zwingend ein *Lippenbekenntnis zur Rechtstreue, Compliance* abgefordert wird. Blicken wir kurz zurück: Bis 1975 konnte der Gewerbegehilfe, der für die Firma Diebesgut billig ankauft, nicht wegen *Hehlerei* bestraft werden, weil es an seiner Eigennützigkeit fehlte. Beihilfe zum eigennützigen Handeln des Firmeninhabers hätte entsprechende Anweisungen des Chefs als Täter erfordert (meist hatte der Chef solche Anweisungen gegeben, aber im Prozess gegen den Gewerbegehilfen war dies oft nicht nachweisbar). Die deshalb damals erfolgte Erweiterung der Hehlerei auf Fremdnützigkeit[20] zeigt, dass der Gesetzgeber bei einer Firma, wohl auch in Form einer juristischen Person, die Sicht des Täters geteilt hat: Der Gesetzgeber hat das Geschäft als fremd*nützige* Hehlerei betrachtet.

Ob das Handeln eines Organs oder eines sonstigen Vertreters „für" die juristische Person erfolgt und der juristischen Person zugerechnet wird, ist als *Teilthema im Rahmen der objektiven Zurechnung* zu begreifen. Über die Zurechnung der Handlungen von Gehilfen nach §§ 278, 831 BGB wird mit Hilfe der alten Formeln „bei Gelegenheit" bzw. „in Ausführung" geurteilt. Der Zusammenhang der fraglichen Handlung mit dem Geschäftszweck der juristischen Person (oder die Entfernung vom Geschäftszweck) spielt eine Rolle. Von Beginn an steckt in der *Zurechnung von Rechtsverletzungen* eine Ambivalenz. Die *Lösung* ist meiner Ansicht nach *über die Intensität der Rechtsverletzung* zu suchen: Eigentlich ist niemand befugt, namens der juristischen Person auch nur leichte Rechtsverletzungen vorzunehmen, etwa einen Vertrag zu brechen (auf die Zurechnung von Unterlassungen, z. B. Nichterfüllung, gehe ich nicht ein). So wünschenswert einer juristischen Person die Ausschaltung eines Wettbewerbers erscheinen mag – niemand ist befugt, Geld der juristischen Person für einen Schläger auszugeben, der den lästigen Wettbewerber

riellrechtliche Lösung schaffen sollte, ohne sich die prozessualen Folgen eingehend überlegt zu haben.

20 *Arzt* Fremdnützige Hehlerei, JA 1978, 574 (auch zur Untreue).

verprügelt. Zu milderen Formen des unlauteren Wettbewerbs, z. B. Verleumdung, Bestechung oder Kartellabsprache, besteht kein prinzipieller, wohl aber ein gradueller – meiner Ansicht nach entscheidender! – Unterschied. Von der Anstellung einer Geliebten eines leitenden Angestellten (die für die Firma nichts leistet, doch wo ist der Nutzen anderer Statussymbole?)[21] über die Versorgung von Parteigenossen durch einen Posten im öffentlichen Dienst (so Vorwürfe gegen den ehemaligen französischen Staatspräsidenten Chirac) bis hin zur Einstellung eigentlich nicht benötigten Personals in Entwicklungsländern (in der Hoffnung auf good will), es gibt unendlich viele graduelle Übergänge. Praktisch hat die Zuschanzung von Beraterverträgen eine besondere Bedeutung erlangt (auch, aber nicht erst im Fall Siemens!).[22] Dass mit „Beratung“ demonstriert wird, wie ernst man sich eine Entscheidung macht, ändert nichts daran, dass hier eine schwer fassbare neue Form der Korruption entstanden ist.

Die Frage, ob für oder gegen die juristische Person gehandelt wird, hängt – wie gesagt – vom Geschäftszweck des Unternehmens ab. Geht es um Vermögensvorteile, fragt sich, ob der juristischen Person angesichts ihres Compliance-Gelübdes ein *radikaler juristischer Vermögensbegriff* oktroyiert werden kann oder muss. Obwohl auch Ethikorganisationen ohne Geld nicht arbeiten können, halte ich eine rigoros wirtschaftliche Betrachtung des Vermögens bei einer nicht am Wirtschaftsverkehr teilnehmenden, ethisch aufgeladenen juristischen Person (von Kirchen über NGO’s bis hin zu deutschen Parteien) für verfehlt. Insofern ist es mit Blick auf den Normalfall des Wirtschaftsunternehmens unglücklich gelaufen, dass die Frage „für/gegen“ die juristische Person mit Präjudizien zu Sonderfällen (Sport und Partei) begonnen hat. Angesichts der Realität schwarzer Märkte fragt sich, wie ein großes Unternehmen sich in einer solchen Realität bewegen kann. Wie kann es einen unerlaubten wirtschaftlichen Vorteil erkaufen, wenn nicht durch Zahlung von Schmiergeld, Bestechungsgeld, Schutzgeld etc. über schwarze Kassen oder durch kaschierte Zahlungen (Beraterhonorar etc.) aus weißen Kassen? Wird schon die Auslagerung von Firmenvermögen in eine schwarze Kasse[23] – trotz langer und für die Firma wirtschaftlich vorteilhafter Nutzung solcher Kassen – als Schaden betrachtet, bedeutet dies, dass man der Firma die schwarze Kasse nicht zurechnen

21 Als „Bonus“ für einen leitenden Angestellten mag ein Firmenwagen mit Chauffeur die juristische Person teurer kommen als die Geliebte. Trotzdem ist eine Geliebte als Statussymbol offiziell nicht vorgesehen, der Schaden *deshalb* durch Verzicht auf den Chauffeur nicht kompensierbar (juristischer Vermögensbegriff, anschließend im Text).

22 Zur legalen Beraterkorruption *Arzt* Neue Wirtschaftsethik, neues Wirtschaftsstrafrecht, neue Korruption in FS Wiegand 2005, S. 739 ff., 757.

23 Vor dem Siemens-Urteil von *Achenbach/Ransiek-Seier*, Handbuch Wirtschaftsstrafrecht, 2004 Kap. V, Abschnitt 2, Rn. 181 als „verbreitet“ bezeichnet.

will. In Wahrheit geht es um die Verhinderung von verbotenen Zahlungen, die für die Firma rein wirtschaftlich gesehen nützlich wären.

Schon bei einer natürlichen Person ist *„verdrängtes Wissen“* ein gängiges, strafrechtlich aber nur schwer fassbares Phänomen. Mit Blick auf ein Großunternehmen ist ein „nicht wissen Wollen“ der Vorgesetzten (Politik des plausible denial) bis hin zu Vorstand und Aufsichtsrat ein Standardthema der Compliance. Anders als „nolens-volens“, das wir als dolus eventualis zweistufig erfassen (Wissen um das Risiko; Wollen des Erfolgs als nächster Stufe) ist das Problem (nicht der „Wissenszurechnung“, sondern) was als zuzurechnendes Wissen „einstufig“ anzusehen ist, kaum erörtert. Kann man wirklich mit BGHSt 52, 323 sagen, da der Zentralvorstand nicht im Bild war, hat Siemens als juristische Person nicht um seine schwarzen Kassen gewusst?

Selbst wenn man das Vermögen juristischer Personen dem juristischen Vermögensbegriff uneingeschränkt unterstellen würde, folgt daraus noch nicht, dass die juristische Person einen bei juristischer Betrachtung entstandenen Schaden offenbaren muss. Man kann die (praktisch wichtige!) Frage auch dahin formulieren, ob ein Manager „seiner“ juristischen Person Treue in dem Sinne schuldet, dass er eine wirtschaftlich vorteilhafte Verdeckung einer (mit oder ohne sein Zutun begangenen) Straftat vornehmen darf oder muss. Es kann ein „erhebliches Interesse der Gesellschaft daran bestehen, festgestellte Straftaten oder Ordnungswidrigkeiten nicht publik zu machen“ (*Cramer*).[24] *Angestoßen* vom Fall Siemens werden die in dieser Konstellation steckenden Loyalitätskonflikte auf verschiedenen Ebenen allmählich bewusst.[25]

## IV. Compliance – Brave neue Welt

Die Frage liegt nahe, was denn so schlimm daran wäre, wenn man in großen Unternehmen Rechtstreue durch eine juristische Betrachtung ihres Vermögens er-

---

24 *Cramer* FS Stree/Wessels 1993 S. 583; vgl. dazu *Lüderssen* FS Lampe 2003 S. 727 ff., 728; *Arzt* wie Fn. 1 S. 28. Ob das auch für Compliance-Offiziere gilt, und ob das auch dann gilt, wenn die Gesellschaft sich und alle ihre Mitarbeiter zur Anzeige krimineller Machenschaften verpflichtet hat, wird uns meiner Meinung nach noch intensiv beschäftigen. „Alle lieben Whistleblowing“ *Hefendehl* FS Amelung 2009 S. 617.

25 Zur arbeitsrechtlichen Problematik *Sieg*, FS Buchner 2009 S. 859 ff.; zur strafprozessrechtlichen Problematik *Arzt* FS Stöckel (wie Fn. 1) S. 27 ff. und *Wessing* Compliance FS Volk 2009 S. 867. Mit der Strafbarkeit der juristischen Person stellt sich auch die Frage nach strafloser Selbstbegünstigung, dazu schon *Arzt* JZ 2003, 456, 458 f. und eingehend *Klaus Schneider* Unternehmensstrafbarkeit zwischen Obstruktion und Kooperation . . . , Diss. Bern 2009 = Abhandlungen zum schweizerischen Recht, Heft 764.

zwingen würde. Was ist denn schlimm an der *brave new world* des totalen Rechtsgehorsams? Was ist falsch, wenn die juristische Person dank eingebauter Compliance gar keine ihr zurechenbare Straftaten begehen könnte, weil einschlägige Zahlungen – dank immer detaillierter werdender Buchführungsregeln – vor den Augen der juristischen Person versteckt werden müssen und damit nicht für sie vorgenommen werden können, sondern nur gegen sie?

Die Antwort liegt in den Fernwirkungen der totalen Compliance: (1) Für den Staat erscheint die Verdrängung aller Firmen attraktiv, die der Compliancepflicht nicht unterliegen oder sich ihr *ohne firmeninterne Risiken* entziehen können, Einzelkaufleute, kleine Firmen. (2) Privatrechtlich betriebene Compliance und staatliche Überwachungsbürokratie werden sich gegenseitig (und international) hochschaukeln – eine Arbeitsbeschaffungsmaßnahme für Juristen. Das Anschwellen einer firmeninternen Bürokratie muss von den Kunden und Aktionären bezahlt werden. (3) Bedürfnisse, die mit totaler Compliance nicht oder nicht zu vernünftigen Preisen befriedigt werden können, werden in die Illegalität verdrängt; also auf parallele oder schwarze Märkte. (4) Nicht nur die Verletzung strafrechtlicher Verbote, sondern auch die Verstöße gegen die (großen Unternehmen aufgenötigten!) Lippenbekenntnisse zur Erfüllung moralischer Maxima (Umweltstandards etc.) werden zu Angriffen gegen das Unternehmen. Wenn sich das Unternehmen besondere Standards auferlegt (z.B. nur ökologisch hergestellte Produkte einzukaufen), ist aus seiner *subjektiven Vermögensbetrachtung* eine auf dem Markt von seinem Vertreter günstig eingekaufte Ware, bei der die fraglichen Standards nicht (oder nicht in zertifizierter Form) erfüllt sind, das ausgegebene Geld nicht wert. § 266, wenn der Unternehmensvertreter in Kenntnis von „nicht-öko" einkauft?[26] (5) Je größer das Unternehmen, desto näher wird die Compliance-Bürokratie an Orwell's brave new world herankommen. Schon heute sind Treueschwüre (bitte schriftlich) verbreitet. V-Männer, Spitzel, Lockvögel, Whistle Blowers: Aufpasser in allen Variationen.

---

26 Je ethischer sich die juristischen Personen gerieren, desto häufiger werden sich ihre Agenten vor Ort über solche Standards hinwegsetzen. Bei *Menschen* sind (eng zu definierende) Konzessionen an die subjektive Vermögensbetrachtung nötig. Wer koscher bestellt, ist durch Lieferung von nicht-koscher zum günstigen Marktpreis geschädigt, *Arzt/Weber-Arzt* BT (wie Fn. 3) § 20 Rn. 92ff., 121. Zur Auflösung des wirtschaftlichen Vermögensbegriffs durch eine Flut kleiner Weltanschauungen *Arzt* Betrug mit bio und öko, FS Lampe 2003 S. 673ff.

# V. Fazit

Mein *Fazit* lautet: (1) Wie im Zivilrecht ist auch im Strafrecht mit Hilfe eines quantitativen – und unsicheren! – Elements der Intensität der kriminellen Aktivität und des Ausmaßes der Entfernung vom Geschäftszweck des Unternehmens darüber zu entscheiden, welche Rechtsverletzung der juristischen Person zuzurechnen ist und damit für sie vorgenommen wird – und bei welcher Rechtsverletzung die juristische Person nicht als Täter, sondern als Opfer anzusehen ist. (2) Bei juristischen Personen des Wirtschaftsverkehrs gilt kein radikal juristischer Vermögensbegriff, d.h. bei kleinem Entdeckungsrisiko sind Vermögensvorteile, erreicht durch Noncompliance, *für* die juristische Person erzielt. Ausgaben für solche Geschäfte erfolgen für – nicht gegen – die juristische Person. Der Zwiespalt, dass die juristische Person sich mit solchen Risikogeschäften angesichts ihrer Satzung und Compliance-Organisation nicht offiziell einverstanden erklären kann,[27] wäre nur über einen radikal juristischen Vermögensbegriff zu vermeiden. (4) In der Verschleierung solcher Ausgaben für unmoralische, reputationsschädliche oder rechtswidrige Zwecke liegt keine Untreue, solange bei wirtschaftlicher Betrachtung das Unternehmen begünstigt wird. Wer mit BGHSt 52, 323 schon die Bildung einer schwarzen Kasse zwecks Vorbereitung von solchen, das Unternehmen wirtschaftlich begünstigenden Zahlungen der Strafbarkeit nach § 266 unterstellt, oktroyiert dem Unternehmen einen juristischen Vermögensbegriff. Die (notwendig verschleierte und organisierte!) Abwicklung von Schwarzmarkttransaktionen wird bis zu § 129 StGB hinauf katapultiert. (5) Die USA versuchen Noncompliance dadurch zu verhindern, dass sie mit ihrem korrupten (weil ganz auf die Interessen der Juristen zielenden) Rechtssystem schon bei Bagatellverletzungen exorbitante, völlig unverhältnismäßige Sanktionen gegen Großunternehmen per plea bargaining durchsetzen. Das beschuldigte Unternehmen muss sich auf einen Ablasshandel einlassen, weil ihm im Fall einer Konfrontation die Todesstrafe droht – und zwar (das ist die rechtsstaatliche Pointe!) noch vor Abschluss des Verfahrens, Andersen 2002, UBS 2009. Das sollte für uns kein Vorbild sein. Ob (und wie) die im (unwahrscheinlichen) Fall der Entdeckung der juristischen Person drohenden enorm hohen Bußgelder mit den aus dem Risikogeschäft erwarteten Gewinnen zu saldieren sind, ist eine Frage für sich.[28] Dass die hohen Bußen von großen Unternehmen auf Aktionäre, Mitarbeiter, Kunden und letztlich auf die Allgemeinheit der Steuerzahler abgewälzt werden, sei am Rande bemerkt. Ob angesichts der vielen internationalen Gremien und der weltweiten Zunahme der Juristen Vernunft gegen die USA durchsetzbar ist, eine

27 Zum Einverständnis oben bei Fn. 7.

28 Dazu *Weber* FS Seebode 2008 S. 437 ff.

Vernunft, die die Einnahmen der Juristen schmälert, ist mir allerdings zweifelhaft. Die *Geldwäschebekämpfung ist das Lehrstück*, an dem zu sehen ist, wie evidente Erfolglosigkeit in paradoxer Weise noch zum Ausbau eines für Juristen lukrativen Systems beiträgt.[29] Siemens steht für die Grenzen, die dem Arrangement der Wirtschaft mit der Korruption gezogen werden müssen. Optimisten mögen sagen, Siemens zeigt, dass Korruption mit den – statt gegen die – großen Unternehmen zu bekämpfen ist. Aber ob Korruption in der realen Wirtschaft oder auf Finanzmärkten: Wir müssen den Griff zum Strafrecht im Licht der Anpassung der Akteure und im Licht der Egoismen der Kontrolleure sehen. Vielleicht hat die offenbare Sinnlosigkeit der teueren Formalitäten bezüglich der Geldwäscheprävention dazu beigetragen, dass die Banken an die Kontrolle der Werthaftigkeit von verbrieften Darlehen mit einem vergleichbaren formellen Ansatz herangegangen sind. Für eine Bürokratie, die auf dem Kollaps der Drogenkriminalität als Illusion aufbaut, mag der Kollaps des Häusermarktes in vergleichbar märchenhafter Ferne gelegen haben.

29 Geldwäscheverbote sind mit skandalösen Praktiken begründet worden, etwa dass eine Unterweltfigur den Tresorraum einer großen Bank erst nach Ausschaltung der Überwachungskameras betreten hat, weil diesem Kunden Aufnahmen unerwünscht waren, oder dass Banken in Florida Schachteln mit $ 20 Noten (bevorzugte Währung im Drogenkleinhandel) nach Gewicht gutgeschrieben haben, weil sie mit dem Zählen nicht nachgekommen sind, vgl. *Arzt* ZStrR 106 (1989) 160 ff. Die Erwartung, dass die Verbrecherorganisationen in ihrem schmutzigen Geld ersticken werden und binnen kurzem der Drogenhandel erlöschen werde, wenn man die geschilderten Praktiken mittels Geldwäscheverboten kriminalisiere, war illusionär. Man hat in lächerlicher Weise die Anpassungsfähigkeit der Drogenhändler einfach ausgeblendet. Auch die Korruption wird lernen, sich an Verbote anzupassen, ganz abgesehen davon, dass schon heute die legale Korruption als das eigentliche Problem anzusehen ist.

Thomas Fischer

# Risikomanagement und objektive Zurechnung

## Gliederung



Ich bin um einen kurzen Beitrag im Tagungsabschnitt „Untreue. Altes und Neues" zum Thema „Risikomanagement und objektive Zurechnung" gebeten worden. Ich danke herzlich für die Einladung und die Gelegenheit, an dieser interessanten und in mehrfacher Hinsicht innovativen Diskussion teilzunehmen.[1]

Ich bin Mitglied des 2. Strafsenats des Bundesgerichtshofs, hier allerdings allenfalls dessen Repräsentant, nicht sein Vertreter in Wille oder Meinung. Dass Mitglieder des BGH als des obersten deutschen Gerichtshofs für Strafsachen zu fachübergreifenden Tagungen über innovative dogmatische Konzepte oder über die – tatsächlichen, konzeptionellen oder wünschenswerten – Grenzen formeller Sanktionierung eingeladen werden, ist nicht selbstverständlich. Der BGH gilt gemeinhin nicht als Brutstätte strafrechtsdogmatischer Innovation, manchen wohl gar als Hort uninformiert schematischen Beharrungsbestrebens auf tatsächlich und normativ längst von der allgegenwärtigen „Modernisierung" unterspülten Bastionen. Und wenn er, wie jüngst etwa in der Anwendung des Untreuetatbestands sowohl im Bereich subjektiver (Stichwort: *Kanther-Urteil*) als auch im Bereich objek-

**Erschienen in** ILFS Band 7: Die Finanzkrise, das Wirtschaftsstrafrecht und die Moral, 2010

1 Weitgehend unveränderte Fassung des Manuskripts des Kurzvortrags. Dieser nahm unmittelbar auf die Ausführungen von *Arzt* zu Grundsatzfragen der Untreue am Bespiel des *Siemens*-Falles (BGHSt 52, 323) Bezug. Die (wenigen) Nachweise sind als Fußnoten gesetzt. In den Fußnoten habe ich vereinzelt auf Veröffentlichungen Bezug genommen, die erst nach dem Vortragsdatum erschienen sind. Ergänzt ist das Manuskript um einige kurze Bemerkungen zu Fragen der Zurechnung, die im Rahmen der Tagung aus Zeitgründen nicht vorgetragen werden konnten. Sie nehmen wiederum Bezug auf den für den Abdruck ergänzten Beitrag von *Arzt*, der mir vom *Verfasser* freundlicherweise vorab überlassen wurde.

https://doi.org/10.1515/9783111057125-022

tiver Zurechnung (Stichwort: *Siemens-Urteil*), in der Anwendung des § 263 für die Begründung unternehmensinterner Garantenstellungen (Stichworte: Innenrevision; Compliance-Verantwortliche) oder in der Anwendung der §§ 283 ff. StGB für die Begründung der Täterstellung nach der sog. „Interessentheorie", unbekanntes Gelände mit dem Versuch neuer Lösungen betritt, sind ihm oft nur eher kleinräumige Nachweise dogmatischer Unschärfen oder die allgemeine Feststellung gewiss, einmal mehr habe er die wahren Erfordernisse sachgerechter Rechtsfortbildung nicht erkannt. Freilich mag es sein, dass eine solche Position des Gerichts, gegen die Wissenschaft und sog. interessierte Kreise gelegentlich von allen Seiten zugleich anrennen, gerade Teil seiner Aufgabe sein könnte.

*Gunter Arzt* hat in seinem scharfsinnigen Referat anhand der *Siemens-Entscheidung* des 2. Strafsenats[2] auf Widersprüchlichkeiten hingewiesen, die sich im Bereich der Untreuestrafbarkeit, aber auch darüber hinaus, aus bisher überwiegend als gesichert geltenden Annahmen ergeben könnten. Ich will versuchen, hierauf mit einigen kurzen Bemerkungen zu antworten. Manches davon wird wiederholen, was ich an dieser Stelle schon in der Diskussion anlässlich der Tagung vom November 2008 ausgeführt habe. Ich hoffe, dass ich Sie gleichwohl nicht langweile. Ein vertieftes Eingehen auf Fragen der sog. objektiven Zurechnung ist mir im Rahmen dieses Kurzbeitrags nicht möglich.

## 1. Unternehmen: Täter oder Opfer?

Frappierend erscheint zunächst die Feststellung, die Fa. Siemens sei in den USA, wo juristische Personen ohne Weiteres die *Täter*-Rolle einnehmen können, als solcher abgeurteilt worden; in Deutschland sei die Siemens AG hingegen als *Opfer* von Untreuetaten angesehen worden. Der Hinweis, dies sei auf der Grundlage *desselben Sachverhalts* geschehen, erscheint mir allerdings nicht gesichert; freilich sind mir Einzelheiten der amerikanischen Verfahren, auf welche ich hier auch nicht näher eingehen will, nicht bekannt. Eine „bloße" Opferstellung der Gesellschaft liegt auch in Deutschland nicht vor, da hier das Fehlen eines Unternehmens-*Straf*rechts jedenfalls teilweise durch § 30 iVm § 130 OWiG kompensiert wird. Die insoweit verhängten Geldbußen waren im konkreten Fall durchaus erheblich, auch wenn sie die illegal erlangten Vorteile mutmaßlich nicht annähernd aufwogen.

Eine Besonderheit stellte in dem vom *2. Strafsenat* des BGH entschiedenen Fall der Bildung und Unterhaltung verdeckter Kassen zum Zweck späterer Bestechungszahlungen im In- oder Ausland der Umstand dar, dass das hier erfasste

2 BGHSt 52, 323.

Verhalten von leitenden Angestellten der zweiten und dritten Führungsebene vom Zentralvorstand der AG ausdrücklich und unter Androhung von arbeitsrechtlichen Sanktionen verboten worden war; die Angeklagten hatten entsprechende Memoranden, Merkblätter und Weisungen selbst an ihre nachgeordneten Mitarbeiter weiter gegeben. Diese Umstände kann man nicht, wie dies in erstaunlichem Umfang in Urteilsbesprechungen auch von wissenschaftlicher Seite geschehen ist, mit schlichten Hinweisen auf Glaubhaftigkeitszweifel und Appellen an den sog. gesunden Menschenverstand wegwischen.

Für das hier behandelte Thema ist dies aber wohl von sekundärer Bedeutung. In voller Deutlichkeit stellt sich das von *Arzt* bezeichnete Problem, wenn man von einem *Einverständnis* des Vorstands mit den Handlungen der im Fall angeklagten Manager oder gar von entsprechenden *Weisungen* oder anderen eigenen Tathandlungen des Vorstands ausgeht, wie es vielfach unterstellt worden ist. Der *2. Strafsenat* musste in seinem Urteil über diesen Sachverhalt nicht entscheiden; in der Literatur ist er hingegen vielfach, überwiegend kritisch gegen die Rechtsprechung, erörtert worden. In Rn. 40 seines Urteils hat der Senat *dahinstehen* lassen,

> „ob und in welchem Umfang etwa eine auf § 76 Abs. 1 AktG gestützte Befugnis des Zentralvorstands der AG zu einer entsprechenden Einwilligung durch § 93 AktG auf Grund normativer Bindungen ausgeschlossen wäre“[3]

er hat insoweit auf frühere Rechtsprechung zu normativen Einschränkungen der Verfügungsbefugnis über Gesellschaftsvermögen hingewiesen.[4]

An anderer Stelle[5] habe ich näher dargelegt, dass und warum ich eine entsprechende Einwilligung des Vorstands auf der Grundlage von § 93 Abs. 1 AktG für unwirksam halten würde. Es entspricht in keiner Weise der Sorgfalt eines ordentlichen und gewissenhaften Geschäftsleiters (§ 93 Abs. 1 S. 1 AktG), Gesellschaftsvermögen zur Begehung von (vorsätzlichen) Straftaten zu verwenden; dies dient auch dann nicht dem „Wohle der Gesellschaft“ (§ 93 Abs. 1 S. 2 AktG), wenn es mittelbar auf die Erwirtschaftung von Einnahmen abzielt.

Insoweit kann ich der Formulierung von *Arzt* „In Wahrheit geht es um die Verhinderung von verbotenen Zahlungen, die für die Firma rein wirtschaftlich gesehen vorteilhaft wären“, nicht ganz zustimmen, denn sie legt das Schwergewicht m. E. so, dass ein einseitiges Bild entsteht: Soweit ersichtlich, bezweifelt niemand, dass es *nicht* der Sorgfalt ordentlicher und gewissenhafter Geschäftsleiter entsprechen würde, z. B. Manager konkurrierender Unternehmen ermorden, Ge-

3 BGHSt 52, 323, 335.
4 BGHSt 33, 379, 384 f.; 35, 333, 337; 49, 147, 158.
5 NStZ-Sonderheft für Miebach 2009,, 8 ff.; *Fischer* StGB, 57. Aufl. 2010, § 266 Rn. 93 ff., 103.

werkschafter zusammenschlagen oder Mitarbeiter unbefugt abhören zu lassen, Amtsträger zu bestechen oder über Strohmänner Insidergeschäfte zur wirtschaftlichen Schädigung von Konkurrenten abzuwickeln. Dies gilt aber unabhängig davon, ob solche Maßnahmen dem Zweck dienen, mittelbar dem betreuten Gesellschaftsvermögen zu nutzen: Ein Vorstand, der der Gesellschaft Vermögenswerte entzieht, um sie für solche kriminellen Zwecke einzusetzen, verstößt auch dann gegen § 93 Abs. 1 S. 1 AktG, wenn er mittelfristig den Gewinn der Gesellschaft steigern möchte. Wenn sich solche Aktivitäten auf das Vermögen der Gesellschaft nicht auswirken, sind sie im Hinblick auf Vermögensstraftaten neutral; sie sollen u. a. mit Hilfe derjenigen Strafvorschriften verhindert werden, gegen welche sie verstoßen. Wird aber Gesellschaftsvermögen dafür verwendet, etwa zur Entlohnung von unmittelbaren Tätern oder zur *Investition* in korruptive Systeme, lässt sich bei der Beurteilung der Befugnis hierzu (§ 93 Abs. 1 AktG) das (wirtschaftliche) *Interesse* nicht einfach vom (verbotenen) *Zweck* trennen.[6]

Der dem *2. Strafsenat* gemachte polemische Vorhalt, § 266 StGB diene nicht dem Schutz des Vermögensinhabers gegen Einschränkungen seiner Dispositionsfreiheit, des Wettbewerbs gegen Korruption oder von Individuen gegen Mord oder Ausforschung der Intimsphäre, trifft das angesprochene Problem kaum, denn die im Kern, aber auch hier nicht ausschließlich wirtschaftliche Betrachtungsweise, die dem Schadensbegriff des § 266 Abs. 1 StGB zugrunde liegt, ist über das Merkmal der *Pflichtwidrigkeit* mit der Unternehmensstruktur, Stellung und Bindung des Unternehmens im gesellschaftlichen Zusammenhang und daher auch mit den allgemeinen normativen Standards verbunden. Nicht erst wenn mit dem Zweck der Haftungsbeschränkung als juristische Personen des Privatrechts organisierte Unternehmen so *„systemisch“* (geworden) sind, dass das Wohlergehens ihres Vermögens, also ihre *Unsterblichkeit*, notfalls auch gegen ökonomische Rationalität, durch Einsatz von Steuermitteln zu Lasten der Allgemeinheit zu sichern ist, lassen sich wirtschaftliches Interesse und Gemeinwohlorientierung nicht mehr nach *Belieben*, d.h. nach Maßgabe der jeweils nützlich erscheinenden Verantwortungsminimierung trennen.

6 Man mag hier – mit *Arzt* – eine *quantitative* Differenzierung einbauen (die vermutlich eher eine qualitative nach dem Maß der Entfernung vom legalen Wirtschaftshandeln ist); über die Kategorisierungen und Grenzen wäre zu diskutieren. Am Grundsatz ändert dies m. E. nichts, wenn man nicht – in Umkehrung des *„Brave-new-world“*-Scenarios von *Arzt* – die Vermögens- und Pflichtenlage im Verhältnis von juristischen Personen und ihren Organen denen von Einzelkaufleuten angleichen will. Damit wäre das Beste zweier Welten auf wundersame Weise vereint und angestellte AG-Vorstände endgültig in die Sphäre der Unantastbarkeit aufgestiegen.

Hinzu kommt im Übrigen der meist vernachlässigte Umstand, dass von einem Handeln *allein* „im Interesse" des Unternehmens auch unter wirtschaftlichem Blickwinkel meist nicht gesprochen werden kann. Fast immer sind entsprechende Handlungen mit individuellen Bereicherungen verbunden oder zielen auf diese ab. Auch wenn diese (nur) aus illegalen *Zusatz*-Gewinnen realisiert werden sollen, wirft dies ein immerhin eingetrübtes Licht auf die notorisch vorgetragenen Einlassungen purer Selbstlosigkeit.[7]

Zutreffend ist, dass sich auf dieser Grundlage jeweils abweichende Zurechnungskonstruktionen einerseits für haftungsbeschränkte Unternehmen, also juristische Personen, andererseits für Personengesellschaften oder Einzelunternehmer ergeben. Dieser Unterschied erscheint mir aufgrund der grundlegend unterschiedlichen Zuordnung des Vermögens, welche die juristischen Personen gerade zur Haftungsbeschränkung *nutzen*, gerechtfertigt; ich sehe keine Veranlassung, ihn aufzugeben. Eine Gleichbehandlung des Eigentümers oder Vermögensinhabers mit dem Nichteigentümer oder dem angestellten Organ ist auch unter strafrechtlichem Blickwinkel weder naheliegend noch gar zwingend; sie ist auch nicht durch sog. „moderne" Strukturen der Kapitalverflechtung und -verwertung geboten. Vorstände und Geschäftsführer, die der von ihnen geleiteten Gesellschaft Mittel entziehen, um sie bei passender Gelegenheit für strafbare, auch der Gesellschaft voraussichtlich wirtschaftlich nützliche Zwecke zu verwenden, begehen keine Untreue „gegen sich selbst"; sie handeln aber bei wirtschaftlich-*normativer* Betrachtung auch nicht „im Interesse" oder „zum Wohle" der Gesellschaft. Das von *Arzt* dargestellte Zurechnungsproblem sehe ich insoweit im praktischen *Ergebnis* nicht; der von ihm dargestellte Unterschied zur amerikanischen Sichtweise ist in den unterschiedlichen Rechtssystemen begründet und stellt m. E. kein grundlegendes systematisches Problem dar.

An diesen Grundsätzen wird, soweit ich dies derzeit beurteilen kann, voraussichtlich auch der BGH festhalten, unabhängig von manchen Unterschieden zwischen einzelnen Senaten in der Beurteilung der Pflichtwidrigkeit und des Schadens. Dafür sprechen auch neue Entscheidungen des BGH zu Fällen der Konzernuntreue.[8]

7 Auf den (selbstverständlich normativen) Zusammenhang zwischen dem Pflichtwidrigkeitsbegriff des § 266 und dem Phänomen des *Sondervorteils* für Entscheidungsträger bei der Risikogestaltung weist zutreffend auch *Arzt* hin (Abschn. II. 2).

8 Vgl. zuletzt BGHSt 54, 52 = 2 StR 95/09.

## 2. Verantwortung: System oder Person?

Der Zeitplan lässt mir nur wenig Raum für einige Bemerkungen zu der von *Arzt* angesprochenen, in dem kürzlich erschienenen Beitrag von *Lüderssen*[9] im einzelnen ausgeführten und in einer Vielzahl neuerer Veröffentlichungen erörterten Frage nach der Ablösung einer personalen durch eine „System"-Verantwortung (im weiteren Sinne) im modernen Wirtschaftsstrafrecht und nach den Grenzen personaler Zuschreibung von Risikoverwirklichungen unter den Bedingungen hochkomplexer, von der Gesellschaft *gewünschter* „System"-Risiken für individuelles Vermögen und kollektive Sicherheitsstrukturen, vor allem in den Bereichen des Wettbewerbs, der Funktion und Sicherheit des Finanzsystems, der Legitimität von und des Vertrauens in öffentliche Systeme des Wirtschaftens und der Kommunikation. Vielfach werden Hinweise und Warnungen vor einem möglicherweise bestehenden Widerspruch vorgetragen zwischen einer in einem System von „Compliance"-Kontrolle, also Regelkonformität befangenen Zuschreibungshypertrophie einerseits, welche die Grenzen zwischen Innen und Außen, sprich: Privatwirtschaft und Staat aufzulösen scheint, und einer gerade in Folge solcher Entgrenzung aufsteigenden Unmöglichkeit andererseits, die Rollen der am Geschehen Beteiligten noch präzise zu unterscheiden, also Täter und Opfer, Tathandlungen und Tatverhinderungen hinreichend genau und mit einer für das Rechtssystem erforderlichen *Dauerhaftigkeit* und damit Verlässlichkeit zu bestimmen.

Instrumente und Elemente dieser Analyse, deren Charakter als Warnung, Ausblick oder Forderung überdies oft vage bleibt, erscheinen freilich – zugespitzt formuliert – bisweilen wie eine Art postmoderner Selbstbedienungsladen, der die Postulate der liberalen Strafrechtstheorie ebenso wie den kritischen Gehalt der Systemtheorie in einer aus dem Inbegriff der „Modernisierung" geschöpften, sich selbst bestätigenden *Gesamtschau* kurzerhand für gescheitert erklärt. Sie fordert, in Ansehung der unter ihren Füßen sich wandelnden Welt, zu jedem „Phänomen" [10] stets das „neue" Strafrecht, verweist zu dessen Konturen aber überwiegend nur auf einen doch recht unscharf bleibenden Überschneidungsbereich von Sicherheits-, Haftungs- und Sanktionierungsrecht. Als *praktisches* Zwischenergebnis[11] erscheint ihr, soweit es den hier behandelten Sachzusammenhang betrifft, wenn nicht ausgemacht so doch jedenfalls naheliegend, dass die menschlichem Verständnis fast

9 In StV 2009, 486 ff.

10 Zum ersten Börsencrash und zum zweiten; zum Internet und zum Klimawandel, zum Zusammenbruch der DDR und zum religiös motivierten Terrorismus.

11 Wobei freilich seit jeher meist offen bleibt, ob jemals mehr erreicht werden soll als *Vorläufiges*. Ein „Gesamtkonzept" wagt niemand mehr zu versprechen.

schon unzugänglichen Phänomene der sog. Finanzmarktkrise ebenso wie die im Vergleich dazu bescheidenen der Korruption mit den Mitteln des heute zur Verfügung stehenden Strafrechts nicht gelöst werden *können* (oder gar: dürfen).

Ich habe Bedenken, dem zu folgen. Denn die genannte, überraschend *praktische* Feststellung beeindruckt nicht ohne Weiteres als *Ergebnis* der Analyse, sondern erscheint gelegentlich eher als deren Voraussetzung. Beispielhaft: Ist das auf individuelle Schuldzuschreibung fixierte Strafrecht untauglich, die verheerenden Folgen eines chaotischen, auf einer unbegrenzten Vielzahl von auf persönlichen Nutzen ausgerichteten Entscheidungen beruhenden Systems wie etwa des individuellen Kraftfahrzeugverkehrs zu verstehen, zu verhindern oder rational „aufzuarbeiten"? Sind jährlich 5000 Verkehrstote die Verwirklichung eines individuell zuzuschreibenden „Restrisikos", ein Triumph der Selbstverantwortung, oder ein Resultat kollektiver Verantwortungslosigkeit, ein Indiz für die Untauglichkeit eines normativen Systems, das nach Maßgabe individueller *Schuld* zusätzliche soziale Kosten aufhäuft, anstatt das Erwünschte nach rationalen Kriterien zu steuern? Die Antworten, die hierauf gegeben werden, differieren je nach den Annahmen, auf deren Basis die Fragen gestellt werden; Grundsatzkritik und Affirmation liegen oft überraschend nahe beieinander. Aber wenn ein betrunkener Autofahrer nachts ohne Licht mit überhöhter Geschwindigkeit in eine Gruppe von Fußgängern gefahren ist, die trotz Haltesignal einer Lichtzeichenanlage die Fahrbahn überquerten, vertritt, soweit ich sehe, niemand die Ansicht, das Strafrecht solle sich aus der Frage der Zurechnung der hierdurch verursachten Personen- und Sachschäden heraushalten, da seine Zuschreibungskriterien der Komplexität des Verkehrssystems und den Wechselbezüglichkeiten der Risikoverantwortung nicht adäquat sei. Diese Analogie mag Ihnen vielleicht zu vereinfacht erscheinen. Gleichwohl leuchtet mir bislang nicht ein, welche Gesetze des Wirtschaftssystems es notwendig machen sollten, gerade hier die Legitimität verhaltenssteuernder Sanktionierung nach grundlegend anderen Maßstäben zu beurteilen. Polemisch gefragt: Könnte ein Ansatz, der vor langer Zeit als kritische Kritik abgesprungen ist, hier am Ende in der Affirmation der so genannten „Systemrelevanz", gelandet sein? Könnte sich, mit 40 Jahren Anlauf, die kritische Gesamtschau auf eine sprichwörtliche *Eindimensionaliät* der marktgesellschaftlichen Kultur mit dem neoliberalen Credo eines „. . .*und das ist auch gut so*" verbunden haben? Wäre dies so, stünde also Dogmatik unter dem Vorbehalt, nur die passenden Begriffe für das Unvermeidliche liefern zu sollen, erschiene mir dies weder überzeugend noch auch nur originell. Ich bin mir darüber nicht schlüssig; aber dass manche Veröffentlichungen zur Finanzmarktkrise diese eilig zum finalen Exempel für die Untauglichkeit überkommener Zurechnungsstrukturen erklären, scheint mir bedenklich. Das soll hier jedenfalls angemerkt sein.

Selbstverständlich sind Fragen nach der Tauglichkeit alter oder neuer rechtlichen Instrumente gegen die (angeblich) neue Unübersichtlichkeit der Verteilung von Gewinnen und Schäden ebenso von *Interessen* bestimmt wie die möglichen Antworten.[12] Jedenfalls ein Teil der derzeit oft beklagten Verwirrung in den Rechtsfragen des Untreuetatbestands hat, so scheint es mir, weniger in angeblich unerhört neuen Rechtsfragen seinen Ursprung als in den Interessenlagen von *Strafverteidigung*, die selbstverständlich – und legitimerweise – Vertreter von *Partei*-Interessen ist. Die Endzeitstimmung, mit der die vorsichtigen Ausdifferenzierungen rechtlicher Beurteilungen in der Rechtsprechung des BGH gelegentlich als angeblicher Verlust von Rechtssicherheit skandalisiert und Selbstverständlichkeiten der Rechtsanwendung zu unvorhersehbaren „Beratungsrisiken" stilisiert werden, ist nicht angemessen. Wer sein Einkommen damit erzielt, freiberufliche Beratung zur Vermeidung der strafrechtlichen Risiken unternehmerischer Entscheidungen anzubieten, wird, nach aller Lebenserfahrung, tatsächliche oder potentielle Mandanten in eine nicht endende Kette solcher Risiken verstrickt sehen. Aus Unternehmen und beratenden Kanzleien wird berichtet, manches Management sehe sich heute, aus purer Angst vor der angeblichen „Hypertrophie des Untreuetatbestands", ohne vorsorgliches Rechtsgutachten kaum noch in der Lage, unternehmerische Entscheidungen zu treffen. Dass solche Hysterien durch die plötzliche Verzweiflung über den 140 Jahre alten Begriff des Gefährdungsschadens und durch die Entscheidung des BGH verursacht sein könnte, die Einrichtung verdeckter Kassen zur Korruptionsfinanzierung sei strafrechtlich verboten, ist schwer zu glauben. Es könnte, jedenfalls zum Teil, auch daran liegen, dass strafrechtliche Tatbestände auf Verhaltensweisen angewandt werden, für die es schon immer galt.

Recht ähnliche Diskussionen sind aus allen Lebensbereichen bekannt, in denen extrem komplexe Systeme individueller Interessenverfolgung zu „systemischen" Risiken führen, deren Verwirklichung Fragen der Abgrenzung von Zufall und Verschulden, Folgenzurechnung und Eigenverantwortung aufwirft, neben dem schon erwähnten Beispiel des Kraftfahrzeugverkehrs etwa auch im Bereich des Internet. Selbstverständlich sind die Fragen nicht deckungsgleich; aber es ist darauf hinzuweisen, dass Probleme der Kausalität, der Risikoverteilung oder der Schadenszu-

12 *Schünemann* hat hierauf zuletzt im Hinblick darauf hingewiesen, dass der Veranstalter dieser Tagung „vor allem von den deutschen Banken getragen und finanziert" werde (StraFo 2010, 1 bei Fn. 7). Der Hinweis trifft zu und ist wichtig, wäre aber noch überzeugender, wenn im Zusammenhang mit der wissenschaftlichen Feststellung, die Rechtsprechung des *2. Strafsenats* zur Problematik der „Schwarzen Kassen" im Fall *Siemens* sei „weder in verfassungsrechtlicher noch in dogmatischer Hinsicht überzeugend" (ebd. S. 10), darauf hingewiesen wäre, dass der *Verfasser* dieser Analyse einen der Angeklagten jenes Falles im Beschwerdeverfahren vor dem Bundesverfassungsgericht vertritt.

rechnung auch hier mitnichten zur Entwicklung von als *legitim* akzeptierten Sanktionierungsinstrumentarien jenseits personaler Verantwortung geführt haben.

Zusammengefasst: Ich kann derzeit nicht erkennen, aus welchen Gründen das bestehende System strafrechtlicher Zuschreibung von individueller Verantwortung *im Grundsatz* nicht geeignet sein sollte, die beschriebenen Risiken zu strukturieren und in einer Legitimität erzeugenden Weise normative Standards durchzusetzen. Es ist jedenfalls zu kurz gegriffen, das Bestehen solcher Standards entweder schlicht zu leugnen oder sie, in einer Gegenbewegung, als bloßes Moralunternehmertum, als „brave neue Welt" (*Arzt*) zu denunzieren. Denn als „systemisch" sollen ja vorerst nur die *Risiken*, nicht aber die *Gewinne* des Finanzmarkts gelten. Wenn und solange aber die Vorteile des Marktes nach (mehr oder minder rationalen) Kriterien personaler *Verdienst*-Zurechnung verteilt werden, lassen sich die Schäden nicht legitimerweise als „Systemversagen" wegdefinieren.

Es gibt, am Beispiel des *Siemens*-Falles vereinfacht und praktisch gewendet, eine klare gesetzliche Entscheidung gegen Korruption im öffentlichen wie im privatwirtschaftlichen Sektor. Diese Entscheidung ist kriminologisch, rechtspolitisch und dogmatisch gut begründet und wird von einer breiten Mehrheit der Bevölkerung getragen. Es erschiene mir geradezu aberwitzig, diese gesicherte Basis aufzugeben und ihr ein „Konzept" der Neuaushandlung von Regulierungen entgegen zu stellen, welches sich auf die Behauptung gründet, Korruption, Betrug und Untreue seien zu „systemisch" zwingenden Voraussetzungen kapitalistisch erfolgreichen Wirtschaftens geworden. Einen solchen Weg würde nach meiner Ansicht weder der deutsche Gesetzgeber noch die Rechtsprechung mitgehen. Dasselbe gilt nach meiner Ansicht für mögliche Auflösungen des im Kern gesicherten Bereichs des Vermögensstrafrechts.[13]

## 3. Angedeutetes

Eine letzte Bemerkung zu zwei Fragen, die ich im Rahmen meines kurzen Beitrags nicht mehr näher behandeln kann: Dies sind zum einen Probleme der Verantwortungszuschreibung *innerhalb* von Unternehmen, namentlich auch im Hinblick auf Aufgabendelegation, sog. Outsourcing, Fahrlässigkeitsstrukturen und einer teilweise sehr weit verstandenen „Compliance"-Verantwortung nach außen. Hier scheint mir, verkürzt ausgedrückt, das dogmatische Instrumentarium des geltenden Strafrechts grundsätzlich geeignet und in der Regel ausreichend, um Strukturen und Verantwortlichkeiten zu erfassen. Wir verfügen mit den vielfältigen Ansätzen

13 Vgl. auch *Fischer* StV 2010, 95, 99 f.

und Ergebnissen der Zurechnungslehren über ein außerordentlich ausdifferenziertes dogmatisches Instrumentarium zur Erfassung dieser Phänomene. Die pragmatische *Methode* der Rechtsprechung, die in kleinen Schritten, unter eklektischer Heranziehung geeignet erscheinender Theorieelemente, anhand konkreter Fallgruppen voranschreitet, mag gelegentlich unzureichend erscheinen; dass ihre *Ergebnisse* nicht geeignet wären, die Folgeprobleme und Legitimitätsaufgaben zu lösen, welche sich stellen, sehe ich nicht.

Zum anderen ist durch die Entscheidung des 5. Strafsenats v. 17.7.2009 – 5 StR 394/08 – zur *Garantenstellung* des Leiters der Innenrevision einer Anstalt des Öffentlichen Rechts, namentlich durch die dort im Rahmen eines obiter dictum ausgeführten Erwägungen zur allgemeinen Begründung von Garantenstellungen unter anderem sog. Compliance-Beauftragter, in Wirtschaftsunternehmen und Anwaltschaft erhebliche Unruhe entstanden. Entgegen ersten Besprechungen dieses Urteils, namentlich aus beratend tätigen Anwaltskanzleien, glaube ich, dass die Entscheidung viele interessante Implikationen hat, jedoch keinerlei Grund zur Panik bietet. Dass sich auf sie eine grundsätzliche Neubewertung der Zuschreibung unternehmensexterner Schäden stützen ließe, erscheint mir zweifelhaft.

## 4. Schluss

Ich stimme *Gunther Arzt* ganz darin zu, dass die sog. Geldwäschebekämpfung ein abschreckendes Lehrstück selbstbezüglichen Strafrechts ohne Aussicht auf rationalen Nutzen ist. Ich stimme ihm nicht darin zu, dass die Strafverfolgung von Untreue zu Lasten juristischer Personen auf ähnlich irrationalen Annahmen beruht. Ich sehe in der Rechtsprechung des Bundesgerichtshofs auch keine ernstlichen Ansätze zu einem System totalitärer Durchdringung des Marktes mit Hilfe von Kriterien einer außer Rand und Band geratenen *Compliance.* Selbstverständlich wird man über Fragen des Vermögensbegriffs und der Schadenszurechnung im Rahmen der Betrugs-, Untreue- und Korruptions-Tatbestände immer wieder neu nachdenken müssen. Sie mit der Begründung aufzulösen, das Strafrecht sei nutzlos, wenn jeder jeden betrügen will oder alle einander wechselseitig bestechen, erschiene mir weit überzogen.

Alfred Dierlamm

# Die Vermögensbetreuungspflicht – ihre Expansion über neue außerstrafrechtliche (auch internationale) Pflichtenkataloge

## Gliederung



## 1. Vorbemerkungen

Die Untreue ist zum Universaldelikt geworden. Sie schützt primär das Vermögen, sie schützt der Sache nach aber auch die Dispositionsfreiheit, Gläubiger eines Unternehmens, sie schützt ein Unternehmen vor Korruption, ja ganz generell scheint die Untreue dem Schutz von Ethik und Moral zu dienen. Gerade die Ahndung von Korruption mit dem Untreuetatbestand verspricht Erleichterungen, was insbesondere dann gilt, wenn umfangreiche Ermittlungen im Ausland zu führen sind. In Dritt- und Schwellenländern sind substantielle Erkenntnisse im Wege der Rechtshilfe oft nur schwer zu erlangen. Selbst wenn Geständnisse inländischer Beschuldigter vorliegen, fehlt es nicht selten an tragfähigen Ermittlungsergebnissen zum Zahlungsempfänger, zu den Zahlungszeitpunkten und Zahlungswegen sowie zur Unrechtsvereinbarung, die typischerweise nicht im unmittelbaren Kontakt mit inländischen Personen getroffen wird, sondern über sog. Consultants im Ausland, die das Erforderliche vor Ort regeln. All dies bleibt der Strafjustiz erspart, wenn sich die Ermittlungen auf die Zahlungsabflüsse zu den sog. schwarzen Kassen beschränken, die – stellvertretend für die Korruption in toto – als tatrelevante Sachverhalte herhalten müssen. Es ist tägliche Praxis geworden, dass Korruptionsverfahren nicht nur mit der Untreue als Kernvorwurf beginnen, sondern auch mit einer Verurtei-

**Erschienen in** ILFS Band 7: Die Finanzkrise, das Wirtschaftsstrafrecht und die Moral, 2010

https://doi.org/10.1515/9783111057125-023

lung wegen Untreue enden.[1] Korruptionsdelikte erscheinen als unnötiges Beiwerk, das sich früher oder später im Verfahren ohnehin nach den §§ 154, 154 a StPO in Luft auflöst. So verbreitet diese Praxis inzwischen zu sein scheint, so fragwürdig ist sie. Dies gilt dogmatisch, wobei ich im Rahmen dieses Beitrags nur auf das Tatbestandsmerkmal der Vermögensbetreuungspflicht eingehen möchte; die dogmatischen Bedenken gegen die extensive Handhabung der Merkmale der Pflichtverletzung und des Vermögensnachteils sind genauso schwerwiegend. Dies gilt in besonderer Weise aber auch kriminalpolitisch. Wer glaubt, mit dem Untreuetatbestand den – so oft zitierten – „Sumpf" austrocknen zu können, der irrt. Denn Ermittlungen, die sich auf die Bildung einer „schwarzen Kasse" beschränken, ohne im Einzelnen aufzuklären, wann, mit wem und mit welchem Inhalt eine Unrechtsvereinbarung getroffen wurde und welche Zahlungsempfänger in welcher Höhe Schmiergelder erhalten haben, lassen die Kernelemente der Korruption unangetastet. Die Strukturen der Korruption bleiben unberührt – eine Kapitulation der Strafjustiz.

Die dysfunktionale Ausweitung des Untreuetatbestandes in das Korruptionsstrafrecht hat nicht nur fundamentale dogmatische Veränderungen beim Tatbestandsmerkmal des Vermögensnachteils zur Folge, sondern auch und besonders für die Frage, woraus sich eine Vermögensbetreuungspflicht und deren Verletzung ableitet. Das Landgericht Darmstadt ist in seinem Urteil vom 14.5.2007 im Fall Siemens/ENEL auf den Gedanken verfallen, eine Pflichtverletzung im Sinne des Untreuetatbestandes aus dem Verstoß gegen Compliance-Richtlinien abzuleiten.[2] In den Gründen des Urteils wird hierzu ausgeführt:[3]

„Die Pflichtwidrigkeit dieser Handlung ergibt sich ohne Weiteres daraus, dass nach den bei S PG bestehenden Compliance-Regelungen jegliche Bestechungszahlungen untersagt waren."

Diese dogmatische Konstruktion, die darauf hinausläuft, dass allgemeine Nebenpflichten eines Arbeitnehmers durch die Aufnahme in ein Compliance-Regelwerk zu strafbewehrten Vermögensbetreuungspflichten werden sollen, macht es erforderlich, auf die dogmatischen Grundstrukturen der Vermögensbetreuungspflicht im Sinne des § 266 StGB und ihrer Verletzung einzugehen.

---

1 Vgl. zu diesem Phänomen *Dierlamm* FS für Widmaier 2008 S. 607 f. m.w.N.

2 LG Darmstadt, Urt. v. 14.5.2007–712 Js 5213/04–9 KLs; vgl. hierzu eingehend *Saliger/Gaede* HRRS 2008, 57; *Dierlamm* FS für Widmayer 2008 S. 607.

3 LG Darmstadt aaO.

## 2. Die Vermögensbetreuungspflicht – Grundlagen

### a) Spezifischer Vermögensbezug

Der Tatbestand des § 266 StGB verlangt die Verletzung der Pflicht, „fremde Vermögensinteressen zu betreuen". Das Merkmal der Vermögensbetreuungspflicht dient der Einschränkung des Tatbestandes nicht nur beim Treubruchstatbestand, sondern in gleicher Weise und mit gleicher Intensität auch beim Mißbrauchstatbestand.[4] Die Vermögensbetreuungspflicht ist Ansatzpunkt für eine restriktive Auslegung des Untreuetatbestandes.[5] Wie die Pflichtenstellung konkret ausgestaltet sein muss, wird im Gesetzestext nicht näher beschrieben. Die tatbestandliche Pflichtenstellung lässt sich schon aus dem Wortlaut „Pflicht, fremde Vermögensinteressen wahrzunehmen" herleiten. „Wahrnehmen" bedeutet nach dem üblichen Sprachgebrauch behüten, wahren, sich einer Sache fürsorglich annehmen, für sie Sorge tragen, sich um sie kümmern. Aus der Verbindung des Prädikats „Wahrnehmen" mit dem Bezugsobjekt „Vermögensinteressen" ergibt sich, dass die Pflichtenstellung durch eine Interessenwahrnehmung charakterisiert sein muss. Die Zweckrichtung dieser Interessenwahrnehmung ist die Fürsorge für das fremde Vermögen. Interessenwahrnehmung beinhaltet mehr als die Wahrnehmung einer bloßen Gelegenheit. Interessenwahrnehmung mit dem Ziel der Vermögensfürsorge erfordert eine Pflichtenstellung von einiger Bedeutung. Diese Pflichtenstellung muss auf die Wahrnehmung fremder Vermögensinteressen ausgerichtet sein. Durch das Vermögensinteresse wird die Zweckrichtung der Pflichtenstellung gekennzeichnet. Die Verhaltenspflicht muss gerade darauf abzielen, das Vermögen des Geschäftsherrn zu schützen, sie muss genuin und spezifisch dem Vermögensschutz dienen. Die Verletzung nicht spezifisch vermögensbezogener Verhaltenspflichten genügt für den Untreuetatbestand nicht, und zwar auch dann nicht, wenn Schadensersatzverbindlichkeiten gegen den Geschäftsherrn ausgelöst werden oder mit einer Sanktionierung des Verhaltensverstoßes als Straftat oder Ordnungswidrigkeit zu rechnen ist. Nicht spezifisch vermögensbezogene Pflichten fallen nicht in den Kreis der Pflichten, die in strafbarer Weise nach § 266 StGB verletzt werden können. Der Vermögensschutz darf nicht nur Rechtsreflex sein. Der Untreuetatbestand schützt ausschließlich das Vermögen des Geschäftsherrn. Die Grenzen der Auslegung werden verlassen, wenn der Pflichtenkreis durch solche Pflichten angereichert

4 BGHSt 24, 386; 33, 244, 250; 35, 244; OLG Hamm NJW 1977, 1834, 1835; OLG Köln NJW 1978, 713 f.; NJW 1988, 3219; *Dunkel* GA 1977, 329 ff.; *Schreiber/Beulke* JuS 1977, 656 ff.; *Seebode* JR 1973, 117, 119 f.; *Vormbaum* JuS 1981, 18, 19 f.; SK/*Samson/Günther* § 266 Rn. 4 f.; MK/*Dierlamm* § 266 Rn. 30.

5 Vgl. nur *Krey/Hellmann* BT/2 Rn. 564.

wird, die nicht spezifisch den fremden Vermögensinteressen zu dienen bestimmt sind, sondern vornehmlich anderen Zwecken.

Überdies muss die Pflichtenstellung durch die „Wahrnehmung fremder Vermögensinteressen" geprägt sein. Wer im Rahmen von Austauschverhältnissen und schuldrechtlichen Beziehungen eigene Interessen im Wirtschaftsleben verfolgt, kann nicht im Verhältnis zur anderen Vertragspartei deren Vermögensinteressen wahrnehmen.[6] Durch das Erfordernis einer fremdnützig ausgerichteten Pflichtenstellung werden zweiseitige, synallagmatische Schuldverhältnisse aus dem Pflichtenkreis des § 266 StGB ausgeschieden. Dies gilt auch dann, wenn ausdrücklich oder konkludent fremdnützige Nebenpflichten vertraglich vereinbart worden sind. Wer im Rahmen von schuldrechtlichen Vertragsbeziehungen eigene Interessen im Wirtschaftsleben verfolgt, kann nicht zugleich zur fremdnützigen Vermögensfürsorge verpflichtet sein. Die vertragliche Verpflichtung, das Vermögen eines anderen nicht durch Leistungsstörungen oder in sonstiger Weise zu schädigen, begründet keine Vermögensbetreuungspflicht. Der Vermögensbetreuungspflichtige handelt *für* seinen Geschäftsherrn im Gegensatz zu Austauschverhältnissen, die durch die Leistung *an* den Vertragsgegner gekennzeichnet sind.

Die Pflichtenstellung muss somit spezifisch und genuin auf die Wahrnehmung von Vermögensinteressen des Geschäftsherrn ausgerichtet sein; sie muss insgesamt fremdnützig geprägt sein.

## b) Vermögensbetreuungspflichten als ausgestanzter Bereich der Pflichtenstellung

Verfügt der Täter über eine Pflichtenstellung im Sinne des § 266 StGB, so ist der Kreis der im Rahmen des § 266 StGB verletzbaren Pflichten, also der Vermögensbetreuungspflichten, immer oder jedenfalls typischerweise nur ein ausgestanzter Bereich dieser Pflichtenstellung. Nicht jede vermögensmindernde Pflichtverletzung eines Vermögensbetreuungspflichtigen führt zur Untreue, sondern nur die Pflichtverletzung, die eben auch gerade die spezifische, dem Vermögensschutz dienende Pflicht betrifft. Die verletzte Pflicht muss dem qualifizierten Pflichtenkreis angehören, der für die Begründung der tatbestandsrelevanten Vermögensbetreuungspflicht konstituierend ist.[7] So hat der BGH beispielweise darauf hingewiesen, dass die Verpflichtung, erhaltene Schmiergelder bzw. Provisionen an den Geschäftsherrn herauszugeben, nicht Bestandteil der spezifischen Vermögensbetreuungspflicht im

6 Vgl. nur *Thomas* FS für Rieß 2002 S. 795, 796; MK/*Dierlamm* § 266 Rn. 35, 39.

7 Vgl. nur *Fischer* § 266 Rn. 40; MK/*Dierlamm* § 266 Rn. 162.

Sinne des § 266 StGB sei. Jene Verpflichtung unterscheide sich nicht von sonstigen Herausgabe- und Rückerstattungspflichten anderer Schuldverhältnisse, die regelmäßig keine spezifischen Vermögensbetreuungspflichten enthielten.[8] Zwar kann ein Rechtsanwalt gegenüber seinem Mandanten vermögensbetreuungspflichtig sein; allerdings fällt die Pflicht des Rechtsanwalts, von seinem Mandanten keine höheren als die tatsächlich geschuldeten gesetzlichen Gebühren zu verlangen und zu vereinnahmen, nicht unter die qualifizierten Treuepflichten nach § 266 StGB.[9] Auch die Pflicht zur Rückerstattung eines Kostenvorschusses an den Mandanten ist von den strafbewehrten Vermögensbetreuungspflichten nach § 266 StGB nicht erfasst. Der Vorstand einer Aktiengesellschaft unterliegt keiner strafbewehrten Vermögensbetreuungspflicht hinsichtlich seiner Vorstandsvergütung oder der Pflicht zur Abführung des Gewinns an die AG gem. § 88 Abs. 2 S. 2 AktG nach einem Verstoß gegen ein Wettbewerbsverbot.[10]

Eine tatbestandsrelevante Pflichtverletzung nach § 266 StGB kann nur eine Pflicht aus dem ausgestanzten Bereich der Pflichtenstellung des Vermögensbetreuungspflichtigen betreffen. Zwischen der Pflichtverletzung und der durch das Merkmal der Vermögensbetreuungspflicht definierten Pflichtenstellung des Täters muss ein sachlich-inhaltlicher Zusammenhang bestehen. Die Verletzbarkeit der Pflicht kann nicht weiter reichen als die Pflicht selbst.

## 3. Konkrete Anwendungsbeispiele für außerstrafrechtliche Pflichtenkataloge

**a)** In Ziffer 3.8 des Deutschen Corporate Governance-Kodex (DCGK) sind Haftungsvorschriften für Vorstand und Aufsichtsrat geregelt. Insbesondere ist vorgesehen, dass bei D&O-Versicherungen „ein Selbstbehalt von mindestens 10 % des Schadens bis mindestens zur Höhe des eineinhalbfachen der festen jährlichen Vergütung des Vorstandsmitglieds" zu vereinbaren ist. Wird eine Vermögensbetreuungspflicht im Sinne des § 266 StGB verletzt, wenn der Vorstand dieser Verpflichtung zuwiderhandelt? Der DCGK will ausweislich seiner Präambel „das Vertrauen der internationalen und nationalen Anleger, der Kunden, der Mitarbeiter und der Öffentlichkeit in die Leitung und Überwachung deutscher börsennotierter Gesellschaften fördern". Die Regelung in Ziffer 3.8 des DCGK zielt nicht spezifisch und genuin auf den Schutz des Vermögens der Kapitalgesellschaft ab, sondern

**8** BGH NStZ 1995, 233, 234; dazu *Sonnen* JA 1995, 627; vgl. auch BGHSt 47, 295 (297 ff.).
**9** OLG Karlsruhe NStZ 1991, 239.
**10** BGH NJW 1988, 2483, 2485; MK/*Dierlamm* § 266 Rn. 82.

darauf, das Verantwortungsbewusstsein der Organe zu stärken. Dass sich dies auch als Reflex auf das Vermögen auswirken kann, ist für den strafbewehrten Pflichtenkreis nach § 266 StGB unbeachtlich. Bei der Pflicht zur Vereinbarung des Selbstbehalts nach Ziffer 3.8 des DCGK handelt es sich nicht um eine spezifisch dem Schutz des Vermögens dienende Pflicht, mithin nicht um eine Vermögensbetreuungspflicht nach § 266 StGB. Dies gilt unabhängig davon, dass die Verpflichtung nach Ziffer 3.8 des DCGK als Konkretisierung der Pflichtenstellung des Vorstands nach § 93 Abs. 1 S. 1 AktG angesehen werden mag.

**b)** Nach Ziffer 6.1 DCGK wird der Vorstand „Insiderinformationen, die die Gesellschaft unmittelbar betreffen, unverzüglich veröffentlichen, soweit er nicht im Einzelfall von der Veröffentlichungspflicht befreit ist." Darüber hinaus sind in den Ziffern 6.2 bis 6.8 weitere Transparenzvorgaben enthalten. Die durch Ziffer 6 des DCGK („Transparenz") geregelten Pflichten decken sich im Wesentlichen mit den Regelungen im WpHG (§ 15 WpHG). Die Regelungen in Ziffer 6 des DCGK begründen jedoch keine Pflichten, die unter den Kreis der strafbewehrten Vermögensbetreuungspflicht nach § 266 StGB fallen. Die Pflichten dienen der Transparenz und dem Vertrauen der Anleger, nicht aber spezifisch und geniun dem Vermögensschutz, mag dieser mittelbar auch die Folge dieser Pflichten sein.

**c)** In Compliance-Regelwerken ist häufig die Verpflichtung von Arbeitnehmern normiert, zugewendete Vorteile beim Arbeitgeber oder beim Compliance-Beauftragten abzuliefern. Auch hierbei handelt es sich – wie der BGH zutreffend hervorgehoben hat[11] – um eine zivilrechtliche Nebenpflicht des Arbeitnehmers, die sich bereits aus dem Gesetz ergibt. Diese Pflicht ist nicht vom Kreis der Vermögensbetreuungspflichten umfasst. Sie wird auch nicht zur strafbewehrten Vermögensbetreuungspflicht dadurch, dass sie in ein Compliance-Regelwerk aufgenommen wird. Denn der Inhalt und die spezifische Zweckrichtung der Pflicht ändert sich nicht dadurch, dass sie in einem Compliance-Regelwerk niedergeschrieben wird.

**d)** Typischerweise wird in Compliance-Regelwerken oder sog. Ethik-Richtlinien das Verbot aufgenommen, Straftaten und Ordnungswidrigkeiten zum Nachteil des Unternehmens zu begehen. Auch hierbei handelt es sich um eine arbeitsrechtliche Nebenpflicht und nicht um eine Pflicht, die dem qualifizierten Pflichtenkreis des Vermögensbetreuungspflichtigen nach § 266 StGB zugehört, auch wenn mit einer Sanktionierung des Verhaltens zu Lasten des Unternehmens zu rechnen ist, sei es in Form von zivilrechtlichen Schadensersatzansprüchen, sei es in Gestalt von Unternehmensgeldbußen nach § 30 OWiG. Die allgemeine Nebenpflicht des Arbeitsnehmers, keine Straftaten oder Ordnungswidrigkeiten zu begehen, wird auch nicht zur

---

**11** BGH NStZ 1995, 233, 234.

Vermögensbetreuungspflicht dadurch, dass diese Pflicht in Compliance-Regelwerken niedergeschrieben wird und die Mitarbeiter auf die Einhaltung dieser Regeln verpflichtet werden. Die Pflicht jedes Arbeitnehmers, keine Straftaten im Unternehmen zu begehen, beinhaltet keine spezifische Pflicht zum Schutze des Vermögens, sondern ergibt sich allenfalls als Rechtsreflex aus den verletzten Bestimmungen. Die Begründung von Schadensersatzverbindlichkeiten zum Nachteil des Geschäftsherrn gem. §§ 31, 278 BGB oder von Unternehmensgeldbußen nach § 30 OWiG verletzt nur dann eine dem qualifizierten Pflichtenkreis nach § 266 StGB zugehörige Pflichtenposition, wenn durch das haftungsbegründende Verhalten des Treupflichtigen eine spezifische und genuin zum Schutz des anvertrauten Vermögens bestimmte Pflicht verletzt worden ist.[12]

**e)** Nach dem Gesetz zur Kontrolle und Transparenz im Unternehmensbereich (KonTraG) sind Aktiengesellschaften gesetzlich verpflichtet, ein Risikomanagementsystem einzuführen. In Risikomanagementsystemen werden für Organe und Mitarbeiter von Unternehmen weitreichende Pflichten normiert. Ob und welche Pflichten unter den qualifizierten Pflichtenkreis nach § 266 StGB fallen, muss durch Auslegung der jeweiligen Regelungen nach Inhalt und Zweckrichtung ermittelt werden. Dies mag nachfolgend beispielhaft an den MaRisk – Mindestanforderungen an das Risikomanagement – für Kreditinstitute dargelegt werden.[13] In den MaRisk werden Vorgaben für die Einrichtung von Risikomanagementsystemen bei Banken und Kreditinstituten geregelt. Die MaRisk hat verschiedene Schutzzwecke, die in der Regelung AT 2 wie folgt beschrieben sind:

*„Die Beachtung der Anforderungen des Rundschreibens durch die Institute soll dazu beitragen, Missständen im Kredit- und Finanzdienstleistungswesen entgegenzuwirken, welche die Sicherheit der den Instituten anvertrauten Vermögenswerte gefährden, die ordnungsgemäße Durchführung der Bankgeschäfte oder Finanzdienstleistungen beeinträchtigen oder erhebliche Nachteile für die Gesamtwirtschaft herbeiführen können."*

Nur die Regelungen, die spezifisch dem Vermögensschutz dienen, kommen als Pflichten im Rahmen der strafbewehrten Vermögensbetreuungspflicht in Betracht, beispielsweise die umfangreichen Regelungen über die „Anforderungen an die Prozesse im Kreditgeschäft" (BTO 1.2). Demgegenüber fallen Regelungen, die eher allgemein dem Schutz von Ethik und Moral, dem Vertrauen der Kunden oder der Vermeidung von „Nachteilen für die Gesamtwirtschaft" dienen, nicht unter den strafbewehrten Pflichtenkreis, z. B. die Regelungen über variable Vergütungen von Bankmitarbeitern („Anreizsysteme"). Die Verletzung von Verhaltenspflichten in

12 Vgl. hierzu MK/*Dierlamm* § 266 Rn. 174.

13 Vgl. Rundschreiben 15/2009 der BaFin v. 14. 8. 2009.

Risikomanagementsystemen, die nicht spezifisch auf den Schutz des Vermögens des Geschäftsherrn abzielen, unterfällt auch dann nicht dem Untreuetatbestand, wenn die verletzte Verhaltenspflicht Teil der Pflichtenstellung des Vorstands nach § 93 Abs. 1 AktG.

**f)** In Compliance-Regelwerken finden sich häufig Regelungen über Prozess- und Entscheidungsabläufe, z. B. das Vier-Augen-Prinzip. Auch hier muss im Einzelfall geprüft werden, ob die jeweilige Pflicht spezifisch auf den Schutz des Vermögens ausgerichtet ist. Handelt es sich um eine Vorschrift, die dem Schutz des Unternehmens vor Korruption dient, mag dies mittelbar von Vermögensrelevanz sein, aber spezifisch und zweckgerichtet geht es bei dieser Pflicht um die Vermeidung von Straftaten, nicht zweckgerichtet um den Schutz des Vermögens.

## 4. Zusammenfassung

Nicht jede kodifizierte Verhaltenspflicht mit Vermögensrelevanz unterfällt dem qualifizierten und durch § 266 StGB strafbewehrten Pflichtenkreis. Der Untreuetatbestand erfordert die Verletzung einer spezifisch und unmittelbar dem Vermögensschutz dienenden Pflicht. Eine Pflichtverletzung durch einen Vermögensbetreuungspflichtigen kann nur dann den Untreuetatbestand begründen, wenn die verletzte Pflicht gerade dem qualifizierten, für die Vermögensbetreuungspflicht konstituierenden Pflichtenkreis angehört. Und eins zum Abschluss: Korruption muss mit dem Korruptionsstrafrecht bekämpft werden. Dazu ist es da!

Daniel M. Krause

# Finanzmarktstabilisierung und Insolvenz

## Gliederung



Arcandor, Qimonda, Märklin: Mit der relativen Ruhe an der Insolvenzfront ist es vorbei. Nach einem stetigen Rücklauf seit 2004 stiegen Unternehmensinsolvenzen bereits im Jahr 2008 mit ca. 29.000 Fällen leicht an. Die Entwicklung seither ist alarmierend. Allein im ersten Halbjahr 2009 mussten 16.650 Unternehmen einen Insolvenzantrag stellen, ein Zuwachs um 14 %. Schätzungen von Euler Hermes gehen dahin, dass die Zahl der Unternehmensinsolvenzen im Jahr 2009 insgesamt auf ca. 35.000 ansteigen wird, im Jahr 2010 auf knapp 39.000.[1] Der volkswirtschaftliche Schaden aufgrund von Insolvenzen belief sich im ersten Halbjahr 2009 auf 20,8 Milliarden Euro, ein Anstieg um 36 % gegenüber demselben Zeitraum im Vorjahr. Allein die öffentliche Hand wurde hiervon in Höhe von 6,5 Milliarden Euro belastet.[2] Die Gründe für die steigenden Insolvenzzahlen liegen nach wie vor in Finanzierungs- und Liquiditätsengpässen gepaart mit einer sehr schlechten Auftragslage bei den Unternehmen.

**Erschienen in** ILFS Band 7: Die Finanzkrise, das Wirtschaftsstrafrecht und die Moral, 2010

1 *Euler Hermes* Insolvenzprognose 2010, S. 3 (Stand Mai 2009).
2 *Creditreform* Insolvenzen, Neugründungen und Löschungen, 1. Halbjahr 2009, S. 4.

https://doi.org/10.1515/9783111057125-024

## 1. Gesetzgeberische Aktivitäten

Der Gesetzgeber hat auf diese sich abzeichnende Entwicklung mit unterschiedlichen Notfalloperationen gleichenden Gesetzen und Verordnungen reagiert und versucht, diese Entwicklung abzuschwächen und insbesondere Kreditinstitute vor dem wirtschaftlichen Zusammenbruch zu schützen.

Innerhalb von nur einer Woche hat der Gesetzgeber im Oktober 2008 das Finanzmarktstabilisierungsgesetz[3] verabschiedet. Das Gesetz enthält die Einrichtung des Finanzmarktstabilisierungsfonds zur Vornahme von Stützungsmaßnahmen für Kreditinstitute. Darüber hinaus wurden diverse Gesetze geändert, u. a. die gesetzliche Definition der Überschuldung als Insolvenzgrund nach § 19 Abs. 2 InsO. Diese sollte zunächst bis zum 31.12.2010 gelten. Im September 2009 hat der Gesetzgeber deren Geltungsdauer bis zum 31.12.2013 verlängert.[4]

Im April 2009 trat das sog. Rettungsübernahmegesetz[5] in Kraft. Es ermöglicht Enteignungen bei den sog. systemrelevanten Finanzinstituten.

Am 17.7.2009 ist schließlich das sog. „Bad-Bank-Gesetz“[6] in Kraft getreten. Es ermöglicht Finanzinstituten, sog. bad banks zu gründen, auf diese Risikopositionen zu übertragen und dadurch unter Inanspruchnahme staatlicher Garantien ihre Bilanzen zu entlasten. Für die hier interessierenden Fragen ist dieses Gesetz von untergeordneter Bedeutung.

## 2. Implikationen der gesetzgeberischen Aktivitäten für das Wirtschaftsstrafrecht

Welche Implikationen besitzen diese Gesetze für das Wirtschafts- und insbesondere das Insolvenzstrafrecht? In den Materialien der Gesetze werden solche Bezüge nirgendwo hergestellt. Das war auch schon bei der großen Reform des Insolvenzrechts 1999 nicht anders. Man gewinnt den Eindruck, dass das Strafrecht in diesem Bereich eine vom Gesetzgeber unbeachtete Sondermaterie darstellt, die ein gleichsam nachlaufendes Eigenleben führt.

3 Gesetz vom 17.10.2008, BGBl. I S. 1982.

4 Gesetz zur Erleichterung der Sanierung von Unternehmen vom 24.9.2009, BGBl. I S. 3151; dazu auch Beschlussempfehlung des Rechtsausschusses, Br-Drs. 16/13980.

5 Gesetz zur Rettung von Unternehmen zur Stabilisierung des Finanzmarktes vom 7.4.2009, BGBl. I, S. 725.

6 Gesetz zur Fortentwicklung der Finanzmarktstabilisierung vom 17.7.2009, BGBl. I, S. 1980.

## a) Späterer Eintritt der (strafbewehrten) Insolvenzantragspflicht

Jedoch ist die Notwendigkeit einer Standortbestimmung im Insolvenzstrafrecht unabweisbar. Insbesondere die Änderung der gesetzlichen Definition des Insolvenzgrundes der Überschuldung, § 19 Abs. 2 InsO, beschwört sie herauf. § 19 Abs. 2 Satz 1 InsO lautet in der seit dem Finanzmarktstabilisierungsgesetz geltenden Fassung:

> „Überschuldung liegt vor, wenn das Vermögen des Schuldners die bestehenden Verbindlichkeiten nicht mehr deckt, *es sei denn, die Fortführung des Unternehmens ist nach den Umständen überwiegend wahrscheinlich.*"

Neu daran ist, dass die positive Fortführungsprognose die Überschuldung ausschließt und zwar unabhängig von der Vermögenslage des Schuldners.[7] Die Änderung gründet auf der Erwartung des Gesetzgebers, dass infolge der Finanz- und Wirtschaftskrise ein erhebliches Absinken des Wertes von Vermögenspositionen, insbesondere Finanzanlagen und Immobilien, zu erwarten war. Diese Entwicklung hätte bei Fortgeltung des bis zum 17.10.2008 geltenden Überschuldungsbegriffs dazu geführt, dass bei Unternehmen mit einer positiven Fortführungsprognose gleichwohl in vielen Fällen die Insolvenz zu beantragen gewesen wäre. Denn nach dem bis zum 17.10.2008 geltenden Überschuldungsbegriff spielte die Fortführungsprognose nur bei der Bewertung der Vermögensgegenstände eine Rolle (Fortführungs- versus Zerschlagungswerte). Deckten die Aktiva auch bei Ansatz von Fortführungswerten unter Einschluss der stillen Reserven und des „good will"[8] die Verbindlichkeiten nicht ab, so war der Insolvenzgrund der Überschuldung gegeben.

Dem beugt die Änderung des § 19 Abs. 2 Satz 1 InsO vor, da eine positive Fortführungsprognose eine Überschuldung nun unabhängig vom Vermögensstand ausschließt.[9] Diese Änderung dürfte auch einer Vielzahl von mittelständischen Unternehmen zu gute kommen, die zwar weder in Finanzanlagen noch in Immobilien investiert sind, deren Vermögenslage sich jedoch nach altem Recht nur durch die Aktivierung immaterieller Vermögenswerte, insbesondere des Firmenwertes,

---

7 Näher *Schmitz* wistra 2009, 369, 370 f.; *Dahl* NZI 2008, 719; *Grube/Röhm* wistra 2009, 81, 83; *K. Schmidt* DB 2008, 2467, 2469 f.

8 Näher zur Bestimmung der Überschuldung *Holzer* ZIP 2008, 2108, 2110 m.N.

9 *Schmitz* wistra 2009, 369, 371.

als ausgeglichen darstellen ließ.[10] Die sich hieraus ergebenden Unsicherheiten sind nun weggefallen.

Ob und inwieweit durch die Gesetzesänderung ein noch gravierenderer Anstieg der Insolvenzen als eingangs erwähnt vermieden worden ist bzw. in Zukunft vermieden werden wird, ist Spekulation. Sicher ist hingegen, dass die Verschiebung auf dem Zeitstrahl die Insolvenzantragspflicht erst erheblich später eintreten lässt. Insoweit besteht verbreitet die Sorge, die Neuregelung könne Missbräuche im Sinn einer zu optimistischen Selbstdarstellung der Unternehmen fördern.[11] Diesen entgegen zu wirken, obliegt der zivilgerichtlichen Rechtsprechung. Gesichert ist, dass die Fortführungsprognose auf einem plausiblen und aussagekräftigen Unternehmenskonzept beruhen muss. Gegenstand der Fortführungsprognose ist die objektive Überlebensfähigkeit des Unternehmens. Hierfür ist maßgeblich, ob eine dokumentierte Ertrags- und Finanzplanung vorliegt[12] und die überwiegende Wahrscheinlichkeit besteht, dass das Unternehmen mittelfristig Überschüsse erzielen wird, aus denen die gegenwärtigen und zukünftigen Verbindlichkeiten gedeckt werden können. Mit der Änderung verbunden ist eine massive Relativierung des Vermögens als Kriterium für die Insolvenzantragspflicht.

Es darf im Übrigen mit Spannung erwartet werden, welche Wege das Verständnis der Fortführungsprognose in einer Zeit wie der unsrigen nehmen wird. Denn die Prognosen zur wirtschaftlichen Entwicklung haben sich überwiegend als verfehlt erwiesen und die Zeitspannen für verlässliche wirtschaftliche Prognosen werden mit rasanter Geschwindigkeit immer kürzer. Das Insolvenzrecht wird sich dem im Hinblick auf die ihm inhärenten prognostischen Beurteilungen kaum verschließen können.

## b) Sozialisierung des Risikos des weiteren Vermögensverfalls

Unmittelbare Konsequenzen ergeben sich aus alldem für die Gläubiger. Auf sie werden die Risiken der weiteren Vermögensentwicklung des Schuldners verlagert. Gelingt die Fortführung nicht, so geht ein weiteres Abschmelzen der Vermögenswerte während der Fortführungsphase zu ihren Lasten. Freilich: ihnen kommen auch die Chancen einer Gesundung zugute. Doch haben sie auf diese Entwicklung anders als in der Insolvenz keinen Einfluss und die Perspektive einer geordneten Sanierung im Rahmen eines Insolvenzverfahrens ist ihnen genommen. Auch im

10 Näher zum Überschuldungsstatus nach altem Recht mit Nachweisen *Wegner* in: Achenbach/Ransiek, Handbuch Wirtschaftsstrafrecht, 2. Aufl. (2008), S. 590 ff.

11 *Rokas* ZinsO 2009, 18 ff.

12 BGH GmbHR 1997, 1145, 1146; DZWiR 2007, 42.

Insolvenzrecht führt die Finanzmarktstabilisierung mithin zu einer Sozialisierung der Risiken.

### c) Konsequenzen für die strafbare Insolvenzverschleppung (§ 15 a InsO)

**aa)** Die Änderung des § 19 Abs. 2 InsO hat zwingende Konsequenzen für den strafrechtlichen Gläubigerschutz gegen Insolvenzverschleppungen nach § 15a Abs. 4 und 5 InsO. Sie führt zu einer Verkürzung des strafrechtlichen Gläubigerschutzes. Denn insoweit gilt nach ganz überwiegender Auffassung eine strenge Akzessorietät; teilweise wird auch davon gesprochen, dass § 15a InsO ein Blanketttatbestand sei, der auf die Legaldefinitionen der Insolvenzgründe in der InsO Bezug nehme.[13] Dem ist im Ergebnis zuzustimmen: Es kann schwerlich das Unterlassen eines Insolvenzantrages pönalisiert sein, den zu stellen eine zivilrechtliche Verpflichtung nicht besteht.

**bb)** Damit hat es indes noch nicht sein Bewenden. Denn die Verschiebung der Strafbewehrung der Insolvenzverschleppung stellt auch die Frage nach dem strafwürdigen Kern der Insolvenzverschleppung in Überschuldungsfällen überhaupt. Diese Frage wird drängend im Hinblick auf die Zeit ab 1.1.2014, sofern dann tatsächlich der gegenwärtige Überschuldungsbegriff nicht mehr gelten sollte. Denn vieles spricht dafür, dass das Unterlassen eines Insolvenzantrages und die Fortführung eines Unternehmens mit positiver Fortführungsprognose in geordneten unternehmerischen Bahnen die Schwelle strafbaren Unrechts nicht erreicht, sondern vielmehr einen bloßen – möglicherweise auch zu ahndenden – Ordnungsverstoß darstellt. Dies legt insbesondere die vergleichsweise geringe Intensität der Rechtsgutsbeeinträchtigung nahe, die mit einem solchen Verhalten einhergeht. Diese wird daran messbar, dass der Gesetzgeber – mag das auch der besonderen Situation der Finanzkrise geschuldet sein – die Interessen der Gläubiger in derartigen Fällen nach aktuell geltendem Recht nicht nur ihres strafrechtlichen Schutzes entkleidet, sondern nicht einmal Schutz durch das Insolvenzrecht gewährt und dadurch die Relativität der Gläubigerinteressen eindrücklich vor Augen führt.

**13** Schmitz wistra 2009, 369, 372.

## d) Behandlung von Altfällen

Auch die noch nicht gänzlich geklärte Behandlung von sog. Altfällen steht hiermit in Zusammenhang. Kommt der gegenwärtig geltende Überschuldungsbegriff des § 19 Abs. 2 InsO als milderes Gesetz auch in solchen Fällen zur Anwendung, die zeitlich vor dem 28.10.2008 liegen und lässt ggf. eine nach früherem Recht gegebene Strafbarkeit entfallen?

Die wohl überwiegende Ansicht in der Literatur vertritt hierzu die Auffassung, dass es sich bei § 19 Abs. 2 Satz 1 InsO infolge der Befristung um ein Zeitgesetz handelt. Es gelte § 2 Abs. 4 StGB – die Regelung erfasse ausschließlich Taten, die während ihres Geltungszeitraumes begangen werden.[14] Ob diesem formalen Ansatz gefolgt werden kann, scheint bereits deshalb zweifelhaft, weil der Gesetzgeber im September 2009, also lange vor Ablauf der ursprünglichen Frist, die Geltungsdauer auf insgesamt über fünf Jahre und damit einen langen Zeitraum verlängert hat.[15] Überdies regelt § 2 Abs. 4 StGB lediglich, dass ein milderes (Zeit-)Gesetz auch dann noch anzuwenden ist, wenn es nach der Tat außer Kraft getreten ist. Eine rückbezogene Regelung bezüglich in der Vergangenheit liegender Sachverhalte enthält § 2 Abs. 4 StGB nicht.[16]

Eine (rückwirkende) Geltung von § 19 Abs. 2 InsO für vor dem Inkrafttreten des Finanzmarktstabilisierungsgesetzes liegende Sachverhalte legt insbesondere der Gesetzeszweck nahe. Denn zum Zeitpunkt des Inkrafttretens des Gesetzes hatten die zu seinem Erlass führenden wirtschaftlichen Entwicklungen bereits seit Mitte 2007 eingesetzt und die Vermögenslage der Unternehmen nachhaltig geschwächt. Es liegt fern, dass der Gesetzgeber die Verantwortlichen bereits zum 28.10.2008 überschuldeter Unternehmen für die Zukunft zwar von der Pflicht zur Antragstellung befreien, sie aber für den bis dato unterlassenen Antrag strafrechtlich weiter haften lassen wollte. Das wäre mit Sinn und Zweck des Gesetzes schwerlich zu vereinbaren.

## e) Konsequenzen für das allgemeine Insolvenzstrafrecht (§§ 283 ff. StGB)

Aus dem Finanzmarktstabilisierungsgesetz ergeben sich auch bedeutsame Konsequenzen für das allgemeine Insolvenzstrafrecht im 24. Abschnitt des Strafgesetz-

---

14 *Dannecker/Hagemeier* in: Dannecker/Knierim/Hagemeier, Insolvenzstrafrecht, 2009, S. 29 f.; *Adick* HRRS 2009, 155, 157.

15 Zum Verlust des Charakters als Zeitgesetz in Fällen langer Geltung BGHSt 6, 39.

16 Zutreffend *Schmitz* wistra 2009, 369, 372.

buches, insbesondere hinsichtlich des Bankrotts (§ 283 StGB). Diese Thematik ist in der Wissenschaft bislang nicht vertieft erörtert worden; sie drängt indes nach einer Lösung. Wegen Bankrotts macht sich strafbar, wer in der Krise, also u. a. nach eingetretener Überschuldung bestimmte Dispositionen über sein Vermögen vornimmt und dabei gegen die Grundsätze des ordnungsgemäßen Wirtschaftens verstößt. Strafbar sind hiernach in der sog. Krise also beispielsweise unvertretbar riskante Geschäfte, unwirtschaftliche Ausgaben oder das Beiseiteschaffen von Vermögensgegenständen. Der Bankrotttatbestand soll (strafrechtlichen) Gläubigerschutz dadurch gewährleisten, dass der Schuldner in der Krise unter Androhung einer Kriminalstrafe dazu angehalten wird, sein Vermögen im Interesse der Gläubiger zu erhalten und den Regeln der wirtschaftlichen Vernunft widersprechende Vermögensabflüsse zu vermeiden. In dieses Gefüge des allgemeinen strafrechtlichen Gläubigerschutzes diffundiert die Neuregelung des § 19 Abs. 2 InsO in unterschiedlicher Weise hinein.

**aa)** Dies gilt zunächst für das Krisenmerkmal der Überschuldung. Es erscheint keineswegs zwingend, dass das Verschieben der Insolvenzantragspflicht auf der Zeitachse nach hinten auch auf § 283 Abs. 1 StGB durchwirken müsste. Ginge man von einer solchen Folgewirkung aus, hätte dies zur Konsequenz, dass der Schuldner während der „Fortführungsphase" in seinen Dispositionen frei bliebe, d. h. keinen (strafbewehrten) Verhaltensanforderungen unterworfen wäre. Er wäre also insbesondere nicht auf die Einhaltung der Regeln ordnungsgemäßer Wirtschaft verpflichtet. Dass der Gesetzgeber diese Konsequenzen bei Änderung des § 19 Abs. 2 InsO vor Augen gehabt hat und herbeiführen wollte, darf bezweifelt werden. Die Literatur ist wohl überwiegend der Ansicht, dass zwischen den Legaldefinitionen der §§ 17–19 InsO und dem strafrechtlichen Krisenbegriff der §§ 283 ff. StGB keine strenge Akzessorietät besteht. Den Legaldefinitionen komme lediglich eine indizielle, jedoch keine bindende Wirkung zu.[17]

Freilich: Ein eigenständiger strafrechtlicher Krisenbegriff wurde bislang stets ausschließlich bezogen auf einen engeren strafrechtlichen Krisenbegriff erwogen, der die Bankrottstrafbarkeit später hätte eintreten lassen als die Insolvenzantragspflicht. Die nun eingetretene Gesetzeslage wirft die Frage in entgegengesetzter Richtung auf. Denn im Lichte des Normzwecks der Insolvenzdelikte, während der Krise effektiven Gläubigerschutz zu gewährleisten, erscheint es möglich und liegt vielleicht sogar nahe, an einen spezifisch bankrottstrafrechtlichen Überschuldungsbegriff dergestalt zu denken, dass die Fortführungsprognose (wie bis zum

17 Eingehend *Achenbach* in: Gedächtnisschrift für Schlüchter, S. 257, 263 ff.; *Wegner* in: Achenbach/Ransiek, Handbuch Wirtschaftsstrafrecht, 2. Aufl. (2008), S. 584; a.A. *Bieneck* in: Müller-Gugenberger/Bieneck, Wirtschaftsstrafrecht, 4. Aufl. (2006), S. 2140; *Reck* GmbHR 1999, 267 ff.; unklar BGH v. 19.4. 2007 – 5 StR 505/06.

Inkrafttreten des Finanzmarktstabilisierungsgesetzes) im allgemeinen Insolvenzstrafrecht nur darüber entscheidet, welche Bewertung anzuwenden ist. Die Folge wäre: Ein überschuldetes Unternehmen könnte sub spezie Bankrott (§ 283 StGB) in der Krise und damit zu ordnungsgemäßem Wirtschaften verpflichtet sein, ohne dass der Insolvenzgrund der Überschuldung vorläge und Insolvenzantrag gestellt werden müsste. Damit wäre bewirkt, dass der Schuldner während des ihm durch den Gesetzgeber nun zusätzlich eingeräumten Zeitraumes via Strafrecht zu wirtschaftlich vernünftigem Verhalten verpflichtet würde. Eine solche Auslegung favorisierte den Gläubigerschutz und böte eine gewisse Kompensation für die erwähnte Verlagerung der wirtschaftlichen Risiken auf die Gläubiger.

Gleichwohl bestehen Zweifel, ob eine derart gravierende Divergenz zwischen der Auslegung des Begriffs Überschuldung im Insolvenzrecht einerseits und im Insolvenzstrafrecht andererseits den verfassungsrechtlichen Vorgaben für die Normenklarheit und -bestimmtheit noch genügte. Mit einer solchen Auslegung ginge jedenfalls ein tiefgreifender Strukturwandel des Insolvenzstrafrechts einher. Denn es würden Verhaltensweisen im Vorfeld des Insolvenzverfahrens pönalisiert, die bislang straffrei bzw. nur dann strafbar sind, wenn durch sie die Insolvenz gerade ausgelöst wird (§ 283 Abs. 2 StGB).

**bb)** Die Änderung des § 19 Abs. 2 InsO wirkt im Insolvenzstrafrecht indes noch weiter. Denn geht man – wie die wohl überwiegende Ansicht – von einem eigenständigen wie auch immer gearteten strafrechtlichen Krisenbegriff aus, betreffen die Folgewirkungen der gesetzlichen Änderung auch den im Insolvenzstrafrecht zentralen Verhaltensmaßstab des ordnungsgemäßen Wirtschaftens.[18]

Zu diesem während der Krise eingreifenden Verhaltensmaßstab ist anerkannt, dass er im Lichte der durch den Kriseneintritt begründeten Gefahr für die Gläubigerinteressen auszulegen ist. Dem Schuldner bleiben während der Krise – vereinfacht – nur „gläubigerschonende" Dispositionen gestattet. Insbesondere risikobehaftete Geschäfte und solche, bei denen dem Schuldnervermögen kein wirtschaftlich gleichwertiger Vermögenswert zufließt, stellen sich als Verstöße gegen die Anforderungen ordnungsgemäßer Wirtschaft dar und sind strafbar.

In diese fein austarierte Verknüpfung von Kriseneintritt und gläubigerschonenden (strafbewehrten) Verhaltensanforderungen bricht die gesetzliche Änderung des § 19 Abs. 2 InsO mit einer neuen Kategorie ein. Denn mit der Anerkennung der positiven Fortführungsprognose als Ausschlussgrund für die Insolvenzantragspflicht kommt ein anderes und gerade nicht auf die Gläubigerinteressen ausgerichtetes Verhaltensprogramm ins Spiel, namentlich das des unternehmerischen Handelns. Es unterliegt keinem Zweifel, dass die Basis der Fortführungsprognose

18 Eingehend *Krause* Ordnungsgemäßes Wirtschaften und erlaubtes Risiko, 1995.

der Verhaltensrahmen des unternehmerischen Handelns ist. Dieses wird geprägt durch die Verfolgung unternehmerischer Interessen nach unternehmerischen Entscheidungskriterien, nicht aber durch die Orientierung an der Wahrung von Gläubigerinteressen bzw. durch ein primär gläubigerschonendes Vorgehen. Dass das unternehmerische Handeln mit dem Eingehen von Risiken verbunden und dem Unternehmer dabei ein breites unternehmerisches Ermessen eingeräumt ist, ist in der Rechtsprechung seit langem anerkannt.[19] Deshalb bewegen sich beispielsweise auch gewagte Geschäfte und solche, die ohne unmittelbare Gegenleistung bleiben oder gar einen Verlust bringen, noch im Rahmen des unternehmerischen Ermessens. Sie sind unbedenklich, sofern sie sich nicht als in jeder Hinsicht unvertretbar darstellen.

Ersichtlich besteht zwischen den dem Gläubigerschutz verpflichteten Anforderungen ordnungsgemäßer Wirtschaft und dem Verhaltensrahmen des unternehmerischen Handelns, auf dem die Fortführungsprognose gründet, nicht nur ein Zielkonflikt, sondern auch ein erheblich divergierender normativer Maßstab. Wie dieser Konflikt im Rahmen der einzelnen Tatbestandsalternativen des § 283 Abs. 1 StGB aufzulösen ist, liegt bislang völlig im Dunkeln. Vieles spricht dafür, im Interesse einer erfolgreichen Fortführung des Unternehmens die strengeren Anforderungen des ordnungsgemäßen Wirtschaftens in Insolvenznähe zu lockern und dem Schuldner in stärkerem Maße ein unternehmerisches Handeln in der Krise zu ermöglichen als bisher. Das gilt beispielsweise für die Entwicklung neuer Produkte oder die Erschließung neuer Geschäftsfelder unter Einsatz des schuldnerischen Vermögens, aber auch bei konzern-internen Cash-Transaktionen. Diese werden beim Bestehen einer positiven Fortführungsprognose anders zu beurteilen sein als bei einer negativen Prognose oder bei eingetretener oder drohender Zahlungsunfähigkeit.

## 3. Neue Strafvorschriften für die Herbeiführung systemrelevanter Risiken ?

Die Finanzkrise hat neue Phänomene zutage treten lassen, die vielfach mit dem Begriff „too big to fail“ apostrophiert werden. Auf diese hat der Gesetzgeber durch das Rettungsübernahmegesetz reagiert, das in der Krise bei einem sog. systemrelevanten Finanzinstitut eine Enteignung ermöglicht. Die seinem Erlass zugrunde liegenden Fälle bedeuten die wohl tiefgreifendste Erschütterung des Systems des Insolvenzrechts und damit letztlich auch des Glaubens an eine effektive präventive

19 Im Einzelnen zu § 266: *Fischer* StGB, 56. Aufl. (2009), § 266 Rn. 42 m.N.

Kraft des Insolvenzstrafrechts. Das Insolvenzrecht und das Aufsichtsrecht waren nicht imstande, das Phänomen des drohenden Zusammenbruchs systemrelevanter Unternehmen ohne Zusammenbruch des Gesamtsystems und den damit einhergehenden desaströsen Schäden zu lösen. Geschweige denn waren sie in der Lage, diese Entwicklungen zu verhindern.

Seit die wirtschaftliche Lage der Hypo Real Estate AG und das Ausmaß ihrer Verpflichtungen zu Tage getreten sind, hat das vermeintliche Rechtsgut der allgemeinen Insolvenzdelikte, namentlich die Funktionsfähigkeit der Kreditwirtschaft, eine vollkommen neue Dimension angenommen und an sich erstmals eine eigenständige Bedeutung erlangt. Freilich: das Insolvenzstrafrecht hatte dieser Entwicklung nichts entgegen zu setzen und es unterliegt auch grundlegendem Zweifel, ob das Strafrecht solchen Entwicklungen überhaupt etwas entgegen setzen kann.

Es ist aufschlussreich, dass der Gesetzgeber hierauf nicht allein durch die Gewährung absichernder staatlicher Garantien reagiert, sondern auch das Mittel der Enteignung geschaffen hat. Hierbei handelt es sich nur vordergründig um eine Reaktion auf eine aus Sicht des Systems unvertretbare Risikoakkumulation. Bei genauer Betrachtung wird vielmehr weit ab des Strafrechts ein mutmaßlich wirkungsvolles Instrument zur Wiederherstellung von Schieflagen eingeführt, die unmittelbar mit der Bedeutung der Insolvenz im Wirtschaftssystem verknüpft sind. In „normalen“ Zeiten besteht für einen Eigentümer ein Gleichgewicht. Dieses ist dadurch gekennzeichnet, dass er einerseits die Chancen des wirtschaftlichen Erfolges besitzt und diesen für sich vereinnahmen kann, andererseits aber auch die Risiken bis hin zum Totalverlust durch Insolvenz trägt. Wächst ein Unternehmen in eine Größenordnung, bei der sein Zusammenbruch durch das System nicht mehr verkraftet werden kann, ist der Staat um des Systemerhalts willen gezwungen, stützend einzugreifen. Diese Notwendigkeit aber verschiebt das beschriebene Gleichgewicht massiv. Denn der Eigentümer muss seine Dispositionen nicht mehr an der Vermeidung der Insolvenz orientieren, weil diese als reale Perspektive entfällt. Sie wird aus Gründen des Systemerhalts von Staats wegen verhindert. Das Rettungsübernahmegesetz stellt dieses Gleichgewicht wieder her, in dem es für den Eigentümer die Folge der Insolvenz, also den Totalverlust, herbeiführt und dabei gleichzeitig den Erhalt des Systems gewährleistet.[20]

Auf der gleichen Linie – nur deutlich früher ansetzend – liegen in die Zukunft gerichtete Überlegungen, Finanzinstitute zwangsweise aufzuspalten, wenn deren Zusammenbruch massive Risiken für das Gesamtsystem mit sich bringen würde. Dem Handelsblatt vom 19.11.2009 lässt sich entnehmen, dass in den USA ein entsprechender Gesetzentwurf vorliegt. Hiernach soll Finanzinstituten die Pflicht

20 Vgl. näher *Wolfers*, „Die Marktwirtschaft retten“ in: Handelsblatt Nr. 51, 13./14./15. 3. 2009.

auferlegt werden, in „guten“ Zeiten regelmäßig nachzuweisen, dass sie im Fall ihres Zusammenbruchs kein Systemrisiko darstellen. Kann diese Feststellung nicht (mehr) getroffen werden, soll es der Aufsichtsbehörde möglich sein, die Abspaltung von Unternehmensteilen oder die Verkleinerung durchzusetzen. Dem Vernehmen nach wird auch im Bundesjustizministerium an einem ähnlichen Entwurf gearbeitet.

Aus der Perspektive des Strafrechts scheinen derartige auf Ausnahmefälle mit Systemrelevanz beschränkte Instrumente gegenüber der Erfindung neuer, allgemeiner, der Funktionsfähigkeit der Kreditwirtschaft vermeintlich dienender und notwendigerweise überaus komplizierter Straftatbestände allemal vorzugswürdig.

Anne Wehnert

# Interne Ermittlungen und Legalitätsprinzip – Relativierung des staatlichen Ermittlungsmonopols?

## Gliederung



## 1. Einleitung

Es ist festzustellen, dass die faktische Beteiligung Privater an strafprozessualen Ermittlungen heutzutage vielfältig ist. Ich will mich aber im Rahmen des Vortrags wegen der Kürze der zur Verfügung stehenden Zeit auf die private Straftatnachforschung in Unternehmen im Zusammenhang mit staatsanwaltlichen Ermittlungen beschränken. Auf das grundsätzlich berechtigte Anliegen des Arbeitgebers, Straftaten innerhalb der ihm obliegenden Unternehmenssphäre zu bekämpfen sowie die Einhaltung geltender Regeln am Arbeitsplatz nachhaltig zu kontrollieren (Stichwort: Compliance), bzw. auf die hier zu beobachtenden unverhältnismäßigen Auswüchse der jüngsten Vergangenheit (Lidl, Telekom usw.)[1] werde ich nicht eingehen.

Die Frage nach der *Relativierung des staatlichen Ermittlungsmonopols* durch interne Ermittlungen beginnt methodisch zunächst beim Wortlaut des § 152 Abs. 2 StPO, der die generelle Aufgabenzuweisung des Gesetzgebers an die Staatsanwaltschaft zum Einschreiten bei Vorliegen eines Anfangsverdachts enthält. Verfas-

**Erschienen in** ILFS Band 8: Ökonomie versus Recht im Finanzmarkt?, 2011

1 Siehe hierzu *Neuhaus* in: Kempf/Lüderssen/Volk (Hrsg.) Die Finanzkrise, das Wirtschaftsstrafrecht und die Moral, S. 348 ff.

https://doi.org/10.1515/9783111057125-025

sungsrechtlich ist insoweit Art. 20 Abs. 2 S. 2 GG einschlägig, der die Organisationshoheit des Staates zur rationalen und sachgerechten Erfüllung von staatlichen Aufgaben denknotwendig voraussetzt.[2]

Das Legalitätsprinzip als solches ist verfassungsrechtlich hingegen allein schon aus der Rechtsstaatsgarantie herzuleiten, da nur die konsequente Implementierung eines Verfolgungs- und Anklagezwangs nach dem Verfassungsverständnis die notwendige Gleichbehandlung der betroffenen Bürger gem. Art. 3 Abs. 1 GG und damit letztlich allgemein strafrechtliche Gerechtigkeit im Geltungsbereich der Verfassung garantiert. Eine *Relativierung des Ermittlungsmonopols* – und deshalb des Legalitätsprinzips – würde infolgedessen einhergehen mit einer Relativierung der Rechtsstaatsgarantie, die als wesentliches Prinzip des deutschen Grundgesetzes allgemein anerkannt ist und besonderen Schutz genießt.[3]

## 2. Interessenlage Staatsanwaltschaft vs Unternehmen

Wie sind in diesem Zusammenhang interne Ermittlungen zu bewerten?

Immer häufiger zu beobachten sind interne Ermittlungen im Unternehmen unter Hinzuziehung externer Rechtsanwälte, Detektive sowie Wirtschaftsprüfer im Vorfeld oder in einem Kontext staatsanwaltschaftlicher Ermittlungsverfahren, die vor allem darauf abzielen, der Staatsanwaltschaft privat recherchierte Erkenntnisse – teilweise aufbereitet wie Anklageschriften – zwecks der Verwendung im Ermittlungsverfahren zuzutragen. Für Staatsanwälte kann ein, objektiv betrachtet, durchaus nachvollziehbares Interesse an dieser interdisziplinären Art einer Zuarbeit durch nichtstaatliche Dritte bestehen, führt sie doch zur spürbaren Ressourcenschonung in personeller und finanzieller Hinsicht, zur deutlichen Beschleunigung der notwendigen Aufklärungsarbeit und – nicht selten – zur Aufklärung von zum Teil hoch komplexen Sachverhalten in fernab gelegenen Regionen, in denen sich Rechtshilfeersuchen als stumpfes Schwert erweisen. Im ebenso verständlichen Gegenzug versprechen sich intern ermittelnde Unternehmen von einer vertrauensvollen Zusammenarbeit mit der Staatsanwaltschaft einen Bonus als Einziehungsbeteiligte bzw. Adressaten von Unternehmensgeldbußen nach dem Motto „schnell, leise, billig"!

Dieses interessengeleitete Phänomen der freiwilligen Übergabe unternehmensintern recherchierter Erkenntnisse an die Staatsanwaltschaft wurde als Praxis

2 BVerfGE 90, 364.

3 Vgl. BVerfGE 20, 331.

aus den USA importiert. Die Einschaltung privater Ermittler zur Aufarbeitung von Sachverhalten für die Staatsanwaltschaft ist im Zusammenhang mit sog. FCPA-Ermittlungen seit langem Standard. Die *Prosecutorial Guidelines* – vom amerikanischen *Department of Justice* formulierte Leitlinien, die dortigen Staatsanwälten bei der Durchführung von Ermittlungen gegen Unternehmen als Richtschnur für die eigene Ermessensausübung dienen – setzen die Vornahme interner Ermittlungen durch private Dritte geradezu voraus.[4] Ohne die willentliche Zuarbeit des Unternehmens in Form interner Ermittlungen läuft ein in den USA beschuldigtes Unternehmen Gefahr, die volle Härte des gesetzlichen Sanktionsprogramms bis hin zu einer Unternehmensliquidierung zu spüren zu bekommen. Im „*best case*" können dagegen umfassend vom Unternehmen aufbereitete Ermittlungen am Ende dazu führen, dass amerikanische Staatsanwälte auf die Durchführung eigener Ermittlungen gegen das beschuldigte Unternehmen ganz verzichten. Im Fall absolut uneingeschränkter Kooperation, d. h. der rechtzeitigen und freiwilligen Offenbarung von Fehlverhalten Einzelner und der Bereitschaft zur umfänglichen Zusammenarbeit mit der Staatsanwaltschaft unter Verzicht auf das *Attorney Client Privilege* und das *Work Product Privilege* – kann es in den USA gar gelingen, dass in einem Strafverfahren auf eine Sanktionierung des beschuldigten Unternehmens vollständig verzichtet wird.[5]

## 3. Sphärenveschiebung

Mit der Adaption dieser scheinbar zweckmäßigen US-amerikanischen Mechanismen in deutsche Ermittlungsverfahren, die zu einem Outsourcing staatsanwaltschaftlicher Ermittlungen an nichtstaatliche Dritte führt, sind aufgrund der sehr unterschiedlichen Verfassungssysteme Friktionen mit dem deutschen Verfassungsrecht – und folglich auch mit strafprozessualen Grundsätzen – unvermeidbar.

Als Stichworte zu nennen sind etwa:

- Aufgabe des Legalitätsprinzips zugunsten eines universellen Opportunitätsprinzips
- Potentielle Grundrechtsbeeinträchtigungen (z. B. Art. 1 GG, Art. 3 Abs. 1 GG)
- Schwächung der Schutzwirkung des Art. 20 Abs. 2 S. 2 GG (Gewaltenteilung)
- Missachtung des Demokratieprinzips (Materielle und personelle Legitimation)

4 Vgl. *Wehnert* NJW 2009, 1190 ff.

5 *Wehnert* in: FS Müller 2008, S. 729 ff.; *dies.* in: FS Dahs 2005, S. 523.

Es muss leider konstatiert werden, dass es in Deutschland – praeter legem – in jüngerer Zeit häufiger zu Sphärenverschiebungen, weg vom erwünschten staatlichen Ermittlungsmonopol und hin zur umfänglichen Einbeziehung privater Ermittler im Bereich der Aufklärung strafrechtlich relevanter Sachverhalte mit Unternehmensbezug, kommt.[6]

Wie sieht diese Sphärenverschiebung aus?

Interne Unternehmensermittlungen werden nicht nur parallel zu den Ermittlungen der Staatsanwaltschaft nach Einleitung eines Ermittlungsverfahrens geführt, sondern kommen auch im Vorfeld eines Anfangsverdachts gemäß § 152 Abs. 2 StPO sowohl auf Eigeninitiative der Unternehmen als auch auf Initiative der Staatsanwaltschaft im Rahmen eines AR-Verfahrens oder in einem schon anhängigen Js-Verfahren zu anderen strafprozessualen Lebenssachverhalten i. S. v. § 264 StPO vor.

## 4. Parallelermittlungen

Wenden wir uns zunächst den Parallelermittlungen zu:

In welchem Umfang sind parallel zur Staatsanwaltschaft geführte Unternehmensermittlungen in einem schon anhängigen Ermittlungsverfahren zulässig?

Das Ermittlungsmonopol der Staatsanwaltschaft ist dann tangiert, wenn diese nur noch formal in Erscheinung tritt und die wesentlichen Ermittlungsschritte von privaten Ermittlern durchgeführt werden, die Staatsanwaltschaft also ihre Sachleitungsbefugnis aus der Hand gibt und die Verpflichtung zur Unparteilichkeit (§ 160 Abs. 2 StPO) aufgibt. Das Ermittlungsmonopol der Staatsanwaltschaft wird auch dann unterlaufen, wenn durch interne Ermittlungen persönliche und sachliche Beweisquellen getrübt werden. Dies kann etwa bei Befragung von Anhörungspersonen durch interne Erhebungen im Vorgriff auf eine Vernehmung durch die Staatsanwaltschaft der Fall sein. Denn interne Unternehmenserhebungen erfolgen in der Regel nicht objektiv und neutral, sondern sind geprägt durch das vom Unternehmen selbst – wie auch immer – definierte Unternehmensinteresse. Unsachgemäß durchgeführte Erstanhörungen von Auskunftspersonen durch interne Ermittler können den Beweiswert einer zeugenschaftlichen Nachvernehmung durch die Staatsanwaltschaft zunichte machen. Gleiches gilt für sämtliche sonstigen Erhebungen durch interne Ermittler, die nur einmal durchgeführt werden können und sodann verbraucht sind (z. B. unsachgemäße Personengegenüberstellung; bei Erst-Tatortbesichtigung Verwischung der Spurenlage). Aus diesem Grunde nehmen

6 Vgl. *Brunhöber* GA 2010, 751 ff.; *Dann* ZMGR 2010, 286; *Wehnert* JR 2007, 81.

Staatsanwälte häufig das Erstvernehmungsrecht für sich in Anspruch und untersagen solche Parallelermittlungen. Es kommen aber auch Fälle vor, in denen Staatsanwälte im anhängigen Ermittlungsverfahren Ermittlungshandlungen auf interne Unternehmensermittler übertragen und diese wie Beliehene einsetzen. Absprachen zwischen dem Unternehmen und der Staatsanwaltschaft im Rahmen der Kooperation dahin, dass die Staatsanwaltschaft den internen Ermittlern die Befragung überlässt, sind mit dem Legalitätsprinzip nicht in Einklang zu bringen. Aus fiskalischen Gründen darf das Legalitätsprinzip nicht eingeschränkt werden. Die Verpflichtung der Staatsanwaltschaft zum Einschreiten umfasst auch die Veranlassung solcher Maßnahmen im Ermittlungsverfahren, die nur an die Ermittlungspersonen der Staatsanwaltschaft übertragen werden dürfen und nicht an sonstige Organisationen und schon gar nicht an private Dritte, die regelmäßig selbst ein Interesse am Ausgang des Verfahrens haben, zumal sie bei der Ausgestaltung der Befragung von Auskunftspersonen nicht den Vorgaben der StPO unterliegen.

Arbeitsrechtliche Instrumentarien – die überaus weitreichende Redepflicht der Auskunftsperson im Lichte der Disziplinierungsmöglichkeiten im arbeitsrechtlichen Über-Unterordnungsverhältnis bis hin zur fristlosen Kündigung eines Kooperationsunwilligen – werden im Falle einer solchen Kooperation zweckändernd eingesetzt. Denn die arbeitsrechtlich nach Maßgabe der wenig restriktiven arbeitsgerichtlichen Rechtsprechung[7] in durchaus zulässiger Weise herausgefilterten Erkenntnisse (z. B. Selbstbelastungspflicht von Anhörungspersonen) verlassen das arbeitsrechtliche Innenverhältnis (Sphäre für Compliance) im Augenblick der freiwilligen Übergabe durch das Unternehmen an den Staat und treten in ein neues strafprozessuales Verhältnis, nämlich das zwischen Staat und Bürger bestehende, ein. Hier greifen die schützenden Formen der Strafprozessordnung für die betroffenen Mitarbeiter in ihrer vom Gesetzgeber vorgesehenen und gesetzlich normierten Art zu spät. Vormalige Anhörungspersonen werden zum Objekt des Verfahrens, da sie ihrer Rechte, die sie als Beschuldigte oder Zeugen im Ermittlungsverfahren selbstverständlich hätten, beraubt wurden.[8] Verwertungsverbote, die in ihrer Reichweite zudem stark umstritten sind, können dann nur noch begrenzt helfen, um die Subjektstellung des Beschuldigten im Ermittlungsverfahren wieder herzustellen.

7 Vgl. LAG Hamm CCZ 2010, 237 m. Anm. *Dann*.

8 Vgl. Thesen der Bundesrechtsanwaltskammer zum Unternehmensanwalt im Strafrecht vom November 2010, BRAK-Stellungnahme-Nr. 35/2010 (abrufbar im Internet unter: www.brak.de).

## 5. Interne Vorfeldermittlungen

Nun zu privaten Ermittlungen im Vorfeld eines Anfangsverdachts. Hier gilt es grundsätzlich zu differenzieren:

Finden die internen Untersuchungen auf Initiative eines Unternehmens mit dem Ziel statt, Strafanzeige zu erstatten, ist das Legalitätsprinzip nach § 152 Abs. 2 StPO und damit das Ermittlungsmonopol der Staatsanwaltschaft grundsätzlich nicht betroffen. Anders verhält es sich dagegen, wenn die Staatsanwaltschaft – das Gesamtgeschehen lenkend – in dieser Phase schon interveniert.

Lassen Sie mich die Problematik anhand einiger beispielhaft zugespitzer Fragen illustrieren:

Darf es sein, dass die Staatsanwaltschaft – etwa nach Lektüre eines Berichts in der Regenbogenpresse – über vermeintlich „völlig undurchsichtige Praktiken" eines Unternehmens zum Erhalt von Großaufträgen in Regionen, die auf dem Index von Transparency International stehen, an das Unternehmen mit der staatlichen Forderung herantritt, im Wege einer – untechnisch gesprochen – „Selbstanzeige" der Staatsanwaltschaft zureichende tatsächliche Anhaltspunkte i. S. v. § 152 Abs. 2 StPO zwecks Einleitung eines Ermittlungsverfahrens zu liefern?

In diesem Fall wäre das Legalitätsprinzip durchbrochen, das die Staatsanwaltschaft verpflichtet, nur bei Vorliegen eines Anfangsverdachts (zureichende tatsächliche Anhaltspunkte) einzuschreiten. Vorermittlungen zur Aufklärung des Vorliegens eines Anfangsverdachts gestatten der Staatsanwaltschaft lediglich die sogenannten „Jedermannsrechte". Hier liegt das Einfallstor für die Sphärenüberlagerung durch den Eingang von privat erhobenen Erkenntnissen im Vorfeld eines Anfangsverdachts zur Einspeisung bei der Staatsanwaltschaft in der Form, dass diese Erkenntnisse zur Bejahung eines Anfangsverdachts und der Einleitung von Ermittlungen führen.

Oder darf es beispielsweise sein, dass die Staatsanwaltschaft nach Einleitung eines Ermittlungsverfahrens wegen des Verdachts der Bestechung eines indonesischen Amtsträgers ein Unternehmen auffordert, zur Erlangung von Anhaltspunkten für korruptive Sachverhalte in anderen Ländern eine Eigenrecherche durchzuführen, etwa unter Einsatz eines sog. Amnestie-Programms, um die Ergebnisse anschließend der Staatsanwaltschaft vorzulegen?

Auch hier wären die Grenzen zulässigen staatsanwaltschaftlichen Handelns gesprengt, weil der Bereich unzulässiger Vorfeldermittlungen betroffen wäre. Ein solches Vorgehen hätte die faktische Verpflichtung eines Unternehmens zur Bezichtigung seiner Organe und Mitarbeiter und – inzident – die Verpflichtung zur Selbstbezichtigung im Rahmen der §§ 30, 130 OWiG zur Folge.

Schließlich stellt sich die Frage, wie es zu beurteilen wäre, wenn ein Unternehmen eigeninitiativ im Vorfeld eines Anfangsverdachts e-Mail-Accounts von Mitarbeitern heimlich auswertet und im Falle des Entstehens eines Verdachts die Daten proaktiv an die Staatsanwaltschaft weiterleitet.

De lege lata würde diese Vorgehensweise jedenfalls, auch wegen Verstoßes gegen das BDSG, Verwertungsverbote nach sich ziehen. Jedoch soll nach dem jüngsten Entwurf der Bundesregierung vom August 2010 für eine Novellierung des BDSG zur Regelung des Beschäftigtendatenschutzes[9] Unternehmen das Recht an die Hand gegeben werden, im Vorfeld eines Anfangsverdachts im Wege einer eigenmächtigen Rasterfahndung heimlich (in zunächst anonymisierter Form) Beschäftigtendaten zur Generierung eines Anfangsverdachts bei Vorliegen der Regelbeispiele der §§ 266, 299 und der 331 bis 334 StGB abzugleichen (§32 d BDSG-E).

Der Kabinettsbeschluss belegt ohne jeden Zweifel, dass der Wille zur Übertragung und sogar Ausweitung des Ermittlungsmonopols auf nichtstaatliche Dritte jetzt auch den Gesetzgeber erreicht hat. Denn bei objektiver Betrachtung ist es den Autoren des vorliegenden Gesetzesvorhabens wohl auch darum gegangen, dass die außerhalb eines zureichenden Anfangsverdachts verarbeiteten personenbezogenen Daten seitens des Unternehmens zwecks weiterer Verwendung der Staatsanwaltschaft vorgelegt werden können. Dies ergibt sich aus § 28 Abs. 2 Nr. 2 lit. b BDSG, wonach die Zweckänderung durch Übermittlung von Daten zur Verfolgung von Straftaten grundsätzlich zulässig ist.

Zwar stellt § 28 Abs. 2 Nr. 2 lit. b BDSG die Datenübermittlung an die Staatsanwaltschaft unter den Vorbehalt, dass kein Grund zu der Annahme besteht, dass der Betroffene ein schutzwürdiges Interesse an einem Ausschluss der Übermittlung oder der Nutzung der Daten hat. Doch dürfte diese Einschränkung bei der hier interessierenden Sachverhaltskonstellation regelmäßig ins Leere gehen.

In anderem Kontext, nämlich der Bewertung der investigativen Recherche durch die Medien, hat *Hassemer*[10] herausgearbeitet, dass die Würde und das Ansehen der Strafjustiz in der Bevölkerung und vor allem ihre vornehmste Aufgabe – die Verarbeitung von Abweichungskonflikten in einem formalisierten Verfahren – nachhaltig gefährdet wären, würden auch die Medien dieses Geschäft betreiben und über Schuld und Unschuld befinden. Das Gewaltmonopol des Staates habe auch ein Verarbeitungsmonopol zum Inhalt, es könne nicht überleben ohne die Macht des staatlichen Rechts, die rechtliche Relevanz von Konflikten zu definieren, die Verarbeitung dieser Konflikte an sich zu ziehen, die Formen der Konfliktverarbeitung festzulegen und interessierte Dritte notfalls fernzuhalten. Sprach *Hassemer* damals

9 BR-Drs. 535/10 v. 3.9.2010; vgl. dazu *Wybitul* ZRFC 2010, 246 ff.

10 Vgl. *Hassemer* NJW 1985, 1921, 1924.

von *Contempt by Publication*, liegt es hier nahe, von *Contempt by Internal Investigations* zu sprechen.

Hinsichtlich der Verwertbarkeit intern durch Zwang gewonnener Erkenntnisse muss § 136 a StPO analog jedenfalls dann in Erwägung gezogen werden, wenn potentielle Verstöße gegen die Menschenwürde durch eine Vermengung der beiden Rechtssphären – privat vs. privat einerseits, Bürger vs. Staat andererseits – zu verzeichnen sind. Offen bleiben hingegen die verfassungsrechtlichen Fragestellungen nach der prinzipiellen Zulässigkeit einer Auslagerung von staatlichen Befugnissen. Es bleibt zu wünschen, dass darüber in der Zukunft intensiv diskutiert wird und am Ende nicht „wieder einmal" das BVerfG als fast schon gewohnheitsrechtlich anerkannter „Gesetzgeber letzter Instanz" diese Fragen wird entscheiden müssen.

## 6. Fazit

Das als Frage ausgestaltete Thema meines heutigen Beitrags „Relativierung des staatlichen Ermittlungsmonopols durch interne Ermittlungen?" ist zum Stand Herbst 2010 differenziert zu beantworten:

a) Solange interne Erhebungen eigeninitiativ von Unternehmen zum Zwecke der Erstattung einer Strafanzeige durchgeführt werden, ist das Ermittlungsmonopol nicht tangiert. Mit arbeitsrechtlichen Disziplinarmaßnahmen erzwungene Erkenntnisse dürfen zur Begründung eines Anfangsverdachts im Strafverfahren nicht verwertet werden (Rechtsgedanke des Gemeinschuldnerbeschlusses[11]).
b) Das Einwirken der Staatsanwaltschaft auf ein Unternehmen zur Durchführung von Erhebungen außerhalb eines Anfangsverdachts unterminiert das Legalitätsprinzip.
c) Sobald interne Erhebungen parallel zu staatsanwaltschaftlichen Ermittlungen durchgeführt werden, gilt das Regime der StPO. Die Staatsanwaltschaft muss Herrin des Ermittlungsverfahrens bleiben. Setzt sie Unternehmen zur Erforschung von Sachverhalten als „Quasi-Beliehene" ein, ist das Ermittlungsmonopol durchbrochen. In diesem Falle ist nicht mehr gewährleistet, dass die Wahrheitserforschung mit legitimen Mitteln und justizförmig erfolgt.

11 Vgl. BVerfGE 56, 37 ff.

Renate Verjans

# Neue – strafbewehrte – Pflichten zur Verhinderung und Anzeige von Straftaten am Beispiel von Compliance

## Gliederung



## I. Einleitung

Der Vortragstitel suggeriert – in Ermangelung eines Fragezeichens am Ende –, dass neue strafbewehrte Pflichten zur Verhinderung und Anzeige von Straftaten bestehen. Daher vorweg: Es gibt kein neues „Gesetz zur Bekämpfung unternehmensbezogener Straftaten durch Compliance".[1] Auch § 138 StGB, der die Nichtanzeige geplanter Straftaten regelt, ist nur in Bezug auf Gewalttaten erweitert worden.[2] Aus dem Bereich der Legislative ergeben sich also keine eindeutigen Anzeichen für die mir als Vortragsthema angetragenen „neuen strafbewehrten Pflichten". Die Existenz solcher Pflichten ist daher die zentrale und begründungsbedürftige These dieses Vortrags.

Meine zweite These folgt aus der Einordnung des Vortrags in den Themenblock Verfahrensrecht: Wenn neue Pflichten zur Verhinderung und Anzeige von Strafta-

**Erschienen in** ILFS Band 8: Ökonomie versus Recht im Finanzmarkt?, 2011

1 Zur Handlungsstrategie der „Bekämpfungsgesetzgebung" im wirtschaftsstrafrechtlichen Kontext (am Beispiel der Geldwäsche) *Herzog/Christmann* WM 2003, 6 ff.
2 Gesetz zur Verfolgung der Vorbereitung von schweren staatsgefährdenden Gewalttaten (Straft-VVG), mit Wirkung v. 4.8.2009, BGBl. I, 2437.

https://doi.org/10.1515/9783111057125-026

ten bestehen, geht dies über die rein materiell-rechtliche Dimension hinaus. Wird die Wirtschaft zu Zwecken der Prävention, Strafverfolgung oder Strafverfolgungsvorsorge in die Pflicht genommen, berührt dies immer auch Verfahrensfragen.[3] Hier besteht eine Gemeinsamkeit mit dem Vortrag von *Wehnert*.[4]

Es gibt vermutlich auch Berührungspunkte zum nachfolgenden Vortrag von *Jahn*. Denn Überwachungs- und Anzeigepflichten jenseits des § 138 StGB kennen wir vor allem aus dem Finanzmarktstrafrecht.[5] So ist die Anzeigepflicht in § 10 WpHG erst kürzlich wieder ergänzt worden:[6] Die Institute haben der BaFin u. a. auch den Verdacht verbotener Leerverkäufe anzuzeigen. Allerdings sind die Pflichten nur bußgeld-, nicht strafbewehrt. Zudem sind sie auch nicht strukturell neu: § 10 WpHG wurde 2004 eingeführt. Das Geldwäschegesetz mit ähnlichen Pflichten besteht sogar seit 1993.[7]

Auch das neue Rundschreiben der BaFin zu den Mindestanforderungen an die Compliance-Funktion (MaComp)[8] präzisiert Verhaltens- und Organisationspflichten der §§ 31 ff WpHG, ohne neue strafbewehrte Pflichten mit sich zu bringen. Oder doch? In den ersten Reaktionen finden sich Warnungen, dass die Nichteinhaltung der MaComp-Vorgaben jetzt auch zu einer Strafbarkeit durch Unterlassen für die Geschäftsleitung und die Compliance Officer führen könnte.[9] Diese Befürchtungen gehen allerdings nicht auf die MaComp selbst zurück, sondern auf die BGH-Entscheidung im Verfahren „Berliner Stadtreinigung".[10] Vielleicht ergeben sich neue strafbewehrte Pflichten also aus der Rechtsprechung?

---

3 *Sieber* zu Compliance als Phänomen der „Privatisierung der Kriminalprävention" in: FS Tiedemann 2008, S. 449. Vgl. ferner *Wessing* in: FS Volk 2009, S. 867 ff.

4 S.a. bereits *Wehnert* am Beispiel der DOJ-Richtlinien in: NJW 2009, 1190, 1191.

5 *Vogel* in: Assmann/Schneider (Hrsg.) WpHG 5. Aufl. 2009, § 10 Rn. 5 f. und *ders.* Wertpapierhandelsstrafrecht – Vorschein eines neuen Strafrechtsmodells? in: Pawlik/Zaczyk (Hrsg.) FS Jakobs 2007, S. 731 ff.

6 Ergänzt durch das Gesetz zur Vorbeugung gegen missbräuchliche Wertpapier- und Derivategeschäfte v. 21.7.2010, BGBl I S. 945.

7 Zu weiteren Beispielen der vielfältigen Kontroll- und Organisationsmaßnahmen vgl. *Neuhaus* in: Lüderssen/Kempf/Volk (Hrsg.) Die Finanzkrise, das Wirtschaftsstrafrecht und die Moral 2010, S. 348, 349.

8 Http://www.bafin.de/SharedDocs/Mitteilungen/DE/Service/PM_2010/pm_100607_macomp.html (Stand dieser und aller in diesem Beitrag noch folgenden URL: Januar 2011).

9 So der Bundesverband der Deutschen Volksbanken und Raiffeisenbanken (BVR) bereits im Konsultationsverfahren, vgl. das Schreiben an die BaFin v. 12. 2. 2010 http://tinyurl.com/4rhhhvf. Vgl. auch die Kanzlei-Informationen der Kollegen von CMS Hasche Sigle zur MaComp, http://tinyurl.com/5t9av67, S. 13.

10 BGH 5 StR 394/08, u. a. StV 2009, 687 ff. m. Anm. *Berndt* und NJW 2009, 3173 ff. m. Anm. *Stoffers*.

# II. Die Entscheidung des 5. Senats vom 17.7.2009

Der 5. Senat hat im Wege eines obiter dictums im Urteil vom 17.7.2009 ausgeführt, Compliance Officer werde „regelmäßig eine Garantenpflicht i.S.d. § 13 StGB treffen", betriebsbezogene Straftaten von Unternehmensangehörigen zu verhindern. Die Entscheidung selbst betraf einen Leiter der Innenrevision der Berliner Stadtreinigung, einer Anstalt des öffentlichen Rechts. Es ging um eine fehlerhafte Tarifkalkulation und überhöhte Benutzungsentgelte von mehr als 20 Mio. Euro. Einige Wochen zuvor hatte der 5. Senat in der gleichen Angelegenheit bereits die Verurteilung eines Vorstandsmitglieds bestätigt, das die Anweisung gegeben hatte, den festgestellten Kalkulationsfehler nicht zu berichtigen.[11] Der Innenrevisor wusste von diesem – als Betrug in mittelbarer Täterschaft gewerteten – Vorgehen des betreffenden Vorstandsmitglieds. Er hat es aber weder gegenüber den anderen Mitgliedern des Vorstands noch gegenüber dem Aufsichtsrat beanstandet. Vorgeworfen wurde dem Innenrevisor daher eine Beihilfe durch Unterlassen zu der Straftat eines anderen Unternehmensangehörigen. Für die Frage seiner Verantwortlichkeit war also zentral, ob er als Garant i.S.d. § 13 StGB betriebsbezogene Straftaten zu unterbinden hatte.

In diesem Zusammenhang steht das für uns heute zentrale obiter dictum: In Abgrenzung zu den Pflichten des Angeklagten führte der BGH aus, ein Einschreiten gegen Rechtsverstöße, die von dem Unternehmen ausgehen, würde im Wirtschaftsleben heute durch die Einstellung sog. Compliance Officer umgesetzt. Diese treffe daher regelmäßig eine Garantenpflicht als „notwendige Kehrseite der gegenüber der Unternehmensleitung übernommenen Pflicht, Rechtsverstöße ... zu unterbinden."[12]

Erste Reaktionen auf das Urteil schlugen insb. eine Anpassung der Stellenbeschreibung des Compliance Officers vor, um die neuen Risiken zu reduzieren.[13] Es wurden aber auch schnell Bedenken an der Zweckmäßigkeit dieses Vorgehens laut.

Denn es besteht eine Wechselwirkung zwischen der Haftung des Compliance Officers und jener der Unternehmensleitung: In der Entscheidung ist als Prämisse auch eine Positionierung des 5. Senats in der Kontroverse um die strafrechtliche

---

**11** BGH Beschl. v. 9.6.2009, 5 StR 394/08, NJW 2009, 2900 ff.

**12** *Michalke* AnwBl. 2010, 666, 668 weist treffend auf die dogmatischen Mängel dieser „Kehrseiten"-Herleitung hin: Es fehle bereits an der „entsprechenden ‚Vorderseite'".

**13** Zu ersten Reaktionen und zur „Verunsicherung unter den Aufpassern" vgl. *Sigmund* Handelsblatt v. 16.9.2009, http://www.handelsblatt.com/gericht-erhoeht-persoenliches-risiko-von-korruptionsbeauftragten;2454881.

*Geschäftsherrenhaftung* zu erkennen.[14] Für die Garantenstellung des Compliance Officers kommt es auch darauf an, ob die Unternehmensleitung ggf. als Mittäter oder Teilnehmer zur Verantwortung zu ziehen ist, wenn sie bei Hinweisen auf betriebsbezogene Straftaten ihrer Mitarbeiter nicht einschreitet.

Dies ergibt sich daraus, dass Garantenpflichten immer eine Herrschaftsposition voraussetzen, entweder über ein zu schützendes hilfloses Rechtsgut oder einen zu überwachenden Gefahrenherd.[15] Diese Herrschaft wird grds. von der Leitungsebene ausgeübt. Die Garantenstellung des Compliance Officers kann daher nur eine von der Unternehmensführung abgeleitete sein.

Verneint man eine Einstandspflicht der Unternehmensleitung für betriebsbezogene Straftaten von Unternehmensangehörigen, könnten sich für den Compliance Officer aus der Pflichtenübernahme ebenfalls nur arbeitsrechtliche Konsequenzen im Innenverhältnis ergeben.[16] Pointierter ausgedrückt: Wo nichts ist, kann auch nichts übertragen oder übernommen werden.

Als Motivation des BGH für das obiter dictum kommt genau diese Wechselbeziehung in Betracht. Möglicherweise sollte bereits ein Signal an die Compliance-Szene gesendet werden, dass Feigenblatt-Compliance allenfalls zu einer Verlagerung bestimmter Haftungsrisiken, aber nicht zu einer folgenlosen Entlastung führen kann.[17] Der Senat ist damit vor allem der Flucht in die sog. „organisierte Unverantwortlichkeit“ entgegengetreten:

Vor diesem Hintergrund wird eine Garantenstellung des Compliance Officers teilweise als überzeugend angesehen, weil andernfalls „schwer akzeptable Schutzlücken“ entstünden.[18] Es wird auch vertreten, dass sich daraus keine Neuordnung der Zuschreibung unternehmensexterner Schäden ergibt. Die Auffassung des 5. Senats füge sich „nahtlos“[19] in die vorhandene Rechtsprechung zur Überwachung von Gefahrenquellen ein. Die Garantenstellung des Compliance Officers beruhe wesentlich auf seiner „Informationsmacht“.[20]

---

**14** *Berndt* StV 2009, 689, 690; *Spring* GA 2010, 222, 224.

**15** *Berndt* (Fn. 14) 690.

**16** So i.E. auch *Rübenstahl* NZG 2009, 1341, 1344: „Andernfalls müsste man – absurderweise – annehmen, die Besetzung der Stelle eines CO könne oder solle im Unternehmen bisher nicht existierende – strafbewehrte – Handlungspflichten schaffen.“

**17** *Berndt* (Fn. 14) 691.

**18** *Rönnau/Schneider* ZIP 2010, 53, 58.

**19** *Fischer* in: Lüderssen/Kempf/Volk (Hrsg.) Die Finanzkrise, das Wirtschaftsstrafrecht und die Moral 2010, S. 190, 199.

**20** So zur „Garantenstellung des Betriebsbeauftragten“ bereits 2003 *Böse* NStZ 2003, 636, 640 (mit Verweis auf *Busch* und *Schünemann*). Für den Compliance Officer darauf Bezug nehmend auch *Rönnau/Schneider* (Fn. 18) 58.

Nach dieser Ansicht ist die erste These – die Existenz der im Vortragstitel genannten Pflichten – zumindest teilweise bestätigt: Die Auffassung bejaht strafbewehrte Pflichten zur Verhinderung von Straftaten im Compliance-Bereich – und stellt vielleicht nur in Frage, dass sie neu sind.[21]

## III. Strafbewehrte Pflichten zur Verhinderung unternehmensbezogener Straftaten?

Hinsichtlich des Umfangs der Verantwortlichkeit muss das obiter dictum im Kontext des Sachverhalts gesehen werden: Der angeklagte Innenrevisor hatte konkrete Kenntnis einer noch nicht vollendeten betriebsbezogenen Straftat. Er hätte diese – so der BGH – durch Beanstandung gegenüber dem Gesamtvorstand oder dem Aufsichtsrat unterbinden können. Allerdings ist völlig offen, ob auch über diese Konstellation hinaus eine Pflicht zur Verhinderung von Straftaten besteht:

Aus dem obiter dictum muss jedenfalls nicht der Schluss gezogen werden, der Compliance Officer würde auch ohne konkrete Kenntnis sich abzeichnender Straftaten als Garant einer Erfolgsverhinderung herangezogen. Diese Einschränkung betrifft insb. das präventive Tätigkeitsfeld wie den Aufbau einer Compliance-Struktur und die Schulung der Mitarbeiter.[22] So ist der Compliance Officer nicht als Teilnehmer einer Korruptionsstraftat zu sehen, nur weil er Anti-Korruptions-Schulungen unterlassen hat. Hier sind an die Kausalitätsprüfung eines etwaigen Unterlassens besonders hohe Anforderungen zu stellen.[23] Auch die Möglichkeit der Erfolgsverhinderung und der Erkenntnis eines Erfolgseintritts begrenzen die Risiken des Compliance Officers.

Für den eingangs angesprochenen Bereich des Finanzmarktstrafrechts bedeutet dies z. B., dass Strafbarkeitsrisiken allein durch die Nichteinhaltung der MaComp-Vorgaben eher gering sind: Dies liegt nicht nur in der Beschränkung des obiter dictums auf betriebsbezogene Straftaten von Unternehmensangehörigen. Auch bei einer möglichen Beteiligung eigener Mitarbeiter ergibt sich ein Schutz durch die allgemeinen dogmatischen Strukturen: Wer es z. B. unterlässt, ein ausreichendes Compliance-System nach § 33 WpHG zu installieren, leistet deshalb selbst als Garant durch dieses Unterlassen regelmäßig noch nicht mit dem erfor-

---

21 *Fischer* (Fn. 19) S. 191, 199.

22 Zur Unterscheidung in Interventions- und Präventivfälle *Thomas* CCZ 2009, 239,240.

23 *Kraft/Winkler* CCZ 2009, 29, 32. Vgl. zu den Anforderungen an die Ursächlichkeit eines Pflichtenverstoßes auch BGH NJW 2008, 1897 (KFZ-Werkstattleiter) und BGH NJW 2010, 1087 (Bad Reichenhaller Eissporthalle).

derlichen doppelten Gehilfenvorsatz Beihilfe zu einer konkreten Insiderstraftat. Auf die Rechtsnatur[24] der MaComp als bloße normkonkretisierende Verlautbarung kommt es dabei noch nicht einmal zentral an.

## IV. Strafbewehrte Pflichten zur Anzeige unternehmensbezogener Straftaten?

Soweit in dem Vortragstitel auch vom Bestehen strafbewehrter Anzeigepflichten im Compliance-Bereich ausgegangen wird, ist zwischen *interner* und *externer* Anzeige zu differenzieren:[25] Der BGH fordert von dem Innenrevisor nicht nur ein „Unterbinden durch Beanstanden" gegenüber dem Vorstand, sondern ggf. auch gegenüber dem Aufsichtsrat.[26] Eine Pflicht zur Anzeige gegenüber externen Behörden ergibt aber sich nicht aus dem obiter dictum und wird auch überwiegend verneint.Begründet wird dies insb. mit den Grenzen des § 138 StGB und der arbeitsrechtlich geschuldeten Loyalität.[27] Nur eine m.M. sieht den Compliance Officer bei schweren Straftaten auch zur Erstattung einer Strafanzeige verpflichtet, wenn Vorstand und Aufsichtsrat eine Verhinderung der Tat verweigern.[28]

Als Alternative zur externen Anzeige in einem solchen Konfliktfall wird teilweise auch vorgeschlagen, bereits in der Funktionsbeschreibung des Compliance Officers als Eskalationsroutine die Meldung an einen Ombudsmann oder eine externe Kanzlei vorzusehen.[29]

---

24 Zur Rechtsnatur der MaComp *Zingel* BKR 2010, 500, 501 m.w.N.

25 *Bürkle* CCZ 2010, 4, 10.

26 Aus der Entscheidung geht nicht hervor, ob diese Erwartung der Einschaltung des Aufsichtsrats allein darin begründet liegt, dass der Aufsichtsrat selbst in die Tarifbestimmung einbezogen war, oder ob der Senat im Falle eines involvierten Vorstandes allgemein eine solche Eskalationsroutine erwartet.

27 *Favoccia/Richter* AG 2010, 137, 141. Zu Konsequenzen der Loyalitätspflicht insb. auch *Illing/Umnuß* CCZ 2009, 1, 5.

28 *D.-M. Barton*, juris-PR-StrafR 23/2009 Anm. 1: „Je schwerwiegender somit die Schäden sind, … umso eher wird man von dem Compliance Officer verlangen müssen, die Strafverfolgungsbehörden einzuschalten, sollte die Geschäftsleitung selbst involviert sein oder trotz der Information keine Gegenmaßnahmen ergreifen." Die Möglichkeit einer arbeitsvertraglich zugewiesenen Pflicht zur Schadensabwendung „durch Rechtsverfolgung (z.B. Strafanzeige)" erwägen auch *Grau/Blechschmidt* DB 2009, 2143, 2146.

29 *Wybitul* BB 2009, 2590, 2593.

# V. Zwischenergebnis

Als Zwischenergebnis lässt sich festhalten, dass strafbewehrte Pflichten zur Verhinderung von Straftaten im Compliance-Bereich durch den 5. Senat insoweit bejaht werden, als betriebsbezogene Straftaten von Unternehmensangehörigen bei konkreter Kenntnis des Compliance Officers durch Beanstandung gegenüber dem Vorstand und ggf. dem Aufsichtsrat unterbunden werden müssen.

Selbst wenn die Risiken des Compliance Officers sich insb. durch Kausalitäts- und Vorsatzerwägungen in Grenzen halten sollten, bleiben viele ungeklärte Fragen: von Risiken im Fahrlässigkeitsbereich[30] bis zum Begriff der unternehmensbezogenen Straftat. Gerade im Korruptionsstrafrecht zeigt sich z. B. auch ein Risiko sukzessiver Beihilfe, wenn der Compliance Officer in der mitunter langen Phase zwischen Vollendung und Beendigung von einer Tat erfährt und sie nicht beanstandet.[31] Besondere Risiken ergeben sich hier zudem im großen Bereich der Auslandstaten über die sehr weite Beihilferegelung in § 9 Abs. 2 S. 2 StGB. Diese beiden Problemfelder zeigen sich vielfach sogar kombiniert, wenn der Compliance Officer eines Global Players feststellt, dass bei einem Auslandsgeschäft vor Ort ohne Wissen und Wollen der hiesigen Unternehmensleitung bestochen wurde und die Beendigung der Tat noch fraglich ist.

Allerdings gaben nicht nur diese Unklarheiten im Umfang der Verhinderungspflichten zu der erheblichen Verunsicherung Anlass, die sich in über 30 Aufsätzen und Anmerkungen zu dieser Entscheidung niederschlug.

# VI. Kritik an der Position des BGH

Dass das obiter dictum auch bei vermeintlich beschränkten Haftungsrisiken des Compliance Officers noch Anlass zur Sorge gibt, zeigt ein Blick in einen Nichtannahmebeschluss des BVerfG aus dem Jahr 2002.[32] Zur Begründung der Verfas-

---

30 *Kraft* wistra 2010, 81, 85, weist darauf hin, diese Risiken seien dadurch reduziert, dass „wesentliche … Compliance-Regelungsbereiche – so z. B. das Korruptionsrecht und Vermögensdelikte – mangels fahrlässiger Begehungsmöglichkeiten keine Gefahr für den Compliance Officer“ darstellen.

31 *D.-M. Barton* weist in jurisPR-StrafR 22/2009 Anm.1, ebenfalls auf die Risiken sukzessiver Beihilfe hin.

32 BVerfG NJW 2003, 1030. Beschwerdeführer war ein Kriminalhauptkommissar, der wegen Strafvereitelung durch Unterlassen verurteilt wurde, weil er nach außerdienstlicher Kenntniserlangung eines Betruges i.H.v. 8,2 Mio. DM keine Strafanzeige erstattet hatte. Auf ein Gegenbeispiel in der BGH-Rspr. – Verneinung der Garantenstellung eines Polizisten, BGHSt 38, 388 – weist *Michalke* (Fn. 12) 669 hin.

sungsmäßigkeit des § 13 StGB werden darin u. a. folgende Kriterien hervorgehoben, die sicherstellen sollen, dass diese Norm nicht zu unbestimmt i.S.d. Art. 103 Abs. 2 GG ist: *das Erfordernis normativ begründeter Pflichten sowie eine auf langjähriger Tradition beruhende einheitliche und klare richterrechtliche Umschreibung möglicher Garantenstellungen.*

Gemessen daran stellt sich das obiter dictum entgegen der zuvor dargestellten Auffassung durchaus als problematisch dar. Schon die als Prämisse vorausgesetzte Geschäftsherrenhaftung ist richterrechtlich keineswegs „einheitlich und klar umschrieben", wie vom BVerfG gefordert, sondern wird vielmehr zu den „heute noch umstrittensten Problemen der Garantendogmatik"[33] gerechnet.

Der strafrechtlichen Geschäftsherrenhaftung wird insb. entgegengehalten, dass Mitarbeiter aufgrund ihrer Eigenverantwortlichkeit und Personenautonomie nicht als zu beherrschende „Gefahrenquelle" angesehen werden können.[34] Der Gesetzgeber hat derartige Konstellationen z. B. im Bereich der Amtsträger in § 357 StGB und im Übrigen – als Ordnungswidrigkeit – in § 130 OWiG erfasst. Schweigt das Gesetz zur Frage einer darüber hinausgehenden Geschäftsherrenhaftung, sollte die Rechtsprechung diese nicht über den Umweg des unechten Unterlassungsdelikts einführen.[35]

In Bezug auf den Compliance Officer selbst ist zusätzlich problematisch, dass er regelmäßig über keinerlei Weisungsbefugnisse verfügt. Befehlsgewalt, die Herrschaftsmöglichkeit über den Grund des Erfolges und die Mittel der Verbandsdisziplin sind aber gerade der materielle Grund einer angeblichen Garantenstellung des Geschäftsherrn.[36] Wenn nicht ausnahmsweise auch Weisungsbefugnisse auf den Compliance Officer übertragen werden, lässt sich selbst bei Bejahung der Geschäftsherrenhaftung eine Erstreckung der Garantenstellung nicht begründen.

„Informationsmacht"[37] allein genügt nicht, um eine Herrschaftsposition über freiverantwortliche und gleichrangig – evtl. sogar höherrangig – in der Unternehmenshierarchie stehende Mitarbeiter zu bejahen.[38] Diese Auffassung findet eine Stütze in der sich in § 9 Abs. 2 OWiG und § 14 Abs. 2 StGB zeigenden Wertung des Gesetzgebers. Ist jemand „ausdrücklich beauftragt, in eigener Verantwortung Auf-

---

33 *Roxin* Strafrecht AT II 2003 § 32 Rn. 134. Eine Gesamtschau der Rspr. des RG und des BGH zur strafrechtlichen Geschäftsherrenhaftung findet sich bei *Spring* Die strafrechtliche Geschäftsherrenhaftung 2009, auch bereits unter Einordnung der Vorinstanz i.S. Berliner Stadtreinigung S. 113 f.

34 *Gimbernat Ordeig* in: FS Roxin, 2001, S. 651, 662.

35 *Campos Nave/Vogel* BB 2009, 2546, 2549.

36 *Berndt* (Fn. 14) 691 mit Verweis auf *Roxin* (Fn. 33) § 32, Rn. 31 ff. und *Schünemann* ZStW 96 (1984) 287, 318.

37 *Böse* (Fn. 20) 640.

38 *Warneke* NStZ 2010, 312, 316.

gaben wahrzunehmen, die dem Inhaber des Betriebs obliegen", so haftet er nach diesen Normen nur, wenn er diese Pflichten mit einem Maß an Eigenverantwortlichkeit wahrnimmt, das beim Compliance Officer regelmäßig nicht gegeben ist.[39]

Zudem werden gerade „am Beispiel Compliance" die klassischen Defizite der Rechtsprechung zu § 13 StGB deutlich. Insb. die Funktionenlehre könnte zur Konturierung der Garantenstellung des Compliance Officers erheblich beitragen:[40] Hätte der BGH zu den unterschiedlichen Zielrichtungen von Schutz- und Überwachergarantenstellung Position bezogen, hätte der strafrechtliche Compliance-Begriff sogar unabhängig von der Garantenproblematik Konturen gewinnen können.[41]

Natürlich hatte der BGH im konkreten Fall nicht über die Garantenstellung des Compliance Officers zu entscheiden. „Substantielle" Ausführungen waren daher (noch) nicht erforderlich. In einem obiter dictum kann man wahrscheinlich der essentiellen Bedeutung von Garantenstellungen gar nicht gerecht werden. Bis zu – zweifellos zeitnah bevorstehenden – konkreteren Ausführungen des BGH wird den Untergerichten und Staatsanwaltschaften damit aber ein erheblicher Spielraum für Grund und Grenzen der Garantenpflicht eingeräumt bzw. aufgebürdet.

Die dadurch entstandene Ungewissheit kann im schlimmsten Fall eine Renaissance der Unternehmenskultur des Wegsehens[42] bewirken.[43] So dringend die Compliance-Befürworter in der Diskussion mit den -Skeptikern einen Anreiz für die Schaffung tragfähiger Compliance-Strukturen (endlich) auch aus der höchstrichterlichen Rechtsprechung ableiten möchten, so wenig sind die bisherigen, sich ausdrücklich mit Compliance befassenden BGH-Entscheidungen dazu geeignet: Das Compliance-System war darin bislang viel eher zur Begründung einer Verurteilung der betreffenden Beschuldigten herangeführt worden als sich strafmildernd[44] auszuwirken.[45] Berücksichtigt man dabei noch die aktuelle Diskussion,[46] ob man-

---

39 Auf diese Systematik im Zusammenhang mit §14 StGB weist auch *Rübenstahl* (Fn. 16) 1344 hin. Anderer Ansicht sind, mit Verweis auf die stark ausgeprägte Unabhängigkeit, die besondere Fachkunde und die häufig umfassende Leitung der unternehmensinternen Compliance *Rönnau/ Schneider* (Fn. 18) 61.

40 *Rotsch* ZJS 2009, 712, 718.

41 Zu den fortbestehenden Schwächen der Garantenstellung insb. *Kühl* Die Übernahme von Beschützer- und Überwachungsgarantenstellungen, HRRS 2008, 359 ff.

42 Vgl. *Schemmel/Kirch-Heim* CCZ 2008, 96 ff. zur Problematik der „willful blindness".

43 *Berndt* (Fn. 14) 691 und *Michalke* (Fn. 12) 669.

44 *Sieber* (Fn. 3) 481 zu Anreizstrukturen im Unternehmensstrafrecht. Rechtsvergleichend auch zur Situation in den USA *Engelhart* Sanktionierung von Unternehmen und Compliance 2010, S. 162 ff.

45 Vgl. bereits BGH NJW 2009, 89 in der Siemens/ENEL-Entscheidung „Der Angekl. K, der für die Umsetzung der Compliance-Vorschriften in seinem Unternehmensbereich zuständig war, hatte im Jahr 1999 selbst Rundschreiben an nachgeordnete Mitarbeiter veranlasst, in denen diese auf das

gelnde oder unzureichende Compliance-Bestrebungen einen Untreue-Vorwurf gegen die Führungspersonen nach sich ziehen können, ist es nicht verwunderlich, dass sich Entscheidungsträger häufig „zwischen Skylla und Charybdis“ sehen. Den Weg zwischen den zwei Verhängnissen „zu wenig Compliance“ und „zu viel Compliance“[47] zu finden, ist dabei Maßarbeit. Gerade diesem wesentlichen Umstand, dass ein professionelles Compliance-System ein individuell auf das Unternehmen – die Branche, die Größe, das Auslandsgeschäft, die bisherige Unternehmenskultur, und v.a. – zugeschnittenes Vorgehen erfordert, wird die pauschale „Kehrseiten“-Herleitung einer „regelmäßig“ bestehenden strafbewehrten Garantenpflicht „des Compliance Officers“ nicht gerecht.

## VII. Verfahrensrechtliche Dimension

Ein weiterer Anlass, an derartigen Pflichten zu zweifeln, ergibt sich aus der eingangs aufgestellten zweiten These: Pflichten zur Verhinderung und Anzeige von Straftaten haben nicht nur eine rein materiell-rechtliche Dimension. Das Unbehagen, das mit dem obiter dictum einhergeht, hat auch einen verfahrensrechtlichen Beigeschmack.

Was der BGH durch die Garantenstellung des Compliance Officers offenbar erreichen möchte, erinnert in einigen Punkten an *Schünemanns* Anregung, als Maßregel einen „Unternehmenskurator“ einzusetzen, wenn aus Anlass einer Straftat organisatorische Mängel festgestellt werden.[48] Dieser Kurator soll den Informationsfluss im Unternehmen optimieren. Er hat weitgehende Informations-

---

arbeitsvertragliche Verbot jeglicher Schmiergeldzahlungen ausdrücklich hingewiesen wurden. [...] Soweit die Verteidigung des Angekl. geltend gemacht hat, es habe sich bei den entsprechenden Compliance-Vorschriften um eine ‚bloße Fassade‘ gehandelt, der kein ernst gemeintes Verbot zu Grunde gelegen habe, widerspricht dies den Feststellungen“.

46 Vgl. dazu den Vortrag von *Michalke* beim ILF-Symposion Wirtschaftsstrafrecht am 5.11.2010 sowie *Theile* wistra 2010, 457 ff. Zu interessanten ähnlichen Entwicklungen im italienischen Recht (neue Risiken für natürliche Personen im Zuge von Organisationsmaßnahmen zur Verringerung von Unternehmensrisiken) vgl. *Nisco* GA 2010, 525, 532/533.

47 *Bock* HRRS 2010, 316, 319: „Nur eine rationale Abwägung gewährleistet, dass rechtlich geforderte Compliance-Systeme keine übermäßige interne Regulierung bewirken. Die Maßstäbe sind durcheinander geraten, wenn eine Compliance-Stelle über mehr Mitarbeiter verfügt als die Forschungsabteilung oder der Vertrieb.“.

48 *Schünemann* z.B. in: FS Tiedemann 2008, 429, 446 und *ders.* In: Eser/Heine/Huber (Hrsg.) Criminal Responsibility of Legal and Collective Entities, 1999, S. 293 ff. Ein zentraler Gesichtspunkt dieses Konzepts einer Unternehmenskuratel, der bei der oben genannten Assoziation keine unmittelbare Entsprechung findet, ist freilich die Publizitätswirkung.

rechte sowie Zugang zu Unterlagen und Dokumenten, aber keine Entscheidungsbefugnisse. Dem liegt die Erwägung zugrunde, dass eine wesentliche Ursache von Unternehmenskriminalität der Mangel an Information und interner Kommunikation ist. Eine Heilung dieser Mängel im organisatorischen Bereich könne keine Unternehmensgeldbuße leisten, sondern nur ein „magisches Auge im Unternehmen".

Ein Indiz dafür, dass der BGH in dem Compliance Officer Potenzial für ein solches „magisches Auge" im öffentlichen Interesse sieht, ist die Bejahung der Pflicht, ggf. den Aufsichtsrat zu informieren. Wenn dies auch von dem Compliance Officer erwartet wird, wird deutlich, dass es dem BGH nicht allein darum ging, das durch Aufgabenteilung und -delegation entstehende Informationsdefizit auszugleichen und eine Flucht in die „organisierte Unverantwortlichkeit" zu vermeiden. Letztere wäre schon dann unmöglich, wenn der Compliance Officer nur den Vorstand unterrichten müsste, gegenüber dem er die Pflichten übernommen hat. Die delegierte Verantwortlichkeit wäre dann an die Firmenleitung zurückgegeben, wie es der 4. Senat 2008 zur Garantenstellung eines KFZ-Werkstattleiters ausgeführt hatte.[49] Ein involvierter Vorstand würde „nach der kriminalistischen Erfahrung" selbst wohl kaum den Aufsichtsrat über sein eigenes strafbares Verhalten in Kenntnis setzen. Der Compliance Officer soll es jedoch tun – ungeachtet aller internen Interessenkollisionen, der aktienrechtlichen Kompetenzverteilung und bislang ohne gesetzlich vorgesehenen Kündigungsschutz.[50] Durch diese Eskalationskette soll der Compliance Officer offenbar nicht nur ein Informationsdefizit des Vorstands wieder ausgleichen, sondern einen Informationsmehrwert auf der Ebene des Aufsichtsrats schaffen.

Dabei drängt sich die Assoziation mit den anderen vom Senat gegebenen Beispielen einer „Garantenstellung kraft Übernahme" auf: Polizisten und im öffentlichen Interesse vorgesehene Unternehmensbeauftragte, z. B. im Bereich des Gewässer- und Immissionsschutzes.[51] Anders als diese wird der Compliance Officer aber nicht im öffentlichen, sondern grds. allein im Unternehmensinteresse tätig.[52] Ihn gleichwohl strafbewehrt in die Pflicht zu nehmen, unternehmensbezogene

49 BGH NJW 2008, 1897 m. Anm. *Kühl*. Vgl. ferner die Anm. im VBB-Newsletter 02/2009, S. 1 „Risiko: Rückübertragung von Verantwortlichkeit" http://www.wirtschaftsstrafrecht.de/newsletters/Newsletter2.pdf.

50 Vgl. *Favoccia/Richter* (Fn. 27) 139 f. zu den Berichtswegen bei Untätigkeit oder Selbstbetroffenheit des Vorstands aus zivilrechtlicher Sicht sowie *Illing/Umnuß* (Fn. 27) 6 zur kündigungsrechtlichen Situation.

51 Zur strafrechtlichen Haftung des Gewässerschutzbeauftragten bereits *Dahs* NStZ 1986, 97 ff. und OLG Frankfurt NJW 1987, 2753 ff.

52 *Rolshoven/Hense* BKR 2009, 425, 427.

Straftaten zu verhindern, lässt die Grenzen zwischen privaten und öffentlichen Aufgaben weiter erodieren.

Womöglich kommt die Privatwirtschaft der Legislative und der Judikative allerdings sogar durch faktische Selbstregulierung[53] und die normative Kraft eines neuen best practice-Standards zuvor: Als Reaktion auf die bestehende – und durch das obiter dictum noch vergrößerte – Unsicherheit in der Compliance-Landschaft wird teilweise angeregt, den Pflichtenkatalog aus den für den WpHG-Bereich konkretisierten Verhaltensregelungen auch in anderen Branchen als Orientierungsmaßstab für das Berufsbild des Compliance Officers zu verwenden.[54] Dieser Empfehlung schließen sich nach ersten Beobachtungen in der Rechtspraxis insb. Strafverfolgungsbehörden gern an, die dabei auf den vorteilhaften Detailgrad der WpHG-Regelungen verweisen. Die Aussicht, in einem evtl. Ermittlungsverfahren mit einem überobligatorischen Compliance-System in jedem Fall „auf der sicheren Seite" zu sein, mag hier zu einem vorauseilenden Gehorsam führen, mit dem sich die Privatwirtschaft zur Erfüllung genuin staatlicher Aufgaben zunehmend selbst in größerem Umfang in die Pflicht nimmt als es die Legislative je könnte.

## VIII. Fazit

Schon die Geschäftsherrenhaftung, erst recht aber die Garantenstellung des Compliance Officers stellt sich als Fortschreibung einer Inpflichtnahme der Privatwirtschaft zur Erfüllung von Staatsaufgaben dar, die im Bereich von GwG, KWG, WpHG und durch diverse Betriebsbeauftragte schon lange Einzug gehalten hat und branchenübergreifend immer weiter um sich greift.

Die Tendenz, auch Unternehmen, die nicht einmal einem Risikobereich[55] wie dem Finanzsektor angehören, auf diese Weise in die Pflicht zu nehmen, passt in ein Klima, das zunehmend der Risikobeherrschung den Vorrang gegenüber Präzision in der Begrifflichkeit einräumt.[56] Einer weitergehenden Verlagerung der Prävention und der Strafverfolgungsvorsorge auf Private ist daher entgegenzutreten.[57]

53 Zu Selbstregulierung und Compliance vgl. Kempf/*Lüderssen*/Volk (Hrsg.) Die Handlungsfreiheit des Unternehmers 2009, S. 241, 311, und *Engelhart* (Fn. 44) S. 601 ff.

54 *Krieger/Günther* NZA 2010, 367, 369 f. orientieren ihre Anregungen zur effektiven arbeitsrechtlichen Ausgestaltung der Funktion des Compliance Officers am WpHG i.V.m. WpDVerOV.

55 *Veil* will eine Garantenpflicht des Compliance Officers (nur) für Unternehmen bejahen, die der Wertpapier- und/oder Bankenaufsicht unterliegen: Verantwortung und Pflichten des Compliance Officers aus der Perspektive des Gesellschafts- und Aufsichtsrechts http://www.netzwerk-compliance.de/veroeffentlichungen/vortrag_veil_12_11_09.pdf, 13.

56 Zu diesem Klima *Hassemer* HRRS 2006, 130, 135 f.

Gerade vor diesem Hintergrund hoffe ich, den Beitragstitel „Neue strafbewehrte Pflichten zur Verhinderung und Anzeige von Straftaten im Compliance-Bereich“ mit einem Fragezeichen versehen zu haben.

57 *Greeve* in: FS AG Strafrecht/DAV 2009, S. 512, 529.

Ralf Kölbel

# Verborgene Probleme der Opfermitverantwortung: Wirtschaftskriminologische Überlegungen

## Gliederung



## 1. Einleitung

Wenn die hier zu bearbeitende Thematik darin besteht, die dem Opfer zugerechnete (oder zugeschriebene) Mitverantwortung für wirtschaftsdeliktische Ereignisse in allgemeiner Form zu problematisieren, so könnte man an sich eine Darstellung der einschlägigen Grundkonstellationen und der darauf bezogenen dogmatischen Aspekte erwarten. Ich habe die Aufgabenstellung indes etwas anders interpretiert, nämlich als Auftrag, Opfermitverantwortung bei der Wirtschaftsdelinquenz als soziales Deutungsmuster zu rekonstruieren. Daher werde ich im Folgenden den kriminologischen Forschungs- und Meinungsstand zu einem spezifischen Opferstereotyp referieren, sodann danach fragen, ob und wie ihn die Betrugsjudikatur reproduziert, um mit einer knappen, ebenfalls kriminologisch grundierten Stellungnahme zu eben dieser Rechtsprechung zu schließen. Erwarten lassen sich hiervon womöglich Anstöße für die juristische Diskussion, nicht aber – dies liegt in der Natur kriminologischer Forschung – trennscharfe strafrechtliche Kriterien.

**Erschienen in** ILFS Band 18: Strafverfolgung in Wirtschaftsstrafsachen – Strukturen und Motive, 2015

https://doi.org/10.1515/9783111057125-027

# 2. Wirtschaftsdelinquenz und die nicht-ideale Viktimisierung

## 2.1. Opferstereotypen

Mit Blick auf die soziale Konstruktion und Verarbeitung von Wirtschaftsdelikten konstatierte die Kriminologie lange Zeit eine auffällige moralische Ambiguität. Diese Zweideutigkeit kommt bereits darin zum Ausdruck, dass sozialschädliche Aktivitätsformen insbesondere im Bereich der korporativen Delinquenz (anders als allgemeine Kriminalität) juristisch oft nicht als „*Crimes*" bezeichnet und definiert werden: Das Recht gestaltet sie vielfach als Verwaltungsunrecht aus (und nicht als Straftaten), macht sie zum Gegenstand von administrativer Regulierung (und nicht von Strafverfolgung) und beauftragt damit primär berufsständige Organisationen oder Fachbehörden (anstelle der Strafverfolgungsinstitutionen).[1] Auch die staatliche Verfolgungsintensität gilt als geringer – sei es, weil Aufdeckung und Nachweis der fraglichen Ereignisse strukturbedingt erschwert sind,[2] weil die administrativen Institutionen vielfach einen kooperativ-konzilianten Enforcement-Stil pflegen und mehr mit Überzeugen, Beratung und Anreizen als mit Sanktionen operieren (Compliance-Modell),[3] oder weil sich auch im strafrechtlichen Bereich eine Tendenz zu größerer Sanktionsmilde bemerkbar macht.[4] Auch in der allgemeinen sozialen

---

1 Dies gilt auch in Rechtsordnungen, die eine Unternehmensstrafbarkeit prinzipiell kennen. Zu den genannten Unterschieden vgl. *Croall/Hazel* Understanding White Collar Crime, 2. Aufl., Buckingham 2007, 102 ff.

2 Dazu anhand der Bedingungen von fraud detection empirisch *Zingales/Dyck/Morse* Who blows the whistle on corporate fraud. Law and Economics Workshop Berkeley University 10, 2007, 11 ff.; zum Problem vgl. ferner *Shover/Hochstetler* Choosing White-Collar Crime, Cambridge 2007, 98 ff.; zu Überführungshürden *Theile* Wirtschaftskriminalität und Strafverfahren. Systemtheoretische Überlegungen zum Regulierungspotential des Strafrechts, Tübingen 2009, 128 ff.

3 Dazu den Überblick m.w.N. bei *Kölbel* Criminal Compliance – ein Missverständnis des Strafrechts?, ZStW 125 (2013), 499–535 (518 ff.). Kennzeichnend hierfür ist bspw. auch, dass die Krankenkassen bei Abrechnungsverstößen (jedenfalls jenen der Krankenhäuser) trotz ihrer Kontrollfunktion die Strafverfolgungsbehörden ausgesprochen zurückhaltend einschalten (dazu die Befunde bei *Kölbel* Zur strafrechtlichen (Ir-)Relevanz von Abrechnungsverstößen, in: ders. (Hrsg.): Abrechnungsverstöße in der stationären medizinischen Versorgung, Stuttgart 2014, 175–195, 187 ff.).

4 Befunde zu entsprechend ungleichen Strafzumessungspraktiken gegenüber Individualtätern allgemeiner und Wirtschaftskriminalität bei *Hagan/Parker* White-collar crime and punishment: The class structure and legal sanctioning of securities violations, in: American Sociological Review 50 (1985), 302–316; *Tillman/Pontell* Is justice „collar-blind"? Punishing medicaid provider fraud, in: Criminology 30, 1992, 547–574; *Van Slyke/Bales* A contemporary study of the decision to incarcerate

Wahrnehmung außerhalb des Rechtssystems äußert sich eine solche Normalisierungs- und Neutralisierungstendenz. Das „Publikum" deutet wirtschaftsdeliktisches Handeln nämlich vielfach als Fehlentscheidung, Unfall, unanständiges Wettbewerbsgebaren usw.[5] – also nicht als „richtiges Verbrechen" oder jedenfalls als weniger schwerwiegendes und auch nicht unbedingt bestrafungsbedürftiges Ereignis.[6]

All dies wird in einem Zusammenhang mit der spezifischen gesellschaftlichen Integration der individuellen und korporativen Akteure gesehen, die dank ihrer herausgehobenen Position über Definitions- oder jedenfalls Verteidigungsmacht verfügen und denen zudem eine prinzipielle Grundkonformität zugutegehalten wird. Gleichfalls bedeutsam ist hierfür gewiss auch die Opferlosigkeit oder Opferunsichtbarkeit vieler Wirtschaftsdelikte.[7] Wo es nun indes eindeutig identifizierbare Tatopfer gibt, nehmen diese wiederum einen merkwürdig widersprüchlichen Status ein, der ebenso mit der Zweideutigkeit der *White Collar-Crimes* korrespondiert, wie er andererseits mit der gesellschaftlichen Stellung des allgemeinen Verbrechensopfers kontrastiert. Während es dort das „richtige Opfer" gibt, das ein Objekt von gesellschaftlicher Empathie, Solidarität und Zuwendung ist,[8] verhielt

---

white-collar and street property offenders, in: Punishment & Society 14 (2012), 217–246, 232 ff.; *Marriott* Justice and the justice system: A comparison of tax evasion and welfare fraud in Australia and New Zealand, in: Griffith Law Review 22 (2013), 403–429; vgl. auch *Eisenberg* Kriminologie, 6. Aufl. 2005, § 31 Rn. 67 f.; *Reese* Großverbrechen und kriminologische Konzepte, Münster 2004, 51 ff.; zu den gleichermaßen vorhandenen gegenläufigen Befunden vgl. neben Fn. 25 die Übersicht bei *Simpson* White-collar crime: Review of recent developments and promising directions for future research, in: Annual Review of Sociology 39 (2013), 309–331 (321 ff.).

5 *Whyte* Victims of corporate crime, in: Walklate, Sandra (Hrsg.): Handbook of Victims and Victimology, Cullompton 2007, 446–463, 453 f. – Dafür, dass diese sozialen Deutungsmuster auch von Teilen der Wissenschaft geteilt werden (wenngleich man hier üblicherweise von „Systemversagen" spricht), sind gerade die ECLE-Tagungen beredter Beweis.

6 Vgl. etwa *Rossi/Waite/Bose/Berk* The seriousness of crimes: Normative structure and individual differences, in: American Sociological Review 39 (1974), 224–237. Aus späteren US-Befragungen geht freilich hervor, dass das gesellschaftliche Desinteresse an Wirtschaftsdelinquenz und deren Toleranz seit den 1970er Jahren kontinuierlich schwanden (jedenfalls bei einem Teil der Wirtschaftsdelikte). Vgl. dazu stellvertretend *Cullen/Mathers/Clark/Cullen* Public support for punishing white-collar crime, Journal of Criminal Justice 11 (1983), 481–493 sowie zusammenfassend m.w.N. *Cullen/Hartman/Jonson* Bad guys: Why the public supports punishing white-collar offenders, Crime Law and Social Change 51 (2009), 31–44, 36 f.

7 In der Regel bemerkt bspw. niemand die eigene Schädigung beim Kauf von Produkten, deren Hersteller in Preisabsprachen verstrickt sind oder Produktstandards missachtet haben. Zum Problem *Tombs/Williams* Corporate crime and its victims, in: Stout, Brian/Yates, Joe/Williams, Brian (Hrsg.): Applied Criminology, Los Angeles u. a. 2008, 170–185, 177 f.

8 Dazu *Kölbel/Bork* Sekundäre Viktimisierung als Legitimationsformel, Berlin 2012, 85 ff. mit den dort zitierten Arbeiten; ferner *Barton* Strafrechtspflege und Kriminalpolitik in der viktimären

sich dies bei wirtschaftsdeliktisch Geschädigten jedenfalls lange Zeit anders. Man kann das daran erkennen, dass die White Collar-Viktimisierung weder in die Zielgruppen der an sich überbordenden Opferforschung[9] noch in die der Opferschutzinstitutionen[10] involviert war und dass gesellschaftlich ihr gegenüber vielfach Desinteresse bestand. Dies erklärt sich teilweise schon durch die Gesichtslosigkeit der betroffenen Individuen, die bei vielen *„fraud schemes"* Teil einer größeren geschädigten Anleger- oder Konsumentengruppe sind und in ihr gleichsam untergehen.[11] Darüber hinaus kam in der sozialen Bewertung allerdings auch ein charakteristisches *„blaming"* zum Tragen, das gerade den Opfern von Wirtschaftsdelikten eine typische Mitschuld zuweist.[12] Die Verbreitung solcher Deutungsformen wird nicht zuletzt durch den Umstand belegt, dass die Verantwortungszuschreibung selbst von den Betroffenen, die sich nach der Tat oft charakteristischerweise erhebliche Selbstvorwürfe machen, regelmäßig geteilt wird.[13] Die in Betrugsfällen sehr niedrige Anzeigequote[14] geht auch darauf zurück, dass die Betroffenen wegen ihrer Mitschuldgefühle (sowie aus Scham und Zurückwei-

Gesellschaft, in: ders./Kölbel, Ralf (Hrsg.): Ambivalenzen der Opferzuwendung des Strafrechts, Baden-Baden 2012, S. 111–137.

9 Ebenso wie in den gängigen englischsprachigen Lehrbüchern taucht im jüngsten deutschsprachigen Einführungswerk (*Sautner* Viktimologie, Wien 2014) das Opfer von Wirtschaftsdelikten in keiner Weise auf. Auch in der empirisch-viktimologischen Forschung führen sie ein Schattendasein. Dazu und zu den Gründen vgl. *Shichor* Victimology and the victims of white-collar crime, in: Schwind, Hans-Dieter/Kube, Edwin/Kühne, Hans-Heiner (Hrsg.): Kriminologie an der Schwelle zum 21. Jahrhundert. Festschrift für Hans Joachim Schneider, Berlin/New York 1998, 331–351.

10 Auch diese sind auf andere Geschädigtengruppen fokussiert. Vgl. *Shichor* (Fn. 9), 345; *Croall* Victims of white-collar and corporate crime, in: Davies, Pamela/Francis, Peter/Greer, Chris (Hrsg.): Victims, Crime and Society, Los Angeles u. a. 2007, 78–108, 90. Für den White Collar-Bereich „zuständig" sind eher die Verbraucher- oder Anlegerschutzverbände.

11 *Dodge* Woman and White-Collar Crime, Upper Saddle River 2009, 100.

12 *Croall* (Fn. 10), 83. Näher etwa *Tombs/Whyte* Safety Crimes, Cullompton 2007, 74 ff.

13 Vgl. die Opferbefragungen von *Shover/Fox/Mills* Longterm consequences of victimization by white-collar crime, in: Justice Quarterly 11 (1994), 75–98, 92 und *Mason/Benson* The effect of social support on fraud victims'reporting behavior, in: Justice Quarterly 13 (1996), 511–524, 519 f.; dazu, dass Selbstvorwürfe zu den typischen psychischen Folgebelastungen bei Betrugsopfern zählen, vgl. auch *Croall* (Fn. 10), 90; *Shichor* (Fn. 9), 344. In welchem Grade das Mitschuldgefühl (neben dem Vertrauensbruch, den psychischen Aspekten finanzieller Verluste usw.) zu den gelegentlich als oft ganz erheblich festgestellten, psychiatrisch relevanten Tatfolgen bei Betrugsopfern (dazu *Ganzini/McFarland/Bloom* Victims of fraud: comparing victims of white collar and violent crime, in: The Bulletin of the American Academy of Psychiatry and the Law, 18 (1990), 55–63) beiträgt, ist unerforscht.

14 Da hierfür auch die Opfermerkmale und Tatformen einflussreich sind, schwanken die Nicht-Anzeigequoten in den einschlägigen Surveys zwischen 33 % und 80 % (vgl. den Forschungsüberblick bei *Deevy/Lucich/Beals* Scams, Schemes and Swindels, Stanford 2012, 14 m.w.N.).

sungsangst) von einer Strafanzeige oftmals absehen.[15] Nicht wenige Tatopfer, deren Schädigung amtlich bekannt ist, bestreiten ihre Verluste gegenüber den Behörden sogar explizit.[16]

Vom idealen Opfer hoben sich die wirtschaftsdeliktisch Geschädigten also augenscheinlich ab. Das ideale Opfer ist respektabel, schutzbedürftig, dem Täter unterlegen und wurde von diesem ohne eigene Schuld verletzt. Diese Merkmale sorgen für seine Identifizierungsfähigkeit; hierdurch kann es im sozialen Diskurs legitimerweise als Opfer gelten und Aufmerksamkeit, Sympathie sowie Hilfe beanspruchen („*deserving victim*").[17] Bei den Opfern von Finanzbetrugsaktivitäten wird dagegen angenommen, dass sie sich auf die fraglichen Geschäfte aus fehlender Sorgfalt oder sehenden Auges oder aus Gier eingelassen haben. Sie erhalten daher wenig Mitgefühl und Beistand.[18] Dem liegt die Annahme zugrunde, dass jeder selbst dafür zuständig ist, worauf er oder sie sich einlässt.[19] Aber auch wer Waren ungeprüft oder allein preisversessen kauft, wem betriebliche Sicherheitsnormen eine ungeliebte Last sind oder wer sich partout in wunscherfüllende operative Behandlungen begibt, ist „zunächst einmal selber schuld", wenn ihm dabei ein Schaden entsteht – ist also als ein „*undeserving victim*".[20] Das gilt ganz besonders für korporative Opfer (oder die Sachwalter kollektiver Rechtsgüter), weil sie alles andere als macht- oder hilflos und an ihrer Tatbetroffenheit unschuldig erscheinen.[21] Die kriminalpolitische Instrumentalisierung des unschuldigen Opfers, die mit dessen Schutzbedarf eine fortwährende punitive Strafrechtsausdehnung gerechtfertigt hat,[22] findet im wirtschaftsdeliktischen Feld daher keine Anknüpfungsgrundlage,

---

15 *Mason/Benson* (Fn. 13), aaO; ferner die Befragungsdaten bei *Kerley/Copes* Personal fraud victims and their official responses to victimization, in: Journal of Police and Criminal Psychology 17 (2002), 19–35; *Liebel* Psychologie von Betrugsopfern und die Ideologie der Selbstverantwortlichkeit, in: forum kriminalprävention 3/2004, 39–42 (41); *Ross/Smith*, Risk factors for advance fee fraud victimization, in Trends & Issues in Crime and Criminal Justice 420 (2011), 1–6 (5); vgl. auch *Copes/Kerley/Mason/van Wyk* Reporting behavior of fraud victims and Black's theory of law: An Empirical Assessment, in: Justice Quarterly 18 (2001), 343–363, 359 f.

16 Die dahingehenden Befunde m.w.N. zusammenfassend *Deevy u. a.* (Fn. 14), 15.

17 Grundlegend *Christie* The ideal victim, in: Fattah, Ezzat (Hrsg.): From Crime Policy to Victim Policy, New York 1986, 17–30.

18 *Shichor/Sechrest/Doocy* Victims of investment fraud, in: Pontell, Henry/Shichor, David (Hrsg.): Contemporary Issues in Crime and Criminal Justice, Upper Saddle River 2001, 81–96, 83 f.; vgl. auch *Croall* (Fn. 10), 79.

19 Hierzu *Dodge* (Fn. 11), 101.

20 *Whyte* (Fn. 5), 447; *Croall* (Fn. 10), 83; *Tombs/Williams* (Fn. 7), 176, jeweils m.w.N.

21 *Shichor* (Fn. 9), 338.

22 *Garland* The Culture of Control, Oxford 2001, 11 f., 143 f., 200 f; ferner z. B. *Shichor* (Fn. 9), 333 ff.; *Dubber* Victims in The War on Crime, London 2002, 3 ff., 198 ff.

was sich in einer hier neutral-risikoregulierenden und weniger expressiv-opferfokussierten Regulierungsstrategie niederschlägt.[23]

## 2.2. Umdeutungsprozesse

Diese kriminologischen Beobachtungen stammen freilich meist aus einer zurückliegenden Zeit und werden durch neuere Befunde zunehmend in Frage gestellt.[24] In den letzten Jahren zeichnet sich eine sukzessive, durch Bilanzskandale und Bankenkrise zusätzlich angefeuerte Veränderung ab. Neuere Befunde weisen nicht nur auf zuletzt zunehmend punitivere Sanktionierungspraktiken hin,[25] sondern auch auf Verschiebungen in der gesellschaftlichen Bewertung. Befragungsdaten zeigen, dass White Collar- und Unternehmensdelikte heute von erheblichen Bevölkerungsteilen als hoch problematische und strafwürdige Ereignisse eingestuft werden und dass (ebenso wie und tendenziell sogar noch mehr als bei allgemeiner Kriminalität) eine strikte Sanktionierung der Verantwortlichen befürwortet wird.[26] Geradezu mit Händen zu fassen ist dies bei öffentlichen Diskursen, die einzelne prominent gewordene Wirtschaftsstraftäter als *„Bad Guys"* stilisieren und gleichsam als „gemeinschaftsfremd" exkludieren (*„Othering"*).[27]

Die dem zugrunde liegenden Prozesse sind erst ansatzweise erforscht. Einer Erklärungsvariante zufolge werden Aufsehen erregende Delikte im Kapitalmarktsektor von der Bevölkerung in eine Verbindung mit den Anreizen der Boni-Systeme

---

23 *Braithwaite* What's wrong with the sociology of punishment?, in: Theoretical Criminology 7 (2003), 5–28; vgl. auch *Shichor* (Fn. 9), 334 f.; *Whyte* (Fn. 5), 448.

24 Vgl. hierzu auch den Überblick über die Untersuchungen vor/nach 2000 bei *Van Slyke* Social Identification and Public Opinion on White-Collar Crime, Diss. Florida State University 2009, 7 ff. (zur gleichen zusammenfassenden Einschätzung wie hier vgl. 26 f.).

25 Vgl. dazu jedenfalls für die Vereinigten Staaten die Hinweise auf eine relativ rigoros werdende Strafzumessungspraxis bei *Buell* Is the white collar offender privileged?, In: Duke Law Journal 63 (2014), 823–889 (833 ff.); Belege für einen signifikanten „Enron et al.-Effekt" auf die Haftquote in White Collar-Fällen finden sich etwa bei *Van Slyke/Bales* (Fn. 4), 234 f.

26 *Holtfreter/Van Slyke/Bratton/Gertz* Public perceptions of white-collar crime and punishment, in: Journal of Criminal Justice 36 (2008) 50–60; *Schoepfer/Carmichael/Piquero* Do perceptions of punishment vary between white-collar and street crimes?, in: Journal of Criminal Justice 35 (2007) 151–163, 157; *Van Slyke* (Fn. 24), 63 f.; *Huff/Desilets/Kane* The 2010 National Public Survey on White Collar Crime, Fairmont 2010, 17 ff.; zusammenfassend m.w.N. auch *Cullen u. a.* (Fn. 6, 2009), 39 ff.

27 Zu den besonderen Bedingungen, unter denen sich auch die Urheber von Wirtschaftsdelikten als „Folk Devils" konstruieren lassen, vgl. *Levi* Suite revenge?, The shaping of folk devils and moral panics about white-collar crimes, in: British Journal of Criminology 49 (2009), 48–67; *ders.* Social reactions to white-collar crimes and their relationship to economic crisis, in: Deflem, Mathieu (Hrsg.): Economic Crisis and Crime, Bingley 2011, 87–105, 91 ff.

und die Gier der Akteure gebracht und daher auf eine Verletzung moralischer Normen zurückgeführt.[28] Institutionelle oder strukturelle Bedingungen geraten hier weniger in den Blick; vielmehr dominieren *„bad apple explanations“*.[29] Dies löst, wie erste Erhebungen demonstrieren, ein Gefühlsgemisch aus Wut, Geringschätzung und Empörung aus, was wiederum Ablehnungseinstellungen, Stigmatisierungsneigungen und Bestrafungswünsche erzeugt.[30] Verändert hat sich offenbar aber nicht nur die Sicht auf die Täter, sondern auch auf die Opfer, deren Tatverstrickung in der öffentlichen Wahrnehmung verblasst – deren Tatentstehungsanteil also angesichts des empörenden Täterverhaltens für die Ereignisbewertung zunehmend in den Hintergrund tritt.[31] Eben dies wurde gerade auch mit Blick auf die deliktischen Anteile am Entstehen der jüngsten Bankenkrisen gezeigt (wobei sich hier auch politische Einstellungen bemerkbar machen).[32] Ähnliches zeigt sich, wenngleich mit Abstrichen, sogar beim korporativen Opfer. Von den überhand nehmenden Studien und publizistischen Diskursen zur Unternehmensviktimisierung[33] wird nämlich eine auch hier virulente Verletzbarkeit betont, die das Unternehmen in die Gemeinschaft der Opfer integriert. Hierdurch ist zumindest für eine ansatzweise Solidarisierung gesorgt, zumal sich das Publikum als Konsument, Arbeitnehmer, Steuerzahler usw. ohnehin immer (indirekt) mitgeschädigt fühlen kann.[34]

Wenn man nun diesen noch relativ wenig entwickelten und hier etwas holzschnittartig referierten Forschungsstand etwas strapaziert und überzeichnet und es auch noch wagt, ihn auf deutsche Verhältnisse zu erstrecken, ergibt sich aus ihm zusammenfassend der folgende Befund: Im Zuge eines punitive turn, bei dem die Verurteilungs- und Sanktionswürdigkeit von Wirtschaftsdelikten in der gesell-

---

**28** So die Erhebungen bei *Piquero/Gertz/Bratton* Public attitudes toward the blameworthiness and control of the mortgage foreclosure crisis, in: Deflem, Mathieu (Fn. 27), 47–63, 57 f.; *Wirth* Moral Misfits: The Role of Moral Judgments and Emotions in Derogating Other Groups, Diss. Amsterdam 2014, 98 ff.

**29** Vgl. *Cullen u. a.* (Fn. 6, 2009), 39 ff.; ferner *Simpson* (Fn. 4), 320 f.

**30** Entsprechende Befragungsdaten bei *Wirth* (Fn. 28), aaO; ähnlich auch die Interviewbefunde für den Fall unethischen Herstellerverhaltens (Kinderarbeit) bei *Grappi/Romani/Bagozzi* Consumer response to corporate irresponsible behavior: Moral emotions and virtues. Journal of Business Research 66 (2013), 1814–1821.

**31** Zum „unsuspected victim“ in der Berichterstattung über die Bankenkrise vgl. m.w.N. *Cullen u. a.* (Fn. 6, 2009), 40 f.

**32** In der Befragung von *Piquero u. a.* (Fn. 28, 59) wurden anstelle der Opfer (Kreditnehmer) ganz überwiegend die Banken und Darlehensgeber für US-Hypothekenkrise von 2008 verantwortlich gemacht, weniger deutlich jedoch durch die politisch konservativ stehenden Personen.

**33** Mit Blick auf das auffällige Missverhältnis zur Untererforschung der Viktimisierung durch Unternehmen kritisch hierzu *Whyte* (Fn. 5), 458: „silencing by creating noise“.

**34** *Whyte* (Fn. 5), 452 f.

schaftlichen Bewertung deutlich ansteigt, verliert ein bislang dominierendes Deutungsmuster an Gewicht, das eine erhebliche Mitverantwortung der Geschädigten an ihrer eigenen wirtschaftsdeliktischen Viktimisierung unterstellt. Zumindest rücken solche Erscheinungsformen der Wirtschaftskriminalität in den Mittelpunkt des Interesses, bei denen man keinen Anlass für ein *Opfer-Blaming* sieht. Es kommt daher zu einer fortschreitenden Angleichung an das allgemeine Opferbild – bis hin zu einer sich abzeichnenden Umkehrung des vorherigen Opferstereotyps. Dies wiederum wirft die Frage auf, ob und wie sich dies auf der juristischen Ebene niederschlägt.

# 3. Opfermitverantwortung und Betrugsstrafbarkeit

## 3.1. Bewertungsbedarf

Zur Beantwortung dieser Frage bietet sich ein Blick auf den Betrugstatbestand an, da hiermit eine (mittelbar-täterschaftliche[35]) Verlaufsstruktur kriminalisiert ist, bei der das Opfer mit kommunikativen Mitteln (Irreführung) gegen sich selbst instrumentalisiert wird und so sein eigenes Vermögen mindert.[36] Anders als bei vielen anderen Delikten wird ihm der Schaden nicht (nur) zugefügt, sondern es trägt kooperativ zu dessen Entwicklung bei. Im Hinblick auf die insofern notwendig vorausgesetzte Opfermitwirkung ist ein Betrug deshalb regelhaft für die Betroffenen (objektiv) vermeidbar. Auch weil sich viele Täuschungsmöglichkeiten gerade im Kontext laufender oder sich anbahnender Geschäftsbeziehungen ergeben, bei denen die Opfer typischerweise eigene wirtschaftliche Interessen verfolgen, liegt es folglich auf der Hand, dass sich die unterschiedlichsten Konstellationen der opferseitigen Mitverantwortung bei Betrugssachverhalten in besonderer Häufigkeit ergeben.[37]

Was die Deliktsstruktur also aus der juristischen Warte nahe legt, wird von der kriminologischen Forschung weiter bestätigt (freilich ohne damit wesentlich über den Stand der strafjustiziellen Alltagserfahrung hinauszugehen). Zwar stellt die Mitverantwortlichkeitsfrage keinen eigenen Gegenstand der bislang vorliegenden

35 *Kindhäuser* Betrug als vertypte mittelbare Täterschaft, in: Schulz, Joachim/Vormbaum, Thomas (Hrsg.): Festschrift für Bemmann, Baden-Baden 1997, 339–361.

36 Dreiecksbetrug wird hier ausgeklammert.

37 Vgl. hierzu auch die aus der Justizpraxis rekonstruierten Fallgruppen gesteigerter Opfermitwirkung bei *Schwarz* Die Mitverantwortung des Opfers beim Betrug, Berlin 2013, 16 ff.

„fraud victimization surveys“[38] dar, doch machen sie in ihrer Gesamtheit[39] ein Mehrfaches sichtbar: Tatermöglichende und -begünstigende Opfermitwirkungsanteile („victim facilitation“[40]) sind in der Tat betrugstypisch, dabei aber je nach Begehungsmodus in ganz unterschiedlicher und unterschiedlich intensiver Weise auszumachen.[41] Die Neigung zu einem vergleichsweise lockeren Umgang mit Geld oder die Bereitschaft zur Beteiligung an riskanten Geschäftstypen, wirkt viktimisierungsförderlich.[42] Eine größere Vulnerabilität zeigt sich aber auch schon bei Konsumenten, die vergleichsweise impulsive Verhaltensstile aufweisen und „Distanzverträge“ (via Tele- und Onlinemarketing usw.) bevorzugen.[43] „Motivatorisch“ liegt den Opferverstrickungen stets ein breites und nichttypisierbares Spektrum zugrunde, das in seiner Fallabhängigkeit von honorigen Absichten, über rationale Wirtschaftskalküle bis zu Unwissen, naiver Leichtgläubigkeit und Profitwünschen reicht.[44] Dies zeigen gerade Studien zum Anlagebetrug, denen zufolge hinter dem Verhalten der Opfer, die sich finanziell in einem scheinbar guten Geschäft engagieren, ganz unterschiedliche und oft recht unklare Bedürfnisse stehen (finanzielle Absicherung; Gleichziehen-Wollen mit Bekannten, die ähnliche Geschäfte vornehmen; wirtschaftlicher Erfolg als Anerkennungsressource; Selbstbestätigung durch erfolgreiches Geschäft).[45] Unmittelbar ausschlaggebend für das Engagement ist

---

38 Die grundlegende Schwäche all dieser Befragungen liegt freilich darin, dass das alltagstheoretische und das juristische Verständnis von betrügerischem Gebaren klar differieren. Dazu bspw. *Nishimura* A victimological study of dishonest trade practices, in: Kaiser, Günther/Kury, Helmut/Albrecht, Hans-Jörg (Hrsg.): Victims and Criminal Justice. Bd. 1, Freiburg 1991, 169–194, 172 ff.

39 Zuletzt *Huff u. a.* (Fn. 26), 14 ff. m.w.N.; vgl. auch die Übersicht zu älteren Arbeiten bei *Titus* The Victimology of Fraud, 1999, 5 ff. (unter: www.aic.gov.au/media_library/conferences/rvc/titus.pdf).

40 In diesem Bereich lag das zentrale Forschungsinteresse der frühen Kriminologie – nicht aber mit Blick auf den Betrug. Für einen Überblick vgl. etwa *Rock* Theoretical perspectives on victimization, in: Walklate (Fn. 5), 37–61, 42 ff.; ferner *Schneider* Kriminologie. Ein internationales Handbuch I, Berlin/Boston 2014, 242 f.

41 Zusammenfassend *Titus* (Fn. 39), 2 f.; *ders./Gover* Personal fraud: The victims and the scams, in: Farrell, Graham/Pease, Ken (Hrsg.): Repeat Victimization, Monsey 2011, 133–151 (135 f.).

42 *Van Wyk/Benson* Fraud victimization: risky business or just bad luck, in: American Journal of Criminal Justice 21 (1997), 163–179, 173 ff.; *Schoepfer/Piquero* Studying the correlates of fraud victimization and reporting, in: Journal of Criminal Justice 37(2009), 209–215 (210 f., 214).

43 Vgl. die Befunde bei *Holtfreter/Reisig/Pratt* Low self-control, routine activities, and fraud victimization, in: Criminology 46 (2008), 189–220; ferner *Deevy/Beals* The Scope of the Problem, Stanford 2013, 19 ff.; *Pratt/Holtfreter/Reisig* Routine Online Activity and Internet fraud fargeting, in: Research in Crime and Delinguency 47 (2010), 267–296 (280 f.).

44 Eingehend dazu *Titus/Gover* (Fn. 41), 136 ff.

45 Dazu *Liebel* (Fn. 15), 41; *ders./Oehmichen* Motivanalyse bei Opfern von Kapitalanlagebetrug, Wiesbaden 1992, 109 ff. u. ö.; erneut bestätigt in *Liebel* Täter-Opfer-Interaktion bei Kapitalanlagebetrug, Neuwied/Kriftel 2002, 95 ff., 183 ff.; ähnlich *Shapiro* Wayward Capitalists, New Haven/London 1984, 33 ff.: verbreitete Nativität bzw. Selbstüberschätzung bei Opfern von Anlagebetrug. Vgl. zudem

dabei meist eine Überschätzung der eigenen Beurteilungskompetenz.[46] Bei korporativen Opfern ist häufig ebenfalls ein Mitverursachungsanteil feststellbar, schon weil sie besonders abwehr- und vorsorgemächtig wären, die fraglichen organisatorischen Maßnahmen aber vielfach von betriebswirtschaftlichen Kalkulationen abhängig machen[47] oder aus anderen Gründen unterlassen.[48]

Im Betrugsstrafrecht ist die Opferbeteiligung also von alltäglicher faktischer Relevanz und das Problem der Opfermitverantwortung jedenfalls empirisch ganz und gar nicht „verborgen". Dies konfrontiert die Gerichte mit dem notorischen Problem, die Bedeutung der Mitwirkungen für die Schadenszurechnung und Tatbestandsverwirklichung bewerten zu müssen. Die besagten Befunde zeigen aber auch, dass die Opferanteile variieren, wobei sie in der Regel zwischen den Polen der „Unschuld" und der „Mitschuld" changieren und damit weder den neuen noch den alten Opferstereotypen (oben 2.) entsprechen.

Angesichts dieses diffusen „Dazwischens", das die Wirtschaftskriminologie bisweilen als „victim-responsiveness" diskutiert,[49] tun die Gerichte gut daran, argumentativ begründbare Wertungskriterien autonom zu entwickeln – also nicht an die sozialen Diskurse und veränderlichen Deutungsmuster über die Schutz-, Mitgefühls- oder Vorwurfswürdigkeit des Opfers (oben 2.) anzuknüpfen. Es stellt sich aber die Frage, ob sich die Justiz tatsächlich in dieser Weise vom gesellschaftlichen Kontext unabhängig machen kann.

---

auch *Titus* (Fn. 39), 3; sowie *Trahan/Marquart/Mullings* Fraud and the American dream, Deviant Behaviour 26 (2005), 601–620 (610 ff.).

**46** Zu deren Defiziten eindrückliche Daten bei *Hackethal/Meyer* Grenzen des Informationsmodells im Anlegerschutz, in: Zeitschrift für vergleichende Rechtswissenschaft 113 (2014), 574–585.

**47** Zur Einsparung von Selbstschutzmaßnahmen und Einkalkulierung von Schäden durch institutionelle Opfer vgl. *Albrecht* Kriminologie, 4. Aufl. München 2010, 324. Exemplarisch hierfür sind auch die Befunde der in Fn. 3 erwähnten Studie, wonach die Krankenkassen die Überprüfung von Krankenhausabrechnungen auf Grundlage von Aufwands-Nutzen-Abwägungen bewusst selektiv gestalten und bestimmte Fehleranteile unbeanstandet passieren lassen. Dazu *Sulkiewicz* Prüf- und Entscheidungsverhalten der Kasse, in: Kölbel (Fn. 3), 153–174, 154 ff.

**48** Zum Zusammenhang, der zwischen der Ausgestaltung von Compliance-Maßnahmen eines Unternehmens und seiner Wehrhaftigkeit gegenüber deliktischen Schädigungen bestehen kann, vgl. die Fallanalysen bei *Schneider/John* Das Unternehmen als Opfer von Wirtschaftskriminalität, Köln 2013, 10 ff., 25 ff.

**49** So in konzeptioneller Abgrenzung zur „victim-precipitation/facilitation" (Fn. 40) vornehmlich *Geis* Victimization patterns in white-collar crime, in: Drapkin, Israel/Viano, Emilio (Hrsg.): Victimology – A New Focus. Bd. 5, Lexington 1975, 89–105, 98.

## 3.2. Position der Judikatur

Sondiert man nun aus einer kriminologischen Beobachterwarte den Stand der juristischen Diskussion, gewinnt man den Eindruck, als habe sich die Rechtsprechung „opferskeptischen" Haltungen seit jeher entzogen. Dies gilt freilich nicht ausnahmslos, finden sich doch zahlreiche Beispiele, in denen beim Betrugstatbestand, aber auch bei anderen Strafnormen der opferseitige Anteil in strafbarkeitseinschränkender Weise berücksichtigt wird. Bei der nämlichen Judikatur handelt es sich indes um punktuelle, beinahe eklektische Einzelfallentscheidungen, in denen der Opfermitwirkungstopos bei einzelnen Tatbestandsmerkmalen in unsystematischer Weise eine gewisse Bedeutung erlangt.[50] Ganz anders verhält sich die Rechtsprechung jedoch in der Frage, ob dies nicht zu einem generellen Auslegungsprogramm zu verdichten ist. Dass sie dergleichen entschieden zurückweist, zeigt sich demgegenüber in einer Fülle von Entscheidungen zu ganz verschiedenen Sachverhalten, in denen den Geschädigten eine unsorgfältige Wahrnehmung ihrer Eigeninteressen hätte vorgehalten werden können.[51]

Namentlich dort, wo sie sich infolge von erheblicher Leichtgläubigkeit oder durch eine allzu flüchtige Vorgehensweise oder trotz vorhandener Skepsis täuschen und zu einer selbstschädigenden Verfügung verleiten ließen, sahen die Gerichte bislang keinen Anlass, an der Tatbestandswertigkeit des Geschehens irgendwelche Abstriche zu machen.[52] Es gibt zwar Fallgruppen wie den Kapitalanlagebetrug, in denen das Vorliegen einer Fehlvorstellung näher ausgeführt werden muss.[53] Auch sind die Voraussetzungen, unter denen das unvorsichtige Vertrauen in eine unvollständige Informationslage eine Unterlassenstäuschung begründet, eher

50 Beispiele hierfür werden im anschließenden Beitrag von *Björn Gercke* für den Betrug und andere Tatbestände zusammengetragen. Zusammenfassend für die Diskussion um punktuell relevante Opfermitwirkungen bei § 263 StGB etwa auch *Hennings* Teleologische Reduktion des Betrugstatbestandes aufgrund von Mitverantwortung des Opfers, Berlin 2002, 76 ff., 130 ff.

51 Wenn bei Wirtschaftsdelikten tatsächlich den Opfern oftmals gerichtlich eine Mitverantwortung zugewiesen und so eine Entlastung der Täter bewirkt würde, die deren relatives Sanktionsprivileg erkläre (zu dieser These vgl. *Reese* Fn. 4, 53), könnte dies also nicht auf der Strafbarkeits-, sondern allenfalls auf der Strafzumessungsebene vonstattengehen.

52 Stellvertretend: BGHSt 34, 199; 47, 1; BGH NJW 2003, 1198; 2012, 1377; 2014, 2054; wistra 2001, 386; OLG Frankfurt/M. NJW 2003, 3215; 2011, 398. Zum Einschwenken der Schweizerischen (ursprünglich abweichenden) Judikatur auf diese Linie vgl. *Arzt/Weber/Heinrich/Hilgendorf* Strafrecht Besonderer Teil, 2. Aufl. Bielefeld 2009, § 20 Rn. 49a; eingehend auch *Schwarz* (Fn. 37), 32 ff.

53 Zu den Entscheidungen, ihrer Interpretation und den zuletzt wieder abgesenkten Begründungsanforderungen vgl. *Zieschang* in: Park, Tido (Hrsg.): Kapitalmarktstrafrecht, 3. Aufl. Baden-Baden 2013, § 263 Rn. 164 ff., 170 ff.; siehe zum Problem auch den folgenden Beitrag von *Eberhard Kempf.*

streng.[54] Doch dies erklärt sich entweder mit tatsächlichen Besonderheiten (vorhandenes Erfahrungswissen vieler Kapitalanleger[55]) oder den Eigenheiten der Unterlassensdelikte (Erforderlichkeit einer Aufklärungspflicht) – ist also vollkommen unabhängig von den Schadensentstehungsanteilen der Betrugsopfer und schränkt deren strafrechtliche Irrelevanz nicht ein.

Von Seiten der Literatur hat die Judikatur darin allerdings seit jeher Gegenwind erfahren. Vor allem in Gestalt der sog. Viktimodogmatik wird die tatbestandseinschränkende Auslegung bei Mitverantwortung des Opfers zur allgemeinen, merkmalsübergreifenden Auslegungsmaxime erhoben und auf Grundprinzipien wie den Selbstverantwortungsgrundsatz oder die Subsidiarität des Strafrechts zurückgeführt.[56] Die Rechtsprechung hat sich dem indes durchgehend verweigert. Unter deutlich größeren Druck gerät die Position der Gerichte allerdings nunmehr durch das Europäische Recht. Das vom EuGH[57] entwickelte und in Europäischen Rechtsakten[58] aufgegriffene, regulatorische Leitbild der EU-Wettbewerbsnormen, das den gemeinschaftsrechtlichen Irreführungsverboten den Maßstab eines verständigen, aufmerksamen und informierten Verbrauchers zugrunde legt, erzwingt jedenfalls eine teilweise Korrektur. So weit, wie ihr Regelungshintergrund[59] und ihr originärer Anwendungsbereich (grenzüberschreitende Vermarktung von Waren[60]) reichen, stellen jene Formen der Publikumswerbung, die nur bei unverständigen Adressaten einen Irrtum hervorzurufen vermögen, keine Betrugshandlung mehr dar, da sich § 263 StGB sonst als eine (nach europäischen Kriterien: unzulässige) Einschränkung des innergemeinschaftlichen Handels ausnehmen würde.[61] Da hierin nun aber eine Sonderbehandlung für grenzüberschreitende Sachverhalte liegt, drängen viele

54 Sie ist nach der Judikatur bspw. im Fall des Kfz-Verkaufs gegeben beim Verschweigen eines Unfallschadens (OLG Nürnberg MDR 1964, 693; BayObLG NJW 1994, 1078), nicht aber beim Verschweigen des bevorstehenden Erscheinens eines Neumodells (OLG München NJW 1967, 158).

55 Dazu, dass es sich hier um eine unbegründete Unterstellung der Rechtsprechung handeln dürfte, vgl. oben in Fn. 46

56 Vgl. den zusammenfassenden Überblick bei *Hennings* (Fn. 50), 135 ff.

57 Vgl. etwa *EuGH* Slg. 1998, I-4657 Rn. 35; *EuGH* Slg. 2000, I-117 Rn. 29.

58 RiL 2005/29/EG – Erwägungen 18.

59 D.h. das Ermöglichen von EU-weit einheitlicher Etikettierung, Verpackung und Vermarktung (dazu *Dannecker* Die Dynamik des materiellen Strafrechts unter dem Einfluss europäischer und internationaler Entwicklungen, in: ZStW 117 (2005), 697–748, 705 f.).

60 Zur Bestimmung dieses Geltungsbereichs vgl. *Soyka* Einschränkungen des Betrugstatbestandes durch sekundäres Gemeinschaftsrecht am Beispiel der Richtlinie 2005/29/EG über unlautere Geschäftspraktiken, wistra 2007, 127–133 (129); *Erb* Gängige Formen suggestiver Irrtumserregung als betrugsrelevante Täuschungen, ZIS 2011, 368–378 (376).

61 *Satzger* in: ders./Schluckebier, Wilhelm/Widmaier, Gunter (Hrsg.), StGB, 2. Aufl. Köln 2014, § 263 Rn. 112 f.; *Dannecker* in: Graf, Jürgen/Jäger, Markus/Wittig, Petra (Hrsg.), Wirtschafts- und Steuerstrafrecht, München 2011, § 263 Rn. 8 f.; *Dannecker* (Fn. 59), 705 f.

Stimmen darauf, das unionsrechtliche Verbraucherkonzept generell zu übernehmen und der Betrugsauslegung als Richtlinie zugrunde zu legen.[62]

Ob die Rechtsprechung diesem Druck nachgeben wird, bleibt – auch wenn hierfür momentan noch keine Anzeichen ersichtlich sind[63] – erst einmal abzuwarten. Obwohl sich der BGH vom Europäischen Verbraucherleitbild erst kürzlich klar distanziert hat, ist das letzte Wort in dieser Sache schwerlich gesprochen.[64] Sollte es zu einer Angleichung an die EU-Vorgaben kommen, nähme die Judikatur damit freilich abermals eine „kontra-atmosphärische" Position ein. Stellte ihr Konzept im Kontext der früher opferskeptischen Stimmung (oben 2.1.) gleichsam einen opferfreundlichen Fremdkörper dar, stünde eine Neuorientierung im Verhältnis zur nunmehr veränderten Alltagskultur, in der sich ein neues „Opferverständnis" herauszubilden scheint (oben 2.2.), in einem neuerlichen, nunmehr umgekehrten Widerspruch. Eine solche doppelte Immunisierung gegenüber den gesellschaftlichen Strafwürdigkeitsvorstellungen wäre, so viel am Rande, ein kriminalsoziologisch interessanter Befund.

## 3.3. Kriminologisches Statement

Unabhängig davon bleibt natürlich die Frage, ob dem „gewinnsüchtigen" und/oder „leichtfertigen" Opfer die Tatverantwortung deutlich eher zugerechnet werden sollte, als dies derzeit geschieht. Fraglos trägt ein Betrugstatbestand, der sich gegenüber der Leichtfertigkeit und Sorglosigkeit von Opfern indifferent zeigt, paternalistische und vielleicht auch bevormundende Züge. Ebenso offenkundig ist es indes, dass die täterexkulpierende Mitberücksichtigung der Opferverantwortung andererseits einer abenteuerkapitalistischen Handlungslogik neue Freiräume gewährt. Was also ist in dieser Spannungslage von einem Auslegungsprinzip zu halten, das den Betrugstatbestand systematisch beschränkt, sofern der Schaden jedenfalls teilweise auch dem Opfer zurechenbar ist? Obwohl hier nicht der Raum ist, um diese Frage erschöpfend zu analysieren – zumal die zentralen Gesichtspunkte

---

62 *Soyka* (Fn. 60), 131; *Satzger* (Fn. 61), § 263 Rn. 12, 114; *Dannecker* (Fn. 59), 711 ff.; teilweise auch *Hecker* Strafbare Produktwerbung im Lichte des Gemeinschaftsrechts, Tübingen 2001, 320 ff.

63 Ganz im Gegenteil wurde dies vom 2. Strafsenat des BGH erst kürzlich zurückgewiesen (vgl. BGH NJW 2014, 2595, 2596 ff.); aus der ebenfalls ablehnenden Literatur etwa *Vergho* Der Maßstab der Verbrauchererwartung im Verbraucherschutzstrafrecht, Freiburg 2009, 303 ff., 308 ff.

64 Vgl. hierzu die im Band folgenden Überlegungen von *Björn Gercke* und *Eberhard Kempf* sowie bspw. auch die Urteilsanmerkung von *Rönnau/Wegner* JZ 2014, 1064–1068 sowie den Beitrag von *Krack* Betrug durch das Betreiben von Abofallen, ZIS 2014, 536–544; dem BGH zustimmend aber *Cornelius* Europäisches Verbraucherleitbild (…), NStZ 2015, 310–317.

letztlich bereits vor drei Jahrzehnten zur Sprache gebracht worden und unverändert gültig sind[65] –, sei an dieser Stelle wenigstens ein spezifisch kriminologischer Gesichtspunkt kursorisch benannt. Aus kriminologischer Warte spricht nämlich mehr für eine Beibehaltung der Rechtsprechungslinie (jedenfalls bei natürlichen Opfern, letztlich aber auch bei solchen korporativer Art).

Insofern ist zunächst einmal darauf hinzuweisen, dass die Mitwirkungsanteile von Verbrauchern, Anlegern und anderen Betrugsopfern kriminologisch nichts anderes als eine Gelegenheitsstruktur sind, die einen tatermöglichenden oder tatleichternden und daher ggf. auch tateinladenden Charakter hat, sich aber in diesem Effekt nicht prinzipiell von anderen, opferunabhängigen kriminogenen Möglichkeitsbedingungen unterscheidet,[66] bspw. einer kriminogenen Gesetzgebung oder dem Fehlen drittseitiger Kontrollen.[67] Solche situativen Umstände, die die Vulnerabilität von Personen, Gütern, Institutionen, Prozessen, Zuständen und dergleichen erhöhen, werden nun herkömmlich als Anknüpfungspunkte für technische oder regulative Präventionsmaßnahmen begriffen, nicht aber als Anlass für eine Strafbarkeitseinschränkung, die die Nutznießer der Situation ganz oder teilweise exkulpiert. Würde man bei den spezifisch opferproduzierten Tatgelegenheiten anders verfahren, wenn und weil hier die erhöhte Verletzbarkeit vom Rechtsgutträger (anders als in den vorgenannten Fällen) nicht von „den Umständen“, sondern von den schadensbetroffenen Personen selbst zu verantworten ist, stellte sich die nahe liegende Frage, wo hinsichtlich der Täter der Unterschied zwischen den Fallgruppen liegt. Mit Blick auf die Täterseite – für die es keine Rolle spielt, wie und weshalb die Chance entstanden ist, die sie ergreift – ist eine unterschiedliche Behandlung schwerlich begründbar.

Würde das Strafrecht die Ausnutzung opferproduzierter Tatgelegenheiten freigeben, hätte das obendrein auch eine unzuträgliche Konsequenz. So haben Befragungen gezeigt, dass Betrugsstraftäter um die Schwachstellen vieler ihrer Opfer sehr genau wissen und dass sie deren manipulative Ansprechbarkeit ganz gezielt auszunutzen vermögen.[68] Noch deutlicher wird dies bei jenen an sich leicht

---

65 Vgl. die grundlegende Kritik an der Viktimodogmatik bei *Hillenkamp* Vorsatztat und Opferverhalten, Göttingen 1981, 17 ff., 192 ff. sowie die Replik von *Schünemann* Die Zukunft der Viktimo-Dogmatik, in: Zeidler, Wolfgang/Maunz, Theodor/Rollecke, Gerd (Hrsg.): Festschrift für Hans Joachim Faller, München 1984, 357–372.

66 Vgl. *Kölbel* Betrug, in: Achenbach, Hans/Ransiek, Andreas/Rönnau, Thomas (Hrsg.), Handbuch Wirtschaftsstrafrecht, 4. Aufl., Heidelberg 2015, Rn. 64.

67 Einführend zu solchen Bedingungen *Eisenberg* (Fn. 4), § 54 Rn. 1 ff.

68 *Liebel/Oehmichen* (Fn. 45), 154 ff.; vgl. auch *Shichor u. a.* (Fn. 18), 90. Siehe ferner auch die Analyse des Schulungsmaterials, das Außendienstmitarbeiter auf den manipulationsähnlichen Vertrieb bei älteren Konsumenten vorbereiten soll, bei *DeLiema/Yon/Wilber* Tricks of the trade: Motivating sales agents to con older adults, in: The Gerontologist 54 (2014), doi: 10.1093/geront/gnu039.

durchschaubaren Betrugsgestaltungen, die sich mit den Mitteln der Massenkommunikation an derart vielzählige Adressaten wenden, dass darin schon aus statistischen Gründen eine delikts-ökonomisch lohnende Teilgruppe ungewöhnlich unvorsichtiger Personen eingeschlossen ist. Wären solche Betrugsformen, die dezidiert und allein auf die „selber-schuld-Opfer" abzielen, aus Mitverantwortungsgründen kein strafbarer Betrug, dürften sie vermutlich um sich greifen.[69] Dafür spricht jedenfalls ein beinahe feldexperimenteller Beleg. De lege lata werden nämlich ganz wesentliche Ausprägungen der Opfermitverantwortung strafbarkeitsausschließend berücksichtigt, namentlich durch die tatbestandliche Exklusion nicht-kommunikativer Täuschungen und Suggestionen, die ein immanentes Merkmal von mundaner Geschäftstüchtigkeit sind (etwa als Alltagsbeispiel: die verkaufspsychologisch fundierte, nonverbale Werbungs-, Laden- und Auslagengestaltung). Bei solchen Beeinflussungsformen schlagen sich Kompetenzmängel bei der Verfolgung eigener wirtschaftlicher Belange in einer allseits beobachtbaren, großflächigen Unvernunft bzw. Selbstschädigung nieder, die ohne jede Strafrechtsrelevanz bleibt.[70] Ich bin skeptisch, ob man dem noch zusätzlichen Raum geben soll.

---

**69** Vgl. die hierfür kennzeichnenden empirischen Hinweise auf die Persistenz des sog. Adressbuchschwindels bei *Grau* Sozialadäquate Geschäftstüchtigkeit oder strafbarer Betrug?, Münster 2009, 11 ff., 28 ff.; zur enormen Verbreitung von Abofallen siehe die Befragung unter http://www.infas.de/aktuell/presse/meldung-im-detail/millionendelikt-internetbetrug-1/.

**70** Näher *Fabricius* Kriminalwissenschaften. Grundlagen und Grundfragen, Band 3, Berlin 2011, 102 ff.; vgl. auch *Ottermann* Soziologie des Betruges, Hamburg 2000, 38 ff., 347 ff.

Björn Gercke

# Verborgene Probleme der Opfermitverantwortung (aus Sicht der Praxis)

## Gliederung



## I. Opfermitverantwortung

Obwohl Opfermitverantwortung seit geraumer Zeit bei Auslegung und Anwendung gesetzlicher Tatbestandsmerkmale sowie insbesondere der Strafzumessung erörtert wird, ist es nach wie vor kaum möglich, eine abschließende Definition dieses Begriffs zu finden. Entsprechend den Ausführungen von *Herrn Prof. Dr. Kölbel* wird man wohl einen kriminologischen Opferbegriff zugrunde legen müssen; denn in strafrechtlicher Hinsicht würde die Annahme eines „Opfers" an sich zunächst eine Tatbestandsverwirklichung voraussetzen. Insoweit wäre der Begriff Mitverantwortung des Erklärungs- oder Verhaltensadressaten vielleicht passender, um ergebnisoffen an die Frage heranzugehen, auf welcher Ebene – Tatbestand oder Schuld bzw. Strafzumessung – die Mitverantwortung verortet bzw. gewürdigt werden kann.

Ungeachtet dieser Begrifflichkeiten handelt es sich inhaltlich wohl um solche Konstellationen, bei denen der Taterfolg bzw. die Rechtsgutsgefährdung in einem so erheblichen Maße auf eine Entscheidung des Betroffenen – nennen wir ihn eben:

**Erschienen in** ILFS Band 18: Strafverfolgung in Wirtschaftsstrafsachen – Strukturen und Motive, 2015

https://doi.org/10.1515/9783111057125-028

Opfer – zurückzuführen ist, dass dessen Schutzbedürftigkeit zweifelhaft ist. Voraussetzung ist regelmäßig eine Interaktion zwischen Täter und Opfer.

Am deutlichsten wird dies am Tatbestand des Betrugs, in welchem das Opfer anhand des Merkmals des Irrtums als Folge einer Täuschung in die Tatbestandsverwirklichung unmittelbar einbezogen wird. Insoweit verwundert es nicht, dass die Diskussion über Opfermitverantwortung im Wesentlichen bei den Betrugsdelikten geführt wird.

Diskutiert werden etwa:

- Fälle von Spekulations- und Risikogeschäften im weiteren Sinne, wie etwa Kapitalanlage- und Kreditbetrug oder auch Warenlieferungen trotz bekannter Säumigkeit oder gar Insolvenzreife des Geschäftspartners,
- Fälle von gezieltem Ausnutzen von Aufmerksamkeitsmängeln, wie etwa bei Insertionsofferten oder sog. Abo-Fallen im Internet, sowie
- Fälle von irrealen Erwartungen des Opfers, wie etwa bei dem Kauf von „Wundermitteln" oder Käufen von Fälschungen von Luxus- bzw. Markenartikeln – regelmäßig im Internet – trotz Kenntnis des erheblich zu niedrigen Preises, etwa eine „neuwertige Original Gucci-Tasche" für 10,– €.

## II. „Verborgene" Probleme

Die zuvor genannten Konstellationen sind nicht „unbekannt". Die bereits angeführte Viktimodogmatik ist explizit angesprochen in einigen, gerade jüngeren höchstrichterlichen Entscheidungen und insbesondere vielfach im Schrifttum.

Was aber sind *„verborgene Probleme der Opfermitverantwortung"*? Hier stellt sich nun die Frage, was mit *„verborgen"* gemeint ist. Hiervon können sprachlich einerseits diejenigen Probleme erfasst sein, die bislang weder in der Rechtsprechung noch im Schrifttum thematisiert wurden und daher noch *„im Verborgenen"* liegen. Es können aber auch diejenigen Fälle gemeint sein, in denen sich die Berücksichtigung der Opfermitverantwortung nicht unmittelbar aus dem gesetzlichen Tatbestand ergibt – die Rolle des Opfers in der Deliktsstruktur also *„verborgen"* ist. Da es jedenfalls im Hinblick auf den Betrugstatbestand – wie bereits angesprochen – kaum einen Aspekt der Opfermitverantwortung geben dürfte, der noch nicht hinlänglich diskutiert wurde, wird nachfolgend zunächst auf diejenigen Fälle eingegangen, in denen die Berücksichtigung der Opfermitverantwortung in der Deliktstruktur nicht auf den ersten Blick ersichtlich wird, bevor dann doch noch der Betrugstatbestand thematisiert wird. Im Folgenden soll sich dabei zunächst auf drei Tatbestände beschränkt werden: Wucher (1.), Untreue (2.) und Steuerhinterziehung (3.).

## 1.

Die Erwähnung des Wucher-Tatbestands mag überraschend wirken, bedenkt man, dass dieser gerade zum Schutz vor Ausnutzung einer individuellen Unzulänglichkeit des Opfers dienen soll. So ist Voraussetzung der Strafbarkeit, dass die Zwangslage, die Unerfahrenheit, der Mangel an Urteilsvermögen oder die erhebliche Willensschwäche eines anderen ausgebeutet wird. Den genannten Schwächesituationen gemein ist, dass sie sich vom Opfer zum Zeitpunkt der Tathandlung nicht kontrollieren lassen. Was allerdings auffällt, ist, dass für das Opfer vermeidbare Schwächesituationen, insbesondere Leichtsinn, nicht geschützt werden. In einem Urteil vom 23.6.2006 zur insoweit gleichlautenden Norm des § 138 Abs. 2 BGB verneinte der 5. Zivilsenat angesichts dessen die Voraussetzungen des Wuchers.[1] Der Wuchertatbestand soll weder vor einer – leichtfertig – unrichtigen Einschätzung der Wirtschaftlichkeit eines Rechtsgeschäfts noch vor enttäuschten Spekulationen schützen.

Dass dies auch der Intention des Strafgesetzgebers entspricht, wird aus der Änderung des Wuchertatbestands in der Vergangenheit ersichtlich: So war Voraussetzung der bis 1976 in § 302a–f StGB normierten Wuchertatbestände die Ausbeutung einer Zwangslage, der Unerfahrenheit oder gar des Leichtsinns einer anderen Person. Im Jahr 1976 wurden die Wuchertatbestände zu einem einheitlichen Tatbestand in § 302a StGB zusammengefasst; dieser entspricht dem heutigen Wuchertatbestand des § 291 StGB. Nicht mehr enthalten ist seit 1976 die Schwächesituation des Leichtsinns.

Im Gesetzesentwurf zu § 302a StGB[2] heißt es hierzu:

> „Abweichend vom geltenden Recht nennt der Entwurf andererseits als schutzwürdigen Zustand des Opfers gegen die wucherische Ausbeutung den „Leichtsinn“ nicht mehr. Der Entwurf geht in Übereinstimmung mit der Auffassung der Kommission davon aus, daß mit den Merkmalen „Zwangslage“, „Unerfahrenheit“, „Mangel an Urteilsvermögen“ und „Willensschwäche“ alle schutzwürdigen Schwächen des Opfers genannt sind. Wer in der Lage ist, die wirtschaftlichen Folgen seines Handelns zu übersehen, sich nicht in einer Zwangslage befindet und dessen Willensbestimmung auch nicht eingeengt ist, der verdient allein deswegen, weil er leichtsinnig ist, keinen strafrechtlichen Schutz.“

Der Gesetzgeber hat sich mithin klar dahingehend positioniert, dass ein frei verantwortlich handelndes, lediglich leichtfertiges Opfer keinen Schutz durch § 291 StGB genießt. Die Opfermitverantwortung hat insoweit – wenngleich auch *„verborgenen“* – Einfluss auf die Strafbarkeit der ausbeutenden Person.

---

1 BGH NJW 2006, 3054, 3056.

2 BT-Drs. 7/3441, S. 41.

## 2.

Besondere Bedeutung kommt in diesem Zusammenhang auch dem Tatbestand der Untreue zu. Eine Mitverantwortung des Opfers kann hier insbesondere in einem Einverständnis des Vermögensinhabers in die Vermögensschädigung zum Ausdruck kommen. Liegt ein solches Einverständnis vor, wirkt dieses bekanntlich grundsätzlich tatbestandsausschließend.

Voraussetzung ist dabei, dass das Einverständnis wirksam erteilt wurde. Dies *kann* ausgeschlossen sein, wenn das Einverständnis gesetzeswidrig oder erschlichen ist, auf sonstigen Willensmängeln beruht oder seinerseits pflichtwidrig ist.

Praxisrelevant sind dabei insbesondere die Fälle, in denen der Vermögensinhaber seine Zustimmung zu Risikogeschäften erteilt hat. Sofern die Zustimmung auf einer umfassenden Information über das Verlustrisiko beruht, ist eine Pflichtverletzung zu verneinen. Der Vermögensinhaber als „Opfer" trägt also eine Mitverantwortung an dem letztlich eingetretenen Vermögensschaden.

Thematisiert wurde dies in diversen Landesbankenverfahren, zuletzt etwa im Verfahren gegen die Vorstände der BayernLB, in welchem das LG München I eine Pflichtverletzung auch aufgrund der durch die ausreichend informierten Anteilseigner erfolgten Einwilligung in den riskanten Kauf der Hypo Group Alpe Adria im Rahmen der Eröffnungsentscheidung ausschloss.[3] Zwar hob das OLG München den Beschluss des LG München I auf, das Verfahren endete jedoch ohne Verurteilung bzgl. einer Untreue; lediglich einer der Angeklagten wurde nach § 299 StGB zu einer Bewährungsstrafe verurteilt.

Noch bedeutsamer ist die Rolle des vermeintlichen „Opfers" etwa im Strafverfahren um die SachsenLB. Dort wird den ehemaligen Vorständen vorgeworfen, bei der Auflegung von ABS-Strukturen zu hohe, den Bestand der Bank gefährdende Risiken eingegangen zu sein. Die Vorwürfe der Pflichtverletzung werden u. a. auf einen Verstoß gegen den im Gesetz über das öffentlich-rechtliche Kreditwesen (GÖRK) im Freistaat Sachsen verankerten öffentlichen Auftrag einer Landesbank, die Missachtung von Großkreditvorschriften und die Eingehung von Klumpenrisiken gestützt.

Allerdings wurden nach dem Gesetz über die öffentlich-rechtlichen Kreditinstitute im Freistaat Sachsen und die Sachsen-Finanzgruppe *„die eigentümergeprägten Oberziele"* durch die Anteilseignerversammlung beschlossen und vom Verwaltungsrat waren nach diesem Gesetz *„Geschäftsanweisungen für* [...] *den Vorstand im Rahmen der von der Anteilseignerversammlung beschlossenen eigentümergeprägten Oberziele"* zu erlassen. Vorsitzender der Anteilseignerversammlung

3 LG München I, Beschluss v. 6. 8. 2013–6 KLs 406 Js 44754/09, beck-online.

wie auch des Verwaltungsrates (und weiterer Gremien) war der Finanzminister des Freistaates Sachsen, dem auch zugleich die Bankenaufsicht oblag. Das Konstrukt der ABS-Strukturen war wohl allen Aufsichtsgremien bekannt, wurde u.a. dem Haushalts- und Finanzausschuss des sächsischen Landtags als auch später noch einmal Mitgliedern des Verwaltungsrates erläutert. Der dem Vorstand als pflichtwidrig vorgeworfene Ausbau der (gehebelten) Volumina – bei unverändertem Grundmodell – ging auf einen „Vorratsbeschluss" des Verwaltungsrates zurück, in dem nahezu alle Mitglieder der Anteilseignerversammlung vertreten waren.

In diesem wie auch anderen der sog. Landesbanken-Verfahren stellt sich nicht nur evident die Frage eines tatbestandsausschließenden Einverständnisses der vermeintlich pflichtwidrig geschädigten Anteilseigner.

Denn hat der Geschäftsherr dem Handelnden ausdrücklich die waghalsigen Unternehmungen gestattet, ist – so *Seier* mit Recht – *„kraft Einverständnisses das Risikogeschäft erlaubt. Dabei ist einerlei, ob der Handelnde die Sorgfaltsregeln eines sonst ordentlichen Kaufmanns grob missachtet, ob die Verlustgefahr größer ist als die Gewinnaussicht, ob das Geschäft letztlich ins Fiasko führt oder nicht. So oder so liegt keine Treueverletzung vor."*[4]

Aber auch bei unwirksamem Einverständnis kann einer etwaigen Mitverantwortung des Vermögensinhabers bereits auf Tatbestandsebene Bedeutung zukommen: Dies kann etwa dann der Fall sein, wenn der Täter von einer Wirksamkeit des Einverständnisses ausgeht und daher ohne Vorsatz handelt.

Unabhängig von einem im Einzelfall erteilten Einverständnis des Vermögensinhabers – und der Frage der Wirksamkeit – kann das Problem der Opfermitverantwortung aber auch im Rahmen der Einräumung und der internen Handhabung der Vermögensbetreuungsbefugnis eine Rolle spielen. Dies kann etwa im Hinblick auf den *Umfang* der Einräumung einer Vermögensbetreuungsbefugnis durch den Vermögensinhaber relevant sein. Überdies wird man eine Mitverantwortung des Vermögensinhabers nicht von der Hand weisen können, wenn dieser dem Täter die Befugnis in Kenntnis dessen Unzuverlässigkeit eingeräumt oder ihn nicht ausreichend kontrolliert und überwacht hat.[5]

---

4 Achenbach/Ransiek/Rönnau/*Seier* Handbuch Wirtschaftsstrafrecht, 4. Aufl., 5. Teil 2. Kap. Rn. 396.

5 Nach der Rechtsprechung des BGH dürfte dies in der Regel keine Auswirkungen auf Tatbestandsebene haben, allerdings ist eine Berücksichtigung auf Strafzumessungsebene grundsätzlich möglich (vgl. etwa BGH wistra 2007, 261; wistra 1986, 172).

## 3.

Schließlich soll in diesem Zusammenhang die Steuerhinterziehung Beachtung finden, obwohl der Wortlaut des § 370 AO zunächst nicht ohne weiteres auf die Berücksichtigung einer etwaigen Opfermitverantwortung hindeutet. Gleichwohl wird seit längerem diskutiert, ob der Tatbestand des § 370 Abs. 1 Nr. 1 AO neben dem ausdrücklichen Wortlaut auch einen Irrtum oder zumindest eine Unkenntnis der Finanzbehörden vom wahren Sachverhalt voraussetzt. Die Finanzbehörde ist insoweit Repräsentant des „Opfers Fiskus".

So wird im Schrifttum zum Teil vertreten, dass die Unkenntnis der Finanzbehörde in Persona des zuständigen Finanzbeamten als Tatbestandsmerkmal in die Norm hineinzulesen sei, die Kenntnis mithin tatbestandsausschließende Wirkung entfalte.[6] Als Anknüpfungspunkt wird dabei u. a. auf das in der Norm enthaltene Wort *„dadurch"* abgestellt, in welchem der Zurechnungsbezug zwischen Handlung und Erfolg besonders zum Ausdruck komme.[7] Die geforderte Kausalität sei zu verneinen, wenn die Behörde die tatsächlichen Besteuerungsgrundlagen kenne, da sie es dann selbst in der Hand habe, die Steuer zutreffend festzusetzen und beizutreiben. In Abgrenzung zu § 370 Abs. 1 Nr. 2 AO, dessen Wortlaut ausdrücklich auf die „Unkenntnis" der Finanzbehörden abstellt, sei es widersprüchlich, wenn einerseits unvollständige Angaben gegenüber „wissenden" Finanzbeamten strafbar wären, während die Nichtabgabe einer Steuererklärung gegenüber einem „wissenden" Finanzbeamten andererseits straflos bliebe.[8]

Der BGH hat diese Position in seiner Rechtsprechung der vergangenen Jahre jedoch stets abgelehnt: Bereits in der Entscheidung zur Parteispendenaffäre vom 19.12.1990[9] stellte der 3. Strafsenat sich auf den Standpunkt, dass ein Irrtum auf Seiten der Finanzbehörden *nicht* zum Tatbestand des § 370 Abs. 1 Nr. 1 AO gehöre.

Dem stimmte der 5. Strafsenat in einer Entscheidung vom 19.10.1999[10] zu, führte aber weiter aus, dass eine positive Kenntnis aller für die Steuerfestsetzung erheblichen Tatsachen dann für die Tatbestandsverwirklichung von Bedeutung sein könne, wenn *zusätzlich* alle relevanten Beweismittel i.S.v. § 90 AO bekannt und verfügbar seien.[11]

---

6 MüKo-StGB/*Schmitz/Wulf* 1. Aufl., § 370 AO Rn. 241; *Steinberg* wistra 2012, 45; *Wegner* PStR 2012, 46.

7 Vgl. *Koops/Gerber* DB 2011, 786; *Hild* StraFo 2008, 445.

8 MüKo-StGB/*Schmitz/Wulf* 1. Aufl., § 370 AO Rn. 241; Franzen/Gast/Joecks/*Joecks* 7. Aufl., § 370 AO Rn. 194.

9 BGH wistra 1991, 138.

10 BGH wistra 2000, 63.

11 So auch BGH wistra 2001, 263.

Hierzu äußerte sich schließlich der 1. Strafsenat in einem *obiter dictum* vom 14.12.2010:[12] Der Tatbestand des § 370 Abs. 1 Nr. 1 AO sei selbst dann verwirklicht, wenn der zuständige Veranlagungsbeamte von allen für die Veranlagung bedeutsamen Tatsachen Kenntnis habe und zudem sämtliche Beweismittel bekannt und verfügbar seien. Das Erfordernis der „Unkenntnis" der Finanzbehörde stünde im Widerspruch zur Wertung des Gesetzgebers in den Regelbeispielen des § 370 Abs. 3 S. 2 Nrn. 2 und 3 AO, die die Mitwirkung eines Amtsträgers unabhängig von dessen Zuständigkeit als besonders strafwürdig einstufen würden. Gerade durch das „Machen falscher Angaben" realisiere sich die durch § 370 Abs. 1 Nr. 1 AO rechtlich missbilligte Gefahr einer Steuerverkürzung.

Diese Auffassung bestätigte der 1. Strafsenat im Übrigen in seiner Entscheidung vom 21.11.2012 zur Hinterziehung von Umsatzsteuern beim Handel mit Emissionszertifikaten.[13]

Gleichwohl ist in der Entscheidung vom 14.12.2010 jedenfalls ein Hinweis auf eine *mögliche* Berücksichtigung innerhalb der Strafzumessung enthalten:

Danach können die Besonderheiten des Einzelfalls eine Strafmilderung ermöglichen, wenn ein Einschreiten der Finanz- und Ermittlungsbehörden *„unabweisbar geboten"* war.[14] Das Verhalten des Veranlagungsbeamten kann insoweit *„(gleich einem Mitverschulden oder einer Mitverursachung des Verletzten) strafmildernd zu berücksichtigen"* sein.[15] Offen lässt der 1. Strafsenat in dieser Entscheidung allerdings, *wann* ein Einschreiten „unabweisbar geboten" sein soll.

Dies wird auch in der Entscheidung vom 21.11.2012 zum Handel mit Emissionszertifikaten nicht näher ausgeführt, sondern es wird darauf abgestellt, dass es den Täter regelmäßig nicht entlasten könne, dass Ermittlungsbehörden nicht rechtzeitig gegen ihn einschreiten, um den Eintritt des Taterfolgs zu verhindern.[16] Umstände, die ein Einschreiten *unabweisbar* geboten hätten, seien nicht unter Beweis gestellt worden. Dieser Entscheidung lag die Ablehnung eines Antrags zugrunde, der auf die Vernehmung eines Finanzbeamten gerichtet war zum Beweis der Tatsache, dass die Zustimmung zur Erstattung von Umsatzsteuer aus „ermittlungstaktischen Gründen" erteilt wurde. Der 1. Strafsenat sieht in der Ablehnung des Beweisantrags als „aus tatsächlichen Gründen bedeutungslos" keinen Rechtsfehler – weder im Hinblick auf die Tatbestandsverwirklichung noch auf die Strafzumessung. Insoweit dürfte jedenfalls davon auszugehen sein, dass nach Auffassung

**12** BGH NStZ 2011, 283.
**13** BGH wistra 2013, 107.
**14** BGH NStZ 2011, 283, 284.
**15** BGH NStZ 2011, 283, 284.
**16** BGH wistra 2013, 107, 109.

des 1. Strafsenats ein Einschreiten dann nicht „unabweisbar" geboten ist, wenn ermittlungstaktische Erwägungen entgegenstehen.

## III. Berücksichtigung der Opfermitverantwortung

### 1.

Nach diesen vermeintlich oder tatsächlich „verborgenen" Problemen der Opfer- bzw. Adressatenmitverantwortung ist abschließend das Betrugsstrafrecht zu behandeln. Entsprechend den Ausführungen von *Herrn Prof. Dr. Kölbel* ist das Thema Opfermitverantwortung allerdings „ganz und gar nicht verborgen":

Dies gilt insbesondere bzgl. der Frage, *wann* eine Täuschung vorliegt. So erfolgt etwa bei der Auslegung vertragsrelevanter Erklärungen häufig eine Orientierung an den Gepflogenheiten des Geschäftsverkehrs.

Eine Frage, die – etwa gerade aktuell in Zusammenhang mit Insertionsofferten[17] und mehr oder weniger verdeckten, also „verborgenen" kostenpflichtigen Web-Angeboten[18] – erörtert wird, ist, ob besonders sorglose Menschen ggf. vom Schutz des § 263 StGB ausgenommen werden können. Diesen Ansatz verfolgt – wie bereits erörtert – die sog. Viktimodogmatik.

In diesem Zusammenhang ist insbesondere das *europäische Verbraucherleitbild* zu erwähnen. So nahmen die Diskussionen um die Berücksichtigung einer Opfermitverantwortung in jüngerer Vergangenheit auch Bezug auf die gemeinschaftsrechtlichen Vorgaben im Wettbewerbsrecht.

Diesen liegt zum einen eine Entscheidung des EuGH zur Auslegung der Richtlinie 84/450/EWG zur Angleichung der Rechts- und Verwaltungsvorschriften der Mitgliedstaaten über irreführende Werbung zugrunde, wonach hinsichtlich der Frage einer Irreführung auf die mutmaßliche Erwartung eines *„durchschnittlich informierten, aufmerksamen und verständigen Durchschnittsverbrauchers"* abzustellen sei,[19] und zum anderen der Wortlaut der Richtlinie 2005/29/EG über unlautere Geschäftspraktiken im binnenmarktinternen Geschäftsverkehr, in welcher hinsichtlich einer irreführenden Handlung ebenfalls unmittelbar auf den *„Durchschnittsverbraucher"* abgestellt wird.

Es liegt auf den ersten Blick durchaus nahe, dieses Verbraucherleitbild im Wege einer richtlinienkonformen Auslegung gleichermaßen in das Tatbestandsmerkmal

17 Vgl. zuletzt: BGH ZWH 2014, 428.

18 Vgl. etwa: BGH NJW 2014, 2595.

19 EuGH, Urteil v. 16.7.1998 – C-210/96, Gut Springenheide und Tusky, Slg. 1998, I-4657, Rn. 31.

der Täuschung wie des Irrtums in § 263 StGB einfließen zu lassen. Mit Urteil vom 5. 3. 2014 schloss der 2. Strafsenat eine Anwendung des europäischen Verbraucherleitbilds auf den Betrugstatbestand allerdings aus.[20]

In der Entscheidung ging es um sog. Abo-Fallen im Internet – und zwar in Form eines kostenpflichtigen Online-Routenplaners:

Diese Internetseite war so aufgebaut, dass bei ihrem Aufruf zunächst eine Startseite erschien, auf der von dem Nutzer verschiedene Angaben zum Stand- und Zielort zu machen waren. Nach Betätigung des Buttons „Route berechnen!" erschien eine neue Seite, in deren unterem Bereich von dem Nutzer die Schaltfläche „Route planen" anzuklicken war. Unterhalb dieser Schaltfläche befand sich ein Fußnotentext, auf den mit einem Sternchenhinweis verwiesen wurde. Am Ende dieses mehrzeiligen Fußnotentextes war der Preis für einen dreimonatigen Zugang zu dem Routenplaner in Höhe von 59,95 € in Fettdruck ausgewiesen. In Abhängigkeit von der Größe des Monitors und der verwendeten Bildschirmauflösung endete der sichtbare Teil der Internetseite unmittelbar nach der Schaltfläche „Route planen", so dass der Hinweis auf das zu zahlende Entgelt auf den ersten Blick nicht wahrzunehmen war. Das zu zahlende Entgelt in Höhe von 59,95 € war auch in den Allgemeinen Geschäftsbedingungen aufgeführt, die über den Link „AGB und Verbraucherinformation" aufrufbar waren und von dem Nutzer akzeptiert werden mussten. Die Allgemeinen Geschäftsbedingungen enthielten darüber hinaus eine Bestimmung, wonach dem Nutzer über den Betrag in Höhe von 59,95 € eine Rechnung zugesandt und der Rechnungsbetrag vorbehaltlich des Widerrufsrechts unmittelbar nach Vertragsschluss fällig werde.

Der 2. Strafsenat gelangt trotz des AGB-Hinweises zu einer Strafbarkeit nach § 263 StGB. Er stützt – nach einer sehr grundsätzlichen Auseinandersetzung zur richtlinienkonformen Auslegung nationaler Strafnormen – seine Entscheidung unter anderem darauf, dass die Richtlinie 2005/29/EG nicht den Zweck verfolge, *„Geschäftspraktiken straffrei zu stellen, die zu einer Verletzung von Rechtsgütern der Verbraucher führen, und Verhaltensweisen zu privilegieren, die auf die Täuschung unterdurchschnittlich aufmerksamer und verständiger Verbraucher gerichtet sind (…). Irreführende Geschäftspraktiken, die dazu dienen, den Verbraucher durch gezielte Täuschung an seinem Vermögen zu schädigen, werden von dem Schutzzweck der Richtlinie daher nicht erfasst".*[21] Und im Kern: Es komme *„nicht darauf an, was der Getäuschte hätte verstehen müssen, sondern was er tatsächlich verstanden*

**20** BGH NJW 2014, 2595.
**21** BGH NJW 2014, 2595, 2597.

*hat“.*[22] Diese Rechtsprechung wurde vom Senat in der Entscheidung vom 28.5.2014 zur Strafbarkeit sog. Insertionsofferten bestätigt.[23]

Hierin wird in der Literatur vielfach ein Widerspruch zu der mit der Richtlinie angestrebten Harmonisierung zwischen nationalem und europäischem Recht gesehen.[24] Danach dürfen Geschäftspraktiken, die europarechtlich nicht als irreführend einzuordnen sind, auch nach nationalem Recht nicht untersagt, geschweige denn strafrechtlich sanktioniert werden.[25] In diesem Zusammenhang ist allerdings zu beachten, dass die überwiegende Zahl der Kommentatoren dieser Entscheidung – und letztlich auch der Senat selbst – zu dem Schluss kommen, dass man auch bzw. gerade unter Beachtung der Richtlinie zu einer Betrugsstrafbarkeit gelangt,[26] da der durchschnittliche Verbraucher – so *Cornelius* im aktuellen Heft des StraFo überzeugend – *„bei einem Routenplaner regelmäßig keinen Preis erwartet“* und die Webseite auch *„nicht nach einem entsprechenden Preis“* durchsucht.[27]

Dies einmal dahingestellt, gilt mit Blick auf das Thema der Opfermitverantwortung gerade bei sog. „Abo-Fallen“ vor dem Hintergrund des eingegangenen Vertragsverhältnisses, dass insoweit der Horizont des objektiven Empfängers maßgeblich ist[28] – mithin des konkreten Erklärungsempfängers und nicht eines idealisierten Verbraucherleitbilds:

Selbstverständlich gilt – so Fischer in seiner Kommentierung zu § 263 StGB prägnant – *„freilich auch hier, dass die irrationale Hoffnung, in einem anonymen Markt auf Wohltäter zu stoßen, die Waren oder Dienstleistungen praktisch verschenken, durch § 263 StGB nicht geschützt ist.“*[29]

Man wird dies aber stets am konkreten Opfer bzw. im Hinblick auf die angesprochenen praxisrelevanten Fallgruppen Insertionsofferten oder „Abo-Fallen“ an der konkreten Zielgruppe zu prüfen haben. Dies fällt bei Insertionsofferten naturgemäß leichter als bei einem Web-Angebot, das sich an einen quasi unbegrenzten Kreis richtet. Wer sich hier in pauschaler Weise an einem idealisierten Verbraucherleitbild orientiert, riskiert, dass intellektuell deutlich unterlegene

---

22 Ebd.

23 BGH ZWH 2014, 428; vgl. auch BGH NJW 2011, 1236 (5. StS): Danach begründet die Richtlinie nur einen Mindest-, aber keinen Höchstschutz.

24 *Hecker/Müller* ZWH 2014, 329, 334; *Müller* NZWiSt 2014, 387, 394 ff.

25 *Hecker/Müller* ZWH 2014, 329, 334; *Müller* NZWiSt 2014, 387, 394 ff.; vgl. auch. *Cornelius* StraFo 2014, 476.

26 *Cornelius* StraFo 2014, 476, 477.

27 *Cornelius* ebd.

28 BGHSt 47, 1, 4; Schönke/Schröder/*Perron* 29. Aufl., § 263 Rn. 14/15; *Fischer* 61. Aufl., § 263 Rn. 28; *Geisler* NStZ 2002, 86, 88.

29 *Fischer* 61. Aufl., § 263 Rn. 28b.

Menschen, die vielleicht besonders schützenswert sind, vom strafrechtlichen Schutz ausgenommen werden.

Letztlich wird man hier nicht umhin kommen, Täuschung und Irrtum, in jedem Einzelfall bezogen auf den konkreten Adressaten, mithin den individuellen Empfängerhorizont zu prüfen. Die BGH-Rechtsprechung behilft sich bekanntlich seit einiger Zeit gerade in Zusammenhang mit Betrugsdelikten im Internet mit der Vernehmung einiger sog. „repräsentativer" Zeugen, von denen auf andere Verfügende geschlossen wird.[30] Dies wird aber der erforderlichen *individuellen* Bestimmung des Empfängerhorizontes des „Opfers" nicht gerecht. Die Instanzgerichte nutzen hingegen vielfach die „Krücke" des Versuchs, um den tatsächlichen Irrtum beim „Opfer" nicht nachweisen zu müssen.[31] Andere wiederum machen massenhaft von § 154 StPO Gebrauch; das scheint verfahrensrechtlich die – „gefühlt" – „sauberste" Lösung zu sein. Einmal mehr wirken sich insoweit verfahrensrechtliche bzw. tatsächliche Probleme bei der Beweisaufnahme *de facto* materiell-rechtlich aus.[32]

Schließlich wird hinsichtlich eines *konkreten* Opfermitverschuldens beim Tatbestandsmerkmal des Irrtums vielfach diskutiert, ob und ab welchem Intensitätsgrad Zweifel des Opfers am Wahrheitsgehalt einer Behauptung einen Irrtum ausschließen können, was der BGH aber bekanntlich letztlich in ständiger Rechtsprechung verneint.[33]

Auch die Vermeidbarkeit eines Irrtums steht nach ständiger Rechtsprechung einer Verwirklichung des Tatbestands nicht entgegen – zuletzt etwa bestätigt durch eine Entscheidung des 3. Strafsenats vom 27.3.2014[34] zu sog. Ping-Anrufen.

## 2.

Unbestritten sind – in diesen und anderen Fällen – mögliche Auswirkungen der Opfermitverantwortung auf Strafzumessungsebene: Obwohl ein Mitverschulden des Opfers in der insoweit maßgeblichen Norm des § 46 StGB nicht explizit aufgeführt ist, hat sich dieser Umstand als weitere Strafzumessungstatsache von erheblichem Gewicht herausgebildet. Grund dafür ist, dass dieses Mitverschulden sowohl Einfluss auf die Tatschuld als auch auf das Tatunrecht haben kann. So liegt

---

**30** So etwa BGH NStZ 2013, 422, 423 (1. StS); wistra 2014, 97, 98 (3. StS); BGH NJW 2014, 2132 (4. StS); vgl. auch BGH NJW 2014, 2595, 2599 (2. StS).

**31** Vgl. insoweit auch BGH NJW 2014, 2595, 2599.

**32** Vgl. hierzu schon *Weigend* in: Schmoller (Hrsg.), Triffterer-FS 1996, S. 695.

**33** BGH wistra 1990, 305; NJW 2001, 3718, 3719; NStZ 2003, 313, 314.

**34** BGH StV 2014, 670 m. Anm. *Jahn* JuS 2014, 848.

eine Minderung der Tatschuld beispielsweise nahe, wenn erst durch das Verhalten des Opfers ein Tatanreiz gesetzt oder die Entscheidung zur Tatbegehung hervorgerufen wurde.[35]

Eine Minderung des Tatunrechts kann sich zudem durch eine geringere Schutzwürdig- und Schutzbedürftigkeit des Opfers ergeben, etwa weil der Täter – wie im Falle eines besonders leichtsinnigen Opfers – weniger kriminelle Energie aufbringen muss.[36]

Zu bedenken ist dabei im Gegenzug aber auch, inwieweit sich eine vermeintliche Mitverantwortung des Opfers – das etwa dem angeführten „idealtypischen" Verbraucherleitbild nicht entspricht – unter Umständen strafschärfend auswirken kann. So kann es ggf. für eine nicht unerhebliche kriminelle Energie des Täters sprechen, wenn etwa eine intellektuell deutlich unterlegene Position des Opfers gezielt ausgenutzt wird.[37]

Eine Verteidigung *de lege artis* hat also behutsam mit der möglichen Thematisierung von Opfermitverantwortung umzugehen – unabhängig davon, ob diese „offen" oder verborgen im Tatbestand angelegt ist.

---

35 *Ellmer*, Betrug und Opfermitverantwortung, 1986, S. 88.

36 OLG Karlsruhe NStZ-RR 2002, 333.

37 OLG Düsseldorf StV 1993, 76.

Eberhard Kempf

# Grenzen der Schutzbedürftigkeit Betroffener bei Betrug und Marktmanipulation

## Gliederung



## I.

Täuschung und Irrtum beim Betrug setzen eine Interaktion[1] zwischen Täter und Opfer voraus. Vergleichbares gilt für die Tatbestände des Kapitalanlagebetrugs gemäß § 264a StGB und der informationsgestützten Markt- bzw. Kursmanipulation des § 20a Abs. 1, 1. Alt. WpHG. Alle drei Tatbestände schließen also einerseits den „völlig skrupellos und alle Eventualitäten mitbedenkenden Täter“,[2] der sein Opfer völlig beherrscht und dessen Verfügungen bestimmt, wie den eines „sich frei seinem Schicksal ergebenden Opfers“[3] aus. In solchen Fällen liegt entweder schon keine Täuschungshandlung oder kein Irrtum vor. Es kommt also auf das große Zwischenfeld möglicher Interaktionen von Täter und Opfer und die Bestimmung seiner Grenzen an.

Die Definition der Grenzen der Schutzbedürftigkeit eines Opfers ist ein bekanntes Thema der Betrugsdogmatik.[4] Vor allem *Amelung*,[5] *Winfried Hassemer*,[6]

**Erschienen in** ILFS Band 18: Strafverfolgung in Wirtschaftsstrafsachen – Strukturen und Motive, 2015

1 *Frank/Leu*, StraFo 2014, 196, 199.
2 *Frank/Leu*, aaO, 199.
3 *Frank/Leu*, aaO, 196.
4 *Kurth*, Das Mitverschulden des Opfers beim Betrug, 1984; *Hassemer*, Schutzbedürftigkeit des Opfers und Strafrechtsdogmatik, Zugleich ein Beitrag zur Auslegung des Irrtumsmerkmals in § 263 StGB, 1981.
5 GA 1977, 1 ff.
6 In: Kohlmann (Hrsg.), Festschrift für Ulrich Klug, Bd. 2, 1983, 217 ff.

https://doi.org/10.1515/9783111057125-029

*Schünemann*[7] und jüngst *Ackermann*[8] haben sich in den 70er und 80er Jahren des letzten Jahrhunderts mit der Frage auseinandergesetzt, ob auch der „exquisit Dumme“[9] noch des strafrechtlichen Schutzes von § 263 StGB bedarf. *Amelung*[10] sieht die Grenze der Schutzbedürftigkeit des Opfers erreicht, wo „solche Zweifel“ des Opfers, „die sich auf einen konkreten Anlass stützen“, seinen Irrtum im Sinn von § 263 StGB ausschließen. Das Opfer habe in solchen Konstellationen „regelmäßig hinreichende Anhaltspunkte, um das betroffene Vermögen zu schützen.“[11] Die Ausdehnung der strafrechtlichen Schutzwirkung würde „der Subsidiarität des strafrechtlichen Rechtsgüterschutzes widersprechen.“[12] Schünemann leitet seine viktimodogmatische Auslegungsmethode unmittelbar aus dem „ultima ratio-Prinzip“ ab, das die Notwendigkeit des „Einsatz[es] des Strafrechts zum Rechtsgüterschutz“ voraussetze.[13]

Diese Debatte wurde durch eine Entscheidung des 2. Strafsenats des Bundesgerichtshofs vom 5.3.2014[14] wieder neu angefacht. Der BGH hatte über die strafrechtliche Bewertung einer „Abo-Falle“ im Internet zu entscheiden. Es ging um einen Routenplaner. Auf der ersten Seite des Bildschirms erschienen die auszufüllenden Felder für Start- und Zielort. „Auf der Startseite befand sich in Fettdruck auch ein Hinweis auf ein Gewinnspiel. Eine Information darüber, dass für die Nutzung des Routenplaners ein Entgelt zu zahlen war, enthielt die Startseite nicht. Nach Betätigung der Schaltfläche „Route berechnen!“ erschien eine neue Seite, über der sich eine Grafik befand, in der wiederum auf das Gewinnspiel hingewiesen wurde. Auf derselben Seite gab es auch eine so genannte Anmeldemaske, in welche der Nutzer seinen Vor- und Zunamen nebst Anschrift, E-Mail-Adresse und Geburtsdatum einzutragen hatte. Die Anmeldemaske war in kursiver Schrift mit den Worten überschrieben: „Bitte füllen Sie alle Felder vollständig aus!“ Im unteren Bereich der Seite war von dem Nutzer die Schaltfläche „ROUTE PLANEN“ anzuklicken. Unterhalb dieser Schaltfläche befand sich ein Fußnotentext, auf den mit einem Sternchenhinweis verwiesen wurde. Am Ende dieses mehrzeiligen Fußnotentextes war der Preis für einen dreimonatigen Zugang zu dem Routenplaner in Höhe von

---

7 ZStW 90 (1978) 11 ff.; *ders.*, in: Schünemann (Hrsg.) Strafrechtssystem und Betrug, 2002, 51 ff.; *ders.* NStZ 1086, 439.

8 „Sträflicher Leichtsinn“ oder strafbarer Betrug? Zur rationalen Kriminalisierung der Lüge, in: FS Roxin, Band II, 949 ff. mit zahlreichen weiteren Verweisen in Fn. 71.

9 *Samson*, Grundprobleme des Betrugs (I. Teil) JA 1978, 471.

10 AaO, 6 zum Irrtumsmerkmal bei § 263 Abs. 1 StGB.

11 Zit. bei *Kuhli*, ZIS 2014, 504, 508.

12 GA 1977, 1, 6.

13 *Schünemann*, Strafrechtssystem und Betrug (FN 8), 62.

14 2 StR 616/12 = NJW 2014, 2595 = NZWiSt 2014, 387 mit Anm. *Müller* = StV 2014, 665.

59,95 € in Fettdruck ausgewiesen. In Abhängigkeit von der Größe des Monitors und der verwendeten Bildschirmauflösung endete der sichtbare Teil der Internetseite unmittelbar nach der Schaltfläche „ROUTE PLANEN", so dass der Hinweis auf das zu zahlende Entgelt auf den ersten Blick nicht wahrzunehmen war. Das zu zahlende Entgelt in Höhe von 59,95 € war auch in den Allgemeinen Geschäftsbedingungen aufgeführt, die über den Link „AGB und Verbraucherinformation" aufrufbar waren und von dem Nutzer akzeptiert werden mussten. Die Allgemeinen Geschäftsbedingungen enthielten darüber hinaus eine Bestimmung, wonach dem Nutzer über den Betrag in Höhe von 59,95 € eine Rechnung zugesandt und der Rechnungsbetrag vorbehaltlich des Widerrufsrechts unmittelbar nach Vertragsschluss fällig werde."

Die Entscheidung des BGH war erforderlich geworden, nachdem das LG Frankfurt mit seinem Beschluss vom 5.3.2009[15] die Eröffnung des Hauptverfahrens abgelehnt, das OLG Frankfurt mit Beschluss vom 17.12.2010[16] das Verfahren eröffnet und das LG Frankfurt den Angeklagten am 18.6.2012 daraufhin verurteilt hatte.[17]

Der Bundesgerichtshof sieht in der konkreten Gestaltung der Internet-Seite eine konkludente Täuschung, der die Erkennbarkeit des „Hinweis[es] auf die Entgeltlichkeit bei sorgfältiger, vollständiger und kritischer Prüfung" nicht entgegenstand.[18] Es sei – insoweit greift der BGH auf eine Sentenz in BGHSt 47, 1, 4 zurück – „zwar nicht Aufgabe des Strafrechts (und des Betrugstatbestands), allzu sorglose Menschen vor den Folgen ihres unbedachten Tuns zu schützen [...]. Doch lassen Leichtgläubigkeit des Opfers oder Erkennbarkeit einer auf die Herbeiführung eines Irrtums gerichteten Täuschungshandlung weder aus Rechtsgründen die Täuschungsabsicht entfallen [...] noch schließen sie eine irrtumsbedingte Fehlvorstellung aus."[19]

Damit hält der BGH an einer seit Langem tradierten, sehr opferfreundlichen Position fest, und sieht sich daran auch nicht durch die „Richtlinie 2005/29/EG des Europäischen Parlaments und des Rates vom 11.5.2005 über unlautere Geschäftspraktiken im binnenmarktinternen Geschäftsverkehr zwischen Unternehmen und Verbrauchern [...]"[20] gehindert, zu der er sich in dieser Entscheidung erstmals äußert. Die UGP-Richtlinie orientiert sich am Maßstab des „Durchschnittverbrauchers", der angemessen gut unterrichtet und angemessen aufmerksam und kritisch

15 LG Frankfurt, 5.3.2009 – 5/27 KLs 3330 Js 21484/07 KLs 12/08, BeckRS 2010, 17751.

16 NJW 2011, 398, zust. *Erb*, ZIS 2011, 368; *Fischer*, StGB 61. Aufl. 2014, § 263 Rn. 28a f; *Hansen*, NJW 2011, 404; *Perron*, in: Schönke/Schröder, StGB, 29. Aufl. 2014, § 263 Rn. 16 f.

17 LG Frankfurt, 18.6.2012 BeckRS 2014, 14339.

18 AaO, Rn. 20.

19 BGH, aaO Rn. 20.

20 ABl L 149/22 vom 11.6.2005.

ist".[21] Leicht durchschaubare Tricks, auf die ein solcher Durchschnittsverbraucher nicht hereinfällt, fallen danach ebenso aus der Anwendung des Betrugstatbestandes heraus wie im Fall der Beleidigung abwertende Äußerungen, die im Verständnis des auch dort zum Maßstab dienenden „verständigen Dritten"[22] nicht als strafwürdig angesehen werden.

Der BGH lehnt eine richtlinienkonforme Auslegung des Betrugstatbestandes ab,[23] obwohl er sie „auch im Bereich des Strafrechts" grundsätzlich anerkennt.[24] Er begründet das damit, dass die UGP-Richtlinie „keine strafbarkeitseinschränkende Auslegung des Betrugstatbestandes" erfordere.[25] Vielmehr dürfe „der normative Gehalt einer nationalen Vorschrift im Wege der richtlinienkonformen Auslegung nicht grundlegend neu bestimmt werden".[26] „Eine Beschränkung des strafrechtlichen Rechtsgüterschutzes auf durchschnittlich verständige Verbraucher führte", so der BGH[27] weiter, „überdies zu einer die Grenze der richtlinienkonformen Auslegung überschreitenden Normativierung des Täuschungs- und Irrtumsbegriffs, wo doch der „Irrtum" als „Widerspruch zwischen einer subjektiven Vorstellung und der Wirklichkeit" lediglich „eine psychologische Tatsache" sei, deren Vorliegen eine „Tatfrage" sei.

Das erstaunt angesichts der vom Richtliniengeber gewollten Vollharmonisierungswirkung,[28] der sich aus Art. 4 Abs. 3 UA 2. u. 3. EUV ergebenden Loyalitätspflicht und der sich aus Art. 288 Abs. 3 AEUV ergebenden Verpflichtung zur Umsetzung von Richtlinien[29]: Auch die bisherige Diskussion um die Auslegung der Tatbestandselemente von „Täuschung" und „Irrtum" wurde nicht etwa im Rahmen einer rechtspolitischen Forderung um eine *gesetzliche* Einschränkung des Opferbegriffs von § 263 StGB geführt, sondern es ging immer um eine – in der Tat allerdings strafrechtseinschränkende – Auslegung. Im Übrigen: *Heger*[30] weist zu Recht darauf hin, dass es „auch beim Betrugs-Tatbestand [...] ohne gesetzgeberische Modifikationen von § 263 Abs. 1 StGB Zeiten (gab), in denen etwa der Vermögensschaden unter Zugrundelegung des rein juristischen Vermögensbegriffs stark normativiert war, während der rein ökonomische Vermögensbegriff zwischenzeitlich

21 Erwägungsgrund 18 der UGP-Richtlinie.
22 BGHSt 19, 237; OLG Düsseldorf, NJW 1989, 3010.
23 BGH, aaO, Rn. 21 ff.
24 BGH, aaO, Rn. 25.
25 BGH, aaO, Rn. 26.
26 BGH, aaO, Rn. 27.
27 AaO, Rz. 30.
28 *Hecker/Müller*, ZWH 2014, 329, 333.
29 *Krack*, ZIS 2014, 536, 541.
30 HRRS 2014, 467, 470.

zu einer vollständigen Entnormativierung geführt hat (vgl. nur *Perron*, in Schönke/Schröder, StGB, 29. Aufl. 2014, § 263 Rn. 79 ff.)." Und schließlich: Es wäre wünschenswert (und würde mancherorts zu anderen Ergebnissen geführt haben bzw. führen), wenn der BGH die Grenze zwischen Auslegung einer Strafvorschrift und gegebenenfalls strafrechtseinschränkende „Normativierung" auch andernorts mit ähnlicher Trennschärfe gezogen hätte bzw. ziehen würde.

Die bei der Entscheidung unmittelbar anstehende Frage der Anwendung der UGP-Richtlinie hat für den BGH, nachdem er sie bereits dem Grundsatz nach verneint und die Rechtsfrage unter Verletzung von Art. 267 Abs. 3 AEUV nicht dem EuGH vorgelegt hat,[31] darüber hinaus am Ende gar keine Rolle gespielt, weil er sein Ergebnis hilfsweise auf Art. 5 Abs. 2 lit. b Abs. 3 UGP-RL stützt, der dem Schutz besonders empfindlicher Verbraucher dient.

Der BGH hat mit seinem Urteil vom 5. März 2014 ohne Not eine Chance der Entkriminalisierung vertan, nachdem der Gesetzgeber seinerseits die zivilrechtliche Frage der Wirksamkeit so zustande gekommener „Verträge" und damit auch die Kondizierbarkeit auf solche nur vermeintlich wirksamen Verträge geleisteter Zahlungen mit § 312j Abs. 3 BGB zugunsten des Verbrauchers geklärt hat. Dabei kann selbstverständlich nicht bestritten werden, dass der von § 263 StGB vorausgesetzte „Irrtum" „eine psychologische Tatsache" ist, die in einem „Widerspruch zwischen einer subjektiven Vorstellung und der Wirklichkeit" besteht, und dass dessen „Vorliegen eine Tatfrage" ist. *Aber:* Die hergebrachte Rechtsprechung, an der der BGH auch im Jahr 2014 festhält, ist – und das scheint mir der entscheidende Unterschied zu sein – für Betrugskonstellationen herausgebildet worden und für solche Konstellationen sicher richtig, in denen sich Täter und Opfer *face to face* gegenüber treten, der Täter das Opfer „mitten ins Gesicht anlügt" und Irrtum, Täuschung und Verfügung aus der „psychologischen Tatsache" der Interaktion „unter Anwesenden" entstehen, während die „Abo-Falle" in der Entscheidung des BGH im Internet aufgestellt worden ist, wo der Täter einerseits sicherlich viel List und Tücke auf die Gestaltung des Internetauftritts zu Lasten des Verbrauchers aufwendet, wo aber der Nutzer alle Möglichkeiten hat und die Nutzung dieser Möglichkeiten ihm auch zugemutet werden kann, sich dem Einfluss des Täters zu entziehen. Für solche, meist massenweise praktizierten Fälle genügt es nach der UGP-Richtlinie nicht, „dass es auf Seiten des Verbrauchers zu irgendeiner faktischen Fehlvorstellung über Tatsachen gekommen ist. Erforderlich ist zusätzlich, dass diese Fehlvorstellung auch bei einem als Maßstabsfigur heranzuziehenden Durchschnittsverbraucher i.S.d. Art. 5 Abs. 2 lit. b, Abs. 3 UGP-RL eingetreten wäre."[32] Der

31 Vgl. *Heger*, aaO, S. 471 ff.

32 *Hecker/Müller*, ZWH 2014, 329, 334.

BGH hätte somit seine bisherige Rechtsprechung für face-to-face-Betrugskonstellationen aufrecht erhalten können, auf die ihm vorliegende konkrete Fallgestaltung, die eine „Abo-Falle" im Internet betraf, die UGP-Richtlinie und ihren Maßstab eines „angemessen gut unterrichteten und angemessen aufmerksamen und kritischen Verbrauchers" anwenden können und wäre dabei wohl zum selben Ergebnis gekommen. Er hätte aber einer Entscheidung des 3. Strafsenats aus dem Jahr 1986 entgegentreten müssen, die selbst einen noch so marktschreierischen Anzeigentext (damals gab es noch kein Internet) für ein Betrug srelevantes Täuschungsmittel hielt. Der dortige Angeklagte hatte in Zeitungsinseraten für ein „Hollywood-Lifting-Bad" aus „taufrischem Frischzellenextrakt" geworben, das „mit 100 %iger Figurgarantie" „im Blitztempo von nur zwölf Bädern wieder schlank, straff und jung formen" sollte. „Verblüfft und zufrieden hätten Testpersonen festgestellt, „dass sie um herrliche zehn, fünfzehn oder mehr Jahre verjüngt" und „zur Figur eines Filmstars geliftet worden seien."[33]

## II.

Bevor ich vom allgemeinen Betrugstatbestand des § 263 StGB zu den eingangs genannten Kapitalmarktdelikten übergehe, möchte ich in aller Kürze auf die Schweizer Strafrechtspraxis hinweisen,[34] die ausdrücklich die „Opfermitverantwortung" in den Blick nimmt und den von Arzt dazu entwickelten Fallgruppen nicht nur Strafzumessungsrelevanz zuerkennt, sondern sogar deren Strafbarkeit als Betrug verneint[35]:

Es geht in einer ersten Fallgruppe um die „Vernachlässigung besonderer geschäftlicher Sorgfaltspflichten" durch das „Opfer". „Im Hinblick auf ihren Selbstschutz [sei] ein strengerer Maßstab anzulegen".[36] Eine zweite Fallgruppe handelt von der „leichtsinnigen Fortführung der Geschäfte trotz Warnungen oder nach durchschauter Täuschung", von Fällen also, „in denen das Opfer bereits Geschäfte

33 BGHSt 34, 199, 200.

34 *Frank/Leu*, StraFo 2014, 196, 202 ff.

35 *Arzt*, in: Basler Kommentar, 2. Aufl. 2007, Art. 146 Rn. 57 ff.; vgl. auch: *Arzt*, FS Tiedemann 2008, 595 ff.

36 *Frank/Leu*, aaO, S. 203 mit Verweis auf Schweizer. BG, Urt. v. 1.2.2007. In einer ebenfalls dort zitierten Entscheidung des Schweizer BG vom 31.3.1993 ging es um die Beurteilung eines Kreditantragstellers, der „als Vertreter einer reichen ausländischen Familie auf(getreten ist), die in der Schweiz Wohneigentum erwerben wollte. Er versuchte, unter Verweis auf die „schwarze Natur" des Geschäftes, um eine diskrete Abwicklung, woraufhin ihm die Bank die Kredite, ohne üblicherweise erforderlichen Unterlagen und ohne Rückfrage beim vermeintlichen Auftraggeber, gewährte."

mit dem Täter tätigte und den in diesen Fällen erlittenen Verlust durch Aufrechterhaltung der Geschäftsbeziehung wieder wettmachen will".[37] In einer dritten Fallgruppe geht es um Geschäfte mit besonders unrealistischen Gewinnerwartungen. In diesen Fällen stellt das Schweizer Bundesgericht auf die konkrete Erfahrung und Fachkenntnisse des Opfers ab, völlig unrealistische Gewinnerwartungen als solche zu erkennen, und erkennt die Opfermitverantwortung als einen die gesetzlich vorausgesetzte „Arglist" des Täters ausschließenden Umstand an.[38]

Unter diese Fallgruppen fällt auch ein kleiner Bericht der „Neuen Züricher Zeitung" vom 31.10.2014 über eine Strafverhandlung vor dem Bezirksgericht Zürich. Junge Männer tätigten außerordentlich teure Einkäufe. An der Kasse gaben sie vor, ihre Kreditkarte sei defekt. Als angebliche Banker wüssten sie aber, wie die Zahlung dennoch vorgenommen werden könne. Sie wiesen die Kassierer an, die 16-stellige Ziffer und das Verfallsdatum der Kreditkarte einzugeben, wie die Zahlung bei online-Käufen vorgenommen werden kann. Den Beleg unterschrieben sie mit dem Namen des Inhabers der Kreditkarte, die sie ihm wohl vorher gestohlen hatten. Die NZZ berichtet: „Für den Gerichtsvorsitzenden Roland Heinmann war es die Geldgier der Geschädigten, die es den Betrügern so einfach machte. ... In der Migros für 14 Franken 50 wäre ein solcher Betrug nicht möglich gewesen, bei Juwelieren und in Etablissements, wo es um Tausende von Franken ging, hingegen schon."[39]

Der Bericht von *Frank* und *Leu* in StraFo 2014, dem ich diese Fallgruppen und den Ausschnitt aus dem Schweizer Strafgesetzbuch entnommen habe, scheint mir ein wertvoller Beitrag zur Entkriminalisierung des Betrugsstrafrechts zu sein.

## III.

Wenn wir jetzt den Blick weg vom Betrug des § 263 StGB und auf das Kapitalmarktstrafrecht lenken, dann ist zunächst der augenfällige Unterschied hervorzuheben, dass sich die Bestimmung des § 20a WpHG nach der Festlegung durch die Marktmissbrauchsrichtlinie des europäischen Parlaments und des Rates vom 28.1.2003[40] zum Ziel gesetzt hat, „die Integrität der Finanzmärkte der Gemeinschaft sicherzustellen und das Vertrauen der Anleger in diese Märkte zu stärken".[41] § 20a WpHG schützt also nicht das Individualrechtsgut des Vermögens, sondern bezweckt

37 *Frank/Leu*, aaO, S. 204.

38 *Frank/Leu*, aaO, S. 205.

39 NZZ v. 31.10.2014, S. 19.

40 ABl. 2003 L0006 – DE – 4.1.2011 – 002.001.

41 AaO, Erwägungspunkt Nr. 12.

den Anlegerschutz, ohne deswegen ein Schutzgesetz im Sinn von § 823 Abs. 2 BGB zu sein.[42] Die Vorschrift ist daher im Gegensatz zu dem Erfolgsdelikt des § 263 StGB ein abstraktes Gefährdungsdelikt. *Vogel* spricht mit Blick auf das tatbestandlich vorausgesetzte Kurseinwirkungspotential und die tatsächliche Kurseinwirkung von einem „abstrakt-konkreten Gefährdungsdelikt."[43]

Diese Feststellung hat eine erste Konsequenz für das Akteneinsichtsrecht eines Verbrauchers, der behauptet, in seiner Anlegerentscheidung durch „unrichtige oder irreführende Angaben" von Bewertungsrelevanz beeinflusst worden zu sein. Das OLG Stuttgart hat – ausdrücklich gegen das OLG Hamburg[44] – in einer jüngst ergangenen Entscheidung[45] gegen ein Akteneinsichtsrecht einer nur mittelbar geschädigten Gesellschaft entschieden, dass die „Berufung auf deliktische Anspruchsgrundlagen, die lediglich an das Strafrecht anknüpfen, [...] die Gefahr eines Zirkelschlusses heraufbeschwören [würde], da dieser Personenkreis eine Verletzung der Strafrechtsnorm zu seinem Nachteil gerade nicht behaupten kann." Der Beschluss spricht daher generell ein Akteneinsichtsrecht nur „durch die dem Angeklagten vorgeworfene Straftat" *unmittelbar* Geschädigten zu. Und:

> „Soweit den Angeschuldigten in der Anklageschrift (ausschließlich) Marktmanipulation nach §§ 20a Abs. 1 Satz 1, 1. Alt., 39 Abs. 2 Ziff. 11, 38 Abs. 2 Ziff. 1 WpHG vorgeworfen wird, handelt es sich bei der Norm des § 20a WpHG gerade nicht um eine drittschützende Norm, vielmehr wird alleine die im öffentlichen Interesse liegende Wahrung der Zuverlässigkeit und Wahrheit bei der Preisbildung an Börsen und Märkten als Normzweck angegeben [...]. Ein unmittelbarer Schutz des Kapitalanlegers ist weder gewollt, noch angesichts der Existenz drittschützender Normen geboten [...]. Durch Marktmanipulation geschädigte Kapitalanleger sind mithin nicht Verletzte iSd § 406e StPO [folgen Verweise]."

Das OLG Stuttgart rundet seine Begründung mit einem Verweis auf Art. 1a und 10 des „Rahmenbeschlusses 2001/220/JI des Rates vom 15. März 2001 über die Stellung des Opfers im Strafverfahren"[46] ab. Nach Art. 1 lit. a) dieses Rahmenbeschlusses ist „Opfer" ausschließlich eine „natürliche Person[...], die einen Schaden [...] oder einen wirtschaftlichen Verlust als direkte Folge von Handlungen oder Unterlassungen erlitten hat, die einen Verstoß gegen das Strafrecht eines Mitgliedstaats darstellen."

---

42 *Vogel*, in: Assmann/Schneider, WpHG, 6. Aufl., § 20a Rn. 26; gegen die Schutzgesetze igenschaft ausführlich OLG Stuttgart, B.v. 28.6.2013, 1 Ws 121/13, BeckRS 2013, Nr. 13426.

43 *Vogel*, aaO, Rn. 8.

44 wistra 2012, 397; ebenso LG Berlin, Beschl. v. 20.5.2008, 514 AR 1/07, zit. nach juris; KK-*Engelhardt*, StPO, 6. Aufl., § 403, Rn. 5.

45 OLG Stuttgart, Beschl. v. 28.6.2013, aaO (Fn. 40).

46 AblEG 2001 L 82 v. 21.3.2001, S. 1.

Das OLG Stuttgart verweist unter Bezugnahme auf eine Entscheidung des EuGH[47] in diesem Zusammenhang darauf, dass diese

> „Regelungen dahin auszulegen sind, dass juristische Personen nicht vom Opferbegriff des Rahmenbeschlusses umfasst sein sollen und auch nicht zu sein brauchen, da sich natürliche Personen wegen ihrer größeren Gefährdetheit und der Natur ihrer Interessen, die durch Straftaten allein gegen natürliche Personen beeinträchtigt werden können, wie das Leben und die körperliche Unversehrtheit des Opfers, in einer objektiv anderen Lage befinden als juristische Personen."

In der vergleichenden Betrachtung von § 263 StGB einerseits und § 20a Abs. 1 Nr. 1 WpHG andererseits fällt ein weiterer Aspekt auf: Während das kapitalistische Wirtschaftssystem auf den Vermögen schädigenden Betrüger nicht a ngewiesen ist, auch wenn es ihm systembedingt *semper apertus* steht, ist das Kapitalmark torientierte Unternehmen zur Befriedigung seiner Kapitalinteressen auf einen funktionierenden Kapitalmarkt systemisch ebenso angewiesen wie der Kapitalanleger seine Renditeinteressen nur befriedigen kann, wenn Unternehmen am Kapitalmarkt ausreichend Kapital nachsuchen. Die Interaktion zwischen Betrüger und Betrogenem beim Betrug ist durch ein deutliches G efälle gekennzeichnet, wohingegen am Kapitalmarkt strukturell Gleichgewicht herrscht, das allerdings durch Exzesse der einen wie der anderen Seite durchaus erheblich gestört werden kann: Durch auf Hochglanz polierte Beschönigung von Risiken des emittierenden Unternehmens ebenso wie durch Gie rgetriebene hochspekulative Anlagestrategien von Kapitalanlegern. Dieser Unterschied wird von Gesetz und Rechtsprechung geradezu feinsinnig betont, wenn dem Betrogenen ein unmittelbarer Schadenersatzanspruch gemäß §§ 823 Abs. 2 BGB, 263 StGB zuerkannt wird, während der Kapitalanleger auf den Nachweis vorsätzlich sittenwidriger Schädigung gemäß § 826 BGB verwiesen wird.

Auch das Kapitalmarkt- und das Kapitalmarktstrafrecht orientieren sich an dem „verständigen, durchschnittlich informierten und situationsadäquat aufmerksamen Anleger",[48] ohne dass beim angesprochenen Personenkreis der Anleger eine „besondere Sachkunde" vorausgesetzt würde.[49] § 2 Abs. 1 S. 1 MaKonV spricht kurz vom „verständigen Anleger". Es sind mir jedoch keine Gerichtsentscheidungen bekannt, die als Kriterien der Zu- oder Aberkennung eines Anspruchs tragend darauf abstellen, ob der Anspruchsteller ein „durchschnittlich verständiger Kapitalanleger" ist oder ob er am oberen oder unteren Ende der „Verbraucherkette" aus

---

**47** Urt. v. 21.10.2010 – C-205/09, zit. nach juris.
**48** *Vogel*, aaO, Rn. 62.
**49** *Vogel*, aaO, Rn. 60.

der Maßstabsfigur herausfällt. Immerhin weist das LG Stuttgart in einer noch nicht veröffentlichten Entscheidung vom 17.3.2014 bei der Erörterung, ob die dort geltend gemachte Schadenshöhe etwa den Vorwurf der sittenwidrigen Schädigung begründen könne, darauf hin, „dass die Klägerinnen hochspekulative ungesicherte Leerverkäufe getätigt haben".[50] Im Übrigen spreche „die hochspekulative Natur der Anlagen der Klägerinnen, die ganz bewusst und ohne Offenlegung ihrer entsprechenden Absichten gegenüber der Beklagten hochriskante und – nach eigenem Vortrag – ungesicherte Kurswetten in einem außerordentlich volatilen Anlageumfeld getätigt haben, indiziell gegen die geltend gemachte Sittenwidrigkeit."[51]

Ob der von § 20a WpHG prinzipiell durchaus intendierte Anlegerschutz solchen Hedgefonds zukommen sollte, die über alle teilweise hochtechnisierten Informationssysteme verfügen und die Informationen für ihre Anlagestrategien noch am Wenigsten auf Informationen von Emittenten stützen, kann durchaus bezweifelt werden. Einer dieser Fonds hat 2002, als Argentinien kurz vor der Staatspleite stand, in großem Stil argentinische Staatsanleihen gekauft, die zu dem Zeitpunkt nur noch als *junk bonds* gehandelt worden sind. Dem von Argentinien mit den allermeisten seiner Gläubigerinstitutionen ausgehandelten Schuldenschnitt von mehr als 70 % hat er sich entzogen, um 2012, als Argentinien sich wirtschaftlich erholt hatte, mit Hilfe eines Vollstreckungstitels eines US-amerikanischen und eines englischen Gerichts einen Viermastsegler der argentinische Marine, der im Hafen von Accra ankerte, arretieren zu lassen. *Prima vista* fällt ein solcher Hedgefonds nicht unter den Begriff eines „verständigen, durchschnittlich informierten und situationsadäquat aufmerksamen Anlegers". Wer „Kurswetten in einem außerordentlich volatilen Anlageumfeld" betreibt, handelt nach seiner eigenen Agenda. Er ist kein eigentlicher Kapitalanleger, sondern bewegt sich im Kapitalmarkt wie in einem Kasino.

Ich danke Ihnen als weit überdurchschnittlich verständige, überdurchschnittlich informierte und jederzeit situationsadäquat aufmerksame Zuhörer.

---

**50** LG Stuttgart, Urt. v. 17.3.2014, UA S. 40.

**51** AaO, UA S. 41.

# Strafrechtliche Unternehmensverantwortung

Klaus Lüderssen

# *The aggregative Model:* Jenseits von Fiktionen und Surrogaten

## Gliederung



## Vorbemerkung

Mit diesem Text verfolge ich nicht das Ziel, die Probleme des Unternehmensstrafrechts zusammenfassend zu fixieren oder Stichworte für die einzelnen Tagesordnungspunkte zu sammeln. Vielmehr möchte ich etwas sagen zu den prinzipiellen Entscheidungen, die getroffen werden müssen, ehe man in die Diskussion eintritt, und was aus dieser Entscheidung folgt.

Auf den ersten Blick scheint es um die Konkurrenz „unhintergehbarer“ oder „unverfügbarer“ Grundsätze mit „pragmatischen“ Erwägungen zu gehen, wenn man

**Erschienen in** ILFS Band 10: Unternehmensstrafrecht, 2012

https://doi.org/10.1515/9783111057125-030

einmal unterstellt, dass weder das eine noch das andere mit Ausschließlichkeitsanspruch auftritt. Man kann aber das Dilemma des Kompromisses, das sich dann zeigen wird, vermeiden, wenn es gelingt, in ausreichender Zahl unstreitige Positionen zu finden, so dass es nur darauf ankommt, sie widerspruchsfrei miteinander zu verknüpfen, bzw. die mit ihnen nicht vereinbaren Alternativen auszuscheiden.

Erkenntnisleitend ist das Schema, das jeder Gesetzgebung, auch der Strafgesetzgebung zugrunde gelegt werden sollte:

- Auswahl des zu erreichenden Zieles (das sind die Strafzwecke),
- Auswahl der Mittel, die zur Erreichung dieses Zieles geeignet und erforderlich sind,
- Prüfung und Entscheidung der Zielkonflikte, die sich im Verlauf der vorstehenden Operationen ergeben (das sind – im Wesentlichen – Folgenabschätzungen).

Was die Strafzwecke angeht, so wird vorausgesetzt, dass sie ausschließlich präventiv orientiert sind. Überzeugend ist das allerdings nur unter der – weiteren – Voraussetzung, dass die Strafe als Reaktion auf Rechtsgutsverletzungen begriffen wird, die sich weder darauf beschränkt, die Ausgleichsmechanismen zugunsten des durch die Straftat Geschädigten zu verstärken, noch den Anspruch erhebt, einem Strafanspruch des Staates zu genügen, sondern im Interesse des Gemeinwohls liegt.

Für die Definition dieses Gemeinwohls – eine weitere Voraussetzung – ist alles zu berücksichtigen, was eine Gesellschaft auf der verfassungsrechtlichen Basis von Demokratie und Rechtsstaat, Freiheit und Gleichheit für wichtig hält. Dieser Status ist das Ergebnis – sich in sorgfältigen, permanent unter Legitimationserfordernisse gestellten Verfahren entwickelnder – gesellschaftlicher Konsense.

Deshalb sind – letzte Voraussetzung – in die Arbeit die ökonomischen, sozialen, wertphilosophischen und psychologischen Konzepte und Erfahrungen einzubeziehen, die für die Antwort auf die Frage nach einem Unternehmensstrafrecht relevant sind und in politisch-historischen Zusammenhängen verstanden werden sollten.

## A. Der Wandel der Zurechnungskonzeptionen und ihre Bedeutung für die Beurteilung von Unternehmensdelinquenz

Der Gedanke an ein Unternehmensstrafrecht tritt immer zugleich mit den Einwänden auf, die dagegen erhoben werden: Ein Unternehmen sei weder handlungs- noch straffähig und auch kein taugliches Subjekt für einen Strafprozess, insbesondere die Voraussetzungen für den persönlichen Vorwurf, der sich mit der Strafe verbindet, seien nicht erfüllbar.[1] Das klingt für den modernen Beobachter trivial, denn er weiß, dass von Schuld zu sprechen ohnehin ein Griff ins Dunkle ist.

Deshalb ist schon längst nicht mehr von „feststellen" die Rede, denn da ist der Ontologieverdacht sofort zur Stelle; vielmehr weicht man auf Interaktionsparadigmen, wertende Zuschreibungsprozesse und vergleichbare Terminologien aus. Über diesen Sprachgebrauch ist man sich einig, seitdem sogar die „kritische" Kriminologie, die sich lange in der ausschließlichen Denunziation machtorientierter Zuschreibungsprozesse wohl gefühlt hat, zu einer neuen, auch gebotene Zuschreibung anvisierenden Kriminalpolitik übergegangen ist.

Sofern die Kriterien für gebotene Zuschreibung sich praktisch mit dem decken, was die Gerichte – mehr oder weniger unter Einbeziehung dessen, was die Wissenschaft dogmatisch entwickelt hat – täglich tun, haben wir nach wie vor keine auffällige Situation. Liegen die objektiven tatbestandlichen Voraussetzungen für die Subsumtion eines Sachverhalts unter ein Strafgesetz vor, werden Handlungsfähigkeit und Schuld der verdächtigten Person ohne weiteres bejaht, wenn nicht die gesetzlich vorgeschriebenen oder gewohnheitsrechtlich anerkannten Ausnahmen gegeben sind.

## I. Die methodologische Provokation durch das „Ganze" und das Problem des Zirkelschlusses

Aber diese stillschweigende positive Zurechnung ist, tritt man einem Unternehmensstrafrecht näher, nicht mehr möglich. Was im Begriff des Unternehmens zusammen kommt, fordert vielleicht Kategorien der Zurechnung, die über die landläufige, auf natürliche Personen bezogene Strafrechtsdogmatik hinaus gehen. Das Ganze könnte ja mehr sein als die Summe seiner Teile – oder ist das eine Fiktion?

Ehe man diese schwierige Frage angeht, wäre noch eine andere, einfache Lösung zu erwägen. Man stellt nicht ab auf das Kollektiv als solches, sondern auf seine Repräsentanten. Dann findet man die Verbindung zu den natürlichen Personen

---

1 Eindrucksvoll immer noch die Formulierung „no soul to damn, no body to kick"; s. die Belege darüber bei *Klaus Volk* Zur Bestrafung von Unternehmen, Juristenzeitung 1993, S. 129 ff (131 rechte Spalte, Fußnote 17). Guter systematischer Überblick bei *Anne Ehrhardt* Unternehmensdelinquenz und Unternehmensstrafe. Sanktionen gegen juristische Personen nach deutschem und US-amerikanischem Recht, Berlin 1993, S. 42 ff. Zum neuesten Stand der Diskussion *Gerson Trüg* Zu den Folgen der Einführung eines Unternehmensstrafrechts, in: Wistra 2010, S. 241 ff; *ders.*, Sozialkontrolle durch Strafrecht – Unternehmensstrafrecht, in: StraFo 11/2011, S. 471; *Klaus Leipold* Plädoyer gegen die Einführung eines Unternehmensstrafrechts, in: Festschrift für Peter Gauweiler zum 60. Geburtstag, Neuwied 2009, S. 375 ff.

wieder, als Organe oder Vertreter. Denkt man das zu Ende, tauchen indessen neue Hindernisse auf. Denn wenn es die Organe und Vertreter sind, deren Handeln und Schuld man dem Ganzen zurechnen möchte, können sie dieses Ganze zugleich konstituieren und repräsentieren?[2] Für dieses Problem[3] gibt es seit langem diverse Beschreibungen, etwa: „Das Gemeinwesen besitzt (...) in jedem Organ ein Stück seiner selbst, es deckt sich als wollende und handelnde Persönlichkeit vollkommen mit dem dabei fungierenden Organ, es wird als Ganzes durch den Theil insofern dargestellt, als eben durch diesen Theil das einheitliche Leben des Ganzen sich vollzieht",[4] oder: Dabei wird „die unsinnliche Einheit der Organe unmittelbar zur Erscheinung gebracht. Nur so kann sich die „einem Gemeinwesen immanente Persönlichkeit" wirksam offenbaren.[5]

Wie man hier urteilt, könnte davon abhängen, welche juristische Konstruktion des Kollektivs gewählt wird: juristische Person, Gesellschaft des Bürgerlichen Rechts oder des Handelsrechts, oder eine Firma jenseits dieser Rechtsformen,[6] wobei dann jeweils entschieden werden müsste, was im einzelnen dazu gehört an nah oder fern beteiligten Personen, selbständigen Organisationseinheiten, Sachen. Aber bei allen Konstruktionen zeigt sich die Zirkularität; deshalb haben sich Wissenschaft und Praxis dort, wo die repräsentative Verbandshaftung rechtlich geregelt ist (etwa in § 31 BGB oder § 30 OWiG) offenbar darauf geeinigt, mit diesem Grundlagenmangel gewissermaßen zu leben.[7] So lange die Unternehmenshaftung im Strafrecht eher eine Randerscheinung bleibt, richtet dieser Pragmatismus vielleicht keinen nennenswerten Schaden an. Wer aber strafrechtliche Unternehmenshaftung prinzipiell und in einem weiten Umfang einführen möchte, kann jenen Geburtsfehler kollektiver Phänomene nicht überspielen, sondern muss versuchen, einen sichereren Ausgangspunkt zu gewinnen.

---

2 Gute Beschreibung des Problems bei *Anne Ehrhardt* a.a.O., S. 223; s. auch *Friedrich von Freier* Kritik der Verbandsstrafe, Berlin 1998, S. 100 ff (165 ff).

3 Für das Unternehmensstrafrecht hat es wohl zum ersten Mal formuliert *Karl Engisch* Empfiehlt es sich, eine Strafbarkeit der juristischen Person gesetzlich vorzusehen?, in: Verhandlungen des 40. Deutschen Juristentages (1953), Band 2, Tübingen 1954, S. E 7 ff (24).

4 *Otto von Gierke* Die Genossenschaftstheorie und die deutsche Rechtsprechung, Berlin 1887, S. 625.

5 *v. Gierke* a.a.O., S. 624.

6 Vgl. die Aufzählung bei *Ehrhardt* a.a.O., S. 217 ff.

7 Ob die Unterscheidung zwischen Organ und Organwalter hier weiterhilft (dazu *Ernst-Wolfgang Böckenförde* Organ, Organisation, juristische Person, in: Festschrift für Hans Julius Wolff zum 70. Geburtstag, München 1973, S. 272), ist zweifelhaft, vgl. den Organbegriff bei Wolff: „Organ ist ein ... eigenständiges, institutionelles Subjekt für Zuständigkeiten zur transitorischen Wahrnehmung von Eigenzuständigkeiten einer juristischen Person", Verwaltungsrecht II, S. 45. Die Organe haben „nur die Zuständigkeit (innerhalb des ihnen zugewiesenen Aufgabenbereichs), Rechte und Pflichten der juristischen Person wahrzunehmen, als sie und für sie zu handeln" (*Böckenförde* a.a.O., S. 274).

## II. Die Notwendigkeit der Folgenorientierung

Dieser liegt wahrscheinlich bei den Folgen. Man muss untersuchen, inwieweit „Unternehmen" über Schadensersatz- und Unterlassungsklagen, behördliche Auflagen und Handlungsbedingungen hinaus belastbar sind. Für Personen bemüht man die Strafzwecke. Für das Unternehmen müsste nun – vor allem zugespitzt auf den inzwischen herrschenden Strafzweck der Resozialisierung – geprüft werden, ob es dafür ein Kandidat sein könnte. Unter den möglichen Sanktionen für ein Unternehmen, die inzwischen diskutiert werden, ist die Resozialisierung expressis verbis nicht genannt, wohl aber gehen einige Vorschläge in diese Richtung, etwa wenn erwogen wird, das Unternehmen unter Aufsicht zu stellen, Personal auszutauschen etc.

Die Resozialisierung müsste eine Sache des Gemeinwohls und gerade aus diesem Grunde gegenüber dem Unternehmen gerechtfertigt sein.

Zum Gemeinwohl, das inzwischen an die Stelle der traditionellen Substanz des staatlichen Strafanspruchs getreten ist,[8] gehören auch gewisse Bedürfnislagen der Menschen, die in einer Gesellschaft leben.[9] Ob das eine Frage der Demokratie im Strafrecht ist, beginnt die Fachwelt ernsthaft zu beschäftigen.[10] Das Bedürfnis, das sich gegenwärtig in der Diskussion über Unternehmensstrafrecht in den Vordergrund schiebt, kommt aus der Opferperspektive:[11] Unternehmen sollen strafrechtlich verantwortlich sein für Schäden, die als so gravierend empfunden werden, dass der bloße finanzielle Ausgleich– wiewohl auch er bereits eine präventive Funktion hat – sowie Geldbußen oder ordnungspolitische Maßnahmen nicht genügen.

Damit ist aber noch nicht gesagt, dass die ultima ratio der Resozialisierung Unternehmen wirklich erreichen kann. „Resozialisierung" bezieht sich – das ist ihre

---

8 Vgl. *Klaus Lüderssen* Der öffentliche Strafanspruch im demokratischen Zeitalter – Von der Staatsräson über das Gemeinwohl zum Opfer?, in: Cornelius Prittwitz/Joannis Manoledakis (Hrsg.), Strafrechtsprobleme an der Jahrtausendwende, Baden-Baden 2000, S. 63 ff; *ders.*, Muss Strafe sein? Das Strafrecht auf dem Weg in die Zivilgesellschaft, in: Festschrift für Winfried Hassemer, Heidelberg 2010, S. 467 ff (473 ff); *ders.*, Methodenfragen im Umgang mit der „Sachlogik des Finanzmarkts" – Grenze oder Herausforderung juristischer Intervention?, in: Eberhard Kempf/Klaus Lüderssen/Klaus Volk (Hrsg.), Ökonomie versus Recht im Finanzmarkt? Berlin 2011, S. 241 ff (279 ff, 282).

9 Dazu jetzt *Tonio Walter* Vergeltung als Strafzweck, Prävention und Resozialisierung als Pflichten der Kriminalpolitik, in: Zeitschrift für internationale Strafrechtsdogmatik (ZIS) 2011, S. 636 ff (638 ff).

10 Dazu *Walter* a.a.O.

11 Darüber, dass es sich dabei unter keinen Umständen darum handeln kann, einen Strafanspruch des Opfers zu begründen, vgl. *Klaus Lüderssen* Methodenfragen im Umgang mit der „Sachlogik des Finanzmarkts", a.a.O., S. 282.

Tradition – auf offenkundige Fehlsozialisationen bei Personen, an Betriebe oder Institutionen ist dabei bisher nicht gedacht worden.

Auch die Folgenorientierung eröffnet also keinen problemlosen Zugang zur Unternehmensstrafbarkeit. Vielmehr führt kein Weg an der Notwendigkeit genauerer Klärung vorbei, wer gemeint sein kann, wenn der Adressat des Strafrechts in kollektiven Phänomenen gesucht wird.

# B. Die Vielfalt der bisherigen Annäherungen

## I. Pluralität statt Totalität

Auf der Basis eines an einzelnen Personen orientierten konventionellen Strafrechts wäre es konsequent, wenn man statt relativ weniger Personen, auf die sich die Strafverfolgung, sofern Unternehmen im Spiel sind, gegenwärtig beschränkt, viele Einzelne finden würde, aus deren Zusammenwirken sich dann das Produkt ergibt, das man Unternehmenskriminalität[12] nennen könnte.[13]

Liegen hier nicht vielleicht Versäumnisse vor, die erst durch den Ruf nach einem Unternehmensstrafrecht zutage treten? Nicht wenige Einzelne sind meistens schuld, sondern eben viele. Was in der diffusen Ansammlung vieler zusammenwirkender Menschen nicht sichtbar gemacht werden kann, stellt sich im Unternehmen dar. Damit ist aber nicht unbedingt ein neues „Wesen" gemeint, sondern am Ende nur eine Sammelbezeichnung für bestimmte Personengruppen, die in der so bezeichneten Organisationsform zusammenwirken. Immerhin hat auch das Personenstrafrecht ja schon für das Zusammenwirken mehrerer Personen diverse Haftungstypen der Deliktsbeteiligung entwickelt. Ursprünglich ist das nur für vorsätzliche Taten geschehen. Inzwischen aber wird diese Beteiligungsdogmatik auch auf fahrlässige Delikte ausgedehnt,[14] nachdem zunächst im Umweltstrafrecht das Problem der Multikausalität die Barrieren der auf die conditio sine qua non be-

---

12 Eine anschauliche Typologie bei *Ehrhardt* a.a.O., S. 142 ff.

13 Über die kriminalpolitischen Motivationen *Ehrhardt* a.a.O., S. 159 ff.

14 Vgl. zuletzt *Stefan Stübinger* Zurechnungsprobleme beim Zusammenwirken mehrerer fahrlässiger Taten, in: Zeitschrift für internationale Strafrechtsdogmatik (ZIS) 2011, S. 602 ff; weitere, auch ältere Literatur bei *Klaus Lüderssen* Strafbefreiender Rücktritt vom fahrlässigen Delikt?, in: Festschrift für Erich Samson zum 70. Geburtstag, Heidelberg u. a. 2010, S. 93 ff (100, Fn. 14); s. ferner *Uwe Murmann* Die Nebentäterschaft im Strafrecht – ein Beitrag zu einer personalen Tatherrschaftslehre. Berlin 1992.

grenzten Kausalhaftung beseitigt hatte.[15] Diese Verfeinerungen in der Zurechnung leben natürlich auch davon, dass man sich eben mehr und mehr zu dem bekennt, was Kriminologen zunächst Zuschreibung genannt haben und im Strafrecht (unbewusst parallel) als Normativismus bezeichnet wird – die zweite Konzession des Strafrechts an aus der Kriminologie kommende Anregungen (neben dem möglichen Verzicht auf nur selektive Personenverfolgung). Wie sich aus dieser Gemengelage eine verbindliche Legitimationszuschreibung ergeben könnte, ist eine nach wie vor nicht ausgetragene Frage in beiden Gebieten.[16] Womöglich kann ihre Beantwortung durch die – mit dem Ruf nach einem Unternehmensstrafrecht verbundene – Aufforderung, das Zusammentreffen deliktischer Aktivitäten in einer anschaulichen Gesamtheit zu verifizieren, gefördert werden.

Dass diese Erwartung nicht ganz falsch ist, hat bereits die Entscheidung des Lederspray-Falls[17] durch den BGH gezeigt, wo zum ersten Mal von einem Gericht – konkludent – gesagt wird, dass dort, wo keine Feststellungen getroffen werden können (sowohl im Bereich der Kausalität – Korrelation genügt jetzt –, wie bei der Mittäterschaft – wieder verbunden mit Lockerungen des Kausalitätserfordernisses für den Fall, dass „eine Gegenstimme am Verlauf der Dinge nichts geändert hätte"),[18] mit normativen Konstruktionen gearbeitet werden darf. Den weiteren Schritt, bei Gruppenkriminalität Teilnehmer ohne Täter zu diagnostizieren, ist die Dogmatik

15 Dazu zunächst die Arbeiten von *Lothar Kuhlen* Strafrechtliche Produktverantwortung, in: Festgabe der Wissenschaft für den Bundesgerichtshof, München 2000, S. 646 ff (672) mit Hinweisen auf weitere frühere Schriften. S. ferner Lorenz Schulz, Perspektiven der Normativierung des objektiven Tatbestands (Erfolg, Handlung, Kausalität) am Beispiel der strafrechtlichen Produkthaftung, in: Klaus Lüderssen (Hrsg.), Aufgeklärte Kriminalpolitik oder Kampf gegen das Böse, Band 3: Makro-Delinquenz, Baden-Baden 1998, S. 43 ff; wichtige Anregungen kommen auch aus den Sozialwissenschaften, vgl. dazu den Abschnitt über „Nebentäterschaftliche kollektive Verursachung" bei *Weyma Lübbe* Verantwortung in komplexen kulturellen Prozessen, Freiburg/München 1998, S. 164 ff; *Paul Hoyningen-Huene* Zu Emergenz, Mikro- und Makrodetermination, in: Weyma Lübbe (Hrsg.), Kausalität und Zurechnung. Über Verantwortung in komplexen kulturellen Prozessen, Berlin/New York 1994, S. 165 ff; gründliche Aufarbeitung dieser Problematik bei *Kurt Seelmann* Kollektive Verantwortung im Strafrecht, Berlin/New York 2002, S. 17 ff.

16 Vgl. *Klaus Lüderssen* Gebotene Zuschreibung?, in: Lutz von Trotha (Hrsg.), Politischer Wandel, Gesellschaft und Kriminalitätsdiskurse; Beiträge zur interdisziplinären wissenschaftlichen Kriminologie. Festschrift für Fritz Sack zum 65. Geburtstag, Baden-Baden 1996, S. 113 ff.

17 BGHSt 37, S. 106 ff. Dazu jetzt die gründliche Aufarbeitung bei *Marco Mansdörfer* Zur Theorie des Wirtschaftsstrafrechts; zugleich eine Untersuchung zu funktionalen Steuerungs- und Verantwortlichkeitsstrukturen bei ökonomischem Handeln, Heidelberg u. a. 2011, S. 298 ff, 319 ff, 435 ff.

18 *Claus Roxin* Strafrecht, Allgemeiner Teil, Band 2, München 2003, S. 97; *Günther Jakobs* Strafrechtliche Haftung durch Mitwirkung an Abstimmungen, in: Festschrift für Koichi Miyazawa, Baden-Baden 1995, S. 419 ff; *Günter Stratenwerth* Zu einem Unternehmensstrafrecht?, in: Festschrift für Rudolf Schmitt, Tübingen 1992, S. 295 ff (300).

allerdings noch nicht gegangen (obwohl es einschlägige Vorschläge aus der Kriminologie gibt),[19] weil die akzessorietätsorientierte Teilnahmelehre bisher noch einen dogmatischen Riegel vorschiebt.[20]

Das alles zusammen genommen kann uns ermutigen, Vorgänge in einem Kollektiv, wie immer man es auch nennt, deliktisch zu fixieren ohne Rückgriff auf ein Gesamtheitskonzept. Man sollte dabei auch nicht vergessen, dass es Handlungen gibt, die aus einem Kollektiv heraus begangen werden, bei dem die Idee gar nicht aufkommt, es als Ganzes zu bestrafen. Gemeint sind Krieg und Politik. Vielmehr wird hier – auch wenn das mühselig ist – immer nur nach Einzelnen gesucht, die eine Strafe verdienen.

Die Fortsetzung und Kultivierung der die Haftung beim Zusammenwirken mehrerer Personen modernisierenden wirtschaftsstrafrechtlichen Dogmatik könnte also dazu führen, eine entsprechend größere Zahl zu bestrafender Einzelner zu finden und damit die Forderung nach einem Unternehmensstrafrecht zu entschärfen.

Der Weg, den man hier beschreiten kann, ist durch die an den Folgen orientierte Ausgangsfrage vorgegeben. Zu prüfen wäre, ob diejenigen Personen, die von einer gegen das ganze Unternehmen gerichteten Strafe effektiv betroffen wären, ihrerseits als handelnde und schuldhafte Urheber des Delikts, das die Unternehmensstrafe auslösen soll, angesehen werden können. Das Geflecht von Kausalität, Quasi-Kausalität, zuschreibender Zurechnung, wechselseitiger oder auch ohne bewusstes Zusammenwirken zustande gekommener Beiträge für den Deliktserfolg, wäre aufzulösen.

Will man unter diesen Umständen auf die Unternehmensstrafe verzichten und sich mit raffinierten Konstruktionen des Zusammenwirkens vieler Individuen be-

---

19 *Ulrich Eisenberg* Kriminologische Fragestellungen zum Regelungsbereich des Allgemeinen Teils des Strafrechts, in: Monatsschrift für Kriminologie und Strafrechtsreform, 1987, S. 367 ff (370); *Klaus Lüderssen* Der Beitrag der Kriminologie zur Strafrechtsdogmatik – Eine Konkretisierung mit Blick auf die Probleme von Täterschaft und Teilnahme, in: Raimo Lahti/ Kimmo Nuotio (Hrsg.), Strafrechtstheorie im Umbruch, Finnische und vergleichende Perspektiven, Helsinki 1992, S. 465 ff; *Klaus Lüderssen* Grenzen der „Sachkunde" des Gerichts (§ 344 Abs. 4 Satz 1 StPO) für die Beurteilung der inneren Tatseite bei jugendlichen Tätern, speziell mit Blick auf den bedingten Vorsatz, in: Festschrift für Hans-Ludwig Schreiber zum 70. Geburtstag, Heidelberg 2003, S. 389 ff (394 f); *Klaus Günther/ Cornelius Prittwitz* Individuelle und kollektive Verantwortung im Strafrecht, in: Festschrift für Winfried Hassemer, Heidelberg 2010, S. 331 ff (351).

20 Reife Darstellung des Problems bei *Diethelm Klesczewski* Die Grundformen beteiligungsdogmatischer Systembildung. Ein Streifzug durch Europa in kritischer Absicht, in: Festschrift für Ingeborg Puppe zum 70. Geburtstag, Berlin 2011, S. 613 ff.

gnügen, die dann jeweils nur zu individuellen Bestrafungen führen können, wird man freilich nicht umhin können, den Unterschied zwischen Gesamtheit und Repräsentation doch in die Betrachtungen einbeziehen.

## II. *Aggregative approach*

Unter den Modellen, die das möglich machen könnten, schiebt sich dieses allmählich in den Vordergrund.[21] *„Aggregative approaches also treat the corporation as the principle offender, but they do so by adding together the different acts, omissions, and states of mind of individual stakeholders, particularly corporate officers and senior managers".*[22]

*Aggregative approaches* vermeiden also den vorschnellen Griff nach der Metaphysik des Gesamtsubjekts, beginnen nicht mit dessen Fiktion, sondern bauen es gleichsam von unten, aus vielen einzelnen Elementen.

Systemtheoretische Einflüsse, Annahmen und Argumente könnten ergänzend berücksichtigt werden. Die Systemtheorie entscheidet sich nicht für das eine – das System – oder das andere – die Handlung des Einzelnen. Aber sie stellt die Verbindung zwischen beiden Phänomenen anders her als *the aggregative model.*[23] Denn nach ihrem Konzept werden soziale Systeme „nicht aus Handlungen aufgebaut", so als ob diese Handlungen aufgrund der organisch-psychischen Konstitution des Menschen produziert werden, also für sich bestehen könnten.[24] Es sind vielmehr Kommunikationsprozesse, die das Soziale konstituieren.[25] „Um sich selbst

---

21 *Mark Pieth/Radha Ivory* Emergence and Convergence: Corporate Criminal Liability Principles in Overview, in: Mark Pieth/Radha Ivory (Ed.), Corporate Criminal Liability, Emergence, Convergence and Risk, Heidelberg/London/New York 2011, S. 4 ff (7).

22 *Pieth/Ivory* a.a.O.

23 Schon in den früheren Arbeiten von Gunther Teubner kann man das sehen: „denn wenn Legitimationsprobleme der Unternehmen durch die Rückbindung an Mitgliedergruppen und Länderparlamente gelöst werden, dann muss die eigentliche Leistung der juristischen Person – die Steigerung von Organisationsautonomie – in den Hintergrund treten" (Gunther Teubner, Unternehmenskorporatismus, New Industrial Policy und das „Wesen" der juristischen Person, in: Kritische Vierteljahresschrift für Gesetzgeber und Rechtswissenschaft, 1987, S. 61 ff (62). Findet man hingegen „die Legitimation der Unternehmung nicht vorrangig im Beteiligten-Konsens, sondern im gesamtgesellschaftlichen Funktions- und Leistungszusammenhang, dann ist damit die Steigerung von Organisationsautonomie gegenüber den beteiligten Personen und Interessengruppen nicht mehr vereinbar, sondern geradezu deren Voraussetzung", a.a.O.

24 Niklas *Luhmann* Soziale Systeme, 4. Auflage, Frankfurt am Main 1994, S. 193; dazu *Hans Theile* Wirtschaftskriminalität und Strafverfahren. Systemtheoretische Überlegungen zum Regulierungspotential des Strafrechts, Tübingen 2009, S. 65.

25 *Luhmann* a.a.O.

steuern zu können", müssen die Kommunikationsprozesse indessen „auf Handlungen reduziert, in Handlungen dekomponiert werden, sie werden in Handlungen zerlegt, und gewinnen durch diese Reduktion Anschlussgrundlagen für weitere Kommunikationsverläufe".[26]

Diese Kommunikationsverläufe sind das Entscheidende. Die Zurechnung im Namen eines Unternehmensstrafrechts könnte sich auf sie beziehen und würde sowohl die Fiktion der Gesamtheit, wie die Fiktion von Vertretung und Organschaft überflüssig machen. Man könnte sagen, Kommunikationsverläufe werden dem System Unternehmen ebenso zugerechnet wie die Handlungen einzelner Personen. Der Gegenstand der Zurechnung einer Unternehmenskriminalität wäre dann einer individuellen Kriminalität vergleichbar. Feststellungsmomente wären ebenso beteiligt wie Zuschreibungen, so wie bei der individuellen Zurechnung der Vorgang ja auch nicht rein normativ ist.

Die Frage ist freilich, ob diese über die Relevanzen von Kommunikationsprozessen vermittelte Deutung des Verhältnisses von System und Handlung sich von den anderen Modellen nicht nur durch eine .andere Beschreibung der Vorgänge in einem sozialen System, wie es ein Unternehmen darstellt, unterscheidet. Denn letztlich kommt es doch darauf an, dass man die Wirkungen prüft, welche die Handlungen des Einzelnen haben, und danach entscheidet, ob sie dem System zugerechnet werden können und sollen. Das heißt, die von den Systemtheorien vorgetragenen Konzeptionen können die Lücken, welche das sehr viele Einzelhandlungen erfassende *aggregative model* noch lässt, nicht überzeugend schließen.

Damit erhebt sich die Frage, ob man andere Wege suchen muss, mit dieser Lücke umzugehen. Freilich stellt sich das Problem bei den Modellen, die von vornherein auf wenige Repräsentanten setzen und sich längst einer gewissen Anerkennung erfreuen, ja noch schärfer, so dass der Gedanke, die Lücke irgendwie zu „verwalten", am Ende näher liegt als der Versuch, sie zu schließen.

Das Beziehungsverhältnis des Vertretenen zum Vertretenden substantiell zu erklären, scheint für das Zivilrecht kein großes Problem zu sein. Es handelt sich um eingeübte Strukturen, sei es im Vereinsrecht, sei es im Gesellschaftsrecht, mit der Konstruktion der juristischen Person oder auch ohne sie. Für die Einbeziehung der Vertretungsstruktur in das Strafrecht gilt das nicht ohne weiteres. Dort wo der Vertretende haften soll, ist das speziell und umständlich geregelt (§ 14 StGB). Die Haftung des Vertretenen für den Vertreter ist, sonst hätten wir das Unternehmensstrafrecht längst, eben nicht geregelt. Es gibt insoweit nur § 30 OWiG. Weil es

---

26 *Luhmann* a.a.O. Zu den Konsequenzen für die Verbandsstrafbarkeit *Günther Jakobs* Strafbarkeit juristischer Personen?, in: Festschrift für Klaus Lüderssen zum 70. Geburtstag, Baden-Baden 2002, S. 559 ff (560).

dort lediglich um Bußgeld geht, ist man in der Konstruktion der Beziehung über die (scheinbaren) Selbstverständlichkeiten des Zivilrechts im Grunde nicht hinaus gelangt.

Wenn man für das Strafrecht jetzt diesen Schritt nachzuholen versucht, so wird klar, dass es sich um abstrakte Gefährdungen handelt.

Ist das richtig, so erheben sich hier alle Bedenken, die ohnehin gegen den Deliktstypus der abstrakten Gefährdung bestehen; andererseits muss man auch registrieren, dass er gleichwohl weitgehend anerkannt ist. Wenn diese Gefährdung es ist, welche die Zurechnung der Handlungen des Vertretenden an den Vertretenen legitimieren soll, dann muss sie in Einklang gebracht werden mit den anerkannten Prinzipien strafrechtlicher Zurechnung, oder diese Prinzipien müssen um neue erweitert werden. Der Vertretene lässt den Vertretenden für sich handeln. Indem er das tut, eröffnet er die Gefahrenquelle. So einfach es ist, nach den gewohnten Kriterien die Handlung des Vertreters – soweit es seine Person angeht – unter einen Tatbestand zu subsumieren, so schwer ist es, diesen Zurechnungsvorgang in die Beziehung zwischen Vertretenen und Vertreter zu integrieren. Die gewohnte Dogmatik der Beteiligung mehrerer an einem Delikt versagt, weder mittelbare Täterschaft noch Mittäterschaft kann in allen relevanten Fällen angenommen werden.

Aber das mag vorerst offen bleiben – die Konstruktion einer Zurechnung der Handlung des Vertreters an den Vertretenen scheitert ja schon daran, dass der Vertretene selbst, wenn er oder sie eine Gesamtheit ist, nur durch den Vertreter deliktisch handeln könnte. Werden dem Vertretenen gleichwohl auch die Handlungen des Vertreters zugerechnet, so setzt das also voraus, dass der Vertretene noch eine andere Anknüpfungsmöglichkeit bietet als die einer Handlung, die nur durch den Vertreter begangen werden kann. Damit ist klar, dass die Besonderheit des *aggregative model* darin besteht, die Gesamtheit für fremdes persönliches Verschulden haften zu lassen, während sich holistische Modelle, an die man bei diesem Begriff vielleicht denkt, dadurch auszeichnen, dass es sich bei ihnen um Eigenverschulden des Kollektivs handelt; in diesen Fällen pflegt man von Organen zu sprechen, die ein Teil des Kollektivs sind und deren Handlungen deshalb keine Vertretungshandlungen für das Kollektiv sein können. Dieser Unterschied mag im Zivilrecht bedeutungslos sein.[27] im Strafrecht ist er es nicht. Das Interesse muss sich daher nun doch richten auf:

27 Karsten Schmidt, Zur Verantwortung von Gesellschaften und Verbänden im Kartell-Ordnungswidrigkeitenrecht, wistra 1990, S. 131; dazu *Andreas Ransiek* Unternehmensstrafrecht, Heidelberg 1996, S. 114.

## III. Holistische Modelle

Alles, was an Modernisierung, Desillusionierung und Soziologisierung bisher versucht worden ist, könnte über diese Modelle[28] vielleicht produktiv werden, vor allem in Verbindung mit primär an der präventiven Wirkung der Zurechnung orientierten Kriterien.[29]

Der Einstieg ist eine normative Zurechnung, die sich von der anthropomorphisierten Fassung des tradierten Zurechnungsdogmas befreit.[30]

### 1. Die Konstruktion

Allerdings setzt das voraus, dass man sich über das, was die nicht anthropomorphisierte Korporation sein mag, näher Rechenschaft gibt. Hier stößt man auf die nominalistischen und realistischen Modelle.[31] Für die einen steht in der Rechtsgeschichte *Savigny*, der hier expressis verbis ein Reich der Fiktion eröffnet,[32]

---

28 Zur Terminologie *Pieth/Ivory* a.a.O., S. 6/7.

29 *Klaus Lüderssen* Präventionsorientierte Zurechnung – aktuelle Programme für die Strafverteidigung? *Strafverteidiger* 2011, S. 377 ff.

30 Dass das „anthropomorphe Denken" zurückschlagen könnte, hebt *Klaus Volk* a.a.O., S. 429, hervor.

31 Vgl. *Pieth/Ivory* a.a.O.

32 Differenzierter *Werner Flume* Allgemeiner Teil des Bürgerlichen Rechts, 2. Band, juristische Person, Berlin 1983, S. 83, S. 3 ff. Hier sind die Argumente gegen die Behauptung, „welche die Totalität der gegenwärtigen Mitglieder der Korporation selbst identifiziert … „ gut zusammengestellt (S. 10). Der Unterschied zu Gierke bestehe darin, dass Savigny die Gesamtheitskonstruktion als einen Akt des Gesetzgebers sehe (System des heutigen Römischen Rechts, Band 2, Berlin 1840, S. 275 ff). Er betone „die Notwendigkeit der Staatsgenehmigung zur Entstehung jeder juristischen Person" (-*Flume*, S. 11.) Was dann aber da sei durch diesen Rechtsakt, sei nicht mehr Fiktion, sondern soziale Realität. Die Naturrechtslehre habe noch die Identifikation der Korporation mit den Mitgliedern gekannt (S. 9). Diskutiert wird dann die Frage, ob den Fiktionstheorien nicht vorzuhalten sei, dass sie den vorpositiven Grund der Zuerkennung von Rechtsfähigkeit schuldig bleiben (S. 13). Savigny sehe die Fiktion der Verbandsperson darin, dass an die Stelle der „natürlichen Beglaubigung der natürlichen Rechtsfähigkeit des Einzelnen für die juristische Person die Beglaubigung für die Verleihung der Rechtswidrigkeit seines Staates trete. Fiktion und staatliche Konzession seien ineinander verschränkt (S. 12). Eine gute Darstellung des Gierke'schen Standpunktes findet sich auf S. 17 „Um den Teil des Rechts, der sich als Lebensordnung von Verbänden gibt, zu verstehen und zu würdigen, muss man zu erfahren suchen, was denn eigentlich das ist, was hier in das Recht hineintritt und von ihm seine Ordnung empfängt" (*Otto von Gierke* Das Wesen der menschlichen Verbände, Rektoratsrede 1902, S. 4). Es gehe Gierke „nicht um das Rechtsphänomen der juristischen Person, sondern darum, ‚welche Wirklichkeit diesem Rechtsphänomen zugrunde liegt'" (*Flume* a.a.O., S. 17). Zur Vorgeschichte: Die Vorstellung einer von der der Mitglieder zu unterscheidenden Rechtsfähigkeit der universitas … wurde … erst von den Kanonisten entwickelt", *Ehrhardt* a.a.O., S. 27; den Römern

für die anderen *Gierke*, der – über eine larvierte Fiktion – die reale Verbandspersönlichkeit wahrnimmt.[33]

### a) Unternehmensphilosophie

Was dabei speziell das Unternehmen angeht, so gibt es spätestens seit den Bestrebungen, die sich mit dem Werk und der wirtschaftspolitischen Aktivität Walter Rathenaus beschäftigen, zwei einander ergänzende Perspektiven.

Einmal verkörpert das Unternehmen ein Stück wirtschaftlicher Freiheit, die der Staat schützt in seiner Funktion als, wie man heute sagt, Gewährleistungsstaat. Andererseits tritt das Unternehmen in dem Maße, wie es Funktionen des Staates praktisch übernimmt, an seine Stelle, oder konkurriert mit ihm, wird allein oder im Verbund mit anderen Unternehmen der Produzent gleichberechtigter Sekundärnormen.[34] Das gilt natürlich nicht für alle Unternehmen und nicht zu allen Zeiten. Es handelt sich um eine in stetiger Entwicklung befindliche allmähliche Veränderung der Unternehmenskultur.[35] Eine wichtige Rolle haben dabei die Forschungen

---

sei „der Begriff der juristischen Person als eines gegenüber der Summe seiner Mitglieder verselbständigten Rechtssubjekts fremd" gewesen (*Ehrhardt* a.a.O., S. 26).

33 Über die Hintergründe dieser Theoriegegensätze sehr gut *Franz Wieacker* Zur Theorie der juristischen Person des Privatrechts, in: *Franz Wieacker* Kleine juristische Schriften, Göttingen 1988, S. 313 ff (314); s. aber auch *Ehrhardt* a.a.O., S. 29 f.

34 Hierzu schon *Lüderssen* Methodenfragen im Umgang mit der „Sachlogik des Finanzmarkts" – Grenze und Herausforderung juristischer Intervention?, in: Eberhard Kempf/Klaus Lüderssen/Klaus Volk (Hrsg.), Ökonomie versus Recht im Finanzmarkt? Berlin 2011, S. 241 ff (273 ff); zur neueren Literaturentwicklung *Moritz Renner,* Zwingendes transnationales Recht. Zur Struktur der Wirtschaftsverfassung jenseits des Staates, Baden-Baden 2011, S. 69 ff: „Die Unterscheidung funktionaler Äquivalente zum staatlichen Recht ist, zumal in der amerikanischen rechtsökonomischen und rechtssoziologischen Literatur, mittlerweile weit fortgeschritten, Dabei wird eine ganze Typologie von Mechanismen privater ökonomischer Governance beschrieben, die abhängig von der Häufigkeit einer bestimmten Transaktion, ihrer Faktorspezifität und dem jeweils bestehenden Grad an Unsicherheit im unterschiedlichen Maße transaktionskosteneffiziente Strategien zur Bewältigung von Koordinationsproblemen darstellen" (S. 69/70); s. auch die Rezension von *Frederick von Harbou,* in Kritische Justiz 2011, S. 357 ff.); s. ferner *Matthias Frenzel,* Sekundärrechtssetzungsakte internationaler Organisationen, Tübingen 2011.

35 Zur „corporate culture" vgl. auch schon *Ehrhardt* a.a.O., S. 150 ff; ferner *Lüderssen* Regulierung, Selbstregulierung und Wirtschaftsstrafrecht. Versuch einer interdisziplinären Systematisierung, in: Eberhard Kempf/Klaus Lüderssen/Klaus Volk (Hrsg.), Die Handlungsfreiheit des Unternehmers – wirtschaftliche Perspektiven, strafrechtliche und ethische Schranken, Berlin 2009, S. 241 ff (280 ff); ders., Finanzmarktkrise, Risikomanagement und Strafrecht, in: Eberhard Kempf/Klaus Lüderssen/Klaus Volk (Hrsg.), Die Finanzkrise, das Wirtschaftsstrafrecht und die Moral, Berlin 2010, S. 211 ff (216 ff); weiterführende Literatur Horst Steinmann, Unternehmensethik und Recht. Einige Überlegungen zur Mega-Regulierung wirtschaftlicher Verantwortung der Unternehmensführung, in: Sonderheft der Zeitschrift für internationale Strafrechtsdogmatik, Thema „Einheit und Differenz

von Keynes gespielt. Er hat den Begriff der Selbstsozialisierung von Großunternehmen geprägt,[36] unter anderem mit Blick auf die Aktiengesellschaft die Beobachtung mitgeteilt, „dass die Verwaltungen der Großunternehmen sich mit der Zeit vom Einfluss ihrer Aktionäre lösten und damit das Profitstreben zugleich hinter dem Interesse der Unternehmensleitung an Stabilität und Ansehen" zurücktrat.[37] „Keynes sah diese Entwicklung durchaus mit Skepsis, hielt jedoch diese Tendenz für die natürliche Entwicklungsrichtung".[38] Rathenaus Reflexionen über die „Grenzziehung zwischen gemeinschaftlichem Programm und Beschreibung des vermeintlichen aktienrechtlichen status quo mit besonderer Betonung des Mehrheitsprinzips"[39] und seine Idee, dass „Wirtschaft nicht Privatsache, sondern Gemeinschaftssache, nicht Selbstzweck, sondern Mittel zum Absoluten, nicht Anspruch, sondern Verantwortung sei",[40] muss mit der Keynes'schen Philosophie in Verbindung gebracht werden. Erstaunlich modern ist die Idee, dass das Unternehmen „sich in ein Gebilde nach Art einer Stiftung, oder besser gesagt, nach Art eines Staatswesens verwandelt".[41] „Diesem ‚objektiven Streben nach Autonomie'" entspricht die „subjektive psychologische Entwicklung des Unternehmens und seiner Organe".[42]

Am Ende steht für Rathenau „die ‚Überführung des Unternehmens – nicht in den Besitz des Staates, die der klassische Sozialismus fordert – , sondern in den Besitz einer ... Produktionsgemeinschaft unter dem Schutz des Staates".[43] Das erinnert durchaus an die moderne Theorie vom Gewährleistungsstaat.[44] Rathenau ist „Gegner jeder Zwangswirtschaft, und auch ein erklärter Feind von Monopolen".[45]

---

von Verantwortung", 2011, S. 99 ff (100 ff); zum Bedeutungsgewinn von „corporate sustainability" Jan Bremer, in: Finanzplatz 2011, Nr. 5, S. 28 ff; weitere wichtige Literatur bei *Franz Salditt* Normativ ansprechbar: Börsennotierte Kapitalgesellschaften, in: Festschrift für Hans Achenbach, Heidelberg 2011, S. 433 ff (438 f); s. auch schon *Franz Salditt* Das Unternehmensinteresse zwischen Recht, Ökonomie und Ethik, in: Eberhard Kempf/Klaus Lüderssen/Klaus Volk (Hrsg.), Die Handlungsfreiheit des Unternehmers, a.a.O., S. 106 ff.

**36** *John Maynard Keynes* Das Ende des Laissez-Faire. Ideen zur Verbindung von Privat- und Gemeinwirtschaft, München/Leipzig 1926, S. 33.

**37** *Keynes* a.a.O.

**38** *Arndt Riechers* Das ‚Unternehmen an sich. Die Entwicklung eines Begriffes in der Aktienrechtsdiskussion des 20. Jahrhunderts. Tübingen 1996, S. 33.

**39** Vgl. *Riechers* a.a.O., S. 9.

**40** *Walther Rathenau* Von kommenden Dingen, Berlin 1917, S. 95.

**41** *Rathenau* a.a.O., S. 12.

**42** *Riechers* a.a.O., S. 143.

**43** *Walther Rathenau* Autonome Wirtschaft, Jena 1919, S. 7.

**44** Man darf freilich nicht vergessen, dass Rathenau dieses alles mit Blick auf die Kriegsgesellschaft entwickelt hat (dazu der Hinweis bei *Riechers* a.a.O., S. 13).

**45** *Riechers* a.a.O., S. 14.

Später spricht er von der „freien Selbstverwaltung, der freien selbstgeschaffenen Ordnung".[46]

Die Diskussion dieser Epoche ist sehr offen, manches bei *Schumpeter*[47] beispielsweise, und *Sombart,*[48] klingt quasi sozialistisch. Daneben entwickelt sich der Ordoliberalismus diesseits von *Keynes.* Andererseits gibt es die Kritik an der Ablehnung von Monopolen.[49] Wie unsicher alles ist, zeigen generalisierende Äußerungen: „Nicht Menschen, sondern starke wirtschaftliche Kräfte sind es, die uns in die neue wirtschaftliche Epoche hineintreiben".[50] Die inneren Gründe des Systemwechsels seien „nicht in den Menschen, sondern in den Dingen zu suchen".[51] Es sind viele Linien, die zu diesen Umschreibungen des Kollektiven führen. Dabei werden freilich auch Töne angeschlagen wie die, das Tun und Lassen des Menschen müsse bestimmt sein durch das „Verhältnis des Einzelnen zur Gesamtheit. Der Mensch sei ein Glied des Ganzen".[52] Das ist eine Sprache, die sich später in der NS-Literatur wiederfindet, und deshalb ist es wichtig, gleichzeitige, ähnlich motivierte Bestrebungen zu registrieren, die keineswegs diese verhängnisvolle Entwicklung genommen haben. Ein Beispiel ist die Untersuchung von *Robert S. Brooking* aus dem Jahr 1925 über „Die Demokratisierung der amerikanischen Wirtschaft".[53] Dass man sich in diesen Jahren für das „Unternehmen an sich" auf die Forschungen *Otto von Gierkes* zur Verbandspersönlichkeit zu berufen begann,[54] zeigt, wie frei man sich fühlte in der Wahl der Traditionen. Gierkes Auffassung, „die rechtlich geordnete Gemeinschaft sei ein Ganzes, dem eine reale Einheit innewohnt",[55] führte dazu, dass man „die Unternehmung (...) als eine ‚reale Größe' betrachtete.[56] Für diese Schlussfolgerungen werden auch andere *Gierke*'sche Wendungen herangezogen,[57] etwa die vom „Eigenwert der Gemeinschaft", oder „von der Doppelnatur des Men-

46 *Walther Rathenau* Gesammelte Reden, Berlin 1924, S. 112.

47 *Joseph A. Schumpeter* Sozialistische Möglichkeiten von heute, in: Archiv für Sozialwissenschaft und Sozialpolitik, 20/21, S. 314 ff.

48 *Werner Sombart* Die Wandlungen des Kapitalismus, in: Schriften des Vereins für Socialpolitik, Bd.175, München/Leipzig 1929, S. 23 ff.

49 *Riechers* a.a.O., S. 14.

50 *Eugen Schmalenbach* Die Betriebswirtschaftslehre an der Schwelle der neuen Wirtschaftsverfassung, in: Zeitschrift für handelswissenschaftliche Forschung, 1928, S. 241 ff (242).

51 *Schmalenbach* a.a.O.

52 *Heinrich Nicklisch* Rede über Egoismus und Pflichtgefühl, in: Zeitschrift für Handelswissenschaft und Handelspraxis, 1915, S. 101 ff (102).

53 Belege bei *Riechers* a.a.O., S. 40.

54 *Riechers* a.a.O., S. 53 ff.

55 *Otto von Gierke* Das Wesen der menschlichen Verbände, Leipzig 1902, S. 11.

56 *Riechers* a.a.O., mit vielen Literaturnachweisen in Fußn.144.

57 Vgl. *Riechers* a.a.O., S. 54.

schen als ‚ein Ganzes für sich und Teil höherer Ganzen'".[58] Andere Reflexionen gehen noch weiter zurück, so etwa der Hinweis darauf, dass Lorenz von Stein das Unternehmen schon als besondere volkswirtschaftliche Einheit hervorgehoben habe.[59]

Auf dieser Linie liegen die bereits um die Wende des 19. zum 20. Jahrhunderts erscheinende Untersuchungen über „Selbstinteresse" und „Geschäftsinteresse".[60] Das Ziel dieser Untersuchungen ist, „dem Handeln des klassischen Unternehmers die Stigmatisierung als lediglich dem Profitstreben dienend" zu nehmen.[61] Ganz spezielle Ausprägungen dieses Wandels im Selbstverständnis wirtschaftlicher Unternehmen finden sich in der Entwicklung des Aktienrechts. Von der kollektivistischen Gestaltung der Mitgliedschaft wird gesprochen. Der Aktionär werde „unter dem Eindruck der wirtschaftlichen Strukturwandlungen und der Thesen von *Rathenau*, *Schmalenbach* oder *Keynes* in den Träger zweier Rollen gespalten und als Verbandsmitglied gleichsam kollektiviert und organisiert".[62] Natürlich bleibt das alles umstritten. Einige sehen „in der kapitalmäßig nicht begründeten Verwaltungsmacht eine Selbstverleugnung des kapitalistischen Systems".[63] Gleichwohl haben die früh formulierten Maximen, dass ‚im Unternehmen an sich auch „Allgemeininteressen und ein sozialpolitisches Element enthalten" sei,[64] weiter gewirkt. Für das Aktienrecht laufe das auf den „‚öffentlich-rechtlichen Ausgleich'" hinaus „zu der ‚privatrechtlich von ihr postulierten Aristokratie im Aktienrecht'".[65] Es gehe dabei nicht um ein „Mitsprache- oder Kontrollrecht des Staates"[66], sondern darum, „die Allgemeininteressen (...) ausschließlich durch die Verwaltung" der autonomen Gesellschaft wahrnehmen zu lassen.[67]

Die missbräuchliche Ausbeutung dieser in den späten zwanziger Jahren des vergangenen Jahrhunderts bereits auf einen Höhepunkt geratenen Konzepte durch das NS-Regime sollte nicht irritieren. Es genügt im Grunde, dass man registriert, wie die NS-Juristen die Befürwortung der Gemeinwohlorientierung mit der Werbung

---

58 Belege bei *Riechers* a.a.O.

59 *Riechers* a.a.O., S. 120, mit Belegen.

60 S. den Bericht bei *Riechers* a.a.O., S. 121.

61 *Riechers* a.a.O., S. 121.

62 *Knut Nörr* Das Unternehmen in der Wirtschafts- und Rechtsordnung 1880 bis 1930: Ein Beitrag zur Morphologie der organisierten Wirtschaft, in: Helmut Coing u. a. (Hrsg.), Staat und Unternehmen aus der Sicht des Rechts, Tübingen 1994, S. 15 ff (22).

63 S. den bericht bei *Riechers* a.a.O., S. 128.

64 Herbert *Landsberger* Der Rechtsgedanke des „Unternehmens an sich" und das neue Aktienrecht, in: Zentralblatt für Handelsrecht, 1932, S. 79 ff (84).

65 *Landsberger* a.a.O., S. 88.

66 *Landsberger* a.a.O.

67 *Landsberger* a.a.O.

für Kartelle begründet haben. Die Garantie der Wettbewerbsfreiheit, diese unüberschreitbare Barriere effizienzorientierter Wirtschaftspolitik, durch die Ordoliberalen, war denn auch die nach dem Kriege beherrschende, sich von den Nachwirkungen der NS-Ideologie eindeutig abgrenzende Maxime.[68] Ungeachtet dieser klaren Abgrenzungen zum NS-Recht wirft es seine Schatten auch noch auf die Nachkriegsgesellschaft. Unternehmen stellen, heißt es etwa, einen „lebendigen Organismus dar", in welchem die Beschäftigten die Führung des Unternehmens, eine von dem Unternehmer übernommene Funktion für die Gemeinschaft vollziehen.[69] Dass andere Richtungen in der „Verdrängung des Unternehmers zu Gunsten des ‚Unternehmens an sich' aus der privatwirtschaftlichen Vorstellungswelt (...) nur die Übertragung der marxistisch-sozialistischen Volkswirtschaftslehre in das Privatrecht"[70] gesehen haben,[71] signalisiert die permanente Unsicherheit der Positionen. Nur eine eindeutige Favorisierung der Tendenz, die Demokratiegehalte der Unternehmensorientierung hervorzuheben, kann auf die Dauer hier politische Gewissheit schaffen. Erst in der Mitbestimmungsdiskussion schwinden diese Nachwirkungen der NS-Zeit, und in Verbindung mit der Apotheose auf die Wettbewerbsfreiheit des Ordoliberalismus ergibt sich eine neue verlässliche Kontinuität des Unternehmensbegriffs, kulminierend zunächst in dem Konzept, „das Unternehmensinteresse auf einen überindividuell verstandenen Unternehmensbegriff zu beziehen, der das Unternehmen als ‚Verband kooperierender Menschen' begreiflich macht und sich gleichzeitig von der abstrakten Diskussion ‚Unternehmen an sich' distanziert".[72] Die weitestgehende Akzeptanz dürfte aktuell wohl der wirtschaftliche Unternehmensbegriff beanspruchen können, der sich in der Rechtsprechung des EUGH allmählich entwickelt hat. Danach werden „Unternehmen als wirtschaftliche Einheiten" definiert, „die aus einer einheitlichen Organisation persönlicher, materieller und immaterieller Mittel bestehen, mit denen auf Dauer ein bestimmter wirtschaftlicher Zweck verfolgt wird".[73]

68 Über die zu Unrecht erhobenen Bedenken gegen das Wirken Euckens im Rahmen der NS-Programme vgl. *Ingo Pies* Eucken und von Hayek im Vergleich, Tübingen 2001, S. 69 ff, vor allem S.77 ff. S. ferner die klärenden Bemerkungen bei *Riechers* a.a.O., S. 145 ff.

69 Vgl. die Nachweise bei *Riechers* a.a.O., S. 155 ff.

70 Belege bei *Riechers* a.a.O., S. 150.

71 S. *Riechers* a.a.O., S. 150.

72 *Thomas Raiser* Das Unternehmensinteresse, in: Festschrift für Reimer Schmidt, Karlsruhe 1976, S. 101 ff (118). Über die spezielle Rolle des Unternehmens im Konzern vgl. *Gerhard Spindler* Recht und Konzern. Interdependenzen der Rechts- und Unternehmensentwicklung in Deutschland und in USA zwischen 1870 und 1933, Tübingen 1993.

73 So die Formulierung von *Christian Heinichen* Unternehmensbegriff und Haftungsnachfolge im europäischen Kartellrecht, Baden-Baden 2011, S. 41. Ausführliche Darstellung der Entwicklung des Begriffs, auch mit Blick auf den allgemeinen Sprachgebrauch und den Sprachgebrauch der Wirt-

### b) Rezeption der Unternehmensphilosophie durch die Strafrechtswissenschaft[74]

Vielleicht kann man mit Formeln dieser Art dem Druck einer endgültigen Stellungnahme zum Wesen der „Gesamtperson" ausweichen. Die Diskussion über „Organschaft und juristische Person"[75] hat eine lange Geschichte und dauert an. In den großen Monographien über Unternehmensstrafrecht[76] wird sie weitgehend ausgeblendet. Die Arbeiten konzentrieren sich entweder auf die bereits im positiven Recht vorhandenen Möglichkeiten,[77] strafrechtlich – in einem weiteren Sinne – zuzugreifen, oder entwickeln die für eine Ausbreitung und Intensivierung des Unternehmensstrafrechts erforderlichen Konzeptionen von vornherein aus der Perspektive des Strafrechts, nicht des Unternehmens. Dabei überwiegen die Bemühungen um die Konzeption von Modellen originärer Verbandshaftung und Modellen, die das Handeln Einzelner dem Verband zurechnen.[78] Weitgehend unbeachtet bleibt die kriminologische Fragestellung.[79] Erst in den Untersuchungen, die bereits die Systemtheorie in ihr Programm aufnehmen, ändert sich das.[80] Danach stellt sich der Stand der Debatte so dar, dass die „Subjektmetaphysik des deutschen Idealismus" zu „Hypostasierungen" des gesamten Subjekts geführt haben, die sich „im phänomenologischen Personismus und in der Systemtheorie" wiederfinden.[81]

---

schaftswissenschaften, a.a.O., S. 46 ff, (48 ff), ergänzt durch historische und systematische Auslegungen (S. 50 ff) und einen Seitenblick auf den verfahrensrechtlichen Unternehmensbegriff (S. 56 ff), sowie mit einer Reihe spezieller EU-bezogener Sachverhalte (S. 60 ff) und einer abschließenden teleologischen Auslegung (S. 64 ff). Vgl. auch schon *Ehrhardt* a.a.O., S. 40/41.

74 Hierzu auch gut *Ehrhardt* a.a.O., S. 29 ff.

75 So der Titel des bedeutenden Werkes von *Hans Julius Wolff* Organschaft und juristische Person. 1. Band: Juristische Person und Staatsperson, Berlin 1933.

76 *Günther Heine* Die strafrechtliche Verantwortlichkeit von Unternehmen, Baden-Baden 1995; *Andreas Ransiek* Unternehmensstrafrecht, Heidelberg 1996; Hans-Jürgen *Schroth* Unternehmen als Normadressaten und Sanktionssubjekte, Gießen 1993.

77 Die Schwerpunkte finden sich bei *Ransiek* a.a.O., S. 89 ff, und ganz konsequent werden dann vor allem einzelne Regelungsbereiche des Unternehmensstrafrechts anhand von Beispielen analysiert und kommentiert, *Heine* a.a.O., S. 126 ff. *Schroth* a.a.O., S. 49 ff.

78 Paradigmatisch dafür *Heine* a.a.O., S. 220 ff; s. auch *Schroth* a.a.O., S. 13 ff; s. auch die Übersicht in dem Bericht an die Kommission zur Reform des strafrechtlichen Sanktionssystems der Arbeitsgruppe „Strafbarkeit juristischer Personen", verfasst von der Geschäftsstelle der Kommission im BMJ, in: Michael Hettinger (Hrsg.), Reform des Sanktionenrechts, Band 3, Verbandsstrafe, Baden-Baden 2002, S. 7 ff (16 ff).

79 Vgl. aber *Peter König* Einführung strafrechtlicher Verantwortlichkeit für juristische Personen und Personenverbände, in: Hettinger, a.a.O., S. 46 ff.

80 *Friedrich von Freier* Kritik der Verbandsstrafe, Berlin 1998, S. 124 ff; *Charlotte Schmitt-Leonardy*, Unternehmenskriminalität ohne Strafrecht?, Heidelberg 2013.

81 *Freier* a.a.O., S. 125.

Der phänomenologische Personalismus wird von *Max Scheler* repräsentiert[82] und hat sich als nicht erfolgreich erwiesen. Ähnlich liegt es bei der Systemtheorie, „die mit dem Rekurs auf die Subjektivität auch alle Bedeutung der Reflexivität im Sinne moralischer Geltungsrepression und Selbstgesetzgebung abstreift".[83]

Auch in modernen Konzepten setzt sich also latent oder offen der Streit über Fiktion oder Realität der Verbandsperson fort und kann eigentlich angesichts der ungeklärten Mischung von Konstruktion und Wahrnehmung, die gerade auch die Systemtheorie prägt, nicht entschieden werden.

## 2. Strafrechtliche Folgerungen

Die Frage bleibt, ob das soziale Gewicht des wie auch immer konstruierten Unternehmens[84] so groß ist, dass – nicht nur über das geltende Zivil- und Öffentliche Recht, sondern auch des StGB und des OWiG hinausgehende – strafrechtliche Sanktionen erforderlich und zulässig sind.

### a) Der Strafzweck der Prävention[85]

Dass es nur darum gehen kann und nicht etwa um Vergeltung, wird hier vorausgesetzt. Die Rationalität der strafrechtlichen Retribution ist nur mehr metaphysisch begründbar. Von entscheidender Bedeutung dabei ist freilich, dass die Strafe nicht als Ausdruck einer ganz spezifischen Humanität begriffen wird, die in der Strafe etwas „Edles" verwaltet,[86] sondern nichts anderes als ein leider notwendiges Übel

---

82 *Freier* a.a.O., S. 128.

83 *Freier* a.a.O., S. 132.

84 Vgl. dazu die Ausführungen bei Fn. 34 und 35.

85 Der Text folgt hier der traditionellen Terminologie, obwohl längst der Zeitpunkt gekommen sein dürfte, auf diesem Gebiet mit neuen Begriffen aufzuwarten; vgl. die dahin gehenden Anregungen bei *Lüderssen* „Präventionsorientierte Zurechnung – aktuelle Programme für die Strafverteidigung?" *Strafverteidiger* 2011, S. 377, s. auch *Tatjana Hörnle* Straftheorien, Tübingen 2011.

86 Bis heute einflussreich die Formulierung von *Karl Binding:* „So ist unsere Strafe die edle, gegen früher so unendlich geadelte Antwort des Ganzen auf die oft so unedle Tat seines Gliedes. Für den Verbrecher bildet sie das irdische Fegefeuer: Er sühnt dadurch in der Rechtsgemeinschaft, was er an ihr verschuldet hat. Und an diesem Zusammenhang zwischen der Schuld, die nach Strafe ruft, und der Strafe, die allein des Schuldigen Haupt sucht und trifft – einer Verkettung, zu der es im ganzen weiten Gebiete des sozialen Lebens nicht entfernteste Analogie gibt! – wird auch die Zukunft ohnmächtig rütteln, sollte sie so unklug sein, der Geschichte zu spotten, und versuchen, sich von einer ihrer größten Schöpfungen zu befreien: Der im Feuer der Notwendigkeit gehärteten öffentlichen Strafe" (*Karl Binding* Die Entstehung der öffentlichen Strafe bei den germanischen Stämmen. Rektoratsrede 1908, S. 45 f.) Vgl. dazu die große Monographie von *Oliver Hein,* Vom Rohen zum Ho-

ist.[87] Es ist nicht müßig, auf diesen Gegensatz hinzuweisen, weil sich in der völkerstrafrechtlichen Entwicklung unserer Epoche ganz deutlich erneut ein emphatischer Begriff von der Strafe zeigt.[88] Dem entspricht eine auf das ganze Strafrecht ausgedehnte „Bewegung", sich für eine Legitimation der Strafe erneut und mit besonderem Nachdruck auf die durch *Kant* und *Hegel* begründeten Traditionen zu berufen.[89] Es dürfe keine „zweckrationale Verkürzung des Strafrechts" geben, heißt es, „denn die Frage, ob eine Person strafrechtliches Unrecht verwirklicht, beantwortet sich nicht danach, ob ein anderes Rechtssubjekt mit Aussicht auf präventive Wirkungen sanktioniert werden kann".[90]

Gegenüber der Generalprävention ist allerdings Zurückhaltung geboten, weil sie mit dem Begriff der Person, die nicht nur als Mittel für gesellschaftliche Zwecke eingesetzt werden darf (inzwischen ein moderner Verfassungssatz), nicht vereinbar ist. Das bedarf hier der Hervorhebung, weil sich vor allem im Rahmen gesamteuropäischer Entwicklungen immer deutlicher das Bild einer Abschreckungs-Kriminalpolitik abzeichnet.[91] Man kann diesem neuen Legitimationsproblem auch nicht durch den Hinweis entgehen, dass es ja vor allem auf die Androhung der Strafe ankomme. Denn die Androhung kann ihre Funktion nur entfalten, wenn man im Ernstfall die Strafe auch verhängen und vollstrecken möchte. Dieser letzte Effekt

---

hen. Öffentliches Strafrecht im Spiegel der Strafrechtsgeschichtsschreibung des 19. Jahrhunderts. Köln/Weimar/Wien 2001, S. 141 ff; und *Klaus Lüderssen* Zur Entstehung des öffentlichen Strafrechts, in: Festschrift für Arthur Kreuzer zum 70. Geburtstag, Frankfurt am Main 2009, S. 510 ff. Eine Desillusionierung dieses Standpunktes findet sich schon beim gleichaltrigen *Friedrich Nietzsche:* „Die Lehre vom Willen ist wesentlich erfunden zum Zweck der Strafe, das heißt des Schuldigfinden-Wollens ... . Die Menschen wurden ‚frei' gedacht, um gerichtet, um gestraft werden zu können", Götzen-Dämmerung, in: Werke Band 2, (herausgegeben von Karl Schlechta), München 1955 S. 939 ff (977), dankenswerter Weise wieder in Erinnerung gerufen von *Andreas Hoyer* in: Normative Ansprechbarkeit als Schuldelement, in: Festschrift für Claus Roxin zum 80. Geburtstag, Berlin/New York 2011, S. 722 ff (730).

87 Besonders eindrucksvoll schon formuliert von *Peter Noll* Diskussionsvotum an der Strafrechtslehrertagung vom 21. bis 23. Mai 1964 in Hamburg, Zeitschrift für die gesamte Strafrechtswissenschaft 1964, S. 707 ff (708).

88 Vgl. zum emphatischen Begriff der Strafe *Klaus Lüderssen* Das moderne Strafrecht – Zerreißprobe zwischen ultima ratio, Pragmatismus und kulturellem Hochgefühl, in: *Stafverteidiger* 2004, S. 97 ff.

89 Vgl. die Belege bei *Klaus Lüderssen* Präventionsorientierte Zurechnung – aktuelle Programme für die Strafverteidigung? *Strafverteidiger* 2011, 377 ff.

90 *Uwe Murmann* Besprechung des Buches von Joannes Morozinis, Dogmatik der Organisationsdelikte, in: Goltdammers Archiv 2011, S. 547 ff (547).

91 Vgl. dazu das von der Europäischen Kommission herausgegebene Papier: „Mitteilung der Kommission an das Europäische Parlament, den Rat, den europäischen Wirtschafts- und Sozialausschuss, den Ausschuss der Regionen. Auf dem Weg zu einer europäischen Strafrechtspolitik: Gewährleistung der wirksamen Durchführung der EU-Politik durch das Strafrecht", vom 20.9.2011.

entscheidet über die gesamte Strafrechtssystematik. Sie ist darauf eingerichtet, dass man für alle Fälle gewissermaßen präpariert sein muss, die vollzogene Strafe zu rechtfertigen, sie mit Sinn zu füllen, und dieses „alle Fälle" heißt: jemand wird bestraft.

Wenn sich diese Sanktion nun von Konditionierung unterscheiden soll, dann muss sie auf Personen über „Einsicht" und „Andershandelnkönnen" einzuwirken versuchen. Auch wer zunächst nur an Generalprävention denkt, muss das vor Augen haben – als möglichem letzten Ziel oder letzter Auswirkung einer Generalprävention. Noch einmal – mit anderen Worten: Die Androhung einer Strafe, um eine unbestimmte Zahl von Menschen abzuschrecken, gewinnt ihren Sinn nur dadurch, dass sie nicht nur auf dem Papier steht, sondern unter Umständen realisiert wird. Wer Generalprävention sagt, negativ oder positiv, muss eine Meinung dazu haben, was gemeint ist und was passiert, wenn die Strafe eine einzelne Person trifft. Alles was im Folgenden über Resozialisierung und Schuld gesagt wird, gilt also auch für die Generalprävention.

Damit ist außerdem ausgesprochen, dass an symbolische Wirkungen des Strafens nicht gedacht ist, auch nicht in dem Sinne, dass die bloße Feststellung der strafrechtlichen Verantwortung genügen könnte. Wenn das eine strafrechtliche Verantwortung sein soll, dann muss damit gemeint sein, dass ein Fall vorliegt, bei dem es auf einen präventiven Akt ankommen könnte. Wenn also die Resozialisierung als mögliches Ziel für jemanden, dem man zunächst nur durch eine Feststellung klarmachen möchte, dass er strafrechtlich zur Verantwortung gezogen werden soll, nicht vorstellbar ist, dann fehlt auch für diese Feststellungswirkung die Valutierung des Wortes Strafrecht. Man kann von einer anderen sozialen Verantwortung sprechen, aber eben nicht von einer strafrechtlichen. Substantiell bedeutet das: Dann, wenn die strafrechtlichen Verantwortung lediglich ausgesprochen wird, muss es im Gemeinwohlinteresse liegen, dass der Verurteilte etwas, das einer Resozialisierung gleichkommt oder ihr entspricht, leisten soll; es wird nur auf den staatlichen Vollzug verzichtet.

Gleichwohl könnte mit der Konzentration auf den Strafzweck der Prävention das Missverständnis entstehen, die Anwendung des Strafrechts sei bei einem Unternehmen an keine weiteren Bedingungen knüpft. Dass dieser Pragmatismus fehl am Platze ist, bedarf vielleicht einer besonderen Begründung. Sie läuft hinaus auf:

### b) Die Unhintergehbarkeit des Persönlichen

Wenn Einsicht die Voraussetzung wirksamer Prävention ist, dann genügt nicht der auf eine Gesamtheit bezogene Stempel: „strafbar"; vielmehr muss menschliches Verhalten (Handlungen oder Unterlassungen) den Anknüpfungspunkt bilden. Die Frage ist also, ob es Personen gibt in dem Unternehmen, von denen man erwarten kann, dass sie aus der Einsicht in ihre Schuld – handelnd – Konsequenzen ziehen, die als Resozialisierung akzeptiert werden können; das Unternehmen kommt als Träger für ein solches Verhalten nicht in Betracht.[92] Welche Funktion diese Personen haben, ist dann gleichgültig, denn auch die Gefährdung, die den Vertretenen für den Vertreter haften lässt,[93] bedarf einer persönlichen Anknüpfung. Sie kann weder durch die ausdrückliche, noch die larvierte Fiktion einer Verbandspersönlichkeit ersetzt werden.

Die Freiheit, die man braucht, um die Einsicht zu verarbeiten, im Unrecht gewesen zu sein[94] und in Zukunft vergleichbares Verhalten zu vermeiden, ist in dem Maße von bloßer Konditionierung unterschieden, wie sie die Freiheit voraussetzt, die zu einem persönlichen Schuldvorwurf führen kann. Von der ganzen metaphysischen Tradition des Strafrechts, das es von anderen Maßnahmen zur Beeinflussung der Bürger im Namen eines Gemeinwohls unterscheidet, ist diese Konnexität übrig geblieben.[95] Sie ist allerdings noch nicht so recht ins allgemeine Bewusstsein gerückt. Das liegt daran, dass die Konzeption, Schuld und Prävention seien miteinander zu verknüpfen, bisher nur für die (zusätzlichen) Erwägungen, die aus der Schuld eine die Prävention begrenzende Funktion ableitet, entwickelt worden ist.[96] Aber das ist nicht konsequent.[97]

---

92 Zu den möglichen Maßnahmen gegen ein Unternehmen erschöpfend bereits die Aufzählung bei *Volk* a.a.O., S.432, linke Spalte, Mitte. Vgl. auch die Aufstellungen bei *Ehrhardt* a.a.O., S. 39.

93 In einer handlungsbezogenen Terminologie läuft das auf das Organisationsverschulden in Unternehmen hinaus (so der Titel der großen Monographie von *Nikolaus Bosch*, Baden-Baden 2002).

94 Dabei ist die Einsicht in das Unrecht, die vom Schuldbegriff gefordert wird, zwar nicht unbedingt identisch mit dem jeweiligen positiven Recht, andererseits aber auch nicht zu verwechseln mit einer moralischen Konfrontation; vielmehr geht es um das Gegenstück der Legalbewährung, das die Präventionsmaßnahme erbringen soll. Ein Wissen im Sinne der Verbindlichkeit gewisser Regeln des Zusammenlebens, für deren Respektierung eine totale Internalisierung nicht nötig ist. Diese nicht ganz und gar positivistische Konzeption der Schuld ist bisher nicht begründet worden (vgl. dazu *Klaus Lüderssen* Abschaffen des Strafens, Frankfurt am Main 1995, S. 162 ff), und man könnte vermuten, es handele sich dabei um eine sehr konstruierte Angelegenheit. Das ist bei näherem Hinsehen aber nicht der Fall, vielmehr ist das, was hier abgerufen wird, genau das, was im Bewusstsein der Menschen als mögliche Schuld im Strafrecht registriert wird.

95 *Klaus Lüderssen* Präventionsorientierte Zurechnung – aktuelle Programme für die Strafverteidigung? *Strafverteidiger* 2011, S. 377 ff; Klaus Günther, Schuld und kommunikative Freiheit, Frankfurt am Main 2005, S. 85: „Die individuelle Verantwortung muss *zugleich Grund und Ziel* der Resozialisierung sein"; über den allgemeinen Ausgangspunkt „Die Unhintergehbarkeit der Verantwortung des Einzelnen", a.a.O., S. 80 ff.

96 Maßgebend für die ganze Entwicklung sind die Forschungen *Claus Roxins*, am besten entwickelt in dem Aufsatz: Zur kriminalpolitischen Fundierung des Strafrechtssystems, in: Festschrift für Günther Kaiser, Berlin 1998, S. 885 ff. Zusammenfassend jetzt *Eduardo Demetrio Crespo* Schuld und Strafzwecke, in: Festschrift für Claus Roxin zum 80. Geburtstag, Berlin/New York 2011, S. 689 ff.

97 Dazu schon *Crespo* a.a.O., S. 693.

Die „normative Ansprechbarkeit"[98] macht keinen Unterschied zwischen Regel und Ausnahme. Der Normadressat muss empfänglich sein für die das Unrecht begründenden Umstände und Normen, und dafür, dass keine Rechtfertigungsgründe vorliegen. Dass auf die Präventionsorientierung expressis verbis nur bei den Schuldausschließungsgründen hingewiesen wird, ist nichts weiter als eine sprachliche Vereinfachung, wenn man will auch sprachliche Nachlässigkeit, die sich ergibt, wenn man das, was für die Regel gilt, nicht glaubt, besonders hervorheben zu müssen.

Die traditionelle oder konventionelle Rede vom Andershandelnkönnen gewinnt freilich nur eine Bedeutung, wenn man davon ausgeht, dass es so etwas geben kann. Hier genügt eine Art mittlerer Empirie und Alltagsverständnis.[99] Dass vor dem Forum einer vollkommen entschlüsselten Gehirnwelt eine solche Konzeption keinen Bestand haben könnte, ist ebenso unbeachtlich wie der Gedanke an einen Schöpfer, der alles lenkt und dem Individuum keinen Spielraum lässt.

Wenn die normative Ansprechbarkeit bedeutet, dass man nicht davon ausgeht, es könne etwas effektiv festgestellt werden, sondern nur, dass der Beschuldigte als frei behandelt wird,[100] ist bereits der Anschluss erreicht an die in der Kriminologie entwickelten Interaktionsparadigmen, und deshalb kommt an dieser Stelle *behaviour economics* ins Spiel. Wie sind die Orientierungen, beziehungsweise ihre Interpretation beschaffen, in denen sich die Menschen in einem Unternehmen bewegen, wie darf man das bewerten? Das ist einmal eine Frage an die experimentelle Ökonomie, zum anderen aber auch ein rechtstheoretisches Problem. Wenn es etwa so ist, dass der Mensch im wesentlichen ein homo heuristicus[101] ist, wie viel Rationalität darf man dann bei seinen Entscheidungen und Planungen verlangen[102] und erwarten, ist mit der Anerkennung des factums heuristischen Entscheidens

**98** *Claus Roxin* Strafrecht, Allgemeiner Teil, Band 1, 4. Auflage, München 2006, S. 868.

**99** Das ist die vielleicht trivial anmutende Quintessenz der seit einem Jahrzehnt andauernden Auseinandersetzungen über die Bedeutung der modernen Hirnforschung für das Strafrecht. Dazu *Klaus Lüderssen* Spontaneität und Freiheit – Neue Aspekte moderner Hirnforschung für Strafrecht und Kriminologie?, in: Festschrift für Ingeborg Puppe zum 70. Geburtstag, Berlin 2011, S. 65 ff mit Nachweisen älterer Literatur.

**100** Weiterführend Reinhard *Merkel* Schuld, Charakter und normative Ansprechbarkeit. Zu den Grundlagen der Schuldlehre Claus Roxins, in: Festschrift für Claus Roxin zum 80. Geburtstag, Berlin 2011, S. 737 ff.

**101** *Michael Baurmann* Die Integration normativer Bindungen in die Nutzenmaximierung, Referat beim 25. Weltkongress der Internationalen Vereinigung für Rechts- und Sozialphilosophie, 19./20. August 2011, Frankfurt am Main.

**102** Strafrechtsdogmatisch geht es um Kausalität und Schuld (generell: um Zurechnung).

auch gleichzeitig die wertende Akzeptanz dieses Verhaltens gegeben?[103] Hier mündet die Diskussion in die Debatte von Sein und Sollen, naturalistischem Fehlschluss, institutionellen Tatsachen usw.[104]

Wie stellt sich danach die Kopplung von strafrechtlich relevanter retrospektiver und präventiver Steuerung des Menschen dar?[105] Die hier fällige methodologische Diskussion wird eigentlich nur in der Philosophie und Soziologie geführt, und, als es noch nur um Kritik der Zuschreibung ging, allenfalls – auch mit speziellen Fragestellungen – in der Kriminalsoziologie. Trotz des bis zum Überdruss tradierten dictums, Schuld sei staatsnotwendige Fiktion,[106] ist es in der Strafrechtswissenschaft auf diesem Gebiet bisher nicht zu der notwendigen interdisziplinären Verständigung gekommen, wie sie jetzt bei der Beschäftigung mit dem Unternehmensstrafrecht unausweichlich geworden ist. Für das Verhältnis von Schuld und Prävention wäre also zu klären, worin die Identität der psychischen Elemente wohlverstandener Resozialisierung und – ebenso – wohlverstandener Schuld besteht.[107] Sie kann jedenfalls nur bei natürlichen Personen gesucht werden, die psychischen Vorgänge, die den kommunikativen Vorgang der Schuld mit dem der Resozialisierung verbinden,[108] bleiben dem als Ganzes begriffenen Kollektiv verschlossen, und dieses Kollektiv kann sich dabei auch nicht durch eine natürliche Person vertreten lassen. Der Vertretungsbegriff, wie ihn die allgemeine Rechtslehre im Rahmen des Bürgerlichen Rechts entwickelt hat, umfasst nicht diese spezifische,

---

**103** Das „elementare" Strafrecht hat sich alle diesen Fragen erspart, konnte das auch, weil die psychischen Sachverhalte (scheinbar) einfacher waren.

**104** Vgl. dazu *Klaus Lüderssen* Methodenfragen im Umgang mit der „Sachlogik des Finanzmarkts", a.a.O., S. 170 ff. S. ferner die Referate von *Dietmar von der Pfordten,* Die „Stoffbestimmtheit der Rechtsidee" und die „Natur der Sache – Ontologie, Konvention oder Konstruktion? *Frank Saliger,* „Institutionelle Tatsachen", und *Armin Engländer,* Funktion, Ausgestaltung und Kriterien der Rechtsgeltung, Referate gehalten beim 25. Weltkongress der Internationalen Vereinigung für Rechts- und Sozialphilosophie, 19./20. August 2011, Frankfurt am Main; s. den Bericht von *Axel Schwarz* im DVBl 2011, S. 1467 f.

**105** Zu dem oben erwähnten universalen Determinismus vgl. den Hinweis bei *Merkel* a.a.O., S. 740, Fn.13. Eine plausiblere Umschreibung dessen, was normative Ansprechbarkeit konkret sein kann, findet sich bei *Merkel* a.a.O., S. 754 ff, mit den Stichworten „Rezeptivität" und „Reaktivität".

**106** *Eduard Kohlrausch* Sollen und Können als Grundlagen der strafrechtlichen Zurechnung, in: Festgabe für Karl Güterbock, Berlin 1910, S. 1 ff (26); über die Hintergründe *Stephan Stübinger* Das „idealisierte" Strafrecht, Frankfurt am Main 2008, S. 361 f.

**107** S. dazu *Andreas Hoyer* Normative Ansprechbarkeit als Schuldelement, in: Festschrift für Claus *Roxin* zum 80. Geburtstag, Berlin/New York 2011, S. 723 ff, mit interessanten Exemplifizierungen der Unterscheidung zwischen empirisch und normativ S. 726 ff.

**108** *Klaus Volk* macht einfach das Experiment, von wem man erwarten könne, „künftig in sozialer Verantwortung ein Wirtschaftsdasein ohne Straftaten zu führen", im Anschluss an die Formulierung des § 2 Strafvollzugsgesetz (a.a.O., S. 434).

die Interdependenz von Einsicht und Umkehr konkretisierende Motivation. Was insofern vom Ordnungswidrigkeitenrecht oder von einem Verwaltungsstrafrecht gefordert wird, liegt diesseits davon.

### c) Das Problem der intolerablen Drittwirkungen[109]

Konstruiert man das holistische Modell dennoch so, dass seine Organe für die Korporation handeln, so muss man außerdem konstatieren, dass dieses Konzept ständig bedroht ist vom Wechsel der Organe. Die Zurechnung der Tätigkeit eines Organs an das Unternehmen wäre die Voraussetzung dafür, dass dieses Organ durch die Strafe in einen Resozialisierungsprozess gerät. An dieser Identifizierung hätte das neue Organ keinen Anteil. Das gilt sowohl für die realistischen wie für die nominalistischen holistischen Modelle. Aber mit diesem Hinweis ist nur das Tor geöffnet für eine Reihe weiterer Fragen.

Externe Wirkungen der Strafe sind nicht zulässig, genauer: Es gibt für sie keine Rechtfertigungen. Die Konsequenz, die darin liegt, dass Mütter und andere Familienangehörige der eingesperrten Personen eigentlich besonders hart bestraft werden, wird einfach nur gewohnheitsmäßig geduldet.[110] Niemand kommt allerdings auf die Idee, dass es sich hier um Sonderopfer handeln könnte.[111] Wahrscheinlich ist es so, dass die Abwägung schon im Rahmen der Entscheidung für den Strafzweck endgültig getroffen wird: Ist Strafe wirklich notwendig, dann sind die Nebenfolgen in Kauf zu nehmen, allenfalls kann man durch vollzugsrechtliche Regelungen ihre Wirkung mildern.[112] Man kennt diese Art interner Abwägung aus dem Umgang mit dem Problem der Optimierung von Grundrechten.[113] Sie werden

---

**109** *Ehrhardt* a.a.O., behandelt dieses Problem unter dem Aspekt der gerechten Bestrafung: a.a.O., S. 42, S. *53* ff, S. 206 ff; gründliche Darstellung bei von *Freier* a.a.O., S. 183 ff.

**110** Dazu jetzt *Heinz Müller-Dietz* Zur sog. ‚Drittwirkung' des Freiheitsentzuges, in: Festschrift für Claus Roxin zum 80. Geburtstag, München 2011, S. 1159 ff. In der Kriminologie ist das Problem seit langem bekannt. Locus classicus ist die Arbeit von *Marlis Dürkop/Hubert Treiber,* Leiden als Mutterpflicht, Opladen 1980. Dazu *Klaus Lüderssen* Kriminologie, Einführung in die Probleme, Baden-Baden 1984, S. 142.

**111** Selbst in der sehr aktuellen Arbeit von *Juliane Laule* Berücksichtigung von Angehörigen bei der Auswahl und Vollstreckung von Sanktionen, Berlin 2009, wird das Problem nicht behandelt.

**112** Dazu *Müller-Dietz* a.a.O., S. 1168 ff.

**113** Dazu *Robert Alexy* Theorie der Grundrechte, Baden-Baden 1985, S. 146: „Je höher der Grad der Nichterfüllung oder Beeinträchtigung des einen Prinzips ist, umso größer muss die Wichtigkeit der Erfüllung des anderen sein". Das bedeutet im Einzelnen: „Es wird vorausgesetzt, dass die Prinzipien, von denen die Rede ist, kollidieren, dass also das eine Prinzip nur auf Kosten des anderen erfüllbar ist. Zur Kollision kommt es stets nur in Hinblick auf die Lösung von Fällen. Was durch die Regel ins Verhältnis gesetzt wird, ist demnach die Beeinträchtigung des einen Prinzips durch eine bestimmte

relativiert, wenn andere Grundrechte vorzugswürdig erscheinen, Ausgleichsmechanismen gibt es nicht, während für andere Belastungen ausdrückliche oder stillschweigende Konstruktionen aufgeboten werden, weshalb mittelbar Betroffene in die Haftung mit einbezogen werden, bzw. Nachteile zu dulden haben. Auch da gibt es natürlich Grenzen. Das Zivilrecht kennt längst das Problem der durch Vertrag nicht gedeckten Haftung für externe Wirkungen.[114] Gerade bei den Auswirkungen des Finanzmarkts wird gegenwärtig das Verhältnis von Vertrag und Haftung wieder genauer diskutiert;[115] fehlt für die effektive Haftung eine vertragliche Grundlage – und sei sie auch noch so sehr vermittelt – so muss der Geschädigte diese Wirkung nicht hinnehmen. Die Hinnahme einer Strafsanktion für etwas, das andere Personen begangen haben, kommt indessen au fond nicht in Betracht, die Gefahr, dass die legitimierte Bestrafung einer Person auch eine andere trifft, kann also nicht durch Vertrag oder vertragsähnliche Vorkehrungen „geheilt" werden. Bei einem Unternehmensstrafrecht, das nicht mit dem emphatischen Begriff der persönlichen Schuld arbeitet, könnte das anders sein.[116] Aber die praktischen Schwierigkeiten wären unüberwindlich.

Geht man deshalb davon aus, dass ein Unternehmensstrafrecht, wenn es mehr ist und etwas anderes als die bloße Kumulation möglicher Tatbeteiligter, unweigerlich das Problem mit sich bringen wird, die Belastung Unschuldiger in Kauf zu nehmen, dann spricht eigentlich alles für Modelle, die das vermeiden. Aber dass das der leichtere Weg ist, gewissermaßen nach dem Gesetz des geringsten Widerstandes, kann man auch nicht sagen.

Deshalb richtet sich die Aufmerksamkeit jetzt auf:

Das Netzwerk unternehmensbezogen agierender Personen im *aggregative model.*

---

Lösung eines bestimmten Falles und die Nichtigkeit der Erfüllung des anderen Prinzips in diesem Fall", a.a.O., Anm. 218.

**114** S. dazu *Lüderssen* Methodenfragen im Umgang mit der „Sachlogik des Finanzmarkts", a.a.O., S. 260.

**115** *Lüderssen* a.a.O.; *Ernst-Joachim Mestmäcker* Gesellschaft und Recht bei David Hume, Friedrich A. von Hayek – Über die Zivilisierung des Eigentums durch Recht und Wettbewerb, in: Ordo-Jahrbuch für die Ordnung von Wirtschaft und Gesellschaft, Band 60, 2009, S. 67 ff (98).

**116** In den USA ist das Problem in der Tat unter dem Stichwort „Opferausgleichsfond" schon einmal erörtert worden; s. die Hinweise bei *Volk* a.a.O., S. 434, Fn. 48.

# C. Ein neuer Vorschlag

Eine neue Dogmatik der kumulativen Beteiligungslehre ist zu entwickeln. Wie konzentriert oder großflächig auch, ja verzweigt man das Phänomen des Unternehmens sieht, wie viel dabei fingiert wird oder real zu sein scheint, für die Legitimation einer Strafe entscheidet am Schluss der jeweilige personale Betroffenheitsstatus. Um ihn zu ermitteln, braucht man keinen spezifischen Unternehmensbegriff, wohl aber den Begriff der Betriebsbezogenheit.[117] Sie wird anschaulich in der Anknüpfungstat. Mit ihrer Hilfe werden gewissermaßen die Personen sortiert, die für diese erweiterte Individualhaftung in Betracht kommen. So z. B. wenn es heißt, „es komme lediglich darauf an", dass dem Täter „durch die allgemeine Betriebsregelung und Handhabung bedeutsame wesensmäßige Funktionen der juristischen Person zur selbständigen, eigenverantwortlichen Erfüllung zugewiesen seien".[118] Das Problem des Zirkelschlusses würde sich bei dieser Lösung nicht stellen, denn es ginge bei den Organen wie bei den Vertretern nur um die Betriebsbezogenheit, nicht darum, dass Vertretung und Eigenhandeln in einer Person zusammenfallen, denn das Eigenhandeln der juristischen Person steht gar nicht zur Diskussion.

Vom nur an Einzelpersonen orientierten Strafrecht wäre diese Konzeption also durch das neue Beteiligungskriterium, die Betriebsbezogenheit, zu unterscheiden. Der Betrieb ist das Band, das viele teilweise weit voneinander getrennt arbeitenden Personen zusammenhält, über die Stufenfolge der untergeordneten Hierarchieebenen und das mittlere Management bis zur Spitze. Die Dogmatik der Anknüpfungstat wird in die Beteiligungsdogmatik überführt, das ist die Pointe. Die „Kriminogene Wirkung der Verbandszugehörigkeit" kommt dabei durchaus zur Geltung.[119]

---

**117** Dazu die Beschreibungen bei *Ehrhardt* a.a.O., S. 147/148. Eine Rolle spielt hier auch die normative Seite des Organs, z. B. dort, „wo ‚Organe' selbst wieder als (vielfach) gegliederte Organisationen erscheinen und die Zurechnung des Handelns zur Gesamtorganisation eine (gegebenenfalls mehrfach) vermittelte wird" (*Böckenförde* a.a.O., S. 275. S. 270). Dabei könnte eine Rolle spielen, welche Funktion das Organ hat. Auch ist „die Abgrenzung zu anderen Vertretungsformen, der (zivilrechtlichen) Stellvertretung, der gesetzlichen Vertretung (Familie, Vormünde)" von Bedeutung (Böckenförde a.a.O., S. 274). Hier sind auch die Einsichten der amerikanischen Unternehmenssoziologie wichtig, vgl. etwa die Mitteilungen bei *Ehrhardt* a.a.O., S. 149, Fn. 44.

**118** *Ehrhardt* a.a.O., S. 224; zur „Anknüpfungstat" jetzt auch *Gerson Trüg* Die Verbandsgeldbuße gegen Unternehmen. Ist-Zustand und Reformüberlegungen, in: Zeitschrift für Wirtschaftsstrafrecht und Haftung im Unternehmen, 2011, S. 6 ff.

**119** Zu den durchaus auch gegen das höhere Management agierenden untergeordneten Hierarchieebenen *Ehrhardt* a.a.O., S. 226/227.

Kriminalpolitisch könnte das bedeuten, dass man jetzt sehr viel mehr Schuldige findet als bisher. Man muss sich aber klar machen, dass die Praxis – was von Kriminologen immer kritisch registriert worden ist – mit mehr oder weniger zufälligen Selektionen arbeitet. Dort wo die Menschen unverbunden miteinander leben, fällt das nicht weiter auf, gilt es als gesunde Restriktivität. Leben und arbeiten sie aber in einem mehr oder weniger weitläufigen Zusammenhang, so dass man diesen mit ihnen förmlich identifiziert, dann werden ganz neue Strafbarkeitsfelder sichtbar, vor denen man nicht erschrecken sollte, denn die Alternative als Adressat von Strafrechtsnormen wäre ja wahrscheinlich das anonymisierte Unternehmen, mit einer massenhaften indistinkt bleibenden persönlichen Betroffenheitsquote.

Den Einstieg in die neue Beteiligtendogmatik könnte das immer wieder diskutierte und in vielen Ländern ja auch Gesetz gewordene Konzept der Einheitstäterschaft gewähren.[120] Auch entfernte Beiträge zur Rechtsgutsverletzung könnten damit erfasst werden, es muss nicht nach einem Haupttäter gesucht und für den Fall, dass man ihn nicht findet, auf die Haftung verzichtet werden. Aber diese Konstruktion lebt davon, dass alles, was geschieht, auf irgendeinem, wenn auch verschlungenem Wege einer einzelnen Person zugerechnet werden kann. Die fehlende Haupttat wird gleichsam atomisiert und auf viele einzelne größere oder kleinere Tatbeiträge verteilt. Dass man für die „Haupttat" etwas finden könnte, für das es keine persönliche Zuordnung gibt, wagt man nicht zu denken. Ein Delikt, für das es nur Teilnehmer gibt, kommt nicht in Betracht. Das liegt an der semantischen Begrenztheit des Wortes „Teilnehmer". Stillschweigend wird angenommen, dass das, woran teilgenommen wird, ebenfalls von einer Person herrühren muss.

Das ist aber nicht zwingend. Bei technischen Katastrophen, zumal wenn sie in Naturkatastrophen übergehen, liegen die größeren Anteile an den zu beklagenden Rechtsgutsverletzungen im Unpersönlichen. Die Einheitstäterlösung könnte die semantische Barriere des Teilnehmerbegriffs nur überwinden, wenn mit dem Begriff des Täters nicht ebenfalls semantisch etwas ausschließlich persönliches verbunden wäre, wie der die Täterschaft konkretisierende Begriff der Tatherrschaft[121]

---

120 *Klaus Volk* Tendenzen zur Einheitstäterschaft – Die verborgene Macht des Einheitstäterbegriffs, in: Festschrift für Claus Roxin zum 70. Geburtstag, Berlin/New York 2001, S. 563 ff; aus jüngster Zeit *Thomas Rotsch* „Einheitstäterschaft" statt Tatherrschaft. Zur Abkehr von einem differenzierenden Beteiligungsformsystem in einer normativ-funktionalen Straftatlehre, Tübingen 2009.

121 Zur aktuellen Diskussion vielleicht zunächst *Manuel A. Abanto Vásquez* Verdirbt Organisationsherrschaft die Tatherrschaftslehre?, in: Festschrift für Claus Roxin zum 80. Geburtstag, München 2011, S. 819 ff, und *Kai Ambos* Zur ‚Organisation' bei der Organisationsherrschaft, in: Festschrift für Claus Roxin zum 80. Geburtstag, München 2011, S. 837; *Jan Schlösser* Soziale Tatherrschaft, ein Beitrag zur Frage der Täterschaft in organisatorischen Machtapparaten, Berlin 2004; *Joannis Morozinis* Dogmatik der Organisationsdelikte. Eine kritische Darstellung der täterschaftlichen Zurechnungslehre in legalen und illegalen Organisationsstrukturen aus strafrechtasdogmatischer und

unmissverständlich zeigt. Auch wenn diese Tatherrschaft inzwischen streckenweise als Organisationsherrschaft definiert wird, ändert das nichts an der Überdeterminierung der Kausalverläufe durch die Person des Täters: „Da nach empirischen Studien mindestens achtzig Prozent der Wirtschaftsstraftaten im Zusammenhang mit einer Tätigkeit des Hauptbeschuldigten in einem Unternehmen begangen werden, gilt die Einbindung des Einzelnen in komplexere und in der Regel arbeitsteilig agierende Organisationen zunehmend als das zentrale Problem der modernen strafrechtlichen Individualzurechnung".[122] Für den Umgang mit diesem Phänomen ist nicht zuletzt die Einsicht von Bedeutung, dass dieses „Zusammenwirken mehrerer Personen bei ökonomischem Handeln"[123] „sozial erwünscht"[124] ist.[125] Das ist keineswegs ein Paradoxon, denn „wenn die Planung der internen Koordination billiger ist als die Inanspruchnahme des Marktes", gibt es keine Wahl.[126] Mit Recht wird daher gefordert, dass die „im Rahmen komplexer Beteiligungsstrukturen bestehenden Verantwortlichkeiten – und damit das von jedem Einzelnen geschaffene Risiko – präzise abgebildet werden".[127]

Doch damit wird gerade das Stück Wirklichkeit ausgeblendet oder marginalisiert oder wenigstens relativiert, das substanziell den Ausschlag gibt.[128]

---

rechtstheoretischer Sicht, sowie ein Beitrag zur Lehre vom Tatbestand, Berlin 2010; *Thomas Rotsch* Individuelle Haftung in Großunternehmen, Baden-Baden 1998.

**122** *Marco Mansdörfer* Zur Theorie des Wirtschaftsstrafrechts, Heidelberg u. a., 2011, S. 310 mit vielen einschlägigen Nachweisen.

**123** *Mansdörfer* a.a.O., S. 312.

**124** Auf weite Strecken werden daraus Pflichten, dann nämlich, wenn der „Betrieb eines Unternehmens (...) mit Gefahren verbunden ist" (*Gerhard Dannecker* Fahrlässigkeit in formalen Organisationen, in: Knut Amelung [Hrsg.], Individuelle Verantwortung und Beteiligungsverhältnisse bei Straftaten in bürokratischen Organisationen des Staates, der Wirtschaft und der Gesellschaft, Sinzheim 2000, S. 209 ff [216]). Hier müssen „die Möglichkeiten der Funktions- und Arbeitsteilung genutzt werden (...), weil dadurch das Gefahrenpotential besser beherrscht werden kann (*Dannecker,* a.a.O.), dazu *Mansdörfer* a.a.O., S. 318.

**125** *Mansdörfer* a.a.O.

**126** Das ist bereits von *Ronald Harry Coase* The Nature of the Firm, Tübingen 1992, erkannt worden, s. dazu *Mansdörfer* a.a.O., S. 310, mit weiterführenden, differenzierenden Mitteilungen und Argumentationen.

**127** *Mansdörfer* a.a.O., S. 314, wieder mit vielen Nachweisen.

**128** Das Problem ist schon klar gesehen worden von *Günter Stratenwerth* a.a.O., S. 296 und vor allem S. 301, wieder bezogen auf das Umweltstrafrecht, aber auch auf die Fälle der dort auftretenden kumulativen Kausalität. Hierher gehört auch die Diskussion über „unorganisierte Unverantwortlichkeit", dazu *Volk* a.a.O., S. 430, mit älteren Belegen in der Fußnote 11; s. auch *Ehrhardt* a.a.O., S. 127. *Günther/Prittwitz* a.a.O., S. 339. Ferner *Mansdörfer* a.a.O., S. 310 ff: „Institutionalisierung von Unverantwortlichkeit". Zu diskutieren ist auch, wie sich Compliance-Konzepte auf die Beteiligungslehre auswirken, einschließlich der sich neu etablierenden Haftung von Compliance Officers; zu den

Freilich wird das in den kritischen Ausführungen über die Reichweite des Täterschaftsbegriffs schon deutlich: „der Täter, der weder Tatort, noch Tatopfer, noch Schadenshöhe konkret kennen muss, kann eine ‚Herrschaft' über die ‚Tat' nicht mehr ausüben".[129] Daher wird mit Recht bezweifelt, dass es sich hier nur um einen „neuen Typus mittelbarer Täterschaft" handeln könne,[130] und der Vorschlag, von einer eigenständigen Form der mittelbaren Täterschaft" zu sprechen[131] wäre nicht mehr als eine Verlegenheitsauskunft. Ein Schritt auf dem richtigen Wege ist die Erwägung, es gehe um die „Präzisierung der Voraussetzungen, wann bei einer Täterschaft der Zurechnungszusammenhang nicht durch das Dazwischenhandeln Dritter unterbrochen wird".[132]

Aber was ist es dann, was den Zurechnungszusammenhang unterbricht? Welche Folgen hat diese Unterbrechung für die Abgrenzung von Täterschaft und Teilnahme? Darauf scheint es zunächst keine Antwort zu geben, obwohl sie eigentlich mit dem Hinweis auf die Möglichkeit einer „Täterschaft durch Zurechnung von ‚Handlungen des Unternehmens' – in Gestalt einer eigenhändigen Beteiligungsform oder als Folge allgemeiner Zurechnung[133] – zum Greifen nahe ist.

Das Surplus beim kollektivem Handeln in der Gruppe wird also zwar längst wahrgenommen, aber doch nur als eine Unbekannte mitgeschleppt, weil eine Gruppe, die ohne Täter sein soll, eben schwer vorstellbar ist. Tritt jetzt an die Stelle der vorerst unfassbar bleibenden Gruppendynamik etwas greifbar Reales, dann sieht das anders aus, und man beginnt insoweit von einem Strafrecht ohne Täter zu sprechen.[134] Das wird anschaulich gemacht für das kollektive Handeln im Kriege,[135] und es darf daran erinnert werden, dass gerade bei Kriegshandlungen dieses Phänomen nicht dazu geführt hat, kollektive Adressaten des Strafrechts, etwa den Staat oder eine bestimmte militärische Einheit wenigstens zu etablieren. Vielmehr werden die Sachzwänge, in denen sich das kriegerische Handeln bewegt, mit den persönlichen Faktoren in eine Dogmatik der Beteiligtenlehre integriert, und es fehlt eigentlich nur noch das richtige Wort.

---

Grundlagen sehr instruktiv Mark Pieth, Harmonising Anti-Corruption Compliance. The OECD Good Practice Guidance, 2010, Zürich/St.Gallen 2011.

**129** *Mansdörfer* a.a.O., S. 332.

**130** So *Thomas Rotsch* Neues zur Organisationsherrschaft, in: NStZ 2005, S. 13ff. (17f.); weitere kritische Erörterungen bei *Mansdörfer* a.a.O., S. 333.

**131** Mansdörfer a.a.O., S. 333.

**132** *Mansdörfer* a.a.O.

**133** *Mansdörfer* a.a.O., S. 320.

**134** *Georg P. Fletcher* Strafrecht ohne Straftäter, in: Festschrift für Claus Roxin zum 80. Geburtstag, Berlin/New York 2011, S. 793ff.

**135** *Fletcher* a.a.O., S. 794ff.

Auf dieser Basis können systemtheoretische Aufarbeitungen einer ökonomischen und speziell betriebsbezogenen Dynamik durchaus hilfreich sein. Hier wäre allerdings, ehe man auf konkrete Ergebnisse rechnen kann, eine Vorarbeit zu leisten, für die eigentlich die Ökonomie zuständig ist. Die Strafrechtsdogmatik ist zwar gewohnt, mit alltäglichen Annahmen zu arbeiten, und kommt damit in den elementaren Lebensbereichen, auf die sich das Strafrecht in der Regel bezieht, auch ganz gut zurecht, obwohl es immer wieder Klagen darüber gibt hat, dass externer Sachverstand nicht in ausreichendem Maße bemüht wird, sei es bei der wissenschaftlichen Bewältigung der Materie, sei es bei der Lösung eines konkreten Falles im Beweisverfahren eines Strafprozesses. Das Wirtschaftsstrafrecht aber kann mit dieser Lebenslüge auf die Dauer nicht leben, spätestens seit der Entscheidung des Bundesverfassungsgerichts über die Notwendigkeit, bei der Ermittlung von Schäden, deren Herbeiführung den Tatbestand der Untreue erfüllen kann, ökonomischen Sachverstand einzufordern, kommt die Justiz vielleicht in Bewegung, durchaus mit der Folge, dass sich dann auch die einschlägigen Wissenschaften mehr darum kümmern. Für die persönlich-sachlichen Vorgänge in einem Unternehmen gibt es natürlich längst allerhand Vorarbeiten,[136] die es gilt, zusammen zu führen, wobei der Systemtheorie und ihren vielfältigen Konkretisierungen die Funktion einer erkenntnisleitenden Hypothese zu kommen.

Das unternehmerische Potential, das die Protagonisten eines Unternehmensstrafrechts heraufstilisieren möchten zu einem strafempfänglichen Subjekt, ohne dabei die Forderungen erfüllen zu können, die das Strafrecht mit Blick auf die persönlichen Voraussetzungen der Verantwortung aufstellen muss, bekommt auf diese Weise den richtigen Stellenwert.

Einwände sind auch nicht zu besorgen aus der Perspektive einer akzessorischen Teilnahmelehre. Die Bindung des Unrechts der Teilnahme an das Unrecht der Haupttat im Sinne einer Theorie, die den Strafgrund der Teilnahme in der Teilnahme an fremdem Unrecht sieht, ist ein längst problematisch gewordener Standpunkt. Die Fallkonstellationen, die immer noch eine akzessorietätsgebundene Lehre vom Strafgrund der Teilnahme erforderlich machen, sind dadurch ausgezeichnet, dass beim Zusammenwirken mehrerer Personen die Abstufungen durch eine Einheitstäterschaft nicht aufgefangen werden können. Vielmehr ist das relativ geringe Gewicht eines fernen Urhebers nur mit der stärkeren Rolle eines anderen Tatbeteiligten zu erklären. Der Grundsatz der Tatbestandsbestimmtheit macht es nötig, die Tat dieses anderen, die Haupttat, so genau wie möglich zu beschreiben;

**136** S. die Nachweise bei *Mansdörfer* a.a.O., S. 319, Fn. 652.

das ist nach wie vor der Sinn der akzessorischen Teilnehmerhaftung.[137] Wertabhängigkeiten zwischen Haupttat und Teilnahme existieren nicht, wären auch mit der gleichermaßen auf Täter und Teilnehmer gemünzten Auffassung, dass die Straftat in der Verletzung von Rechtsgütern[138] besteht, nicht vereinbar. Nur bei dieser Art von Akzessorietät ist es nicht ausreichend, wenn die strafrechtliche Haftung einzelner Personen mit sie teilweise entlastenden systemischen Elementen des Unternehmens in Verbindung gebracht wird. Dort aber, wo das geschehen kann, kommt das durchaus den Bemühungen nahe, im *aggregative model* des Unternehmens den richtigen Typus des Ineinandergreifens persönlicher und systemischer Anteile an der Existenz und der Aktivität eines Unternehmens zu fixieren.

Auf diese Weise wird die Rolle des Unternehmens doch virulent für die Fixierung der persönlichen Delinquenz. Der Mythos des Ganzen wird vermieden und trotzdem der Tatsache Rechnung getragen, dass im Zusammenwirken mehrerer ein Ganzes sichtbar wird. Das ist genau das, was mit dem *aggregative model* gemeint ist. „Conceptionally or epistemologically the notion of aggregation is problematic if it is taken to mean that the fragmentic models of a number of individuals is fitted together to make one capable whole".[139]

Ich halte es daher für gerechtfertigt, das *aggregative model* für die hier vorgeschlagene Beteiligtendogmatik zu reklamieren.

## Zusammenfassung

- Zurechnung als – in den Grenzen der Bindung an „brute facts" – normative Zuschreibung gibt den Blick frei auch auf eine Verbandshaftung im Strafrecht.
- Der genuine Zusammenhang zwischen retrospektiver Schuld und prospektiver Prävention beschränkt den Adressatenkreis des Strafrechts gleichwohl auf natürliche Personen.
- Außerdem kann eine strafrechtliche Verbandshaftung das Problem der externen Wirkungen (Bestrafung Unschuldiger) nicht lösen.
- Die durch den Ruf nach einem Unternehmensstrafrecht initiierten Reformüberlegungen sollten sich daher darauf konzentrieren, ausgehend von den strafrechtlichen Regelungen für die Haftung mehrerer Beteiligter betriebsbezogene neue – im Sinne des *aggregative model* – auf das Netzwerk aller in ei-

137 *Klaus Lüderssen* Der Typus des Teilnehmertatbestandes, in: Festschrift für Koichi Myiazawa, Baden-Baden 1995, S. 449 ff.

138 Zu denen die soziale Integrität des Täters, an dessen Unrecht der Teilnehmer sich beteiligt, nicht gehört. *Klaus Lüderssen* Der Strafgrund der Teilnahme, Baden-Baden 1965, S. 48 ff.

139 *Celia Wells*, Corporations and Criminal Responsibility, 2nd Edition, Oxford 2005, S. 156.

nem Unternehmen arbeitenden Personen sich erstreckende Zurechnungsmodelle zu entwickeln.

- Als Ergänzung oder Alternative ist an ein Interventionsrecht[140] zu denken, das nicht auf der Haftung natürlicher Personen beruht und daher die Regelungen bereitstellen kann, welche die unerwünschten externen Wirkungen kompensieren (z. B. Ausgleichsfonds).

# Literatur

*Manuel A. Abanto Vásquez* Verdirbt die Organisationsherrschaft die Tatherrschaftslehre?, in: Festschrift für Claus Roxin zum 80. Geburtstag, München 2011, S. 819 ff.

*Robert Alexy* Theorie der Grundrechte, Baden-Baden 1985.

*Kai Ambos* Zur ‚Organisation" bei der Organisationsherrschaft, in: Festschrift für Claus Roxin zum 80. Geburtstag, München 2011, S. 837 ff.

*Michael Baurmann* Die Integration normativer Bindungen in die Nutzenmaximierung, Referat beim 25. Weltkongress der Internationalen Vereinigung für Rechts- und Sozialphilosophie, 19./20. August 2011, Frankfurt am Main.

*Karl Binding* Die Entstehung der öffentlichen Strafe bei den germanischen Stämmen. Rektoratsrede 1908.

*Ernst-Wolfgang Böckenförde* Organ, Organisation, juristische Person, in: Festschrift für Hans Julius Wolff zum 70. Geburtstag, München 1973, S. 272 ff.

*Nikolaus Bosch* Organisationsverschulden in Unternehmen, Baden-Baden 2002.

*Jan Bremer* in: Finanzplatz 2011, Nr. 5, S. 28 ff.

*Ronald Harry Coase* The Nature of the Firm, Tübingen 1992.

*Eduardo Demetrio Crespo* Schuld und Strafzwecke, in: Festschrift für Claus Roxin zum 80. Geburtstag, Berlin 2011, S. 689 ff.

*Gerhard Dannecker* Fahrlässigkeit in formalen Organisationen, in: Knut Amelung (Hrsg.), Individuelle Verantwortung und Beteiligungsverhältnisse bei Straftaten in bürokratischen Organisationen des Staates, der Wirtschaft und der Gesellschaft, Sinzheim 2000, S. 209 ff.

*Anne Ehrhardt* Unternehmensdelinquenz und Unternehmensstrafe. Sanktionen gegen juristische Personen nach deutschem und US-amerikanischem Recht, Berlin 1993.

*Ulrich Eisenberg* Kriminologische Fragestellungen zum Regelungsbereich des Allgemeinen Teils des Strafrechts, in: Monatsschrift für Kriminologie und Strafrechtsreform, 1987, S. 367 ff. (370)

*Karl Engisch* Empfiehlt es sich, eine Strafbarkeit der juristischen Person gesetzlich vorzusehen?, in: Verhandlungen des 40. Deutschen Juristentages (1953), Band 2, Tübingen 1954, S. E 7 ff (24).

*Armin Engländer* Funktion, Ausgestaltung und Kriterien der Rechtsgeltung, Referat gehalten beim 25. Weltkongress der Internationalen Vereinigung für Rechts- und Sozialphilosophie, 19./20. August 2011, Frankfurt am Main.

*Georg P. Fletcher* Strafrecht ohne Straftäter, in: Festschrift für Claus Roxin zum 80. Geburtstag, München 2011, S. 793 ff.

*Werner Flume* Allgemeiner Teil des Bürgerlichen Rechts, 2. Band, juristische Person, Berlin u. a. 1983.

*Friedrich von Freier* Kritik der Verbandsstrafe, Berlin 1998.

**140** S. unten S. 387 f.

*Matthias Frenzel* Sekundärrechtssetzungsakte internationaler Organisationen, Tübingen 2011
*Otto von Gierke* Die Genossenschaftstheorie und die deutsche Rechtsprechung, Berlin 1887.
*Otto von Gierke* Das Wesen der menschlichen Verbände, Rektoratsrede 1902.
*Hans von der Groeben/Jürgen Schwarze* Kommentar zum Vertrag über die Europäische Union und zur Gründung der Europäischen Gemeinschaft, Baden-Baden, 6. Aufl., 2003.
*Klaus Günther* Schuld und kommunikative Freiheit, Frankfurt am Main 2005.
*Klaus Günther/Cornelius Prittwitz* Individuelle und kollektive Verantwortung im Strafrecht, in: Festschrift für Winfried Hassemer, Heidelberg 2010, S. 331 ff.
*Oliver Hein* Vom Rohen zum Hohen. Öffentliches Strafrecht im Spiegel der Strafrechtsgeschichtsschreibung des 19. Jahrhunderts. Köln/Weimar/Wien 2001.
*Günther Heine* Die strafrechtliche Verantwortlichkeit von Unternehmen, Baden-Baden 1995.
*Christian Heinichen* Unternehmensbegriff und Haftungsnachfolge im europäischen Kartellrecht, Baden-Baden 2011.
Michael Hettinger (Hrsg.), Reform des Sanktionenrechts, Band 3, Verbandsstrafe, Baden-Baden 2002.
*Tatjana Hörnle* Straftheorien, Tübingen 2011.
*Andreas Hoyer* Normative Ansprechbarkeit als Schuldelement, in: Festschrift für Claus Roxin zum 80. Geburtstag, Berlin/New York 2011.
*Paul Hoyningen-Huene* Zu Emergenz, Mikro- und Makrodetermination, in: Weyma Lübbe (Hrsg.), Kausalität und Zurechnung. Über Verantwortung in komplexen kulturellen Prozessen, Berlin/New York 1994, S. 165 ff.
*Günther Jakobs* Strafrechtliche Haftung durch Mitwirkung an Abstimmungen, in: Festschrift für Koichi Miyazawa, Baden-Baden 1995, S. 419 ff.
*Günther Jakobs* Strafbarkeit juristischer Personen?, in: Festschrift für Klaus Lüderssen zum 70. Geburtstag, Baden-Baden 2002, S. 559 ff.
*John Maynard Keynes* Das Ende des Laissez-Faire. Ideen zur Verbindung von Privat- und Gemeinwirtschaft, München/Leipzig 1926.
*Diethelm Klesczewski* Die Grundformen beteiligungsdogmatischer Systembildung. Ein Streifzug durch Europa in kritischer Absicht, in: Festschrift für Ingeborg Puppe zum 70. Geburtstag, Berlin 2011, S. 613 ff.
*Eduard Kohlrausch* Sollen und Können als Grundlagen der strafrechtlichen Zurechnung, in: Festgabe für Karl Güterbock, Berlin 1910, S. 1 ff.
*Lothar Kuhlen* Strafrechtliche Produktverantwortung, in: Festgabe der Wissenschaft für den Bundesgerichtshof, München 2000, S. 646 ff.
*Herbert Landsberger* Der Rechtsgedanke des „Unternehmens an sich“ und das neue Aktienrecht, in: Zentralblatt für Handelsrecht, 1932, S. 79 ff.
*Juliane Laule* Berücksichtigung von Angehörigen bei der Auswahl und Vollstreckung von Sanktionen, Berlin 2009.
*Klaus Leipold* Plädoyer gegen die Einführung eines Unternehmensstrafrechts, in: Festschrift für Peter Gauweiler zum 60. Geburtstag, Neuwied 2009, S. 375 ff.
*Weyma Lübbe* Verantwortung in komplexen kulturellen Prozessen, Freiburg/München 1998, S. 164 ff.
*Klaus Lüderssen* Der Strafgrund der Teilnahme, Baden-Baden 1965.
*Klaus Lüderssen* Der Beitrag der Kriminologie zur Strafrechtsdogmatik – Eine Konkretisierung mit Blick auf die Probleme von Täterschaft und Teilnahme, in: Raimo Lahti/Kimmo Nuotio (Hrsg.), Strafrechtstheorie im Umbruch, Finnische und vergleichende Perspektiven, Helsinki 1992, S. 465 ff.

*Klaus Lüderssen* Der Typus des Teilnehmertatbestandes, in: Festschrift für Koichi Myazawa, Baden-Baden 1995, S. 449 ff.

*Klaus Lüderssen* Abschaffen des Strafens, Frankfurt am Main 1995, S. 162 ff.

*Klaus Lüderssen* Gebotene Zuschreibung?, in: Lutz von Trotha (Hrsg.), Politischer Wandel, Gesellschaft und Kriminalitätsdiskurse; Beiträge zur interdisziplinären wissenschaftlichen Kriminologie. Festschrift für Fritz Sack zum 65. Geburtstag, Baden-Baden 1996, S. 113 ff.

*Klaus Lüderssen* Der öffentliche Strafanspruch im demokratischen Zeitalter – Von der Staatsräson über das Gemeinwohl zum Opfer?, in: Cornelius Prittwitz/Joannis Manoledakis (Hrsg.), Strafrechtsprobleme an der Jahrtausendwende, Baden-Baden 2000, S. 63 ff.

*Klaus Lüderssen* Grenzen der „Sachkunde" des Gerichts (§ 344 Abs. 4 Satz 1 StPO) für die Beurteilung der inneren Tatseite bei jugendlichen Tätern, speziell mit Blick auf den bedingten Vorsatz, in: Festschrift für Hans-Ludwig Schreiber zum 70. Geburtstag, Heidelberg 2003, S. 389 ff.

*Klaus Lüderssen* Zur Entstehung des öffentlichen Strafrechts, in: Festschrift für Arthur Kreuzer zum 70. Geburtstag, Frankfurt am Main 2009, S. 510 ff.

*Klaus Lüderssen* Regulierung, Selbstregulierung und Wirtschaftsstrafrecht. Versuch einer interdisziplinären Systematisierung, in: Eberhard Kempf/Klaus Lüderssen/Klaus Volk (Hrsg.), Die Handlungsfreiheit des Unternehmers – wirtschaftliche Perspektiven, strafrechtliche und ethische Schranken, Berlin 2009, S. 241 ff.

*Klaus Lüderssen* Strafbefreiender Rücktritt vom fahrlässigen Delikt?, in: Festschrift für Erich Samson zum 70. Geburtstag, Heidelberg u. a. 2010, S. 93 ff.

*Klaus Lüderssen* Muss Strafe sein? Das Strafrecht auf dem Weg in die Zivilgesellschaft, in: Festschrift für Winfried Hassemer, Heidelberg 2010, S. 467 ff.

*Klaus Lüderssen* Finanzmarktkrise, Risikomanagement und Strafrecht, in: Eberhard Kempf/Klaus Lüderssen/Klaus Volk (Hrsg.), Die Finanzkrise, das Wirtschaftsstrafrecht und die Moral, Berlin 2010, S. 211 ff.

*Klaus Lüderssen* Methodenfragen im Umgang mit der „Sachlogik des Finanzmarkts" – Grenze oder Herausforderung juristischer Intervention?, in: Eberhard Kempf/Klaus Lüderssen/Klaus Volk (Hrsg.), Ökonomie versus Recht im Finanzmarkt? Berlin 2011, S. 241 ff.

*Klaus Lüderssen* Spontaneität und Freiheit – Neue Aspekte moderner Hirnforschung für Strafrecht und Kriminologie?, in: Festschrift für Ingeborg Puppe zum 70. Geburtstag, Berlin 2011, S. 65 ff.

*Niklas Luhmann* Soziale Systeme, 4. Auflage, Frankfurt am Main 1994, S. 193.

*Marco Mansdörfer* Zur Theorie des Wirtschaftsstrafrechts; zugleich eine Untersuchung zu funktionalen Steuerungs- und Verantwortlichkeitsstrukturen bei ökonomischem Handeln, Heidelberg u. a. 2011.

*Ernst-Joachim Mestmäcker* Gesellschaft und Recht bei David Hume, Friedrich A. von Hayek – Über die Zivilisierung des Eigentums durch Recht und Wettbewerb, in: Ordo-Jahrbuch für die Ordnung von Wirtschaft und Gesellschaft, Band 60, 2009, S. 67 ff.

*Joannis Morozinis* Dogmatik der Organisationsdelikte. Eine kritische Darstellung der täterschaftlichen Zurechnungslehre in legalen und illegalen Organisationsstrukturen aus strafrechtsdogmatischer und rechtstheoretischer Sicht, sowie ein Beitrag zur Lehre vom Tatbestand, Berlin 2010.

*Heinz Müller-Dietz* Zur sog. ‚Drittwirkung' des Freiheitsentzuges, in: Festschrift für Claus Roxin zum 80. Geburtstag, München 2011, S. 1159 ff.

*Uwe Murmann* Die Nebentäterschaft im Strafrecht – ein Beitrag zu einer personalen Tatherrschaftslehre, Berlin 1992.

*Uwe Murmann* Besprechung des Buches von Joannes Morozinis, Dogmatik der Organisationsdelikte, in: Goltdammers Archiv 2011, S. 547 ff.

*Heinrich Nicklisch* Rede über Egoismus und Pflichtgefühl, in: Zeitschrift für Handelswissenschaft und Handelspraxis, 1915, S. 101 ff.

*Friedrich Nietzsche* Götzen-Dämmerung, in: Werke Band 2, (herausgegeben von Karl Schlechta), München 1955 S. 939 ff.

*Knut Nörr* Das Unternehmen in der Wirtschafts- und Rechtsordnung 1880 bis 1930: Ein Beitrag zur Morphologie der organisierten Wirtschaft, in: Helmut Coing u. a. (Hrsg.), Staat und Unternehmen aus der Sicht des Rechts, Tübingen 1994, S. 15 ff.

*Peter Noll* Diskussionsvotum an der Strafrechtslehrertagung vom 21. bis 23. Mai 1964 in Hamburg, Zeitschrift für die gesamte Strafrechtswissenschaft 1964, S. 707 ff.

*Dietmar von der Pfordten* Die „Stoffbestimmtheit der Rechtsidee" und die „Natur der Sache – Ontologie, Konvention oder Konstruktion? Referat gehalten beim 25. Weltkongress der Internationalen Vereinigung für Rechts- und Sozialphilosophie, 19./20. August 2011, Frankfurt am Main.

*Mark Pieth* Harmonising Anti-Corruption Compliance. The OECD Good Practice Guidance, 2010, Zürich/St. Gallen 2011.

*Mark Pieth/Radha Ivory* Emergence and Convergence: Corporate Criminal Liability Principles in Overview, in: Mark Pieth/Radha Ivory (Ed.), Corporate Criminal Liability, Emergence, Convergence and Risk, Heidelberg/London/New York 2011, S. 4 ff.

Ingo Pies, Eucken und von Hayek im Vergleich, Tübingen 2001.

*Thomas Raiser* Das Unternehmensinteresse, in: Festschrift für Rainer Schmidt, Karlsruhe 1976, S. 101 ff. (118).

*Andreas Ransiek* Unternehmensstrafrecht, Heidelberg 1996.

*Walther Rathenau* Gesammelte Reden, Berlin 1924.

*Walther Rathenau* Von kommenden Dingen, Berlin 1917.

*Walther Rathenau* Autonome Wirtschaft, Jena 1919.

*Moritz Renner* Zwingendes transnationales Recht zur Struktur der Wirtschaftsverfassung jenseits des Staates, Baden-Baden 2011.

*Arndt Riechers* Das ‚Unternehmen an sich'. Die Entwicklung eines Begriffes in der Aktienrechtsdiskussion des 20. Jahrhunderts. Tübingen 1996.

*Thomas Rotsch* Individuelle Haftung in Großunternehmen, Baden-Baden 1998.

*Thomas Rotsch* „Einheitstäterschaft" statt Tatherrschaft. Zur Abkehr von einem differenzierenden Beteiligungsformensystem in einer normativ-funktionalen Straftatlehre, Tübingen 2009.

*Claus Roxin* Zur kriminalpolitischen Fundierung des Strafrechtssystems, in: Festschrift für Günther Kaiser, Berlin 1998, S. 885 ff.

*Claus Roxin* Strafrecht, Allgemeiner Teil, Band 2, München 2003.

*Claus Roxin* Strafrecht, Allgemeiner Teil, Band 1, 4. Auflage, München 2006.

*Franz Salditt* Das Unternehmensinteresse zwischen Recht, Ökonomie und Ethik, in: Eberhard Kempf/Klaus Lüderssen/Klaus Volk (Hrsg.), Die Handlungsfreiheit des Unternehmers, S. 106 ff.

*Franz Salditt* Normativ ansprechbar: Börsennotierte Kapitalgesellschaften, in: Festschrift für Hans Achenbach, Heidelberg 2011, S. 433 ff.

*Frank Saliger* „Institutionelle Tatsachen", Referat gehalten beim 25. Weltkongress der Internationalen Vereinigung für Rechts- und Sozialphilosophie, 19./20. August 2011, Frankfurt am Main.

*Friedrich Carl von Savigny* System des heutigen Römischen Rechts, Band 2, Berlin 1840, S. 275 ff.

*Jan Schlösser* Soziale Tatherrschaft, ein Beitrag zur Frage der Täterschaft in organisatorischen Machtapparaten, Berlin 2004.

*Eugen Schmalenbach* Die Betriebswirtschaftslehre an der Schwelle der neuen Wirtschaftsverfassung, in: Zeitschrift für handelswissenschaftliche Forschung, 1928, S. 241 ff.

*Karsten Schmidt* Zur Verantwortung von Gesellschaften und Verbänden im Kartell-Ordnungswidrigkeitenrecht, Wistra 1990, S. 131 ff.

*Charlotte Schmitt-Leonardy* Unternehmenskriminalität ohne Strafrecht?, Heidelberg 2013.

*Hans-Jürgen Schroth* Unternehmen als Normadressaten und Sanktionssubjekte, Gießen 1993.

*Lorenz Schulz* Perspektiven der Normativierung des objektiven Tatbestands (Erfolg, Handlung, Kausalität) am Beispiel der strafrechtlichen Produkthaftung, in: Klaus Lüderssen (Hrsg.), Aufgeklärte Kriminalpolitik oder Kampf gegen das Böse, Band 3: Macro-Delinquenz, Baden-Baden 1998, S. 43 ff.

*Joseph A. Schumpeter* Sozialistische Möglichkeiten von heute, in: Archiv für Sozialwissenschaft und Sozialpolitik, 20/21, S. 314 ff.

*Kurt Seelmann* Kollektive Verantwortung im Strafrecht, Berlin/New York 2002, S. 17 ff.

*Werner Sombart* Die Wandlungen des Kapitalismus, in: Schriften des Vereins für Socialpolitik, Bd. 175, München/Leipzig 1929.

*Gerald Spindler* Recht und Konzern. Interdependenzen der Rechts- und Unternehmensentwicklung in Deutschland und in USA zwischen 1870 und 1933, Tübingen 1993.

*Günter Stratenwerth* Zu einem Unternehmensstrafrecht?, in: Festschrift für Rudolf Schmitt, Tübingen 1992, S. 295 ff.

*Stephan Stübinger* Das „idealisierte" Strafrecht, Frankfurt am Main 2008.

*Stephan Stübinger* Zurechnungsprobleme beim Zusammenwirken mehrerer fahrlässiger Taten, in: Zeitschrift für internationale Strafrechtsdogmatik (ZIS) 2011, S. 602 ff

*Hans Theile* Wirtschaftskriminalität und Strafverfahren. Systemtheoretische Überlegungen zum Regulierungspotential des Strafrechts, Tübingen 2009.

*Gunther Teubner* Unternehmenskorporatismus, New Industrial Policy und das „Wesen" der juristischen Person, in: Kritische Vierteljahresschrift für Gesetzgebung und Rechtswissenschaft, 1987, S. 61 ff.

*Gerson Trüg* Zu den Folgen der Einführung eines Unternehmensstrafrechts, in: wistra 2010, S. 241 ff.

*Gerson Trüg* Sozialkontrolle durch Strafrecht – Unternehmensstrafrecht StraFo 11/2011, S. 471 ff.

*Gerson Trüg* Die Verbandsgeldbuße gegen Unternehmen. Ist-Zustand und Reformüberlegungen, in: Zeitschrift für Wirtschaftsstrafrecht und Haftung im Unternehmen, 2011, S. 6 ff.

*Klaus Volk* Zur Bestrafung von Unternehmen, Juristenzeitung 1993, S. 129 ff.

*Klaus Volk* Tendenzen zur Einheitstäterschaft – Die verborgene Macht des Einheitstäterbegriffs, in: Festschrift für Claus Roxin zum 70. Geburtstag, Berlin/New York 2001, S. 563 ff.

*Tonio Walter* Vergeltung als Strafzweck, Prävention und Resozialisierung als Pflichten der Kriminalpolitik, in: Zeitschrift für internationale Strafrechtsdogmatik (ZIS) 2011, S. 636 ff. (638 ff.).

*Franz Wieacker* Zur Theorie der juristischen Person des Privatrechts, in: Franz Wieacker, Kleine juristische Schriften, Göttingen 1988, S. 313 ff.

*Hans Julius Wolff* Organschaft und juristische Person. 1. Band: Juristische Person und Staatsperson. Berlin 1933.

Ulfrid Neumann

# Strafrechtliche Verantwortlichkeit von Verbänden – rechtstheoretische Prolegomena

## Gliederung



## I. Verbandsstrafbarkeit – nationale und internationale Tendenzen

### 1. Der deutsche Sonderweg

In der Frage der Verbandsstrafbarkeit beschreitet die deutsche Rechtskultur im internationalen Vergleich einen Sonderweg. In Europa wie in außereuropäischen Rechtsordnungen[1] ist die Verbandsstrafe seit langem auf dem Vormarsch. In zahlreichen europäischen Staaten ist sie bereits fester Bestandteil der Strafrechtsordnung.[2] In Spanien wurde sie vor kurzem eingeführt,[3] in Russland wird die Forde-

**Erschienen in** ILFS Band 10: Unternehmensstrafrecht, 2012

1 Zu Japan instruktiv *Yamanaka* Parallele Bestrafung von juristischen und natürlichen Personen (2002), in: *ders.* Strafrechtsdogmatik in der japanischen Risikogesellschaft, 2008, S. 78 ff.
2 Rechtsvergleichende Übersicht etwa bei *Haeusermann* Der Verband als Straftäter, 2003, S. 34–81.

https://doi.org/10.1515/9783111057125-031

rung nach ihrer Einführung *de lege ferenda* erhoben.[4] Die Europäische Union selbst hat sich bekanntlich im „Corpus Iuris" auf das Modell der Verbandsstrafe festgelegt.[5]

In Deutschland leistet man dieser Tendenz überwiegend Widerstand. Die vom Bundesjustizministerium eingesetzte „Kommission zur Reform des strafrechtlichen Sanktionensystems" hat die Verbandsstrafe in ihrem Abschlussbericht 2002 nahezu einmütig verworfen.[6] Diese Ablehnung der Verbandsstrafe hat in Deutschland Tradition. Schon der 40. Deutsche Juristentag hatte 1953 einhellig gegen die Einführung einer Strafbarkeit von Personenverbänden votiert.[7] Später haben die „Große Strafrechtskommission" und der „Bundestagssonderausschuss für die Strafrechtsreform" im gleichen Sinne entschieden.[8]

Auch die Rechtsprechung in der Bundesrepublik war und ist skeptisch. So hat der Bundesgerichtshof Anfang der fünfziger Jahre die besatzungsrechtlich eingeführte Verbandsstrafe zwar als geltendes Recht akzeptiert, zugleich aber festgestellt, dass sie zu dem im deutschen Recht entwickelten „sozialethischen Schuld- und Strafbegriff" „nicht passe".[9] Das Bundesverfassungsgericht hat in seiner Lissabon-Entscheidung[10] gerade auch mit Blick auf eine Europäische Strafgesetzgebung betont, dass das Strafrecht auf dem Schuldgrundsatz beruhe und deshalb die Eigenverantwortlichkeit des Menschen voraussetze, der kraft seiner Willensfreiheit zwischen Recht und Unrecht entscheiden könne.[11] Von den Interpreten ist das ganz überwiegend als Absage an die Integration der Verbandsstrafe in das deutsche

---

3 *Carbonell Mateu* Die strafrechtliche Verantwortlichkeit juristischer Personen: Überlegungen zur „Dogmatik" und zum System der Reform im spanischen Strafgesetzbuch 2010, ZStW 123 (2011) S. 331 ff. Vgl. ferner *Silva Sanchez* in ILFS Band 10: Unternehmensstrafrecht, 2012.

4 *Ivanov* Die Verantwortlichkeit von Unternehmen im russischen Ordnungswidrigkeitenrecht – de lege lata und de lege ferenda, ZStW 123 (2011) S. 347, 359 ff.

5 Art. 14 des Corpus Juris. Vgl. dazu *Neumann* Das Corpus Juris im Streit um ein europäisches Strafrecht, in: Barbara Huber (Hrsg.), Das Corpus Juris als Grundlage eines Europäischen Strafrechts, 2000, S. 67, 76 ff.; *Kaiafa-Gbandi* Das Corpus Iuris und die Typisierung des Strafphänomens im Bereich der Europäischen Union, a.a.O. S. 91, 103 ff.

6 Hettinger (Hrsg.), Reform des Sanktionenrechts, Band 3: Die Verbandsstrafe, 2002, S. 351 ff.

7 Verhandlungen des 40. Deutschen Juristentages, Bd. 2, 1954, S. E 84, 86 (39 Stimmen gegen die Einführung); dazu *Stratenwerth* Strafrechtliche Unternehmenshaftung?, R. Schmitt-Festschrift 1992, S. 295, 302.

8 *Stratenwerth* (Anm. 7) m. Nachw.

9 BGHSt 5, 28, 32.

10 Urteil v. 30. 6. 2009 – 2 BvE 2/08 u. a. = BVerfGE 123, 267 = NJW 2009, 2270. Zu dessen Konsequenzen für das Strafrecht *Landau* Strafrecht nach Lissabon, NStZ 2011, 537.

11 BVerfGE 123, 267, 413 (Rn. 364).

Strafrecht verstanden worden[12] – als eine *definitive* Absage, weil das Bundesverfassungsgericht das Schuldprinzip als Bestandteil der unverfügbaren deutschen Verfassungsidentität dem Schutzbereich des Art. 79 III GG unterstellt.[13]

## 2. Legitimationsprobleme

Wenn Deutschland hier auf einem Sonderweg ist, so hängt das offensichtlich mit den besonderen Legitimationsanforderungen zusammen, denen die Institution der Strafe in der deutschen und deutschsprachigen Diskussion traditionell unterworfen ist. Wenn man will, kann man hier von einem rechtsphilosophischen Rechtfertigungszwang und *in concreto* von rechtsphilosophischen Problemen der Verbandsstrafbarkeit sprechen.[14]

Unbestreitbar dürfte sein, dass die Argumente, die sich *für* eine Verbandsstrafbarkeit vorbringen lassen,[15] eher pragmatischer Natur sind. Sie betreffen die Effizienz des Strafrechts, seine spezialpräventive und generalpräventive Wirksamkeit.[16] Diese Argumente haben ein hohes spezifisches Gewicht. Denn krimino-

12 *Grünewald* Zur Frage eines europäischen Allgemeinen Teils des Strafrechts, JZ 2011, 972 ff., 977; *Köhler* Die Verfassungsstruktur des europäischen Rechts, Puppe-FS 2011, S. 1461, 1482, *Meyer* Die Lissabon-Entscheidung des BVerfG und das Strafrecht, NStZ 2009, 657, 660. Anders wohl *Böse* Die Entscheidung des Bundesverfassungsgerichts zum Vertrag von Lissabon und ihre Bedeutung für die Europäisierung des Strafrechts, ZIS 2010, S. 80 Fn. 63 (m.w.N.).

13 BVerfGE 123, 267, 413 (Rn. 364 a.E.).

14 Zum *moral*philosophischen Problem einer moral-analogen Verantwortlichkeit von Organisationen vgl. etwa *Lenk/Maring* Wer soll Verantwortung tragen? Probleme der Verantwortungsverteilung in komplexen Systemen, in: K. Bayertz (Hrsg.), Verantwortung: Prinzip oder Problem?, 1995, S. 241 ff.

15 Im Schrifttum sind die Meinungen geteilt. *Für* die Verbandsstrafe etwa *Haeusermann* (Anm. 2); *Heine* Die strafrechtliche Verantwortlichkeit von Unternehmen, 1995; *ders.* Plädoyer für ein Verbandsstrafrecht als „zweite Spur“, in: Alwart (Hrsg.), Verantwortung und Steuerung von Unternehmen in der Marktwirtschaft, 1998, S. 90 ff., *Tiedemann* Wirtschaftsstrafrecht, 2004, Rn. 243 ff.; *dagegen* etwa *v. Freier* Zur Kritik der Verbandsstrafe, 1998, S. 323 u. ö. *ders.* Zurück hinter die Aufklärung: Zur Wiedereinführung von Verbandsstrafen, GA 2009, S. 98 ff.; *Jakobs* Strafbarkeit juristischer Personen?, Lüderssen-Festschrift 2002, S. 559 ff. (unter ausdrücklicher Aufgabe der in *Jakobs* Strafrecht Allgemeiner Teil, 2. Aufl. 1991, 6/44 f. vertretenen Gegenauffassung); *Klesczewski* Gewinnabschöpfung mit Säumniszuschlag. Versuch über die Rechtsnatur der Verbandsgeldbuße (§ 30 OWiG), Seebode-FS 2008, S. 179 ff., 179; *Köhler* (Anm. 12), S. 1482; abwägend *Queck* Die Geltung des nemo-tenetur-Grundsatzes zugunsten von Unternehmen, 2005, S. 71 ff., 102 f.; *Seelmann* Kollektive Verantwortung im Strafrecht, 2002.

16 Betont wird insbesondere der Gesichtspunkt der positiven Generalprävention. So etwa *Kempf* Sanktionen gegen juristische Personen und Gesellschaften, KJ 2003, 462, 466; *Volk* Zur Bestrafung von Unternehmen, JZ 1993, 429, 430.

gene Faktoren sind bei Unternehmen häufig Strukturen und verfestigte Handlungsmuster, die in der Fluktuation der Leitungspersonen typischer Weise stabil bleiben.[17] Demgegenüber geht es bei den Einwänden eher um grundsätzliche Erwägungen zur Struktur strafrechtlicher Zurechnung, zum Schuldprinzip und damit zur Gerechtigkeit staatlichen Strafens. Ich werde mich im Folgenden auf diese Einwände konzentrieren. Ihr gemeinsamer Nenner lautet: Die Institution der staatlichen Strafe „passt" aus Gründen, die dem positiven Recht vorgegeben sind, nicht auf „Verbandspersonen".

Ob und inwieweit das zutrifft, hängt natürlich von zwei Größen ab: Davon, was genau man unter „Strafe" versteht und davon, welches Bildnis man sich von Juristischen Personen und anderen Personengesamtheiten macht. Man kann deshalb an zwei Punkten ansetzen, um diese Einwände auszuräumen. Man kann, erstens, versuchen, der Juristischen Person *die* Fähigkeiten zuzuschreiben, die nach traditionellem Strafverständnis erforderlich sind, um sie dem Strafrecht zu unterwerfen – also insbesondere Handlungs- und Schuldfähigkeit. Man kann zweitens, versuchen, den Begriff der Strafe generell, oder spezifisch für die Verbandsstrafe, so zu modifizieren, dass mögliche Defizite der Juristischen Person in den Bereichen der Handlungs- oder Schuldfähigkeit einer Bestrafung nicht entgegen stehen.

## II. Handlungsfähigkeit

Was die *Handlungsfähigkeit* betrifft, so geht es in der Diskussion um die Tauglichkeit der ersten Strategie. Der Schwerpunkt der Auseinandersetzung liegt bei der Frage, ob dem Personenverband Handlungsfähigkeit zuerkannt werden darf oder nicht. Von einer *naturalistischen* Position aus läge es nahe, sie zu verneinen: handeln, jedenfalls in einem wörtlichen, nicht-metaphorischen Sinne, kann aus dieser Sicht nur die natürliche, nicht aber die juristische Person. In normtheoretischer Akzentuierung lautet dieser Einwand: die Juristische Person sei *als solche* nicht in der Lage, sich an *Verhaltensnormen* zu orientieren; deshalb, so die naheliegende Schlussfolgerung, könne sie auch nicht aufgrund von *Sanktionsnormen* bestraft werden, die sich normlogisch auf ebendiese Verhaltensnormen und deren Verletzung beziehen.[18] Diese Sichtweise ist indes nicht ohne Alternativen.[19]

17 Dazu etwa *Wohlers* Die Strafbarkeit des Unternehmens, Schweizerische Juristenzeitung (SJZ) 96 (2000), S. 381, 383.

18 LK-*Schünemann* Vor § 25 Rn. 26.

19 Zu Savignys „Fiktionstheorie" und dem auf ihr basierenden Grundsatz „societas delinquere non potest" (*F. v. Savigny*, System des heutigen Römischen Rechts, 1840, Bd. 2, S. 312 f.) in diesem Zusammenhang *Klesczewski* (Anm. 15), S. 180.

## 1. Das organizistische Modell

Man kann ihr zunächst das organizistische Modell einer „realen Verbandspersönlichkeit" entgegen setzen, dem zufolge der Verband als solcher eine eigene soziale Existenz besitzt und deshalb, so die Schlussfolgerung, auch von der Rechtsordnung als eigenständiges Subjekt und Objekt der Rechtsordnung zu behandeln ist – einschließlich der von *Otto von Gierke* ausdrücklich gezogenen Konsequenz, dass auch der Verband als solcher strafrechtlichen Sanktionen unterworfen werden kann.[20]

Heute erscheinen uns derartige organizistische Modelle allerdings erkenntnistheoretisch als fragwürdig, soweit sie mit rechtlich-normativen Konsequenzen verbunden werden.[21] Denn auch, wenn man dem Verband eine eigene soziale Existenz zuerkennt – die Frage der aus diesem Befund resultierenden rechtlichen Konsequenzen ist damit noch nicht entschieden.[22] Die heute nahezu unangefochtene Position des *Methodendualismus* besteht auf einer normativistischen Perspektive, also darauf, dass es eine Frage der Entscheidung ist, welche Rechtsfolgen die Rechtsordnung mit einem bestimmten sozialen Sachverhalt verbindet.

## 2. Normativismus

Paradoxer Weise ist es aber gerade diese Position des Normativismus, die sich ebenso wie das von ihr bekämpfte „organizistische" Denken *für* eine Strafbarkeit von Juristischen Personen in Anspruch nehmen lässt. Denn es liegt in der Konsequenz eines normativistischen Ansatzes, die Handlungsfähigkeit Juristischer Personen nicht im Sinne einer faktischen Disposition, sondern als Resultat normativer Zuschreibungen zu interpretieren. Man könnte sagen: die Juristische Person kann nicht deshalb bestraft werden, weil sie handlungsfähig ist, sondern: sie ist deshalb handlungsfähig, weil sie bestraft werden kann.

Anders formuliert: Eine Rechtsordnung, die eine Juristische Person mit Kriminalstrafe bedroht, erkennt ihr damit implizit die Handlungsfähigkeit zu. Die Gleichstellung von juristischen mit natürlichen Personen ließe sich in einem normativistischen Modell, weitergehend, auch damit begründen, dass auch die natürliche Person sich *rechtlich* als Person erst aufgrund spezifischer Zuschreibungen durch die Rechtsordnung konstituiere. In diesem Sinne ist für *Kelsen* auch die na-

20 *Gierke* Genossenschaftstheorie und die Deutsche Rechtsprechung, 1887, S. 771 ff.

21 Vgl. aber auch *H.J. Hirsch* Die Frage der Straffähigkeit von Personenverbänden, 1993, S. 13 f.; *Lütolf* Strafbarkeit der juristischen Person, Zürich 1997, S. 112 ff.

22 Krit. zu Gierke *Jakobs* (Anm. 15), S. 567.

türliche Person eine juristische Person.[23] Es ist deshalb völlig konsequent, dass sich *Jakobs* in seiner frühen, „normativistischen" Phase *für* die Handlungsfähigkeit (und im Ergebnis für die strafrechtliche Sanktionierbarkeit) Juristischer Personen ausgesprochen hat.[24]

Natürlich lassen sich gegen eine solche radikal „normativistische" Position wiederum Einwände erheben. Ich denke aber, dass der Kern der Argumentation, Handlungsfähigkeit könne der Juristischen Person auch in strafrechtlicher Hinsicht von der Rechtsordnung zugeschrieben werden, kaum anfechtbar ist. Es ist kein erkenntnistheoretisch valider Differenzierungsgrund ersichtlich, weshalb die Juristische Person zivilrechtlich handlungsfähig, strafrechtlich aber handlungs*un*fähig sein sollte. Aus rechtlicher Sicht ist eine Handlung keine natürliche, sondern eine institutionelle, durch rechtliche und soziale Deutungsmuster konstituierte Tatsache.[25] Dass die „natürlichen" Handlungen „natürlicher Personen" juristischen Personen als deren eigene Handlungen zugerechnet werden, ist im Rahmen des rechtlich-institutionellen Denkens ein vertrautes Phänomen.[26] Im Übrigen ließe sich das Ergebnis einer umfassenden rechtlichen Handlungsfähigkeit der Juristischen Person etwa auch durch systemtheoretische Ansätze fundieren, worauf in der Diskussion mehrfach hingewiesen worden ist.[27]

## III. Schuldfähigkeit

Die gewichtigen Probleme liegen nicht bei der Frage der Handlungsfähigkeit, sondern im Bereich der Schuld. Unstreitig ist, dass eine Juristische Person nicht im gleichen Sinne schuldhaft handeln kann wie eine natürliche Person. Der strafrechtliche Schuldvorwurf muss deshalb modifiziert werden, wenn er auf Juristische Personen erstreckt werden soll. Konstruktiv gibt es dafür zwei Möglichkeiten. Man kann zum einen bei der *Zurechnungsstruktur* ansetzen: Der Juristischen Person wird dann das Verschulden einer natürlichen Person, einer „Leitungsperson", zugerechnet. Man kann zweitens bei dem *Inhalt* des Schuldvorwurfs ansetzen und den

23 *Kelsen* Reine Rechtslehre, 2. Aufl. 1960, S. 176 f.

24 *Jakobs* Strafrecht Allgemeiner Teil, 2. Aufl. 1991, 6/44.

25 Grundlegend zur Theorie der institutionellen Tatsachen *Searle* Sprechakte. Ein sprachphilosophischer Essay, 1977 (engl. 1969), S. 78 ff.; *ders.* Die Konstruktion der gesellschaftlichen Wirklichkeit. Zur Ontologie sozialer Tatsachen, 1997 (engl. 1995).

26 Zutreffend *Wohlers* (Anm. 17), S. 385.

27 *Volk* (Anm. 16), S. 435. Krit. zum Rückgriff auf die Systemtheorie in diesem Zusammenhang *Klesczewski* (Anm. 15), S. 182.

Schuldbegriff so modifizieren, dass er auch auf Juristische Personen Anwendung finden kann.

## 1. Zurechnung der „Schuld" natürlicher Personen

Das erste Modell liegt der Verbandsgeldbuße des § 30 OWiG zugrunde, die nach herrschender Auffassung ein schuldhaftes bzw. vorwerfbares Handeln einer Leitungsperson voraussetzt. Übertragen auf die Konstellation einer *Strafbarkeit* der Juristischen Person würde das bedeuten: Das Verschulden der Leitungsperson wird der Juristischen Person als eigene Schuld zugerechnet.

Das ist natürlich *konstruktiv möglich*; die Frage ist, ob es *sachlich begründet* ist. Die Antwort lautet, in aller Kürze: nein. Die Frage, wodurch es gerechtfertigt sein könnte, *eine* Person mit der Schuld einer *anderen* Person zu beladen, lässt sich ohne Rückgriff auf metaphysische Zusammenhänge nicht beantworten – auch nicht mit der Figur des *Organisationsverschuldens*, auf die hier gelegentlich zurückgegriffen wird. Dies aus zwei Gründen. Zum einen wäre es völlig unpraktikabel, wenn in jedem Einzelfall, in dem eine Verbandsstrafe verhängt werden soll, ein Organisationsverschulden nachgewiesen werden müsste. Zum andern aber wäre auch ein Organisationsverschulden selbstverständlich wiederum ein Verschulden natürlicher Personen, das der Organisation selbst zugerechnet werden müsste. Man kann aber ein Organisationsverschulden nicht qua Organisationsverschulden zurechnen – an dieser Stelle kollabiert die Konstruktion.

Es kann hier dahingestellt bleiben, ob § 30 OWiG deshalb zu verwerfen ist, wie teilweise vertreten wird,[28] ob er im Sinne einer „Gewinnabschöpfung mit Säumniszuschlag" interpretiert werden müsste, wie neuerdings *Klesczewski* vorgeschlagen hat,[29] oder ob sich das Problem bei der „Vorwerfbarkeit" des Ordnungswidrigkeitenrechts anders stellt als bei der Schuldfrage im Strafrecht. Als Zurechnungsmechanismus zur Begründung der *Strafbarkeit* einer Juristischen Person kommt die Zurechnung der Schuld einer anderen, natürlichen Person jedenfalls nicht in Betracht. Dass die natürliche Person *für* die Juristische Person gehandelt hat, oder dass die Juristische Person von der Straftat ihrer Leitungsperson profitieren konnte, mag einen *Haftungszusammenhang* begründen; es lässt sich rechtfertigen, dass der Juristischen Person die so erlangten Vorteile entzogen werden. Ein Zurechungsmechanismus, der eine Strafbarkeit begründen könnte, ist nicht zu konstruieren.

---

**28** Nachw. bei *Klesczewski* (Anm. 15) S. 189.

**29** *Klesczewski* (Anm. 15).

## 2. Modifikation des Schuldbegriffs

Es bleibt die Frage: Kann man den Schuldbegriff selbst so modifizieren, dass er auf Juristische Personen Anwendung finden könnte? Ansatzweise ist das immer wieder versucht worden. So hat *Tiedemann* vorgeschlagen, für den Bereich der Verbandsstrafe an die Stelle einer „als persönliche sittliche Fehlleistung verstandenen menschlichen Schuld ... einen an sozialen und rechtlichen Kategorien ausgerichteten *Schuldbegriff im weiteren Sinne zu setzen*“.[30] Auch andere plädieren in diesem Zusammenhang für ein Schuldprinzip „ohne das ‚persönliche‘ Element“.[31] Auf der Basis eines konsequent normativen Schuldbegriffs hat *Jakobs* früher die Möglichkeit schuldhaften Handelns einer Juristischen Person bejaht.

Es dürfte in der Tat kein Problem sein, den *strafrechtsdogmatischen* Begriff der strafrechtlichen Schuld so zu modifizieren, dass er auf Juristische Personen anwendbar ist. Man kann beispielsweise für den Verbotsirrtum der Juristischen Person auf einen korrespondierenden Irrtum der zuständigen Leitungsperson abstellen, und man könnte etwa einen zusätzlichen Entschuldigungsgrund der „oktroyierten“ Leitung einführen, wie *Jakobs* das vorgeschlagen hat. Die Frage heißt natürlich, ob ein derart „entkernter“ *Schuldbegriff* nicht dem *substantiellen* Schuldbegriff widersprechen würde, der dem verfassungsrechtlichen *Schuldprinzip* zugrunde liegt. Das Bundesverfassugsgericht scheint diese Frage bejahen zu wollen; ich bin mir der Antwort in diesem Punkt aber keineswegs sicher.

Der Grund: wenn eine Juristische Person im Sinne des Schuldbegriffs, der dem verfassungsrechtlichen Schuldprinzip zugrunde liegt, „konstitutionell“ nicht schuldhaft handeln kann, so *kann* das natürlich ein Argument *dafür* sein, dass ihre Bestrafung dieses Schuldprinzip verletzen würde. Es *kann* aber auch ein Argument *dafür* sein, dieses Prinzip auf Juristische Personen von vornherein nicht anzuwenden. Man kann die Frage stellen, ob das Schuldprinzip auch potentielle „Straftäter“ schützt, die existentiell (konstitutionell) nicht schuldfähig sind, gegenüber denen also ein Schuldvorwurf *von vornherein* nicht in Betracht kommt.

*Eberhard Kempf* hat festgestellt, die Diskussion zur Unternehmensstrafbarkeit erinnere gelegentlich an die von Herodot überlieferte „Bestrafung“ des Meeres durch den Perserkönig Xerxes, der die Wellen des Bosporus auspeitschen ließ, weil er sie für den Verlust seiner Flotte verantwortlich machte.[32] Wir würden diese „Bestrafung“ des Meeres sicher nicht als Maßnahme rationaler Kriminalpolitik würdigen – aber würden wir in ihr auch einen Verstoß gegen das Schuldprinzip

---

**30** *Tiedemann* Die „Bebußung“ von Unternehmen nach dem Zweiten Gesetz zur Bekämpfung der Wirtschaftskriminalität, NJW 1988, 1169, 1172 (zit. bei *Stratenwerth,* Schmitt-FS, S. 300 m. Anm. 23).

**31** *Dannecker/Fischer-Fritz* Das EG-Kartellrecht in der Bußgeldpraxis, 1989, S. 288.

**32** *Kempf* Sanktionen gegen juristische Personen und Gesellschaften, KJ 2003, 462, 469.

sehen? Ich denke: nein. Ein anderes, uns historisch näher liegendes Beispiel: die „Bestrafung" von Tieren ist vielleicht eine Grausamkeit, aber jedenfalls kein Verstoß gegen das Schuldprinzip.

Wie jedes Rechtsprinzip kann auch das Schuldprinzip eine Sperrwirkung nur innerhalb seines *Relevanzbereichs* entfalten. Ein Verstoß gegen das Schuldprinzip scheidet deshalb wohl aus, wenn die von der Strafe Betroffenen nach den für ihre Gattung konstitutiven Existenzbedingungen gar nicht „schuldhaft" handeln *können*. In verfassungsrechtlicher Übersetzung: wenn das Schuldprinzip eine Ausprägung der *Menschenwürde* darstellt,[33] dann kann es von vornherein nur auf Personen Anwendung finden, denen Menschenwürde zukommt. Juristische Personen gehören nicht in diesen Kreis.[34]

Noch anders formuliert: das Schuldprinzip ist verletzt, wenn man im Akt der Bestrafung gegenüber einer Person einen Vorwurf erhebt, den diese Person nach den Maßstäben des Schuldstrafrechts nicht „verdient". Ein persönlicher Vorwurf kann mit einer Strafe, die gegen einen Verband erhoben wird, aber logischerweise nicht verbunden sein. Die Frage heißt also: bekommt „Strafe" nicht notwendigerweise einen anderen Sinn, wenn sie gegen juristische Personen verhängt wird? Einen Sinn, der „Schuld" im Sinne des Schuldprinzips gerade nicht voraussetzt? Dann würde man der Juristischen Person mit der Bestrafung jedenfalls kein Unrecht tun, das gerade aus einer Verletzung des Schuldprinzips resultieren würde.

## IV. Schuldprinzip und Strafbegriff

Trotzdem meine ich, dass man auch und gerade in Hinblick auf das Schuldprinzip auf eine Bestrafung juristischer Personen verzichten muss. Denn: nimmt man der Strafe mit der „Bestrafung" von Juristischen Personen die Komponente des Schuldvorwurfs, dann besteht die Gefahr, dass man dem Strafurteil damit generell seine Ernsthaftigkeit, seine moralische Komponente nimmt. Das hätte eine Schwächung des Schuldprinzips auch dort zur Folge, wo es um die Bestrafung na-

33 Ausf. dazu *Landau* (Anm. 10), S. 538.

34 Entsprechende Argumentation bei *Heine* Verantwortung (Anm. 15), S. 102 f. – Ein komplementäres prozessuales Problem stellt sich bei der Frage, ob bzw. inwieweit der nemo-tenetur-Grundsatz im Straf- bzw. Ordnungswidrigkeitenverfahren gegen juristische Personen Anwendung finden kann. Sieht man diesen Grundsatz (nur) als Ausprägung des Prinzips der Menschenwürde, dann ist die in BVerfGE 95, 220, 241 f. gezogene (negative) Konsequenz wohl unvermeidlich. Die Geltung des nemo-tenetur-Grundsatzes für juristische Personen auf dieser Basis verneinend auch *v. Freier* Selbstbelastungsfreiheit für Verbandspersonen?, ZStW 122 (2010) S. 117 ff., 139, 156. Vgl. auch *Queck* (Anm. 15), die diese Argumentation, nicht aber deren Prämisse akzeptiert (S. 132 ff).

türlicher Personen und damit um den legitimen Anwendungsbereich des Schuldprinzips geht. Metaphorisch könnte man sagen: bei einer Bestrafung von Juristischen Personen steht nicht die Würde der Bestraften, sondern die Würde der Strafe auf dem Spiel. Ohne Metaphorik: es geht um die Geltung des Schuldprinzips für natürliche Personen, die kaum noch stabil zu halten wäre, wenn Strafe auch gegenüber konstitutionell „schuldunfähigen" Betroffenen verhängt werden könnte.[35]

Zu befürchten wäre weiter eine Entleerung des Begriffs und damit der Institution der Strafe. Mit der Ausdehnung des Strafrechts auf konstitutionell schuldunfähige „Delinquenten" ändert sich nicht nur die Reichweite, sondern auch das Konzept der Strafe. Ein Strafrecht, in dem das Schuldprinzip gegenüber einem Teil der Betroffenen gar keine Rolle spielen *kann*, weil die Frage nach der persönlichen Verantwortlichkeit ihnen gegenüber gar nicht sinnvoll ist, würde einen anderen Begriff der Strafe bedingen. Die Einführung der Verbandsstrafe wäre ein weiterer Schritt in Richtung auf ein rein instrumentell verstandenes Präventionsstrafrecht. Der bisherige deutsche Sonderweg bei der Frage der Verbandsstrafe ist deshalb gerechtfertigt.[36]

---

35 Ähnliche Befürchtungen bei *Hassemer* Kennzeichen und Krisen des modernen Strafrechts, ZRP 1992, S. 378; *L. Schulz* Strukturen der Verantwortung in Recht und Moral, in: ders. (Hrsg.), Verantwortung zwischen materialer und prozeduraler Zurechnung (ARSP-Beiheft Nr. 75), 2000, S. 175 ff., 190; *Wohlers* (Anm. 17), S. 386. Abschwächend *Seelmann* (Anm. 15), S. 13 ff.

36 Eine andere, hier nicht mehr zu diskutierende Frage ist, ob als „Sanktionen" gegen Juristische Personen schuldindifferente Maßnahmen in Betracht kommen könnten. Für ein solches Modell etwa *Wohlers* (Anm. 17), S. 387 ff.

Charlotte Schmitt-Leonardy

# Das interpretatorische Konstrukt „Unternehmen“ hinter der „Unternehmenskriminalität“

## Gliederung



## I. Einführung

“‚Was ist der Fall?‘ und ‚Was steckt dahinter?‘“ lautete der Titel von *Luhmanns* Abschiedsvorlesung,[1] der nicht nur die beiden – zueinander in einem Spannungsverhältnis stehenden – Grundfragen der Soziologie in den Vordergrund rückte, sondern sich als Wegweiser für die folgenden Überlegungen eignet. *Luhmann* thematisierte hier ein paradoxes[2] Theorieprogramm, dem das Folgende mehr ähnelt als auf den ersten Blick zu vermuten ist.[3]

**Erschienen in** ILFS Band 10: Unternehmensstrafrecht, 2012

1 *Niklas Luhmann* „Was ist der Fall?“ und „Was steckt dahinter?“ – Die zwei Soziologien und die Gesellschaftstheorie, Bielefelder Universitätsgespräche und Vorträge 3, 1993.
2 „Das Unterschiedene ist Dasselbe, das ist unser Ausgangsparadox.“; *Luhmann* (Fn. 1), S. 5.
3 Es ging ihm unter anderem darum zu zeigen, dass Einheit durch Unterscheidung zu gewinnen ist (S. 5). Er beendete seinen Vortrag mit einer kritischen Stellungnahme zu wissenschaftlichen Ansätzen, die die Verknüpfung der beiden Fragen „Was ist der Fall?“ und „Was steckt dahinter?“

https://doi.org/10.1515/9783111057125-032

Die Frage, ob Unternehmen strafrechtlich haften können und sollen, könnte längst geklärt sein. Zumindest, wenn man eine rein pragmatische Herangehensweise an diese Frage wählte, spräche auf den ersten Blick der internationale Trend – gar Druck[4] – hierfür, sowie das Versprechen von Effektivität bei der Lösung eines „Problems", das zumeist als von „organisierter Unverantwortlichkeit"[5] oder „krimineller Verbandsattitüde"[6] geprägt beschrieben wird. Ebenso, wenn man sich ei-

---

vernachlässigen und damit die *Latenz* zugunsten der *Kontingenz* aufgeben. Der Begriff *Latenz* zielt im Zusammenhang mit *sozialen* Systemen auf das *Fehlen* bestimmter Themen zur Ermöglichung und Steuerung von Kommunikation (vgl. nur *Luhmann* Soziale Systeme: Grundriss einer allgemeinen Theorie, Frankfurt a. M. 1984, S. 456 ff.) und stellt den „unbewussten Bereich" dar, den die *Kontingenz* – welche schlicht „Gegebenes", also „da Seiendes", bezeichnet – nicht abbildet. *Luhmanns* Postulat, sich weiter um die Herstellung des „Seinsbezug" zu bemühen und die Idee von Wahrheit des soziologischen Ansatzes in der überprüfbaren Übereinstimmung seiner Aussagen mit seinem Gegenstand zu suchen (und nicht lediglich in einer Formkongruenz, vgl. S. 23 f.), kann für die Diskussion um die Unternehmensstrafe, die ihr Bezugsobjekt kaum thematisiert, nur zum Vorbild genommen werden.

4 Zu den jüngsten Regelungen einer Unternehmensstrafbarkeit in der Schweiz, Polen und Spanien, sowie den Tendenzen in der Europäischen Union, vgl. die Nachweise bei *Gómez-Jara Díez* Grundlagen des konstruktivistischen Unternehmensschuldbegriffes, ZStW 2007, S. 290–333, Fn. 7, 8, 9, 10. Vgl. zum Standpunkt der OECD, der insbesondere deutlich wird in *Convention on Combating Bribery of Foreign Public Officials in International Business Transactions* (Article 2 – Responsibility of Legal Persons) von 1997, den Kommentar von *Pieth* in: Pieth/Low/Cullen (Hrsg.), The OECD Concention on Bribery – A Commentary, Cambridge et al. 2007, 173–206.

5 Vgl. zu diesem Begriff *Schünemann*, Unternehmenskriminalität und Strafrecht, Köln et al. 1979, S. 18, 34, 149 ff.; *ders.* Strafrechtsdogmatische und kriminalpolitische Grundfragen der Unternehmenskriminalität in: wistra 1982, (S. 41–50), S. 42; *Otto,* Die Strafbarkeit von Unternehmen und Verbänden, Berlin et al. 1993, S. 25; *Dannecker* Zur Notwendigkeit der Einführung kriminalstrafrechtlicher Sanktionen gegen Verbände – Überlegungen zu den Anforderungen und zur Ausgestaltung eines Verbandsstrafrechts, GA 2001, (S. 101–130), S. 103 f.; *Rotberg* Für Strafe gegen Verbände, in: 100 Jahre Deutsches Rechtsleben, FS zum hundertjährigen Bestehen des Deutschen Juristentages 1860–1960, Karlsruhe 1960, (S. 193–228), S. 207 f.; *Volk*, Zur Bestrafung von Unternehmen, JZ 1993, (S. 429–435), S. 433. Ablehnend *Schmidt-Salzer*, Produkthaftung: Teil 1: Strafrecht, Heidelberg 1988, Rn. 1101 ff., 1170 ff.; *ders.* Strafrechtliche Produktverantwortung, NJW 1988, (S. 1937–1942), S. 1937, der eine „Verantwortungsvervielfachung" ausmacht; ähnlich *Mayer*, Strafrechtliche Produktverantwortung bei Arzneimittelschäden, Berlin 2008, S. 428. Vgl. zum Ursprung des Begriffs *Beck*, Gegengifte: Die organisierte Unverantwortlichkeit, Frankfurt a. M. 1988, der ihn auf den übergeordneten Topos der Risikogesellschaft bezieht.

6 Dieser Begriff ist maßgeblich von *Schünemann* geprägt, vgl. beispielsweise Strafrechtsdogmatische und kriminalpolitische Grundfragen der Unternehmenskriminalität, in: wistra 1982, S. 43; *ders.* Die Strafbarkeit der juristischen Person aus deutscher und europäischer Sicht, in: Schünemann/González (Hrsg.), Bausteine des europäischen Wirtschaftsstrafrechts – Madrid Symposium für Klaus Tiedemann, Köln 1994, S. 271 m.w.N.

ner „reinen"[7] positivistischen Herangehensweise verschriebe: allenfalls die Herausforderungen an eine kohärente dogmatische Konstruktion stünden im Weg; diese scheinen mittlerweile durch eine Vielzahl von Arbeiten ausgeräumt.

Jedoch wird in der aktuellen Diskussion – wie schon in ihren römisch-rechtlichen Vorläufern, die den ausführlich[8] zitierten Satz *societas delinquere non potest* hervorbrachten – unermüdlich um diese Frage gerungen; und dies zu Recht. Wie *Jakobs* bemerkt, können nämlich auch „Unsitten international verbreitet sein"[9] und wie ebenfalls er zeigt, ist die positivistische Erschaffung eines strafrechtlichen Zurechnungsendpunkts nicht gar so einfach – zumindest wenn man interdisziplinäre Grundfragen – wie beispielsweise den Personenbegriff[10] – nicht gänzlich außer Acht lassen will. Den Wechselbezug zwischen der sozialen Realität des Unternehmens und der rechtlichen Frage nach seiner Täterstellung mit einer Art „Denkverbot"[11] zu belegen, überzeugt nicht. Nicht nur, weil eine dogmatische Konstruktion bzw. gesetzgeberische Entscheidung durch eine sorgfältige Analyse ihres Bezugsgegenstands an Überzeugungskraft gewinnt. Die Trennung zwischen Sein und Sollen[12] schließt zudem keineswegs aus, „soziale Tatsachen"[13] – nach Maßgabe rechtlicher Zwecke – zu berücksichtigen; im vorliegenden Fall fordert sie es gera-

7 Vgl. *Kelsens* Theorie des positiven Rechts, der die Rechtswissenschaft von „fremden Elementen", die „das Wesen der Rechtswissenschaft verdunkeln" und ihre Schranken „verwischen", befreien will. (*Kelsen* Reine Rechtslehre, 2. Auflage, Nachdruck 2000 Wien, S. 1.). Für *Kelsen* bleibt einzig die juristische Person von Interesse, die nicht mehr als einen Zurechnungspunkt, ein auf einen bestimmten Tatbestand bezogenen Normenkomplex, darstellt; *Kelsen* ebd., S. 66 ff. Kritisch diesen Ausführungen gegenüber *Teubner* Unternehmenskorporatismus, KritV 1987, (S. 61–85), S. 71.

8 Schon *Jescheck* Zur Frage der Strafbarkeit von Personenverbänden, DÖV 1953, S. 539 weist auf die Geläufigkeit dieses Satzes für den deutschen Juristen hin.

9 *Jakobs*, Strafbarkeit juristischer Personen?, in: Festschrift für Klaus Lüderssen 2002, S. 559–575, Fn. 6.

10 Letztlich scheitert für *Jakobs* (Fn. 9, S. 568 ff.) die Strafbarkeit juristischer Personen daran, dass Identität – als durchgehende Identität von Gegenwartsbewusstsein und Erinnerung – nicht zu bejahen ist. Die Form „Person" ließe sich nicht konstruieren (S. 571 f.). Anders noch in *Jakobs*, Strafrecht Allgemeiner Teil, 2. Auflage, 6/44 f.; diese Ansicht gibt *Jakobs* in seinem Hinweis in Fn. 7 explizit auf.

11 So *Teubners* Interpretation von *Kelsens* Ansicht (Fn. 7), S. 71.

12 Vgl. zur Gefahr naturalistischer Fehlschlüsse und der Aufforderung zwischen Sein- und Sollensaussagen zu unterscheiden nur *Hume*, Ein Traktat über die menschliche Natur, Hamburg 1739/1978, S. 211 ff.

13 So im Sinne *Durkheims* sozialen Tatbestands: „[...] jede mehr oder minder festgelegte Art des Handelns, die die Fähigkeit besitzt, auf den Einzelnen einen äußeren Zwang auszuüben; oder auch, die im Bereiche einer gegebenen Gesellschaft allgemein auftritt, wobei sie ein von ihren individuellen Äußerungen unabhängiges Eigenleben besitzt." (*Durkheim*, Die Regeln der soziologischen Methode, 6. Auflage, Frankfurt a. M. 1980, S. 114).

dezu heraus. Wenngleich nämlich auch Steine oder Bäume[14] positivistisch zu „Rechtspersonen" und Zurechnungsendpunkten erklärt werden könnten, wird von dieser „positivistischen Freiheit" *de facto* ausschließlich gegenüber Kollektiven Gebrauch gemacht. Wie *Teubner* unterstreicht, verleiht das Rechtssystem – ohne normativ hierzu gezwungen zu sein – regelmäßig sozialen Konstruktionen, die über soziale Handlungsfähigkeit und über eine „voraussetzungsreiche Sozialwirklichkeit"[15] verfügen, eine Rechtsfähigkeit bzw. die Rechtspersönlichkeit.[16]

Dies scheint m. E. eine Beschäftigung mit den Fragen „Was ist der Fall?" und „Was steckt dahinter?" zu rechtfertigen, zumindest wenn man weder rein dogmatisch – im Sinne von „l'art pour l'art" – über das Verhältnis von Unternehmen und Strafe nachdenken will, noch hinter dem Satz *societas delinquere (non) potest* lediglich ein Bekenntnis für oder gegen einen der beiden bekanntesten Pole der dogmatischen Diskussion – *von Gierke* und *von Savigny* – vermutet. Auch in Sachzwängen oder unter internationalem Druck zu treffende[17] kriminalpolitische Entscheidungen müssen nicht nur ihre Gerechtigkeit gewährleisten, sondern auch „rechtfertigen, dass sie ihrem Gegenstand angemessen sind, dass sie ihn zur Kenntnis genommen und verstanden haben".[18] Dieser (Bezugs-)Gegenstand ist vorliegend *zunächst* das Unternehmen, denn: Ob man in dem Satz *societas delin-*

14 Vgl. zu dieser Beobachtung *Teubner* Fn. 7, S. 72 (und zu den Bäumen im Speziellen die Nachweise dort in Fn. 52).

15 *Teubners* Kriterien hierfür wären: (1) es handelt sich um ein formal organisiertes Handlungssystem, (2) die Selbstbeschreibung als kollektive Identität, (3) die Verknüpfung von Identität und Handlung über Zurechnungsmechanismen (*ders.* (Fn. 7), S. 73).

16 Letztlich steht dahinter der Gedanke, dass Normen des positiven Rechts zwar „beliebig bestimmt, aber nicht beliebig bestimmbar" sind. (So mit Verweis auf Julius Kraft: *Luhmann* Rechtssoziologie, 4. Auflage, Wiesbaden 2008, S. 210) Zu der Beobachtung, dass nur so „die nötige Bodenhaftung" gewährleistet wird und vor allem „pragmatische Grenzen" gezogen werden für normative dogmatische Konzeptionen, die in der Gesellschaft verständlich sein müssen, um operabel und akzeptabel zu sein, *Stuckenberg*, Vorstudien zu Vorsatz und Irrtum im Völkerstrafrecht – Versuch einer Elementarlehre für eine übernationale Vorsatzdogmatik, Berlin 2007, S. 46 f.

17 *Gómez-Jara Díez* (Fn. 4) nimmt an, dass es auch für Deutschland nur eine Frage der Zeit sein wird, bis neue legislatorische Vorschläge für eine Unternehmensstrafbarkeit diskutiert werden – sei es aufgrund nationaler Bedürfnisse, sei es wegen europäischer Verpflichtungen (S. 291 f.). Kritisch neben *Jakobs* (Fn. 9), S. 560, Fn. 6; auch *von Freier*, Zurück hinter die Aufklärung: Zur Wiedereinführung von Verbandsstrafen, GA 2009 (S. 98–116), S. 100.

18 So im Hinblick auf das Wirtschaftsstrafrecht *Hassemer*, Die Basis des Wirtschaftsstrafrechts, in: Kempf/Lüderssen/Volk (Hrsg.), Die Handlungsfreiheit des Unternehmers – wirtschaftliche Perspektiven, strafrechtliche und ethische Schranken, Berlin 2009, (S. 29–43), S. 32. Die Forderung eines interdisziplinären Ansatzes vertreten und verfolgen auch *Lüderssen* und *Roxin* nachdrücklich, worauf im Diskussionsbericht von *Trendelenburg*, Kriminalpolitische Optionen, in: Kempf/Lüderssen/Volk (Hrsg.), Die Handlungsfreiheit des Unternehmers – wirtschaftliche Perspektiven, strafrechtliche und ethische Schranken, Berlin 2009, S. 237, hingewiesen wird.

*quere (non) potest* die richtige Fragestellung sucht oder meint, bereits die Antwort auf die Frage zu kennen – man impliziert, dass Unternehmen *„sich vergehen“* können; dass *sie* es sind, die sich vergehen und dass sie es in einem *strafrechtlich relevanten Sinne* auch *können.*[19] Und dies wiederum knüpft entscheidend an die Vorstellung bzw. das interpretatorische Konstrukt des Unternehmens an, das federführend ist.

# II. Was ist der Fall?

## 1. Unternehmenskriminalität – Konstruktion der Wirklichkeit?

Schon die Bezeichnung der „Unternehmenskriminalität“ als solche lenkt den Blick. An das Unternehmen als *der* zentralen Wirtschaftseinheit anzuknüpfen und nicht weiter eine Diskussion um die Strafbarkeit von Verbänden, Kollektiven oder juristischen Personen voranzutreiben impliziert nämlich folgendes: zum einen, dass das „Unternehmen an sich“, das bisher lediglich im Zivilrecht Aufmerksamkeit erlangte,[20] Beachtung findet und damit Unternehmenskriminalität als Teilgebiet der Wirtschaftskriminalität in Erwägung gezogen werden kann.[21] Zum zweiten, dass das Kriminalitätsproblem nicht mehr nur auf Organisationsspezifika reduziert wird, die theoretische Fragestellungen zur Verbandskriminalität oder der Strafbarkeit von Kollektiven hervorbrachten. Zum dritten, dass die Problematik nicht mehr nur am Unternehmens*träger*, der juristischen Person, festgemacht wird und damit lediglich als dogmatisches Glasperlenspiel gesehen wird.[22] Wenn nun aber

---

19 Vgl. *Schmitt-Leonardy* Unternehmenskriminalität ohne Strafrecht?, Heidelberg 2013, Rn. 4 ff., 172 ff., 399 ff., 407 ff.

20 Das „Unternehmen an sich“ wird im Zivilrecht als „soziale Realität“, als „weitgehend vollzogene Loslösung des Unternehmens von seinen Anteilseignern“ oder als „volkswirtschaftliche Größe“ diskutiert. Dies scheint zwar in erster Linie zur Klärung der begrifflichen Frage und ohne Differenzierung von juristischer Person, Unternehmensträger und Unternehmen zu erfolgen, „vergegenständlichte“ jedoch die „Trennung von Kapital und Herrschaft [als] unmittelbarer Ausdruck der gewandelten Machtverhältnisse“ – vor allem bezüglich der Aktiengesellschaft – und führte *Rathenaus* Gedanken vom modernen Großunternehmen letztlich weiter. Vgl. den historischen Überblick hierzu bei *Riechers*, Das „Unternehmen an sich“, Tübingen 1996 mit den Nachweisen hierzu auf S. 1; des Weiteren *Rathenau*, Vom Aktienwesen, Berlin 1917.

21 Vgl. zu dieser begrifflichen Einordnung das Kapitel „Unternehmenskriminalität – Konstruktion eines Begriffs“ in *Schmitt-Leonardy* (Fn. 19), Rn. 24 ff. m.w.N.

22 Hier wird zudem das Dilemma des „Schuldtransfer“ virulent, denn wenn die juristische Person das Verschulden eines Repräsentanten *rechtlich* als ihr eigenes Verschulden anerkennen muss, gilt ebendieses Verschulden als ihr eigenes, mit der Folge, dass es nicht gleichzeitig als das Verschulden

von *Unternehmens*kriminalität die Rede ist, auf die mit *Unternehmens*strafen reagiert werden sollte, stellen sich eine Fülle neuer Fragen und alter Fragen neu. Bei Beantwortung dieser Fragen gilt es, sich der Aspektabhängigkeit aller Erkenntnis noch stärker bewusst zu sein[23] als in anderen Bereichen des Strafrechts, denn schon das Bezugsobjekt wird seit den Anfängen der Diskussion als „Realität" bestritten.

Die Diskussion um das „Wesen" des Unternehmens bzw. das soziale Substrat der juristischen Person scheint[24] eine lange Tradition zu haben. Die Auseinandersetzung um den richtigen Ausgangspunkt der Gedankenführung begann im Zusammenhang mit der Auseinandersetzung um das Konzept des *subjektiven Rechts* Mitte des 19. Jahrhunderts, erreichte aber in der Auseinandersetzung zwischen *von Gierke* und *von Savigny* einen Kulminationspunkt, der bis heute nicht überwunden ist. Das Spannungsfeld, das durch die diametral entgegengesetzten Pole *Theorie der realen Verbandspersönlichkeit* einerseits und *Fiktionstheorie* andererseits abgesteckt wird, bleibt bis auf wenige Ausnahmen der Boden, auf dem – in unterschiedlicher Schattierung – das dogmatische Gedankengerüst um die Unternehmensstrafe gebaut wird.[25] Ihre Vertreter könnten „das Wesen" der Körperschaft nicht unterschiedlicher darstellen:

*Von Gierkes* – in seiner *Genossenschaftstheorie* entwickelte – These, die Körperschaft sei eine *reale Gesamtperson*,[26] knüpft an die Realitätstheorie von *Beseler*[27]

---

des Repräsentanten gelten kann. Will man also nicht eine „Verdoppelung von Schuld" produzieren, kommt man nicht umhin, bei Zuschreibung der Unternehmensschuld ebendiese dem Repräsentanten abzuschreiben. So schon Jakobs (Fn. 9), S. 567.

23 Diesen Gedanken brachte *Lüderssen* erneut ins Spiel; vgl. insbesondere *Lüderssen* Regulierung, Selbstregulierung und Wirtschaftsstrafrecht. Versuch einer interdisziplinären Systematisierung, in: Kempf/Lüderssen/Volk (Hrsg.), Die Handlungsfreiheit des Unternehmers – wirtschaftliche Perspektiven, strafrechtliche und ethische Schranken, Berlin 2009, (S. 241–317), S. 293 mit seinen Nachweisen in Fn. 202.

24 Entgegen verbreiteter Ansicht reicht die Diskussion um das Wesen des Verbandes nicht zurück zu den römisch-rechtlichen Vorläufern der Diskussion; vgl. hierzu *Ott* Jenseits von Fiktions- und Realitätstheorie – die juristische Person als institutionelle Tatsache, in: FS Peter Forstmoser, Zürich 2003, (S. 3–13), S. 4 und Fn. 5–10. Und letztlich geht es auch bei *von Gierke* weniger um eine Analyse des sozialen Substrats als um affirmative Prämissen.

25 *Von Gierkes* Ansatz verfolgt am deutlichsten *Lütolf* Strafbarkeit juristischer Person, Zürich 1997, und entwickelt auf Grundlage einer „konsequenten Realitätstheorie" (S. 131) eine eigene Handlungs- und Schuldfähigkeit (S. 126 ff.), die auf der Idee einer umfassenden Garantenstellung der juristischen Person fußt. *Von Savignys* Standpunkt scheint hingegen bei *von Freier*, Kritik der Verbandsstrafe, Berlin 1998, S. 88 ff.; 323 ff., durch; ebenso bei *Jakobs* (Fn. 9), S. 566 f., obwohl dieser nur die *kriminaldeliktische Handlungs- und Schuldfähigkeit* verneint und nicht – wie *von Savigny* konsequent fortschreibt – auch die zivilrechtliche Deliktsfähigkeit.

26 „Der Verband ist kein totes Begriffsding, das – gleich dem Kinde oder Wahnsinnigen – der Vertretung durch andere bedarf, sondern ein lebendiges Wesen, das als solches will und handelt."

an und zeichnet das anthropomorphe Bild eines „realen Wesens“, das sich über seine Repräsentanten – seine Organe – ausdrücken kann.[28] *Von Gierke* legt damit den Grundstein klassischer identifikationstheoretischer Auffassungen, die zwar einerseits ihren gedanklichen Ausgangspunkt in der „Wirklichkeit des Gesellschaftslebens“[29] setzen, jedoch ebenfalls an der juristischen Person – dem Unternehmens*träger* also – anknüpfen, der Handlung und Schuld des Organs zugerechnet wird.[30] Zwar ist der Verband ein *wirkliches* und mit einem Menschen

*von Gierke* Das deutsche Genossenschaftsrecht – Die Staats- und Korporationslehre des Altertums und des Mittelalters und ihre Aufnahme in Deutschland (Band III), Berlin 1881, S. 603 f.

**27** *Beseler,* Volksrecht und Juristenrecht, Leipzig 1843, S. 173 ff.

**28** Vgl. auch *Schwander* Der Einfluß der Fiktions- und Realitätstheorie auf die Lehre von der strafrechtlichen Verantwortlichkeit der juristischen Personen, in: Ius et lex – Festgabe zum 70. Geburtstag von Max Gutzwiller, Basel 1959, (S. 603–619) S. 606. *Hafter* der diese Theorie später weiterentwickelte, formuliert diese Gedanken wie folgt: „[E]ine Körperschaft ist eine willens- und handlungsfähige und daher auch deliktsfähige Person neben dem Individuum, wie auch jeder Personenverband, der durch die Organisation der in ihm vereinigten Willen derart in das soziale Leben eingreift, dass in seinen Handlungen ein von den Individualwillen sich abhebender Sonderwille zum Ausdruck kommt.“ (*Hafter* Die Delikts- und Straffähigkeit der Personenverbände, Berlin 1903, S. 65 [umfassend hierzu S. 43 ff.]).

**29** *Busch,* Grundfragen der strafrechtlichen Verantwortlichkeit der Verbände, Leipzig 1933, S. 54.

**30** „[...] eine Gesamtperson begeht diejenigen schuldhaften Handlungen und Unterlassungen, welche ein verfassungsmäßiges Organ als solches innerhalb seiner Zuständigkeit begeht. Sie wird also zunächst auch hier nur *durch Organe,* jedoch *durch jedes Organ voll und unmittelbar* dargestellt“ *von Gierke* Das deutsche Genossenschaftsrecht und die Deutsche Rechtsprechung, Berlin 1887, S. 758. Die „Lebensäußerungen“ der Individuen seien vergleichbar mit denen der Verbände – sie äußerten beispielsweise hinsichtlich Ziel- und Zweckbestrebungen gleichartige sozialnützliche oder sozialschädliche Wirkungen. Diese Gleichartigkeit der Auswirkungen in Bezug auf das soziale Leben rechtfertigten für *von Gierke* den Schluss, die juristischen Personen, ebenso wie die natürlichen Personen mit Rechtspersönlichkeit auszustatten. Für ihn ergab sich die Deliktsfähigkeit des Verbandes zwingend aus der Willensfähigkeit desselben, sie sollte allerdings rechtlich begrenzt sein und sich nur auf Delikte beziehen, die in die „vom Rechte gesetzte Lebenssphäre des Verbandes“ fallen (*ders.* (Fn. 26), S. 754, Anm. 56; anders *Hafter* (Fn. 28), S. 88 ff.). Innerhalb dieser Sphäre soll der Verband aber für *eigene* und nicht für fremde Schuld strafbar sein können. Diese eigene Schuld kann wiederum mit jeder Handlung eines Organs gegeben sein, das innerhalb seiner Zuständigkeit ein Delikt begeht. Die Deliktsfähigkeit des Verbandes entspricht damit auch seiner Interpretation des Gerechtigkeitsgedankens, denn die Gerechtigkeit der Verbandsstrafe liegt für ihn in der Schicksalsverbundenheit der Gemeinschafter. Nach seiner Auffassung „liegt es in der Natur jedes sozialen Organismus, dass seine gegenwärtigen und künftigen Glieder in seinen Lebensprozess verstrickt sind und sein Wohl und Wehe miterleben (S. 774, Anm. 75). Die Deliktsfähigkeit endet für ihn dort, wo das „rechtliche Können“ des Verbandes endet. Hiervon distanziert sich wiederum *Hafter* der den Grundsatz aufstellt, die Strafe solle den Verband treffen, aber nicht die einzelnen Mitglieder. Dies könne durch eine Minderung der Rechtsgüter des Verbandes erfolgen. Die unschuldigen Mitglieder, die also gegen den entscheidenden Beschluss stimmten oder protestierten, sollten dagegen vom Staat entschädigt werden; *Hafter* (Fn. 28), S. 137.

vergleichbares Wesen, der infolgedessen deliktsfähig ist. Der für die Bejahung der Deliktsfähigkeit zentrale Wille wird aber auf die den Verband konstituierenden Mitglieder rückbezogen und entweder in einem Gesamtbeschluss sämtlicher Mitglieder oder in der Entscheidung eines verfassungsmäßig berufenen Organs erblickt.[31] Obgleich der Gedanke für *von Gierke* zentral war, dass die *universitas*[32] von den sie bildenden *singuli* vollkommen losgelöst ist,[33] scheint[34] „das Ganze" für ihn die Summe seiner Teile zu bleiben.

Diesen Annahmen entgegengesetzt stehen *von Savignys* Prämissen: die juristische Person ist hiernach ein unkörperliches Gedankenwesen, das nur *fictione iuris* entstand; ein (nur) „des Vermögens fähiges künstlich angenommenes Subject".[35] Sein gedanklicher Ausgangspunkt ist, dass alles Recht vorhanden ist „um der sittlichen, jedem Menschen innewohnenden Freiheit willen";[36] der Begriff des Subjekts könne daher „ausgedehnt [werden] auf künstliche, durch bloße Fiction angenommene Subjecte",[37] jedoch geschehe dies lediglich zu „juristischen Zwecken". Diese materielle Fiktion sei nichts anderes als die Anordnung der Rechtsfolgen eines natürlichen Sachverhalts auf einen anderen, der in Wahrheit nicht so besteht; eine positivrechtliche Zuweisung also. Die tatsächliche Existenz dieses Sachverhalts sei jedoch nicht zu diskutieren.[38]

---

**31** Vgl. insofern die Weiterführung *von Gierkes* Theorie in *Hafter* (Fn. 28), S. 94.

**32** Die *universitas* war jedoch nicht auf *wirtschaftliche* Unternehmungen ausgerichtet, sondern eine Organisationsform für religiöse und staatsnahe Zwecke. Vgl. insofern die Nachweise bei *Fleckner* Antike Kapitalvereinigungen, Köln 2010, S. 336, Fn. 178. Gleichwohl findet sich dieser Begriff bei *von Gierke* was wohl auf *Ulpians* Standpunkt in D. 3, 4, 7, 1 – „si quid universitati debetur, singulis non debetur: nec quod debet universitas singuli debent" – zurückzuführen ist, der auch in *von Gierke* Genossenschaftsrecht – Rechtsgeschichte der deutschen Genossenschaft (Band I), Berlin 1868, S. 1007–1009 (651/652) thematisiert wird. (*Übersetzung:* „Wenn etwas der Körperschaft geschuldet wird, so wird es nicht den einzelnen Mitgliedern geschuldet; ebenso wenig schulden die Mitglieder, was die Körperschaft schuldet"; *Anm. d. Verf.*)

**33** *Von Gierke* Das Wesen der menschlichen Verbände, Leipzig 1902, S. 22.

**34** Zumindest bleibt die genaue Vorstellung *von Gierkes* hierzu schleierhaft. Der dominierende Aspekt scheint der einer Doppelnatur des Menschen als „Teileinheiten höherer Lebenseinheiten" zu sein, die die höheren Lebenseinheiten in ihrem Bewusstsein nicht finden können, weil sie selbst nur Teile sind und das Ganze nicht in ihnen selbst: *von Gierke* (Fn. 33), S. 23. Dies aufgreifend *Riechers* (Fn. 20), S. 54.

**35** *Von Savigny* System des heutigen römischen Rechts (Band II), 2. Neudruck der Ausgabe von 1840, Aalen 1981, S. 239 (§ 85).

**36** *Von Savigny* Fn. 35, S. 2 (§ 60).

**37** *von Savigny* Fn. 35, S. 236 (§ 85).

**38** Vgl. hierzu *Bergmann*, Die fremdorganschaftlich verfasste offene Handelsgesellschaft, Kommanditgesellschaft und BGB-Gesellschaft als Problem des allgemeinen Verbandsrechts, Berlin 2002, S. 45 f.

Sich einer dieser beiden Auffassungen anzuschließen käme einem Glaubensbekenntnis gleich und scheint für die moderne Diskussion um die *Unternehmens*strafe weder notwendig noch zielführend. Zum einen, weil die Frage nach dem Wesen der juristischen Person – so wie sie beide stellen – nicht entscheidbar ist. *Von Gierkes* Vorstellung einer „leiblich-geistigen Lebenseinheit" kann weder nachgewiesen noch negiert werden, weil es sich schlicht nicht um eine sozial beobachtbare Tatsache handelt.[39] Zum zweiten thematisieren beide die *juristische Person* – den Unternehmensträger – und nicht das soziale Substrat, das für eine strafrechtliche Diskussion von Interesse ist. Ihr Rückbezug ist zwar auch ihre eigene Vorstellung des „Wesens" der juristischen Person, jedoch wird ebendiese als sozialer Befund nicht näher analysiert, sondern lediglich als Rechtfertigungstatbestand für die Qualifizierung als *Person* geprüft[40] und unmittelbar mit der *rechtlichen* Einheit vermischt (*von Gierke)* bzw. *in der rechtlichen Einheit* als – beobachtbares – reales Dasein nicht festgestellt und daher als Fiktion verworfen (*von Savigny).* Beide Ansichten interpretieren im Kern nur die Repräsentation durch die Organe der juristischen Person – je nach ihrer eigenen Vorstellung von einer Fiktion oder einem realen Wesen – unterschiedlich, nämlich zum einen über die Regeln der Stellvertretung und zum anderen als eigene Willens- und Handlungsfähigkeit,[41] die sich daraus ergibt, dass die juristische Person „das Verschulden [...] [ihres] Organs anerkennen muss";[42] es bleiben aber Rechtskonstruktionen mit – angreifbarem[43] – Bezug zur „Wirklichkeit" ohne weitere Analyse des Bezugspunktes.

Statt aber einen weiteren Versuch der Ontologie des Unternehmens *im Sinne einer quasi-biologischen Realität* oder des Gegenbeweises zu unternehmen, könnte die Frage anders gestellt werden und am Unternehmen als soziale Realität bzw. als

---

**39** Unter diesem Gesichtspunkt ist *Kelsens* provokanter Bemerkung „Wenn du's nicht fühlst du wirst es nicht begreifen!" (*Kelsen* Über Staatsunrecht, in: Kelsen/Merkl/Verdroß (Hrsg.), Die Wiener rechtstheoretische Schule, S. 974) zuzustimmen. *Von Gierke* bietet mit den zitierten Sätzen und der Beschreibung als „sehr lebendige psychische Mächte, deren Realität wir nicht am wenigsten dann empfinden, wenn wir, von unserer Individualität Gebrauch machend, uns gegen sie auflehnen [...] alltäglich mag uns aufmerkende Selbstbeobachtung von dem Dasein dieser Geistesmächte überzeugen." (*von Gierke* (Fn. 33), S. 23 f.) geradezu Vorlagen für solche Bemerkungen.

**40** *von Savigny* erkennt – in der Tradition der Aufklärung – dem Menschen aufgrund des Menschseins allein Subjektqualität und damit die Bezeichnung „Person" zu, die – als bloße Fiktion – auf juristische Person für ganz bestimmte Belange ausgedehnt wird. *Von Gierke* dagegen erblickt in der „juristischen Person" als Rechtsbegriff eine Abstraktion, die einen Teilausschnitt der Wirklichkeit darstellt; diese Wirklichkeit weise dabei zwar keine materielle Existenz auf, ihre Einheit verwirkliche sich aber in einem *sozialen Organismus*; vgl. *von Gierke* (Fn. 33), S. 12 f., und die Darstellung bei *Ott* (Fn. 24), S. 7.

**41** *Von Gierke* (Fn. 30), S. 754 ff.

**42** *Von Gierke* (Fn. 30), S. 754.

**43** Vgl. insofern die Kritikpunkte von *Jakobs* (Fn. 9), S. 566 f. und *Teubner* (Fn. 7), S. 65 f.

*institutionelle Tatsache* angesetzt werden.[44] Jenseits des Streits um Fiktion oder Realität des Unternehmens[45] hat sich das Unternehmen nämlich längst als *global player,* als *corporate citizen* und als „Adresse" im Rahmen gesellschaftlicher Zuschreibungsprozesse hinsichtlich bestimmter Interaktionsfolgen etabliert;[46] das Unternehmen ist in einer „korporativen Gesellschaft"[47] ein „gesellschaftliches Faktum". Und anhand *Searles* Überlegungen[48] lässt sich aufzeigen, dass es sich hierbei nicht um einen präskriptiven – subjektiven – Eindruck handelt, sondern um eine Realität, die als „normative Wirklichkeit" durchaus als Anknüpfungspunkt für die unternehmensstrafrechtliche Diskussion taugt.

## 2. Das Unternehmen als „institutionelle Tatsache"

*Searle* betrachtet Biologie und Kultur nicht als Gegensätze und argumentiert gegen „den radikalen Bruch" zwischen der Ontologie der Biologie und der Ontologie kultureller und institutioneller Formen. Stattdessen könne über *Bewusstsein* und *Intentionalität* eine Verbindung hergestellt werden, die für den vorliegenden Un-

---

44 Den Terminus der „institutionellen Tatsache" (im Gegensatz zur „rohen Tatsache") führte *John Searle* in die philosophische Diskussion ein. Zum Begriff vgl. insbesondere *Searle* Die Konstruktion der gesellschaftlichen Wirklichkeit, Berlin 2011 (1995), S. 10, 37 ff. Vgl. zur Darstellung von *Searles* Gedanken das außerordentlich instruktive kommunikationswissenschaftliche Projekt der Universität GH Essen (jetzt Universität Duisburg-Essen), http://koloss3.mykowi.net/; zur Rezeption von *Searles* Positionen mit Bezug zu Unternehmen auch *Neuhäuser,* Unternehmen als moralische Akteure, Berlin 2011, S. 141 ff.

45 Vgl. zu dieser Formulierung – allerdings mit Bezug zum Unternehmensträger – und einer Einbeziehung von *Searles* Gedankengut in die zivilrechtliche Diskussion *Ott* (Fn. 24), S. 8 ff.; aus strafrechtlicher Perspektive *Lüderssen* The aggregative model: Jenseits von Fiktionen und Surrogaten, s. in diesem Band S. 489 ff.

46 Vgl. zu den *Stakeholder-Dialogen* als Ausdruck dessen *Leisinger* Stakeholderdialoge zwischen Theorie und Praxis, in: Breuer/Mastronardi/Waxenberger (Hrsg.), Markt, Mensch und Freiheit, Bern et al. 2009; zur frühen Rezeption dessen aus Unternehmenssicht *Freeman,* Strategic management: A stakeholder approach, Boston 1984. Deutlich wird das Unternehmen als Zurechnungsendpunkt auch auf globaler Ebene beispielsweise im *Global-Compact*-Abkommen (http://www.unglobalcompact.org/). Zur gesellschaftlichen Rezeption insbesondere die Arbeit von *Waldkirch,* Unternehmen und Gesellschaft, Stuttgart 2002 (hier insbesondere S. 167).

47 So – aus unternehmensethischer Perspektive – *French* Corporate Ethics, Fort Worth 1994, S. VII; vgl. auch die Übersetzung bei *Neuhäuser* (Fn. 44), S. 28.

48 Er stellt die Frage „Wie kann es eine objektive Welt des Geldes, des Eigentums und der Ehe, von Regierungen, Wahlen, Footballspielen, Cocktailparties und Gerichtshöfen geben in einer Welt, die gänzlich aus physikalischen Teilchen in Kraftfeldern besteht und in der einige dieser Teilchen zu Systemen organisiert sind, die bewußte biologische Lebewesen sind wie wir selbst?"; *Searle* (Fn. 44), S. 7.

tersuchungsgegenstand in einem Bereich *jenseits* von Fiktions- und Realitätstheorie führt.[49] *Searles* „Konstruktion der gesellschaftlichen Wirklichkeit“[50] liefert eine komplexe Theorie jenseits der Frage, ob es etwas „gibt“;[51] sein Ansatzpunkt – als notwendige Bedingung – ist vielmehr die intersubjektive Anerkennung einer gesellschaftlichen Tatsache, die durch die sprachliche Handlung als generierte Tatsache real wird. Ausgehend von der Unterscheidung zwischen immanenten („Dieses Objekt ist ein Stein.“) und beobachterrelativen („Dieses Objekt ist ein Briefbeschwerer.“)[52] Tatsachen, entwickelt *Searle* sein Konzept institutioneller Tatsachen als Teilklasse von gesellschaftlichen Tatsachen[53]– und in Abgrenzung zu „rohen Tatsachen“[54] –, die sich im Wesentlichen durch drei Merkmale auszeichnen: zum einen *Funktionszuweisung*[55] – eine Eigenschaft von Intentionalität, die immer beobachterrelativ ist; zum zweiten *kollektive Intentionalität*[56] und zum dritten *konstitutive Regeln*, mithin die Zuweisung eines kollektiv anerkannten Status im Sinne von „X zählt als Y im Kontext K“.[57] Unter diesen Vorzeichen soll weiter geprüft werden, was „der Fall“ ist.

**49** Zusammenfassend *Searle* (Fn. 44), S. 234 f.; im Einzelnen S. 10 ff.; 40 ff.

**50** *Searle* (Fn. 44).

**51** „An diesem Punkt lenke ich einfach nur die Aufmerksamkeit auf eine eigentümliche Eigenschaft, die gesellschaftliche Begriffe von natürlichen Begriffen wie ‚Berg‘ oder ‚Molekül‘ unterscheidet. Etwas kann ein Berg sein, selbst wenn niemand glaubt, dass es ein Berg ist; etwas kann ein Molekül sein, selbst, wenn niemand darüber überhaupt irgendetwas denkt. Aber für gesellschaftliche Tatsachen ist die Einstellung, die wir gegenüber dem Phänomen einnehmen, teilweise für das Phänomen konstitutiv.“ (*Searle* (Fn. 44), S. 42).

**52** *Searle* (Fn. 44), S. 21.

**53** „Ich setze deshalb fest, daß ich von jetzt an den Ausdruck ‚gesellschaftliche Tatsache‘ verwenden werde, um auf eine beliebige Tatsache Bezug zu nehmen, die eine kollektive Intentionalität enthält. So ist zum Beispiel die Tatsache, daß zwei Leute zusammen spazierengehen, eine gesellschaftliche Tatsache. Eine besondere Unterklasse gesellschaftlicher Tatsachen sind institutionelle Tatsachen, Tatsachen, die menschliche Institutionen einbegreifen. So ist zum Beispiel die Tatsache, daß dieses Stück Papier ein Zwanzigdollarschein ist, eine institutionelle Tatsache.“ (*Searle* (Fn. 44), S. 36).

**54** Zu dieser Abgrenzung *Searle* (Fn. 44), S. 37 ff.

**55** „Die erste Eigenschaft, die wir in unserer Diskussion der Fähigkeit bewußter Handelnder, gesellschaftliche Tatsachen zu schaffen, festhalten müssen, ist die Zuweisung von Funktionen an Gegenstände und andere Phänomene. Funktionen sind niemals immanent; ihre Zuweisung erfolgt relativ auf die Interessen von Benutzern und Beobachtern.“ (*Searle* (Fn. 44), S. 28).

**56** Vgl. hierzu *Searle* (Fn. 44), S. 33 ff.; *ders.* Kollektive Absichten und Handlungen, in: Schmid et al. (Hrsg.), Kollektive Intentionalität, Frankfurt a. M. 2009; S. 99 ff.

**57** „These ‚institutions‘ are systems of constitutive rules. Every institutional fact is underlain by a (system of) rule(s) of the form ‚X counts as Y in context C‘.“ (*Searle* Speach Acts – An Essay on the Philosophy of Language, Cambridge Mass. 1969, S. 51 f.). Im Deutschen anschaulich beschrieben in *Searle* (Fn. 44), S. 54 f.

Auf semantischer Ebene scheint „das Unternehmen an sich" sich – trotz der Tatsache, dass es zumindest nach *Teubners* Einschätzung bislang in das „Gruselkabinett der Rechtsfiguren" verbannt wurde[58] – durchzusetzen, also nicht (mehr) nur eine platonische Idee, sondern eine „semantische Entität" zu sein, „deren beobachtbare Abläufe im Kontext normativer Regulativen"[59] gedeutet werden können: es wird dort nicht mehr – als *Objekt* – im jeweiligen Normzusammenhang[60] interpretiert, sondern setzt sich – aufgrund des Einflusses der Rechtsprechung des EuGH – als selbstständiges Rechts*subjekt* durch, dessen Deutung explizit losgelöst von den Definitionen der juristischen Person in den Mitgliedsstaaten vorgenommen wird.[61] Diese – auf die Bedürfnisse des Wettbewerbs im Binnenmarkt und die

58 *Teubner* Unternehmensinteresse – Das gesellschaftliche Interesse des Unternehmens „an sich"?, ZHR 149 [1985], (S. 470–488), S. 470.

59 Vgl. mit Bezug zur juristischen Person *Ott* (Fn. 24), S. 8 f., der auf die Grundthese der Ontologie der Institutionalistischen Rechtstheorie verweist, welche dahingeht, dass eine wesenhafte Verbindung zwischen „institutionellen Tatsachen" auf der einen Seite und praktischen Informationen (Norm-, Zweck- und Wertsystemen) auf der anderen Seite bestehen müsse.

60 Das HRefG beispielsweise wählte den Begriff *Unternehmen* in § 1 Abs. 2 HGB als Oberbegriff zum Gewerbebetrieb. Diesem Begriff wurde somit eine zentrale Position eingeräumt, ohne ihn jedoch näher zu definieren, während in der herrschenden handelsrechtlichen Auslegung das Unternehmen als ein Gebilde gegenständlicher Art begriffen wird und sich aus Sachen (z. B. Betriebsanlagen, Warenlager), Rechten (Geldforderungen, Patente) und sonstigen Beziehungen („good will", Organisation) zusammensetzt. Dieses „Unternehmen im engeren Sinne" definiert einen Rechtsgegenstand eigener Art, der im Zivil- und Handelsrecht (gerade auch aufgrund der Nähe zum Vermögensbegriff) bestimmte Funktionen erfüllt, jedoch den *Unternehmensträger* zwangsläufig zum maßgeblichen Kriterium macht. Vgl. hierzu EntwBegr. BT-Drs. 13/8444, S. 22 f.; RefEntw BJM 3822/1 unter B 1 c) und die Überlegungen von *Rittner* Wirtschaftsrecht, Heidelberg 1987, S. 128 f.

61 So zunächst der materiell-institutionelle Unternehmensbegriff in EuGH Slg. 1962, 653 (687), *Klöckner und Hoesch:* „eine einheitliche, einem selbständigen Rechtssubjekt zugeordnete Zusammenfassung personeller, materieller und immaterieller Faktoren, mit welcher auf Dauer ein wirtschaftlicher Zweck verfolgt wird". Heute scheint der so genannte funktionelle Unternehmensbegriff herrschend, der – tätigkeitsbezogen – darauf abstellt, ob die betrachtete Einheit als Anbieter/Nachfrager von Gütern und Dienstleistungen auf einem bestimmten Markt anzusehen ist. Hierdurch könnte jedoch dieselbe Einheit für eine bestimmte Tätigkeit als Unternehmen angesehen werden und für eine andere wiederum nicht, was durchaus Friktionen bedeuten könnte. Jedenfalls ist im Sinne des europäischen Wettbewerbsrechts ein Unternehmen jede, eine wirtschaftliche Tätigkeit ausübende, Einrichtung unabhängig von Rechtsform und Finanzierung; vgl. die Ausgangsentscheidung in der Sache FENIN/KOM: EuG vom 4. 3. 2003, Rs. T-319/99, Slg. 2003, II-357, Rn. 35, der sich der EuGH ausdrücklich und vollumfänglich anschloss in EuGH vom 11. 7. 2006, C-205/03, FENIN/KOM, Slg. 2006, I-6295. Die herausgestellten Kriterien werden großzügig ausgelegt. So ist, entsprechend Art. 101, 102 AEUV, nach der Auslegung der Kommission der wirtschaftliche Unternehmensbegriff zugrunde zu legen und eine wirtschaftliche Einheit beispielsweise auch dann anzunehmen, wenn Konzerngesellschaften keine volle Autonomie haben, sondern beispielsweise zu 100 % in einen Mutterkonzern eingegliedert sind. Eine zentrale oder einheitliche Leitung ist hierfür ausreichend,

Anwendbarkeit der Art. 101, 102 AEUV zugeschnittene[62] – Definition stellt die *rechtliche Selbstständigkeit* und die *Beteiligung am Wirtschaftsleben* heraus[63] und impliziert ein Mindestmaß an sachlichen und persönlichen Mitteln und ein Mindestmaß an organisierter Einheit. Das „Unternehmen an sich“ wird aber auch jenseits europarechtlicher Erwägungen als Rechtssubjekt und rechts*fähig* thematisiert, wie die frühen Überlegungen *Raisers*[64] belegen und bereits im Strafrecht als Normadressat vorausgesetzt, wie *Schroths* Arbeit ausführlich darstellt.[65]

Neben einer semantischen Bedeutung hat das Unternehmen des Weiteren ein „reales Dasein“ in der Sphäre des menschlichen Bewusstseins: durch seine Anerkennung im Recht, seine Einbindung in den Markt und sein Einfügen in psychische und gesellschaftliche Wirkungszusammenhänge. Seine Existenz wird anhand sinnlich wahrnehmbarer Vorgänge sichtbar – wie die konkrete Produktion durch Mitarbeiter, Geschäftsräume und Lagerhallen – und hängt von normativen Institutionen wie Gerichten oder dem Handelsregister ab.[66] Letzterer Aspekt verdeutlicht den Unterschied zu einer rein psychischen Tatsache, denn es besteht eine verbindliche normative *Funktionszuweisung* im Sinne *Searles* über den Unternehmensträger.

---

sofern personelle Verflechtungen zwischen den Aufsichts- und Leitungsgremien vorliegen. In diesen Fällen ist der Mutterkonzern, das Unternehmen, als wirtschaftliche Einheit Adressat der jeweiligen europarechtlichen Sanktion. Siehe hierzu *Dannecker* Good Corporate Citizen und europäische Rechtsentwicklung, in: Alwart (Hrsg.), Verantwortung und Steuerung von Unternehmen in der Marktwirtschaft, München 1998, (S. 5–35) S. 18 ff. m.w.N.

**62** Spiegelbildlich steht dahinter auch der kartellrechtliche Einfluss; vgl. beispielsweise die Darstellung von *Kohlhoff* Kartellstrafrecht und Kollektivstrafe, Berlin 2003, S. 230 ff.

**63** Des Weiteren in jüngerer Zeit *das Anbieten von Gütern und Dienstleistungen.* Vgl. insofern Darstellung und Kritik von *Holland* Der EU-rechtliche Unternehmensbegriff – Darstellung der disziplinspezifischen Definitionen von Unternehmen, Saarbrücken 2010, S. 15 ff.

**64** *Raiser* Das Unternehmen als Organisation: Kritik und Erneuerung der juristischen Unternehmenslehre, Berlin 1969, S. 166 ff.

**65** Vgl. *Schroth* Unternehmen als Normadressaten und Sanktionssubjekte – Eine Studie zum Unternehmensstrafrecht, Gießen 1993, S. 21 f. m.w.N.; ähnlich *Dannecker* (Fn. 5), S. 109, die beide für die Einbeziehung der sozialen Wirklichkeit *de lege feranda* plädieren, um dem Unternehmen, als „Sammelbegriff für wirtschaftlich tätige Gebilde mit unterschiedlichen Rechtsträgern“, eine eigene Rechtsträgerschaft zuzuschreiben. Anders *Hirsch* Strafrechtliche Verantwortlichkeit von Unternehmen, ZStW 1995, (S. 285–323), S. 299; *Schmidt* Handelsrecht, Köln et al. 1999, § 4 IV, die darauf hinweisen, dass das Unternehmen als „gegenständliches Substrat der Unternehmertätigkeit“ Gegenstand des Rechtsverkehrs und höchstens Schutz*objekt* des Rechtes sein kann. Diese Überlegung würde in allen Rechtsgebieten, insbesondere dem Gesellschaftsrecht, geteilt und das Strafrecht, als Teil der Gesamtrechtsordnung, binden.

**66** Hierzu *Ott* (Fn. 24), S. 11 mit anschaulichen Beispielen.

Unabhängig vom rechtstheoretischen Standpunkt, den man zum konkreten Verhältnis des Unternehmensträgers zum Unternehmen einnimmt,[67] scheint aus historischer Sicht jedenfalls die Anerkennung des Unternehmens als juristische *Person* eine rechtliche *Folgerung* aus der beobachteten Realität gewesen zu sein.[68] Für diese Hypothese spricht auch der erwähnte Umstand, dass das Recht – trotz positivistischer Freiheit – die Rechtsfähigkeit nur an sehr „voraussetzungsreiche Sozialwirklichkeiten"[69] verleiht und eben nicht an Bäume. Allerdings ist mit dieser Feststellung die „voraussetzungsreiche Sozialwirklichkeit" noch nicht erfasst. Für ihre Eigenständigkeit und (relative) Unabhängigkeit vom Unternehmensträger spricht, dass das Unternehmensinteresse über die Interessen des Unternehmensträgers hinausgeht. Dies ergibt sich schon aus der – hierzu überwiegend und zu Recht eingenommenen – wirtschaftsverfassungsrechtlichen Perspektive, die die gesellschaftlichen und wirtschaftlichen Funktionen und Aufgaben des Unternehmens mit einbezieht. Auch die jüngeren Auseinandersetzungen um Mitbestimmungsrechte bzw. – umgekehrt – die ideologieträchtige These, Unternehmensinteresse sei lediglich die Disziplinierung der Arbeitnehmerinteressen zugunsten der Profitinteressen der Anteilseigner, schließlich die Einbeziehung von *stakeholdern* lässt trotz der Diskussion[70] um die monistische oder interessenpluralistische Ausrichtung des Unternehmens auf ein umfassenderes oder abstrakteres Unternehmensinteresse schließen. Zwar mag am Beispiel der Aktiengesellschaft die deutliche Priorisierung der *shareholder*-Interessen offensichtlich erscheinen und *Flumes*

---

**67** Vgl. insofern die Darstellung der zivilrechtlichen Diskussion bei *Teubner* (Fn. 58).

**68** Die Annahme des Unternehmens als eigenes Rechtssubjekt bis hin zur Anerkennung als *Person*, die idiologisch aufgeladen werden kann, sind nicht zuletzt die Folge des Wunsches einer leichteren Interaktion auf dem Markt. *Bakan* stellt die Ursprünge dieser Entwicklung in den USA am Beispiel des 14. Zusatzartikel zur Verfassung der Vereinigten Staaten dar, welcher nach dem Sezessionskrieg zur Gleichstellung der Rechte von Afro-Amerikanern mit Weißen eingeführt wurde. Section 1 des Zusatzartikels stellt auf den Status als *Person* ab: „[...] nor shall any State deprive any person of life, liberty, or property, without due process of law; nor deny to any person within its jurisdiction the equal protection of the laws." In der unmittelbaren Folge wurde argumentiert, dass das Unternehmen ebenfalls eine (juristische) *Person* sei und damit beispielsweise ein Recht auf Eigentum haben sollte. Die Argumentation wurde vom Obersten Gerichtshof akzeptiert und von 307 Fällen, die in den Jahren 1890–1910 anhängig wurden, hatten in 288 Fällen Unternehmen Klage erhoben; nur in 19 Fällen traten Afro-Amerikaner für diese Verfassungsrechte ein. Vgl. *Bakan*, The Corporation – A pathological pursuit of profit and power, New York 2004, S. 172, Fn. 28 m.w.N.

**69** *Teubner* (Fn. 7), S. 73, der auch auf den entstehenden massiven Druck hinweist, wenn es darum geht, soziale Personifizierungen – wie beispielsweise Gewerkschaften oder Parteien – um die juristische Personifizierung zu komplettieren (S. 74).

**70** Vgl. hier Darstellung und Nachweise bei *Kuhner* Unternehmensinteresse vs. Shareholder Value als Leitmaxime kapitalmarktorientierter Aktiengesellschaften, ZGR 2004, (S. 244–270), passim.

Hypothese,[71] das Unternehmen sei der juristischen Person der Aktiengesellschaft „zugehörig", auf den ersten Blick zu bestätigen. Auf den zweiten Blick entdeckt man jedoch, dass das „Gesellschaftsinteresse" im deutschen[72] Aktienrecht frühzeitig als zu eng empfunden wurde und eine – höchstrichterlich flankierte[73] – Abstraktion vom Interesse des Personenverbandes erfolgte. Dieser, auf *Rathenau* zurückgehende,[74] Rekurs auf ein „nach Inhalt und Grenzen weniger greifbares Interessensubjekt" mag eine Vielzahl gesellschaftsrechtlicher Probleme aufwerfen und jüngst in Anbetracht der Markterfordernisse auf Kritik von Seiten der normativen Ökonomik stoßen – er bleibt für die hier interessierende normative Funktionszuweisung maßgeblich.

Insofern lässt sich das Unternehmen als *soziologisch institutionell* bezeichnen, da es mit sozialen Institutionen wie dem Markt verbunden ist, normativ auf europäischer Ebene anerkannt und auch im deutschen Recht unabhängig von seinem Träger, der juristischen Person, Bedeutung hat.

Mit dieser Feststellung ist für das Strafrecht allerdings noch kaum mehr gewonnen als ein Anker in der gesellschaftlichen Wirklichkeit. Erwägt man eine Unternehmensstrafe, müsste das Unternehmen auf theoretischer Ebene als tauglicher *Täter* in Betracht kommen können. Der *strafrechtlich relevante Rechtsbruch des Unternehmens* impliziert, dass von einem relevanten *sozialen* Kontakt ausgegangen wird und nicht von einer „modernen Naturkatastrophe". Überlegungen, die bereits im Kontext des Umgangs mit der Natur bekannt sind, müssen auch hier angestellt werden: kann das Unternehmen als „personenhaft agierend" verstanden werden oder ist es nicht mehr als „bloße Durchgangsstelle natürlicher Prozesse"?[75]

---

71 *Flume* Allgemeiner Teil des bürgerlichen Rechts (Band 1/2) – Die Juristische Person, Berlin et al. 1983, S. 48.

72 Anders im US-amerikanischen Gesellschaftsrecht, wo die Anteilseignerorientierung überwiegend unbestritten gilt; vgl. hierzu *Kuhner* (Fn. 70), S. 274 ff.

73 Vgl. BGHZ 64, 325, 329 = NJW 1975, 1412, 1413 wo ausgeführt wird, dass das Unternehmensinteresse „sich vielfach, aber nicht immer, mit den Interessen der im Aufsichtsrat repräsentierten Gruppen decken wird". Vgl. weiter BVerfGE 50, 290 = NJW 1979, 699, 703 in der Frage der verfassungsrechtlichen Vereinbarkeit des MitbestG mit dem GG. Bezüglich des Vorstandes wird unter anderem ausgeführt, dass diesem „die Wahrung von Interessen aufgegeben ist, die nicht notwendig diejenigen der Anteilseigner sein müssen".

74 „[...] die Großunternehmung ist heute überhaupt nicht mehr lediglich ein Gebilde privatrechtlicher Interessen, sie ist vielmehr, sowohl einzeln wie in ihrer Gesamtzahl, ein nationalwirtschaftlicher, der Gesamtheit angehöriger Faktor, der zwar aus seiner Herkunft, zu Recht oder zu Unrecht, noch die privatrechtlichen Züge des reinen Erwerbsunternehmens trägt, während er längst und in steigendem Maße öffentlichen Interessen dienstbar geworden ist und hierdurch sich ein neues Daseinsrecht geschaffen hat." (*Rathenau* (Fn. 20), S. 38 f.)

75 Vgl. hierzu *Jakobs* (Fn. 10), 1/4, insbesondere Fn. 6, mit Verweis auf *Kelsen* Vergeltung und Kausalität. Eine soziologische Untersuchung, Chicago 1941, passim.

## III. Was steckt dahinter?

### 1. Das Unternehmen – die Summe seiner Teile?

Die moderne Diskussion um die Unternehmensstrafe – welche sich also nicht nur mit der theoretischen Möglichkeit einer Strafbarkeit der juristischen Person befasst – weist erneut zwei gegenläufige Pole auf: „aggregative approaches",[76] die das Unternehmen zwar als „Verantwortlichen" in Erwägung ziehen, den Ansatzpunkt jedoch auf Ebene der Individuen suchen;[77] sowie „holistische Modelle",[78] die das Gesamtsubjekt unmittelbar in den Vordergrund stellen.[79] Letztere setzen sich leicht dem (zuweilen berechtigten) Vorwurf eines „vorschnellen Griff[s] nach der Metaphysik des Gesamtsubjekts"[80] aus, sind sie doch in der Bringschuld hinsichtlich des übergeordneten Ansatzpunktes, der nicht der Mensch sein soll. Da Unternehmen keine Körper zu haben scheinen, mittels derer sie in die Welt eingreifen können, kämpfen *nicht*-mikrobasierte Ansätze schon mit der Frage, *wer* hier handelt. Vermag diese Frage beantwortet zu werden, stellt sich im Anschluss die ebenso schwierige, ob im Gesamtsubjekt ein Geist zu entdecken ist, der Absichten formen kann, durch die bloßes Tun erst zum Handeln wird.[81]

---

76 Vgl. *Pieth/Ivory* Emergence and Convergence: Corporate Criminal Liability Principles in Overview, in: *Pieth/Ivory* (Hrsg.), Corporate Criminal Liability, Emergence, Convergence and Risk, Heidelberg et al. 2011, S. 4 ff.; *Wells*, Corporations and Criminal Responsibility, Oxford 2005, S. 156. Zur Darstellung dieses Ansatzes *Lüderssen* unten, S. 387 ff, der auf dieser Grundlage jedoch konsequenterweise die Kriminalstrafe verneint und ein Interventionsrecht befürwortet.

77 „Aggregative approaches also treat the corporation as the principle offender, but they do so by adding together the different acts, omissions, and states of mind of individual stakeholders, particularly corporate officers and senior managers." (vgl. *Pieth/Ivory* (Fn. 76), S. 7).

78 Vgl. zum holistischen Ansatz in der Soziologie beispielsweise *Laszlo*, The Systems View of the World. A Holistic Vision for Our Time, Cresskill 1996. Im Kern holistisch aber schon *von Gierke* (Fn. 26).

79 Vgl. hierzu die differenzierten Überlegungen von *Lüderssen* oben, S. 88 ff.

80 Vgl. insofern die Warnung von *Lüderssen* oben, S. 86 f.

81 So die klassische Handlungstheorie, beispielsweise dargestellt bei *Davidson*, Essays on Actions and Events, Oxford 2001, S. 19–42 und 73–98. Vgl. auch den Überblick bei *Bratman*, Davidson's Theory of Intention, in: LePore/McLaughlin, Actions and Events, New York 1985, S. 12–28. Vgl. zum Verständnis des „Akteurs" als „sozial Handelnden" beispielsweise *Gabriel*, Die Soziologie und ihre Paradigmen – Einleitende Bemerkungen, in: Gabriel (Hrsg.), Paradigmen der akteurszentrierten Soziologie, Wiesbaden 2004, (S. 9–20), S. 15 ff.

Der in der Ökonomie herrschende und im Recht rezipierte methodologische Individualismus[82] betrachtet das Unternehmen nur als einen „sozialen Schnittpunkt spezifischer Interessenverfolgung"; der Mensch gilt als Letzteinheit und die Wirtschaft „als Komplex unzähliger Individualhandlungen".[83] Unternehmen sind danach Institutionen *gepoolter Ressourcen,*[84] die mittels eines „Netzes von Verträgen"[85] organisiert sind, um Transaktionskosten[86] zu sparen.[87] Auf Basis dieser Vorstellung kann das Unternehmen nicht als Akteur dargestellt werden, denn es wird von Nutzen maximierenden Individuen lediglich als Instrument zur Durchsetzung ihrer Ziele benutzt.

Der methodologische Individualismus steht holistischen bzw. kollektivistischen Ansätzen gegenüber, die ihren Ausgangspunkt in überindividuellen Strukturen haben und muss auch vor dem Hintergrund seiner kritischen *Gegenposition* zu diesen Ansätzen gesehen werden: der Ursprung holistischer Ansätze wurde ins-

82 Als „methodologischer Individualismus" wird ein methodisches Prinzip bezeichnet, das jedes ökonomische oder soziale Makro-Phänomen als Ergebnis der Handlungen einzelner *Individuen* betrachtet und folgert, dass „alle sozialen Phänomene, insbesondere das Funktionieren der sozialen Institutionen, immer als das Resultat der Entscheidungen, Handlungen, Entwicklungen menschlicher Individuen verstanden werden sollten" (*Popper,* Die Autonomie der Soziologie, in: Popper/Miller (Hrsg.), Lesebuch: ausgewählte Texte zu Erkenntnistheorie, Philosophie der Naturwissenschaften, Metaphysik, Sozialphilosophie, 1945, Nachdruck 2000, (S. 337–349), S. 348. In die wirtschaftswissenschaftliche Diskussion führte diesen Begriff ursprünglich ein *Schumpeter,* Das Wesen und der Hauptinhalt der theoretischen Nationalökonomie (1908), 2. Auflage Berlin 1970 (vgl. insbesondere S. 88, wo er aufführt, dass zur Beschreibung gewisser wirtschaftlicher Vorgänge von dem Handeln der Individuen auszugehen ist). Einen Überblick zu diesem Ansatz bietet *Udehn,* Methodological Individualism. Background, History and Meaning, London 2001, S. 77 ff. Jüngst für das Strafrecht nutzbar gemacht von *Mansdörfer* Zur Theorie des Wirtschaftsstrafrechts, Heidelberg et. al. 2011, S. 16 ff., der seine Überlegungen zur Theorie des Wirtschaftsstrafrechts auf diesem Konzept aufbaut.

83 So beispielsweise *Mansdörfer* (Fn. 82), S. 16.

84 *Coleman* Macht und Gesellschaftsstruktur, Tübingen 1979, S. 25 ff.

85 Das Unternehmen als bewusste – weil vorteilhafte – Ausnahme des Marktprinzip und *nexus of contracts* stellte als erster *Coase* heraus. Sein gedanklicher Ausgangspunkt der – als hierarchisch beschriebenen – Struktur des Unternehmens ist der *Vertrag.* Unternehmen sind hiernach Vertragsbündel, die einzelne Personen unter dem Ziel ihrer Nutzenmaximierung anbieten oder nachfragen. Vgl. *Coase,* The Nature of the Firm, in: Williamson/Winter (Hrsg.) The Nature of the Firm: Origins, Evolution and Development, New York 1932 (Nachdruck Oxford 1993), S. 34 ff.; *Köndgen,* Die Relevanz der ökonomischen Theorie der Unternehmung für rechtswissenschaftliche Fragestellungen – ein Problemkatalog, in: Ott/Schäfer, Ökonomische Analyse des Unternehmensrechts, Heidelberg 1993, (S. 128–155), S. 145.

86 *Williamson* Economic organization: firms, markets and policy control, New York 1986; *ders.* Assessing Vertical Market Restrictions: Antitrust Ramifications of the Transaction Cost Approach, in: Williamson/ Masten (Hrsg.), Transaction Cost Economics, Aldershot 1995.

87 Diese Aspekte aufgreifend: *Coleman* Grundlagen der Sozialtheorie, Band 2, Oldenburg 1992, S. 133, Rn. 426 ff.

besondere von *Hayek* in *Alltagstheorien* vermutet, welche sich zur Erklärung sozialer Phänomene als ungeeignet erwiesen.[88] Und in der Tat ist der Position des methodologischen Individualismus in seiner Kritik an „Mystifikationen der Kollektiveinheiten als überindividuelle, einzelne Individuen zu neuen Ganzen verbindende Wesenheiten" zuzustimmen.[89] Die vielfach damit einhergehende implizite Anwendung des *Ziel-Mittel-Schemas* und pauschale Übertragung handlungstheoretischer Vorstellungen auf soziale Einheiten überzeugt insbesondere in Bezug auf vorliegenden Untersuchungsgegenstand nicht, weil letztlich unterstellt wird, dass die beobachtbaren sozialen Folgen Manifestationen des Willens, der Interessen und der Motive dieser sozial hervorgehobenen „Akteure" sind.[90] In der Folge werden beispielsweise unterschiedliche Interessen der Beteiligten – hinsichtlich des Unternehmens unter dem Stichwort „Prinzipal-Agenten-Dilemma"[91] thematisiert – ausgeblendet.

Gleichwohl ist auch der methodologische Individualismus zu kritisieren, denn er lässt den sozialen Aspekt, dessen Eigendynamik und damit die Frage „Was steckt dahinter?" vollkommen unberücksichtigt. Die grundsätzliche Annahme, eine Organisation „an sich" könne keinen Einfluss auf ihre Mitglieder nehmen und weise keine weiteren Eigenschaften auf als diejenigen, die durch die Charakteristika ihrer individuellen Mitglieder angelegt sind, stellt letztlich einen ontologischen Reduktionismus dar. Neben grundsätzlichen Einwänden, die – mit Verweis auf soziale Phänomene – dagegen erhoben werden, spricht hier gegen diese Metatheorie, dass

---

**88** Vgl. hierzu die Darstellung von *Meyer*, Akteursmodell und ökonomischer Ansatz – Eine Verhältnisbestimmung, in: Meyer/Weber (Hrsg.): Controlling und begrenzte kognitive Fähigkeiten – Grundlagen und Anwendungen eines verhaltensorientierten Ansatzes, Wiesbaden 2011, (S. 57–89), S. 59 ff. Er weist darauf hin (S. 63, Fn. 21), dass *Hayeks* Ausführungen auch als Kritik am, beispielsweise von *Marx* vertretenen, Historizismus zu verstehen sind, der nach Gesetzmäßigkeiten in der menschlichen Geschichte suchte.

**89** So die treffende Formulierung *Teubners* (Fn. 7), S. 66.

**90** Vgl. zur Kritik der Anwendung des Ziel-Mittel-Schemas auf Unternehmen am Beispiel der Brent Spar, *Waldkirch* (Fn. 46), S. 144 ff.

**91** Damit wird das Problem rational handelnder und opportunistischer Akteure bezeichnet, die im jeweils eigenen und in Problemfällen divergierenden Interesse handeln. Es entsteht mitunter ein Zielkonflikt zwischen den Interessen des Agenten und des Prinzipals und in der Folge bilden sich *Informationsasymmetrien*, die dadurch bedingt sind, dass der Agent – die Unternehmensleitung – aufgrund der ausgeübten Tätigkeit über mehr Informationen verfügt als der Prinzipal. Der Prinzipal wiederum kann den Agenten nicht kostenlos und nicht gänzlich überwachen, sodass der Agent den Informationsvorsprung auch zum Nachteil des Prinzipals ausnutzen kann. Zu diesem auch als „moral hazard" bezeichneten Phänomen im Allgemeinen *Beck*, Volkswirtschaft verstehen, Zürich 2008, S. 162 ff. Vgl. zur „Agency-Theorie" weiter *Fama*, Agency Problems and the Theory of the Firm, in: Journal of Political Economy (88) 1980, (S. 288–307), passim; *Köndgen* (Fn. 85), S. 136 ff. m.w.N.; *Williamson* Economic organization: firms, markets and policy control, New York 1986, S. 12 m.w.N.

das Unternehmen eine *Ausnahme* vom Marktprinzip darstellt und seine interne Koordination nicht über Marktmechanismen, sondern über Anordnung und Kontrolle innerhalb hierarchischer Strukturen läuft.[92] Mag die Unternehmens*gründung* noch als Aggregation der Interessen von Prinzipal und Agent gedeutet werden können – für die Unternehmens(weiter)entwicklung kann dies nicht gelten. Dies würde m. E. nämlich unterstellen, dass es sich um ein Netzwerk unternehmensbezogen agierender Individuen handelt, die alle über einen hohen Grad an Dispositionsfreiheit und einen ähnlichen (potenziellen) Informationsstand verfügen. Ebendies ist aber aufgrund unterschiedlich definierter Funktionsbereiche im Unternehmen nicht anzunehmen. Zudem würden bei Zugrundelegung der – ohnehin vereinfachten – Vorstellung eines rational Nutzen maximierenden Akteurs plausible Motivationen wie Loyalität gegenüber dem Unternehmen oder Angst vor Verlust des Arbeitsplatzes außen vor bleiben.

Die Weiterentwicklung des individualistischen Ansatzes, wie beispielsweise im „Makro-Mikro-Makro-Modell"[93] *Colemans,* vermag die Schwächen des methodologischen Individualismus kaum auszugleichen, denn obwohl hier zwar kollektive Einheiten zum Untersuchungsobjekt werden, erfolgt die Makroanalyse Individuen-basiert; das Unternehmen geht auch hier nicht über eine *Aggregation von Einzelinteressen* hinaus. Nach dieser Auffassung veranlassen nämlich Makrophänomene die Individuen zu bestimmten Handlungen und Einstellungen und ebendiese haben Folgen für weitere individuelle Handlungen und Einstellungen, aus denen ein anderes Makrophänomen entsteht. *Coleman* geht davon aus, dass der Übergang zwischen Mikro- und Makroebene anhand von (Spiel-)Regeln[94] nachvollzogen werden

92 Siehe hierzu *Coase* (Fn. 85); *Homann/Suchanek*, Ökonomik: Eine Einführung, Tübingen 2005, S. 285; aus unternehmenshistorischer Sicht die Arbeit von *Pierenkemper,* Unternehmensgeschichte – Eine Einführung in ihre Methoden und Ergebnisse, Stuttgart 2000.

93 Das Makro-Mikro-Makro-Modell soll nach Auffassung *Colemans* den Gegensatz zwischen holistischen und individualistisch-reduktionistischen Perspektiven auflösen, indem kollektive Phänomene zum zentralen Untersuchungsgegenstand werden, allerdings diese nicht als soziale Gebilde *sui generis* verstanden und mittels Makrogesetzen erklärt werden. Stattdessen ist *Colemans* Ausgangsprämisse, dass kollektive Phänomene mittels Kontexthypothesen und Aggregationsregeln auf individuelle Phänomene bezogen und so mit einem methodologischen Individualismus verbunden werden müssen. Vgl. zu diesem als „Coleman'sche Badewanne" bekannten Ansatz *Greve/Schnabel/Schützeichel* Das Makro-Mikro-Makro-Modell der soziologischen Erklärung – zur Einleitung, in: *dies.* (Hrsg.), Das Makro-Mikro-Makro-Modell der soziologischen Erklärung, Wiesbaden 2008 (des Weiteren dort die Beiträge *Albert*, Sachverhalte in der Badewanne, S. 21 ff.; *Schützeichel*, Methodologischer Individualismus, sozialer Holismus und holistischer Individualismus, S. 357 ff.).

94 *Coleman* Grundlagen der Sozialtheorie, Band 1: Handlungen und Handlungssysteme, München 1991, S. 13 f.

kann und das Präferenzsystem[95] der Mikroebene letztlich die Makroebene vollständig abbildet.[96] Gegen diese Konzeption ist aber einzuwenden, dass sie nicht nur eine Reihe von Parametern – wie beispielsweise das oben genannte „rationale Entscheidungsverhalten" – selbst vorgibt,[97] sondern auch eine Vereinfachung hinsichtlich der Verknüpfung der individuellen Handlungen mit den Makrophänomenen darstellt.[98] Denn zum einen schließt die Annahme, dass ausschließlich Individualhandlungen einander beeinflussen, den kausalen Einfluss von Vorbildern, Symbolen oder die Überzeugungskraft einer Idee auf das Verhalten des Individuums aus;[99] zum zweiten weist die Aggregation von akteursspezifischen Vorstellungen *selbst* mitunter Probleme auf, wie schon das *Condorcet*-Paradox aus dem 18. Jahrhundert zeigt.[100] So bleibt *Colemans* Konzept letztlich ein *Modell*, das die Logik genau definierter Handlungskonstellationen veranschaulicht, deren Rahmenbedingungen aber zu vielfältig sind, um auf Modellsituationen reduziert zu werden.[101]

Insofern überzeugt keine Auffassung, die Unternehmen zu „verbal symbols" für Vernetzungen von Individuen reduziert.[102] Allerdings tragen auch holistische Konzeptionen mit – metaphysischem – Rekurs auf eine „leiblich-geistige Lebenseinheit" im Sinne *von Gierkes* nicht, da sie einerseits den Menschen zur „Letzteinheit" machen, jedoch das gesamte Unternehmenswirken auf ein Gesamtsubjekt externalisieren. Ein solcher „Übermensch"[103] eignet sich nicht nur kaum als Objekt sozialer Beobachtung – niemand hat ihn je gesehen – er müsste auch über kognitive Fähigkeiten verfügen, welche fernliegend sind.

---

**95** *Coleman* geht hier als Handlungsprinzip auch von dem rational nutzenmaximierenden Akteur aus; vgl. *Coleman* (Fn. 94), S. 17.

**96** *Coleman* (Fn. 94), S. 24.

**97** Vgl. hier die detaillierte Kritik *Balogs* der verdeutlicht, dass es in diesen „Grundlagen der Sozialtheorie" letztlich nicht darum ging, empirische Phänomene zu erfassen oder ihre konzeptuellen Grundlagen zu entwickeln, sondern vielmehr um „die Modellierung von Situationen in möglichen Welten, deren Akteure nutzenmaximierende Egoisten sind". *Balog* Makrophänomene und ‚Handlungstheorie'. Colemans Beitrag zur Erklärung sozialer Phänomene, in: *Greve/Schnabel/Schützeichel* (Hrsg.), Das Makro-Mikro-Makro-Modell der soziologischen Erklärung, Wiesbaden 2008, S. 251–266.

**98** Vgl. zur Kritik an den von *Coleman* etablierten Kausalbeziehungen zwischen Makro- und Mikroebenen anhand des *Weberschen* Leitbeispiels, wonach die Doktrin des asketischen Protestantismus den Kapitalismus hervorbrachte, im Einzelnen *Balog* (Fn. 97), S. 255–258 m.w.N.

**99** *Balog* (Fn. 97), S. 258.

**100** Dieses besagt, dass Mehrheitsentscheidungen von mindestens drei Entscheidern aus mindestens drei Alternativen nicht zwangsläufig eine soziale Präferenzordnung entstehen muss. Dies wurde später von *Arrow* als allgemeines Problem der Präferenzaggregation nachgewiesen; vgl. *Arrow*, Social Choice and Individual Values, 2. Auflage, New Haven et al. 1963.

**101** *Balog* (Fn. 97), S. 261.

**102** Vgl. *Teubner* (Fn. 7), S. 66 mit den Nachweisen in Fn. 23.

**103** *Teubner* (Fn. 7), S. 66.

Es gilt also ein „theoretisches Werkzeug“ zu finden, das die vom methodologischen Individualismus ignorierten (starken) Emergenzen erfassen kann, ohne sie einem „höheren Wesen“ zuzuschreiben. Die Systemtheorie – so lautet die im Folgenden ausgeführte These – stellt ein solches theoretisches Werkzeug dar. Zum einen, weil sie *jenseits* der Alternative *Individualismus* und *Holismus* zu verorten ist[104] und damit die genannten Nachteile nicht aufweist.[105] Sie führt kollektives Handeln nicht auf individuelles Handeln zurück oder umgekehrt, sondern wertet beides als unterschiedliche Formen sozialer Handlungsattribution. Zum zweiten, weil sie den – somit denkbaren *Akteur* Unternehmen – nur in seiner *sozialen* Dimension zu erfassen sucht und eben keine *psychologische* Bestimmung[106] der Einheit der Elemente unternimmt.[107] Zum dritten, weil die Ausgangsprämissen der Systemtheorie in Aussicht stellen, der Eigendynamik und Fähigkeit zur Selbstorganisation ausreichend Rechnung zu tragen, sie also nicht auf etwas Statisches zu reduzieren. Denn selbst Auffassungen, die das Unternehmen – zutreffend – als „organisiertes Sozialsystem“ begreifen,[108] ist entgegenzuhalten, dass nur die *Konstitution* als zielgerichtetes Handlungssystem ebendieses noch nicht zum handlungsfähigen Akteur macht. Hierzu wird es erst durch „die reflexive Kommunikation innerhalb des Handlungssystems über dessen eigene Identität und Handlungsfähigkeit“.[109] Die (emergente) Qualität des sozial handlungsfähigen Akteurs entsteht also erst durch die bereits erwähnte *Selbstbeschreibung* als solcher und das Unternehmen wird durch die eigene und fremde Orientierung hieran *soziale Realität.*

**104** In der Tat sind Kollektivismus und Individualismus für die Systemtheorie lediglich „vorschnelle Optionen“; vgl. *Luhmann* Wie ist soziale Ordnung möglich?, in: *ders.* Gesellschaftsstruktur und Semantik 2 (1981), S. 245. Dies betont auch *Teubner* (Fn. 7), S. 63, der zu Recht darauf hinweist, dass die Systemtheorie fälschlicherweise in dem Ruf steht, die Position des Holismus zu vertreten.

**105** *Bunge* beispielsweise versucht mit seinem *systemischen* Ansatz (der nicht vollkommen mit einem systemtheoretischen Ansatz identisch ist) die guten Aspekte des Holismus und des Individualismus zu integrieren, ohne die schlechten zu übernehmen. Vgl. *Bunge* Treatise on Basic Philosophy, Band 8 (Ethics: The Good and the Right), Dordrecht et al. 1989, S. 212 ff.

**106** Auf *Webers* „Beziehungsebene“ wird eine solche *psychische* Realität formuliert. Hiernach haben „Kollektivgebilde [...] als Vorstellung“ eine „gewaltige, oft geradezu beherrschende, kausale Bedeutung für die Art des Ablaufs des Handelns der realen Menschen“ (vgl. *Weber,* Wirtschaft und Gesellschaft (5. Aufl. 1972) S. 6 f.; 26 ff.).

**107** *Luhmanns* Ansatz ist weit entfernt von der Metaphysik *von Gierkes,* denn nach ihm sind soziale Systeme nicht „aus Handlungen aufgebaut, so als ob diese Handlungen auf Grund der organisch-psychischen Konstitution des Menschen produziert werden und für sich bestehen könnten; sie werden in Handlungen zerlegt und gewinnen durch diese Reduktion Anschlussgrundlagen für weitere Kommunikationsverläufe“ (vgl. *Luhmann* (Fn. 3), S. 192 f. und allgemeiner angedeutet schon S. 41 ff.).

**108** Vgl. *Raiser* (Fn. 64), S. 93 ff., sowie die Nachweise bei *Teubner* (Fn. 7), Fußnoten 36–40.

**109** *Teubner* (Fn. 7), S. 68.

Die Hypothese eines „personenhaft agierenden“ Unternehmens wird also auf dieser Grundlage weiter verfolgt. Im nächsten Schritt wird näher dargelegt, wie weit die „sprachlich kondensierte Vorstellung von Gruppenidentität“[110] reicht und wie aus meiner Sicht „Körperlichkeit“ und „Intentionalität“ des Unternehmens zu begreifen sind. Hiernach wird das Unternehmen aus systemtheoretischer Perspektive beschrieben.

## 2. Das Unternehmen als korporativer Akteur

Die „Körperlichkeit“ des Unternehmens lässt sich natürlich nicht durch Bezugnahme auf Produktionsmittel oder Gebäude des Unternehmens bejahen. Vielmehr geht es um eine analoge Verwendung des Begriffs *Körper*, wobei die Individualisierbarkeit, die Identität und die Grenzen eines „Akteurs“ die relevanten Parameter zu sein scheinen. Und sie sind auf das Unternehmen übertragbar: Selbst wenn man es als umweltoffenes System konstruiert, verfügt es notwendigerweise über eine relativ invariante Außengrenze, um mit seiner Umwelt interagieren zu können. Diese konstante Außengrenze bedeutet, dass sich seine innere Ordnung nicht beliebig ausdehnen kann, sondern klar ist, welche Vorgänge als systemextern und systemintern gelten.[111] Die Kooperation zwischen den individuellen Akteuren ist nicht nur durch organisatorisch sinnvolle, sondern auch durch *rechtlich relevante* Handlungseinschränkungen, wie Arbeitsverträge, Stellenbeschreibungen, Unternehmensverfassungen organisiert, sodass auch nach innen erkennbar wird, was als systemintern oder -extern gilt.

Ebenso entwirft sich das Unternehmen auch nach außen als individualisierbarer und abgegrenzter Akteur. Durch Annahme einer bestimmten Rechtsform – die nicht mehr als ein Indiz[112] darstellt –, durch Angabe eines Hauptsitzes und durch Symbole, mittels derer eine Identifizierung erreicht werden soll, ist die Schaffung einer eigenen Identität möglich. Nach innen und nach außen erfolgt also

**110** *Teubner* (Fn. 7), S. 68.

**111** Siehe hierzu *Luhmann* Organisation und Entscheidung, Wiesbaden 2000, S. 24.

**112** Die Rechtsform ist nach vorliegender Ansicht kein exklusives Merkmal, da es für die kriminologische Betrachtung bzw. sozialen Auswirkungen des Unternehmens im Allgemeinen nicht auf die Rechtsform des Unternehmens ankommen kann. In diese Richtung auch das kartellrechtliche Unternehmensverständnis, das beispielsweise in EUGH, Urt. v. 28. 6. 2005, Slg. 2005, S. I-5425 ff., Rn. 113 – *Dansk Rorindustri u. a./Kommission* zum Ausdruck kommt. Vgl. schon oben Fn. 61 und 62.

eine Abgrenzung; es handeln zwar natürliche Personen, aber *auf Rechnung* und *im Namen* des Unternehmens.[113]

Hinsichtlich der Frage, ob das Unternehmen in der Lage ist, Absichten herauszubilden – also: zu *handeln* – muss ebenfalls eine ontologisch neutrale Herangehensweise gewählt werden. Vorbild kann hier beispielsweise *Dennetts* Ansatz sein, metaphysische Personalität getrennt von der moralischen Personalität zu betrachten.[114] Nach *Dennett* ist die Beschreibung von Systemen auf verschiedene Arten bzw. durch drei *Einstellungen* möglich: in der ersten kann das Verhalten eines Systems in *physikalischer* Einstellung vorhergesagt werden, was jedoch aus Komplexitätsgründen oft nicht möglich ist, da dies Kenntnisse der konkreten physischen Realisierung voraussetzt. Die zweite – *funktionale* – Einstellung setzt die Kenntnis der Funktionen des Systems voraus, was mitunter ebenfalls zu komplex ist, sodass auch auf eine weitere – dritte – Einstellung zurückgegriffen werden kann: die intentionale Ebene.[115] Aufgrund der Komplexität physikalischer Prozesse, die einem letztendlichen Verständnis aufgrund des eigenen begrenzten Wissens entgegensteht, erscheint es mitunter vorzugswürdig, Intentionalität aus *pragmatischen* Gründen zuzuschreiben; und dies ist auch möglich mittels einer *nützlichen Fiktion.* Zur Veranschaulichung dient *Dennett* das Beispiel des Schachcomputers, dem man intentionale Schachzüge attestiert, ihn als *Gegner* wahrnimmt und gerade nicht versucht, die physikalische Einstellung einzunehmen und die Rechenprozesse des Computers nachzuvollziehen.[116] Nach *Dennett* wird ein System also dann als *intentionales* System angesehen, wenn sich sein Verhalten mit einer intentionalen

113 Diese grundsätzlich definierbare *Identität* des Unternehmens scheint im Hinblick auf die neuen institutionellen Arrangements, die hybriden Organisationsformen – beispielsweise dezentralisierte Konzerne – schwerer darstellbar. Doch auch hier können taugliche Kriterien entwickelt werden, wie sie dem (weiten) gemeinschaftsrechtlichen – funktionalen – Unternehmensbegriff (siehe oben Fn. 61 und 62) zugrunde liegen. Demnach kommt es bei Wettbewerbsbeschränkungen durch Konzerngesellschaften darauf an, ob Konzernmutter und -tochter eine *wirtschaftliche Einheit* bilden, welche am Konzerninnenverhältnis wie der *kapitalmäßigen Verbundenheit* und dem *Mangel an unternehmerischer Verhaltensautonomie der Tochter* erkennbar sein kann. Vgl. hierzu EUGH, Urt. v. 24.10.1996, Slg. 1996 I S. 5457 ff., Leitsatz 1 – *Viho.*

114 Die sogenannte *personal stance,* also personale oder moralische Personalität ist – als vierte Ebene – logisch verschieden von der physikalischen Einstellung *(physical stance),* der funktionalen Einstellung *(design stance)* und der intentionalen Einstellung *(intentional stance);* vgl. *Dennett,* Mechanism and Responsibility, in: Watson (Hrsg.), Free Will, Oxford 1982, S. 157 ff.

115 Vgl. hierzu *Dennett* (Fn. 114), S. 154 ff., sowie die Darstellung bei *Stuckenberg* (Fn. 16), S. 99 ff. und die anders systematisierte Schilderung bei *Neuhäuser* (Fn. 44), S. 98 ff. Vgl. zu diesen Zusammenhängen und Formulierungen *Schmitt-Leonardy* (Fn. 19), Rn. 230 ff.

116 Siehe hierzu *Dennett,* Intentional Systems, in: Dennett (Hrsg.), Brainstorms: Philosophical Essays on Mind and Psychology, Cambridge 1981, S. 3 ff., 16 ff.

Einstellung erklären und vorhersagen lässt; dies gilt für Menschen ebenso wie für Schachcomputer.

Die Intentionalität im Sinne einer „Gerichtetheit"[117] geistiger Zustände, Einstellungen oder Prozesse auf ein Bezugsobjekt ist bezüglich des Unternehmens dann nicht einfach zu bejahen, wenn man nicht auf den Unternehmens*träger* abstellt und wie *von Gierke* die Intentionen eines „(Haupt-)Organs" – aus dem Kreise der es repräsentierenden Führungskräfte – als diejenigen des Unternehmens deutet. Soll ein Rückbezug zum Gesamtsubjekt als *selbstständiger* Realität gewährleistet sein, müsste bezüglich des Kollektivs ein genuiner *Wir-Modus* für möglich gehalten werden. Ausgangsprämisse ist hierbei mit *Searle*, dass es ein „kollektives absichtliches Verhalten gibt, das nicht dasselbe ist wie die Summierung individuellen absichtlichen Verhaltens".[118] *Searle* bildet zur Veranschaulichung das Beispiel einer Gruppe von Menschen, die im Park an verschiedenen Plätzen sitzen oder stehen, als es zu regnen anfängt. Der Umstand, dass alle Menschen zu dem zentralen Unterstand laufen und jede Person die Absicht hat, die vereinfacht als „ich renne zu dem Unterstand" formuliert werden könnte, macht dies noch nicht zu einem kollektiven Verhalten; es handelt sich um eine Sequenz individueller Akte. Handelte es sich bei den zu dem zentralen Unterstand laufenden Menschen um eine Ballettformation, wäre der Sachverhalt – trotz mitunter identischer Bewegungen – anders zu beurteilen.[119] Entscheidend ist hierbei, dass jede individuelle Absicht mit – oder eben ohne – Bezugnahme auf die anderen auszudrücken ist und ob wechselseitig geteiltes Wissen um die Aktivitäten der anderen bejaht werden kann.

An diesem Kriterium wird erneut der Unterschied zu „aggregative approaches" deutlich: Diese gelangen durch eine Addition der verschiedenen Handlungen, Einstellungen und Versäumnisse zur Verantwortung des Gesamtsubjekts; „Wir-Absichten" sind in diesem Modell nicht relevant, obgleich sie m. E. den Kern der Unternehmenstätigkeit ausmachen. Ohne Zweifel ist gemeinsames Handeln auch ohne geteilte Absicht denkbar, wie es beispielsweise bei einer panikartigen Flucht aus einem brennenden Kaufhaus der Fall wäre. Hier haben die Flüchtenden die gleichen Intentionen, ohne sie im Sinne von *Wir-Intentionen* aktiv zu teilen; die Gruppe

---

117 Mit *Intentionalität* ist also nicht „Absichtlichkeit" gemeint, sondern die – auf *Brentano* (Psychologie vom empirischen Standpunkt, Leipzig 1924, Band 1, S. 124 ff.) zurückgehende – Annahme, dass alle mentalen Phänomene auf *etwas* bezogen sind. Vgl. hierzu nur die umfangreichen Nachweise bei *Stuckenberg* (Fn. 16), S. 68 f./Fn. 322.

118 *Searle* Kollektive Absichten und Handlungen, in: Schmid et al. (Hrsg.), Kollektive Intentionalität, Frankfurt a. M. 2009, S. 100.

119 Vgl. zu dem Beispiel *Searle* (Fn. 118) S. 101 f.; des Weiteren das analoge Beispiel bei *French* Collective and Corporate Responsibility, New York 1984, S. 19.

wird entsprechend als *Aggregat* und nicht als *Kollektiv* bezeichnet.[120] Betrachtet man jedoch den Produktionsprozess des Unternehmens im abstraktesten Sinne, so betrachtet man eine Gruppe von Individuen, die ihr Tun ineinander greifen lassen. Das Unternehmen stellt mehr dar als ein Dach, unter dem sich eine Ansammlung von Menschen aufhält, die zufällig ein bestimmtes Merkmal teilt, wie beispielsweise sich am selben Ort zu befinden. Die Unternehmensmitarbeiter führen ihre Tätigkeit nämlich gerade nicht wie auf dem freien Markt zum eigenen Vorteil aus und produzieren, von *Smiths* unsichtbarer Hand gelenkt, einen Unternehmens*output*, den man dann kaum als intentional ausweisen könnte.[121] Sie handeln vielmehr *innerhalb definierter Funktionsbereiche*, als Repräsentanten bzw. Agenten des Unternehmens „in dessen Sinne“. Mag auch in einem nächsten Schritt noch zu analysieren sein, was „im Sinne des Unternehmens“ ist, kann an dieser Stelle schon festgehalten werden, was sich sogar vom Standpunkt des methodologischen Individualismus ergibt: das Unternehmen als Ausnahme vom Marktprinzip und *nexus of contracts* ist zur arbeitsteiligen Verwirklichung eines gemeinsamen Produktionsziels konzipiert, was einen gegenseitigen Bezug der *Ich-Intentionen* bedeutet und eben keine zufällige Entsprechung. Ebendies ist charakteristisch für *Wir-Intentionen*, die nicht als Mengen von *Ich-Absichten* analysiert werden können und auch nicht als *Ich-Absichten*, die durch Überzeugungen – einschließlich wechselseitig geteilter Überzeugungen – bezüglich der Absichten anderer Mitglieder einer Gruppe ergänzt werden.[122]

In einem nächsten Gedankenschritt muss jedoch der Grad der Kollektivierung festgestellt werden. Es scheint sich beim Unternehmen nicht um eine Gruppe von Individuen zu handeln, die ihr Tun situativ so aufeinander abstimmen und ineinander greifen lassen, „dass ihnen zusammen gelingt, was sie gemeinsam vorhaben“.[123] Anders als beispielsweise in einer sozialen Bewegung, die auf gemeinsamen evaluativen Deutungsmustern beruht und in der *gemeinsames Handeln* durch wechselseitige Beobachtung und laufende Handlungsabstimmung entsteht,[124] ist das Unternehmen von *Repräsentation* und *Delegation* geprägt – fußend auf einem

**120** Vgl. hierzu die Darstellung von *Neuhäuser* (Fn. 44), S. 145 ff.

**121** Vgl. zu den *Phänomenen dritter Art*, die ohne ein Streben zu dem konkreten Erfolg, gleichsam mittels einer „unsichtbaren Hand“, einen Zweck fördern, den zu erfüllen in keiner Weise beabsichtigt wurde: *Smith*, The Wealth of Nations, New York 1994, Book IV Chapter II.

**122** *Searle* (Fn. 118) S. 103.

**123** *Schmid/Schweikard* Einleitung: Kollektive Intentionalität. Begriff, Geschichte, Probleme, in: *dies.* (Hrsg.), Kollektive Intentionalität, Frankfurt a. M. 2009, S. 18 f.

**124** *Schimank* Handeln und Strukturen. Einführung in die akteurtheoretische Soziologie. Grundlagentexte Soziologie, Weinheim 2000, S. 308.

Netz bindender Vereinbarungen. Die *Ich-Intentionen* werden durch die Arbeitsverträge und definierten Funktionsbereiche ein Stück weit neutralisiert, wenn auch das Individuum nicht vollkommen im Unternehmen aufgeht. Es steht also im Vordergrund, was in der Theorie kollektiver Intentionalität als eigenständiges grundsätzliches Problem diskutiert wird: gemeinsames (intentionales) Verhalten, das von normativen Erwartungen unter den Beteiligten begleitet wird.[125] Diese Organisation des Unternehmens erklärt sich auch aus den Anforderungen, die mit seiner gesellschaftlichen Funktion verbunden sind, denn die Interaktion und Kommunikation auf dem Markt wird wesentlich durch die – nach innen und nach außen vorgenommene – Zurechnung auf *einen* Akteur erleichtert. Es erlaubt nicht nur den externen Interaktionspartnern, darauf zu vertrauen, dass der korporative Akteur die notwendige, anreizkompatible Delegation auf die einzelnen Organisationsmitglieder erreichen wird.[126] Es vereinfacht auch die Kommunikation nach innen, da Mitarbeiter langfristig verlässliche Arbeitsverträge beispielsweise mit *Siemens* und nicht mit dem Chef der Personalabteilung schließen. Des Weiteren ist eine Unterscheidbarkeit zwischen den individuellen Interessen und denen des Unternehmens möglich, denn letztere geben vor, wie die Unternehmensmitglieder handeln sollen. Obgleich diese nicht bis ins letzte Detail determiniert sind – was einen Unterschied zu den absolut auf externe Anreize angewiesenen erwähnten (Schach-)Automaten darstellt –, sind „Unternehmensintentionen“ erkennbar, die dann in unmittelbar handlungsbezogene Intentionen der Mitglieder umgesetzt werden. Beispielsweise können Vorstandsmitglieder von VW offenbar erkennen, dass bzw. wann es im Interesse von VW ist, die Unternehmensposition auf dem US-amerikanischen Markt zu stärken. Die Marketingabteilung denkt unabhängig und eigenständig im Hinblick darauf über eine Werbestrategie nach und der Vertriebsleiter in den USA wiederum lässt in den Autohäusern Verlosungen stattfinden, um den Kaufanreiz zu stärken.[127] Auf einer *Wir-Ebene* existieren also Intentionen, die unabhängig von den *Ich-Intentionen* sind.

---

125 Vgl. zu diesem Problemkreis, ob man etwas „gemeinsam mit anderen tun“ kann, wenn man nur kognitiv mit den anderen rechnet, ohne normativ auf sie zu zählen, *Schmid/Schweikard* (Fn. 123), S. 54 ff.

126 Vgl. *Kreps* Mikroökonomische Theorie, Landsberg/Lech 1994, S. 693, der darauf hinweist, dass es informationsmäßig effizienter ist, wenn die Reputation an der Organisation und nicht am Individuum haftet. Es sei beispielsweise einfacher im Gedächtnis zu behalten, dass *Honda* vorzügliche Autos herstellt, als sich den Namen aller Mechaniker und Ingenieure zu merken, die unter dem Namen *Honda* zusammen bauen.

127 So das Beispiel von *Neuhäuser* (Fn. 44), S. 155.

Die „merkwürdig schwebende Realität" des Unternehmens wird unter diesen Vorzeichen also doch zur „harten sozialen Realität",[128] denn sie gewinnt durch die Semantik der Selbstbeschreibungen an Strukturwert und soziale Handlungen werden dadurch orientiert. Das Unternehmen als korporativer Akteur, dessen Handlungen mittels intentionaler Einstellung vorhersagbar sind, entsteht letztlich dadurch, dass „die kollektive Handlung in den Sinn anderer Handlungen des Systems übernommen" und auf diese Weise Möglichkeiten limitiert werden.[129] Im Einzelnen soll dieser Prozess aus systemtheoretischer Perspektive nachvollzogen werden:

## 3. Das Unternehmen aus systemtheoretischer Perspektive

*Luhmanns* Werk weist trotz seines Umfangs und der detaillierten Erörterung bestimmter Funktionssysteme der Gesellschaft – wie der Wirtschaft – keine eindeutige Positionierung hinsichtlich Unternehmen auf.[130] Explizit geht er jedoch auf zwei hier relevante Aspekte ein: die Charakteristika von Organisationen im Allgemeinen und die Besonderheiten des Wirtschaftssystems. Dieser Erkenntnisrahmen lässt sich auf Unternehmen übertragen: Unternehmen stellen aus systemtheoretischer Sicht eine spezifische Form eines Organisationssytems dar, welches primär Kommunikation innerhalb des funktional ausdifferenzierten Wirtschaftssystems betreibt.[131] Wie alle *autopoietischen* Systeme, funktionieren sie *selbstreferenziell.* Sie sind eigenständige, umweltoffene Einheiten, die vor allem durch ihre Differenz zur Umwelt charakterisiert sind. Ihre Existenz und Konstitution hängt also entscheidend von ihrer Umwelt ab, welche alles andere – das System Umgebende – ist. Und sie sind *komplex*, d.h. sie bestehen aus Elementen, die nicht in der Lage sind, sich jederzeit mit jedem anderen Element zu verknüpfen. Es sind also letztlich immer mehr Möglichkeiten bereitgestellt, als einzelne Systeme aufgreifen können und diese immanente Beschränkung liegt in der Eigenkomplexität der einzelnen

128 Vgl. zu beiden Begriffen *Teubner* (Fn. 7), S. 69.

129 *Luhmann* (Fn. 3), S. 273 f.

130 Vgl. bezüglich der folgenden Überlegungen auch die gelungene Darstellung von *Luhmanns* Gedankengang bei *Prümm* Unternehmen als autopoietische Systeme – Grundlegende Überlegungen, Marburg, 2005. Dieser geht sogar davon aus, dass sich *Luhmanns* Position auf eine einzige Aussage reduziert: Unternehmen stellen eine besondere Form von Organisationssystemen dar, deren Kommunikation sich hauptsächlich innerhalb des primär ausdifferenzierten Funktionssystems Wirtschaft bewegt (S. 130).

131 So die Folgerung von *Prümm* (Fn. 130), S. 113; vgl. zu diesem Gedanken *Luhmann* (Fn. 111), S. 19, 276, 302, 406.

Elemente begründet. Dies zwingt Systeme dazu, „Komplexität zu reduzieren", also ein weniger komplexes Abbild der Realität zu schaffen, um diese so „bewältigbar" zu machen. *Luhmann* beschreibt diesen Prozess folgendermaßen: „Von Reduktion der Komplexität sollte man [...] immer dann sprechen, wenn das Relationsgefüge eines komplexen Zusammenhangs durch einen zweiten Zusammenhang mit weniger Relationen rekonstruiert wird".[132] Die ursprüngliche – komplexe – Realität bleibt also vorhanden, wird aber überlagert durch ein zweites, komplexitätsreduziertes und komplexitätsreduzierendes Abbild der Realität, welches das Ergebnis eines systeminternen Prozesses widerspiegelt. Das komplexitätsreduzierende System selbst entsteht aber gerade dadurch, dass es die Komplexität seiner Umwelt reduziert und sich dadurch abgrenzt. Unternehmen sind insofern eine Möglichkeit, die Umwelt „durch eine bestimmte Brille" zu sehen und dadurch verständlicher zu machen, um sie besser zu bewältigen; und durch eben diesen Prozess werden sie zu dem, was sie sind.

Diese Bewältigung von Komplexität (der Umwelt) erfolgt mit dem Werkzeug *Beobachtung*[133] und erlaubt eine sich anschließende Selektion der Elemente der Umwelt, die wiederum in das weniger komplexe System Eingang finden, welches sich dann wieder – auf dieser Basis – reproduziert. Die Konsequenz daraus ist, dass Unternehmen selbstreferenziell operieren[134] und letztlich alles, was das System auszeichnet, somit vom System selbst abhängig ist bzw. alle Elemente, aus denen das System besteht, in einem permanenten Prozess aus ebendiesen Elementen gebildet wird.[135] Vereinfacht dargestellt bedeutet dies, dass das Unternehmen selbstständig und ständig auf seine Umwelt reagiert. Es ist also *operativ geschlossen*, aber gleichzeitig strukturell mit seiner Umwelt derart verbunden, dass von außen Stimuli oder Irritationen empfangen werden können, diese aber gemäß der *eigenen* Codierungen verarbeitet werden müssen.

Die Reproduktion des Systems erfolgt also aus seinen eigenen Elementen heraus. Die Letztelemente sozialer Systeme sind nach *Luhmann* aber nicht der Mensch,

132 *Luhmann* (Fn. 3), S. 49.

133 Siehe zu diesem Begriff z. B. *Luhmann* Die Wissenschaft der Gesellschaft, Berlin 1994, S. 68 ff.

134 *Luhmann* (Fn. 3), S. 57 ff. (insbesondere S. 59).

135 Die Konsequenz daraus ist, dass Systeme selbstreferenziell operieren. Alles was ein System auszeichnet, ist somit vom System selbst abhängig; alle Elemente, aus denen das System besteht, werden in einem permanenten Prozess aus eben diesen Elementen gebildet; *Luhmann* (Fn. 3), S. 57 ff. (insbesondere S. 59). Keines dieser Elemente kann für sich bzw. unabhängig voneinander bestehen. Sowohl die Auswahl der Information als auch die Wahl der Mitteilungsform (schriftlich, mündlich) und schließlich das Verstehen sind als ein Prozess zu verstehen, der komplexitätsreduzierend beobachtet und verstanden werden muss. Vgl. *Luhmann* Autopoiesis, Handlung und kommunikative Verständigung, in: Zeitschrift für Soziologie (4) 1982, (S. 366–379), S. 366 ff.

sondern *Kommunikation.*[136] Mit diesen Parametern gelangt man in den Bereich jenseits des Individualismus *versus* Kollektivismus, der das Gegensatzpaar *Fiktionstheorie* und *Theorie der realen Verbandspersönlichkeit* hervorbrachte. Denn – wie erwähnt – in diesem Theorierahmen wird keine Rückführung von kollektivem Handeln auf individuelles Handeln oder umgekehrt vorgenommen, sondern beides als unterschiedliche Formen sozialer Handlungsattribution gewertet und letztlich dadurch ein tieferes Verständnis von „zyklischer Verknüpfung von Handlung und kollektiver Identität über Zurechnungsmechanismen“ ermöglicht.[137] Hierdurch wird womöglich der Blick auf die „zweite Hälfte“[138] des Unternehmens frei: neben der oben beschriebenen *Identität* als Korporation nämlich die „capacity to act in concert“.[139] Überträgt man *Luhmanns* abstrakte Erwägungen auf das Unternehmen und konkretisiert sie unter Einbeziehung betriebswissenschaftlicher Rezeption[140] der Systemtheorie, ergeben sich diesbezüglich folgende Hypothesen:

**136** Hierbei ist Kommunikation als dreistelliger Selektionsprozess zu verstehen, der zum einen die Selektion einer Information, zum zweiten die Selektion einer Mitteilung und zum dritten ein selektives Verstehen bzw. Missverstehen dieser Mitteilung und Information bedeutet. *Luhmann* Was ist Kommunikation?, in: Luhmann/Jahraus (Hrsg.), Aufsätze und Reden, Stuttgart 2001, S. 94–110. Zum Kommunikationsbegriff vgl. auch *Luhmann* (Fn. 3), Kapitel 4 II.

**137** *Teubner* (Fn. 7), S. 70.

**138** Zum Begriff vgl. *Teubner* (Fn. 7), S. 69, der so die zweistellige Relation beschreibt, die tatsächlich hinter der „Kollektivierung einer Gruppe“ steht. Vgl. auch hier *Teubners* Verweis auf *Parsons* zu der Beziehung zwischen „solidarity“ und „capacity to act in concert“ in Fn. 46.

**139** *Parsons* The System of Modern Societies, Englewood Cliffs 1971, S. 18 ff.

**140** Schon allein der Umstand, dass die Betriebswirtschaftslehre – und in der Folge die Unternehmensführungen – die soziologische Systemtheorie zur Erklärung und Optimierung innerbetrieblicher Prozesse nutzen, zeigt einen Rezeptionsgrad, der im Recht noch nicht erreicht ist. Vgl. insbesondere die frühen Überlegungen von *Gomez* Wertmanagement: Vernetzte Strategien für Unternehmen im Wandel, Düsseldorf et al. 1993; *ders.* Das Denken in Kreisläufen ist ein natürliches Denken, in: Bardmann/Groth (Hrsg.), Zirkuläre Positionen, Wiesbaden 2001, S. 301–314; *Kirsch*, Betriebswirtschaftslehre. Eine Annäherung aus der Perspektive der Unternehmensführung, München 1997; *Probst*, Selbst-Organisation: Ordnungsprozesse in sozialen Systemen aus ganzheitlicher Sicht, Berlin et al. 1987. Dies weiterentwickelnd: *Malik*, Systemisches Management, Evolution, Selbstorganisation: Grundprobleme Funktionsmechanismen und Lösungsansätze für komplexe Systeme, Bern et al. 2003; *ders.* Strategie des Managements komplexer Systeme: Ein Beitrag zur Management-Kybernetik evolutionärer Systeme, Bern 2006. Schließlich wegweisend: *Ulrich* Systemorientiertes Management, St. Gallen 2001.

### a) „Kommunikation" statt „Handlung"

Wie *Luhmann* ausführt, bedeutet die Analyse selbstreferenzieller Systeme „die verbreitete Vorstellung [zu überprüfen], ein soziales System bestehe, wenn nicht aus Personen, so doch aus Handlungen".[141] Obgleich Kommunikation und Handlung „nicht zu trennen (wohl aber zu unterscheiden)"[142] sind, müssen *Kommunikationsverläufe* als der entscheidende Faktor herausgestellt werden.[143] *Luhmann* distanziert sich hier von handlungstheoretischen Ansätzen,[144] die Sozialität als eine besondere Form von Handlung begreifen und bezeichnet *Handlung* in sozialen Systemen als eine besondere Form der Komplexitätsreduktion, die über Kommunikation und Attribution konstituiert wird; eine „unerlässliche Selbstsimplifikation des Systems".[145] Unternehmen kommunizieren also und sind gezwungen – um ihre System-Umwelt-Differenz aufrechtzuerhalten –, Komplexität zu reduzieren; die Frage ist nun: wie genau?

Zum einen mittels *Entscheidungen*, die das Resultat der Beobachtung von *Alternativen* sind. Alternativen machen im vorgelagerten Beobachtungsprozess eine Kommunikation zu einer *Entscheidung*.[146] Die Wahrnehmung von Alternativen ist in diesem Prozess der wichtigere Aspekt, denn sie impliziert die Unterscheidung mindestens zweier – *erreichbarer* – Möglichkeiten.[147] Der Frage, ob sich ein Unternehmen beispielsweise für die Investition A oder B entscheidet, liegt eine durch einen Beobachter vorgenommene Differenzierung zwischen den Alternativen A und B zugrunde. Die Entscheidung zwischen diesen Alternativen erschöpft sich nun gerade nicht in einer menschlichen Entscheidung – damit wäre man wieder bei grobkörnigen, handlungstheoretischen Vorstellungen –, sondern stellt eine kommunizierte Realitätsbeobachtung dar, die diese Entscheidung anhand systemim-

---

141 *Luhmann* (Fn. 3), Kapitel 4 und insbesondere S. 191.

142 *Luhmann* (Fn. 3), S. 193.

143 Dies erkennt im Strafrecht insbesondere *Lüderssen* oben, S. 86; *Theile* Wirtschaftskriminalität und Strafverfahren. Systemtheoretische Überlegungen zum Regulierungspotential des Strafrechts, Tübingen 2009, passim (insbesondere S. 65 f.)

144 Ein Hauptargument hierfür lautet, dass selbstreferenzielle Systeme eine diskontinuierliche Infrastruktur voraussetzen und die dazu nötigen Einrichtungen weder die Elemente selbst, noch die Teilsysteme sein können, da die Elemente (wie die Teilsysteme) erst durch sie produziert würden. Vgl. *Luhmann* (Fn. 3), S. 192.

145 *Luhmann* (Fn. 3), S. 191.

146 *Luhmann* (Fn. 111), S. 132; *Prümm* (Fn. 130), S. 115.

147 Vgl. zur Bedeutung der „Unterscheidung" als Markierung eines bestimmten Bereichs, was zwangsläufig einen parallelen unmarkierten Restzustand erzeugt, *Spencer-Brown* Laws of Form, Lübeck 1997, S. 4 ff.; *Prümm* (Fn. 130), S. 115.

manenter Koordinaten hervorbringt.[148] Die Vorstellung eines „entscheidenden Entscheiders“ – beispielsweise im *von Gierke'schen* Sinne – wird für die Rolle des Unternehmens innerhalb der Gesellschaft benötigt, um der Gesellschaft die Realität der Organisation „Unternehmen“ begreifbar zu machen. Dieses Festhalten an dem „Mythos des rationalen Entscheidens“ dient nach *Luhmann* in erster Linie der *Beruhigung* von Organisation und Gesellschaft, da Organisationen ursprünglich ins Leben gerufen wurden, um den Versuch zu unternehmen, zielorientiert nach außen zu kommunizieren. Um dokumentieren zu können, dass sie bestrebt sind, dieses Ziel zu erreichen, werden die Entscheidungen als rational ausgewiesen.[149]

*Dahinter* stehen aber vielmehr *Entscheidungsprämissen* und *-programme.* Entscheidungsprämissen ähneln binären Codes, die das System (und seine Umwelt) in solche Sachverhalte unterteilen, mit denen das System sich beschäftigen muss, und solche, die vernachlässigbar sind. Abläufe und Entscheidungen in einem Unternehmen können nicht in jedem Augenblick neu hinterfragt werden, dann wäre es unmöglich, produktiv zu arbeiten. Die Informationslast wird also auf ein „leistbares Format“[150] reduziert und es wird damit erreicht, dass nicht in Bezug auf jede Irritation von außen neu entschieden wird, ob sich das System damit beschäftigen muss, da die Entscheidung diesbezüglich vorgegeben ist; das „Wie“ der Entscheidung wird durch systemimmanente Entscheidungsprogramme[151] konkretisiert. Sowohl die Beschränkung auf entscheidungsrelevante Sachverhalte durch Entscheidungsprämissen, als auch die Beschreibung der gewünschten Abläufe durch Entscheidungsprogramme, verringert aber den erwähnten permanenten systeminternen Entscheidungsdruck – ist also für das Unternehmen eine notwendige Strategie zum Überleben in seiner Umwelt, der Wirtschaft.

### b) Die Bedeutung der „Umwelt“ des Unternehmens

Die Wirtschaft ist ein ausdifferenziertes Funktionssystem der Gesellschaft, das einen entscheidenden – wenn nicht „den“ – Referenzkontext des Unternehmens

---

**148** Vgl. zu diesen Überlegungen den Abschnitt „Unternehmen als ‚autopoietische Systeme'“ in *Schmitt-Leonardy* (Fn. 19), Rn. 204 ff. m.w.N.

**149** Wiederum nur im Zusammenhang mit Organisationen und nicht konkret mit Unternehmen *Luhmann* (Fn. 111), S. 122 ff., 136, 158 und die Deutung von *Prümm* (Fn. 130), S. 117 ff. m.w.N.

**150** *Prümm* (Fn. 130), S. 126.

**151** *Luhmann* unterscheidet diesbezüglich „Konditionalprogramme“ und „Zweckprogramme“. Beides sind ebenfalls *Entscheidungen* des Systems, die im ersten Fall inputorientiert „Wenn-dann-Konstruktionen“ hervorbringen und im Fall der „Zweckprogramme“ – outputorientiert – einen Zweck und eine Auswahl an Mitteln zur Zweckerreichung vorgeben; *Luhmann* (Fn. 111), S. 256 ff.

darstellt. Durch das Kommunikationsmedium *Geld* entwickelte es einen Weg, das *Knappheitsproblem* in der Gesellschaft zu bewältigen, indem es einen Mechanismus zur Verfügung stellt und kontrolliert, das den Zugriff auf knappe Ressourcen reguliert.[152] Geld stellt damit innerhalb der Wirtschaft die „Letzteinheit“ dar, deren wichtigster Effekt wiederum die Beruhigung Dritter ist. Es wird dadurch möglich, zuzusehen und „ruhig zu bleiben“, wenn jemand auf knappe Ressourcen zugreift, weil er dafür zahlt. Obwohl man am konkreten Aushandeln der Konditionen nicht beteiligt ist, bleibt es möglich, den Vorgang zu akzeptieren, weil die Gegenleistung in Geld erfolgt. In der Folge entsteht ein sich selbst regenerierendes System, das aus nichts anderem als Zahlungen besteht.[153] Informationen über Zahlungen und Nicht-Zahlungen stellen den binären Code der Wirtschaft dar, der als Entscheidungsprämisse über die Relevanz von Umwelteinflüssen für das System Wirtschaft entscheidet. Und es ist naheliegend anzunehmen, dass das Unternehmen – als Subsystem der Wirtschaft – diesen Code in seine eigenen Kommunikationsstrukturen – und damit in seine Entscheidungsprämissen – integriert hat, da es nur so der ihm zugewiesenen Rolle in diesem Funktionssystem gerecht werden kann.[154]

Moderne systemtheoretische Ansätze[155] beziehen diesen Kontext in die Analyse der Mikroebene des Unternehmens immer stärker ein und identifizieren insbesondere „das Geschäft“ als ein Kommunikationskonstrukt, das der strukturierten Beobachtung zweiter Ordnung dient: vergangene Entscheidungen werden danach untersucht, inwieweit sie dazu beigetragen haben, den monetären Gewinn des Unternehmens zu erhöhen, womit „das Geschäft“ als komplexitätsreduziertes Abbild der Entscheidungen eines Unternehmens entsteht und dies gleichzeitig eine Adaptation der monetär geprägten Beobachtungsstrukturen des übergeordneten Wirtschaftssystems darstellt.[156] Die Hypothese, dass die autopoietische Reproduktion des Unternehmens – vor allem oder nur – entlang dieses umweltspezifischen Codes erfolgt, ist nicht nur eine Bestätigung der betriebswirtschaftlichen Deutungen, die das „Ergiebigkeitsprinzip“ bzw. „Wirtschaftlichkeitsprinzip“ als das dominierende Steuerungsprinzip kennzeichnen.[157] Sie bietet auch eine eigenständige

---

152 *Luhmann* Die Wirtschaft der Gesellschaft, Berlin 2008, S. 14.

153 „Zahlungen haben alle Eigenschaften eines autopoietischen Elements: Sie sind nur aufgrund von Zahlungen möglich und haben im rekursiven Zusammenhang der Autopoiesis keinen anderen Sinn als Zahlungen zu ermöglichen.“ (*Luhmann* (Fn. 152), S. 52).

154 So die These von *Prümm* (Fn. 130), S. 133.

155 Vgl. hier insbesondere die Arbeiten von *Baecker* – beispielsweise: Die Form des Unternehmens, Frankfurt a. M. 1999 und Organisation als System: Aufsätze Frankfurt a. M. 2005 – sowie die Nachweise bei *Prümm* (Fn. 130), S. 177 ff.

156 Siehe hierzu *Baecker* (Fn. 155), S. 240 ff.

157 Vgl. im strafrechtlichen Kontext die Ausführungen von *Mansdörfer* (Fn. 82), S. 38 ff. m.w.N.

Begründung der Priorisierung des Gewinnkriteriums, die nicht an den Menschen und die – in der Ökonomie immer noch vorherrschende – Vorstellung des *homo oeconomicus* gekoppelt ist, sondern unmittelbar mit dem Erhaltungsinteresse des „Unternehmens an sich“. Dem Verständnis dient hier womöglich der lediglich in neueren Forschungsansätzen thematisierte evolutionstheoretische Aspekt, der auch in *Spencers* Satz „survival of the fittest“[158] zum Ausdruck kommt: Die in der Natur nur schwer an konkreten Kriterien festzumachenden „Fitnessvoraussetzungen“ sind im System Wirtschaft sehr klar und für ein System wie das Unternehmen „verstehbar“, d.h. in den Code Gewinn/Verlust, mithin der grundsätzlichen Profitorientierung, transformierbar. Unternehmen müssen in der Regel unter Konkurrenzbedingungen agieren und werden – wenn sie keinen Gewinn machen – irgendwann vom Markt verdrängt werden. Dies hängt nicht nur mit der Konkurrenz bezüglich der gleichen Angebote zusammen, sondern ist auch aufgrund der Tatsache plausibel, dass das Unternehmen Geld benötigt, um am Markt zu erscheinen, welches von Kapitalgebern zur Verfügung gestellt wird, die sich wiederum am Wert des Unternehmens – *shareholder value* – orientieren, auf den sich das Gewinnpotenzial des Unternehmens unmittelbar auswirkt. Der in den letzten Jahren zunehmende Einfluss von Fremdkapitalgebern, die durch den Trend zur *private equity* auch jenseits der Aktiengesellschaft mittlere und kleine Unternehmen erfasst, überlagert alle Unternehmensebenen und fördert die absolute Priorisierung des Kriteriums der Gewinnmaximierung. Unternehmen sind gezwungen, ihre Gewinnsituation in den Vordergrund zu stellen, um weiter existieren – überleben – zu können.[159]

Dies bedeutet nicht, dass das Unternehmensinteresse letztlich mit dem Interesse der Anteilseigner vollständig zu identifizieren ist, denn auch dies würde erneut den Menschen zur Letzteinheit machen. Diese Priorisierung des Gewinnkriteriums und die daraus entstehenden Entscheidungsprämissen sind nicht auf eine Summe von Entscheidungen der *homines oeconomici* innerhalb des Unternehmens zurückzuführen, da sie – zumindest zeitlich eindeutig – unabhängig von jeweiligen

158 Bekannt wurde dieser Satz durch die Rezeption von *Darwin* in der 5. Auflage von The Origin of Species, London 1869, S. 72. Instruktiv der evolutionstheoretische Ansatz in der Unternehmensforschung beispielsweise bei *Sommerlatte*, Lernende Organisationen, in: Fuchs (Hrsg.) Das biokybernetische Modell, Wiesbaden 1996, S. 113–122.

159 Vgl. zu dem Aspekt der Fremdkapitalisierung die Arbeit von *Stürner* Markt und Wettbewerb über alles?, München 2007, der auch auf folgendes hinweist: „Der Fremdeigner wird stets das Risiko nachhaltiger Kapitalanlage gegen das Risiko kurzzeitigen Wechsels abwägen, der sichere Gewinnmitnahmen zulässt.“ (S. 101).

Mitgliedern besteht.[160] „Überleben" heißt vielmehr die Stabilisierung des Systems im Sinne der Bestandserhaltung des Unternehmens als Organisation. Die zwei entscheidenden Parameter hierfür sind der *Funktionsbezug* und der *Leistungsbezug* des Unternehmens. Ersterer zielt auf die Beziehung des Unternehmens zu Wirtschaft und Gesellschaft ab, mithin die Abzweigung eines möglichst hohen Ertrags für die Zukunftssicherung der Gesellschaft; Steuern, Löhne und Profite sind die externen – rechtlich durch Steuer-, Arbeits- und Gesellschaftsrecht abgesicherten – Abschöpfungsinstrumente, die die Unternehmen zwingen, „Zukunftssicherung zu erwirtschaften". Der Leistungsbezug als zweiter Parameter meint die Beziehung des Unternehmens zu Konsumenten, Lieferanten, Kapitalgebern, Arbeitnehmern.[161] Die Bestandserhaltung hängt also von der Schaffung von Organisationsstrukturen ab, die beiden Aspekten am besten Rechnung tragen. Das eigenständige Unternehmens*interesse* als dasjenige des oben beschriebenen, primitiv intentionalen korporativen Akteurs, besteht also in der optimalen Abstimmung seiner gesellschaftlichen Funktion und Leistung und nicht in der Aggregation von Individualinteressen.[162] Und somit ist es letztlich die autopoietische Reproduktion des Unternehmens *nach den Parametern seiner Umwelt*, die zu einer entsprechenden Selbstbeschreibung der Organisation als Profitmaximierer führt, was den Eindruck einer Entsprechung mit den Interessen der Anteilseigner erweckt. Treffender erscheint es jedoch, die Ausrichtung des Unternehmens auf diese Priorisierung als Reproduktion der Umwelt – Wirtschaft – zu deuten.[163]

---

**160** *Luhmann* sagt hierzu: „Die Gesellschaft wiegt nicht genauso viel wie alle Menschen zusammen und ändert auch nicht mit jeder Geburt und jedem Tod ihr Gewicht." (*Luhmann* Die Gesellschaft der Gesellschaft, Berlin 2006, S. 26) Siehe im Gegensatz hierzu die handlungstheoretische Ausprägung der Systemtheorie *Parsons* Das System moderner Gesellschaften, München 1972, S. 20 ff. Ebenfalls kritisch hinsichtlich einer Gleichsetzung *Teubner* (Fn. 58), S. 475.

**161** Vgl. zu diesen Zusammenhängen *Teubner* (Fn. 58), S. 484, der darauf die Rolle eines rechtlich definierten Unternehmensinteresses gründet, welches ein Korrektiv für die Steuerung des Unternehmenshandelns darstellen soll.

**162** Vgl. hierzu die zivilrechtliche Diskussion zum Unternehmensinteresse in *Teubner* (Fn. 58), S. 472, 479. Dass die gesellschaftliche Funktion von Unternehmen prinzipiell über Anteilseignerinteressen hinausgeht, zeigen nicht nur *stakeholder*-Dialoge, sondern auch die Mitbestimmungsdiskussion im Arbeitsrecht, die Formulierung von Managementinteressen, die Annahme von Konsumenteninteressen an optimaler Bedürfnisbefriedigung und nicht zuletzt die Rezeption und entsprechende Selbstbeschreibung durch die Unternehmen in jüngster Zeit.

**163** *Luhmann* Wirtschaft als soziales System in: *ders.* (Hrsg.), Soziologische Aufklärung 1 (1970), S. 204 ff.

## IV. Unternehmens*kriminalität* – Subkulturenproblem oder Krimineller *sui generis* ?

Könnte man in der so beschriebenen institutionellen Tatsache *Unternehmen* – als *primitiv intentionalem Akteur* – eine überzeugende Antwort auf die Frage „Was ist der Fall?" erblicken, schlösse sich die Frage „Was steckt dahinter?" erneut an.

Denn neben der theoretischen Möglichkeit eines Unternehmens als Täter, die von dem gewählten interpretatorischen Konstrukt abhängt, ist vorliegend auch die „kritische Überprüfung unangemessener [...] Fixierung von Kriminalität"[164] virulent. Dies nicht (nur) aus der Perspektive der kritischen Kriminologie,[165] sondern schon aus der Einsicht, dass Verantwortungsattribution in komplexen Prozessen leicht auf eine Kausalattribution hinausläuft, die externale Faktoren in den Hintergrund drängt. Dies liegt nicht zuletzt daran, dass in einer technisierten und vom menschlichen Einfluss dominierten Welt die bloße Möglichkeit der Einflussnahme schon eine Zuständigkeit für das Geschehen begründen kann.[166] Das Bedürfnis nach einem konkreten Zurechnungsendpunkt ist verständlich, wenn die Unternehmenstätigkeit im Zusammenhang mit Rechtsgutsverletzungen großen Ausmaßes steht.[167] Und den entscheidenden Anknüpfungspunkt in polykausalen Sachverhalten zu finden, ist mitunter so schwer oder gar unmöglich geworden, dass es nahe liegend – oder vielleicht treffender – ist, „das System" verantwortlich zu machen.

**164** *Lüderssen* (Fn. 23), S. 294.

**165** Die offizielle Zuschreibung von Kriminalität erfolgt generell-abstrakt durch das Strafrecht. Vgl. *Kunz*, Kriminologie, 4. Auflage, Bern et al. 2004, S. 3 f., der ausführt: „Was macht kriminelles Verhalten aus, wenn nicht seine Ausweisung als Rechtsbruch?" (S. 4). Vgl. auch *Hess*, Repressives Verbrechen in KrimJ 1976, (S. 1–22), S. 12. Das Abstellen auf den Bruch allgemeiner oder international anerkannter Rechtsgrundsätze entspricht ebenfalls einer Orientierung am positiven Recht, da es sich hierbei auch um verbindliche Normen handelt. Vgl. insofern die Differenzierung von *Reese* Großverbrechen und kriminologische Konzepte. Versuch einer theoretischen Integration, Köln 2004, S. 92 m.w.N.

**166** Vgl. hier die Überlegungen *Neumanns*, Zur Veränderung von Verantwortungsstrukturen unter den Bedingungen des wissenschaftlich-technischen Fortschritts, Rechtstheorie 2005 (36), S. 435–448, S. 437, der an *Voltaires* berühmten Protest gegen das Erdbeben von Lissabon erinnert, den er heute nicht gegen eine anonyme Natur, sondern gegen unzureichende Erdbebenwarnungen oder nicht hinreichend erdbebensichere Architektur gerichtet hätte.

**167** Anschaulich von *Ladd* Bhopal: Moralische Verantwortung und Bürgertugend, in: Lenk/Maring, Wirtschaft und Ethik, Stuttgart 1992, S. 287 ff., demonstriert. Wie kompliziert die Herstellung einer Kausalverknüpfung ist, zeigt *Stübinger* Zurechnungsprobleme beim Zusammenwirken mehrerer fahrlässiger Taten, ZIS 2011, S. 602–615.

Vorstellungen, die teilweise als die „Hypothese von der gerechten Welt"[168] bezeichnet werden, führen dazu, dass ein – unkontrollierbares – Unglück für den Beobachter weniger erträglich ist als die Zuschreibung internaler Faktoren; beispielsweise auf den institutionalisierten Zurechnungsendpunkt „Unternehmen".

Allerdings geht Kriminalisierung über eine beliebige Assoziierung[169] eines Akteurs mit Resultaten seines Handelns hinaus. Kern ist ein *Fehlverhalten*, das eine rechtswidrige Schädigung des Opfers hervorgebracht hat.[170] In Bezug auf einen so komplexen Untersuchungsgegenstand wie die Unternehmenskriminalität ist also eine internale Zuschreibung auf das Unternehmen vorsichtig und unter Berücksichtigung externaler Faktoren seiner Umwelt vorzunehmen.[171] Die – pragmatische – Annahme des Unternehmens als „personenhaft agierend" bedeutet durchaus nicht eine (strafrechtlich) relevante *soziale Interaktion*. Innerhalb der sozialen Kontakte wird vielmehr differenziert und eine Reaktion erfolgt entsprechend kognitiver oder normativer Erwartungen.[172] Es wird also nicht mit jedem beliebigen Verhalten der Interaktionspartner gerechnet, sondern es besteht die Möglichkeit einer (strafrechtsrelevanten) *enttäuschten* Erwartung.[173] Die Enttäuschung des sozialen Interaktionspartners – und der hierdurch entstehende Konflikt, auf den er reagieren muss – hängt letztlich von seinem eigenen Orientierungsmuster ab: Wird der andere – das Unternehmen – als einer gesehen, dessen Verhalten in diesem Moment nicht durch „natürliche Grenzen" vollkommen determiniert war, oder als einer, der „anders" oder „besser" konnte? Auch hier zeigt sich die Hypothese des Unternehmens als „moderne Naturkatastrophe" in neuem Gewand, denn hier stellt sich durchaus die Frage, ob eine normative Erwartungshaltung ihm gegenüber der Erwartungssicherheit zuträglich ist. Ist dem Unternehmen gegenüber – im Enttäuschungsfall – die Einsicht angebracht, dass man sich verschätzt hat und zukünftig schlicht „vorsichtiger" sein muss,[174] weil man diesem Interaktionspartner nicht „mehr" zutrauen kann?[175] Oder kann man es als einen Adressaten *normativer*

---

168 *Bierbrauer*, Die Zuschreibung von Verantwortlichkeit, Osnabrück 1977, S. 23.

169 Vgl. zu dieser als *association* bezeichneten Urteilsebene und dem Zusammenhang zur strafrechtlichen Verantwortungsattribution *Bierbrauer* (Fn. 168), S. 21 m.w.N.

170 *Neumann* (Fn. 166), S. 435, 437.

171 Vgl. hier wieder die Darstellung bei *Bierbrauer* (Fn. 168), S. 21 f. m.w.N.

172 Vgl. zu den allgemeinen Kategorien kognitiver und normativer Erwartung *Luhmann* Rechtssoziologie, Hamburg 1972, S. 40 ff., 53 ff., 106 ff.

173 Sonst wäre eine Orientierung unmöglich, denn jeder Kontakt wäre ein „unkalkulierbares Risiko", vgl. *Jakobs* (Fn. 10), 1/4.

174 Vgl. hier die frühen Überlegungen von *Rotsch* Individuelle Haftung in Großunternehmen, Baden-Baden 1998, S. 215, der an die Versicherung solcher Risiken denkt.

175 Vgl. zu diesen Ausführungen im Kontext des Strafrechts *Jakobs* (Fn. 10), 1/4 ff., der den Gedanken damit veranschaulicht, dass jeder Mensch wisse, sein Gegenüber sei „aus Fleisch und Blut" und

Erwartungen ansehen und annehmen, es werde die geltenden Normen (grundsätzlich) respektieren (können), sodass im Enttäuschungsfalle der Anspruch trotz einer enttäuschten Erwartung – kontrafaktisch – bestehen bleibt und der Fehler im Normbruch (und nicht in der eigenen Fehleinschätzung) gesehen werden muss?[176]

Bezüglich dieser Frage scheint bisher Kriminalität mehr zugeschrieben als festgestellt zu werden,[177] was m. E. auf eine (noch) unzureichende Beschäftigung mit dem „Problem“ zurückzuführen ist.[178] Die Schlagworte „organisierte Unverantwortlichkeit“ und „kriminelle Verbandsattitüde“ legen eine Ausrichtung des Unternehmens auf die Deliktsbegehung nahe, wie sie der – in den §§ 129 ff. StGB bereits erfassten – kriminellen Vereinigung eigen ist. Eine daher erwogene Strukturgleichheit der Unternehmenskriminalität mit organisierter Kriminalität[179] überzeugt jedoch schon im Ansatz nicht, da grundsätzlich von einem *legalen* Unternehmenszweck ausgegangen wird. Auch aus systemtheoretischer Sicht ist es nicht plausibel, eine Reproduktion *im Hinblick auf* Rechtsgutsverletzungen – oder deren Vertuschung – anzunehmen, da hierin eine Destabilisierung von Leistungs- und Funktionsbezug liegen würde. Es ist von einer Funktionseinheit auszugehen, die auf effektive Produktionsabläufe ausgerichtet ist; die nicht „organisiert unverantwortlich“, sondern „organisiert wirtschaftlich“ ist.

Gleichwohl existieren ohne Zweifel Rechtsgutsverletzungen, die *im Zusammenhang* mit der Unternehmenstätigkeit auftreten. Die kriminologische Forschung hierzu ergibt jedoch noch ein uneinheitliches Bild: zum einen werden empirische

---

deshalb natürlichen Gesetzen unterworfen. Man nähme daher an, dass er ertrinkt, wenn er nicht schwimmen kann oder umfällt, wenn er heftig gestoßen wird.

176 In diesem Fall bewertet man das Verhalten dieses Interaktionspartners „zur Demonstration der Fehlerhaftigkeit“ als kriminell und strafwürdig. (*Jakobs* (Fn. 10), 1/6).

177 Hierauf lenkte *Lüderssen* (Fn. 23), S. 293 f. schon früh den Blick.

178 Das Fehlen empirischer Forschung, die über eine reine „Bedarfsforschung“ hinausgeht, beklagen auch *Kunz*, Kriminologie, 4. Auflage, Bern et al. 2004, § 7; *Schneider*, Wirtschaftskriminalität, Wirtschaftsstrafrecht und Wirtschaftskriminologie. Über die Erstarrung der deutschen Kriminologie zwischen atypischem Moralunternehmertum und Bedarfswissenschaft, in: Kempf/Lüderssen/Volk (Hrsg.), Die Handlungsfreiheit des Unternehmers – wirtschaftliche Perspektiven, strafrechtliche und ethische Schranken, Berlin 2009, (S. 61–79), S. 62; *Boers* Wirtschaftskriminologie – Vom Versuch, mit einem blinden Fleck umzugehen, in: MSchrKrim 2001, S. 335–356, passim. Allerdings weist auch *Luhmann* darauf hin, dass die Annahme, durch die Analyse von Daten „die Hinterwelt von Zusammenhängen“ als Erfassung der Realität zu deuten, eine irrige Vorstellung sei. Es sei anmaßend anzunehmen, man könne „das, was dahinter steckt“ als Tatsache nachweisen. Vgl. *Luhmann* (Fn. 1), S. 9 f. Kritisch in Bezug auf die „Suggestivität behaupteter Kriminalitätssteigerung“ auch *Lüderssen* (Fn. 23), S. 250.

179 So *Ruggiero*, der nur graduelle Unterschiede zwischen *corporate crime* und Organisierter Kriminalität sieht; vgl. Organized and Corporate Crime in Europe: Offers that Can't Be Refused, Dartmouth 1996, passim.

Daten in diesem Kontext überwiegend mit einem Unternehmen in der *Opferrolle* erhoben – spiegelbildlich wird dies in den Verurteilungen wegen Untreue gemäß § 266 StGB deutlich.[180] Zum anderen werden sozialpsychologische Gesichtspunkte wie Gruppenmechanismen und Neutralisierungsstrategien thematisiert, die an die Untersuchung eines *Subkulturenphänomens* erinnern. Dies ist auch insofern überzeugend, als das Unternehmen als *kriminogener Kontext* plausibel erscheint. Die als *special opportunity crimes*[181] bezeichneten Delikte, die dadurch favorisiert werden, dass die unmittelbare Umgebung das nötige *know how*, faktische Gelegenheiten und/oder die Neutralisierung psychischer Hemmungen bietet, werden hier verstärkt festgestellt. Sozialpsychologische Überlegungen lassen plausibel erscheinen, dass durch die Eingliederung in ein Unternehmen beim einzelnen Unternehmensmitglied infolge einer Überbewertung der Gewinnerzielung Hemmschwellen abgebaut werden, die die gleiche Tat – begangen als Individualdelikt – verhindert hätten.[182] Und in der Tat leuchten *Braithwaites* Ergebnisse ein, welche nahe legen, dass Unternehmenskriminalität nicht mit perversen Persönlichkeiten der handelnden Individuen erklärt werden kann, sondern mit Faktoren, die „gewöhnliche Menschen" verleiten, „außergewöhnliche Dinge" zu tun.[183]

Von einer kriminologischen Perspektive aus betrachtet, kann es aber bei Feststellung eines Kontextes günstiger Gelegenheiten„[184] nicht bleiben, da diese zunächst nicht mehr als eine physikalisch beschreibbare Ausgangslage darstellen.[185]

---

**180** Vgl. hierzu Kapitel *Empirische Grundlagen* in: *Schmitt-Leonardy* (Fn. 19), Rn. 45 ff. m.w.N. und beispielsweise den „Fall Siemens" in BGHSt 52, 323–348.

**181** Vgl. zu dem Erklärungsansatz *Meier*, Kriminologie, München 2010, § 11, Rn. 27; *Heinz* Begriffliche und strukturelle Besonderheiten des Wirtschaftsstrafrechts, in: Gropp (Hrsg.), Wirtschaftskriminalität und Wirtschaftsstrafrecht in einem Europa auf dem Weg zu Demokratie und Privatisierung, Leipzig 1998, S. 27; *Schwind*, Kriminologie – Eine praxisorientierte Einführung mit Beispielen, Heidelberg et al. 2010, § 21, Rn. 22; *Horoszowski*, Economic Special-Oppotunity Conduct an Crime, Toronto 1980, passim.

**182** So schon *Busch*, Grundfragen der strafrechtlichen Verantwortlichkeit der Verbände, Leipzig 1939, S. 96 ff.; *Sykes/Matza*, Techniken der Neutralisierung: Eine Theorie der Delinquenz, in: Sack/König (Hrsg.), Kriminalsoziologie, S. 360 ff.

**183** Vgl. *Braithwaite*, Corporate Crime in the pharmaceutical industry, London et al. 1984, S. 2, der das Wort *Optons* aufgreift: „[...] most corporate crime cannot be explained by the perverse personalities of their perpetrators [...] We should pay attention to the factors that lead ordinary men to do extraordinary things".

**184** Ausführlich hierzu *Coleman* Toward an Integrated Theory of White-Collar Crime, in: American Journal of Sociology 1987, (S. 406–439), S. 409 ff.

**185** Vgl. zu diesen Zusammenhängen auch *Schneider*, Das Leipziger Verlaufsmodell wirtschaftskriminellen Handelns – Ein integrativer Ansatz zur Erklärung von Kriminalität bei sonstiger sozialer Unauffälligkeit, NStZ 2007, S. 555–562; *ders./John/Hoffmann*, Der Wirtschaftsstraftäter in seinen so-

Zwar kann man die „Gelegenheit“ als eine durch das Unternehmen beeinflussbare Größe werten und die durch arbeitsteilige Prozesse nahe liegende Möglichkeit, die Folgen der Tat leicht zu verwischen, als eine solche Tatgelegenheit qualifizieren; allerdings ist man damit immer noch nicht viel weiter als bei der Erkenntnis „Gelegenheit macht Diebe“ und dies – wie *Schwind*[186] hervorhebt – nicht nur in Slums, sondern auch im wirtschaftskriminellen Bereich. Der Kontext des Unternehmens ist freilich für den *Merton'schen Innovationstyp* nahezu ideal, da „überwältigende Situationen“ im Zusammenhang mit der Positionierung gegenüber anderen Mitarbeitern und der Unentbehrlichkeit der eigenen Stelle (die zugleich Lebensgrundlage ist), keineswegs fernliegend sind. Die unter Anomiedruck stehende Person muss jedoch auch einen *Zugang* zu illegitimen Mitteln haben, um sich abweichend zu verhalten. Ansonsten würde unterstellt, dass „illegitime Mittel frei verfügbar sind – so, als wenn der Einzelne, nachdem er zum Schluss gekommen ist, dass man auf legitime Weise zu nichts kommt, sich einfach den illegitimen Mitteln zuwendet, die leicht greifbar zur Verfügung stehen, unabhängig von der Stellung innerhalb der sozialen Struktur“.[187] Betrachtet man weiter das Individuum innerhalb der sozialen Struktur, könnte man die Ansätze von *Sutherland* bzw. *Clinard* und *Quinney* „weiterdenken“, welche die höhere Instanz Unternehmen bzw. die darin ausgedrückte Kollektivität als Anknüpfungspunkt für das Erlernen von kriminellen Verhaltensweisen beschreiben.[188] Das Unternehmen könnte auch – mit *Sykes* und *Matza* – als höhere Instanz gesehen werden, die dem Individuum den Eindruck vermittelt, sein Handeln sei – obwohl gesetzeswidrig – legitim und normal; zuträglich wären jedenfalls die für Wirtschaftsstraftaten typische Anonymität des Opfers und der geringe Affektivitätsgehalt durch die physische Abwesenheit oder Unbekanntheit des Opfers.[189] Selbst wenn aber all' dies bejaht werden könnte: eine „parallele Werteordnung“ und entsprechende Neutralisierungsmechanismen, die eine Sicherheitslücke zu einer „günstigen Gelegenheit“ machen und einen deliktischen Handlungsablauf als grundsätzlich akzeptable Alternative erscheinen lassen; selbst wenn

---

zialen Bezügen – Aktuelle Forschungsergebnisse und Konsequenzen für die Unternehmenspraxis, Leipzig 2009.

**186** *Schwind*, Kriminologie – Eine praxisorientierte Einführung mit Beispielen, Heidelberg et al. 2010, § 7, Rn. 30.

**187** *Cloward/Ohlin* Delinquency and opportunity, New York 1960, S. 320.

**188** Vgl. zum Merkmal „ group support“: *Clinard/Quinney/Wildman* Criminal Behavior Systems: A Typology, 3. Auflage, Cincinnati 1994, S. 204 ff. Zu Lernprozessen und *Sutherlands* Theorie der differentiellen Assoziation siehe *Sutherland/Cressey* Criminology, Philadelphia 1974, S. 394 ff.; *Sutherland* White Collar Crime – The Uncut Version, New Haven et al. 1983, S. 5 ff.

**189** Vgl. *Sykes/Matza* (Fn. 182), S. 368 f. Vgl. zu diesen Zusammenhängen auch *Schmitt-Leonardy* Chabrols „L'Ivresse du pouvoir“ – Ein kriminalsoziologischer Lehrfilm?, MSchrKrim 2011, (S. 34–61), S. 46 m.w.N.

die Paralysierung sonst wirksamer Normvorstellungen[190] im Unternehmenskontext zu verzeichnen ist, die zu einer Übertragung makrokrimineller Zusammenhänge verleiten[191] – fraglich bleibt, *ob* und – wenn ja – *ab wann* es das Unternehmen zum *Kriminellen* bzw. möglichen *Täter* macht. Hinsichtlich dieser Aspekte ist das Unternehmen *conditio sine qua non*, doch letztlich ist nicht mehr als eine *Subkultur* beschrieben, ein soziales Verhaltens- und Wertesystem also, das getrennt von der übergeordneten Kultur besteht, gleichwohl aber Teil derselben ist.[192] Eine solche Subkultur zu bestrafen, die für gewöhnlich gerade nicht über invariante Außengrenzen verfügt und der keine soziale Handlungsfähigkeit zugeschrieben wird, kam für das Strafrecht bisher nicht in Frage. Der Einfluss dieses *Kollektivs* – das *keine* Korporation darstellt – auf den Einzelnen kann Auswirkungen auf die Strafzumessung bezüglich des Individuums haben, es kann als gesellschaftliche Erscheinung ein *Risiko* darstellen, auf das mit präventiven Mitteln reagiert wird, es kann jedoch kaum einen *Täter* darstellen.

Das „Unternehmen an sich“ als Täter überzeugt nur, wenn an Phänomene angeknüpft wird, die unmittelbar dem primitiv intentionalen korporativen Akteur zurechenbar sind. Zwei Problemkreise, die im Folgenden lediglich angedeutet werden sollen, kämen m. E. für einen solchen Rückbezug in Betracht, da sie unmittelbar mit der autopoietischen Reproduktion des Unternehmens zusammenhängen: zum einen ein Steuerungsparadox und zum anderen die – umweltbedingte – Profitmaximierung.

Das Steuerungsparadox entsteht dadurch, dass das „Unternehmensinteresse an Bestandserhaltung“ zunehmend *heterarche* Strukturen hervorbringt,[193] welche das Gegenstück zur hierarchischen Organisation sind, die immer weniger das Ziel der Profitmaximierung bewältigt. Das kapitalistische Unternehmen an dessen Spitze einer oder einige wenige – möglicherweise sogar Anteilseigner – stehen, die „ihr“ Unternehmen „in der Hand haben“ existiert kaum mehr[194] und dies erscheint aus systemtheoretischer Sicht nahe liegend: wenn es darum geht, Märkte zu erobern oder neue Produkte zu entwickeln, wird die Zielerreichung durch Ausdifferenzierung von spezialisierten Subsystemen vorangetrieben. Es wird dadurch nämlich die Kompetenz der jeweiligen Systeme erhöht und ein Vielfaches an Sachverhalten in

---

**190** Vgl. hier die Arbeit von *Schlegel*, Wirtschaftskriminalität und Werte, Nordhausen 2003, S. 142 ff.

**191** Zu Recht kritisch aus einer strafrechtdogmatischen Perspektive: *Rotsch* (Fn. 174) und *ders.* Der ökonomische Täterbegriff, ZIS 2007, S. 260–265.

**192** *Albrecht*, Kriminologie, München 1999, S. 38 ff. m.w.N.

**193** Vgl. hierzu *Prümm* (Fn. 130), S. 179; *Drepper* Differenzierung, Entscheidung und Integration: Dilemmata der Steuerung und Intervention in Organisationen, Berlin 2001, S. 96 ff.

**194** Vgl. *Herrigel*, Guest Editor's Introduction: A New Wave in the History of Corporate Governance in: Enterprise & Society (Special Issue) 2007, S. 475–488.

der komplexen Umwelt wahrgenommen. Man denke nur an einen regional spezialisierten Vertrieb, der sehr viel besser in der Lage ist, die Wettbewerbsaktivitäten der Kontrahenten zu beobachten, als eine globale Vertriebseinheit. Ebendiese Ausdifferenzierung bedeutet aber andererseits einen Instabilitätsfaktor und mitunter Informationsasymmetrien:[195] die Subsysteme entwickeln nämlich auch wieder eigene Methoden und Handlungslogiken, sowie Erwartungen und Entscheidungsprogramme, d. h. sie werden wiederum selbst zu autopoietischen Subsystemen. Da in der Folge Informationen nicht mehr (nur) vertikal – und zielgerichtet auf die Unternehmensspitze – fließen, sondern sich auch horizontale Informationsflüsse etablieren, die in der Kommunikation zur Unternehmensspitze gefiltert werden, entstehen Informationslücken und entsprechende Asymmetrien. Insbesondere, wenn Risiko-Sachverhalte betroffen sind – beispielsweise im Bereich der Produkt- und Arbeitnehmersicherheit – also schleichende Entwicklungen und langfristige Prozesse in Rede stehen, deren Lösung eine nachhaltige Entscheidung erfordern, kann das in eine solche Struktur eingebundene Individuum seine eigene Handlung kaum mehr in den viel größeren Kontext des Unternehmens setzen und sich der Tragweite seines Beitrages bewusst werden. Und so ist es naheliegend, dass jedes Unternehmensmitglied seinen Arbeitsbereich nach internen Entscheidungsprämissen „gut“ – da kostensparend – ausfüllen mag und daher an einer Kontrollleuchte spart (weil es auf die nicht ankommt), den Arbeitsprozess ein wenig schneller ablaufen lässt (weil dies nicht sehr schadet), ein wenig mehr Überstunden zulässt oder die Nachtschicht ein wenig unterbesetzt hält (um Personal zu sparen) und die Verdichtung dieser Risiken zu gravierenden Rechtsgutsverletzungen führt.[196]

Neben einer solchen, durch die Reproduktionsprozesse des Unternehmens bedingten und mitunter instabilen, Organisation ist der zweite Problemkreis in der

195 Diese gehen also über das, aus der ökonomischen Diskussion bekannte, *Prinzipal-Agenten-Dilemma* hinaus. Siehe hierzu oben Fn. 91.

196 Mit diesen Details wird der Unfall der RoRo-Fähre *Herald of Free Enterprise* angedeutet. Diese war mit Klappen knapp über der Wasserlinie an Bug und Heck ausgestattet, die das schnelle Be- und Entladen des Schiffes im Hafen ermöglichten. Um die Stillstandszeiten im Hafen und damit Kosten zu minimieren, war es gängige Praxis, die Bugklappen erst nach dem Ablegen auf dem Weg zur Hafenausfahrt zu schließen. Da die Bugklappen von der Brücke aus nicht zu sehen waren und es auch keine Kontrolleuchten gab, die den Verantwortlichen auf der Brücke die Schließung der Klappen hätten bestätigen können, war es Aufgabe des Oberbootsmannes, dies zu kontrollieren. Der Oberbootsmann hatte sich laut Vorschrift aber während des Auslaufens auch auf der Brücke aufzuhalten, weshalb er die Kontrolle der Bugklappen einem Matrosen übertrug, der allerdings in seiner Kabine einschlief. Nach der Hafenausfahrt drang schnell eine große Menge Wasser durch die offenen Bugklappen in das beschleunigende Schiff, das innerhalb von zwei Minuten kenterte. Annähernd 200 Passagiere fanden den Tod.

Priorisierung der Profitmaximierung „um jeden Preis" zu sehen. Auch wenn die Priorisierung der Profitmaximierung nicht als originäres Unternehmensinteresse gedeutet werden kann, ist sie aus oben genannten Gründen der dominante Faktor im Unternehmen, welcher unmittelbar auf die Unternehmensmitglieder zurückwirkt. Dieser Priorisierung kann „an sich" nicht das Attribut „kriminell" verliehen werden, da sie letztlich einer gesellschaftlichen Entscheidung entspringt, durch autonome und effiziente Wirtschaftseinheiten das Gemeinwohl zu steigern; und Unternehmenszweck ist es – wie gesehen –, diesen Profit auf legale Weise zu erwirtschaften. Allerdings produziert das Unternehmen auf dem Weg dorthin – zur Kostenersparnis – so genannte *externe Effekte.*[197] Die negativen Effekte der Transaktionen werden zwar nicht mit der Motivation geschaffen, anderen zu schaden; sie werden jedoch „bewusst" zu dem „Problem der anderen", nämlich der Gesellschaft, gemacht.[198] Dies geschieht aus dem Grund, dass Unternehmen zur konsequenten Externalisierung ihrer Kosten konzipiert sind, um ihren Anteilseignern den Profit zu geben, den sie erwarten und letztlich: um auf dem Markt zu *überleben.* Es ist daher in diesem Zusammenhang nahe liegend, dass Unternehmen in ihrem Prozess der Reproduktion, den sie mittels einer permanenten Bewertung ihrer Vergangenheit anhand des Kriteriums „Geschäft" und einer hohen Indifferenz gegenüber den Folgen ihrer „Geschäfte" aufgrund der Externalisierung ihrer „Kosten", in einen Modus der „Profitmaximierung um jeden Preis" fallen.[199]

Rechtsverletzungen, die auf diese Faktoren zurückführbar wären, stünden in unmittelbarem Zusammenhang mit dem „Unternehmen an sich" und mit seiner eigenständigen – autopoietischen – Reproduktion. Sie sind vorstellbar in Form einer

---

197 Mit *externen Effekten* werden außermarktlich-vermittelte, nicht kompensierte Nutzenänderungen bezeichnet, die ein Marktteilnehmer durch sein Verhalten bei anderen stiftet. Sie sind von marktlich-vermittelten Handlungswirkungen zu unterscheiden, die z. B. dann eintreten, wenn ein Unternehmen aufgrund der aggressiven Preispolitik seiner Konkurrenten Insolvenz anmelden muss. Die externen Effekte können für die Betroffenen eine Nutzensteigerung oder -minderung bedeuten und dennoch insgesamt Wohlfahrtseinbußen, wie z. B. Umweltbelastungen, zur Folge haben. Vgl. zu dem Begriff beispielsweise *Picot/Dietl,* Neue Institutionen-Ökonomie und Recht in: Ott/Schäfer (Hrsg.) Ökonomische Analyse des Unternehmensrechts, Heidelberg 1993, S. 306–330, S. 308 m.w.N.

198 Vgl. hierzu das Interview mit *Milton Friedman* in *Bakan* (Fn. 68), S. 61: „externalities – literally, other people's problems."

199 Den konkreten Prozess der „Verhärtung" von Entscheidungskorridoren der Mitglieder von „normaler Profitpriorisierung" zu „Profitmaximierung um jeden Preis" beleuchtet die *Pfadtheorie,* die die Historizität von Organisationen mit einbezieht. Vgl. *Grieger* Korruption und Kultur bei der Siemens AG – Eine Handlungs-Struktur-Analyse in: Graeff/Schröder/Wolf (Hrsg.) Der Korruptionsfall Siemens, Baden-Baden 2009, S. 103–130, S. 118 ff.

institutionalisierten Billigung der Korruption,[200] um das Geschäft „um jeden Preis abzuschließen“ und ebenso in einer konsequenten Vernachlässigung von Investitionen in Sicherheitsbelange, trotz entsprechender „Irritationen“. Beide – mit der Größe des Unternehmens wahrscheinlicher werdende – Prozesse sind unmittelbar mit systemimmanentem Druck der Kostenreduktion verbunden. Wie in jüngerer Zeit die *Pfadtheorie* aufzeigt, beginnen sie in einer singulären Routine, werden zu einer Angelegenheit der Gruppe und können ab einem bestimmten Zeitpunkt[201] in eine *funktionsdefinierende* Vorgabe des korporativen Akteurs münden.[202] An dieser – mitunter funktionsdeterminierenden[203] – Matrix könnte das Unternehmen auch strafrechtlich zu messen sein, wenn bezüglich des Unternehmens *theoretisch* die strafrechtliche Kategorie der Schuldfähigkeit analogisierbar wäre – Sinn und Zweck der Strafe also nicht derart zweifelhaft wären wie hinsichtlich der von *Xerxes* angeordneten Auspeitschung des Meeres.[204]

Problematisch scheint bezüglich einer strafrechtlichen *Schuld* die Feststellung, dass sich das Unternehmen immer nur aus seiner Umwelt *re*produziert. Es klingt *a priori* nämlich paradox, dass eine eigenständige Steuerungsfähigkeit bejaht wird und diese – als *Re*produktion im Hinblick auf die Bestandserhaltung des Systems – immer durch das System selbst vorgegeben ist. Daraus könnte zu folgern sein, dass das Unternehmen sich selbst nur „erleidet“ und nicht zur Reflexion fähig ist, d. h. keine kritische Distanz zu sich selbst aufbauen kann bzw. seine Handlungsschemata und etablierten Metaregeln gerade nicht nach Belieben aktualisieren kann; es

---

**200** Es spricht beispielsweise im Fall *Siemens* einiges dafür, dass Korruption in Organisationsstrukturen und -prozesse „eingebettet“ war und keine singuläre Erscheinung war, sondern von den Mitgliedern des Unternehmens als zulässiges oder gar wünschenswertes Verhalten internalisiert und „an nachkommende Generationen weitergereicht wurde“. Vgl. *Dombois* Von organisierter Korruption zu individuellem Korruptionsdruck? Soziologische Einblicke in die Siemens-Korruptionsaffaire, in: Graeff/Schröder/Wolf (Hrsg.) Der Korruptionsfall-Siemens, Baden-Baden 2009, S. 131–150, S. 135 m.w.N.

**201** Zur Bestimmung dieses Zeitpunktes können mikroinstitutionalistische Ansätze in der Organisationsforschung fruchtbar gemacht werden. Vgl. insbesondere *Brief/Buttram/Dukerisch*, Collective Corruption in the Corporate World: Toward a Process Model in: Turner (Hrsg.) Groups at Work: Theory and Research, London 2001, S. 471–499, S. 474 ff.; *Grieger* (Fn. 198), S. 114 ff. m.w.N.

**202** Vgl. ausführlicher „Das Unternehmen als krimineller Akteur?“ in: *Schmitt-Leonardy* (Fn. 19), Rn. 226 ff.

**203** An dieser Stelle müsste zwischen einer schwachen Emergenz im Sinne einer Abwärtsverursachung bis hin zu einer starken Emergenz als Funktionsdetermination differenziert werden.

**204** *Neumann* wies in seinem Tagungsvortrag (in diesem Band, S. 527 ff) auf die Parallele zu *Xerxes* hin, der das Meer am Hellespont auspeitschen ließ, nachdem die persische Brücke durch einen Sturm zerstört worden war. Vgl. *Herodot*, Historien, Haussig (Hrsg.), Stuttgart 1971, 7.34–36.

letztlich nicht über ein Selbstbewusstsein verfügt.[205] Und hieraus könnte die Schlussfolgerung zu ziehen sein, dass das Strafrecht einem vollkommen *determinierten* Akteur oder einer modernen Art von „Geisteskranken“[206] gegenübersteht und die Anwendung von Maßregeln oder gar Verwaltungsrecht überzeugender ist.

Allerdings ist das hier entwickelte interpretatorische Konstrukt kein gänzlich selbstbezügliches System, da Autopoiesis keine *umweltlose* – und damit hermetisch abgeschlossene – Selbstreproduktion darstellt. Es ist vielmehr die Verknüpfung von operativer Geschlossenheit und Umweltöffnung, die die Anpassungsfähigkeit der Unternehmen auf den Märkten ermöglicht.[207] Somit ist nicht ersichtlich, warum ihnen diese Fähigkeit hinsichtlich ihrer Umwelt *Recht* bzw. *Gesellschaft* vollkommen abgesprochen werden sollte, zumal – zum einen – ihre Bestandserhaltung über das Merkmal des Funktionsbezugs auch vom Recht abhängt und – zum zweiten – beobachtet werden kann, dass nicht *alle* Unternehmen in eine „Profitmaximierung um jeden Preis“ – auch den der Rechtsverletzung – verfallen, sondern einige grundsätzlich die Fähigkeit haben, die Kostensenkung punktuell für ein langfristigeres Ziel zurückzustellen. Mitunter spielt also auch hier ein anderer – und erst durch den systemtheoretischen Bezugsrahmen erkennbarer – Aspekt eine Rolle: die „Zeitrealität“ von Unternehmen. Die Gegenwart als systemintern formulierte Differenz von Vergangenheit und Zukunft („zweier Inaktualitäten“) stellt ebenfalls eine konstruierte Dimension dar und hängt maßgeblich von Entscheidungen als Strukturierung der Vergangenheit – mittels Beobachtung und Wahrnehmung von Alternativen – ab.[208] Die daraus resultierende Ausrichtung auf die Zukunft mag zwar weniger unmittelbar erscheinen als die des Individuums, deutet aber m. E. auf einen systembedingt „langsamen“ und auf Irritationen angewiesenen Akteur mit analogisierbarem „Selbstbewusstsein“ hin.[209] Zwar ist nicht – entsprechend holistischer

205 Zu diesem Ergebnis gelangen *Kyora* Unternehmensethik und korporative Verantwortung, Berlin 2001, S. 208; *Kettner* Moralische Verantwortung in individueller und kollektiver Form in: Wieland et al. Die moralische Verantwortung kollektiver Akteure, Heidelberg 2001, S. 168 ff.; *Pies* Können Unternehmen Verantwortung tragen? – Ein ökonomisches Kooperationsangebot an die philosophische Ethik in: *ebenda*, S. 188 ff.; *von Freier* (Fn. 17), S. 111 ff. und *Jakobs* (Fn. 9), S. 571.

206 Dies scheint derzeit eine an Bedeutung gewinnende Auffassung zu sein. Vgl. *Bakan* (Fn. 68), S. 56 ff. m.w.N.; *Wells* (Fn. 76), S. 65 ff. („Corporations are lined up with animals, infants, and the insane as non-accountable“).

207 Vgl. hier den entscheidenden Hinweis *Teubners:* „Bei Selbstreferenz und Autopoiesis geht es nicht um geschlossenen Selbstbezug und umweltlose Selbstreproduktion, sondern im Gegenteil gerade um die Verknüpfung von operativer Geschlossenheit und Umweltöffnung.“ (*Teubner* (Fn. 58), S. 478).

208 So herausgearbeitet von *Prümm* (Fn. 130), S. 122 ff.; siehe auch *Luhmann* (Fn. 111), S. 103 ff., 158.

209 Vgl. hierzu im Einzelnen „Das Unternehmen als krimineller Akteur?“ in: *Schmitt-Leonardy* (Fn. 19), Rn. 226 ff.

Anschauung – von einem *forum internum* auszugehen, das einem „kollektiven Geist" oder der verbreiteten Vorstellung der menschlichen Psyche nahe käme. Allerdings ist eine so starke Annäherung an die Selbstwahrnehmung des Menschen als selbstbestimmt oder willensfrei auch nicht unbedingt für die Teilnahme an strafrechtlicher Kommunikation erforderlich.[210] Verantwortungszuschreibung ist lediglich eine normative Kategorie; eine soziale Praxis, ohne die ein Zusammenleben unmöglich wäre und die sich (nur) in dem Maße an empirischen Gegebenheiten orientiert in dem es darum geht, den Strafrechtsadressaten nicht zu überfordern – *ultra posse nemo obligatur.* Zwar geht das Strafrecht bislang davon aus, dass die *Entscheidung* gegen eine normative Erwartung von einem *Menschen* getroffen wird, der mit *freiem Willen* ausgestattet, *selbstverantwortlich* in der Lage ist, zwischen Gut und Böse zu unterscheiden,[211] jedoch scheint mittlerweile auch Einigkeit darüber zu herrschen, dass diese Voraussetzungen weder empirisch beweisbar noch für die Anwendung des Strafrechts entscheidend sind.[212] Maßgebend ist vielmehr die *normative Zuschreibung* von Verantwortlichkeit, die in der Gesellschaft *funktioniert.* Eine Methode zur Herstellung von Erwartungssicherheit also, die auf der strafrechtsnotwendigen Fiktion[213] eines willensfreien Menschen gegründet sein mag oder dem „erfahrungswissenschaftlichen Befund" einer „normativen Ansprechbarkeit",[214] jedenfalls aber ein *normatives* Konstrukt darstellt, das sich – als „soziale Spielregel"[215] – nicht als völlig unzulänglich erweist.

In *diese* Kategorie kann sich das hier entwickelte interpretatorische Konstrukt *Unternehmen* einfügen, denn letztlich reicht für die Begründung von Verantwortlichkeit sogar die *Kant*'sche „Freiheit des Bratenwenders",[216] also die schwache Willensfreiheit *zu tun, was man will,* soweit es dem System normativer Verhaltenskontrolle zuträglich ist.

---

**210** Vgl. im Kontext der Diskussion um Willensfreiheit und Strafrecht die Darstellung von *Merkel,* Willensfreiheit und rechtliche Schuld, Baden-Baden 2008; sowie *Stuckenbergs* Antrittsvorlesung „Willensfreiheit und strafrechtliche Schuld" vom 1.7.2009 auf http://archiv.jura.uni-saarland.de/projekte/Bibliothek/text.php?id=536.

**211** BGHSt 2, 194 (200).

**212** *Fischer,* StGB, 59. Auflage 2012, Vor § 13 Rn. 8 ff., § 20 Rn. 3. Dieser Auffassung liegen u.a. die Überlegungen von *Kelsen* Der soziologische und juristische Staatsbegriff, Tübingen 1928, S. 244; *ders.* (Fn. 7), S. 97 ff. zugrunde.

**213** So schon *Kant*, Grundlegung zur Metaphysik der Sitten, [1786] Band IV, Frankfurt 1968, BA 101/ Fn. *.

**214** *Roxin* Strafrecht AT I$^4$, München 2006, § 19 Rn. 36 ff.

**215** *Roxin* Strafrecht AT I$^4$, München 2006, § 19 Rn. 37.

**216** *Kant* Kritik der praktischen Vernunft [1788], Frankfurt 1968, Band VII, A 172, 174.

Und ob *dies* der Fall ist, hängt letztlich davon ab, worin man den Sinn und Zweck der Strafe sieht,[217] was *Lüderssen* früh als die „Notwendigkeit der Folgenorientierung“[218] der Diskussion um das Unternehmensstrafrecht erkannte. Wird mit Strafe letztlich eine Konditionierung zur Erhaltung der normativen Ordnung der Gesellschaft angestrebt, dann wird eine Unternehmensstrafe für das hier entworfene interpretatorische Konstrukt des Unternehmens sehr nahe liegen,[219] da es trotz veränderter Zeitrealität und primitiver Intentionalität über eine undeterminierte Reaktionsfähigkeit und Anpassungsleistung verfügt. Wird hingegen – spezialpräventiv – auf *Einsicht* gehofft, wird eine nicht-anthropomorphe Vorstellung des Unternehmens kaum der geeignete Anknüpfungspunkt für das Strafrecht sein.

## V. Fazit

Manchmal ist es der gewählte Theorierahmen, der darüber entscheidet, was beobachtet werden kann.[220] Und manchmal verdeutlicht der gewählte Theorierahmen sogar zudem, wie entscheidend die eingehende Beobachtung des Bezugsgegenstandes für weitergehende Überlegungen ist. Beides scheint mir hinsichtlich des „Unternehmensstrafrecht“ deutlich geworden zu sein.

Für den Bezugsgegenstand des Unternehmensstrafrechts erwies sich eine konstruktivistische Herangehensweise als die probate, um das „Unternehmen an sich“ ohne Rückgriff auf anthropomorphe Metaphern zu erfassen. Mit *Searles* Überlegungen konnte das Unternehmen jenseits *von Gierkes* und *von Savignys* Vorstellungen als *institutionelle Tatsache* etabliert werden, die mehr ist als ein Konglomerat an Produktionsmitteln, da sie sich durch kollektive Intentionalität manifestiert und Gegenstand einer kollektiven Zuweisung von Funktionen ist. Mit *Luhmann* wurde das Unternehmen weiter als ein System von sinnhaft aufeinander bezogenen Handlungen, die in selbstreferentieller Geschlossenheit auf einen gesellschaftlichen Funktions- und Leistungszusammenhang hin – d.h. umweltoffen

---

217 Vgl. hier wieder *Stuckenberg* (Fn. 209), S. 17.

218 *Lüderssen* oben, S. 82.

219 Hierbei sollten aber die bekannten „Rückkoppelungseffekte“ auf das Strafrecht nicht außer Betracht bleiben, da ein System, das auf der strafrechtsnotwendigen Fiktion des freien Willens beruht und die Gesellschaft womöglich aufgrund dieser Illusion zu moralischem Handeln animiert (vgl. hierzu jüngst *Smilansky*, Free Will and Illusion, Oxford 2000), mitunter durch die Einbeziehung eines solchen primitiv intentionalen Akteurs destabilisiert wird.

220 „Whether you can observe a thing or not depends on the theory which you use. It is the theory which decides what can be observed“ (Anmerkung *Einsteins* während *Heisenberg's* Vorlesung im Jahre 1926 in Berlin, abgedruckt in *Salam*, Unification of Fundamental Forces, Cambridge 1990).

*re*produzierend – organisiert sind, konturiert.[221] Aus meiner Sicht ist dieser metatheoretische Rahmen bisher der einzige, der imstande ist die „Reduktion des methodologischen Individualismus“[222] zu umgehen und das Unternehmen als Gesamtsubjekt mit eigener Kollektividentität zu erklären, ohne dabei die Bedeutung der individuellen Handlung verpuffen zu lassen. Jedoch: *Luhmanns* Ansatz nimmt nicht für sich in Anspruch, eine Wahrheit[223] darzustellen und ebenso wenig ist die hier vorgestellte Konzeption mehr als (m)ein interpretatorisches Konstrukt des Unternehmens, wie es Grundlage weiterer Überlegungen zum Unternehmensstrafrecht sein kann.

Festzuhalten ist aber gleichwohl, dass die jeweils zugrunde gelegte Vorstellung des Unternehmens kohärent hinsichtlich des jeweiligen Standpunktes in der Frage *„societas delinquere non potest“* sein muss. Wählt man den Menschen als Letzteinheit und interpretiert das Unternehmen – beispielsweise mit einer Vielzahl kriminologischer Ansätze – als Kontext von Gruppenphänomenen oder Ort arbeitsteiliger Produktionsabläufe, spricht rechtspolitisch wenig für eine Bestrafung des Unternehmens. Neben dem Einwand der Bestrafung Unschuldiger,[224] ist hier schlicht nicht ersichtlich, warum eine derartige Subkultur bzw. eine grundsätzlich legale Produktionsstruktur durch das Strafrecht erfasst werden sollte. Insbesondere angesichts der Tatsache, dass man durchaus gefährlicheren Kollektiven – beispielsweise der Mafia – nach wie vor individualstrafrechtlich begegnet.

Legt man die Vorstellung *Colemans* zugrunde und interpretiert Unternehmenswirkungen als Aggregat der Invidualhandlungen, stellt sich ebenfalls die Frage nach der Sinnhaftigkeit der Unternehmens*strafe*. Nach dieser Vorstellung kann Unternehmenskriminalität nämlich lediglich als die Auswirkung verschiedener (Aggregations-)Regeln, innerhalb derer Mengen von Personen agieren, interpretiert werden. Mag man auch ein Bündel formeller und informeller Regeln, die das arbeitsteilige Wirken der Unternehmensmitarbeiter koordinieren, als rechtsgutsgefährdend einschätzen, die plausiblere Konsequenz wäre dann die „Spielregeln“ zu ändern oder das Unternehmen als „Gefahr“ einzustufen; allerdings wäre dies kaum Aufgabe des Strafrechts.

Erwägt man jedoch das Unternehmen als strafrechtlichen *Täter*, so muss man – um kohärent gegenüber den bisherigen rechtlichen Statuszuweisungen zu bleiben –

---

221 Vgl. insoweit *Teubner* (Fn. 58), S. 471 m.w.N. in Fn. 5.

222 So *Teubner* (Fn. 58), S. 475, der diesbezüglich ebenfalls sehr kritisch ist.

223 „Jeder, der behauptet, die Wahrheit zu kennen, teilt nur mit, dass er sein Denkschema nicht reflektiert hat.“ (*Luhmann* Short Cuts, 4. Auflage, Berlin 2002, S. 134). *Luhmann* bezeichnet seine Theorie selbst lediglich als ein Angebot und als eine Möglichkeit der gesellschaftlichen (Selbst-)Beschreibung, vgl. *Luhmann* (Fn. 3), S. 653 ff.

224 Vgl. hierzu nur *von Freier* (Fn. 17), S. 230 ff.

von einem sozial handlungsfähigen Akteur[225] ausgehen. Diese Strukturentsprechungen resultieren – wie oben angedeutet – nicht aus einem „soziologischen Naturrecht der juristischen Person",[226] sondern sind Folge einer *rechtspolitischen* Entscheidung, die wiederum auf die Selbstbeschreibung des Handlungssystems *Unternehmen* als korporativer Akteur folgt.[227] Um diesem Akteur *strafrechtliche* Verantwortung zuzurechnen ist schließlich notwendig, dass *sein Handeln* für die strafrechtliche Kommunikation *etwas bedeutet* und nach den Parametern dieser Kommunikation *relevant* ist, wovon hier theoretisch ausgegangen werden kann.[228] *Ob* jedoch das Unternehmen für eine solche *Unternehmenstat* zu bestrafen ist oder nicht, soll hier offen bleiben und der jeweiligen Positionierung zu Sinn und Zweck der Strafe überlassen bleiben.

Wenn mit den vorstehenden Überlegungen zumindest der Boden für eine dogmatische Entscheidung für oder gegen eine Unternehmensstrafe bereitet wurde, wäre schon viel gewonnen. Denn wie *Luhmann* zeigt,[229] kann es im Vorfeld einer tiefgreifenden Theorieänderung, die eine Unternehmensstrafbarkeit fraglos dar-

---

225 Der Terminus *Aktant* passt insofern weniger, als er für einen Ansatz steht, der Menschen grundsätzlich das „Privileg, handeln zu können" abspricht und auch Mikroben, Maschinen, Mischwesen und Tiere zu „Handelnden" macht. Aufgrund der zunehmenden Integration von Technik in die Gesellschaft entwickelte sich diese – maßgeblich von *Latour* beeinflusste – *Akteur-Netzwerk-Theorie,* die von einer variablen Ontologie ausgeht und in der Folge von einem neuen Vokabular für eine Welt, in der Technik nicht nur eine kulturelle Funktion hat, sondern auch die Möglichkeit, die Assoziation von anwesenden Aktanten als beständiges Ganzes zusammenzuhalten. Vgl. beispielsweise *Latour* Eine Soziologie ohne Objekte? Anmerkungen zur Interobjektivität, Berliner Journal für Soziologie, Heft 2, 2001 (1994), S. 237–252. Eine Übernahme dieses Begriffs, der m. E. eine Aufweichung des Handlungsbegriffs darstellt, bietet sich jedoch aufgrund der festgestellten Entsprechung von Rechtsfähigkeit und sozialer Handlungsfähigkeit nicht an.

226 *Teubner* Fn. 7, S. 71.

227 Dem Unternehmen wird durch seinen Unternehmensträger ein kollektiv anerkannter Status zugewiesen, der den Begrifflichkeiten des Rechts entspricht. Dies bedeutet nicht, dass der Unternehmensträger – die juristische Person – mit dem Unternehmen in Gänze identifiziert werden kann; es bedeutet aber die Anerkennung einer „sozialen Handlungsfähigkeit". Ebendiese ist nicht zuletzt in der angedeuteten sozialen Funktion des Unternehmens – Transaktionskostenersparnis, Ressourcenzusammenlegung usw. – begründet, die dadurch rechtlich abgesichert wird und nicht nur eine Autonomie des Unternehmens mit sich bringt, sondern auch die Gewährleistung der Zuverlässigkeit der Interaktion mit diesem sozialen Akteur auf dem Markt bedeutet. Durch die „rechtlich gestützte Personifizierung" werden Arbeitsverträge, langfristige Kooperationsverhältnisse und Zusagen „des Unternehmens" erst möglich und damit der „organisationelle Mehrwert" abgeschöpft, worin eine entscheidende gesellschaftliche Funktion des Unternehmens gesehen werden kann. Vgl. hierzu die Argumentation von *Teubner* (Fn. 7), S. 74 und 84.

228 Zur Analogisierung der strafrechtlichen Handlungsfähigkeit und Schuld vgl. „Das Unternehmen als Strafrechtsperson *sui generis*" in: *Schmitt-Leonardy* (Fn. 19), Rn. 598 ff.

229 *Luhmann* (Fn. 1), S. 5.

stellen würde, auch schlicht um die Entfaltung eines Paradoxes gehen; hier sogar zweier: (1) Das Unternehmen ist (bisher lediglich) ein Kontext für das kriminelle Handeln des Menschen, kommt aber als Täter m. E. nur in Frage, wenn man es von der „Letzteinheit Mensch“ befreit. (2) Es ist ausgerechnet die gesellschaftlich *erwünschte* Konzeption des Unternehmens als „effizienter Profitmaximierer“, die zu den gesellschaftlich unerwünschten „externen Effekten“ führt. Ob hier eine Verantwortungs*zuschreibung* also nicht letztlich eine Verantwortungs*verschiebung* darstellen würde, sollte zumindest gedanklich nicht übergangen werden. Sollte letztlich aber eine strafrechtliche Verantwortung favorisiert werden, wäre eine hierzu parallele individuelle Strafbarkeit – unter Berücksichtigung einer *funktionsdefinierenden Unternehmensmatrix* – nicht nur möglich, sie könnte durch eine eigenständig und differenziert konstruierte *Unternehmenstat* an Kontur gewinnen. Denn mitunter würde dann sichtbar, dass eine genau analysierte „Tatherrschaft“ des Unternehmens nur in einem sehr schmalen Bereich zu bejahen ist, der gleich den Fugen in einer Mauer die individuellen Verantwortungsbereiche sichtbar und stabiler macht. *Dann* wäre die Strafbarkeit des Unternehmens auch rechtspolitisch sinnvoll, da sie keine bloße Verantwortungsverschiebung angesichts komplexer Prozesse darstellte; die strafrechtliche Verantwortung des Individuums bliebe weiter im Vordergrund.

Voraussetzung all’ dessen ist aber, dass auch bei der Aufnahme dieser Beobachtungen durch das Recht das interpretatorische Konstrukt im Bewusstsein bleibt und der systemtheoretische Ansatz nicht zu einer komplizierten Handlungstheorie verzerrt wird. Das Recht beobachtet und verarbeitet zwar wiederum mit *seinen* Parametern und Begrifflichkeiten ein organisiertes Sozialsystem, das sich selbst als Korporation und Akteur beobachtet und von seiner Umwelt so beobachtet wird,[230] jedoch wird die Belastbarkeit jedweden Konzepts zur Unternehmensstrafbarkeit in dem Maße gewinnen, in dem es die äußerst voraussetzungsvolle Ordnung des Bezugsobjekts integriert.

230 Parallel zu der Formulierung *Teubners* (Fn. 7), S. 71 mit dem Unterschied jedoch, dass dieser das Unternehmen als Kollektiv einordnet.

Joachim Vogel

# Unrecht und Schuld in einem Unternehmensstrafrecht

Das Thema „Unrecht und Schuld in einem Unternehmensstrafrecht“ betrifft die Frage, ob und wie Unternehmen rechtswidrig und schuldhaft im strafrechtlichen Sinne handeln können, und ist somit auf den ersten Blick rein materiell-strafrechtlicher sowie rein dogmatischer Natur. In dieser Art und Weise ist das Thema – ein „Klassiker“ des Unternehmensstrafrechts – lange Zeit diskutiert worden, und deshalb ist es innerhalb dieses Symposions folgerichtig im Zweiten Teil „Konzepte eines Unternehmensstrafrechts im Kriminaljustizsystem“ unter „Materielles Strafrecht – mögliche positivrechtliche Gestaltung“ eingeordnet. Meine übergreifende These lautet nun, dass das Thema in Wahrheit eher wenig mit Dogmatik und eher viel mit Kriminalpolitik, aber auch mit Prozessrecht und Alternativen zum Unternehmensstrafrecht zu tun habe.[1] Damit spreche ich sozusagen in einer dogmatikkritischen Perspektive – wobei ich offen lasse, ob das die Veranstalter überrascht oder ob sie erahnten, dass ich das Thema so behandeln würde. In den Raum und zur Diskussion stellen möchte ich fünf Einzelthesen:

**1.** Die dogmatische Frage, ob und wie Unternehmen rechtswidrig und schuldhaft im strafrechtlichen Sinne handeln können, ist für die kriminalpolitische Frage der möglichen positiv-rechtlichen Gestaltung eines materiellen Unternehmensstrafrechts nicht von maßgeblicher Bedeutung. Wenn der Gesetzgeber eine Unternehmensstrafbarkeit einführt, begründet er die Möglichkeit rechtswidriger und schuldhafter Unternehmenshandlungen im strafrechtlichen Sinne und gestaltet die Voraussetzungen hierfür aus, ohne an eine bestimmte Dogmatik gebunden zu sein.

In der gegenwärtigen Dogmatik ist bekanntlich umstritten, ob ein auf Unrecht und Schuld beruhendes materielles Unternehmensstrafrecht im deutschen Kriminaljustizsystem (denk-)möglich ist.[2]

---

**Erschienen in** ILFS Band 10: Unternehmensstrafrecht, 2012

1 Es ist bemerkenswert, dass die Argumente pro et contra Verbandsstrafbarkeit, die im Abschlussbericht der Kommission zur Reform des strafrechtlichen Sanktionensystems, Abschnitt 12 Einführung einer Verbandsstrafe (Strafbarkeit juristischer Personen), März 2000 ausgetauscht worden sind, nur am Rande die dogmatischen Fragen der Handlungs-, Schuld- und Straffähigkeit von Verbänden betreffen.

2 Den beiden „klassischen“ Monographien von *Busch* Grundfragen der strafrechtlichen Verantwortlichkeit der Verbände, 1933; *R. Schmitt* Strafrechtliche Maßnahmen gegen Verbände, 1958 ist seit den 1990er Jahren eine kaum mehr überschaubare Literaturfülle gefolgt. Siehe aus der monogra-

https://doi.org/10.1515/9783111057125-033

Das zentrale Gegenargument hat bereits *v. Savigny* 1840 vorgebracht:[3]

> „Das Criminalrecht hat zu thun mit dem natürlichen Menschen, als einem denkenden, wollenden, fühlenden Wesen. Die juristische Person aber ist kein solches, sondern nur ein Vermögen habendes Wesen, liegt also ganz außer dem Bereich des Criminalrechts. Ihr reales Dasein beruht auf dem vertretenden Willen bestimmter einzelner Menschen, der ihr, in Folge einer Fiction, als ihr eigener Wille angerechnet wird. Eine solche Vertretung aber, ohne eigenes Wollen, kann überall nur im Civilrecht, nie im Criminalrecht, beachtet werden."

Die moderne Fassung dieses Arguments hat *Engisch* auf dem 40. Deutschen Juristentag 1953 in Hamburg vorgetragen:[4] Unternehmen fehle die Handlungs- und die Schuldfähigkeit im strafrechtlichen Sinne, da Unternehmen nur durch Menschen handeln und nur diese Schuld im Sinne eines höchstpersönlichen, sittlich tadelnswerten Versagens auf sich laden könnten, die dem Unternehmen zuzurechnen aber gegen den Grundsatz verstoße, dass jeder nur für eigene Handlungen und eigenes Verschulden strafrechtlich verantwortlich sei. Es sei ein Zirkel, die Verantwortlichkeit von Unternehmen auf ein Unternehmenshandeln zu gründen, dieses Handeln aber auf eine rechtliche Zurechnung. Daneben wurde und wird die Straffähigkeit von Unternehmen in Zweifel gezogen: Von Strafe als einem sinnlich erfahrbaren Übel könne ein Unternehmen nicht erreicht werden, desgleichen nicht von dem mit Strafe verbundenen sittlichen Tadel[5] – „no body to kick, no soul to damn".

Die Gegenstimmen halten diese Argumentation für überholt, einem veralteten Pychologismus oder Naturalismus verpflichtet und bejahen die (Denk-)Möglichkeit einer Unternehmensstrafbarkeit, die an Unternehmenshandlungen anknüpft. Die

---

phischen Literatur (Auswahl) *Bosch* Organisationsverschulden in Unternehmen, 2002; *Ehrhardt* Unternehmensdelinquenz und Unternehmensstrafrecht, 1994; *Eidam* Unternehmen und Strafe, 1993, 3. Aufl. 2008 sowie Straftäter Unternehmen, 1997; *v. Freier* Kritik der Verbandsstrafe, 1998; *Haeusermann* Der Verband als Straftäter und Strafprozesssubjekt, 2003; *Heine* Die strafrechtliche Verantwortlichkeit von Unternehmen, 1995; *Hirsch* Die Frage der Straffähigkeit von Personenverbänden, 1993; *Otto* Die Strafbarkeit von Unternehmen und Verbänden, 1993; *H.-J. Schroth* Unternehmen als Normadressaten und Sanktionssubjekte, 1993; *Schünemann* Unternehmenskriminalität und Strafrecht, 1980. Siehe aus der Aufsatzliteratur (Auswahl) *Böse* in: FS Jakobs, 2007, S. 15ff.; *Dannecker* GA 2001, 101ff.; *Jakobs* in: FS Lüderssen, 2002, S. 559ff.; *Kelker* in: FS Krey, 2010, S. 221ff.; *Schünemann* in: FS Tiedemann, 2008, S. 429ff.; *Trüg* wistra 2010, 241ff.

3 *V. Savigny* System des heutigen Römischen Rechts, Bd. 2, 1840, S. 312.

4 *Engisch* in: Verhandlungen des 40. DJT, Bd. 2, 1953, S. E7, E23ff.

5 Die klassische Formulierung findet sich bereits bei *Kohler* GA 64 (1917), 500, 503: „Genugtuung und Sühne aber sind mit dem Begriff des Leidens und Schmerzens untrennbar verbunden; dies gilt von allen Strafen (...): überall soll ein Schmerzgefühl erzeugt werden, und dieses soll als Sühne und Genugtuung dienen für die unethischen Übergriffe der Person. All dieses beruht aber auf seelischen Vorgängen, die nur bei der Einzelpersönlichkeit möglich sind".

Befürworter lassen sich mit *v. Freier*[6] in solche unterteilen, die es für möglich halten, Strafunrecht und Schuld von Unternehmen „einheitlich“ – strukturell wie bei Menschen – zu begründen, und solche, die eine „eigenständige“ Begründung vorlegen. Jene weisen darauf hin, dass Unrecht und Schuld auch bei Menschen normative oder normativierte Konzepte der Zurechnung oder Zuschreibung seien. Solche Zurechnungen oder Zuschreibungen seien aber ohne Weiteres bei Unternehmen möglich, die sehr wohl Normadressaten seien (vgl. §§ 14 StGB, 9 OWiG) und normativ, aber auch in der sozialen Realität als verantwortliche Subjekte – Personen oder Bürger, „corporate citizens“ – seien, denen Unrecht und Schuld zugerechnet oder zugeschrieben werden könnten. Eigenständige Begründungen rekurrieren auf das Maßregelmodell (*R. Schmitt*), Präventionsnotstand und Veranlasserhaftung (*Schünemann*), Organisationsmängel (*Heine*) oder – de lege lata – das Ordnungswidrigkeitenrecht (vgl. § 30 OWiG).[7]

Der dogmatische Streit treibt Blüten, die man eher in der mittelalterlichen Scholastik an im Strafrecht des 21. Jahrhunderts ansiedeln würde, etwa wenn *Jakobs* gegen Zurechnungsmodelle anführt, es müsse, was einer juristischen Person zugeschrieben werden solle, erst einmal dem Organ abgeschrieben werden.[8] Mit solchen Argumenten können kriminalpolitische Akteure wenig anfangen, und sie tragen zum Bedeutungsverlust der Dogmatik in der Kriminalpolitik bei. Es mag offen bleiben, ob der Gesetzgeber wirksam und sinnvoller Weise Gesetze erlassen kann, die auf den *einhelligen* Widerstand der Dogmatik stoßen – selbst dann wäre zu bedenken, dass der Gesetzgeber, anders als die Dogmatik, demokratisch legitimiert und rechtsverbindlich allein an grund- und menschen- sowie sonstige verfassungsrechtliche Schranken gebunden ist. Indiskutabel wäre jedenfalls die These, der Gesetzgeber sei an dogmatische Argumente gebunden, die nur ein *Teil* der Rechtswissenschaft wenn auch vehement und mit naturrechtlichem, sachlogischem oder sonst kritikimmunisiertem Anspruch vorbringt. In diesem Sinne hat der schweizerische Bundesrat bei der Einführung der Unternehmensstrafbarkeit mit Recht unterstrichen:

> „Wenn der [...] Entwurf auf strafrechtsdogmatische Verrenkungen verzichtet und den strafrechtlichen Vorwurf an ein Unternehmen als eigenständiges Aliud gegenüber dem her-

6 *V. Freier* (wie Fn. 2), S. 55 ff. einerseits und 183 ff. andererseits.

7 Grundlegend hierzu *Tiedemann* NJW 1988, 1169 ff.

8 *Jakobs* (wie Fn. 2), S. 565. – Beiläufig: Man kann zuschreiben, ohne abzuschreiben. So wird in jeder Teilnahmekonstellation das Teilnahmeunrecht vom Haupttatunrecht abgeleitet, das vom Haupttäter verwirklichte Unrecht dem Teilnehmer kraft Teilnahme zugeschrieben, ohne dass das Haupttatunrecht entfiele.

> kömmlichen Schuldbegriff postuliert, so bedient er sich nicht einer unzulässigen Abkürzung. Das Vorgehen beruht vielmehr auf der Überzeugung, dass letztlich nicht die Dogmatik, sondern der legislatorische Wille, eine als Problem erkannte Situation sachgerecht zu regeln, darüber entscheidet, ob diese Regelung zulässig ist.“[9]

In den Grenzen der Grund- und Menschenrechte und des Willkürverbots kann das Recht „selbstherrlich“[10] bestimmen, wer Zurechnungsendpunkt eines strafrechtlich relevanten Verhaltens ist. Insbesondere kann es die Handlungs- und Schuldfähigkeit juristischer Person normieren, und zwar auch im Sinne einer originären Verantwortlichkeit nicht für individuelle Schuld, sondern für „Betriebsführungsschuld“.[11] Wenn es das tut, muss eine Dogmatik, die sich als Wissenschaft vom positiven Recht versteht, es in den Grenzen der Grund- und Menschenrechte sowie des Willkürverbots hinnehmen und verarbeiten. Dann mag man zwar durchaus noch darüber räsonieren, ob Handlung und Schuld bei Unternehmen materiell *anders* als bei Menschen konstituiert werden – zu bestreiten, dass es strafrechtlich relevante schuldhafte Unternehmenshandlungen gebe, hieße jedoch, die Rechtsgeltung bestreiten. Das wäre aber nur möglich, wenn höherrangiges Recht entgegenstünde. Das scheint mir aber – und hier wildere ich auf dem Gebiet, das noch von *Sachs*[12] ausgemessen wird – nicht der Fall zu sein.

**2.** Grund- und Menschenrechte oder das Willkürverbot stehen einer Strafrechtslage, die rechtswidrige und schuldhafte Unternehmenshandlungen anerkennt, nicht entgegen.

Dass Grund- und Menschenrechte oder das Willkürverbot einer Unternehmensstrafbarkeit und der damit verbundenen Möglichkeit rechtswidriger und schuldhafter Unternehmenshandlungen entgegenstünden, erscheint bereits deshalb wenig plausibel, weil immer mehr Rechtsstaaten ein Unternehmensstrafrecht kennen, ohne dass die jeweiligen nationalen oder auch supranationale Verfassungsgerichte prinzipielle Bedenken dagegen erhoben hätten. Dass es auch in der Bundesrepublik Deutschland verfassungsrechtlich möglich ist, einem Unternehmen ein Organhandeln und -verschulden als eigenes Handeln und Verschulden strafrechtlich zuzurechnen, hat der Zweite Senat des Bundesverfassungsgerichts be-

---

9 Botschaft v. 21.9.1998 zur Änderung des Schweizerischen Strafgesetzbuches (…), BBl. 1999, 1979, 2141.

10 *Weber* in: Baumann/Weber/Mitsch, Strafrecht Allgemeiner Teil, 11. Aufl. 2003, § 18 Rn. 27.

11 *Weber* (wie Fn. 10).

12 Vgl. ILFS Band 10: Unternehmensstrafrecht, 2012, S. 195 ff.

kanntlich bereits in seinem Bertelsmann-Lesering-Beschluss vom 25.10.1966 ausgesprochen:[13]

> „Die Bestrafung juristischer Personen ist dem [...] deutschen Rechtssystem nicht fremd. [...] Die Anwendung strafrechtlicher Grundsätze ist also nicht grundsätzlich ausgeschlossen, wenn das Rechtssubjekt eine juristische Person ist.
>
> Die juristische Person ist als solche nicht handlungsfähig. Wird sie für schuldhaftes Handeln im strafrechtlichen Sinne in Anspruch genommen, so kann nur die Schuld der für sie verantwortlich handelnden Personen maßgeblich sein. Die Frage, ob der Kreis dieser Personen auf ihre Organe beschränkt ist oder darüber hinaus auf weitere Personen innerhalb der Organisation der juristischen Person [...] erstreckt werden kann, braucht hier nicht entschieden zu werden."

Das neuerdings (auch unter Verweis auf das Lissabon-Urteil vom 30.6.2009[14]) gegen die Verfassungsmäßigkeit einer Unternehmensstrafbarkeit angeführte verfassungsrechtliche Schuldprinzip[15] steht ihr nicht entgegen. Dem Bertelsmann-Lesering-Beschluss liegt die – zugegebenermaßen nicht deutlich ausgesprochene – Annahme zugrunde, dass sich auch Unternehmen auf das verfassungsrechtliche Schuldprinzip berufen können, es aber nicht verletzt ist, wenn dem Unternehmen Schuld von Personen zugerechnet wird, die für das Unternehmen verantwortlich gehandelt haben. Darüber hinausgehend muss hinterfragt werden, ob und inwieweit sich Unternehmen auf das Schuldprinzip berufen können, da und soweit es in der Rechtsprechung des Bundesverfassungsgerichts – und gerade im Lissabon-Urteil – in einen tragenden Zusammenhang mit der Menschenwürdegarantie des Art. 1 Abs. 1 GG gebracht wird. Menschenwürde kommt Unternehmen aber nicht zu, weshalb sich Unternehmen auch nicht auf die grund- und menschenrechtliche Dimension der Selbstbelastungsfreiheit berufen können.[16] Das spricht dafür, dass das verfassungsrechtliche Schuldprinzip eine Unternehmensstrafbarkeit entweder gar nicht oder nur in anderer Gestalt als bei Menschen begrenzt und ihr im Prinzip nicht entgegensteht.

Für nicht durchgreifend halte ich auch das Argument von *Bosch*,[17] das eigentliche Problem einer Unternehmensstrafbarkeit liege im Bestimmtheitsgrundsatz und in der Normierung von Verhaltenspflichten des Unternehmens, verfassungs-

**13** 2 BvR 506/83, BVerfGE 20, 323, 335 f. – Zur Diskussion um die Tragweite dieser Entscheidung zusammenfassend *Haeusermann* (wie Fn. 2), S. 30 ff. mit Nachw.

**14** 2 BvE 2/08, 2 BvE 5/08, 2 BvR 1010/08, 2 BvR 1022/08, 2 BvR 1259/08, 2 BvR 182/09, BVerfGE 123, 267 (413).

**15** *Kretschmer* in: FS Geppert, 2011, S. 287, 308 f.

**16** Beschl. v. 26.2.1997 – 1 BvR 2172/96, BVerfGE 95, 220, 241 f.; s. hierzu *Haeusermann* (wie Fn. 2), S. 344 ff. mit Nachw.

**17** *Bosch* (wie Fn. 2), S. 42 ff.

rechtlich gesprochen also – das sagt *Bosch* allerdings so nicht – in Art. 103 Abs. 2 GG. *Bosch* meint, durch ein Verbandsstrafrecht solle ja nicht lediglich Verstöße gegen klar begrenzte Einzelpflichten, sondern eine organisierte oder strukturierte Unverantwortlichkeit bekämpft werden, die dem Verband als eigene, ausschließlich ihm vorgeworfene Fehlleistung zugerechnet werde; deshalb müssten verbandsspezifische, an das Kollektiv adressierte Verhaltensnormen formuliert werden, die sich qualitativ von Normen des Verwaltungs- und Zivilrechts abschichten ließen. Aber den Verband treffen keine anderen strafrechtlichen Verhaltensnormen als natürliche Personen, und Verbände können – auf diese Selbstverständlichkeit hat mit Nachdruck *H.-J. Schroth* hingewiesen[18] – Normadressaten sein und sind es in vielen Bereichen des Wirtschaftsstrafrechts sogar ausschließlich, beispielsweise im europäischen Wettbewerbsrecht. Was *Bosch* im Auge hat, sind vielmehr die Zurechnungsnormen, und zwar in Modellen, in denen es auf ein Organisationsverschulden des Verbandes ankommt; dass dann organisationsbezogene Sorgfaltspflichten eine Rolle spielen, die nicht immer einfach zu bestimmen sind, ist aus der Fahrlässigkeitszurechnung bekannt und jedenfalls kein verfassungsrechtliches Problem.

Da Unternehmensstrafen in grundrechtlich geschützte Positionen von Unternehmen, namentlich aus Art. 2, 12 und 14 GG eingreifen, erweist sich vielmehr der Verhältnismäßigkeitsgrundsatz (in seiner Ausprägung als Übermaßverbot) als entscheidende verfassungsrechtliche Schranke für ein mögliches Unternehmensstrafrecht. Auch kriminalpolitisch ist es die entscheidende Frage, ob es die Ziele, die der Gesetzgeber mit der Einführung eines Unternehmensstrafrechts erreichen will, hierdurch erreicht werden können und ob sie es rechtfertigen, die Wirtschaft rechtlich und faktisch – durch nicht unerhebliche „Bürokratiekosten" – zu belasten sowie knappe Ressourcen des Kriminaljustizsystems zu binden. Über die Unternehmensstrafzwecke wird noch *Wohlers* reden,[19] und ich beschränke mich auf drei Bemerkungen: Um Schuldausgleich oder Vergeltung in einem moralisch aufgeladenen Sinne kann es eher nicht oder allenfalls in dem Ausmaß gehen, in dem eine Unternehmensethik besteht und gelebt wird. Vielmehr steht ersichtlich Prävention kraft ökonomischer Rationalität im Vordergrund: Strafen sind für Unternehmen Kosten, zu deren Vermeidung in Compliance-Management zu investieren ökonomisch rational ist. Daneben eröffnet das Kriminaljustizsystem den Zugang zu gegebenenfalls drastischen Instrumenten der Gewinnabschöpfung, was Wettbewerbsvorteile, die Unternehmen durch Straftaten erzielen, auszugleichen und so Wettbewerbsgleichheit herzustellen geeignet ist. Hinzu treten Gesichtspunkte der

---

18 *H.-J. Schroth* (wie Fn. 2), S. 13 ff.

19 Vgl. ILFS Band 10: Unternehmensstrafrecht, 2012, S. 231 ff.

Beweiserleichterung zur Vermeidung von Straflosigkeit (impunity): Dass in einem Unternehmen eine ihm zurechenbare Straftat begangen worden ist, kann einfacher zu beweisen sein als die volle strafrechtliche Verantwortlichkeit eines bestimmten Unternehmensmitarbeiters. Alles das sind legitime, von Verfassungs wegen nicht zu beanstandende Zwecksetzungen; dass Unternehmensstrafrecht zur Zweckerreichung jedenfalls nicht ungeeignet ist, ist eine Einschätzung, die der Gesetzgeber im Rahmen seiner Einschätzungsprärogative treffen kann. Das Übermaßverbot begrenzt dann vor allem Art und Umfang der Unternehmensstrafen, die tat- und schuldangemessen sein müssen und besonderer Rechtfertigung bedürfen, wenn sie sich als unternehmensexistenzbedrohend darstellen.

Damit dürfte zugleich der Einwand weitgehend entkräftet sein, es sei willkürlich, durch Unternehmensstrafen mittelbar Unschuldige, nämlich unbeteiligte Unternehmenseigner und -mitarbeiter, zu bestrafen.[20] Unternehmensexistenzbedrohende Unternehmensstrafen müssen sich normativ am Übermaßverbot messen lassen, und der Blick ins Ausland zeigt, dass es praktisch nie zu solchen Strafen mit der Folge der Entlassung unbeteiligter Unternehmensmitarbeiter und des Ausfalles der Unternehmenseigner in der Unternehmensinsolvenz kommt. Dass sich die Belastung des Unternehmensergebnisses durch Unternehmensstrafen bei den Unternehmenseignern wirtschaftlich nachteilig auswirken kann, hält sich im Rahmen der Sozialpflichtigkeit des Eigentums (Art. 14 Abs. 2 GG) und kann nicht als willkürlich gebrandmarkt werden.

**3.** Bei der Regelung der allgemeinen Voraussetzungen von Unrecht und Schuld in einem Unternehmensstrafrecht muss der Gesetzgeber – im Hinblick auf den Bestimmtheitsgrundsatz – eine Mindestregulierungsdichte und – im Hinblick auf den Gleichheitsgrundsatz – eine Mindestparallelität zum traditionellen Strafrecht gewährleisten. In der Sache hat sich hierfür ein europäisches „Standardmodell“ herausgebildet, das als Blaupause für ein mögliches deutsches Unternehmensstrafrecht dienen kann.

Die Frage nach der Konstituierung von Unrecht und Schuld in einem Unternehmensstrafrecht betrifft dessen Allgemeinen Teil, der regeln muss, welche Unternehmen für welche Taten welcher Menschen unter welchen Voraussetzungen wie verantwortlich ist. Die so gestellt Frage lässt dogmatischer Kreativität weiten Raum und hat im deutschen Strafrechtswissenschaftsraum zu einer Vielzahl von Modellen geführt, die ich hier nur holzschnittartig skizzieren kann:[21] Eher rechtsfolgenorientiert wird zwischen Straf-, Bußgeld- und Maßregelmodellen unter-

---

**20** Zu diesem klassischen Einwand ausführlich v. *Freier* (wie Fn. 2) S. 230 ff. mit Nachw.

**21** An mehr oder minder vertieften Darstellungen ist kein Mangel, s. z. B. *Haeusermann* (wie Fn. 2), S. 82 ff. mit Nachw.

schieden; letztere knüpfen an die fortbestehende Gefährlichkeit des Unternehmens an und setzen sie voraus, um eine Maßregel verhängen zu können. Weiterhin wird zwischen Zurechnungsmodellen einerseits, die an Taten von Unternehmensangehörigen anknüpfen und sie unter bestimmten Voraussetzungen dem Unternehmen zurechnen, und Modellen originärer Unternehmensverantwortlichkeit andererseits unterschieden, die den Blick in erster Linie auf tatermöglichende oder -erleichternde Organisationsmängel des Unternehmens als solchen richten. Nach den Organ-, Repräsentations- oder Identifikationsmodellen wird der Kreis der zurechnungsrelevanten auf Organe oder Repräsentanten beschränkt, in den Veranlassungsmodellen wird die Zurechnung auf alle Unternehmensmitarbeiter – möglicherweise einschließlich freier Mitarbeiter beim outsourcing von Unternehmenstätigkeiten – erstreckt. Die Zurechnung kann strikt – unabhängig von einem Organisationsverschulden des Unternehmens – erfolgen, was als Zurechnungsmodell im engeren Sinne (in angloamerikanischer Terminologie: als vicarious liablity nach dem Prinzip „respondeat superior") bezeichnet wird, oder es kann – gegebenenfalls zusätzlich – ein Organisationsverschulden des Unternehmens oder ein Kontrollverschulden der Unternehmensleitung verlangt werden.

Die Auswahl unter dieser Vielzahl von Modellen steht im Ermessen des Gesetzgebers. Von Verfassungs wegen ist er allerdings gehalten, einerseits – im Hinblick auf den Bestimmtheitsgrundsatz – die wesentlichen Fragen zu Unrecht und Schuld von Unternehmen zu regeln, also eine Mindestregulierungsdichte herzustellen, und andererseits – im Hinblick auf den Gleichheitsgrundsatz – eine Mindestparallelität mit dem traditionellen Strafrecht für Menschen beizubehalten. Wesentlich und deshalb bestimmt zu regeln ist zunächst die Frage, welche Einheiten zu den Unternehmen zählen, die sich strafbar machen können. Ausgeschlossen werden sollte der einzelkaufmännische Unternehmer; er ist natürliche Person, und ihn wegen seiner Unternehmereigenschaft anders als andere natürliche Personen zu behandeln, wäre willkürlich. Auf der anderen Seite sollten Unternehmen nicht rechtsformabhängig bestimmt werden, also nicht nur juristische Personen, sondern auch andere rechtlich anerkannte Personenvereinigungen einschließen, auch solche des öffentlichen Rechts, soweit sie unternehmerisch tätig werden. Wegen des Gebots der Mindestparallelität mit dem traditionellen Strafrecht ist sodann das Tatprinzip zu beachten. Ebenso wenig wie eine „Lebensführungsschuld" eines Menschen als solche strafbar sein darf, darf eine „Betriebsführungsschuld", namentlich mangelhafte Compliance-Organisation, als solche bestraft werden, sofern es nicht zudem zu zurechenbaren Unternehmenstaten kommt. In diesem Sinne muss die Unrechts- und Schuldbegründung eines Unternehmensstrafrechts zwingend einem Zurechnungsmodell im weiteren Sinne folgen: Es bedarf einer Tat eines Unternehmensangehörigen, die dem Unternehmen kraft Handelns „als" Unternehmensangehöriger oder „für" oder „für Rechnung" oder „zum Vorteil" des Unternehmens zurechenbar ist; jedenfalls bei Taten, die ein Unternehmensangehöriger gegen das Unternehmen begeht, wäre es widersinnig, das Unternehmen auch noch zu bestrafen.[22] Wiederum unter Wesentlichkeitsgesichtspunkte ist dann zu regeln, ob die Unternehmensstrafbarkeit allgemein oder nur für besondere (und welche) Delikte begründet wird, wozu *Kudlich* noch Stellung nehmen wird.[23] Zur Mindestparallelität gehört sodann, dass Unternehmen sich im Grundsatz auf diejenigen Rechtfertigungs- und Entschuldigungsgründe berufen können müssen, die für Menschen anerkannt und auf Unternehmen übertragbar sind. Notwehr und rechtfertigender Notstand. unvermeidbare Verbotsirrtümer oder entschuldigende Notstandssituationen müssen Unternehmen ebenso entlasten, wie sie Menschen entlasten; zudem kommen Strafausschließungsgründe wie höhere Gewalt oder Aufklärungshilfe in Betracht. Überhaupt ist grundsätzlich ein wie auch immer bestimmtes Verschulden des Unternehmens – sei es ein Auswahl-, Aufsichts- und Überwachungsverschulden der Unternehmensleitung, sei es ein anderweitiges Organisationsverschulden im Unternehmen – jedenfalls aus Gründen der Mindestparallelität mit dem traditionellen Strafrecht zu verlangen: „whatever one's theory of corporate responsibility, it is clear that a corporation is not responsible for the wrongdoing of its employees when it has done everything in its power to prevent such wrongdoing“.[24] Eine strikte Zurechnung ist nur ausnahmsweise und nur auf der Leitungsebene selbst möglich, da Leitungs- und Unternehmensverschulden in eins gesetzt werden können. Vom Organisationsverschulden des Unternehmens – strukturell Fahrlässigkeit – zu trennen ist die Frage, wie die Zurechnung von Straftaten geregelt werden soll, die nur vorsätzlich begangen werden können; grundsätzlich muss in diesen Fällen der Vorsatznachweis in Bezug auf irgendeine verantwortliche natürliche Person geführt werden, und es würde an die Grenze des Mindestparallelitätserfordernisses führen, ein „Unternehmenswissen“ aus dem bei verschiedenen Personen vorhandenen Wissen zusammenzusetzen. Schließlich ist das traditionelle Strafzumessungsrecht mutatis mutandis auf Unternehmen zu übertragen, und Unternehmensstrafen sind vor allem „nach der Schwere der Tat und der Schwere des Organisationsmangels und des angerichteten Schadens sowie nach der wirtschaftlichen Leistungsfähigkeit des Unternehmens“ zu bemessen (Art. 102 Abs. 2 schweiz. StGB).

---

22 Nicht so eindeutig liegt es bei Taten (nur) im Eigeninteresse des Unternehmensangehörigen, sofern ein Zurechnungszusammenhang zum Unternehmen hergestellt werden kann. Man denke an Sexualstraftaten zum Nachteil von Arbeitskollegen, wenn in dem betreffenden Unternehmen eine (Un-)Kultur der Duldung oder Verharmlosung solcher Taten besteht.

23 Vgl. ILFS Band 10: Unternehmensstrafrecht, 2012, S. 217 ff.

24 *Hasnas* WebMemo No. 1195 (15.8.2006), S. 1, 2.

Im Übrigen muss man nicht so tun, als müsste man den Allgemeinen Teil eines Unternehmensstrafrechts und insbesondere die Konstituierung von Unrecht und Schuld des Unternehmens ab ovo neu erfinden, am grünen Tisch neu konstruieren. Die große Mehrheit der Mitgliedstaaten der Europäischen Union hat – teils erst in den letzten Jahren – Gesetze zur Einführung oder Ausgestaltung eines Unternehmensstrafrechts erlassen. Allein im deutschen Rechtsraum kann man sich an dem am 1.10.2003 in Kraft gesetzten Unternehmensstrafrecht der Art. 100quater, 100quinquies, jetzt Art. 102 schweiz. StGB[25] und dem weithin am 1.1.2006 in Kraft getretenen österreichischen Verbandsverantwortlichkeitsgesetz[26] orientieren. Aus den der deutschen Strafrechtsordnung verbundenen Staaten ist Spanien zu nennen, das mit Organgesetz 5/2010 vom 22.6.2010 die Unternehmensstrafbarkeit in Art. 31 bis Código penal verankert hat.[27] Vor allem aber hat sich im Recht der Europäischen Union ein europäisches „Standardmodell" herausgebildet, wie es zuletzt in den Schlussfolgerungen des Rates über Musterbestimmungen als Orientierungspunkte für die Beratungen des Rates im Bereich des Strafrechts[28] wie folgt formuliert worden ist:

> „*Verantwortlichkeit juristischer Personen*
>
> 1. Jeder Mitgliedstaat […] stellt sicher,
>
> dass eine juristische Person für […] Straftaten verantwortlich gemacht werden kann, wenn diese Straftaten zu ihren Gunsten von einer Person begangen wurden, die entweder allein oder als Teil eines Organs der juristischen Person gehandelt hat und die eine Führungsposition innerhalb der juristischen Person innehat aufgrund
>
> a) einer Befugnis zur Vertretung der juristischen Person,
>
> b) einer Befugnis, Entscheidungen im Namen der juristischen Person zu treffen, oder
>
> c) einer Kontrollbefugnis innerhalb der juristischen Person.
>
> 2. Jeder Mitgliedstaat stellt außerdem sicher, dass eine juristische Person verantwortlich
>
> gemacht werden kann, wenn mangelnde Überwachung oder Kontrolle seitens einer Person
>
> gemäß Absatz 1 die Begehung einer […] Straftat zugunsten der juristischen Person durch eine ihr unterstellte Person ermöglicht hat.
>
> 3. Die Verantwortlichkeit einer juristischen Person nach den Absätzen 1 und 2 schließt die strafrechtliche Verfolgung natürlicher Personen als Täter, Anstifter oder Gehilfen bei […] Straftaten nicht aus.

---

25 Ein erster Überblick hierzu bei *Niggli/Schmuki* Anwaltsrevue 2005, 347 ff.

26 Siehe hierzu in rechtsvergleichender Sicht *Schmoller* in: FS Otto, 2007, S. 453 ff.

27 Siehe hierzu in rechtsvergleichender Sicht *de la Cuesta/Pérez Machío* sowie *Rodríguez Mourullo* in: FS Tiedemann, 2008, S. 527 ff. sowie 545 ff.

28 Ratsdok. 16542/09, S. 9 f.

4. [Für die Zwecke dieser Richtlinie] bezeichnet der Begriff ‚juristische Person' jedes Rechtssubjekt, das diesen Status nach dem jeweils geltenden Recht besitzt, mit Ausnahme von Staaten oder sonstigen Körperschaften des öffentlichen Rechts in der Ausübung ihrer hoheitlichen Rechte und von öffentlich-rechtlichen internationalen Organisationen."

Dieses Modell lässt den Mitgliedstaaten die Wahl zwischen einer kriminalstrafrechtlichen und einer ordnungswidrigkeitenrechtlichen Unternehmensverantwortlichkeit, legt sie aber ein Zurechnungsmodell fest, dass für die Leitungsebene einem Organ-, Repräsentations- oder Identifikationsmodell und für darunter angesiedelte Ebenen einem Organisationsverschuldensmodell entspricht. Das stimmt in der Sache mit dem überein, was sich im geltenden deutschen Recht aus dem Zusammenspiel von §§ 30 und 130 OWiG ergibt, und auch mit der positiven Rechtslage in den meisten Mitgliedstaaten der Europäischen Union. De lege ferenda würde es nahe liegen, dieses „Standardmodell" auch zur Blaupause für ein mögliches deutsches Unternehmensstrafrecht zu verwenden.

**4.** Das Verhältnis zwischen Individual- und Kollektivunrecht und -schuld sollte im Grundsatz im Sinne einer möglichen Kumulation geregelt werden.

In den meisten Rechtsordnungen, die ein Unternehmensstrafrecht kennen, und auch in den erwähnten europäischen Musterbestimmungen ist ausdrücklich bestimmt, dass die Bestrafung des Unternehmens nicht die Bestrafung der verantwortlichen Unternehmensangehörigen ausschließt und vice versa. Hier treten Individual- und Kollektivunrecht und -schuld kumulativ nebeneinander. Ein logisches oder Natur-Gesetz ist das aber nicht, wie Art. 102 Abs. 1 schweiz. StGB zeigt, wonach Unternehmensunrecht und -schuld subsidiär sind, nämlich eine Zurechnung zum Unternehmen nur dann erfolgt, wenn die Tat wegen mangelhafter Organisation des Unternehmens keiner bestimmten natürlichen Person zugerechnet werden kann.[29] Theoretisch denkbar ist aber auch umgekehrt eine Subsidiarität individuell verwirklichten schuldhaften Unrechts, das außer Betracht bleibt, wenn Unternehmensunrecht und -schuld gegeben sind bzw. überwiegen. Welche dieser Möglichkeiten der Vorzug zu geben ist, wird noch von *Volk* behandelt werden.[30] Ich spreche mich für das international weit überwiegend vertretene Kumulationsmodell aus: Eine natürliche Person allein deshalb straflos zu stellen, weil sie als Agent für ein Unternehmen gehandelt hat, dürfte dem verfassungsrechtlichen Willkürverbot zuwiderlaufen; systemischen Zwängen kann auf der Strafzumessungsebene Rechnung getragen werden. Umgekehrt leuchtet angesichts des spezifischen Zwecks der Unternehmensstrafe, Anreize für ein effektives Compliance-Management zu geben,

---

**29** Bei bestimmten (Korruptions-)Delikten sieht Art. 102 Abs. 2 schweiz. StGB hiervon eine Ausnahme vor, was auf eine Kumulation hinausläuft.

**30** ILFS Band 10: Unternehmensstrafrecht, 2012, S. 253 ff.

eine bloß subsidiäre Unternehmensstrafbarkeit wie nach Art. 102 Abs. 1 schweiz. StGB nicht wirklich ein. Dass ein und dasselbe Unrecht gleichsam doppelt verwertet wird, ist weder denkunmöglich noch ungewöhnlich, wie die Teilnahme zeigt, wo das vom Täter verwirklichte Unrecht dessen Strafbarkeit, aber auch die akzessorische des Teilnehmers (mit) trägt.

**5.** Letztlich sind die Strukturen von Unternehmensunrecht und -schuld weitgehend unabhängig davon, ob ein kriminalstrafrechtlicher, administrativsanktionenrechtlicher oder sogar zivilrechtlicher Regulierungskontext gewählt wird. Für die Kontextfrage – die auch als Frage nach den Alternativen formuliert werden kann – sind vielmehr in erster Linie Erwägungen der adäquaten Prozessrechtsgestaltung maßgeblich.

Bei rechtsvergleichender Umschau[31] zeigt sich, dass sich das zuvor beschriebene „Standardmodell" der Unternehmensverantwortlichkeit – strikte Verantwortlichkeit des Unternehmens für Unrecht und Schuld auf der Leitungsebene, organisationsverschuldensabhängige Unternehmensverantwortlichkeit für unterhalb der Leitungsebene schuldhaft verwirklichtes Unrecht – nicht nur in den Staaten findet, die ein Unternehmensstrafrecht im engeren Sinne kennen, sondern durchaus vergleichbar auch in solchen, die auf ein Unternehmensordnungswidrigkeitenrecht – international gesprochen: ein Administrativsanktionenregime – oder auch ein Unternehmensstrafschadensersatzrecht – international gesprochen: ein Regime von punitive damages – setzen. Daraus kann die These abgeleitet werden, dass die Strukturen der Unternehmenszurechnung von Unrecht und Schuld im Großen und Ganzen weitgehend unabhängig davon sind, ob ein kriminalstrafrechtlicher, administrativsanktionenrechtlicher oder sogar zivilrechtlicher Regulierungskontext gewählt wird.

Wenn das zutrifft, sollte der jeweilige materiell-rechtliche Charakter der Verantwortlichkeit von Unternehmen für Straftaten eher kein Kriterium sein, das einen rationalen Gesetzgeber leiten sollte, wenn er sich fragt, in welchen Regulierungskontext er die Unternehmensverantwortlichkeit stellen und ob er gerade ein Unternehmensstrafrecht einführen sollte. Im Grundsatz gilt das auch aus Adressatensicht und unter Zweckerreichungsgesichtspunkten: Wenn Goldman Sachs Group, Inc. 550 Mio. US-Dollar bezahlen muss, weil das Unternehmen im Zusammenhang mit der Ausgabe und dem Vertrieb der collateralized debt obligation ABACUS 2007–AC1 550 des security fraud schuldig war, dann ist es für das Unternehmen nachrangig, ob der Geldbetrag als Geldstrafe oder Geldbuße oder, worauf die SEC und Goldman sich am 15.7.2011 geeinigt haben, als Strafschadensersatz

---

31 Siehe z. B. de Doelder/Tiedemann (Hrsg.), Criminal Liability of Corporations, 1995.

bezahlt wird[32] – die Anreizwirkung, künftig solches Verhalten zu unterlassen, hängt davon nicht wesentlich ab. In der Tat lässt die empirische Sanktionenforschung die Vermutung zu, dass eine kriminalstrafrechtliche Etikettierung von Unternehmenssanktionen kaum mit nachweisbaren Präventionsgewinnen einhergehen dürfte. Auf symbolischer Ebene kann allerdings die Frage gestellt werden, wie öffentlich und wie „beschämend" Rechtsfolgen gegen Unternehmen sein sollen und ob die Etikettierung einer Rechtsfolge als Unternehmens*strafe* entscheidende *Symbol*gewinne mit sich bringt.

Vielmehr sollten es in erster Linie Überlegungen zum prozessualen Umfeld der Verwirklichung einer Unternehmensverantwortlichkeit für Straftaten sein, die einen rationalen Gesetzgeber leiten sollten, ob er ein Unternehmensstrafrecht im Kriminaljustizsystem oder Alternativen wählt wie ein Administrativsanktionenrecht in den Händen mächtiger Aufsichtsbehörden oder auch ein Strafschadensersatzrecht, das gegebenenfalls die Zivilgerichtsbarkeit beschäftigt. Damit geht es zunächst um die Schaffung sachgerechter Zuständigkeiten: Sollen Staatsanwaltschaften oder Verwaltungsbehörden, Straf-, Verwaltungs- oder Zivilgerichte zuständig sein? Vor allem aber geht es um die sachgerechte Verfahrensordnung: Welches Verfahren mit welchen Ermittlungsinstrumentarien, welchen Garantien und welchen Beweis- und Beweislastregeln sollen zur Verfügung stehen? Es ist keineswegs ausgemacht, dass Unternehmen am besten im strafprozessualen Umfeld für Unternehmenstaten verantwortlich gemacht werden können. Namentlich steht dem Vorteil (Perspektive Strafverfolgung) bzw. Nachteil (Perspektive Strafverteidigung) weit reichender strafprozessualer Ermittlungsbefugnisse (z. B. Möglichkeit der Telekommunikationsüberwachung) der Nachteil (Perspektive Strafverfolgung) bzw. Vorteil (Perspektive Strafverteidigung) weit reichender strafprozessualer Garantien (z. B. – möglicherweise – Selbstbelastungsfreiheit, Unschuldsvermutung, Konfrontationsrecht usw.) gegenüber. Zu bedenken wäre auch, dass im strafprozessualen Umfeld im Ausgangspunkt das Legalitätsprinzip gilt, also auch Bagatellfälle jedenfalls anermittelt werden müssen. Vor allem aber sich angesichts des Ressourcenproblems, das sich bei Verfahren gegen Unternehmen in besonderer Weise stellt, drängend die Frage, welchen Raum konsensuale Erledigungsformen haben sollen und ob dafür ein administrativsanktionen- oder zivilprozessrechtliches Umfeld nicht adäquater ist als ein strafprozessuales, in dem konsensuale Erledigungen trotz nunmehriger gesetzlicher Anerkennung weiterhin prekär sind.

**32** SEC, Press Release 2010–123, http://www.sec.gov/news/press/2010/2010-123.htm (abgerufen 25.3. 2012).

Wolfgang Wohlers

# Strafzwecke und Sanktionsarten in einem Unternehmensstrafrecht

## Gliederung



## 1. Einführung in die Problemstellung und Gang der Untersuchung

Die einem weltweiten kriminalpolitischen Megatrend[1] entsprechende Einführung der Strafbarkeit von Unternehmen[2] wird gemeinhin unter Hinweis darauf gefor-

---

**Erschienen in** ILFS Band 10: Unternehmensstrafrecht, 2012

1 So bereits im Jahre 1992 zutreffend *Stratenwerth* in: FS Schmitt, 1992, S. 295 f.; vgl. auch *Trüg* StraFo 2011, 471 f.; *Wohlers* in: FS Riklin, 2007, S. 287 f.

2 Zur Entwicklung im supranationalen Raum, insbesondere im Recht der EU und des Europarats vgl. *Dannecker* GA 2001 101, 106 f.; *Drope* Strafprozessuale Probleme bei der Einführung einer Verbandsstrafe, 2002, S. 41 ff.; *Möhrenschlager* Übersicht über inter- und supranationale Regelungen zu Sanktionen gegen juristische Personen, in: Reform des Sanktionenrechts, Band 3: Verbandsstrafe, hrsg. von Hettinger, 2002, S. 27 ff. sowie das Gutachten des Bundesjustizministeriums, in: Hettinger, a.a.O., S. 222 ff.; zur Entwicklung der nationalen Rechtsordnungen vgl. den Überblick bei Bundesjustizministerium, in: Hettinger, a.a.O., S. 258 ff.; *Eidam* Unternehmen und Strafe, 3. Aufl., 2008, Rn. 909 ff.; *Kirch-Heim* Sanktionen gegen Unternehmen, 2007, S. 128 ff.; *Lütolf* Strafbarkeit der juristischen Person, 1997, S. 245 ff.; *Schroth* Unternehmen als Normadressaten und Sanktionsobjekte,

https://doi.org/10.1515/9783111057125-034

dert, dass das herkömmliche Individualstrafrecht der Problematik des Corporate Crime – also der aus Unternehmen heraus begangenen Straftaten – nicht Herr zu werden vermag:[3] Die Argumentation geht kurz gefasst dahin, dass das auf die repressive Ahndung individuellen Fehlverhaltens zugeschnittene (Individual-)Strafrecht alter Prägung vor grundlegenden Schwierigkeiten stehe, wenn es darum geht, strafrechtliche Verantwortlichkeit innerhalb arbeitsteilig-organisierter Handlungsstrukturen zuzurechnen und adäquat zu sanktionieren.[4] Dies soll insbesondere auch deshalb der Fall sein, weil sich Unternehmen – in der Regel wohl unbewusst, in Einzelfällen aber möglicherweise sogar bewusst – so organisieren, dass die individuelle Zurechnung strafrechtlich relevanter Erfolge erschwert wird (sog. organisierte Unverantwortlichkeit).[5] Auch wenn man dieser Argumentation nicht ohne Vorbehalte gegenübersteht, kommt man doch nicht umhin anzuerkennen, dass das Individualstrafrecht hergebrachter Art nicht nur aus faktischen, sondern

---

1993, S. 140 ff. sowie aus jüngerer Zeit die umfassende Darstellung bei *Pieth/Ivory* (Hrsg.), Corporate Crimial Liability, 2011, passim; für eine vergleichende Analyse des aktuell geltenden österreichischen, liechtensteinischen und schweizerischen Rechts vgl. *Hilf* ZStrR 129 (2011) 258 ff.; zum US-amerikanischen Recht vgl. *Ehrhardt* Unternehmensdelinquenz und Unternehmensstrafe, 1994, S. 90 ff.; *Engelhart* Sanktionierung von Unternehmen und Compliance, 2010, S. 70 ff. sowie – insgesamt zum Common Law-Rechtskreis: *Kremnitzer/Ghanayim* ZStW 113 (2001) 539, 541 ff.; zu Frankreich: *Hartan* Unternehmensstrafrecht in Deutschland und Frankreich, 2006, S. 96 ff., 174 ff.; zur Schweiz: *Jeanneret* AJP 2004 917, 918 ff. sowie *Forster* Die strafrechtliche Verantwortlichkeit des Unternehmens nach Art. 102 StGB, 2006, und *Geiger* Organisationsmängel als Anknüpfungspunkt im Unternehmensstrafrecht, 2006, jeweils passim.

3 Vgl. *Dannecker* GA 2001 101, 103 ff.; *Jescheck* DÖV 1953 539, 541 f.; *Kirch-Heim* (Fn. 2), S. 37 ff.; *Kohlhoff* Kartellstrafrecht und Kollektivstrafe, 2003, S. 189 ff.; *Lütolf* (Fn. 2), S. 9 ff.; *Mittelsdorf* Unternehmensstrafrecht im Kontext, 2007, S. 9 ff.; *Rotberg* in: FS zum hundertjährigen Bestehen des Deutschen Juristentages 1960, S. 218 ff.; *Schmitt*, Strafrechtliche Massnahmen gegen Verbände, 1958, S. 130 ff.; *Schünemann* wistra 1982, 41, 49; *ders.* in: Bausteine des europäischen Wirtschaftsstrafrechts, Madrid-Symposium für Klaus Tiedemann, hrsg. von Schünemann/González, 1994, S. 267 ff.; *Schwinge* Strafrechtliche Sanktionen gegenüber Unternehmen im Bereich des Umweltstrafrechts, 1996, S. 37 ff.; *Seiler* Strafrechtliche Massnahmen als Unrechtsfolgen gegen Personenverbände, 1967, S. 125 ff.; sowie das Gutachten des Bundesjustizministeriums, in: Hettinger (Fn. 2), S. 202 ff.; vgl. aber auch die skeptische Stellungnahme von *König* in: Hettinger (Fn. 2), S. 40 ff.

4 Insoweit wird zum einen auf die Schwierigkeiten des prozessualen Beweises und zum anderen auf die Schwierigkeiten verwiesen, dass bei Straftaten, die aus Unternehmen heraus begangen werden, die Situation nicht untypisch ist, dass die als solche erkennbare Tat und/oder der als solcher eindeutig erkennbare Täter abhanden zu kommen droht, vgl. *Ehrhardt* (Fn. 2), S. 159 ff.; *Forster* (Fn. 2), S. 2 ff.; *Heine* Die strafrechtliche Verantwortlichkeit von Unternehmen, 1995, S. 27 ff.; *Kirch-Heim* (Fn. 2), S. 52 ff. sowie S. 65 ff.; *Seelmann* in: FS Schmid, 2001, S. 170 ff.; *Wohlers* SJZ 2000, 381, 382 f.

5 Vgl. hierzu grundlegend *Schünemann* Unternehmenskriminalität und Strafrecht, 1979, S. 34 ff.; *ders.* in: Madrid-Symposium (Fn. 3), S. 271 f.; *ders.* in: Deutsche Wiedervereinigung, Band II, Unternehmenskriminalität, hrsg. von Schünemann, 1996, S. 131 f.; vgl. auch *Kirch-Heim* (Fn. 2), S. 58 ff.; *Kohlhoff* (Fn. 3), S. 195 f.; *Otto* Die Strafbarkeit von Verbänden, 1993, S. 7 f.

auch aus normativen Gründen an seine Grenzen stößt, wenn es darum geht, dem Phänomen des Corporate Crime zu begegnen; und damit stellt sich dann unweigerlich die Frage, ob die insoweit bestehenden Probleme sachgerecht dadurch gelöst werden können, dass man Sanktionen einführt, die sich unmittelbar gegen die Unternehmen selbst richten.[6]

Diejenigen, die der propagierten Ausweitung des Adressatenkreises strafrechtlicher Sanktionen auf juristische Personen und/oder Personenvereinigungen eher skeptisch gegenüberstehen, machen ihrerseits drei Gründe dafür geltend, dass Unternehmen keine tauglichen Adressaten strafrechtlicher Normen sind: Unternehmen seien erstens nicht handlungsfähig,[7] sie seien zweitens nicht schuldfähig[8] und sie seien drittens nicht straffähig. Die ersten beiden Einwände hat *Joachim Vogel* in seinem Referat – aus rein positivistischer Perspektive betrachtet[9] – als irrelevant beiseitegeschoben, während *Ulfrid Neumann* jedenfalls den Einwand der mangelnden Schuldfähigkeit als durchschlagend eingestuft hat.[10] Gegenstand mei-

6 Kritisch z. B. *Wohlers* SJZ 2000, 381, 382 f.

7 Zur Darstellung des Meinungsstandes vgl. *Bertossa* Unternehmensstrafrecht – Strafprozess und Sanktionen, 2003, S. 22 ff.; *Ehrhardt* (Fn. 2), S. 42 ff.; *Lütolf* (Fn. 2), S. 116 ff.; *Mittelsdorf* (Fn. 3), S. 74 ff. sowie das Gutachten des Bundesjustizministeriums, in: Hettinger (Fn. 2), S. 211 ff.; meiner Auffassung nach ist dieser Einwand nicht überzeugend, vgl. *Wohlers* SJZ 2000, 381, 384 f.; ablehnend auch *Dannecker* GA 2001, 101, 111; *Ehrhardt* (Fn. 2), S. 175 ff.; *Hirsch* ZStW 107 (1995) 285, 288 ff.; *ders.* Die Frage der Straffähigkeit von Personenverbänden, 1993, S. 9 ff.; *Kindler* Das Unternehmen als haftender Täter, 2008, S. 212 ff.; *Kirch-Heim* (Fn. 2), S. 140 ff.; *Kohlhoff* (Fn. 3), S. 314 ff.; *Kremnitzer/Ghanayim* ZStW 113 (2001) 539, 551; *Rotberg* (Fn. 3), S. 197 f.; *Schwinge* (Fn. 3), S. 100 f.; *Trüg* StraFo 2011, 471, 473.

8 Zur Darstellung des Meinungsstandes vgl. *Bertossa* (Fn. 7), S. 37 ff.; *Ehrhardt* (Fn. 2), S. 45 ff.; *Lütolf* (Fn. 2), S. 127 ff.; *Mittelsdorf* (Fn. 3), S. 77 ff. sowie das Gutachten des Bundesjustizministeriums, in: Hettinger (Fn. 2), S. 213 ff.; gegen die Annahme der Schuldfähigkeit sprechen sich aus: *Wohlers* SJZ 2000 381, 385 ff.; ebenso *Kirch-Heim* (Fn. 2), S. 154 ff.; *Schünemann* in: Madrid-Symposium (Fn. 3), S. 280 ff., insb. S. 284 f.; *Schwinge* (Fn. 3), S. 103 f.; *Trüg* StraFo 2011, 471, 473 f.; vgl. auch *Seelmann* in: FS Schmid (Fn. 4), S. 177 ff.; demgegenüber wird die Schuldfähigkeit beispielsweise bejaht von *Dannecker* GA 2001 101, 112 ff.; *Ehrhardt* (Fn. 2), S. 185 ff.; *Hirsch* ZStW 107 (1995) 285, 291 ff.; *ders.* Straffähigkeit (Fn. 7), S. 12 ff.; *Kindler* (Fn. 7), S. 223 ff.; *Rotberg* (Fn. 3), S. 198 ff.; vgl. auch *Kremnitzer/Ghanayim* ZStW 113 (2001) 539, 551 m.w.N. aus dem englischsprachigen Schrifttum.

9 Dass diese Frage auch aus positivistischer Perspektive heraus nicht so ohne weiteres als irrelevant eingestuft werden kann, wird dann deutlich, wenn man zur Kenntnis nimmt, dass auch der nationale Gesetzgeber an Vorgaben des supranationalen Rechts sowie an die Wertungen der jeweiligen Verfassung gebunden ist, der deutsche Gesetzgeber also an die Vorgaben, die das BVerfG aus dem Grundgesetz ableitet (vgl. hierzu unten 3. b) dd) sowie 4.).

10 Ich stimme der Analyse *Neumanns* (vgl. seinen Beitrag in diesem Band) ohne jede Einschränkung zu. Entscheidend ist aus meiner Sicht, dass der im Individualstrafrecht geltende Schuldgrundsatz auf Unternehmen nicht anwendbar ist, dass aber die Einführung eines spezifisch körperschaftlichen Schuldgrundsatzes zum einen nur höchst dürftig zu verbergen vermag, dass er

nes Beitrags ist nun der dritte Einwand: die mangelnde Straffähigkeit von Unternehmen.

Ansatzpunkt dafür, die Straffähigkeit von Unternehmen zu bestreiten, ist die These, dass Unternehmen Strafen nicht empfinden können und dass ihnen damit und deshalb auch die Strafempfänglichkeit abgeht. Unternehmen haben nun einmal – worauf *Lord Chancellor Edward, First Baron Thurlow,* bereits in der zweiten Hälfte des 18. Jahrhunderts und damit zeitlich weit vor den in der deutschsprachigen Diskussion üblicherweise als Quellen dieses Bildes wahrgenommenen Autoren[11] zutreffend hingewiesen hat – „no soul to be damned, and no body to be kicked".[12] Die Frage nach der Strafbarkeit von Unternehmen wäre vor diesem Hintergrund per se negativ zu beantworten, wenn Strafe voraussetzt, dass der Bestrafte selbst leiden kann.[13] Anders sieht es dann aus, wenn Strafe als eine Übelszufügung definiert wird, bei der die Charakterisierung als Übel nicht notwendigerweise ein Leiden voraussetzt,[14] sondern Motivierbarkeit ausreichend ist, die z. B. auch darin bestehen kann, dass die Sanktion die Entscheidungsträger des Unternehmens dazu veranlasst, ihr Verhalten zu ändern.

Ein anderer Ansatz, die mangelnde Leidensfähigkeit des Unternehmens selbst zu überspielen, geht dahin, Unternehmen nicht als abstrakte Organisationen, sondern als soziale Entitäten wahrzunehmen, die durch ihre Mitglieder mit Leben erfüllt werden, welche ihrerseits unter den verhängten Sanktionen leiden können.[15] Dieser Ansatz ist allerdings wieder dem Einwand ausgesetzt, dass Sanktionen, deren

---

nichts anderes darstellt als ein Etikett für Zweckmässigkeitsüberlegungen und dass mit seiner Einführung negative Rückwirkungen auch auf das Individualstrafrecht einhergehen werden (vgl. hierzu bereits *Wohlers* SJZ 2000, 381, 386 f.).

**11** Vgl. *Kohler* Kritische Vierteljahresschrift für Gesetzgebung und Rechtswissenschaft, Neue Folge Bd. 17 (1894) 510, 519; *ders.* GA Bd. 64 (1917) 500, 503; *Hafter* Lehrbuch des Schweizerischen Strafrechts, Allgemeiner Teil, 1926, S. 64 Fn. 3; *ders.* Lehrbuch des Schweizerischen Strafrechts, Allgemeiner Teil, 2. Aufl., 1946, S. 72; zu den für die deutschsprachige Diskussion wirkmächtigen Ausführungen von Savignys vgl. *Schwander* in: FS Gutzwiller, 1959, S. 606 f.

**12** Zitiert nach *Volk* JZ 1993, 429, 431; vgl. auch *Peglau* JA 2001, 606, 609: „Einer juristischen Person, die nicht aus Fleisch und Blut ist, fehlt die Fähigkeit zur Empfindung von Leiden."

**13** So noch *Engisch* Referat zum 40. Deutschen Juristentag, Band II, 1954, E 15 f.; *Hafter* AT, 2. Aufl. (Fn. 11), S. 72 und wohl auch *Jescheck* DÖV 1953, 539, 542: „Jede Strafe setzt die Existenz einer in Fleisch und Blut lebenden Person voraus, die durch die Verurteilung zur Einsicht aufgerufen wird, wenn auch in vielen Fällen der Anruf verhallt, ohne verstanden zu werden."

**14** So die heute wohl ganz vorherrschend vertretene Auffassung, vgl. *Bertossa* (Fn. 7), S. 66 ff.; *Heinitz* Gutachten für den 40. Deutschen Juristentag, Band I, 1953, 86; *Lütolf* (Fn. 2), S. 170 f.; *Macaluso* La responsabilité pénale de l'entreprise, 2004, Rn. 161 f.; *Schmitt* (Fn. 3), S. 196; *Schwander* (Fn. 11), S. 615 f.

**15** *Dannecker* GA 2001, 101, 115; *Hirsch* Straffähigkeit (Fn. 7), S. 18; *Yoon* Strafrecht als ultima ratio und Bestrafung von Unternehmen, 2001, S. 181; kritisch hierzu *Kirch-Heim* (Fn. 2), S. 175; *von Freier* Kritik der Verbandsstrafe, 1998, S. 59.

Strafcharakter das Leiden anderer Personen voraussetzt, als eine Form der Kollektivstrafe einzustufen sind.[16] Wenn nun aber nicht das Unternehmen selbst, sondern die Anteilseigner und die Mitarbeiter des Unternehmens diejenigen sind, die leiden, dann stellt sich die Frage, ob die Bestrafung von Unternehmen nicht letztlich darauf hinausläuft, dass mit den Sanktionen, die formal gesehen dem Unternehmen auferlegt werden, tatsächlich Unschuldige bestraft werden, nämlich die Anteilseigner und die Mitarbeiter des Unternehmens. Und schließlich stellt sich dann in diesem Zusammenhang nicht allein die Frage, ob diese Mitbestrafung Dritter in den Fällen, in denen diese Dritten zusätzlich auch noch direkt sanktioniert werden, das verfassungs- und konventionsrechtlich fundierte Verbot der Doppelbestrafung (ne bis in idem) verletzt.

Ich werde nachfolgend zunächst kurz auf die beiden zuletzt erwähnten Einwände der unzulässigen Doppelbestrafung und der ungerechten Mitbestrafung Unschuldiger eingehen, die – um das Ergebnis vorwegzunehmen – aus meiner Sicht nicht durchschlagend sind. In einem zweiten Schritt werde ich mich dann auf die Kernproblematik konzentrieren. Zu klären ist, ob Unternehmen straffähig sind – oder anders ausgedrückt: Kann man mit Sanktionen gegen Unternehmen die Zwecke erreichen, die man gemeinhin mit Strafen zu erreichen sucht? Damit ist dann die Frage aufgeworfen, ob und, wenn ja, welche Zwecke wir mit der Institution der staatlichen Strafe eigentlich zu erreichen gedenken. Man befindet sich also mitten in der Diskussion, was eigentlich das Wesen der Strafe ist und welche Zwecke wir mit der Androhung und Verhängung von Strafen erreichen können oder erreichen wollen. Ausgehend von der Beantwortung dieser Frage(n) wäre dann zu prüfen, ob sich diese Zwecke auch mit Sanktionen gegenüber Unternehmen erreichen lassen.

Angesichts dessen, dass die Strafzweckdiskussion vorsichtig ausgedrückt von konsentierten oder auch nur überwiegend akzeptierten Ergebnissen weit entfernt ist, müsste die skizzierte Herangehensweise allerdings wohl darauf hinauslaufen, ein Glaubensbekenntnis zum Sinn und Zweck der Androhung und Verhängung staatlicher Strafen abzugeben und dann die sich aus diesem Postulat ergebenden Konsequenzen für die Strafbarkeit von Unternehmen abzuleiten. Da mir dies wenig Sinn zu machen scheint, habe ich mich entschlossen, einen anderen Zugang zu wählen.[17] Ich gehe nicht von der Frage aus, was das Wesen der Strafe und was legitime Strafzwecke sind. Ich werde also nicht in eine Debatte darüber eintreten,

---

**16** Vgl. *Peglau* JA 2001, 606, 609; *von Freier* (Fn. 15), S. 235 ff.

**17** So auch bereits *Ackermann* Die Strafbarkeit juristischer Personen im deutschen Recht und in ausländischen Rechtsordnungen, 1984, S. 195.

welche Zwecke man mit Strafen erreichen sollte.[18] Stattdessen werde ich so vorgehen, dass ich in einem ersten Schritt zunächst aufzeige, worüber wir eigentlich reden, wenn es um Unternehmensstrafrecht geht, welche Arten von Sanktionen gegen Unternehmen es derzeit weltweit gesehen eigentlich gibt. Ausgehend von dieser Bestandsaufnahme werde ich sodann in einem zweiten Schritt der Frage nachgehen, ob mit diesen Sanktionen die Ziele erreicht werden können, die in der Strafzweckdiskussion thematisiert werden. Aufbauend auf den so gewonnenen Erkenntnissen sollte dann hoffentlich deutlich werden, welche Zwecke der Gesetzgeber berechtigterweise zu erreichen hoffen kann, wenn er diese oder jene Sanktionen gegen Unternehmen vorsieht. In einer abschließenden Würdigung gehe ich dann noch kurz auf die in der Diskussion nach meinem Referat von verschiedenen Teilnehmern der Tagung aufgeworfene Frage ein, ob der Gesetzgeber sinnvollerweise auf die Karte des Strafrechts setzen sollte.

## 2. Der Einwand der unzulässigen Doppelbestrafung und/oder der ungerechten Mitbestrafung Unschuldiger

Der Grundsatz ne bis in idem wird für Deutschland auf der Ebene des Verfassungsrechts durch Art. 103 Abs. 2 GG vorgegeben. Er ist darüber hinaus aber auch in Art. 4 des 7. Zusatzprotokolls zur EMRK sowie in Art. 54 SDÜ kodifiziert, dort sogar als transnationaler Grundsatz. Der Grundsatz ne bis in idem besagt nicht nur, dass ein und derselbe Täter wegen ein und derselben Tat nicht zweimal bestraft werden kann, sondern er verbietet bereits die doppelte Verfolgung: Eine rechtskräftig freigesprochene oder verurteilte Person darf wegen der abgeurteilten Tat nicht nochmals in ein Strafverfahren verwickelt werden.[19] Voraussetzung für das Eingreifen des Grundsatzes ist aber die Identität von Tat und Täter: Die Verurteilung mehrerer an einer Tat beteiligter Personen verletzt den Grundsatz ne bis in idem

---

18 Zur Strafzweckdiskussion vgl. den Überblick bei *Roxin* Strafrecht, AT, 4. Aufl., 2006, § 3 und bei *Stratenwerth* Schweizerisches Strafrecht, Allgemeiner Teil I, 4. Aufl., 2011, § 2 Rn. 3 ff. sowie jüngst *Hörnle* in: Strafe – Warum?, hrsg. von v. Hirsch/Neumann/Seelmann, 2011, S. 11 ff.; *dies.* Straftheorien, 2011, passim.

19 EGMR vom 10.2.2009, *Zolothukin vs. Russia*, § 110; vgl. auch *Wohlers* in: Kommentar zur Schweizerischen Strafprozessordnung, hrsg. von Donatsch/Hansjakob/Lieber, 2010, Art. 11 Rn. 2 m.w.N. zur Rechtsprechung des EGMR; vgl. auch SK-StPO/*Paeffgen*, Band IV, 2011, Anhang zu § 206a Rn. 18.

unabhängig davon nicht, ob diese Verurteilungen in einem oder in verschiedenen, parallel oder zeitlich gestaffelt ablaufenden Verfahren erfolgt.[20]

Wenn nun aber wegen einer aus einem Unternehmen heraus begangenen Straftat einerseits das Unternehmen selbst und andererseits die an der Tatbegehung beteiligten Individualpersonen sanktioniert werden, fehlt es an der für die Anwendung des Grundsatzes ne bis in idem notwendigen Identität des Sanktionsadressaten.[21] Dass die Individualtäter möglicherweise durch die gegen das Unternehmen verhängte Sanktion faktisch mitbetroffen sind, reicht nicht aus, um einen Verstoß gegen das Prinzip ne bis in idem zu begründen.[22]

Der Vorwurf der unzulässigen Doppelbestrafung erscheint nur in den Fällen als berechtigt, in denen der Gesetzgeber so weit geht, dass er – wie es beispielsweise in der Schweiz geschehen ist[23] – auch Einzelunternehmen als taugliche Adressaten von Sanktionen gegen Unternehmen einstuft:[24] Hier ist dann wirklich nicht mehr erklärbar, warum es zulässig sein soll, ein und dieselbe Person einmal unter dem Label des Einzelunternehmers und einmal unter dem Label der natürlichen Person zu bestrafen. Wenn der Gesetzgeber aber vernünftigerweise davon absieht, den Kreis tauglicher Adressaten von Unternehmenssanktionen so weit zu ziehen, dass auch Einzelunternehmen erfasst sind, wird man eine Missachtung des Grundsatzes ne bis in idem nicht annehmen können.[25]

Tatsächlich dürfte der Einwand der unzulässigen Doppelbestrafung aber auch – insbesondere in der älteren Literatur[26] – gar nicht im engeren strafprozessualen Sinne gemeint gewesen sein, sondern vielmehr als Hinweis darauf, dass mit der

---

**20** Vgl. zum schweizerischen Recht *Wohlers* (Fn. 19), Art. 11 N 13; *Tag* in: Basler Kommentar, StPO, hrsg. von Niggli/Heer/Wiprächtiger, 2011, Art. 11 Rn. 15; zum deutschen Recht: *Meyer-Goßner* StPO, 54. Aufl., 2011, Einleitung Rn. 174 .

**21** *Ackermann* (Fn. 17), S. 206; *Bertossa* (Fn. 7), S. 102 f.; *Ehrhardt* (Fn. 2), S. 214; *Heine* (Fn. 4), S. 269; *Korte* NStZ 1997 513, 517; *Lütolf* (Fn. 2), S. 189; *Yoon* (Fn. 15), S. 179; vgl. auch *Engelhart* (Fn. 2), S. 360.

**22** *Ehrhardt* (Fn. 2), S. 215; *Hirsch* ZStW 107 (1995) 285, 297 f.; *ders*, Straffähigkeit (Fn. 7), S. 20 f.; *Rotberg* (Fn. 3), S. 206 f.; *Schwinge* (Fn. 3), S. 106; *Yoon* (Fn. 15), S. 180.

**23** Kritisch hierzu unter anderem *Forster* (Fn. 2), S. 126 ff.; *Jeanneret* AJP 2004, 917, 919 f.; *Macaluso* (Fn. 14), N 680 ff.; *Pieth* ZStrR 121 (2003) 353, 358; *ders.* in: FS Jung, 2007, S. 723; *Schmid* in: FS Forstmoser, 2003, S. 771.

**24** Vgl. auch *Kirch-Heim* (Fn. 2), S. 179; *Yoon* (Fn. 15), S. 179 f.

**25** Wenn man dies anders sehen wollte, müsste man im Übrigen konsequenterweise bereits die im geltenden deutschen Recht vorgesehene Verhängung einer Geldbuße gegen Unternehmen (§ 30 OWiG) als Verstoß gegen den Grundsatz ne bis in idem einstufen, weil – zumindest nach der Rechtsprechung des EGMR – auch die Geldbuße des Ordnungswidrigkeitenrechts als Strafe im Sinne der EMRK einzustufen ist, vgl. *Ehrhardt* (Fn. 2), S. 215.

**26** So z. B. bei *Engisch* (Fn. 13), E 37 f.; eine unklare Vermengung beider Gesichtspunkte findet sich bei *Hartung* Koreferat zum vierzigsten Deutschen Juristentag, Band II, 1953, E 44, eine deutlichere Trennung bei *Heinitz* (Fn. 14), 88 ff.

Sanktionierung des Unternehmens nicht der richtige Adressat oder aber neben dem Unternehmen der Sache nach auch noch Individuen bestraft werden. Damit geht es dann aber gar nicht mehr um die Frage, ob der Grundsatz ne bis in idem missachtet ist, sondern vielmehr um die Frage der Gerechtigkeit der (Mit-)Bestrafung natürlicher Personen durch Sanktionierung des Unternehmens.

In der Literatur ist immer wieder geltend gemacht worden, dass mit der formalen Sanktionierung des Unternehmens letztlich auch oder sogar vor allem die am Unternehmen beteiligten natürlichen Personen sowie die Arbeitnehmer bestraft werden.[27] Diesem Einwand ist stets entgegengehalten worden, dass es hier nicht um eine direkte Bestrafung natürlicher Personen gehe, sondern nur um indirekte faktische Auswirkungen.[28] Dies seien bezogen auf die Inhaber des Unternehmens Nachteile, die sich aus der Mitgliedschaft am Unternehmen ergeben und die von den Inhabern[29] deshalb in gleicher Weise zu tragen sind wie die Vorteile, die sich z. B. in Form von Gewinnausschüttungen ergeben.[30] Bezogen auf die von einer Sanktionierung des Unternehmens faktisch mitbetroffenen Arbeitnehmer sowie sonstige Dritte, wie z. B. Vertragspartner des Unternehmens, wird zum einen, soweit es nicht um die Sanktion der Auflösung des Unternehmens geht, die Intensität der Mitbetroffenheit in Frage gestellt.[31] Darüber hinaus wird aber auch der Gegeneinwand erhoben, dass man anderenfalls auch die Sanktionierung des Inhabers eines Einzelunternehmens als ungerecht einstufen[32] und Gleiches wohl auch für die Strafverfolgung von höheren Funktionären eines Verbandes gelten müsste.[33]

Dem Argument, dass letztlich konsequenterweise ganz allgemein jede Bestrafung von Individualtätern als ungerecht einzustufen wäre, wenn und weil von der Bestrafung andere natürliche Personen, wie z. B. Familienmitglieder mitbetroffen

27 Vgl. *Engisch* (Fn. 13), E 26 ff.; *Hartung* (Fn. 26), E 43 f.; *Heinitz* (Fn. 14), 88 f.; *Schmitt* (Fn. 3), S. 197 ff.

28 *Rotberg* (Fn. 3), S. 204 f.; *von Weber* JZ 1953, 293, 294 f.; *Ehrhardt* (Fn. 2), S. 208; kritisch aber *von Freier* (Fn. 15), S. 242 ff. unter Verweis darauf, dass es sich ja um gezielt intendierte, der Motivierung dienende Folgen handelt.

29 Zutreffend relativierend zur faktischen Bedeutung des Mitbetroffenseins von Anteilseignern: *von Freier* (Fn. 15), S. 255 f.

30 *Ackermann* (Fn. 17), S. 205; *Bertossa* (Fn. 7), S. 94 ff.; *Ehrhardt* (Fn. 2), S. 209 ff.; *Forster* (Fn. 2), S. 39; *Hirsch* ZStW 107 (1995) 285, 297; *ders.* Straffähigkeit (Fn. 7), S. 20; *Kremnitzer/Ghanayim* ZStW 113 (2001) 539, 551; *Rotberg* (Fn. 3), S. 205; *Schwander* (Fn. 11), S. 617; *Schwinge* (Fn. 3), S. 105; vgl. auch *Lütolf* (Fn. 2), S. 181 f. sowie das Gutachten des Bundesjustizministeriums, in: Hettinger (Fn. 2), S. 221 unter Verweis auf eine – leider nicht näher bezeichnete – Entscheidung des Bundesgerichtshofes.

31 *Bertossa* (Fn. 7), S. 98 ff.; *Macaluso* (Fn. 14), Rn. 168 f.

32 *Bertossa* (Fn. 7), S. 97 ff.; *Hirsch* ZStW 107 (1995) 285, 298.

33 So *Heine* (Fn. 4), S. 268.

sind,[34] wird in der neueren Lehre entgegengehalten, dass – anders als im Beispiel der Bestrafung des alleinverdienenden Familienvaters – die negative Belastung der Anteilseigner und Mitarbeiter kein unvermeidlicher Begleitschaden, sondern eine intendierte Konsequenz der Bestrafung des Unternehmens sei: Da das Unternehmen nur über seine Organe handeln könne, müsse die Strafe auf diese wirken.[35] Damit zeigt sich aber schon, dass die faktische Mitbetroffenheit der Arbeitnehmer und der Inhaber allenfalls dann im obigen Sinne als intendiert angesehen werden kann, wenn und soweit es sich um Personen handelt, die als Entscheidungsträger das Verhalten des Unternehmens steuern oder die das Verhalten der Entscheidungsträger dadurch beeinflussen können, dass sie diese gegebenenfalls abberufen. Auch für diesen – tendenziell wohl eher kleinen – Kreis von Personen stellt sich dann aber zunächst einmal die Frage, ob wirklich eine praktisch spürbare Mitbetroffenheit vorliegt oder nicht. Und selbst wenn dies der Fall ist, muss doch weiterhin beachtet werden, dass auch die motivierende Betroffenheit nicht mit einer Bestrafung des Dritten gleichgesetzt werden kann,[36] sondern eine adäquate Folge der Teilhabe am bzw. der Eingliederung in das Unternehmen ist.[37]

## 3. Der Einwand der mangelnden Straffähigkeit von Unternehmen

### a) Überblick über die Palette möglicher Sanktionen gegen Unternehmen

Bevor wir uns nun der Frage zuwenden, welche Ziele der Gesetzgeber mit Sanktionen gegen Unternehmen zu erreichen hoffen darf, ist zunächst noch ein kurzer Blick auf die zur Auswahl stehenden Sanktionen zu werfen. Von den aus dem Individualstrafrecht her bekannten Sanktionen können monetäre Sanktionen ohne große Problem in ein Unternehmensstrafrecht übertragen werden. Dies dürfte denn auch einer der maßgeblichen Gründe dafür sein, dass diese Art von Sank-

---

34 *Ackermann* (Fn. 17), S. 204; vgl. auch *Bertossa* (Fn. 7), S. 91; *Ehrhardt* (Fn. 2), S. 209; *Heine* (Fn. 4), S. 268; *Kremnitzer/Ghanayim* ZStW 113 (2001) 539, 552; *Lütolf* (Fn. 2), S. 182; *Modlinger* Brauchen wir zur Korruptionsbekämpfung ein Unternehmensstrafrecht?, 2010, S. 85 f.; *Rotberg* (Fn. 3), S. 204 f.

35 Vgl. *von Freier* (Fn. 15), S. 244; *Kindler* (Fn. 7), S. 308; *Seelmann* in: FS Schmid (Fn. 4), S. 182 ff.; *Trüg* StraFo 2011, 471, 482.

36 *Heine* (Fn. 4), S. 268; *Kirch-Heim* (Fn. 2), S. 177.

37 *Kirch-Heim* (Fn. 2), S. 178; vgl. auch – aus jeweils anderer Perspektive argumentierend, im Ergebnis aber übereinstimmend – *Kindler* (Fn. 7), S. 311 f. sowie *Kohlhoff* (Fn. 3), S. 327 ff.

tionen in allen Rechtsordnungen, die die Strafbarkeit des Unternehmens kennen, als zentrale Hauptsanktion vorgesehen ist.[38] Zum Kreis dieser Rechtsordnungen ist im Übrigen auch Deutschland zu rechnen, da die gemäß § 30 OWiG zu verhängende Ordnungsbusse zwar formal gesehen nicht Teil des Kriminalstrafrechts ist,[39] der Sache nach aber sehr wohl punitiven Charakter hat.[40]

Festzustellen ist aber auch, dass weltweit gesehen nur noch sehr wenige Rechtsordnungen allein auf monetäre Sanktionen setzen. Das reine Bußenmodell wird mehr und mehr durch eine Konzeption ersetzt, in der alternativ oder kumulativ neben der Buße auch andere Sanktionen zur Verfügung stehen. Zwar lässt sich die aus dem Individualstrafrecht bekannte Freiheitsstrafe in ihrer hergebrachten Form auf Unternehmen nicht anwenden.[41] Sanktionen, die die wirtschaftliche Handlungsfreiheit einschränken – wie z. B. die Anordnung zeitlich und/oder inhaltlich begrenzter Tätigkeitsverbote für Unternehmen, der Ausschluss von öffentlichen Aufträgen oder die Einsetzung von staatlichen Aufsichtsorganen – können aber durchaus als eine an die Besonderheiten des Unternehmens als Sanktionsadressaten angepasste Form einer Freiheitsstrafe eingestuft werden.[42] Und mit gleicher Berechtigung kann man die – in einigen Rechtsordnungen bereits vorgesehene – Sanktion der Auflösung von Unternehmen sogar als Ersatz für die im traditionellen Individualstrafrecht seit einiger Zeit abgeschaffte Todesstrafe einstufen.[43]

In der Rechtswirklichkeit kann man grob vereinfacht nochmals zwei Regelungsmodelle unterscheiden: Ein eher vorsichtiges oder zaghaftes Modell läuft

---

38 *Bertossa* (Fn. 7), S. 223; *Dannecker* GA 2001, 101, 124; vgl. auch bereits *Engisch* (Fn. 13), E 13 sowie *Rotberg* (Fn. 3), S. 212 f.

39 Zur Abgrenzung des Ordnungswidrigkeitenrechts vom Kriminalstrafrecht vgl. *Wohlers* Deliktstypen des Präventionsstrafrechts – zur Dogmatik „moderner" Gefährdungsdelikte, 2000, S. 84 ff.

40 Zur näheren Ausgestaltung dieser Sanktion vgl. den Beitrag von *Dörr* (ILFS Band 10: Unternehmensstrafrecht, 2012) sowie *Ehrhardt* (Fn. 2), S. 31 ff.; *Hirsch* ZStW 107 (1995) 285, 303 ff.; *Kindler* (Fn. 7), S. 131 ff.; *Kirch-Heim* (Fn. 2), S. 18 ff., 68 ff.; *Ransiek* Unternehmensstrafrecht, 1996, S. 110 ff.; *Schroth* (Fn. 2), S. 118 ff.; zur Rechtsprechung des EGMR, nach der die Sanktionen des Ordnungswidrigkeitenrechts als Strafen im Sinne des Art. 6 EMRK anzusehen sind, vgl. EGMR vom 21. 2. 1984, *Öztürk vs. Germany*, § 53 sowie allgemein SK-StPO/*Paeffgen*, Band X, 4. Aufl., 2012, Art. 6 Rn. 30 ff.

41 *Ackermann* (Fn. 17), S. 195; *Fisse/Braithwaite* Corporations, Crime and Accountability, 1993, S. 41; *Ehrhardt* (Fn. 2), S. 199; vgl. aber auch *Schwander* (Fn. 11), S. 612; *Macaluso* (Fn. 14), Rn. 159 f., 163: man muss die Sanktionen eben entsprechend anpassen.

42 So dezidiert *Bertossa* (Fn. 7), S. 232 f. und wohl auch bereits *Engisch* (Fn. 13), E 13; *Hirsch* ZStW 107 (1995) 285, 316 f.; vgl. auch *Kindler* (Fn. 7), S. 305; *Volk* JZ 1993, 429, 431.

43 *Engisch* (Fn. 13), E 13; *Hirsch* ZStW 107 (1995) 285, 317; *Volk* JZ 1993, 429, 431.

darauf hinaus, dass – wie z. B. in Deutschland[44] und in der Schweiz[45] – die als Hauptsanktion vorgesehene monetäre Sanktion durch die Institute der Einziehung und des Verfalls ergänzt wird. Andere Rechtsordnungen – wie z. B. in Frankreich[46] und in Italien[47] – geben sich sehr viel offensiver und sehen neben oder an die Stelle von Bußen tretende andere Sanktionen vor,[48] wobei der kriminalpolitischen Phantasie dann praktisch keine Grenzen gesetzt sind.[49]

Ohne einen Anspruch auf Vollständigkeit zu erheben, ist auf folgende, in den nationalen Rechtsordnungen verschiedener Länder zu großen Teilen bereits verankerte Sanktionen hinzuweisen:

Bei den monetären Sanktionen wird teilweise statt des Begriffs der Geldstrafe oder Geldbuße der Begriff des „Strafgeldes" präferiert, um deutlich zu machen, dass es sich nicht um eine an der Tatschuld orientierte Sanktion handeln soll, sondern um eine eigenständige Sanktion, die besser auch an der wirtschaftlichen Situation des zu sanktionierenden Unternehmens – insbesondere am Umsatz – zu orientieren sei.[50] Die Frage, anhand welcher Kriterien die Höhe der Sanktion zu bemessen ist, harrt sowohl im Grundsätzlichen als auch im Detail der Klärung.[51] Die praktische Bedeutung dieser Frage ergibt sich daraus, dass die Sanktion so bemessen werden muss, dass sie einerseits nicht unverhältnismäßig – insbesondere: existenzvernichtend – ausfällt, andererseits aber auch nicht so niedrig ausfallen darf, dass sie zu einem „bloßen Alibi-Instrument" verkommt.[52] In den Zusammenhang der monetären Sanktionen gehört auch die Idee des Sicherungsgeldes, womit eine Sicherheitsleistung gemeint ist, die – wie die im schweizerischen Strafrecht geregelte Friedensbürgschaft (vgl. Art. 66 schwStGB) – im Falle der nachfolgenden Begehung eines Delikts verfällt.[53]

---

**44** Vgl. die §§ 73 ff., 74 ff. dStGB und hierzu *Ehrhardt* (Fn. 2), S. 37 ff.; *Hirsch* ZStW 107 (1995) 285, 305 f.; *Kindler* (Fn. 7), S. 158 ff., 180 ff.; *Kirch-Heim* (Fn. 2), S. 24 ff.; *Ransiek* (Fn. 40), S. 121 ff.; *Schroth* (Fn. 2), S. 108 ff.; *Trüg* StraFo 2011, 471, 477.

**45** Vgl. die Art. 69 ff. schwStGB (= Art. 59 ff. schwStGB a.F.) und hierzu *Bertossa* (Fn. 7), S. 240 ff.

**46** Vgl. *Deckert* in: Pieth/Ivory (Fn. 2), S. 165 ff.; *Kirch-Heim* (Fn. 2), S. 133; *Macaluso* (Fn. 14), N 300 ff.

**47** Vgl. *de Maglie* in: Pieth/Ivory (Fn. 2), S. 265 ff.; *Macaluso* (Fn. 14), N 371 ff.

**48** Vgl. auch *Pieth/Ivory* in: Pieth/Ivory (Fn. 2), S. 47 f.

**49** Vgl. *Bertossa* (Fn. 7), S. 227 ff. sowie *Lütolf* (Fn. 2), S. 396 ff. zur Sanktion der Equity fine (Aktienverwässerung); für einen Überblick über die möglichen Sanktionen in einem Unternehmensstrafrecht vgl. *Peglau* in: Hettinger (Fn. 2), S. 25 f. sowie das Gutachten des Bundesjustizministeriums in: Hettinger (Fn. 2), S. 234 ff.; *Kindler* (Fn. 7), S. 299 ff.; *Lütolf* (Fn. 2), S. 393 ff.

**50** *Dannecker* GA 2001, 101, 125.

**51** *Volk* JZ 1993, 429, 432; zur einschlägigen Diskussion vgl. *Bertossa* (Fn. 7), S. 259 ff.; *Ehrhardt* (Fn. 2), S. 247 ff.; *Engelhart* (Fn. 2), S. 691 ff.; *Kindler* (Fn. 7), S. 303 f.; *Mittelsdorf* (Fn. 3), S. 209 ff.; *Rotberg* (Fn. 3), S. 213.

**52** *Bertossa* (Fn. 7), S. 223.

**53** Vgl. *Rotberg* (Fn. 3), S. 214 ff.

Zu den Sanktionen, die die wirtschaftliche Handlungsfreiheit des Unternehmen einschränken sollen, gehört die Anordnung zeitlich und/oder inhaltlich begrenzter Tätigkeitsverbote für Unternehmen, die entweder in Form von Weisungen[54] oder aber durch den Entzug von Konzessionen und Lizenzen[55] oder durch temporäre und/oder partielle Betriebsschließungen[56] erreicht werden sollen. In die gleiche Richtung zielen die Sanktionen, die das Unternehmen durch den Ausschluss von öffentlichen Aufträgen, die Sperrung des Zugangs zu Subventionen und die Verweigerung von Steuererleichterungen bestrafen sollen.[57]

Eine Läuterung des delinquenten Unternehmens soll durch die Einsetzung von staatlichen bzw. staatliche bestellten Aufsichtsorganen (Unternehmenskuratel),[58] die zwangsweise Verpachtung[59] und/oder die – mit der Entfernung etwaiger Individualtäter verbundene[60] – zwangsweise Auflösung kriminogener Strukturen im Wege von Umstrukturierungen und/oder der Implementierung von Aufsichts- und Compliance-Programmen erreicht werden.[61]

Die bereits erwähnte Liquidation oder Auflösung des zu sanktionierenden Unternehmens kommt aufgrund ihrer gravierenden Auswirkungen stets nur als ultima ratio in Betracht, wenn und soweit keine weniger einschneidenden Maßnahmen zur Verfügung stehen und es um die Abwehr besonders gravierender Beeinträchtigungen der Belange der Allgemeinheit geht.[62]

Zu erwähnen bleibt noch, dass zu entscheiden ist, ob die verhängten Sanktionen bzw. die Tatsache der Sanktionierung des Unternehmens publik gemacht werden sollen. Während einige Autoren eine Offenlegung der Sanktion unter Verweis auf eine von ihnen angenommene besondere präventive Wirkung befürwor-

---

**54** *Dannecker* GA 2001, 101, 127; *Engelhart* (Fn. 2), S. 368; ablehnend *Schwinge* (Fn. 3), S. 160 ff.

**55** *Engelhart* (Fn. 2), S. 368; *Hartung* (Fn. 26), E 52; ablehnend *Schwinge* (Fn. 3), S. 164 ff.

**56** *Dannecker* GA 2001, 101, 125; *Hartung* (Fn. 26), E 51; abl. *Engelhart* (Fn. 2), S. 700 f. sowie *Schwinge* (Fn. 3), S. 157 ff.: dies sei eine gravierende Massnahme, die allein den dafür zuständigen und kompetenten Behörden zu überlassen sei; hiergegen wiederum *Rotberg* (Fn. 3), S. 210.

**57** *Dannecker* GA 2001, 101, 129; *Bertossa* (Fn. 7), S. 233; abl. *Engelhart* (Fn. 2), S. 700 f. sowie *Schwinge* (Fn. 3), S. 167 ff.: dies sei den dafür kompetenten Behörden zu überlassen.

**58** *Bertossa* (Fn. 7), S. 234 ff.; *Dannecker* GA 2001, 101, 128; *Hartung* (Fn. 26), E 51; *Heine* (Fn. 4), S. 302 f.; *Rotberg* (Fn. 3), S. 211; *Schünemann* in: Deutsche Wiederverinigung (Fn. 5), S. 139, 141 f.; *Schwinge* (Fn. 3), S. 214 ff.; krit. *Engelhart* (Fn. 2), S. 701 sowie *Kindler* (Fn. 7), S. 300 ff.

**59** Vgl. *Rotberg* (Fn. 3), S. 211 f.

**60** *Bertossa* (Fn. 7), S. 244 f.; *Dannecker* GA 2001, 101, 128; *Engelhart* (Fn. 2), S. 369 f.; *Hartung* (Fn. 26), E 51 f.

**61** *Dannecker* GA 2001 101, 128; *Engelhart* (Fn. 2), S. 369, 695 f.

**62** *Bertossa* (Fn. 7), S. 248 ff.; *Dannecker* GA 2001, 101, 126; *Engelhart* (Fn. 2), S. 696 f.; vgl. auch bereits *Hartung* (Fn. 26), E 51 sowie *Rotberg* (Fn. 3), S. 209 f.; ablehnend *Schwinge* (Fn. 3), S. 156 f.

ten,[63] lehnen andere diese neue Form der Prangerstrafe aus grundsätzlichen Erwägungen heraus ab.[64]

### b) Die mit der Bestrafung von Unternehmen erreichbaren Zwecke

Wenden wir uns nun der Frage zu, ob mit einem reinen oder mit einem erweiterten Bußenmodell die Zwecke erreicht werden können, die man mit Strafen zu erreichen sucht, stellt sich zunächst die Vorfrage, welche Zwecke denn mit Strafe erreicht werden sollen. Ich werde – wie eingangs bereits erwähnt – nicht in eine Debatte darüber eintreten, welche Zwecke man mit Strafen erreichen sollte. Ich gehe vielmehr vom – zugegebenermaßen nicht vollkommen befriedigenden – Stand aus, den die Strafzweckdiskussion als Ergebnis einer mehrere Jahrhunderte umfassenden Auseinandersetzung derzeit erreicht hat,[65] orientiere mich also an den Strafzwecken, die in der Diskussion aktuell vertreten werden. Und dies sind grob vereinfacht doch immer noch: Abschreckung, Resozialisierung, Aufrechterhaltung des Normvertrauens und/oder Vergeltung.

#### aa) Abschreckung durch Bestrafung von Unternehmen

Dass die Androhung und Verhängung von Strafen eine abschreckende Wirkung auf den Bestraften selbst (negative Spezialprävention) und auf die Allgemeinheit (negative Generalprävention) haben soll, ist eine seit alters her weit verbreitete Vorstellung, die im englischsprachigen Raum durch *Jeremy Bentham*[66] und im deutschsprachigen Raum insbesondere in Form der von *Feuerbach* begründeten Theorie des psychologischen Zwangs[67] wirkungsmächtig geworden ist. *Feuerbach*

---

63 *Bertossa* (Fn. 7), S. 238 ff.; *Dannecker* GA 2001, 101, 126 f.; *Schwinge* (Fn. 3), S. 169 ff.; vgl. auch die Darstellung bei *Engisch* (Fn. 13), E 13.

64 Nach *Hirsch* ZStW 107 (1995) 285, 317 könne die Publikation der Sanktion „nur als Ausfluss einer antiunternehmerischen Ideologie verstanden werden". Weiterhin moniert er einen Verstoß der Prangerwirkung gegen die Menschwürde, die auch für Personengesamtheiten gelten müsse; kritisch hierzu *Schwinge* (Fn. 3), S. 173.

65 Vgl. hierzu die Nachweise in Fn. 18.

66 Vgl. insbesondere *Bentham*, An Introduction to the Principles of Morals and Legislation, 1780 (Neudruck 1970 University of London, The Athlone Press), und hierzu *Schwarzenegger/Hug/Jositsch* Strafrecht II, Strafen und Massnahmen, 8. Aufl., 2007, S. 11 f.

67 Vgl. *Feuerbach* Lehrbuch des gemeinen in Deutschland geltenden Peinlichen Rechts, 1801, §§ 16 ff.

geht hierbei davon aus, dass der auf die Begehung einer Straftat gerichtete sinnliche Antrieb dadurch aufgehoben werden kann, dass der Täter weiß, „dass auf seine That ein Uebel folgen werde, welches größer ist, als die Unlust, die aus dem nicht befriedigten Antrieb zur That entspringt“[68]. Die eigentliche abschreckende Wirkung soll nach *Feuerbach* von der Strafandrohung ausgehen; die tatsächliche Strafverhängung hat allein den Sinn und Zweck, zu demonstrieren, dass es sich bei der Strafandrohung nicht um eine leere Drohung handelt.[69]

Bezogen auf die Bestrafung von Unternehmen stellt sich in diesem Zusammenhang die Frage, ob wir mit Sanktionen gegen Unternehmen andere natürliche und juristische Personen davon abhalten, Straftaten zu begehen. Grundsätzlich ist nicht ersichtlich, warum man nicht mit Sanktionen gegenüber Unternehmen die gleichen abschreckenden Wirkungen erreichen können soll wie mit Sanktionen gegen Individuen.[70] Damit stellt sich dann aber sogleich das Problem, dass wir die verhaltenssteuernde Wirkung von Strafandrohungen und Strafverhängungen zwar vermuten, nicht aber beweisen können – jedenfalls nicht in einer Art und Weise, die den Anforderungen genügen würde, die man üblicherweise an einen erfahrungswissenschaftlich validen Nachweis stellt.[71] Es ist allerdings plausibel, dass die Androhung von Sanktionen jedenfalls einen rational kalkulierenden Täter zu beeinflussen vermag. Dass das so ist, kann jeder aus eigener Erfahrung bestätigen, der schon einmal – ohne unter Zeitdruck zu stehen – am Steuer eines Kraftfahrzeugs auf einen Blitzautomaten zugefahren ist. Wenn man nun davon ausgeht, dass es sich bei Wirtschaftsstraftätern um den Archetyp des homo oeconomicus handelt,[72] und dass Unternehmen – nicht zuletzt aufgrund ihrer besonders hohen Sensibilität gegenüber Reputationsschäden[73] – auch diesem rational kalkulierenden Tätertypus

**68** *Feuerbach* (Fn. 67), § 17.

**69** *Feuerbach* (Fn. 67), §§ 18, 20.

**70** *Dannecker* GA 2001, 101, 114; *Hirsch* Straffähigkeit (Fn. 7), S. 17; *Modlinger* (Fn. 34), S. 78 f.

**71** *Ackermann* (Fn. 17), S. 196; *Kindler* (Fn. 7), S. 293; vgl. auch *Eisenberg* Kriminologie, 6. Aufl., 2005, § 41 Rn. 6, § 42 Rn. 4; *Kaiser* Kriminologie, 3. Aufl., 1996, § 31 Rn. 34; *Killias/Kuhn/Aebi* Grundriss der Kriminologie, 2. Aufl., 2011, Rn. 134 f., 1010 ff.; *Kunz* Kriminologie, 6. Aufl., 2011, § 25 Rn. 4 ff.

**72** Vgl. *Tiedemann* Gutachten zum 49. DJT, 1972, C 21 f.; *ders.* JZ 1975, 185, 187 mit dem ergänzenden Hinweis darauf, dass bei Wirtschaftsstraftätern weder die Androhung vor hohen Geldstrafen oder zur Bewährung ausgesetzten Freiheitsstrafen, sondern nur die Furcht vor vollzogenen Freiheitsstrafen und vor Existenzbeeinträchtigung durch Betriebsschliessungen einen Einfluss auf das Verhalten haben; hierzu auch *Volk* JZ 1993 429, 430; vgl. auch *Killias/Kuhn/Aeb*i (Fn. 71), Rn. 1006.

**73** Vgl. *Alwart* ZStW 105 (1993) 752, 771, der unter Berufung auf Insiderstimmen ausführt, dass Unternehmen, „was eigentliche Strafrechtsfolgen anbelange, am meisten negative Pressemeldungen über Verurteilungen und die Auswirkungen solcher Publizität fürchten“; vgl. auch *Ehrhardt* (Fn. 2), S. 204; *Forster* (Fn. 2), S. 37; *Kindler* (Fn. 7), S. 305; *Vogel* GA 1990, 241, 255 sowie *Eisenberg* (Fn. 71), § 41 Rn. 23 mit dem Hinweis darauf, dass es Anhaltspunkte für „eine Korrelation zwischem hohem sozioökonomischen Status und Abschreckung durch vollzogene Kriminalstrafen“ gebe.

zuzurechnen sind, dann liegt es tatsächlich nahe, dass man auch oder sogar insbesondere bei Sanktionen gegen Unternehmen von einer Abschreckungswirkung ausgehen kann.[74]

Es sind allerdings auch einige Einschränkungen zu machen: Zunächst einmal handeln Unternehmen nicht selbst, sondern durch ihre Mitarbeiter, deren Handeln auch durch andere als pekuniäre Motive bestimmt wird, wie z. B. das Streben nach Macht oder Prestige, Verteilungskämpfe und Geltungssucht zwischen den einzelnen Entscheidungsträgern, die Absicherung bzw. Beförderung der eigenen Karriere usw.[75] Wenn die Abschreckungswirkung die Mitarbeiter erreichen muss,[76] dann wird es notwendig sein, dass die Mitarbeiter damit rechnen müssen, dass sie im Falle der Begehung einer Straftat selbst bestraft oder aber durch das Unternehmen sanktioniert werden, was insbesondere bei Mitgliedern der Geschäftsleitung nur dann der Fall ist, wenn sie von den Inhabern abberufen werden.[77] Damit es für die – unterstellt: rational kalkulierenden – Unternehmen sinnvoll ist, dafür Sorge zu tragen, dass durch ihre Mitarbeiter keine Straftaten begangen werden, müssen die Sanktionen gegen das Unternehmen eine Schwere erreichen, die es verunmöglicht, sie als allenfalls lästigen Kostenfaktor einzustufen und aus der Portokasse zu zahlen.[78] Wie weit man gehen muss, damit die Sanktionen insoweit hinreichend „grausam" sind, kann hier nicht im Einzelnen untersucht werden.[79] Festzuhalten bleibt aber, dass eine abschreckende Wirkung wohl nur dann gegeben ist, wenn es sich um Sanktionen handelt, die sich entweder spürbar negativ in der Bilanz des Unternehmens niederschlagen oder die aufgrund anderer Umstände Eindruck auf das Unternehmen machen, z. B. durch die mit einer Urteilspublikation einhergehende „Prangerwirkung"[80] und/oder durch den mit der Verurteilung einherge-

---

74 *Ackermann* (Fn. 17), S. 196 f.; *Bertossa* (Fn. 7), S. 61 ff.; *Ehrhardt* (Fn. 2), S. 204; *Dannecker* GA 2001, 101, 114; *Geiger* (Fn. 2), S. 8; *Hirsch* Straffähigkeit (Fn. 7), S. 17; *ders.* ZStW 107 (1995) 285, 294 f.; *Lütolf* (Fn. 2), S. 175 f.; *Mittelsdorf* (Fn. 3), S. 84; *Modlinger* (Fn. 34), S. 78 ff.; *Kirch-Heim* (Fn. 2), S. 172 f.; *Rotberg* (Fn. 3), S. 203 f.; vgl. auch *Hefendehl* MSchrKrim 86 (2003) 27, 38; eher zweifelnd *Kindler* (Fn. 7), S. 292 f.; *Trüg* StraFo 2011, 471, 480.

75 *Bertossa* (Fn. 7), S. 224; *Stratenwerth* (Fn. 1), S. 298; *Volk* JZ 1993, 429, 432.

76 Vgl. *Dannecker* GA 2001, 101, 104; *Schwander* (Fn. 11), S. 614; vgl. auch *Hefendehl* MSchrKrim 86 (2003), 27, 40/41: Es müssten „die richtlinienbefugten Personen innerhalb des Verbandes... veranlasst werden, wirtschaftsinterne Kontrollen aufzubauen bzw. zu intensivieren."

77 Vgl. auch *Bertossa* (Fn. 7), S. 62, 225.

78 Kritisch zum Abschreckungseffekt von monetären Sanktionen gegen Unternehmen: *Bertossa* (Fn. 7), S. 225 ff.; *Modlinger* (Fn. 34), S. 81.

79 Vgl. hierzu *Hefendehl* MSchrKrim 86 (2003), 27, 41 f.; *König* in: Hettinger (Fn. 2), S. 50; vgl. auch *Pieth/Ivory* in: Pieth/Ivory (Fn.2), S. 41: „Gratwanderung".

80 Insoweit befürwortend *Alwart* ZStW 105 (1993) 752, 770 f.; *Dannecker* GA 2001, 101, 126 f.; *Kremnitzer/Ghanayim* ZStW 113 (2001) 539, 552 f.

henden Ausschluss von öffentlichen Aufträgen. Weiterhin ist zu beachten, dass es auch im Zusammenhang mit der Sanktionierung von Unternehmen zumindest auch auf die Sanktionswahrscheinlichkeit ankommt und nicht allein auf die Höhe der abstrakten Strafandrohung und/oder die Höhe der konkret verhängten Sanktionen.[81]

### bb) Resozialisierung von Unternehmen durch Strafen

Mit dem Begriff der Resozialisierung ist ein Teil der üblicherweise unter dem Begriff der Spezialprävention zusammengefassten Straftheorien angesprochen. In ihrer durch *Franz von Liszt* begründeten Form zielt die Theorie der Strafandrohung und -verhängung zunächst darauf ab, den konkreten Täter von der Begehung weiterer Straftaten abzuschrecken (negative Spezialprävention) und/oder ihn zu bessern (positive Spezialprävention); soweit eine Läuterung nicht möglich ist, soll die Gesellschaft dadurch geschützt werden, dass die betreffenden Personen unschädlich gemacht werden, was bei natürlichen Personen bedeutet, dass diese, soweit es sich um unverbesserliche Gewohnheitsverbrecher handelt, weggesperrt werden.[82]

Angewandt auf die Sanktionierung von Unternehmen ist zunächst festzuhalten, dass die Sicherungsfunktion bei „unverbesserlichen" Unternehmen zu erreichen ist, wenn man auf die Instrumente des Tätigkeitsverbots und – als ultima ratio – auf die Auflösung des Unternehmens zurückgreift.[83] Und bezogen auf die negative Spezialprävention gelten die Ausführungen zur Abschreckung (negative Generalprävention) entsprechend.[84]

Bezogen auf den Strafzweck der Resozialisierung ist zunächst in Erinnerung zu rufen, dass Strafen entgegen in der Bevölkerung verbreiteter alltagstheoretischer Vorstellungen nicht per se eine läuternde Wirkung haben.[85] Dass die Verhängung einer Geldbuße oder Geldstrafe ein Unternehmen läutern wird, wird man – in Parallele zu dem, was zur Abschreckung anderer Unternehmen gesagt wurde – nur dann annehmen können, wenn entweder die Sanktion so hoch ausfällt, dass das

---

81 *Bertossa* (Fn. 7), S. 63; *Eisenberg* (Fn. 71), § 41 Rn. 22; *Kaiser* (Fn. 71), § 31 Rn. 35 f.; *Kremnitzer/Ghanayim* ZStW 113 (2001), 539, 553; *Modlinger* (Fn. 34), S. 79; *Tiedemann* JZ 1975, 185, 186; vgl. aber auch *Killias/Kuhn/Aebi* (Fn. 71), Rn. 1017.

82 Vgl. hierzu grundlegend *von Liszt* ZStW 3 (1883) 1, 33 ff.

83 *Ackermann* (Fn. 17), S. 199; *Bertossa* (Fn. 7), S. 65 f.; *Lütolf* (Fn. 2), S. 174 f.

84 So im Ergebnis auch *Ackermann* (Fn. 17), S. 197; *Bertossa* (Fn. 7), S. 63 f.; *Ehrhardt* (Fn. 2), S. 205; *Forster* (Fn. 2), S. 37; *Lütolf* (Fn. 2), S. 173 f.; *Modlinger* (Fn. 34), S. 79; *Schwander* (Fn. 11), S. 614.

85 Zur heute vorherrschenden Skepsis gegenüber der resozialisierenden Wirkung von Strafen vgl. allgemein *Kaiser* (Fn. 71), § 31 Rn. 49 ff.

Unternehmen bzw. die in den Leitungsgremien des Unternehmens sitzenden Entscheidungsträger eine solche Sanktion nicht ein zweites Mal riskieren können oder riskieren wollen, oder wenn die Begleitumstände der Sanktionierung – Stichwort: Reputationsschäden[86] – so ins Gewicht fallen, dass es für das Unternehmen rational ist, die Ursachen für Anlasstaten zu beseitigen, also fehlbare Mitarbeiter zu entlassen, Compliance-Programme zu installieren und/oder kriminogene Bereiche des Unternehmens durch Umstrukturierungen zu beseitigen.[87] Dies setzt dann aber voraus, dass die Sanktionen angepasst werden[88] – von rein monetären Sanktionen sind derartige Wirkungen allenfalls dann zu erwarten, wenn sie hinreichend grausam sind.

Weiterhin ist auch hier wieder zu beachten, dass auch die Läuterung nicht direkt beim Unternehmen eintritt, sondern über die Entscheidungsträger erfolgen muss.[89] Wenn man sich nicht damit begnügen will, dass Unternehmen bzw. ihre Entscheidungsträger durch Sanktionsandrohungen und/oder Sanktionierungen systemtheoretisch gesprochen „irritiert" werden,[90] wenn man also direkte Steuerungswirkungen erreichen will, dann muss man die Sanktionen so ausgestalten, dass sie unmittelbar greifen.[91] Wenn man dies will, kann man sich aber nicht mit rein monetären Sanktionen begnügen, sondern man muss auf die Instrumentarien zurückgreifen, die das erweiterte Bußenmodell zur Verfügung stellt, wie z. B. Tätigkeitsbeschränkungen, den Ausschluss von öffentlichen Aufträgen, die Einsetzung eines staatlichen Aufsichtsorgans, die zwangsweise Implementierung von Compliance-Programmen oder die Neu- bzw. Umstrukturierung des Unternehmens.[92]

---

**86** Hierauf verweist *Ehrhardt* (Fn. 2), S. 205; *Bertossa* (Fn. 7), S. 64 und *Hirsch* ZStW 107 (1995) 285, 295, die zusätzlich auch noch erwarten, dass von den Aktionären ein entsprechender Druck ausgeht, weil diese einen Rückgang der Rendite vermeiden wollen.

**87** *Bertossa* (Fn. 7), S. 64 f.; *Dannecker* GA 2001 101, 114; *Geiger* (Fn. 2), S. 9; *Hirsch* Straffähigkeit (Fn. 7), S. 17; *Lütolf* (Fn. 2), S. 173 ff.; *Modlinger* (Fn. 34), S. 72 f., 80 f.: Es sei sogar eher mehr zu erwarten als bei natürlichen Personen; optimistisch auch *Rotberg* (Fn. 3), S. 206 f.; demgegenüber eher zweifelnd *Kindler* (Fn. 7), S. 293.

**88** *Ackermann* (Fn. 17), S. 198 f.; *Kirch-Heim* (Fn. 2), S. 173; *Schwander* (Fn. 11), S. 615.

**89** Vgl. *Bertossa* (Fn. 7), S. 64 f.

**90** Vgl. hierzu *Kindler* (Fn. 7), S. 293 ff.; *Modlinger* (Fn. 34), S. 82.

**91** Vgl. auch bereits *Kindler* (Fn. 7), S. 299 ff., die allerdings die Realisierbarkeit des auf direkte Intervention abzielenden Modells skeptisch beurteilt.

**92** So auch bereits *Ackermann* (Fn. 17), S. 198 f.; *Bertossa* (Fn. 7), S. 64; *Ehrhardt* (Fn. 2), S. 205; *Pieth/Ivory*, in: Pieth/Ivory (Fn.2), S. 47.

#### cc) Aufrechterhaltung des Normvertrauens durch die Bestrafung von Unternehmen

Die Erkenntnis, dass die abschreckende Wirkung der Androhung und Verhängung von Strafen Zweifeln ausgesetzt ist[93] und dass die resozialisierende Wirkung strafrechtlicher Sanktionen jedenfalls unter den gegebenen Umständen eher zweifelhaft erscheint,[94] hat dazu geführt, dass sich die Strafrechtswissenschaft zunehmend anderen Ansätzen zur Legitimation der Institution des staatlichen Strafens zugewandt hat. Zuspruch erfährt derzeit vor allem die Theorie der sog. positiven Generalprävention, die den Sinn und Zweck der staatlichen Strafe darin sieht, einen Beitrag dazu zu leisten, dass das Normvertrauen der Bevölkerung aufrechterhalten und bestärkt wird: die Androhung und Verhängung von Strafen soll dazu beitragen, dass Norminhalte internalisiert werden, und sie soll kommunizieren, dass diese Norminhalte trotz gelegentlich vorkommender Zuwiderhandlungen doch Geltung beanspruchen.[95]

Auch bezogen auf die Aufrechterhaltung des Normvertrauens kann zunächst einmal festgehalten werden, dass einerseits zwar grundsätzlich nicht ersichtlich ist, warum von einer Strafe, die gegen Unternehmen verhängt wird, nicht die gleichen Norminternalisierungsprozesse zu erwarten sein sollen wie bei Sanktionen, die gegen natürliche Personen verhängt werden,[96] dass aber andererseits die entsprechenden Internalisierungseffekte zwar intuitiv nicht unplausibel, jedoch in keiner Weise erwiesen sind und wohl auch nicht erwiesen werden können.[97]

Die Legitimation von Sanktionen gegen Unternehmen ist vor diesem Hintergrund dann unproblematisch, wenn man es bereits ausreichen lassen will, dass mit der Sanktionierung das Festhalten an der Verbindlichkeit der durch die Tat missachteten Norm demonstriert werden soll.[98] Komplizierter liegt es dann, wenn man

---

**93** Vgl. hierzu im Einzelnen *Bock* JuS 1994, 89, 95 f.; *Dölling* ZStW 102 (1990) 1, 5 ff.; *Kaiser* (Fn. 71), § 31 Rn. 34; *Killias/Kuhn/Aebi* (Fn. 71), Rn. 1010 ff.; *Kunz* (Fn. 71), § 25 Rn. 4 ff.; *Müller-Tuckfeld* Integrationsprävention, 1998, S. 100 ff.; *Schöch* in: FS Jescheck, 1985, S. 1098 ff.

**94** *Wohlers* (Fn. 39), S. 57 sowie im Einzelnen zur Kritik an der resozialisierenden Wirkung strafrechtlicher Sanktionen *Bock* JuS 1994 89, 94 f.; *Kaiser* (Fn. 71), § 31 N 47 ff.; *Killias/Kuhn/Aebi* (Fn. 71), Rn. 1115 ff.; *Kunz* (Fn. 71), § 26 Rn. 4 ff.; *Lehne* KrimJ 1994, 210, 213; *Müller-Tuckfeld* (Fn. 93), S. 81 ff.

**95** Vgl. insbesondere *Jakobs* Strafrecht AT, 2. Aufl., 1993, 1. Abschnitt Rn. 4 ff.

**96** *Ackermann* (Fn. 17), S. 196 ff.; *Bertossa* (Fn. 7), S. 63; *Kirch-Heim* (Fn. 2), S. 173; *Modlinger* (Fn. 34), S. 78; vgl. auch *Kindler* (Fn. 7), S. 288 f.

**97** Vgl. *Eisenberg* (Fn. 71), § 15 Rn. 11 ff. und § 41 Rn. 6, 11 ff.; *Müller-Tuckfeld* (Fn. 93), S. 115 ff.; *Wohlers* (Fn. 39), S. 57 f.

**98** So z. B. *Kindler* (Fn. 7), S. 291 f. und in der Sache auch *Ehrhardt* (Fn. 2), S. 200.

es für erforderlich erachtet, dass es sich um eine Sanktionierung handelt, die das Normvertrauen aufrecht erhält und/oder stärkt, weil sie von den Mitgliedern der Gesellschaft als „gerecht" empfunden wird. Hier wird man eine Aufrechterhaltung des Normvertrauens sicherlich dann annehmen können, wenn man allein auf offenbar faktisch vorhandene Ahndungsbedürfnisse der Bevölkerung abstellt.[99] Anders liegt es dagegen dann, wenn man davon ausgeht, dass das Normvertrauen – jedenfalls auf längere Sicht – nur durch Sanktionen gestärkt werden kann, die als „gerecht" eingestuft werden können: Wenn man davon ausgeht, dass die Bestrafung eines handlungs- und/oder schuldunfähigen Normadressaten dem Gerechtigkeitsempfinden der Mitglieder der Gesellschaft entgegenlaufen würde, käme es wohl darauf an, ob Unternehmen handlungs- und schuldfähig sind.[100]

### dd) Vergeltung durch die Bestrafung von Unternehmen

Die Vergeltungstheorien sehen den Sinn und Zweck der staatlichen Strafe darin, dass mit der Bestrafung das durch die Tat bewirkte (Tat-)Unrecht ausgeglichen werden soll. Auch nach dem Selbstverständnis der Vertreter moderner Vergeltungstheorien erschöpft sich der Sinn und Zweck der Strafe aber nicht darin, die „zweckgelöste Majestät"[101] der Vergeltungsstrafe zum Ausdruck zu bringen; der Sinn und Zweck des über die staatliche Strafe herbeizuführenden Tatschuldausgleichs soll vielmehr darin bestehen, das durch die Straftat gestörte Rechtsgleichheitsverhältnis wiederherzustellen.[102] Der Strafzweck der Vergeltung setzt aber zwingend voraus, dass es etwas zu vergelten gibt: Die Kriminalstrafe ist „Vergeltung für begangenes Unrecht"[103]. Vergeltung kommt aber nur dann in Betracht, wenn sich der Adressat der Sanktion schuldhaft verhalten hat. So hat das BVerfG den Grundsatz aufgestellt, „dass jede Strafe – nicht nur die Strafe für kriminelles Unrecht, sondern auch die strafähnliche Sanktion für sonstiges Unrecht – Schuld voraussetz[t]". Und weiter führt das Gericht aus: „Mit der Strafe, auch mit der Ordnungsstrafe, wird dem Täter ein Rechtsverstoß vorgehalten und zum Vorwurf

---

**99** [0]So wohl *Ackermann* (Fn. 17), S. 196 f. mit dem Hinweis darauf, dass „die Allgemeinheit die juristische Person als Urheber des deliktischen Geschehens betrachtet und deshalb auch ihre Bestrafung erwartet"; vgl. auch *Bertossa* (Fn. 7), S. 63; *Forster* (Fn. 2), S. 37; *Modlinger* (Fn. 34), S. 77 f.

**100** Bejahend *Ehrhardt* (Fn. 2), S. 201.

**101** So noch *Maurach* Deutsches Strafrecht, Allgemeiner Teil, 4. Aufl., 1971, S. 77.

**102** *Köhler* Strafrecht AT, 1997, S. 43, 48 ff.; *ders.* Über den Zusammenhang von Strafrechtsbegründung und Strafzumessung, 1983, S. 37 ff.; *ders.* Begriff der Strafe, 1986, S. 9 ff.; *E.A. Wolff* ZStW 97 (1985) 786, 818 ff.; vgl. auch *Kohlhoff* (Fn. 3), S. 267.

**103** BVerfGE 21, 391, 404.

gemacht. Ein solcher Vorwurf setzt aber Vorwerfbarkeit, also strafrechtliche Schuld voraus."[104]

Aus alledem folgt, dass man eine Bestrafung von Unternehmen nur dann als unter Vergeltungsgesichtspunkten sinnvoll einstufen kann, wenn Unternehmen schuldfähig sind, da die (Vergeltungs-)Strafe ansonsten ihren spezifischen Sinngehalt verliert.[105] Die Frage nach der Straffähigkeit von Unternehmen entpuppt sich damit als eine Frage, die bei Anerkennung des Strafzwecks der Vergeltung bereits durch die Beantwortung der Frage nach der Schuldfähigkeit des Unternehmens mit beantwortet ist.[106]

Der Zusammenhang von Strafe und Schuld kann aber nicht einmal dann aus dem Weg geräumt werden, wenn man Vergeltung als ein auf metaphysischen Grundannahmen aufbauendes Konzept denunziert und negiert.[107] Der spezifische Sinngehalt der Sanktion, die wir als Strafe bezeichnen, liegt nämlich nicht nur darin, dass eine Übelszufügung erfolgt,[108] sondern darin, dass es sich um eine Übelszufügung handelt, die – jedenfalls auch – deshalb erfolgt, weil das in Frage stehende Verhalten „Tadel" verdient.[109] Oder anders ausgedrückt: wenn eine Sanktion keine Tadelskomponente enthält, ist sie keine Strafe im eigentlichen Sinne.[110] Dass Unternehmen „motivierbar" sind, reicht nicht aus, um die Legitimation von Strafen begründen zu können.[111]

---

104 BVerfGE 20, 323, 331; zur verfassungsrechtlichen Verankerung des Schuldgrundsatzes vgl. zuletzt BVerfGE 123, 267, 413.

105 So auch bereits *Engisch* (Fn. 13), E 15 f., 25 sowie *Seiler* (Fn. 3), S. 86 ff.; weitere Nachweise bei *Drope* (Fn. 2), S. 70 Fn. 137; relativierend *Kindler* (Fn. 7), S. 290 f.: Was Strafe ausmache, lasse sich nur mit Blick auf die Funktion bestimmen, die der Sanktion Strafe innerhalb einer konkreten Ordnung zukomme; a.A. *Dannecker* GA 2001 101, 114 f., der die Aufgabe des Strafrechts dahingehend ausdehnt, dass dieses neben den Strafen im klassischen Sinne auch Rechtsfolgen umfasse, „die erforderlich sind, um die Einhaltung verbindlichen Rechts durchzusetzen".

106 So auch *Kindler* (Fn. 7), S. 290; *Schwinge* (Fn. 3), S. 105; vgl. auch bereits *Schmitt* (Fn. 3), S. 196 ff. und 215 ff.

107 Vgl. hierzu, unter dem programmatischen Titel „Abschied von Kant und Hegel", *Klug* in: Programm für ein neues Strafgesetzbuch, Alternativ-Entwurf der Strafrechtslehrer, hrsg. von Baumann, 1968, S. 36 ff.

108 Eine Übelszufügung als solche wäre auch gegenüber Unternehmen möglich, vgl. *Ackermann* (Fn. 17), S. 200; *Bertossa* (Fn. 7), S. 66 ff.; *Engisch* (Fn. 13), E 13 ff.; *Ehrhardt* (Fn. 2), S. 206 f.; *Modlinger* (Fn. 34), S. 71 f.

109 Vgl. hierzu *von Hirsch* Fairness, Verbrechen und Strafe, 2005, S. 48 ff.; *Hörnle/von Hirsch* GA 1995 249, 271 ff. (wieder abgedruckt in: *von Hirsch* Fairness, Verbrechen und Strafe, 2005, S. 23 ff.); vgl. auch *Hörnle* in: von Hirsch/Neumann/Seelmann (Fn. 18), S. 24 ff. m.w.N.

110 *Stratenwerth* ZStW 105 (1993) 679, 686; *ders.* in: FS Schmitt (Fn. 1), S. 302; vgl. auch *Hefendehl* MSchrKrim 2003, 27, 41; *Hirsch* Straffähigkeit (Fn. 7), S. 17 f.; *Rotberg* (Fn. 3), S. 211; *Schroth* (Fn. 2), S. 123; *Seelmann* in: FS Schmid (Fn. 4), S. 181; im Ergebnis auch *Seiler* (Fn. 3), S. 86 und *Mittelsdorf*

Aus dem obigen Befund ist nun allerdings nicht zu folgern, dass Sanktionen gegen Unternehmen per se illegitim sind.[112] Wir müssen aber auseinanderhalten, ob wir von Unternehmensstrafen sprechen oder von Sanktionen, die gegen Unternehmen verhängt werden, um deren zukünftiges Verhalten zu beeinflussen: Während echte Strafen nur verhängt werden können, wenn Unternehmen schuldhaft handeln können, ist ein auf präventiv ausgerichtete Sanktionen zurückgreifendes System auch dann denkbar, wenn man Unternehmen für nicht schuldfähig erachtet. So haben bereits verschiedene Autoren – unter anderem auch ich selbst[113] – vorgeschlagen, die Problematik des Corporate Crime nicht über ein Strafenmodell, sondern über ein Maßnahmenmodell zu lösen.[114] Wie auch immer man sich zu derartigen Vorschlägen stellt, festzuhalten bleibt: Die Legitimität der Sanktionen, die gegen Unternehmen verhängt werden, ist nicht an den Kriterien zu messen, die man an Strafen anlegt, sondern an den Kriterien, die für Sanktionen gelten, mit denen eine zukunftsorientierte Verhaltenssteuerung erreicht werden soll.[115] Wenn man dies dann aber als Strafrecht bezeichnet, ist dies schlicht und einfach nichts anderes als ein Etikettenschwindel.[116] Wenn man, wie es der heute herrschenden Meinung entspricht, Ordnungswidrigkeiten und Kriminalstraftaten nicht qualitativ, sondern quantitativ unterscheidet,[117] gilt dies auch für die Ordnungsbuße des § 30 OWiG. Dass die vom deutschen Gesetzgeber verwirklichte Verlagerung der strafrechtlichen Verantwortlichkeit des Unternehmens aus dem Kriminalstrafrecht in das Ordnungswidrigkeitenrecht die Problematik löst, wird man vor diesem Hin-

---

(Fn. 3), S. 84 f., die lediglich den Begriff des Tadels durch den der Missbilligung ersetzen; a.A. *Dannecker* GA 2001, 101, 115; *Ehrhardt* (Fn. 2), S. 200 f., 205 ff.; *Modlinger* (Fn. 34), S. 65 f.

**111** So aber z. B. *Ehrhardt* (Fn. 2), S. 201 sowie *Bertossa* (Fn. 7), S. 66 ff. m.w.N.

**112** So auch bereits *Seiler* (Fn. 3), S. 96; *Wohlers* SJZ 2000, 381, 387.

**113** Vgl. *Wohlers* SJZ 2000, 381, 387 ff.

**114** Vgl. hierzu bereits die Vorschläge von *Schmitt* (Fn. 3), S. 199 ff.; *Seiler* (Fn. 3), S. 96 ff.; *Stratenwerth* (Fn. 1), S. 303 ff. und in der Sache ähnlich – wenn auch unter dem Label „Strafrecht" – *Heine* (Fn. 4), S. 256 ff. sowie *Schünemann* Unternehmenskriminalität (Fn. 5), S. 232 ff.; *ders.* wistra 1982 41, 50; *ders.* in: Madrid-Symposium (Fn. 3), S. 285 ff.; kritisch zu diesen Vorschlägen: *von Freier* (Fn. 15), S. 184 ff. sowie *Schwinge* (Fn. 3), S. 120 ff.; aus jüngster Zeit vgl. den Ansatz zur Begründung repressiver Unternehmenssanktionen bei *Kirch-Heim* (Fn. 2), S. 180 ff. und hierzu kritisch *Wohlers/Kudlich* ZStW 121 (2009) 718, 720 f.

**115** Vgl. hierzu *Wohlers* SJZ 2000, 381, 387 f.

**116** A.A. *Dannecker* GA 2001, 101, 114; vgl. auch *Kindler* (Fn. 7), S. 291: Was Strafe ausmache, könne man nicht metaphysisch begründen, sondern hänge von der Funktion ab, die man der Sanktion beimesse und von der Ordnung innerhalb derer diese Sanktion eingesetzt werde; vgl. auch *Schwinge* (Fn. 3), S. 135 f.: Ein Etikettenschwindel liege dann vor, wenn man Sanktionen „nur deshalb als Maßnahme bezeichnet, weil Strafe mangels Schuldunfähigkeit unzulässig sind".

**117** Zum Streitstand vgl. *Wohlers* (Fn. 39), S. 84 ff.

tergrund bezweifeln müssen[118] – ganz abgesehen davon, dass diese Lösung für die Staaten keine Alternative ist, die über eine derartige Subkategorie des Sanktionsrechts gar nicht verfügen.

#### ee) Fazit

Bei einem allein auf monetäre Sanktionen vertrauenden reinen Bußensystem wird man die präventive Wirkung eher in Frage stellen müssen. Anders liegt es nur dann, wenn die Bußen so drastisch ausfallen, dass die Unternehmen gar keine andere Wahl haben, als sie – wegen ihrer potenziell existenzvernichtenden Wirkung – um jeden Preis zu vermeiden. Des Weiteren sind Bußen oder Geldstrafen jedenfalls als vergeltende Sanktionen nur dann zu legitimieren, wenn Unternehmen schuldhaft handeln können.

Einem erweiterten Bußensystem wird man eine höhere präventive Wirksamkeit bescheinigen können. Wenn man die Sanktionen als Strafen interpretieren möchte, stellt sich aber natürlich auch hier wiederum die Frage nach der Schuldfähigkeit von Unternehmen. Bezogen auf die anderen Sanktionen ist darüber hinaus festzuhalten, dass es sich bei diesen – abgesehen vielleicht von der Urteilspublikation, die als Verstärker für die Buße und/oder sonstige Sanktionen zu sehen ist – der Sache nach wohl weniger um repressive als um zukunftsorientierte Sanktionen handelt, also um solche, die nicht wegen, sondern nur aus Anlass einer zurückliegenden Straftat verhängt werden. Der Sache nach handelt es sich dann aber um „wirtschaftsaufsichtsrechtliche Eingriffe im Gewande strafrechtlicher Sanktionen“.[119]

## 4. Schlussfolgerungen für den Gestaltungsspielraum des nationalen Gesetzgebers

Wenden wir uns nun abschließend der Frage zu, welchen Gestaltungsspielraum der nationale Gesetzgeber im Hinblick auf die Frage hat, ob und, wenn ja, wie er die Strafbarkeit von Unternehmen regeln will. Festzuhalten ist zunächst einmal, dass es

---

**118** Für eine Zuordnung der Sanktionen gegen Unternehmen zum Owi-Recht *Ransiek* (Fn. 40), S. 343 ff.

**119** *Wohlers* SJZ 2000, 381, 389.

sich hierbei um eine Entscheidung handelt, bei der dem Gesetzgeber ein sehr weiter Gestaltungsspielraum zukommt. Auf den Punkt gebracht wird dieser Standpunkt in der Botschaft, mit der die stark umstrittene und in der Literatur vehement als dogmatisch verfehlt kritisierte Einführung der strafrechtlichen Verantwortlichkeit des Unternehmens in der Schweiz motiviert wird. Dort heißt es, „dass letztlich nicht die Dogmatik, sondern der *legislatorische* Wille, eine als Problem erkannte Situation sachgerecht zu regeln, darüber entscheidet, ob diese Regelung zulässig ist".[120]

*Kurt Seelmann* hat aber bereits zutreffend darauf hingewiesen, dass auch der Gesetzgeber gewisse Schranken zu beachten hat.[121] Schranken ergeben sich zum einen aus den für den nationalen Gesetzgeber verbindlichen Vorgaben des supranationalen Rechts sowie des Verfassungsrechts, wobei sich diesbezüglich Unterschiede dadurch ergeben, dass in einigen Staaten – wie z.B. in Deutschland – der Gesetzgeber durch ein Verfassungsgericht dazu angehalten werden kann, bestimmte verfassungsrechtliche bzw. verfassungsgerichtliche Vorgaben einzuhalten, während in anderen Ländern eine solche Schranke fehlt.[122] Darüber hinaus wird man den Gesetzgeber aber auch noch insoweit als gebunden ansehen müssen, als er eine in sich schlüssige sowie mit den für die in Frage stehenden Teilbereiche der Gesamtrechtsordnung geltenden Grundannahmen kompatible und deshalb sachgerechte Entscheidung zu treffen hat. Das Erfordernis einer in sich stringenten Regelung wäre z.B. dann verletzt, wenn sich der schweizerische Gesetzgeber, nachdem er die in einigen Bereichen des Nebenstrafrechts schon seit langem geltende strafrechtliche Verantwortlichkeit des Unternehmens nun auch im Kernstrafrecht eingeführt hat (Art. 102 schwStGB), weiterhin auf den Standpunkt stellen sollte, dass sich bezogen auf das Kartellrecht strafrechtliche Sanktionen allein gegen natürliche Personen richten könnten, weil Unternehmen nicht schuldfähig seien.[123]

Wie sieht es insoweit aus mit der Freiheit des deutschen Gesetzgebers, die Strafbarkeit von Unternehmen zu regeln? Das supranationale Recht steht der Einführung der Strafbarkeit des Unternehmens einerseits nicht entgegen, andererseits wird die Einführung bisher aber auch weder von den Vereinten Nationen noch vom

---

**120** Botschaft zur Änderung des Schweizerischen Strafgesetzbuches vom 21. September 1998, BBl 1999, 1979, 2142.

**121** So bereits zutreffend *Seelmann* in: FS Schmid (Fn. 4), S. 169 f. (bezogen auf BBl 1999, 2142).

**122** So bestimmt z.B. Art. 190 der schweizerischen Bundesverfassung: „Bundesgesetze und Völkerrecht sind für das Bundesgericht und die anderen rechtsanwendenden Behörden massgebend", woraus abzuleiten ist, dass die Strafgerichte eine Strafnorm des Bundesrechts auch dann anzuwenden haben, wenn sie diese für verfassungswidrig erachten.

**123** Zur Kritik an der mangelnden Stringenz des Gesetzgebers vgl. auch bereits *Niggli/Riedo* in: Basler Kommentar, KG, hrsg. von Amstutz/Reinert, 2010, Vor Art. 49a Rn. 5 f.

Europarat noch von der EU verlangt.[124] Die EU begnügt sich damit, dass nach nationalem Recht zur Abwehr von bestimmten Verhaltensweisen Sanktionen ergriffen werden, die „wirksam, angemessen und abschreckend“ sein müssen; dass es sich hierbei um strafrechtliche Sanktionen handeln muss, wird nicht verlangt.[125] Das Verfassungsrecht setzt für den deutschen Gesetzgeber insoweit eine Schranke, als nach der Rechtsprechung des BVerfG Strafe Schuld voraussetzt und das Schuldprinzip zum nach Art. 79 Abs. 3 GG unverfügbaren Bereich der Verfassungsidentität gehört.[126] Wenn das BVerfG dieses Diktum in der Lissabon-Entscheidung eng mit der Menschenwürde koppelt, könnte man allerdings erwägen, dass eine Aufweichung bzw. Abweichung dann möglich sein müsste, wenn es nicht um die Bestrafung von natürlichen Personen, sondern um die Bestrafung von Unternehmen geht. Anders liegt es wiederum dann, wenn man das Schuldprinzip nicht (allein) an die Menschenwürde koppelt, sondern (auch) an das Rechtsstaatsprinzip, wie es das BVerfG z. B. in BVerfGE 20, 323, 331 getan hat.

Steht man auf dem Standpunkt, dass Unternehmen schuldfähig sind oder aber das Schuldprinzip einer Einführung von Sanktionen gegen Unternehmen nicht entgegensteht, liegt die Entscheidung, ob die Strafbarkeit des Unternehmens eingeführt werden soll und, wenn ja, welche Sanktionen möglich sein sollen, im Ermessen des Gesetzgebers. Der Gesetzgeber hat diesbezüglich zunächst zu prüfen, ob er die Sanktionen neu im Kriminalstrafrecht oder aber im Ordnungswidrigkeitenrecht belassen will. Wenn man davon ausgeht, dass sich das Kriminalstrafrecht und das Recht der Ordnungswidrigkeiten nicht qualitativ, sondern nur quantitativ unterscheiden,[127] bleiben als Kriterien für die Zuordnung zum einen oder anderen Bereich zum einen prozessuale Erwägungen und zum anderen die Überlegung, ob die Zuordnung zum Kriminalstrafrecht eine höhere präventive Wirkung verspricht.

Soweit der Gesetzgeber ein erweitertes Bussenmodell anstrebt, das über das bisher geltende, allein durch die Institute der Einziehung und des Verfalls ergänzte Bußenmodell hinausgeht, hat er sich die Frage zu stellen, ob es wirklich sinnvoll ist, „wirtschaftsaufsichtsrechtliche Eingriffe im Gewande strafrechtlicher Sanktionen“[128] durchzuführen. Zu beachten ist hierbei, dass die in der Diskussion befindlichen Sanktionen auch im deutschen Recht alle bereits existieren – nur eben nicht

---

**124** Vgl. hierzu *Trüg* StraFo 2011, 471, 478 f.

**125** Vgl. *Kirch-Heim* (Fn. 2), S. 107 ff. mit umfangreichen Nachweisen.

**126** BVerfGE 123, 267, 413.

**127** Zum Meinungsstand vgl. die Nachweise bei Wohlers (Fn. 39), S. 84 ff.

**128** *Wohlers* SJZ 2000, 381, 389.

als strafrechtliche Sanktionen, sondern als administrative Sanktionen.[129] Die zuständigen Verwaltungsbehörden können Tätigkeitsverbote aussprechen (vgl. § 35 GewO, § 16 Abs. 3 HandwO, §§ 35 ff. KWG), sie können Betriebsstilllegungen verfügen (§ 51 GewO, §§ 20 und 25 BImSchG), Erlaubnisse entziehen (§ 15 GastG), sie können Unternehmen von Vergabeverfahren ausschließen (§ 8 VOB/B und § 7 VOL/A)[130] und/oder sie in Korruptionsregistern öffentlich registrieren (vgl. z. B. § 3 Korruptionsregister Berlin);[131] schließlich können sie Gesellschaften auch auflösen (§ 396 AktG, § 62 GmbHG).

Die Frage ist hier, ob die strafrechtlichen Sanktionsmöglichkeiten neben oder an die Stelle der administrativen Eingriffsbefugnisse treten sollen. Im älteren Schrifttum ist die Zuständigkeit der Strafbehörden insbesondere mit der Hoffnung verbunden worden, dass es so zu einem auf das Legalitätsprinzip zurückgehenden gleichmäßigeren Durchgreifen kommen werde.[132]

*Dannecker* plädiert dafür, dass alle Sanktionen möglichst in einem Verfahren verhängt werden sollen. Er will auf diesem Wege zum einen unverhältnismäßige Sanktionierungen vermeiden;[133] darüber hinaus sieht er verfahrensökonomische Vorteile, weil der Strafrichter ja sowieso auch für die Anknüpfungstat zuständig ist.[134] Demgegenüber stehen andere Autoren auf dem Standpunkt, dass gravierende Maßnahmen, die auf die Beeinflussung zukünftigen Verhaltens abzielen – insbesondere die Anordnung einer Unternehmenskuratel oder einer Betriebsschließung aber auch der Ausschluss von bestimmten Tätigkeiten –, den für die Gefahrenabwehr zuständigen und insoweit auch kompetenten Behörden vorbehalten bleiben sollen.[135] Soweit es um den Entzug von Genehmigungen geht, wird die Befürchtung geäußert, dass die Begründung einer Zuständigkeit der Gerichte Konflikte mit den zuständigen Verwaltungsbehörden heraufbeschwören werde.[136] Letztlich wird entscheidend sein, welcher Instanz der Gesetzgeber einen angemessenen Umgang mit diesen Instrumenten zutraut und für wie gewichtig er die Gefahren einstuft, die sich aus einer doppelten Zuständigkeit ergeben.

---

**129** Vgl. den Überblick bei *Hirsch* ZStW 107 (1995) 285, 301 f.; *Kirch-Heim* (Fn. 2), S. 27 ff.; *Modlinger* (Fn. 34), S. 294 ff.; *Rotberg* (Fn. 3), S. 209 ff.; *Schwinge* (Fn. 3), S. 87 ff. sowie das Gutachten des Bundesjustizministeriums, in: Hettinger (Fn. 2), S. 200 f.

**130** Zu den bestehenden Mängeln vgl. *Kirch-Heim* (Fn. 2), S. 100 f.

**131** Vgl. hierzu auch *Kirch-Heim* (Fn. 2), S. 30 ff. m.w.H.

**132** Vgl. *Schmitt* (Fn. 3), S. 227; zweifelnd: *von Freier* (Fn. 15), S. 187: dies könne auch durch eine Ermessenseinschränkung bei der Verwaltung erreicht werden.

**133** *Dannecker* GA 2001, 101, 129; vgl. auch *Kirch-Heim* (Fn. 2), S. 99 mit dem Hinweis darauf, dass die aufgesplitterte Zuständigkeit zu inkohärenten Folgen führen könne.

**134** *Schmitt* (Fn. 3), S. 227; so auch *Kirch-Heim* (Fn. 2), S. 99; kritisch hierzu *von Freier* (Fn. 15), S. 188 ff.

**135** *Engelhart* (Fn. 2), S. 700 ff.; *von Freier* (Fn. 15), S. 188; *Kirch-Heim* (Fn. 2), S. 99.

**136** *Schwinge* (Fn. 3), S. 166.

Gerade aus der Sicht eines Strafrechtlers wird man die Forderung, alles beim Alten zu belassen, ergänzend auch noch mit dem Gesichtspunkt begründen können, dass dem Strafrecht so die Verwerfungen erspart bleiben, die mit einer Inanspruchnahme für die Zwecke der Steuerung von Unternehmen notwendigerweise verbunden wären.[137] Man sollte sich aber keine Illusionen machen: Wenn es dem Gesetzgeber darum geht, Handlungsfähigkeit unter Beweis zu stellen und/oder Wertbekenntnisse symbolisch zum Ausdruck zu bringen,[138] war und ist der Griff zum vorgeblich billig zu habenden Instrument des Strafrechts regelmäßig nicht die letzte, sondern die erste Handlungsoption.[139]

137 Vgl. hierzu *Volk* JZ 1993, 429, 435; *Wohlers* SJZ 2000, 381, 386 f.

138 Zum symbolischen Strafrecht vgl. *Wohlers* (Fn. 39), S. 119 ff. m.w.N.

139 Zum Gehalt des Grundsatzes der Subsidiarität des Strafrechts vgl. kritisch *Wohlers* (Fn. 39), S. 71 ff.; *ders.* in: Mediating Principles, hrsg. von Hirsch/Seelmann/Wohlers, 2006, S. 54 ff.

# Autorinnen und Autoren

Prof. Dr. *Anne van Aaken*, Hamburg
Prof. Dr. *Gunther Arzt*, Bern
Prof. Dr. *Martin Böse*, Bonn
Prof. Dr. *Alfred Dierlamm*, Wiesbaden
Prof. Dr. *Thomas Fischer*, Baden-Baden/Starnberg
Prof. Dr. *Björn Gercke*, Köln
Prof. Dr. *Rainer Hamm*, Frankfurt am Main
Prof. Dr. Dr. h.c. mult. *Winfried Hassemer* (†), Frankfurt am Main
Prof. Dr. *Jochen Hörisch*, Mannheim
Prof. Dr. *Katja Langenbucher*, Frankfurt am Main
Prof. Dr. *Michael Lindemann*, Bielefeld
Prof. Dr. *Klaus Lüderssen* (†), Frankfurt am Main
Prof. Dr. *Johannes Kaspar*, Augsburg
*Eberhard Kempf*, Frankfurt am Main
Dr. *Daniel Krause*, Berlin
Prof. Dr. Dr. h.c. *Lothar Kuhlen*, Mannheim
Prof. Dr. *Ralf Kölbel*, München
Prof. Dr. h.c. *Klaus-Peter Müller*, Frankfurt am Main/Baden-Baden
Prof. Dr. *Bernd Müßig*, Bonn
Prof. Dr. Dres. h.c. *Ulfrid Neumann*, Frankfurt am Main
Prof. Dr. *Cornelius Prittwitz*, Frankfurt am Main
Prof. Dr. *Thomas Rönnau*, Hamburg
Prof. Dr. *Franz Salditt*, Neuwied
Prof. Dr. *Charlotte Schmitt-Leonardy*, Bielefeld
Prof. Dr. *Gerald Spindler*, Göttingen
Prof. Dr. *Gerson Trüg*, Freiburg
Prof. Dr. *Joachim Vogel* (†), München
*Renate Verjans*, Düsseldorf
Dr. *Anne Wehnert*, Düsseldorf
Prof. Dr. *Wolfgang Wohlers*, Zürich/Basel

www.ingramcontent.com/pod-product-compliance
Lightning Source LLC
LaVergne TN
LVHW021724021026
849161LV00004BA/660